임상심리학 8th Edition

The Science and Practice of

Clinical Psychology

The Science and Practice of Clinical Psychology, **8th Edition**

Timothy J. Trull
Mitchell J. Prinstein

ISBN: 9780495508236

ISBN-13: 979-89-6218-361-0

Cengage Learning Korea Ltd.
14F YTN Newsquare 76 Sangamsan-ro
Mapo-gu Seoul 03926 Korea
Tel: (82) 2 330 7000
Fax: (82) 2 330 7001

Cengage Learning is a leading provider of customized learning solutions with office locations around the globe, including Singapore, the United Kingdom, Australia, Mexico, Brazil, and Japan.
Locate your local office at: **www.cengage.com**

Cengage Learning products are represented in Canada by Nelson Education, Ltd.

To learn more about Cengage Learning Solutions, visit
www.cengageasia.com

Printed in Korea
Print Number: 05 Print Year: 2019

The Science and Practice of

Clinical Psychology

Timothy J. Trull
Mitchell J. Prinstein

임상심리학

| 권정혜 · 강연욱 · 이훈진 · 김은정 · 정경미 · 최기홍 옮김 |

Andover · Melbourne · Mexico City · Stamford, CT · Toronto · Hong Kong · New Delhi · Seoul · Singapore · Tokyo

임상심리학 -제8판-

The Science and Practice of Clinical Psychology, 8th edition

제8판 1쇄 발행 | 2014년 8월 26일
제8판 5쇄 발행 | 2019년 2월 26일

지은이 | Timothy J. Trull, Mitchell J. Prinstein
옮긴이 | 권정혜, 강연욱, 이훈진, 김은정, 정경미, 최기홍
발행인 | 송성헌
발행처 | 센게이지러닝코리아㈜
등록번호 | 제313-2007-000074호(2007.3.19.)
주 소 | 서울시 마포구 상암산로 76 YTN 뉴스퀘어 14층
전 화 | 02) 330-7000
이메일 | asia.infokorea@cengage.com
홈페이지 | www.cengage.co.kr

ISBN-13: 978-89-6218-361-0

공급처 | (주)피와이메이트
주 소 | 서울특별시 마포구 월드컵북로 400, 5층 2호
도서안내 및 주문 | TEL 02) 733-6771 FAX 02) 736-4818
e-mail | pys@pybook.co.kr

값 35,000원

역자 서문

올해 이 책의 개정판이 나오게 되어 매우 기쁘다. 올해는 한국임상심리학회가 창립된 지 50주년을 맞는 뜻깊은 해로서, 그간 학회의 총 회원 수가 5,000여 명에 이르고, 임상심리전문가도 1,000명에 이를 정도로 역량 있는 학회로 발전해 왔다. 양적인 변화 못지 않게 활동범위도 넓어져, 임상심리학자들이 병원과 상담소뿐 아니라 정부, 민간기업, 벤처기업에서까지 폭넓게 활동하고 있다. 우리 사회가 고령화, 다문화사회로 바뀌어가고 있는 과정에서 임상심리학이 이를 대비하는 데 주도적인 역할을 하고, 임상심리학자들의 활동이 공공영역에까지 확장됨으로써 국가정책을 입안하고 결정하는 데 더 많은 역할을 해야 할 것이다.

이 역서의 개정판은 원저인 "Clinical Psychology" 8판의 출간을 계기로 나오게 되었다. 초판이 나온 이후 DSM-5가 출판되고, 초진단적 치료가 개발되는 등 많은 변화가 일어났기 때문에 이러한 내용을 반영하는 교재가 필요하였다. 이번 개정판의 작업에는 고려대학교 최기홍 교수님이 새로이 참여하였다. 최기홍 교수님은 "중증정신질환의 치료 및 재활" 분야의 전문가로서, 임상심리학 강의뿐 아니라 다음 세대 임상심리학자들을 키워내는 데 많은 관심을 가지고 계셔서, 이 책을 개정하는 데 새로운 바람을 불어넣어 주셨다. 훌륭한 개정판이 나올 수 있도록 책의 내용을 꼼꼼히 점검해주셨을 뿐 아니라, 원저 8판에 부족했던 DSM-5 부분을 요약해 넣어주셨다. 이 책의 가장 주된 독자층이 학부학생과 대학원 학생들이라는 점을 고려하여 현재 임상심리학을 공부하고 있는 대학원생 6명의 관점을 추가하여 우리나라 대학원에 대한 살아있는 정보를 제공하였다. 초판과 같이 이 개정판도 더 많은 심리학도들에게 임상심리학이 과학으로서의 학문일 뿐 아니라 고통 받는 사람들을 도와주는 학문으로 어떻게 발전해 왔는지 알려주고, 미래에 임상심리학자로서의 꿈을 꾸게 하는 책이 되기를 희망한다.

이 책은 미국에서 가장 널리 사용되고 있는 임상심리학 교재 중의 하나로, 임상심리학의 정체성과 역사 및 활동을 자세히 다루고 있을 뿐 아니라, 다른 어떤 교재보다도 심리치료와 심리평가에 대해 깊이 있게 다루고 있다. 또한 임상심리학의 전문 분야인 지역사회심리학, 건강심리학, 신경심리학, 법정심리학에 대해 자세히 소개하면서 각 분야의 성장가능성을 제시하고 있다. 원저의 8판에는 전판에 비해 많은 변화가 있는데, 특히 Mitch Prinstein 박사가 저자로 참여하여 아동/청소년 분야에 대한 논의를 보강하였으며, 책 전반에 걸쳐 그 동안 임상심리학 분야에서 이루어진 발전들을 깊이 있게 소개하고 있다. 전판에 이어 경험적인 지지를 받는 개입방법과 평가절차가 무엇인지에 초점을 맞추어 소개하고 있으며, 다문화주의에 대한 쟁점과 문화적으로 민감한 서비스를 제공하는 것에 대해 더 깊은 관심을 보여주고 있다. 이와 함께 대학원생의 관점을 소개함으로써 대학원을 준비하는 학생이나 대학원생들에게 직접적인 도움을 주고자 하였다.

초판의 역자분들과 함께 개정판이 나오기까지 많은 수고를 아끼지 않으신 최기홍 교수님께 다시 한번 깊은 감사의 마음을 전하고 싶다. 또한 이전 판과 개정판의 차이를 꼼꼼하게 비교해준 University of British Columbia 심리학과의 박예슬 학생에게 감사의 마음을 전하며, 편집과정에서 많은 수고를 해주신 편집부의 김미선 차장님께 감사의 뜻을 전한다. 마지막으로 본 역서의 개정판이 나오기까지 지원해주신 송성헌 코리아(주) 사장님께 감사드린다.

2014년 7월

역자 대표 권정혜

저자 서문

『임상심리학』 8판에 입문하신 것을 환영한다. 『임상심리학』은 임상심리학 영역에 대한 깊이 있는 조망을 제시하고 임상심리학자들의 많은 활동을 상세히 기록하려고 노력하였다. 이 책은 경험적인 지지를 받은 평가와 치료적 접근들을 강조하였을 뿐만 아니라 이 접근들에서 문화, 성(gender) 및 다양성의 영향도 강조하였다. 첫 번째 가장 주요한 변화는 Mitch Prinstein 박사가 저자로 참여한 점이다. Prinstein 박사는 이번 개정에 전문성과 과학적인 관점을 더해 주었다. Prinstein 박사는 아동 및 청소년 정신병리 분야의 전문가일 뿐 아니라, 임상심리학 강의, 학부생 지도, 다음 세대 임상심리학자들을 훈련하는 데 많은 업적을 쌓아왔다. 이번 개정에 Prinstein 박사의 손길을 느낄 수 있을 것이다. 제8판은 임상심리학 분야의 변화와 예방, 평가 및 치료에 대한 주요 접근들을 평가한 새로운 경험적 증거를 반영하도록 갱신되었다. 나는 이번 판의 몇 가지 주요 특징을 간단히 강조하고 싶다.

임상심리학: 영역의 정의

어떤 특징들이 임상심리학을 정의하고, 임상심리학의 어떤 측면들이 임상심리학을 독특한 한 전문 분야로 만드는가? 제1~3장은 임상심리학의 정의와 그 역사적 뿌리를 제시하였고, 임상심리학을 다른 관련 분야들과 대비시키고, 이 영역에 영향을 미치는 동향들과 쟁점들(예: 관리의료나 약 처방권)을 논의하였다. 또한 임상심리학 분야 내에서의 수련의 다양성을 더 잘 이해할 수 있도록 임상심리학자들의 다양한 수련 모델에 관한 정보를 제시하였다. 더 나아가 다문화주의 및 다양성과 관련된 중요한 쟁점은 제3장에 제시되었다. 끝으로 문화적으로 민감한 정신건강서비스를 한 임상심리학자가 어떻게 제공할 수 있는가를 책 전체에서 논의하였으나, 특히 제3장, 제12장, 제17장에서 자세히 논의하였다.

임상심리학의 과학적 근거

임상심리학의 과학적 근거가 무엇이며, 어떤 과학적 절차가 이 분야에서 사용되는가? 제5장은 임상심리학에서 사용되는 주요 연구 방법론을 제시하고 있으며, 나머지 장들은 평가와 개입(중재)에 대한 접근방법들을 지지하는(또는 지지하지 않는) 경험적 증거를 제시하였다. 연구와 관련이 있는 미국심리학회(APA)의 2002 윤리지침이 이 장에서 또한 논의되었다. 위에서 언급되었듯이, 각 장은 그 주제가 어떤 심리검사의 유용성이든, 한 치료적 접근에 대한 지지이든, 또는 어떤 이론의 적절성이든 간에 그 주제를 가까이에 기술하는, 가용한 경험적 증거를 제시하고 해석하였다.

임상적 평가

어떤 임상적 평가절차가 이 분야에서 사용되고 있는지와 어떤 절차가 가장 경험적인 지지를 받고 있는지? 제6~11장은 임상심리학자들이 사용하는 주요 평가 접근들과 절차들(진단적 평가, 면담, 지능검사, 성격평가, 행동평가, 임상적 판단 등을 포함)에 대한 깊이 있는 조망을 제공한다. 이 판에서는 심리검사와 절차의 증분타당도 논쟁뿐만 아니라 새로운 평가 접근들(DSM-IV-TR과 WISC-IV를 포함)과 새로운 기술적 진보들(인터넷 평가와 신경심리학에서의 가상현실평가)이 포함되었다.

개입(중재)

임상심리학자들이 사용하고 있고, 경험적인 지지를 받은 치료방법(ESTs)은 무엇인가? 제12~16장은 주요 개입 모델과 기법들을 제시하고 있다. 이 장들은 또한 이 접근방법들의 효능과 유용성에 대해서도 비판적으로 살펴보고 있다. 이 쟁점들은 전문 분야들을 논의한 제17~21장에 더 기술되어 있다. 이 판에서는 다음과 같은 주제들이 새롭게 다루어졌다 – 변화의 일반적 모델(변화의 단계, 제12장), 심리치료과정과 결과의 관계(제12장), 치료적 동맹(제13장), 과정-체험 치료(제14장), 변증법적 행동치료(제15장), 사회공포증에 대한 집단치료(제16장).

인생전반에 걸친 접근

임상심리학 제8판은 인생전반에 걸친 임상심리학 영역을 반영하도록 개정하였다. 이번 개정판은 아동/청소년(아동 청소년 임상심리학) 및 성인(성인임상심리학) 집단 모두에 초점을 맞추어 연구, 평가 및 치료를 다루었다. 모든 장에서 이러한 관점을 반영하도록 개정하였다.

임상심리학의 전문 분야

이전 판들에서처럼 5가지 전문 분야가 이 책에서 논의되었다—지역사회심리학, 건강심리학과 행동의학, 신경심리학, 법정심리학, 그리고 소아심리학과 아동임상심리학. 나는 그 분야들의 성장잠재력과 수련 중인 학생들과 임상심리학자들에 대한 관심 때문에 이 전문 분야들에 주목하였다. 이 판에서는 다음과 같은 주제들에 관한 새로운 자료가 제시되었다—분석의 다양성과 생태학적 수준(제17장), 약물사용과 비만(제18장), 신경심리학의 새로운 발달(제19장), 정신이상의 정의, 재판을 받을 수 있는 능력, 강제 투약, 범죄의 예측 등에 관한 새로운 법률 기준(제20장).

윤리지침

미국심리학회는 2002년에 새로운 판의 윤리지침을 출판하였다. 이 지침들은 이 책 전체에서 논의되고 있으나 특히 제3장과 제5장에서 자세히 논의되었다. 또한 제9장에서는 심리검사와 미국장애인법에 관한 쟁점이 논의되었다.

새로운 특성들

이번 개정판은 중요한 이슈들에 초점을 둔 새로운 특성들을 포함한다. 특별히, 글상자들을 삽입하여, 다음 네 가지를 강조하였다: (1) 전문성 이슈, (2) 임상적 적용, (3) 임상심리학자의 관점, 그리고 (4) 대학원생의 관점. 처음 두 가지 글상자는 임상심리학의 전문성과 관련된 이슈들과 평가 및 치료를 포함한 임상적 적용에 대한 부분들을 각각 강조하였다. 그 다음 두 가지 글상자들에서는 현직 임상심리학자들이 임상심리학과 그들의 전문 분야에 대한 의견을 기술하였고, 대학원을 준비하는 학생이나 대학원생들을 위해 대학원생들의 관점을 포함하였다.

임상심리학자 및 대학원생의 관점 소개

제8판에는 위에서 언급한 대로 다양한 임상심리학자와 대학원생들의 관점을 포함하였다. 임상심리학자뿐 아니라, 대학원생들의 관점을 제공하여, 임상심리학을 전공하고자 하는 학생들에게 실질적인 조언이 될 것이라 생각한다. 제 8판에는 총 36명의 임상심리학자들의 관점이 포함되었고, 그 중 11명은 대학원생으로 구성하였다. 이번 판에 소개된 임상심리학자들의 전체 목록은 다음과 같다.

임상심리학자

- Hans H. Strupp, Ph.D., *University of Vanderbilt*
- Lawrence S. Wrightsman, Jr., Ph.D., *University of Kansas*
- David DuBois, Ph.D., *University of Illinois*
- Simon H. Budman, Ph.D., *Innovative Training System*
- Samuel M. Turner, Ph.D., *University of Maryland*
- Judith Beck, Ph.D., *Beck Institute of Cognitive Therapy and Research*
- Yossef Ben-Porath, Ph.D., *Kent State University*
- Diane Chambless, Ph.D., *University of Pennsylvania*
- Patrick DeLeon, Ph.D., Staff, *United States Senate*
- David DeMateo, J.D., Ph.D., *Drexel University*
- Greta Francis, Ph.D., *Brown University*
- Howard Garb, Ph.D., *Wilford Hall Medical Center*
- Leslie Greenberg, Ph.D., *York University*
- Kristin Hawley, Ph.D., *University of Missouri*
- Stephen Haynes, Ph.D., *University of Hawaii*
- Elaine Heiby, Ph,D., *University of Hawaii*
- Brick Johnstone, Ph.D., *University of Missouri*
- Ali Khadivi, Ph.D., *Bronx-Lebanon Hospital Center*
- Kenneth Levy, Ph.D., *Penn State*
- Scott Lilienfeld, Ph.D., *Emory University*
- Richard McFall, Ph.D., *Indiana University*
- Beth Meyerowitz, Ph.D., *University of Southern California*
- Rhonda Reitz, Ph.D., *Fulton State Hospital*
- Martin Seligman, Ph.D., *University of Pennsylvania*
- Kenneth Sher, Ph.D., *University of Missouri*
- Elaine Walker, Ph.D., *Emory University*
- Thomas Widiger, Ph.D., *University of Kentucky*
- Paula Zuffante, Ph.D., *Children's Neuropsychological Services, Albany NY*

임상심리 대학원생

- 이서현, 고려대학교
- 송민지, 한림대학교
- 이명아, 연세대학교
- 김지윤, 서울대학교
- 장선경, 고려대학교
- 최성혜, 아주대학교
- Joseph Beeny, *Penn State*
- Danielle Burchett, *Kent State*
- Lizzy Foster, *Drexel*
- John Guerry, *University of North Carolina, Chapel Hill*
- Shawn Jones, *University of North Carolinna, Chapel Hill*
- Elizabeth Martin, *University of Missouri*
- Catalina Woldarsky Meneses, *York University*
- Andrew Wegrzyn, *B. A. University of Missouri*

이 책을 활용하는 방법

학생들이 쉽게 이해할 수 있도록 명확하게 기술하고 잘 구조화하려고 노력하였다. 이러한 노력의 일환으로, 이번 개정판에 다양한 자료들을 함께 실었다. 각 장의 첫 부분에, 핵심질문들과 개요를 넣었고, 각 장의 마지막에는 요약, 주요 용어 정의 등을 제공하였다.

강사를 위해, 각 장에서 중요한 개념들에 대한 문제 및 강의 매뉴얼을 포함하였다. 매뉴얼에는 강의 프레젠테이션 자료 및 그림과 비디오 자료, 학생들이 실습할 수 있는 활동들도 포함하였다.

임상심리학의 미래

임상심리학자들이 연구 방법과 경험적인 지지를 받은 평가와 개입에 대한 엄격한 훈련을 계속 받는다면 임상심리학의 미래가 밝을 것이라고 나는 믿고 있다. 더 나아가 우리는 시장 동향을 예상해야만 한다. 한 중요한 동향은 박사수준의 임상심리학자들에게 직접적인 서비스(예: 심리치료)를 요청하는 일이 적어졌다는 것이다. 관리의료(와 그와 연계된 박사수준 임상가들에 대한 낮은 상환율)로 인해서 임상심리학자들은 직접적인 서비스를 덜 매력적으로 여기게 되었다. 또한 정신건강 분야는 다른 학문 분야의 서비스 제공자들로 가득 차고 있다. 대부분의 경우, 이런 다른 정신건강전문가들은 그들의 서비스에 대해서 돈을 덜 받는다. 그러나 임상심리학을 정의하는 특성이기도 한 연구와 경험적인 지지를 받은 평가와 개입에 대한 엄격한 훈련은 그런 시나리오에서 한 이점이 될 것이다. 임상심리학자들은 직접적인 서비스 제공자들의 수련을 감독하고, 실행된 개입의 효과를 평가하도록 더 요청받을 것이다.

감사와 칭찬

내 인생의 동반자인 Meg, 내 딸 Molly와 Janey, 그리고 나의 부모님, 많은 임상심리학 분야의 동료들, 특히 Kenny Sher, Tom Widiger에게 감사를 드린다. 마지막으로 Ray Ronci가 보여준 우정과 영감에 감사한다.

나는 맨토인, Annette La Greca 박사, Tony Spirito가 임상심리학 분야에 제공한 공헌에 많은 빚을 졌으며, 어떻게 임상심리학 분야에 받은 것을 다시 돌려주는지에 대해 배웠다.

나는 Jessica Alderman과 Jaime Perkins 등을 비롯한 Cengage Learning 직원들의 전문적인 도움을 받을 수 있어서 대단히 운이 좋다고 생각한다.

나는 또한 이 책의 '인물소개'에 실리는 것을 동의한 사람들에게 감사를 표하고 싶다. 그들의 진술은 임상심리학을 생생하게 느끼게 하는 데 정말 도움을 주었다.

이 책의 장들을 검토해 준 사람들의 피드백과 의견은 매우 도움이 되었다 – Washington State University의 Leonard Burns, San Jose State University 의 Glenn Callaghan, Auburn University의 Chris Correia, University of Utah의 Jenny M. Cundiff, University of California, Irvine의 Barb J. Heine, New Mexico Highlands University의 Jean Hill, University of Wisconsin, Green Bay의 Regan Gurung, Ohio University, Chillicothe의 Cindy Lou Matyi, University of Wisconsin, Eau Claire의 Jennifer Muehlenkamp, University of Utah의 Keith Renshaw, Boston University의 Denise Sloan, Southern Methodist University의 Jasper Smits, Drexel University의 Mary Spiers, Cleveland State University의 David Topor, Eastern Kentuckey University의 Dustin Wygant, University of North Carolina, Chapel Hill의 Eric Youngstrom.

저자 소개

Timothy Trull 박사는 현재 미주리–콜롬비아 대학교(University of Missouri—Columbia) 심리과학(Psychological Science)의 Curator 교수이자 Byler 석좌교수로 재직중이다. Trull 박사는 이상심리학과 심리측정 등의 임상심리학 과목들을 가르치고 있으며, 대학원생들의 연구, 평가, 임상실습을 감독하고 있다. 그는 켄터키대학에서 임상심리학전공으로 석사와 박사학위를 받았다. 그는 적응적 · 비적응적 성격 특질을 평가하는 Structured Interview for the Five-Factor Model of Personality (SIFFM)의 공저자이고 Psycho-logical Assessment의 부편집장이다. Trull 박사는 Journal of Abnormal Psychology, Psychological Assessment, Journal of Personality Disorders에 수많은 논문을 출판하였다. 그는 현재 National Institute of Health, National Institute on Alcohol Abuse and Alcoholism, Borderline Personality Disorder Research Foundation 등에서 연구비를 지원받아서, 경계선 성격장애의 원인 모델들을 평가하는 연구와 성격장애와 물질사용장애 간의 관계를 탐색하는 연구 및 유전과 환경이 성격과 정신병리에 미치는 영향을 평가하는 연구를 수행하고 있다. Trull 박사는 대학에서의 업무 이외에도 Midwest Alcoholism Research Center (MARC)의 교수를 겸임하고 있으며, 자신의 클리닉에서 환자를 진료하고 있다. 그는 다수의 수상경력을 지니고 있는데 2002년도에 켄터키대학교가 수여하는 Outstanding Alumnus상을 수상했고, 1993년에는 Robert S. Daniels Junior Faculty Teaching Award, 1992~1993년에는 Psi Chi Professor of the Year를 받았다. Trull 박사는 현재 미국심리학회(American Psychological Association)와 심리과학학회(Association for Psychological Science)의 펠로우이다.

Mitchell J. Prinstein 박사는 University of North Carolina at Chapel Hill의 Bowman과 Gordon Gray 석좌교수이다. Prinstein 박사는 University of Miami에서 임상심리학으로 박사학위를 받았고 Brown University 임상심리학 훈련 컨소시엄에서 인턴십과 박사 후 과정을 마쳤다. Prinstein 박사는 청소년들의 내현적 증상과 건강 위험행동에 대한 대인관계 모델을 연구하며, 특히 우울과 자기-파괴행동이 나타나는데 있어 동료관계의 역할에 초점을 두고 연구한다. Prinstein 박사는 National Institute of Mental Health, National Institute of Child and Human Development 그리고 다양한 사설단체에서 책임연구자로서 연구비를 받았다. Prinstein 박사는 Journal of Clinical Child and Adolescent Psychology의 편집장을 역임하고 있고, 몇 가지 발달 정신병리와 관련된 저널들의 편집위원으로 활동하고 있다. Prinstein 박사는 여러 국가기관 및 대학에서 수상을 하였다: 연구관련 수상(American Psychological Association Society of Clinical Psychology Theodore Blau Early Career Award, Columbia University/Brickell Award for research on suicidality, APA Fellow of the Society of Clinical Child and Adolescent Psychology and the Society of Clinical Psychology), 강의관련 수상(UNC Chapel Hill Tanner Award for Undergraduate Teaching; Psi Chi Professor of the Year), 대학원생의 전문성 발달에 기여(American Psychological Association of Graduate Students Raymond D. Fowler Award), 학부생 교육(Psychology Club Department Research Mentor Award).

역자 소개

권정혜

서울대학교 심리학과 졸업
서울대학교 대학원 심리학 석사
미 UCLA 대학원 임상심리학 박사
임상심리전문가 및 정신보건임상심리사(1급)
현재 고려대학교 심리학과 교수
고려대학교 부부상담센터 소장
고려대학교 학생상담센터 소장

저서

수줍음도 지나치면 병(공저), 기분 다스리기: 기분의 인지치료(역), 인간의 마음과 행동(공역), 사회인지 재활 프로그램(저), 심리학자들이 쓴 행복한 결혼의 심리학(공저)

강연욱

이화여자대학교 사회학과 졸업
서울대학교 대학원 심리학 석사
Michigan State University 대학원 심리학 박사
서울대학교병원 신경정신과 임상심리레지던트과정 수료
충북대학교 심리학과 조교수 및 삼성서울병원 신경과 책임연구원 역임
임상심리전문가 및 정신보건임상심리사(1급)
현재 한림대학교 심리학과 교수
한림대학교성심병원 신경과 겸임교수

저서

기억(공저), 치매(공저), 서울신경심리검사(SNSB)(공저), Korean-California Verbal Learning Test (K-CVLT)(공저), 인지신경과학과 신경심리학(공역)

이훈진

서울대학교 심리학과 졸업
서울대학교 대학원 임상심리학 석사
서울대학교 대학원 임상심리학 박사
임상심리전문가 및 정신보건임상심리사(1급)
현재 서울대학교 심리학과 교수

저서

편집성 성격장애(공저), 정신분열증(공저), 심리장애의 인지행동적 접근(공저), 인지구성주의의 선구자 조지 켈리(공역), 우울증의 인지치료(공역), 약 없이 우울증과 싸우는 50가지 방법(공역), MMPI-2: 성격 및 정신병리 평가(공역)

김은정

서울대학교 영문학과 졸업
서울대학교 대학원 임상심리학 박사
서울대학교 정신과 임상심리수련과정 수료
임상심리전문가, 정신보건임상심리사
삼성사회정신건강연구소 선임연구원 역임
강동정신과 임상심리학자 역임
임상심리전문가 및 정신보건임상심리학(1급)
현재 아주대학교 사회과학대학 심리학과 교수
아주심리상담센터 부소장

저서

사회공포증(저서), 특정공포증(저서), 아동청소년 로샤 검사의 이론과 실제(저서), 놀이치료 사례집(역서)

정경미

연세대학교 및 동 대학원 심리학과 졸업
University of Hawaii 임상심리학 박사
Johns Hopkins 대학교 박사 후 과정
Columbia 의과대학교 임상강사
현재 연세대학교 심리학과 조교수

저서

여성 요실금의 보조치료(공저), 아동청소년 심리치료(역)

최기홍

고려대학교 및 동 대학원 심리학과 졸업
University of Nebraska-Lincoln 임상심리학 박사
University of Rochester Medical Center 인턴십
Columbia University 의과대학교 박사 후 과정
Yale University 의과대학교 연구교수
현재 고려대학교 심리학과 조교수

저서

중증정신질환의 치료와 재활(공역)

요약
차례

차례

PART 1 임상심리학의 기초

PART 2 임상평가

PART 3 임상적 개입

PART 4 임상심리학의 전문 영역

* 참고문헌은 지면 제한상 출판사 홈페이지(www.cengage.co.kr) 자료실에 올렸으니 참고하시기 바랍니다.

PART 1

임상심리학의 기초

Foundations of Clinical Psychology

Chapter 

임상심리학: 서론

Clinical Psychology: An Introduction

핵심질문

1. 임상심리학자가 다른 정신건강전문가들과 구별되는 점은 무엇인가?
2. 임상심리학자는 연구와 임상 실무를 어떻게 통합하는가?
3. 현재 어떤 경향들이 임상심리학자의 미래 역할에 영향을 줄 것 같은가?
4. 임상심리학 박사과정 프로그램의 주요 요소는 무엇인가?
5. 임상심리학 대학원과정 입학에 필요한 일반적인 자격요건은 무엇인가?

개요

임상심리학이란 무엇인가?

임상심리학이란 무엇인가? 대중매체에서 임상심리학자의 실상과 허상을 많이 보고 있지만, 일반 대중들은 심리학자가 무슨 일을 하는지, 그들의 교육적 배경은 어떠한지에 관해서 잘 알지 못한다(J. Peterson, 1995). 임상심리학자들이 나이, 성별, 이론적 성향 및 역할에 있어서 매우 이질적인 집단이라는 사실은 그리 놀랍지 않다(Norcross, Karpiak, & Santoro, 2004). 오랜 세월이 지난 지금도 사람들은 아직 임상심리학자를 의사와 혼동한다. 어떤 사람들은 아직도 임상심리학이 정신분석과 동의어라고 믿고 있고, 어떤 사람들은 임상심리학자들을 마법사의 일종이라고 생각하며, 또 어떤 사람들은 그들을 다소 특별한 사람들로 본다. 그러나 다행히 그들을 연구자, 치료자, 명성이 있는 전문 학회의 일원으로 여기는 사람들도 많이 있다. 실제로, 미국심리학회와 북미 각 주의 자격증 위원회는 특정적인 훈련과 자격(아래에 자격에 대해 더 자세히 기술함)을 갖춘 선택된 그룹의 전문가에게만 '임상심리학자'의 직함을 사용할 수 있도록 허용한다.

J. H. Resnick(1991)은 임상심리학을 다음과 같이 정의하였다.

> 임상심리학 분야에서는 연구와 교육 및 서비스를 수행하는데, 이러한 활동들은 지적, 정서적, 생물학적, 심리적, 사회적, 행동적 부적응과 장애 및 불편감을 이해하고 예측하며 완화시키기 위해 심리학적 원리, 방법, 절차를 광범위한 임상집단에 적용한다(p.7).

Resnick에 따르면, 임상심리학 분야의 중심이 되는 영역들로는 평가와 진단, 개입과 치료, 자문, 연구 및 윤리적이고 직업적인 원칙을 적용하는 것 등이 있다. 임상심리학자들은 성격과 정신병리학 영역에 대한 전문 지식을 지니고 있다는 점과 과학, 이론 및 실천을 통합한다는 점이 특징적이라 할 수 있다.

임상심리학의 최근 정의는 미국심리학회(American Psychological Association: APA) 12분과(임상심리 학회: www.apa.org/divisions/div12)의 웹페이지에 있다.

> 임상심리학 분야는 부적응과 장애와 불편감을 이해하고 완화시키며, 인간의 순응과 적응 및 개인적 발달을 증진시키기 위해서 과학과 이론과 실천을 통합한다. 임상심리학은 다양한 문화권과 모든 사회경제적 수준에서 전 생애에 걸쳐 인간 기능의 지적, 정서적, 생물학적, 심리적, 사회적, 행동적 측면들에 초점을 맞춘다.

임상심리학자들은 아동에서부터 노인에 이르는 다양한 개인들과 일한다. 또한 개개인, 가족들, 배우자 혹은 파트너, 학교 관계자, 타 건강관리 전문가들 그리고 지역사회를 대상으로 일을 한다. 임상심리학자들은 때로 더 큰 세팅, 즉 대학, 병원, 개인 클리닉, 혹은 여러 개인 임상심리학자들이 모인 그룹 클리닉에서 일을 한다. 여러 다양한 정신건강 관련 학위 중에서, 임상심리학 박사학위(Ph.D.)가 다양한 직장에서 일할 수 있는 가능성이 가장 높은 것으로 인식된다.

이런 정의들은 임상심리학자들이 무슨 일을 하는지와 그들이 어떤 기술을 가지고 있는지를 기술하고 있지만, 우리는 다른 사람들이 이 직업을 어떻게 보고 있는지를 언급하고 잘못된 이미지를 수정하려고 노력해야 한다. 첫 장의 주 목적은 임상심리학자가 무엇을 어디에서 하고, 그들이 어떻게 임상가가 되었으며, 정신건강과 관련된 일을 하는 다른 직종들과 어떻게 다른지를 기술함으로써 임상심리학의 특성을 분명하게 하는 것이다. 그 과정에서 우리는 임상심리학 분야에 대한 더 나은 이해를 얻게 될 것이다.

밀접하게 연관된 정신건강전문가

임상심리학의 특성을 검토하기 전에, 정신건강 분야의 몇 가지 다른 주요 직업들을 간단히 살펴보겠다. 임상심리학과 정신의학, 임상심리학과 상담심리학의 차이에 대해 혼란이 가장 많으므로 우리는 논의의 초점을 대부분 이들 분야에 맞추겠다. 이런 직업들 간의 구분이 명확해지면 우리는 임상심리학의 독특한 정체감을 이루고 있는 특징들을 더 잘 제시할 수 있을 것이다.

정신과 의사

정신과 의사는 의사이다. 정신의학은 의학적 전통에 뿌리박고 있으며, 조직화된 의학의 틀 안에 존재한다. 그러므로 정신과 의사들은 그들의 지적인 뿌리를 Freud, Jung, Adler 등의 비의학적 공헌에 두고 있다 하더라도 의료전문가로서의 권력과 지위를 소유한다. Freud 등은 의사였지만, 그들은 의학과는 거의 관련되지 않은 정신분석 체계를 개발하기 위해서 의학적 전통의 바깥에 있었다. 정신과 의사는 의사라는 사실 때문에 정신건강전문가들의 위계서열에서 높은 지위를 차지해 왔고, 그들의 많은 의견이나 주장들은 의학적 배경에 기초한다. 의학적 전통에 따라, 정신과는 정신병리를 구분이 명확한 원인(종종 생물학적인)이 있는 정신적 '질환'으로 간주하고, 그러한 정신질환은 향정신과 약물과 같은 의학적인 치료로 치유될 수 있다고 생각한다. 모든 의학관련 박사들과 유사하게, 정신과 의사들은 훈련과정 초기에 일반적인 의과대학 과정을 수료한다.

정신과 의사들은 의학적 수련을 받으므로 의사로서 기능할 수 있다. 그들은 약을 처방하고 신체적 병을 치료하며 신체검사를 한다. 정신과 의사들은 심리치료와 정신과적 진단할 뿐만 아니라 환자의 심리적 어려움을 치료하는 다양한 약물을 광범위하게 사용한다. 더욱이, 의학적 수련의 결과로 그들은 환자의 심리적 고통에 기여할 수 있는 의학적 문제들을 더 잘 지각할 수 있다. 그러나 글상자 1-1이 시사하듯이 미래에는 정신과 의사를 임상심리학자와 구분 짓게 하는 이런 전통적인 특징들이 덜 분명하게 될 것이다.

전형적인 정신과 의사들은 의대를 졸업하고 모든 의사들에게 요구되는 일반적인 인턴십을 마친 후 4년간의 레지던트 과정 동안 정신의학 수련을 받는다. 이런 도제 기간 동안에는 전문의들의 감독하에 입원한 환자와 외래 환자들을 진료하고, 세미나, 독회, 토의 및 관련 활동들을 수행한다. 정규 정신의학 교과과정의 양은 경우에 따라 다르지만 핵심 수련은 경험이 더 많은 정신과 의사의 감독하에 환자를 치료하는 것이다.

정신과 의사에 대한 다음과 같은 기술이 미국정신과학회 웹페이지에 있다(www.psych.org).

> 정신과 의사는 정신병과 물질사용장애의 진단, 치료 및 예방이 전문인 의사이다. (정신의학이 요구하는) 광범위한 수련을 통해서 정신과 의사는 신체 기능을 이해하게 되고, 정서적인 병과 의학적인 병 간의 복잡한 관계를 이해할 수 있게 된다. 그러므로 정신과 의사는 정신적 고통과 신체적 고통 두 가지 모두의 신체적인 원인과 심리적인 원인을 분별해 낼 수 있는 자격을 가장 잘 갖춘 정신건강전문가이며 의사이다. 정신과 의사들은 심리적 불편과 관련된 신체적이고 정신적인 측면들을 모두 평가할 수 있는 자격이 주어진다. 정신과 의사는 의과대학을 수료하고(즉, M.D. 혹은 D.O.), 정신과에서 4년 혹은 그 이상의 레지던트 기간을 갖는다. 정신과 의사들은 모든 영역에 걸친 의학적 실험 및 심리학적 평가(예, 환자들과의 인터뷰, 환자의 육체적/정신적 상태에 대한 정보를 제공하는)를 수행하거나 지시할 수 있다.

글상자 1-1 그러나 그것이 임상심리학을 위한 올바른 처방인가?

1990년대 초부터 많은 임상심리학자들은 궁극적으로 정신과 의사가 오랫동안 누려온 처방권을 갖고자 하는 희망을 표현하였다. 특히, 그들은 정신활동, 기분, 또는 행동에 영향을 미치는 향정신성 약물을 처방하기를 원하였다. 그러나 다른 사람들은 이에 대해 신중하기를 권하였다. 그들은 임상심리학이 꽃피게 된 이유가 임상심리학이 정신의학과 다르기 때문이라고 주장하였다.

임상심리학자들은 심리평가에 있어서 독보적인 기술을 발전시켰고, 견고한 과학적 기초 위에서 전문 직업으로서의 심리학을 세웠다. 그들은 약을 처방함으로써 정신과 의사를 모방하는 것은 이러한 임상심리학의 독특성을 파괴시킬 것이라고 우려하였다.

임상심리학자들은 흔히 내담자들에게 자율성을 강조하며, 변화 과정에 치료자와 적극적으로 협력할 필요성을 강조한다. 이와는 대조적으로 정신과 의사들은 흔히 권위주의적인 전통을 가지고 있다. 의사는 환자에게 무엇이 잘못되었는지를 말해 주고 호전되도록 약물을 처방한다. 전통적으로, 임상심리학자는 말로 하는 치료(talk cure) 및 사고와 사회적 학습과정에 관여하여 왔다. 그들은 심리적인 문제들에 대해서 '화학(약물)을 통한 더 나은 생활'이라는 신조를 적용시키지 않는다. 약물이 전혀 필요가 없다고 주장하는 임상심리학자는 거의 없으나, 많은 사람들은 대부분의 내담자들이 궁극적으로는 자신의 생활 속 문제들과 심리적으로 맞붙어서 싸우기를 학습해야 한다고 주장한다. 핵심은, 현재 이 분야가 약처방권의 가치에 관해서 갈등을 겪고 있다는 것이다. 우리는 이 논쟁에 관해서 제3장에서 더 많이 논의하게 될 것이다.

이 영역 내의 양가감정에도 불구하고 미국심리학회는 1995년에 약처방권 추구를 공식적으로 승인하였다(Martin, 1995). 이 결정은 연구, 치료 및 임상 활동에 중요한 함의를 지닌다. 예를 들어, 새로운 역할을 할 수 있도록 임상심리학자를 준비시키기 위해서 대학원 수련 내용에 중요한 변화가 요구된다.

Riley, Elliott와 Thomas(1992)는 한 조사에서 수련감독자들의 다수(75%)가 임상심리학자에게 처방권이 주어진다면 그들의 프로그램이 최소한 1년은 연장되어야 한다고 지적하였고, 21.3%는 자신들의 프로그램이 완전히 개조되어야 한다고 보고하였다고 밝혔다. 그러나 현재로서 처방권을 얻기 위해서는 박사 후(postdoctoral) 수준의 전문성이 요구될 것으로 보인다. 대부분 임상심리학자들은 처방권을 추구하기로 한 APA의 결정이 임상심리학 분야의 발전 방향에 지속적인 영향을 미칠 것이라는 데 동의한다. 그러나 그 효과가 긍정적일지 부정적일지는 아직 알 수 없다.

정신과 의사와는 대조적으로 임상심리학자는 의학 분야에서는 거의 수련을 받지 않고 인간행동을 지배하는 심리학적 원리들과 심리기능의 평가 및 과학적인 연구 방법에 관하여 더욱 광범위한 수련을 받는다. 정신과 의사들과 비교할 때, 임상심리학자들은 심리치료(즉, '약물'치료가 아닌 '말로 하는' 치료)에 더 강도 높은 훈련을 받으며, 정신병리를 개인의 생물학적/심리학적/사회적인 특성 그리고 환경 내에서의 경험들의 상호작용의 결과로 이해한다.

정신의학은 한때 지니고 있던 명성과 인기를 더 이상 누리지 못하고 있다. 의과대학 졸업생들 중에서 정신과 레지던트 과정을 선택하는 비율은 1970년 이래 전반적으로 감소하였다(Sierles & Taylor, 1995). 2011년에는, 640명의 미국 의과대학 졸업생들이 정신과 레지던트 프로그램으로 진학했다. 정신과와는 다르게, 가족의학과, 소아과, 내과가 더 많은 성장을 보이고 있다(Moran, 2011). 게다가 미국에서 정신과 레지던트 프로그램에 진학하는 사람들 중, 지난 5년간 대략 40%가 외국인 학생인 것으로 나타났다(Moran, 2007, 2011). 1994년에는 미국의 의대 졸업생 중에서 단지 3.4%만 정신의학을 선택하였는데, 이는 1929년 이후 가장 낮은 수치이다

(Sierles & Taylor, 1995). 이와 같이 정신의학 지원자가 감소한 이유는 최근 생물학적 접근에 대한 정신의학의 강조(이에 따라 이 분야는 전통적인 다른 전문의학 분야들과 유사해졌다), 정신과 개업에 대한 관리의료의 경제적 영향, 임상심리학과 같은 다른 정신건강전문가들과의 경쟁의 증가 등을 들 수 있다(Sierles & Taylor, 1995).

한 조사에서 개업을 하고 있는 정신과 의사들의 몇 가지 인구통계학적 최근 경향들이 밝혀졌다(Zarin et al., 1998). 첫째, 정신과 의사 중 여의사의 비율이 높아졌다(1982년 14.5% → 1996년 25%). 게다가 최근에는 소수인종 출신의 정신과 의사 비율도 높아졌다. 마지막으로, 개업하고 있는 정신과 의사의 주당 평균 근무시간이 점차 감소하고 있다. 결과적으로, 많은 정신과 의사들은 자신의 환자들에게 강도 높은 심리치료를 제공하지 않으나, 그 대신 짧은 시간(15분에서 1시간) 동안 약물관리를 위한 진료를 한다(Harris, 2011을 참고하라). 증상을 감소하고 예방하는 행동기술을 가르치거나 심리적 증상을 경험하는 사람들과 깊이 있게 일할 수 있는 기회들이 임상심리학에 비해 정신과에서는 제한이 된다.

글상자 1-1에서 기술한바와 같이, 정신과 영역에서의 주요 쟁점은 임상심리학자를 포함한 비-의료 건강전문가에게 약물처방권을 허용할 것인지에 대한 것이다(Katschnig, 2010; Rabinowitz, 2008). 몇몇 전문가들은 현재까지 몇몇 주(예, 뉴멕시코, 루이지에나)에서 심리학자들에게 약물처방권을 허용한 사실과, 많은 의사들이 정신과 약물을 처방함에 있어 정신과 의사들의 충고나 지침을 얻지 않고 있음을 지적하며, 의학 분야로써 정신과의 쇠퇴를 알리는 신호라고 지적한다(Koocher, 2007). 이러한 쇠퇴가 일어나는지는 지켜봐야 할 일이지만, 정신과 영역이 현재 정체성의 위기를 어느 정도 겪고 있다는 것은 의심의 여지가 없다(Katschnig, 2010; Tasar, 2008).

killerb10/iStockphoto

정신과 의사는 정신건강에 전문성을 지닌 의학박사이다.

상담심리학자

상담심리학자의 활동은 임상심리학자의 활동과 중복된다. 전통적으로 상담심리학자들은 정상인이나 중등도의 적응 문제를 지닌 사람들을 대상으로 일한다. 그들의 임무는 집단상담이나 개인상담을 포함한다. 상담심리학자들의 주된 평가 방법은 보통 면접이지만, 검사(예: 능력, 성격, 흥미, 직업적성의 평가)도 실시한다. 역사적으로 그들은 교육과 직업 관련 상담을 많이 해왔다. 더욱 최근에는 많은 상담심리학자들이 인지행동기법과 심지어 바이오피드백까지 사용하기 시작했다.

전통적으로, 상담심리학의 가장 흔한 취업 영역은 교육현장, 특히 대학이었다. 그러나 상담심리학자들은(임상심리학자들처럼) 병원, 재활센터, 정신건강클리닉 및 산업체에서도 일한다. 교육현장에서 상담심리학자가 수행하는 일들에 대한 좋은 예가 수년 전에 한 대학 신문 기사의 머릿글로 실렸다. "상담센터가 기혼 학생들의 요구에 반응하다." 그 기사는 결혼하여 자녀를 둔 대학생들이 학교를 다니면서 결혼과 자녀 때문에 생긴 문제들을 잘 다룰 수 있게 하기 위해서 고안된 집단상담회기에 관해서 기술하였다.

대체로, 상담심리학자들은 다음과 같은 활동을 수행한다—(a) 예방적 치료, (b) 자문, (c) 방문상담(outreach) 프로그램의 개발, (d) 직업상담, (e) 단기상담/1~15회기의 심리치료. 그러나 젊은 상담가들은 전통적으로 임상의 영역인 심리치료와 같은 활동을 점점 더 많이 하는 것 같다. 오늘날, 그들은 직업상담이나 경력상담에는 관심이 적고 개업에 더 관심이 있다.

상담심리학과 임상심리학 간에는 많은 유사성이 있지만, 몇 가지 구별되는 점들도 있다(Norcross, Sayette, & Mayne, 2002). 임상심리학 분야는 박사수준의 전문가 수와 인준된 박사과정 수련 프로그램의 수가 훨씬 더 많다. 임상심리학은 상담심리학 분야보다 인준된 박사과정 프로그램이 거의 3배가량 많으며 대학원생 수는 4배나 된다. 대다수의 임상심리학 프로그램과는 달리 상담 프로그램은 심리학과에 속한 경우가 적다. 마지막으로, 상담심리학자들은 가벼운 수준의 정신장애가 있거나 적응 문제를 지닌 내담자들에게 서비스를 제공하며, 경력이나 직업 평가에 더 전문화되어 있다. 최근의 조사(Norcross, Sayette, Mayne, Karg, & Turkson, 1998) 결과에 의하면 임상심리학과 상담심리학 박사과정 프로그램 간에는 다음과 같은 차이들이 있다고 한다.

- 입학허가율은 비슷하지만 임상심리학 프로그램에 약 2배 정도 더 많은 사람이 지원한다.
- 입학이 허가된 학생들의 평균 GRE 점수가 상담 분야보다 임상 분야가 약간 더 높다.
- 상담 프로그램은 소수인종의 학생들과 석사학위를 지니고 있는 학생들을 더 많이 받는다.
- 소수인종/횡문화적 쟁점과 직업 검사에 초점을 맞춘 연구는 상담심리 박사과정 프로그램 교수들에 의해서 더 많이 수행된다.
- 심리학적 장애와 임상건강심리학에 초점을 맞춘 연구는 임상심리 박사과정 프로그램 교수들에 의해서 더 많이 수행된다.

미국심리학회가 인준한 상담심리학 박사과정 프로그램은 70개 이상이 있다. 매년 500명 이상의 상담심리학 박사가 배출되는 것으로 추정된다(Norcross et al., 2002).

기타 정신건강전문가

정신과 사회사업가. 정신과 사회사업가들의 전문적인 활동은 정신과 의사나 임상심리학자의 활동과 유사하다. 많은 정신과 사회사업가들은 개인 또는 집단심리치료를 행하고 있으며 진단과정에도 기여한다. 흥미롭게도, 정신과 의사, 심리학자, 정신과 간호사를 합친 것보다 더 많은 수의 임상적으로 훈련된 사회복지사들이 있다. 사회복지사협회의 웹사이트(www.naswdc.org/pressroom/features/general/profession.asp)에서 사회복지의 전문 영역을 다음과 같이 정의한다:

> 사회복지전문가들은 개인, 집단 혹은 지역사회와 함께 일하며, 사회기능을 회복하거나 증진하도록 돕는 동시에 그들이 목표를 달성하기에 좋은 사회적인 조건을 만든다. 사회복지를 실천하기 위해, 인간발달 및 행동에 대한 지식, 사회, 경제 및 문화적 제도에 대한 지식, 그리고 이러한 모든 요소들의 상호작용에 대한 지식이 필요하다.

과거에는 사회사업가들이 환자의 어려움에 기여하는 사회적인 압력이나 외적인 동인(agent)을 다루는 경향이 있었다. 사회사업가는 사례사(case history)를 얻거나, 고용주와 친척들을 면담하거나, 직업적인 배치에 대해서 조정을 하거나 또는 부모를 상담하는 반면, 정신과 의사는 환자와 함께 심리치료를 하였고 임상심리학자는 환자들을 검사하였다. 그러나 이런 직업적인 역할 구분은 시간이 지나면서 희미해졌다.

아마도 정신과 의사 및 심리학자와 긴밀한 관계를 맺게 됨에 따라서 많은 사회사업가들이 사회적이거나 환경적인 요인들에 덜 주목하고 그들의 동료들처럼 내적이고 심리적인 요인들에 몰두하게 된 것 같다. 임상적으로 훈련받은 사회복지사들은 심리학 및 정신과 영역의 전문가들이 수행하는 많은 심리치료적 활동을 수행한다. 하지만 일반적으로 사회복지사들은 여전히 정신병리의 가족 및 사회적 결정 요인들에 더 많은 초점을 둔다. 그러나 현재는 많은 사회사업가들이 정신분석적 영향에서 벗어나 정신병리의 가족적, 사회적 결정 요인에 대한 초기 관심으로 되돌아가고 있는 것처럼 보인다.

사회사업 학위과정에서는 교육의 일환으로 감독

사회복지사는 일반적으로 정신건강 문제의 가족적 혹은 사회적 결정인자들에 더 초첨을 맞춘다.

자의 감독하에 학생들이 현장실습(fieldwork)을 수행하는 프로그램을 선구적으로 실시하여 왔다. 보통 2년을 요구하는 현장실습은 석사학위(보통 사회사업가들의 최종 학력) 과정의 일부이다. 임상심리학자들이나 정신과 의사들의 수련과정과 비교하면, 사회사업 수련은 기간이 짧다고 할 수 있다. 그 결과, 사회사업가의 책임은 정신과 의사나 임상심리학자의 책임보다 크지 않다. 사회사업가들의 특징은 환자들의 일상생활과 스트레스에 열정적으로 관여한다는 것이다. 그들은 자신들의 환자가 생활하는 장소인 가정, 공장 및 거리를 방문한다. 그들은 활동적으로 역할을 수행하며, 특정 사례로부터 추상적이고도 이론적인 일반화를 도출하기보다는 생활의 실제적인 일들에 더 많은 관심을 가진다. 많은 정신과 사회사업가들은 공공기관들에 취업한다. 일부는 개업을 하기도 하고 개인치료나 가족치료를 수행하기도 하는데, 이들의 활동은 정신과 의사나 임상심리학자의 역할과 구분되지 않는다. 또 다른 사회사업가들은 병원, 사회적 서비스 기관, 또는 정신건강클리닉에서 정신건강팀(정신과 의사, 임상심리학자, 그리고 정신과 사회사업가)의 일원으로 일한다.

현재 사회사업 분야는 엄청나게 성장하고 있는 것으로 보인다. 사회사업가들은 현재에도 국가의 모든 정신건강서비스의 반 이상을 제공하고 있으나, 상대적으로 낮은 임금수준 때문에 정신과 의사나 심리학자의 대안이 될 수 있으므로 미래에는 정신건강시장에서 더 큰 발판을 마련할 것으로 예측된다(Clay, 1998). 사회사업 프로그램에 등록하는 사람들이 계속 증가하고 있으며, 사회사업가의 숫자도 2005년까지 34% 증가할 것으로 예측되었다(Clay, 1998).

학교심리학자. 학교심리학자는 학령기 아동들의 지적, 사회적, 정서적 성장을 증진시키기 위해서 교육자나 다른 사람들과 함께 일한다. 이러한 목적으로, 학교심리학자들은 심리평가 및 교육평가를 실시하며 교육프로그램들을 개발하고 그 효과성을 평가한다. 또한 학교 교사, 부모 및 학교 관료들을 대상으로 컨설팅을 한다. 예를 들면, 특별한 지적, 정서적, 사회적 문제를 지닌 아동들의 발달을 도와주기 위한 프로그램을 만들어 낼 수 있다. 학교심리학자들은 그런 아동들을 평가하고, 특별한 프로그램이나 치료가 필요하다면 다른 학급으로 이동할 것을 권유한다. 그들은 또한 학교정책이나 학급관리에 관한 쟁점들에 대해서 교사 및 학교 직원들에게 자문한다. 미국법제하에서 특수교육이 필요한 아이들은 반드시 종합적인 교육평가를 받아야 한다. 학교심리학자들은 이러한 평가의 대부분을 실시하기 때문에 학교심리학자들이 수행하는 아이들의 지적인 능력과 학업수행능력 평가에 대한 요구가 매우 높다. 이러한 평가를 받으려는 학생들이 때로는 수개월에서 수년간 기다려야 하는 경우도 있다. 그들이 일하는 장소는 학교, 유아원 및 탁아소에서부터 병원, 클리닉 및 형무소에 이르기까지 광범위하다. 소수는 개업을 하고 있다. 인준 받은 학교심리학 프로그램은 50개 이상이 있고, 매년 100명이 조금 안 되는 사람들이 학교심리학 박사학위를 취득하는 것으로 추정된다(Norcross, Sayette, & Mayne, 1998).

건강 및 재활심리학자. 많은 건강 및 재활심리학자들이 임상심리학 박사학위를 지니고 있지만, 꼭 박사학위가 필요한 것은 아니다. 실제로, 그 예로 상담, 사회 및 실험심리학자들이 건강이나 재활 심리학 영역에서 전문성을 지닐 수도 있다. 이러한 전문성은 대학원이나 박사 후 과정 동안 개발하기 시작한다. 이 책의 제17장에서 건강 및 재활심리학에 대해 더 자세히 다룰 것이므로, 여기에서는 간단하게 소개만 하겠다.

정신과 간호사는 정신건강 서비스 팀의 일원으로 일한다.

재활심리학자. 연구와 실무 두 영역 모두에서 재활심리학자의 대상은 신체적으로 또는 인지적으로 장애가 있는 사람들이다. 그 장애는 태어날 때부터 있었던 것일 수도 있고 나중에 병에 걸리거나 다쳐서 생긴 것일 수도 있다. 재활심리학자는 사람들이 자신들의 장애나 그 장애에 흔히 수반되는 신체적, 심리적, 환경적 장벽에 잘 적응하도록 돕는다. 그들이 가장 많이 고용되는 곳은 재활기관과 병원이다. 그러므로 재활심리학자들은 장애가 있는 사람들의 삶의 조건을 증진시키기 위해 애쓰며, 이를 위한 입법 및 법제화 과정을 돕는 데 참여하기도 한다. 재활심리학자들은 종종 급성보호병동, 의료센터, 재활기관, 일반병원, 지역사회 관련기관들, 재향군인병원, 및 대학에서 일하기도 한다. 재활심리학자들은 보험과 관련하여 전문적인 의견을 제시하기도 하고, 평가를 실시하기도 하며, 다학제팀의 일원으로서 서비스를 제공한다.

건강심리학자. 건강심리학 분야는 최근에 나타났지만 빠르게 성장하고 있다(Brannon & Feist, 2004). 건강심리학자들은 연구나 실무를 통해서 건강의 증진과 유지에 공헌하는 사람들이다. 그들은 또한 병의 예방과 치료에 관여한다. 그들은 사람들이 금연하고 스트레스를 관리하며, 몸무게를 줄이고 알맞은 체중을 유지하도록 돕는 프로그램을 고안하고 실행하며 연구한다. 최근에 생겨난 영역이므로 이 영역은 임상심리학, 상담심리학, 사회심리학 등을 포함하는 다양한 배경을 가지고 있다. 많은 건강심리학자들은 의료기관에 고용되어있으나, 피고용인과 회원들의 복지를 유지하는 것이 중요하다는 사실을 인식한 기업과 산업체의 자문역할을 점차 많이 수행하고 있다. 제3장에서 논의하겠지만, 이 전문분야는 건강관리영역을 휩쓸고 있는 변화로부터 가장 이득을 볼 것 같다. 우리는 제18장에서 건강심리학에 관하여 더 자세히 논할 것이다.

정신과 간호사. 최근에 다른 정신건강 종사자들의 역할이 확장되고 있다. 우리는 정신과 간호사의 역할을 오랫동안 알고 있었다. 환자와 가까이 접촉하며 많은 시간을 보내므로, 그들은 환자가 병원생활에 잘 적응하고 있는지에 대한 정보를 제공할 뿐만 아니라 적절한 치료적 환경을 조성하는 데 결정적이고도 민감한 역할을 담당하고 있다. 정신과 의사나 임상심리학자와 긴밀하게 협력하면서 그들은 (그들의 감독하에 있는 직원, 간호조무사, 자원봉사자 등과 함께) 치료적인 권고를 실행에 옮긴다. 자격증이 있는 간호사들은 현재 미국에서 몇 개 주를 제외한 거의 모든 주에서 처방권을 지니고 있다. 그러므로 간호사들이 정신건강서비스의 최전방에서 점점 더 많이 일하게 될 것이다.

기타. 스태프가 잘 갖추어진 대부분의 병원들은

작업치료사, 레크리에이션치료사, 예술치료사 등 다양한 치료사들을 고용하고 있다. 수련과 경험에서 얻은 지식을 바탕으로 이 사람들은 환자들의 적응패턴을 증진시키는 데 중요한 부가적인 역할을 수행할 수 있다. 그들은 병원이 아닌 다양한 장소에서 환자들에게 도움이 되는 기술을 가르칠 수 있다. 그들은 환자들이 입원생활을 더 잘 견딜수 있도록 도움을 줄 수 있으며, 그 기관의 치료적 가치를 증진시킬 수 있다. 그들의 역할이 예술, 음악, 정원 돌보기, 춤 등을 통해서 환자들이 자신의 느낌과 접촉하도록 돕는 것이든지 또는 환자의 개인적, 사회적 기술을 증진시키는 것이든지 간에 그런 치료 종사자들의 공헌은 중요하다.

전문적인 정신건강 종사자들을 보조하도록 수련 받은 사람들을 전문직 **보조원**(paraprofessionals)이라 부르는데 그들의 역할은 최근에 크게 확장되었다. 자원봉사자들은 흔히 단기 수련만을 받고 위기센터(환자가 직접 방문하는 곳과 전화만 가능한 곳 모두)에서 가장 눈에 띄는 종사자가 되었다. 전문직 보조원들의 일부 활동들은 이미 인정받고 있다. 연구 결과 전문직 보조원들의 노력이 전문가들의 일을 효과적으로 보충할 수 있음이 강하게 입증되었다(Christensen & Jacobson, 1994). 우리는 이 쟁점을 제17장에서 광범위하게 논의할 것이다.

우리는 지금 다른 사람을 돕는 전문가들의 일부를 간단히 살펴보았다. 이제 임상심리학자의 역할로 돌아가자.

정부에 의해 규제를 받지 않는 전문 영역 및 전문가들

앞에서 언급한 대부분의 전문가들과 유사전문가들(paraprofessionals)은 정부에서 교육요건과 자격증 요건들을 구체적으로 요구하고 규제한다. 다시말해, 이러한 정신건강전문가들은 반드시 (a) 적절한 전문적 훈련을 받았는지를 문서화해야 하고, (b) 현대의 임상지식들, 윤리적 규제들, 주정부의 관련법들을 포함한 전문가 자격시험을 통과해야만 하며, (c) 지속적인 교육을 통해 최신 지식을 습득해야 한다. 하지만 몇몇 전문가 명칭들은 정부에 의해 규제를 받지 않으며(예: '치료자', '심리치료자'라는 명칭들), 실제로 누구나 이런 명칭을 사용하여 서비스를 제공할 수 있다. 불행하게도, 대중들 가운데에는 전문가와 이러한 규제되지 않는 사람들이 제공하는 서비스를 구분하지 못하거나 혼란스러워한다.

임상심리학자

임상가들이 다루는 문제들로 임상심리학을 정의할 수는 없다. 임상심리학자들이 다루는 문제의 수와 종류는 놀랄 만큼 광범위하다. 단지 몇 가지만 예로 들어보면 우울, 불안, 정신병, 성격장애, 정신지체, 중독, 학습장애, 청소년 비행, 직업적인 문제 그리고 성적인 곤란 등이 있다. 게다가 이 목록은 현재 기능장애 증상이 있어서가 아니라 스스로를 더 잘 이해하기 위해서 심리치료를 받으려는 사람들은 포함하지 않고 있다.

우리는 임상심리학자들이 다루도록 부탁을 받는 문제나 쟁점들로 임상심리학을 정의하는 대신, 임상심리학자들이 행하는 활동들을 개관함으로써 임상심리학 영역을 정의하고자 한다.

임상심리학자의 활동

임상적 활동에 관해서 우리가 알고 있는 많은 정보는 1973년에서 2003년 사이의 기간 동안 수행된 일련의 연구들에서 비롯되었다. 각 연구는 미국심리학회의 제12분과(임상심리학) 회원들을 무선표집하여 수행되었다. Garfield와 Kurtz(1976)는 1973년에 수집된 800개 이상의 설문을 검토하였다. Norcross와 Prochaska(1982)는 1981년에 수집된 약 500명의 응답을 연구하였다. Norcross, Prochaska와 Gallagher(1989b)는 1986년에 579명의 질문지를 분석할 수 있었다. Norcross, Karg와 Prochaska(1997a, 1997b)는 1994~1995년에 546명의 임상심리학자들을 조사하였다. 그리고 끝으로 Norcross 등(2004)은 2003년에 694명의 임상심리학자들을 조사하였다. 이 5개 연구의 조사결과는 표 1-1과 표 1-2에 제시되어 있다.

표 1-1에서 보면 심리치료가 가장 자주 행하는 활동인 동시에 가장 많은 시간을 차지하고 있는데, 이는 1973년부터 2003년까지 수행된 모든 조사에서도 마찬가지이다. 진단과 평가 또한 계속 주된 활동이었다. 연구 활동은 시간이 흐르면서 더욱 증가하여 왔는데(2003년 응답자들 시간의 약 14%), 2003년 표집의 39%가 전일제 개업을 하고 있었다는 사실에 비추어 볼 때 다소 놀라운 결과이다. 그래도 일부 임상심리학자들은 연구 논문을 한번도 발표하지 않았고, 전체 임상가의 단지 10~15%가 임상심리학자들에 의해서 발표된 연구의 40~50%를 수행한다는 사실은 주목할 만하다(Norcross et al., 1989b, 1997b). 교육은 임상심리학자들에게 비교적 흔한 또 다른 활동이다. 불행하게도 행정에 소요되는 시간이 여전히 심각한 상태였는데 이는 아마도 현대 사회에 매우 일반적인 관료주의를 반영하는 결과인 것 같다. 이제 표 1-1에 제시된 6가지 활동들을 자세히 살펴보자.

치료/개입. 치료는 전형적인 임상가의 노력이 가장 흔히 투입되는 활동이며 가장 많은 시간을 보내는 활동임이 표 1-1에서 분명히 드러난다. 일반인은 흔히 내담자가 긴 의자에 누워있고 턱수염을 기르고 신비스럽게 보이는 치료자가 노트를 들고서 이마를 찡그리며 뒤에 앉아 있는 치료 장면에 대한 이미지를 가지고 있다. 실제로 치료는 다양한 크기와 형태를 지닌다. 소수의 치료자들은 아직 긴 의자를 사용하지만 그보다는 내담자가 치료자 건너편에 얼굴을 마주보고 앉는 경우가 더 흔하다. 대부분의 경우 치료는 일대일 관계이지만 오늘날은 부부치료, 가족치료, 집단치료 역시 매우 흔하다. 예를 들어, 모두 알코올 사용에 문제가 있는 6명이나 8명의 내담자들은 그들의 문제를 다루기 위해서 치료자와 모두 함께 만난다. 혹은 심리학자가 아이의 부모를 만나, 집에서 강화하는 방식을 논의하여 아이의 파괴적인 행동을 낮출 수도 있다. 끝으로, 치료자들 중 상당한 수가

표 1-1 임상가의 활동

활동	참여하는 퍼센트		참여시간의 평균 퍼센트				
	1995	2003	1973	1981	1986	1995	2003
심리치료	84	80	31	35	35	37	34
진단/평가	74	64	10	13	16	15	15
교육	50	49	14	12	14	09	10
임상 수퍼비전	62	50	08	08	11	07	06
연구/저술	47	51	07	08	15	10	14
자문	54	47	05[a]	07	11	07	07
행정	52	53	13	13	16	11	13

[a]Garfield와 Kurtz의 퍼센트는 '지역사회 자문'에 대한 것이다.
출처: Norcross, Karpiak, and Santoro (2004). Clinical psychologists in the 2000s: A national study. Manuscript under review.

표 1-2 임상심리학자들의 취업 장소

취업 장소	1973	1981	1986	1995	2003
	%	%	%	%	%
정신과 병원	08	08	09	05	04
종합병원	06	08	05	04	03
외래환자 진료소	05	05	04	04	04
지역사회 정신건강센터	08	06	05	04	02
의과대학	08	07	07	09	08
개업	23	31	35	40	39
대학교, 심리학과	22	17	17	15	18
대학교, 기타	07	05	04	04	04
재향군인병원	–	–	–	03	03
무직	01	01	04	01	00
기타[a]	01	12	10	11	15

[a]이 범주는 전문 학교, 교정 시설, 관리의료기구, 요양원, 아동과 가족 서비스기관, 재활센터, 학교, 정신분석연구소, 건강유지기구 등을 포함한다.

출처: Norcross, Karpiak, and Santoro(2004). Clinical psychologists in the 2000s: A national study. Manuscript under review.

심리치료는 임상심리학자들의 주요 활동 가운데 하나이다.

남자가 아니라 여자이다. 임상심리학 대학원학생의 70% 이상이 여성이라는 점을 고려하며, 이러한 치료자의 성별의 불균형(즉, 여성치료자가 더 많음)이 당분간 지속될 것으로 보인다.

치료는 어떤 경우에는 그 문제의 기원에 대한 통찰을 탐색하거나 그 사람의 바람직하지 못한 행동의 목적이 무엇인지를 탐색하는 것을 내용으로 하지만, 다른 경우에는 내담자의 약화된 방어를 해결하는 데 도움을 주는 내담자와 치료자 간의 신뢰할 수 있는 분위기를 만드는 것에 목표를 둔다. 오늘날, 치료는 어느 정도 '통찰-중심' 작업을 포함한다. 하지만 내담자의 문제를 줄이는 데 특정 치료기법을 사용하는 치료자들이 더 효과적일 수 있다고 연구들이 보고한다. 또 다른 형태의 치료는 내담자가 치료를 통해서 새롭고 더욱 만족스런 사고방식과 행동을 학습한다는 의미에서 인지행동적이다. 때로는 치료의 목표가 포괄적이며 행동의 큰 변화를 가져오는 것이지만, 또 다른 때에는 환자들이 어떤 목적을 성취하지 못하게 하는 골치 아픈 공포감만을 제거하는 것일 수도 있다. 치료는 많은 차원에서 차이가 난다.

진단/평가. 임상장면에서 환자를 만나는 모든 임상가들은 어떤 형태의 평가를 행한다. 예를 들어 다음과 같은 사례들을 고려해 보자.

- 4학년에서 낙제한 한 아동이 지능검사를 받았다. 지적인 결함이 있을까?
- 우울하고 삶에 대한 모든 열의를 잃어버린 내담자에게 성격검사가 실시되었다. 검사 결과가 우울감에 기여하는 성격요인들을 밝혀 줄 수 있을까?
- 말을 매우 빠르게 하고 하나의 생각에서 다른 생각으로 빠르게 이동하며 위험행동을 더 많이 하는 청소년의 경우, 진단평가를 통해 그가 양극성 장애, ADHD, 혹은 다른 가능한 심리적인 문제가 있는지를 판단한다.
- 한 내담자가 치료를 받으면 효과가 있으리라고 판명되었다. 그러나 어떤 형태의 치료가 가장 적절할까?

임상심리학자들은 심리검사 및 평가에 전문성을 지닌다.

- 한 아버지가 아동학대로 기소되었다. 판단력이나 충동조절에 영향을 미치는 정신장애를 앓고 있는지 결정하기 위해서 그는 면담과 검사를 받았다.

이 모든 예에서 공통적인 것은 더 많은 결정이 내려지고 가장 바람직한 행동이 선정될 수 있도록 그 사람을 더 잘 이해하려는 노력이 담겨 있다는 것이다. 평가는 관찰을 통해서이건, 검사를 통해서이건 또는 면담을 통해서이건 간에 중요한 질문이 대답될 수 있거나 어떤 문제가 해결될 수 있도록 정보를 수집하는 한 방법이다. 이 질문이나 문제들은 앞의 예들이 시사하듯이 매우 다양하다. 평가는 오랫동안 임상심리학자의 역할 중 중요한 한 부분이 되어 왔다. 정말로 오랫동안 평가, 특히 검사는 임상가의 직업적 정체감에 있어서 중요 요소였다.

교육. 대학에서 전임교수나 시간강사로 근무하고 있는 임상심리학자들은 분명히 상당한 시간을 교육에 헌신한다. 주로 대학원 교육을 담당하고 있는 임상심리학자들은 고급정신병리학, 심리검사, 면담, 개입, 성격이론, 실험정신병리학 등의 과목을 가르친다. 그들 중 일부는 또한 심리학입문, 성격, 이상심리학, 임상심리학개론, 심리검사 등의 학부 과목을 가르친다. 1차적인 업무가 클리닉이나 병원에 있거나 개업을 하고 있는 임상가들 조차도 때때로 가까운 대학에서 저녁시간에 수업을 가르치거나 대학원 프로그램에서 시간강사로 가르치기도 한다.

교육 중 많은 부분은 교실에서 강의를 하는 것이지만 상당한 양의 교육은 일대일 감독자 지도 방식으로도 행해진다. 임상장면에서 임상심리학자들은 또한 비공식적인 수업을 하거나 간호사, 조무사, 사회사업가, 작업치료사 등 다른 정신건강요원들에게 오리엔테이션을 위한 강의를 하기도 한다. 어떤 경우에는 임상가들이 지역사회로 나가서 경찰관, 자원봉사자, 성직자, 보호관찰관 등을 대상으로 다양한 주제에 대한 워크숍을 이끌기도 한다.

임상 수퍼비전. 이 활동은 실제로는 교육의 또 다른 형태이다. 그러나 이것은 전형적으로 일대일 교육이나 소집단 접근방법을 사용하며 덜 형식적이며 교실수업과는 다른 다양한 교육이 실시된다. 대학이나 인턴십이나 일반적인 임상장면 어디에서든지 임상심리학자들은 흔히 그들의 시간 중 많은 부분을 학생들과 인턴들을 감독하는 데 사용한다. 복잡한 치료와 평가 기법에 숙련되기 위해서는 단지 교재를 읽는 것 이상의 무엇을 필요로 한다. 그것은 내담자들을 만나고 그 사례를 경험이 더 많은 감독자와 토의하는 것을 포함한다. 간단히 말하자면, 사람들은 수련생과 감독자 관계로 이루어진 통제되고 안전한 조건하에서 학습한다. 이런 종류의 '실습' 교육과 감독은 대학과 인턴십 장면뿐만 아니라 박사 후 프로그램에서도 실시될 수 있다.

연구. 임상심리학은 학문적인 연구의 전통에서 성장하였다. 그 결과 제2차 세계대전 이후에 임상수련 프로그램들이 처음 설립되었을 때 과학자-임상가 모델이 채택되었다. 이것은 정신과 의사나 사회사업가와 같은 다른 정신건강 종사자들과는 대조적으로 모든 임상가들이 과학자인 동시에 임상가로 훈련된다는 것을 의미한다. 연구에 대한 이런 강조가 일부 수련 프로그램에서는 과거만큼 두드러지지 않는다 하더라도 임상심리학자들이 다른 사람들이 수행한 연구를 평가하고 자신도 스스로 연구를 수행하는 독특한 위치에 남아 있는 것은 사실이다. 연구에 대한 훈련, 고통받고 있는 사람들에 대한 광범위한 경험 및 치료와 평가에 대한 지식 덕분에 임상심리학자들은 새로운 지식을 소비하고 생산하는 능력을 모두 지닌다.

임상가들에 의해서 수행되는 연구의 범위는 매

우 넓다. 연구는 정신장애의 원인에 대한 탐색, 평가 도구의 개발과 타당화, 치료기법들에 대한 평가 등을 포함한다. 그림 1-1은 임상심리학자들의 연구 보고서가 출판되는 주요 학술지인 「Journal of Consulting and Clinical Psychology」 최근호의 목차를 보여 준다.

자문. 자문과 교육의 목표는 전문지식을 나누어 줌으로써 어떤 사람이 노력하여 얻고자 하는 것의 효과를 증진시키는 것이다. 자문은 다양한 장면에서 셀 수 없이 다양한 형태로 제공된다. 예를 들어, 치료 사례에 어려움을 지닌 동료를 자문할 수 있다. 그런 자문은 단순히 어떤 특정한 사례에 대한 도움만을 필요로 하는 사람과의 단발성(1회성) 일이라 할 수 있다. 그러나 다른 경우에는 임상가가 비교적 영속적인 토대 위에서 어떤 기관의 직원에게 계속 도움을 제공하기도 한다. 예를 들어, 우리의 자문 임상가가 약물중독에 걸린 사람들의 문제에 대한 전문가라면 자문관은 그 직원과의 작업을 통해서 그 기관 전체의 효과성을 증진시킬 수 있다. 자문은 사례별 충고의 형태로 주어지거나 또는 약물중독과 연관된 일반적인 문제들을 논의하도록 요청받을 수 있다. 많은 경찰관련 부서가 임상심리학자를 인질협상에 자문관으로서 활용하기 시작했다. 또한 임상심리학자들은 정신건강을 증진시킬 수 있는 제품들을 개발하는 데 관심이 있는 회사들이나 기관을 대상으로 컨설팅을 제공할 수도 있다. 임상심리학자들은 법관련 컨설팅을 제공할 수 있는데, 특정 사례에 대해 판사가 정한 변호인을 돕거나 인질협상을 하는 경찰들을 대상으로 컨설팅을 제공할 수 있다. 또한 점점 더 많은 임상심리학자들이 1차 건강서비스를 제공하는 의사들에게 자문을 하기 시작했다(Haley et al., 1998; Pace, Chaney, Mullins, & Olson, 1995).

자문은 임상 사례부터 업무, 인사, 이윤의 문제까지 전 영역을 포괄한다. 자문은 개인들을 다룰 수도 있고 전체 조직을 다룰 수도 있다. 자문은 때로는 교정과 관련되지만, 다른 때에는 예방을 지향한다. 자문을 행하는 장면이나 자문의 특정한 목적을 불문하고 자문은 오늘날 많은 임상심리학자들의 중요한 활동이 되었다. 우리는 제17장에서 자문에 관해 더 자세히 논의할 것이다.

행정. 가학증 환자나 강박적인 성격을 지닌 사람을 제외하고는 임상심리학자 누구도 행정적인 업무를 즐기지 않는다고 반 농담조로 말들을 한다. 그럼에도 불구하고 거의 모든 임상심리학자가 행정적인 과제 때문에 시간을 소모하고 있다. 예를 들어, 내담자의 기록을 유지하여야 하고 지긋지긋한 보고서를 매달 써야 하며, 인간 피험자의 권리를 보호하기 위해서 설립된 위원회에 연구계획서를 제출하여 통과되도록 해야 한다. 기관이나 단체에서 일하고 있는 임상심리학자들은 여러 개의 위원회(인사, 연구, 환자의 권리, 심지어는 환자에게 금요일 밤에 보여 줄 영화를 선정하는 위원회)에 관여해야 할 것이다.

일부 정말로 강인한 영혼을 가진 사람은 전임 행정가가 된다. 그들은 많은 이유 때문에 그 일을 한다. 때때로 그들은 그들을 대인관계에 있어 능숙하다고 여기는 동료들에 의해서 선발된다. 또 다른 사람들은 치료나 평가에 다소 지쳐서 변화를 원하여 행정직을 맡는다. 또는 그들은 행정이 권력과 부로 가는 길이라는 환상을 가지고 있을 수도 있다. 어떤 경우이건, 훌륭한 행정가는 그들의 조직을 부드럽고 효율적으로 흘러가게 하는 사람이다. 조직 내 사람들의 요구와 문제에 민감하고 때로는 고통받는 상황에서 소리 내지 않고 참을성을 지니는 것이 좋은 행정가의 유용한 특징이다. 감독하에 있는 사람들과 의사소통을 잘하는 능력 또한 어떤 자리에 적합한 사람을 골라내는 요령만큼이나 중요하다.

임상심리학자들이 차지하고 있는 모든 행정적 지위를 모두 열거하기는 어렵다. 그러나 몇 가지 예를

February 2004 Volume 72, Number 1

Consulting and Clinical Psychology

Copyright © 2004 by the American Psychological Association, Inc.

그림 1-1 ▪ 「Journal of Consulting and Clinical Psychology」의 내용 목차 예

들면, 대학교 심리학과의 학과장, 재향군인병원의원장, 자문회사의 부사장, 임상수련 프로그램 의장, 대학교 심리학과 부설 심리클리닉의 소장, 주립병원의 심리학파트장, 지역 위기센터의 센터장 등이 있다.

취업 현장

임상심리학자들은 어디에 고용이 되는가? 앞에서 인용된 조사들의 자료가 이 질문에 대한 대답에 다시 도움을 줄 것이다. 1973년 조사(Garfield & Kurtz, 1976)와 1981년, 1986년, 1995년, 그리고 2003년 조사(각각 Norcross & Prochaska, 1982; Norcross, Prochaska, & Gallagher, 1989a; Norcorss et al., 1997a; Norcross et al., 2004)에서 얻어진 취업 장소와 관련된 결과들이 표 1-2에 있다. 개업이 여러 해에 걸쳐 점진적으로 증가하였고, 현재는 임상심리학자들의 가장 흔한 취업 현장이 되었음이 분명하다. 대학교는 두 번째로 가장 흔한 취업 장소이며, 의과대학이 세 번째이나 두 번째보다는 훨씬 적은 빈도를 나타내고 있다. 표 1-2에서는 보이지 않지만 Norcross 등(1997b)은 1차적인 직업이 대학교 전임교수인 임상심리학자들 중에서 59%가 개업이나 수퍼비전을 파트타임 형태로 하고 있다고 지적하였다. 표 1-1과 1-2를 보면 활동과 취업 장소의 다양성이 매우 분명하게 드러난다. 표 1-2에서 '기타' 범주에 속한 수치가 시간이 지나면서 점점 더 증가하는 것 또한 분명하다. 이런 다양성은 다음에 기술된 가상의 임상가의 배경과 활동에 제시되어 있다.

Karen C. 박사의 한 주간의 생활

Karen C.는 신문학 전공으로 대학 학부과정을 시작하였다. 그러나 일반 심리학 수업을 들은 후 그녀는 심리학으로 전공을 바꾸기로 결정하였다. 심리학 전공에 요구되는 필수과목(정신생물학, 통계학, 인지심리학, 역사와 체계, 성격, 사회심리학 등)을 모두 수강한 후에 그녀는 11개 대학원에 지원하였다. 학점이 좋았고 GRE 점수도 높아서 그녀는 4개 학교에서 입학을 허가받았다. 그녀는 규모가 큰 중서부의 주립대학을 선택하였고 나중에 한 주립 병원에서 인턴십을 하였다.

입학한 지 5년 후에 그녀는 박사학위를 받았고, 지방의 한 외래환자 진료소에서 심리학자로서의 경력을 시작하였다. 그 후 4년이 지난 Karen C.의 전형적인 한 주간의 생활을 들여다보자.

임상심리학자들 중 몇몇은 지역사회 정신건강센터에서 일을 한다.

월요일, 수요일, 금요일

오전 8:00~9:00. 직원회의. 이 시간에는 사례들에 대한 토의, 기관의 정책과 문제들, 보험문제, 기타 행정적인 업무를 포함한 다양한 활동을 한다.

오전 9:00~10:00. 심리치료. 현재의 사례는 최근에 이혼하였고 중등도로 우울한 48세 여자이다. G 여사는 점진적인 개선을 보여 주고 있으며 입원해야 할 가능성은 없다. C 박사는 일반적으로 정신역동적인 경향을 선호하는 절충적 형태의 심리치료를 하고 있다.

오전 10:00~10:30. 심리치료. 샘은 19세의 환자이다. 그는 좀도둑질, 무단결석, 공공장소에서의 약물중독으로 체포된 적이 있다. 그의 지적 잠재력은 제한되어 있고, 그는 과거에 공부할 기회를 갖지 못했다. 사용된 치료는 그 특징상 행동주의적이라고 기술될 수 있을 것이다. 초점은 샘의 사회적 기술 목록을 증진시키고 그의 부적응적 행동의 빈도를 감소시키는 것이다.

오전 10:30~12:00. 이 시간은 C 박사의 환자들과 다른 치료자들의 환자들을 위한 심리검사 시간으로 예약되어 있다. 전형적으로 지능검사, 투사적 검사, 그리고 자기 보고검사가 사용된다. 경우에 따라서는 신경심리평가가 행해지기도 한다.

오후 1:00~2:00. 임상 감독(수퍼비전). 그 지역 대학은 C 박사의 기관에 여러 명의 인턴을 배치하였다. 이 시간은 그들이 행한 심리치료와 진단에 대해 감독하는 시간이다. 기관에 고용되어 있는 2명의 석사 수준의 심리학자들에 대한 수퍼비전 또한 이 시간에 행해진다.

오후 2:00~3:00. 심리치료. 밥은 대학생이다. 그의 주된 어려움은 소외감이다. C 박사는 다양한 치료 기법을 시도하였으나 어떤 방법도 효력이 없었다. 환자가 이제까지는 수업을 계속할 수 있었으나 입원할 가능성이 높아지는 것 같다.

오후 3:00~4:30. 집단심리치료. 이 시간에는 이질적인 배경을 가진 6명의 남자 알코올 중독자 집단의 치료를 수행한다. 치료적 접근은 주로 지지적이다.

오후 4:30~5:00. 이 시간은 전형적으로 보고서를 쓰고, 행정적인 잡무 등을 수행하는 시간이다.

화요일, 목요일

오전 8:00~10:00. C 박사는 다양한 형태의 치료에 반응하는 정도를 잘 예측하는 심리검사 반응들(예: MMPI-2의 반응 중에서)이 각각 무엇인지를 밝히는 연구과제에 참여하고 있다. C 박사는 자신이 근무하는 기관의 사례들과 네 군데 다른 지역 클리닉과 병원의 사례들을 사용하고 있다.

오전 10:00~12:00. 심리검사

오후 1:00~3:00. C 박사는 지역 학교 시스템의 자문을 맡고 있다. 그녀는 4개 학교의 자문을 맡고 있는데 교사를 만나서 특정 문제를 지닌 아동들을 어떻게 다룰지에 대해서 논의한다. 그녀는 학교심리학자에게도 자문을 제공한다.

오후 3:00~5:00. C 박사는 정신지체자를 위한 지역 기관에 토큰경제를 어떻게 적용시킬지에 관하여 조언을 한다. 목적은 그 기관에 있는 중등도의 정신지체를 지닌 아동과 젊은 성인집단의 자기관리 습관을 향상시키는 것이다. 그 프로젝트가 그 기관 전체에서 사용될 수 있는 표준 프로그램이 되기를 희망한다.

오후 7:00~8:30. 일주일에 2번, 저녁에 C 박사는 그 지역 대학에서 이상심리학 과목을 가르친다. 그 수업은 전일제 학생과 시간제 학생이 모두 등록하는 인준된 과목이다.

토요일

오전 9:00~오후 1:00. C 박사는 자신이 개업하고 있는 클리닉에서 환자들을 본다. 그들은 다양한 근심(예: 우울, 불안)을 지닌 환자들이다. 이 환자들은 보통 그 지역 의사들과 C 박사의 우수한 능력과 명성을 알고 있는 지역사회의 다른 전문가들에 의해서 의뢰되었다. C 박사는 또한 이 시간에 의뢰된 진단적 검사들을 실시하기도 한다.

C 박사와는 대조적으로 큰 대학에서 강의를 하고 있는 임상심리학자는 매우 다른 일정을 수행할 것이다. 표 1-3은 새로 임용된 한 조교수의 일상을 보여주고 있다.

인구통계학적인 기록

몇 가지 인구 통계학적 특징들이 Norcross 등(2004)에 의해서 언급되었다. 첫째, APA의 12분과(임상심리학) 명부에서 무선표집한 694명의 임상심리학자들에 대한 이 조사에서, 약 34%가 여자였고 이 중 단지 7%만이 소수인종이었다. 이 수치들이 낮게 보이지만 이 수치들은 APA Office of Demographic, Employment, and Educational Research (ODEER)에서 발간한 수치들과 거의 일치하며, Norcross 등의 표본이 12분과의 회원들을 대표하는 표집임을 시사한다. 하지만 이러한 수치는 새로운 박사들이 배출되면서 상당히 변화한다. 예로, 2006년에는 임상심리학 박사학위자의 76%가 여성이었고, 33%가 소수인종에 속한 사람들이었다(Heffer 등, 2007).

주된 이론적 지향에 대해서는 표집의 29%가 스스로를 절충주의적/통합적으로 기술했고, 28%가 인지적, 15%가 정신역동적, 그리고 10%가 행동주의적이라고 기술하였다. 표 1-4는 Norcross 등(2004)의 조사에서 밝혀진 임상심리학자들의 이론적 지향과 1960년까지 거슬러 올라가는 다른 4개의 조사에서

표 1-3 대학에서의 L 교수의 수요일

오전 8:30~9:00	임상심리학입문 수업의 시험문제 교정
오전 9:00~10:00	2명의 대학원 학생들과 연구회의
오전 10:00~11:30	교육: 임상실습 수퍼비전
오전 11:30~오후 12:30	운동장 트랙에서 조깅
오후 12:30~1:00	사무실에서 간단한 점심(학술지 논문 읽기)
오후 1:00~2:00	학부학생들을 위한 면담시간
오후 2:00~2:30	우편과 이메일 체크
오후 2:30~4:00	컴퓨터 사용에 대한 학내 위원회 회의 참석
오후 4:00~5:00	전에 학술지에 제출한 논문의 수정 작업
오후 7:00~9:00	교육: 경험적으로 지지된 심리학적 치료에 대한 세미나
오후 9:30~11:00	휴식

밝혀진 결과들을 제시하고 있다. 표 1-4에서 보이는 것처럼 정신역동적 지향을 고수하는 임상가의 백분율은 해가 갈수록 감소하고 있는 반면에 인지적 지향에 해당하는 백분율은 극적으로 증가하였다. 절충적 지향의 인기는 당분간 강하게 유지되고 있다.

끝으로 인구통계학적 특징은 아니지만, 표집된 모든 임상심리학자 중에서 단지 12%만이 자신의 경력으로서 임상심리학을 선택한 것에 대해 불만족을 표현하였다(Norcross et al., 2004)는 결과는 고무적이다. 50년 전(Kelly와 Goldberg, 1959)에 실시한 만족도 조사와 비교하면, 그 당시에는 대략 40%의 임상심리학자들이 기회가 있다면 다른 직업을 선택하겠다고 응답했었다. 다행히도 현대의 임상심리학자들은 이러한 불만족을 거의 느끼지 않는다. 강도 높은 교육과정, 긴 대학원 과정, 긴 임상 및 연구 실습 시간들에도 불구하고, 대부분의 임상심리학자들은 자신들의 직업이 매우 만족스럽다고 생각한다.

연구와 과학적 전통

임상심리학이 인간의 복지 증진에 전념하고 있으나 임상심리학은 지식에 대한 탐구를 강조하는 연구 전통에서 생겨났다. 이 연구 전통은 모든 임상가들이 연구나 다른 학술적인 추구에 몰입해야만 한다는 것을 의미하지는 않는다. 이는 수업과 연구와 통계방법의 경험을 통합한 임상심리학에서의 수련을 통해 임상가들이 그들의 직업적 정체감을 세우는 데 도움이 되는 독특한 기술을 습득하게 된다는 것을 시사한다. 방법론적 훈련은 평가능력을 발전시키는 데 도움을 주며, 조심성 있고 비판적인 태도를 발전시켜서 임상심리학자가 우수하고도 지각 있는 진단가 및 치료자뿐만 아니라 연구자도 될 수 있도록 한다.

예술인가 과학인가?

임상심리학이 개인들의 문제를 다루기 때문에 그 초점은 사람들 간의 공통점보다는 개인차에 있다. 한

표 1-4 임상심리학자들의 이론적 지향

지향	1960	1973	1981	1986	1995	2003
	%	%	%	%	%	%
행동주의적	08	10	14	16	13	10
인지적	–	02	06	13	24	28
절충적/통합적	36	55	31	29	27	29
인도주의적[a]	02	06	04	06	03	01
대인관계적	–	–	–	–	04	04
정신역동적[b]	35	16	30	21	18	15
Rogers 학파	04	01	03	06	01	01
Sullivan 학파	10	03	02	02	01	00
체계적	–	–	04	04	04	03
기타	04	07	06	03	05	07

[a]인본주의적 지향은 실존주의적 지향과 게슈탈트 지향을 포함한다.

[b]정신역동적 지향은 정신분석적 지향과 정신역동적 지향을 포함한다. 1960년과 1973년에 해당하는 숫자들은 정신분석적 지향과 신프로이트 학파 지향을 의미한다.

출처: Norcross, Karpiak, and Santoro(2004). Clinical psychologists in the 2000s: A national study. Manuscript under review.

예를 생각해 보자. 한 연구자가 문제해결에 대 한 개인적인 통제 태도의 효과에 대해 실험을 하고 있다고 가정하자. 그의 목표는 자신이 결과를 통제할 수 있다는 느낌이 문제를 해결하는 능력에 어떻게 영향을 미치는지에 관한 원리를 개발하는 것이다. 또한 그가 언어적 지시를 통해서 통제의 느낌을 유발한다고 가정하자. 즉 그는 일부 피험자들에게는 그들이 많은 통제를 가지고 있다고 알려 주고 다른 피험자들에게는 그들이 통제력이 거의 없다고 알려 준다. 이때 몇몇의 피험자들은 같은 집단에 있는 다른 피험자들과 매우 다르게 반응하며, 물론 이것은 그 집단의 분산을 증가시키고 통계학적으로 말하자면 유의한 실험집단 간의 차이가 발견될 확률을 감소시킨다. 그 결과, 연구자는 그런 분산을 제거할 방법을 연구할 것이다. 행동의 일반적 원리들을 탐색하는 데 있어서(이른바 **법칙정립적 접근**에서) 심리학자인 연구자는 일반적으로 개인차에는 관심이 적다. 초점은 실험 처치나 조작으로 발생하는 집단 간의 차이이다. 목표는 많은 사람들을 관찰하여 행동의 일반적인 원리들을 추상화하는 것이다.

그러나 임상적 접근방법은 개인차의 이해를 추구한다(흔히 **개별기술적 접근**이라 불린다). 이 환자가 왜 그렇게 불안한 것일까? 이 환자는 왜 특정 강화에 반응하지 않는가? 이러한 접근의 초점은 아마도 임상심리학이 예술인가 과학인가에 대한 지속적인 논쟁에 그 책임이 있다. 더욱 주관적인 지향을 지닌 임상가들에게는 임상심리학이 흔히 일종의 예술로 보인다. 다른 식으로 말하자면, 주로 자신들의 기술, 경험, 그리고 주관적이거나 직관적인 인식에 입각하여 진단적 판단이나 치료적 결정을 내린다고 느끼는 임상가들이 있다. 그들은 명작을 그리도록 가르칠 수 없는 것처럼, 투사적 검사나 꿈에 관한 환자의 보고에 대하여 매우 민감하고 통찰력 있는 해석은 가르칠 수 없다고 믿는다. 물론 검사를 채점하는 기본적인 요소나 치료의 기본 기제들은 한 사람에서 또 다른 사람에게로 전달될 수 있다. 그러나 다른 고등수준의 기술은 가르칠 수 없다고 믿는다.

경험적인 지향을 지닌 임상가들은 더욱 객관적인 지향을 지니고 있다. 그들은 진단적 판단이나 치료적 결정이 더 많은 연구와 각 사례에 대한 인간행동원리의 객관적인 적용에 근거해야 한다고 주장한다. 주관적인 지향을 지닌 임상가들이 자신들의 직관에서 진단적 문제에 대한 해답을 찾는 반면, 더욱 경험적인 지향을 지닌 임상가들은 최적의 가능한 통계적 공식이나 통계적 예측을 신뢰한다.

물론 연구와 일반적 원리들의 발달을 통해서 특정 환자를 더 잘 이해하게 될 것이다. 그 환자들 가운데 개인차가 존재하는 것과 마찬가지로 임상가들 사이에도 개인차가 있다. 어떤 사람들은 다른 사람들보다 더 똑똑하고, 더 경험이 많고, 더 열심히 일한다. 일반적인 원리를 개별 사례들에 적용하기는 쉽지 않다. 다양성 내에서 유사성을 발견하는 것은 어렵다. 그러나 동질적인 것들에서 독특성을 발견하기도 역시 어렵다. 더욱이, 실험실이나 현장에서의 연구 결과를 고통받고 있는 사람들과 관련 짓는 일은 민감성과 지능이 요구되는 중요하고도 어려운 과제이다.

결국, 예술 대 과학의 이분법은 논점을 흐리는 것일 수 있다. 임상적인 결정이나 예측을 할 때, 모든 임상심리학자들은 관련된 연구 결과에 주의를 기울여야만 하고, 잠재적인 문화적 편향을 인식하고 극복하여야 하며, 신뢰가 있는 평가 방법들을 사용하여야하고, 임상적 판단의 신뢰도와 타당도가 낮은 사례들에 대해서는 예측을 하거나 결정을 내리는 것을 심지어 거절해야 한다(Garb, 1998). 이런 방식을 따른다면 임상적 판단은 과학적으로 근거가 있고, 정확하며 유용할 것이다. 우리는 이러한 쟁점에 대하여 제11장에서 더 논의할 것이다.

수련: 임상적 정체성을 향하여

앞에서 우리는 임상가들의 활동, 소속 및 지향에 관하여 개관하였고, 과학적 전통에 관하여 언급하였으며, 임상심리학에서의 예술 대 과학의 쟁점을 제기하였다. 이제 우리는 임상심리학자들을 다른 정신건강전문가들과 구분짓게 하는 독특한 배경과 기술에 대한 논의로 돌아가고자 한다. 물론 아무것도 확실하지는 않다. 이 분야는 변화하고 있으며, 늘 그랬던 것처럼 항상 학생들을 어떻게 훈련시켜야 하며 그 분야가 어떤 방향으로 움직여가야 하는지에 관해서 임상가들 사이에 의견이 일치되지 않고 있다. 그러나 임상심리학이 심리학의 더욱 기본적인 핵심을 전문적으로 응용하는 것이라는 점을 기억하는 것은 유용하다.

개관

전형적인 임상심리학자는 학사학위 취득 후 5년 동안의 대학원 과정을 이수한다. 대학원 과정은 전형적으로 평가, 연구, 진단 및 치료적 기술에 대한 훈련과 인턴십으로 구성된다. 대학원 과정을 이수하면 대부분 대학교 심리학과에서 철학박사를 취득하게 되지만, 일부 경우에서는 대학교 심리학과나 대학과 연계가 없는 수련기관이 심리학 박사(Psy.D.)학위를 수여하기도 한다. 또한 석사학위를 수여하는 2년짜리 프로그램도 있다. 누가 심리학자로서 독립적으로 임상에 종사할 수 있는지를 규정하는 현재의 자격증법 때문에 석사 프로그램만을 졸업한 사람들은 전문가로서의 독립성을 많이 성취할 수 없다. 따라서 그들 중 다수가 후에 철학박사나 심리학박사 프로그램에 진학하기를 희망하며 실제로 일부는 꽤 성공적으로 박사과정에 진학한다. 이전 자료에서 보면 석사 수준의 임상가들이 박사 수준의 임상가들보다 수요가 적고 월급이 낮으며, 덜 유능하다고 지각되고 있는 것으로 보인다. 석사 수준의 임상가들이 심리학 영역에서 독립적으로 임상활동을 하도록 자격증을 허용하는 경우는 거의 없다. 그러나 석사 프로그램의 수와 석사학위를 받은 사람들의 수는 증가하고 있다. 예를 들면, 2000년에는 심리학 전공으로 박사학위를 받은 사람들의 3배가 넘는 숫자의 사람들이 석사학위를 받았다(APA Office of Research; http://research.apa.org/WPA2003.pdf).

석사 수준의 임상심리학 수련은 항상 다소 논쟁이 되어 왔다. 석사 수준의 심리학자들은 자신들이 박사 수준의 임상가들만큼 효과적이라는 것을 연구결과들이 보여주고 있다고 주장한다. 그러나 미국심리학회는 박사학위를 지녀야만 독립적인 전문가로서 일할 수 있는 자격이 있는 것으로 인정하고 있다. 미국심리학회의 회장들은 '심리학자'라는 직함을 갖기 위해서는 박사학위가 필요조건 중 하나이며 독립적으로 심리학자로 활동하기를 희망하는 사람들에게는 박사학위가 요구되어야만 한다고 계속 주장하고 있다(Lowe Hayes-Thomas, 2000). 그럼에도 불구하고 석사 수준 임상가들은 다양한 서비스 현장에서 계속 일해 왔다. 정신건강관리 시장에서 관리의료의 영향이 증대됨에 따라 임상심리학에 있어서 석사 프로그램의 인기가 부활하였다(Lowe Hayes-Thomas, 2000; Sleek, 1995a). 일반적으로, 석사 수준의 임상가는 치료비를 덜 청구하는데 이로 인해서 그들은(관리의료 보험업자의 눈에는) 박사 수준 임상가들에 대한 매력적인 대안이 되었다. 석사 수준 임상가들에게 '심리학자'라는 지위를 주고자 하는 로비노력이 증가함에 따라서, 또한 증가하는 경제적 압박이 효력을 발휘함에 따라서, 논란이 많은 이 쟁점이 어떻게 전개되는지 보는 것은 흥미로울 것이다.

임상심리학 수련에 대해서는 이렇게 짧게 개관을 하였고, 이제 박사 수련의 내용을 더 자세히 검토해 보자.

임상 수련 프로그램

오늘날 임상심리학에서의 우세한 수련 철학은 아직도 과학자–임상가 모델이다(Raimy, 1950). 우리는 다음 장에서 이 모델에 대하여 더 자세히 말하겠으며, 제3장에서는 이 모델의 대안이 되는 다른 훈련 모델에 대하여 논의할 것이다. 그러나 우선 지금은 과학자–임상가 수련 모델의 간단한 개관이 유용할 것이다.

제2차 세계대전 이후 나타난 수련 프로그램들은 과학자와 임상가의 역할이 통합될 수 있다는 원칙에 기초하였다. 목표는 독특한 직업을 창출하는 것이었다. 더욱 최근에 이런 훈련 모델은 비현실적이며 단지 임상활동만을 갈망하는 학생들의 요구에 둔감하다는 공격을 받았다. 그럼에도 불구하고 대다수의 임상 프로그램은 아직도 그 모델을 다양한 정도로 차용하고 있다. 임상심리학자들을 나머지 정신건강 전문가들과 차별화시키는 것이 바로 이 모델이다.

견본 프로그램. 이 모델이 임상심리학자들을 수련시키는 프로그램으로 어떻게 실현되는가? 표 1-5가 매우 전형적인 프로그램을 제시하고 있다.

표 1-5에 개요가 기술되어 있는 프로그램에 관해서 몇 가지를 지적해야 한다. 첫째, 이것은 단지 한 예이다. 어떤 프로그램은 연구를 덜 강조하는 대신 임상기법을 더 강조한다. 어떤 프로그램은 여름학기에 교과목을 수강하면 4년에 모든 과정을 끝마칠

표 1-5 Ph.D. 과정 프로그램의 예(과학자–임상가 모델)

연차	과정	연차	과정
1년차	가을 통계학(변량분석) 심리치료의 체계 학과 필수 과목: 사회심리학 자료분석입문 석사논문연구	3년차	가을 학과 필수 과목: 인지 선택과목: 실험정신병리학 박사논문연구 임상실습
1년차	겨울 통계학(회귀분석) 심리측정(검사 구성) 평가(성인 평가나 아동 평가 중 선택) 자료분석입문 석사논문연구 임상실습	3년차	겨울 통계학(잠재변인과 구조방정식모형) 학과 필수 과목: 발달 박사논문연구
		4년차	가을 외부 수업: 심리학적 인류학 박사논문연구 심리학의 역사와 체계
2년차	가을 윤리와 직업적 쟁점 정신병리학 석사논문연구 임상실습	4년차	겨울 외부 수업: 가정 내 폭력 박사논문연구
2년차	겨울 학과 필수 과목: 기능적 신경과학 선택과목: 가족과 집단 과정 석사논문연구 임상실습	5년차	가을과 겨울 임상 인턴십

주: 3년차 동안(보통은 겨울학기에) 학생들은 자격시험을 끝낸다.

수 있도록 구성된다. 어떤 프로그램에서는 박사논문을 완성하기 전인 4년째 해에 인턴십을 하도록 한다. 많은 학교들이 학생들에게 외국어 대신에 통계학이나 컴퓨터공학 수업들로 대치할 수 있도록 허용하였지만 소수의 학교들은 아직도 외국어 능력을 요구한다. 각 학교가 자신만의 '성격'을 가지는 경향이 있음이 또한 사실이다. 일부 프로그램들은 분명한 인지행동적 지향을 지니고 있으며 우울증의 인지치료와 같은 기법들을 강조하는 반면, 다른 프로그램들은 정신역동적인 경향을 지니고 있으며 투사적 검사를 강조한다. 어떤 프로그램의 교수들은 아동들에게 관심이 있는 반면 다른 프로그램의 교수들은 성인에 초점을 맞춘다. 임상 프로그램들에 이처럼 다양성이 존재하지만 또한 상당한 공통성도 존재한다. 대학원을 지원하는 학생은 이 같은 정보를 잘 알고 선택을 할 수 있도록 각 프로그램의 강조점을 알아보아야 한다.

교과과정. 임상전공 학생들도 보통 통계학과 연구설계, 행동의 생물학적 기초, 사회심리학, 발달심리학, 인지심리학 등 일련의 기초 과목들을 수강해야 한다. 이런 교과목들의 숫자와 내용은 프로그램마다 다소 다르다. 의도는 인간행동에 기저하거나 우리가 그 행동을 연구하는 것을 가능케 하는 기본원리를 학생들에게 가르치는 것이다. 이 과목들은 학생들의 임상 수련을 위해서 뚜렷한 과학적 기초를 제공하고 임상심리학에서의 과학자-임상가 모델에 생명을 불어 넣는다. 학생들은 자신의 관심에 따라 다른 선택과목이나 앞에 기술된 과목들의 고급과정과 세미나를 택한다.

임상 학생들은 또한 임상활동을 위한 기초적 지식을 가르치는 과목들이나 임상적 주제들을 고급 수준에서 다루는 과목을 수강한다. 정신병리학, 치료이론과 연구, 인지행동개입의 원리 등에 관한 과목들이 흔한 예이다. 정신분열병, 가족과 집단치료의 방법, 지역사회심리학, 신경심리학적 평가 등을 주제로 한 세미나 과목들도 있다.

임상실습. 우리는 책과 수업을 통해서도 배우지만 궁극적으로는 실제로 해 보면서 배워야만 한다. 따라서 모든 프로그램들은 학생들을 임상활동에 노출시킴으로써 **임상적인 기술**을 가르치려 하고 있다. '실습(practicum)'은 "상급학년 학생에 의해서 수행되는 일로 과거에 학습한 이론을 실제적으로 적용하는 것을 포함한다"고 사전에 정의되어 있다. 많은 경우에 실습은 학술적 내용과 실제적 경험을 결합할 것이다. 전형적으로 평가(지능, 신경심리학, 성격 등), 치료(정신역동적 치료, 인지행동적 개입), 면담, 그리고 학교 직원, 지역사회 기관이나 산업체에 대한 자문활동이 클리닉에서 이루어진다. 임상실습 경험의 형태나 내용이 무엇이든, 임상실습은 특정한 임상기술을 습득하는 주요 수단이다. 학생들이 실습에서 수행한 일들은 임상심리 교수나 특정한 기술을 가진 지역사회의 임상가들에 의해서 감독을 받는다. 임상수련 프로그램이 있는 대부분의 심리학과들은 **심리클리닉**을 운영한다. 이 클리닉에서는 대학생, 학교 직원 및 교수들뿐만 아니라 대학 관계자들의 가족과 주변 지역사회 사람들에게도 평가, 치료, 자문서비스를 제공한다. 교육적 가치에 따라서 사례는 선택적으로 받아들여진다. 그런 클리닉의 직원은 전일제 비서, 사회사업가, 그리고 임상교수로 구성된다.

연구. 과학자-임상가 모델은 학생이 연구능력을 발달시키는 것을 요구한다. 학생은 통계학, 컴퓨터 방법, 연구 방법론 등의 과목을 수강하고 실제연구에 적극적으로 참여함으로써 연구 능력을 발달시킬 수 있다. 수련에 대한 과학자-임상가 모델을 수용하는 정도는 학교들 간에 차이가 있다. 그러므로 학과가 연구훈련을 강조하는 정도와 연구에 참여한 학생들에게 제공하는 보상은 학과마다 차이가 있다. 그러나 대부분의 학과들은(보통 2년 차 말까지) 석사논문을 완성할 것을 요구한다. 독창적인 연구 결과들을 보고하는 박사논문 또한(프로그램에 따라서 4년 차나 5년 차 말까지) 요구된다. 박사 논문은 석사논문보다 더 광범위한 연구이며 그 분야에 중요한 새로운 정보를 제공할 수 있도록 설계된다. 대부분의 프로그램들은 박사논문으로 전통적인 실험적 또는 상관적 연구를 수행할 것을 지속적으로 강조하고 있다.

연구 참여를 강조하는 프로그램들에서는 연구 경험이 석사논문과 박사논문에 제한되지 않는다. 예를 들어 한 학과의 임상 전공 학생들 모두가 각 교수의 '연구팀'에 합류한다. 한 팀은 그 프로그램에 속한 다양한 학년의 4~8명의 대학원생들로 구성된다. 팀은 1주일에 한 번 저녁에 2~3시간 만나서 연구주제를 논의하고 연구계획을 수립한다. 석사논문과 박사논문 계획서를 발표하고 토의할 수도 있다. 상급학년의 학생들이 어린 학생들을 지도하고 역할 모델이 되기도 한다. 어떤 경우이건, 그런 모임에서의 활발한 주고받기를 통해서 학생들은 연구에 개입하게 되는 것이다.

자격시험. 대부분의 임상 프로그램은 학생들에게 자격시험(때로는 예비시험 또는 종합시험이라 불림)을 통과할 것을 요구한다. 그 이름이 무엇이건 간에 일부 학생들은 그 시험을 수련기간 중 가장 큰 불안을 유발시킨 경험으로 여긴다. 그 시험은 필기 시험이며 대학마다 다른 형태를 취한다. 어떤 학교에서는 각각 4시간씩 주어지는 3개의 필기시험을 1주일 동안 나누어서 보며, 다른 학교는 5일 동안 시험을 보기도 한다. 일부 학교들은 구술시험도 요구한다. 어떤 프로그램에서는 심리학의 모든 영역에 대해서 시험을 보지만, 다른 곳에서는 임상심리학 영역에 제한하여 시험을 본다. 흔히 이 시험은 3년째 되는 해에 치러진다. 자격시험은 학생의 전반적인 학업 능력을 보증하는 매우 유용한 기능을 지닌다. 그러나 소수의 프로그램들은 '혁신적인' 대안을 채택하였다. 예를 들어, 자격시험을 연구비 지원 계획서를 쓰거나 임상심리학에서 중요한 주제들(예: 정신분열병의 원인)에 대한 통합적인 문헌개관을 완성하는 것으로 대치한다.

인턴십. 인턴십은 모든 수련 프로그램에서 매우 중요한 부분이다. 그것은 학생이 과거에 학습하고 경험한 임상과목과 임상실습의 정점을 이루고, 과학자-임상가 역할을 공고히 하기 시작하는 경험을 제공한다. 인턴십은 APA로부터 인가된 임상 프로그램의 모든 학생들에게 요구된다. 제2차 세계대전이 끝난 직후에는 대개 세 번째 해에 인턴십을 하였다. 그러나 현재는 매우 많은 프로그램을 마치는 데 실제적으로 5년 이상 걸리며 인턴십은 흔히 대학원 수련의 마지막에 하는 것 같다. 소수의 경우이지만 학생들이 2년에 걸쳐 반일제(half-time) 인턴십을 하기도 한다. 보통 인턴은 대학 캠퍼스 밖에 있는 독립적인 시설에서 일한다. 그러나 일부 인턴은 상담센터나 의과대학과 같은 학교 내 시설에서 일하기도 한다. 450군데가 넘는 박사 전 인턴십 장소가 미국심리학회에 의해서 승인되었다. 이렇게 '인가된' 인턴십 프로그램은 매해 「American Psychologist」의 12월호에 게재된다.

인턴십 수련의 가치는 크다. 예를 들면, 인턴십은 학생들로 하여금 전문직 현장에서 전임으로 일하도록 허용한다. 새로운 기술이 습득될 수 있고, 이미 가지고 있던 기술들은 예리하게 다듬어질 수 있다. 전문적인 현장에서의 경험은 학생들로 하여금 전문직 생활이 요구하는 바를 진정으로 맛보게 한다. 학생들은 자신들이 배운 대학 교수들과는 다른 생각과 지향을 지닌 임상심리학자들을 만나게 된다. 그러므로 이 경험은 학생의 대학원 수련기간 동안에 파고든 편협함(provincialism)을 깨어 부수는 데 도움을 줄 수 있다. 다른 종류의 내담자들에게 노출되

■ 한국 대학원생의 관점

고려대학교 권정혜 교수님 연구실 이서현

이서현은 2012년 고려대학교 심리학과를 졸업하였으며 같은 해 동 대학원에 진학하여 권정혜 교수님 밑에서 석사과정을 시작하였다. 석사과정 동안 온라인 대인관계에 대한 연구팀에 참가하여 애착성향이 온라인 공간에서의 대인관계에 어떤 영향을 미치는지에 대한 논문을 두 편 작성하였다. 또한 인터넷 게임 중독을 주제로 한 연구팀에서 연구보조로 활동하며 청소년들이 인터넷 게임중독에서 벗어나는 과정에 대해 연구했다.

임상심리 대학원이 당신에게 어땠나요?

대학원은 앞으로 제가 임상 심리학자로서 배워야 할 무수히 많은 것들이 있다고 소개해주었습니다. 대학원이 제공하는 굉장히 다양한 경험들을 통해 앞으로 제가 할 수 있는 일들이 무엇인지 배웠으며 제가 하고 싶은 일들이 무엇인지 생각해볼 수 있었습니다. 특히 대학원 과정을 통해 상담과 심리치료를 이론적으로 배우는 것은 물론 직접 경험해볼 수 있었던 것은 매우 특별한 경험이었습니다. 상담을 진행하고 내담자의 변화를 목격하면서 제가 하고 있는 공부에 더 매료될 수 있었습니다.

대학원에서 가장 예상하지 못했던 것들은 무엇인가요?

제가 가장 예상하지 못했던 부분은 임상심리 대학원생들은 단순히 공부만 하는 것이 아니라, 서로 다른 여러 일들을 동시에 처리해야 한다는 것이었습니다. 예를 들어 상담을 위해 인지행동치료에 대해 공부하다가 연구에 쓸 통계 자료를 분석해야 하고, 논문을 수정하다가 연구에 참가하는 참가자들에게 연락을 돌려야 합니다. 그리고 이 모든 일들을 하루 만에 처리해야 하는 날도 있습니다. 해야 하는 일의 절대량이 많고 일정에 따라 일을 배분하다 보면 공휴일에 학교에 나오는 것이 전혀 어색하지 않게 됩니다(이 부분은 정말 예상하지 못했던 부분입니다!). 여기저기서 갑자기 쏟아지는 일에 압사되지 않기 위해서는 일을 잘 배분하고 계획을 잘 세우는 것이 반드시 필요합니다.

대학원이 당신을 바꾸었나요? 만약 그렇다면, 어떻게 바꾸었나요?

대학원을 통해 저는 임상심리학자로서의 정체성을 형성하게 되었습니다. 대학원에 들어오기 전 저에게 임상심리학은 단순히 공부하고 싶은 학문 분야일 뿐이었습니다. 그러나 대학원에 들어오고 나서 임상심리학을 이끌어가고 있는 임상심리학자들이 보이기 시작했습니다. 임상 심리학자의 마음으로 바라보는 심리학은 또 다른 세계였습니다. 교과서가 단순히 지식이 아니라 앞으로 임상심리학자로 활동할 때 피가 되고 살이 될 양식으로 다가왔고 예전에는 딱딱하기만 했던 논문에서는 선배 학자들의 한숨과 희열이 들렸습니다. 예비 임상심리학자로서 학문을 바라보는 태도를 배우고 앞으로 우리나라 임상심리학계를 구성할 일원으로서 책임감과 정체성을 형성하게 된 것이 가장 크게 바뀐 점입니다.

당신의 전문적 혹은 연구 관심사는 당신이 대학원을 출발했을 때에 비해 같은가요, 다른가요?

저는 처음 대학원을 시작했을 때 공공복지를 위해 기

여할 수 있는 임상심리학을 하고 싶다는 전반적인 관심사는 있었지만 어떤 분야를 공부하고 싶다는 구체적인 계획은 없었습니다. 대학원에서 온라인 대인관계와 인터넷 게임 중독에 대해 연구하게 된 것은 우연한 기회에 가까웠습니다. 이러한 연구에 참여할 수 있는 기회를 통해 앞으로 제 꿈을 구체화하는 데 많은 도움을 얻을 수 있었습니다. 저 같은 경우 최종적으로 하고자 하는 것이 특정 연구에 국한되어 있지 않았기 때문에 어떠한 연구 주제에도 열려있었지만, 만약 대학원에서 꼭 연구하고 싶은 특정 주제가 있는 경우 어떤 교수님이 어떤 연구를 진행하고 있는지 잘 알아보는 것이 대학원 진학 선택에 도움이 될 것입니다.

돌아보면, 어떤 활동 혹은 경험들이 당신의 대학원 프로그램을 준비하는 데에 가장 중요했나요?

저의 경우 학과 공부를 충실히 한 것, 영어 공부를 꾸준히 한 것, 그리고 관련 기관에서 봉사활동을 한 것이 가장 도움이 되었습니다. 대학원 수업들은 학부에서 배웠던 내용을 바탕으로 하지만 상당히 심화된 내용들을 다룹니다. 대학원 입학 시험 준비를 위해 학과 과정을 복습하면서 기본기를 탄탄히 했던 것이 대학원 수업을 따라가는 데 많은 도움이 되는 것을 느꼈습니다. 또한 대학원 과정에서는 영어로 된 자료를 사용하는 일이 대부분이기 때문에. 학부 때부터 꾸준히 영어를 접하고 읽어서 익숙해진 것이 대학원 공부에 도움이 되었습니다. 마지막으로 학부 때 발달장애 아동을 위한 대안학교에서 일 년간 봉사를 한 적이 있었는데 그곳에서 제가 직접 보고 듣고 느낀 것들이 저의 진로를 결정하는 데 많은 영향을 주었습니다. 기회가 된다면 앞으로 본인이 일하고 싶은 분야를 직접 체험해보는 것이 대학원 진학에 있어 가장 중요할 것 같습니다.

임상심리학 대학원을 헤쳐 나가려 노력하는 사람들을 위해 더 해줄 말이 있나요?

대학원 과정은 앞으로 우리들이 가게 될 길고 긴 길의 시작일 뿐입니다. 그 시작부터 대단한 것을 해야겠다고 마음 먹으면 시작도 하기 전에 엄두가 안 날 수 있고 자신이 이룬 결과가 초라해 보일 수도 있습니다. 논문 한 편을 처음부터 끝까지 다 읽은 것, 내담자의 중도탈락 없이 상담을 마친 것, 예전에는 하지 못했던 통계 분석을 할 줄 알게 된 것 등과 같이 나에게 지금 부여된 작은 일들에 집중하다 보면 백두산 등반처럼 보이던 대학원 생활이 즐거운 한 걸음 한 걸음이 되는 것을 느낄 수 있을 것입니다. 그리고 비록 즐겁지 않은 한 걸음일지라도 멈추지만 않으면 도저히 못할 것 같던 일도 결국 다 하게 된다는 것도 알게 될 것입니다.

는 것은 학생들의 능력을 향상시킨다. 학생들은 앞서 공부한 임상적 조건들에 직면하게 되고 이 경험은 연구를 자극하는 데 도움을 줄 수 있다. 이상적으로는 인턴십이 전문가로서의 지평을 확장하고 대학에서 학습한 것과 직업세계의 요구를 통합할 기회를 제공한다. 그것은 학문, 연구 및 경험의 3차원 세계에서 마지막 요소가 된다.

대학원 프로그램 입학

앞에서 대학원에서의 임상심리학 수련에 대하여 기술하였다. 그러나 우선 대학원에는 어떻게 들어갈 수 있을까? 이제부터는 임상심리학 대학원 프로그램 입학에 관해서 흔히 받는 질문들 중 몇 가지에 대한 대답을 기술하고자 한다.

1단계: 프로그램 알기

대학원 수련의 목적은 지적인 능력을 발달시키고 새로운 전망을 갖추게 하며, 스스로의 열망에 주목하도록 도와주는 것이다. 당신은 새로운 생각에 수용적이 되어야 한다. 동시에 당신은 지원하기 전에 대학원 프로그램들에 대해서 친숙하게 알고 있어야 한다. 어떤 프로그램들은 정신역동적인 지향을 지니며, 다른 프로그램들은 인지행동적 또는 절충적인 지향을 지닌다. 어떤 프로그램은 연구를 강조하고 있으며, 다른 프로그램은 임상실제를 더 강조한다. Norcross 등(2002)의 조사 결과를 출판한 지침서는 다양한 프로그램이 임상과 연구 중 어느 쪽을 강조하는지에 대한 좋은 정보를 제공한다.

임상심리학 대학원 프로그램에 관하여 당신이 알고 싶어하는 모든 것을 말해 줄 권위 있는 출처는 없다. 그러나 당신이 더 많은 자료를 찾아보면 볼수록 당신은 더욱 더 고지된(informed) 결정[1)]을 하게 될 것이다. 여기에 몇 가지 가능성들이 있다.

1. 당신이 다니고 있는 대학의 심리학 교수, 특히 임상심리학 전공교수들과 의논한다. 그들은 공식적인 정보뿐만 아니라 비공식적인 인상도 지니고 있으므로 이 정보들을 잘 걸러 내면 당신 자신의 생각을 도출할 수 있을 것이다.
2. APA는 매년 Graduate Study in Psychology라 불리는 대학원 프로그램 목록을 출판한다. 그 목록에는 프로그램과 학위, 주소, 지원 절차, 학비, 재정적 지원에 대한 정보, 교수의 수, 입학에 필요한 자격조건, 지난해에 입학한 학생들의 시험 점수들과 GPA(대학 학점) 점수의 평균 등을 비롯한 각 학교에 대한 풍부한 정보가 들어 있다.
3. 흔히 대학 도서관이나 심리학과는 전국 대학들의 카탈로그를 많이 가지고 있다. 이것들은 어떤 과목이 개설되고 교수들의 이름이 무엇인지를 알아내는 데 특히 유용하다. 또한 프로그램의 웹사이트를 방문해 보라. 이 사이트들에는 안내책자(팸플릿)에 제시되어 있는 모든 정보가 있으며 때로는 부가적인 정보도 들어 있다.
4. 일단 당신이 누가 그 학교의 교수인지를 알았다면 그 교수의 관심과 배경에 관한 부가적인 정보를 얻기 위해서 미국심리학회 회원명부(APA Mem-bership Directory)를 살펴볼 수 있다. 보통은 당신 학교의 심리학과 사무실에 이 명부가 있을 것이다.
5. 더 힘이 들기는 하지만 때때로 더 흥미있는 전략은 임상심리학자들의 연구를 출판하는 학술지들을 검토하는 것이다. 이렇게 하면 당신은 누가 연구를 활동적으로 하고 있는지, 그들이 수행하는 연구의 종류, 그들이 소속된 프로그램 등에 대한 정보를 얻을 수 있다. 이것은 연구 지향의 임상 프로그램에 지원하는 사람들이 반드시 해야 하는 단계이다.

일단 당신이 프로그램들에 대한 예비조사를 마쳤다면, 당신은 아마도 더 자세한 정보와 지원서를 얻기 위해서 몇 개의 학교에 편지 쓰기를 원할 것 이다. 그렇게 할 좋은 시기는 당신이 대학원에 등록하려고 계획하기 바로 전 해의 9월이다. 이런 정보들을 손에 쥐고 당신은 지원할 학교의 목록을 더 좁힐 수 있다.

학자금을 조달하는 것. 경제적인 압박과 우선순위의 변화로 연방정부와 주정부는 학생들이 그들의 대학원 교육에 학자금을 조달하도록 돕는 일에 자금을 덜 제공하고 있다. 이제까지 학자금은 네 가지 주요 출처에서 얻어질 수 있었다.

1. 연방정부에 의해서 승인된 대출 프로그램은 학생들이 낮은 이자율로 돈을 빌리고 학교를 떠난 후에 갚도록 허용한다. 그러나 연방정부가 고등교육에 대한 지원을 철회하기 시작했기 때문에 대학원 재학생들이 대출을 얻기가 점점 더 어려워지고 있다.
2. 많은 프로그램이 장학금(fellowship & schol-ar-ship)을 제공한다. 이것은 우수한 학생들이 수련을 받을 수 있도록 재정적 지원을 하는 무상 보

1) 역자 주: 충분한 정보를 알고 있는 상황에서 내리는 결정

조금이다. 국가의 우선순위가 바뀜에 따라서, 이 보조금은 과거보다 얻기 어려워졌다. 프로그램들이 이상을 받을 지원자를 지명하면 그 사람은 입학 허가서를 함께 받게 된다.

3. 연구조교와 교육조교 장학금은 흔하게 얻을 수 있다. 연구조교 장학금은 흔히 교수들이 얻은 연구비를 통해서 재정지원이 되며 학생들은 특정 연구에 참여하여 일을 하도록 요구된다. 교육조교장학금을 받으면 보고서를 채점하거나 토론 시간을 이끄는 것부터 실제 수업을 가르치는 것까지 다양한 업무를 하게 된다. 두 가지 조교장학금 모두 통상적으로 주당 20시간까지 일하도록 요구한다.
4. 이 역시 최근에 삭감되기는 하였으나 임상심리학 수련장학금도 때때로 가능하다. 이것은 보통 연방정부에 의해서 재정지원이 되며 장래가 촉망되는 학생들에게는 흔히 무상 보조금으로 주어진다.

학비를 조달하는 일은 분명히 더 어려워지고 있다. 한편으로 많은 학교들은 대학원 조교들의 학비를 낮춰 주며, 장학금이나 수련장학금을 받는 학생들은 흔히 학비를 전혀 내지 않는다. 모든 형태의 재정적 지원에 대한 경쟁이 점차 심해지고 있다. 재정적인 것과 관련된 정보는 대학원 공부를 위해서 어느 학교에 지원할까를 결정짓는 데 분명히 도움이 될 것이다.

APA 인준. APA에는 전문적인 수련기준에 맞는 프로그램을 인정해 주는 인준위원회(Committee on Accreditation)가 있다. 인준된 학교의 목록은 매년 「American Psychologist」의 12월호에 게재된다. 현재는 200개 이상의 기관들이 APA가 인준한 임상심리학 프로그램을 운영하고 있다.

지원 시기. 학교에 따라 마감일이 다르지만 대부분의 학교들은 마감일이 1월 1일부터 2월 15일 사이이다. 그러나 학생들은 어떤 학교의 마감일이 12월이 아닌지 조심스럽게 확인하여야 한다. 석사 수준의 프로그램들은 때때로 마감일이 8월 말까지인 경우도 있지만, 많은 학교들이 마감일을 엄격히 준수하고 있으므로 마감일을 미리 확인하고 반드시 지키는 것이 필요하다.

제출한 지원서의 수. 한 사람이 지원해야만 하는 프로그램의 숫자는 정해져 있지 않다. 소수의 학생들은 소수의 프로그램에만 지원을 하고도 입학허가를 받을 수 있으나, 어떤 학생들은 20개 프로그램에 지원하고도 모든 프로그램에서 거절될 수도 있다. 분명히 경쟁은 치열하다. 실제로 지원서를 제출한 사람들과 그들 중 입학이 허가된 사람들의 비율이 의과대학보다 임상심리학 박사과정 프로그램에서 더 낮다. 한 학교가 400명의 지원을 받아서 10명 이하의 사람들에게 입학을 허가하는 것이 보통이다.

가장 좋은 전략은 지원비용을 지불할 수 있을 만큼, 또는 지원서류를 준비하기 위한 시간과 에너지가 있는 만큼 가능한 한 많은 학교에 지원하는 것이다. 대부분의 학교는 25달러 이하이지만, 일부 학교들은 지원비가 50달러나 된다. 일부 소수의 학교는 지원비를 전혀 받지 않는다. 공식적인(성적) 증명서를 발부하는 데 10달러나 지불해야 할 뿐 아니라 이로 인해 지원과정에서 비용이 추가된다는 것을 기억하고 놀라지 않으려면 그 비용에 관해서 당신의 학교에 미리 알아볼 필요가 있다.

이 모든 것을 고려하여 당신이 다니고 싶은 학교들의 순위를 매기는 것이 가장 좋다. 이 목록에서 가장 꼭대기에 있거나 그에 가까운 학교 5~6개, 목록의 중간에 있는 학교들 중 5~6개, 그리고 바닥에 있는 학교 중 2~3개를 선정하라. 당신은 작은 바구니 안에 당신이 가지고 있는 많은 달걀을 다 담을 수는 없을 것이다. 입학허가를 받을지의 여부는 예측할 수 없는 일이다. 어떤 학생이 국내에서 적당한 수준의 명성이 있는 프로그램에서는 오히려 거절되고 높이 인정받는 프로그램에서는 입학이 허가되는 경우가 드문 일은 아니다. 각 학교의 선정위원회는 약간 다른 편향과 지침을 가지고 있다. 그러므로 첫 번째 거절 편지가 도착했을 때 희망을 버리지 말아야 한다.

2단계: 지원 서류

당신의 지원서 꾸러미는 여기에 요약된 요소들로 전형적으로 구성된다.

시험점수. 실제로 모든 학교가 지원자들에게 시험점수를 제출하도록 요구한다. 가장 흔히 요구되는 시험은 *Graduate Record Examination* (GRE)이다. 어떤 경우에는 Miller Analogies Test (MAT)가 요구된다. 이 시험들에 대한 정보는 교내 상담센터나 학생처 또는 당신이 다니고 있는 심리학과에서 구할 수 있다. 더 이상의 정보는 다음 주소로 연락하면 얻을 수 있다.

GRE
Graduate Record Examinations
Educational Testing Service
P.O. Box 6000
Princeton, NJ 08541-6000
(also: www.gre.org)

MAT
Psychological Corp.
304 East 4th St.
New York, NY 10017

GRE 일반시험(General Test)은 계량적인 능력과 언어적인 능력을 평가하는 질문들로 구성되어 있다. 그것은 또한 분석적 쓰기 기술도 평가한다. 또한 심리학에 관한 전공 시험도 있다. 일부 학교는 심리학 시험을 요구하지만 다른 학교들은 요구하지 않는다. 컴퓨터로 시행되는 GRE 시험이 1년 내내 실시된다. 전통적인 지필검사 형식의 GRE는 덜 자주(3, 6, 10월) 시행된다. 지필검사 형식의 GRE 일반시험은 점차 사라지고 있다. 시험 결과 보고서를 받아보는데 6주가 걸리므로, 대부분 학교의 지원서 마감일을 맞추기 위해서 학생들은 10월에 주로 시험을 치른다. 그러나 이것조차도 시간이 빠듯하므로, 당신이 가을에 대학원에 지원할 계획이 있으면, 그 이전 봄이나 여름에 GRE를 끝내기를 권한다.

성적증명서. 대부분의 학교들이 이전에 재학한 학교에서의 당신의 성적을 자세히 보여 주는 성적증명서를 요구한다. 지원서 양식에는 당신의 학점평균을 써넣는 공간이 있다. 성적증명서는 이전 학교의 학생기록 사무실에서 당신이 요청한 학교로 직접 발송된다. 보통 이런 서비스에 대해서 수수료가 청구된다(예를 들면, 미주리대학의 경우에는 성적증명서 1통당 수수료가 7달러이다).

또 다른 고려할 점은 일부 프로그램들은 어떤 영역에 대한 교과과정을 요구하거나 강하게 선호한다는 것이다. 예를 들어, 표집된 APA의 인준을 받은 108개의 임상심리 박사과정 프로그램들 중 최소한 1/3이 다음과 같은 과목들을 요구하거나 추천한다는 것이 한 조사(Mayne, Norcross, & Sayette, 1994a)에서 밝혀졌다—통계학(94%), 실험방법/연구설계(68%), 이상심리학(51%), 생리심리학/생물 심리학(33%). 당신은 당신의 성적증명서가 특정 임상 프로그램이 요구하는 과목들을 수강하였음을 보여 주고 있는지 확인해야 한다.

추천서. 3~4통의 추천서가 또한 요구된다. 당신을 위해서 추천서를 써 달라고 부탁할 가장 좋은 사람은 당신의 학문적인 능력과 연구 경험에 대해서 잘 알고 있는 교수들이다. 당신의 높은 도덕적 특성을 증명하는 친구들이나 친척들의 편지는 그리 유용하지 않다(그 편지가 진실하다고 해도!). 가장 좋은 추천서는 당신이 수업을 듣고, 특정 주제에 대한 연구나 연구 과제를 함께 수행한 심리학과 교수들의 추천서이다.

당신을 249명의 다른 학생들과 함께 한 수업에서 가르쳤고 단지 당신이 A를 받았다는 것만을(성적 기록을 참조한 후) 기억하는 교수의 추천서는 독립 과제(independent project)를 통해서 개인적으로 당신을 지도한 교수의 추천서만큼 유용하지 않다. 당신이 정신건강관련 직업을 가지고 일했을 때 함께 일했던 전문가의 추천서는 매우 도움이 될 수 있다.

당신이 당신의 추천서를 볼 수 있는 권한을 포기하지 않는 한, 그 추천서를 읽는 사람들은 그 추천서가 비밀이 보장되지 않으며 당신이 실제로 그 추천서를 보았다고 가정할 것이다. 그런 추천서는 흔히 당신의 능력과 잠재력을 평가하는 데 있어 비밀이 보장된 추천서보다 덜 솔직할 것이라고 느껴진다. 당신이 추천서가 얼마나 긍정적일지에 관해서 의심이 된다면, 당신은 항상 당신의 잠재적인 추천인에게 당신의 가능성에 대한 솔직한 평가를 미리 요청할 수 있다.

개인적 진술. 대부분의 지원서류에는 개인적 진술을 위한 칸이 있다. 이것은 선발위원회에게 당신이 임상심리학과 관련하여 자기 자신을 어떻게 여기고 있는지에 대한 정보를 제공한다. 당신의 동기가 무엇인가? 당신은 왜 임상심리학에 관심이 있는가? 당신은 스스로를 어떻게 준비하였는가? 당신의 직업 목표는 무엇인가? 당신은 왜 이 특정한 임상심리학 프로그램에 관심을 갖게 되었나? 이런 것들이 이 진술에 흔히 포함되는 몇 가지 요점이다. 그런 진술은 당신을 부각시키는 데 도움을 주고, 또한 당신의 언어능력과 쓰기능력을 간접적으로 보여 준다.

경험. 질적으로 훌륭한 연구를 수행하였다는 증거는 보통 결정적인 것 이상으로 작용하고 당신에게 경쟁력을 부여할 것이다. 그것은 당신이 수업이나 보통의 학급 경험을 넘어선 어떤 것을 찾으려는 흥미와 동기를 지니고 있다는 것을 시사한다. 그것은 당신이 직업적인 성장에 대한 당신의 잠재력의 긍정적 표식으로서 그 연구에 관여되었음을 지적한다. 게다가 그런 경험은 당신의 박사과정 공부에 매우 도움이 될 수 있다. 연구지향적인 프로그램에서 과거의 연구 경험은 필수적이다.

정신건강 직종에서의 실제적인 경험도 도움이 될 수 있다. 많은 학생들이 병원에서 보조원(aides)으로 고용되거나 클리닉, 학교, 지역사회센터, 위기전화상담 등에서 전문직 보조원으로 고용된다. 그들 중 일부는 어떤 과목과 연합된 실습을 수행한다. 그런 경험은 매우 높은 수준의 정교화(정신건강 분야의 어떤 직업이 어떻다는 통찰을 이미 가지고 있다는 의미에서)를 시사한다. 그것은 또한 당신이 매우 높은 동기수준을 지니고 있다는 것을 의미한다.

필수 자격요건

학생들은 입학을 위해서 요구되는 최소 평균 학점(GPA)이나 GRE 절단점수에 관하여 흔히 묻는다. 프로그램들에 따라서 상당히 다르기 때문에 이는 대답하기 어려운 질문이다. 그러나 Mayne 등의 조사연구에 따르면, 모든 임상심리학 박사 프로그램의 90%가 지원자를 선별하기 위해서 GRE 점수를 사용한다(Mayne et al., 1994a). 그러므로 입학사정 위원회는 GRE 점수를 매우 중요시하고 있는 것처럼 보인다. 일반적으로 지원자가 많은 학교는 높은 학점과 높은 GRE 점수를 요구하는 경향이 있다. 연구 지향의 Ph.D. 프로그램은 임상 지향의 Ph.D. 프로그램이나 Psy.D. 프로그램보다 더 높은 GRE 점수와 학점을 선호하는 경향이 있다(Mayne et al., 1994a). 이런 조사결과에서 예상되듯이 Mayne 등은 연구지향의 임상심리학 Ph.D. 프로그램에 입학하기(입학허가율이 지원자의 6%)가 임상심리학 Psy.D. 프로그램에 입학하는 것(입학허가율이 지원자의 23%)보다 훨씬 더 어렵다고 보고하였다.

일부 선정위원회는 학생들의 전체 4년 동안의 성적보다 마지막 2년 동안의 성적에 더 관심을 갖는다. 그러나 GPA가 4.0 척도에서 3.5보다 낮으면 입학하기 어렵다. 높은 명성을 지닌 학교의 경우에는 GPA 3.7이 최소점수가 될 것이다. 높은 GRE 점수가 중요하지만 높은 GPA나 특별히 강한 추천서와 같은 다른 보상요인들이 있다면 많은 학교들이 그다지 높지 않은 GRE 점수도 받아들여 준다.

앞에서 한 말들은 임상심리학 석사 프로그램에는 적용되지 않는다. 석사 프로그램에 입학하는 데는 경쟁이 그리 심하지 않으므로 GPA와 GRE 점수가 그리 높을 필요는 없다. 그러나 프로그램을 졸업한다고 해도 나중에 그 사람이 박사과정 프로그램에 입학할 기회가 필연적으로 증가되는 것은 아니라는 사실을 언급해야만 한다. 이런 문제들을 요약하면서 주요 대학의 한 임상 감독자가 입학 자격에 관하여 다음과 같이 말하였다.

> 첫째, 가장 중요한 것은 높은 성적으로 심리학 학부를 졸업하는 것이다. 부수적으로, 우리는 '가벼운 내용'의 수업보다는 과학/수학이 기반이 된 수업들을 선호한다. 우리 학생들의 거의 1/4이 석사학위를 지니고 입학하지만 석사학위가 있다는 사실이 그들로 하여금 선발되도록 도와주지는 않는다. 우리는 일반적으로 거의 모든 사람들이 석사 수준의 프로그램에서 A를 받는다는 사실을 발견했으므로 결국 학부 성적을 중요하게 생각하게 되었다. 둘째, 추천서는 대단히 중요하다. 지원자를 정말로 아는 사람이 그 추천서를 썼을 때 그 추천서는 가장 유익하다. 셋째, 부가적인 연구나 치료 경험이 도움이 된다. 넷째, 좋은 GRE 점수가 바람직하지만 절대적으로 필요하지는 않다. 우리는 대학시절 성적과 추천서(개인적 교신)에 더 무게를 주는 경향이 있다.

변화하는 직업

임상심리학은 계속 변화하며 동요하고 있는 전문직업이다. 임상심리학은 심리학적 원리들을 개인들의 문제에 적용하는 기본적인 사명을 계속 유지하고 있으나 그 사명을 성취하기 위해서 찾아낸 방법과 직업적인 골격은 변화를 겪고 있다. 그런 변화가 좋은 것인지 또는 그것이 임상심리학의 정체감위기를 반영하는 것인지는 불분명하다. 그러나 한 가지 확실한 것은 임상심리학자가 되어 한 전문직업인이 되는 과정에 참여하는 것은 흥분되는 시간이라는 것이다. 오늘날의 임상심리학자들이 당면한 몇 가지 이슈들에 대한 맛을 보여주기 위해, 이 분야에서 나타나는 주요 현상들을 소개할 것이다. 제3장에서는 현대적인 이슈들에 대해 더 자세히 이야기할 것이다.

인구통계학적 특성

인구통계학적 경향에 주목하는 것은 중요하다. 이 장의 앞에서 우리는 APA 12분과(임상심리학회) 회원들 중 단지 1/4~1/3이 여성이라고 지적하였다. 그러나 이 비율은 미래에는 극적으로 증가할 것 같다. 남자보다 더 많은 여자들이 심리학 박사학위를 받고 있으며 임상심리학에 있어서는 특히 그러하다. 어떤 사람들은 이것을 임상심리학의 '여성화(feminization)'라고 언급하였다. 미국심리학회의보고서(APA, 2006)에서 심리학, 특히 임상심리학에서 왜 여성 박사의 배출이 상당히 증가했는지에 대한 몇 가지 이유들을 제시하였다. 지난 수십 년간, 심리학자들이 지닌 기술들에 대한 사회의 수요가 증가했고, 여성들이 심리학 대학원에 접근성이 높아졌으며, 사회경제적인 압력으로 남성들이 심리학 대학원과정에 입학하는 수가 줄었다. 예를 들어, 의대 혹은 경영학과 같은 타 전문직업들이 어느 정도는 더 나은 경제적 이점을 제공한다. 이러한 변화가 이 분야에 어떤 영향을 미치게 될지는 불분명하지만 예를 들어, 개업한 임상심리학자들의 봉급이 낮아지는 경향이 직접적으로 관련이 있을 것이라는 주장이 있다(Philipson, 1993). 그러나 다른 한편으로는, 임상심리학 영역에 여성이 증가하면 임상활동이나 임상연구에서 부딪히게 되는 문제들에 대해서 더 넓은 조망을 제공할 수 있게 되므로 이 분야를 크게 진보시킬 것이라는 의견도 있다.

수련 모델

과학자-임상가 수련 모델이 아직 우세하지만, 그 모델은 공격을 받고 있으며 새로운 모델들이 나타나고 있다. 대학과 연계되지 않은 전문학교들이 마구 생겨났으며, 새로운 학위 프로그램이 대학 조직 내에서 설립되었다. 예를 들면, 심리학 박사(Psy.D.) 학위가 전통적인 연구-지향을 강조하는 Ph.D. 학위의 흔한 대안이 되었고, 매년 1300명이 넘는 Psy.D. 학위가 수여되고 있다. APA가 인준한 임상 프로그램 중 Psy.D.를 수여하는 프로그램은 60개가 넘는다. 대학 전문학교에 수용되는 새로운 수련 모델이 요구되어 왔다. **전문대학원**(professional school)은 현재 임상심리학 박사학위 취득자의 약 60%에게 학위를 수여한다. 지난 수십 년간에 개발된 다른 대안적인 훈련 모델은 통합훈련프로그램(combined training program)이다. 통합훈련프로그램은 응용심리학분야들(즉, 임상, 상담, 학교심리학)은 핵심 지식과 기술은 공유되며, 이러한 지식과 기술의 기반을 다양한 세팅에 활용할 수 있다는 가정하에 개발되었다 (Beutler, Givner, Mowder, Fisher, & Reeve, 2004). 현재 8개의 인증된 통합훈련프로그램이 있다. 각 프로그램은 임상, 상담 혹은 학교심리학 중 2개 혹은 그 이상의 전문영역에 대한 훈련을 제공한다. L. H. Levy(1984)는 새로운 '인간에게 봉사하는 심리학(human service psychology)'을 위한 헌장의 개요를 작성하였다. 이것은 심리학적 원리를 통해서 인간복지를 증진시키는 데 관련된 모든 전문 영역으로 구성된 일반적인 수련 프로그램이며, 임상심리학, 상담심리학, 학교심리학, 지역사회심리학, 건강심리학과 다른 전문 분야들을 모두 포함한다.

지난 10여 년 동안 눈에 띄게 된 수련 모델은 임상 **과학 모델**(clinical science model)이다. 이 모델은 현재 임상심리학이 과학에 견고하게 뿌리박고 있지 않다는 염려에서 비롯되었다. 이 모델을 따르는 프로그램은 평가, 예방 및 임상적 개입에 있어서 경험적으로 지지된 접근방법에 수련의 초점을 맞춘다. 임상 수련 프로그램들 중 50 프로그램이 넘게 자신의 프로그램을 임상 과학 훈련 프로그램이라고 인정하고 있다. 다른 모델과 함께 이 수련 모델도 제3장에서 더 자세히 논의될 것이다.

임상 활동

관리의료로 인한 재정적인 타격에도 불구하고, 수련받은 임상심리학자들의 대다수는 최근에 계속 개업을 하고 있다. 미국에서 심리학자와 사회복지사의 수는 지난 50년간 네 배가 넘었다. 하지만 정신건강 문제를 해결하기 위해 약물을 사용하는 비율이 빠르게 증가하고 있고, 임상가에게 서비스를 받는 비용의 비율이 적어졌다(Goodheart, 2010). 이러한 요소들이 임상심리학자의 개업이나 임상 활동을 다소 제한할 수 있다고 생각이 된다. 임상심리학자들은 점점 더 면허와 자격증, 정부의 건강관리 프로그램에의 참여, 협회(guild)의 관심들과 같은 쟁점들에 마음을 빼앗기고 있는 것처럼 보인다. 전문직 보조자와 박사학위가 없는 정신건강전문가들이 다양한 정신건강기관에 매우 많이 취업하고 있다. 그들은 일상적인 검사를 하고, 집단치료를 돕고, 기관에서의 여러 가지 행정적인 일들을 수행한다. 이런 경향은 현대 임상심리학자들이 점점 더 진단적 검사에 그들의 시간을 투여하고 싶어하지 않는다는 사실에 의해서 강화된다. 우리가 이전에는 전통적인 개인심리치료와 약간의 집단심리치료를 했었지만, 지금 우리는 단기치료, 인지행동치료, 부부치료, 게슈탈트치료, 가족치료, 노출치료, 합리적 정서치료 등을 수행하고 있다.

어떤 사람들은 앞의 내용들에서 임상심리학이 소멸되는 징후들을 발견하겠지만 다른 사람들은 그 모든 갈등들에 의해서 오히려 흥분할 것이다. 그러나 임상심리학을 전공할 미래의 학생에게 현재 상황은 한 전문 직업의 미래를 형성하는 데 참여하는 비할 데 없는 기회를 제공한다.

모호함에 대한 인내와 새로운 지식에 대한 갈망

이제 순서에 따라서 해야 할 일은 임상심리학을 최종적이고도 산뜻한 정의(앞의 논의를 요약하고 통합하며, 쉽게 기억될 수 있는 정의)로 결론짓는 것이다. 그러나 그런 정의는 가능하지도 않고 심지어 유용하지도 않아 보인다. 문제는 임상심리학자의 흥미와 활동의 범위, 다양성, 그리고 패턴에 있다. 그런 다양성을 포괄하려면 정의가 매우 길어지고 일반적이 되어 본질적으로 의미가 없게 된다. 예를 들어 이 장의 앞에서 제시된 임상심리학에 대한 Resnick(1991)의 정의와 APA 12분과(임상심리학과 분과)의 정의는 너무 광범위할 뿐 아니라 임상심리학에 특정적이지 않다고 일부 사람들은 생각한다. 50년보다 더 전에 Shaffer와 Lazarus(1952)는 그들의 임상심리학 교과서에서 "임상심리학자가 수행해야만 하는 정확한 역할에 대해서는 어디에서도 진정한 동의가 이루어지지 않았다(p.25)"고 언급하였다. 그 후로 지금까지 그들의 이 같은 평가를 누군가 거부하도록 설득하는 일은 거의 일어나지 않았다. 그러므로 아마도 임상심리학자의 중요한 특징(모호함에 대한 인내) 한 가지를 언급하는 것이 나을 것 같다.

어떤 사람들은 임상심리학자들을 허풍쟁이라고 공격을 하고 있고, 다른 사람들은 구세주라고 숭배를 한다. 임상심리학자들은 인간행동에 관한 지식이 부족하다고 느껴서 때로는 우울해지고, 환자가 눈에 띄게 좋아져서 때로는 들뜨기도 한다. 한편으로는 인지행동주의자들로부터 다른 한편으로는 정신역동적 심리학자들로부터 서로 모순이 되는 주장들의 세례를 받으며, 학술적인 사람들에게는 너무 응용적이라고 비난을 받는 반면에, 정신건강 영역의 동료들로부터는 너무 추상적이며 과학적이라고 비난을 받는다. 이런 것들을 감안한다면 모호함에 대한 인내가 임상가들에게 도움이 되는 특질이라는 것이 분명하지 않은가? 인간행동에 관한 모든 대답을 원하는 학생들에게 임상심리학은 매우 방해가 될 수 있다. 그러나 점진적으로 인간의 조건을 개선시키는 효과적인 수단을 찾는 데 참여하기를 원하는 학생들에게는 임상심리학이 진정으로 보상을 줄 수 있을 것이다.

요약

한 분야로서 임상심리학은 정확하게 정의하기 어렵다. 임상심리학자들의 활동은 매우 다양하고 다른 정신건강전문가들의 활동과 다소 중복된다. 이 장에서 우리는 임상심리학자들의 특징과 활동에 관한 가장 최근 자료들을 역사적인 맥락 내에서 제시하였다. 현대 임상심리학자들은 전형적으로 직접적인 임상적 서비스, 진단 · 평가, 행정 및 연구 · 저술에 많은 시간을 보낸다. 교육, 감독(수퍼비전) 그리고 자문 또한 그들의 중요한 역할들이다. 임상심리학자들은 특히 개업, 대학, 병원 등의 다양한 장소에 취업을 한다. 조사에 따르면 대부분의 임상심리학자들은 남자이고, 가장 흔히 치료에 적용하는 이론적인 지향은 절충적 · 통합적, 인지적, 정신역동적 지향이다. 무엇보다도 임상심리학 분야는 강한 연구 전통을 지니고 있으며 평가, 예방, 치료에 있어서 경험적으로 지지된 접근방법을 강조한다. 이 장에서는 끝으로 대학원 프로그램의 주요 내용들과 임상심리학 박사과정 프로그램에 입학 허가를 받기 위해서 필요한 단계들을 기술하면서 임상심리학 수련의 개관을 제공하였다.

주요 용어

개별기술적 접근 일반적인 행동원리보다 개인차를 강조하는 접근이다. 이 접근은 주관적인 지향을 가진 임상 실제와 연합된다.

건강심리학자 질병의 예방, 건강의 증진과 유지, 또는 의학적인 문제가 있는 것으로 진단된 사람들의 치료에 초점을 맞추어 연구나 임상적인 업무를 수행하는 심리학자이다.

박사학위 석사학위 이상의 수련을 요구하는 학위로 임상심리학에서는 평가, 진단, 심리치료 및 연구에 관하여 4년 동안 대학원 수련을 받고 거기에 1년간의 인턴십을 더하면 박사학위를 받을 수 있다.

법칙정립적 접근 개인차를 덜 강조하고 행동의 일반적인 원리를 발견하려고 시도하는 접근이다. 이 접근은 경험적인 지향을 가진 임상 실제와 연합된다.

상담심리학자 관심과 활동이 임상심리학자와 유의하게 중복되는 심리학자이다. 전통적으로 상담심리학자들은 정상인이나 중등도로 적응의 문제를 지닌 사람들에게 개인 심리치료와 집단심리치료를 해왔고 교육상담과 직업상담도 수행해 왔다.

석사학위 보통 2년간 대학원 교육을 받으면 취득할 수 있는 고등 학위이다. 임상심리학에서 석사 수준의 수련을 받은 사람은 다양한 장소에서 일을 하지만, 박사학위를 소유한 사람보다 직업적인 독립성을 덜 얻게 된다.

수련의 과학자–임상가 모델 오늘날 임상심리학에서 우세한 수련 철학이다. 이 모델은 임상심리학자들이 과학자와 임상가로서의 역할을 통합해야 한다는 생각에 근거한다.

심리 클리닉 임상심리학 수련 프로그램에 의해서 운영되며, 임상심리 전공 학생들과 교수 등이 직원인 진료소이다. 심리 클리닉은 임상학생들이 대중에게 평가, 치료, 자문을 제공함으로써 실제적인 경험을 하는 장소를 제공한다.

심리학 박사(Psy.D.)학위 전통적인 연구 지향의 Ph.D.학위의 한 대안으로 나타난 심리학의 고등학위이다.

이론적 지향 심리학자가 내담자의 문제를 개념화하고 치료하는 데 의존하는 이론적 틀이다. 그런 지향의 예로는 정신역동적, 인지적, 행동주의적, 대인 관계적, 체계적, 그리고 절충적 · 통합적 지향이 있다.

인준 수련 표준에 맞는 인정할 만한 심리학 수련 프로그램에 대해서 미국심리학회가 인정하는 것이다.

인턴십 모든 임상심리학 학생들에게 요구되는 집중적인 임상 경험으로 보통 대학원 수련의 제일 마지막에 행한다. 전형적으로 인턴십은 1년간 지속하며 독립된 시설에서 전일제로 업무를 수행한다.

임상 과학 모델 평가, 예방 및 임상적 개입에 경험적으로 지지된 접근방법을 강조하는 임상심리학 수련 모델이다. 이 모델은 임상심리학이 과학에 견고하게 뿌리박혀 있지 않다는 염려에서 생겨났다.

임상실습 평가, 심리치료 등에 있어 특정한 임상적 기술을 습득하도록 고안된 수련 경험이다. 실습은 학문적인 내용이나 이론을 실제 경험과 결합한다.

임상심리학자 다양한 정서적, 행동적, 인지적 곤란을 지닌 사람들을 이해하고 치료하는 데 헌신하는 직업의 구성원들이다. 임상심리학자들은 심리치료, 평가와 진단, 교육, 수퍼비전, 연구, 자문, 행정 등의 다양한 활동을 행한다.

자격시험 모든 심리학 전공 대학원생들에게 요구되는 시험으로 보통 입학 후 3년째에 시험을 본다. 이 시험의 기능은 학생의 학문적 능력을 확증하는 것이다.

재활심리학자 임상의 초점을 신체적이거나 인지적인 장애를 지닌 사람들에게 맞추는 심리학자이다. 재활심리학자들은 주로 종합병원이나 재활병원에서 일하고 장애를 가진 사람들이 자신들의 조건에서 비롯된 심리적, 사회적, 환경적 파생 결과들을 다룰 수 있도록 돕는다.

전문대학원 연구에 대한 능력보다 평가와 치료에 대한 능력을 강조하는 고급 수준의 심리학 수련을 제공하는 학교이다. 많은 전문대학원들이 대학과 연계되어 있지 않으며, 대부분 Psy.D.학위를 수여한다.

전문직 보조원 전문 정신건강 종사자들을 도와주도록 훈련받은 사람들(예: 위기 전화상담 종사자들)이다.

정신건강 사회복지사 정신과 진단 및 개인/집단심리치료에 대한 훈련을 받은 정신건강전문가들. 심리학자나 정신과 의사와 비교하여, 정신건강 사회복지사들의 훈련이 다소 짧고 2년의 석사학회에 제한이 되어 있다. 정신건강 사회복지사들은 환자들의 일상에 강도높게 관여하며, 환자들이 직면한 문제들에 영향을 미치는 사회적/환경적 요소들에 더 초점을 둔다.

정신과 사업사업가 정신과적 진단과 개인 및 집단 심리치료에 대해서 훈련된 정신건강전문가이다. 심리학자나 정신과 의사와 비교해서 정신과 사회사업가의 수련기간은 비교적 짧으며 2년이 소요되는 석사학위로 제한된다. 사회사업가는 환자들의 매일매일의 생활에 집중적으로 관여하며 환자들이 처한 어려움의 원인이 되는 사회적이고도 환경적인 요인들에 더 주목한다.

정신과 의사 다양한 정신장애의 진단과 치료에 집중적인 훈련을 받은 의사이다. 그들의 의학적 배경 때문에 정신과 의사들은 문제가 되는 행동이나 심리적 고통을 완화시키기 위해서 약을 처방할 수 있다.

학교심리학자 학령기 아동들의 지적, 사회적, 정서적 성장을 증진시키기 위해서 교육자들과 함께 일하는 심리학자이다. 학교심리학자들은 특별한 요구를 지닌 아동을 평가하고, 그들의 요구를 처리하기 위한 개입이나 프로그램을 개발하며, 학교 정책에 관한 쟁점들에 관해서 교사와 행정가들을 자문하는 활동을 한다.

GRE 시험 대학원 수련 프로그램의 지원자들에게 흔히 요구되는 시험이다. GRE는 계량적, 언어적, 분석적 능력을 평가한다. GRE에는 심리학을 포함한 여러 학문영역에 대한 전공 시험도 있다.

Chapter 02

임상심리학의 역사적 개관

Historical Overview of Clinical Psychology

핵심질문

1. 어떤 치료가 임상심리학에 가장 큰 영향을 미쳐 왔는가?
2. 성격평가와 진단이 왜 다시 선호되었는가?
3. 임상심리학자들이 성인의 정서적 문제 치료에 어떻게 관여하게 되었는가?
4. 임상적 연구의 결과가 임상 실무와 임상 평가에 어떻게 적용될 수 있는가?
5. 미국심리학회 회원들의 의견이 일치하지 않는 쟁점들은 무엇인가?

개요

임상심리학의 뿌리를 잘 살펴보면 이 영역에 대해서 더 잘 이해할 수 있을 것이다. 이 장은 임상심리학의 역사를 훑어보고, 이 영역이 현재 직면하고 있는 쟁점들 중 일부를 살펴보고자 한다.

역사적 뿌리

임상심리학의 시작과 관련하여 어떤 특정 시기나 어떤 특정 인물을 지칭하는 것은 완전히 잘못되거나 독단적일 수 있다. 기원전 인간과 사고, 감각 및 병리의 본질에 대해서 숙고했던 Thales, Hippocrates, Aristotle와 같은 그리스 철학자들에게까지 임상심리학의 기원을 거슬러 올라가는 사람도 있으나(Shaffer & Lazarus, 1952), 이런 철학자들은 서구사회의 거의 모든 직업, 운동(movement), 또는 사고체계의 선구자로서 언급되므로 그들을 여기서 언급하는 것은 아마도 우리의 명예로운 시작을 주장하는 것 외에는 아무런 의미가 없다.

1890년 이전에는 임상심리학의 역사를 이상심리학이나 Zilboorg와 Henry(1941)가 이름 붙인 '의학심리학'의 역사로부터 분리할 만한 것이 아무것도 없었다. Reisman(1976)은 궁극적으로 정신병 환자들에 대한 관리를 개선시킨 19세기의 개혁운동에서 현대 임상심리학의 뿌리를 찾는 것이 유용하다는 것을 발견하였다. 그러한 개선과 이를 가져온 사람들의 인도주의적 충동이 우리가 현재 알고 있는 정신건강직업들의 희미한 시작을 촉진하였다(Hothersall, 1984). 이러한 움직임에 있어서 한 중심 인물은 프랑스의사인 Philippe Pinel이다. 19세기 '정신병원'의 관습인 무감각한 잔인성에 충격을 받은 Pinel은 Bicetre 정신병원과 Salpetriere 정신병원의 원장으로 일하면서 친절함과 인도주의를 통해서 매우 어려운 이 영역에서 많은 것을 이루어 냈다. Pinel의 업적이 개인적인 성취로 간주되어야 할지 또는 Rousseau의 철학과 프랑스 혁명의 이상주의로부터 성장한 논리적 발달로 간주되어야 할지는 불분명하다. 어느 쪽이건 그가 한 일은 정신의학, 정신건강접근 및 궁극적으로 임상심리학의 발달에 이정표가 되었다.

비슷한 시기에 영국인인 William Tuke는 병자나 문제가 있는 사람들을 인도적으로 치료하고, 모델이 되는 병원을 설립하는 데 헌신하였다. 미국에서는 Eli Todd가 하트퍼드에 정신질환자들을 위한 은거처(수용소)를 세우기 위해서 오랫동안 성공적으로 일하였다. 유럽에서와 같이 Todd는 문명화된 보살핌, 존경, 도덕성의 역할을 강조하였는데, 그의 노력을 통해서 정신병 환자들이 치료될 수 없다는 생각은 덜 받아들여지게 되었다. 환자를 감금하고 혹독하게 다루는 대신 정신병의 심리적 선행요인에 대한 탐색과 치료가 강조되기 시작했다.

정신건강운동에 심오한 영향을 미친 또 다른 미국인은 Dorothea Dix(그림 2-1)이다. 그녀는 정신질환자를 위한 보다 나은 시설을 위해서 캠페인을 벌였다. Dix는 결단력과 단호한 의지로 정부 공무원들이 응답을 할 때까지 밀어붙이고, 재촉하고, 설득하였다. 논리, 사실, 대중의 감상 및 전통적인 로비방법까지 동원하여 그녀는 자신의 의지를 실현시켰다. 그 결과, 1848년에 뉴저지 주가 처음으로 '정신병환자'를 위한 병원을 설립하였고, 그 후 30개 주 이상이 뒤를 이었다.

이런 사람들의 노력으로부터 임상심리학 영역을 위한 기초가 마련되었다. 그러나 이 공헌들을 그 시대의 사회적 힘이나 사상으로부터 따로 떼어 평가하는 것은 실수라고 할 수 있다. 19세기에 철학자와 작가들은 모든 사람들의 존엄과 평등을 선언하였고, 정부들도 이에 반응하기 시작하였으며 과학 분야조차도 이 움직임에 기여하였다. '실험을 통한 지식'의 분위기가 우세하기 시작했다. 사람들이 인간조건을 예언하고, 이해하고, 심지어 통제도 할 수 있다는 느낌은 오래된 지혜를 대치하기 시작했다. 과학, 문학, 정치학, 정부 및 개혁에 있어서의 이런 동요는 함께

그림 2-1 ■ Dorothea Dix는 40년간 미국의 여러 주를 여행하면서 정신병 환자들과 정신지체자들에 대한 보다 인간적인 치료와 더 좋은 시설을 위한 운동을 벌였다. 남북전쟁 동안 그녀는 연방 정부를 지지한 북부의 여러 주(Union forces)를 위한 병원 간호사들의 수장이었다.

결합하여 '정신 건강'으로 불리게 된 영역에서 새로운 전문직업이 처음으로 탄생하도록 이끌었다.

이런 짧은 개요는 임상심리학의 몇 가지 뿌리를 나타낸다. 다음에서는 진단과 평가, 개입, 연구, 직업적인 일 등 특정 영역에서의 임상심리학의 발달을 추적해 보도록 하겠다.

진단과 평가

초기(1850~1899년)

많은 사람들에게 있어서 임상심리학의 본질은 항상 사람들 간의 차이를 평가하는 것에 대한 강조에 있었다.

그런 강조의 많은 부분은 영국인인 Francis Galton에서 기원을 찾을 수 있다. Galton은 사람들 간의 차이를 이해하는 데 있어서 양적인 방법을 적용하는 것에 많은 노력을 기울였다. 그는 감각 예민성, 운동 기술 및 반응시간에 대한 흥미를 추구하면서 1882년에 인체측정학 실험실을 설립하였다.

이 전통은 미국인인 James McKeen Cattell의 연구에 의해서 계승되었다. Wilhelm Wundt가 인정하지 않았음에도 불구하고, Cattell은 조교로 일하던 Wundt의 실험실에서 사람들 간의 반응시간 차이에 관심을 가졌다. Galton처럼 그는 이것이 지능의 연구에 접근하는 한 방법이라고 믿었다. 실제로, 그는 자신의 측정치를 기술하기 위해서 '정신 검사(mental test)'라는 용어를 만들었다(Thorndike, 1997). 10개의 검사들로 이루어진 배터리를 사용해서 Cattell은 그 검사들이 질병을 탐지하는 데 뿐만 아니라 사람들을 선발하고 훈련시키는 데도 사용될 수 있다고 예언하면서 정신과정의 항상성을 발견하고자 하였다. 이런 초기 연구에서 우리는 검사 운동의 뒤뚱거리는 첫걸음을 볼 수 있다.

위트머는 1896년에 첫 심리학 클리닉을 열고, *The Psychological Clinic*이라는 첫 심리학 저널을 출간하면서 임상심리학에서 치료의 근대 모델을 시작했다. (인지적 혹은 심리적 증상들로 인해) 교육에서 어려움을 겪는 아이들의 문제를 식별하고 치료하는 위트머의 혁신적인 작업을 통해, 사회에 적응하여 생활하지 못하는 사람들을 과학적으로 평가하고 치료하는 전문 영역으로서의 임상심리학이 시작되었다. 흥미롭게도 임상심리학의 평가 및 치료에서 초기 주요 강조점은 아동이었다. 이러한 강조점은 제2차 세계대전의 종전까지 지속되었다.

같은 기간 동안 이와 관련된 경향은 Emil Kraepelin(1913)의 진단적 연구에도 나타난다. 그 시대의 정신과 의사들 중 Kraepelin의 전문적 위상에 필적할 수 있는 사람은 거의 없었다. Kraepelin이 정신병을 외적 요인들(치료 가능한)에 의해 결정되는 유형과 내적 요인들(치료되지 않는)에 의해서 유발되는 유형으로 나누었을 때, 그는 오늘날까지도 지속되는 분류체계와의 '로맨스'를 시작하였다. 환자에 대한 그의 기술과 분류는 많은 관심을 불러일으켰으며 정신병리학에 관한 엄청나게 많은 논의를 불러왔다.

현대 시대의 도래(1900~1919년)

이 시기의 주요 진전 중 하나는 정신측정과 진단적인 심리검사의 증가이다. 시작은 Galton이나 Cattell에 의해서였지만 결정적인 영향은 Alfred Binet의 연구로부터 왔다.

Binet는 개인차 연구의 열쇠가 규준과 그런 규준으로부터의 편차 개념에 있다고 확신하였다. 1904년 Binet가 파리에서 교육부장관에게 제안서를 제출한 후, Binet와 그의 동료인 Theodore Simon은 인지적인 한계를 지닌 아동이 적절히 교육됐다는 것을 입증하는 수단을 개발하도록 의뢰를 받았다(Thorndike, 1997). 다양한 지적 제한 수준을 객관적으로 구분하기 위해서 두 사람은 1908년에 Binet-Simon Scale을 개발하였다. 이 척도는 지능의 측정에 매우 심오한 영향을 미쳤다. Henry Goddard는 후에 Binet 검사를 미국에 소개하였고, Lewis Terman은 1916년에 미국판을 출간하였다.

성격검사 영역에서도 진보가 있었다. Carl Jung은 무의식적 콤플렉스를 밝히기 위해서 1905년경 단어연상검사를 사용하기 시작하였다. 1910년에는 *Kent-Rosanoff Free Association Test*가 출판되었다. Galton이 1879년에 이미 이 기법을 가지고 실험을 하였으나, 이런 자유연상검사들은 이 시기에 비로소 진단검사로서 중요한 진보를 이루었다.

1904년 Charles Spearman은 그가 *g*라고 부른 일반지능의 개념을 제시하였다. 그러나 Edward Thorndike는 그 개념화에 반대하고 개별 능력들의 중요성을 강조하였다. 어느 쪽이 옳던지 지능의 본질에 관한 대단한 논쟁이 시작되었고 오늘날 아직도 격론이 계속되고 있다.

미국이 1917년 제1차 세계대전에 참전했을 때 입대하려고 몰려든 수많은 신병들을 선별하고 분류해야 할 필요성이 발생하였다. 5명의 미국심리학회 회원들로 구성된 위원회가 군의학과(Medical Department of Army)에 의해서 임명되었다. 그 위원회의 의장은 Robert Yerkes였다. 위원회는 사람들을 능력 수준에 따라서 분류하는 체계를 만드는 과제를 맡았다. 1917년에 위원회는 Army alpha 검사를 고안하였다. 이 언어적 척도가 개발된 직후 비언어적 척도인 Army Beta 검사가 또한 개발되었다. 비슷한 맥락에서 Robert Woodworth는 1917년에 Psychoneurotic Inventory를 개발했다. 이 검사가 아마도 이상행동을 평가하도록 고안된 첫 번째 검사일 것이다. Woodworth의 Personal Data Sheet와 Army Alpha와 Beta 같은 선별도구의 출현과 함께 집단검사운동이 시작되었다.

두 전쟁 사이(1920~1939년)

두 세계대전 사이의 기간 동안 진단적인 심리검사에 있어서 상당한 진보가 있었다. Pintner와 Paterson은 비언어적 지능척도를 소개하였다. 1930년에 Arthur Point Scale이 나타났고 1934년에 Cornell-Coxe 검사가 출간되었다. 1926년에는 지능을 측정하는 Goodenough Draw-a-Man 기법이 출판되었다. 심리학자들은 이제 언어검사와 비언어검사뿐만 아니라 개인검사와 집단검사를 모두 사용할 수 있게 되었고, 임상가들은 '지능지수(intelligence quotients)'와 같은 용어들을 사용하였다.

음악적 능력을 평가하는 Seashore 검사로 대표되는 적성검사들도 사용되었다. 흥미검사도 또한 이 시기에 출현하였다. 1927년 Strong Vocational Interest Blank가 출판되었고 그 뒤를 이어서 Kuder Preference Record가 출판되었다.

지능의 이론적 쟁점들에 대한 지속적인 논쟁은 요인분석에 기초한 Louis Thurstone의 공헌에 의해서 1927년에 더욱 불붙었다. Spearman, Thorndike 및 Thurstone은 모두 지능의 영역에서 각각 중요한 공헌을 하였다. 1928년에 Gesell의 발달척도들이 출판되었고, 1936년에 Doll의 Vineland Social Maturity Scale이 나타났다. Doll의 척도는 지능이 아니라 한 개인의 사회적 성숙도나 사회적 능력이라는 관점에서 행동에 접근한다.

지능검사운동에 있어서 일어난 중요한 진전은 1939년에 David Wechsler가 Wechsler-Bellevue 검사를 출판한 것이다. 그때까지는 성인지능을 만족스럽게 평가하는 개인 검사가 없었다. Wechsler- Bellevue 검사의 후속 개정판들은 성인지능의 평가에 있어서는 최고의 개인 검사로서 사용되고 있다. 이 시기에 지능검사, 흥미검사, 능력검사들만 개발된 것은 아니다. 성격검사 영역 또한 장족의 발전을 하였다. Woodworth의 Personal Data Sheet의 뒤를 이어 1921년에 정서를 평가하는 Pressey X-O Test가 출판되었고, 1923년에는 Downey Will-Temperament Test가 뒤를 이었다. Allport- Vernon Study of Values는 1931년에 출판되었다.

그러나 놀라운 뉴스는 투사적 검사이다. Galton, Jung 및 Kent와 Rosanoff의 단어연상연구를 통해 이미 초기에도 투사법 검사 영역의 진보가 있었으나, 투사적 검사에 있어서 중요한 분기점은 스위스의 정신과 의사인 Hermann Rorschach가 저서인 *Psychodiagnostik*을 출간한 1921년이라 말할 수 있다. 이 책에서 Rorschach는 정신과 환자를 진단하기 위해서 잉크반점을 사용한다고 기술하였다. Rorschach는 사람들이 모호한 검사자극에 반응할 때 실제생활 경험에 대한 자신들의 반응을 드러내게 된다고 제안하였다.

S. J. Beck과 Bruno Klopfer가 1937년에 각각 매뉴얼과 채점 절차를 출간하였을 때 비로소 Rorschach 기법은 널리 사용되게 되었다. 1939년에 L. K. Frank가 **'투사적 기법'**이라는 용어를 만들었다. 그 이래로 투사적 기법에 대한 연구 결과와 책이 수없이 출판되었고, 투사적 기법에 대한 강의와 다양한 기법들이 홍수처럼 많이 소개되었다.

투사적 운동의 다른 측면은 Christiana Morgan과 Henry Murray가 주제통각검사(Thematic Apper-ception Test: TAT)를 출판한 1935년에 나타난다. 이 검사는 모호한 그림들을 보고 그림 속 인물들의 활동, 생각, 느낌을 기술하는 이야기를 구성하도록 하는 것이다. TAT는 투사적 검사로서는 아마도 Rorschach 다음으로 두 번째로 인기가 있고, 현재도 널리 사용된다. 그리고 1938년에 Lauretta Bender가 Bender Gestalt Test를 출판하였는데, 이 검사도 또한 투사적인 성격검사로서 사용되고 있다.

제2차 세계대전과 그 이후(1940년~현재)

임상심리학이 지능검사의 발달로 만족스런 성과를 얻음에 따라서 관심은 성격평가 영역으로 옮겨갔다. 임상가들이 공립학교와 인지적인 제약을 지닌 사람들을 위한 시설에서 벗어나 형무소, 정신병원과 클리닉으로 옮겨감에 따라서 심리학자에게 의뢰하는 일반 의사들과 정신과 의사들은 점차 더 복잡한 문제들을 질문하기 시작했다. "이 환자의 능력 수준이 어떠한가?"와 같은 질문은 변별진단을 다루는 좀 더 복잡한 질문으로 발전하였다. 예를 들면, "이 환자의 기능수준은 환자가 원래 지니고 있던 지적인 제한의 산물인가 아니면 정신분열병과 같은 '질병 과정'이 지적인 수행을 파괴하고 있는 것인가?" 그런 질문에 대답하는 것은 단순히 IQ 수준을 밝히는 것 이상을 포함하므로 지능검사에 대한 환자의 수행을 검토하는 새로운 방법이 개발되었다. 많은 경우, 심리학자들은 단지 전체 점수만을 보기보다는 수행의 패턴을 보기 시작했다.

1943년에 미네소타 다면적 인성검사(Minnesota Multiphasic Personality Inventory: MMPI)가 출판되었다. MMPI는 원래 주요기능이 환자에게 정신과적 진단을 붙이기 위한 객관적인 자기 보고검사이다. Rorschach와 같은 다른 검사들도 흔히 비슷한 필요에서 사용되지만, MMPI는 점수나 반응에 대한 이론적 해석이 전혀 필요하지 않다는 점이 특징이다.

1940년대와 1950년대에는 검사 공학이 점차 발전하였다. MMPI의 발달에 촉발되어서, 임상적 예측과 통계적 예측의 상대적 효과에 대한 논쟁이 발생하였다(Meehl, 1954; Sarbin, 1943). 임상가의 주관적인 인상과 쉽게 수량화되는 검사점수와 같은 자료에 입각한 견고하고도 객관적인 접근 중 어느 것이 더 우수한가? 검사를 타당화하는 방법과 검사 반응자의 잘못된 검사태도를 막는 방법들에 대한 활발한 논의도 있었다(Cronbach, 1946; Cronbach & Meehl, 1955). 평가는 제1차 세계대전 시기의 조악한 검사도구 이래로 많이 발전되었다. 실제로, APA가 검사의 적절한 개발을 위한 기준을 공표할 수 있을 정도로 이 기간 동안 검사를 구성하는 방법에 관한 많은 것들이 알려졌다(APA, 1954).

제2차 세계대전의 결과로 지능검사의 중요성은 지속되었다. 1949년에 Wechsler는 또 다른 개인 지능검사인 Wechsler Intelligence Scale for Children을 출판하였고, 이 검사는 Stanford-Binet 검사의 대안이 되는 검사로 사용되었다. 또한 1955년에는 Wechsler Adult Intelligence Scale (Wechsler-Bellevue의 개정판)이 출판되었다. 이 검사들 이후로 이 검사들의 후속 개정판들이 계속 출판되고 있다.

1940년대와 1950년대에는 성격검사, 특히 투사적 검사가 폭발적으로 성장하였다. 그 중 Rorschach와 TAT는 최상의 위치를 유지하였다. 임상심리학자들은 **심리진단**(진단을 위해서 심리검사점수를 사용하고 해석하는 것뿐만 아니라 치료 계획도 포함함)의 전문가로서 인정되었다. 그러나 객관적인 평가 측정치와 투사적인 평가 측정치들 중 어느 것이 성격과 정신병리를 더 정확히 기술하는지에 대해서는 전문가들 내에서 이견이 커졌다. MMPI나 MMPI의 개정판인 MMPI-2(Butcher, Dahlstrom, Graham, Tellegen, & Kaemmer, 1989)와 같은 **객관적인 측정치들**은 법칙정립적(nomothetic) 접근(한 개인의 점수를 대규모의 대표 표집으로부터 얻은 평균점수와 비교하는 등 경험적인 근거가 있는 규칙을 사용하여 검사 점수를 해석하는 접근)에 입각하여 평가를 한다. 이와는 대조적으로 투사적 측정치로부터의 반응은 흔히 개별기술적(idiographic) 접근을 사용하여 해석된다. 개인에게 초점이 더 많이 맞춰지고 검사 반응의 해석은 경험적으로 지지된 규칙을 사용해서 이루어지기도 했지만, 정신역동 이론에서 나온 개념을 사용해서 이루어지기도 했다. 객관적인 기법을 선호하는 사람들과 투사적 기법을 선호하는 사람들 간의 균열은 지금도 계속되고 있다.

그러나 놀랍게도, 성격검사에 대한 주요 도전은 외부에서부터 왔다. 1950년대 말부터 **급진적 행동주의**라 불리는 운동이 영향력을 발휘하기 시작했다. 이런 입장을 고수하는 사람들은 단지 외현적인 행동만이 측정될 수 있고, 심리검사 결과로부터 성격 특질의 수준이나 존재를 추론하는 것은 유용하지도 않고 바람직하지도 않다고 주장한다. 급진적 행동주의자들에 따르면 성격 특질은 직접적으로 측정될 수 없다. 그런 이유로 성격평가는 공격을 당했고, 임상심리학 프로그램은 1960년대에 훨씬 더 행동적인 경향을 취했다. 1968년에 Walter Mischel은 특질이란 관찰당하는 사람의 행동보다 관찰하는 사람의 마음에 더 존재한다고 주장하였다. 확실하지 않은 특질들이 아니라 상황들이 우리가 행동하는 방식에 더 책임이 있다는 것이다. 이런 견해와 조화를 이루어 1970년대에는 **행동평가**가 득세하였다. 행동은 그 행동에 선행하거나 뒤따르는 자극이나 상황의 맥락 내에서 이해할 수 있다.

이것은 성격평가의 종말을 뜻하였는가? 실제로 그렇지는 않았다. 미국의 정신장애진단체계에 다양한 **성격장애**가 제시되었고, 현대적이고 심리측정적으로도 탄탄한 성격검사들(예: Millon Clinical Multiaxial Inventory와 NEO-Personality Inventory)이 새로이 소개되었으며, 성격 특질이 시간과 상황에 관계없이 상당히 안정적이라는 경험적 증거들이 보고됨에 따라서 1980년대와 1990년대에 성격평가에 대한 관심이 다시 부활하였다(예: Costa & McCrae, 1988; Epstein & O'Brien, 1985).

이미 언급했듯이 공식적인 미국진단분류체계는 임상평가 영역에 영향을 미쳐 왔다. 미국정신과학회의 *Diagnostic and Statistical Manual of Mental Disorders*의 초판(DSM-I)은 1952년에 출간되었다. 첫 DSM 개발을 지원했던 이유가 전쟁 후의 필요성 때문이었기 때문에, 진단체계의 초점은 전쟁 후 증상들(이후에 외상후스트레스장애, 혹은 PTSD라고 명칭을 붙임)과 급성정신증을 포함한 성인기의 정신병리였다. 이 편람의 개정판들이 그 후 연이어 나타났는데 가장 최근의 것이 2000년에 출간된 것(DSM-IV-TR)이다. DSM-5는 2013년에 출간되었다. 진단체계가 자기 보고 검사의 내용에도 영향을 미쳤으나(새로운 검사들이 DSM 정신장애를 측정하기 위해서 고안되었다), 진단체계는 또 다른 종류의 평가 도구(**구조화된 진단적 면접**)의 성장을 자극하였다. 이런 면접은 DSM에 수록된 다양한 장애들에 대한 진단기준에 맞추어진 표준 질문 목록으로 구성된다. 환자(또는 연구 참여자)를 DSM 진단기준에 따라서 진단할 필요가 있는 임상가들(또는 연구자들)은 이 면접을 사용할 수 있으며, 이 면접을 한다면 더 이상 심리검사를 실시하거나 환자의 심리검사 점수로부터 진단을 추론할 필요가 없다.

신경심리학적 평가에 대한 관심 또한 매우 커졌다. 신경심리학적 평가는 경험적으로 수립된 뇌-행동(검사반응)관계에 근거하여 환자의 상대적 강점과 결함을 평가하기 위해서 사용된다. 여러 도구들이 손상된 두뇌 기능을 탐지하기 위해서 개발되었다. 1947년에 Halstead는 신경심리학적 문제의 진단에 도움을 주는 검사배터리를 개발하였다. 현재 신경심리학적 평가는 전형적으로 두 가지 접근방법 중 한 가지 방법을 사용한다. 한 방법은 모든 환자들에게 일정한 검사배터리를 사용하는 것이고, 다른 방법은 일부 검사들을 우선적으로 실시한 후 그 검사결과에 따라서 의뢰된 질문에 응답하는 데 필요한 부가적인 검사를 실시하는 것이다. 흔히 사용되는 신경심리검사 배터리는 Halstead-Reitan Neuropsy-chological Battery (Reitan, 1969)와 Luria-Nebraska Neuropsychologcal Battery (Golden, Purisch, & Hammeke, 1985)이다. 신경심리학 영역은 계속 점차 더 복잡하고 정교화되고 있다. 현재는 많은 신경심리검사들이 컴퓨터로 실시되고 있고, 정신장애의 신경심리학적 상관물을 발견하는 것에 더 많은 관심이 향해 있으며, 검사결과들은 재활계획을 수립하는 데 통합된다(Golden, Zillmer, & Spiers, 1992; Jones & Butters, 1991).

끝으로, 1990년대에는 관리건강의료의 성장과 유행이 심리평가에 영향을 미쳤다. 관리건강의료에 대해서 제3장에서 자세히 논의되겠지만 여기에서도 강조할 만한 가치가 있다. 관리건강의료(정신적 건강이나 행동적 건강을 포함하는)는 건강관리 비용의 급속한 증가에 대한 반응으로 발달하였다. 제삼자인 보험회사(예: 규모가 큰 회사들)는 관리건강의료에 매력을 느꼈는데 그 이유는 비용을 통제하고 감소시킬 수 있기 때문이다. 관리건강의료는 서비스를 제공하는 사람들이 서비스를 전달하는 데 있어서 더 책임있고 효율적일 것을 요구한다. 다양한 관리건강의료 계획의 제공자인 임상심리학자들은 (a) 문제 증상들을 밝혀내고 정확하게 평가함으로써 치료 계획에 도움이 되고, (b) 치료의 결과인 내담자의 기능 변화나 증진에 민감하며, (c) 비교적 간단하고 타당하며 신뢰도가 높은 심리 측정치들이나 검사들을 사용하는 데 점점 더 많은 관심을 가지고 있다.

평가와 관련된 많은 중요 사건들은 '평가와 관련된 주요 사건들(Significant Events in Assessment)'에 요약되어 있다.

일정: 평가와 관련된 주요 사건들

개입

초기(1850~1899년)

Emil Kraepelin의 관심은 정신병의 분류에 있었으나 다른 사람들은 암시나 최면과 같은 신경증환자의 새로운 치료방법을 연구하였다. 특히 Jean Charcot는 신체적인 원인이 밝혀지지 않은 '신체적 증상들'(예: 실명, 마비)을 지닌 히스테리 환자의 연구로 널리 명성을 얻었다(그림 2-2). 그는 최면에 걸린 환자를 극적이고도 임상적으로 보여 주는 데 있어 대가였다. 사실, 그는 히스테리 환자들만이 최면에 걸릴 수 있다고 믿었는데 그가 연구한 것은 아마도 히스테리보다는 최면이었던 것 같다. Hippolyte Bernheim과 Pierre Janet과 같은 사람들은 Charcot의 연구에 비판적이었다. Bernheim은 히스테리의 증상들은 피암시성뿐이라고 생각했고, Janet은 히스테리는 '분열 성격'의 한 표현이고 일종의 유전적인 퇴행이라고 간주하였다.

거의 같은 시기에, Josef Breuer와 Sigmund Freud의 기념비적인 협동 연구가 시작되었다. 1880년대 초기에 Breuer는 히스테리로 진단받은 'Anna O'라는 젊은 여자 환자를 치료하였다. Anna O의 치료는 많은 도전을 받았으나, 이후의 심리치료에 영향을 미친 비약적인 이론이 발전되도록 이끌었다. Breuer는 Freud와 이 사례를 광범위하게 논의하였고, Freud는 매우 흥미를 느껴서 Charcot에게 히스테리에 관해 배우기 위해서 파리로 갔다. 1895년에 Breuer와 Freud는 *Studies on Hysteria*라는 책을 출판하였다. 여러 가지 이유로 이 두 사람의 관계는 그 이후 매우 서먹하게 되었으나, 그들의 공동 연구는 정신의학과 임상심리학의 역사에 있어서 이론과 치료의 발달에 가장 영향력이 있는 **'정신분석'**의 출발점을 제공하였다.

그림 2-2 ▪ Jean Charcot가 'Wit'이라고 불리는 환자와 시범을 보이고 있다. 신경과 의사로서 훈련을 받았지만 Charcot는 히스테리를 설명하는 데 심리사회적 접근을 사용하였다.

현대 시대의 도래(1900~1919년)

Clifford Beers와 같은 개혁가들도 임상심리학의 역사에 중요하게 공헌하였다. Beers는 심한 우울증으로 입원하였고 입원하고 있는 동안 조증 단계가 되자 병원에서의 자신의 경험을 기록하였다. 조울증이 회복되어 퇴원한 후에도 병원에서 환자들이 받는 학대를 폭로하는 책을 쓰겠다는 그의 결심은 변하지 않았고, 그는 이런 학대를 바로잡는 대중운동을 일으키기를 간절히 원했다. 그는 1908년에 *A Mind That Found Itself* 를 출판하였고 미국에서의 정신위생운동이 시작되었다(그림 2-3).

Beers가 입원하기 얼마 전인 1900년에 Freud는 **'꿈의 해석'**을 출판하였다. 이와 함께 정신분석운동은 전성기를 맞았다. 무의식, 오이디푸스 콤플렉스, 자아 등의 개념들이 주목을 받았고, 성(sexuality)이 심리학 영역의 용어가 되었다.

Freud의 생각이 하루 아침에 성공을 거둔 것은 아니다. 천천히 점차 인정을 받았으나, Freud 이론을 추종하다가 돌아선 전향자들이 이를 비판하기 시작했는데 Alfred Adler, Carl Jung 등이 그들이다. Freud는 그 이후에도 다른 여러 책들을 출판하였으나, A. A. Brill, Paul Federn, Otto Rank, Ernest Jones, Wilhelm Stekel, Sandor Ferenczi 등 전향자들이 많이 생겼다.

이 장에서 나중에 우리는 Lightner Witmer가 최초의 심리학 클리닉을 설립한 것을 언급할 것이다. 또한 1909년에 William Healy가 시카고에 아동지도 클리닉을 설립하였다는 사실도 중요하다. 이 클리닉에서는 정신과 의사, 사회사업가 및 심리학자가 함께 일하는 팀(team) 접근이 수행되었다.

그들은 초기에 Witmer의 관심을 끌었던 아동의 학습문제보다는 현재 청소년 비행이라고 불리는 것에 노력을 쏟았다. Healy의 접근은 Freud 학파의 개념과 방법에 크게 영향을 받았다. 그런 접근은 궁극적으로 아동에 대한 임상심리학의 활동을 교육적인 틀에서 Freud의 역동적 방향으로 변화시키는 효과를 낳았다.

그림 2-3 ■ Clifford Beers는 정신병 환자로서 입원한 동안의 자신의 경험을 기록한 A Mind That Found Itself를 저술하였다. 그의 노력으로 정신위생운동이 시작되었다.

1905년에 내과의사인 Joseph Pratt와 심리학자인 Elwood Worcester는 입원한 정신과 환자들에게 지지적 토론 방법을 사용하기 시작했다. 이것은 1920년대와 1930년대에 많이 사용된 다양한 집단 심리치료의 선구가 되었다.

두 전쟁 사이(1920~1939년)

20세기 초기의 정신분석은 주로 성인의 치료에 주력하였고, 대부분 의학에서 기본 훈련을 받은 분석가들에 의해서만 수행되었다. 그러나 Freud는 정신분석은 의학적 훈련이 필요하지 않다고 주장하였다. Freud의 단언(Freud, 1926/1959)에도 불구하고, 의료계는 정신분석적 치료에 대하여 독점적인 권한을 주장하였고, 그로 인해서 심리학자가 뒤이어 치료 사업에 진입하는 것이 매우 어렵게 되었다.

심리학자들이 결국 치료활동을 시작하게 된 것은 초기에 다양한 **지도 클리닉**(guidance clinics)에서 아동들과 쌓은 경험이 자연스럽게 성장한 결과이다. 처음에 그 경험은 주로 아동의 지능평가에 한정되었는데, 물론 부모와 교사에 대한 자문을 포함하였다. 그러나 지적인 기능과 성공적인 학교생활(school success)을 행동의 심리적인 측면들과 따로 떼어 생각할 수는 없다. 그 결과, 심리학자들은 능력을 분석하는 역할을 넘어 치료에 대한 제언을 하기 시작하였는데 이는 오히려 자연스러운 일이었다.

심리학자들이 자신들의 노력에 도움이 되는 심리학적 원리를 찾았을 때, Freud와 Alfred Adler의 연구는 그들의 관심을 끌었다. 특히 그들은 Freud의 연구보다 더 상식적인 Adler의 연구에 더욱 감명을 받았다. 더욱이 Freud는 성인들과 그들 문제의 성적인 선행사건들을 강조하는 반면에, Adler는 성(性)의 역할을 덜 강조하고 가족관계의 구조를 더 강조하였는데, 미국의 정신건강전문가들에게는 이것이 더 적합하게 보였다. 1930년대 초까지 Adler(1930)의 사상은 아동 문제들을 다루는 미국의 클리닉들에 견고하게 안착되었다.

아동들과의 초기 경험에 영향을 미친 두 번째 경향은 '**놀이치료**'이며 이는 전통적인 프로이트 학파의 원리로부터 직접적으로 도출되었다. 놀이치료는 본질적으로 표현놀이를 통해서 불안감과 적개심을 표출하는 치료적 힘에 의존하는 기법이다. 1928년에 Sigmund Freud의 딸인 Anna Freud가 정신분석 원리들에서 도출된 놀이치료방법을 기술하였다.

집단치료 또한 관심을 끌기 시작했는데 이에는 1930년대 초기까지 J. L. Moreno와 S. R. Slavson의 연구가 영향을 미쳤다. Frederick Allen(1934)에 의해서 기술된 '수동적 치료(passive therapy)' 기법은 뒤이어 나타난 다른 기법의 선구가 되었는데, 이 접근에서 우리는 내담자중심치료의 몇 가지 첫 움직임들을 볼 수 있다. 그러나 또 다른 대세가 있었다. 1920년에 John Watson은 어린 소년이 하얗고 털이 있는 대상에 대해서 신경증적인 공포를 나타내도록 조건화되는 과정을 기술한 Albert와 흰 쥐의 유명한 사례를 기술하였다(Watson & Rayner, 1920). 몇 년 후, Mary Cover Jones(1924)는 그런 공포가 조건화를 통해서 어떻게 제거될 수 있는지를 보여 주었고, 그 후 J. Levy(1938)는 '관계치료'를 기술하였다. 이 마지막 세 가지 일들은 오늘날 사용되고 있는 치료방법들 중에서 가장 인기 있고 영향력이 있는 치료인 **행동치료**의 시작을 이룬다.

제2차 세계대전과 그 이후(1940년~현재)

제2차 세계대전에는 매우 많은 사람들이 참전하였고 그들 중 많은 사람들에게서 정서적 문제가 발생하였다. 군의관들과 정신과 의사들은 그 수가 너무 적어서 이 문제에 대처할 수 없었다. 그 결과 심리학자들이 이 부분을 채우기 시작하였다. 처음에는 심리학자들의 역할이 보조적이었고 주로 집단심리치료에 참여하였다. 그러나 점차 심리학자들은 개인심리치료를 시작하였고 이를 통해서 사람들을 전쟁터로 돌려보내는 단기적인 치료 목표와 재활과 관련된 장기적인 치료 목표를 모두 잘 수행하였다. 심리학자들이 치료활동을 성공적으로 수행함에 따라 심리학자들은 이미 증명된 연구 및 검사기술과 함께 점차 정신건강전문가로서 인정받았다.

이러한 전시의 경험은 정신건강 영역에서 더 큰 책임이 있는 일을 맡으려는 심리학자의 의욕을 불러일으켰다. 심리치료에 대한 이런 증가된 관심이 더 큰 직업적인 책임을 가지려는 욕구, 자신이 정신건강 과제를 수행하는 기술을 가지고 있다는 인식, 진단을 내리는 활동의 궁극적인 유용성에 대한 환멸, 또는 이 세 가지의 조합 중 어느 것에서 유래된 것인지는 불확실하지만 발판은 이미 마련되었다.

이런 일련의 사건들에 기여한 또 다른 요인은 1930년대 유럽에서의 혼란이다. Nazi 독재의 압력은 유럽의 많은 정신과 의사들과 심리학자들로 하여금 고향을 떠나게 만들었고, 그들 중 많은 사람들은 미국에 정착하였다. 전문적인 회합과 강의 및 다른 모임들을 통해서 프로이트 학파의 사상은 흥분을 일으켰고 심리학에서 그 이론에 대한 신뢰가 증가하였다. 그 결과로 일부 임상심리학자들이 지능평가, 능력검사, 인지적 기능장애에 대한 측정을 덜 강조하기 시작했고, 성격발달과 그 기술에 더 관심을 가지기 시작했다.

지능검사의 중요성이 감퇴됨에 따라, 심리치료와 성격 이론이 전면에 나타나기 시작했다. 이 영역에서의 활동의 많은 부분은 그 성격상 정신분석적이었다. 1946년에 Alexander와 French는 간단한 정신분석적 개입에 대한 영향력 있는 책을 출판하였다. 그러나 1950년에 John Dollard와 Neal Miller는 Freud의 정신분석을 학습 이론의 언어로 바꾸는 독창적인 시도인 *Personality and Psychotherapy*라는 책을 출판하였다. 정말로 정신분석은 그 시대를 지배하는 힘이었으나 Carl Rogers가 1951년에 *Client-Centered Therapy*를 출판했을 때, Rogers의 이 치료 방법은 정신분석치료에 대한 첫 번째 주요 대안이 되었다. Rogers의 책은 심리치료와 연구 분야에서 광범위한 반향을 일으킨 매우 중요한 발달 중 하나이다.

더 새로운 치료형태가 나타나기 시작했다. 예를 들면, Perls는 게슈탈트치료(Gestalt therapy; Perls, Hefferline, & Goodman, 1951)를 소개하였고, Frankl(1953)은 실존 분석적 정신요법(logotherapy)을 소개하고 실존이론과 이 치료방법의 관계에 대하여 논하였다. 1958년에 Ackerman은 가족치료를 기술하였고, 1962년에 Ellis는 합리적 정서치료를 설명하였다. 비슷한 시기에 Berne(1961)의 교류분석이 등장했다. 치료는 확실히 괄목할 만한 성장을 하였다. 임상가들의 직업 생활에 있어서 심리치료의 중요성은 치료에 대한 Eysenck(1952)의 비판의 효과에서 가장 잘 드러난다. 심리치료의 비효과성에 대한 그의 신랄한 보고는 많은 사람들에게 경고를 주었고, 그가 틀렸다는 것을 입증하기 위해 다른 사람들이 연구를 수행하도록 고무시켰다.

그러나 심리치료가 이야기의 전부는 아니다. 행동주의자들은 더욱 빈틈없는 치료방법을 개발하기 시작했다. Andrew Salter(1949)는 나중에 둔감법(desensitization method)으로 발전된 선구자적인 치료방법인 **조건반사치료**(Conditioned Reflex Therapy)를 개발하였다. 1953년에 B. F. Skinner는 그가 치료적, 사회적 개입에 대한 조작적 원리의 적용에 관해 기술함으로써 행동치료가 발생하도록 촉진하였다. 그 후 1958년에 Joseph Wolpe가 조건화 원리에 입각한 기법인 체계적 둔감법을 소개하였다. 행동치료운동은 이제 전보다 훨씬 더 견고하게 자리잡았다. Albert Bandura(1969)는 타인들에 대한 관찰과 모델링을 통해서 행동이 어떻게 변화될 수 있는지를 보여줌으로써 인지행동치료를 위한 기초를 제

Sam Falk/Photo Researchers, Inc.

B.F. Skinner는 행동치료 및 환경적 개입 모두에 조작적 조건형성 원리를 적용했다.

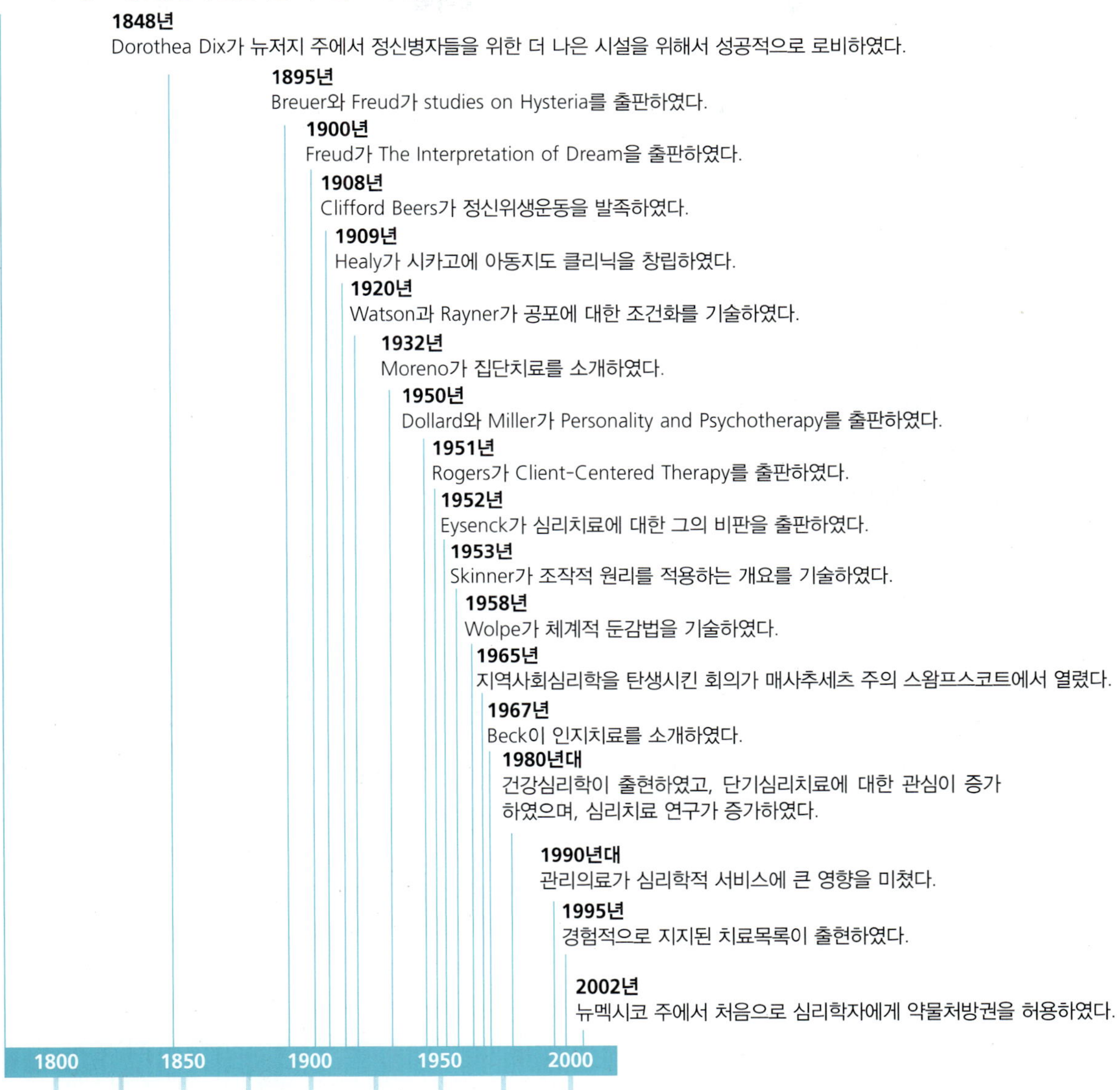

일정: 개입과 관련된 주요 사건들

공하였다. 하지만 많은 사람들이 자신과 세상에 대한 생각들을 제외하고, 행동에만 초점을 둔 치료가 제한적이라고 생각했다. 엘리스가 RET를 개발했던 시기에, 아론 백이 인지치료라는 심리적인 문제들을 가장 효과적으로 치료하는 치료기법들 중 하나를 개발하기 시작했다. 백(1967)은 자신의 책, *Depression: Causes and Treatment*에 자신의 접근법에 대해 기술했다. 인지치료의 초기 초점이 우울에 있었지만, 현재는 아동 및 성인의 불안장애, 약물사용장애들, 성격장애들을 포함한 다양한 문제들을 효과적으로 치료하는 데 사용된다.

정신분석과 정신역동적 심리치료가 과거에는 우

■ 한국 대학원생의 관점

한림대학교 강연욱 교수님 연구실 송민지

송민지는 한림대학교 심리학과를 졸업하였고, 한림대학교 일반대학원에서 임상신경심리학을 전공하였으며, 석사학위를 취득한 후에, 한림대학교 성심병원 신경과 신경심리실에서 1년간의 임상심리전문가 수련과정을 마쳤다. 현재는 한림대학교 춘천성심병원 신경과 신경심리실에서 임상심리사로 근무하면서 한림대학교 심리학과에서 임상심리학 박사학위과정 1학기에 재학하고 있다.

임상심리대학원이 당신에게 어땠나요?

저에게 있어서 임상신경심리학 대학원(석사학위)과정은 좌절과 성장을 경험하는 기간이었습니다. 대학원과정 동안에 개인적인 시간은 없었고, 2년 반이라는 시간을 대부분 학교 내의 연구실과 병원에서 보냈습니다. 기본적으로 학업에 가장 많은 시간을 할애하였고, 연구 활동과 임상 실습을 하였으며, 조교 활동과 같은 행정적인 업무도 하였습니다. 하루 하루가 정말 정신없이 지나갔고, 짧은 저의 생애 동안에 그렇게 바쁘게 시간을 보낸 적은 없었던 것 같습니다. 너무 바쁜 시간을 보내기 때문에 다른 생각을 할 시간이 없을 것 같지만, 그렇게 바쁜 와중에도 대학원과정 중에서 꼭 한번은 위기를 겪게 되는 것 같습니다. 가장 큰 위기는 제 능력의 한계에 맞닥뜨리는 것입니다. 대학원과정에 입학한 후에도 저의 능력은 학부 수준에 머물러 있는 것 같고, 바쁘게 시간을 보내지만 학기가 높아지더라도 더 나아지는 것이 없는 것 같은 생각이 들었습니다. 저에게는 졸업논문 계획을 발표해야 하는 3학기가 그러했습니다. 하지만 그 위기를 넘어서자, 한층 성장한 저의 모습을 발견할 수 있었습니다. 그러한 위기를 극복하는 데에는 당연히 자신의 의지와 노력이 가장 중요한 것 같습니다. 중간에 포기하지 않고 이전과 같이 성실하게 주어진 것을 차근차근하다 보면 언젠가 위기의 시기는 지나가 있었던 것 같습니다. 그리고 위기를 극복하는 데에는 지도교수님과 함께 공부하는 동기들과의 관계도 매우 중요한 것 같습니다. 위기의 때에 지도교수님께서 조언해주고 지지해주지 않으셨다면, 그리고 동기 및 선후배들의 도움과 위로가 없었다면 아마도 위기를 넘기는 것이 매우 어려웠을 것입니다. 저의 한계를 경험하고, 극복하고, 성장하는 과정은 저의 인생에서 중요하고 필요했던 과정이었다고 생각됩니다.

대학원에서 가장 예상하지 못했던 것들은 무엇인가요?

대학원 입학 시험을 치를 때, 영어 실력이 상당히 많은 부분을 차지한다는 것이 처음에는 이해되지 않았습니다. 그러나 대학원에 입학하자마자 학업에 있어서 영어 실력이 정말 중요하다는 것을 가장 먼저 깨달았습니다. 대부분의 전공 수업이 원서로 진행되었고, 논문들도 대부분 영어 논문이었습니다. 영어 실력이 부족하면 수업 내용을 따라가기 어려웠고, 발표 준비나 논문을 읽는 데 너무 많은 시간을 소진하였습니다. 영어 실력이 유창한 학생보다 더 많은 시간을 투자해야 하였고, 투자한 시간에 비해서 제가 얻는 정보는 너무 부실하였습니다. 그리고 영어 실력이 부족하여, 책이나 논문의 내용을 다르게 해석하고 받아들여서 잘못된 지식을 가지게 되는 경우도 있었습니다. 대학원에 입학하기 전에는 영어 실력이 학업에 장애물이 될 것이라는 생각을 전혀 해보지 못하였습니다. 그러나 대학원과정에서 가장 기본적으로 가지고 있어야 하는 능력이 영어 실력인 것 같습니다. 영어 독해 실력이 우수하면, 보다 효율적으로 대학원과정의 학업과 연구에 몰입할 수 있습니다. 만약 심리학과 대학원 진학을 목표로 공부하고 있는 학생들이 있다면, 반드시 전공 공부와 함께 영어 공부를 병행하라고 권하고 싶습니다.

그리고 대학원에 입학하기 전까지 대학원과정은 학부과정과 연속선상에 있다고 생각하였고, 학부과정 때와 다른 것은 더 세부적인 분야를 공부하는 것이라고만 생각하였습니다. 그렇지만 예상과는 달리, 대학원과정에서 학업은 기본이었고, 연구에 대한 비중이 상당히 컸습니다. 대학원과정은 공부만을 하는 곳이 아니라, 자신이 가진 지식을 창의적이고 의미 있는 연구 결과로 만들어내는 것을 배우는 과정인 것 같습니다. 여기에는 통계가 매우 필수적입니다. 학부과정에서 통계에 대한 기본적인 지식을 잘 습득해 놓는다면 대학원과정에서의 연구 활동이 조금 더 수월할 것으로 생각됩니다.

대학원이 당신을 바꾸었나요? 만약 그렇다면, 어떻게 바꾸었나요?

대학원과정을 통해서 임상신경심리학 학문에 대해서 더 열정을 가지게 되었습니다. 대학원에 입학하기 전에는 사실 노인과 관련된 분야가 앞으로 발전 가능성이 높은 분야이고 전문적인 기술을 가지고 있으면 더 좋은 곳에 취업할 수 있기 때문에, 전문가가 되는 과정 중의 하나로 대학원과정에 지원하였습니다. 또 한 가지 정말 중요한 경험은 연구를 하면서 예상했던 연구 결과를 얻었을 때의 기쁨이었습니다. 제가 전공하고 있는 학문에 아주 미약하지만 어느 정도 기여하였다는 점은 제가 이 학문을 지속적으로 배울 수 있게 하는 중요한 경험이 되었습니다. 대학원과정에 입학하기 전까지는 대학원이 취업을 위한 과정에 불과하였고, 대학원과정을 이수한 후에도 이러한 생각이 바뀌지 않았다면 현재 병원에서 일하고 있는 것에 만족하였을 것입니다. 그러나 대학원과정과 지도교수님의 가르침을 통해서 임상가와 연구자로서의 태도를 가질 수 있었기 때문에, 박사과정에도 입학할 수 있었던 것 같습니다.

대학원에 입학한 이후, 관심분야에 어떤 변화가 생겼나요?

대학원에 입학할 당시에는 임상신경심리학이라는 분야에 대해서 막연하게 뇌와 행동 간의 관계에 대해서 배우고 연구하는 학문이라고 생각하였습니다. 그러나 대학원과정에 입학한 후에는 임상신경심리학이 상당히 포괄적인 학문이고, 임상신경심리학뿐만 아니라 관련된 학문들에 대해서도 공부해야 한다는 것을 알게 되었습니다. 그래서 대학원에 입학한 이후에 한국심리학회, 한국임상심리학회, 대한신경과학회, 대한치매학회, 한국노년신경정신약물학회 등 다양한 학회에 참여하여 임상심리학과 임상신경심리학 및 신경과학에 관한 지식을 습득하고 연구하는 기회를 많이 가지려고 노력하였습니다. 특히, 대학원과정 동안 병원에서 임상신경심리학 실습을 수행하면서 많은 치매 환자들을 만났고 점차 '치매'와 치매의 전 단계에 해당하는 경도인지장애 및 주관적 기억장애에 대해 관심을 가지게 되었습니다. 그에 따라서 '주관적 기억장애 노인들의 기억문제 호소 양상과 인지기능 및 정서 특성'에 관하여 석사논문을 작성하였고 이 논문의 내용을 한국노년신경정신약물학회에서 발표하여 우수포스터상을 수상하였으며, 학술지에도 논문으로 출판하였습니다. 경도인지장애 집단에 대한 관심은 대학원 졸업 후 병원 수련 기간 중에도 지속되어 경도인지장애 하위집단들 간의 Korean-Montreal Cognitive Assessment (K-MoCA) 수행을 비교한 연구를 발표하여 대한치매학회에서 우수포스터상을 수상하였고, 정상 노인들을 대상으로 Mini-Mental State Examination (MMSE) 검사의 종단 자료를 수집하여 검사-재검사 간격에 따른 점수 변화의 의미를 밝히는 논문을 학술지에 발표하였으며 우수논문상을 수상하였습니다. 대학원 재학 중에 치매환자들에 대한 임상신경심리평가를 수행하면서 가지게 된 '주관적 기억장애-경도인지장애-치매'에 대한 관심이 병원 수련기간에도 지속되었고 박사과정에 입학한 현재도 지속되고 있습니다. 앞으로도 이 분야에 대해서 관심을 가지고 계속해서 공부하고 연구를 할 계획입니다.

돌아보면, 대학원 프로그램에서 어떤 활동 혹은 경험들이 가장 중요했나요?

한림대학교 임상(신경)심리학 대학원과정은 상당히 체계적이고 실제적으로 구성되어 있습니다. 모든 경험들이 중요했다고 생각되지만, 다른 학교의 임상심리학 대학원과정에서는 경험하기 어려운 활동들이 저에게는 매우 유용한 경험이었던 것 같습니다. 대학원과정에서 저에게 중요했던 경험은 두 가지가 있습니다.

첫 번째 경험은 실제 임상 현장에서의 실습 활동이었습니다. 대부분의 학교들의 대학원과정에서는 임상심리학을 전공한 이후에 특정 기관에 수련생으로 들어가야만 실제 임상 수련의 기회가 주어지는 경우가 많은 것으로 알고 있습니다. 그러나 한림대학교 임상신경심리학 대학원과정은 2학기부터 5학기, 즉 졸업할 때까지 1주일에 하루씩 한림대학교 성심병원 신경과 신경심리실에서 직접 환자를 평가하는 실제적인 임상 실습을 하고, 지도교수님께 병원에서 평가한 모든 환자의 신경심리 평가보고서에 대해서 슈퍼비전을 받도록 구성되어 있습니다. 그렇기 때문에, 대학원과정을 졸업한 후 수련생으로 들어간 기관에서 임상적인 활동들을 새롭게 배우는 수고를 하지 않아도 됩니다. 또한, 대학원과정에서부터 임상 실습 경험을 쌓았기 때문에 졸업 후 짧은 1년간의 수련 과정을 마치고도 바로 취업을 해서 독립적으로 일을 할 수 있었습니다. 대학원과정에서의 실습 경험이 없었다면 1년 간의 수련 활동 이후에 혼자서 실제 업무를 한다는 것이 매우 두려웠을 것입니다.
두 번째 중요한 경험은 임상심리학을 소홀히 하지 않았다는 것입니다. 한림대학교 임상심리학 대학원과정은 다른 학교와는 다르게 임상심리학 전공 내에 임상신경심리학 전공이 따로 분리되어 있습니다. 임상신경심리학을 전공한다고 해서, 임상심리학은 배제하고 신경심리학에만 초점을 두었다면 임상심리학자로서의 지식과 자질을 배우지 못하였을 것입니다. 그러나 임상신경심리학을 전공하면서도 임상심리학 전공의 모든 수업을 수강하였고, 임상심리학 전공생과 동일하게 학생생활상담센터에서 검사 해석 및 상담과 같은 모든 실습과정에 참여하였습니다. 이러한 교육과정을 통해서, 저는 저 스스로를 신경심리학자가 아닌, 임상신경심리학자라고 자부합니다.

임상심리학대학원에서 수학하는 학생들을 위해 더 해줄 말이 있나요?

임상심리학을 전공하는 대부분의 대학원생들이 이미 잘 알고 있을 것이라고 생각되지만, 임상심리학이라는 학문은 지식과 연구 및 임상적인 경험을 지속적으로 발전시켜 나아가야 하는 학문입니다. 그렇기 때문에 대학원과정에서 학문에 전념하는 것은 기본이고, 연구에 대한 필요성을 느끼며 실제 임상 현장에서도 연구를 하려는 자세를 배우는 것이 필요하다고 생각합니다. 그리고 이러한 자세는 지도교수님을 통하여 배울 수 있을 것입니다. 지도교수님께서 지도 학생에게 어느 정도의 학문적인 지식 수준과 연구 활동을 기대하실 때, 회피하거나 포기하지 말고 그 기대에 부응하기 위해서 열심히 노력하다 보면 졸업을 앞둔 시점에서는 한층 성장한 자신의 모습을 발견할 수 있을 것이라고 생각합니다.

세한 힘을 발휘하였으나, 이제는 행동치료가 임상심리학자들 사이에서 인기를 얻게 되었다. 그 치료방법의 매력은 관찰 가능한(그리고 측정 가능한) 행동에 주목하고, 치료 기간이 짧고 치료 결과의 경험적 평가를 강조한다는 데 있다. 행동치료는 심리치료 연구의 성장을 자극하였다. 과거에는 단지 일부 학자들만이 치료 효능에 대한 연구를 수행하였으나, 현재는 여러 가지 치료기법의 효과를 연구하기 위해서 경험적인 방법을 사용하는 연구자들과 임상가들을 많이 볼 수 있다.

개입에 있어서 몇 가지 다른 경향들은 주목할 만하다. 첫째, 임상심리학들이 사용하는 치료방법의 수가 여러 해를 거치면서 대단히 증가하였다. 이것은 경험적으로 지지된 인지행동접근부터 경험적으로 지지받지 못한 'inner-child therapy'와 같은 '최신 유행의' 접근까지 다양하다. 가용한 치료의 수가 400개를 넘을 것이라고 추산된다. 다행히도 이 모든 치료방법들이 널리 쓰이고 있지는 않으나, 이 중 많은 치료방법들은 경험적으로 지지되었다. 아마도 이런 놀랄 만큼 다양한 치료적 지향들과 종류 때문에 많은 임상심리학자들은 그들 스스로를 절충주의자라고 부른다. 이 임상가들은 개인 내담자나 환자가 제시하는 특정 문제들 중 어떤 문제를 선택하는가에 따라서 다른 이론적 지향을 지닌 한 가지 이상의 기법들을 사용한다. 동시에 많은 임상심리학자들은 다양한 접근방법들을 한 가지 치료 양식(modality)으로 통합하는 데 관심이 있으며 서로 다른 치료적 접근방법들에 기저한 공통요인들을 밝히는 데 관심이 있다(J. D. Frank, 1971).

둘째, 단기 또는 **시간효과적 치료**(Budman & Gurman, 1988)는 여러 가지 이유로 선호되는 정신치료적 개입 방법이 되었다. 많은 사람들은 수년간 심리치료를 받을 수 없다. 짧은 형태의 치료가 전통적인 심리치료보다 더 효과적이지는 않지만 동등하게 효과적임이 밝혀졌다. 더욱이 정신건강치료에 대한 배상을 통제하고 있는 관리의료 회사들은 흔히 작은 횟수의 회기 이상으로는 임상가에게 배상하려 하지 않는다. 단기치료의 발달과 함께 **매뉴얼의 형태로 만들어진 치료**(manualized form of treatment)가 임상에 소개되었다(예: Beck, Rush, Shaw, & Emery, 1979; Strupp & Binder, 1984). 이 매뉴얼들은 각 회기의 치료 목표와 사용되는 기법을 기술하기 때문에 임상가에게 유용하며, 이 치료 패키지는 전형적으로는 10~15회기 이하로 완성될 수 있다. 게다가 이것은 심리학적 개입의 효능이나 효과를 결정하는 목적을 지닌 연구를 도와준다. 현재 우울, 불안장애, 성격장애 등 다양한 심리적 문제에 대한 치료 매뉴얼이 마련되어 있다. 이런 많은 치료방법들은 앞으로 이 책에서 강조될 것이다. 매뉴얼은 주의 깊게 통제한 연구를 통해 밝혀진 증상경감에 효과적이고 표준화된 기법들에 대해 의사소통할 수 있는 방안을 제공한다. 하지만 많은 환자사례들이 연구에 포함된 사례들보다 더 복잡한 경우가 많으므로 메뉴얼에 명시한 기법들을 유연하게 적용해야 한다고 강조되어왔다.

셋째, 1950년대에 이르러 일부 임상가들이 한 번에 한 환자(또는 집단심리치료에서처럼 한번에 10명의 환자)를 다루는 치료방법에 대해 매력을 잃기 시작했다. 그들은 더욱 '예방적인' 접근방법을 찾았다. 그들의 이러한 탐색은 1960년대의 **지역사회심리학**과 1980년대 **건강심리학**의 출현으로 최고조에 달하였다. 점차 많은 심리학자들이 건강문제의 예방과 정신건강문제 및 손상과 관련된 서비스를 제공하고 있다. 예방 영역은 흔히 건강심리학과 연합되고 1차 진료 의사들과 관리의료 회사들이 심리학적 지식을 요청하고 있으므로 미래에는 이 예방 영역이 점점 더 주목을 받을 것이다.

끝으로, 1995년부터 '경험적으로 지지된 치료'의 목록이 임상심리학자들 사이에 널리 퍼졌다(예: Task Force on Promotion and Dissemination of Psychological Procedure, 1995). 원래의 목록과 뒤이어 개정된 목록들에는 흔히 다루게 되는 임상적 문제들에 대한 개입방법들 중에서 다수의 치료 효과 연구들을 통하여 경험적인 지지를 받은 개입방법들이 열거되어 있다. 우리는 다음 장들에서 이런 개입 방법들을 논의할 것이다.

최근에 임상심리학의 개입 영역에 확실하게 영향을 미치게 될 두 가지 중요한 사건들이 발생하였다. 다음 장에서 이 사건들을 더 자세히 논의하겠지만 여기에서 간단히 언급하고자 한다. 첫째는 1995

년에 미국심리학회가 심리학자들의 처방권 추구를 공식적으로 승인한 것이다. 그 후 2002년에 뉴멕시코 주는 적절히 훈련받은 심리학자가 환자들이나 내담자에게 항정신성약물을 처방하는 것을 허가하는 법안을 최초로 법제화하였다. 그러므로 임상심리학적 개입이 더 이상 '대화치료'로 제한되지 않는다는 것을 기대하는 것이 이치에 맞게 보인다. 임상가가 처방권을 얻고 약물을 사용하기 위해서는 필요한 훈련을 받아야 한다. 루이지애나 주에서는 유사한 법안을 2004년에 통과했다. 오리곤 주에서도 2010년에 유사한 법안을 통과시켰으나, 주지사가 거부권을 행사했다. 아직 심리학자의 처방권 운동이 어떻게 지속될지, 정신건강분야에 어떠한 영향을 미칠지에 대해서는 명확하지 않다.

개입과 관련된 주요 역사적 사건들에 대한 요약은 '개입과 관련된 주요 사건들'에 제시되어 있다.

연구

초기(1850~1899년)

심리학의 학문적 연구 전통은 두 사람의 연구에 많은 빚을 지고 있다. 독일인인 Wilhelm Wundt는 1879년에 Leipzig에 첫 번째 공식적인 심리학 실험실을 설립하였다. 같은 1870년대에 미국인인 William James도 실험실을 설립하였고, 1890년에 고전적인 교재인 *Principles of Psychology*를 출판하였다. 이 두 사람의 업적은 학문적인 전통을 강조하며 그들의 영향은 매우 여러 해 동안 임상심리학 영역에서 유지되어 온 과학자-임상가 모델과는 명확히 구분된다.

현대 시대의 도래(1900~1919년)

이 기간 동안 Ivan Pavlov는 조건화된 반사에 대하여 강의를 하였다. 조건화에 대한 그의 연구는 임상심리학에 중요한 유산을 남겼다. 고전적 조건화의 개념은 다양한 치료적 방법에도 중요한 역할을 하였지만 이론과 연구에도 중요한 부분이 되었다. 또 다른 중요한 발달은 지능검사에 대한 연구이다. 1905년 Binet와 Simon은 자신들이 개발한 새로운 검사의 타당도에 대한 증거를 제시하였고, 1916년에는 Binet-Simon 검사에 대한 Terman의 연구가 나타났다. 이 시기는 또한 앞에서 기술되었던 군대 알파검사와 베타검사가 개발된 시기이기도 하다.

두 전쟁 사이(1920~1939년)

이 시기의 임상적 연구는 아직 유아기였다. 이 시기의 주목할 만한 연구들은 대부분 검사개발 영역에 관한 것들이었다. 1939년의 Wechsler-Bellevue 검사의 출판과 1930년대의 성격검사 연구가 그 예이다. 학문적인 연구 영역에서는 행동주의와 게슈탈트심리학이 득세하였다. 행동주의는 임상가들에게 행동장애의 발달과 치료에 있어서 조건화의 힘을 가르쳤다.

게슈탈트심리학은 환자들의 독특한 지각이 그들의 문제에 기여한다는 것을 이해하는 것이 중요하다고 강조하였다.

제2차 세계대전과 그 이후(1940년~현재)

1960년대 중반에 이르면서 진단과 평가는 많은 임상가들에게 덜 중요하게 되었다. 그러나 1950년대에는 당신이 그런 상황을 예측할 수 없었을 것이다. 학술지들은 지능검사와 성격평가를 다룬 연구들로 가득찼다. 많은 연구들이 계속해서 Stanford-Binet 검사와 Wechsler 척도들의 다양한 측면을 다루었다. 특히 그 검사들의 타당도와 신뢰도에 관한 연구, 다양한 진단의 집단들에게 그 검사를 사용한 연구, 단축형, 성격과의 관련성에 대한 연구 등이 많이 나타났다. 투사법검사의 경우에도 마찬가지였다. Rorschach 검사와 TAT를 다룬 연구가 수백 편이 출판되었는데, 이 중 많은 연구가 신뢰도와 타당도에 관한 연구였다. 일부 학자들은 투사법검사가 그 이후에 쇠퇴한 부분적인 이유는 이 시기 동안 타당도에 대해 부정적인 결과를 밝힌 연구가 많이 출판되었기 때문이라고 주장하고 있다.

이 시기 동안의 매우 중요한 연구 영역의 발전은 심리치료과정과 효과성에 대한 연구가 출현한 것이다. 이미 지적한 바와 같이, Eysenck의 비판은 임상가로 하여금 황급히 견고한 연구 증거를 통해서 심리치료의 이미지를 강화하도록 만들었다. 치료 연구에 있어서 진정한 선구자의 한 사람은 Carl Rogers(1951)이다. 치료과정을 연구하기 위해서 녹음을 하는 그의 방법은 오랫동안 신비에 싸여 있던 활동을 들여다 볼 수 있는 창문을 열어 주었다. Rogers와 Dymond(1954)는 상담과정에 대한 통제된 연구 결과를 보고하였다.

연구와 관련한 이 시기의 또 다른 획기적인 사건은 Julian Rotter의 *Social Learning and Clinical Psychology*가 1954년에 출판된 것이다. 이 책은 사회학습이론뿐만 아니라 그 이론의 경험적 기초를 제공하는 일련의 통제된 연구들을 제시하였고, 평가와 치료에 대한 이 이론의 함의를 탐색한 연구들을 또한 포함하고 있다. 이 책은 그 이후의 사회학습 이론가들에게 견고한 토대를 제공하였다.

Jon Brenneis/Life Magazine/Time & Life Pictures/GettyImages

Albert Bandura는 사회학습 이론의 대가이다

1950년대에는 또한 더욱 행동 지향적인 형태의 개입이 시작되었다. B. F Skinner, Odgen Lindsley와 Harry Solomon은 행동치료 연구 프로젝트를 1953년에 서술하였다. 동물과 인간학습에 대해서 남아프리카에서 행해진 Joseph Wolpe의 연구는 자신의 연구가 인간의 정서적 문제와 관련이 있다고 확신하게 만들었고, 그로 하여금 **체계적 둔감법**을 개발하도록 이끌었다(Wolpe, 1958). 이런 행동주의 방법은 정신분석가들에게는 꼭 필요한 통찰이나 사고에 의존하지 않으며, 내담자중심치료학파들이 필요로 하는 성장잠재력에도 의존하지 않는다. Arnold Lazarus와 Stanley Rachman은 이 운동이 촉진되도록 도왔다. 행동주의 연구에 있어서 또 다른 중요 인물은 Hans Eysenck이다. 그는 '행동치료'라는 용어를 만들었고 1960년에 그 주제로 중요한 책을 저술하였다.

이미 언급한 바와 같이 1950년대가 시작되면서 심리치료의 효과에 대한 의문이 제기되었다. 그러나 1977년에 Mary Smith와 Gene Glass는 치료의 효능을 지지하는 조사결과를 출판하였다. 이 연구는 치료방법들이 환자에게 영향을 미치는 방법을 우리가 더 잘 이해하도록 도움을 주는 일련의 연구들의 기초가 되었다. 이미 지적된 바와 같이 **심리치료 연구** 영역은 오늘날까지 성장을 계속하고 있다.

엄청나게 성장한 또 다른 연구 영역은 '진단과 분류'와 '심리검사와 측정'이다. *DSM-III* (American Psychiatric Association, 1980)가 출판됨에 따라 이 매뉴얼에 포함된 정신장애들에 대한 특정 기준들의 신뢰도, 타당도 및 유용성에 대한 연구가 폭발적으로 증가하였다. 정신의학과 심리학 학술지들은 모두 정신분열병, 주요 우울증, 반사회적 성격장애와 같은 증후군들의 *DSM-III* 기준에 대한 많은 연구들을 출판하였다. 또한 더 많은 임상심리학자들이 다양한 정신

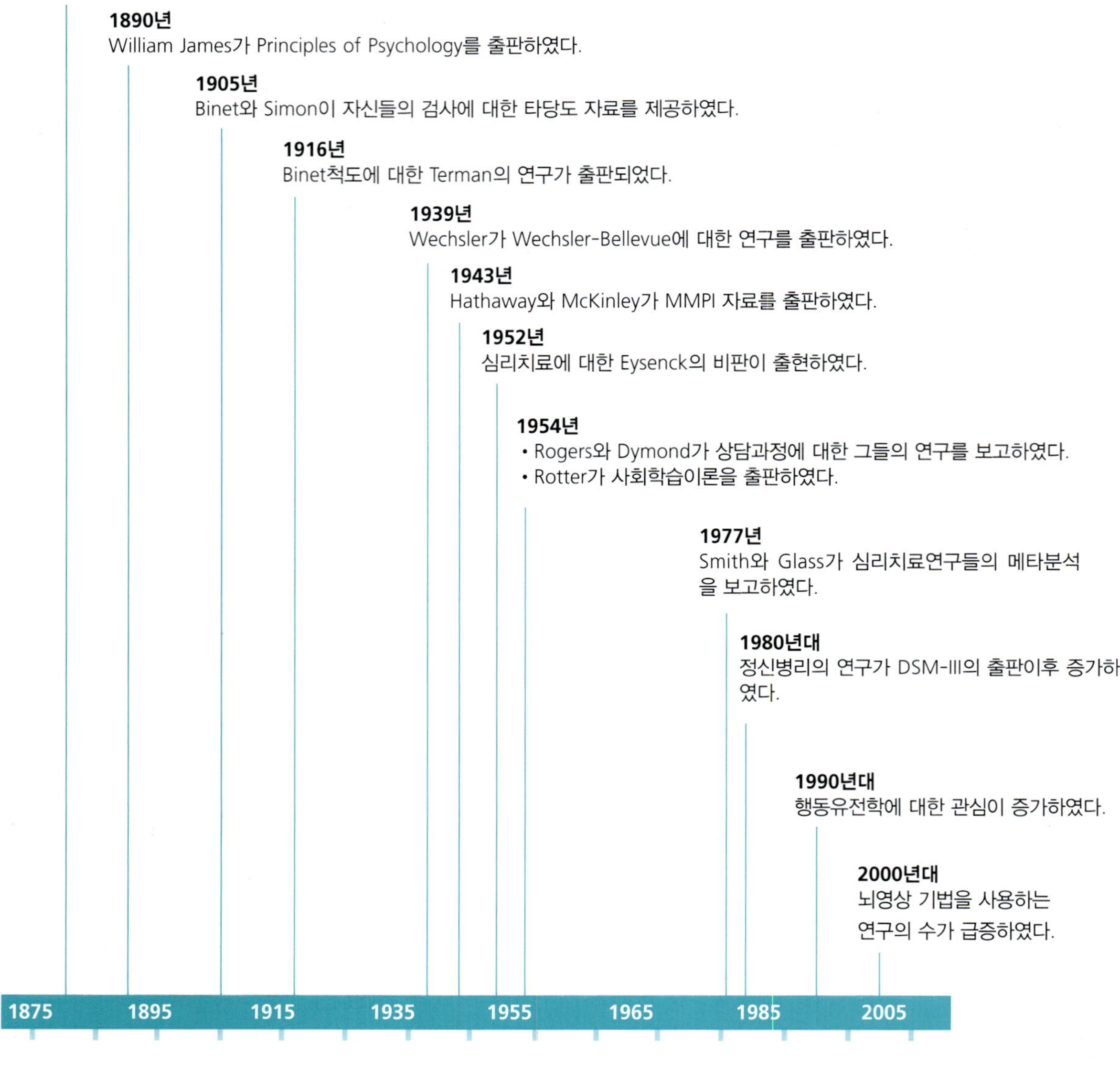

일정: 연구와 관련된 중요한 사건들

장애의 발달과 연관된 **원인적**(인과적) 요인들을 발견하려는 연구들을 수행하기 시작했다. 그 요인들로는 유전적 성향부터 신체적 또는 성적 학대와 같은 외상적인 아동기 사건이 포함되었다.

심리학적 개입, 면접 및 평정 척도에 관하여 출판된 연구들도 증가하였다. 연구와 임상에 사용될 수 있는 심리학적 도구들이 많아지면서 이런 측정치들의 신뢰도와 타당도를 경험적으로 평가할 필요가 생겨났다. 이 연구 영역의 성장으로 주요 임상심리학 학술지인 *Journal of Consulting and Clinical Psychology*가 2개로 나누어지게 되었다. 현재는 JCCP와 함께 임상심리학자들에 의해서 사용되는 심리검사들과 측정치들에 대한 연구가 주로 실리는 Psychological Assessment라는 학술지가 출판되고 있다. 그러나 임상심리학자들의 연구는 이 두 학술지뿐만 아니라 다른 많은 수준 높은 학술지에도 출판되고 있다. 아래 목록이 이 영역의 중요한 연구들이 출판되는 학술지들이다.

Journal of Consulting and Clinical Psychology
Development and Psychopathology
Psychological Assessment
Clinical Psychology: Science and Practice
Journal of Clinical Child and Adolescent Psychology
Journal of Abnormal Psychology
Journal of Abnormal Child Psychology
Psychological Bulletin
Behavior Therapy
Psychological Science
American Journal of Psychiatry
Archives of General Psychiatry
Professional Psychology: Research and Practice
Clinical Psychology Review

끝으로, 1990년대에는 임상심리학자들이 행동유전학 영역에 관심을 갖기 시작하였다. 행동유전학은 행동발달에 대한 유전과 환경적 영향을 평가하는 전문 연구영역이다. 행동유전학은 지능, 성격 및 정신병리를 포함하는 넓은 범위의 행동과 개인 차에 대한 유전과 환경의 영향을 연구한다. 뇌영상 기법은 뇌의 구조 및 기능을 볼 수 있도록 하며, 정신병리연구에서 중요한 요소가 되고 있다. 이 영역에서의 새로운 연구결과들이 다양한 심리적 장애들에 대한 이론과 치료에 영향을 미칠 것이다. 우리는 나중에 이 중요한 영역을 개관할 것이다.

연구가 임상심리학의 매우 중요한 부분이므로 우리는 연구 방법, 특정 주제들에 대한 연구, 그 영역들에서의 연구의 역사적 맥락 등을 이 책 전체에서 논의할 것이다. 많은 연구들이 '연구와 관련된 주요 사건들'에 제시되어 있다.

쌍둥이 연구를 통해 유전이 어떻게 정서, 행동 및 성격에 영향을 미치는지에 대한 정보를 얻게 되었다.

전문직업

초기(1850~1899년)

직업으로서의 임상심리학의 발달에 매우 중요한 두 가지 사건은 19세기가 저물어가는 시기에 일어났다. 첫 번째 사건은 1892년 G. Stanley Hall을 초대회장으로 한 미국심리학회(APA)의 창립이다. 학회의 회원이 19세기 말까지 100명이 채 안되었지만 전문직업으로서 심리학이 시작된 것이다.

임상심리학도 그리 오래되지 않아서 탄생하였다. 1896년에 Lightner Witmer가 펜실베이니아대학교에 첫 번째 심리 클리닉을 설립하였다. 많은 사람들이 이때를 임상심리학의 실제 시작으로 여긴다(McReynolds, 1996; 그림 2-4).

Witmer의 클리닉은 학습문제가 있거나 수업시간에 문제를 일으키는 아동들의 치료에 주력하였다. 1907년에 출판된 *The Psychological Clinic*의 첫 번째 호에서 Witmer는 다음과 같이 기술하였다.

> 필라델피아와 인접 도시들의 공립학교 아동들이 부모나 교사에 의해서 클리닉으로 보내졌다. 이 아동들은 다른 아이들처럼 학업을 진행할 능력이 없거나 보통의 훈육으로는 잘 다룰 수 없는 도덕적 결함을 지니고

그림 2-4 ▪ Lightner Witmer는 이상한 철자 문제를 보이는 소년을 의뢰받고 최초의 심리 클리닉을 설립하였다. 그 클리닉은 교육이나 의학과는 다른 한 전문 직업의 설립을 자극하였다.

있어서 눈에 띄는 아동들이다.

심리클리닉에 오면, 그런 아동들은 신체검사와 심리검사를 받는다. 검사 결과, 필요하다면 아동들은 각각 눈이나 귀, 코와 목, 또는 신경질환을 담당하는 적절한 전문가들에게 보내진다. 의학적인 검사와 심리학적 검사를 함께 실시한 결과를 바탕으로 아동의 정신적, 신체적 조건에 대한 진단을 내리고 적절한 의학적, 교육적 치료를 추천하게 된다(Witmer, 1907, p.1).

이 영역에 대한 Witmer의 영향은 여러모로 본질적이기보다는 역사적이다. 즉, 그가 전문 직업을 창출한 것이 사실이지만 새로운 이론이나 방법에는 거의 영향을 미치지 못했다. 그러나 이 영역을 '임상심리학'이라고 이름 지은 사람이 Witmer이고, 그는 임상심리학을 특정 교과과목으로 처음 가르쳤다. 더욱이 1907년 임상심리학 영역의 첫 번째 학술지인 *The Psychological Clinic*을 창간한 것도 Witmer이다. 이 학술지가 1935년 폐간할 때까지 Witmer가 편집을 하였고 논문을 기고하였다. 임상심리학자들이 오늘날 행하고 있는 방식에 Witmer가 많은 영향을 미치지는 못하였다 하더라도, 그들이 그런 일들을 하고 있다는 사실은 Witmer의 노력과 선견지명 덕분이다(McReynolds, 1987, 1996). 글상자 2-1에 이 영역에 대한 Witmer의 초기(근본이 된) 공헌이 요약되어 있다.

현대 시대의 도래(1900~1919년)

20세기의 첫 10년 동안에는 단지 매우 적은 수의 심리학자들만이 대학 밖에서 직업을 가질 수 있었다. 1906년에 Mortan Prince는 *Journal of Abnormal*

글상자 2-1 Lightner Witmer: 임상심리학의 창설자

Lightner Witmer(1867~1958)는 임상심리학 분야를 창설한 것으로 인정받고 있다. 이 분야에 대한 그의 공헌은 다음과 같은 것들이다.

- 그는 1896년에 최초의 '심리 클리닉'을 설립하였다.
- 그는 1907년에 임상심리학이라는 새로운 직종을 제안하였다.
- 그는 이 분야의 첫 번째 학술지인 The Psychologcal Clinic의 창설자이자 편집자였다.
- 그는 임상심리학의 첫 번째 수련 프로그램을 개발하였다(McReynolds, 1996)

그 밖에도, Witmer는 임상심리학의 미래에 아동의 학업문제를 강조하는 것, 사람들의 생활을 개선하기 위해서 적극적인 임상적 개입을 사용하는 것, 치료 시에 다른 전문가들(예: 의사)과 협력하는 것 등의 발전이 오리라고 예견하였으며, 또 그렇게 되도록 영향을 미쳤다(Routh, 1996).

Vol. I, No. 1 March 15, 1907

THE PSYCHOLOGICAL CLINIC

A Journal for the Study and Treatment of Mental Retardation and Deviation

Editor:
LIGHTNER WITMER, Ph.D.,
University of Pennsylvania.

Associate Editor:
HERBERT STOTESBURY, Ph.D.,
The Temple College,
Philadelphia.

Associate Editor:
JOSEPH COLLINS, M.D.,
Post Graduate Medical College,
New York.

CONTENTS

THE PSYCHOLOGICAL CLINIC PRESS
WEST PHILADELPHIA STATION, PHILADELPHIA, PA.

그림 2-5 ▪ The Psychological Clinic의 창간호 표지

*Psychology*를 발행하기 시작했고 1907년에 Witmer는 *The Psychological Clinics*(그림 2-5)를 창간하였다. 이 두 학술지로 응용임상가들은 자신의 정체감을 형성하기 시작했다. 이 정체감은 1909년 Healy가 시카고에 청소년 사회병질자 연구소(Psy-chopathic Institute)를 설립하였을 때 더욱 강화되었다. Iowa Psychological Clinic이 1908년에 문을 열었고, 같은 해에 Goddard는 뉴저지 주에 있는 Vineland Training School에 심리학 인턴십과정을 개설하였다. 학술지, 클리닉, 인턴십 등으로 임상심리학이라는 전

문 직업은 그 모양을 갖추기 시작했다.

1910년까지 미국심리학회에는 222명의 회원이 가입하였고, 1년 회비는 1달러였다(2008년 현재 회비는 279달러인데, 이 액수는 자격증이 있는 건강관련 심리학자들이 지불하는 113달러의 특별평가 비용을 제외한 액수이다!). 그러나 APA의 초점은 직업으로서가 아니라 과학으로서의 심리학에 있었다. 이와 동시에 그 시대의 공립학교들은 검사 서비스를 요구하기 시작했고, 대학들은 그에 대한 반응으로 검사에 관한 수업과 인지적인 제한을 지닌 사람들에 대한 연구를 시작했다. 끝으로, 1919년에 임상심리학의 첫 번째 분과가 APA 내에 생겼다. 그 사이 심리클리닉의 수는 계속 증가하였다(예: 1917년 Healy가 보스톤에 Judge Baker Foundation을 설립하였다). 그러나 제1차 세계대전과 집단검사운동의 성장은 그 무엇보다도 새로운 직업의 발달을 촉진시켰다.

두 전쟁 사이(1920~1939년)

APA는 그의 임무가 과학으로서의 심리학을 발전시키는 것이라고 오랫동안 공표하여 왔다. 그러나 1920년대 말에 이르러 임상적인 지향을 가진 많은 심리학자들이 이에 불편함을 느끼고 APA로부터 그들만의 독특한 역할과 관심을 점차 인정받으려고 노력하기 시작했다. 1931년에 APA의 임상분과는 수련기준을 세울 위원회를 지명하였고, 1935년에 APA의 수련기준위원회(Committee on Standards of Training)는 임상심리학을 '인간의 적응문제를 다루는 예술과 기술'로 정의하였다(Reisman, 1976, p.250). 많은 임상가들이 오늘날까지도 이 정의를 받아들이지 않고 있는지는 의문이다.

1936년에 Louttit는 최초의 임상심리학 교재를 출판하였고, 1937년에 *Journal of Consulting Psychology*가 창간되었다. *Journal of Consulting and Clinical Psychology*로 오늘날까지 아직도 간행되고 있는 이 학술지는 많은 임상가들의 연구를 출판하는 주요 간행물이다. 이런 일들은 한 전문 직업으로서 임상심리학의 진정한 성장을 알렸다. 또 다른 경향도 이 영역의 발달을 증명하였다. 즉, 심리검사들이 재정적인 수입을 만들어 내기 시작한 것이다. James McKeen Cattell은 심리검사(특히, 산업적 이득이 있는)의 개발과 판매를 위해서 1921년에 Psychological Corporation을 창립하였고, 그 수입은 심리학적 연구를 자극하기 위해서 사용되었다. 따라서 돈이 상아탑을 침범하기 시작했다. 예를 들면, 75,000달러의 기부금으로 Morton Prince는 1927년에 Harvard Psychological Clinic을 설립하였다. 그럼에도 불구하고, 그 시대의 임상심리학자들의 활동과 수련은 오늘날의 심리학자들과는 매우 달랐다.

제2차 세계대전과 그 이후(1940~1969년)

1940년대 초에 많은 수의 군인들이 미국 군대로 흡수되는 과정에서 많은 요구가 생겨났다. 한 가지 요구는 군복무에 적합하지 않은 사람을 선별해 내기 위한 대단위 선별 프로그램에 대한 것이었다. 심리학자들은 이미 이런 과제를 도울 수 있는 검사공학의 기초를 개발하기 시작했고, 연구 방법에 있어서도 전문적 지식을 가지고 있었다. 이런 기술은 그들을 정신과 의사들과 구별되게 하였다. 그들의 기술과 연구 지향에 의해서 심리학자들은 한 전문 직업으로서의 정체감을 적절히 확립하게 되었다. 1,700명이 넘는 심리학자들이 제2차 세계대전에 참전하였고, 그들은 자신의 능력에 대해서 높아진 자신감을 가지고 전문 직업인으로 활동하겠다는 결심과 함께 민간인의 생활로 돌아왔다.

이 모든 것은 제2차 세계대전 이후 미국이 직면한 정신건강문제에 대한 연방정부의 반응에 중요하게 영향을 미쳤다. 군복무로 인한 정서적 외상으로 고통받는 수많은 사람들을 치료하고 재활시키는 거대한 부담을 재향군인회(Veterans Administration: VA)가 떠안게 되었다. 정신건강전문가들의 수가 현저하게 증가하지 않고서는 VA가 그 임무를 수행하거나 클리닉과 병원으로 몰려드는 수많은 환자들을 대처할 방법이 없었다. VA의 해결방안은 정신건강 전문가들의 훈련을 재정적으로 지원함으로써 정신건강전문가들의 수를 증가시키는 것이었다.

임상심리학의 경우에는 VA가 승인된 대학의 박사과정 대학원생들에게 재정적으로 매력적인 인턴십을 제공하였다. 그렇게 하도록 요구되지는 않았지만 많은 학생들이 훈련을 마친 후에 재향군인회에 남기로 선택하였다. 이 프로그램을 통해서 VA는 임상심리학이라는 전문 직업을 설립하고 향상시키는 데 주된 역할을 하였다. 다른 곳에서 일반적으로 받을 수 있는 것보다 더 높은 봉급으로 VA가 기꺼이 심리학자를 고용한 것은 임상심리학자의 전체 봉급 수준을 상승시켰다. 성인들의 심리학적 문제를 다루어야 하는 VA의 필요에 의해서 임상심리학자들의 서비스는 아동으로부터 성인으로 옮겨가는 중요한 변화를 낳았다. 그와 동시에 VA는 임상심리학자들이 익숙한 심리진단적 활동뿐만 아니라 개인과 집단심리치료를 함께 수행할 것을 기대하였다. 임상심리학자들은 또한 정신건강팀에서 연구 전문가로서의 숙련된 능력을 계속 발휘하였다. 1946년에는 VA가 임상심리학자를 훈련시키는 프로그램을 시작함으로써 임상적 훈련은 견고한 재정적 기초를 확보하였다. 1949년까지 42개 학교가 임상심리학 박사과정을 개설하였고 많은 수의 우수한 학생들이 지원하였다. 전문 직업으로서의 임상심리학이 비로소 일반인들에게 드러나게 된 것이다.

VA가 임상심리학의 발전을 촉진시킨 유일한 연방기관은 아니었다. 전쟁의 후유증과 정부 활동의 전반적인 증가 또한 미국 내에서 정신건강문제를 개선시키려는 시도로 이끌었다. 미 보건협회(U.S. Public Health Service)와 국립정신보건원(National institute of Mental Health)은 박사학위를 취득하려고 공부하는 임상심리학대학원 학생들을 지원하였고, 국가의 정신건강문제에 대한 해답을 제공하기 위해서 설계된 연구와 훈련 프로그램들을 지원하였다.

전문 직업의 증거는 1946년에 *American Psychologist*의 창간호가 출판된 데서 나타난다. 1945년에 코네티컷 주는 심리학자들에 대한 자격증법을 처음으로 통과시켰다. 그 다음 해에 미국전문심리학 검사자위원회(The American Board of Examiners in Professional Psychology: ABEPP)가 박사학위를 지닌 임상가들의 전문적 능력을 인증하기 위하여 설립되었다. 1949년에 교육평가원(Educational Testing Service)이 출발하였다. APA는 정신과 의사들의 반대에도 불구하고 심리치료가 임상심리학자들의 기능이라고 주장하면서 행동대원의 역할까지 떠맡았다. 또한 임상심리학자의 수련에 대한 권고안을 만들기 시작했고, 임상 수련 프로그램을 인가하기 시작했다. 1953년에 APA는 획기적으로 심리학자들의 윤리적 행동을 성문화하였고 대중들을 보호하기 위해서 위대한 걸음을 앞으로 내딛는 **윤리기준**을 출판하였다. 1950년대 초까지 APA의 임상분과에는 1,000명 이상의 회원이 가입되어 있었다. 제2차 세계대전 후 단지 몇 년만에 심리학은 전문직업으로서 매우 큰 걸음을 내딛었다.

1949년에 임상심리학대학원교육에 관한 회의가 콜로라도 주 Boulder에서 열렸다. Boulder 회의는 임상심리학에 있어 정말로 의미 있는 사건이다. 이 회의 이후로 임상심리학자의 수련에 주요 지침이 되어 온 **과학자-임상가 모델**이 자세히 정의되었다. 간결하게 말하면 이 모델은 (a) 임상심리학자들은 대학 심리학과에서 수련을 받을 것, (b) 그들은 심리학자로서 먼저 수련받고 그 다음으로 임상가로서 수련을 받을 것, (c) 임상 수련을 위한 인턴십을 마칠 것, (d) 진단, 심리치료 및 연구능력을 가질 것, (e) 수련의 정점은 박사학위이며 독창적인 연구로 이 영역에 공헌을 할 것을 주장한다. 과학자-임상가 모델이 항상 비판을 받아 오기는 했지만 대체로 이 모델은 아직도 수련 모델로서 사용 되고 있다.

1950년대는 심리학적 직업이 뚜렷히 성장하였다. APA 회원은 1950년에 7,250명에서 1959년에 16,644명으로 경이적으로 증가하였다. 거의 같은 시기 동안 심리학적 연구를 위한 연방정부의 연구비와 계약금이 1,100만 달러에서 3,100만 달러 이상으로 증가하였다.

전문 직업(1970년~현재)

평가, 개입 및 연구 영역에서 임상심리학은 1960년대 중반 이후로 점차 행동적으로 바뀌었다. 즉, 사람을 정신병리적 상태로 이끄는 특질이나 내적 요인들에 대한 탐색으로부터 그들의 행동을 통제하는 상황적인 요인들의 분석으로 초점이 옮겨갔다. 1960년대 말에는 바람직하지 못한 행동을 변화시키는 방법이 심리치료와 그 결과로 얻게 되는 통찰이라는 생각에서 벗어나 조건화와 강화유관성의 변화로 옮겨가기 시작했다. 연구 학술지는 행동을 평가하는 새로운 객관적인 방법들과 알코올 중독, 성기능장애 및 자기주장의 부족에서부터 비만, 흡연, 고독감에 이르기까지 모든 것을 치료하는 새로운 행동적 접근들을 기술하는 논문들로 가득 찼다. 모든 것의 열쇠는 환자의 사고가 아니라 행동에 놓여 졌다.

물론 일부는 이 모든 것이 과잉반응이라고 의심하기 시작했다. 특질이 정말 아무런 유용성이 없는 허구인가? 행동적 분석과 방법들이 모든 것을 처리하고 치유할 수 있는가? 많은 사람들은 그렇지 않다고 생각했고, 1970년대 중반에 인지가 다시 등장하기 시작했다. 사람들은 '인지행동적 접근'에 관하여 말하기 시작했다(Goldfried & Davison, 1976). 인지행동치료는 현재 가장 널리 사용되는 접근이다.

같은 시기에 1960년대에는 안정을 유지하고 있는 것처럼 보였던 지역사회심리학 영역이 비틀거리기 시작했다. 많은 사람들에게 지역사회심리학의 약속은 실현되지 않을 것 같이 보였다. 그러나 1980년대에 건강심리학의 발달과 함께 예방에 다시 주목하게 되었다. 지난 35년 동안의 이 모든 개념, 방법 및 경향들은 이 책의 주요 내용을 구성하고 있으며 다음 장들에서 자세히 다루어질 것이다.

1970년대와 1980년대는 전문 직업으로서의 심리학이 더욱 성장하였다. 1970년에는 완전히 인정받은 임상심리학대학원 프로그램이 81개가 있었고, 12,000명이 훨씬 넘는 임상가들이 있었다. 1892년에는 APA 회원이 42명뿐이었으나, 1987년에는 거의 67,000명이 되었다. 이런 괄목할 만한 성장은 그림 2-6에서 볼 수 있다. 현재, APA의 회원수는 150,000명(학생회원 포함)이 넘으며 예산은 1억달러 이상이다.

임상심리학분과(12분과, 현재는 Society of Clinical Psychology라 불림)는 APA에서 단일분과로서는 가장 큰 분과이다. 50개 주 모두와 콜롬비아 특별구(District of Columbia), 푸에르토리코, 여러 캐나다 주들이 심리학자들에게 자격증을 수여하고 있다. 많은 임상심리학자들은 현재 병원에서 일하는 특권(hospital privileges)을 가지고 있고, 그들 대부분은 자신이 한 서비스에 대하여 보험회사나 관리의료 회사로부터 상환을 받는다. 또한 임상심리학대학원 프로그램의 수도 계속 증가되어 왔다. 오늘날 APA의 완전한 인증을 받은 박사과정 임상심리학 수련 프로그램이 200개 이상 있다.

1988년의 분열

APA 내부에는 임상가들과 과학자들 간의 갈등이 항상 있어 왔으며, 때로는 그 갈등이 격렬할 때도 있었다. 갈등은 과학자와 임상가를 공평하게 대우하도록 만들었다. 그러나 1988년에 APA의 학문적-과학적 분파에 속한 사람들은 APA가 스스로의 이익을 위하여 권력을 행사하고 있는 임상가들의 통제하에 놓여 있다고 결론을 내린 듯 보인다. 그들은 과학적인 관심이 본질적으로 조합 같은(guildlike) 목적들에 의해서 대치되었다고 말하였다. APA는 처방전 작성, 병

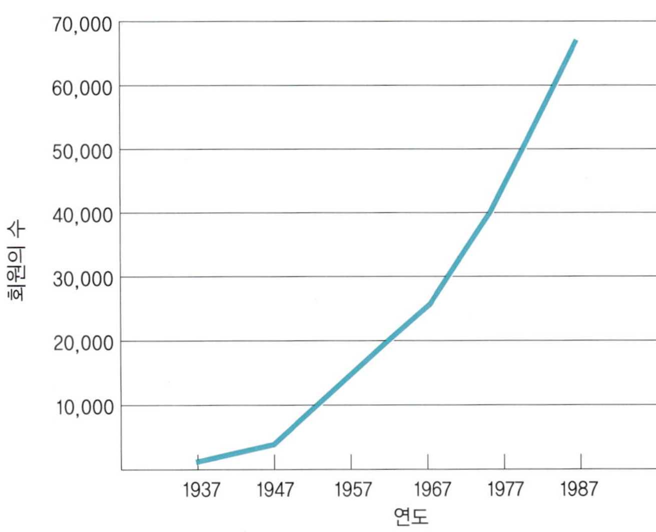

그림 2-6 ■ 1937년부터 1987년까지의 APA 회원

출처: "Report of the Executive Vice-president: 1987", by L. D. Goodstein, American Psychologist, 1988, 43, 491-498. Copyright 1988 by the American Psychological Association. Reprinted by permission.

원 특권, 상환 질문, 자격증, 정신의학에 대한 법률적 행동 등의 직업적인 쟁점에 몰두하고 있는 듯 보였다. 간단히 말해서 많은 사람들이 APA가 상당수의 회원들이 지니고 있는 학문적-과학적 요구에 더 이상 반응하지 않는다고 느끼게 된 것이다. 실제로 과거에 APA 회장이었던 Janet Spence는 APA 위원회 회의의 90%가 개업하고 있는 임상가들의 직업적인 관심사들을 다루는 데 할애되었다고 고발하였다.

1988년에 임상쪽 분파와 학문적-과학적 분파 사이의 벌어진 틈을 메꾸기 위해서 APA를 재조직하려는 계획이 회원 투표에서 2:1로 실패하였을 때 상황은 극도로 악화되었다. APA와 틀어진 사람들은 새로운 다른 조직을 형성하는 것으로 반응하였다. 그 결과 **미국심리학협회**(American Psychological Society: APS)가 1988년에 창설되었고 과거에 APA 회장을 지낸 22명이 창립회원으로서 APS를 이끌었다. APS의 초기 자문위원회는 유명한 과학자들의 인명사전(Who's Who)처럼 유명한 사람들로 구성되었다. APS의 첫 번째 학회는 1988년 6월에 열렸고, 많은 사람이 인정하는 성공을 거두었다.

이 조직은 현재 뉴스레터인 *The Observer,* 월간 고용게시판 및 네 가지 과학적 학술지(*Psychological Science, Psychological Science in the Public Interest, Current Directions in the Psychological Science*와 *Perspectives on Psychological Science*)를 발행하고 있다. 오늘날 APS의 전체 회원 수는 20,000명이 넘는다. APS 회원들 중 약 20%가 스스로를 임상, 상담, 또는 학교심리학자로 여긴다. 이 새 조직이 공언한 목표는 다음과 같다.

- 심리학의 학문적 진보를 이루는 것
- 심리학의 과학적 기초를 유지하는 것
- 심리과학과 그 적용에 대한 대중의 이해를 촉진시키는 것
- 교육의 질을 향상시키는 것
- 대중이 관심을 갖는 주제에 심리학이 참여하는 것을 격려하는 것

APA-APS 분열의 양측에 있는 많은 사람들은 분열이 매우 비극적이라고 느끼고 있다. 그들은 이것이 양쪽 모두의 불행이며, 이 영역이 필요로 하는 것

1892년
미국심리학회(APA)가 창립되었다.

1896년
Witmer가 최초의 '심리 클리닉'을 설립하였다.

1909년
임상심리학 분과가 APA 내에 설립되었다.

1930년
Psi Chi가 창립되었다.

1935년
APA 수련기준위원회가 임상심리학을 정의하였다.

1936년
Louttit가 임상심리학 교재를 최초로 출판하였다.

1937년
Journal of Consulting Psychology가 창간되었다.

1945년
코네티컷 주가 자격증법을 최초로 통과시켰다.

1946년
VA와 NIMH가 심리학을 지원하기 시작했다.

1947년
ABEPP/ABPP가 임상가의 능력을 인증하기 위해서 설립되었다.

1949년
Boulder회의가 과학자-임상가 모델을 공표하였다.

1953년
APA가 Ethical Standards를 출판하였다.

1968년
최초의 Psy.D. 프로그램이 설립되었다.

1981년
개정된 Ethical Standards가 출판되었다.

1988년
APA 내부의 분열이 미국심리학협회(APS)의 창립으로 이끌었다.

1992년
Ethical Principles의 가장 최신판이 출판되었다.

1995년
APA가 심리학자들의 약처방권 추구를 승인하였다.

2002년
윤리규정이 재 개정됨.

2006년
APS의 이름을 Association for Psychological Science로 개정함.

2010년
가장 최근의 윤리규정 개정판이 출간됨.

1900 1920 1940 1960 1980 1990 2000 2010

일정: 전문직업으로서의 임상심리학과 관련된 주요 사건들

은 심리과학과 그 실천을 통합하는 것이라고 믿고 있다. 불행히도 이러한 분열은 현재 존재하고 있는 수준보다도 심리과학과 실천 사이의 통합을 더 와해시킬 것이다. 많은 사람들은 이 분열이 APA가 부끄러운 기색 없이 일종의 조합(guild)조직으로 전락하는 날을 재촉했을 뿐이라고 생각한다. 물론, 학문적-과학자 집단에 속한 많은 사람들과 많은 전통적인 과학자-임상가들이 현재 APA와 APS에 동시에 속해 있다. 많은 과학적 심리학자들은 APS의 빠른 성장에 들떠 있다. 어쨌든 APA와 APS 회원 모두가 공익에 대한 그들의 더 큰 의무를 기억하기를 빌어보자.

이미 언급한 바와 같이 최근에 발생한 두 가지 기념비적인 사건들이 임상심리학의 직업적 지위에 영

향을 미쳤다. 1995년에 APA는 심리학자들의 약처방권을 추구하겠다고 공식적으로 시인하였고, 2002년에 뉴멕시코 주가 처음으로 적절한 훈련을 받은 심리학자들이 정신건강조건에 대해 약물을 처방하는 것을 허용하는 법을 제정하였다. 이 사건들은 임상심리학의 개업뿐만 아니라 훈련과 연구에도 영향을 미칠 것이다.

끝으로, 2002년에 APA는 새로운 심리학자의 윤리규정과 행위규범(Ethical Principles of Psychologists and Code of Conduct)을 출판하였고, 이 규정은 2003년 6월 1일부터 효력을 발휘하였다. 이러한 직업적 발달의 몇 가지 중요한 사건들은 '전문 직업으로서의 임상심리학과 관련된 주요 사건들'에 요약되어 있다.

오늘날 임상심리학 영역은 다수의 직업적인 쟁점들에 의해 도전받고 있다. 제3장에서 우리는 그들 중 몇 가지를 자세히 논의할 것이다. 간단히 말하자면, 그 쟁점들은 현대의 임상심리학자들을 위한 최적의 훈련 모델에 대한 질문, 임상가들에 대한 건강관리 혁명과 관리의료의 영향, 그리고 임상심리학의 약처방권에 대한 현재의 압력 등이다. 이런 쟁점들이 해결되는 방식은 미래의 임상심리학 영역에 큰 영향을 미칠 것이다.

요약

임상심리학은 변해왔고 앞으로도 변화할 것이다. Witmer는 이 사실을 거의 인지하지 못했을 것이다. APA의 초대 회장인 G. Stanley Hall도 현재 APA와 APA가 하고 있는 일들에 대해 의심할 바 없이 놀랄 것이다. 그러나 훈련과 실무가 유동적인 상태에 있다 하더라도 변화하지 않는 것들이 있다. 임상심리학자들은 아직도 평가와 치료에 관여하고 있다. 그들은 여전히 연구에 공헌하고 있으며 그들의 직업적 발달에도 또한 관여하고 있다. 임상심리학자들을 하나로 묶는 목표는 동일하게 남아 있다. 그것은 그들의 지식과 기술을 모든 곳에 있는 사람들의 정신건강요구에 적용하는 것이다.

주요 용어

객관적 측정치 평정척도나 질문지 문항과 같은 모호하지 않은 자극들에 대한 반응에 기초하여 그 사람의 상태나 특질에 관한 결론을 이끌어 내는 심리검사이다. 객관적 측정치에 대한 반응은 흔히 법칙정립적 접근을 사용하여 해석된다.

건강심리학 질병의 예방, 건강 증진과 유지 및 의학적인 질병이 있는 사람들의 심리적 치료에 초점을 맞춘 심리학의 한 전문 영역이다.

과학자–임상가 모델 지난 50년간 임상심리학 훈련의 주요 모델(Boulder 모델로도 불림)이었다. 이 모델은 과학자와 임상가의 역할을 효과적으로 통합할 수 있는 전문가를 생산하려고 노력하였다.

구조화된 진단면접 진단 기준에 관건이 되는 질문들로 구성된 평가 도구이다. '구조화'되었다는 용어는 면접자가 모든 피면접자에게 동일한 질문을 같은 순서로 제시하고 표준 방법으로 그 질문을 채점한다는 것을 의미한다.

급진적 행동주의 1950년대 말에 시작되어 1960년대 내내 지속된 심리학의 운동이다. 이 운동의 지지자들은 단지 외현적인 행동만이 측정될 수 있다고 주장하였고 성격 특질의 존재에 의문을 제기하였다.

놀이치료 전통적인 프로이트 학파의 원리에서 도출된 것으로 불안이나 적개심을 방출할 수 있도록 표현놀이를 사용하는 기법이다. 이 기법의 지지자들은 그런 방출이 치료 효과를 갖는다고 믿는다.

단기(시간 효과적)치료 일반적으로 15회기 이하의 치료를 지칭한다. 단기치료는 관리의료에 의해서 부과되는 재정적인 압박과 함께 단기치료의 효과가 전통적인 심리치료의 효과와 동등하다는 연구 결과 때문에 최근에 인기를 얻었다.

매뉴얼화된 치료 매뉴얼 형식(즉, 치료의 각 단계에 따라 이론적 원리, 목표 및 기법의 개요를 작성함)으로 제시되고 기술된 치료이다.

미국심리학협회(APS) 학문적-과학적 APA로부터 깨어져 나와서 1988년에 형성된 전문적인 심리학조직이다. APS의 목표는 심리학의 학문적 진보, 심리학의 과학적 기초 유지 및 심리학과 심리학의 적용에 대한 대중의 이해를 촉진시키는 것을 포함한다.

병인론 인과적인 것을 의미하며, 예를 들면 우울의 한 병인론 요인이 우울증의 발병에 기여한다고 생각한다.

성격검사 지속적인 성격의 특징이나 특질에 대한 통찰을 제공하는 측정치나 기법을 사용하는 검사이다.

성격장애(인격장애) 경험과 행동의 지속적이고도 비적응적인 패턴으로 청소년기나 젊은 성인기에 나타나며 대부분의 성인기 동안 지속된다. 예로는 편집성 성격장애, 반사회적 성격장애, 의존성 성격장애가 있다.

신경심리학적 평가 경험적으로 설립된 뇌-행동 관계에 입각하여 다양한 영역(예: 기억, 처리속도, 손의 민첩성)에서 그 사람의 상대적인 강점과 약점을 평가하는 평가접근이다.

심리진단 진단과 치료계획을 목적으로 심리검사 점수를 사용하고 해석하는 것이다.

심리치료 연구 치료나 치료의 구성 요소의 효과를 평가하는 연구이다. 심리치료 연구는 어떤 개입이 어떤 특정한 조건을 치료하는 데 더 효과적인지, 또는 특정한 치료의 어떤 요소가 관찰되는 변화를 일으키는 데 가장 중요한지를 결정하기 위하여 사용된다.

절충주의자들 두 가지 이상의 이론적 지향 기법들을 사용하는 임상가들이다. 현재 문제의 특성이 그 사례에 사용될 지향을 결정한다.

정신검사 James McKeen Cattell이 반응 시간에 있어서의 개인차 측정치를 기술하기 위해서 만든 용어이다. 그는 이런 검사들에 대한 수행이 지능과 관련이 있다고 믿었다.

정신분석 1800년대 말에 행해진 Breuer와 Freud의 협동작업에 기반을 둔 것으로 정신병을 이해하고 치료하기 위한 준거 틀을 말한다.

지능의 측정 검사를 사용해서 다양한 정신 능력(예: 정신과정 속도, 반복시행을 통해서 학습하는 능력)을 측정하는 것을 말한다.

지도 클리닉 아동의 지적, 행동적 문제를 평가하고 치료하는 클리닉이다.

지역사회심리학 정신건강문제(특히 전통적으로 관심 받지 못한 사람들의)의 예방과 치료에 초점을 맞춘 심리학의 한 전문 영역이다.

체계적 둔감법 불안을 일으키는 상황을 그 강도를 증가시키면서 시각화하는 동안 환자들을 이완상태에 있도록 하여 불안장애를 치료하는 행동주의 기법이다.

투사적 기법 성격특질이나 심리적 상태에 대한 판단을 하기위해서 Rorschach나 주제통각검사(TAT)와 같이 모호한 검사자극에 대한 반응을 사용하는 심리검사 기법이다.

행동치료 조건화의 원리에 입각하여 장애를 치료하는 학습 틀이다. 행동치료는 보통 관찰 가능한 행동에 초점을 맞추고 비교적 치료 시간이 짧은 것이 전형적이다.

행동평가 행동이 발생한 맥락(행동에 선행하거나 행동을 뒤따르는 상황이나 자극들)을 밝혀서 행동을 이해하고 변화시키려는 접근 방법이다.

g Charles Spearman이 지능의 일반적 요인에 대한 그의 개념을 기술하기 위해서 소개한 용어이다.

Chapter 03

임상심리학의 최근 쟁점

Current Issues in Clinical Psychology

핵심질문

1. 다양한 임상심리학자 훈련 모델의 장단점은 무엇인가? 심리학의 확고한 과학적 토대가 미래의 임상심리학자들에게 왜 중요한가?
2. 개업활동을 전문적으로 하는 임상심리학자들이 직면한 장애물은 무엇인가?
3. 관리의료(managed care; 역자 주: 의료혜택을 제공하는 데 드는 비용을 최소화하고 의료서비스의 질을 향상하기 위해, 다양한 통제 기제를 활용하는 의료관리 시스템. 예) 상대적으로 적은 비용으로 치료하는 전문가에게 보험회사에서 인센티브를 제공하는 등)
4. 처방권의 장단점은 무엇인가? 처방권을 추구하는 것이 대학원 교육에 어떤 영향을 줄 것인가?
5. 어떤 기술의 혁명이 임상심리학의 임상 활동에 영향을 미칠것인가?
6. 임상심리학의 임상실무에 영향을 주는 다양성 문제와 윤리적 문제들은 무엇인가?

개요

제2장에서 우리는 진단과 평가, 개입과 심리치료, 연구, 전문 직업적 영역에서의 중요한 사건들을 탐색해 봄으로써, 임상심리학의 역사와 발전에 대해 검토해 보았다. 이러한 검토과정을 통해 현재 우리의 활동을 역사적 맥락 안에서 조망할 수 있을 뿐 아니라, 임상심리학의 뿌리에 대해 이해할 수 있게 되었다.

제3장에서 우리는 현재 임상심리학에 대두된 다양한 주제들에 대해 논의할 것이다. 임상심리학자들에게 가장 좋은 훈련 모델은 무엇인가? 전문성을 획득할 수 있는 최선의 방법은 무엇인가? 개업활동을 하는 임상심리학자들이 현재 직면하고 있는 문제는 무엇인가? 임상심리학이 독립성과 경제력을 유지할 수 있는 방법은 무엇인가? 어떤 기술의 혁명이 평가와 치료에 영향을 미칠 것인가? 임상심리학은 점차 다양해지는 수요집단에 어떻게 대응해야 하는가? 약물처방권을 지닌 대한 임상심리학자의 이득과 이에 따르는 걱정은 무엇인가? 건강보험 개혁은 임상심리학자들에게 어떤 영향을 미칠 것인가? 임상심리학자들은 처방권을 추구하고 획득해야 하는가? 임상심리학자들을 위한 현대적인 윤리기준은 무엇인가?

우리는 이 중에서 가장 논쟁적인 주제 중의 하나를 가지고 시작하고자 한다. 미래의 임상심리학자에게 적절한 훈련 모델은 무엇인가 하는 것이다.

임상심리학의 훈련 모델

과학자-임상가

교육 모델. 제2장에서 1949년 Colorado Boulder에서 개최된 임상심리대학원교육에서 이정표가 된 회의에 대해 간단하게 언급한 바있다. 이 회의에서 Boulder 모델, 혹은 과학자-임상가 훈련 모델이 탄생하였다. 이 모델은 과학과 임상 활동을 '결합'시키려는 노력을 대표하는 것이며, 오늘날까지 임상심리학자들을 위한 가장 보편적인 훈련 모델이라고 할 수 있다.

임상심리학이 대학 내 과학적 심리학의 분과에서 시작된 것임을 기억해 보자. 과학적 심리학은 인문과학대학(college of art and science) 내에서 생긴 것이며, 이 대학구조에서는 교육, 연구, 기타의 학문적인 성과가 주로 보상받는 활동이라고 할 수 있다. 개업의 중요성은 이 토대에 결합된 것이라고 할 수 있는데, 이 결합이 항상 좋은 뜻으로 받아들여진 것은 아니다. 전문가주의(professionalism)를 추구하는 목표가 대학의 학장이나 혹은 여타의 대학교수들의 목표와 항상 일치하는 것도 아니다. 이러한 갈등을 불식시키기 위해 일부 임상심리학 교수들은 연구와 출판 활동에 힘써 왔다. 그러나 비판적인 시각을 갖고 있는 사람들(종종 대학원생들 혹은 현장의 임상가)은 상당수의 연구가 진부하고, 실용성이 부족하며, 그 목적이 경제적 보상이나 표면적인 직함을 얻기 위한 성과 없는 일이라고 불평하고 있다. 최악의 경우, 주로 연구 활동을 하는 교수들이 임상심리학 대학원생들에게 전문 기술을 훈련시킬 능력이 부족한 것처럼 보이기도 한다. 어떤 학생들은 자신들이 변량분석, 조건화 이론, 생물심리학의 원리에 대해서는 너무 많이 배우면서도 심리치료나 진단적 검사에 대해서는 배우는 게 적다고 불평하기도 한다.

이러한 사건과 상황들을 겪으면서 변화가 요구되었다. Boulder 모델은 임상심리학자라는 전문직을 자신의 연구를 수행하는 동시에 다른 사람의 연구를 소비할 수 있는 숙련된 전문가 집단이라고 정의한다. 이 모델의 목표는 이전에 존재하지 않았던 전문직을 만들어 내는 것이었다. 심리학적 임상가는 기술과 민감성을 가지고 임상실무를 하는 동시에 자신의 경험을 가설화하여 검증하는 방법을 이해함으로써 임상적 지식축적에 기여해야만 하는 것이다. Boulder 모델의 비전은 임상적 기술과 과학의 논리적 경험주의의 체계적 결합이었다. 임상가를 심리적 지식기반에서 분리시키게 되면 결국 심리학 영업사원으로부터 수동적으로 정보를 소비하거나, 기술을 '구매'하는 사람의 역할만 하는 전문가를 창출하게 될 것이다.

과학자–임상가 모델이 임상심리학자의 일상적인 활동을 양적으로 구분하고 있는 것은 아니다. 누구도 임상가가 50%의 시간을 임상실무에, 50%의 시간을 연구에 할애해야 한다고 생각하지는 않는다. 어떤 사람은 주로 연구 활동을 하고, 다른 이들은 주로 임상실무를 할 수 있을 것이다. 과학자–임상가 모델은 임상심리학 전공 학생들로 하여금 자신들이 수행하는 일들에 대해 과학자처럼 생각하도록 돕는다는 의도를 지니고 있다. 임상가로서, 자신의 내담자의 진척을 과학적으로 평가하고, 과학적 근거에 기반하여 치료를 선택한다. 개업한 임상가들이 연구를 많이 하지 않는 것이 사실이기는 하지만, 이는 그들이 의도한 바라기보다는 주로 여의치 않은 직업 환경 때문이라고 할 수 있다.

과학자–임상가 모델은 개업임상가뿐 아니라 임상심리학 연구자들에게도 적용되는 것이다. 연구자들 또한 환자를 보는 활동을 지속함으로써 자신의 임상적 민감성과 기술을 연마할 때만이 견고하고 의미 있는 연구를 할 수 있다. 임상가들이 연구에 대한 훈련과 관심을 단념해서는 안 되듯이, 연구자들 역시 임상적 토대를 무시해서는 안 될 것이다.

계속되는 논란. 임상심리학 훈련에 대한 일련의 전문가 회의들이 개최되었는데, 1987년 유타 주 솔트레이크 시에서 열린 회의에서는 과학자–임상가 모델을 엄격하게 고수하는 데 대한 비판이 집중적으로 쏟아져 나왔다. 또한 이 회의를 통해 전문가적 역량을 획득할 수 있는 대안적인 방법들이 대두되었다. 좀 더 구체적으로 이들은 연구의 중요성을 덜 강조하면서 임상적 기술을 좀 더 직접적이고 광범위하게 훈련하는 모형을 수용하기 시작했다.

Boulder 모델은 견고하지만, 논란은 계속되고 있다. 전문가주의의 경향은 매년 더욱 성장하는 추세에 있는 것으로 보인다. 임상심리학자들은 점차 두 집단으로 분리되고 있다. 즉 임상실무에 일차적인 관심을 갖고 있는 집단과 연구를 주로 하는 집단이라고 할 수 있다. 많은 이들이 과학자–임상가 모델이 제 역할을 성공적으로 하고 있다고 신뢰하고 있지만, 다른 이들은 형편없는 모델이라는 분노 섞인 비판을 하고 있다. 그러나 Boulder 모델을 완전히 폐기하는 것에 대해 많은 이들이 걱정하고 있다.

Meltzoff(1984)는 다음과 같이 언급했다.

> 자신이 배운 것을 평가하거나 발전시킬 능력이 없이 그저 믿고 수용하는 순수 응용심리학자들을 훈련해 내는 것은 분명히 평범으로 가는 길이라고 할 수 있다. 연구 훈련이란 사고방식을 가르치는 것이다. 즉 탐구하고 회의하는 방법, 논리적으로 생각하는 방법, 가설을 세우고 검증하는 방법, 의견이 아닌 자료를 수집하는 방법, 자료를 분석하고 그를 통해 결론을 도출하고 이러한 결과를 균형 있게 제시하는 방법을 가르치는 것이다. 이러한 기술이 심리학전문가들로 하여금 기술자 이상이 되도록 하는 것이다(p.209).

심리학 박사학위

앞서 언급한 훈련 모델에 대한 논란은 심리학 박사학위(Doctor of Psychology, Psy.D. degree)의 출현에 일정 부분 영향을 주었다. 이 학위의 특별한 점은 임상 기술의 개발에 강조점을 두되, 연구 역량에 대해서는 상대적으로 덜 중요시한다는 것이다. 주제가 제한되어 있는 것은 아니지만, 학위 논문은 주로 기초 연구보다는 실무적 주제에 대한 것이 많다.

이 모델에 기반한 첫 번째 프로그램은 현재는 없어졌지만 1968년 일리노이대학교에서 처음 시작되었다(D. R. Peterson, 1971). 이후, 유사 프로그램이 Rutgers, Baylor 등지에서 개설되었다. Peterson(1968)이 계획한 대로, Psy.D. 프로그램은 대학원 2

년 과정까지는 Ph.D. 프로그램과 실질적으로 다르지 않다. 주요 차이는 3년 차에서 시작된다. 이 시점에서는 치료 실습과 평가 경험의 축적이 중요시된다. 4년 차에는 일련의 인턴십과정을 통해 임상 실무 경험이 계속해서 강조된다. 최근 Psy.D. 프로그램은 정규 과정을 1년으로 단축하고 임상 경험을 5년 실습으로 확장하는 등 변화하고 있다. Psy.D. 프로그램에 대한 설명과 역사는 Peterson(1997, 2003)을 참고할 수 있다. 현재 60개 이상의 공인된 임상심리학 프로그램에서 Psy.D.를 수여하고 있으며 좀 더 많은 수의 Psy.D. 박사학위자가 배출되고 있다. 사실, Ph.D.보다 더 많은 Psy.D. 학위(1300 이상)를 임상심리학 분야에서 매년 수여한다. 명확한 것은, Psy.D. 프로그램들은 이 분야에서 강력한 기반을 마련했다는 것이다. 분명히 Psy.D. 프로그램은 임상심리학 내에서 점차 확고한 발판을 마련하고 있다.

초기에는 Psy.D. 학위를 받은 사람들이 Ph.D. 학위자들에 비해 전문성 면에서 자격이 뒤처진다거나, 고용기회를 얻는 데 어려움이 있을지 모른다는 염려가 있었다. 그러나 이러한 걱정은 불식되었다(Norcross, Castle, Sayette, & Mayne, 출판 중). Norcross와 동료들(출판 중)이 조사한 Psy.D.와 Ph.D.의 몇 가지 차이점은 다음과 같다. Psy.D. 프로그램의 높은 합격률(41% 대 15% 미만), Psy.D. 교수진 중 인지행동치료 오리엔테이션을 가진 사람의 비율이 낮은 점, 전액 장학금 지원을 받은 학생들의 비율이 Psy.D.에서 낮은 점(20%), 인턴십을 받는 비율이 Psy.D. 학생이 낮은 점(74%), Psy.D. 과정을 마치는 데 시간이 더 짧은 점(평균 = 5.1년) 등이다.

입학허가율, 실제입학율, 2009년에서 2010년사이에 수여된 학위의 수에서 Ph.D.와 Psy.D. 사이의 차이점들에 대한 더 최근의 데이터(Kohut & Wickerski, 2010)는 과거의 차이점들이 여전히 지속된다는 점을 보여준다. 각 프로그램에 지원자 평균은 유사하지만, Psy.D. 프로그램은 Ph.D. 프로그램에 비해, 더 많은 학생들에게 입학을 허가하며(Mdn = 47 vs. 8), 매년 더 많은 학생이 입학하며(Mdn = 28 vs. 6), 프로그램에 더 많은 재학생을 보유하고(Mdn = 130 vs. 39), 매년 더 많은 박사학위를 수여한다(1350 vs. 1222).

전문대학원

Psy.D. 모델이 전통을 변화시킨 분명한 예라고 할 수 있지만, 좀 더 급진적인 혁신은 전문대학원의 설립이라고 할 수 있다. 많은 수의 전문대학원이 대학과의 어떤 연계도 없이 설립되었다. 이들은 재정과 조직면에서 자율적이다. 이들은 종종 '자립(freestanding)' 학교로 불리며, 주로 Psy.D.를 수여한다(R. L. Peterson, Peterson, Abrams, & Stricker, 1997). 대부분의 학교들은 임상적 능력을 강조하며, 전통적인 의미에서의 연구 지향이 거의 없거나 전무하다고 할 수 있다. 교수진이 주로 지향하는 바는 임상실무이며, 따라서 학생들에게 더 좋은 역할 모델이 된다고 할 수 있다. 최초의 자립 전문대학원은 California School of Professional Psychology (Dorken, 1975)이다. 이 학교는 California State Psychological Association에 의해 설립되었고, 몇 가지 정신건강관련 학위를 수여한다(Dorken & Cummings, 1977).

1987년에는 45개의 전문대학원이 운영되고 있으며 매년 3,000명의 임상학위자들 중 몇백 명이 이들 학교에서 학위를 받는다(Strickland, 1988).

오늘날, 전문학교가 두 배 이상 있으며, 매년 전문학교에서 임상심리학의 60% 이상의 박사를 배출한다(1574 vs. 919; Kohut & Wickerski, 2010)! 또한 전문대학원에서 학위를 받는 사람의 비율은 극적으로 증가하고 있다. 이 프로그램은 전통적인 대학기반의 과학자-임상가 프로그램보다 더 많은 학생들을 입학시키고 있다.

얼마나 많은 전문대학원이 끝까지 살아남을 것인가는 아직 분명치 않다. 이 학교들의 가장 큰 문제

■ 한국 대학원생의 관점

연세대학교 정경미 교수님 연구실 이명아

이명아는 2007년에 연세대학교 심리학과를 졸업하고, 2009년까지 연세대학교 대학원 석사과정에서 임상심리학을 전공하며 소아청소년암 생존자의 삶의 질에 대한 연구 논문을 썼다. 더 최근에는 서울대학교 심리과학연구소 행복연구센터에서 연구원으로 일하며 행복교과서 저술에 참여했다. 현재 연세대 박사과정에 진학하여 암환자의 삶의 질 변화에 대한 종단연구, 암환자의 정신건강 증진에 대한 심리치료 연구를 이어가고자 한다. 아래 질문에 대학원 석사과정을 떠올리며 답했다.

임상심리대학원이 당신에게 어땠나요?

석사과정은 임상심리학 전공자들이 어떤 일과를 보내는지, 어떤 사람들과 함께 일하는지, 어떤 공간에서 주로 생활하는지를 체험하는 시간이었습니다. 대학원 수업, 연구, 실습, 연구실 생활을 통해서 앞으로 전공과 관련된 진로를 이어간다는 것에 대해 장기적인 계획을 세울 수 있게 되었습니다.

저는 석사과정에서 임상심리학이 쓰이는 다양한 장면에서 실습하고 연구과정을 볼 수 있었던 점이 특히 좋았습니다. 서로 다른 실습장면에서 일하는 임상가와 연구자를 만나 배우면서 나는 어떤 환자에게 더 도움이 될 수 있는지, 스스로 관심을 갖게 되는 주제들 사이에는 어떤 공통점이 있는지에 대해 고민한 결과 진로에 대해 보다 구체적으로 생각할 수 있게 되었기 때문입니다.

저의 경우에는 대학생일 때 자원봉사하던 클리닉에서 대학원 연구와 실습을 이어갈 수 있었는데, 대학원 연구실에 소속되어 적절한 책임감을 가지게 되면서 연구나 일이 진행되는 과정을 더 자세히 보게 되었습니다. 비슷한 경험을 하더라도 대학생일 때보다 자세히 들여다보게 되기 때문에 아직 스스로 못하는 부분을 파악할 수 있고 보충하기 위해서 배워야 할 것들의 목록을 만들 수 있다는 것이, 대학원 생활의 발전적인 면이었다고 생각합니다.

대학원에서 가장 예상하지 못했던 것들은 무엇인가요?

대학원에 입학하기 전에는 데이터 분석을 위한 준비 작업에 얼마나 많은 시간과 비용, 부수적인 기술이 필요한 지 몰랐습니다. 예를 들어, 연구 참가자에게 심리검사를 제공하기 위해 필요한 연구비를 신청하는 제안서 작성을 도울 때 편리한 자료 정리 방법이나 문서 작성 기술, 반복적으로 수집된 자료를 효과적으로 정리하기 위한 소프트웨어 사용법, 암환자와 같이 특정 환자의 자료를 다루기 위한 위한 의학 용어 지식을 배우는 것에 많은 시간을 사용하게 될 것이라는 점을 예상하지 못했습니다. 그리고 이런 것들을 예상하고 잘 대처하는 것이 데이터 분석과 논문 작성 등 학술 활동에 사용할 수 있는 시간을 확보하는 데 무엇보다 중요했습니다. 그래서 만약 제가 지금 입학을 희망하는 연구실을 정한 학부생이라면 해당 연구실의 대학원생에게 논문 검색할 때 어디에서 시작하고 어떤 키워드를 주로 사용하는지, 논문 읽은 후에는 어떻게 정리해 두는지, 수업 시간에 다루는 통계 패키지 외에 효과적인 데이터 관리를 위해 배우면 좋을 소프트웨어가 있는지, 수업 시간 외에 하루 일과가 어떻게 되는지 등에 대해 물어보고 먼저 익힐 수 있는 것을 찾아볼 것 같습니다.

대학원이 당신을 바꾸었나요? 만약 그렇다면, 어떻게 바꾸었나요?

연구에 많은 시간과 비용이 필요하다는 것을 알게 되었기 때문에 보다 계획적으로 바뀌었습니다. 시간, 비용, 공간 사용에서 우선순위나 원칙을 정하고 행동하게 되었습니다. 이 외에 다른 변화가 있었다면, 입학 전에는 지금보다 말수가 적고 관심사가 넓지 않고 처음 만나는 사람 앞에서 긴장을 잘하는 소극적인 편이었는데 실습하면서 적극적으로 행동하려고 노력하게 된 점입니다. 대학원에서의 경험을 통해 여러 분야의 사람들이 한 팀이 되어 바쁘게 운영되는 클리닉에 도움이 되기 위해서는 스스로 할 수 있는 일, 할 수 없는 일을 잘 알리려고 노력해야 한다는 것을 알게 된 것 같습니다. 주변 선생님들을 통해 환자에게 실질적으로 도움이 되는 지식이나 정보를 충분히 얻으려면 분야를 가리지 않는 순수한 관심이 있어야 한다는 것을 배웠습니다. 소아청소년암 환자와 부모를 위한 교육/상담 실습은 처음에는 긴장되는 일이었지만 먼저 대화를 시작하는 데 익숙해지려고 노력하게 되었습니다. 이렇게 특히 소아청소년암 생존자 클리닉에서 배우는 점들이 적극적으로 변화하도록 하는 동기가 되었습니다.

대학원에 입학한 이후, 관심 분야에 어떤 변화가 생겼나요?

저의 관심 분야는 입학하기 전과 같습니다. 관심있었던 연구에 참여하고 논문을 출판할 수 있었던 것은 제가 가장 감사하는 일 중 하나입니다. 관심 분야는 바뀌지 않았지만 세부적인 연구 주제나 방법은 현실적인 조건에 맞춰 조정하게 되었습니다. 저의 관심 분야는 암환자의 심리사회적 건강이었고, 투병을 마친 소아청소년암환자의 심리사회적 적응의 변화를 시간에 따라 살펴보는 종단 연구와 암환자의 혜택발견하기(benefit-finding)나 외상 후 성장(post-traumatic growth)에 대한 연구에 관심이 많았습니다. 그러나 이런 연구 주제나 방법은 데이터 수집에 어려움이 있거나 아동청소년을 대상으로 질문하기에 어려운 내용이거나 한국어 척도가 개발되어 있지 않다는 제약점이 있었기 때문에, 석사과정에서는 현실적으로 가능하고 관심 분야의 연구 발전에 먼저 필요한 연구 주제를 선정하게 되었습니다. 피드백을 받아 실현 가능한 연구 주제를 찾는 과정에서 연구에 대해서 많이 배웠고 순차적으로 이어하고 싶은 연구 주제들도 계획하게 되었습니다.

돌아보면, 대학원 프로그램에서 어떤 활동 혹은 경험들이 가장 중요했나요?

연구과 실습이 가장 중요했고, 이 두 가지는 대등하게 중요한 경험이었습니다. 저의 경우에는 암환자에 대한 연구를 하고 암환자관련기관에서 주로 실습했기 때문에 연구와 실습이 별개의 작업이 아니라 한가지 일처럼 생각되었습니다. 졸업 후 다른 기관에서 일하게 되었을 때에, 임상심리학 전공자가 잘 할 수 있는 일은 연구를 통해 정보를 검증하고 그것을 비전공자에게 쉽게 전달해서 일상생활의 변화를 촉구하는 것이라고 느꼈습니다. 대학원 프로그램에서 연구하는 사람이자 실습하는 선생님으로 참여한 클리닉이 있었던 것이, 연구와 생활을 쫀득하게 붙어 있는 관계로 이해할 수 있도록 해 주었고 일할 때도 도움이 된 경험이었기 때문에 이것이 가장 중요했다고 생각합니다.

임상심리학대학원에서 수학하는 학생들을 위해 더 해 줄 말이 있나요?

대학생에서 대학원생이 된 것일 뿐이라고 생각할 수도 있지만, 대학원 생활은 새로운 환경이기 때문에 누구나 한 번씩 어려울 때를 겪는다고 생각합니다. 그런데 이때 '나는 왜 다른 사람들보다 오래 공부하기로 선택했을까', '왜 임상심리학을 전공하고자 했을까'라고 회의를 갖게 되면 기분이 침체되고, 오래 침체되어 있으면 학생으로서 할 수 있는 좋은 경험들도 놓치게 됩니다. 일상 생활에서 무엇인가 잘 풀리지 않고 미래에 대한 고민이 너무 많을 때 떠올리고 힘을 얻을 수 있는 장면을 잘 발견하고 기억해 두었으면 좋겠습니다. 저에게는 소아청소년암 클리닉에서의 몇 가지 뿌듯했던 경험을 적어 제출했던 보고서를 다시 읽는 것이나 학회에서 발표하고 질문에 답했을 때의 좋은 기분을 떠올리는 것도 도움이 되었습니다. 침체되어 있을 때에는 대학원 생활이 평가받기 위한 시간으로만 생각되었던 것 같습니다. 대학원 생활을 앞으로도 길게 남아있은 여러 과정을 위해 떠올릴 만한 좋은 기억을 만들라고 주어진 시간이라고 생각하며, 부담에 눌리기보다 순간을 최대한 누리겠다고 다짐하면 좋겠습니다.

중 하나는 재정 유지에 대한 것이다. 많은 전문대학원이 주요 수입원을 수업료에 의존하기 때문에 안정적인 재정을 유지하는 데 어려움이 있다. 반면, 대학에 기반을 둔 Ph.D. 프로그램의 대부분은 대학원생들에게 등록금을 전액 면제해 준다. 또한 다른 곳에 고용되어있는 파트타임 교수진에 주로 의존하는 것 역시 학문적 토대를 약화시키는 요인 중 하나이다. 그 결과 학생들이 교수진과 자주 안정적으로 만나기 어렵기 때문에 충분한 교육 경험을 갖지 못할 수 있다.

비록 몇몇 전문대학원이 미국심리학회(APA)의 공인을 받았지만, 이는 일반적이라기보다는 예외적인 것이다. 이 점이 이들 학교를 졸업한 사람들이 어디서든 전문가로서 인정을 받기 위해서 극복해야할 중요한 장애물이라고 할 수 있다. 임상심리학자 훈련에 대한 최근의 전문가 회의들에서는 Ph.D.와 Psy. D. 프로그램이 모두 안정적인 영역과 지위를 구축했다고 인정하고 있다. 그러나 이들 전문가 학위 프로그램이 지역에 공인된 대학에 소속되거나 연계할 것을 권하고 있다(Belar & Perry, 1992).

임상과학자 모델

지난 10여 년간, 경험주의를 지향하는 임상심리학자들은 임상심리학이 현재의 방식대로 임상실무를 계속한다면 과학적 기반이 약해질 것이라고 걱정하고 있다. 그들에 따르면, 개업가들이 채택하고 있는 많은 치료법이 통제된 임상 연구를 통해 효과적이라는 검증을 받지 못했다는 것이다. 이 치료법들은 경험적으로 연구되지 않았거나, 연구 결과 그 치료법의 계속적인 사용이 지지받지 못하는 경우도 있다. 마찬가지로, 신뢰도와 타당도가 보장되지 않은 평가기법을 사용한 후 긍정적 치료 성과를 보고하는 것에 대해서도 의문이 제기되고 있다. 이러한 걱정으로 인해, 임상심리학자들을 위한 새로운 훈련 모델인 임상-과학자 모델을 제안하게 되었다.

1991년 '과학적 임상심리학을 위한 성명서(Mani-festo for a Science of Clinical Psychology)' (McFall, 1991)가 제시한 임상과학자들을 위한 '행동 강령'에서 McFall은 다음과 같이 주장하고 있다.

1. "과학적 임상심리학은 임상심리학에서 유일하게 합법적이며 수용할 수 있는 형태이다."(p.76)
2. "심리학적 서비스는 다음의 네 가지 최소기준을 만족시키기 전에는 일반인에게 제공되어서는 안 된다(엄격한 실험적 통제하에서는 예외).
   a. 서비스의 실질적인 특징이 명확하게 기술되어야 한다.
   b. 서비스를 통해 얻을 수 있는 이득이 명백하게 기술되어야 한다.
   c. 서비스를 통해 얻는 효과가 과학적으로 타당화되어야 한다.
   d. 서비스가 주는 이점보다 잠재적 부작용이 더 커지지 않도록 이를 경험적으로 배제시켜야 한다."(p.80)
3. "임상심리학 박사학위 훈련 프로그램의 최우선 목표는 가장 유능한 임상과학자를 배출하는 것이다."(p.84)

이와 같은 생각을 가진 임상심리학자들이 과학적 임상심리학을 구축하고자 결집하였으며, 이들은 과학적 원리를 자신의 임상실무 작업에 통합시키고, 과학적으로 타당한 기법과 유사 과학적 기법을 구분하며, 임상적 과학자(clinical scientists)—모든 면에서 과학자로서 사고하고 활동하고, 과학자로서 전문가적 삶을 구축하는 사람들—를 배출하는 대학원 훈련을 강조하고 있다.

이 성명은 상당한 논쟁을 불러일으켰다. 이러한 훈련 모델을 강조하면서 **심리학적 임상과학협회**(Academy of Psychological Clinical Science)가 발족되었다. 이 학술협회는 경험적 연구 방법을 훈련하고 이 훈련을 임상 수련에 통합하는 대학원 프로그램의 연합으로 미국심리학협회(American Psy-cho-logical Society: APS)와 연계하고 있으며, 60여 개의 프로그램을 포함하고 있다(박사과정과 인턴십 프로그램). 이 협회의 주요 목표는 다음과 같다.

1. 훈련: 유능하게 과학적 지식을 생산하고 적용하는 임상-과학 영역에서 직업을 얻기 원하는 학생을 훈련함.
2. 연구 및 이론: 임상-과학 연구와 이론을 발전시키고, 타 연관 과학 영역들과 통합함.
3. 재원 및 기회: 임상-과학 영역에서의 훈련, 연구, 연구비 수주 및 취업을 위한 재원과 기회를 창출하거나 늘리기 위함.
4. 적용: 임상-과학을 책임 있고 혁신적인 방식으로 인간의 문제에 적용하기 위함.
5. 보급: 임상과학을 적절한 시기에, 정책-입안자 그룹들, 심리학자들, 타 과학자들, 임상가들과 소비자들에게 보급함(웹사이트 3-4 참조).

이와 함께 임상과학 모델을 따르는 대학원과 인턴십 프로그램 협력체(network of graduate programs and internships)가 발족되었다. 이들 프로그램은 임상과학 모델의 개념과 자원, 훈련혁신을 공유한다. 또한 정부기관으로부터 재정지원을 늘리기 위해 공동 프로젝트를 수행하고, 심리학 개업을 위한 주 자격기준 문제를 논의하며, 학부교육에서 임상과학 프로그램이 더 두드러져 보이도록 노력하고 있다. 가장 최근에, 이 기관이 새로운 인증시스템(PCSAS, http://www.pcsas.org/)을 구축하는 데 지도 역할을 하였다. 새로운 인증시스템은 심리학적 임상과학의 목표를 추구하고 이러한 목표와 일치하는 결과를 산출하는 훈련 프로그램들을 인증하는 역할을 할 것이다(Baker et al., 2009).

지난 20년 넘게 협회 구성원이 증가함에 따라, 더 많은 프로그램들이 이 훈련 모델을 받아들이고 있다. 또한 이 협회에 인턴십을 추가시킴으로써, 다양한 장면에서 임상적 과학 훈련을 경험할 기회를 제공하고 있다(예: 학교, 연구실, 임상장면 등).

통합 임상가-전문가 훈련 프로그램

우리가 마지막으로 간단히 논의할 대안 훈련 모델은 상담, 임상, 학교심리학의 전문 영역을 통합하는 모델이다. Beutler와 Fisher(1994)의 설명에 따르면 이 훈련 모델의 가정은 (a) 이 전문 영역들이 다양한 핵심 지식을 공유하고 있으며, (b) 각 전공을 졸업한 심리학자들의 실제 개업 활동이 유사하다는 것이다. 이 통합 훈련 프로그램의 교과과정은 심리학 내의 핵심 과목을 같이 가르치고, 학생들로 하여금 상담, 임상, 학교심리학 각각의 하위 전공과목을 선택할 수 있도록 한다.

통합 훈련 모형은 심리학적 지식의 깊이보다는 범위를 강조한다. 그러나 이러한 특징이 모델의 잠재적 약점이 될 수도 있을 것이다. 이 훈련 프로그램을 마친 사람은 박사학위를 마칠 때까지도 특정한 하위 전문 영역을 갖지 못할 수도 있다(Beutler & Fisher, 1994). 또한 이 훈련 모델은 미래의 학자나 임상과학자보다는 미래의 임상가들에게 더 적합한 것으로 보인다(Beutler & Fisher, 1994). 현재 8개의 APA 공인 프로그램이 있으며, 이 중 3개 프로그램이 Psy.D.를 수여한다.

대학원 프로그램: 과거와 미래

지난 60여 년간의 대학원 교육의 변화는 여러 면에서 임상심리학자들이 직면하고 있는 시장변화를 반영하고 있다(H. C. Ellis, 1992). 1960년대 중반부터 임상심리학자의 시장은 대학의 학문관련직에서 개업으로 이동했다. 당연히 과학자-임상가 훈련 모델의 한계에 대한 불만이 표면화된 것은 놀랄 일이 못된다. 이러한 불만의 핵심은 Boulder 모델이 미래의 임상가들을 훈련시키는 데 적절하지 않다는 것이다.

이 비판에 따르면, 임상적 기술에 대한 훈련은 부족하고, 교수진은 미래의 임상가들이 필요로 하는 훈련을 소홀히 하고 있다는 것이다.

1973년 Vail Training Conference에서 미래의 임상가들의 요구를 만족시키기 위한 대안적 훈련 모델이 제안되었다. 대안적인 Psy.D. 학위와 전문학교 훈련 모델은 이 학회에 참석한 사람들이 채택한 입장이다. 분명, 이 대안적 훈련 프로그램의 영향력은 점차 확대되고 있는데, 그것은 이들이 배출하는 새로운 학위자의 수에서 분명하게 드러나고 임상실무 활동을 하는 임상심리학자들을 Psy.D. 학위자로 해야한다고 주장하는 사람도 있다(A. E. Shapiro & Wiggins, 1994).

그러나 다양한 훈련 모델의 성공 여부에 영향을 줄 수 있는 몇 가지 경향이 있다. 첫째, 전문가 지향 심리학자들이 과잉공급되고 있다는 주장이다(Robiner, 1991). 만일 실제로 그렇다면, 이는 궁극적으로 임상심리학 대학원 프로그램에 입학하고 졸업하는 학생 수에 영향을 줄 것이다. 최근 인턴직 숫자에 비해 지원자가 초과되고 있다. 그 결과 인턴직을 얻지 못하는 대학원생도 생기고 있다(최근에는 인턴십 지원자들의 25% 가량이 됨). 몇 년간, 임상 훈련에 초점을 둔 박사학위 프로그램들에서 졸업한 학생들은 과학자-임상가 모델이나 임상-과학자 모델 기반 프로그램 졸업생에 비해 인턴십을 얻기가 더 어렵다(Neimeyer, Rice, & Keilin, 2007).

만일 인턴직과 직업시장이 어려워지면, 주로 임상가를 훈련하는 프로그램(전문대학원, Psy.D. 학위를 주는 학교들)이 그 부정적 결과를 체감할 가능성이 크다. 학교 재정을 수업료와 많은 수의 학생에 주로 의존하고 있는 전문대학원의 경우 특히 타격을 입을 가능성이 크다.

둘째, 미국 내 관리의료 개혁은 미래의 임상심리학자들에 대한 요구뿐 아니라 훈련 프로그램의 교과과정에도 영향을 줄 가능성이 크다. 학위과정에서는 이제 경험적으로 지지받는 단기심리개입과 초점화된 평가를 더 강조하게 될 것이다. 이러한 영역에 전문성을 가진 교수를 채용하지 않은 훈련 프로그램은 시장에서 경쟁할 수 있는 필수기술을 가지지 못한 졸업생을 배출하게 될 것이다.

마지막으로, 몇몇 저술가들(Robiner, 1991; Schneider, 1991)은 학구적이면서 연구 지향적인 임상심리학자들이 충분히 배출되지 않는다고 지적하고 있다. 만일 그렇다면, 과학자-임상가 프로그램과 임상과학자 프로그램은 그 요구를 충족시키는 데 더 좋은 위치에 있다고 할 수 있다. 연구중심의 임상심리학자들이 심리학적 문제들에 대한 효과적인 치료를 더 잘 개발하고 평가할 수 있으며, 건강관리 영역에서 프로그램을 평가하고, 이러한 영역에서의 연구에 대한 지도감독을 잘 할 것이며, 경험적으로 지지되는 치료법들을 제공하는 것도 더 잘할 것이다. 이 장의 후반부에 논의하는 바와 같이, 이러한 역할들은 효과성, 책임, 비용-효율성이 강조되는 현대의 행동적 건강관리 분야에서 매우 높게 평가된다(Baker et al., 2009).

전문가 규정

임상심리학이 성장하고 개업가 수가 증가함에 따라, 전문가의 역량 문제가 대두되기 시작했다. 일반인들이 어떻게 심리학자가 적절한 훈련을 받았는지 알 수 있을까? 대부분의 사람들은 전문가와 자격 없는 치료자를 구분할 수 있을 만한 시간이나 의도나 지식을 갖추지 못하고 있다. 전문가 규정이란 임상심리학자의 전문성에 대한 명확한 규준을 정함으로써 공익을 보호하고자 하는 것이다. 북미의 경우, 국가 차원의 통일된 규준이 없어 전문적 규제가 복잡해졌다. 즉, 자격 증명 혹은 자격을 위한 요건들이 주마다 상당히 다를 수 있다.

▣ 인물소개 Richard M. McFall, Ph.D.

Dr. McFall은 인디애나 대학의 심리 및 뇌과학과의 명예교수이다. 그는 대인관계 유능성 분야의 전문가이며, 그의 연구는 임상심리학 분야의 많은 저널과 책에 등장하여 다양하게 인용되고 있다. 연구와 더불어 Dr. McFall은 교수로서 또 임상 훈련의 책임자로서 많은 임상심리학자들을 가르치고 훈련시켰다. 마지막으로 Dr. McFall은 임상과학 훈련 모델을 확립시키는 데 중요한 인물로 인정받고 있다. 그는 1995년에서 1998년까지 Academy of Psychological Clinical Science의 의장직을 역임했다. 현재 그는 임상과학 프로그램들을 인증하는 시스템의 실행감독자(executive director)이다.

Dr. McFall은 우리가 직면한 다음의 의문들에 대해 친절하게 응답해 주었다.

당신이 임상심리학 분야에 처음으로 관심을 가지게 된 계기는 무엇인가요?

나는 드포대학교의 학부과정 2학년까지 예술을 전공했다. 당시 학과 교수님께 예술학위를 취득한 후, 내가 할 수 있는 일이 무엇인가 질문했다.

교수님은 여러 가지 일 중, 광고업계의 회계담당자가 되어 보는 것이 어떠냐고 제안했다. 교수님은 사람들이 물건을 사는 동기가 무엇인지 알아보기 위해 심리학 과목들을 들어보라고 권유했다. 그래서 나는 심리학과에 갔다. 물론, 선수과목들(개론, 통계, 실험 등)을 수강한 후에야 '재미있는 과목'을 들을 수 있었고, 또 내가 심리학 전공에 잘 맞다는 것을 알 수 있었다. 3학년 초까지도 여전히 졸업한 후에 광고계로 나가려고 하고 있었다. 그러던 중에 나는 투사법검사에 일생을 바친 John Exner(세계적으로 유명한 Rorschach 전문가)의 임상심리학 과목을 수강하게 되었다. Exner는 나에게 임상심리학대학원에 지원해보라고 권유했고, 대학원 프로그램 목록을 주었는데, 모두 정신역동 이론을 지향하는 프로그램들이었다. 마침 내가 대학원 지원서를 작성하고 있을 때, 심리학자인 내 룸메이트의 아버지가 학교를 방문하게 되었다. 그는 오하이오주립대학교(그가 학위를 받았던)에 지원해 보라고 권유했다. 나는 일종의 '예비책(backup)'으로 오하이오주립대학교(OSU)에 지원했다. OSU는 나를 받아주었고, 다른 프로그램들보다 더 관대한 장학금을 제시했다. 경제적으로 독립하고 학자금 채무에서 벗어나기 위해 나는 이 제안을 받아들였다. OSU의 임상 프로그램은 당시 미국 내 최고 중에 하나였다. 또한 매우 강력하게 과학을 강조하고 있었다. 나는 곧바로 내가 잘못 생각하고 대학원에 들어왔다는 것을 알게 되었다. 그러나 OSU의 연구 지향은 매력적이었고, 곧 나는 과학으로서의 임상심리학에 관심을 가지게 되었다.

임상심리학자로서 관여하고 있는 활동은 어떤 것이 있나요?

무엇보다도 우선적으로 나는 교수라고 할 수 있다. 교수가 된 이래 오늘까지 나는 학부 고학년을 대상으로 임상심리학개론을 가르치고, 대학원 1년 차 학생들에게 임상심리학을 가르치고 있다. 두 과목을 통해 내가 갖고 있는 목표는 학생들이 임상심리학에서의 주요한 문제들에 대해 의문을 가지고 비판적으로 사고하도록 가르치는 것이다. 나는 또한 박사과정생들에게 임상 실습과목을 가르치는데, 우리는 강박장애(OCD)를 겪는 사람들을 치료하는 여러 다른 치료법의 효과에 대한 경험적 연구들을 검토하고, 우리 클리닉에 있는 OCD 환자들에게 가장 적절한 치료법을 적용하고 그 개입의 결과를 평가한다.

나는 또한 활발한 연구자다. 내 연구의 공통 주제는 대인관계 능력-유능성(competence)에 대한 것이다. 대인관계 능력을 어떻게 정의하고 측정할 것인가?

이를 어떻게 예측하고 촉진할 것인가? 대인관계적 무능을 가져오는 요인들은 무엇인가? 능력–유능성과 정신병리는 동전의 양면이라고 볼 수 있다. 정신병리는 한 가지 혹은 그 이상의 중요한 기능 영역에서의 능력 부족으로 볼 수 있다. 정신병리의 병인을 이해하기 위해서, 임상심리학자들은 우선 능력–유능성의 특성과 근원을 이해할 필요가 있다. 나는 주로 심리학 전반의 지식과 방법, 그중에서도 특히 인지과학과 신경과학 방법을 가지고 연구하고 있다. 이 때문에 나는 이 분야를 적극적으로 배우는 학생이기도 하다. 내 직업에서 하는 또 다른 역할은 행정가와 서비스 제공자의 책임을 맡고 있는 것이다. 나는 인디애나대학교의 임상 훈련 프로그램의 책임자이고, 지역 정신건강센터의 센터장이며, 몇 개 저널의 편집자이고, 몇몇 연방 전문가 협회의 회원으로 활동한다. 실질적으로 나의 전문가로서의 노력은 임상심리학 내에서 과학과 유사과학을 가려내는 것과 과학으로서의 임상심리학을 발전시키는 것에 초점이 맞춰져 있다고 할 수 있다.

당신이 특히 관심을 갖고 있는 전문 분야는 무엇인가요?

이미 나의 연구 초점에서 설명했듯이 대인관계 능력에 대한 것이다. 이를 연구하기 위해 다양한 임상적 문제와 임상군을 연구해 왔는데 여기에는 수줍은 대학생, 자기 주장이 어려운 사람들, 정신분열병, 우울증, 강박장애, 섭식장애, 니코틴 중독, 품행문제를 가진 청소년들, 여성에 대해 성적으로 강압적인 남성들이 포함된다. 이러한 문제들에 대한 나의 연구는 개념과 측정을 강조하는 것이 특징이다. 특히 최근의 연구는 인지과학과 신경과학에서 채택한 개념과 방법을 사용하고 있다. 나의 목표는 임상적 현상에 대해 더 좋은 이론적, 수량적 모델을 구축하는 것이다.

임상심리학의 미래의 경향성에 대해 주목하는 것이 있나요?

'임상실무(practice)'를 강조하는 임상 훈련 프로그램들은(Psy.D. 프로그램이든, 과학자–임상가 Ph.D. 프로그램이든) 최근 정신건강 분야에서 이루어지고 있는 극적인 변화(점차 행동 건강 영역이라고 불리는)를 간과하고 있다. 미국의 건강관리는 전통적인 서비스 비용지불 모델(fee for service; 역자 주: 의료비를 진료 때마다 지불하는 비용 모델)에서 관리 모델로 변화하고 있으며, 임상심리학자들은 일차 의료 서비스 제공자로서의 역할을 잃어가고 있다. 그 이유는 분명하다. 한 명의 심리학자에 드는 비용으로 두 세명의 사회복지사를 고용할 수 있기 때문이다. 만일 치료의 효과 면에서 박사학위를 소지한 임상심리학자와 박사학위를 가진 사회복지사 사이에 차이가 없다는 조사가 나온다면, 비용을 중시하는 관리의료 체계는 대부분의 정신건강서비스의 공급자로서 사회복지사를 고용할 것이다. 박사급의 임상심리학자들을 다른 정신건강전문가들과 구분 짓는 특징은 심리학의 연구 훈련이며, 연구하는 과학자로서의 역할이다. 임상심리학 박사학위(Ph.D.)의 전통적인 초점이 과학적 연구 훈련이라는 것을 강조하는 임상 훈련 프로그램만이 변화하는 정신건강 분야에서 생존하는 데 필요한 준비를 갖추게 될 것이다.

공인제도. 공인제도는 비교적 약한 형태의 규정으로, 주정부의 자격심사위원회의 공인을 받지 않으면, 진료비를 받으며 일반인들에게 서비스를 제공하면서 자신을 '심리학자'라고 칭해서는 안된다는 것이다. 각 주에 따라 심사를 통해 공인을 주는 경우도 있지만, 단지 지원자의 훈련과 전문 경험을 검토하는 데 불과한 경우도 있다. 공인제도는 '심리학자'라는 직함을 아무나 사용하지 못하게 함으로써 일반인을 보호하려고 하는 것이다. 공인제도의 약점은 자격이 없는 사람이 '심리학자'라는 직함을 사용하거나, 혹은 자신이 제공하는 서비스에 대해 '심리학적'이라는 단어를 사용하지 않는 한, 심리학적 서비스를 제공하는 것에 대해 제재를 가할 수 없다는 것이다. 이 제도를 비판하는 사람들은 공인제도가 일반인을 보호하기보다는 심리학자를 보호하고 있다고 주장하고 있다.

공인제도는 어떻게 보면 정신과 의사 측이 주 의회에 효과적으로 법안운동을 한 결과이다. 왜냐하면 많은 정신과 의사들은 심리치료를 의학의 특별 분야로 남겨 놓고 싶어 했기 때문에, 의학 외의 전문 분야에서 심리치료 진료 행위를 인정하는 법안을 반대했기 때문이다. 그 결과 공인제도는 심리학자가 획득할 수 있는 최고 수준의 규제가 되었다.

자격증 면허. 자격증 면허제도는 공인보다 더 강력한 규제이다. 이는 직함('심리학자')의 특성과 자격에 필요한 훈련을 명시하고 있을 뿐 아니라, 돈을 받고 대중에게 제공하는 구체적인 전문 활동이 무엇인지를 규정하고 있다. 예를 들어, 공인을 취득한 상태에서 심리학자는 아무런 제지 없이 자신을 '치료자'라고 소개하고 '심리치료' 서비스를 제공할 수 있다. 반면 여러 주정부의 자격증 면허법은 무엇이 심리치료인지를 규정하고, 이를 정신과, 임상심리학, 다른 전문 인력으로 제한함으로써 책임 회피를 방지하고 있다. 그러나 남을 속이려는 확고한 의도를 가진 가짜 치료자를 저지하기란 어려운 일인데, 이들은 자신이 하는 활동을 가장하는 데 매우 능숙하기 때문이다.

심리학적 서비스의 감시 체계와 소비자 보호를 강화하기 위해 미국심리학회(American Psychological Association)는 심리학자의 자격면허에 대한 모델을 개발했다(American Psychological Association, 1987b). 최근 개정판은 심리학 자격 주/지역위원회(Association of State and Provincial Psychology Boardsr: ASPPB)에서 출판되었고, 2010년에는 미국심리학회에서 출판되었다. 주정부와 지역은 해당 관할 구역 내의 자격기준에 대한 구체적인 기준을 마련하기 위해 이 지침을 사용하고 있다. 자격증 면허법은 주(지역)에 따라 다양하지만 몇 가지 공통기준이 있다. 이를 표 3-1에 요약하였다.

대부분의 주와 지역은 자격면허를 취득하려고 하는 사람들에게 자격시험을 보도록 요구한다. 또한 자격위원회는 지원자의 교육 배경을 검토하며 박사학위뿐 아니라 수년간 수련감독을 받을 것을 요구하고 여러 주정부는 여기에 덧붙여, 지속적인 연수평점을 받도록 요구한다. 자격위원회는 점점 엄격해지는 것으로 보이는데, 종종 특정 교과목을 이수하도록 요구하고, 석사학위자를 제외시키며, APA가 인정한 프로그램에서 학위를 받을 것을 요구하고 있다. 또한 이들은 심리학자의 학문과 연구 활동에까지 개입하기 시작했다. 예를 들면, 어떤 주는 비록 치료를 제공하지 않더라도 우울한 환자를 연구하는 심리학자에게 자격증을 요구한다.

자격증 면허와 공인제도는 전문가의 이해관계에 깊이 관련되어 있다. 어떤 사람들은 자격증을 취득한 심리학자가 실시한 치료가 효과적이며, 내담자

표 3-1 일반적인 자격증 취득 요건 요약

교육
APA가 공인한 전문심리학(예: 임상심리학) 분야 박사학위
경험
1~2년간의 박사 후 임상 경험
시험
면허를 취득하기 위해서는 심리학 전문 자격시험(Examination for Professional Practice in Psychology: EPPP)을 통과해야 한다(예: 특정 기준 점수 이상).
행정적 요건
시민권, 영주권, 연령, 도덕성에 대한 증거 등
전문 분야
심리학자의 임상 활동에 대한 자격면허는 포괄적인 것이다. 그러나 심리학자는 교육 배경과 훈련에서 명시한 전문 분야 내에서 임상 활동을 해야 한다.

에게 긍정적인 변화를 가져온다는 것이 연구를 통해 증명된 이후에야 자격증 제도를 시행해야 한다고 주장하기도 한다. 공인제도와 자격증 면허제도가 전문가의 능력을 재는 타당한 도구가 될 수 없다고 지적하는 사람들도 있다. 그러나 또 다른 사람들은 자격증 제도는 전문가의 능력 수준을 규제하기보다는 일반인이 피해를 입지 않도록 만들어져야 한다고 주장하고 있다. 지금 시점에서는 자격증 면허시험이 질 낮은 실무행위에 대한 최선의 안전장치라고 할 수 있을 것이다. 마지막으로 대학의 임상심리학자들은 자격증 기준이 임상심리학 프로그램에서 제공해야 하는 교과과정을 명시하기 때문에 학문적 자유를 침범할 수 있다고 우려하고 있다. 이들은 임상심리학 훈련 프로그램에 있는 교수진들이 적절한 훈련을 받은 임상심리학자들을 배출하는 데 필요한 교과과정에 대해 더 잘 알고 있다고 주장하고 있다. 게다가, 자격증 요건들이 대학에서 일하는 임상심리학자들이 자격을 유지하는 것을 어렵게 할 수도 있다 (DiLillo et al., 2006).

여러 가지 의문점과 문제점에도 불구하고, 전문적 실무 활동 규정은 오늘날까지 유지되고 있다. 지금으로서는 이 제도가 완벽하지는 않지만 자격 훈련을 제대로 받지 않은 사람들로부터 일반인을 보호할 수 있는 유일한 방법이라고 할 수 있다. 자격과 관련된 현재 당면한 문제는 자격증에 대한 국가 규준을 세우는 것이다(즉 어떤 주에서 다른 주로 옮기는 것이 가능해짐). 이를 위해서는 필기시험과 더불어 구술시험이 필요한지를 결정해야 하고, 인터넷을 통한 원거리치료와 원격의료(telehealth)와 관련된 이슈들을 해결해야 한다.

미국전문심리학위원회. 주정부가 나서지 않자, 1947년에 독립 법인단체인 미국전문심리학자격위원회(American Board of Examiners in Professional Psychology)가 결성되었다. 1968년에 그 명칭은 미국전문심리학위원회(American Board of Professional Psychology: ABPP)로 바뀌었다. ABPP는 행동심리학, 임상심리학, 임상건강심리학, 임상신경심리학, 상담심리학, 가족심리학, 법정심리학, 집단심리학, 정신분석심리학, 재활심리학, 학교심리학 분야의 전문적인 능력에 대해 자격증을 발급한다. 여기에는 구두시험을 통해 지원자가 사례를 다루는 능력을 검토하며, 사례치료보고서를 제출하도록 하는 절차를 포함하고 있다.

1968년에는 American Board of Professional Psychology (ABPP)로 이름이 단축되었다.

> ABPP는 아동 및 청소년 임상심리학, 임상심리학, 임상건강심리학, 임상신경심리학, 인지 및 행동심리학, 상담심리학, 커플 및 가족 심리학, 재판심리학, 집단심리학, 산업 및 조직 컨설팅 심리학, 경찰 및 공공안전 심리학, 정신분석, 재활 심리학과 학교 심리학 분야의 공인제도를 제공한다.

ABPP 자격을 얻는 요건들과 과정을 설명하기 위해, 임상심리학 전문 분야를 고려해야 한다. 임상심리학에서 자격을 증명(예, 박사학위, 인증기관에서의 인턴쉽, 주에서 자격증 획득)하는 것 이외에, 지원자들은 임상 경험에 대한 샘플들(비디오 녹화파일)을 제출하고, 임상 사례들에 대한 전문성에 대한 보고서를 제출해야 하며, 세 명의 동료 전문가들에 의한 구술시험을 성공적으로 마쳐야 한다.

ABPP 자격증을 받고자 하는 사람들은 박사학위 후 5년간 경험을 쌓아야 한다. 전반적으로 자격기준은 주정부의 공인제도나 자격증 면허보다 더 엄격하다. 일반인들은 이러한 자격요건을 갖춘 임상가는 심사위원단의 면밀한 조사를 받은 사람이라고 믿어도 된다.

임상심리학자에게 주어지는 혜택은 낮은 책임보험률, 임상가로서 혹은 전문적 증인으로서 향상된 지위, 다른 주로 이동할 경우 자격증을 쉽게 이전할 수 있는 것 등이 있다(Finch, Simon, & Nezu, 2006).

전국 명부. 최근 보험회사들은 보험 적용 범위를 정신건강서비스로 확대하고 있다. 그와 함께 임상심리학자들은 예방, 평가, 치료를 포함한 정신건강 서비스를 할 수 있는 유능한 서비스 제공자로 인정받게 되었다. 1975년 처음으로 심리학적 건강 서비스 제공자 **전국명부**(National Register of Health Service Providers in Psychology)가 출간되었다. 이 명부는 일종의 자가 증명으로, 각 주에서 공인이나 자격증 면허를 딴 전문가들이 일정 수준의 돈을 지불하고 이름을 올린 명단이었다. 개업 임상가의 숫자가 점차 증가하는 것이나 Blue Cross나 Blue Shield와 같은 보험회사가 개업임상가를 건강관리 공급자로 인정하게 된 것과 함께 전국 명부는 점차 성장하고 있는 임상심리학의 전문가 직업정신을 보여 주는 예라고 할 수 있다.

개업

이미 상당수의 임상심리학자들이 개업하여 일하고 있다. 이러한 경향은 당분간 증가추세에 있을 것으로 보이며, 한편으로는 임상 수련과정에 있는 학생들의 장래 목표를 반영하는 것이다. 일부 임상심리 대학원생들의 목표는 개업을 하고 간판을 거는 것이다. 이들에게는 의사가 역할 모델이 될 수 있다. 그러나 이 모델은 분명히 우려할 만한 점이 있다.

최근 몇 년간 의사들은 상당한 비판을 받으면서 선한 사마리아인의 이미지를 잃고 있는데, 그 이유는 환자의 복지보다는 경제적 이득에 더 관심을 가지고 있는 것처럼 비춰져 왔기 때문이다. 의사들은 국회와 주 의회에 강력한 로비활동을 해 오고 있다. 의사집단은 자신들의 전문 영역에 다른 집단이 들어오는 것을 제한할 뿐 아니라, 자신들의 기득권을 보호하기 위한 법안을 통과시켜 왔다. 미국의사협회(American Medical Association)는 공익보호뿐 아니라, 의사들의 권리와 이득의 보호자로 인식되고 있다.

많은 임상심리학자들은 임상심리학도 같은 길을 걷게 될 것을 우려하고 있다. 자격증 제한법, 자격증, 정치적 활동을 강조하면서 연구를 소홀히 하는 것이 그릇된 인상을 주고 있다는 것이다(McFall, 2002). 이들은 교육훈련을 향상시키고, 전문가 분야를 키우고, 대중을 보호하고 공공의 이득을 증가시키려고 시작된 정직하고도 헌신적인 시도가 종국에는 기득권을 지키려는 이기적인 입장으로 끝나지 않을까 두려워하고 있다. 이러한 경향이 개업 현장만을 바탕으로 커가는 것은 아니지만, 그럴 위험이 있다는 것으로 중요한 사회적 의문은 개업가로 훈련받은 임상가가 국가의 정신건강 요구에 경제적이고도 효율적으로 대응할 수 있는가 하는 것이다. 그러나 보험적용 범위에 대한 이해관계, 정신과 의사와의 직업적 경쟁, 법적 규제라는 문제를 안고 있으면서도, 개업 활동이 정착되고 있다. 서비스 비용을 그때 그때 지불하는 전통적 모델의 개업은 이미 과거의 것이 되고 있다(McFall, 2002; R. J. Resnick, 1997). 감독 의료 체계는 이제 우위를 차지하고 있고 개업 심리학자들은 이 변화를 가장 앞에서 느끼고 있다. 미래의 임상심리학자들은 감독 의료 체계가 요구하는 필수 기술이나 지식이 부족한 채로 현장으로 나가서는 안 된다. 표 3-2는 최근 미래 개업 심리학자들이 수련받아야 할 영역에 대한 미국심리학회산하활동위원회(American Psychological Association Working Group)의 결론을 요약한 것이다.

경제적인 압력이 개업심리학자들에게 많은 걱정을 안겨주었다(Comas-Diaz, 2006). 예를 들면, 건강관리 보험에서의 변화가 어떻게 심리학적 서비스 제공 가능성에 영향을 미칠 것인지? 관리보호 회사들(보험회사들)이 경험적으로 지지되는 치료만을 인정한다면, 이러한 사실이 개업심리학자들에게 어떤 영향을 미칠 것인지? 등을 고려해야 한다. 지난 수 십년간 수입이 줄어들어, 개업심리학자들이 앞으로는 대체의학, 원격의료, 약물처방 그리고 코칭 등에 자신의 역할을 확장해야 할 필요가 있을 것으로 예측하는 사람들도 있다(Comas-Diaz, 2006).

어쩌면 비용문제로 인해 Ph.D. 수준의 임상가가 일하는 곳이 미래에는 석사급 정신건강전문가로 대체될지도 모른다(McFall, 2002)! 우리는 이 장의 후반에서 관리의료 체계가 임상심리학 개업에 미치는 영향에 대해 더 논의하겠다.

표 3-2 개업 임상심리학자들이 알아야 할 것

1997년에 건강관리 공급 체계의 변화가 심리학자의 교육, 수련, 지속적 연수 교육에 시사하는 바를 논의하기 위해 결성된 미국 심리학회 산하 활동위원회(Ameri-can Psychological Association Working Group)는 다음 사항을 잘 숙지할 것을 권고한다.

1. 감독관리 체계(Managed care organazation: MCOs)와 같은 새롭고 변화하는 건강관리 체계에 대한 지식
2. 비밀보장, 공개동의서를 포함한 감독 관리환경에서의 윤리적 문제에 대한 민감성
3. 의료환경과 같은 학제 간 현장에 대한 경험
4. 단기개입, 치료팀 접근, 초점화된 평가와 같이 관리의료체계와 관련된 임상 기술
5. 프로그램 평가, 비용 효과, 의료비 차감과 같은 '응 용' 연구에 대한 전문 기술
6. 경영과 업무 기술-예를 들어, 계약, 활용성 검토, 마케팅
7. 컴퓨터, 데이타베이스, 원격의료와 같은 기술체계
8. 임상 평가 및 개입에 있어서 경험적으로 지지되고 증거에 기반한 실천
9. 수퍼비젼 훈련; 앞으로는 점점 더 적은 임상심리학자들이 직접 서비스를 제공하게 될 것으로 전망함.
10. 문화적 차이 및 다른 인종들에 적합한 증거기반실천 관련 경험적 결과에 대한 지식을 민감하게 통합함.

독립성과 경제력

초기에는 정신과 의사들의 반대로 인해 임상가들이 심리치료를 독자적으로 하는 데 어려움이 있었다. 결국 임상심리학자들은 대부분의 주 의회 내에서 행해지는 정신과 의사들의 강력한 로비활동을 극복하고 독립 개업의 권리를 획득하였다. 결국 합리적 근거의 논리가 이긴 예라고 할 수 있으며, 심리치료가 의학적 치료의 일부라는 정신과 의사들의 주장은 점차 희미해지고 있다. 임상가와 임상심리학자들이 정신건강 분야의 공백을 채우기 위해 개업현장으로 나가기 시작하자 정신과 의사들도 새로운 법적 지위를 수용하게 되었다. 임상가들은 이제 완전히 독립적인 개업가가 되었다. R. J. Resnick(1997)이 이 갈등의 역사에 대해 흥미로운 개관을 제공하고 있다.

이제 정신과 의사와 임상심리학자는 경쟁자가 되었으며, 마찰도 생기고 있다. 이전에는 이념의 대립이었지만, 이제는 경제적 대립으로 변화하고 있으며 임상가들이 독립된 위치로 자리매김을 하는 시기에 사설 보험과 준 국가 수준(quasi govern- mental)의 건강보험 제도들이 늘어나기 시작했다. 심리치료는 이러한 제도에 포함되기 시작하였고, 개업가들은 치료비에 대해 보험 상환을 받는 서비스 제공자가 되었다. 이전에 치료를 받을 경제적 여유가 없거나, 치료비를 지불하려고 하지 않았던 사람들도 이제는 치료를 받을 수 있게 되었다. 곧 정신과 의사들은 의사가 환자를 의뢰하지 않는 한 임상심리학자를 보험 상환 대상에서 제외시켜야 한다는 캠페인에 착수했다. 독립 진료에 대한 오래된 갈등은 이미 이전에 사라졌다. 이제 투쟁의 장은 의사의 개입 없이 보험회사가 심리학자에게 직접 보험 상환을 해 줄 수 있는가로 옮겨졌다.

Blue Shield of Virginia(BSV)가 좋은 예가 될 수 있을 것이다. 오랫동안 BSV는 의사를 통해 심리학자에게 진료비를 지급하는 조건을 고수했다. 심리학자들은 서비스의 직접 지불권을 얻기 위해 계속해서 노력했지만 별 소득을 얻지 못하고 있었다. 결국 버지니아 임상심리학 학술회(Virginia Academy of Clinical Psychologist: VACP)가 BSV를 상대로 독점금지 소송을 제기했다. 법원은 BSV에게 승소 판결을 내렸다. 그러나 항소에서 고등법원은 판결을 뒤집고 VACP의 주장을 받아들였다. 이 재판은 1978년에 시작되었고, 연방법원이 VACP의 재판 비용으로 405,000달러 이상의 배상금을 인정한 후 1982년에서야 종결되었다. 이 재판 결과는 임상심리학자가 완전히 독립적인 직업으로 자리 잡는데 중요한 승리라고 할 수 있으며, 이제 임상심리학자는 정신과 의사와 동등한 위치에서 시장경쟁을 할 수 있게 되었다(R. J. Resnick, 1985).

학계에서 조용히 시작된 전문직이 이제는 시장에서의 경쟁자가 된 것이다. 학자는 점점 줄어들고 사업가는 점점 늘어나게 된 것이다. 오늘날 개업임상심리학자는 대부분의 보험회사, Medicare, 그리고 30개가 넘는 Medicaid 프로그램에서 치료비 지급특권을 향유하고 있다(R. J. Resnick, 1997).

건강관리 비용

건강관리 비용은 전 세계적으로 천문학적인 증가추세를 보이고 있다. 미국은 세계의 어느 나라에 비해 건강관리에 더 많은 비용을 지출한다. 2009년에는 약 2.5조달러, 즉 개인당 8,086달러를 지출했다(http://www.cms.hhs.gov/NationalHealthExpend-Data/). 이 액수는 2009년에 GDP의 17.6%에 해당하며 2009년에서 2019년까지, 건강관리에 드는 GDP의 할당분이 19.6%로 증가할 것으로 예측된다.

이러한 변화가 정신건강서비스에 어떠한 영향을 미칠 것인가? 일반 건강관리 그리고 특히 정신건강관리 비용의 상승을 해결하려는 움직임이 관리보고(managed care)였다.

몇 년 전 미국의 국민 건강보험에 대해 많은 협의가 이루어졌다. 이제는 건강관리 분야에 대변혁을 일으킬 수 있는 이윤추구적인 통합 건강관리 산업시대가 도래했다고 할 수 있다(Zimet, 1989). 이 관리의료 체계는 신체적인 건강 서비스뿐 아니라 비용의 정신건강 서비스(종종 '행동 건강관리 behavioral health care'로 불리는)를 대상으로 하고 있다. 점차 보험회사나 제3의 지불인이 정신건강서비스의 보험 지급가를 결정하는 일이 늘어나고 있다. 결국 최종적으로 비용을 지불하는 측(예: 고용주)이 임상가로부터 경제적인 주도권을 가져가게 되는 것이다(Cummings, 1995).

관리의료는 연속선상에 놓여 있는 체계라는 점을 파악하는 것이 중요하다. 일반적인 용어로 '관리의료는 건강관리의 자금조달과 지급을 통합하는 방식'이라고 할 수 있다(Bobbitt, Marques, & Trout, 1998, p.54). 오래되고 전통적인서비스 비용 지급 방식(fee-for service)의 정신 건강관리 체계는 박사급의 어떤 임상가에 서비스를 받을 것인지, 서비스의 비용이 얼마인지, 서비스의 질, 가능한 서비스의 빈도를 어떻게 결정할 것인지에 대해 거의 통제권이 없었다는 측면에서 '비관리(unmanaged)' 체계라고 할 수 있고 보험계획은 '더 관리 받는다(more managed)'고 볼 수 있다. 왜냐하면 공급자 네트워크가 더 선택적으로 결정되고, 서비스의 적절성과 효과를 평가하게 되며, 관리의료협회가 서비스질 향상 프로그램을 시행하기 때문이다. 이러한 특징들은 표 3-3에 요약되어 있다.

건강관리 개혁은 몇 십 년에 걸쳐 진행될 것으로 보이지만, 그 효과는 현재도 분명하게 나타나고 있는데 법인들이 일종의 의학산업 복합체로 확장되고 시장성을 강조하게 되면서, 이 제도는 비용 제한을 최우선으로 강조하고 있다(Kiesler & Morton, 1988). 1997년 후반까지 85%의 미국인이 몇 개의 관리의료 체계에 소속되었다(Winslow, 1998). 이제 우리는 개별 임상가들에게 더욱 압력이 가해질 것으로 예상하고 단기간의 시간 효율적인 개입이 선호되고 있으며, 임상가는 서비스를 공급하기 위해 자신의 치료가 효과적이라는 것을 경험적으로 증명하고 그 증거자료를 제출할 것을 요구받고 있다(Cummings, 1995).

관리의료 모델의 종류는 몇 가지가 있으며, 이들 모두 비용을 통제하고, 서비스 이용을 줄이는 동시에 서비스의 질을 증명하고자 하는 것이 공통점이다. 우리는 여기서 간략하게 두 가지 유형의 관리의료 체계, HMO와 PPO 체계에 대해 다루고자 한다. Health maintenance organization (HMO)는 제한된 수의 공급자를 고용하여 서비스를 제공하는 것으로 이 경우 모든 서비스의 가격은 고정된다. Preferred provider organization (PPO)는 할인된 가격으로 외부 공급자와 계약을 맺고 서비스를 제공하고 할인율과의 교환조건으로 공급자는 더 많은 의뢰환자를 보장받는다. POS (A Point of Service) 플랜은 HMO와 PPO를 결합하여, 회원들이 건강관리를 위해 더 많은 선택안을 제공하지만, 이 플랜에 포함되지 않은 건강관리부분에 대해 서비스를 받을 경우 더 많은 비용을 지불해야만 한다. 예를 들어, POS 회원이 POS에 가입되어 있는 서비스 제공자(예, 의사나 의료기관) 이외의 기관에서 서비스를 받을 경우(즉 POS 네트워크에 포함되어 있지 않을 경우) 비용을 더 많이 지불해야 하나, POS에 가입되어 있는 곳에서는 비용을 덜 지불한다.

소비자들이 서비스 제공자를 선택할 수 있는 자유를 원하므로, 보험회사들이나 의료기관들이 점차 더 많은 선택권을 소비자에게 주려고 하지만, 결국 그에 해당하는 비용은 소비자의 몫이된다(Bobbitt, 2006). 이러한 소비자-중심의 건강관리계획

표 3-3 행동 건강관리의료 체계의 공통점

- 기업 혹은 법인 조직으로서의 정체성
- 전 범위의 임상 서비스를 제공
- 자격증명을 거친 공급망과 치료자 공급 체계
- 이용과 의료서비스의 관리
- 관리 정보 체계(회원 기록, 자격규정, 총괄적 집단 자료)
- 체계적인 서비스 질 관리와 서비스 향상
- 보험 지불청구액을 포함한 전반적인 재정 부담을 질 수 있는 능력

출처: Adapted with permission from Bobbitt, B. L., Marques, C. C., & Trout, D. L. (1998). Managed behavioral health care: Current status, recent trends and the role of psychology. Clinical Psychology: Science and Practice, 5, 53-66. Copyright 1998, American Psychological Association.

이 전반적으로 의료비를 줄이는 방법으로 이해되어 HMO가 나오게 되었지만, 몇몇은 이러한 관리보호(managed care)가 특히 정신건강 분야(행동 건강관리, behavioral health care)에 적용했을 때 그 목적 달성에 실패했다고 이야기한다(Cummings, 2006). Cummings가 지적한 데로, 의료 비용은 지속적으로 증가하고 있으며, 임상가들은 자신들의 서비스에 대해 더 적은 수입을 얻고, 환자에게 쏟는 시간보다 문서를 작성하고 보험회사로부터 돈을 돌려받는 일에 더 많은 시간을 할애하게 된다.

그렇다면 행동 건강관리의 다음 단계로 어떤 것이 포함되어야 할 것인가? Cummings(2006)은 두 가지 모델이 앞으로 수행될 것이라고 예측했다: 소비자에 따른 건강관리계획(consumer-directed health care plans)과 질병관리 모델(Pay-for-performance disease management models). 위에서 살펴본 바와 같이, 소비자에 따른(consumer-directed) 건강관리계획은 행동 건강관리 서비스의 비용과 책임을 소비자에게 돌리는 것이다(결국 연말 세금공제를 통해 돌려받는다 할지라도). 개개인들이 더 많은 돈을 지출해야 할 것이고, 가장 좋은 가격과 양질의 서비스를 찾으려 할 것이다. 두 번째 모델인 질병관리 모델

은 양질의 서비스와 효과적인 서비스를 제공하는 임상가에게 그에 상응하는 보상을 주는 것이다. 즉, 덜 강도 높은 치료(예, 더 적은 회기의 치료)로 강도 높은 치료와 같은 결과를 내는 임상가들이 의료 비용을 절감하게 해주므로, 그 절감된 비용을 일정 부분 임상가들에게 돌려주는 것이다.

이러한 행동 건강관리 분야의 변화가 임상심리학자들에게 의미하는 것은 무엇일까? 지난 세기 동안 보아온 것처럼, 더 적은 회기 동안 내담자를 보게 될 것이며, 증거-기반치료를 제공해야만 할 것이다. 증거-기반치료(Kazdin, 2008)에 대해서는 제11장에서 자세히 다룰 것이다.

두 번째, 몇몇 전문가들은 자기-관리(self-care) 혹은 자조(self-help) 기법들이 더 많이 사용될 것이라고 예상한다(Clark, Lynch, Spofford, & DeBar, 2006). 예로, 임상가들은 책, 팜플렛, 유인물 등을 첫 번째 치료법이나 전통적인 면대면치료의 보조수단으로 사용할 것이다. 게다가, 아래에서 논의하는 것처럼, 컴퓨터 혹은 인터넷 기반치료가 미래에는 더 많이 사용될 것이다. 이러한 변화가 가능한 것은 많은 효과적인 심리치료가 구조화되어 있고 메뉴얼로 구성되어 있기 때문이다(예, 우울증의 인지치료). 자조 기법들은 매력적인 이유는 비용이 저렴하고 쉽게 구할 수 있으며, 다양한 환경(예, 가정의(醫) 사무실)에서 사용할 수 있기 때문이다.

세 번째, 점차 더 많은 행동 건강 서비스가 가정의원(醫院) 혹은 학교나 직장과 같은 덜 전통적인 환경에서 제공될 것으로 예상된다(Clarke 등, 2006). 다양한 요인들이 이러한 변화를 이끄는데, 그러한 요소들로는 자조 기법들이 개발, 약물사용의 증가, 정신과와 관련된 낙인 등을 들 수 있다.

이 새로운 서비스 공급 체계들은 임상심리학자에게 심리치료나 실무 활동에 대한 새로운 정의를 밝히고 있다.

하지만 과학자-임상가, 혹은 임상과학자들의 훈련은 이 환경에서 약간의 기회를 제공한다. 예를 들면, 임상심리학자들은 심리과학에 기반한 심리치료를 제공하는 일차적 서비스 제공자가 될 것이다. 임상-과학 혹은 과학자-임상가 모델 프로그램에서 경험적으로 지지되는 치료를 평가하고 시행하는 데 있어 엄격한 훈련을 받은 임상심리학자들은 서비스의 질과 비용-대비 효과성을 중시하는 환경에서 심리치료 서비스를 감독하고 전문적인 조언을 제공할 수 있는 유일한 위치에 있다. 아래에서 논의하겠지만, 임상심리학자들이 약물처방권을 얻는 것이 어쩌면 임상심리학자들이 현재 지니고 있는 혹은 앞으로 지닐 유일한 전문성(예, 평가 및 치료에 대한 연구를 하고 효과적인 심리치료 기법을 시행하고 교육 및 전파하는 일)을 얻는 것을 방해하거나 의도하지 않는 결과를 초래할 수도 있다.

행동 건강관리 분야에서 우리가 이제까지 관찰한 이슈들이 심리학자들의 훈련과 경력개발에 여러 가지 함의를 갖는다(표 3-4를 보라).

처방권

지난 10여 년간 임상심리학자의 처방권 추구는 뜨거운 논쟁의 대상이었다. 미국심리학회(American Psychological Association: APA)는 몇 명의 최고 위원들과 함께 처방권 추구를 공식으로 인정하였다(예: DeLeon, Fox, & Graham, 1991; DeLeon & Wiggins, 1996; Fox 1988; Nickelson, 1995). 반면에 여전히 많은 사람들은 처방권을 갖는 데 중립적이거나 강한 반대의사를 표명하고 있다(Albee, 2002; Bush, 2002; DeNelsky, 1996; Hayes & Heiby, 1996; Wagner, 2002). 처방권 추구에 대한 결정은 임상심리학자의 역할에 대한 정의, 필요로 하는 훈련, 그리고 실제 임상실무에 폭넓은 영향을 미친다고 할 수 있다.

표 3-4 행동 건강관리 영역의 최근 발전방향

1. 건강관리 비용은 다시 상승할 것으로 예상된다. 2007년에, 미국이 건강관리에 총 2.26조 달러, 개개인에게 7천 달러를 소비했다. 이 금액은 미국의 GDP(Gross domestic product)의 16%에 해당하고 2017년에는 GDP의 19.5%까지 상승할 것으로 예상한다.

   미국인이 일 인당 서비스 비용 체계에서 감독관리 체계로 변화한 데 따른 절감이 현실화되었다. 미래에는 의학 기술, 의학 서비스와 처방약에 대한 비용이 증가할 것이다(McGinley, 1998).
2. 심리학자들은 감독 관리에 대한 새로운 접근법을 시도하고 있고 또한 몇몇 심리학자들은 자율성을 유지하기 위해 비용에 대한 자기 검토를 시도하고 있다. 공식적으로 '감시인'과 비용 관리자로서의 역할을 함으로써, 일군의 정신건강 전문가들은 외부의 감독 관리 조직의 사례 관리자에게 서비스 공급에 대한 통제권을 내주는 것을 방지할 수 있게 된다(Jeffrey, 1998). 예를 들어 심리학자가 한 환자에게 할당된 회기 수를 엄격하게 재검토하고, 서비스의 질을 내부적으로 평가하는 것이다.
3. 소비자-중심 건강관리의 계획이 더 증가할 것이다. 즉 행동 건강관리의 비용과 책임이 개인 소비자에게 주어질 것이다. 의료 비용의 전반적 상승과 함께, 고용자들과 보험회사들은 그 비용 상승을 덜 책임지려할 것이고 개인 소비자들의 결정(의료 서비스를 어떻게 받을지에 대한 결정)에 따라 부과될 것이다. 이러한 방식으로 인해, 소비자들은 비용-대비 양질의 서비스를 찾게 될 것이다.

배경. 최근 몇 년간 임상심리학자들은 정신건강에서 일반 건강 분야로 관심 분야를 확대하고 있다. 임상심리학을 일반 건강과 관련된 분야로 재정하는 것은 어떻게 하면 임상심리학자가 의사들이나 다른 전문 직종의 통제나 규제 없이 자율적으로 기능할 수 있는가에 대한 흥미로운 쟁점들을 제기한다(Fox, 1982). 몇몇 지지자들은 처방권을 획득하는 것이 임상심리학자가 건강 서비스 공급자로서 자율성을 갖도록 하며, 기존에 동일 환자를 대상으로 정신과 의사가 약을 처방하고 심리학자가 심리치료를 제공하는 경우에는 하기 어려웠던 연속적 관리를 제공해 줄 수 있다고 주장하고 있다. 또한 DeLeon(1988)과 Norfleet(2002)는 사회의 요구를 충족시킬 수 있도록 서비스를 향상시키고 확장하는 것이 우리의 전문적이고도 윤리적인 의무라고 주장하고 있다. 처방권을 갖는 임상심리학자는 과거에는 혜택을 받기 어려웠던 집단(예: 농촌거주자, 노인병 환자)의 요구를 충족시킬 수 있을 것으로 보인다.

그러나 처방권 추구는 철학적인 의문을 갖게 한다. 예를 들어, 어떤 이들은 임상심리학자와 정신과 의사 간에 직업적인 경계가 필요하며, 우리의 치료 항목이 의학적 개입으로 통합되어서는 안된다고 주장하고 있다(Albee, 2002; Handler, 1988). 또한 이들은 임상심리학의 비약물치료 지향이 우리로 하여금 독특한 건강 전문가로서 정체성을 갖게하고, 이 분야에서 유리한 위치를 차지하는 데도 중요하다고 주장하고 있다. DeNelsky(1991, 1996)는 처방권 없이도 더 많은 심리학자들이 외래 환자 서비스를 담당하게 될 것이며, 정신과 의사들은 그렇지 못할 것이라고 주장하고 있다.

다음의 내용은 처방권에 대한 찬반 논란에서 중요한 쟁점들이다.

찬성 입장. 처방권 추구를 찬성하는 주장은 매우 많다. 우리는 가장 공통적으로 제기되는 이유를 짧게 제시하겠다. 이 주장은 1995년 미국심리학회산하 실무대표위원회(Practice Directorate of the American Psychological Association)의 상임이사와의 면담에서 논의된 바 있으며(Nickelson, 1995), 처방권을 주장하는 여러 사람들이 강조하고 있는 바이다(예: DeLeon & Wiggins, 1996; Norfleet, 2002).

첫째, 처방권은 임상심리학자가 다양한 범위의 치료를 제공하고, 다양한 범주의 내담자나 환자를 치료하도록 해준다. 약물치료를 치료에 포함시키는 것이 선택사항이 되면, 임상심리학자는 약물치료가 일차적인 치료개입이 되는 대상(예: 정신분열병)의

■ 인물소개 **Patrick H. DeLeon, Ph.D., J.D.**

DeLeon 박사는 Daniel K. Inouye (D-HI) 상원위원의 선임 보좌관으로 활동하고 있는 저명한 임상심리학자이다. 그는 미국심리학회(APA)에서 역시 적극적인 활동을 하고 있다. 몇 년간 그는 APA의 회장, APA의 간사, APA 이사회장, APA 내의 임상심리학분과회장(12분과), 심리치료분과 회장(29분과), 심리학과 법분과 회장(41분과)을 역임한 바 있다.

DeLeon 박사는 심리학자의 처방권 추구에 대한 가장 강력한 지지자이다. 우리는 그의 배경과 활동에 대해 몇 가지 질문을 하였다.

당신의 배경과 관심사에 대해 말해 주세요.

나는 정치 활동에 적극적인 가정에서 자랐다. 우리 부모님은 두 분 다 변호사였다. 어머니는 코네티컷에서 최초의 여성 변호사였고, 우리 고향에서 처음 선출된 여성 시의원이었다. 나는 항상 내가 법률가가 될 것이라고 생각했다. 내가 대학원에 진학하지 않았더라면 나는 분명히 선출직 공무원이 되었을 것이다. 나에게는 국회 의사당에서 일하는 것이 '딱 맞는 것'처럼 보였다. 내가 Inouye 상원 위원과 처음 일한 것은 25년도 더 이전에 워터게이트 사건이 시작된 날이다. 그 당시 나는 하와이대학교 공중보건학부를 다니고 있었고, 하와이 주 정부의 정신건강 부서에서 일하고 있었다. 대학에서는 인턴직 이수를 요구했기 때문에 나는 여름방학 동안 워싱턴 DC로 왔는데, 그 이후 선거 유세 때를 제외하고는 아직도 떠나지 못하고 있다. 많은 상원위원 보좌관들이 정치 활동에 적극적인 가정 출신인 것 같다. 어린 시절에 배운 것 중 하나는 공공 서비스의 가치를 중시하는 것이다. 나에게 정치과정이나 공공 정책과정은 '자연스럽게' 느껴지는 의미 있는 것이기도 한 삶의 방식이라고 할 수 있다.

Inouye 상원의원과 일하기 전 나는 하와이 주 정부 정신건강 부서에서 일하는 임상심리학자였다. 처음에 나는 하와이 주립병원의 병동에서 일하였고, 이후 정신 건강지역사회 운동의 결과, 병동 업무와 외래 업무가 통합되었다. 나는 센터의 부대표로 일했는데, 이 센터는 '위험성'이 있는 환자와 '만성'환자들을 전문으로 돌보는 곳이었다. 그전에 내 아내와 나는 미 평화봉사단의 Field Assessment Officers (FAOs)로 일하면서 피지와 필리핀 프로젝트에 참여하기도 했다. 특히 우리가 피지와 필리핀에서 보낸 시간은 매우 흥미진진했다.

오늘날 심리학자에게 닥친 가장 큰 도전은 무엇인가요?

나는 우리가 직업적으로 직면하고 있는 가장 큰 문제는 내부적인 것이라고 생각한다. 우리는 공통적으로 우리가 '학식을 갖춘 전문직'을 갖고 있다는 것을 인정하고 있다. 이는 우리가 효과적이면서도 앞을 내다보는 리더십을 발휘해야 할 사회적 책임이 있다는 의미이기도 할 것이다. 너무 많은 임상 심리학자들이 우리가 한 가족이라는 것을 깨닫지 못하는 것처럼 보인다. 예를 들어, 심리학자가 고위 관리직으로 올라가게 되는데, 일단 고위 관리가 되면 자신이 더 이상은 심리학자가 아닌 것처럼 행동한다. 끊임없이 자신들이 속한 직업의 미래에 대한 전망을 찾으려고 하는 조직적인 의학계와는 달리, 우리 중에서 조직적으로 다음 세대의 '성장'에 필요한 길을 개척하는 사람들은 너무도 적다.

우리는 무언가를 하고 있다고 말하지만, 내가 보기

에는 실제로 이루어진 것은 너무 적다. 이런 점에서 나는 미국심리학회 대학원생위원회(Committee for the American Psychological Association of Graduate Student: APAGS)가 직업적인 면에서 매우 중요하다고 판단하고 있다. APAGS는 현재 55,000명 이상의 구성원을 보유하고 있으며, 우리 직업의 미래를 대변하고 있다. 우리는 그들과 손잡아야 하며, 특히 국가 차원에서 제도적으로 완전히 다른 사고방식을 육성해야 한다.

만일 우리가 이러한 변화를 이루어낸다면, 나는 우리 직종이 어떤 위기상황일지라도(관리의료, 예산 제한 등) 헤쳐 나갈 수 있는 전문성과 창의력을 가지게 될 것이라고 확신한다. 우리는 힘을 합칠 때 놀라운 일을 해낼 수 있다. 고립된 개개인으로서는 어떤 변화가 일어날지 예측하기 어려운 법이다.

왜 임상심리학자가 처방권을 추구하고 획득해야 한다고 생각하나요?

DeLeon과 Wiggins(1996)에서 인용 요약한 것이다.

- 의사를 제외한 전문가(예: 간호사, 보조의사, 검안사)가 제공하는 서비스의 질에 대한 객관적인 증거자료들은 이들이 일관되게 수준이 높고 비용 절약적이라는 것이다.
- 비의사가 약을 처방하도록 성공적으로 훈련시키는 것이 가능하다는 증거들이 나오고 있다.
- 심리학자들은 약을 잘 처방하는 데 필요한 약물학적 훈련과 임상적 경험을 얻는 데 관심이 있다.
- 처방권을 가짐으로써, 심리학자들은 약물치료가 필요하고 적절한지 아닌지를 결정할 법적 권위(처방하지 않을 수 있는 능력) 또한 가질 수 있게 된다.

내 생각에 심리학자는 의사보다 약물치료에 대한 의존도가 적을 것이며, 이것이 현재보다 더 높은 질의 치료를 가능하게 할 것이다.

치료에 더욱 개입하게 될 것이다.

둘째, 처방권의 이점은 심리치료와 약물치료 모두를 필요로 하는 환자들에게 효율적이고도 비용 절감의 관리를 제공해 줄 가능성이 높다는 것이다. 내담자들은 종종 한 명 이상의 정신건강전문가들을 만난다(정신과 의사에게 약물치료를 받고, 임상심리학자에게 인지행동치료를 받는 등). 모든 형태의 치료를 제공해 줄 수 있는 단일 정신건강전문가가 실제적이고도 경제적인 면에서 바람직할 수 있다.

또한 처방권은 임상심리학자가 건강관리 시장에서 경쟁할 수 있는 장점이 될 수 있다. 건강관리 분야는 점점 더 경쟁적이 되고 있으며, 처방권은 임상심리학자가 다른 건강관리전문가(예: 사회사업가)에 비해 유리한 점으로 작용하게 될 것이다. 마지막으로, 처방권을 획득하는 것은 단순한 정신건강전문가가 아닌 '자격을 갖춘' 건강관리전문가가 되도록 하며, 이것은 임상심리학이 추구하는 발전 방향과 일맥상통하는 것이다.

끝내, 많은 전문가들이 임상심리학자를 심리치료 제공과 함께 이에 부가되는 약물치료를 제공할 수 있는 가장 적합한 직업군으로 생각한다. 정신과의 전통과는 다르게, 심리학자들은 전형적으로 내담자를 더 오랜 시간 보기 때문에(50분 vs. 15분), 내담자의 심리적인 증상들에 대해 더 종합적인 이해가 가능하다. 또한 심리학자들은 내담자들의 증상를 평가하기 위해 경험적인 접근을 더 자주 사용하고, 치료의 효과를 검증하는 데 과학적인 연구방법론을 적용한다. 약물처방권이 있는 심리학자들은 심리사회적인 측면과 정신약물학 모두의 분야에 강도 높은 훈련을 받기 때문에 두 가지 영역에 대한 '종합적'인 치료(즉, 심리사회+약물치료)를 제공할 수 있다. 연구에 따르면 아동 및 성인들이 경험하는 다양한 정신장애들을 치료하는 데 종합적인 접근이 심리사회치료 혹은 약물치료만 제공한 경우보다 더 효과적임을 강력하게 시사한다.

반대 입장. 한편 처방권에 대해 우려를 표명하는 입장도 있다(Albee, 2002; Brentar & McNamara, 1991; DeNelsky, 1991, 1996; Handler, 1988; Hayes & Heiby, 1996; Heiby, 2002). 비판적인 입장에 있는 사람들은 약물치료가 심리치료에 비해 빠르게 작용할 뿐 아니라 돈벌이가 된다는 점에서 처방권이 심리치료를 약화시킬 것이라고 지적하고 있다.

더불어 정서 건강상태에 대해 심리학적 설명보다 생물학적 설명이 우세하다는 개념적 전환을 우려하는 사람들이 많다.

또한 처방권 추구는 정신의학계나 일반적인 의학계와 임상심리학의 관계를 훼손할 수 있다. 이러한 갈등은 경제적으로 비용이 많이 드는 소송으로 이어질 수 있다. 현재의 자격법 개정에 드는 법적 비용과 더불어 이러한 새로운 재정적 부담은 현재 운영되는 프로그램을 희생하는 결과로 나타날 것 이다. 또한 처방권을 허가하는 것은 치료과오에 따른 비용부담을 증가시킬 가능성이 있다. 요약하자면, 처방권은 가질 만한 가치가 없다는 것이다.

마지막으로, 심리학자의 약물처방에 대한 우려는 제약회사가 지원하는 연구로 연결된다. 많은 제약회사들이 윤리적으로 그리고 과학적으로 엄정한 연구를 실시하기 위해 노력하지만, 제약회사의 지원이 심리학에서 이루어지는 과학적인 연구의 객관성을 왜곡할 가능성에 대한 우려가 있다.

교육 훈련에 대한 시사점. 임상심리학자가 처방권을 획득하게 되면, 미래 임상심리학자들의 훈련에 중요한 영향을 미치게 될 것이다. 1993년에, 미국심리학회 내 정신약물학대책위원회(Ad Hoc Task Force on Psychopharmacology of the American Psychological Association)는 향정신성약물치료서비스를 제공하는 심리학자 훈련에 대한 자격기준 지침을 출판하였다. 이 대책위원회는 3단계의 정신약물치료 자격과 훈련을 제안하고 있다. 3단계의 훈련을 성공적으로 마친 사람들만이 처방할 자격조건을 갖춘다는 것이 중요하다.

제1단계: 기초 약물학 훈련. 이 단계는 신경정신약물학의 생물학적 기초에 대한 지식, 치료에 사용되는 약물범주에 대한 숙달, 남용가능성이 있는 약물(예: 알코올이나 코카인)에 대한 지식숙달을 포함하고 있다. 이 훈련 단계를 통과하기 위해서는 한 학기 동안 정신약물학 개론의 이수를 추천하고 있다.

제2단계: 협력적 실습. 이 단계에서는 정신약물학 자문가로서 활동할 수 있는 능력을 갖추게 하기 위한 훈련이 이루어지는데 정신약물학과 남용약물에 대한 깊이 있는 지식을 얻어야 한다. 진단평가, 의학평가, 약물 간의 상호작용, 약물의 부작용, 정신약물학에 대한 실무 훈련이 포함되어야 한다. 구체적으로 위원회는 이 분야에 대한 교과학습과 함께 수련감독을 받으며 실무 훈련을 경험할 것을 권고하고 있다.

제3단계: 처방권. 이 단계는 처방심리학자로서 독립적으로 진료하기 위한 능력을 가지고 있는지 제시되어야 한다. 위원회는 생물과학(생물학, 화학, 수학, 약물학의 다양한 교과 과정을 포함)에 대한 학부 수준의 예비지식, 정신약물학에 대한 2년 간의 대학원 과정(26시간)과 박사 후(postdoctoral) 약물학 수련 과정을 권고하고 있다.

이 권고가 시행된다면, 임상심리학대학원과정에 많은 영향을 줄 것이다. 첫째, 추가 교과과정을 필요로 하기 때문에(2단계와 3단계의 경우) 대학원을 마치는 데 더 오랜 시간이 걸릴 것이다. 많은 경우,

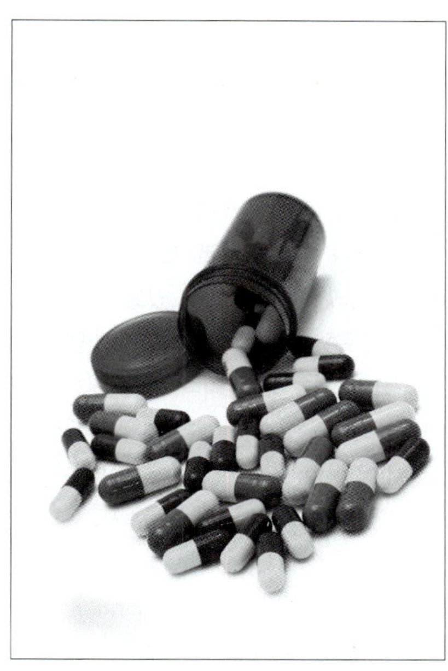
임상심리학자가 정신과 약물을 처방하는 권한을 갖는 것에 대해 논쟁이 되고 있다.

새로운 필수과정을 담당할 추가적인 교수진이 필요하게 되는데 대부분 현재 임상심리학대학원 프로그램 내에 이 교과과정들이 포함되어 있지 않기 때문이다. 이러한 이유로, 약물처방권을 얻기 위한 대부분의 훈련이 박사 후 과정에서 이루어질 것이다. 마지막으로 임상심리학의 평균적인 학생들이 정신과 레지던트들에 비해, 의학(예, 신경해부학, 생화학, 생물학, 혹은 약물학) 과목을 이수한 경우가 매우 드물다(Robiner 등, 2013).

임상교육 훈련의 책임자(director of clinical training)들이 처방권교육을 박사과정 이전에 실시하는 것에 대해 심각한 우려를 보이고 있는 것은 놀랄 일이 아니다(Evans & Murphy, 1997).

Task Force가 세운 훈련의 수준이, 잘 따르기만 한다면, 서비스의 질을 통제하는 데 도움이 된다. 게다가, 현재까지 약물처방권을 습득한 몇몇 심리학자들이 종합적이고 엄격한 훈련을 받은 것으로 보인다(LeVine, 2007). 하지만, 많은 사람들이 앞으로 이러한 훈련들이 다소 약해질 가능성에 대해 걱정하며, 인터넷 강의 혹은 휴가기간에 수강할 수 있는 워크숍 같은 형식으로 필수과목들이 대체될 가능성에 대해 염려한다. 아마도 가장 큰 걱정은 약물처방을 위한 훈련이 임상심리학 훈련의 본질을 희석시킬 가능성에 대한 것이다. Cummings(2006)은 다음과 같이 염려를 표출했다: "약물처방권을 지닌 심리학자들이 심리치료에 대한 전문성을 유지할지 아니면 약물치료의 편의성과 그에 상응하는 수입에 만족하여 심리치료에 드는 노력을 그만둘지는 두고 볼 일이다."

기술적 혁신

기술은 많은 분야에 영향을 끼쳤다. 임상심리학도 예외가 아니다. 이 부분에서는 임상심리학에 지속적인 영향을 끼칠 몇 가지의 최근 기술적 혁신에 대해서 논의할 것이다.

원격의료

원격의료(Telehealth)는 통신 기술을 사용하여 의료 서비스를 제공하고 감독하는 것을 의미한다. 예를 들어, 웹사이트, 이메일, 전화, 온라인 화상회의, 그리고 진단을 위한 의료 영상 전송은 종종 평가와 심리적, 행동적 문제를 치료하는 수단으로 사용된다. 또한, 서비스에 대한 접근성을 향상시키고, 서비스 제공에 있어 효율성을 증진하며, 병원에서 받는 전통적인 치료에 대한 낙인을 줄이고, 보다 신속하게 전문가의 상담을 받을 수 있는 기능을 포함하여 원격의료는 많은 장점을 가지고 있다. 지금까지는 원격의료 응용 프로그램의 대부분은 거리가 멀거나 지역 업체의 수, 그리고 기관에 입원한 혹은 수감된(예를 들어, 죄수들) 사람들, 서비스를 받기 힘든 농촌 인구에 초점을 맞추었다.

이 섹션에서는, 임상심리학의 과학 및 임상 실제와 관련된 원격의료의 두 가지 형태에 초점을 맞출 것이다: 첫째, 빠르게 성장하고 있는 외래 평가(ambulatory assessment)와 둘째, 컴퓨터를 이용한 심리치료.

■ 인물소개 **Elaine M. Heiby, Ph.D.**

Heiby 박사는 하와이대학교 심리학과 교수이다. 그녀의 주 관심 분야는 자기 조절, 정서장애, 건강 행동 준수이며, 이 분야에 대한 상당히 많은 연구 결과를 발표한 바 있다. Heiby 박사는 심리학자의 처방권 추구를 앞장서서 반대하는 것으로 알려져 있다. 우리는 그녀에게 자신의 배경, 처방권에 대한 견해를 물어볼 수 있는 기회를 가졌다.

임상심리학 분야에 관심을 갖게 된 계기가 있나요?

나는 1974년에 대학원에 입학하면서 행동심리학 분야를 공부하려고 했다. 당시는 행동심리학이 약동하는 시기로, Wolpe, Staats, Skinner와 같은 과학자들이 기본적인 실험 원리가 복잡한 인간 행동 이해와 인간의 고통을 완화시키는 데 일반화될 수 있음을 보여 주고 있었다. 나는 행동원리와 응용심리학을 통합하는 데 기여하고 싶었다. 당시 임상심리학은 성장하는 전문 직종이었음에도 불구하고 효과적인 개입이나 치료 프로그램 선정에 대한 과학적인 지침이 놀라울 정도로 빈약했다. 따라서 나는 임상 실습이 심리학적 과학과 임상 실습을 통합하는 분야에서 경력을 쌓는 데 필수적이라고 생각하고, 임상심리학과 행동심리학 과정 모두에서 박사과정을 수료했다.

임상심리학자로서 관여하고 있는 활동에 대해 설명해주세요.

나는 마노아에 있는 하와이대학교의 심리학과 교수이며, 자격증 면허를 갖고 있다. 나는 우리 대학의 임상 프로그램에서 2개의 심리평가 수업을 가르치고 있으며, 학부생을 대상으로 이상심리학을 가르치고 있고, 대학원과 학부 임상 연구를 감독하며, 몇 가지 내 자신의 연구 프로그램을 수행하고, 하와이 주 심리학자격위원회(State of Hawaii Board of Psychology)와 심리학자 연합자격위원회(board of organizations of psychologists)에 관여하고 있다. 나는 10여 년간 작은 규모로 시간제 심리치료를 했던 적이 있다. 현재 나의 응용 분야의 일은 자문과 전문가 법정 증언 일로 제한되어 있다. 자문에는 행동 건강공급원들을 위한 평가와 치료자료를 개발하는 것, 정신건강 분야의 치료효과를 검증하는 것, 가정 법원을 위한 심리평가 수행 등이 포함되어 있다.

당신이 흥미를 갖고 있는 전문 분야는 무엇인가요?

내 관심사는 다음과 같다. (a) 자기 조절, 정서장애(우울, 불안, 분노, 조증)와 건강행동 준수를 통합하는 이론을 개발하는 것, (b) 자기 조절과 자기 강화 기술과 정서장애와 관련된 다른 행동적 능력과 건강행동 습관에 대한 간단한 평가도구 개발, (c) 단기적이고도 과도기적인 정서상태를 이해하는 데 카오스 이론(chaos theory)을 적용하는 것 등이다.

임상심리학의 미래 동향을 어떻게 보나요?

나는 지금이 임상과학과 과학자-임상가들에게 흥미로운 시기라고 생각한다. 건강관리 환경은 비용-경제적 서비스를 요구하고 있다. 이러한 시장의 요구는 간명성과 예측력에 대한 경험적 지지증거를 추구하는 과학의 기본방침에 부합하는 것이다. 관리의료는 과학적으로 지지받는 서비스가 가장 인도적인 것이라는 가치관을 갖고 있는 과학자-임상가들에게는 유리할 수 있다. 응용심리학자들은 가장 효과적인 절차를 통해 예방 프로그램과 치료 효과에 대한 평가를 하고, 어려운 사례에 대해서는 직접적인 서비스를 제공하며, 의료기관, 정부기관, 기업과 여러 조직에 자문을 하도록 치료자를 훈련시켜야만 하게 될 것이다. 임상 과학자들의 경우, 더 많은 연구 기금이 비용 효과가 높은 평가도구와 치료 절차 개발 연구에 집중될 것이다. 나는 미래에는 과학적 훈련을 받은 임상심리학자들이 가장 많은 고용기회를 가지며, 자신의 직업에 가장 만족하게 될 것이라고 생각한다.

당신은 임상심리학자의 처방권 추구와 획득 움직임에 대해 거리낌 없는 비판을 해 왔다. 그 이유에 대해 말해주세요.

나는 심리학이라는 접시도 가득 찼다고 믿는다. 효과적인 심리학 서비스에 대한 사회적 요구도 아직 충족되지 못한 부분이 많다. 심리학자들은 인간행동과학에 있어서 유일하게 정신건강 서비스 공급자로 훈련받은 사람들이며, 가장 전문성을 필요로 하는 임상적 결정을 내릴 위치에 있다. 연구자들은 인간의 적응과 고통의 심리적 수준을 이해하는 데 있어서 이제 겨우 표면을 건드리는 수준이라고 할 수 있다. 심리학이 의학적 훈련과 과제를 떠안는다면, 다른 것을 포기해야 할 것이다. 훈련 면에서 학부 심리학 전공은 의과대학 예과과정을 포함해야 할 것인데, 이는 오히려 심리학에 관심 있는 학생들을 끌어들이는 데는 실패할 것이다. 대학원 과정 역시 재정비되어야 할 것이다. 몇 년이 걸리는 의학적 훈련을 임상 교육 프로그램에 추가하는 것은 심리학 훈련을 희생하는 결과로 나타날 수밖에 없다. 응용심리학자들은 행동과학 분야의 전문성을 잃게 될 것이며, 기초와 응용 연구 모두를 담당하는 심리학 교수진은 적어질 것이다.

그럼에도 불구하고, 나는 처방권 제안에 몇 가지 긍정적 효과가 있다고 믿는다. 응용심리학자들은 의사들에게 조언을 하거나 의학 훈련의 효과를 평가하는 데 있어서 더 유능해질 것이다. 연구자들에게는 임상심리학과 행동 신경과학을 통합하는 것이 장려될 것이다. 분명히 협력 연구와 통합 연구가 늘어남에 따라 포괄적인 서비스를 촉진하고, 과학으로서의 심리학을 발전시킬 것이다. 장기적으로 이러한 변화는 현재 심리학과 의학 범위를 포함한 혼합 분야를 낳게 될 것이다. 그러나 현재 시점에서 나는 법적으로 심리학을 전문 의학으로 전환하려는 시도는 너무 이른 것이라고 믿는다. 처방권을 원하는 심리학자는 심리학의 자원을 분산시키기보다는 심리학 아닌 다른 분야, 예컨대 간호학 등에서 자유롭게 처방권과 관련 있는 훈련을 받으면 될 것이다.

외래 평가

외래 평가는 실시간으로 환경과 상호 작용하면서 나타나는 감정, 행동 및 개인의 인지기능에 대해 평가한다(Trull & Ebner-Priemer, 2009). 외래 평가를 하는 주요 이유는 개인이 자신의 기억에 기반하여 기분, 사건, 행동 등 과거 개인적인 경험을 보고할 때 나타나는 제한점 때문이다(Fahrenberg, Myrtek, Pawlik, & Perrez, 2007; Solhan, Trull, Jahng, & Wood, 2009). 이러한 제한에도 불구하고, 임상심리학자들은 일반적으로 기억에 의존하는 설문 조사와 임상 증상에 대한 인터뷰를 주로 사용하고 있다. 따라서, 외래 평가에서 하나의 장점은, 내담자가 회고해야 하는 부분이 적다는 점이다. 예를 들어, 내담자의 기분 상태를 추적할 때, 전자 일기 또는 스마트폰을 이용해, 여러 시점에서 평가를 완료하기 위해 사용된다. 환경과 상호작용하면서 보고한 데이터는 내담자의 그 순간 기분을 반영할 것이다.

사실, 이것이 외래 평가의 두 번째 장점이 된다–이것은 생태학적으로 더 유용하다. 즉, 내담자가 처한 자연 환경에서 데이터가 수집된다. 따라서 이러

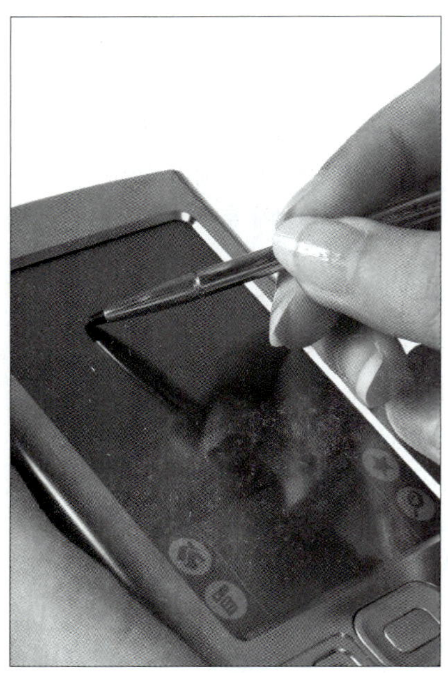

실제 일상생활에서 내담자를 평가하기 위해 전자 다이어리 등을 사용할 수 있다.

한 평가는 임상의의 사무실에서 얻은 회고 평가보다 내담자의 실제 경험에 일반화될 가능성이 더 높다. 세 번째 장점은 동일한 내담자에게 여러 번 평가를 수행할 수 있다. 예를 들어, 기분 상태의 변화를 측정하는 것이 가능하다. 한 번 측정한 정적 평가는 이러한 현상(예, 감정 등)에 내재된 변동성을 포착하지 못할 것이다.

외래 평가의 네 번째 장점은 한 명의 내담자에게 여러 형태의 외래 평가를 실시 및 결합하여 여러 가지 영역에 대해 평가할 수 있다는 점이다. 예를 들어, 불안장애가 있는 내담자는 세 가지 영역에서 외래 평가 데이터를 제공할 수 있다: 심리학적(7일 동안 하루 중 여러 번 본인의 기분 상태를 평가함), 정신생리학적[바이오 센서가 피부전도, 땀, 심장박동을 기록하고, 활동정도를 평가함]. 마지막 장점은 외래 평가는 컴퓨터를 이용해 치료와 쉽게 통합될 수 있다는 점이다(Clough & Casey, 2011). 외래 평가가 치료와 결합될 수 있는 여러 가지 방법이 있다. 아마도 가장 눈에 띄는 예는 baseline(치료 전) 기능을 이해할 때 외래 평가를 사용하고, 치료과정을 통해 진행 상황을 모니터링할 수 있다. 예를 들어, 치료빈도, 심각도 및 공황 발작의 위치 등을 결정하기 전에 공황장애의 치료를 위해 내담자는 외래 평가를 완료할 수 있다. 치료가 시작된 후, 외래 평가를 통해, 공황발작의 빈도와 강도가 감소되고 있는지, 내담자가 특정 상황을 덜 피하고 있는지 확인하는 데 사용할 수 있다. 치료 외래평가를 위한 응용 프로그램(예, 전자 다이어리 또는 스마트폰)을 활용하여, 설문 등의 특정 문항에 체크함으로써 치료자 또는 온라인 치료자(e-therapist)에게 긴급한 코칭 혹은 지도를 받을 수 있다. 예를 들어, 금주하려는 내담자지만 그 순간 술에 대한 갈망이 매우 높다면, 동료에게 상담하거나 치료자에게 전화를 할 수 있다. 전자 응용프로그램을 이용하여 내담자가 서비스를 원한다는 것이 확인되면, 자동 문자 메세지 등을 통해 긴급한 대처를 할 수도 있다. 이렇게 볼 때, 이러한 응용 프로그램을 사용함으로써 외래평가와 외래치료의 경계가 다소 흐려질 수 있다. 궁극적으로 자연 환경(혹은 일상생활) 속에서 평가와 치료가 동시에 이루어질 수 있는 것이다. 즉 일상생활에 바로 적용가능한 치료가 제공될 수 있음을 잊지 않아야 한다.

컴퓨터-기반 치료 (Computer-Assisted Therapy)

원격의료의 맥락에서 언급한 바와 같이, 컴퓨터를 이용한 치료는 낙인이 적고, 더 효율적이고, 쉽게 접근할 수 있으며 내담자가 편하게 이용할 수도 있다는 장점이 있다. 정신건강전문가와 얼굴을 보며 치료받는 것이 당황스럽거나 수치스러운 내담자들은 화상 회의, 이메일, 문자메시지, 또는 최근의 치료 기반의 '어플리케이션' 치료 방법을 더 선호할 가능성이 높다. 낙인의 두려움이 제일 큰 원인으로 정신과의 도움을 받지 않으려고 하는 내담자들에게 이러한 장점은 매우 중요하다. 또한, 일반적으로 치료를 추구하지 않는 다른 이유는 접근성의 부족함과 불편함이다. 내담자들이 정신건강서비스에 접근할 수 있는 범위 내에 어떤 위치에서 전화 또는 인터넷 서비스 사용이 가능하다면 이 문제를 완화시킬 수 있다. 마지막으로, 컴퓨터를 이용한 치료는 많은 효율성을 제공하고 있다. 예를 들어, 내담자와 임상자 간의 모든 상호 작용의 전자 기록이 저장되고, 웹 페이지 시청과 과제 완료 시간을 확인할 수 있으며, 이런 상호 작용은 더 수월하게 전자건강기록에 통합시킬 수 있다. 2004년 Bush 대통령은 미국의료산업계에 2014년까지 전자건강 기록을 모든 환자들이 이용할 수 있도록 개발하라고 하였다.

현재 컴퓨터를 이용한 치료의 효과를 검토한 연구가 100개 이상이고 기분장애, 섭식장애, 불안장애 및 약물사용장애의 다양한 정신적 문제를 다루었다(Marks, Cavanagh, & Gega, 2007). 컴퓨터를 이용한 치료와 기존의 전통적인 심리를 비교하는 최근 두 가지 연구의 예를 보는 것이 도움이 될 것이다.

우울증의 가장 효과적인 치료법 중 하나는 인지치료다. Wright et al.(2005)는 인지치료의 컴퓨터 지원 양식을 개발하고 치료사 주도의 인지치료가 우울증 증상을 감소하는 정도와 비교했다. 그 결과, 컴퓨터 지원방식과 전통적인 인지치료 둘 다 치료 8주 동안 우울증 증상에서 상당한 감소를 보였고, 3, 6개월 후속 평가에서 유지되며 거의 동일한 효과를 보였다. 특히 내담자의 긍정적인 평가, 상대적으로 낮은 탈락률 발생, 그리고 시간 및 치료비용 절감 모두를 고려했을 때, 우울증을 위한 컴퓨터를 이용하는 인지치료의 결과는 희망적이다.

Bickel, Marsch, Buchhalter, and Badger(2008)는 아편(opioid)에 의존하는 외래 환자를 대상으로 상호적인 컴퓨터를 이용하여, 행동치료 개입의 효과를 평가하였고 컴퓨터 버전의 효과와 치료자 버전의 치료 효과를 비교하였다. 이 컴퓨터 기반치료는 예를 들어, 자기 관리, 약물 거부, 시간 관리, 재발 방지 등등의 여러 가지 생활 기술 훈련을 바우처 기반의 수반성 관리와 함께 제공된다. 후자는 치료가 끝나고 돈으로 교환할 수 있는 바우처 포인트를 적립할 수 있고 더 긴 기간 동안 금주를 했을 경우 더 많은 바우처 포인트를 받는 반면 재발했을 경우엔 지금까지 받은 모든 바우처 포인트를 잃게 된다. 치료가 끝난 후, 금주 및 치료 효과 유지 평균 기간은 치료 집단과 유사했다. 치료자와 1/6 정도만 접촉했음에도 불구하고, 컴퓨터를 이용한 치료는 치료 효과의 측면에서 유사한 결과를 낳았다!

문화적으로 민감한 정신건강서비스

미 인구조사국의 보고에 따르면, 1995년에서 2050년까지 비(非)라틴계 백인의 인구 성장률은 미국 내 모든 소수민족/인종 집단 중에서 가장 낮다고 한다. 이에 반해, 흑인 인구는 69.5% 증가될 것이며, 아메리카 원주민 인구는 83%, 라틴계는 258.3%, 아시아계는 269.1%로 증가할 것이라고 보고된 바 있다.

2010년 미국 인구조사 데이터는 이러한 추세를 반영한다. 2010년에는 전체 미국 인구의 16%가 라틴계, 13%는 흑인, 5%는 아시아계 미국인, 1%는 아메리칸 인디언 혹은 아메리칸 원주민, 2%는 2개 이상의 인종, 0.2%는 태평양의 하와이 원주민, 그리고 나머지 72%는 백인이라고 보고하였다. 더 큰 관심이 갔던 점은 2000년부터 2010년까지 미국 거주자의 히스패닉 또는 라틴계, 흑인 또는 아프리카계 미국인, 아시아계 미국인, 아메리칸 인디언 또는 아메리칸 원주민, 2개 이상의 인종 및 기타 태평양의 하와이 원주민 비율이 각각 43%, 12%, 43%, 18%, 32%, 35%로(백인 미국인 중 5%의 증가에 비해) 증가했다.

미국과 같은 다원적인 사회에서는, 문화, 인종, 소수 민족의 요구에 효과적으로 대응할 수 있는 정신건강서비스를 개발하는 것이 시급하다(Nagayama Hall, 2006; Whaley & Davis, 2007). 윤리적, 경제적, 등등 문화적으로 다양한 내담자의 문화적 요인을 고려할 수 있는 치료자들을 교육할 프로그램을 개발하는 것이 필수적이다(Miranda et al., 2005). 예를 들어, 우리는 라틴계 내담자에게 효과가 좋은 치료법, 즉 라틴문화의 특징을 고려한 치료방법을 찾아내야 할 것이다(Rogler, Malgady, Costantino, & Blumenthal, 1987). 아메리칸 원주민 인구(Willis, 1989)나 아시아계 인구(Shiang et al., 1998)에 대해서도 마찬가지이다.

최근에 미국심리학회(2003)는 심리학자를 위한 다문화 교육, 훈련, 연구, 치료, 제도 변화에 대한 지침을 출간했다. 이 지침의 목표는 심리학 내의 다문화주의의 근거와 필요성을 제시하고, 심리학자가 교육자, 연구자, 임상가로서의 자신의 역할에 있어서 문화적인 측면을 통합할 수 있는 방법을 제시하고자 하는 것이다. 간단하게 살펴보면, 이 지침은 심리학자에게 다음을 촉구하고 있다.

- 자신뿐 아니라 다른 사람들을 문화적인 존재로 인식하는 문화적 자각을 할 것
- 다문화적 민감성의 중요성을 인식할 것
- 교육과 훈련에 다문화주의와 다양성을 포함시킬 것
- 심리학 연구와 임상 작업에서 문화의 중요성을 인식할 것

이 지침의 주창자들은 다양한 인종의 사람들에게 교육적, 심리학적 서비스를 제공하기 위한 틀을 만들기 위해 이 지침을 개발하였다.

이러한 동향을 따라 S. Sue(1998)는 임상심리학자와 그 외의 정신 건강 전문가들이 문화적 능력(cultural competence)—자신과 다른 문화집단들에 대한 지식과 이해와 함께 그 집단의 구성원을 다룰 수 있는 효과적인 기술—을 갖춰야 한다고 주장했다. Sue(1998)는 문화적 능력의 세 가지 특징을 다음과 같이 밝히고 있다.

- **과학적 사고.** 임상가는 문화적으로 상이한 내담자들의 상태에 대한 가설을 세우고 검증해야 한다. 임상가는 '동일성의 미신(myth of sameness)'을 고수해서는 안 된다.
- **역동적 조정.** 임상가는 '어느 시점에서 일반화하고 포괄적 기준을 적용하며, 어느 시점에서 개별화하고 제외적 기준을 적용할지'를 파악하는 데 숙달되어야 한다. 이를 통해 임상가는 고정관념을 피하면서 문화의 중요성과 영향을 이해할 수 있게 될 것이다.
- **문화–특수적 전문성.** 임상가는 자신의 문화와 관점을 이해해야 하며, 자신이 실무 작업을 하는 문화군에 대한 지식을 갖고, 필요한 경우 문화적인 지식을 포함한 개입을 사용할 수 있어야 한다.

Sue(1998)에 따르면, 이러한 특징들은 임상가 개개인에게 다양한 정도로 존재할 수 있다. 임상심리학자들은 다양한 집단의 내담자 혹은 환자와 작업하는 데 있어서 문화적 능력에 필요한 기술들을 적극적으로 개발해야 한다.

최근에는 성별의 문제 역시 부각되고 있다. 예를 들어, 소녀와 성인 여성에게 정신건강서비스를 제공할 때 고려해야 할 독특한 점이 여러 가지가 있다. 먼저, 몇 가지 진단 기준은 내담자의 생물학적 성별에 따라서 편향된 방식으로 적용될 수 있다는 증거가 있다. 예를 들어, 매우 충동적인 여자는 경계성 또는 연극성 성격장애로 진단될 가능성이 높은 반면, 같은 증상을 보이는 남자는 반사회성 성격장애의 진단을 받을 수 있다. 이 가능성은 성별에 관한 임상자의 부품에 대한 편견과 기대를 반영한다. 전 세계적으로 여성과 소녀는, 트라우마(예를 들면, 성적 학대, 파트너 학대)와 억압 경험의 가능성이 더 높고, 성병에 더 취약하며, 남성에 비해 폭력의 피해자가 될 가능성이 높다(APA, 2007). 이들과 다른 고유한 생물

임상심리학자들은 다양한 내담자들(예, 사회적인 서비스를 충분히 받지 못하는 사람들 포함)을 평가하고 치료하는 훈련을 받는다.

학적, 심리적, 환경적 영향은 심리적 서비스를 제공할 때 소녀와 여성의 경험에 대한 민감성의 필요성을 제안한다.

이러한 고려 사항을 통합하고 임상심리학의 사례에 적용하는 방법에 관해서, 미국심리학협회(2007)는 몇 가지의 사항들을 추천했다:

- 소녀와 여성에게 효과적으로 표시된 치료 개입을 사용할 것.
- 치료를 제공할 때, 권한 부여와 선택의 범위를 추진할 것.
- 평가를 수행하고 진단을 수립할 때 성적 편견의 문제에 민감하게 대할 것.
- 치료 중 소녀와 여성을 위한 지역사회 자원을 활용하고 익숙해질 것.

이와 같은 지침은 내담자의 각각의 고유한 경험에 민감해야 하며, 한 가지의 치료가 모두에게 맞다는 사고에 빠지지 말 것을 우리에게 상기시켜 준다. 미래에 우리는 성차와 문화적 다양성, 그리고 이러한 요인들이 정신건강서비스에 어떠한 영향을 미치는지에 대해 인식하고 이해하는 임상가를 훈련시켜야 할 것이다. 이 장의 마지막에 있는 웹사이트 3-8에 있는 American Psychological Association's Guideline for Providers of Psychological Services to Diverse Populations를 참고할 수 있다.

윤리기준

특정 전문직이 얼마나 성숙한가를 측정할 수 있는 하나의 잣대는 윤리기준을 준수하는가 하는 것이다. 심리학계는 정신건강 분야에서도 윤리기준을 정식 규정으로 문서화하여 확립한 선구자적 위치에 있다고 할 수 있다. APA는 1951년에 임시 윤리 강령을 출판했고, 1953년에는 심리학자의 윤리규정을 공식적으로 출간하였다(American Psychologi-cal Association, 1953). 이 규정은 1958년, 1963년, 1968년,

1977년, 1979년, 1981년, 1990년, 1992년, 그리고 가장 최근에는 2002년에 개정되었다.

2002년 판 심리학자의 윤리규정과 행동강령은 5개의 일반 원칙과 함께 다양한 임상심리학자의 활동—평가, 개입, 치료, 연구, 법정 자문 활동 등—과 관련된 구체적인 윤리규정을 제시하고 있다(American Psychological Association, 2002). 웹사이트 3-7을 링크하면 온라인상에서 전체 문서를 볼 수 있다. 일반 원칙은 다음과 같다.

- **선의와 무해.** 심리학자는 자신이 서비스를 제공하는 사람의 이익을 위해 노력하고 해를 끼치지 않는다.
- **비밀엄수와 책임감.** 심리학자는 사회에 대한 전문가적이고도 과학적 책임이 있으며, 신뢰를 바탕으로 한 관계를 정립한다.
- **성실성.** 심리학자는 모든 활동에 있어서 정확하고 정직하며 진실됨을 추구한다.
- **공정성.** 모든 사람은 심리학적 서비스를 이용하 고 이익을 얻을 권리가 있다. 심리학자는 자신이 가진 편견과 능력의 한계를 인지하고 있어야 한다.
- **다른 사람의 권리와 존엄성의 존중.** 심리학자는 모든 사람의 권리와 존엄성을 존중하고, 이 권리 보호 방법을 규정화한다.

이 일반원칙이 강제규칙은 아니지만, 심리학자의 행동에 대한 지침의 역할을 한다. 그러나 구체적인 윤리규정은 강제성을 갖고 있는 행동강령이다. APA의 회원 자격은 이 기준을 엄수하는 것을 포함하고 있으며, 다음 단락에서 이 중 몇 가지에 대해 논의할 것이다. 물론, 실제 임상 개업 활동에서 날마다 맞닥뜨리게 되는 요구들은 이 분야의 가장 현명한 사람이 판단하기에도 어려울 수 있는 윤리적 결정과 딜레마들을 만들어 낸다. 또한 우리 문화가 지속적으로 변화함에 따라, 임상심리학자들은 윤리적 판단을 내리기가 더욱 어려워지고 있다. 글상자 3-1의 사례가 그 예가 될 수 있다.

우리는 이제 몇 가지 핵심적인 윤리규정에 대해 초점을 맞추고자 한다.

전문가적 유능성

전문가적 유능성은 몇 가지 중요한 요소들을 포함하고 있다. 첫째, 임상가는 자신이 받은 훈련에 대해 정확하게 밝혀야 한다. 따라서 심리학 석사학위를 취득한 임상가는 다른 사람이 자신을 임상심리학 박사학위(Ph.D.)를 취득했다고 여기도록 해서는 안 된다. 단순히 '박사'라고 부르는 것을 무시하는 것으로는 충분치 않다. 만일 임상가가 상담심리학자 훈련을 받았다면, 자신을 임상심리학자가 아닌 상담심리학자로 나타내야 한다. 임상가는 '적극적으로' 자신이 받은 훈련과 전문성에 대해 정확하게 드러내야 할 의무가 있다. 이와 마찬가지로, 특정한 훈련이나 수련 감독을 충분히 받지 못했다면, 치료나 평가 절차를 시도해서는 안 된다. 구체적인 전문성에 대해 어떤 의구심이라도 있다면, 그 분야에 경험있는 임상가의 지도감독을 받아야 한다.

이와 마찬가지로, 임상가는 환자의 성별, 민족, 인종, 연령, 성적 지향, 종교, 장애, 혹은 사회 경제 수준이 치료나 평가에 영향을 미칠 수 있음을 민감하게 인식하는 것이 중요하다. 마지막으로 임상가가 직무를 수행하는 데 영향을 줄 수 있는 임상가 자신의 개인적인 문제나 성격상 민감한 부분이 있을 수 있으나, 임상가는 이러한 문제가 환자와의 관계에 악영향을 미치지 않도록 조심해야 한다.

최근, 'toolkit'이 임상심리학의 실천 능력의 평가를 할 수 있도록 개발되었다(Kaslow, Grus, Campbell, Fouad, Hatcher, & Rodolfa, 2009). 이러한 도구는 성과 검토, 사례 발표 리뷰, 내담자 결과 자료, 소비자 조사, 자체 평가 및 말하기와 쓰기 시험을 모두 포함한다. 특정 도메인과 특정 모집단에서 임상심리학 실시 능력을 평가하기 위해 이와 같은 도구를 사용하여, 이 임상가들이 서비스를 제공하고 있는 분야에서 전문성이 있는지 확인하는 데 도움이 된다.

사생활 보호와 비밀 보장

임상가는 내담자의 정보에 대한 비밀 보장 원칙을 준수하고 보호할 분명한 윤리적 의무가 있다. 비밀 보장은 내담-심리학자 관계에서 핵심적인 것이다. 만일 정보가 내담자의 동의 없이 노출된다면, 신뢰관계는 돌이킬 수 없을 만큼 훼손될 것이다. 임상가는 비밀 보장 문제와 예외 상황에 대해 분명하게 밝혀야 한다. 오늘날, 모든 정보가 '비밀 보장(privileged)[1)]'으로 간주되지는 않는다. 한 예로, 제3자(예: 보험 회사)가 내담자의 치료비를 부담하는 경우, 그들은 검토를 목적으로 주기적인 기록 공개를 요구할 수 있는데 평가 자료가 포함된 학교 기록은 어떤 경우(예: 법원의 소환명령이 있는 경우) 학교 관계자 이외의 다른 사람들에게 공개될 수 있어 임상가는 점점 더 절대적인 비밀 보장을 약속하기 어려워지고 있다.

또 다른 문제는 모든 정보가 비밀 보장의 대상인가에 관한 것이다. 한 예로, 유명한 1976년 Tarasoff 사건이 있다. 이 사건은 대학 상담센터의 내담자가 치료자에게 자신의 여자친구를 살해할 계획을 세웠다고 말한 것이 발단이었다. 치료자는 내담자의 살해의도에 대해 학교 경찰에게 알렸고, 학교 경찰은 즉시 내담자를 구금하였으나, 여자친구가 방학 동안 그 지역에서 떠나 있다는 이유로 내담자를 풀어주기로 결정했다. 이후 내담자는 여자친구를 살해했다. 이후 피해여성의 부모는 치료자, 경찰, 대학을 모두 고소했는데, 이들이 살해 위협을 부모에게 알리지 않았다는 점에서 자신의 역할에 태만했다는 것이 이유였다. 캘리포니아 주 대법원은 치료자가 관련된 모든 사람에게 위험성을 알림으로써 살인을 피하도록 하지 않았다는 점에서, 법적으로 태만했다는 이유로 피해자 부모에게 유리한 판결을 내렸다. 이 판결은 거의 모든 임상가의 판단에 부담을 안겨 주는 것이었다.

이 문제를 더욱 어렵게 하는 것은 법적 판례가 주마다 다르다는 것이다. 임상가는 언제, 누구에게, 어떤 상황하에서 정보를 제공할지에 대해 결정해야 할 뿐 아니라, Tarasoff 판례가 자신이 거주하는 주에 적용될 것인지도 판단해야 한다. 윤리기준은 심리학자가 내담자-환자, 심리학자, 다른 사람을 위험으로부터 보호해야 하는 경우 비밀 정보를 노출해야 한다고 규정하고 있지만, '법적 명령이나 법적 허가를 받은 경우'란 조항은 혼동의 여지가 있다. 분명히 이는 심리학자가 자신이 거주하는 사법권 지역의 현행법에 대해 계속해서 최신 정보를 확인해야 한다는 것을 강조하는 것이다.

비밀 보장은 또 다른 많은 문제들을 포함하고 있다. 예를 들어, 아동을 대상으로 하는 경우에 문제가 될 수 있고 또한 임상가가 HIV 환자를 치료하는 경우에도 비밀 보장의 문제가 유발될 수 있다(Chenneville, 2000). 분명히 일반인들은 비밀 보장의 원칙과 중요성을 믿고 있으나 그들 역시 아동 학대, 자살이나 살해 가능성, 그 외의 생명을 위협하는 상황의 경우는 비밀 보장의 예외가 될 수 있다는 것을 알고 있다. 대부분의 임상가도 이에 대해 동의할 것이다. 그러나 한편으로 임상가들은 동료의 자문을 구할 필요를 느끼거나 위험성을 가진 내담자를 만나는 상황에서는 내담자의 동의 없이 정보를 공개하는 것에 대해 고려해 본다.

마지막으로, 1996년 Jaffe 대 Redmond 연방법원 판결에 대해 살펴볼 필요가 있을 것이다. 이 판결은 자격을 갖춘 정신건강전문가와 성인 환자가 심리치료 동안에 나눈 대화에 대해서는 비밀이 보장

1) 역자 주: 법정에서 증언을 강요받지 않는 비밀 정보

글상자 3-1 라디오 전화상담 프로그램, TV 토크쇼, 인터넷에서 활동하는 임상가들: 그들은 윤리적인가?

1953년 출간된, 심리학자를 위한 윤리기준(American Psychological Association, 1953)은 다음과 같이 명시하고 있다.

> 윤리원칙 2.64-1. 대중 강연, 설명회, 신문이나 잡지 기사, 라디오나 텔레비전 프로그램, 혹은 유사 대중매체를 이용하여 직접적이나 간접적으로 개인의 진단, 치료, 조언을 목적으로 심리학적 서비스를 제공하는 것은 비윤리적이다.

1953년에는 이러한 원칙이 분명했고 충분히 납득할 만한 것이었다. 전문적인 상담이란 개인을 대상으로 하고, 각 개인에게 맞추어야 하므로 라디오로 전화한 사람과 3분간의 대화를 통해 상담을 하기란 어려운 일이었으며 1953년에는 임상가가 라디오 전화 프로그램(혹은 TV쇼)을 진행하는 일이 매우 드물었다. 그러나 오늘날 이런 프로그램은 훨씬 더 많아졌고 모든 전문직에서 그렇듯이, 웃기거나 형편없는 임상가가 진행하는 프로그램도 있다. 그러나 실력 있고, 사려 깊으며, 진실된 사람들도 있으며, 이들은 전화한 사람에게 전문적인 도움을 받으라고 강력하게 조언한다.

대중매체의 강력한 영향력과는 별개로 좋은 전화 프로그램이 있어야 할 몇 가지 타당한 이유가 있다. 고통받고 장애를 가진 많은 사람들에게 이러한 프로그램이 도움이나 지지를 얻을 유일한 경로일 수 있기 때문이다. 또한 프로그램이 청취자들에게 영향을 주고 교육시켜서 문제가 더 발전되거나 심각해지는 것을 방지할 수도 있다. 어떤 경우에는 전화한 사람에게 용기를 주거나, 전문적인 서비스를 구해야 할 필요성을 이해시키기도 한다.

2002년 APA 윤리기준 개정판에서는 이러한 점을 반영하여 라디오나 텔레비전 프로그램 혹은 인터넷을 통해 '치료'는 금하되 '조언이나 설명'하는 것을 허용하며, 다음을 확인해야 한다고 규정한다. (a) 적절한 심리학적 문헌과 실무경험에 근거하여 말한다. (b) 프로그램에서 하는 말은 윤리기준에 부합해야 한다 (c) 수혜자가 개인적으로 전문적인 관계(치료자–내담자)를 형성했다고 유추하도록 해서는 안 된다.

이 지침들은 분명한 것처럼 보이지만, 모호한 점도 많이 있으며, 특히 웹 기반 정신건강 집단의 경우에는 더욱 그렇다. 예를 들어, 심리학자는 웹 기반 집단에 참여해서 여러 역할을 할 수 있는데, 전문가(예: 전문가에게 묻기, 집단 리더), 혹은 동료 집단원(예: 심리학자임을 밝히지 않는)이 될 수 있다(Humphreys, Winzelberg, & Klaw, 2000). 각 역할에 따라 사생활 보호, 비밀엄수, 개인적 관계에 대해 APA 윤리강령은 다르게 적용될 것이다. 한 예로, 심리학자는 한 사람이나 전체 집단원들에게 보낸 이메일이 사적이며 비밀 엄수가 된다고 생각해서는 안 된다. 이메일은 특정 수취인이 아닌 여러 사람들에게 다시 보내질 수 있는 영구적인 기록이다. 또한 집단원으로부터 개인적인 질의를 주고받다가 컴퓨터를 통한 개인치료 관계를 시작하고 싶은 유혹이 있을 수도 있다. 그러나 심리학자가 윤리적 책임을 지킬 수 있을 만큼 그 상황을 통제할 수 없다는 점에서 이는 바람직하지 않다(Humphreys et al., 2000). 한 예로, 어떤 사람이 심리학자에게 자신이 아동을 학대했다고 밝혔을 경우 취할 수 있는 행동은 극도로 제한될 수 있다.

된다는 원칙을 지지하고 있다. 따라서 적어도 연방법원에서 치료기록, 회기 중의 대화, 문서를 공개하기 위해서는 환자의 동의가 필수적이다. 연방법원의 결정은 심리치료의 사생활 보장 원칙이 중요함을 강조하고 있다. 그러나 이러한 결정이 주 법이나 주 법원의 결정을 대체할 수 있는 것은 아니므로, 임상심리학자는 심리치료의 비밀 보장과 비밀 정보에 대한 주 법률의 규정에 대해 잘 알고 있어야 한다. Jaffe 대 Redmond 판결과 시사점은 DeBell과 Jones(1997), Knapp과 VanDecreek(1997), Shuman and Foote(1999)에서 폭넓게 논의된 바 있다.

인간관계

이중관계는 내담자의 복지에 대한 많은 윤리적 문제를 내포하고 있다. 내담자와의 성적 활동, 내담자의 고용, 내담자에게 물품을 판매하는 것, 심지어 치료 종결 후 내담자와 친구가 되는 것 역시 내담자를 착취하거나 해를 입힐 가능성이 있다. 흔한 일은 아니지만, 이러한 사건은 전문직에 분명한 위협이 된다. 수련 감독 관계에서의 성적 접촉 역시 해로운 것이다.

최악의 이중관계는 심리학자가 치료 중인 내담자를 성희롱하는 것과 성관계를 가지는 것일 수 있다. 윤리강령은 이러한 행동이 어떤 경우에도 징계 대상임을 분명하게 밝히고 있다. 놀라운 것은 심리학자의 성적 부적절성에 대한 고소 건수가 뚜렷이 증가하고 있다는 것이다. 또한 치료자와 내담자 간의 성관계의 결과에 대한 조사 자료는 극소수의 내담자만이 긍정적인 영향을 보고했다고 밝히고 있다(Lamb & Catanzaro, 1998).

내담자 복지에 대한 또 다른 문제는 치료가 더 이상 내담자에게 도움이 되지 않을 때 임상가가 치료를 기꺼이 종결하는가에 대한 것이다. 예를 들어, 한 아동을 2년 이상 지속적으로 치료해 온 임상가가 부모에게 앞으로 2년 이상의 치료가 더 필요하다고 알린 사례가 윤리위원회에 회부되었다. 조사위원회는 이 치료가 진단에 부합하지 않으며, 타당한 치료적 진전의 증거가 없다고 결론 내렸다(American Psychological Association, 1981).

심리학자가 가장 빈번하게 직면하는 윤리적 딜레마는 무엇일까? Pope와 Vetter(1992)가 이에 대해 연구했다. 이들은 미국심리학회 회원을 무선적으로 선정하여 가장 공통적으로 경험하는 윤리적 딜레마에 대해 조사하였다. 대략 80%의 응답자가 지난 1~2년간 한 가지 이상의 사건을 경험했다고 보고했다. 가장 빈번한 윤리적 딜레마 유형은 비밀 보장이었다(아동 학대가 의심되거나, 혹은 다른 이유로 제3자의 실제 혹은 가능한 위협 때문에 비밀 보장을 어긴 경우). 모호한, 이중의, 혹은 갈등적인 관계가 두 번째로 빈번하게 보고되었다(내담자와 치료적 경계를 유지하는 것, 내담자와의 개인적 대 직업적 관계). 세 번째 보고된 유형은 비용 지불과 관련된 것으로 비용의 출처, 계획 및 방법에 대한 것이었다(예: 긴급한 내담자라는 이유로 부적절한 보험 적용). 윤리적으로 문제가 될 수 있는 또 다른 영역에는 훈련과 교육의 딜레마, 법정심리학, 연구, 동료 심리학자의 행동, 성적 문제, 평가, 의심의 여지가 있거나 해가 될 수 있는 개입, 전문성에 대한 것이다.

실험연구자이든, 개업임상가이든 심리학자들은 윤리 위반에 대해 점점 더 철저한 조사를 받고 있다. 연구나 치료에서의 윤리적 문제가 항상 해결하기 쉬운 것도 아니며, 윤리위반에 대해 감시 관리하는 것도 쉬운 일은 아니다. 그러나 임상심리학자가 전문직으로 계속해서 살아남기 위해서는 높은 수준의 행동 기준을 확실히 고수할 수 있는 방법을 찾아내야만 할 것이다.

요약

현재의 임상심리학계에는 여러 가지 문제가 대두되고 있다. 첫째, 임상심리학자에 대한 여러 가지의 훈련 모델이 있지만, 각자 강조하는 점과 그 효과 면에서 차이가 있다. 과학자-임상가 모델은 분명히 가장 널리 받아들여지고 있는 모델이지만, 이 모델에 환멸을 느끼면서, 과학과 임상의 진정한 통합이 가능한가에 의문을 표하는 사람들도 있다. 임상심리학의 실무활동을 강조하는 몇 가지 훈련모델(Psy.D. 학위, 전문대학원)이 최근에는 점점 인기를 얻고 있다. 마지막으로, 임상과학자 훈련 모델은 연구, 그리고 경험적으로 지지된 평가와 개입 방법을 강조하는 대안이라고 할 수 있다.

임상심리학자에 대한 전문성 규제는 공공의 이익을 보호하고 전문성을 확실히 하기 위한 방법들을 포함한다. 주 차원의 공인제도와 자격증 면허제도가 있으며, 이들은 일반인에게 어떤 사람이 적절한 훈련을 받고 전문성을 갖춘 임상심리학자인지를 알릴 수 있도록 하는 방법이라고 할 수 있다. 미국전문심리학위원회(ABPP)와 전국명부(National Register) 회원제는 몇몇 임상심리학자들이 추구하는 보다 발전된 자격규정 형태라고 할 수 있다. 다수의 임상심리학자들이 개업 현장에서 일하고 있음에도 불구하고, 건강관리 체계의 변화는 개업 환경이 예전과는 달라질 것임을 예고하고 있다. 대부분의 미국인들이 회기 수, 보험지급 비율, 치료를 받을 수 있는(보험료 지급을 받을 수 있는) 조건을 제한하는 관리의료 제도에 동의하고 있다. 이러한 '개혁'은 미래의 임상심리학자의 역할과 활동에 영향을 미치게 될 것이다. 미래의 임상심리학자 활동에 영향을 줄 또 하나의 뜨거운 논쟁거리가 되는 주제는 처방권 추구이다. 처방권은 임상 현장을 재정의 하게 될 것이며, 박사학위 교육과정에 중대한 변화를 필요로 한다.

제3장에서 우리는 문화적 전문성과 문화적 민감성 주제에 대해서도 탐색했다. 점차 다원화되는 사회에서 임상심리학자들은 다양한 문화집단에 적절하고 효과적으로 적용될 수 있는 정신건강서비스를 개발하도록 노력해야 한다. 마지막으로 임상심리학자의 의무조항과 전문성, 비밀 보장, 인간관계를 포함하고 있는 윤리기준을 검토하였다.

주요 용어

건강유지체계(HMO) 제한된 수의 공급자를 고용하여 서비스를 제공하도록 하는 관리의료 체계이다. HMO의 경우, 모든 서비스의 가격은 고정된다.

공인제도 주 정부의 자격 심사 증명 없이 일반인에게 돈을 받고 서비스를 하면서 자신을 심리학자라고 칭하는 것을 방지하기 위한 전문가 규제를 말한다.

과학자–임상가 모델 임상심리학자에 대한 가장 유력한 모델(Boulder 모델이라고도 함)이다. 이 모델은 과학자와 임상가의 역할을 통합한 전문가를 배출하고자 하는 것이다(즉 기술과 민감성을 갖고 심리치료를 하면서 임상 관찰에 기반한 가설을 검증하는 연구를 수행하는 사람).

관리의료 서비스의 기간과 빈도, 서비스 유형을 제한하고, 치료의 필요성과 효과에 대한 증명을 요구함으로써 비용을 제한하는 이윤 추구적, 통합적인 건강과 정신건강관리 체계를 말한다.

내담자의 복지 심리학자가 내담자의 존엄성을 존중하고 착취관계로부터 보호하도록 하는 윤리원칙이다. 이 원칙은 내담자와 이중관계를 갖지 않고, 더 이상 이득이 없는 경우 치료를 중단해야 한다는 윤리기준을 포함하고 있다.

다양성 '문화적 다양성'의 측면에서 차이점과 다양성을 말한다.

문화적 유능성 다른 문화권에 대한 지식과 이해를 갖추고, 다른 문화권의 구성원에게 효과적인 기술을 갖추는 것을 말한다.

미국전문심리학위원회 여러 심리학의 하위 전문 분야에 대한 자격을 주는 협회이다. ABPP 자격 증명은 5년간의 박사 후 과정을 포함하며, 구두시험, 사례를 다루는 방식에 대한 관찰, 과거에 본 사례에 대한 보고서 기록을 바탕으로 주어진다.

비밀 보장 심리학자가 내담자와 공유한 정보를 존중하고 보호하며, 내담자의 동의하에서만(정보를 비밀로 할 때 내담자나 타인이 분명한 위해를 당할 분명한 위험성이 있는 예외적인 경우를 제외하고) 정보를 공개해야 한다는 윤리원칙이다.

서비스제공자체계(PPO) 외부 공급자와 계약을 맺어 구성원들에게 서비스를 제공하는 감독 관리 체계이다. 외부 공급자는 서비스 비용에 대해 할인된 보험급여를 받는 대신 의뢰받는 환자 수가 늘어난다.

심리학 박사학위 임상적 기술, 평가 기술을 더 강조하고, 연구 능력에 대해서는 덜 강조하는 심리학 박사학위이다.

심리학적임상과학학술회 임상과학 훈련 모델을 따

르는 임상심리 프로그램과 인턴십 협회이다. 이 협회는 American Psychological Society (APS)와 제휴하고 있다.

윤리기준 APA가 규정한 전문가 행동에 대한 심리학자의 의무 규범을 말한다.

임상과학자 모델 경험적 연구 방법에 대한 엄격한 훈련과 과학적 원칙을 임상치료에 통합하는 것을 지지하는 훈련 모델이다.

자격증 면허 공인제도보다 엄격한 전문가 규제이다. 직함('심리학자')의 특성과 자격에 필요한 훈련을 명시하고 있을 뿐 아니라, 돈을 받고 대중에게 제공하는 구체적인 전문 활동이 무엇인지를 규정하고 있다.

전문대학원 전통적인 박사학위 프로그램과는 다른 대학원 수준의 심리학적 훈련을 제공하는 학교이다. 대체적으로 전문대학원은 연구에 대한 훈련은 상대적으로 적으면서 평가와 치료에 대한 훈련을 강조한다.

전문적 유능성 심리학자가 자신의 전문성의 한계를 인지하고, 자신이 제공하는 서비스와 관련된 최신 정보를 계속해서 습득하도록 하는 윤리원칙이다.

처방권 치료약을 처방할 수 있는 법적 자격을 말한다. 현재 처방권을 갖는 것이 바람직한가에 대해 임상심리학자들 간의 뜨거운 논쟁이 있다.

통합 임상자-과학자 훈련 프로그램 임상, 상담, 학교 심리학에 대한 통합 전문성을 제공하는 훈련 모델이다.

Tarasoff 사건 캘리포니아 주 대법원이 내담자의 위해 의도와 관련된 모든 사람에게 정보를 제공하지 않았다는 점에서 치료자의 법적 태만을 판결한 1976년의 획기적인 사건. 이 사건은 치료자의 '위험 통지 의무'를 법적으로 확립하였다.

Chapter

한국 임상심리학의 역사와 현황

Historical Overview of Korean Clinical Psychology

핵심질문

1. 한국에 임상심리학이 소개되고 정착된 과정은 어떠했는가?
2. 한국에서 임상심리학의 발달이 가지는 주된 특징은 무엇인가?
3. 현재 한국에서 임상심리전문가와 정신보건 임상심리사의 활동 양상은 어떠한가?
4. 임상심리학자가 되기까지의 과정과 전문가로서의 활동 내용은 어떠한가?
5. 앞으로 한국 임상심리학은 어떤 방향으로 발전해 나가야할 것인가?

개요

한국 임상심리학의 역사?

염태호(1996)는 한국 임상심리학의 역사를 크게 태동기(1945~1960년), 개척기(1964~1972년), 정착기(1973~1986년) 및 발전기(1987년~현재)로 정리한 바 있다. 그러나 본 장의 저자[1]는 한국 임상심리학의 역사를 최초의 임상심리전문가가 배출된 1973년과 정신보건법이 제정되어 정신보건 임상심리사제도가 생긴 1995년을 중요한 기점으로 삼고자 한다. 이를 바탕으로 첫 번째 임상심리학자가 배출된 1973년 이전 시기를 개척기, 1973년에서 1995년까지를 정착기, 1995년부터 현재까지를 확장기라고 명명하고 한국 임상심리학의 발전사를 정리하고자 한다.

임상심리학의 개척기(1945~1972년)

해방 후 극도로 어려운 사회적 상황하에서 심리학은 하나의 학문으로 자리 잡기 위한 노력을 시작했다. 일찍이 1940년대 중반에 성백선은 사회사업가 권희주와 함께 문제아동자문기관을 잠시 운영한 바 있으며, 미군정청(1946~1948년)의 요원으로 내한했던 염광섭 박사와 임상심리장교 Jones 박사는 국내 심리학자들에게 이상심리학을 소개했다고 알려져 있다. 그렇지만 한국의 심리학 초창기에는 심리학자들이 주로 기초심리학과 관련된 교육과 연구에 주력하였다. 우리나라에서 응용심리학에 대한 관심과 요구가 생겨나게 된 것은 1950년에 발생한 6.25전쟁의 영향이 컸다고 볼 수 있다. 6.25전쟁 중에 이진숙, 고순덕과 같은 실험심리학자가 군선별용 지능검사를 만들었으며, 1958년에는 성백선이 주도하는 서울아동상담소가 개소되었다. 같은 해에 교도교사 양성 강습회와 카운슬러를 위한 심리학 공개강좌가 열려 심리학자들이 응용심리학에 대한 사회의 요구에 부응하였다.

그렇지만 임상심리학자가 실질적으로 활동하기 시작한 시점은 1960년대라고 볼 수 있다. 1960년대에 일어난 주요한 변화로는 임상심리학자들의 임상 장면 진출과 임상심리분과회의 창립을 들 수 있다. 염태호(1996년)에 의하면 이 시기에 대학병원과 공사립병원에 취업하거나 학교기관에서 임상심리수련을 지도한 사람이나 수련생은 다 합해서 대략 20여 명에 불과하였다고 한다. 흥미롭게도 임상심리학자들의 병원진출은 1961년 육군병원을 필두로 시작되었다. 당시 육군병원은 미국 육군병원에 현역장교를 파견하여 단기교육을 받게 한 후 국내 육군병원에 임상심리장교로 복무시켰는데, 4명의 임상심리장교가 복무를 끝낸 후에는 인력부족으로 임상심리장교 제도가 더 이상 이어지지 않은 것으로 알려져 있다. 이외의 국가기관으로는 국립정신병원(1962년)에 전임 임상심리학자의 직책이 마련되었고, 또한 주요 대학병원(서울의대, 가톨릭의대, 고대의대, 연대의대, 경북대의대, 계명대의대, 경희대의대)과 일부 소수 사립병원에도 임상심리학자들이 진출하게 되었다. 비슷한 시기에 서울대학교 학생지도연구소에서는 임상심리수련이 시작되었다. 이들 제1세대 임상심리학자들은 병원에서 주로 심리평가를 담당하였으며, 연구와 저술활동에 주력하였다. 또한 1960년을 전후로 법무부 가정법원에 심리학자가 진출하여 심리검사를 실시하고 조정관으로 근무하기도 하였다.

이 시기에 일어난 또 다른 중요한 일은 임상심리분과회의 탄생을 들 수 있다. 1964년 한국심리학회 내에 임상심리분과회가 처음으로 생겨나면서 한국의 심리학이 전문화되는 계기를 마련하고 임상심리학의 학문적 기초를 다지는 데 기여하였다. 임상심리분과회는 1964년 11월 21일 서울대 학생 지도연구소에서 6인(김기석, 정양은, 김성태, 이현수, 양원숙, 신동균)이 모여 창립총회를 갖고, 초대 회장에

1) 권정혜.

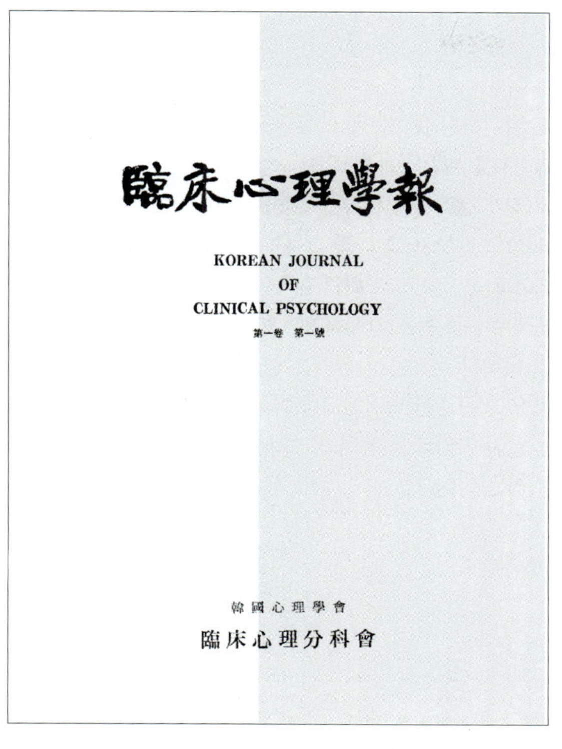

臨床心理學報

KOREAN JOURNAL
OF
CLINICAL PSYCHOLOGY

第一卷 第一號

韓國心理學會

臨床心理分科會

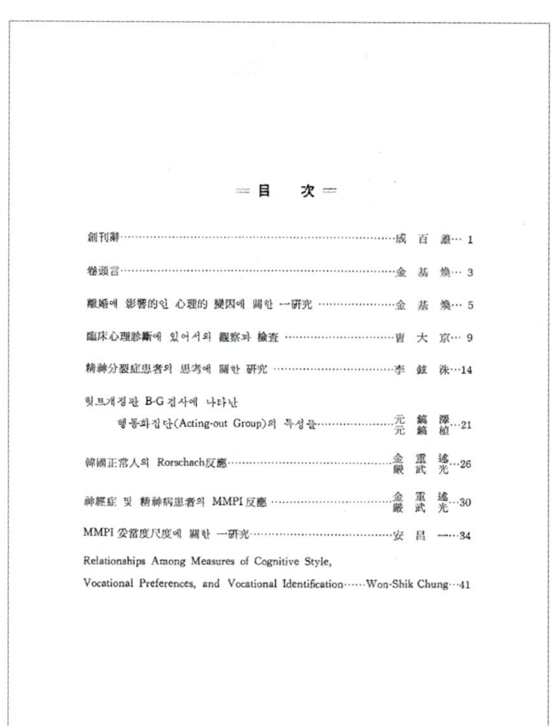

— 目 次 —

그림 4-1 ■ 1967년에 발간된 「臨床心理學報 Korean Journal of Clinical Psychology」 제1권 표지와 목차(이현수 회원이 기증한 중앙대학교 도서관 자료임)

김성태를 선출하고 모임의 명칭을 '임상심리분과회'로 정하였다. 11월 25일에 시작된 첫 번째 주례집담회(주제: 불안에 대하여, 발표: 김성태)를 시작으로 만 3년 동안 100회의 정기 주례모임을 가졌다는 사실은 우리나라 초창기 임상심리학자들의 학문적 열정이 얼마나 컸던가를 보여 준다. 임상심리분과회는 1967년에 「臨床心理學報 Korean Journal of Clinical Psychology」 제1권을, 1969년에 제2권을 발간하였다. 이와 같은 학술적 성과는 1968년에 창간된 「한국심리학회지」보다 1년 앞선 것이었다. 이와 같은 제1세대 임상심리학자들의 임상 활동과 학술 활동에 힘입어 이후 전문가제도가 탄생하게 되었다고 볼 수 있다.

임상심리학의 정착기(1973~1994년)

임상심리전문가 자격기준이 마련된 1970년대 초부터 정신보건법이 제정된 1995년 사이의 20여 년은 임상심리학이 우리나라에 정착되고 이후의 발전기틀을 마련한 시기라고 볼 수 있다. 특히 1971년에 임상 및 상담심리전문가 자격기준이 규정되고, 이 규정이 한국심리학회총회에서 인준 받게 됨에 따라 전문직으로서 임상심리학의 역사가 시작되었다. 우리나라는 아시아 국가로는 최초로 1970년대 초에 임상심리전문가의 자격기준을 마련하고 전문가를 배출하기 시작하였다. 이것은 2000년 이후에야 자격기준을 마련하기 시작한 일본에 비해 전문가로서의 임상심리학자를 한 세대 일찍 배출하기 시작했다고 평가할 수 있다. 이 시기에 일어난 중요한 변화로는 첫째, 임상심리전문가 자격기준을 마련하고 임상심리전문가를 배출한 것, 둘째, 심리학과대학원과 의과대학 수련생제도를 통해 임상심리학자를 본격적으로 양성하기 시작한 것, 셋째, 임상 및 상담심리분과회가

글상자 4-1 임상심리분과회의 〈임상심리학보 창간사〉

임상심리학은 심리학에서 새로운 하나의 분야이다. 해방 후 미국의 심리학이 밀물처럼 들어와서 그 이름은 우리들에게 귀익은 말이 되었으나 그 과학으로서 이론과 실천의 위에서 보면 아직 똑똑한 것이라고는 할 수 없다. 그리고 미국의 임상심리학이 미국의 문화를 배경으로 하고 있는 것이기 때문에 그 과제에 특색을 가지고 있는 것과 같이 한국에 있어서의 임상심리학도 한국으로서의 특이한 과제를 가지지 않으면 안 될 것이다. 이러한 조류에 따라 우리 사회의 요구, 특히 교육사회가 임상심리학에 대한 기대는 굉장히 크다 하겠다. 오늘날 임상심리학을 떠나서 아동, 청년의 문제를 논하기란 어려운 지경에 이르렀다. 그래서 서기 1964년 11월에 한국심리학회분과회로서 임상심리학회가 발족되어 2년 만에 모체인 한국심리학회가 서기 1946년 1월에 발회된 후 오늘날에 이르기까지 아직 회지를 발간하지 못했는데도 불구하고 이번에 먼저 임상심리학회지를 발간하게 되었으니 선후가 바뀐 셈이나, 한없이 기쁘게 생각하며 무궁한 발전을 빌어 마지않는다. 그리고 과학의 진보가 그 나라 그 시대의 과학적 수준 위에 구축되어 가는 것이라고 하면 한국의 학도도 또한 일찍이 그 세계적 수준을 몸소 간직하여야 할 것이다. 이런 점에서 한국의 독특한 문제를 가진 임상심리학이야 말로 회원들의 끈기 있고 꾸준한 노력에 의하여 세계적 수준에 당도할 수 있는 날이 기필코 올 것이라고 확신한다. 일층 더 분발하기를 바라는 바이다.

1967년 3월 한국심리학회
회장 성백선

임상심리학회와 상담 및 심리치료학회로 분리되어 재출범한 것 등을 들 수 있다.

임상심리분과회는 1968년 10월 한국심리학회 정기총회에 '임상심리전문가 자격규정' 초안을 상정했지만, 학회가 재검토할 것을 요청하였다(염태호, 1996). 2년 후 김기석 회장 취임을 계기로 '임상심리전문가'와 '상담심리전문가' 자격기준을 만들어 재상정한 결과, 1971년 12월 한국심리학회정기총회에서 자격규정을 인준 받음으로써 임상심리전문가 시대가 시작되었다. 이 자격규정에 따라 1973년 2월 제1회 전문가 자격시험과 자격심사를 거쳐 '임상심리전문가' 7명(김성태, 이현수, 김중술, 신동균, 원호택, 한명택, 염태호)과 '상담심리전문가' 6명(김기석, 이상노, 최정훈, 진위교, 홍성화, 한덕웅)이 탄생하였다. 1973년 10월 이들에게 한국심리학회정기총회 일자로 전문가 자격증이 수여되면서 명실상부한 심리학자전문가 시대가 열렸다. 1970년대 초에 임상심리학자 국가면허를 가지고 있는 나라가 미국, 오스트레일리아, 동독, 네델란드, 포르투갈, 노르웨이 등 일부 국가에 국한되었다는 사실을 감안해 볼 때, 비록 국가면허는 아니었지만 전문가 자격제도를 마련하고 임상심리학자의 질을 관리하려는 노력을 기울인 것은 차후 우리나라 임상심리학의 발전에 큰 영향을 미쳤다고 볼 수 있다. 이러한 초기 정신이 이후에도 임상심리학자를 양성할 때 양보다는 질을 강조하는 전통을 낳았고, 임상심리학자가 고도의 전문직으로 자리매김하고 발전하는 데 기여하였다.

일찍이 1970년대에 임상심리전문가 시대가 왔지만 그 후 20년 동안 심리학과 대학원과정과 병원에서의 수련과정을 통해 많은 인재가 양성되지 않았더라면 임상심리전문가제도는 명맥을 이어가지 못했을 것이다. 국내 심리학과에 처음으로 임상심리학 교수가 부임한 것은 1972년에 중앙대 심리학과의 이현수였다. 이후 20년간 20개 심리학과에 30여 명이 넘는 임상심리학 교수가 부임함으로써 대학원과정에서의 임상심리학 교육이 더욱 박차를 가하게 되었다. 대학원 교육이 활성화될 수 있었던 것은 전문가 자격기준이 석사과정을 이수하는 것을 기본으

글상자 4-2 임상심리학 정착 단계, 23개 대학에 심리학과 개설, 전문가 배출도 활발

우리나라에 임상심리학이 점차 뿌리를 내리고 있다. 신경정신의학계에서도 임상심리학에 대한 높은 관심과 함께 환자의 진단 치료에 긍정적인 반응을 보이고 있다. 지난 13~15일 성균관대학교에서 열린 연수회에서는 관계전문가 200여 명이 참석, 우리나라 임상심리학의 밝은 앞날을 내다보게 했다. 한국심리학회 산하 임상 및 상담심리분과회가 주관한 이번 연수회는 3일 간에 걸쳐 한국 임상심리학의 발자취 등 17개 연제가 발표되었는데 임상심리학의 최근 동향과 각종 검사방법, 심리치료 등이 깊이 있게 논의됐다. 관계전문가들은 1980년대를 임상심리학의 확산기로 보고 활발한 활동을 펴고 있는데 신경정신의학에서도 환자의 검사는 물론 치료 면에서도 행동치료와 같은 특수치료와 기질적 장애가 없는 자에 대한 치료에 긍정적인 반응을 보이고 있다. 임상 및 상담심리전문가들은 지금까지 추진해 온 임상심리전문가와 상담심리전문가의 법제화에 힘쓰기로 하는 한편 1980년 전후로 전국의 23개 대학에서 심리학과가 개설되어 이를 바탕으로 관계학자의 진출이 적극 추진되고 있다고 밝혔다. 신경정신의 학계에서도 한양의대 김광일 교수에 의해 임상심리전문가 수련과정(1976년)을 개설, 20여 명을 배출, 1981년에 개설된 서울의대 3년 과정의 임상심리학 수련원에서도 전문가를 양성하고 있다.

(醫協新報, 제 1751호, 1984년 2월 20일)

로 삼은 것과 무관하지 않다. 또한 대학원 커리큘럼에 대한 심사제도가 마련되어 있지는 않았지만, 전문가 자격기준이 각 학교의 커리큘럼 구성에 큰 영향을 미쳤다. 대부분의 대학원과정에 정신병리학 혹은 이상심리학, 심리평가, 심리치료 과목이 포함되어 있으며, 임상심리전문가 필기시험 과목인 성격이론, 인지 및 학습심리학, 생리심리학, 임상심리학 연구 방법론 등의 과목이 포함되어 있다. 또한 대부분의 대학원과정이 학생들에게 연구에 대한 교육과 훈련을 받도록 한 점도 주목할 만하다. 대학원생들이 고급 심리통계 및 방법론을 대학원과정에서 배우고, 석사논문을 쓰는 과정을 통해 경험적 연구에 대한 훈련을 받음으로써 이후 과학자로서의 임상심리학자의 역할을 준비하게 만들었다. 이는 과학으로서의 심리학을 강조하고 연구를 중시하는 심리학과 대학원 전반의 분위기에서 영향을 받기도 했지만, 임상심리학의 개척기부터 내려온 학구적이며 경험적 연구를 강조하는 전통도 기여했다.

우리나라에서 임상심리학이 1970~1980년대를 거치면서 발전할 수 있었던 원동력으로 대학원 교육과 함께 병원현장에서의 수련을 빼놓을 수 없다. 이 당시 대학원을 졸업한 임상심리학도들은 대개 졸업 후 병원현장으로 나아갔다. 1970년대 이전에는 임상심리학자가 근무하던 병원이 총 10여 개에 불과하였으나, 임상심리학 정착기를 거치면서 임상심리학자가 전일제로 근무하는 병원은 20여개 대학병원과 30여 개 공사립병원으로 늘어났다. 이 당시 병원에서의 임상심리학자의 역할은 주로 심리평가 위주였으나, 정신과에서 이들의 역할이 중대해짐에 따라 더 많은 병원에서 임상심리학자를 요구하게 되었고, 그 결과 많은 임상심리학자들이 병원으로 진출하게 되었다. 특히 한양대 의과대학의 원호택(1976년)과 서울대 의과대학의 김중술(1981년)은 일찍이 체계적인 임상심리 수련제도의 필요성을 깨닫고, 의과대학병원에 최초로 3년제 임상심리 수련과정을 개설함으로써 임상심리 수련의 모델을 제시하였다. 이후 1985년에 원광대 의대에 3년제 수련과정이 생겨났으며, 경희대병원 등 여러 병원에 1년제 수련과정이 생겨났다. 1994년 이전까지 수련과정이 개설된 병원은 대학병원으로는 서울의대, 가톨릭의대, 고려대의

대, 경희의대, 순천 향의대, 한양의대, 원광의대, 효성카톨릭의대, 울산의대 등이 있으며, 공사립병원으로는 용인정신병원, 서울 강남 클리닉, 군산개정병원, 부산대남병원, 양산정신병원, 성안드레아 신경정신병원, 동해 영동병원, 국립재활원, 안양계요병원, 남양주 축령병원, 국립목포병원, 진양정신요양원, 대전을지병원 등이 있다(염태호, 1996 참조).

한편 임상심리학회분과회는 1974년에 상담심리학자들의 의견을 수렴하여 '임상 및 상담심리분과회'로 그 명칭을 개명하였다. 이 당시 회원의 수는 26명이었다. 학회에서는 개척기에서부터 시작된 월례학술집담회를 계속 이어가는데 그치지 않고, 1984년에 '제3회 심리학연수회-임상심리학'을 시작으로 연수회를 도입하여 점차적으로 다양한 주제를 가지고 워크숍과 심포지엄을 개최하였다. 1982년에는 이장호 회장의 노력으로 그동안 발간되지 못한 학회지(제3권)를 속간했으며, 제4권부터는 '임상 및 상담심리학회보'로 명칭을 바꾸어 발간하였다. 한국심리학회에서는 1986년 10월 분과회에서 여러 차례 건의한 바 있던 '임상 및 상담심리 분과회 분리안'을 인준함에 따라 임상심리학회는 1987년에 김중술을 회장으로 선출하고 '임상심리학회'로 재출범하게 되었다. 임상심리학회와 상담심리학회(이후 1995년 상담 및 심리치료학회로 개명)의 분리는 우리나라 임상심리학이 정신장애가 있는 사람을 진단하고 치료하며 연구하는 것을 주된 문제로 삼고, 병원 수련을 강조하며, 임상심리학자들의 자질을 높이는 데 주력하는 등 상담심리학과 구별된 정체성을 가지고 발전하는 계기가 되었다. 그렇지만 학회에서 상담심리학자들이 대거 빠져나감에 따라 이들이 주도적으로 이끌었던 상담 및 심리치료 활동이 약화되어 임상심리학자는 심리평가를, 상담심리학자는 상담과 심리치료를 담당하는 것으로 그 활동이 인위적으로 이분화되는 결과를 가져오기도 하였다. 두 분과학회가 분리된 후 학회지의 명칭은 '임상심리학회지'로 바뀌었으며, 그 후 매년 발간하여 학회지를 통해 발표된 회원들의 논문 수가 1994년까지 185편에 이르렀다.

임상심리학의 확장기(1995년~현재)

우리나라 임상심리학은 1995년 정신보건법의 제정으로 새로운 발전의 전기를 맞이하였다. 임상심리학자가 '정신보건 임상심리사'로 법적인 지위와 역할을 부여받게 됨에 따라 정신질환자의 예방과 관리, 심리치료 및 재활에 전문인력으로 참여하게 되었다. 정신보건법의 제정 후 임상심리학이 기대되었던 만큼 국가정책적으로 육성되지는 못했지만, 이를 계기로 임상심리학에 대한 기대가 높아지고, 임상심리학자들의 수가 기하급수적으로 늘어나게 되었다. 한편 이 시기에 일어난 또 다른 중요한 변화로는 임상심리학자들이 하는 활동의 다양성을 들 수 있다. 개업과 함께 병원 외 분야에 진출하는 임상심리학자들이 늘어났으며, 학회의 활동도 지회와 연구회로 확산되었다. 임상심리학회지는 심리학회지로서는 최초로 학술진흥재단의 등재로 그 학문적 질을 인정받게 되었으며, 학회지를 1년에 4번 정기적으로 발간하게 되었다. 이와 같은 변화에 힘입어 병원장면에서의 임상심리학자들의 역할도 심리평가 위주에서 연구와 개인심리치료 및 집단치료로 다양화되었으며, 임상심리학자들이 정신과 의사와 함께 한국인지행동치료학회(2001년)를 창립함에 따라 심리치료에서의 양분야의 협력이 가시화되기 시작하였다.

정신보건법. 정신보건법은 1980년대 초 정신요양원의 비인도적인 환자처우와 일부 정신질환자의 폭력적 행동이 사회문제화됨에 따라 보건복지부에서 법제화를 추진하게 되었다. 이때부터 임상심리학회에서는 정신보건법에 대한 한국심리학회와 임상 및 상담심리 분과회의 공동건의문을 보건복지부와 법제처에 보내고, 인접 분야와 간담회 등을 통해 의견을 조율하는 노력을 기울였다(염태호, 1996).

1992년 9월에 처음으로 발표된 보건복지부 정신보건법 입법예고안 모법은 "정신보건전문요원의 종별은 정신보건 임상심리사, 정신보건간호사, 정신보건사회복지사로 한다."(7조 2항), "업무의 범위, 한계 및 자격 등 자격증의 교부절차는 대통령령으로 정한다."(7조 3항)라고 되어 있던 것으로 밝혀졌다. 이에 대해 임상심리학회에서는 정신보건법을 통해 임상심리학자의 법적인 지위가 보장되는 것은 좋지만, 전문가로서의 독립적인 역할과 활동이 보장되지 않을 가능성이 있다는 우려의 소리가 높아졌다. 이런 조항이 그대로 포함된 채 정신보건법이 입법화되는 것을 막기 위해 임상심리학회에서는 정신보건위원회를 구성하고 국회공청회(1993년 8월)에 참석하여 정신보건법에서 문제되는 조항들을 시정할 것과 상담심리사를 포함시킬 것을 건의하였으며, 이후 대국민홍보와 대정부활동을 벌였다. 이러한 임상심리학회의 요구는 첫 번째 시행령에는 반영되지 않았으나, 1997년에 개정된 시행령에서는 정신보건 임상심리사의 독립적인 활동과 지위가 좀 더 보장되었다. 현재 정신보건 임상심리사가 정신보건재활센터를 설립하여 운영하는 곳은 전국에서 총 7곳이며, 그 외 적지 않은 임상심리학자들이 만성정신병자들을 위한 재활센터에서 일하고 있다. 그렇지만 보건소나 사회복지관이라는 현장을 확보하고 활동하는 정신보건간호사나 정신보건사회복지사에 비해 아직까지는 정신재활 분야에서의 활동이 미약하다는 지적을 받고 있다.

임상심리전문가의 수적인 증가

임상심리학회의 회원 수는 1995년에 대략 360명 가량으로 그 당시 한국심리학회 총 회원 수의 42%를 차지하는 것으로 나타났다. 이중 임상심리전문가의 총 인원은 108명, 임상심리사는 총 31명이었다. 이후 1996년부터 2007년까지 10여 년 동안 임상심리학회의 회원 수는 임상심리전문가 회원 457명, 일반회원 1,336명, 준회원 827명으로 증가하였다. 또한 2006년 8월 기준으로 정신보건 임상심리사 1급은 411명, 2급은 629명이며, 2004년 산업인력공단 임상

표 4-1 정신보건법 제1장 총칙

제1조 (목적)	이 법은 정신질환의 예방과 정신질환자의 의료 및 사회복귀에 관하여 필요한 사항을 규정함으 로써 국민의 정신건강증진에 이바지함을 목적으로 한다.
제2조 (기본이념)	① 모든 정신질환자는 인간으로서의 존엄과 가치를 보장받는다. ② 모든 정신질환자는 최적의 치료를 받을 권리를 보장받는다. ③ 모든 정신질환자는 정신질환이 있다는 이유로 부당한 차별대우를 받지 아니한다. ④ 미성년자인 정신질환자에 대하여는 특별히 치료, 보호 및 필요한 교육을 받을 권리가 보장 되어야 한다. ⑤ 입원치료가 필요한 정신질환자에 대하여는 항상 자발적 입원이 권장되어야 한다. ⑥ 입원 중인 정신질환자는 가능한 한 자유로운 환경이 보장되어야 하며 다른 사람들과 자유로 이 의견교환을 할 수 있도록 보장되어야 한다.
제7조 (정신보건전문요원)	① 보건복지부 장관은 정신보건 분야에 관한 전문지식과 기술을 가진 자에게 정신보건전문요원 의 자격증을 교부할 수 있다. ② 정신보건전문요원은 정신보건 임상심리사 · 정신보건간호사 및 정신보건사회복지사로 한다. ③ 제2항의 정신보건전문요원의 구체적인 업무의 범위 · 한계 및 자격 · 등급, 자격증의 교부절 차 등에 관하여 필요한 사항은 대통령령으로 정한다.

심리사는 121명으로 증가하였다. 1980년대부터 늘어나기 시작한 임상심리 전공 대학원생은 지난 10년간에도 계속 늘어나 임상심리학에 대한 우리 사회의 높은 수요와 요구를 반영하고 있다. 염태호가 한국심리학회 30년사에서 정리한 바에 의하면 1996년에 전국 32개 심리학과 중에서 21개 대학에 임상심리학 교수 26명이 재직하는 것으로 나타났으며, 임상심리학 석사과정이 개설된 17개 대학에서 배출된 석사는 총 300여 명, 박사는 총 40여 명, 외국대학 박사는 총 30여 명이 활동하는 것으로 밝혀졌다. 지난 10년간 이 숫자는 계속 증가하여 2006년 현재 전국 총 42개의 심리학과 중에서 20개 대학에 33명의 임상심리학 교수가 재직하고 있다. 이와 같은 회원 수의 증가에 따라 학회 내 지역연구회 모임이 늘어났으며, 임상심리학자들의 활동무대도 전국적으로 확산되었다. 지역연구회 모임은 가장 처음에 생긴 부산임상심리연구회를 비롯해 현재 전국에 5개 지역연구회 모임이 있다. 또한 지난 10년간 가톨릭의대, 고려의대, 울산의대, 성균관의대, 전남의대, 용인병원 등에 3년제 수련과정이 새로 개설되었다. 이와 같은 인력양성은 임상심리전문가의 수적인 증가로 이어져 임상심리학이 사회 속으로 확산되는 기초를 마련하였다. 그렇지만 염태호(1996)가 지적했듯이 임상심리학의 과학적, 전문적 성격에 비추어 볼 때 학회가 전문가의 양성에는 적극적이었던 반면 임상심리사의 양성에는 매우 소홀해 왔다고 볼 수 있다. 이러한 전문가 중심의 인력양성은 임상심리학이 고도의 전문직으로 자리매김하는 데는 유리하지만, 우리 사회가

그림 4-2 ■ 2005년 한국임상심리학회 춘계학술대회 사진

각계각층에서 요구하는 다양한 인력을 수급하는 데는 절대적으로 불리하다. 따라서 앞으로 임상심리학이 좀 더 사회 속으로 확산되고 다양한 역할을 감당하기 위해서는 임상심리전문가와 함께 학사 수준의 임상심리사를 길러내는 일이 시급하다고 하겠다.

개업 및 사회진출. 1990년대에 들어서면서 나타난 뚜렷한 변화는 임상심리학자들의 활동 분야가 넓어졌다는 점을 들 수 있다. 이전에는 임상심리학자들이 주로 대학과 병원을 중심으로 활동했으나 점차 일반인을 대상으로 한 개업 및 기업과 공공기관 등으로 그 활동무대가 확장되었다. 이 시기에 가장 먼저 개업한 임상심리학자로는 1992년 한국정신건강상담연구소를 개설한 박향순, 1993년 서울인지치료상담센터를 개설한 권정혜, 민병배, 1993년 김연심리상담소를 개업한 김연을 들 수 있다. 이후 서울정신분석상담연구소(1995년), 부산새뜰자녀교육상담센터(1995년), 대구스트레스관리센터(1995년), 한국심리자문연구소(1995년)가 뒤를 이어 세워졌고, 1996년에는 대학 부설 연구소로는 처음으로 성신여자대학교 부설 심리건강연구소가 개설되어 개업의 새로운 모델을 제시하였다. 이들 개업가들은 성인과 아동, 청소년을 대상으로 심리평가, 개인심리치료, 집단상담을 제공할 뿐 아니라 세미나와 워크숍 등을 개최해 전문가들을 위한 교육도 실시하고 있다. 2006년 현재 총 39명의 임상심리학자가 34개소를 개업하여 활동하고 있다. 전체 임상심리학자의 수를 고려해 볼 때 개업한 임상심리학자의 수가 많다고는 볼 수 없으나, 병원과는 다른 접근과 치료를 제공하는 임상심리개업가에 대한 요구가 매우 높다는 점을 고려해 볼 때 앞으로 개업가로서의 임상심리학자의 수는 점점 늘어날 것으로 보인다. 개업뿐 아니라 지난 10년간 대학과 병원 외 분야에서 일하는 임상심리학자의 수도 늘어나고 있다. 그동안 임상심리학자들은 일반 기업에 전일제 상담자로 들어가기도 하였으며, 마사회, 음주문화센터, 삼성과 LG와 같은 대기업 등에서도 활동하고 있다. 최근에는 가정법원, 경찰, 병무청, 보호관찰소, 군대 등 공공기관에서도 일하고 있다.

임상심리학자들의 역할과 활동이 다양해짐에 따라 학회의 활동도 다양해져 많은 연구회가 임상심리학회 속에 생겨나게 되었다. 현재 게슈탈트연구회, 아동 및 청소년심리치료연구회, 신경심리연구회, 인지행동치료연구회 등의 연구회가 학회에있으며, 이

표 4-2 임상심리전문가의 자격기준

임상심리전문가는 다음 각 호의 1에 해당하는 자를 말한다.
1. 박사학위(임상심리학 전공)과정 이상에서 학회가 인정하는 전문가의 지도하에 2년 이상의 실습을 마치고 박사학위를 취득한 후 임상심리전문가 자격시험에 합격하고, 그의 추천에 의하여 학회가 발급하는 자격증을 부여받은 자
2. 석사학위(임상심리학 전공)과정 이상에서 학회가 인정하는 전문가 지도하에 3년 이상의 실습을 마치고 석사학위를 취득한 후 임상심리전문가 자격시험에 합격하고, 그의 추천에 의하여 학회가 발급하는 자격증을 부여받은 자
3. 외국에서 임상심리전문가 자격증을 취득한 후 국내 관련 분야에서 2년 이상 활동하고 서류심사 및 면접시험에 합격한 자
4. 1, 2항에서 규정한 임상심리학 전공의 기준은 다음과 같다. (1) 대학원에서 임상관련 과목을 3과목 9학점 이상, 방법론 관련 기초과목을 1과목 3학점 이상 이수한 자로서, 수련위원회에 대학원 성적표를 제출하여 이수과목의 임상전공 관련성을 인정받은 경우에 한한다. (2) 임상관련 과목으로 인정받을 수 있는 과목은 다음과 같다. 고급 임상심리학, 정신병리, 심리진단(또는 평가), 심리치료, 임상 실습, 신경심리평가, 행동평가, 임상심리연구 방법론 등 (3) 방법론 관련 기초과목으로 인정받을 수 있는 과목은 다음과 같다. 심리통계, 실험설계, 자료분석, 중다변인분 석법 등

그림 4-3 ■ 한국임상심리학회 홈페이지. http://www.kcp.or.kr

들은 발표회와 세미나를 열어 임상심리학의 영역을 보다 세분화하고 전문화하는 데 기여하고 있다. 한편 임상심리학자들은 정신과 의사 및 다른 정신건강 분야 전문가와 함께 한국 인지행동치료학회를 창립(2001년)하여 심리치료자로서의 임상심리학자의 역할을 견고히 하기도 하였다. 임상심리학자들의 활동 분야가 보다 다양해질 수 있었던 것은 대학원 심리학과와 병원을 통해 잘 훈련된 임상심리전문가의 수가 늘어났기 때문이기도 하지만, 다른 한편 우리사회 전반에서 정신건강이나 심리문제에 대한 관심이 늘어난 것과도 밀접한 관계가 있다. 1990년 중반 이후 팝 심리학 저서가 늘어난 것은 좋은 예라고 볼 수 있다. 1990년대 중반 까지는 서적에 나온 대부분의 심리학 저서가 대학교재 중심이었으나 이제는 그 수를 헤아릴 수 없을 정도로 많은 팝 심리학 저서가 나와 서점의 한 서가를 이루게 되었다. 임상심리학 분야에서 나온 초기의 팝 심리학 저서로는 「사랑의 의미」(김중술, 서울대학교 출판부), 「수줍음도 지나치면 병」(권정혜, 학지사), 학지사에서 출판된 「이상심리학」 시리즈 등이며, 최근에는 「생각을 바꾸면 세상이 달라 진다」(이민규, 교육과학사) 등이 있다.

국내 임상심리학의 현황

임상심리학자의 역할과 활동 현황[2)]

본 조사는 2007년 조사(권정혜, 2008) 이후 10여 년이 경과한 2018년 임상심리전문가의 역할과 활동에

2) Kwon, J. H. (2018). A national survey of Korean licenced clinical psychologists in 2018: Characteristics and professional activities. *Korean Journal of Clinical Psychology*, Vol. *37*, S1, S4-12

표 4-3 정신보건 임상심리사 자격기준

등급	정신보건 임상심리사
1급	1. 고등교육법에 의한 대학원에서 심리학을 전공(보건복지부 장관이 정하는 임상심리관련 과목을 이수한 경우에 한한다)한 석사학위 이상 소지자로서 보건복지부 장관이 지정한 전문요원 수련기관에서 3년 이상 수련을 마친 자 2. 2급 정신보건 임상심리사 자격취득후 정신보건시설, 보건소 또는 국가나 지방자치단체로부터 지역사회 정신보건사업을 위탁받은 기관이나 단체에서 5년 이상 정신보건 분야의 임상실무 경험이 있는 자
2급	1. 고등교육법에 의한 대학 또는 이와 동등한 학력이 있다고 교육부 장관이 인정하는 학교에서 심리학을 전공(보건복지부 장관이 정하는 임상심리관련 과목을 이수한 경우에 한한다)한 학사학위 이상 소지자로서 보건복지부 장관이 지정한 전문요원 수련기관에서 1년 이상 수련을 마친 자

※ 외국에서 전문요원과 유사한 교육 · 수련을 받거나 전문요원과 유사한 자격을 취득한 자는 보건복지부 장관이 정하는 바에 의하여 전문요원과 동등한 자격을 인정받을 수 있다.

대한 객관적인 자료를 얻어 현황을 파악하고 변화의 동향을 살펴보고자 하였다. 이를 위하여 한국심리학회 공인 임상심리전문가 전원 1,357명에게 2018년 3월26일 임상심리학회의 공식 메일링(kcpa@kcp.or.kr)을 통해 설문 링크(https://google/forms/awH-VTfYdccy5ceK02)를 보냈으며, 최초 메일을 보낸 후 10일 후 스마트폰 문자를 통해 다시 한번 설문 링크를 보내는 방법으로 이루어졌다. 약 보름 동안의 조사기간에 44%에 해당하는 600명이 조사에 응하였다.

설문지는 응답률을 높이기 위하여 최소한의 문항을 포함하는 설문지를 제작하였으며, 총 17문항으로 구성하였다. 인구통계학적 변인(6문항), 임상심리학자로서의 주된 역할(2문항), 재직 기관과 근무형태(2문항), 주요 활동(1문항), 주된 이론적 오리엔테이션(1문항), 전반적 만족도(1문항), 대학원 교육에 대한 만족도(1문항), 수련에 대한 만족도(1문항), 근거기반실무를 하는 정도(1문항), 근거기반실무에 대한 중요도(1문항)로 이루어졌다. 문항은 객관식이었으나 복수응답이 가능한 문항이 많았으며, 구체적인 업무나 활동 비율을 기록하는 문항도 포함되었다. 설문지 응답에 필요한 시간은 대략 5분 정도가 소요되었다.

본 조사에 응답한 임상심리전문가의 평균 연령은 비율을 살펴보았을 때 기업부설센터는 93.5%, 국

표 4-4 Demographic Characteristics of Respondents (N=600)

		n (%)
Age	27 – 29	42 (7.0)
	30 – 39	347 (57.8)
	40 – 49	160 (26.7)
	50 – 59	47 (7.8)
	60 – 69	4 (0.6)
Gender	Female	522 (87.0)
	Male	78 (13.0)
Degree	Master's	467 (77.8)
	Doctoral	133 (22.2)
Licensure age (year)	25 – 29	225 (37.5)
	30 – 39	343 (57.2)
	40 – 49	29 (4.8)
	50 – 59	3 (0.5)
Duration of licensure (year)	Less than 1	35 (5.8)
	1 – 5	267 (44.5)
	6 – 10	136 (22.7)
	11 – 15	100 (16.7)
	16 – 20	29 (4.8)
	Over 20	33 (5.5)

표 4-5 Employment Status and Primary Employment Sites

		Multiple choice n (%)	1st choice n (%)
Employment type	Part-time	–	172 (28.7)
	Full-time	–	404 (67.3)
	Other	–	24 (4.0)
Employment sites	University (Psychology department/ other)	118 (19.7)	81 (13.5)
	Private practice	163 (27.2)	87 (14.5)
	Hospital(General, Outpatient clinic/Psychiatric hospital)	282 (47.0)	233 (38.8)
	University affiliated clinic/University Students' counseling Center	62 (10.3)	28 (4.7)
	Community mental health Center	65 (10.8)	32 (5.3)
	Counseling center of private company	38 (6.3)	31 (5.2)
	National/ Government Institute	93 (15.5)	60 (10.0)
	Other	26 (4.3)	38 (6.3)

공립기관은 93.3%, 지역사회센터는 90.6%로서 이들 기관에서 근무하는 사람들은 전일제로 근무하는 사람들이 상대적으로 높은 것으로 나타났다. 이에 대한 결과를 표 4-5에 제시하였다. 다음으로 임상심리전문가로서 현재 자신의 주된 역할(복수응답)에 대해 질문했을 때 심리평가자로 생각하는 사람이 가장 많았으며(82.8%), 심리치료자(75.7%)로 생각하는 사람이 그 다음으로 많은 비율을 차지하였다. 이에 비해 교육자(40.7%), 연구자(31.8%), 행정가(22.0%)의 역할을 하는 전문가의 비율은 상대적으로 낮게 나타났다. 한편 본인이 미래에 희망하는 주된 역할에 대해서는 90.0%의 전문가가 자신의 주된 역할을 심리치료자로 활동하기를 원한다고 답했으며, 65.5%가 교육자, 59.7%가 심리평가자, 43.8%가 연구자로 답하였다. 이에 대한 결과를 표 4-6과 표 4-7에 제시하였다.

표 4-6 Primary Self-Views of Clinical Psychologists

Role	Multiple choice n (%)	1st choice n (%)
Psychotherapist	454 (75.7)	241 (40.2)
Psychological assessment specialist	497 (82.8)	237 (39.5)
Educator	244 (40.7)	73 (12.2)
Researcher	191 (31.8)	26 (4.3)
Administrator	132 (22.0)	20 (3.3)

Note. 1st choice missing data n=3.

표 4-7 Primary Hoped-for Self-Views in Future

Role	n (%)
Psychotherapist	540 (90.0)
Psychological assessment specialist	358 (59.7)
Educator	393 (65.5)
Researcher	263 (43.8)
Administrator	81 (13.5)

다음으로 표 4-8에서는 임상심리전문가로서 주로 관여하고 있는 활동과 그것이 차지하는 비율을 제시하였다. 첫 번째 칼럼에는 복수응답에서 각각의 활동에 관여한다고 응답한 모든 사람들의 수와 비율을 제시하였으며, 두 번째 칼럼에는 그 사람들이 각각의 활동을 하는 시간 비율을 보고한 것을 평

표 4-8 Professional Activities of Clinical Psychologists

Activity	Multiple choice		Activity engaged more than 50% of time n (%)	Activity engaged more than 31% of time n (%)
	n (%)	Average percent of timea		
Psychotherapy	483 (80.5)	28.7	160 (26.7)	170 (28.3)
Diagnosis/Assessment	543 (90.5)	36.4	191 (31.8)	203 (33.8)
Teaching	321 (53.5)	9.4	21 (3.5)	38 (6.3)
Clinical supervision	255 (42.5)	7.9	20 (3.3)	34 (5.7)
Research/writing	246 (41)	7.5	18 (3.0)	22 (3.7)
Consultation	265 (44.2)	3.6	1 (0.2)	1 (0.2)
Administration	357 (59.5)	8.7	18 (3.0)	22 (3.7)
Other	22 (3.7)	0.8	4 (0.7)	5 (0.8)

표 4-9 Activity Profiles of Four Groups of Clinical Psychologists

Activity	Hospital employees (n=233) n (%)	Private practice (n=87) n (%)	University employees (n=81) n (%)	National/Government employees (n=60) n (%)
Psychotherapy	166 (71.2)	79 (90.8)	66 (81.5)	45 (75.0)
Diagnosis/assessment	228 (97.9)	83 (95.4)	48 (59.3)	55 (91.7)
Teaching	94 (40.3)	53 (60.9)	66 (81.5)	21 (35.0)
Clinical supervision	99 (42.5)	43 (49.4)	55 (67.9)	9 (15.0)
Research/writing	91 (39.1)	26 (29.9)	64 (79.0)	17 (28.3)
Consultation	89 (38.2)	40 (46.0)	50 (61.7)	24 (40.0)
Administration	120 (51.5)	43 (49.4)	43 (53.1)	51 (85.0)
Other	7 (3)	0	1 (1.2)	0

Note. Multiple choices were allowed.

균한 값을 제시하였다. 심리평가와 심리치료에 보내는 시간 비율이 36.4%와 28.7%로 가장 높았으며, 그 다음으로 강의(9.4%), 행정 및 관리(8.7%). 수련감독(7.9%)을 하는 것으로 나타났다. 세 번째 칼럼과 네 번째 칼럼에는각 활동을 본인의 전체 시간에서 50% 이상 하는 사람과 31% 이상 하는 사람의 수와 비율을 제시하였다. 표 4-8에 제시한 바와 같이 각 활동에 50% 이상 관여한다고 답한 전문가의 비율은 심리평가(31.8%)와 심리치료(26.7%)에서 가장 높았으며, 강의(3.5%)와 수련감독(3.3%)이 그 다음인 것으로 밝혀졌다.

표 4-9에는 임상심리전문가가 가장 많이 일하고 있는 병원, 사설치료기관, 대학교, 국공립기관에서 근무하는 전문가들의 활동양상을 각각 살펴보았다. 그 결과 병원과 사설치료기관, 국공립기관 모두에서 심리평가와 심리치료를 주로 하고 있었으며, 대학교에서는 심리치료와 강의를 주로 하는 것으로 나타났다.

표 4-10 Primary Theoretical Orientation

Orientation	Multiple choice n (%)	1st choice n (%)
Cognitive Behavioral/ Behavioral	529 (88.2)	379 (63.2)
Psychoanalysis/ Psychodynamic	319 (53.2)	113 (18.8)
Gestalt	145 (24.2)	36 (6.0)
Systems	39 (6.5)	5 (0.8)
Object relations	253 (42.2)	62 (10.3)

Note. 1st choice missing data n=5.

표 4-11 Satisfaction with Career, Graduate Training, and Internship

Level of satisfaction	Career %	Graduate training %	Internship %
Very dissatisfied	5.5	4.5	14.5
Slightly dissatisfied	25.5	23.0	27.5
Neither dissatisfied nor satisfied	19.8	29.2	25.5
Slightly satisfied	33.3	33.3	25.7
Very satisfied	15.8	10.0	6.8
Mean	3.29	3.21	2.83
SD	1.17	1.05	1.17

표 4-10에 의하면 우리나라 임상심리전문가들이 사용하는 이론적 오리엔테이션을 복수로 응답하게 했을 때 인지행동치료는 88.2%, 정신분석/정신역동이론은 53.2%, 대상관계이론은 42.2%가 사용한다고 답하였다. 두 개 이상의 이론을 사용한다고 응답한 전문가가 전체의 80.9%로서 우리나라 임상심리전문가는 상당히 절충적인 이론적 입장을 사용하는 것으로 보인다. 한편 가장 주된 이론적 오리엔테이션으로 밝힌 오리엔테이션은 인지행동/행동이론(63.2%), 정신분석/정신역동이론(18.8%), 대상관계이론(10.3%), 게슈탈트이론 (6.0%)인 것으로 밝혀졌다. 본 조사에서는 우리나라 임상심리전문가들이 근거기반실무를 하는 정도를 조사했을 때 10점 만점에 7.33(표준편차: 1.67)인 것으로 나타났다. 한편 근거기반실무의 중요도를 5점 만점으로 물어보았을 때는 4.45(표준편차: 0.67)로 응답하였다. 마지막으로 표 4-11에 제시한 바와 같이 임상심리전문가들의 만족도를 5점 만점으로 살펴본 결과 전반적인 만족도(평균: 3.29, 표준편차: 1.17), 대학원 교육에 대한 만족도(평균: 3.21, 표준편차: 1.05), 수련에 대한 만족도(평균: 2.83, 표준편차: 1.17) 간의 유의한 차이가 나타났다, $F(2, 598)=39.58$, $p<.001$. Bonferroni 교정을 이용한 사후 분석 결과, 수련 만족도는 전반적인 만족도 및 대학원 만족도에 비해 유의하게 낮은 것으로 나타났다($p<.001$). 이를 좀 더 자세히 살펴보기 위해 각 만족도 수준에 답한 사람들의 비율을 살펴보았다. 우선 약간 만족한다와 매우 만족한다에 응답한 사람들을 합쳐 보았을 때 전반적 만족도에서는 전문가의 49.1%, 대학원 교육에 대해서는 43.3%, 수련에 대한 만족도에서는 32.5%가 만족한다는 응답을 하였다. 한편 약간 불만족한다와 매우 불만족한다는 응답을 한 사람들의 비율을 합쳐서 보았을 때 전반적 만족도에서는 31.0%, 대학원 교육에 대한 만족도에서는 27.5%, 수련에 대한 만족도에서는 42.0%가 불만족한다는 응답을 하였다. 또한 임상심리전문가의 성별, 활동 연한, 근무 형태에 따라 전반적 만족도가 달라지는지 분석한 결과 임상심리전문가의 성별에 따른 만족도(남자 평균: 3.47, 표준편차: 1.19 ; 여자 평균: 3.25, 표준편차: 1.16)에는 유의한 차이가 없는 것으로 나타났다, $t(598)=1.54$, ns. 다음으로 활동 연한에 따른 만족도에서는 활동 연한이 5년 미만인 전문가의 만족도(평균: 3.08, 표준편차: 1.11)가 활동 연한이 5년 이상인 전문가(평균: 3.57, 표준편차: 1.18)에 비해 유의하게 낮은 것으로 나타났다, $t(598)=-5.23$, $p<.001$. 또한 전일제로 근무하는 전문가의 만족도(평균: 3.42, 표준편차: 1.15)는 시간제로 근무하는

전문가(평균: 3.12, 표준편차: 1.16)보다 유의하게 높았다, $t(574)=2.90$, $p<.01$.

30대 임상심리학자 L 씨의 한 주간의 일정

다음으로 30대 임상심리학자 L 씨의 한 주간의 일정을 살펴봄으로써 우리나라 임상심리학자가 임상 현장에서 어떤 활동을 하고 있는지 좀 더 구체적으로 알아보고자 한다. 임상심리전문가 L 씨는 학부에서 심리학을 전공했으며, 대학원에 진학하여 임상심리학을 전공했다. 석사학위를 취득한 후 상담센터에서 1년간의 인턴과정을 끝낸 이후, 대학병원에서 3년간의 임상심리전문가 수련과정을 마쳤다. 그 후 임상심리전문가 및 정신보건 임상심리사 1급 자격을 취득하고(6년 전), 대학병원에서 5년째 임상심리전문가로 근무하고 있다. 대학병원에서 근무하면서 박사과정에 입학하여 현재 학위논문을 준비 중이다.

월요일 일정

오전 8:00~10:00 월요일 회진 회의. 개방 및 폐쇄 병동에 입원 혹은 퇴원한 환자들에 대한 간략한 브리핑을 듣는 시간이며, 병동 입퇴원 환자들에 대한 개괄적인 사항을 알 수 있다.

오전 10:00~11:00 임상심리실 미팅. 지난 한 주간의 임상심리실에서 이루어졌던 심리평가 및 치료에 대한 계획을 들으며, 이번 주의 계획에 대해 논의한다.

오전 11:00~12:30 임상 수퍼비전. 임상심리 수련생이 실시한 심리평가 혹은 개인치료에 대한 수퍼비전이 이루어진다.

오후 2:00~4:00 독회 모임. 임상심리 수련생과 독회 모임을 하며, 구체적으로 아동의 정신병리에 대한 발제가 이루어진다.

오후 4:00~6:00 개인 시간. 임상심리 수련생이 실시했던 심리평가 결과에 대해 검토하고, 임상심리전문가 본인이 지난 주 시행했던 심리평가에 대한 보고서를 작성한다. 혹은 상담했던 환자에 대한 기록을 정리하는 시간이다.

오후 6:30~8:00 정신병리 연구회 참석. 한 달에 한번 서울, 경기 지역의 임상심리전문가 및 임상심리 수련생이 현재 병원에서 진행되고 있는 연구나 관심 있는 주제에 대해 발표하고 이에 대해 논의하는 시간을 갖는다.

화요일 일정

오전 8:00~9:00 심리치료 세미나. 심리치료세미나에 참석한다. 현재 「청소년의 대인관계치료」라는 책을 함께 읽고 논의하고 있다.

오전 9:00~10:00 임상 수퍼비전. 임상심리 수련생이 실시한 심리평가 혹은 개인치료에 대한 수퍼비전이 이루어진다.

오전 10:00~12:00 사회성 훈련 집단치료. 주의력결핍과잉행동장애를 가진 환아들 중 사회성이 부족한 아이들에 대한 집단치료에 참여한다. 1시간 30분은 환아들을 대상으로 이루어지며, 30분은 부모에 대한 면담이 이루어진다.

오후 12:00~12:30 사회성 훈련 집단치료에 대한 논의. 시행된 사회성 훈련 집단치료에 대해 논의하는 시간으로, 환아의 개별적인 특성과 진행 시 주의해야 하는 점들에 대한 논의가 이루어진다.

오후 2:00~4:00 개인 시간. 병원에서 현재 진행되고 있는 연구들에 대해 검토하며, 앞으로의 연구 진행에 대해 계획하는 시간이다.

▣ 한국 대학원생의 관점

서울대학교 이훈진 교수님 연구실 김지윤

김지윤은 서울대학교에서 2013년에 학사 졸업하고 동 대학 임상 및 상담심리학 전공으로 이훈진 교수님의 지도하에 석사과정을 밟고 있다. 현재 〈긍정적 평가에 대한 부정적 해석이 사회불안장애에 미치는 영향〉으로 석사 논문을 준비 중이다.

임상심리대학원이 당신에게 어땠나요?

자발적으로 공부해야 하는 것이 가장 많은 변화였습니다. 그동안 좋은 성적을 받기 위한 외재적 동기로 주어진 자료만을 공부했다면, 대학원은 수업준비도 많이 해야 하고 필요한 자료를 찾아가며 공부해야 해서 적응하는 데 시간이 필요하였습니다. 다행히도 대학원이 공부에 집중할 수 있는 환경이어서 자신의 속도대로 적응해 나갈 수 있었습니다. 또한 대학원은 앞으로 평생 동료가 될 대학원 동기, 선후배들을 만난 곳이기도 합니다. 전 동기들이 많은 편이라 서로 의지가 되어주는 사람이 많다는 점도 행운이고 앞으로 정말 큰 자산이라고 생각합니다.

대학원에서 가장 예상하지 못했던 것들은 무엇인가요?

교내 상담소에서 근로장학생으로 접수 및 안내 업무를 맡게 된 것과 병원 서브인턴 경험입니다. 대학원과정에서는 상담실습만 할 것이라고 생각했던 터라 대학생활문화원 상담센터에서의 일은 처음에는 단순 안내 업무라 꼭 필요한 일인지 의문을 가졌지만, 오히려 다양한 사람들을 잠깐이나마 만날 수 있었고 상담센터의 업무 진행과정을 알 수 있어서 새로운 경험들의 연속이었습니다.

서울아산병원 서브인턴 프로그램은 입학 후에 생긴 것이라 전혀 예상하지 못하던 일이었습니다. 대학원에서 제공하지 않는 병원 경험을 함으로써 앞으로 내가 할 일이 무엇인지 명료해지고 지금 하는 공부들의 동기부여가 더 많이 될 수 있도록 해준 경험입니다.

대학원이 당신을 바꾸었나요? 만약 그렇다면, 어떻게 바꾸었나요?

가장 큰 변화는 저를 찾아오는 내담자에게 가장 좋은 서비스를 제공하는 것에 관한 책임감이 생긴 것입니다. 직전 상담에서 놓친 것이 없는지, 반응을 적절히 하였는지에 대해 확인을 하고 다음 상담 방향을 어떻게 진행할지에 대한 고민을 통해 몇 가지 방향을 설정해 놓는 것을 매주 하게 됩니다. 하지만 이는 의무감에 하는 것이 아니라 자발적으로, 내담자에 대한 인간적인 애정으로, 진심이 저를 이끈다는 점이 스스로도 놀라울 때가 있습니다. 상담이 미리 계획한 대로 흘러가는 경우는 아직 별로 없지만, 가능한 한 가장 도움이 되기 위해 전문성을 쌓는 것이 제 삶의 최우선이 되었습니다.

대학원에 입학한 이후, 관심 분야에 어떤 변화가 생겼나요?

대학원에 진학할 당시 관심 분야를 한정해놓지 않았기 때문에 특별한 변화가 있다고 하긴 어렵습니다. 한 가지 변화는, 처음에는 심리치료에 대부분의 비중을 두고 있었지만, 점차 평가의 중요성을 느끼게 되었습니다. 특히 임상심리학자가 다른 정신건강관련 전문가와 차별화되는 부분이기에 그 중요성이 클 수밖에 없다고 생각합니다. 동시에 검사 결과와 적절한 질문을 통한 면담에서 얻은 정보, 증상 등을 통합하여 평가한다는 것은 쉽지 않은 일이기에 한 번 이론을 배우는 것 이상으로 지속적인 관심과 경험이 필요하다는 것을 깨달았습니다. 또한 평가와 심리치료가 별개의 것이 아니라는 점을 체감하면서 둘 모두 관심을 가지고 앞으로도 정진해야 할 부분이라고 생각합니다.

연구 주제에 관해서는 변화가 크게 없었습니다. 첫 학기에 대인불안 극복 집단 프로그램에 참여한 것이 주제를 정할 수 있었던 원동력이었던 것 같습니다. 논문들을 보면서 추상적인 추론을 하는 것보다 실제적인 경험을 통해 질문을 던졌던 것이 도움이 되었습니다.

돌아보면, 대학원 프로그램에서 어떤 활동 혹은 경험들이 가장 중요했나요?

당연한 이야기 같지만, 석사과정에서 제공하는 프로그램에 충실한 것, 그것이 전부라고 해도 과언이 아닐 것 같습니다. 부연하면, 전공 지식을 모두 숙지하는 것, 실습에 적용하고 수퍼비전을 받는 것, 연구자로서 논문을 작성하는 것이라 할 수 있겠지요. 임상심리학과정의 장점은 어떻게 적용할지와 맞닿아 있기 때문에 내가 무엇을 하고 있는지를 확실하게 알 수 있어 '내가 도대체 무엇을 하고 있는지?' 같은 회의에 젖어 있지 않아도 된다는 점입니다. 가장 중요한 활동이 따로 있다기보다는, 지금의 과정 하나하나가 모두 필요한 것이며 하나하나씩 해나가고 있다는 점을 기억하면서 마음을 다잡아왔습니다.

임상심리학대학원에서 수학하는 학생들을 위해 더 해줄 말이 있나요?

대학원에서 수학 중인 학생으로서 대학원 진학을 고민하는 학생들에게 한마디 하자면, 두려워할 필요 없고 도전할 만한 가치가 있는 일이라고 말씀드리고 싶습니다. 힘들더라도 그 중에 기쁘고 보람 있는 일들을 충분히 찾을 수 있기 때문입니다. 본인의 가치에 부합하는 일이라고 생각하면 망설이지 말라고 얘기하고 싶습니다.

오후 4:00~5:00 임상 수퍼비전. 임상심리 수련생이 실시한 심리평가 혹은 개인치료에 대한 수퍼비전이 이루어진다.

오후 5:00~6:00 동료 간 수퍼비전. 병원에서 수행하고 있는 상담 사례에 대해 동료 임상심리전문가와 사례에 대해 논의하고, 앞으로의 치료계획에 대해 검토하는 시간이다.

수요일 일정

오전 7:45~9:00 아침 독회 모임. 정신과 전문의, 전공의, 임상심리전문가, 임상심리 수련생들이 관심 있는 논문에 대해 발표하고 함께 논의하는 시간이다.

오전 9:00~11:00 임상 수퍼비전. 임상심리 수련생이 실시한 심리평가 혹은 개인치료에 대한 수퍼비전이 이루어진다.

오전 11:00~12:00 심리치료. 초등학교 5학년의 ADHD로 진단받았던 환아로, 가족 내에서 느끼는 정서적 결핍감 및 또래와의 관계에서 행동 조절되지 않는 증상을 호소하는 환아를 대상으로 인지치료가 이루어진다.

오후 1:30~5:30 심리평가. 아동을 대상으로 주의력 평가와 종합 심리평가(Full Battery) 검사가 시행하며, 아동의 경우 성인 환자에 비해 더 많은 검사 시간과 면담 시간이 요구된다.

오후 5:30~6:30 개인 시간. 임상심리 수련생이 실시했던 심리평가 결과에 대해 검토하고, 임상심리전문가 본인이 지난 주 시행한 심리평가에 대한 보고서를 작성한다. 시간이 남으면 상담했던 환자에 대한 기록을 정리하는 시간이다.

오후 6:30~8:30 초청 강의. 약 한 달에 한번 정도 부정기적으로 이루어지며, 외부강사를 초청해 강의를 듣는 시간이며, 긍정심리학, 부부치료에 대한 강의가 이루어진다.

목요일 일정

오전 8:00~9:00 소아 사례회의. 입원했거나 외래에 내원했던 환아를 대상으로 정신과 전문의, 전공의, 임상심리전문가, 임상심리 수련생, 언어치료사 간의 이해를 돕기 위한 사례회의가 진행된다.

오전 9:00~10:00 임상 수퍼비전. 임상심리 수련생이 실시한 심리평가 혹은 개인치료에 대한 수퍼비전이 이루어진다.

오전 10:00~12:00 사회성 훈련 집단치료. 주의력결핍과다행동장애를 가진 환아들 중 사회성이 부족한 아동들에 대한 집단치료에 참여한다. 1시간 30분은 환아들을 대상으로 이루어지며, 30분은 부모에 대한 면담이 이루어진다.

오후 12:00~12:30 사회성 훈련 집단치료에 대한 논의. 시행된 사회성 훈련 집단치료에 대해 논의하는 시간으로, 환아의 개별적인 특성과 진행 시 주의해야 하는 점들에 대한 논의가 이루어진다.

오후 2:00~3:00 독회 모임. 임상심리 수련생들과 독회 모임을 하며, 아동의 Rorschach 반응이 연령에 따라 어떻게 달라지는지 살펴보고, 실제 사례중 그 연령에 해당되는 환아의 프로토콜도 함께 검토한다.

오후 3:00~4:00 임상 수퍼비전. 임상심리 수련생이 실시한 심리평가 혹은 개인치료에 대한 수퍼비전이 이루어진다.

오후 4:00~5:00 개인 시간. 지난주 시행되었던 심리평가에 대한 보고서를 작성하거나 상담했던 환자에 대한 기록을 정리하는 시간이다.

오후 5:00~6:00 심리치료. 부모가 이혼을 했으며 정서적인 문제를 가지고 있는 중학교 1학년의 환아가 특히 사회성이 부족한 점이 두드러져, 이에 대한 인지치료적 개입 및 대인관계치료에 기반한 심리치료를 한다.

금요일 일정

오전 7:45~9:00 성인 사례 회의. 주로 입원하고 있는 성인 환자를 대상으로 정신과 전문의, 전공의, 임상심리전문가, 임상심리 수련생, 사회복지사 간의 이해를 돕기 위한 사례회의가 진행된다.

오전 9:00~12:00 심리평가. 성인을 대상으로 심리평가가 진행되며, 성격 · 정서적인 면에 초점을 맞춘 성인성격평가를 실시한다.

오후 1:30~3:00 임상 수퍼비전. 임상심리 수련생이 실시한 심리평가 혹은 개인치료에 대한 수퍼비전이 이루어진다.

오후 3:00~4:00 연구 모임. 정신과 전문의, 전공의, 임상심리전문가, 임상심리 수련생이 참여하며 현재 병원에서 진행되고 있는 연구의 진행사항에 대해 논의하고, 향후 진행할 연구 계획을 함께 토론하는 시간이다.

오후 4:00~6:00 개인 시간. 임상심리 수련생이 실시했던 심리평가 결과에 대해 검토하고, 임상심리전문가 본인이 지난주 시행되었던 심리평가에 대한 보고서를 작성한다.

임상심리전문가가 되기까지의 교육과 수련과정

개관. 임상심리전문가로 교육과 수련을 받는 과정은 우선 심리학과의 학사학위를 받는 것부터 시작한다. 그러나 임상심리대학원과정으로 입학한 사람들을 보면 타과에서 학사학위를 받은 뒤 이후 임상심리학으로 진로를 변경한 사람들도 적지 않다. 대학원 진학 시 타과 전공이 특별한 결격 사유가 되지는 않지만, 타과 전공자인 경우 이후 대학원과정에서 선수 과목을 수강하여 심리학의 기초적 지식들을 공부해야 한다. 석사학위를 취득한 이후 수련기관 시험을 거쳐 3년간 수련을 받은 후 자격 시험을 치르고, 임상심리전문가 또는 임상심리사 자격증을 취득한 뒤에 진로를 결정한다. 임상심리전문가로 현장에서 활동하며 경력을 쌓는 것 만으로는 전문성에 대한 적절한 보상과 대우를 받는 데 충분하지 않기 때문에, 박사학위 취득이 임상심리전문가 자격증을 취득한 이후에 중요한 진로로 자리매김되고 있다. 그렇지만 박사과정을 시작하는 시점이나 전일제로 학업을 하는지 여부는 개인의 필요와 사정에 따라 개인차가 많다.

자격증. 임상심리학자는 현재 2종의 국가 자격증과 한국심리학회 산하 임상심리학회에서 수여하는 전문가 자격증을 취득할 수 있다. 국가 자격증은 보건복지부에서 수여하는 정신보건 임상심리사 1급, 2급 및 한국산업인력공단에서 수여하는 임상심리사 1급, 2급이 있다. 각 자격증에 해당하는 수련과정을 마치면 필기시험과 면접시험을 거쳐 자격증을 받는다.

먼저 학부를 졸업한 후 받을 수 있는 국가자격증인 정신보건 임상심리사 2급과 한국산업인력공단의 임상심리사 2급의 자격기준을 간단히 살펴보기로 하겠다.

대학에서 심리학을 전공(임상심리 필수 및 선택과목 이수)한 학사학위 이상 소지자로서 정신보건 수련기관에서 1년 이상 수련을 마친 자는 정신보건 임상심리사 2급의 자격증을 받을 수 있다.

한편 한국산업인력공단에서 수여하는 임상심리사 2급 자격증을 받기 위해서는, 임상심리학과 관련 있는 현장에서 1년 이상 실습 수련을 받아야 하고 또는 2년 이상 실무에 종사한 자로 대학졸업자 및 졸업 예정자이어야 한다. 이를 위해 일반적인 임상심리학적 지식과 기술을 숙지해야 하고, 기초적인 심리검사, 심리치료 · 상담, 심리재활, 심리교육 등을 수행할 수 있어야 한다.

다음으로 대학원에서 임상심리학을 전공하고 석사학위를 취득한 사람은 일정 자격기준을 갖춘 후 정신보건 임상심리사 1급 자격증과 임상심리전문가 자격증을 받을 수 있다. 우선 정신보건 임상심리사 1급은 3년의 수련기간 동안 수련기관에서 정신보건 임상심리사 1급 자격 취득을 위한 이수 과목(이론 및 실습) 및 이수 시간을 이수하여야 하고, 3년의 수련과정을 마치면 임상심리학회에서 주관하는 자격시험에 합격해야 한다. 정신보건 임상심리사 2급 자격증 취득자는 만 5년간 정신보건 현장에서 근무한 실무경력에 대한 보건복지부의 심사를 통과하면 별도의 자격시험 없이 자동으로 승급된다(표 4-3).

임상심리전문가는 학회가 인정하는 임상심리전문가의 감독하에 3년(박사는 2년)의 수련을 받아야 하며, 수련기간 동안 각종 학술회의에 참여하고 사례발표 및 논문발표를 하여야 한다(표 4-2).

수련과정 입문. 기관의 자체 시험에 합격을 하게 되면 임상심리전문가 수련생(수련기관에 따라 임상심리 레지던트라고 불리기도 한다)이 되며 수련 감독자(supervisor)의 지도하에 수련을 받게 된다. 석사과정에서 인정받을 수 있는 학과목은 다음과같다.

수련인정과목. 석사과정에서 이수한 과목들은 수

련 시간으로 인정되며 이렇게 이수한 과목들은 석사학위 취득 후 수련 자격시험을 볼 수 있는 자격요건이 되기도 한다. 필수과목으로는 정신병리학, 심리평가(또는 고급심리진단), 심리치료(또는 고급 심리치료, 고급상담이론), 연구 방법론(고급심리통계, 고급심리설계)이 있다. 이 외에 16개 과목 중 3과목을 선택하여 들어야 하며 수강 시간은 수련 시간으로 인정된다. 16개 과목으로는 인지치료, 행동치료, 집단치료, 임상현장실습, 건강심리학, 고급성격심리학, 고급측정 이론, 고급발달심리학, 고급인지심리학, 고급생리심리학, 고급학습심리학, 신경심리학, 재활심리학, 발달정신병리학, 지역사회심리학, 의료 또는 보건정책론 등이 있다.

표 4-12 역대 임상심리학회 학술지 발행 편수

발행 연도	호	편수	
1967년~1990년	1~9호	95편	정신병리 35편 심리평가 29편 심리치료 6편 기타 25편
1991년~2000년	10~19호	304편	정신병리 135편 심리평가 109편 심리치료 15편 기타 45편
2001년~현재 (2007년)	20~26호	390편	정신병리 166편 심리평가 139편 심리치료 41편 기타 44편

수련받아야 할 영역들. 3년 동안 이수해야 하는 수련 내용으로는 첫째, 심리평가를 300시간 이상(박사 200시간 이상) 수행해야 되는 것으로 정해져 있다. 단, 신경심리평가, 재활기능평가가 50%를 넘어서는 안 되며 종합평가(Full Battery)는 30사례(박사 20사례)가 넘어야 한다. 둘째, 심리치료는 300시간 이상으로, 이 중 50%까지는 개인치료나 집단치료에 참가한 경험으로 대치 가능하나, 반드시 개인치료 또는 집단치료를 150시간(10사례) 이상 시행해야 하며, 이 중에서 지도 감독하의 치료를 50시간(6사례) 이상 시행해야 한다. 즉 심리평가와 심리치료를 합하여 800시간 이상(박사는 600시간 이상) 시행해야 한다. 한편 학회가 인정한 지회 및 연구회, 학회의 학술회의 및 사례회의에 각각 20시간 이상 참석해야 하며, 지회 및 연구회 참석은 50%까지만 인정된다. 학회가 인정한 지회 및 연구회, 학회에서의 심리치료 사례발표가 2회(4시간) 이상이어야 하며, 지회 및 연구회에서의 발표는 1회로 제한된다. 그리고 수련과정 중 A급 학술지(전국적으로 배포되고 공식적인 심사제도가 확립되어 있는 학술진흥재단 등재지 혹은 등재 후보지)에 제1저자로 1편 이상의 논문을 출간해야 한다. 또한 수련기관 이외의 병원, 연구소, 학회, 복지기관, 사회복귀시설, 기타 학회가 인정하는 대외 협력 지원사업에 30시간 이상 참석해야 한다.

박사과정. 저자가 소속되어 있는 학교의 경우 박사과정 학생은 총 36학점을 이수해야 한다. 36학점 중에 주전공 과목이 24학점 이상이어야 한다. 타학과에서 수강한 과목도 지도교수와 학과주임이 인정하는 경우에 심리학 전공과목으로 인정받을 수 있다. 그리고 박사과정 학생은 학위 논문을 제출하기 전에 부논문 2편 이상을 전문 학술지에 발표한 후 학위논문 심사위원의 승인을 받아야 한다. 그리고 2학기 이상을 주당 4일 이상 연구실에 나와 연구에 전념하면서 연구 프로젝트를 수행하고, 학부 및 석사과정 학생들의 연구 활동을 지도해야 한다.

임상심리학회지에 나타난 연구 동향

1967년에 처음 발간된 임상심리학회지는 2~3년에 한 번씩 발간되었지만, 1987년 이후에는 매년 간행되었다. 1997년부터 연간 2회 발간이 정착되었고, 2000년부터 지금까지는 연간 4회 발간되고 있다. 역

대 임상심리학회지 게재 논문 편수는 2007년 현재 총 789편으로, 정신병리에 관한 논문이 336편, 심리평가에 관한 논문이 277편, 심리치료에 관한 논문이 73편이다. 이 외의 내용으로는 측두엽 간질이나 암, 두통 등 일반 의학적 상태와 관련된 논문들, 가정 폭력이나 빈곤 가정, 아동의 심리적 적응과 관련된 논문들이 있다. 심리치료에 관한 논문이 정신병리나 심리평가에 비해 현격히 적은 편이지만, 최근에 늘어나는 추세를 보이고 있다.

한국 임상심리학이 나아갈 방향

한국의 임상심리학은 1980년대와 1990년대를 거치면서 많은 발전을 이루어왔다. 그러나 임상심리학자가 가진 전문적인 역량이 사회 전반에서 충분히 발휘되지 않고 있는 것이 사실이다. 여기에서는 한국 임상심리학이 나아가야 할 방향에 대해 간단히 논의하고 이 장을 마무리하고자 한다.

더 많은 임상심리학자 배출 필요성. 지난 10여 년간 불과 몇 십명에 불과하던 임상심리전문가는 현재 500여 명의 규모로 늘어났으며, 대학과 병원을 중심으로 활동하던 임상심리학자들이 개업치료소, 국가기관과 대기업 등으로 활동 분야를 넓혀가고 있다. 그렇지만 심리학적 개입과 자문에 대한 우리 사회의 높은 요구를 생각해 볼 때 배출되는 임상심리전문가의 수는 아직 절대적으로 부족한 실정이다. 인접 분야인 정신과 전문의의 수가 대략 2,000명 정도에 달하며, 정신사회사업가나 정신간호사의 수 역시 임상심리전문가에 비교가 되지 않을 정도로 많다. 이러한 수적인 열세는 현장의 부족과 함께 임상심리학의 발전에 큰 걸림돌이 되고 있다. 매년 많은 학부 졸업생들이 임상심리대학원 과정에 지원한다는 사실을 고려해 볼 때 임상심리대학원의 입학정원뿐 아니라 임상심리전문가를 훈련시킬 수 있는 병원 및 현장의 부족은 더 많은 임상심리전문가를 배출하지 못하는 가장 큰 요인으로 작용한다. 가까운 미래에 이러한 구조적인 문제가 해결되기 어렵다는 점을 생각해 본다면 미국과 같은 전문대학원제도도 고려해 볼 수 있는 대안이 될 것이다.

임상심리전문가의 수적인 열세 못지않게 해결되어야 할 중요한 과제는 더 많은 임상심리사의 배출이다. 10여 년 전부터 임상심리사를 더 많이 길러내야 한다는 현장의 목소리가 높았지만, 배출된 임상심리사의 수는 아직 제자리걸음을 보이고 있다. 산업인력공단의 임상심리사제도가 활성화되면 좀 더 많은 임상심리사가 나올 수 있으리라 기대했지만, 아직 큰 변화가 이루어지지 않고 있다. 임상심리사가 많아지면 석사나 박사 수준의 전문 인력을 고용할 수는 없지만 임상심리학적 자문을 필요로하는 많은 현장에 임상심리학자가 투입될 수 있으며, 이들이 현장과 임상심리전문가의 교량 역할을 담당할 수 있어 임상심리학의 발전에 지렛대 역할을 할 수 있을 것이다.

고도의 전문화 전략. 지난 10년간 우리 사회에는 심리치료에 대한 부정적 인식이 많이 줄어들었으며, 심리치료에 대한 대중의 이해나 수용도가 현저하게 높아졌다. 앞으로 심리치료 및 여타 심리적 개입에 대한 대중의 수요는 폭발적으로 늘어날 것이다. 심리적 개입을 제공하는 개업가들이 인접 분야에서도 우후죽순같이 생겨날 때 임상심리전문가가 어떻게 살아남을 수 있을 것인가? 전통적인 개업의들이 시장에서 밀려나는 것 같이 임상심리학자들도 특정 분야에 고도로 전문화된 지식과 실무경험을 쌓지 못하게 되면 경쟁에서 살아남을 수 없게 될 것이다. 임상심리학자들은 다른 어떤 인접 분야보다도 과학적 마인드를 가진 우수한 전문가 집단이다. 임상적 경험과 과학적 접근을 통합하여 좋은 심리개입 프로그램을 개발하고 보급하는 독보적인 역할을 담당해야 할 것이다. 이를 위해 임상심리학대학원 프로그램이나 수련 프로그램이 보다 전문화된 교육과 훈련을 제공하도록 노력해야 한다. 학회 역시 장기적인 계획을 가지고 학회 전문회원들에게 전문화된 연수교육을 시키는 데 역점을 두어야 할 것이다.

심리치료 못지않게 심리평가 분야 역시 많은 도전을 받게 될 것이다. 임상심리학자가 의뢰받은 문제와는 관계없이 종합심리검사(Full Battery)와 전통적인 평가방법에 안주한다면 현장에서 심리평가 전문가로서의 자리를 지킬 수 없을 것이다. 심리평가가 인접 분야가 넘보지 못하는 임상심리학의 독보적인 영역으로 계속 남기 위해서는 새로운 심리검사를 개발하여 특수화와 전문화를 이루어야 한다. 또한 임상심리학자가 연구자로서의 역량을 높이는 것도 인접 분야 전문가들과의 경쟁에서 전문 영역을 확보할 수 있는 좋은 방법이다. 임상심리학은 오랫동안 경험적 연구와 과학적인 방법론을 강조해 왔다. 연구를 통해 임상 활동의 과학적 근거를 증명해 보이고, 연구 능력을 인정받는다면 다양한 분야에 연구자로서 진출할 수 있을 것이다.

새로운 현장 개척. 정신과를 중심으로 활동하고 있는 임상심리학자들의 수는 상대적으로 계속 감소하고 있다. 임상심리학자들은 남들이 하지 않는 분야가 어디에 있는지 끊임없이 살펴보며 새로운 현장을 개척해야 한다. 고도의 정보화를 이룬 우리 사회는 다른 어느 때보다 실력 있는 새로운 전문가를 수용할 준비가 되어 있다. 개업은 물론이고 초 · 중 · 고등학교, 일반기업, 경찰, 군대, 교도소, 법원, 국가기관 등 임상심리학자들이 더 많은 현장으로 진출해야 한다. 이들 분야에서의 임상심리학자 활동에 대한 수요는 여러 해 전부터 있었고 앞으로 점점 더 증가할 것이다. 당장의 대우가 만족스럽지 못하다고 해서 외면하기보다는 장기적인 안목에서 이들 현장에 진출하고 활동해야 할 것이다. 학회에서도 새로운 분야에서 활동하는 임상심리학자들을 지원하고, 이들이 시행착오를 겪으며 얻어낸 노하우가 후배들에게 전수될 수 있도록 장을 만들어 주어야 한다. 또한 비슷한 분야에서 일하는 전문가들을 엮어 이들의 협력이 시너지 효과를 낼 수 있도록 협의체를 구성해 주는 것도 유익한 일이 될 것이다.

임상심리학의 관심 영역 확장. 임상심리학이 대중 속으로 파고들기 위해서는 우리의 학문적 관심 분야가 정신장애를 넘어서는 것이 절대적으로 필요하다. 우리나라 사람들은 세계 어느 나라 사람들보다도 건강에 관심이 높다. 임상심리학적 지식이나 개입법을 활용해 심장병, 당뇨, 비만, 암, 치매 등의 신체적 질병을 관리하고 예방해 준다면 임상심리학에 대한 수요가 더 높아질 것이다. 이와 함께 임상심리학자는 행복을 제공하는 고도의 전문가로 자리매김해야 할 것이다. 한편으로는 우울증이나 불안증에 대한 예방법을 제공하고, 다른 한편으로는 정신적 웰빙, 즉 행복한 부부생활, 행복한 직장생활, 그리고 원만한 대인관계를 가능하게 하는 방법과 기술을 가르치며 개발하는 전문가가 되어야 한다. 뿐만 아니라 이러한 임상심리학자의 역할을 국민들에게 널리 홍보하고 상담해 주어야 한다. 특히 한국의 가정은 외도, 음주문제, 가정폭력, 자녀문제로 심각한 위기를 겪고 있다. 앞으로 이혼한 가정의 자녀들이 보일 심리적 · 행동적 장애는 심각한 사회문제가 될 수도 있다. 임상심리학자들은 부부문제나 가정 내 다양한 문제를 다룰 수 있는 전문지식과 기술을 개발하고 현장경험을 쌓아 이 분야에 대한 사회적 수요에 부응해야 하고 이 외에도 임상심리학자들이 우리나라의 공공정책에 좀 더 관심을 가지고 정책 결정에 관여할 뿐 아니라 정책을 수행하는 데 적극적으로 참여해야 할 것이다. 또한 학회는 보다 조직적으로 다음 세대의 성장에 필요한 길을 개척하는 데 노력을 기울이고, 미래를 준비해야 할 것이다.

요약

한국의 임상심리학은 40여 년의 역사를 가지고 있다. 1960년대에는 육군병원을 필두로 임상심리학자들이 임상장면에 진출하기 시작했으며, 1964년에는 임상심리분과회가 창립되는 등 정착의 기반이 마련되었다. 1971년에 우리나라는 아시아 국가로는 최초로 임상 및 상담심리전문가 자격기준을 규정하여 전문가를 배출하기 시작했다. 이때부터 심리학과 대학원과 의과대학의 수련생제도가 자리 잡았으며, 체계적인 교육을 바탕으로 임상심리학자를 양성하기 시작했다. 우리나라 임상심리학은 1995년 정신보건법의 제정으로 새로운 발전의 전기를 맞이하였다. 임상심리학자가 '정신보건임상심리사'로 법적인 지위와 역할을 부여받게 되었고, 정신보건 분야의 전문인력으로 참여하게 되었다. 그 결과 임상심리학자들의 수는 기하급수적으로 늘어 났으며, 그들의 활동영역은 개업과 함께 병원외의 분야로 다양화되었다. 임상심리학자들의 역할과 활동이 다양해짐에 따라 학회의 활동도 다양해져 많은 연구회와 지회가 생겨나게 되었다.

우리나라 임상심리학자들의 활동 현황에 대한 조사결과 응답한 임상심리학자들은 자신의 정체성을 임상가로 생각하고 있으며, 전문가로서 자신의 지위나 활동에 대해 보통 혹은 약간 만족하는 것으로 나타났다. 주로 절충적 · 통합적 이론 혹은 인지 행동이론을 따르고 있었으며, 종합병원, 국공립병원과 대학교에 전일제로 재직하고 있는 경우가 많았다.

임상심리전문가의 길은 심리학과 학사학위를 받는 것에서부터 시작한다. 타과 전공인 경우 대학원에서 필요할 선수 과목을 수강하여 심리학의 기초적 지식들을 공부해야 한다. 석사학위를 취득한 이후 수련기관에서 3년간 수련을 받은 뒤 자격시험을 보고, 임상심리전문가 또는 정신보건 임상심리사 자격증을 취득한 뒤에 진로를 결정한다. 석사학위를 가지고 활동하는 임상심리전문가가 다수 있지만, 보다 높은 전문성과 대우를 위해 박사학위 취득에 대한 관심도 증가하고 있다. 또한 학사학위 취득만으로도 임상심리사 2급이나 산업인력공단에서 주관하는 임상심리사 자격시험을 볼 수 있다. 오늘날 임상심리학 분야는 일반 대중에게 높은 관심을 받고 있다. 그러나 현재로서는 임상심리학자가 가진 전문적인 역량이 사회 전반에서 충분히 발휘되지 않고 있다. 미래의 임상심리학자들은 이제까지의 임상심리학의 과학적, 전문적 성격을 잃지 않는 동시에, 임상심리학이 좀 더 사회 속으로 확산되고 다양한 역할을 할 수 있도록 하는 노력이 필요하겠다.

주요 용어

수련과정 수련기관의 자체 시험에 합격을 하게 되면 임상심리전문가 수련생이 되며(임상심리 레지던트라고 불리기도 한다) 수련 감독자의 지도하에 수련을 받게 된다.

임상심리전문가 학회가 인정하는 최고의 자격증으로 병원에서의 심리평가/심리치료와 개인 개업 등을 할 수 있으며, 임상심리전문가 수련생들의 수련 감독권한을 갖는다. 수련 기간은 3년(단, 임상심리학전공으로 박사학위를 취득한 자는 2년)으로 한다. 대학원에서 임상심리학을 전공 중이라면 수련에 참가할 자격이 부여되며, 전담 지도감독을 해줄 전문가가 있다면 정신과, 상담소 등 어느 곳에서도 수련이 가능하다(단, 입원시설이 있는 정신과에서의 수련이 1년 이상이어야 함). 수련과정을 이수하고 필기시험과 면접시험을 합격한 뒤, 임상심리학회 임상심리전문가 자격심사위원회에서 자격심사를 받고 임상심리전문가 자격증을 수여한다.

임상심리사 한국산업인력공단에서 발급하는 자격증으로 임상심리사 1급과 2급이 있다. 하지만 2007년 현재까지 1급 자격증은 수여되지 않고 있으며, 2

급 자격증을 받기 위해서는 임상심리와 관련하여 1년 이상 실습 수련을 받은 자 또는 2년 이상 실무에 종사한 자로 대학졸업자 및 졸업 예정자여야 한다.

정신보건법 1995년 제정되었으며, 정신질환의 예방과 정신질환자의 의료 및 사회 복귀에 관한 필요한 사항을 규정하고 있다. 정신보건전문요원의 종별은 정신보건 임상심리사, 정신보건간호사, 정신보건사회복지사로 정하고 있으며, 업무의 범위, 한계 및 자격 등 자격증의 교부절차는 대통령령으로 정한다고 되어 있다. 임상심리학회에서는 임상심리학자의 법적인 지위가 보장되는 것은 좋지만 전문가로서의 독립적인 지위와 활동이 침해받을 수 있다는 우려가 있었다. 문제되는 조항을 시정하도록 노력한 끝에 의견이 반영되어 1997년 현재의 시행령이 공표되었다.

정신보건 임상심리사 보건복지부에서 수여하는 국가 자격증이다. 정신보건 임상심리사 1급은 대학원에서 심리학을 전공하고, 임상심리 필수 및 선택과목을 이수한 후, 정신보건 수련기관에서 3년 이상의 수련을 마친 후 임상심리학회에서 주관하는 자격시험을 통과하면 취득할 수 있다. 또는 2급 정신보건 임상심리사 자격취득 후 만 5년 이상 정신보건 업무에 종사한 경력이 있으면 별도의 시험 없이 경력에 대한 보건복지부의 심사 후 1급으로 승급된다. 정신보건 임상심리사 2급은 대학에서 심리학을 전공하고 임상심리 필수 및 선택 과목을 이수한 후, 정신보건 수련기관에서 1년 이상의 수련을 마친 후 임상심리학회에서 주관하는 자격시험을 통과하면 취득할 수 있다.

관련 웹사이트

한국심리학회 http://www.koreanpsychology.or.kr
한국임상심리학회 http://www.kcp.or.kr

Chapter 05

임상심리학의 연구 방법

Research Methods in Clinical Psychology

핵심질문

1. 사례 연구의 장점과 한계점은 무엇인가?
2. 상관 연구의 장점과 한계점은 무엇인가?
3. 장기 종단 연구의 장점과 한계점은 무엇인가?
4. 실험의 기본요소는 무엇인가?
5. 임상 연구를 수행할 때 고려해야 할 주요한 윤리적 쟁점은 무엇인가??

개요

임상심리학자에 대해 TV에서 소개될 때, 종종 임상심리학이 직관에 기반하고 심리치료가 마치 친구들과 나누는 고민상담과 유사한 것으로 보여진다. 때때로 꿈해석, 최면 혹은 투사검사와 같은 예전의 접근법들이 소개된다. 이러한 접근법들이 오늘날에도 여전히 사용되기는 하지만, 근대의 임상심리학은 과학적 학문으로 명확하게 정의된다. 왜 개개인이 증상을 경험하게 되고, 어떻게 증상이 악화되거나 경감되는지, 심리적인 증상들을 치료하는 최선의 치료법이 무엇인지에 대해 의사결정을 하는 것은 엄격한 과학적 연구와 지난 수십 년 동안 축적된 경험적 결과들에 기반한다. 이런 이유로, 과학자-임상가 모델은 임상심리학자의 수련에서 우선적인 철학이었다. 이 모델로 인해 임상심리학자들이 많은 정신건강 단체에서 연구 전문가로 활동할 수 있게 되었다. 성공적인 임상심리학자가 되기 위해, 연구 방법론과 증거-기반치료기법들 모두를 이해하고 사용할 수 있어야만 한다.

임상심리학자들이 적극적인 연구자이든 아니면 연구의 적극적인 소비자이든 연구 방법은 두 경우 모두에서 주된 관심사이다. 사설 상담기관에서 종일 내담자를 보는 임상심리학자들도 연구 방법에 대한 지식을 가지고 숙달되어야 한다. 이러한 연구 방법에 대한 기술은 평가와 개입에 대한 다른 접근들을 비판적으로 평가할 수 있게 해 주고, 궁극적으로 가장 유용하고 효과적일 것으로 보이는 것을 고를 수 있게 해 준다. 본 장에서는 임상 연구의 몇 가지 주요한 방법, 전략, 논점에 대한 간략한 개관을 할 것이다. 특정한 연구 현안들(예: 치료 효과 연구)은 나중에 이 책의 적당한 곳에서 다룰 것이다. 임상심리학 연구 방법에 대한 더 전반적이고 기술적인 논의들은 다른 책들에서 찾아볼 수 있다(예: Kazdin, 2003; Sher & Trull, 1996).

연구 목적

어떤 이는 임상 수련에서 주된 부분이 사람들이 어떤 행동을 하는 이유를 학생들이 오해하지 않도록 가르치는 것이라고 지적한 바 있다. 예를 들면, 다음의 진술들은 진실인가?

1. 만약 환자가 자살에 대해 이야기한다면, 이는 그가 자살을 시도하지 않을 것임을 의미한다.
2. 환자가 통찰을 얻지 못한 상태에서 증상을 제거하면, 이러한 증상들이 나중에 다른 형태로 되돌아온다.
3. 투사검사는 환자들이 자기가 남에게 보이고자 하는 대로 자기 인상을 성공적으로 관리하지 못하게 한다.
4. 좋은 치료자가 되기 위해서는 친절하고 공감적인 태도만 있으면 된다.

이러한 진술문들은 한때 임상가와 일반인들에게 일반적인 신념이었고 그래서 지금도 유지되고 있다. 이들은 진실인가? 아마도 아닐 것이다. 본 장에서 기술되는 방법들을 적용한 연구들은 위의 주제를 비롯한 다른 여러 쟁점을 명백하게 할 수 있다. 인간의 행동은 굉장히 복잡해서 이를 설명하려는 이론들이 많다. 하나의 주어진 시간과 장소에서의 행동에는 너무나 많은 요인이 영향을 주기 때문에 단순하거나 필연적인 설명에 대해서는 회의적일 필요가 있다. 실제로 건강한 회의주의는 과학자의 지식에 대한 추구나 임상가가 내담자를 돕는 효과적인 방법에 대한 탐색을 더 할 수 있게 하는 숨겨진 힘이다.

쉽거나 단순하거나 전통적인 설명은 매우 자주 틀리거나 불완전하기 때문에 행동에 대한 만족스런 설명을 이끌어 내는 정교한 방법들이 점차 생겨났다. 우리는 이제 공식적으로 증명할 수 있으면서 행동에 대한 체계적인 관찰을 할 수 있는 더 좋은 방법을 사용하고 있다. 이런 방법들은 여러 해를 거쳐 바뀌어 왔으며 계속 바뀔 것이다. 필연적이거나 완벽한 과학적 방법은 없다. 그렇지만 어쨌든 개념, 가설, 예감들은 다른 관찰자들에 의해서 검증될 수 있도록 명확하고 정확하게 기술되어야 한다. 반증에 대한 명백한 기회를 제공하는 방식으로 진술된 것들만이 좋은 개념이다.

연구에는 여러 목적이 있다. 우선, 순수한 추측이나 권위에 의존하는 것을 피할 수 있게 해준다. 예를 들면, 우리는 단순히 인지행동치료가 효과가 있다고 주장하지 않으면서 그 치료의 효율성과 부족한 점을 증명할 수 있는 연구를 수행한다. 의문점들은 공적으로 증명할 수 있고, 객관적인 관찰의 장에서 해결된다. 오랜 시간 동안 이런 절차는 이성에 호소하는 것보다 쟁점을 해결하는 데 더 좋은 도구였다. 이러한 연구 절차들로 인해 우리는 사실을 축적하고, 관계의 존재를 정립하며, 원인과 결과를 증명하고, 그러한 사실과 관계들 기저에 있는 원리를 생성할 수 있다.

연구로 인해 우리는 이론을 간략하고 유용하게 정립할 수 있을 뿐 아니라 확장하고 수정할 수 있다. 이론과 연구 사이에는 밀접한 관계가 존재한다. 이론은 연구를 자극하고 안내하지만, 또한 연구의 결과로 인해 이론이 수정되기도 한다. 예를 들면, 우울증 연구의 선구자인 Aaron Beck은 수년 전에 우울한 환자들이 두 가지 유형의 성격 특징을 보인다는 것을 알게 되었다. 이 두 가지 유형은 관계지향성(지나치게 다른 사람들에게 의존하는)과 자율지향성(지나치게 성취 지향적인)이다. 초기에 Beck은 극단적 관계지향성이나 극단적 자율지향성을 가진 사람들이 우울증에 걸리기 쉽다고 주장했다. 그렇지만 후속 연구는 이 주장을 지지하는 결과를 나타내지 않았다. 연구자들은 극단적 관계지향성이나 극단적 자율지향성을 보이지만 우울하지 않은 사람들을 발견하였다.

이런 결과는 Beck의 초기 이론에 이의를 제기하였고, 어떻게 성격과 우울증이 관련성을 가지는지에 대해 새로운 개념을 이끌도록 하였다. 일치성 이론이라고 불리는 이 개정된 이론은 특정 성격유형(관계지향성과 자율지향성)의 사람에게 성격유형과 관련된 주제의 부정적 생활사건이 일어나게 되면 우울증이 생긴다고 주장했다(Beck, 1983). 구체적으로 이 이론은 매우 관계지향적인 사람이 관계에서 실패(매우 의존적인 사람에게 꽤 치명적이고 부정적인 사건)를 경험한다면 우울증이 생길 것이라고 예측하였다. 그렇지만 이러한 사건은 매우 자율지향적인 사람들(이러한 종류의 부정적인 사건에는 그다지 영향을 받지 않음)에게는 꼭 그렇지만은 않다. 다른 말로 하면, 부정적인 생활 사건이 우울증을 발생시키려면 개인의 성격 유형과 일치해야 한다는 것이다. 일반적으로 여러 연구들은 Beck의 개정된 이론을 더 지지하는 결과를 보여 주었다(예: Bartelstone & Trull, 1995; C. J. Robins, 1990). 이 예는 피드백-순환 체계 속에서 어떻게 연구가 이론을 개발시키는지 보여주고 있다. 물론 연구의 궁극적인 목적은 임상심리학자들이 도와주려고 하는 사람들의 행동, 감정 및 생각들을 이해하고 예측하는 능력을 증진시키려는 데 있다. 최종 분석에서는 더 좋은 연구만이 학자들의 편에서 현명하고 효과적으로 개입할 수 있도록 해 줄 것이다.

연구 방법

앞서 이야기한 것처럼 연구 방법은 많고 각각의 방법에는 그 나름의 장점과 한계점이 있다. 그래서 어떤 방법도 그것 자체만으로는 모든 질문에 명확하게 대답해 줄 수는 없다. 그렇지만 여러 가지 방법들을 함께 사용하면 이해하고 예측하는 우리의 능력이 확연히 확장될 것이다. 우리는 임상과학자들이 사용하는 여러 가지 형태의 관찰을 먼저 개괄할 것이다. 그 다음에 역학 접근과 상관 접근, 종단과 횡단 접근, 고전적 실험법, 단일 사례 설계, 그리고 마지막으로 혼합 설계에 대해 다룰 것이다.

관찰

연구 방법 중 가장 기본적이고도 전반적으로 사용되는 것이 관찰이다. 실험 연구, 사례 연구, 그리고 자연적 접근은 모두 누군가가 하고 있거나 이미 한 행동을 관찰하는 것이다.

비구조적 관찰. 우연한 관찰은 그것 자체만으로는 지식에 대한 강한 기반을 쌓는 데 많은 역할을 하지 못한다. 그렇지만 이러한 관찰을 통해서 궁극적으로 검증할 수 있는 가설을 생성할 수 있다. 예를 들어, 어떤 임상가의 환자가 성취도 검사에서 어떤 특정한 문항에 어려움이 있고, 그런 영향이 다음 문항과 수행 전체에 악영향을 미치는 것을 여러 번 보게 되었다고 가정해 보자. 이러한 관찰은 임상가로 하여금 '각 실패한 문항 다음에 성공할 가능성이 높은 쉬운 문항이 나올 것이라고 환자에게 확신시키면 수행이 증진될 것이다'라는 가설을 세우게 한다. 이는 환자의 자신감을 쌓게 해서 수행을 증진시키는 것이다. 이 예측을 검증해 보기 위해 어려운 문항 뒤에 쉬운 문항들이 나오는 성취도 검사를 실험적으로 실행할 수 있다. 그러면 환자들의 전형적 표본에서 이 가설을 검증해 볼 수 있는 연구를 수행하기가 상대적으로 쉬울 것이다.

자연 관찰. 자연 관찰은 실제 생활에서 수행되지만, 비구조적 관찰보다는 더 체계적이고 엄격하다. 이 방법은 우연적이거나 자유분방하지 않으며, 사전에 주의를 기울여 계획된 것이다. 하지만 관찰자가 행사하는 실질적인 통제는 없으며, 관찰자는 자연스

관찰은 모든 연구 방법의 가장 기초가 된다.

럽게 흐르는 사건들을 따라간다. 종종 관찰은 상대적으로 적은 수의 개인이나 상황에 한정된다. 그래서 다른 사람에게나 다른 상황에 얼마나 일반화될 수 있는지 불확실할 수 있다. 또한 관찰이나 반응을 기록하는 도중에 관찰자는 무의식적으로 연구하는 사건들에 대해 영향을 주거나 방해를 할 수 있다.

자연 관찰법을 사용하는 연구의 예로는 한 정신병원에서의 환자 행동 조사를 들 수 있다. 아마도 이 병원의 특정 집단은 그날 전기충격 요법(ECT)을 실시하도록 계획되어 있는 환자들로 구성되어 있을 수도 있다. 여기서 임상가의 역할은 10명의 환자에 초점을 맞추고 각 환자를 30분마다 2분씩 관찰하는 것이다. 이 관찰 연구로 전기충격 요법 실시 전의 환자들의 반응에 대한 흥미로운 자료를 얻을 수 있다. 그렇지만 이 병원에서 특정한 10명의 환자만을 가지고 일반화를 시킬 수 있는가? 이 환자들의 반응은 전체적인 분위기가 매우 다른 병원이나 집단에서도 비슷할 것인가? 혹은 환자들이 관찰자가 있다는 것을 알고 있어서 일반적인 반응이 아닌 관찰자에게 보여주기 위한 반응을 보였을 수 있지 않은가?

더 엄격한 실험 방법을 사용하는 연구자들은 자연 관찰이 너무 통제되지 않았다고 비난한다. 그렇지만 이러한 판단은 너무 가혹한 것일 수 있다. 비구조적 관찰법과 마찬가지로 자연 관찰은 나중에 주의 깊게 조사할 수 있는 가설의 풍부한 원천이 될 수 있다. 자연 관찰은 연구자들에게 그들이 관심을 가지고 있는 현상에 더 가깝게 다가갈 수 있도록 해 준다. 이런 관찰은 많은 실험 장면에 내재하는 인위적이고 조작되는 속성을 피한다. 예를 들면, 정신역동 이론에 대한 심리학자들의 복잡한 감정에도 불구하고 Freud의 임상적 관찰 기술이 비상했다는 것은 대부분 인정한다. Freud는 임상심리학 역사상 가장 영향력 있는 이론 중에 하나를 완성하기 위해 그의 관찰력을 활용하였다. 그는 객관적 검사나 컴퓨터 분석 결과, 정교한 실험법을 사용하지 않았다. 다만 그는 놀랍도록 우수한 관찰력과 해석, 일반화하는 능력을 가지고 있었다.

Michael Newman/PhotoEdit

통제된 상황에서의 관찰은 일상에서 자주 마주치지 않는 상황에서 나타나는 행동을 평가하는 데 사용될 수 있다.

통제된 관찰. 몇몇의 임상연구자들은 비구조적인 관찰과 자연 관찰에 대해 가해지고 있는 비판에 대응하기 위해 통제된 관찰을 도입하였다. 이것은 연구가 현장이나 상대적으로 자연적인 조건에서 진행될 때 연구자들이 상황에 대해 어느 정도의 통제를 행사하는 것이다. 통제된 관찰은 임상심리학에서 긴 역사를 지니고 있다. 예를 들어, 환자가 임상가들에게 그들의 공포를 이야기하거나 질문지의 문항에 표시하게 할 수 있다. 하지만, 통제된 조건하에서, 비행기 공포증이 있는 내담자가 비행기에 성공적으로 다가가서 궁극적으로 탑승하고 비행하는 능력을 관찰함으로 인해, 공포의 정도에 대한 보다 완전하고 풍부한 평가를 할 수 있다.

그렇지만 Bernstein과 Nietzel(1973)은 피험자들을 실제 뱀이 보이는 곳에 있게 하고 피험자와 뱀 간의 거리를 변화시킴으로써 뱀 공포증의 속성에 대한 연구를 하였다. 이 통제된 관찰은 그들이 피험자 반응속성에 대한 실질적 통찰을 얻을 수 있게 하였다.

통제된 관찰은 연인이나 부부 간의 의사소통 방식을 평가하는 데 사용될 수 있다. 힘들어하는 연인들의 의사소통 문제에 대해서 자기 보고에 의존하는 대신 통제된 환경에서 실제로 의사소통 방식을 관찰할 수 있다. 구체적으로 그들은 연구자들이 그 상호작용을 일방경 뒤에서 관찰하거나 녹화하는 동안 배우자들에게 그들이 직접 고른 적절한 관계 내 문제(예: 불필요한 것에 상대가 너무 돈을 많이 쓴다)에 대해서 논의하고 해결하려고 시도하게 할 수 있다. 비록 이 방법이 집에서의 갈등이나 문제해결을 자연 관찰하는 것으로 대신할 수는 없지만, 연구자들은 이 방법이 부부간 상호작용 방식을 평가하는 데 유용하며 비용 면에서도 효율적인 방법임을 알아냈다.

사례 연구. 사례 연구법은 치료 중인 내담자나 환자에 대한 집중적인 연구를 말한다. 사례 연구 아래에는 면접, 검사반응, 치료평가로부터 온 자료들이 포함된다. 또한 이러한 자료들에는 전기적이며 자서전적인 자료, 편지, 일기, 전 생애 정보, 의학력 등이 역시 포함될 수 있다. 그렇다면 사례 연구는 한 사람에 대한 집중적인 연구와 기술을 포함하는 것이라고 할 수 있다. 이런 연구들은 이상행동의 연구와 치료방법의 기술에 널리 사용되어 왔다. 이 방법은 가설을 생성하고 사례를 이해하는 풍부한 잠재적 원천이 될 수 있다는 데에 그 가치가 있다. 이 방법은 또한 과학적 연구의 훌륭한 전조적 역할을 할 수 있다(글상자 5-1 참조).

수년간 많은 사례 연구들이 임상 현상의 이해를 돕는 데 영향을 주었다. 다음은 몇 가지 고전적 사례들이다.

도라의 사례(Freud, 1905/1953a) 치료에서 저항의 개념에 대해 가르쳐 주었다.

리틀 한스의 사례(Freud, 1909/1955) 공포증의 정신역동에 대한 이해를 넓혀 주었다.

이브의 세 얼굴(Thigpen & Cleckley, 1957) 다중인격 분석에 대한 윤곽을 잡았다.

정상적인 모습의 가면(Cleckley, 1964) 정신병리를 가진 사람들의 인생에 대한 구체적인 기술을 제공하였다.

행동수정의 사례(Ullman & Krasner, 1965) 단일 사례에서 행동치료의 효율성을 기술하였다.

임상가들이 자신 앞에 앉아 있는 한 사람의 환자를 이해하는 데 도움이 되는 방법으로 사례 연구를 대체할 만한 것은 없다. Allport(1961)가 강하게 주장했던 것처럼, 개인은 개인으로 연구되어야 한다.

글상자 5-1 사례 연구가 공포증과 초기 외상에 대해 알려 줄 수 있는 것

1. 특정 공포증은 개인에게 어떤 실질적인 위험을 가져다 줄 가능성이 없는 비합리적인 공포를 의미한다. 많은 학습 이론가들은 특정 공포증이 고전적 조건화의 과정을 통해 습득된다고 생각한다. 전형적인 실험으로, 이 이론가들은 종종 고전적인 Watson과 Rayner(1920)의 어린 알버트의 연구를 거론한다. 알버트는 흰 쥐와 놀려고 할 때마다 시끄럽고 불쾌한 소음을 들음으로써 흰 쥐를 두려워하도록 조건화되었다. 이를 여러 번 반복하면서 알버트는 쥐뿐만 아니라 쥐와 비슷한 털을 가진 것들에 대해 완전한 공포증을 가지게 되었다.

그렇지만 Davison, Neale 및 Kring(2004)은 학습 이론이 시사하는 바에도 불구하고, 임상적 보고서와 역사가 어린 알버트 모델을 지지하는 데 실패하였다고 언급했다. 어떤 특정 공포증은 그런 방식으로 형성이 될 수 있는 반면에, 보통은 이전에 그 상황에서 두려움을 느낀 적이 없더라도 공포증이 나타난다는 것이다. 엘리베이터, 뱀, 높은 곳을 두려워하는 사람들은 이런 장소나 사물에 대해서 초기에 부정적인 경험이 있었다고 말하는 경우가 거의 없다. 특정 공포증에 대한 실험실 연구가 실제 생활을 실험실에서 모방하고 있다고 말할 수 있을 만큼 충분하게 실질적인 조건에서 이루어졌는지 명확하지 않다.

2. 모든 사람들은 초기 어린 시절의 외상이 불행과 실패의 소인이 된다고 '알고 있다'. 다음의 예를 보자.

> 소녀는 못생기고 얌전하지 않았다. 어머니는 오빠 둘만 편애하고 소녀를 계속 들볶아서 지속적으로 부끄럽고 소원한 느낌을 가지게 만들었다. 아버지는 소녀가 어렸을 때 집을 나갔고, 어머니는 9살 때 사망하였다. 소녀는 할머니에게 맡겨졌는데, 할머니는 다른 아이들로부터 소녀를 떼어 놓아 아동기 대부분의 즐거움을 빼앗았다. 소녀는 너무 외로운 어린 시절을 보냈으며, 취미라고는 독서, 공상, 산책뿐이었다.

이러한 사람은 실패하거나 정서적 문제가 있을 가능성이 높고, 사회적으로 잘 적응하지 못할 수 있다(White, 1976). 그렇지만 White는 빈정대듯 이렇게 묻는다. 여기서 묘사하고 있는 사람은 과연 누굴까? 이는 White(1976)가 "학대받는 사람들과 가난한 사람들의 영웅이자, 위원회의 회장이 되어 세계인권선언을 이끌어 낸 사람"(p.522)이라고 기술한 Eleanor Roosebelt이다.

사례 연구는 특히 (a) 환자들을 면접, 평가, 치료하는 새로운 방법이나 비전형적인 현상을 기술하고, (b) '전반적으로' 알려져 있거나 받아들여진 정보를 반증하며, (c) 검증할 만한 가설을 생성하는 데 유용하다(Davison, Neale, & Kring, 2004; Kazdin, 2003)(글상자 5-2 참조).

물론 사례 연구법에도 부정적 측면은 있다. 예를 들면, 개인 사례만 가지고는 모두에게 적용되는 전반적인 법칙이나 행동 원리를 이끌어 내기 어렵다. 이와 비슷하게 하나의 사례 연구로는 인과적인 결론을 이끌 수 없는데, 왜냐하면 임상가들이 그 사례에서 작용한 주요 변인들을 통제할 수 없기 때문이다. 예를 들어, 어떤 환자가 정신역동적 치료로 굉장한 도움을 얻었을 수 있었는데 이는 치료방법 때문이라기보다는 그 환자의 성격 특성 때문에 영향을 받은 것일 수 있다. 후속의 통제된 연구만이 변화의 정확한 원인이나 영향을 미치는 요인을 밝힐 수 있다.

역학 연구

역학은 주어진 모집단에서 질병의 발병률, 유병률, 분포에 대한 연구이다. 역학에서는 몇 가지 단어들이 많이 쓰인다. 발병률은 어떤 주어진 기간 내에 발병된 새로운 사례의 비율을 의미하는 반면, 유병률은 주어진 기간 내의 전체적인 사례(이전 것이었든 새로 발병하였든)의 비율을 의미한다. 발병률은 어떤 질병이나 장애의 새로운 사례가 증가하고 있는지

글상자 5-2 치료로부터 가설 세우기

칼의 사례는 Phares(1976)가 가장 먼저 언급하였다. 칼은 미혼인 퇴역군인으로 재향군인 관리국에 있는 외래 환자 진료소에 의뢰되었다. 치료자는 즉각 칼의 문제가 전형적인 신경증적 종류가 아니라는 것을 알 수 있었다. 잘 정의된 고전적인 '신경증' 증상은 보이지 않았다. 칼은 약간 불안하거나 가끔씩 우울했지만, 그의 주된 문제는 전반적인 대인적, 사회적 기술이 거의 없다는 것이었다. 그는 직업이 없었으며 작은 정부임대 주택에 살면서 어머니가 도와주는 돈으로 살고 있었다. 함께 살고 있는 어머니를 제외하고 그는 거의 아무와도 상호작용을 하지 않았다. 담배를 살 때는 판매원, 버스를 타면서 잔돈을 받을 때는 버스기사와 말하는 정도뿐이었다. 친구는 없었다.

그래서 치료는 통찰 · 지향적인 과정이라기보다는 학습과정이었다. 칼이 직업을 찾을 수 있도록 가르치고, 거래를 배우게 하기 위해 야간 학교에 등록시켰으며 몇 가지 기본적인 사회 기술을 계속적으로 가르치는 데 목표를 두었다. 어떻게 직업을 찾고 유지하며, 타인과 대화를 나누고 상대의 관심을 얻는가에 초점이 맞춰졌다. 치료 중에 이러한 과제들을 수행하는 데 많은 시간이 할애되었다.

그렇지만 진전은 느렸다. 칼이 이해를 못하거나 관심이 없거나 새로 배운 기술을 시도하는 것을 싫어하지는 않았다. 문제는 칼이 새로운 기술을 시도하고 성공적이었을 때도 그의 다음 행동에 거의 영향을 미치지 않는다는 것이었다. 정말 이상했다. 심리학자들은 비슷한 조건에서 강화물이 미래의 강화된 행동의 가능성을 높인다는 것을 알았다. 그렇지만 칼의 경우는 아니었다. 강화물은 그가 또 다시 그 행동을 할 것이라는 기대를 높이는 데 거의 역할을 하지 않았다. 칼은 '강화는 습관의 정도를 증가시킨다'는 학습 이론의 기본적 원리에 거의 유일한 예외가 되고 싶은 것처럼 보였다!

치료자와 그의 자문단들은 몇 달간 이 문제로 고민하였다. 예를 들면, 한 직장에 지원하고 직장을 가진 후에도 칼의 자신감은 전혀 증가되지 않았다. 대신 그는 그의 성공을 자신의 노력보다는 운에 돌렸다. 비슷한 몇 번의 일이 뒤따랐다. 치료자가 강하게 설득해서 칼은 여자 동료에게 데이트를 신청하였다. 그녀는 신청을 받아들였다. 그렇지만 또다시 칼은 그것을 그의 운 때문이라고 하였다.

결국, 치료자는 칼이 강화물을 그의 개인적 통제 이외의 것이라고 생각한다고 결론지었다. 만약 그렇다면 그의 자신감을 높이는 데 성공이 도움되지 않았던 것도 이해가 된다. 그는 학습 이론의 도전에 반응하지 않았다. 그보다는 치료자의 사례 개념화가 불완전했던 것이다. 강화물은 특정 행동이 일어나게 하지만, 다만 행동이 뒤따르는 강화물과 인과적으로 관계가 있을 때만 그렇다. 칼은 개인의 기술이 효과가 있었다기보다는 운이 좋았다고 믿었다. 그리고 우연히 일어난 경우에는 강화물이 미래의 행동에 대한 함의를 갖지 못한다. 따라서 칼의 행동의 수수께끼는 풀린 것처럼 보였고 적어도 중요한 가설 하나가 생성되었다. 또한 실제로 엄청난 수의 경험적 연구가 더 있었는데 경험적인 연구가 몇 년 동안 나온 뒤에야 행운-기술 가설을 입증할 수 있었다. 이 연구 분야는 내적-외적 통제(Rotter, 1966), 혹은 통제의 소재로 불리게 되었다.

를 알려 준다(예: 작년에 비해 올해 새롭게 에이즈로 진단된 사례의 비율이 늘어났는가?). 유병률은 해당 인구의 몇 퍼센트가 그 질병이나 장애를 가지고 있는지 측정할 수 있게 해 준다. 예를 들면, 정신분열증의 평생유병률은 1%로 측정되었는데, 이는 일반 인구에서 1명이 일생 동안 이 장애를 가질 확률이 100분의 1임을 의미한다.

역사적으로 역학은 콜레라나 황열병과 같은 주요 전염병을 이해하고 통제하는 데 도움을 주기 위해 설계된 의학적 연구와 밀접한 관련이 있다. 단순히 사례 수를 파악하는 것이 이 연구 방법의 핵심이다. 한 지역에서 사례의 분포를 분석하고 감염된 개인이나 집단의 두드러지는 특징을 알아낸다면 특정 질병의 원인과 전파되는 방법을 파악할 수 있다고 가정한다. 역학적 방법은 발병 위험성이 높은 사람 집단을 구분하는 데도 중요할 수 있다.

역학 연구로 잘 알려진 예는 흡연과 건강이라는 연구이다(Surgeon General, 1964). 이 연구는 사례 수와 상관을 파악하는 단순한 방법으로 흡연과 폐암을 연결시켰다. 비록 흡연이 폐암의 원인이 되었는가에 대해서는 많은 논란이 있었지만, 흡연과 폐암 간에는 명확한 상관관계와 관련성이 있다(예: 남자 폐암환자의 90% 정도는 흡연과 관련이 있었고, 암의 가능성과 흡연의 양, 기간 사이에는 정적 상관이 있었다). 역학 연구가 자주 다중 원인의 가능성을 제시하는 것은 사실이다(질병이 일어나기 전에 여러 개의 요인이 있거나 존재하는 관련 요인이 많을수록 질병의 위험이 높아진다는 것). 또한 얻어진 상관은 명확하게 인과 관계를 밝혀낸다기 보다는 원인을 제시한다는 것도 사실이다. 그렇지만 예방 단계를 밟기 전에 인과 관계에 대한 전체적인 설명이 있어야 할 필요는 없다. 따라서 우리는 흡연이 폐암을 유발하는지 혹은 어떤 소인적 성향이 흡연과 상호작용해서 암을 유발하는지 확신할 수는 없지만, 그럼에도 불구하고 우리는 남자들이 금연함으로써 폐암의 위험을 줄일 수 있음을 알 수 있다.

정신장애 분야의 예를 들어보자. 많은 연구에서 사회경제적 지위나 사회해체의 요인이 정신분열증과 관계있다는 주장이 제기되었다(Faris & Dunham, 1939; Hollingshead & Redlich, 1958). 다시 말하면, 이런 결과들이 정신분열증의 핵심을 드러내지는 못하지만 유병률과 관련 있는 주요 인구통계학적 요인이 무엇인지에 대해 말해 준다. 이런 정보를 통해서, 임상가들은 잠재적으로 정신분열증에 취약한 사람들을 파악할 수 있다. 그러면 해당되는 사람들에게 발병 초기에 진단적 증거를 제공하는 특별한 프로그램이나 정신분열증이 나타날 위험이 있는 사람들이 쉽게 이용할 수 있는 치료 프로그램을 만들 수 있다.

많은 역학 연구는 질문지나 면접에 기반을 두고 있다. 그렇지만 질문자나 면접 자료는 많은 의문과 잠재적 문제를 가지고 있다. 예를 들어, 정신건강 문제를 어떻게 정의할 것이며, 그런 후에 어디에서 사례 수를 파악할 것인가? 진료소와 병원에서만 확인하는 것은 다른 가능한 지역을 무시하는 셈이 된다. 이러한 어려움은 부적응 정도가 가벼운 유형에 관심이 있을 때 더 증폭된다. 효과를 보려면 문제를 정의하고 측정하는 객관적 방법이 필요하다. 더 나아가, 단순히 벌써 치료를 받고 있거나 스스로 치료를 받으러 온 사람들뿐 아니라 문제의 실제 발병률이나 유병률을 측정할 수 있는 설문 절차가 필요하다. 단지 진료소, 병원 그리고 기관뿐만이 아닌 주민표본(번지 혹은 구역으로)이 필요하다. 질문지 자료의 또 다른 잠재적인 문제는 응답자들이 '맞는 답'을 하려는 생각에 사로잡혀 있는 것이다. 그들은 사회적으로 바람직한 것들만 보고하고 사회적으로 덜 바람직한 경험들은 부인하고 싶을 수 있다. 예를 들면, 응답자들은 창피해서 정신병리적인 심각한 증상(예: 환청)을 경험했다는 것을 인정하지 않으려 할 수 있다.

게다가 어떤 응답자들은 수년 전 일을 기억하도록 요청받을 수 있다. 이런 회고적 자료는 온갖 왜곡, 누락, 꾸밈 일색일 수 있다. 예를 들어, 한 연구(Henry, Moffitt, Caspi, Langley, & Silva, 1994)는 태어나면서부터 정기적으로 기초 조사를 받은 18세의 피험자들이 어린 시절 경험 중 어떤 특정한 종류에 대해 한 회고적 보고는 정확하지 못하다는 것을 발견하였다(예: 가족 간의 갈등, 자신의 우울 · 불안 증상들, 혹은 자신의 과잉행동 수준). 임상심리학자들이 종종 내담자들이나 연구 참여자들에게 이런 종류의 회고적 정보를 요구하기 때문에 이러한 발견은 가치가 있다. 여기에서 중요한 점은 회고적 보고에 너무 의존하면 안되며, 우리의 내담자와 연구 피험자를 관심을 가진 그 시점에서 평가하려고 시도해야 한다는 것이다.

최근 정신장애에 대한 대규모의 견실한 방법론을 사용한 역학 연구들이 수행되었다. 예를 들어,

Kessler과 그 동료들(1994)은 여러 종류의 정신장애의 12개월 유병률과 평생유병률을 측정하기 위해 미국에서 전국적으로 가능성 있는 표본들에 대해 구조화된 진단면접을 수행하였다. 이 결과의 일부가 표 5-1에 나타나 있다. 특히 많은 관심을 끄는 것은 다양한 장애들에서 발병 연령이 차이가 나는지에 대한 것이다. 특별히, 충동-통제와 불안장애들의 경우 더 어린 나이에 발병하는 반면(대략 중앙값이 11살정도), 약물사용장애와 기분장애들의 경우 늦은 청소년기 혹은 초기 성인기(각각 , 20살과 30살)에 발병하는 것으로 보고되었다. 표 5-1에는 기술되지 않았으나, Kessler 등(2005a, 2005b)은 여성이 불안장애와 기분장애를 경험할 더 큰 위험성이 있고, 남자가 충동-조절 및 약물사용장애에 더 큰 위험성이 있다고 보고했다.

어떤 장애에서는 남자와 여자 간의 평생유병률이 다르다는 점이었다. 남자들은 여자들보다 물질사용장애나 반사회성 성격장애로 진단받을 확률이 높았고, 여자들에게서는 기분이나 불안장애가 더 많이 나타났다. 이런 자료들로 볼 때 남자들이 여러 물질사용장애에 대한 위험이 더 크다고 볼 수 있다는 결론이 내려진다. 즉, 남자라는 점은 이러한 장애에 있어서 위험 요인이라는 것이다. 위험 요인은 성에만 국한되는 것이 아니라 다른 사회 인구 통계학적 특

표 5-1 DSM-III-R에서 선택한 몇 가지 정신장애의 평생유병률

정신장애	남자 %	여자 %	전체 %
기분장애			
주요 우울 삽화	12.7	21.3	17.1
조증 삽화	1.6	1.7	1.6
기분부전장애	4.8	8.0	6.4
기타 기분장애	14.7	23.9	19.3
불안장애			
공황장애	2.0	5.0	3.5
공황장애가 동반되지 않는 광장공포증	3.5	7.0	5.3
사회공포증	11.1	15.5	13.3
단순공포증	6.7	15.7	11.3
범불안장애	3.6	6.6	5.1
기타 불안장애	19.2	30.5	24.9
물질사용장애			
의존 없는 알코올 남용	12.5	6.4	9.4
알코올의존	20.1	8.2	14.1
의존 없는 약물 남용	5.4	3.5	4.4
약물의존	9.2	5.9	7.5
기타 물질 남용-의존	35.4	17.9	26.6
기타 장애			
반사회성 성격	5.8	1.2	3.5
비-기분적 정신증	0.6	0.8	0.7
기타 장애	48.7	47.3	48.0

출처: Kessler, R. C., et al. (1994). Lifetime and 12-month prevalence of DSM-III-R psychiatric disorders in the United States: Results from the National Comorbidity Survey. Archives of General Psychiatry, 51, 8-19. Adapted with permission.

징을 포함할 수 있다(사회경제적 지위, 나이, 도시-지방 거주 등).

상관법

역학 연구가 종종 상관방법에 의존함을 보았다. 이는 어떤 병이나 장애와 상관있는 위험요소들을 평가하는 것이다. 이제 구체적으로 상관법 자체에 더 초점을 맞춰보자. 이 방법은 변인 X가 변인 Y와 관계가 있는지 알 수 있게 해 준다. 예를 들어 지능검사 점수의 어떤 유형이 특정한 정신과적 진단 범주와 관계가 있는가? 특정한 환자의 특징이 치료 결과와 관련이 있는가? 우울이 성별과 관계있는가?

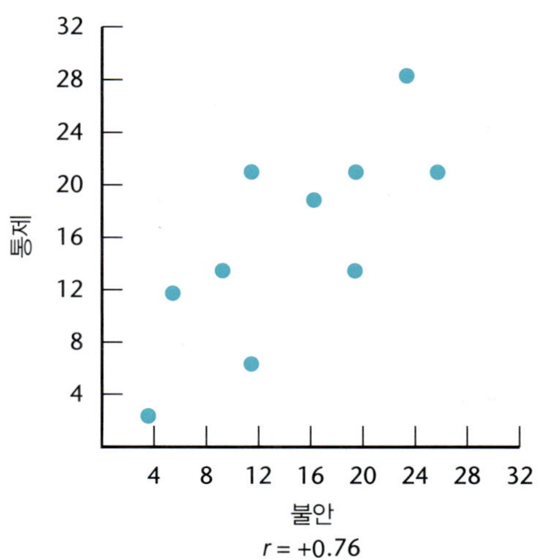

그림 5-1 ▪ 표 5-2 자료의 산포도

기법. 두 변인의 상관을 보려면, 먼저 두 가지의 관찰 결과를 알아야 한다. 예를 들면, 10명의 피험자에게 두 종류의 검사를 실시했다고 하자. 한 검사는 불안을 재는 것이었고 다른 검사는 외적 통제에 대한 신념을 측정하는 것이었다. 이 가설적 자료는 표 5-2에 나타나 있다. 이 자료들 간에 상관관계가 있을 때 결과는 상관계수로 나타나는데, 이 경우에서는 +0.76으로 나타났고 이는 강한 정적 상관을 의미한다. 불안 점수가 증가하면 외적 통제에 대한 신념도 증가한다는 것인데, 이는 불안과 통제감 상실이 정적으로 관련이 있음을 의미한다.

Pearson의 적률 상관계수는 보통 두 변인 간의 관계 정도를 알아내기 위한 지표로 쓰인다. 이는 r로 나타내며, -1.00에서 $+1.00$ 사이의 값을 가진다. r이 $+1.00$이면 두 변인이 완벽하게 정적으로 상관이 있고, r이 -1.00이면 완벽한 부적 관계임을 의미한다. 표 5-2의 자료에서 r이 $+0.76$이면 완벽한 관계만큼은 아니지만 높은 관계를 의미한다. 이 자료의 산포도는 그림 5-1에 나타나 있다. 각 점은 불안과 통제에 대한 한 피험자의 점수와 일치한다. 예를 들어, 좌측 하단에 가장 가까운 점은 불안에서 4점을 받고 통제에서 2점을 받은 랄프의 점수를 나타낸다.

표 5-2 불안과 통제 간의 상관에 대한 가설적 자료

피험자	불안 점수	통제 점수
앤	26	22
제인	24	28
톰	20	22
후안	20	14
에스더	16	18
인디라	12	22
로베르토	12	6
케빈	10	14
재스민	6	12
랄프	4	2

그림 5-2는 여러 상관에 대한 산포도를 보여 준다.

더 완벽한 관계에 가까울수록 점들은 직선에 가까워질 것이다. r이 0(관계가 없음)에 가까워질수록 점들은 산포도에서 거의 무선적인 모양으로 흩 뿌려져 있을 것이다.

인과관계에 대한 의문점. 역학 연구의 사례에서 언급했던 것처럼 상관법은 원인과 결과에 대한 대

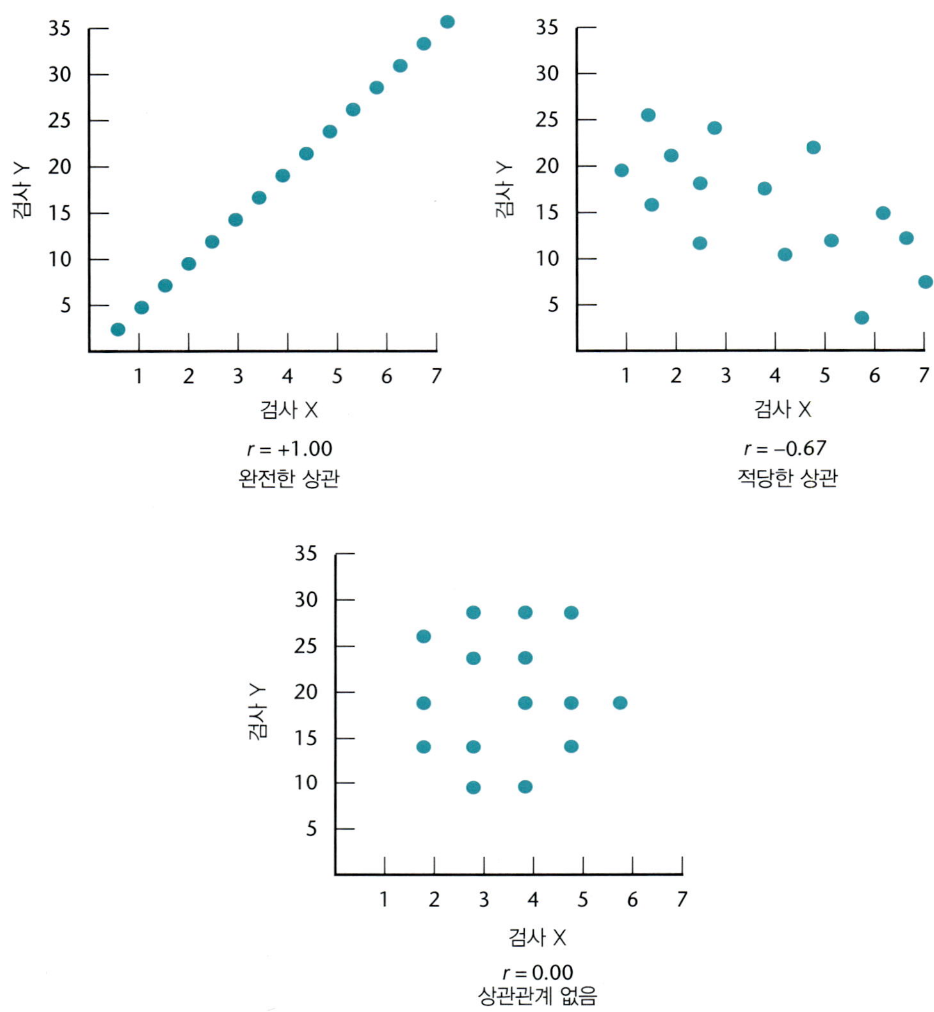

그림 5-2 ■ 서로 다른 관계의 크기를 보여 주는 산포도

답을 해 줄 수 없다. 자료가 얼마나 논리적으로 보이든 간에 상관관계 자체만을 기초로 해서 한 변인이 다른 변인을 야기한다고 단언할 수 없다. 예를 들어, 어떤 연구자가 정신분열증으로 진단되는 것과 중추신경계의 높은 도파민 수준 간의 상관을 알아냈다고 하자. 이것은 과도한 도파민 수준으로 인해 정신분열증이 발생했다는 의미인가 혹은 정신분열증 삽화를 경험하면서 도파민 수준이 변화한 것인가? 진짜 범인은 제3의 변인일 수 있다. 예를 들어, 많은 정신분열증 환자들은 항정신성약물(예: 암페타민)을 복용한 내력이 길기 때문에 이런 장기복용은 충분히 신경전달물질의 수준에 영향을 미칠 수 있다. 이렇게 세 번째 변인(측정되지 않은)이 개입될 가능성이 항상 있기 때문에 연구자들은 한 변인이 다른 변인을 야기한다고 가정하는 것을 피해야 한다. 제3의 변인 문제의 고전적인 예로는 한 지역사회에서 교회와 범죄 수의 증가가 서로 유의미하게 상관이 있었던 관찰 결과를 들 수 있다. 이는 종교가 범죄의 원인이 됨을 의미하는가? 그렇지 않다. 여기서 무시되었던 세 번째 변인은 인구였다. 범죄율과 교회의 수는 둘 다 인구와 정적 상관이 있었고, 인구가 증가하면서 두 변인 모두 증가하기 때문에 서로 정적인 상

관을 보였던 것이다.

상관 방법은 원인-결과 가설이 옳지 않음을 증명할 수는 있다. 만약 변인 A가 변인 B를 야기한다고 예측한다면 적어도 둘 사이에는 상관이 있어야 한다. 둘 사이의 명확한 상관관계를 찾아내지 못한다면 이를 통해 가설을 가장 확실히 반증할 수 있다. 또한 비록 상관계수에서 인과적 추론을 끌어내는 것은 불가능하지만, 인과관계가 실제로 존재하지 않는다는 것을 의미하는 것은 아니다.

그렇지만 이러한 관계는 후에 언급할 실험 방법을 통해 증명되어야 한다. 인과적인 문제를 없애는 데 도움이 되는 연구 방법에는 여러 가지가 있다. 얻어진 상관관계에 기여할 수 있는 다른 변인에 대해 피험자들을 일정하게 맞춘다든지 종단 연구 방법을 사용해서 주어진 장애가 발생하기 전의 변인을 연구할 수 있다. 그렇지만 이러한 것들은 종종 번거롭고 비용이 많이 드는 과정 때문에 자주 시행되지 못한다.

때때로 윤리적이거나 실질적으로 어떤 변인(예: 나이, 성별, 결혼상태, 출생순서 등)을 조작하지 못하기 때문에 상관 방법을 사용해야 할 때가 있다. 예를 들면, 성격이 폭력에 미치는 영향을 연구하기 위해 어떤 사람으로 하여금 살인을 하도록 훈련시키는 것은 윤리적으로 할 수 없는 일이다. 이러한 것들은 그 사건들을 관찰하면서만 연구할 수 있다. 그런 것들을 조작하는 것은 받아들여질 수 있는 대안이 아니다.

요인분석. 상관법으로부터 나온 요인분석은 한꺼번에 여러 가지 변인의 상호연관성을 알아보는 방법이다. 이 통계적 방법은 어떤 변인들이 함께 변하고, 따라서 기능적으로 상관있는 것으로 나타나는지 알아보기 위해 많은 분리된 상관을 사용한다. 이는 변인들이 함께 변한다면 그것들은 그들의 관계에 내재하는 어떤 요소를 공통으로 가지고 있음이 틀림없다는 것이다.

다음의 예를 살펴보자(Phares, 1991). 이 연구에서 우리가 '임상적 기술'이라고 불리는 기본적 요소를 확인하려고 한다고 가정하자. 우선, 우리는 숙련된 서비스를 제공하는 데 있어 우수하다고 알려진 100명의 임상가들을 선정하도록 심사원들에게 요청한다. 그 다음 우리는 다양한 임상 기술과 성취도를 평가하리라고 생각되는 많은 검사들을 실시한다. 여기서는 다음의 7가지 검사를 사용하였다고 하자.

A = IQ 검사
B = 수학적 성취도검사
C = 공간적 추론검사
D = 분석적 추론검사
E = 공감 척도
F = 개인 적응 척도
G = 이타주의 척도

그 다음에 각 검사들 간의 상관을 본다. 이는 모든 가능한 검사 간의 상관이 나타난 상관행렬을 제공한다. 가설적 상관이 포함된 이러한 행렬은 표 5-3에 나타나 있다.

상관행렬을 보면, 흥미로운 패턴이 나타난다. 척도 A, B, C, D 모두 강한 정적관계(상관이 0.70에서 0.80)를 나타낸다. E, F, G 또한 서로 높은 상관을 보이고 있다(상관이 0.75에서 0.85). 그렇지만 E, F, G의 집단과 A, B, C, D 집단 간에는 별로 관계가 없음이 나타난다(예: A와 E 간의 상관은 0.15, B와 F는 0.10, 그리고 D와 G 간의 상관은 0.12). 이런 패턴은 A, B, C, D가 기저에 있는 비슷한 차원이나 요인을 측정한다는 것을 보여 준다. 비슷하게 E, F, G는 함께 묶여지는데, 이는 내재되어 있는 두 번째 차원을 시사한다. 요컨대, 요인분석은 7개의 척도 간의 상관을 조사함으로써 상관행렬을 통계적으로 처리하는 것이다. 만약 우리가 200개의 척도를 가지고 있다면

표 5-3 7가지 검사에 대한 가설적 상관행렬

검사	A	B	C	D	E	F	
A		0.70	0.80	0.75	0.15	0.20	0.10
B			0.75	0.70	0.12	0.10	0.10
C				0.70	0.18	0.15	0.11
D					0.12	0.14	0.12
E						0.80	0.85
F							0.75

출처: Introduction to Personality, 4th ed., by E. J. Phares. Copyright © 1997 by Pearson Education. Reprinted by permission.

단순한 검토는 불가능하다.

앞의 예를 통해서, 2개의 요인이나 차원이 관여되어 있다고 나타났다. 이를 X(A, B, C, D 간의 상관으로부터 나온)와 Y(E, F, G로부터 나온)라고 하자. 동시에, 이 두 요인들은 행렬에서 유의미한 관계들을 설명한다. 이런 경우 보통 요인에는 이름이 붙여진다. 이는 종종 의사소통 문제를 일으킬 수도 있는 매우 추정적인 단계이다. 때때로 정보를 전달하기 위해 선정한 이름들이 원래 의도와 다른 경우가 있다. 그러나 우리의 예에서는 A, B, C, D를 포함하고 있는 요인 X에 '지적능력'이라는 이름을 붙일 수 있을 것이다. 요인 Y는 공감, 적응, 그리고 이타주의의 측정이 포함되기 때문에 이름 붙이기가 더 어렵다. 아마도 여기에는 '건강한 이타주의'가 적절할 것이다.

요인분석은 많은 수의 자료에서 나타나는 관계를 응집된 모습으로 조직화하는 데 특히 좋은 방법이다. 위의 예에서처럼 임상 기술의 기본 요소를 알아보기 위한 방법이나 성격의 기본 요소에 대한 것의 요인분석이 궁극적인 해답은 아니다. 결국 요인분석에서 나타나는 것은 처음에 포함된 척도의 속성에서 정해진다. 표본검사목록에 포함되지 않은 검사의 속성은 요인으로 나타나길 기대하기 어렵다!

횡단 대 종단 접근

연구를 분류하는 또 다른 방법은 연구 속성이 횡단인지 종단인지 알아보는 것이다. 횡단 설계는 동시에 개인들을(아마도 다른 연령대의) 비교하고 평가하는 것이다. 종단 설계는 같은 피험자를 시간에 따라 추적하는 것이다. 이 두 접근의 기본적인 형식은 그림 5-3에 나타나 있다. 이 예에서는 a행이 종단 설계를, b열이 횡단 설계를 보여 준다.

횡단 접근은 연구자가 나이를 조정하거나 다른 연령대에 속하도록 배정할 수 없기 때문에 상관적이다. 각 연령집단에 다른 참가자들이 들어가기 때문에 연구의 결과가 나이의 변화를 반영한다고 가정할 수 없다. 다만 연구 대상이 된 연령집단 간의 차이만을 반영할 뿐이다. 이 차이는 나이 자체만의 영향보다는 참가자들이 양육된 시대적 배경 때문일 수 있다. 예를 들면, 65세 집단이 35세 집단보다 더 검소한 것으로 나타날 수 있다. 이것이 나이가 들면서 검소해지는 것을 의미하는가? 그럴 수도 있지만 이는 단순히 역사적 현상을 반영할 수도 있다. 즉, 65세 집단 사람들은 돈을 벌기 힘든 시기에 성장했다는 것이다.

종단 연구는 동일한 사람에 대해 시간에 따른 자료를 수집하는 것이다. 이런 설계는 행동이나 정신적 과정이 나이에 따라 어떻게 변화하는지 통찰을 얻을 수 있게 해준다. 해석적 관점에서 연구자들은 종단 연구를 통해 함께 변하는 요인들 간의 시간 · 순서적 관계에 대한 기술을 더 잘 할 수 있다. 또한 상관 연구에서 많이 나타나는 제3의 변인 문제를 제거하는 데 도움을 준다. 예를 들면, 우울 상태가 시간이 지나면서 생겨나기도 하고 없어지기도 한다고 하자. 만약 우울이 유의미한 체중감소와 자신감 약화의 상관에 영향을 준다면 체중감소와 자신감 약화는 우울한 상태와 함께 변화해야 한다.

물론 횡단 설계와 종단 설계에는 많은 변형이 있다. 그렇지만 종단 연구의 경우에는 주된 문제가 현

출생연대			나이		
1890	65	70	b 75	80	85
1895	60	65	70	75	80
1900	55	60	65	70	75
1905	50	55	60	65	70
1910	a 45	50	55	60	65
1915	40	45	50	55	60
1920	35	40	45	50	55
1925	30	35	40	45	50
측정시기	1955	1960	1965	1970	1975

그림 5-3 ■ 횡단 연구 설계와 종단 연구 설계

출처: From Woodruff-Pak, Psychology and Aging (p. 32). Copyright © 1988. Reprinted by permission of Diana S. Woodruff-Pak.

실적 문제이다. 이런 연구는 비용이 많이 들고, 연구 프로그램에서 굉장한 참을성과 지속적인 지도력을 요구한다. 또 가끔은 몇 년 전에 생긴 설계상 실수를 계속 가지고 가거나 유행에 뒤처진(구식의) 연구와 평가 방법을 감수해야 하기도 한다. 마지막으로, 종단 연구에서는 참가자들이 그만둘 수도 있기 때문에 남은 참가자들이 처음 연구가 시작되었을 때의 참가자들을 대표하는 것임을 보여 주어야만 한다.

종단 연구가 시간과 비용 양측면에서 비싸기 때문에 자주 사용되지는 못한다. 이런 이유로 정신병리의 발달적 측면에서의 연구는 오랫동안 어려움을 겪어왔다(Wierson & Forehand, 1994). 그렇지만 이상적으로는 앞으로 다양한 측정 방법을 사용하여 긴 시간에 걸친 정신병리, 치료 혹은 성격을 다루는 전략들로 돌아가게 될 것이다(Phares, 1991).

우리는 때로 50분짜리 실험상황에만 초점을 맞추는 것 같이 보이는 첨단 방법에 자주 포로가 되어왔다. 이런 전략은 인간 행동과 성격의 '스냅 샷' 적인 시각을 촉진시켰고, 인간 행동의 조직화와 응집성을 이해하는 데 거의 도움을 주지 못했다.

실험법

사건 간 인과관계를 알아보려면 실험법을 사용해야 한다. Naylor 등(2007)의 예비 연구를 확장한 가설적 연구를 예로 들어보자. 이 가설적 연구에서는 심리적인 상태에 대한 교육 서적을 읽는 독서치료를 우울증의 약물치료에 더하여 실시하였을 때 효과가 향상되는지 검증하였다. 이 연구의 설계(design)는 실험 방법의 중요한 특성에 대해 보여준다.

이 연구는 21살에서 50세 사이의 가정의원에 내원한 참여자들로 구성되었다. 실험집단은 연구 참여 1달 전에 항우울제를 복용하기 시작한 50명으로 구성되었고 약물을 복용하는 것과 함께, 실험집단은 우울증에 대한 유명한 책인 Feeling Good (Burns, 1999)을 읽도록 하였다. 지시에 대한 순응 정도를 확인하기 위해, 실험집단에 속한 참여자들에게 일주일에 한 번 전화를 걸어 책의 몇 장을 읽었는지와 약물을 처방대로 복용하고 있는지를 확인하였다. 통제집단은 실험집단과 모든 조건이 같으나 독서치료를 실시하지 않았다. 하지만, 일주일에 한 번 전화를 걸어 약물을 처방대로 복용하고 있는지를 확인하였다.

두 집단은 항우울제를 복용하기 전의 우울 정도,

▣ 임상심리학자의 견해

Scot O. Lilienfeld, Ph.D.

Scot O. Lilienfeld는 애틀랜타에 위치한 Emory University 심리학과의 교수이다. Lilienfeld 박사는 그곳에서 14년간 교수로 재직하였다. 그는 Cornell University에서 1982년에 학사학위를 취득하고, University of Minesota에서 1990년에 임상심리 전공으로 박사학위를 취득하였다. Lilienfeld 박사는 Journal of Abnormal Psychology의 부편집장이고, Society for a Science of Clinical Psychology (SSCP)의 회장을 역임했으며, Society for the Scientific Study of Psychopathy의 회장에 선출되었다. 그의 주요 연구 관심 분야는 사이코패스 성격, 정신과 분류 및 진단, 증거-기반 임상기법, 심리학에서 과학과 유사과학의 차이이다. Lilienfeld 박사의 과학과 유사과학에 대한 저술은 New York Times, Los Angeles Times, Wall Street Journal, Newsweek, Time, Boston Globe, Washington Post, USA Today, New Yorker, U.S. News and World Report, Scientific American에 소개되었다. 게다가 ABC's 20/20, CNN, CBS Evening News, National Public Radio에 출연하였다. 1998년에 Lilienfeld 박사는 미국심리학회의 12번째 분과인 임상심리분과로부터 그 공로를 인정받아 David Shakow Award를 수상했다. 2007년에는 Association for Psychologic한 al Science의 펠로우로 임명되었다. 또한 그는(Hal Arkowitz 박사와 함께) Committee for Skeptical Inquiry와 Institute of Science in Medicine에 펠로우로 임명되었고 Scientific American Mind 잡지의 정규 컬럼니스트로 활동한다. Lilienfeld 박사와 만나, 그의 전문 영역과 임상심리학 분야에 대한 의견을 물었다.

처음에 임상심리학 분야에 관심을 갖게 된 계기는 무엇인가요?

고등학생 때, 내 인생에 있어서 중요한 책(The Mind)을 읽었어요. 그 책을 읽자마자 빠져들게 되었지요. 책을 다 읽은 후, 심리학에 대한 모든 것을 배우고 싶었어요. 그 당시 심리학에서 아직 해결되지 않은 미스터리들에 관심이 많았어요. 왜 우리가 꿈을 꾸는가? 왜 사랑에 빠지는가? 왜 어떤 것들을 잘못 기억하고, 어떤 것들은 잘 기억하는가? 왜 정신분열병에 걸리는가? 하지만 내가 임상심리학을 공부하기로 결정한 것은 코넬대학교에서 심리학을 전공했던 대학교 2학년 때였어요. 그 전에는 단순히 정신질환에 대해 공부하는 것에 관심이 있었던 것이었고, 심리학의 대부분이 과학적이지는 않다고 생각했었죠. 하지만, Bob Dworkin 교수가 강의한 고급 실험정신병리학을 수강한 이후, 내가 얼마나 심리학에 대해 잘못 이해하고 있었는지를 깨달았죠. Dworkin 교수의 강의는(지금 생각해보면 그 당시에는 그 가치를 모두 깨닫지는 못했었지만) 정신질환에 영향을 미치는 요인들에 대해 엄격한 과학적 방식을 사용하여 매우 중요한 질문들에 대답할 수 있다는 것을 배웠지요. 그 이후로, 임상심리학이 상당한 지적인 자극이 된다는 것을 알았어요. 학부와 대학원에서 임상관련 일을 하기 시작하면서, 지적인 호기심의 충족 뿐 아니라 정서적으로도 많은 충족이 된다는 것을 알았어요.

임상심리학자로서 어떤 활동을 하나요?

사이코패스 성격과 관련 성격장애들을 평가하고 그 원인을 찾는 데 관심을 갖고 연구를 하고 있어요. 성격장애들, 정신과 분류 및 진단, 근거-기반 임상 활동과 같은 주제들에 대한 경험적 논문과 개념적이고 이론적인 논문들을 씁니다. 이 외에도 심리학에 대한 오해를 줄이기 위해 대중들을 위한 글을 씁니다. 내가 열정이 있는 또 다른 분야는 강의예요. 학부에서는 심리학 입문을 강의하고, 대학원에서는 성격평가 및 정신과 인터뷰를 강의합니다. 때로 학부 강의로 심리학에서의 과학과 유사과학에 대한 세미나를 하는데 아주 재미있어요. 종종 정신과 환자들과 진단 면담을 하는데, 이유는 환자들을 만나 일을 하는 것이 즐겁고, 임상가로서의 전문성을 유지하는 데 도움이 되기 때문입니다.

전문 영역과 특정 관심 분야는 무엇인가요?

저는 임상심리학을 너무 좋아해서, 특정 영역을 선택하라는 질문에 답하는 것이 상당히 어려워요. 하지만 주어진 시간은 제한되어 있으니, 전문 영역을 갖고 활동하는 것이 필요하다고 생각합니다. 내 주요 연구 관심 분야는 사이코패스 성격이예요; 최근에 사이코패스 성격이 리더십이나 영웅주의와 같은 몇몇 대인관계 영역에서는 성공적이거나 적응적인 기능을 할 수 있다는 논란이 되는 부분에 관심이 생겼어요. 또한 부가적인 관심 분야로는 해리장애, 정신과 분류, 정신장애의 개념, 근거-기반치료 및 평가입니다. 대중들에게 과학적 사고를 어떻게 가장 잘 가르칠 것인가에 대한 심리학 교육에도 많은 관심을 가지고 있어요.

미래의 유망한 임상심리학 분야는 무엇인가요?

앞으로 임상심리학은 다양한 수준의 분석, 즉 분자 수준, 생리학적 수준, 심리학적 수준, 사회학적 수준 및 문화적 수준을 통합하는 방향으로 나아갈 것이라고 봅니다. 이러한 방향으로의 발전을 통해 많은 정신질환의 원인들과 치료들을 이해하는 데 진척을 이룰 수 있을 것입니다. 한 가지 걱정은 최근에 낮은 수준(더 생물학적인)의 분석에 더 관심을 갖는 것입니다. 몇몇 영역에서는 뇌영상을 사용하지 않으면, 거의 연구비를 받을 수 없는 경우도 있어, 많은 주요 심리학과들이 교수를 선발할 때 뇌영상 연구를 한 경험이 있는지를 봅니다. 나도 뇌영상이 상당히 도움이 되는 연구 방법이며 생물학적인 수준의 분석이 필요하다고 생각하지만, 인간의 행동을 이해하는 데 있어서 뇌가 가장 중요하다거나 혹은 뇌만이 중요하다는 덫에 빠지지 않아야 한다고 생각합니다. 즉 다른 수준의 분석도 중요하며, 그러한 분야에 있어서의 진척을 이루는 중요성에 대해 놓치지 않아야 합니다.

또한 임상심리학 혹은 관련 분야에서 점점 근거-기반 실천이 강조되고 있습니다. 몇몇 전문가들은 이러한 움직임에 대해 비판하고 경고를 합니다. 이러한 비판들 가운데에는 근거-기반 실천을 발달시키는 데 건설적인 방향으로 영향을 주는 경우도 있지만, 어떤 비판의 경우 치료를 선택할 때 과학적인 근거보다는 직관과 주관적인 임상 경험을 더 선호하기도 합니다. 의학 및 심리학의 역사를 통해, 직관과 주관적인 경험이 치료에 대한 새로운 아이디어를 만들어 낼 때 유용한 역할을 하지만, 이러한 치료들의 효과성을 검증하는 수단으로는 결함이 있습니다. 결국, 임상심리학은 주의 깊게 얻고 축적된 과학적 근거가 인간의 실수를 보완하고 우리가 경험하는 심리적 고통을 경감시킬 수 있다는 인식을 통해 발전할 것입니다.

임상심리학을 전공하려는 학생들에게 어떤 조언을 줄 것인가요?

대학원에 진학하여 임상심리학을 전공하기를 결정하기 전에, 자신에게 두 가지 질문을 해보기를 바랍니다: (1) 사람들과 함께 일하는 것을 즐기는가? (2) 과학에 관심이 있는가? 두 가지 질문에 모두 "예"라고 대답한다면, 임상심리학이 적합한 학문일 것입니다. 두 질문 중 하나에 "아니오"라고 대답한다면, 임상심리학이 그리 적합한 학문은 아닐 것입니다. 소위 성공적인 임상심리학자 그리고 성공적인 임상심리학 대학원생은 모두 (a) 공감적이고, 친절하고, 사람에 관심이 있으며, (b) 자신이 하는 모든 일(연구, 임상관련 업무, 강의, 혹은 컨설팅)에 엄정하고 비판적인 사고력을 발휘할 수 있는 사람들일 것입니다. 임상심리학은 학부생 가운데 이러한 기술들과 관심을 모두 갖추고, 대학원에 진학하여 자신들의 열정과 사고력을 발전시키고 정교화할 수 있다고 생각하는 소수의 사람들에게 적합한 학문일 것입니다.

▣ 한국 대학원생의 관점

고려대학교 최기홍 교수님 연구실 장선경

장선경은 2013년에 고려대학교 심리학과를 졸업하여, 같은 해 3월에 고려대학교 임상 및 상담심리학 대학원에 입학하였다. 현재 중증정신재활 연구팀에서 조현병 음성증상에 대한 여러 연구를 진행 중이며, 강박장애를 가진 사람들의 신경인지기능의 발달적 양상에 대한 메타분석 논문을 작성 중이다. 또한 지역사회 정신재활센터에서 조현병을 가진 사람들을 대상으로 인지기능 재활훈련을 진행하고 있다. 임상 연구에 실험적 방법론을 적용하고, 정신장애에 기저하는 인지적 기제에 관여하는 컴퓨터화된 개입법 개발에 관심이 있다.

임상심리대학원이 당신에게 어땠나요?

지금까지 임상심리대학원은 저에게 경험의 보고와 같았습니다. 임상심리대학원에 들어와서 정규 수업을 듣는 것뿐만 아니라, 연구 프로젝트, 인지재활, 상담, 심리평가, 논문리뷰, 강연, 워크샵, 학회 참여 등의 다채로운 경험들을 하였습니다. 연구 프로젝트에 참여하는 것 또한 단일한 활동이 아니라 여러 가지 다양한 세부활동을 포함하고 있어서, 연구 설계를 위한 논문리뷰에서부터, 설계, 실험 제작, 사전평가, 증상평가를 위한 훈련에 이르기까지 여러 활동에 참여하였습니다. 저는 한 가지 반복적인 일에 지루함을 느끼고 다양한 종류의 일에 참여하는 것을 좋아하는데, 대학원에서의 이러한 다양한 활동 기회들은 저의 성향과 맞아서 비교적 대학원 생활을 알차고 생동감 있게 보내고 있는 것 같습니다.

대학원에서 가장 예상하지 못했던 것들은 무엇인가요?

대학원에 입학할 때, 학부에서와 마찬가지로 제가 '배우는 학생'으로만 여겨질거라고 생각했습니다. 하지만 대학원에서 저는 배우는 학생인 동시에 교수님과 동료 대학원생들과 여러 학문적 주제에 대해 의견을 나누고, 연구 프로젝트를 이끌고, 짧은 강연을 하는 등 준전문가로 대우받는다는 느낌을 받았습니다. 이것은 한편으로는 압박이긴 했지만, 또 한편으로는 자극이 되고 자긍심을 가지게 했으며 그러한 경험을 완수하는 것을 통해 연구자, 임상가로서 유능함과 성취감을 키워나갈 수 있었습니다. 또 하나 예상하지 못했던 점은, 강의를 듣고 과제를 하고, 시험을 보는 등 수업 중심의 학부 생활과 달리, 대학원 생활은 수업 뿐만 아니라 연구와 현장 실습, 학회, 세미나 등의 활동 비중이 꽤 높다는 점입니다. 저는 대학원생 때 수업을 듣고 남는 시간에 책상에 앉아 전공 공부를 할 것이라고 생각했었습니다. 하지만 현재 저를 비롯한 주변 동료들의 공통적인 생각은 대학원에 왔더니 연구, 임상 실습 등의 일로 인해 오히려 학부 때처럼 주어진 공부에 매진할 수 있는 시간이 부족하다는 것입니다. 대학원 2년이라는 시간은 수업뿐 아니라 여러 가지 배움의 기회들로 정말로 바쁜 시간인 것 같습니다.

대학원이 당신을 바꾸었나요? 만약 그렇다면, 어떻게 바꾸었나요?

대학원에 입학하기 이전에, 저는 내가 과연 임상심리학을 배워서 무엇을 하고 살 것인지, 무엇을 얼마나 잘 할 수 있을지 잘 몰라 다소 불안했습니다. 대학원에 와서 학문적 분야와 임상현장 영역에서 여러 가지를 성취하며 자신감과 유능감이 생기고, 내가 무엇을 얼마나 할 수 있는지에 대한 이해가 생겼습니다. 특히, 연구 프로젝트에 주도적으로 참여함으로써 학문적인 관심이 커지고 미래의 연구자로서 자신감이 생겼습니다. 또한, 심리적 개입법을 실행하는 임상가로서 기초적인 기술들을 배우며 연구와 치료를 수행하는 임상심리학자라는 목표에 한 걸음 더 다가간 느낌입니다. 여전히, 앞날을 분명히 알 수는 없지만, 예전에 비해 저는 임상심리학 분야에서 무엇을 잘 할 수 있고, 무엇을 하기 원하는지 조금 더 분명한 견해를 가지게 되었습니다.

대학원에 입학한 이후, 관심 분야에 어떤 변화가 생겼나요?

대학원 입학 이전에는, 학부 연구생으로 일하며 접했던 조현병을 비롯하여, 불안, 우울, 자존감, 성격 병리, 정신장애의 조기 개입, 심리적 취약성 등 굉장히 넓고 다양한 주제에 관심을 가지고 있었습니다. 현재는, 다양한 주제에 관심이 많은 것은 이전과 같으나, 조현병의 경우 관심사가 좀더 구체화 되었다는 점이 다릅니다. 학부생 때에는 조현병 전반에 관심을 가지고 있었으나, 지금은 보다 구체적으로 조현병을 가진 사람들의 인지기능과 삶의 질, 그리고 음성증상의 세부적인 인지적 기제를 탐구하는 것에 흥미가 있습니다. 흥미롭게도, 저는 학부생 때 인지신경과학, 실험심리학 분야에도 관심을 가지고 있었는데, 임상심리대학원에 들어온 지금 인지심리학을 전공하신 다른 교수님과 협력하여 실험연구를 계획하고 있습니다. 따라서 저 같은 경우, 전반적으로 학부 시절에 가졌던 흥미와 관심사가 많이 유지되는 편이며, 그 관심사들 중 연구실의 성격과 부합하는 주제는 관련 연구에 참여하며 좀더 구체화되었다고 할 수 있습니다. 하지만 앞으로 더욱 구체적이고 명확한 방향의 관심사 개발이 필요합니다.

돌아보면, 대학원 프로그램에서 어떤 활동 혹은 경험들이 가장 중요했나요?

비록 학부 때보다 수업이 대학원 생활에서 차지하는 비중이 적긴 하지만, 통계, 정신병리, 심리치료, 임상현장 실습 등에서 배우는 기초 전공 지식, 연구방법론, 임상기술 등을 익히는 것이 중요한 것 같습니다. 이런 기초지식과 기술 없이는, 연구나 재활, 치료, 평가 등의 활동을 하는 것이 사상누각일 수 있다는 생각이 듭니다.

임상심리학대학원에서 수학하는 학생들을 위해 더 해줄 말이 있나요?

대학원 생활 또한 삶의 과정 중 일부로, 이 시간을 가치 있고 즐거운 생활로 만드는 것이 중요하다고 생각합니다. 물론 저도 대학원 생활이 늘 즐겁지만은 않고, 개인이 통제할 수 없는 여러 요인들이 대학원 생활에 대한 만족감에 영향을 줄 것입니다. 특히, 대학원에서 공부하고 일하는 것에는 유형의 보상이 지금 당장 존재하지 않거나, 간헐적이거나, 불충분할 수 있기 때문에 자신이 하는 일의 의미를 잊고 헤맬 수 있는 것 같습니다. 따라서 종종 스스로에게 동기부여를 할 필요가 생기는데, 저 같은 경우, 대학원 입학을 고려했던 당시의 목표와 앞으로 삶에서 하고자 하는 일들을 떠올린 다음 현재하는 작업들과 연결함으로써 자신에게 동기를 부여하는 데 도움이 되었습니다. 또한, 대학원 안팎의 인간관계, 일과 휴식의 균형 등으로 삶을 조화롭게 만드는 것이 필요하다는 것을 느낍니다. 대학원 바깥의 친구, 가족, 취미 등을 가꾸고 돌봄으로써 대학원 생활이 잘 풀리지 않을 때, 스트레스를 완충하고 회복하는 데 도움을 얻을 수 있다는 것을 요즘 절감합니다.

임상심리대학원을 지망하는 학생들에게 해주고 싶은 말은 무엇인가요?

임상심리대학원에 들어오기 전의 시간은 관련 공부를 하면서 전공 기초를 다지고 관심 분야를 다방면으로 탐색하는 기간이라고 생각합니다. 여기에 더해서, 기회가 된다면 지망하는 연구실에 접촉하여 연구 조교로 일해 보는 것이 자신의 적성을 파악하고 간접적으로 대학원 생활을 엿볼 수 있는 좋은 기회가 될 것이라고 생각합니다. 이러한 적극적인 활동을 통해서 자신의 진로를 보다 풍부한 정보에 근거하여 설계할 수 있고, 연구 경험을 쌓을 수 있으며, 그 과정에서 자신의 강점을 펼쳐보임으로써 경쟁적인 대학원 입학에도 도움이 될 것으로 생각합니다.

성별, 나이, 사회경제적 수준 그리고 전반적인 정서 및 신체적 고통감 수준을 포함한 변인들에서 치료 전에 차이가 나지 않도록 하였다. 하지만, 참여자들은 치료집단 혹은 통제집단에는 무선으로 할당되었다. 이 연구의 주요 관심 변인은 치료 전, 치료 1달 후, 치료 2달 후, 그리고 치료 3달 후에 측정한 우울 수준이었다. 그림 5-4에 두 집단의 우울 수준의 변화가 기록되어 있다. 그림에 보여지는 것처럼, 실험집단의 우울 점수는 통제집단의 우울 점수에 비해 시간이 지남에 따라 현저히 낮아졌다. 이러한 결과는 독서치료가 항우울약물치료 효과 이상으로 우울을 경감하는 것을 보여준다. 개인적 책임감이 행복감의 여러 징후와 관련되어 있는지를 알아본 연구를 살펴보자 (Langer & Rodin, 1976). 비록 이 연구는 좀 오래 전에 수행되었지만, 이 연구의 설계는 실험법의 주요한 특징을 잘 묘사하고 있다.

이 연구는 전형적인 실험 연구의 여러 가지 특징을 보여 준다. 노인 피험자들에게 개인적 책임감이 이익이 된다는 실험적 가설은 기존에 출판된 연구와 비슷한 집단에 대한 관찰로부터 나왔다. 독립 변인은 연구자의 통제하에 있어야 한다. 이것은 피험자의 행동에 인과적 효과를 가질 것이라고 기대되며, 여기서 피험자의 행동은 종속 변인이다. 이 연구에서는 개인적 책임감이 독립 변인이고, 그것은 연구자들의 지시에 의해 조작되었다. 종속 변인은 책임감을 느끼는가, 아닌가에 따른 피험자들의 반응 (자기 보고된 행복감)이었다. 좋은 실험 절차는 또한 연구 결과에 영향을 줄 수 있는 중요한 변인들 (예: 건강 상태와 적응)상에서 피험자들을 맞추어야 한다. 때때로 짝짓기가 어려울 때는 피험자들을 실험집단과 통제집단에 무선할당한다. 이는 두 집단 간의 뚜렷하게 다른 특징은 실험에서 조작된 개인적 책임감만이어야 한다는 생각에 기초한다. 따라서 실험집단에서 더 높은 행복감 점수가 나타날 때 이것은 책임감에 대한 실험적 지시에서 오는 것이라고 결론지을 수 있게 된다.

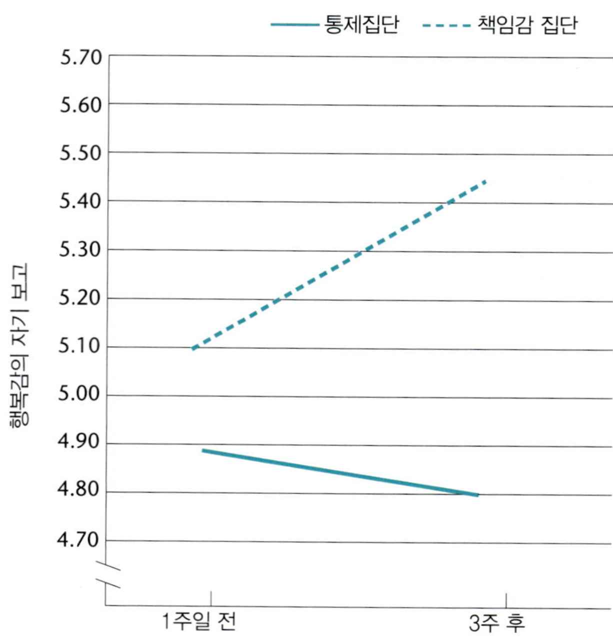

그림 5-4 ■ 실험적 개입 전과 후의 행복감의 자기 보고

출처: Based on data from Langer & Rodin(1976).

집단 간 및 집단 내 설계. 집단 간 설계에서는 2개의 서로 다른 피험자의 집단이 있으며, 각 집단은 서로 다른 처치를 받게 된다. 예를 들어 치료 효과에 대한 연구를 살펴보자. 가장 단순한 형태로, 1개의 실험집단(어떤 형태의 치료를 받는)이 통제집단(치료를 전혀 받지 않는)과 비교될 수 있다. 이상적으로, 환자들은 각 집단에 무선으로 배치되어야 한다. 몇 가지 측정(예: 불안 수준, 면접 시의 인상, 검사 결과)이 치료 전에(통제집단의 경우에는 치료를 하지 않는 기간 전에), 치료 후에, 그리고 아마도 치료 종결 후 6개월이나 1년 뒤 추후 시점에 양 집단에서 이루어질 수 있다. 치료 종결이든 추후에서든 두 집단 간의 어떤 차이는 실험집단이 받은 치료의 효과로 가정된다.

집단 내 설계에서는 같은 환자의 다른 시간 간의 비교가 이루어진다. 이 과정이 어떻게 되는지 그려 보기 위해서 우리가 환자들이 대기자 명단에 있는 것에 대한 효과(예: 괴로움의 수준)에 관심이 있다고 한다면 우리는 매 환자를 6주간 대기자 명단에 있도록 할 수 있다. 그렇지만 그러기 전에 여러 가지 평가절차를 수행하도록 한다(A지점). 6주 후에 이 환자들은 치료가 시작되기 바로 전(B지점)에 재평가받도록 한다. 치료 종결 후(C지점)에 환자들은 세 번째 평가를 받고, 또 추후에 한 번 더 받을 수 있다(D지점). A와 B지점 사이(대기자 명단에 있는 동안)의 변화는 B지점과 C지점 혹은 D지점 간의 차이와 비교할 수 있다. 이러한 변화에 대한 복잡한 분석은 단순히 대기자 명단에 있게 하는 것보다 치료의 효율성에 대한 더 좋은 시각을 제공한다. 집단 내 설계에는 많은 변형이 있다. 그렇지만 주된 장점은 피험자 수를 덜 필요로 한다는 것이다. 실제로, 단일-피험자 설계의 사례를 나중에 보게 될 텐데, 거기에서 우리는 한 피험자를 단순히 관찰하는 것을 통해서 특정한 개입이 효과가 있는지 없는지 알아볼 수 있다.

내적 타당도. 때때로 어떤 실험은 내적으로 타당하지 않다. 이는 얻어진 결과가 우리가 독립 변인을 조작해서 나온 것인지 확신할 수 없기 때문이다. 어떤 연구에서는 실험집단과 비교를 할 통제집단 조차 포함하지 않기도 한다. 이런 경우에 관찰된 변화들은 다른 변인에 의한 것일 수 있다. 예를 들면, Langer와 Rodin의 사립병원 실험에서 통제집단이 없었다고 가정해 보자. 비록 실험집단이 행복감의 증가를 보였다 하더라도 이는 아마도 책임감 때문만은 아니었을 것이고 실험 기간 중에 새로운 병원의 책임자가 고용되어서 그럴 수도 있으며 또는 연구 중에 영양사들이 바뀌어서일 수 있다. 이런 다른 사건들을 함께 겪은 통제집단 없이는 누구도 확신할 수 없다. 요약하자면, 관계없는 변인들을 통제하지 않거나 이런 변인들이 실험집단과 통제집단에 똑같이 존재한다고 보지 않는 이상, 이러한 변인들은 결과에 혼입을 일으킬 수 있다.

우리는 나중에 치료 효과성에 대한 연구에서 때때로 어떤 환자집단은 새로운 형태의 치료를 받게 되는 것을 본다. 치료집단과 짝지어진(혹은 무선배치) 두 번째 환자집단은 대기자 명단으로 배정된다. 여기서의 가정은 대기하는 피험자와 치료받는 피험자 간의 차이란 후자는 치료를 받은 것이고 전자는 받지 않았다는 것이다. 그렇다면 이 연구는 내적으로 타당하다. 그렇지만 정말 그러한가? 경험적으로 대기자 명단에 있던 피험자들은 전혀 도움을 받지 않는 것이 아니다. 처치인 치료 대신, 그들은 종종 성직자들에게서 도움을 찾거나 친구로부터 현명한 상담을 받거나 어떤 다른 형태의 지지를 받는다. 그래서 치료집단에서 나타난 증진은 대기자 명단에 있는 피험자들이 치료 외적으로 받은 사적인 도움과 혼동될 수 있으나 치료집단이 대기자 집단보다 더 증진되지 않았다는 사실이 치료적 개입이 효과적이지 않음을 의미하지는 않는다. 이는 단순히 두 집단이 어떤 형태의 개입이 있었다는 것을 의미한다.

내적 타당도의 가치를 떨어뜨리는 또 다른 요인에는 기대가 있다. 조사자나 피험자가 특정한 결과를 기대한다면 그 결과가 나올 수 있는데 이 현상을 위약 효과라고 한다. 예를 들면, 사람들은 실제로 술을 마시지 않았음에도 불구하고 자신이 마셨다고 생각하거나 또 상황이 그런 행동을 요구한다고 생각한다면 취한 것처럼 행동한다. 환자들은 객관적으로 그들이 더 좋아지지 않았음에도 불구하고 치료가 자신에게 도움을 주었다고 보고하는 것으로 알려져 있다. 왜냐하면 치료자가 너무나 많은 시간을 그들에게 쏟았고, 그래서 더 좋아져야만 한다고 느끼기 때문이다!

또 다른 사례들에서는 실험자들이 자신이 기대하는 그 반응들을 무의식적으로 산출해 낸다고 알려져 있다. 아마도 그들은 미묘하게 환자가 '적절한' 방식으로 행동하도록 격려하였을 수 있다. 이는 특히 실험자가 누가 실험 피험자이고 통제 피험자인지 알 때 나타난다. 임상가들도 환자가 수행을 잘하기를 원해서 검사를 할 때 가끔 '무의식적으로' 환자들에게 조금 더 시간을 주는 경향이 있다고 알려져있다.

실험자나 참가자의 기대 효과를 피하기 위해서 연구에서는 보통 이중-맹목 절차를 주로 사용한다. 여기서는 피험자나 실험자 둘 다 어떠한 치료나 과정이 시행되는지 모른다. 예를 들면, 만약 어떤 조사자가 두 가지 약물의 효과를 연구하는 것에 관심이 있다면, 그 약을 배분하는 사람은 어떤 것이 어느 것인지 알지 못하는 것이다. 두 종류의 약이 크기, 모양, 색상, 무게, 질감, 맛 등에 있어서 동일하기 때문에 피험자도 알지 못한다.

짝짓기, 실험집단과 통제집단으로의 피험자의 무선 할당, 통제집단의 사용, 이중-맹목 절차들은 모두 실험이 어느 정도의 내적 타당도를 가질 수 있도록 돕는 방법들이다.

외적 타당도. 실험의 결과가 실험이 행해진 제한되고도 정확한 조건 밖에서 일반화되지 못한다

실험실에서의 실험은 주로 높은 내적 타당도를 지닌다.

면, 그 연구는 외적 타당도를 보이지 못한다. 만약 Langer와 Rodin의 결과가 특정 개인병원에만 적용된다면 이는 문제가 있다. 실제로, 대부분의 실험 연구는 결과를 특정한 상황 외에서도 일반화할 수 있다는 희망을 가지고 진행된다. 실제로, 주어진 연구에서 외적 타당도를 알아보는 것은 매우 어렵다. 실험실에서 산출된 결과들은 자주 실제 생활 환경에서 다시 나타나지 않는다. 가장 좋지 않은 실수는 특정한 결과가 상황 A에서 산출되었다는 이유로, 그것이 자동적으로 상황 B에서도 나타날 것으로 가정하는 것이다. 비록 연구실 실험 연구에서 변인에 대한 통제가 더 잘 되지만, 이러한 '인위적인' 속성은 광범위한 일반화를 제한할 수 있다.

유사 연구. 결과 일반화에 대한 의문은 유사 연구에서 특히 두드러진다. 이 연구들은 통제하기가 쉬운 실험실에서 수행되지만, 여기서의 조건들은 실제 생활과 '유사한' 것이다. 이 방법은 주로 정신병리나 치료의 속성을 밝히기 위해 사용된다. 예를 들면, Watson과 Rayner(1920)가 어떻게 어린 알버트가 하얀 쥐에 대해서 공포를 학습할 수 있었는지 보이기 위해서 실제 생활에서 공포를 획득하게 되는 과정과 유사한 과정을 구성했다(글상자 5-1 참조). 다른 예로 어떤 연구자들은 전통적인 기분 유발 기술(예: 불쾌한 수준을 증가시키는 것으로 알려진 문구들을 읽는 것)을 사용해서 우울하지 않은 피험자들에게서 우울한 기분을 유도하거나 그런 기분 상태를 유발하는 그림이나 음악을 사용(예: Goodwin & Sher, 1993의 연구)함으로써 우울과 관련된 특징이나 우울의 효과를 연구했다. 이러한 기법들은 아마도 임상적 우울과 유사한 우울 상태를 만들었을 것이다.

어떤 점에서는 대부분의 실험 연구가 유사 연구이다. 그렇지만 심각한 실제적인 제한이나 윤리적인 제한으로 우리가 실제 생활 조건을 그대로 창출해 내지 못할 경우에는 유사 상황을 사용해야만 한다. 유사 연구의 장점은 실험실에서 더 잘 통제할 수 있으므로 더 좋은 내적 타당도를 보인다는 것이다. 이 방법의 아킬레스건(유일한 약점)은 유사 상황과 실제 상황 간의 유사한 정도이다. 예를 들어, 우리가 우울을 일으키는 데 있어서 실패의 역할에 대해 연구하기로 했다고 하자. 우리는 여러 가지 이유로 인해 실제로 우울한 사람들을 연구하고 싶지 않다. 그 이유는 첫째, 똑같이 우울하면서 비슷한 배경을 지닌 사람들의 충분한 표본을 얻기 힘들다. 둘째, 그런 사람들에게 강력하고 심각한 실패 경험을 주어서 더 우울하게 만드는 것이 윤리적일까? 어쨌든 이는 유사 연구의 실제적 딜레마를 보여 준다. 만약 우리의 실험적 조작이 실제로 효과적이라면 이는 위험하다(그래서 비윤리적이다). 만약 효과가 약하다면 이 연구는 별것 아닌 것이 되어 버리고 외적 타당도도 거의 없을 것이다. 앞서 말한 윤리적 제한과 유사 조건이 실패의 종류와 정도, 피험자의 속성 등을 통제할 수 있게 해 준다는 사실로 미루어 봤을 때, 유사 연구는 매력적인 대안으로 사용될 수 있다.

그렇지만 우리가 유사 연구 절차를 사용할 때는 대가를 치러야 한다. 예를 들면, 가설적 실험에서 우리가 어떻게 이 피험자들이 전문적으로 우울증이라고 진단받은 피험자들과 실제로 같다고 할 수 있겠는가? 아마도 피험자들은 일반 심리학 수업에서 모집된 사람들로 우울증을 측정하기 위한 질문지에서 임계치 이상의 점수를 받은 사람들일 것이다. 그들은 임상적인 우울증 사례가 아니다. 게다가, 실험실 상황에서 어떤 문제에서의 실패 경험이 우울증인 사람이 일상생활에서 겪는 '실제' 실패와 같은지 확신할 수 없다.

어떤 사람들은 동물 연구가 사람을 가지고 하는 연구에서 나타나는 몇 개의 방법론적인 문제를 제거할 수 있기 때문에 동물을 연구에 사용하자고 주장해 왔다. 우리는 동물들을 거의 완벽하게 통제할 수 있는데 식생활, 생활환경, 심지어는 유전적 배경까지 통제할 수 있다. 또한 우리는 동물들의 생활에 대해서 훨씬 더 관여할 수 있다. 동물들은 보통 수명이 더 짧기 때문에 사람에게는 몇 년이 걸리는 현상이 쥐와 같은 동물에서는 몇 달 안의 연구가 될 수 있다. 게다가 수의학 장면에서도 흔하게 볼 수 있는 많은 '자연적으로' 발생하는 행동장애(예: 공격성, 기분장애, 과잉활동성, 섭식 장애)는 정신병리 분야와 관련이 있는 것으로 보인다(Stein, Dodman, Borchelt, & Hollander, 1994). 그렇지만 동물의 행동이 인간의 행동과 정확히 얼마나 비슷한가? 아마도 어떤 예에서는 충분히 비슷하겠지만, 다른 것들에서는 전혀 아닐 수 있다.

중요한 것은 유사 연구가 중요하며 깨우쳐 주는 점이 많지만 우리가 이것을 사용할 때 회의적인 부분이 있을 수밖에 없다는 것이다.

마치는 말. 실험법에 대한 부분을 마치면서 모든 사람들이 이러한 전통적인 접근을 지향하고 있지는 않다는 점을 언급할 필요가 있다. 예를 들면, 수년 전에 Cattell(1965)은 소위 두 변인 연구 전략이라고 불리는 것을 비판하였다. 이는 Pavlov와 Wundt의 시절부터 거의 신성시되어 온 방법인데, 한 번에 2개의 변인만 연구하는 것이다. 연구자는 하나의 독립 변인을 조작하고 이것이 종속 변인에 미치는 영향을 관찰한다. 예를 들면, 실험자는 피험자들이 전기 쇼크의 발생에 대해 개인적인 통제를 할 수 없다는 신념을 갖게 한다(독립 변인). 여기에서의 질문은 전기 피부 반응(종속 변인)으로 측정되는 피험자의 불안 수준이 어떻게 달라질 것인가이다. 만약 초점이 불안에 있다면, 어떻게 사람들이 불안해지는가를 알아내기 위해 그와 같은 두 변인 연구를 수천 번 해야 할지 모른다. 실험자들은 피험자의 반응 속성에 영향을 줄 수 있는 불안의 측정 도구, 자극의 종류, 기존의 성격 특징의 존재 여부를 다르게 해야 한다. 만약 실험자들이 한 연구와 그 다음 연구에서의 한 조건만 다르게 한다면, 사람에 대한 단편적인 시각만 가지게 될 것이다. 이러한 두 변인 연구의 결과를 다 모으는 것은 쓸모없는 일이다. 그리고 이 연구가 능력이나 적응과 같은 다른 변인을 제외한 불안만을 보고자 했기 때문에 결과들은 어떻게 이 변인들이 불안에 영향을 줄 수 있는지에 대한 생각을 제공해 주지 않는다.

결과적으로 어떤 사람들은 다변량 전략의 사용을 옹호하였다. 여기에서 실험자들은 같은 사람에 대해 다양한 측정치를 사용하고, 통제에는 많은 방법을 행사하지 않는다. 그들은 질문지 자료를 사용할 수 있고, 일상 기록, 관찰 등을 사용할 수 있다. 이러한 자료들을 통해 상관을 알아볼 수도 있고, 요인분석을 할 수도 있다. 이 방법은 자연적으로 나타나는 현상들에 초점을 맞출 수 있을 뿐만 아니라 여러 가지 변인들을 동시에 다룰 수 있기 때문에 더 좋은 전략으로 여겨진다. 그렇지만 이 방법 또한 다른 상관적 접근처럼 한계가 있다(Phares, 1991).

단일 사례 설계

단일 사례 설계는 행동적, 조작적 접근의 부산물이다. 이는 실험법과 사례 연구법 모두와 공통점을 가지고 있다. 예를 들면, 한 실험자가 여러 조건하에서의 한 피험자의 행동을 측정하는데 이런 측면에서는 실험적 기술과 비슷한 방법을 사용한다. 그렇지만 초점은 단지 한 피험자의 반응에 맞춰지고 이러한 연구는 보통 기저선을 수립하는 것으로 시작한다. 여기에서 어떤 개입이 있기 전에 참가자의 행동에 대한 기록이 이루어진다(예를 들면, 매주 불안 발작이 나타나는 횟수 등). 신뢰할 수 있는 기저선 이 수립된 후에 개입이 시작된다. 개입의 효과는 행동의 기저선 수준과 개입 후 수준을 비교함으로써 알 수 있고 단일 사례 설계는 종종 치료 방법의 효과성을 연구하는 데 사용된다.

단일 사례 연구들은 실험자가 인과관계를 정립할 수 있도록 해 준다. 게다가 이 방법은 어떤 피험자들을 통제집단이나 대기자 집단에 할당함으로써 치료에서 배제시키지 않고도 임상적 행동(특히 치료방법)을 연구할 수 있게 해 준다. 어떤 사람들은 무선할당과 같은 통제된 절차가 더 과학적이기는 하지만, 회복에 대한 사람들의 희망을 좌절시킬 수 있기 때문에 어쩔 수 없이 비윤리적이라고 한다. 사용될 치료가 아직 입증되지 않았을 수도 있으며, 어떤 사람들은 최대 다수의 이익을 위해서 몇 사람들에게서 증상이 호전될 기회를 박탈해야 한다고 하지만 윤리에 대한 부분은 계속 남아 있을 수밖에 없다.

단일 사례 설계를 사용하는 또 다른 실용적인 이유는 임상 장면에서 통제집단으로 짝짓기나 무선 할당을 할 만큼의 충분한 수의 피험자를 찾기가 종종 매우 힘들다는 데 있다. 단일 사례 연구는 필요한 피험자 수가 적다. 또한, 어떤 사람들은 대부분의 연구(성격과 임상처럼)들이 평균 점수에 근거하여 결과를 일반화해 왔다고 주장해 왔다. 따라서 어느 한 사례의 특성을 기술하거나 적용하는 데 그 연구 결과들을 사용할 수는 없을 것 같다(Lamiell, 1987). 그렇지만 단일 사례 설계는 이러한 문제들을 비켜갈 수 있다.

ABAB 설계. ABAB 설계는 치료 조건과 비치료 조건을 번갈아가며 거치면서 피험자의 행동 변화에 대한 체계적 관찰을 함으로써 치료의 효과성을 측정할 수 있게 한다. 이는 처음의 기저선 기간(A) 다음에 치료 기간(B), 다시 기저선 기간(A), 그리고 두 번째 치료 기간(B) 순으로 수행되기 때문에 ABAB 설계라고 불린다.

ABAB 단일 사례 설계의 좋은 예로 자폐 스펙트럼장애로 진단받은 4살 남자아이인, 토머스에 대한 연구가 될 것이다(Crozier & Tincani, 2007). 이 연구의 목적은 특정 개입법인 사회적 이야기(Social Stories)가 토머스가 아침모임에 참여하여 선생님 이야기에 경청하고, 노래나 이야기하는 것에 참여하는 것을 돕는가를 평가하는 것이었다. 토머스는 교실 주변을 돌아다니며 아침 모임에 거의 참여하지 않았다. 이러한 토머스를 위해, 사회적 이야기 기법에서는 연구자가 아침모임이 시작되기 전에, 교실 한켠에서 토머스에게 몇 가지 이야기를 읽어준다. 그 이야기에서 토머스는 아침모임에 참여하여 선생님 이야기에 경청하고 활동에 참여한다. 목표 행동은 아침모임에서 적절하게 앉아있는 것과, 아침모임과 관련 없는 행동은 하지 않는 것이었다.

그림 5-5에는 토머스가 목표행동을 한 비율이 제시되어 있다. 그림에서 볼 수 있듯이, 개입 이전에는 토머스가 평균 16% 정도의 시간을 모임시간에 적절히 앉아 있었다. 하지만 6회기에서는 적절히 앉아 있는 비율이 매우 높아졌다(70%); 이날 토머스가 천식약을 먹은 것으로 기록되었는데, 이 약은 진정 효과가 있어 토머스의 행동에 다소 영향을 미쳤을 가능성이 있다. 첫 치료 기간 동안에, 토머스가 적절하게 앉아 있는 행동이 상당히 증가한 것을 알 수 있다. 두 번째 기간(치료를 제공하지 않은 기간) 동안에는 적절히 앉아 있는 행동이 다시 줄어들었다. 다시 치료를 제공했을 때에는 적절히 앉아 있는 행동이 다시 증가했다. 이렇게 치료와 비치료 기간을 번갈아 가짐으로써, 치료가 토머스의 행동에 미치는 영향을 연구할 수 있었다. ABAB 절차에 있어 한 가지 어려운 점은 치료를 중간에 제공하지 않는 것에 대해 윤리적인 고려가 있어야 한다는 점이다. 예를 들어, 아동의 자해 행동을 줄이는 치료를 중간에 제공하지 않는 경우 비윤리적일 뿐 아니라 그렇게 해서는 안 될 것이다.

ABAB 절차의 한 가지 어려움은 처치를 그만 두는 것이 어느 정도 윤리적 문제가 있을 수 있다는 것이다. 그렇지만 이 문제의 심각성은 관련된 특정 상황에 따라 다르다.

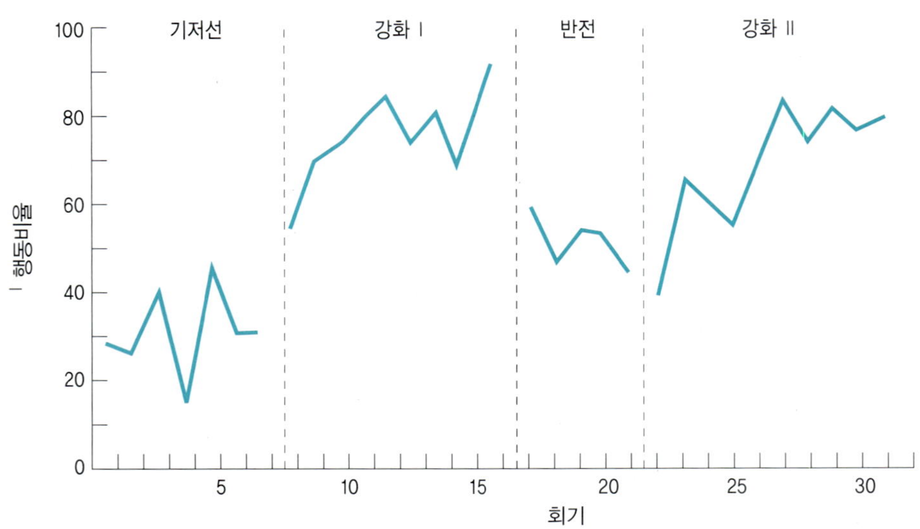

그림 5-5 ■ 로비에 대한 강화의 제공과 철수

출처: "Effects of Teacher Attention on Study Behavior," by R. V. Hall, D. Lund, and D. Jackson, Journal of Applied Behavior Analysis, 1, 1968, 1–12. Copyright 1968 by the Society for the Experimental Analysis of Behavior.

다중 기저선 설계. 어떤 사례에서는 반전 기간을 사용할 수 없을 수 있고 앞에서 말한 것처럼, 윤리적 제한이 있을 수 있다. 또한 임상적 연구 상황에서 치료자들은 내담자들이 없애기를 원하는 바로 그 행동들을 재경험하게 하고 싶어 하지 않을 수 있다. 이러한 경우에 연구자들은 다중 기저선 설계를 사용할 수 있고 여기서는 2개 이상의 행동이 분석을 위해 선택된다. 어떤 입원 환자는 책임있는 행동을 하는 것에 심각한 문제를 보일 수 있는데, 그는 자신의 방을 치우지 않고 개인위생을 잘 지키지 못하며 작업 과제를 위한 시간에 잘 나타나지 않는다. 기저선의 자료는 사적 상황과 작업 상황 모두에서 수집될 수 있다. 그 다음에 그가 작업 상황이 아닌 사적 상황에서 책임감 있게 행동하면 즉각적 보상이 주어진다. 그러고 난 다음, 기존에 정해진 기간이 지난 다음에 두 상황 모두에서의 행동 측정 자료를 다시 모은다.

마지막 기간은 두 상황 모두에서 책임 있는 행동에 대한 보상을 포함한다. 만약 책임 있는 행동이 보상이 따르는 사적인 생활에서는 증가되지만 작업 상황에서는 증가하지 않는다면, 여기에 통제되지 않은 요인이 작용할 가능성이 있다. 그렇지만 만약 보상이 작업 상황에서도 책임 있는 행동을 증가시키는 것으로 나타난다면, 이는 보상 외의 다른 요인이 포함되었을 가능성은 거의 없는 것이다. 두 개의 기저선을 사용하는 것은 조사자들로 하여금 그들의 조작에 대해 자신감을 증진시킬 수 있게 해 준다.

Moras, Telfer와 Barlow(1993)의 연구는 다중 기저선 설계의 변형의 예시이다. 이들의 연구는 여러 가지 이유로 주목할 만하다. 첫째, 그들은 단일 사례 방법론을(대부분 단일 사례 방법론에서와 달리) 행동적이지 않은 치료에 적용하였다. 둘째, 그들은 흔하긴 하지만 수많은 증상들이 나타나기 때문에 복잡한 임상적 상태인 범불안장애와 주요 우울증이 같이 존재하는 경우를 목표로 삼았다. 마지막으로 그들은 병합치료에 사용되는 각 형태의 치료들(불안 통제 치료와 우울을 위한 대인관계 심리치료)이 원래 목표로 해서 개발했던 증상들의 치료에 특히 더 효과가 있을 것이라는 가설에 대한 검증을 할 수 있었다.

글상자 5-3은 Moras 등(1993)의 사례 2에 대한 기술을 보여 주고 있다. 이 남자는 범불안장애와 주요 우울증 둘 다로 인해 고통을 겪고 있는 사람으로 글상자에는 치료 진행 중에 매주 측정된 불안과 우울에 대한 자기 보고 점수가 나타나있다. 그래프에서 나타나듯이, 사례 2의 불안 수준(BAI 점수)과 우울 수준(BDI 점수)은 완화되었고 기저선 주인 1, 2에서 측정된 치료 전의 점수보다 유의미하게 작았다. 불안 통제치료(ACT)가 먼저 6회기 동안 수행되었고, 그 다음에 평가 면담이 있었다. 그 다음에 우울을 위한 대인관계 심리치료(IPT)가 다른 평가면접 이후 6회기 동안 수행되었다.

글상자 5-3 혼재된 불안과 우울의 치료

Moras, Telfer 및 Barlow(1993, p.414)는 사례 2에 대해 다음과 같이 기술하였다.

> 이 환자는 3명의 아이(연령대 4~12세)를 가진 30대 중반의 남자였다. 그는 반숙련직에서 정식 직원으로 일하고 있었다. 그의 주된 호소 문제는 '쉽게 와해되고 많이 운다'는 것, '신경쓰지 않는 태도', 불안감, 직장에서 도망치고 싶은 느낌이 있었다. 그의 삶에서 관계에 대해 물었을 때, 그와 그의 아내는 "각자 다른 길을 가고 있는 것처럼 보인다."고 하였다. 그렇지만 그는 재빠르게 그 말을 부정하면서 서로 엇갈리는 것이 아니라 오히려 더 가까워지고 있으며 좀 더 독립적이 되어가고 있다고 주장하였다.

2개의 독립적인 구조화된 진단면접을 통해 나온 진단은 주요 우울 삽화(재발, 중간 수준) 5와 범불안장애 5가 같이 있다는 것이었다. 다음은 Beck 불안 척도(BAI)와 Beck 우울 척도(BDI)에서 나타나는 사례 2의 매주의 점수이다.

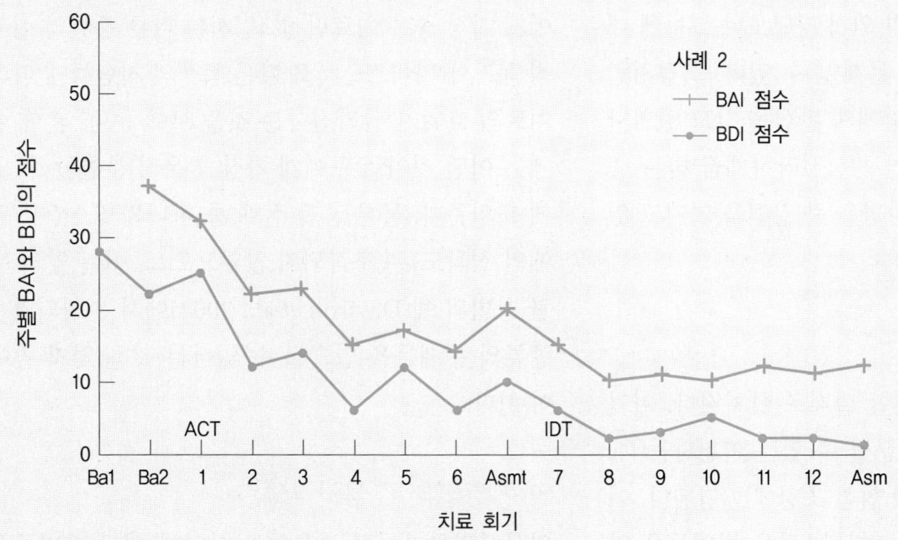

사례 2에 대한 Beck 불안 척도(BAI; Beck, Epstein, & Brown, 1988)와 Beck 우울 척도(BDI; Beck, Steer, & Garbin, 1988)점수의 주 별 변화(Ba1 = 기저선 주 1, Ba2 = 기저선 주 2, ACT = 불안 통제 처치, Asmt = 평가 주, IPT = 우울에 대한 대인관계적 심리치료 처치)

출처: Moras, K., Telfer, L. A., & Barlow, D. H. (1993). Efficacy and specific effects data on new treatments: A case study strategy with mixed anxiety–depression. Journal of Consulting and Clinical Psychology, 61, 412–420. Copyright 1993 by the American Psychological Association.

사례 2의 결과의 몇 가지 특징은 주목할 만하다. 첫째, 그의 불안 점수는 ACT의 과정 동안 유의미하게 줄어들었다. 그러나 그의 우울 점수 또한 그러하였다. 게다가 IPT를 수행하는 중에도 우울 점수와 불안 점수 둘 다 줄어들었다. Moras 등은 이 통합된 형태의 치료(ACT와 IPT)가 범불안장애와 주요 우울증을 가진 환자들에게 잠재적으로 효과적이라는 결론을 내렸다. 그렇지만 원래의 가설과는 반대로 ACT가 불안 증상에 또는 IPT가 우울 증상에 구분되는 특징적 효과가 있다는 증거는 발견되지 않았다.

이 예는 단일 사례 설계가 많이 나타나는 임상적 상태에 대한 치료(단일 혹은 복합)의 효과를 알아보는데 어떻게 사용될 수 있는지 보여 주는 좋은 예이다. 게다가 Moras 등은 여러 가지 다중 기저선 설계를 사용하여 치료 효과의 특정성을 알아볼 수 있는 가설을 검증할 수 있었다.

물론 사전적 의미로는 이러한 모든 단일 피험자 설계는 1명만을 다루어야 한다. 그런데 1명에게 사실로 나타난 것을 전체 집단에 일반화할 수 있는가? 사례 연구법으로는 결과의 외적 타당도나 그들에 대해 일반화하려는 시도가 문제일 수 있다. 그렇지만 우리가 1명의 특정한 사람에게 관심을 갖고 있거나 잘 갖춘 전통적인 실험 연구를 시작하게끔 하는 증거를 찾고자 한다면, 이 방법은 큰 장점을 가지고 있는 것이다.

혼합 설계

실험과 상관은 때때로 혼합 설계로 합쳐진다. 여기서는 특정 모집단으로 구분될 수 있는 피험자들(예: 정신분열증 대 정상)이 각 실험 조건에 할당된다. 이런 방법으로 정신병 혹은 정상과 같은 변인들은 연구자에 의해 조작되거나 유도되지 않는다. 그 대신에 이들은 실험 조건과 관련되어 있다.

Davison 등(2004)은 혼합 설계가 어떻게 작용하는지에 대한 훌륭한 가설적 예시를 제공한다. 우리가 세 가지 형태의 치료의 효과를 조사하기로 정했다고 하자(실험적 조작). 우리는 이것을 장애의 심각도에 기초해 두 집단으로 나누어질 수 있는 정신과 환자들을 통해서 알아볼 것이다(분류 변인). 치료의 효과가 장애의 심각한 정도에 따라 달라지는가? 이 가설적 연구의 결과는 그림 5-6에 나타나 있다. 그림 5-6(b)은 장애의 심각성에 따라 환자들이 두 집단으로 나뉘어졌을 때 나타난 결과를 보여 준다. 그림 5-6(a)은 만약 우리가 환자들을 두 집단으로 나누지 않았더라면 얼마나 당황했을지를 보여 준다. 모든 환자들이 합쳐져 있을 때, 우리는 치료 3이 가장 큰 향상을 가져왔으며, 따라서 이 치료가 가장 좋을 것이라고 잘못 판단하게 된다. 그렇지만 장애의 심각성에 따라 자료를 분석한다면 치료 3은 두 집단 모두에게 선호되지 않는 치료라는 것을 알 수 있다. 대신 5-6(b)에서 보듯이, 덜 심각한 문제들을 가진 환자들에게는 치료 1이 적당하고, 좀 더 심각한 문제를 가진 환자들에게는 치료 2가 더 권장됨을 보여 준다.

이 책의 뒤쪽에서는 모든 문제에 대해 모든 사람에게 가장 좋은 치료란 없고, 서른 다른 종류의 심리적 문제에 따라, 또 서로 다른 특성의 사람들에 따라 치료의 효과가 달라진다는 것을 보여 준다. 혼합 설계는 어떤 것이 누구에게 가장 좋은지 분별할 수 있게 도와준다. 물론 혼합 설계 중 하나의 요인(예: 장애의 심각도)은 조작되지 않았으므로, 이는 앞의 상관 방법의 예(Davison et al., 2004)에서 논의되었던 종류의 문제들을 일으킬 수 있다는 것을 잊지 말아야 한다.

연구 방법의 강점과 약점

임상심리학자들이 사용하는 다양한 연구 방법들을 살펴보았듯이, 각 각의 방법들은 강점들과 약점들이있다. 표 5-4에 방법들의 주요 특성, 즉 개별 사례에 대한 자세한 정보들을 제공하는지, 관심있는 효과에 영향을 미치는 외부요인들을 통제했는지(내적

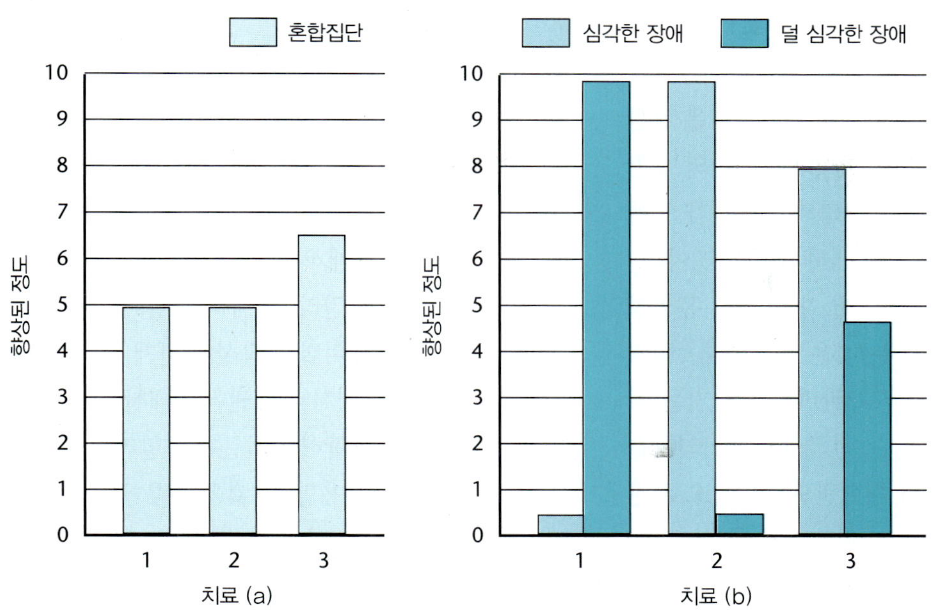

그림 5-6 ■ 문제의 심각도가 다양한 환자들에 대한 세 가지 치료의 효과

출처: Abnormal Psychology, 7th ed., by G. C. Davision and J. M. Neale, p.117. copyright © 1998 by John Wiley & Sons, Inc. Reprinted by permission.

타당도), 다른 사람들이나 상황에 일반화할 수 있는지, 인과적 해석을 할 수 있는지에 대해 요약했다. 예를 들어, 실험법, 개별 사례-연구 설계, 그리고 혼합 설계는 모두 내적 타당도가 높다. 하지만, 실험법과 사례-연구는 결과를 통해 인과적 해석을 가능하게 한다.

통계적 유의성 대 임상적 유의성

어떤 통계치(예: 상관 계수)가 계산되고 난 뒤, 그 숫자가 유의한지 여부를 결정할 수 있다. 전통적으로 얻어진 값(혹은 더 극단적인 값)이 우연히 나타나는 빈도가 100번 중 5번보다 작다면, 통계적으로 유의하다고 여겨왔다. 이러한 획득된 값은 .05 수준에서

표 5-4 임상심리학에서 사용되는 주요 연구 방법론들의 장점과 한계점들

	사례연구 방법 (Case Study Methods)	역학/상관 방법 (Epidemiology/ Correlational Methods)	실험 방법 (Experimental Methods)	단일 사례 설계 (Single-Case Designs)	혼합 설계 (Mixed Designs)
구체적인 정보	+				
내적으로 타당한 결과			+	+	+
외적으로 타당한 결과		+			+
인과관계를 결정할 수 있음			+	+	

유의하다고 불리고, $p < .05$라고 쓰인다. 상관이 클수록, 유의할 확률은 더 높아진다. 그렇지만 많은 수의 피험자가 개입해 있을 때는 상대적으로 작은 상관도 유의할 수 있다. 180명의 피험자로는 .19의 상관도 유의할 수 있다. 그렇지만 30명의 피험자가 포함되어 있을 때는 .30의 상관도 유의하지 못할 것이다.

그래서 통계적 결과를 해석할 때 통계적 유의성과 인상적 유의성을 구분하는 것은 중요하다. .19의 상관은 유의미할 수 있지만 그 관련성의 크기는 아직 꽤 적을 수 있다. 예를 들면, 전국의 임상심리학을 공부하는 5,000명의 2년 차 대학원생을 대상으로 진행되는 연구에서는 그들의 GRE 점수와 학업능력에 대한 교수평정 간에 .15의 상관이 있을 수 있다. 비록 그 관계가 우연적인 것이 아니라고 하더라도, 임상적 중요성은 작다. 교수평정의 변량 중 대부분은 GRE 점수보다는 다른 요인들로 인한 것이기 때문이다. 어떤 사례에서는 .15의 상관이 중요하게 판단될 수도 있지만 많은 예에서는 그렇지 않다.

동시에 우리는 .05 수준의 유의미성을 비우연적인 것이라고 받아들이는 것은 일종의 과학적 전통이지 신성불가침의 기준이 아님을 명심해야 한다. 어떤 경우에는 다른 정보들로 인해 .07이나 .09의 유의도 수준도 중요하게 여겨야 될 때가 있다.

연구와 윤리

제3장에서 우리는 임상심리학을 적용하는 것에 관련된 몇 가지 윤리적 문제들을 다루었다. 연구 역시 중요한 윤리적 고려사항을 포함한다. 환자들처럼 피험자들에게도 권리가 있고, 연구자들은 그들에게 의무가 있다. 2002년 APA(미국심리학회)는 인간 피험자를 사용하는 연구의 윤리적 기준 확장된 개정판을 출간하였다(American Psychological Association, 2002). 우리는 여기에 단지 짧은 개괄만을 실었다. 이 기준들은 연구자들에게 다음과 같은 사항들을 요구한다.

1. 과학적 역량과 윤리적 기준에 따라 연구를 계획하고 수행한다. 만약 기관에서 요구한다면, 심리학자들은 연구 수행 전에 승인을 얻어야 한다.
2. 실험 참가자들에게서 사전 동의를 받는다. 그들에게 연구 절차, 권리, 잠재적 위험이나 불편요소, 잠재적 이득, 비밀 보장성의 한계, 참가에 대한 보수, 참가와 참가자의 권리에 대한 질문을 하려면 누구에게 연락해야 하는지를 알려준다.
3. 대안적 방법을 사용할 수 없을 경우에만 절차의 일부를 속인다.
4. 연구 참가에 대해 보수를 제공할 때, 보상의 속성(전문적 서비스 제공 등)을 명확히 해야 하며, 금전적이거나 다른 종류의 보상들이 참여를 강요할 만큼 과도한 것이 아니어야 한다는 점에 주의한다.
5. 자료를 위조하지 않는다. 그리고 타인의 공헌에 대한 적절한 공로를 인정한다. 연구 절차의 초기에 논문 저작권에 대한 것을 의논하고 관여한 개인의 상대적 공헌도를 기반으로 저작권을 정한다.
6. 자료의 사용이 어떻게 될 것인지, 예측되는 사용처와 다른 연구자들과 자료를 공유할 가능성이나 미래에 쓸 수 있는 가능성 등이 있는지를 참가자에게 알린다.
7. 연구가 끝날 때 참가자들이 가지고 있을 수 있는 오해를 풀 수 있도록 정보를 제공한다.
8. 동물피험자를 전문적인 기준뿐만 아니라 연방법, 주법, 지방법에 따라 인간적으로 대한다.

이것들 중 몇 가지는 더 설명을 요한다.

사전 동의. 좋은 윤리적 치료와 법적 요구사항에서는 피험자들이 연구에 참여하기 전에 공식적인 사전

■ 대학원생의 관점 **Elizabeth A. Martin**

Elizabeth A. Martin은 University of Missouri에서 임상심리학을 전공하는 5년차 대학원생이다. 그녀는 College of New Jersey에서 학사학위를 받았고, University of Pennsylvaina와 University of Missouri에서 석사학위를 취득했다. Liz (Elizabeth를 줄인 이름)는 조현병의 정서 및 인지처리를 연구하고 있으며, 현재 조현환자들의 정서처리과정을 연구하는 연구 장학금을 받아 연구를 진행하고 있다. 졸업 후, 그녀는 연구중심기관에서 정년보장 직위를 얻어 일하고자 하는 목표를 갖고 있다. 그녀의 대학원 경험에 대한 의견을 물었다.

임상심리학대학원 경험에 대해 어떻게 생각하나요?

대학원에 오고 나서 학부에서보다 시간이 훨씬 더 빨리 지나갔다는 것을 깨달았어요. 연구, 수업, 임상 활동, 강의 등으로 매일 매일 정말 다양한 활동들을 하며 지냈어요. 지루해할 시간이 없었지요.

대학원에 대해 가장 예측하지 못했던 것은 무엇인가요?

정말 바쁘고, 잘 알려지고, 유명하고 또 존경받는 교수님들이 내 연구 경력을 위해 이렇게 많은 시간을 할애해 주실 줄은 예상하지 못했었어요. 내 연구 아이디어를 만들고 데이터를 수집하고 분석하며 논문을 쓰는 모든 과정에서 저를 도와주시는 지도 교수님들이 계셨어요. 이 지도 교수님들께 너무 감사해요.

대학원에 와서 바뀐 것이 있다면 무엇이고, 대학원이 어떤 역할을 했나요?

대학원에 진학해서 더 비판적인 사고를 하게 되었어요. 지금은 보이는 데로만 생각하려는 것을 피하려고 해요. 임상 경험을 통해 사람들이 일상에서 부딪히는 어려움들에 대해 알게 되었고, 이러한 어려움에 대해 공감하게 되었어요.

대학원에 처음 진학했을 때와 비교할 때 연구관심 영역에 변화가 있나요?

제가 관심을 갖는 임상군과 일반적 관심 영역은 그대로지만, 대학원에 와서 그러한 관심 분야에 대해 더 정교화할 수 있었어요. 관련 문헌들을 읽고 내 자신의 연구를 하면서, 내가 대학원에 처음 입학할 때는 알지 못했던 개념들을 이해하기 위한 연구들을 시작하게 되었어요.

대학원 생활을 뒤돌아 볼 때, 과정동안 어떤 활동이나 경험이 가장 중요했나요?

학문적으로는 통계학 과목들이 정말 중요했어요. 데이터를 다루고 분석하며 해석하는 기술이 없었다면, 대학원과정이 더욱 힘들었을 거예요. 개인적으로는 동료 학생들과 함께 했던 시간들 덕분에 정말 스트레스가 많은 대학원 기간을 무사히 보낸 것 같아요.

임상심리대학원을 성공적으로 보내기 위한 힌트를 준다면?

대학원에 입학하는 순간부터 자신의 목표를 달성하기 위해 적극적으로 노력하는 사람이 성공적으로 대학원을 마무리할 수 있다고 생각해요. 자신의 목표가 확실하지 않다면, 목표를 정교화할 수 있는 활동들과 기회를 적극적으로 찾아 볼 것을 추천합니다. 수동적으로 그러한 기회를 기다리는 것은 그리 성공적인 전략은 아닐 것이고, 적극적인 태도가 당신을 대학원 기간을 행복하게 이끌어줄 거예요.

글상자 5-4 누구를 대상으로 연구해야 하는가?

한동안 연구를 수행하는 임상심리학자들은 편의적 표본을 주로 사용한다는 점에서 비판받아 왔다. 보통 이 비판은 유사연구에서 대학교 학부생들을 대상으로 연구하는 것에 초점을 맞추어 왔지만 최근 몇십 년 동안 여성과 소수민족 피험자들에 대한 연구가 상대적으로 적은 점에 대해 많은 우려가 표현되었다. 구체적으로 어떤 사람들은 너무 많은 연구들이 백인 남자가 대부분인 표본을 사용하고 있다고 지적한다. 어떤 사람들은 관련된 심리학적 문제나 그에 대한 치료로 나온 결론이 여성이나 다른 인종의 사람들에게는 효과적이지 않을 수도 있다고 생각해왔다.

연구대상에 대한 이러한 논의는 임상심리학자들로 하여금 이 문제를 고려하게 하였을 뿐 아니라, 미국 정부 기금으로 지원되는 연구들에서는 연구대상을 잘 선정하는 것이 공식적인 요구사항이 되고 있다. 미국 국립 보건원(NIH)은 인간 피험자를 포함하는 모든 연구에서 여성과 소수집단을 포함시키도록 하는 정책을 가지고 있다.

구체적으로 말하자면, NIH에서 지원하는 연구들은 피험자들의 건강이나 연구의 목적에 포함시키는 것이 부적절하다는 명확하고 확실한 근거가 있지 않는 이상 이러한 집단들이 꼭 있어야 한다. 이러한 방법으로 주요 연구들을 통해 남자나 백인 피험자들에게서 내려진 일반적인 결론이 여성과 소수집단의 일원들에게서도 나타날 수 있는지 알아볼 수 있다.

동의(보통은 서면으로)를 받도록 한다. 연구자들은 피험자들에게 있을 수 있는 위험, 불편 혹은 비밀 보장성의 한계에 대해서 알린다. 또한 참가자들의 보상에 대해서도 알려 준다. 과정 중에 연구자는 침해당할 수 있는 피험자의 사생활, 안전, 자유를 보장하는 것에 동의한다. 피험자들이 연구의 일반적 목적과 절차를 알지 못한다면 그들은 그들의 권리를 충분히 행사할 수 없다. 글상자 5-5에는 저자 중 1명이 연구에서 사용한 동의서의 예가 나타나 있다. 다른 연구자나 연구기관에서 사용하는 다른 동의서는 사용하는 언어와 어떤 점이 강조되는지에 따라 다르다. 그렇지만 대부분의 동의서는 이 예에 있는 기본적인 특징들을 포함하고 있다.

비밀 보장성. 피험자의 개인 자료와 응답은 비밀 보장이 되어야 하며, 공개 조사로부터 보호되어야 한다. 이름을 사용하는 대신에 익명성을 보장하기 위해 번호가 사용된다. 연구의 결과가 공개될 때, 이들은 이러한 방법으로 제시됨으로써 누구도 특정한 피험자의 자료라는 것을 확인할 수 없도록 한다. 마지막으로, 임상심리학자들은 그가 공적인 미디어나 방송에서(예: 텔레비전 인터뷰) 글, 강의, 발표를 할 때 개인적으로 드러나는 정보를 공개하기 전에 동의를 얻어야만 한다.

속임. 때때로 연구의 목적이나 피험자의 응답의 의미를 알려 주지 않을 수도 있다. 이러한 속임은 연구가 중요할 때와 속이는 것 말고 다른 대안이 없을 때(즉, 진실된 정보가 피험자의 자료를 손상 시킬 수 있을 때) 사용되어야만 한다. 속임은 절대 가볍게 사용되어서는 안 된다. 속임이 사용될 때는 피험자들이 착취당했다거나 환멸스러운 기분을 느껴 연구를 그만둬 버리지 않도록 매우 신경을 써야 한다. 실험에 대한 사후설명이 조심스럽게 이루어져 피험자들이 왜 속임이 필요했는지 정확하게 알 수 있도록 해야 한다. 우리는 피험자들의 대인 관계에서 신뢰 수준이 흔들리기를 원하지 않는다. 속임이 개입되어 있을 때 우리가 사전동의를 어떻게 얻는지는 매우 중요하다.

연구에서 속임이 필요한 예로 총에 대한(혹은 잠재적 공격성과 관련한 다른 것들) 잡지를 보는 것이 적대성을 측정하는 질문지상에서 점수를 상승시키는지 검증하는 실험을 들 수 있다. 모든 피험자들은 실험이 단기기억을 다루는 것이라고 알고 있고, 그들은 중간에 15분의 대기시간(이 시간동안 잡지를 읽는다)이 있는 두 번의 기억과제를 시행할 것이라고 알고 있다. 모든 피험자들은 우선 기저선 측정을 완성하고(적대성 질문지 포함), 컴퓨터로 진행되는 기억과제를 시행한다. 기다리는 시간 동안 실험집단은 총에 관한 잡지의 내용을 읽도록 하고, 통제집단은 자연에 관한 잡지(폭력적 심상에 중립적)의 내용을 읽도록 한다. 모든 피험자들은 나중에 컴퓨터 기억과제를 완수한다. 마지막으로, 모든 피험자들은 두 번째로 자기 보고식 도구들을 시행한다.

우리는 지금 실험에서 속임의 필요성에 대해 살펴보고 있기 때문에 이 가설이 실행 가능한 것인지에 대해서는 별로 관심이 없다. 예시에서 충분히 알 수 있듯이 피험자들에게 연구의 진짜 목적에 대해서 말하는 것은 그들이 질문지에 대답하는 것에 영향을 주기 때문에(특히 적대성을 측정하는 것) 연구자는 실험을 단기기억에 초점을 맞춘 것으로 소개해야 할 필요가 있다.

사후설명. 피험자들은 연구자들이 그들의 행동을 연구하는 데 왜 관심이 있는지 알아야 할 권리가 있기 때문에 연구의 마지막에 사후설명을 하는 것은 필수적이다. 피험자들에게 왜 그 연구가 진행되었으며, 왜 중요하고, 지금까지의 결과는 어떠한지 설명해야 한다. 어떤 사례들에서는 연구가 계속 진행중이기 때문에 결과를 논의하기가 가능하지 않을 수 있다. 그렇지만 피험자들은 어떤 결과가 예측되는지, 그리고 그들이 원하면 더 완전한 설명을 나중에 들으러 올 수 있다고 이야기해 주어야 한다.

조작된 자료. 연구자들이 그들의 자료를 보고하는 데 있어서 가장 엄격한 정직의 기준을 가져야 한다는 것은 말할 필요도 없다. 어떠한 상황에서도 얻어진 자료를 어떤 방법으로 바꾸어서는 안 된다. 그렇게 하는 것은 연구자로 하여금 사기의 책임을 지도록 하고, 엄청난 법적, 전문적, 그리고 윤리적 문제를 만들어 낼 수 있다. 비록 심리학 연구에서의 조작의 빈도는 아직 극소수였지만, 항상 경계해야 한다. 조작된 연구보다 빠르게 공적인 신뢰를 잃게 하는 것은 없다.

완성된 미국심리학회의 윤리적 원칙과 행동강령(APA Ethical Principles and Code of Conduct, 2002)은 연구를 수행할 때에 관련된 원칙들을 포함하며, 이는 본 장의 마지막에 있는 웹사이트 5-1에서 찾아볼 수 있다.

요약

임상심리학자들은 여러 가지 종류의 연구 방법으로 인간 행동에 대한 이론적 명제들을 검증한다. 연구는 또한 피드백-순환 체계의 형태로 이론의 수정을 이끈다. 관찰법은 연구자가 거의 상황적 통제를 하지 않은 채 비구조적이고도 자연적인 방식으로 관찰하는 것에서부터 목표행동이 관찰될 상황을 좀 더 통제하는 방식의 관찰까지 폭넓게 걸쳐있다.

사례 연구법은 통제된 관찰의 한 형태로서 치료중인 한 사람을 집중적으로 연구하고 기술하는 연구법이다. 사례 연구는 드물거나 평범하지 않은 상태 혹은 사건을 다루고, 모든 사람에게 적용된다고 믿고 있는 설명이나 이론을 반증하는 데 도움을 주며, 가설 생성을 촉진한다. 그렇지만 사례 연구법은 보통 모두에게 적용될 수 있는 일반적인 법칙이나

글상자 5-5 **동의서 견본**

성격 특징의 발달 동의서 서식

번호_______________

연구에 피험자로 참가하는 것에 동의함

나는 미주리대학교 심리학과의 지원으로 후원되는 Timothy J. Trull 박사의 지휘 아래 수행되는 '성격 특징의 발달' 연구에 참가할 것에 동의합니다. 이 연구의 목적은 성인의 초기에 성격 특징이 어떻게 발달하는지를 알아보는 것입니다.

나는 이 연구가 다음의 절차를 포함할 것을 알고 있습니다.

(1) time 1(연구 시작)에서는 그 중 일부는 매우 민감하거나 불쾌할 수도 있는 몇 가지 질문을 받을 것이며, 이 질문들은 나 자신이나 나의 생물학적 부모가 경험했을 가능성이 있는 사적인 문제에 대한 것입니다(예: 우울, 자살 충동, 아동 학대). 나는 컴퓨터로 이루어지는 인터뷰를 받을 것이며, 연구자가 심리 프로파일을 작성하기 위한 두 가지 면접 질문지를 시행할 것입니다. 나는 이 면접이 녹음될 것을 알고 있습니다. 연구하는 직원들만 이 녹음자료에 접근가능하며, 이 자료는 연구가 끝나면 다 폐기될 것입니다. 총 4시간이 걸리는 time 1에서 나의 참가에 대한 보상으로, 나는 35달러를 나의 시간과 노력에 대한 보상으로 받을 것입니다.

(2) time 2(2년 뒤)에서 나는 몇 가지 질문을 받을 것인데, 그 중 일부는 매우 예민하거나 기분이 나빠질 수 있는 것들이 며 나 자신이나 나의 생물학적 부모가 경험했을 가능성이 있는 사적인 문제를 다루고 있습니다. 나는 또한 컴퓨터로 진항되는 인터뷰를 받을 것이고, 두 가지 면접 질문지를 받을 것이며, 이를 통해 연구자가 심리 프로파일을 만든다는 것을 알고 있습니다. 총 4시간이 걸리는 time 2에서 나의 참가에 대한 보상으로 나는 35달러를 시간과 노력에 대한 보상으로 받을 것입니다. 따라서 내가 이 연구의 모든 회기에 참가한다면(즉 time 1과 time 2), 나는 전부 70달러를 받을 것입니다. 나는 또한 나중의 어느 시점에 추후 정보를 제공하도록 요청하는 연락을 받을 수 있다는 것을 압니다. 그때 참여에 대한 의무가 없다는 것과, 언제든지 그만둘 수 있으며, 추후 참여를 요청하지 말라고 요구할 수 있다는 것을 압니다.

나는 이 연구 진행자에게 미주리대학교 입학처에서 다음의 정보를 얻을 수 있도록 허가했습니다 – 고등학교 성적 순위와 백분위, 학력고사(ACT) 점수, 미주리대학교(MU)에서의 평점, 미주리대학교에서의 표준화 시험 점수, 그리고 기타 학업 수행에 관련한 다른 정보들.

나의 사생활을 보장하기 위해 가능한 모든 조치가 취해졌다는 것을 알고 있습니다. 나는 이 연구의 연구자들이 내가 제공한 정보에 내 신원이 첨부되지 않는 방식으로 이 연구의 결과를 부호화할 것임을 알고 있습니다. 나의 신원과 참가자 번호를 연결시켜 놓은 것은 연구원들만이 알 수 있는 숨겨진 파일에 있을 것이라는 것을 압니다. 이것은 연구가 끝나면 삭제될 것입니다. 지금은 추후 연구가 언제 진행될지 알 수 없지만, 15년 내에 연구가 완료될 것입니다. 나는 또한 내가 다르게 요구하지 않는 이상 연구 기간 동안 신원에 관한 정보들이 보존될 것임을 압니다. 나는 언제든지 내가 제공한 정보와 신원정보를 폐기하도록 연구 진행자에게 요청할 수 있습니다. 만약 요구되었을 경우, 내가 제공한 모든 자료와 신원 정보는 연구 진행자(Dr. Trull)가 삭제할 것입니다.

나는 이 연구의 목적이 개인들의 집단에서 특정 변인 간의 관계를 알아보고자 하는 것이며, 특정한 개인의 응답을 평가하려는 것이 아님을 알고 있습니다. 나는 또한 내 생물학적 부모님들이 경험했을지 모르는 문제뿐만 아니라 내 개인적인 문제와 느낌 행동에 대한 질문에 답하는 것이 그 질문들의 민감한 속성 때문에 불편함을 일으킬 것이라는 것을 이해합니다.

나가 만약 자살이나 타인에게 일촉즉발의 위협이 된다는 것이 밝혀지면 적절한 관련기관에 연락될 것임을 알고 있습니다. 또한 내가 아동 학대를 할 가능성이나 아동 학대를 하고 있는 것으로 의심되는 정보를 보이거나 누설할 경우 적절한 관련기관에 알려질 것입니다. 희박하지만, 제공하는 정보로 인해 소환영장을 받을 가능성도 있다는 것을 알고 있습니다.

나는 참가가 자발적이라는 것을 알고 있으며, 참가를 거부한다는 것에 대한 불이익은 없으며, 동의를 그만둘 자유가 있고, 회기를 마치기 전에 참가를 그만둔다고 할 수 있습니다. 나는 불이익 없이 개인적 질문에 대해 대답을 거부할 수 있습니다. 내가 참가를 그만두기로 선택하면, 나에게는 어떠한 보상도 없고 제공했던 모든 정보는 삭제될 것입니다. 나의 이름이나 다른 신원을 나타내는 정보 역시 기록에서 모두 제거될 것입니다.

이 연구의 과정에 대해서 질문이 있다면 언제든지 내가 연구 진행자인 Timothy J. Trull 박사에게 연락할 수 있음을 알고 있습니다(연락처: 123-456-7890). 연구 참가와 관련된 부가적인 정보에 대해 궁금하시면 언제든지 UMC 캠퍼스 IRB 사무실로 연락주십시오(연락처: (123)098-7654).

성명:____________________________

서명:____________________________

학번:____________________________

날짜:____________________________

원칙을 끌어내는 것이 아니며, 인과적인 결론으로 이끌 수 없다.

역학 연구법은 모집단에서의 질병이나 상태의 발병률과 유병률을 측정하는 데 사용되는 것이다. 이 방법들 역시 위험요인을 알아낼 수 있게 해 준다.

상관법은 변인 간의 관계를 측정하고 수량화한다. 이는 변인들 사이의 인과적 관계에 대한 생각이나 이론을 자극할 수 있다. 그렇지만 상관은 인과관계의 지표로서 필요조건이지만 충분조건은 아니며, 인과관계는 실험법을 통해서만 수립할 수 있다.

횡단 설계는 한 시점에서 여러 피험자들을 연구하는 데 반해, 종단 설계는 같은 피험자를 일정 기간 동안 여러 번 측정하는 것이다. 종단 연구는 과학자들이 요인 간에 시간 순서의 관계를 평가할 수 있게 해주며, 관찰된 관계에 대한 제3의 변인의 설명을 다룰 수 있게 해준다. 불행하게도, 종단 연구는 시간과 비용이 많이 들어 횡단 연구에 비해서 잘 수행되지 않는다.

실험법은 과학자들이 원인-결과에 대한 의문을 평가할 수 있게 해주고, 의문시되는 행동에 영향을 주는 여러 개의 잠재적으로 중요한 요인들에 대해 통제를 행사할 수 있다는 점에서 강력하다. 내적 타당도는 실험의 설계에 기초한 독립 변인의 조작이 종속 변인에 영향을 주었다고 확신할 수 있는 정도이다. 외적 타당도는 실험의 결과가 다른 상황, 가급적 '실제 세계' 조건에 일반화될 수 있는 정도를 의미한다. 어떤 예에서는, 실용적이거나 윤리적인 이유로 실제 생활 문제에서 실험을 수행하지 못할 수 있다. 이런 사례에서는 유사 연구가 사용될 수 있다.

실험과 사례 연구법의 중요한 변형은 단일 사례 설계이다(예: ABAB 설계, 다중 기저선 설계). 혼합 설계는 상관법과 실험법의 특징을 혼합하고 있으며, 어떤 개입이 누구에게 가장 좋은 것인지 평가할 수 있도록 도와준다. 마지막으로, 몇 가지의 윤리적 고려사항이 연구를 수행하는 데 포함되어 있다. 여기에는 사전 동의를 얻는 것, 비밀 보장성을 확신시키는 것, 속임을 적절히 사용하는 것, 사후 설명을 통해 정보를 제공하는 것, 그리고 조작을 방지하는 것이 있다.

주요 용어

내적 타당도 어느 정도 내적으로 타당하다고 여겨지는 실험은 종속 변인에 나타나는 변화가 독립 변인의 조작에서 비롯된다고 귀인할 수 있다.

단일 사례 설계 한 피험자의 반응에만 초점을 맞춘 설계이다. 보통 신뢰로운 기저선이 수립된 다음에 개입이 도입되고, 개입의 효과는 기저선과 개입 후의 행동 수준을 비교함으로써 알아볼 수 있다.

독립 변인 실험적 설계에서 연구자에 의해 조작되는 변인이다.

발병률 정해진 기간 내에 발달한 병이나 장애의 새로운 사례 비율이다. 발병률은 새 사례들의 비율이 안정적인지 한 기간에서 다른 기간으로 넘어가면서 변화하는지 알 수 있게 해 준다.

비밀보장성 인간 피험자를 대상으로 한 연구에서 피험자들의 개인자료가 공적으로 드러나는 것을 보호하는 원리를 말한다.

사례 연구법 한 사람(보통 치료 중에 있는 내담자나 환자)에 대한 연구나 집중적 기술을 포함하는 연구 방법이다.

사전 동의 인간 피험자를 대상으로 한 연구에서 법적 요구사항으로 연구자들이 잠재적 피험자들에게 연구의 일반적 목적, 수행될 절차, 위험, 불편, 비밀보장성의 한계, 참여에 대한 보상, 어떤 시점에서도 참여를 중단할 수 있는 권리 등을 알려 주는 것이다.

사후설경 인간을 대상으로 한 연구에서 피험자가 연구에 참여한 후 피험자에게 연구의 목적, 중요성, 결과에 대해 설명해야 한다는 법적인 요구사항을 말한다.

산포도 두 변인 간의 관계를 시각적으로 나타낸 것이다. 산포도는 x축(한 변인을 반영하도록 명명됨), y축(다른 변인을 반영하도록 명명됨), 그리고 여러 개의 자료점수로 이루어져 있다. 각 자료점수는 양 변인에 대해 받은 한 사람의 점수와 일치한다.

상관계수 두 변인 간의 관계를 기술하는 통계치는 보통 r로 상징된다. r은 −1.00에서 +1.00의 범위를 가지며, 이는 관련성의 방향을 의미하는데 그 절대값은 강도를 의미한다.

상관 연구법 한 변인이 다른 변인과 관계가 있는지 알아볼 수 있도록 하는 통계적 방법이다. 일반적으로, 상관 연구법은 원인과 결과에 대한 함의를 주지 않는다.

상관행렬 변인들의 모든 가능한 짝 간의 상관을 보여 주는 행렬이다.

속임 속임은 연구에서 때때로 사용되는 것으로 피험자가 연구의 참 목적을 알았을 때 피험자가 반응을 바꾸거나 실제가 아닌 자료를 창출할 수 있는 경우 사용하는 방법이다.

실험법 연구자가 변인이나 사건 간의 원인과 결과 관계를 알아볼 수 있게 해 주는 연구 전략이다.

실험적 가설 실험적 연구가 기초하고 있는 이론이나 제안으로, 종종 가설은 수행되는 치료의 효과를 예측한다.

실험집단 실험적 설계에서 처치를 받는 집단을 말한다.

역학 주어진 모집단에서 질병의 발병률, 유병률, 분포에 대한 연구이다.

예측 실험 결과에 대해 연구자나 연구 참가자가 예상하는 것을 말한다.

외적 타당도 어느 정도 외적 타당도가 있다고 여겨지는 실험은 연구의 조건을 넘어서서 결과를 일반화할 수 있음을 의미한다.

요인 일련의 상호관련이 있는 변인들에 내재한 가설적 차원이다.

요인분석 동시에 여러 개의 변인들 간의 상호관계를 알아보는 통계적 방법이다. 이 방법은 많은 별개의 상관을 사용해서 어떤 변인들이 함께 변화하는지 혹은 내재하는 차원이 공통으로 있는지 알아본다.

위약 효과 실험적 조작보다 실험적 조작에 대한 기대가 결과를 만들어 낸 경우를 말한다.

위험요인 어떤 사람이 특정한 질병이나 장애를 그의 일생 동안 겪을 위험을 증가시키는 변인(예: 인구통계학적, 환경적)을 말한다.

유병률 특정 기간 동안의 전체 사례의 비율(새로 발병했거나 기존에 있던 것이거나)이다. 유병률은 대상 모집단 중 어느 정도의 비율이 질병이나 장애에 감염되었는지 측정할 수 있게 한다.

유사 연구 실제 생활과 매우 유사한 조건하에서 연구실에서 진행되는 연구이다.

이중-맹목 절차 실험자나 피험자가 가지는 기대의 효과를 피하기 위한 절차이다. 이중-맹목 연구에서는 피험자나 실험자 모두 피험자가 어떤 처치를 받는지 연구가 끝날 때까지 알지 못한다.

자연적 관찰 실제 생활 장면에서 조심스럽게 계획된 관찰을 사용하는 연구 방법이다.

제3의 변인 문제 변인 A와 B 간의 상관이 A와 B 간의 인과적 관계보다는 알려지지 않은 제3의 변인의 영향일 가능성이 있는 것을 말한다.

조작된 자료 실험자가 조작하거나 바꾸거나 다른 방법으로 위조한 자료이다.

종단 설계 같은 집단을 어느 기간 동안 두 번 이상의 시점에서 비교하는 것이다.

종속 변인 실험적 설계에서 연구자에 의해 측정되는 변인을 말한다.

다중 기저선 설계 치료 중지 기간을 수행하는 것이 불가능하거나 윤리적으로 어긋날 때 사용하는 설계이다. 이 설계에서는 2개 이상의 행동에 대해 기저선이 수립되고, 한 행동에 대해서 치료가 도입되며, 그 다음에 두 번째 행동에 대해서 치료가 도입된다. 기간에 따른 각 행동의 변화를 관찰함으로써 치료의 효과성에 대해 결론을 내릴 수 있다.

집단 간 설계 둘 이상의 분리된 피험자집단이 각각 다른 종류의 처치를 받는 설계이다.

집단 내 설계 같은 집단의 피험자들을 다른 시점에서 측정해 비교하는 설계(이를테면, 처치가 수행되기 전과 후 등)를 말한다.

짝짓기 연구 참가자들의 연구의 결과에 영향을 미칠 수 있는 변인(예: 나이, 성별)을 실험집단과 통제집단에 '짝짓거나' 비슷하게 할 때 사용하는 단어이다. 통계적 유의성 단지 우연에 기초해서 나타나는 것만으로는 예측되지 않는 통계적 수치이다. 전통적으로 우연히 나타날 확률이 100번 중 5번 이하로 기대될 때 통계적으로 유의한 것으로 여겨진다.

통제된 관찰 자연 관찰과 비슷한 연구 방법으로 실제 생활 상황하에 만들어진 조심스럽게 계획된 관찰이다. 다만 연구자가 관찰하는 사건들에 대한 통제력을 어느 정도 행사한다는 점이 자연 관찰과 다르다.

통제집단 실험설계에서 초점이 되는 처치를 받지 않는 집단이다. 완전한 실험적 설계에서는 실험집단과 통제집단이 처치변인을 제외한 모든 변인에서 비슷해야 한다.

혼입 실험집단과 통제집단에 가외변인이 통제되지 않거나 두 집단에 같이 존재할 수 없는 것으로 보이는 상황이다. 혼입이 있다면, 연구자는 종속변인의 변화를 독립변인의 조작에 귀인할 수 없다.

혼합 설계 실험적 방법과 상관적 방법을 둘 다 혼합한 연구 설계이다. 이 설계에서는 자연적으로 발생한 관심집단(예: 공황장애를 가진 사람들과 사회공포증인 사람들)이 각각 실험적 처치에 배정이 되고, 실험자로 하여금 집단 분류에 따른 치료의 효과성을 알아볼 수 있게 한다.

회고적 자료 과거의 경험이나 사건에 대한 사람들의 보고에 기반한 자료이다.

횡단 설계 한 시점에서 여러 집단을 비교하는 연구 설계이다.

ABAB 설계 치료와 비치료조건을 바꾸어 가면서 피험자의 행동에서 나타나는 체계적인 변화를 관찰하는 단일 사례 설계이다. 처음의 기저선 기간 다음 치료 기간, 치료 반전 기간, 그리고 두 번째 치료 기간을 둔다.

Chapter 06

심리적 문제의 진단과 분류

Diagnosis and Classification of Psychological Problems

핵심질문

1. 이상행동에 대한 세 가지 주요 정의들의 장단점은 무엇인가?
2. 정신질환 또는 정신장애란 무엇인가? 정신장애 진단은 왜 중요한가?
3. *DSM-IV*는 어떻게 개발되었는가? *DSM-IV* 진단 형식을 위해 사용되는 5개의 축을 기술해 보라.
4. 진단분류 체계에 대한 평가는 어떻게 이루어지는가?
5. 정신병리의 소인–스트레스 모델이란 무엇인가?
6. *DSM-5*의 주요 변화는 무엇인가?

개요

임상심리학은 흔히 응용 분야로 생각된다. 임상가는 경험적으로 입증된 심리학적 원리들을 적응문제와 이상행동에 적용하려고 시도한다. 이러한 시도에는 전형적으로 내담자의 행동, 사고, 감정을 변화시킬 수 있는 성공적인 방법을 찾는 것이 포함된다. 이런 방법을 통해 임상심리학자는 내담자의 부적응이나 역기능을 줄여 주거나 적응 수준을 높여 준다.

그렇지만 임상가는 사례를 공식화하고 개입을 시행하기 전에 내담자의 정신병리 증상과 적응 수준에 대해 평가해야만 한다. 흥미롭게도, 이 작업 및 관련 용어에 대한 정확한 정의는 파악하기 어렵다. 게다가 용어들이 내담자에게 적용되는 방식은 때때로 매우 비체계적이다.

임상심리학은 정신질환을 악마나 영이 씌웠다고 정의했던 원시적인 단계는 넘어섰다. 부적응은 더 이상 죄가 아니다. 18, 19세기는 '정신이상'인 사람이 아픈 것이며 인간적 처치가 필요하다는 생각으로 이끌었다. 그렇지만 그 당시 정신건강 실무는 아무리 좋게 본다고 해도 기괴했다고 볼 수 있다(그림 6-1 참조). 물론 임상심리학자들의 현대적 관점은 그들의 선조에 비해 정교화된 것이다. 그렇지만 여전히 전기경련치료(ECT)와 같은 현대의 처치에 대해 회의와 우려를 가진 사람들이 많다. 여전히 다른 사람들은 향정신성 약물(예: 항정신병제, 항우울제, 항조증약 또는 항불안제)을 사용한 치료의 유행에 대해 미진하다고 여긴다. 마지막으로 유아기의 억압된 감정의 해방을 초점으로 하는 원초적 외침

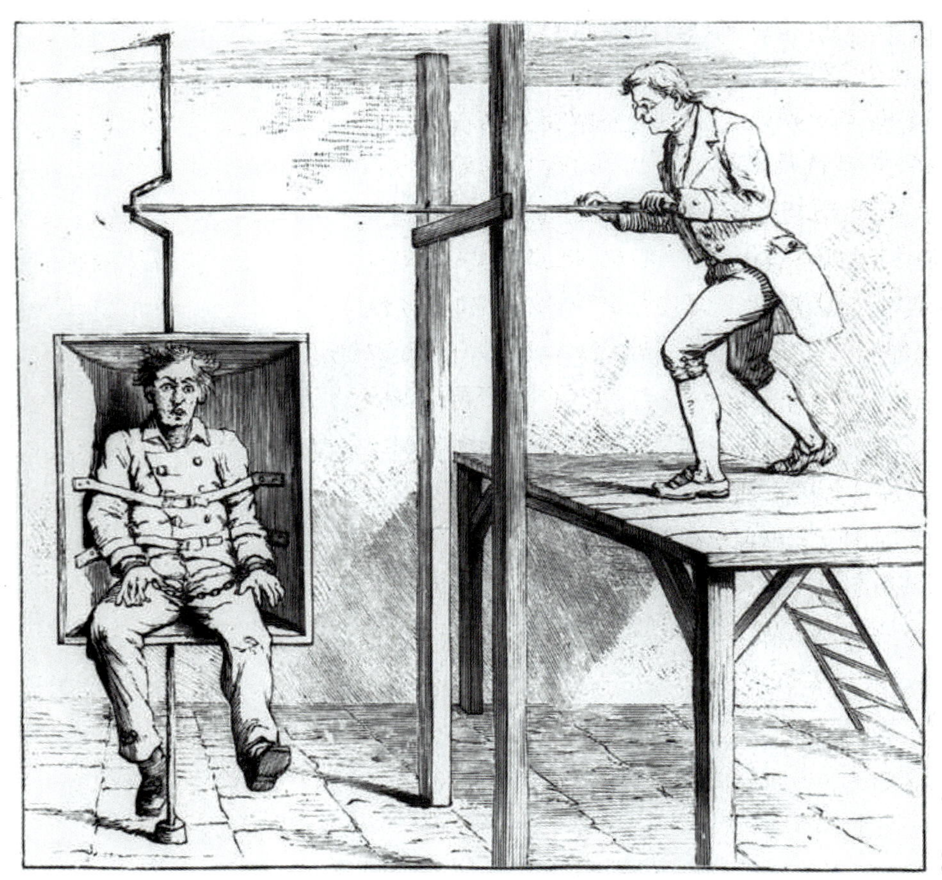

© Bettman/Corbis

그림 6-1 ■ 19세기에는 회전의자에서 앉혀 놓고 돌림으로써 우울증을 치료했다.

치료(primal scream therapy)와 연령퇴행치료(age regression therapy) 같은 여러 가지 '심리치료' 형태 역시 의심스럽다. 이러한 모든 처치들과 견해들은 어떤 사람에게 평가, 처치 또는 개입이 필요한지를 결정하는 임상심리학자의 방식과 그 이론적 근거에 달려 있다. 이러한 판단은 사람들에게 흔히 적용되는 명칭이나 진단에 의해 영향받는다.

이 장에서는 일부 임상심리학의 정의와 명명에 대해 비판적인 시각을 취할 것이다. 이 방법을 통해 우리는 이런 정의와 명칭의 사용에 포함된 쟁점들을 명료화할 수 있을 것이다.

이상행동 또는 정신병리에 전문화된 임상심리학자의 활동을 보다 잘 이해하도록 하기 위해서 우리는 뒤에서 한 인물을 소개하였다. 여기서는 정신장애의 원인과 정신장애 발달에 영향을 미치는 요인을 연구하는 과학자인 정신병리학자의 일을 소개하고 있다.

이상행동이란 무엇인가?

이상행동의 정의에 대해 10명에게 물어보면 10개의 다른 답을 얻게 될 것이다. 이상행동을 정의하기 어려운 이유는 (a) 모든 이상행동이 공유하는 단일한 기술적 특성이 없으며, 이상행동을 정의하기에 충분한 단일한 기준도 없다는 점, (b) 정상과 이상 간에 확연히 구분되는 경계가 없다는 점을 들 수 있다. 이상행동에 대한 많은 미신들이 지금과 같이 개화된 시대에도 여전히 살아 있고 번성하고 있다. 예를 들면, 많은 사람들은 여전히 이상행동이 기괴한(bizarre) 행동, 위험한 행동, 수치스런 행동과 다르지 않다고 생각하고 있다.

이 절에서는 이상행동에 대한 세 가지 정의를 보다 상세히 검토할 것이다−(a) 규범에 대한 동조(conformity to norms), (b) 주관적 고통의 경험, (c) 무능력 또는 역기능. 우리는 각각의 찬반양론을 논의할 것이다. 각각은 이상행동에 대한 우리의 이해에 대해 중요한 부분을 강조하고 있지만 각 정의는 그 자체만으로는 불완전하다.

규범에 대한 동조: 통계적 희귀성 또는 사회적 규범 위반

사람의 행동이 일반적인 사회적 규범에 동조적이거나 또는 이 특별한 행동이 다른 사람들에게서 흔히 관찰되는 행동일 때 그 사람은 정신건강전문가의 특별한 주의를 끌지 않는다. 그렇지만 개인의 행동이 명백하게 일탈적이며, 난폭하거나 동조적이지 않을

드미트리의 사례

드미트리는 이제 2학년이 되었다. 그는 평균적인 신장과 체중을 지니고 있고 신체적 문제는 없다. 그는 다소 공격적이고 자신보다 작은 아이들을 괴롭히는 경향이 있다. 정상으로 태어났으며, 걷기와 말하기가 다소 늦긴 했지만 결함은 두드러지지 않았다. 1학년은 드미트리에게 힘든 시기였으며, 진도가 느렸다. 학년 말에 그는 학급에서 뒤처지게 되었다. 그렇지만 학교 당국은 그를 진급시켰다. 그들은 드미트리가 단지 성숙이 조금 느린 것뿐이라고 생각했으며, 곧 '따라 잡을' 것으로 생각했다. 그들은 그가 외아들로서 부모의 지나친 사랑, 짧은 주의 폭, 공격성 등의 요인이 결합되어 학업 수행이 저조해진 것이라고 언급했다.

2학년 시작 무렵에 드미트리는 기본 성취검사에서 매우 저조한 결과를 보였고, 학교 정책에 따라 개인검사 및 평가를 목적으로 학교 심리학자에게 의뢰되었다. 지능검사, 인물화검사, 학교 기록, 부모로부터 수집한 사회력에 기초해 심리학자는 드미트리가 정신지체라고 결론내렸다. 스탠포드-비네 검사상 그의 지능지수는 64였고, 인물화 검사로 추정된 지능은 61이었다. 그의 사회적 행동에 대한 부모 보고를 통해 산출한 사회성숙도 지수도 매우 낮았다.

때 '이상' 범주로 분류되기 쉽다. 몇 가지 예를 살펴보자.

사례는 임상심리학자가 평가 또는 치료를 위해 자주 접하는 사람들의 예이다. 사례를 즉각적으로 특징 짓는 측면은 그들의 행동이 규준에서 벗어났다는 것이다. 드미트리의 경우 지능지수와 학업 수행이 평균에서 크게 벗어났기 때문에 이상으로 간주된다. 규준으로부터의 이런 종류의 일탈은 통계적으로 그리고 수치상으로 기술될 수 있기 때문에 매우 명백하다. 수치적 범주가 설정되고 나면, 드미트리를 일탈 범주에 할당하는 것이 확실해진다. 마르타의 경우도 다른 사람들과 다르기 때문에 사람들의 주의를 끈다. 그녀의 의상, 외모, 흥미와 관심은 그녀가 살고 있는 문화에서 일반적으로 기대되는 전형적인 여성의 규범과 맞지 않는다.

이 정의의 이점. 통계적 희귀성이나 사회적 규범 위반으로 이상을 정의하는 것은 적어도 두 가지 이유로 매력적이다.

1. 절단점(*cutoff points*): 통계적 희귀성 접근은 양적인 절단점을 설정할 수 있다는 점 때문에 호소력이 있다. 만약 어떤 척도의 절단점이 80점이고 한 개인이 75점을 받았다면, 이 사람의 행동을 이상행동으로 정의하느냐 여부는 상대적으로 명백하다. 이러한 통계적 일탈의 원리는 심리검사 점수 해석에서 자주 사용된다. 검사 개발자는 '정상적' 표본의 수검자로부터 얻은 평균 점수에서의 통계적 일탈에 근거해 검사 요강에 절단점을 설정한다. 그리고 절단점 이상의 점수는 '임상적으로 의미 있는', 즉 이상 또는 일탈로 간주한다.
2. 직관적 호소력: 우리 스스로 이상하다고 생각하는 행동은 다른 사람들도 이상하다고 평가한다는 것이다. 이상행동의 정확한 정의와 관련된 갈등은 더 이상 우리를 괴롭히지 않는데, 미국 대법원에서 포르노에 대해 언급했던 것처럼, 우리가 그것을 보면 단번에 알 수 있다고 우리는 믿고 있다.

이 정의의 문제. 동조 기준은 우리가 다른 사람을 판단하는 데 미묘하지만 중요한 역할을 한다. 그렇지만 비록 우리가 어떤 사람의 비동조성이나 일탈을 결정하는 요소를 체계적으로 탐구해야 함에도 불구하고, 우리는 모든 비동조적 행동을 정신건강문제의 증

마르타의 사례

마르타는 정상적인 아동기를 보낸 것으로 보였다. 그녀는 학교에서 적절한 진도를 보였으며, 교사나 부모에게 거의 문제를 일으키지 않았다. 친구를 쉽게 사귀지는 못했지만 외톨이는 아니었다. 의학적 과거력은 뚜렷하지 않았다. 그러나 고등학교에 들어가면서 변화가 시작되었다. 머리를 지극히 평이한 스타일로 빗고, 옷도 거의 50년 전 스타일로 매우 부적절하게 입었다. 화장도 장신구도 하지 않았다. 전에는 반 친구들과 별 차이가 없었으나, 눈에 띄게 되었다.

마르타의 학업 수행도 떨어지기 시작했다. 자신의 방에서 성경을 읽으며 혼자 시간을 보냈다. 친구들이 남자와 손을 잡거나 낄낄거리거나 춤을 추거나 하면 그들의 비도덕성에 대해 적어내려가기 시작했다. 지속적으로 종교기관에 출석했으며, 일요일에는 대여섯 곳의 교회를 가기도 했다. 자주 금식을 했고, 집 벽에 수많은 예수의 그림, 종교적 문구, 십자가 등을 걸어놓았다.

마르타가 부모에게 이상한 종교 단체에 가입해 가난한 나라들을 여행하며 그들에게 예수의 메시지를 전하겠다고 했을 때가 되어서야 부모는 그녀를 정신과 의사에게 데려갔다.

얼마 후 그녀는 입원하게 되었고, 편집형 정신분열증, 분열성 성격장애, 감별불능형 정신분열증 같은 다양한 진단을 받았다.

거로 반사적으로 범주화하는 경향에 저항해야만 한다. 동조성의 기준은 사실 몇 가지 문제를 안고 있다.

1. **절단점 선택의 문제**: 동조에 초점을 둔 정의는 모두가 동의하는 절단점을 설정하기 어렵다는 제한점이 있다. 앞서 언급한 대로, 절단점은 한 번 설정하면 사용하기가 매우 쉽다. 그렇지만 절단점을 선택하는 데 필요한 지침이 거의 없다. 예를 들면, 드미트리의 경우 지능지수 64가 어떤 마술적 의미를 가지는가? 전통적으로 임상실무에서는 70을 절단점으로 삼았다. 70보다 낮은 지능지수는 정신지체로 진단되었다. 그러나 69와 72는 전혀 다른가? 이러한 임의적 지능지수 절단점을 이론적으로 정당화하는 것은 어렵다. 이 문제는 마르타의 경우도 마찬가지다. 벽에 5개의 십자가를 그리는 것은 너무 많이 그리는 것인가? 하루에 세 곳의 교회를 찾는 것은 받아들일 만한 일인가?

PhotoDisc

외모와 의상은 사회적 규범을 위반하는 것일 수는 있으나, 반드시 이상이나 정신병리를 나타내는 것은 아니다.

2. **일탈의 종류**: 비동조 기준의 또 다른 문제는 몇 가지 행동을 '일탈'의 증거로 볼 것인가 하는 것이다. 마르타의 경우 십자가만을 볼 것인가 아니면 십자가, 옷, 화장이나 장신구를 하지 않는 것, 사회적 철수, 금식 등을 묶어 전체적인 행동적 형태로 볼 것인가? 마르타가 세 가지 범주의 이상한 행동만 보인다면 여전히 그녀를 일탈로 분류할 것인가?
3. **문화적 상대성**: 마르타의 경우 추가적인 고려점이 있다. 그녀의 행동은 어떤 절대적인 의미에서 보면 일탈이 아니다. 그녀가 급진적인 종교적 신념과 행동에 찬동하는 예외적으로 종교적인 가정의 일원이라면 그녀는 부적응으로 분류되지 않았을 것이다. 즉, 한 집단에서 일탈이 다른 집단에서는 아닐 수 있다. 따라서 문화적 상대성의 개념이 중요하다. 마찬가지로 판단을 내리는 가족, 학교 당국, 동료들에 따라 판단은 달라진다. 이러한 다양성은 임상가들이 자신이 속한 집단에 의거해 판단하는 것의 진단적 비신뢰성에 기여한다. 게다가, 어떤 발단단계에 적합해 보이는 행동이 다른 발달단계에서는 적합해보이지 않을 수 있다. 아동의 정신병리의 유무에 대해 생각할 때, 아이의 행동을 같은 나이의 다른 아이들과 비교할 때 혹은 전체 아이들과 비교할 때, 적합한지 고려하는 것이 중요하다.

문화적 상대성과 관련해 두 가지 추가할 점이 있다. 첫째, 문화적 상대성을 극단적으로 적용하게 되면 거의 모든 참조집단을 비난할 수 없게 된다. 문화는 하위문화로, 하위문화는 더 작은 문화로 축소될 수 있다. 주의하지 않으면, 이러한 축소과정은 거의 모든 행동을 건강한 것으로 판단하게 만든다. 둘째, 탁월한 것에 대한 동조의 증가는 위험하다. 소위

▣ 인물소개 Kenneth J. Sher

정신병리학자는 정신장애의 원인과 발달과정을 연구하는 과학자이다. 이들은 임상심리학자 중 상대적으로 소수이지만 매우 생산적이며, 스스로를 정신병리학자라 부른다. Kenneth J. Sher는 알코올 사용장애의 원인과 발달에 초점을 두고 연구하는 뛰어난 정신병리학자이다.

Sher 박사는 미주리 주 컬럼비아대학교의 심리과학 학예 연구 교수(Curators' Professor)이다. 그는 알코올 사용장애, 정신병리 연구 방법론, 성격과 정신병리의 관계에 대해 100편이 넘는 논문을 발표하였다. 그는 다양한 연방 기금으로부터 연구비를 지원받았고, 과학적 공헌으로 많은 상을 받았다.

그는 경험적 연구를 통해 여러 알코올 사용 이론(예: 긴장 감소, 자각)을 평가했으며, 고위험군(알코올 중독으로 진단받은 아버지의 자녀)의 알코올 사용장애 발달에 영향을 주는 요인을 연구하였다. Sher 박사는 최근 2개의 중요한 전향적 연구(prospective study)를 수행 중이다. 하나는 고위험군을 대학 및 초기 성인기에 정기적으로 평가하는 것이다. 예를 들면, 이 커다란 프로젝트의 한 연구에서는 알코올 중독자의 자녀가 알코올 중독의 가족력이 없는 통제집단보다 더 많은 알코올 및 약물문제를 보고하며, 알코올 효과에 대한 기대가 강하고, 행동통제 수준이 낮으며, 학업 성취가 저조함을 발견했다(Sher, Walitzer, Wood, & Brent, 1991). Sher 박사의 전향적 연구로부터 나온 자료는 알코올 중독자의 자녀가 알코올 문제 및 다른 정신병리를 어떻게 해서 발달시키게 되는지에 대한 다양한 이론적 모델을 평가하는 데 사용되었다(예: Jackson & Sher, 2003). 또한 그 연구는 대학 시기의 음주가 그 이후 성인기의 음주와 어떤식으로 관련되는지 밝히는 데 영향을 주었다(Bartholow, Sher, & Krull, 2003). 새로운 전향적 연구는 대학생의 음주과정을 결정하는데 성격 같은 개인차 변인과 환경적 요인이 어떻게 상호작용하는지 밝히는 것이다.

Sher 박사는 그의 배경과 관심, 임상심리학과 정신병리 연구의 미래 경향에 대한 우리의 물음에 다음과 같이 답하였다.

임상심리학 분야에 관심을 갖게 된 계기는 무엇인가요?

확실히는 모르겠다. 임상심리학은 나의 대학생 시절 네 번째이자 마지막 관심이었다. 대학에 들어올 땐 해양생물학자가 되고 싶었다. 대학에서 적절한 이수과정만 제공했어도(대학은 오하이오의 중앙에 있었다), 나는 지금 해양생물학자가 되어 있었을 것이다. 잠시 커뮤니케이션(방송 통신)을 전공 하다가 심리학을 전공하게 되었다. 처음엔 인지심리학자가 되고 싶었는데, 그 이유는 "사고란 무엇인가?", "우리는 어떻게 사고하게 되는가?"라는 질문이 가장 근본적인 것으로 느껴졌기 때문이다. 그렇지만 나는 당시(1970년대 초) 인지심리학이 너무 행동적이고 철학적으로 빈약하다는 것을 알게 되었다(현재의 인지과학과는 현저히 달랐다).

임상심리학에 대한 나의 관심은 샌프란시스코의 학구적 정신과 의사인 Mardi Horowitz 밑에서 보조 연구원으로 일하는 동안 구체화되었다. 그곳에서 나는 현상 기술에 도움이 되는 임상 연구, 일반 연구에서 현상이 나타나는 범위와 과정을 확립하는 역학 연구, 기저 기제에 대한 구체적 가설을 검증하는 실험 연구 등의 통합된 연구 프로그램이 인간 본성에 대해 많은 것을 알려줄 수 있다고 확신하게 되었다. Horowitz는 나에게 임상심리학의 길로 들어서는 것은 "인생 최대의 실수가 될 것이다."라고 말했다. 그는 내가 의대에 가야 한다고 생각했고, 내 어머니도 물론 동의했다. 그렇지만 나는 내 선택을 후회해 본 적이 없다. 비록 해양연구선에 실험실을 갖는 것도 좋았겠지만.

임상심리학자로서 어떤 활동에 참여하고 있으며, 전문 영역은 무엇인가요?

나는 기본적으로 연구자이다. 나는 알코올 효과의 개인차에 대한 실험 연구와 젊은 성인의 약물사용장애 경과에 대한 현장 연구를 모두 수행한다. 특히 사람과 환경의 상호작용과 인간 발달과정에서 나타나는 '나쁜' 결과의 위험요인 및 보호요인에 관심이 있다. 나는 대학원생의 연구를 지도하고, 자료를 분석하고, 글을 쓰며, 심사하는 데(학술논문이나 연구비 심사) 많은 시간을 보낸다. 또한 심리학과 행정활동에도 많이 참여하고 있다. 내 전문 영역을 말하자면 임상연구 방법론, 알코올 중독, 불안, 공병률 연구라고 볼 수 있다.

임상심리학의 미래 경향은 무엇이라고 생각하나요?

나는 늘 미래를 예측하는 것은 위험하다고 생각해 왔지만, 독립된 건강관리전문가로서의 임상심리학자의 역할은 심리학자의 과잉 공급, 다른 정신건강전문가와의 경쟁, 관리의료의 발달 등으로 인해 감소할 것이라고 확신한다. 그렇지만 도전은 기회를 낳는 법이며, 변화하는 정신건강 영역은 임상심리학자에게 새로운 치료 프로토콜의 고안, 치료 인력에 대한 지도 감독, 행동적 건강정책 개발에 큰 영향을 줄 수 있는 기회를 제공할 것이다. 연구 면에서, 임상심리학자는 다양한 학제 간 다리 역할을 할 수 있는 고유한 훈련을 받았으며, 정신병리학과 건강, 치료 효과평가 등 다양한 기초 연구에서 선도자가 되거나 중요한 공동 연구자가 될 수 있다.

정신병리 연구에서 가장 유망한 영역은?

관련 분야의 발전으로 정신병리학도 새롭고 중요한 많은 발견들을 할 준비가 되어 있다. 예를 들면, 신경영상학의 발달은(예: PET, fMRI) 이상사고 및 행동에 기저하는 뇌 기제를 보다 잘 이해하는 데 필요한 도구를 제공한다. 분자유전학의 혁명은 다양한 행동장애에 기여하는 유전자를 발견하게 해 줄 것이며, 그것들이 환경의 맥락에서 어떻게 작용하는지 이해하도록 도움으로써 기저의 생물학은 물론 핵심적인 환경적 과정까지도 이해할 수 있을 것이다. 현재 많은 심리학자들은 행동에 대한 기초 연구를 사소한 것으로 만들거나 무시하게 만들까봐 유전 연구에 대해 방어적이다. 나는 그 반대의 견해를 가지고 있다. 유전학의 발달은 행동에 미치는 비유전적 요소의 역할에 대한 우리의 견해를 세련되게 해 줄 것이다. 또한 통계 방법론의 극적인 발달과 전향적 자료의 중요성에 대한 강조는 정신병리를 전 생애적 관점에서 더 잘 특징지을 수 있도록 해 줄 것이며, 정신병리를 발달의 맥락에서 보도록 진단 체계를 변화시킬 것이다.

비동조적인 사람이 가장 이득이 되는 사회적 기여를 한 사례들을 기억해 낼 수 있을 것이다. 사회를 성가시게 하는 색다르고 이상한 행동들은 쉽게 제거되는 경향이 있다. 옛 러시아에서는 정치적인 반체제 인사를 입원시켰다. 미국에서도 대리위임권을 획득하기 위해 70세의 엉클 아더의 가족이 그를 입원시키는 데 성공했다. 그의 일탈은 70세의 나이에 가족에게 상속될 많은 재산을 탕진했다는 것이다. 마지막으로, 이런 모든 점이 충분치 않다면, 과도한 동조는 때때로 그 자체로 사람을 비정상으로 판단할 근거가 될 수 있다.

주관적 고통

여기에서 초점을 관찰자의 관점에서 고통을 받는 개인에게로 옮겨 보자. 여기에서 기본 자료는 관찰 가능한 행동의 일탈이 아니라 개인의 주관적 감정과 행복감이다. 개인이 행복한지 또는 슬픈지, 평온한지 또는 어려움을 겪는지, 충족감을 느끼는지 또는

글상자 6-1 문화와 심리치료

문화는 다양한 방식으로 정신병리의 발현, 경과, 치료에 영향을 준다(미 국립정신건강자문위원회 기초행동 과학위원회, 1996).

- 정서가 얼굴로 표현되는 방식에는 문화 간 유사성이 있지만, 정서와 신체변화가 경험되고 해석되는 방식에서는 문화마다 다르다.
- 인종과 민족성은 정신질환과 심리사회적 기능의 위험요인으로 나타나고 있다.
- 인종과 민족성 차별은 정신건강문제를 가져오는 만성 스트레스를 유발한다.
- 사회경제적 지위와 정신질환은 상당한 관련이 있으며, 낮은 사회경제적 지위는 일부 정신장애의 발병과 경과에 인과적 역할을 할 수 있다.
- 미국에서 직장 여성의 증가는 결혼관계, 양육, 아동의 적응에 중요한 영향을 미치고 있다.

그러므로 임상심리학자는 이상행동이나 정신병리 여부를 위해 내담자나 환자를 평가할 때 문화적 요인을 고려해야 한다. *DSM-IV-TR*(이 장 후반부에서 논의할 공식적인 정신장애 진단 요강)은 문화적 고려와 관련해 세 가지 유형의 정보를 제공하고 있다.

- 정신장애 임상 증상에서의 문화적 차이를 본문에 논의하였다.
- 문화특수적 증후군(예: 자신의 성기가 오그라들어 죽을지 모른다는 동아시아 국가의 망상인 koro)을 기술하였다.
- '문화적 개념화'를 제시하였다. 문화적 개념화는 개별 사례의 문화적 정체성, 호소하는 문제에 대한 문화적 설명, 심리사회적 환경과 관련된 문화적 요인, 개인과 임상가의 관계에 미치는 잠재적인 문화적 영향 등에 대한 체계적 개관을 제공한다.

결핍감을 느끼는지가 핵심 고려사항이다. 만약 어떤 개인이 불안을 경험한다면, 그 불안이 어떤 방식으로 일탈된 행동을 유발하든 안하든 그 사람은 부적응 상태인 것이다.

신시아와 로버트는 분명히 서로 다른 사람이다. 신시아의 행동은 어떤 의미에서 매우 동조적이다. 그녀의 대처능력은 많은 사람의 찬사를 불러일으킨다. 그러나 그녀는 불행하고 갈등을 겪고 있으며, 많은 불안을 경험하고 있다. 임상심리학자는 그녀가 자문실에 들어올 때 놀라지 않을 것이다. 그렇지만 그녀의 친구들은 그녀가 심리적 서비스를 찾는다는 것을 알면 충격을 받을 것이다.

반대로 많은 로버트의 친구들, 동료들, 가족들은 그가 도움을 청하는 것을 기뻐할 것인데, 왜냐하면 그들 대부분은 어떤 시점에서 그가 문제가 있다고 생각했기 때문이다. 그러나 로버트는 자신을 이상하게 생각하지 않는다. 자신에게 아무 문제가 없다고 보며, 치료를 권하면 부정적으로 반응할 것이다. 게다가 치료에 대한 동기가 부족해 효과를 보기가 어렵다.

이 정의의 이점. 주관적 고통에 의거해 이상행동을 정의하는 것은 호소력이 있다. 사람들은 자신이 정서적 혹은 행동적 문제를 경험하고 있다는 것을 스스로 평가할 수 있으며, 질문을 받았을 때 그런 사실을 말할 수 있으리라고 기대할 수 있기 때문이다. 사실상 많은 임상평가 방법은(예: 자기 보고 질문지, 임상면접) 반응하는 사람이 자신의 내적 상태에 대해 인식할 수 있고, 개인적 고통에 대한 질문에 정직하게 반응할 수 있다고 가정한다. 어떤 의미에서 이는 응답자의 부적응 정도를 절대적으로 판단해야 하는 임상가의 부담을 덜어준다.

신시아의 사례

신시아는 결혼한 지 23년 되었다. 그녀의 남편은 성공한 토목기사이다. 그들에겐 2명의 자녀가 있는데 각각 대학생과 고등학생이다. 신시아에게는 심리적 문제의 과거력이 없다. 지능도 평균보다 높은 수준이며, 결혼 전 대학 2년과정을 수료했다. 그녀의 친구들은 그녀가 가정에 헌신적이라고 했다. 그녀를 가장 잘 특징짓는 특성은 강한 책임감과 일을 해 내는 능력이다. 그녀는 언제나 '잘 대처하는 사람(coper)'이었다. 그녀는 많은 개인적 스트레스와 불안에도 불구하고 기능을 효과적으로 유지할 수 있었다. 그녀는 따뜻한 사람이고, 감정이나 문제를 드러내지 않는 사람이다.

그녀는 최근에 지역전문대학 야간과정에 입학했다. 그곳에서는 학생들에게 자신의 가장 중요한 내적 자아에 대한 '실존적' 설명을 써오도록 했다. 강좌를 담당하는 심리학자는 신시아의 다음 문구를 보고 놀랐다.

"아침이면 나는 오늘 하루를 살아낼 수 없을 것 같은 느낌을 자주 갖는다. 나는 자주 두통을 느끼고 어디가 아픈 것처럼 느낀다. 새로운 사람을 만나거나 파티의 안주인이 되는 날이면 매우 두렵다. 엄청난 슬픔을 느낄 때면, 이것이 내 정체감 부족 때문인지 아닌지 알 수 없다."

강사가 놀란 이유는 신시아의 외현적 행동에서는 어떤 감정도 나타나지 않았기 때문이다. 그녀는 자신감 있고, 적당히 자기 주장을 표현하고 유능하며, 기분 좋고, 사교적으로 보였다.

크와메의 사례

승진을 위한 일상적인 선별보고과정에서 로버트는 그가 일하는 회계회사의 인사담당자와 면담을 하고 있었다. 몇몇 동료들에게도 로버트에 대한 질문이 주어졌다. 이 면접과정에서 몇 가지 사실이 밝혀졌다.

로버트는 매우 자신감 있는 사람이다. 그는 자신의 목표와 그것을 달성하기 위해 무엇을 해야 하는지 확신하고 있었다. 비록 태평스러운 사람은 아니었지만, 자신의 발전에 만족하였다. 그는 동료들이 흔히 보이는 불안이나 불확실감은 표현한 적이 없다. 내적인 고통을 시사할 만한 어떤 것도 없었다. 그의 정적들마저 그가 정말 잘 '해내고 있다'고 인정할 정도였다.

선별과정이 진행될수록 정적들이 분명해지기 시작했다. 사무실의 사람들 중 다수가 로버트를 좋아하는 것은 아니었다. 그는 사람들을 이용했고, 사람들을 밟고 넘어 갔으며, 경력만 지속적으로 추진했다. 그는 배려심이 없었고, 노골적으로 잔인하게 굴었다. 특히 아랫사람들에게 무관심했다. 인종과 관련된 유머를 좋아했고, 그걸 통해 소수 민족과 '남자의 세계'에 침투해 들어오는 여성에 대한 편견을 드러냈다. 집에서조차 그의 아내와 아들은 그가 그들에게 무감각하게 요구하는 관심과 서비스 때문에 늘 불안한 상태라고 보고했다.

이 정의의 문제점. 문제는 신시아와 로버트 중 누가 문제인가, 그리고 이 두 사람 다 문제인가 하는 것이다. 그 판단은 개인의 기준 및 가치에 의존한다. 주관적 보고를 엄격하게 적용하면 신시아는 문제가 있지만 로버트는 아니다. 이 예는 판단의 근거가 구체적이며 행동적 발현이 진술되지 않으면, 어떤 사람을 부적응으로 판단하는 것이 의미가 없을 수도 있음을 시사한다.

우리가 장애가 있는 것으로 고려하는 모든 사람이 주관적 고통을 보고하지는 않는다. 예를 들어, 임상가들은 때때로 현실과의 접촉이 거의 없으면서도 내적 평온을 유지하는 사람을 만난다. 그럼에도 불구하고 이들은 입원해 있다. 이 사례들은 우리에게 주관적 보고가 때때로 다른 규준을 낳는다는 것을 상

글상자 6-2 전문적인 이슈: 문화와 진단

문화는 우리의 생각에 중요한 영향을 미친다. 문화는 우리가 자신을 보고, 우리 주변 세상을 이해하며, 기분과 행동을 표현하고 경험하는 데 영향을 미친다. 그러므로 심리적인 문제들을 평가할 때 반드시 문화가 고려되어야 하며, 정신건강전문가들은 이러한 문제를 평가할 때 자신의 문화가 어떤 영향을 미칠지도 인식하고 있어야 한다. 한 문화에서는 이상행동이 다른 문화에서는 그렇지 않을 수 있다.

34살 인도네시아 남성인 Gusti A의 사례를 예로 들어보자:

> 학생 때 Gusti는 자주 아팠고 삶에 대해 생각하면서 왜 사람들은 아프며 죽는가에 대해 고민했다. 그는 삶과 죽음의 의미에 있어서 혼란스러워 했다. 이러한 문제들에 대해 고민하며 자신의 방에서 많은 시간을 보냈다. 점차 자신이 잠도 잘 못자며 상태가 점점 악화되어 결국 학교도 가지 않고 심지어는 자신을 돌보는 기본적인 것도 하지 않는다는 것을 인식했다. 친구들이 걱정하기 시작했고 정신적으로 문제가 있는 것은 아닌지 걱정했다. 그의 친구들 중 한 명이 Gusti가 혼자 이야기하는 것을 보았고, 결국 그가 미쳤다고 생각했다. 그 친구는 Gusti가 혼자 있으면 안될 것 같아 친구가 집으로 데려다 주었다. 이런 상태가 6개월 이상 지속되었고 마침내 자신이 미쳤다고 느꼈다. 이 후 이상한 경험을 하기 시작했다. 어느 날, 친구와 같이 걷고 있는데 그 친구가 갑자기 의식을 잃는 사고가 발생했다. 친구를 도와야 된다는 생각에 Gusti가 친구의 머리에 손을 얹고 자신의 에너지를 전달하려고 노력을 하며 친구에게 “일어나라”라고 지시했고, 그 친구가 의식을 회복하고 일어났다. Gusti는 자신 때문에 친구가 회복되었는지는 확실하지 않았지만, 자신이 가진 치료능력을 다른 사람들에게 적용해서 시험해 보려는 노력을 했다. Gusti는 또한 다양한 예언을 했는데, 예를 들면 대학교 앞에서 사고가 나는 이미지를 보았는데 그 사고가 발생을 했다거나, 할머니가 아픈 것에 대해 걱정을 했는데, 조금 후 할머니가 심각한 병을 앓는 등 예시가 맞아떨어진 경험을 했다. 이러한 몇 가지 경험을 한 후, Gusti는 자신이 초능력을 가졌음을 확신하게 되었다. 게다가 자신의 할아버지, 아버지 그리고 사촌들이 유사한 능력을 지녔음을 알게되었다. 책을 통해 영적인 치료에 대해 알게 되었고, 자신의 능력을 이용해 사람들을 치료하는 데 사용하기 시작했다(Stephen & Suryani, 2000, p. 19).

다른 문화에 있는 사람들에게는 Gusti의 신념과 행동이 상당히 이상하게 느껴지고, 조현병과 같은 중증정신질환의 증거라고 생각될 것이다. 하지만, Gusti와 같은 인도네시아 발리에 사는 사람들(the Balian)에게는 전통적 치

기시켜 준다. 다른 문제는 이상 여부를 고려하는 데 필요한 주관적 고통의 양에 대한 것이다. 우리 모두는 가끔 불안을 인식한다. 따라서 불안이 전혀 없는 것은 적응의 단일 기준이 될 수 없다. 장애로 진단받지 않는 한에서 어느 정도의 불안과 얼마 동안의 불안이 허용되는가? 많은 사람들은 우리가 살아있다는 것 자체와 우리를 결코 완전히 안전하게 만들 수 없는 환경이 어쩔 수 없이 불안을 가져온다고 주장한다. 그러므로 다른 기준처럼 현상학적 보고를 사용하는 것도 한계가 있다. 우리가 어떤 사람이 부적응인지 알려면 그에게 물어야 하지만 여기에는 함정도 있다는 것을 알아야 한다.

무능력 또는 역기능

이상행동의 셋째 정의는 무능력 또는 역기능(*disability or dysfunction*)의 개념에 의지한다. 어떤 행동이 일정 정도의 사회적(대인관계적) 또는 직업적 문제를 가져온다면 그 행동은 이상행동으로 고려한다. 이 두 영역에서의 역기능은 개인에게나 임상가에게나 분명하다. 예를 들면, 대인관계 접촉 부족으로 친

유자로 인식된다. 많은 인류학자들, 문화 차를 연구하는 정신과 의사들 그리고 심리학자들이 이러한 전통적인 치료자들이 지닌 믿음과 행동은 조현병이나 해리장애와 같은 정신질환을 특정짓는 믿음이나 행동과는 다르다고 주장한다. Stephen과 Suryani(2000)는 문화적인 이해가 충분하지 않은 전문가들에게는 이러한 사례를 자칫 정신질환이 있다고 잘못 진단하는 실수를 범할 수 있다고 주장한다. Gusti는 자신이 타인을 치유하는 특별한 능력을 지녔다는 사실을 인식하고는 대학과정도 잘 마쳤고 개인적인 고통감도 없어졌으며, 지역사회에서 존경받고 잘 기능하는 구성원으로 생활했다. Stephen과 Suryani(2000)는 발리의 시민으로 거듭나는 과정이 종교인으로 거듭나는 것과 유사한 과정이었지, *DSM-IV*에서 정의하는 중증정신질환이나 해리의 징후는 아니라고 지적했다.

그렇다면 *DSM-IV-TR* (APA, 2000)이 문화적인 이슈와 정신질환의 진단에 대한 문제를 적절히 해결하는가? 대부분의 전문가들이 현재의 *DSM* 체계가 이전 체계보다는 문화적 이슈들을 반영하지만, Kleinman(1996)은 진단 매뉴얼은 그 관점이 문화적 이슈들을 포함하기에는 너무 좁다고 비판했으며, 다음의 제안을 했다:

- 문화에 민감하게 진단을 내릴 수 있는 인터뷰 기법과 문화적으로 타당한 번역을 제공하고 *DSM*에 기반한 진단검사들과 연구 도구들을 적용해야함.
- 개인의 문화적 정체성과 문화장벽을 극복한 동화정도를 측정하는 문화축(cultural axis)을 제공해야 함.
- 정신질환의 위험요인, 증상, 경과에 대한 논의뿐 아니라 진단에 있어서 고려해야 할 문화적으로 적합한 특성들에 대한 정보를 제공해야 함.
- 마지막으로, 고통감과 문화 특정적 증후들에 대한 문화적으로 공용되는 용어들을 진단 매뉴얼 본문(부록 대신)에 사용하여 전문가들이 문화적 다양성을 인식할 수 있도록 해야함.

The Associated Press

구나 인간관계가 부족하다면 사회적 부적응이 시사되며, 정서적 문제(예: 우울증)로 직업을 잃는다면 직업적 역기능이 시사된다.

무능력-역기능 정의에 따르면, 이 두 사례는 모두 이상행동을 가진 것으로 볼 수 있다. 리처드는 아내에게 전적으로 의존적인데(사회적 역기능), 이것이 그의 장황한 신체적 호소와 스트레스 대처능력의 부재와 결합되어 실직상태를 낳은 것이다(직업적 역기능).

필리스의 약물 습관은 그녀의 직업적 기능(이 경우, 학업)을 방해했다.

이 정의의 이점. 이상행동을 정의할 때 무능력-역기능 정의를 채용하는 것의 가장 큰 이점은 비교적 작은 추론이 필요하다는 것이다. 사회적, 직업적 문제는 흔히 사람들에게 치료를 받으러 오도록 **촉진한다**(*prompt*). 사람들은 자신의 문제가 가족이나 사회관계에 영향을 주거나 직업이나 학업 수행에 영향을 줄 때 자신의 정서적 문제가 어느 정도 심각한지 깨닫게 된다.

리처드의 사례

리처드의 아내는 그에게 임상심리학자의 자문이 필요하다고 믿었다. 전에 정신과 의사를 만나 본 결과 '건강염려 신경증'이라는 진단을 받았고, 다른 곳에선 '수동 공격 성격'이라는 진단을 받았었다. 리처드는 도서관학 학사학위가 있음에도 불구하고 몇 년간 일하지 않았다. 그는 자신의 건강 때문에 취직을 할 수 없다고 주장했다. 그는 현기증, 숨가쁨, 허약감, 복부의 '이상한' 감각 등을 포함한 다양한 신체 증상을 보고했다. 이 의사 저 의사를 만나며 의사들을 한 바퀴 돌고 나면 끊임없이 먹을 약들을 쌓아 놓을 수 있었다. 그렇지만 의사들 중 누구도 그에게서 신체적 이상을 찾을 수 없었다.

어린 시절 리처드는 눈에 넣어도 아프지 않은 아들이었다. 그녀의 어머니는 맹목적 사랑과 칭찬을 지속적으로 주었고, 그가 특별하다는 생각을 하도록 강화했다. 아버지는 리처드가 태어난 지 18개월 되었을 무렵에 실종되었다. 그의 어머니는 6년 전 사망했고, 그 직후 결혼했다. 그 이후 그의 아내가 벌어서 생활했고, 그가 대학을 마치도록 도와주었다. 최근에서야 그녀는 그에게 뭔가 문제가 있다는 사실을 받아들이기 시작했다.

필리스의 사례

필리스는 대학생이다. 그녀는 대학을 6년째 다니고 있지만 아직 학위를 받지 못했다. 전공을 최소한 네 번 바꾸었으며, 네 번 휴학했다.

휴학을 한 이유는 약물 습관과 관련이 있다. 두 번은 가족이 정신병원에 입원시켰고, 두 번은 상점에서 물건을 훔친 것 때문에 단기 구금되었다. 약물을 사는 데 필요한 돈을 벌기 위해 매춘도 하였다. 그녀는 부모로부터 안정적으로 금전적 지원을 받았는데, 그녀의 터무니 없는 정당화를 어수룩하게 받아들였기 때문이다. 그녀는 '약물 의존(코카인)'을 가진 '반사회성 성격장애'로 진단되었다.

이 정의의 문제점. 사회적 또는 직업적 역기능의 기준을 누가 설정하는가? 환자, 치료자, 친구, 고용주? 어떤 의미에서 사회적-직업적 기능에 대한 판단은 절대적이기보다는 상대적이며, 가치 지향적 기준을 포함한다. 비록 우리 대부분이 고용인이나 학생으로서의 관계나 사회에 대한 기여가 가치 있는 특성이라는 데 동의하지만, 이 영역에서 적절한 기능 수준이라는 것이 구체적으로 어떤 것으로 구성되는지는 동의하기 어렵다. 간단히 말해, 개인의 사회적 관계와 노동자 또는 학생으로서의 기여에 대해 신뢰할 수 있는 합의를 이끌어 내는 것은 어렵다. 정신병리학자들은 이 점을 인식해 사회적, 직업적 기능을 체계적이고 믿음이 가는 평가를 할 수 있는 자기 보고 질문지와 구체적 면접법을 개발했다.

요약하면, 이상행동을 정의하는 데는 여러 기준이 사용되고 있다. 각 기준은 장단점이 있으며, 어느 하나의 기준이 황금률로 사용될 수 없다. 어떤 기준을 적용하든 주관성은 개입된다.

잠정적 결론

앞서 지적한 것처럼 모든 이상행동의 정의에는 장단점이 있다. 이 정의들은 이상행동의 사례들을 가지고 있지만, 이 정의에 맞지 않는 예외를 쉽게 찾을 수 있다. 예를 들면, 주관적 고통의 기준을 적용한다면 이상행동으로 볼 수 없는 '이상행동'을 누구나 생각할 수 있다(예: 조증에서 물건을 마구 사들이는 것). 그리고 규범 위반으로 이상행동을 정의할 때 이상행동으로 잘못 분류할 수 있는 행동도 생각할 수 있다(예: 미식축구 스타들의 뛰어난 운동기능).

또한 명심해야 할 것은 이상행동이 곧 정신질환을

뜻하는 것은 아니라는 점이다. 그보다는 정신질환은 특정 이상행동이나 특성들을 포함하는 흔히 관찰되는 증후군의 집합을 일컫는 것이다. 이 이상행동 또는 특성은 같은 동일인에게서 나타나거나 같이 움직이는 양상을 보일 수 있다. 예를 들면, 주요 우울장애는 그 특성들(예: 우울한 기분, 수면장애, 식욕장애, 자살사고 등)이 동일인에게서 같이 일어나는 널리 알려진 정신질환이다. 그렇지만 이런 주요 우울장애의 특성 중 어느 하나 혹은 두 개의 특성을 보이는 사람을 주요 우울장애라고 진단하지 않으며, 정신병이라고 간주하지도 않는다. 어떤 사람은 다양한 종류의 이상행동을 보이면서도 정신장애 진단은 받지 않을 수 있다.

정신질환

이상행동처럼 **정신질환**(*mental illness*) 또는 **정신장애**(*mental disorder*)도 정의하기 어렵다. 어떤 정의든 예외가 있다. 그럼에도 불구하고, 우리가 정신질환에 대해 동일한 암묵적 생각을 공유하고 있다고 가정하기보다는 실제로 정신질환을 정의하는 것이 중요하다.

미국에서는 *DSM-IV-TR* (American Psychiatric Association, 2000)이 공식적인 **정신장애 진단 체계**이다. 여기서는 정신장애에 대해 다음과 같이 기술하고 있다.

> 정신장애는 개인에게서 발생하며, 현재의 고통(예: 고통스런 증상)이나 무능력(즉, 하나 이상의 중요한 기능 영역에 손상이 있는 것), 또는 괴로움, 죽음, 통증, 무능력 또는 자유의 중대한 상실 위험이 현저히 증가하는 것과 연합된 임상적으로 중요한 행동적, 심리적 증후군이나 양상으로 개념화된다. 이에 더해, 이런 증후군과 양상은 사랑하는 사람의 죽음 같은 특별한 사건에 대한 예측 가능하고 문화적으로 허용되는 것에 국한되는 것이 아니어야 한다. 그 원인이 무엇이든 개인이 현재 행동적, 심리적, 또는 생물학적 역기능을 나타내야 한다. 위에 기술된 것과 같이 개인의 역기능 증상이 아닌 한, 일탈 행동(예: 종교적, 정치적, 성적 일탈 행동)도 개인과 사회 간의 갈등도 정신장애는 아니다(p.xxxi).

이 정의는 몇 가지 중요한 측면을 가진다. (a) **증후군**(*syndrome*, 이상행동의 군집)은 고통, 무능력, 또는 문제를 가질 위험의 증가와 연합되어야 한다. (b) **정신장애는 개인 내**(*within an individual*)의 역기능을 나타내는 것으로 간주된다. (c) 일탈 행동이나 사회와의 갈등이 모두 정신장애의 지표는 아니다.

예리한 독자는 *DSM-IV-TR*의 정신장애 정의가 이 장의 앞부분에 제시된 이상행동의 세 가지 정의를 포함하고 있다는 것을 눈치 챘을 것이다. 반면, *DSM-IV-TR*의 정의는 고통, 무능력, 또는 문제를 가질 위험의 증가와 연합된 증후군이나 이상행동 군집에 초점을 두기 때문에 보다 제한적이다.

진단의 중요성

이러한 정의를 무비판적으로 수용하거나 진단과 분류의 유용성을 인정하기 전에 먼저 기본 질문에 대답할 필요가 있다. 정신장애 진단을 왜 사용해야 하는가? 진단은 전문가 수준의 범주화 유형이다. 범주화는 중요한 구분을 할 수 있도록 해주기 때문에 우리의 생존에 필수적이다(예: 가벼운 감기와 바이러스성 폐렴, 악성과 양성 종양). 정신장애의 진단은 전문가 수준의 범주화로서, 이를 통해 정신건강전문가들은 중요한 구분을 하게 된다(예: 정신분열증과 정신병적 특성을 가진 양극성 장애).

진단에는 최소한 네 가지 이점이 있다. 첫째, 가장 중요한 것으로 진단의 일차적 기능은 의사소통이다. 단일 진단 용어로 풍부한 정보를 전달할 수가 있다. 예를 들어, 뉴욕에 있는 동료가 필자에게 편집

▣ 임상심리학자의 견해

Elaine Walker, Ph.D.

Elaine Walker는 Emory University 심리학과의 심리학 및 신경과학 전공 Samuel Candler Dobbs Professor이다. Walker 박사는 주요 정신장애의 위험요인들을 미국국립정신건강국(NIMH)에서 연구비를 지원받아 연구하고 있다. 그녀의 연구는 아동 및 청소년 발달과 청소년기의 뇌의 변화에 초점을 두고 있다. Walker 박사는 정신건강 및 신경과학과 관련된 200편이 넘는 과학 논문들과 6편의 저서를 출간하였다. Walker 박사는 Emory 대학 학부 및 대학원에서 강의한다.

Walker 박사는 Washington University in St. Louis를 졸업하고 1979년에 University of Missouri 에서 임상심리학 전공으로 박사학위를 받았다. 1978년에서 1979년사이에, University of Southern California에서 박사후 연구원을 지냈으며, 1980년에는 Cornell University에서 교수로 임용되어 조교수와 부교수직을 역임하고, 1985년에 Emory University 교수로 임용되어 현재까지 일하고 있다. Walker 박사는 연구 및 강의 분야에서 다양한 수상내역을 지니고 있다: WT Grant Faculty/Scholar Award, NIMH로부터 받은 두 개의 Career Development Awards, New York Psychiatric Institute에서 받은 Zubin Memorial Award, 미국심리학회로부터 받은 Gralnick Award, Cattell Foundation Awards, Joseph Zubin Award, Emory 대학에서 받은 Scholar-Teacher Award. Walker 박사에게 그녀의 배경과 관심 분야 및 임상심리학과 정신병리연구의 미래 발전방향에 대해 물었다.

처음에 임상심리학 분야에 관심을 갖게 된 계기는 무엇인가요?

학부생 때, 정신과 병동에서 파트타임으로 일을 했었고, 그 때 만난 환자들 특히 정신증이 있는 환자들과의 경험이 정신질환에 대한 관심을 불러일으켰어요. 나는 이미 과학과 인간의 행동에 관심이 있었기 때문에, 이러한 임상 경험이 내 미래를 결정하는 데 중요한 영향을 미쳤어요. 대학 1학년 때 심리학을 전공하기로 결정했고, 2학년 때 임상심리학을 전공할 것을 결정했어요.

임상심리학자로서 어떤 활동을 하나요?

Emory 대학 심리학과와 신경과학 프로그램에서 전임교수로 일하고 있어요. 내 주요 활동은 연구, 강의 그리고 내 연구 분야에 서비스를 제공하는 것입니다. 내 연구의 주요 관심은 중증정신질환의 아동기 및 청소년기 위험요인들이예요. 학부, 대학원 학생들, 박사 후 연구원 및 타 대학교에 있는 학자들과 공동연구를 진행하며 논문도 쓰고 그러한 논문 발표를 하는 과학 분야 학회에도 참석을 합니다.

내 연구가 임상군에 대한 것이므로, 내 시간의 상당부분을 환자들의 진단평가와 심리평가 및 치료에 대한 수퍼비전을 하는 데 씁니다. 종종 환자의 진단평가에 대한 의뢰를 받고 치료가 필요한지를 평가하는 일을 합니다. 일반적으로 의뢰되는 문제는 한 개인이 정신증의 위험징후가 있는지에 대한 것입니다.

학부와 대학원에서는 주로 정신병리와 관련된 강의를 합니다. 학부에서는 이상심리학과 정신증에 관련된 고급 세미나를 강의하고, 대학원에서는 고급 정신병리학을 강의하며 석사 혹은 박사학위 연구를 지도합니다. 다양한 단계에 있는 대학원생들과 일하는 것이 나에게는 가장 의미있는 일이지요.

대부분의 연구에 중점을 두는 교수들과 마찬가지

로, 저널들의 편집위원으로 활동하고 Psychological Science in the Public Interest 저널의 편집장으로 일합니다. 따라서 다른 학자들이 본 논문에 투고한 연구들을 리뷰하는 데 시간을 할애합니다. 편집장 역할을 통해 이 분야의 최신 연구들을 지속적으로 접할 수 있어요.

수년간, 행정적인 역할을 해왔어요. 즉 임상심리학 대학원 주임과 심리학과 학과장을 역임했죠. 이러한 전문적인 역할들—강의, 연구, 임상관련 업무 그리고 행정—이 내 직업을 더 흥미롭고 의미있게 합니다. 바로 이것이 임상심리학을 전공하는 이점이라고 생각해요. 즉 다양한 활동들을 할 기회가 있고, 아마도 임상심리학 이외의 학문에서는 이런 성취를 경험하기 힘들 것 같아요.

전문 영역과 특정 관심 분야는 무엇인가요?

우리 랩에서는 생물학적 지표 뿐 아니라 운동 및 인지 기능 영역에서 발견되는 정신증의 위험요인을 연구합니다. 조현병과 같은 정신증은 아주 심각하며 점차 악화될 수 있는 정신질환입니다. 주로 후기 청소년기나 초기 성인기에 발병을 하기 때문에 독립적인 생활을 할 기회를 제한합니다. 특정 발달단계 동안에 발병하는 경향이 있다는 사실로부터 이 병이 뇌의 성숙과정과 관련이 있다고 볼 수 있어요. 우리의 주요 연구목표는 청소년들에게서 발견되는 위험요인들의 예측성을 높이고 정신증이 발병하는 데 관여하는 신경기제를 밝히는 것입니다. 특히, 정상 청소년에서 나타나는 뇌의 변화가 정신증이 있는 청소년들에게서 나타나지 않는 부분들에 관심이 있어요. 호르몬, 특히 스트레스 호르몬이 이러한 과정에서 중요한 역할을 한다는 가설을 검증하고 있어요.

최근에는 스트레스에 대한 생물학적 반응으로 연구를 확장하고 있어요. 즉 생물학적 스트레스 반응 체계, 특히 hypothalamic-pituitary-adrenal (HPA) axis와 관련된 연구를 진행합니다. 이 스트레스 반응 시스템은 영장류의 코티졸을 포함한 스트레스 호르몬을 통제하며, 뇌 기능에 전반적인 영향을 미칩니다. 청소년기/초기 성인기가 HPA Axis를 발달하는 데 중요한 시기로 보이며, 이 기간 동안 정신증의 취약성을 발현시키는 데 역할을 하는 것 같아요.

미래의 유망한 임상심리학 분야는 무엇인가요?

1970년대에 이 분야에 발을 디딘 후, 전반적으로 심리학이 행동 및 생물학적 요일들 간의 복잡한 상호작용을 밝히고 있지요. 임상심리학에서도 같은 추세로 발전하고 있어요. 심리학과 신경과학에서 연구 결과가 축적되면서, 생물학과 심리학을 분리할 수 없다는 것이 점차 명확해지고 있어요. 생물학적 요인들(예, 유전, 호르몬 등)이 심리적 기능에 미치는 영향력이 행동과학자뿐 아니라 일반 대중들에게도 널리 이해되고 있어요. 하지만 생물학적 과정, 특히 뇌를 바꾸는데 심리학적 요인들이 커다란 영향을 미친다는 것은 최근에 와서야 인식되고 있어요. 동물과 인간에 대한 많은 연구들이 심리학적 요인들이 뇌의 처리과정을 바꾸고, 때로는 영구적인 변화도 이끈다는 것을 보여주고 있어요. 이러한 연구결과들이 인간발달과정을 결정하는 데 심리학적이고 생물학적인 요인들이 서로 긴밀하고 복잡하게 상호작용하고 있다는 관점을 갖게끔 합니다. 따라서 임상심리학의 대학원 훈련에서 행동과학, 신경과학 그리고 유전학 간의 상호작용에 많은 중점을 두고 있어요. 이러한 분야들에서 나오는 지식이 정신건강 분야의 연구를 발전시키는 데 중요한 역할을 할 것입니다.

신경발달요인들을 평가하는 능력이 발전함에 따라 임상심리학 분야는 어떻게 진화할 것 같은가요?

정상적인 뇌발달 과정에 대한 지식이 축적되면서, 정신질환과 관련된 신경발달적 과정에 대해 이해할 수 있는 기회가 생겼어요. 임상심리학에서의 훈련은 이러한 진척을 반영할 것이고, 이러한 훈련을 받은 미래의 임상심리학자들이 정신질환의 원인, 치료 및 예방에 크게 공헌할 연구를 할 것으로 예상합니다.

형 정신분열증 진단을 받은 환자를 의뢰했다. 환자에 대한 다른 정보 없이도 즉각적으로 그의 증상 양상이 떠올랐다(망상, 환청, 심각한 사회적-직업적 역기능, 최소 6개월 이상 지속되는 질병의 지표 등). 진단은 특정 정신장애의 특성을 대변해 주는 '언어 적속기'로 볼 수 있다. 표준화된 진단 기준을 사용함으로써 캘리포니아, 미주리, 뉴욕의 맨해튼, 북미 원주민인 맨해튼족, 캔자스에서 진단받은 환자 간에 정신장애 특성의 비등함을 보장해 준다.

ㅇ 분류 체계가 대체로 기술적이기 때문에 정신장애 진단 체계는 의사소통에 특히 유용하다. 즉, 여러 장애의 행동적, 증상적 특징이 그 원인에 대한 이론 없이 제시된다. 결과적으로, 어떤 이론에 뿌리를 둔 진간가이든 간에 사용할 수 있다. 만약 모든 심리학자들이 서로 다른 이론적 기반을 가진 분류 체계를 사용한다면 의사소통에 큰 문제가 야기될 것이다.

둘째, 진단 사용은 정신병리에 대한 경험적 연구를 가능하게 하고 증진시킨다. 임상심리학자들은 개인의 진단적 특성으로 실험집단을 정의함으로써 성격 특성, 심리검사 수행, 실험 과제 수행에서 집단 간 비교를 할 수 있다. 더 나아가, 진단적 구성 개념이 정의되고 기술되는 방식은 장애의 개인적 기준, 대안적 준거 세트, 장애 간 공병률(동시 발생)에 대한 연구를 자극하게 된다.

셋째, 표준화된 진단 체계 없이는 이상행동의 원인에 대한 연구를 수행할 수 없다. 어떤 정신병리적 증후군의 잠재적인 원인적 요인을 연구하기 위해서는 우선 진단적 특성을 공유하는 사람들을 집단에 할당해야 한다. 예를 들어, 여러 해 전에 아동기 성적 학대 경험이 경계선 성격장애의 취약성으로 작용한다는 가정이 있었다. 이 가설의 타당성을 검증하는 첫 번째 경험적 시도는 잘 정의된 경계선 성격장애 집단과 경계선 성격장애가 아닌 정신과 통제집단에서 아동 성학대의 유병률을 조사하는 것이다. 이러한 초기 연구들은 아동기 성학대가 경계선 성격장애 집단에서 많이 발생하며, 정신과 통제집단에서보다 유의하게 높다는 것을 보여 주었다. 따라서 이것이 경계선 성격장애의 중요한 원인적 요인인지 연구할 가치가 있다. 결론에 이르기 전에 피험자를 경계선 성격장애 범주에 할당하는 신뢰할 수 있고 체계적인 방법이 필요하다.

마지막으로 진단은 적어도 이론적으로 어떤 치료가 가장 효과적일지에 대해 제시할 수 있다는 점 때문에 중요하다. 사실 이것이 정신장애 분류 체계의 일반적 목적이다(Blashfield & Draguns, 1976). Blashfield와 Draguns(1976)가 말한 것처럼, "예언을 위한 정신의학적 분류 체계의 가치에 대한 최종 결정은 치료적 결정에서 분류의 유용성에 대한 경험적 평가에 달려 있다."(p.148) 예를 들면, 정신분열증 진단은 정신분석적 심리치료보다는 항정신병제가 더 효과적일 수 있음을 시사한다. 그렇지만 한 가지 언급해야 할 점이 있다. 비록 이론적으로는 진단적 평가 시점에서 진단과 치료 간에 연결이 있지만, 여러 치료법이 각각의 장애에 동등하게 효과적인 경우가 흔하다.

요약하면, 정신병리의 진단과 분류는 많은 유용한 기능을 제공한다. 연구자이든 전문가이든 현대 임상심리학자들은 자신의 작업에 어떤 형태든 진단 체계를 사용한다. 이러한 관점에서 오랫동안 정신장애 진단에 사용되어 온 분류 체계를 간략히 기술하고, 미국에서 가장 많이 사용되는 진단분류 체계인 *DSM-IV-TR*을 좀 더 상세히 검토하도록 하겠다.

초기 분류 체계

정신장애 분류 체계는 오랫동안 확산되어 왔다. 예를 들어, 우울증에 대한 초기 언급은 기원전 2600년까지 거슬러 올라간다(Menninger, 1963). 그 이후 분류 체계의 수와 범위가 증가했다. 이러한 혼란 속에서 질서를 이끌 수 있는 측정치를 만들기 위해 1889년 파리에서 열린 정신과학회의에서는 단일 분류 체계를 적용했다. 보다 최근의 시도는 1948년에 만든 세계보건기구(WHO)의 **질병, 상해 및 사망 원인에 대한 국제통계분류**(International Statistical Classification of Diseases, Injuries, and Cause of Death)로 거슬러 올라가는데, 여기에는 이상행동의 분류가 포함되어 있다.

1952년 미국정신의학회는 자체적인 분류 체계인 **진단 및 통계편람**(Diagnostic and Statistical Manual)을 발간했는데, 이 편람은 각 진단 범주를 소개하는 용어정리(glossary)를 포함하고 있다. *DSM-I*으로 알려진 이 초판은 1968년(*DSM-II*), 1980년(*DSM-III*), 1987년(*DSM-III-R*), 그리고 1994년(*DSM-IV*)에 개정되었다. 현재 가장 널리 사용되고 있는 분류체계는 2000년에 발간된 *DSM-IV*의 본문 교정판(*DSM-IV-TR*; American Psychiatric Association, 2000)이다. *DSM*의 새로운 버전인, *DSM-5*가 2013년에 출간되었다. 아주 어린 아동에서 나타나는 정신병리를 분류하기 위해, 0-3세 아동을 위한 진단 매뉴얼이 출간되었다(즉, *DC 0-3; Diagnostic Classification System, 0-3*, 1994년에 출간됨). 개정판인 *DC 0-3 R*은 2005년에 출간되었다.

이 모든 편람들은 19세기 말 Emil Kraepelin의 노력을 구현하고 있다(그림 6-2 참조). 지난 50년간 어떤 변화가 있었는지 보여 주기 위해, 1940년 대 말에 사용되던 영국 체계(표 6-1 참조)와 *DSM- IV-TR* 체계를 비교 제시하였다.

1950년대부터 1960년대 초까지 정신의학적 진단에 대한 열망은 약해졌다(L. N. Robins & Helzer, 1986). 진단은 인간을 비하하는 것이며 개인차를 무시하는 것으로 여겨졌다. 하지만 정신의학과 심리학에서 진단은 다시 강조되었다. 진단 체계에서 가장 혁명적인 변화는 1980년에 출간된 *DSM-III*에 소개되었다. 그 변화는 정신장애에 대한 명백한 진단 준거의 사용, 다축 진단 체계, 원인론(병인론) 면에서 중립적인 기술적(descriptive) 진단, 진단 체계의

그림 6-2 ■ Emil Kraepelin은 현대 정신의학적 진단 및 분류 체계의 아버지로 간주된다.

임상적 유용성 강조를 포함한다. 이러한 혁신은 이후의 개정판 *DSM (DSM-III-R, DSM-IV, DSM-IV-TR)*에도 유지되었는데, 다음 절에서 설명될 것이다.

DSM–IV–TR

*DSM-IV-TR*은 2000년에 출간되었다. 이전 판인 *DSM-III-R*에 대한 개정 작업은 세 단계의 경험적 과정을 거쳤다. 첫째, 중요한 진단적 쟁점과 관련된 150개의 문헌을 종합적으로 검토하였다. 문헌 개관은 체계적이면서도 철저했다. 그 결과 개정이 권고되고, *DSM-IV*에서 이루어진 변화에 대한 이론적, 경험적 근거로 사용되었다. 둘째, 문헌 개관을 통해 진단적 쟁점에 대한 적절한 해결책을 찾을 수 없는 경우 40개의 기존 자료를 재분석하였다. 셋째, 선정된 장애(예: 반사회성 성격장애)의 대안적 준거 세트의 임상적 유용성과 예언력을 평가하기 위해 12개의 현장 연구가 수행되었다. 요약하면, *DSM-IV*에서 이루어지고 *DSM-IV-TR*에도 유지되는 변화는 이전

표 6-1 1940년대 말 왕립 의학-심리학회에서 사용한 정신장애 분류 체계

제 1 부
A. 정신박약(Oligophrenia, amentia, mental deficiency)
1. 백치(Idiocy) 2. 우둔(Imbecity) 3. 박약(Feeblemindedness, moron) 4. 도덕적 결함(Moral deficiency)
B. 신경증과 정신신경증(Neuroses and psychoneuroses)
1. 소진 상태(신경쇠약neurasthenia 포함) 2. 불안 상태 3. 강박 및 공포 4. 히스테리 5. 혼재형 및 기타 형태
C. 정신분열 정신증(Schizophrenic psychoses)
1. 조발성 치매 a. 단순형 b. 혼란형 c. 긴장형 d. 편집형 2. 편집분열증(Paraphrenia) 3. 기타 형태
D. 정신병질(편집증 포함)
E. 정동정신증
1. 조울정신증(순환성 장애, cyclothymia) a. 조증 b. 우울 c. 혼미 2. 폐경기 우울증
F. 착란상태(Confusional states)
G. 간질정신증(Epileptic psychoses)
H. 전신마비(General paralysis)
I. 기질성 뇌질환과 관련된 기타 정신증
J. 치매
K. 미결정형

출처: Adapted from Henderson and Gillespie(1950, pp.20-21).

*DSM*보다는 훨씬 광범위한 경험적 자료에 기반을 둔 것이다.

DSM-IV-TR 진단평가의 완성은 **다축평가**(multiaxial assessment)이다. 내담자나 환자는 5개의 축 또는 정보 영역에 따라 평가된다. 각각의 축-영역은 치료 계획 수립과 결과 예측에 도움이 된다. **축 I**은 성격장애와 정신지체를 제외한 임상적 장애나 다른 관련된 상태의 존재를 나타내는 데 사용된다. 성격장애와 정신지체는 **축 II**의 부호를 받는다. **축 III**은 축 I이나 축 II 임상장애의 개념화나 치료에 적합할 수 있는 현재의 의학적 상태를 강조하기 위해 사용된다. 진단, 치료, 예후와 관련된 심리사회적, 환경적 문제(예: 주거문제, 경제적 문제 등)는 **축 IV**에 나타낸다. 마지막으로 개인의 전반적 기능 수준(Global Assessment of Functioning, GAF)에 대한 양적 추정(1에서 100)은 **축 V**에서 전반적 기능 수준 점수로 제공한다. 5개의 축 각각은 환자에 대한 중요한 정보를 제공하고, 환자의 문제, 스트레스 원, 기능 수준에 대한 매우 종합적인 설명을 제공한다.

미셸에 대한 *DSM-IV-TR* 진단평가를 표 6-2에 제시하였다.

이 진단 공식화의 몇 가지 특징을 눈여겨 보자. 첫째, 미셸은 축 I에서 중복 진단을 받았다. 이것은 내담자의 문제를 종합적으로 기술하는 것이 목표이므로 *DSM-IV*에서 허용되고 심지어는 권장되는 것이다. 둘째, 축 II의 경계선 성격장애 진단이 **주 진단**(principal diagnosis)이라는 점을 주목하라. 이것은 경계선 성격장애가 그녀의 입원 이유이며 치료의 초점임을 의미한다. 마지막으로 축 V에 제시된 그녀의 **전반적 기능수준 평가**(Global Assessment of Functioning: GAF) 점수는 심각한 손상을 나타내는데, 그녀의 경우 자신을 해할 위험에 해당한다.

미셸의 사례

미셸 M.은 최근 2년간 6번의 자살 시도 후 병원 입원병동에 입원한 23세 여성이다. 그녀는 일주일 전 남자친구와 헤어진 후 1병의 아스피린을 먹었으며, 그가 그녀를 지역 병원 응급실에 데려왔다고 말했다. 미셸은 완화되지 않은 채 5년간 지속된 다양한 우울 증상을 가지고 있었지만, 입원이나 치료를 받을 만큼 심각하지는 않았다. 그녀의 증상에는 침울한 기분, 식욕 저하, 낮은 자존감, 집중 곤란, 절망감 등이 포함 되었다.

게다가, 미셸은 10대부터 가지고 있는 심각한 문제들이 있었다. 첫째, 그녀는 정서 조절에 심각한 문제가 있었다. 쉽게 우울해지거나, 짜증이 나거나, 불안해졌다. 이러한 강렬한 부정적 감정 상태는 갑작스럽게 나타나 4~5시간 이내로 지속되었다. 미셸은 복합물질남용, 난잡한 성행위(평균 1년에 30여 명의 성 상대가 있었다), 폭식 같은 충동적 행동을 보였다. 예를 들어, 그녀는 시험성적이 나쁘면 망치로 벽을 부수기도 했다.

미셸의 친구, 남자친구, 부모와의 관계는 격렬하고 불안정했다. 그녀와 함께 지낸 사람들은 그녀가 뚜렷한 이유 없이 자주 화를 내며 자신들을 곤혹스럽게 했다고 호소했다. 그리고 부모를 비롯한 다른 사람들이 자신을 버릴까봐 항상 두려워했다. 예를 들어, 친구를 저녁까지 머물게 하려고 친구의 다리를 잡고 놓지 않아 결국 문 밖에 있는 친구 차까지 끌려 간 적도 있다. 게다가 네 번이나 집을 나와 도시 근처의 대학에 다녔다.

그럴 때마다 그녀는 몇 주 만에 집으로 돌아왔다. 입원하기 전에 전 남자친구에게 전화로 한 말은 "모든 걸 끝내고 싶어. 아무도 날 사랑하지 않아."였다.

표 6-2 진단적 평가: 미셸

축 I	300.4	기분부전장애, 조기 발병
	305.00	알코올 남용
	305.20	마리화나 남용
	305.60	코카인 남용
	305.30	환각제 남용
축 II	301.83	경계선 성격장애(주 진단)
축 III	없음	
축 IV	일차 지지집단과의 문제 학업 문제	
축 V	GAF = 20(현재)	

분류의 제문제

독자에게 정신의학적 분류가 가지는 일반적 견해를 제공하기 위해 *DSM-IV-TR*에 대해 약술하였다. 그렇지만 분류 전반, 그리고 특별히 *DSM-IV-TR*에 대한 몇 가지 광범위한 쟁점들을 검토하는 것이 중요하다. 표 6-3은 아래 논의한 8가지 주요 쟁점을 요약한 것이다.

범주 대 차원. 본질적으로 정신장애 범주는 유형론을 나타낸다. 현재의 증상이나 증상의 과거력을 바탕으로 환자를 특정 **범주**에 속하는 것으로 분류한다. 이런 접근은 몇 가지 잠재적 문제가 있다. 첫째, 너무 많은 경우에 범주를 설명과 혼동하기 쉽다. 주의하지 않으면, '이 환자는 강박장애 진단을 받았기 때문에 강박증상을 경험하고 있다.' 거나 '정신분열증이므로 정신병적으로 행동해.'라고 생각하는 경향이 있다. 이런 종류의 사고가 나타나면, 설명이 순환론적 기술에 그치게 된다.

게다가 이 장의 앞에서 언급한 대로 이상행동은 소위 정상행동과 질적으로 다르지 않다. 그보다는 연속적 차원의 끝이다. 소위 정상행동과 정신병적 행동 간의 차이는 종류의 문제가 아니라 정도의 문 제이다(Chapman & Chapman, 1985). 범주로서의 정신장애 진단은 문제가 되는 장애가 있느냐 없느냐의 문제이다. 이러한 실무율적(all-or-nothing) 사고 유형은 정신병리 증상이 일반인에서 분포되는 것과는 다른 것이다. 예를 들어, *DSM-IV-TR*에 제시

표 6-3 진단적 평가: 미셀

범주 대 차원 *DSM-IV*에 적용된 범주 모델(예: 장애가 있거나 없다)이 실제 적절한가? 차원 모델이 더 바람직하지는 않은가?
범주화의 기반 다양한 방식으로 진단적 판단을 내려야 하는가? 이것이 진단 범주 내에 큰 이질성을 가져오지는 않는가?
분류의 화용론 어떤 조건이나 상태가 진단 편람에 포함될지를 어떻게 결정하는가?
기술 진단 범주의 특징이 적절히 기술되었는가? 진단기준이 구체적이고 객관적인가?
신뢰도 진단적 판단은 신뢰할 만한가? 한 개인에 대한 진단가들의 판단이 일치하는가?
타당도 개인의 진단에 대한 지식을 바탕으로 의미있는 예언이 가능한가?
편향 *DSM-IV*의 장애 특성이 개인의 성, 인종, 또는 사회경제적 배경 때문에 편파적일 수 있는가? 진단 기준의 해석과 적용에서 진단가의 편견은 없는가?
적용 범위 *DSM-IV* 진단이 심리치료나 정신의학적 치료를 받는 사람에게 적용되는가? *DSM-IV*의 적용 범위는 지나치게 협소한가 아니면 지나치게 광범위한가?

된 범주 모델(예: 있다 대 없다)로서의 경계선 성격장애(BPD)는 사람들이 경계선 성격장애 증상을 보이는 정도에서 서로 다르므로(양적 차이) 적절하지 않을 수 있다. 달리 말해, 범주 모델은 경계선 구성개념의 본질을 잘못 나타낸 것이다(Trull, Widiger, & Guthrie, 1990). 사실상 본질적으로 범주적인 진단적 구성개념은 거의 없다. 무엇이 불안장애의 특징인 걱정, 불안 공포 차원을 나타내는지 예를 들기 위해 그림 6-3을 참고한다. 이 예는 직장면접 상황에서 경험할 수 있는 반응들이다. 심리적 장애들과 관련된 차원들을 생각할 때, 사고, 정서 및 행동으로 조직화하는 것이 도움이 된다. 면접 상황을 생각할 때, 사고는 자신감에서 공포감과 관련된 생각들에 이르는 다양한 반응을 생각할 수 있다. 유사하게, 정서적 경험은 면접에 도움이 되는 신체적 각성에서부터 방해가 되는 각성을 생각할 수 있다. 마지막으로 행동적 반응으로는 면접에 참여하는 것에서 다양한 회피행동들을 생각할 수 있다. 그림 6-3에 나타난 바와 같이, 사고, 정서 및 행동이 큰 불편감을 가져올 때, 진단의 측면에서 정신질환을 고려할 수 있을 것이다. 하지만, 차원적인 관점에서는 적응적으로 반응하는 능력에 정도의 차이가 있는 것임을 강조한다.

범주화의 기반. 정신과 환자를 분류하기 위해서는 광범위한 방법과 원리들을 사용해야만 한다. 어떤 경우, 환자들은 현재 행동이나 증상에만 근거해 분류된다. 다른 경우, 과거력에 전적으로 의존해 판단한다. 예를 들어 주요 우울장애의 경우, 어떤 사람은 임상가가 시행한 진단적 면접에 근거해 진단되고, 다른 사람은 덱사메사손 억제 검사에서 '양성' 반응이 나오는 것 같은 검사 결과에 의해 분류된다. 또 다른 사람은 우울증 자기 보고 검사 결과로 진단받을 수 있다. 검사 결과는 일부 인지장애(예: 혈관성 치매)의 진단에 사용되고, 다른 인지장애 진단(예: 섬망)은 행동 관찰에 입각해서만 결정된다. 따라서 진단은 임상가에게는 다양한 진단 기법에 대한 지식과 접근성을 요하는 매우 복잡한 일이다. 요점은 어느 한 진단 범주에 소속된 사람들은 다양한 방법에 근거해 진단되었기 때문에 서로 이질적이라는 것이다.

분류의 화용론. 정신의학적 분류는 항상 어느 정도 의학적 권위에 힘입어 사용되어 왔다. 하지만 기이하게도 민주적 측면도 있다. 예를 들어, 정신의학은 오랫동안 동성애를 정신과적 개입을 통해 치료해야 할 질병으로 여겼다. 사회적 태도 변화와 타당한 심리적 논거의 결과, 동성애는 *DSM* 체계에서 제외

	사고	정서	행동
정상	"오늘 직장 면접이 있어. 면접관들이 나를 좋아했으면 좋겠어. 내가 가진 장점을 보여주고 싶어."	다소 신체적으로 각성이 되어 있으나, 알맞은 수준으로 집중함.	직장 면접에 가서, 면접을 잘 봄.
경도	"오늘 직장 면접이 있어. 나에 대해 나쁘게 생각하면 어쩌지? 내 목소리가 떨리지 않았으면 좋겠어."	경도의 신체적 각성, 다소 얼어있는 느낌이나 알맞은 수준으로 집중함.	직장 면접에 가서, 다소 긴장함.
중등도	"어쩌지, 오늘 인터뷰 때문에 너무 떨려. 아마 직장을 얻지 못할거야. 그냥 면접가는거 잊어버리는게 나을지도 모르겠어."	중등도의 신체적 각성(손 떨림 등), 집중하는 데 다소 어려움이 생김.	면접을 취소하는 이메일을 두 번이나 작성했으나 보내지는 않음. 면접에 참여하였으나, 신체적으로 불안함을 보임.
심각	"큰일이야, 오늘이 바로 면접이잖아. 배도 아프고 머리도 아퍼. 면접을 잘 볼 수 없을게 뻔해. 면접관들이 나를 바보같다고 생각할거야."	심각한 정도의 신체적 각성(손 떨림, 어지러움, 안절부절못함), 집중하는 데 어려움.	면접에 가기 전에 두 번 면접 일정을 미룸. 면접 동안 상당히 안절부절하지 못하는 것으로 보이고, 눈을 맞추지 못함.
불안장애	"절대 이건 불가능해. 나는 정말 바보야. 이 직업은 절대 얻지 못할텐데, 시도해서 뭐해? 바보처럼 보이기 정말 싫어."	어지러움, 심장박동 수의 증가, 떨림, 땀흘림을 동반한 매우 심각한 정도의 신체적 각성. 거의 집중하지 못함.	면접을 취소하고 하루종일 집에 머물러 있음.

그림 6-3 ▪ 앞으로 있을 직장 면접에 대한 걱정, 불안, 공포의 예.

출처: Kearny, C. & Trull, T. (2012).

되었으며 대안적인 생활방식으로 여겨진다(Spitzer, 1981 참조). 동성애자가 자신의 성적 지향 때문에 곤란을 겪거나 변화를 원할 때만 *DSM-IV*에 포함된다('기타 성 장애' 범주의 한 예로 본다.). 여기서 쟁점은 이 결정이 타당하냐 아니냐는 아니다. 어떻게 해서 동성애가 *DSM* 체계에서 빠지게 되었느냐가 쟁점이다. 동성애를 더 이상 질병 자체로 보지 않는다는 결정은 정신과 의사들의 투표로 이루어졌다.

이 예는 *DSM*같은 분류 체계가 위원회에서 만들어졌다는 것을 상기시켜 준다. 위원회 구성원들은 다양한 과학적, 이론적, 전문적 집단을 대표하며, 심지어는 경제적 집단을 대표하는 선거권자들이다. 결과적으로 최종 분류 체계는 이질적인 전문가 집단의 동의를 받기 위해 이루어진 협상을 반영하는 정치적 문건에서 가져온 것이다.

기술. 의심할 여지 없이 *DSM-IV-TR*은 진단 범주에 대한 철저한 기술을 제공한다. 축 I 및 축 II 장애에 대해서는 각 진단 범주의 증상에 대해 상세한 설명이 제시되어 있다. *DSM*은 각 진단별로 발병 연령, 경과, 유병률, 합병증, 가족 양상, 문화적 고려, 관련된 특징과 정신장애, 관련된 검사 결과 등 부가적인 정보를 제공한다. 이러한 상세한 기술들은 체계의 신뢰도와 타당도를 증진시킨다.

신뢰도. 신뢰도를 확립할 수 없는 분류 체계는 심각한 문제를 가진다. 이런 맥락에서 **신뢰도**는 평정자 간 진단적 판단의 일치도라고 부를 수 있다. *DSM-III* (APA, 1980)에서 이루어진 주요 변화 중 하나, 즉 각 장애에 대한 구체적이고도 객관적인 기준의 도입은 진단 체계의 신뢰도를 높이려는 노력을 반영한다. 심리학자 A와 B가 같은 환자에 대해 진단이 일치하지 않는다면, 누가 맞는지 알 수 없으므로 두 진단 모두 쓸모가 없게 된다. 이것이 오랫동안 미국의 진단 체계를 괴롭히던 바로 그 상황이다. 예를 들어, 이전 진단 체계를 신뢰할 수 없음을 보여 주는 초기 연구를 Beck, Ward, Mendelson, Mock과 Erbaugh(1962)가 수행했다. 2명의 정신과 의사가 신환 153명을 면접했는데, 이들의 진단 일치율은 54%에 불과했다. 일부 불일치는 환자가 의사에게 제시한 정보의 비일관성에 기인한 것으로 보인다. 예를 들어, 환자 A는 한 정신과 의사에게는 개방적이었으나 다른 의사에게는 그렇지 않았다. 그렇지만 대부분의 비신뢰성은 진단가와 진단 체계 때문이었다.

일부 실용적 요인이 진단가의 신뢰도를 떨어뜨릴 수도 있다. 어떤 기관에서는 특정 진단을 받은 환자를 받지 않기도 한다. 그런데 정신건강전문가는 그 환자가 입원을 통해 도움을 받을 수 있다고 강하게 느낄 수 있다(또는 갈 곳이 없다). 어떻게 해야 할까? '인간적인' 선택은 진단을 변경하거나 약간 '조작'하는 것이다. 알코올 의존 환자가 갑자기 다른 것으로 진단되는 것이다. 유사하게, 보험회사가 어떤 진단을 받은 환자에게는 진료비를 보상해 주고 다른 진단을 받은 환자에게는 보상하지 않을 수 있다. 또는 어떤 진단은 6회 이내만 진료를 허용하고, 다른 진단은 15회기를 지원해 줄 수도 있다. 그러므로 진단은 의도적으로 또는 의도하지 않게 조작된다.

이런 사례들은 진단적인 비신뢰성이 예외가 아니라 흔히 발견되는 일로 믿게 만들 수 있다. 그렇지만 일례로 Meehl(1977)은 정신의학적 진단이 보기보다는 신뢰할만 하다고 느꼈다. 구체적으로 Meehl은 우리가 주요 진단 범주를 계속 사용하기 위해서는 환자를 임상적으로 잘 관찰하고, 잘 훈련된 임상가가 조심스럽게 진단한다면, 임상가들 사이의 일치도가 적절한 수준에 이를 것이라고 주장했다.

정신병리 영역에서는 진단가에게 진단 편람에 제시된 구체적인 *DSM* 기준에 따라 개인을 평가하도록 본질적으로 '강제'하는 **구조화된 진단적 면접**(*structured diagnostic interviews*)을 개발함으로써 신뢰도 문제에 관심을 가지기 시작했다. 예를 들어, 현재 축 I장애들의 특징을 평가하는 구조화된 면접이 다수 있으며, 축 II장애를 위한 구조화된 면접들도 있다. 흥미롭게도, 경험적 연구 결과 이러한 구조화된 면접 도입 이후 전반적인 진단 신뢰도가 급등했다. 이 면접 방법의 구조와 형식을 따르는 것이 진단 신뢰도를 높였다는 것은 분명하다. 표 6-4는 구조화된 면접의 일부이다. 제7장에서는 구조화된 면접에 대해 보다 상세히 논의할 것이다.

그렇지만 구조화된 면접을 활용한다 해도 모든 범주에서 신뢰도가 동등하게 좋은 것은 아니다. 일부 장애(예: 범불안장애)의 유무 판단은 특히 어렵다. 더구나 바쁜 임상가들이 적합한 진단 기준을 체계적으로 평가하기 위해 필요한 시간과 노력을 기울일 것이냐에 의문이 있다. 일상적인 업무 환경에서의 신뢰도 계수는 구조화된 연구에서만큼 결코 높지 않다.

타당도. 신뢰도는 진단 체계의 타당도에 직접 영향을 미치게 된다. 진단가들이 환자의 분류에 대해 합의에 실패하게 되면, 진단 체계가 의미 있는 상관물(correlates), 즉 **타당도**를 가지고 있다는 것을 보여 줄 수 없다. 예후, 치료 성과, 병동 관리, 원인론(병인론) 등이 중요한 상관물들이다. 예언 타당도가 없다면 분류는 중요한 유용성이 없는 지적 활동에 불과해질 것이다. 그렇지만 범주화가 원인, 경과, 권장되는 치료를 정확히 제시할 수 있다면, 그 사용의 타당성은 확보되는 것이다.

진단적 구성개념의 타당도를 확립하는 주요 방법은 L. N. Robins와 Guze(1970)의 고전적 논문에

표 6-4 의존성 성격장애 기준 평가를 위한 *SIDP-IV* 질문

기준 1–의존성: 다른 사람으로부터 충분한 양의 충고나 보증 없이는 일상적인 결정을 내리는 데 곤란을 겪는다.
질문
어떤 사람은 결정을 잘 내리고, 어떤 사람은 믿을 만한 사람에게 어떻게 할지 묻기를 좋아한다. 당신은 어느 쪽입니까?
점심에 무얼 먹을지 또는 어떤 옷을 살지 결정하는 것 같은 일상적인 결정을 할 때 다른 사람의 충고를 구하는 편입니까?
채점
0 = 그렇지 않다 1 = 그렇지 않은 편이다 2 = 그렇다 3 = 매우 그렇다

출처: Structured Interview for DSM-IV Personality(SIDP-IV; Pfohl, Blum, & Zimmerman, 1994). Copyright © 1989, 1994. Used with permission.

소개되어 있다. 그들은 증후군의 진단적 타당도를 확립하는 5단계 과정을 제안했다. (a) **임상적 기술**: 장애의 증상을 넘어 특성에 대한 기술을 포함하는 임상적 기술(예: 인구학적 특징), (b) **실험실 연구**: 진단의 의미 있는 상관물을 확인하는 실험실 연구(심리검사 포함), (c) **다른 장애와의 경계 설정**: 진단 받은 사람 간의 어느 정도의 이질성을 보장하기 위한 다른 장애와의 경계 설정, (d) **추적 연구**: 진단의 검사-재검사 신뢰도 평가를 위한 추적 연구, (e) **가족 연구**: 장애의 유전적 요소를 보여 주기 위한 가족 연구. 진단의 타당도를 확립하기 위한 이러한 5단계 방법은 현재도 큰 영향을 미치고 있다. 사실상 대부분의 현대 정신병리 연구는 Robins와 Guze가 소개한 타당화 단계 중 하나 이상을 나타낸다.

편향. 분류 체계는 이상적으로는 서로 다른 배경(예: 성, 인종, 사회경제적 지위)을 가진 사람을 진단하는 데 있어 편파적이어서는 안 된다. 동일 행동 군이 사람에 따라 진단되거나 되지 않는다면 분류 체계의 타당도와 유용성은 의문이 제기된다. 잠재적 편향과 관련해 가장 많이 주목받는 편향이 성적 편향과 종교적 편향이다.

어떤 비판가는 *DSM* 체계가 여성의 정신병리를 과대 평가하는 남성 중심적 도구라고 공격하지만(M. Kaplan, 1983), 다른 사람들은 이러한 비판을 부정하기도 한다(Kass, Spitzer, & Williams, 1983). Widiger와 Spitzer(1991)는 진단 체계에서 무엇이 **성적 편향**을 구성하는지 유용한 개념적 분석을 제시했다. 그들은 진단적인 성적 편향을 보여 주려한 이전의 시도들이 개념적으로나 방법론적으로 결함이 있다고 주장했다. 게다가 이전 연구들(예: Broverman, Broverman, Clarkson, Rosenkrantz, & Vogel, 1970)의 일부 결과는 잘못 이해되거나 잘못 해석되었다(Broverman 등의 연구가 가지는 문제에 대해서는 Widiger & Settle, 1987을 참조).

Widiger와 Spitzer는 장애 유병률에서의 성차가 진단에서의 성적 편향을 보여 주는 것은 아니라고 언급했는데, 왜냐하면 생물학적 요인이나 문화적 요인 같은 것이 남자(혹은 여자)를 특정 진단 기준에 해당하도록 만들기 때문이다. 예를 들어, 반사회성 성격장애 진단은 남자가 여자보다 더 많이 받는데, 이는 생물학적 차이(예: 테스토스테론)나 두성에 서로 다른 영향을 미치는 다른 요인(예: 남성의 공격성에 대한 사회적 기대) 때문이다. 그렇지만 Widiger와 Spitzer는 남녀의 증상이 동일함에도 불구하고 남녀에게 진단을 편향되게 적용하는 증거를 제시했다. 비록 이 증거가 진단 기준에 대한 임상가의 해석에 편향이 있을 수 있음을 시사하지만(예: 임상가는 성 편향을 보일 수 있다), 진단 기준 자체에 성적 편향이 있다는 것은 아니다. 이 결과는 진단 기준 자체를 정밀 진단할 필요가 있다기보다는 진단가를 보다 잘 훈련시켜야 함을 시사한다. 인종과 관련된 편향에 대해, 문화가 정신질환의 진단 및 치료와 관련된 많은 요인들에 영향을 미칠 수 있다는 것을 인식하는 것이 중요하다(Alarcon, 2009). 첫째, 문화는 스트레스 및 정신질환의 증상의 경험을 이끄는 신념 체계에 영향을 미칠 수 있다. *DSM-IV-TR*에 나타난 '문화 특정적인 증후'의 예는 koro, dhat, frigophobia, voodoo death와 같은 것이다. 문화는 문화에 속한 사람들이 어떻게 스트레스에 대처하고 비적응적인 행동을 하게 되는지에 영향을 미칠 수 있다. 정신질환 증상의 특성들이나 내용은 문화에 따라 다양할 수 있다. 마지막으로 문화는 서비스를 제공하고 치료를 받으려는 태도에 영향을 미칠 수 있다.

그러므로, 임상가들이 정신질환이 있는 개인들을 진단하고 치료할 때 문화적 영향력을 고려하는 것이 중요하다. 이러한 목적으로, *DSM-IV-TR*이 개인의 문제들을 문화적으로 개념화하는 절차(개인의 문화적 정체적, 문제들에 대한 문화적 설명, 심리사회 환경과 관련된 문화적 요인들, 개인과 정신건강 전문가 사이의 관계에 대한 문화의 영향, 진단 및 치료를 위한 전반적인 문화적 평가)를 포함하고 있다(표 6-5를 참고하라).

적용 범위. 400개에 가까운 진단을 가지고 있으므로, *DSM-IV-TR*에 대해 진단적 적용범위가 제한되어 있다고 문제 삼을 수는 없다. 정신의학이나 심리적 치료의 대상이 되는 대부분의 조건들이 *DSM-IV-TR* 체계 내에서 분류될 수 있다. 그렇지만 일부는 *DSM-IV-TR* 적용 범위가 지나치게 넓다는 점에서 문제를 느낀다. 예를 들어, 많은 아동기 발달장애가 정신장애에 포함되어 있다. 말 더듬 같은 언어 문제를 가진 경우 적용하는 아동 실독증(dyslexic)이나 수학에 문제가 있는 아동이 *DSM-IV-TR* 진단을 받는다. 많은 사람들이 이런 상태를 정신장애로 명명하는 것의 적절성이나 이점에 대해 의문을 제기한다.

*DSM-IV-TR*의 과포괄성을 보여 주는 다른 예는 '생리전 불쾌장애(premenstrual dysphoric disorder)'를 진단 범주에 포함하는 것이다. 이 진단과 그 기준은 추가 연구가 필요한 진단 기준을 소개하는 부록에 있다. 이 진단이 처음 제안되었을 때 많은 여성이 격렬하게 반대했는데, 왜냐하면 이 범주가 여러 영역에서 여성을 차별하는 데 쉽게 사용될 수 있기 때문이다(예: 고용). 이와 같은 진단적 논쟁들은 *DSM* 기획자들이 지나치게 멀리 나갔다는 걱정을 하게 한다.

추가적 고려점. 앞에 기술한 문제들은 실제적이고 명백하지만, 진단분류 체계를 수용하고 사용하는 데 따른 간접적이고도 미묘한 문제들이 있다. 예를 들어, 분류는 정신장애 자체가 존재한다는 인상을 만들어 낸다. 장애, 증상, 상태, 고통받는 같은 용어들은 환자가 질병과정의 희생물인 것처럼 보이게 만든다.

표 6-5 ***DSM-IV-TR* 문화적 개념화**

DSM-IV-TR (APA, 2000)은 정신건강전문가들이 내담자의 문화적 배경이 전문가 자신의 문화적 배경과 다른 경우 내담자의 증상에 대한 문화적 개념화를 가지고 진단할 것을 제안한다. 이를 위해, 아래의 주제들에 대한 정보를 얻어야 한다.

- **내담자의 문화적 정체성:** 내담자의 언어능력, 선호 및 민족 혹은 문화적 특성에 주목할 것
- **내담자의 문제에 대한 문화적 설명:** 내담자가 속한 문화에 있는 사람들이 문제에 대해 어떻게 설명하는지, 그 문화에 속한 사람들이 경험하는 증상과 어떻게 다른지 혹은 유사한지 비교할 것
- **심리사회적 환경과 관련된 문화적 요인들:** 특정 문화에 속한 사람들이 사회적 스트레스를 어떻게 해석하는지, 치료에 도움이 되는 사회적 지지와 자원의 가능성에 주목함.
- **개인과 정신건강전문가 사이의 관계에 대한 문화의 영향:** 진단 및 치료에 영향을 미칠수도 있는 내담자와 정신건강 전문가 사이의 문화적 혹은 사회적 상황에서의 차이에 주목함
- **진단 및 치료를 위한 전반적인 문화적 평가:** 어떻게 문화적 요소들이 내담자를 평가하고 치료하는데 영향을 미칠 것인지에 대해 요약함

분류 체계의 언어들은 심지어 현명한 사람 조차 학습된 반응이나 인간과 환경의 상호작용의 산물을 질병 과정으로 해석하게 만든다.

게다가 조심하지 않으면 문제를 경감시키려 노력하는 것보다 사람을 분류하는 것에 더 만족하게 만들 수 있다. 뒤에 보게 되겠지만, 심리치료는 실패의 위험이 따르는 불확실하고 시간을 소모하는 과정일 수 있기 때문이다. 하지만 분류는 즉각적으로 보상을 줄 수 있다. 그것은 분류자에게 마무리했다는 느낌을 제공한다. 글자 맞추기 퍼즐을 푸는 것처럼, 장기적인 사회적 의미 없이도 긴장을 완화시켜 줄 수 있다.

이 체계는 삶의 문제를 의학적 문제로 여겨서 약물이나 주사, 외과용 메스를 가지고 단순하고 쉽게 해결하기를 바라는 일반인들의 욕망을 충족시켜 준다. 그렇지만 불행히도, 심리적 문제를 해결하는 방법을 배우는 일은 어렵다. 쉬운 접근 방법은 전지전능한 의사에 의해 심리적 고통을 완화시키는 처방을 받는 수동적이고 의존적인 사람이 되는 것이다. 이런 견해는 의학적인 문제를 다루는 데는 도움이 될 수 있으나(Engel, 1977 참조), 삶의 심리 사회적 문제를 다루는 데는 그다지 도움이 안 된다.

마지막 간접적 문제는 진단이 진단을 받는 사람에게 위험하거나 오명을 씌울 수 있다는 것이다. 우리 사회에서 진단은 환자나 이전에 환자였던 사람에게 문을 열게 하기보다는 문을 닫게 만든다. 너무나도 흔하게 진단은 명칭만 보게 하지, 그 명칭 뒤에 있는 실제 사람을 보지 못하게 하여 그 사람의 실체를 알기 어렵게 하는 것 같다. 따라서 관계를 해치고, 고용이나 승진을 가로 막으며, 극단적인 경우 시민권을 상실하게 만든다. 진단명은 사람들에게 저항을 포기하고 '환자' 역할을 하도록 만들기까지 한다.

DSM-5로의 변화

1999년에 처음 *DSM-IV* 개정에 대한 회의를 시작으로 2006년에 개정팀을 구성하여 *DSM-5*로의 변화가 진행되었다. 2012년 11월에 미국정신의학회에서 승인을 받았고 2013년 5월까지 개정을 마친 후 출간되었다(APA, 2013). 몇 가지 주요한 변화를 살펴보면, 첫째, *DSM-5*(로마숫자 대신 이번 개정부터는 아라비아 숫자로 표기함)에서는 증상의 심각성 등을 포함하면서, 기존의 범주적인 진단 체계에 차원적인 접근을 수용하려고 노력하였다. 둘째, *DSM-IV*가 총 17개의 장(chapter), 886페이지로 구성된 것에 비해, *DSM-5*는 22개의 장, 947페이지로 늘었다. 셋째, 이전 판에서 사용한 다축진단 체계(5-Axis system)를 없애고, 성격장애(기존에 Axis-II에 속함), 의학적인 상태(기존에 Axis-III에 속함)등을 모두 하나의 진단 축에서 진단하도록 하였다. 기존에 Axis-V에 속한 전반적 기능평가 척도(GAF, Global Assessment of Functioning) 점수 사용을 중단하고, WHO의 기능평가인 WHODAS 2.0(World Health Organization Disability Assessment Schedule, Version 2.0)을 사용한다. 넷째, 진단기준에 합당하지 않으나, 몇 가지 기준들만을 충족하는 경우 사용했던 "달리 분류되지 않는…" (Not Otherwise Specified, NOS) 진단이 이전 판에는 41개의 장애에 포함되었으나, 이 진단을 'Other Specified' 혹은 'Unspecified'로 개정하면서 65개의 장애에 사용하도록 하여, *ICD-10*과 일치시켰다. 다섯째, *DSM-5*에서는 새로운 진단을 추가하거나, 기존의 장애들을 삭제 혹은 병합하였다. 추가한 장애들의 예를 들면, 사회적 의사소통장애(Social Communication Disorder), 파괴적인 기분조절곤란장애, (Disruptive Mood Dysregulation Disorder), 월경 전 불쾌장애(Premenstrual Dysphoric Disorder), 저장장애(Hoarding Disorder), 피부벗기기장애 (Excoriation(Skin-Picking) Disorder), 탈억제 사회관여장애(Disinhibited Social Engagement Disorder), 폭식장애(Binge Eating Disorder), 중추성 수면 무호흡(Central Sleep Apnea), 수면관련 저

■ 한국 대학원생의 관점

아주대학교 김은정 교수님 연구실 최성혜

최성혜는 아주대학교 아동, 청소년 임상심리 박사과정에 재학 중이며, 아주대학교 부설 아주심리상담센터에서 수석 전문 상담가로 일하고 있다. 최성혜는 아주대학교 심리학과에서 학사학위를 받고, 대학원에 진학하기 전 3년간 심리학 외의 분야에서 여러 가지 사회경험을 쌓았다. 대학원에 입학한 후 청소년상담센터에서 자원봉사를 하면서 비행청소년의 심리적 문제와 심리치료에 관심을 갖게 되었고, 청소년의 건강과 비행행동, 학교적응문제와 관련이 높은 흡연행동의 특성을 탐색하고 이를 감소시키기 위한 금연패키지 프로그램을 개발하여 '금연패키지 프로그램이 청소년의 흡연감소에 미치는 효과'를 연구하였다.

그 후 고려대학교 신경정신의학과에서 4년 동안 임상심리 수련과정을 밟았다. 이 과정 동안 다양한 정신장애 환자들을 대상으로 심리평가를 실시하고 병동 프로그램 등을 진행하였고, 특히, 치매나 교통사고 등 다양한 뇌기능 손상 환자들을 평가하고 인지재활프로그램을 실시하면서 뇌손상 환자들의 기억기능에 관심을 갖게 되었고 교통사고 환자의 기억기능과 알츠하이머형 치매집단과 노인우울집단의 기억기능을 연구하였다.

임심심리전문가 자격증을 취득한 후, 아주대학교 부설 아주심리상담센터에서 아동, 청소년, 성인 내담자들을 대상으로 심리평가와 심리상담, 놀이치료, 부모교육 등을 진행해오고 있으며, 임상심리전문가 수련과정에 있는 수련생들과 실습과정에 있는 대학원생들에게 심리평가, 심리상담, 놀이치료 등에 대한 강의와 지도감독을 하고 있다.

임상현장에서 다양한 아동, 청소년 내담자들을 평가하고 상담하면서 아동, 청소년의 심리적 문제와 치료요인에 관심을 갖게 되었고, 아동, 청소년의 정신병리와 다양한 치료적 접근에 대해 배우고 연구하고자 아주대학교 아동, 청소년 임상심리 박사과정에 입학하였다. 최근에는 마음챙김과 수용을 중시하고, 인지융합과 경험적 회피에서 야기되는 심리적 경직성을 정신병리의 주요 요소로 개념화하고 있는 ACT (Acceptance and Commitment Therapy; Hayes, Strosahl, & Wilson, 1999)에 관심을 가지고 있으며, 성인의 다양한 정신병리와 관련성이 있다고 보고되고 있는 심리적 경직성이 아동, 청소년의 불안장애와도 관련이 있는지, 그리고, 심리적 경직성을 감소시키기 위한 치료적 요소와 방법이 무엇인지를 연구할 계획이다.

임상심리대학원이 당신에게 어땠나요?

대학원에 입학하기 전, 저는 임상심리학이나 정신병리, 심리치료, 다양한 연구방법 등에 대해 구체적으로 알지 못했습니다. 뿐만 아니라, 나의 욕구와 감정, 방어기제, 잠재력, 심리적 문제 등 나에 대한 탐색도 제대로 하지 못했던 것 같습니다. 대학원에서 다양한 수업을 듣고 실습을 하면서 비로소 임상심리학과 임상심리학자의 역할에 대해 스스로 개념화할 수 있었고, 임상심리학자로서의 나의 흥미와 적성을 파악하고 인생의 목표를 구체적으로 잡을 수 있었습니다.

또한, 지금 임상현장에서 내담자를 진단하고 심리치료를 진행하는 데 필요한 다양한 지식과 방법들의 초석이 대학원에서 정신병리, 다양한 심리치료 기법, 연구 방법 등을 심층적으로 공부함으로써 마련되었다고 생각합니다.

특히, 대학원에서 심리평가에 대해 배울 때는 지능검사나 성격검사 등을 나에게 직접 실시하고 해석해 봄으로써 나의 인지적 특성과 사고경향, 성격 특성들을 알 수 있었고, 정신병리에 대해 배울 때는 나의 방어기제나 병리적 특성 등에 대해 구체적으로 생각해 볼 수 있었으며, 동료나 교수님과 함께 집단상담이나 수퍼비전을 할 때는 나의 감정과 욕구, 내가 중요하게 생각하는 가치 등을 알아차리고 표현해 볼 수 있었던 것 같습니다. 이런 다양한 대학원 활동들을 통해 저는 그 어느 때보다 저에 대해 알게 되었고 내 안에 있는 잠재력을 발견할 수 있었습니다.

대학원에서 가장 예상하지 못했던 것들은 무엇인가요?

대학원에 들어가지 전까지 저는 대학원 생활이 그렇게 바쁘지 예상하지 못했습니다. 석사과정 때 가장 고민되었던 부분은 수업준비, 조교역할, 다양한 실습과 자원봉사 같은 대학원에서 해야 하는 전공관련 활동과 20대 인생의 황금기 때 개인적으로 저에게 중요해서 결코 양보할 수 없었던 활동, 즉, 연애, 종교활동, 취미생활 간의 균형을 어떻게 맞추어야 할지였습니다. 대학원 과제가 많거나 학기말 시험이 있을 때 내가 좋아하는 활동을 한동안 할 수 없어서 우울하고 불만족스러워했던 기억이 아직도 나네요.

그때 균형을 맞추기 위해 내가 했던 방법은 한 달, 일주일, 하루의 계획을 세워서 다양한 일들을 작게 쪼개서 조금씩 꾸준히 할 수 있도록 시간관리를 하는 것이었습니다. 그렇게 하니 월요일부터 토요일까지는 전공관련 일을 할 수 있었고, 일요일 하루는 즐거운 활동을 하며 휴식을 취할 수 있었습니다.

박사과정은 석사과정 때에 비해 훨씬 더 바쁩니다. 수업을 준비하고 학과과정을 따라가는 것뿐 아니라, 그보다 더 많은 시간을 심리상담센터에서 상담을 하고, 수련 및 실습과정에 있는 학생들을 교육하고 훈련시키는 일뿐 아니라 개인적인 연구를 하는 것 등 전공관련 업무가 더 확대되고 시간도 늘었습니다. 뿐만 아니라, 가정생활과 취미생활, 종교생활 등 개인적인 활동도 더 많아졌습니다. 여러 활동들 중 어느 하나도 포기할 수 있거나 중요하지 않은 것이 없기 때문에 저는 항상 다양한 업무와 역할들의 균형을 어떻게 맞출지 고민하고 있습니다. 한정된 시간 안에 많은 활동들을 해야 하기 때문에 그냥 무심코 살게 되면 균형이 깨지고 삶의 만족감이 떨어지게 됩니다. 그래서 저는 매주 월요일 오전에 '내 삶이 균형적인가?'를 멈춰서서 생각합니다. 이 시간 동안 내 삶을 점검하고 일주일의 목표와 계획을 짭니다. 각 활동에 시간을 할당할 때는 '토요일은 가정생활과 개인적인 휴식을 취할 것', '상담은 일주일에 30시간을 초과하지 말 것', '운동은 월, 수 오전에 1시간' 등 큰 영역별로 시간을 고정해 두고 그 시간은 다른 활동이 침해하지 않도록 합니다. 그렇게 하니 지금 하는 활동에 더 집중하게 되고 효율성도 높아지는 것 같습니다.

대학원이 당신을 바꾸었나요? 만약 그렇다면, 어떻게 바꾸었나요?

대학원은 저를 여러 가지 측면에서 변화시켰습니다. 대학원에 입학하기 전까지 저는 임상심리학자로서의 자질에 자신이 없었습니다. 대학원에서 다양한 분야의 수업을 듣고 공부를 하면서 비로소 임상심리학에 대한 매력을 느낄 수 있었고, 학습 및 주의력집단 프로그램에 보조 진행자로 참여하고 놀이치료나 상담실습을 하게 되면서 내 자신이 경청하는 능력뿐 아니라 내담자의 감정과 욕구를 세밀히 인식하고 공감할 수 있는 능력이 있다는 것을 깨닫게 되었습니다. 또한, 상담 및 치료를 진행하면서 고통감뿐 아니라 보람과 즐거움 같은 긍정적인 느낌을 많이 느낄 수 있었고, 내가 내담자를 지지하고 도움을 주는 것처럼 내담자도 나를 지지하고 돕고 있다는 것을 알게 되었습니다. 이와 함께 임상현장에서 관심을 가지게 된 아동과 청소년의 다양한 문제에 대해 연구를 설계하고 검증하는 과정을 통해 임상가와 과학자 모델을 직접 구현해낼 수 있는 임상심리학자의 매력에 빠지게 되었습니다. 이런 과정을 통해 평생 임상심리학자로서의 길을 가야겠다는 확신이 들었고, 인생의 목표를 구체화할 수 있었으며, 나에 대한 자신감을 갖게 되었습니다.

대학원에 입학한 이후, 관심 분야에 어떤 변화가 생겼나요?

대학원에 입학하기 전까지 저는 임상심리학이나 임상심리학자의 역할에 대한 구체적인 이해가 없었고, 특별한 연구 분야도 없었습니다. 대학원에 입학한 후, 정신병리나 다양한 상담 및 치료 이론, 연구 방법 등에 대해 구체적으로 배우게 되면서 임상심리학에 진정한 매력을 느낄 수 있었고, '임상심리학자로서의 나의 역할'에 대해 구체적으로 생각하게 되었습니다. 관심 분야가 구체화된 것은 대학원 수업의 일환으로 청소년 상담센터나 아주심리상담센터에서 상담 및 치료실습을 하게 되면서부터였습니다. 센터에 방문하는 아동, 청소년의 수가 성인의 2배 이상이 되고, 성인에게 나타나는 다양한 심리적 문제가 아동, 청소년들에게 더 세분화되어 다양하게 나타날 수 있다는 점(불안장애의 경우 분리불안장애, 시험불안, 사회불안 등)은 저에게 충격적인 경험이었습니다. 센터에서 아동, 청소년들을 만나면서 '성인 뿐 아니라 아동, 청소년에게도 임상심리학자가 정말 필요하겠구나'라는 생각이 들었고, 이때부터 아동, 청소년의 심리적 문제와 치료 요인에 관심을 갖게 되었습니다.

특히, 임상현장에서 불안한 아동들을 만났을 때 추상적 사고력이 미숙한 어린 아동들조차 '불안하면 나는 망한거야'라는 인지적 융합(cognitive fusion)이 나타날 수 있고, 이것 때문에 불안을 야기하는 학교나 친구관계, 과제 등을 회피하게 되고 이런 심리적 경직성이 아동들의 적응과 또래관계를 방해함으로써 내면의 불안을 더욱 심화시키는 경향이 있음을 개념화하게 되면서, 성인대상으로 주로 연구되고 있는 심리적 경직성과 불안 간의 관계가 아동에게도 나타나는지, 그리고 심리적 경직성을 감소시키는 치료요인들에 대해 관심을 갖게 되었습니다.

돌아보면, 대학원 프로그램에서 어떤 활동 혹은 경험들이 가장 중요했나요?

대학원에서 석사과정을 마치고, 병원에서 수련을 받고, 전문가 자격증을 취득한 후 전문 상담기관에서 임상심리학자로서 다양한 활동을 해오는 동시에 박사과정에 있는 지금, 저의 삶을 되돌아보면, 각 과정마다 배우고 훈련해야 할 것들이 산더미처럼 있었다는 것입니다. 특히, 대학원 석사과정 이후에는 임상현장에서 실제적인 훈련과 경험을 쌓는 것이 중요하기 때문에 석사과정 동안에 정신병리, 심리치료, 상담기법, 심리평가, 연구 방법 등 다양한 측면에 대한 기초적인 지식을 탄탄하게 쌓는 것이 매우 중요합니다. 실제 임상현장은 함께 공부할 동료도, 공부에 전념할 충분한 시간도, 잘 모를 때 도움을 얻을 수 있는 선배나 교수님도 계시지 않는 '척박한 광야' 같은 환경이 많습니다.

다음으로 저는 연구 주제를 구체화하고 실제 연구를 계획하는 데 있어 교수님이나 선배들이 하는 연구팀에 들어가서 세미나를 하며 연구 주제에 대해 토론하고 실제 연구보조를 했던 것이 도움이 많이 되었습니다. 구체적으로, 주의력 문제와 학습 문제 및 진로 문제를 가진 아동 및 청소년들을 위한 인지행동치료 프로그램을 개발하고 그 효과를 검증하는 연구에 참여하였고, 현재에는 심리적 경직성이 아동, 청소년의 불안장애와도 관련이 있는지, 그리고, 심리적 경직성을 감소시키기 위한 치료적 요소와 방법이 무엇인지를 검증하는 연구를 하고 있습니다. 또한, 선배나 동료, 교수님과 함께 팀 작업을 했던 경험을 통해 다른 사람들과 소통하고 협동하는 능력이 성장했고, 감정을 조절하고 생각과 욕구를 적절하게 표현하는 방법들을 배울 수 있었습니다. 이런 경험들은 제가 직장에서 원활하게 적응하고 동료들과 원만한 관계를 유지할 수 있도록 도왔을 뿐 아니라, 내담자들과 소통하고 상담하는데도 도움이 되었습니다.

마지막으로 임상심리학자에게 가장 중요한 역할은 '실제 내담자와 만나 촉진적이고 협조적인 관계를 유지하면서 문제해결이나 자아실현 등의 다양한 목표를 위해 나아가는 것' 즉, '심리상담과 치료'라고 생각합니다. 따라서, 대학원에서 이론적인 공부와 함께 중요한 것은 다양한 프로그램과 현장실습을 통해 임상경험을 쌓는 것입니다. 최근 임상심리를 전공하는 대학원생의 수가 증가하면서 수련기관, 직장에서 경쟁률이 높아지고 있습니다. 다양한 임상 현장에서는 지금 바로 현장에 투입할 수 있는 인재를 원하고 있습니다. 이런 현실속에서 다양한 집단프로그램의 진행경험과 심리상담센터에서의 실습 경험은 자신의 전문적인 스펙을 쌓는 데 도움이 될 수 있습니다.

임상심리학대학원에서 수학하는 학생들을 위해 더 해줄 말이 있나요?

저의 대학원 생활을 되돌아보면, 내가 좋아하고 하고 싶은 일보다 내가 하기 싫고 피하고 싶었던 일들이 더 많았던 것 같습니다. 즉, 정신건강이 피폐해지고 우울해지기 쉬운 환경이지요. 저는 제가 대학원에서 살아남기 위해 '대학원 생활이 나에게 왜 필요할 수밖에 없는지'를 찾았습니다. 이를 위해 20년 후, 10년 후, 5년 후, 1년 후에 내가 원하는(기대하는) 나의 모습을 그려보았고, '그 모습이 되기 위해 지금 내가 무엇을 해야 할까?'를 생각해 보았습니다. 저는 '유능하고 행복한 임상심리학자'가 되고 싶었기 때문에 이를 위해 대학원은 반드시 거쳐야 할 과정이었습니다. 피하고 싶었던 다양한 대학원 활동들이 '제가 기대하는 저의 모습'이 되기 위해서는 매우 중요하고 가치로운 것이었습니다. 미래에 자신이 원하는 모습을 구체적으로 그려보세요. 그러면, 지금 내가 무엇을 해야 할지 명확해질 것입니다.

다음으로, 현재–지금(Here and now)에 집중하고, 마음을 챙겨 생활하는 것이 중요합니다. 뉴튼이 사과가 떨어지는 순간에 집중하지 않았다면 '만유인력의 법칙'을 발견하지 못했을 것입니다. 위대한 발견은 우연한 기회에 찾아오는 경우가 많습니다. 저의 경우도 그랬거든요. 제가 아동, 청소년에 관심을 갖게 된 것은 우연히 취직을 하게 된 아주심리상담센터에서 생각지 않게 밀려오는 아동, 청소년을 만나면서부터였구요, 제가 아동 놀이치료에 매료되어 놀이치료공부를 시작한 것도 우연히 놀이치료실에서 장난감들을 제자리에 정리하면서 다양한 병리를 가진 아이마다 다른 장난감들을 다르게 사용한다는 것을 깨닫게 되면서부터였습니다. 또한, 현재의 연구 주제인 아동, 청소년의 불안장애와 인지적 융합 간의 관계에 관심을 갖게 된 것은 추상적인 사고력이 아직 미숙한 어떤 아동이 축구게임을 하기 전 '불안하면 망한거야'라고 흘려 말한 한마디 때문이었습니다. 그냥 현재–지금(here and now)에 집중했던 순간 저는 제 인생의 보물들을 발견할 수 있었습니다. 참 놀랍지 않나요?

호흡증(Sleep-Related hypoventilation), 경도신경인지장애(Mild Neurocognitive Disorder)등을 들 수 있다. *DSM-5*에서 삭제한 질환으로는 성적 혐오장애(Sexual Aversion Disorder), 복합약물–관련장애(Polysubstance-Related Disorder) 등이 있다. 기존에 있었던 질환들을 합친 진단들도 있는데, 공황장애(Panic Disorder) (즉, 기존에는 광장공포증이 있는 공황장애와 그렇지 않은 공황장애로 구분했었는데 이를 합쳐 공황장애로 함), 언어장애(Language Disorder), 자폐스펙트럼장애(Autism Spectrum Disorder), 특정 학습장애 (Specific Learning Disorder), 망상장애(Delusional Disorder), 해리성 정체장애(Dissociative amnesia), 불면증(insomnia disorder) 등이 있다.

*DSM-5*의 많은 장애들이 차원적 개념인 정신장애의 심각도(severity)를 진단기준에 도입하고 있다. 현재 자폐스펙트럼 장애, 주의력결핍 과잉행동장애, 학습장애, 조현 스펙트럼 장애, 양극성 장애, 우울장애, 강박관련 장애, 반응성 애착장애, 신체 증상 장애, 기타 의학적 조건에 영향을 미치는 심리학적 요인들, 섭식장애, 수면장애, 성관련 장애, 적대적 반항성 장애, 품행장애, 물질관련 장애, 신경인지장애에서 장애의 심각도를 진단내릴 수 있도록 개정하였다. 위에 기술한 장애들 중, 주의력결핍 및 과잉행동장애, 양극성 장애, 우울장애, 반응성 애착장애, 신체증상장애, 적대적 반항장애, 품행장애, 물질관련 장애의 경우에는 심각도를 진단기준을 충족한 증상의 수를 기반으로 평가한다. 예를들어, 주의력결핍 및

과잉행동장애의 진단기준을 6개 충족시키는 아동은 8개 충족시키는 아동들에 비해 증상의 심각도가 약하다고 판단할 수 있다.

DSM-IV 체계의 성격장애에 대한 진단적 접근에 대한 간점들이 보고되었으며(American Psychiatric Association, *DSM-5*, 2013, 761p), *DSM-III* 체계 이후 출간된 성격장애에 대한 연구들은 이러한 진단 모델의 개정이 필요하다는 증거를 지속적으로 보고하였다(Krueger et al., 2011). 성격 특성과 정신병리학적 경향성들은 범주적인 특징으로 나타나기 어렵기 때문에(Eaton, Krueger, South, Simms, & Clark, 2011), 많은 연구자들이 *DSM-IV* 체계의 성격장애를 차원적인 구성개념들을 활용하여 나타내려고 노력해 왔다(Clark, 2007; Frances, 1993; Livesley, 1998; Livesley, Jang, & Vernon, 1998; Trull & Durrett, 2005; Widiger, Livesley, & Clark, 2009; Widiger & Samuel, 2005). 특히 Krueger 등은 *DSM-IV*의 성격장애 체계를 개정하는 것에서 더 나아가 경험적으로 지지된 차원적인 접근 방법으로 대체(replace)하자고 주장하였다(Krueger et al., 2011). 실제 *DSM-5* 개정 작업에서도 이와 같은 성격장애에 대한 차원적인 접근을 시도하려 노력한 흔적들이 보이며, 이는 Section III에 새로운 모델로 제시되었다.

*DSM-5*의 출간과 함께 긍정적 혹은 부정적인 다양한 의견이 제기되고 있다(Francis & Nardo, 2013; Kupher, Kuhl, & Regier, 2013). *DSM-5*가 차원적인 접근을 통합하고 과학적인 발견을 통합한 점 등에 대한 긍정적인 의견이 있으나, *DSM* 진단이 가지고 있던, 정신과 진단 자체의 타당성, 신뢰성에 대해서는 여전이 충분한 경험적인 지지가 부족하며, 특히 *DSM-5*에서 진단기준을 다소 완화하여, 기존에는 정신질환으로 분류되지 않던 사람들을 정신질환으로 분류하게 되는 문제점 등에 대한 우려의 의견이 제기되고 있다. *DSM-5*의 출간 후, 실제 임상현장에 어떻게 적용될 것인지, 또 다른 진단체계인 *ICD* 체계와 어떻게 발전하며 나아갈지에 대해 지속적으로 주목할 필요가 있다.

이상행동과 정신질환의 원인

지금까지 이상행동의 기술과 정의, 개인을 진단하고 분류하는 것의 함의에 대해 논의했다. 그렇지만 어떤 요인들이 이상행동과 정신질환을 일으키는지에 대해서는 거의 얘기하지 않았다. 치료관련 장에서 **정신병리의 원인에 대한 모델들**을 논의하겠지만, 독자에게 널리 알려진 견해에 대한 소개를 간략하게 하는 것이 유용할 것 같다.

정신병리의 주요 모델

표 6-6에는 정신병리의 주요 모델과 각 모델이 제공하는 이상행동에 대한 설명을 제시하였다. 표에서 볼 수 있는 것처럼, 일부 모델들은 이상행동에 대한 조망이 매우 다르다. 이러한 차이는 이 이론을 고수하는 임상가가 어떻게 평가하고 치료할지에 대한 함의를 가진다. 예를 들어, 우울증에 대한 인지 이론에 동의하는 임상심리학자는 부적응적 인지를 확인하기 위해 인지기반의 평가 도구를 사용할 것이고, 우울증 치료에 인지행동적 개입을 사용할 것이다.

소인-스트레스 모델

다양한 이론적 관점(표 6-6 참조)을 조화시킬 수 있는 일반적인 모델이 정신병리의 소인-스트레스 모델(diathesis-stress model)이다(Davison, Neale, & Kring, 2004 참조). 소인-스트레스 모델은 한 학파에 결부되어 있지 않고 생물학적, 심리적, 환경적 요인을 통합할 수 있다. **소인**이란 장애로 발전할 수 있는 취약성이나 소질을 말한다. 소인은 생물학적일 수도 있고(예: 유전적 소인, 신경전달물질의 결핍 혹은 과다), 심리적일 수도 있다(예: 부적응적 인지 도

표 6-6 정신병리 모델에 대한 간략한 설명

모델	설명	이상행동 예
생물학적 모델	중추신경계 문제	도파민 과다로 정신분열증 유발
정신역동 모델	심리내적 갈등	특정 공포증은 심리내적 갈등이 회피할 수 있는 외부 대상에 대치되어서 나타남
학습 모델	정상 행동 학습과정과 동일	특정 공포증은 고전적 조건형성에 의해 학습된 것임
인지 모델	역기능적 인지에 기인함	우울증은 자신과 세상, 미래에 대한 부정적 견해의 결과임
인본적 모델	자신의 견해와 타인의 평가가 일치하지 않을 때 자신의 견해를 무시하고 타인의 평가에 과잉 의존함	범불안장애는 이러한 과잉의존과 불일치를 반영함

식, 부적응적 성격 유형). 소인은 정신장애의 필요조건이지만 충분조건은 아니다. 소인에 부가적으로 요구되는 것이 충분한 환경적 스트레스이다. 스트레스원은 본질적으로 생물학적일 수도 있고(예: 부족한 영양) 심리적일 수도 있다(예: 유해한 가정환경, 외상적 생활사건). 소인과 스트레스 모두 **장애 발생의 필요조건**이다. 소인을 가지고 있으면 장애 가능성이 증가하지만, 반드시 그런 것은 아니다. 더구나 분명한 것은 특정 장애를 일으키는 데 필요한 소인과 스트레스의 정확한 성질은 장애마다 다르다는 것이다. 마지막으로 소인과 스트레스의 상호작용 역시 장애마다 다르다(예: Monroe & Simons, 1991 참조). 하지만 취약성-스트레스 모델에 따르면, 어떻게 이 취약성과 스트레스가 상호작용하여 심리적 장애를 이끄는가? 취약성은 취약하거나 그렇지 않은 것에 대해 이야기하는가? 스트레스는 어떠한가? 취약성과 스트레스 모두에 대한 차원적인 접근이 현재의 연구 및 이론에 가장 부합한다. 이점이 매우 중요한 함의를 갖는다. 우리 대부분은 어느 정도 취약성을 지니고 있다. 그림 6-4는 어떻게 서로 다른 취약성 수

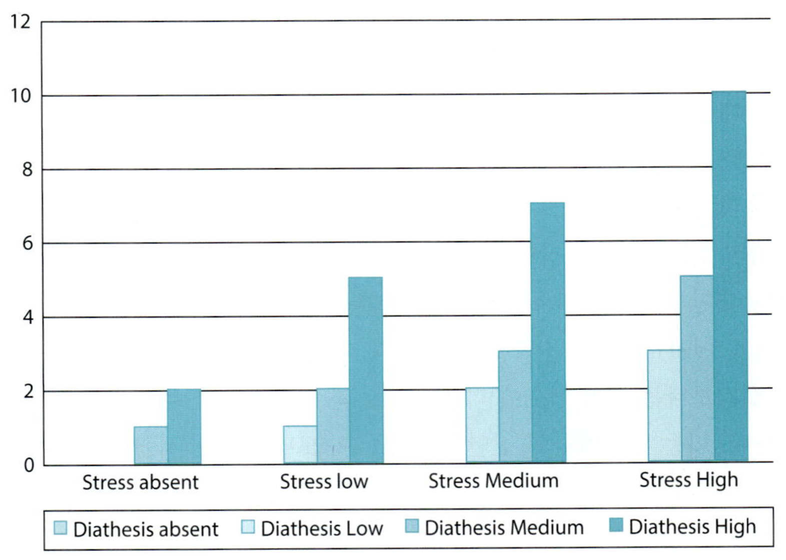

그림 6-4 ■ 취약성와 스트레스의 상호작용

준이 여러 가지 스트레스 수준들과 상호작용하여 심리적 장애를 이끄는지에 대한 예를 제시한다(Y축은 0-10으로 평정되었음). 그림에서 보듯이, 취약성이 없거나 매우 낮을 경우, 중간정도의 스트레스도 많은 심리적 장애(5점)로 이어지지 않는다. 하지만, 취약성이 증가할수록, 중간 및 높은 수준의 스트레스는 심리적장애로 이어질 확률이 높다.

이 모델은 왜 같은 상황을 경험한 두 사람이 다른 경험을 하는지에 대한 설명을 제공해준다. 예를 들어, 어떤 군인은 걸프전쟁을 경험하고 외상후 스트레스로 고통을 받고, 다른 군인은 그렇지 않는가? 이 모델에 따르면 두 군인의 서로 다른 취약성 수준이 같은 수준의 스트레스에 다르게 반응하게 된 것과 연관된 것으로 생각할 수 있다.

분류의 가치

분류 체계는 필수적이다. 그렇지 않으면 우리의 경험과 의식은 사건들의 무질서한 배열이 될 것이다.

경험하는 사건들 간의 유사성과 차이점을 추려냄으로써 일반화와 예언이 가능한 다양한 적용 범위와 목적을 가진 범주를 설정할 수 있게 된다.

임상심리학은 정신질환의 진단, 분류 및 치료에 매우 많은 관심을 가진다. *DSM* 체계는 분명히 완벽하지는 않지만, 현대 임상심리학자들의 연구, 자문, 실제에 지속적으로 사용될 것이다. 우리 모두는 *DSM*이나 다른 진단 체계에 대해 어느 정도 이견을 가지게 될 것이다. 진단 체계 자체는 장단점이 있으며, 개별 정신장애에 대한 기준에는 오류가 있을 수 있다(Widiger & Trull, 1991). 이전의 진단분류 체계처럼 *DSM*도 임상 실제보다는 임상 연구에 더 유용하다는 비판을 받는다. 이는 임상가들이 진단 편람을 적절히 사용하지 못했기 때문일 수 있다(Jampala, Sierles, & Taylor, 1988; Morey & Ochoa, 1989). 그렇지만 진단적 공식화는 의사소통적 가치, 잠재적 치료적 함의, 그리고 정신병리 연구를 촉진하는 등의 가치가 있으며, 이런 점에서 우리는 독자들이 진단적 공식화의 중요성을 확신하기를 바란다.

요약

임상심리학자는 심리장애의 진단과 분류에 참여한다. '이상'을 구성하는 것이 무엇인지에 대한 단일의 포괄적인 정의는 손에 넣기 어렵다. 이 장에서는 세 가지 흔히 인용되는 이상행동 기준의 장단점을 개관했는데, 규범에의 동조, 주관적 고통, 무능력 또는 역기능이 그것이다.

정신질환이란 동시에 발생하는 다양한 이상행동을 포함하는 흔히 관찰할 수 있는 증후군의 커다란 부류를 말한다. 심리적 문제 혹은 정신질환을 진단하는 것은 의사소통 기능, 연구 장려, 치료적 선택 제안 등의 기능을 한다. *DSM*은 미국에서 공식적으로 사용되는 진단 체계이다(물론 다른 지역에서도 사용된다).

진단분류 체계는 실제적이고 기술적이며, 신뢰할 수 있고 타당하며, 편향되어 있지 않고, 자주 직면하는 임상적 문제들을 포괄해야 한다. 이러한 진단 체계는 정신병리 연구를 증진시키고, 심리적 문제의 원인과 치료에 대한 연구를 가능케 함으로써 이 분야를 발전시킨다. 심리적 장애의 특성은 연속선상에 있고 정도에 있어서 다양한 차이가 있다. 정신병리의 소인-스트레스 모델은 어떻게 정신질환이 발병하는지에 대한 주요 이론적 모델들을 보완한다. 게다가, 이 종합적인 모델은 정신질환에 대한 취약성과 스트레스의 수준이 연속선상에 있다고 강조한다. 이 모델은 몇몇 사람들이 같은 스트레스에 노출되었을 때 왜 다른 문제를 경험하는지에 대한 보다 나은 설명을 제공한다.

주요 용어

구조화된 진단적 면접 진단 편람에 나오는 구체적인 기준에 따라 평가하는 면접 종류이다.

규범에 대한 동조 이상행동에 대한 세 가지 주요 정의 중 하나로, 문화적 규범을 위반하면 이상행동으로 정의한다.

다축평가 다양한 정보 영역에 따라 환자를 평가하는 것이다. *DSM*은 치료 계획과 성과 예언에 도움이 되는 서로 분리된 5개의 축에 따라 진단한다(다축진단 체계는 *DSM-5*에서는 삭제되었다).

무능력 또는 역기능 이상행동에 대한 세 가지 주요 정의 중 하나로, 개인이 사회적이거나 직업적인 문제를 나타내면 이상행동으로 정의하는 것을 말한다.

문화적 상대성 이상행동에 대한 동조 지향적 정의의 맥락에서 특정 행동의 이상 여부에 대한 판단은 문화 및 하위문화에 따라 다르다는 사실을 말한다.

범주 이산 분류이다. 현대 진단 체계의 많은 정신장애는 성질상 범주적으로 제시된다. 즉, 장애가 있거나 없는 것으로 판단된다.

병인론적 요인 원인적 요인이다.

성 편향 진단분류의 맥락에서 동일 군집의 행동이 한 성에서는 진단을 받고 반대 성에서는 그렇지 않다면 성 편향이 나타난 것이다. 비록 현대 진단 기준 자체는 편향되어 있지 않으나, 이 진단을 남녀에 적용하는 임상가가 편향되게 적용할 수 있다.

소인 정신병리에 대한 소인-스트레스 모델에서 특정 장애로 발전할 취약성(예: 유전적, 심리적 취약성)을 말한다.

신뢰도 진단분류의 맥락에서, 평정자 간의 진단적 판단의 일치도를 말한다.

전반적 기능수준 평가 축 V에서 제공되는 점수로, 개인의 전반적 적응수준의 지표를 제공한다.

절단점 이상행동에 대한 동조 지향적 정의의 맥락에서 정상과 이상을 구분해 주는 검사의 수치이다.

정신병리의 원인 모델 이상행동과 정신질환의 원인 모델은 평가와 치료에 대한 함의를 갖는다. 정신병리의 주요 원인 모델은 생물학적, 정신역동적, 학습 및 인지 모델이다.

정신병리학자 정신장애의 원인과 그 발전에 영향을 미치는 요인을 연구하는 과학자이다.

정신장애 고통, 무능력, 문제 가능성의 증가 등과 관련해 개인 내에서 일어나는 증후군(이상행동의 군집)이다.

정신질환 특정 이상행동이나 특성들을 포함하는 흔히 관찰되는 증후군의 큰 부류이다.

주 진단 개인의 고통이나 무능력의 주된 원인이 되며, 치료의 초점으로 고려해야 하는 진단이다.

주관적 고통 이상행동에 대한 세 가지 주요 정의 중 하나로, 행복감(well-being)이 좋지 않거나 주관적 고통이 높을 때 이상행동으로 명명한다.

증후군 함께 발생하는 경향이 있는 증상의 집합을 말한다.

차원 연속성 차원적 분류 체계에서는 개인은 장애가 전혀 없는 것에서부터 가장 심각한 증상 발현까지의 연속 범위 안에서 어떤 지점에도 위치할 수 있다.

축 I 성격장애와 정신지체를 제외한 현재의 모든 임상장애를 확인해 주는 *DSM-IV-TR* 진단 축이다.

축 II 성격장애와 정신지체 유무를 나타내는 *DSM-IV* 진단 축이다.

축 III 축 I과 축 II에 진단된 장애의 개념화나 치료에 적절한 현재의 의학적 조건을 확인해 주는 *DSM-IV* 진단 축이다.

축 IV 진단, 치료, 예후와 관련된 심리사회적, 환경적 문제를 명세해 주는 *DSM-IV* 진단 축이다.

축 V 개인의 전반적 기능 수준에 대한 여러 지표를 제공하는 *DSM-IV* 진단 축이다.

타당도 진단 분류의 맥락에서 진단이 원인, 예후, 치료 성과 등의 의미 있는 변인과 상관되는 정도를 말한다.

환경적 스트레스 정신병리의 소인-스트레스 모델에서 소인과 함께 작용해 정신장애를 유발하는 스트레스원(예: 생물학적, 심리적)이다.

DSM-III 1980년에 발간된 정신장애 진단 및 통계 편람 3판이다. *DSM-III*는 명백한 진단 기준과 원인론적으로 중립적인 기준을 도입하고, 다축 진단 체계를 사용함으로써 진단 체계의 혁명적 변화를 도입했다.

DSM-IV-TR 2000년에 발간된 정신장애 진단 및 통계 편람을 말한다.

DSM-5 2013년에 발간된 가장 최근의 정신장애 진단 및 통계편람을 말한다.

PART 2

임상평가

Clinical Assessment

Chapter 

평가면접

The Assessment Interview

핵심질문

1. 평가면접을 할 때 고려해야 할 중요한 문제점은 무엇인가?
2. 평가면접의 가장 일반적인 타입은 무엇인가?
3. 구조화된 면접과 구조화되지 않은 면접 간의 유사점과 차이점은 무엇인가?
4. 구조화된 면접과 관련된 신뢰도와 타당도에는 어떤 것들이 있는가?
5. 구조화된 진단면접의 타당도는 왜 평가하기가 어려운가?

개요

평가는 임상심리학자들에게 오랫동안 중요한 활동이었다. 앞의 장에서는 정신지체자들에 대한 진단을 다룰 때 평가에 대해서 언급했다. 이번 장에서의 초점은 면접이다. 다음 장들에서는 임상학적 판단을 내리는 과정과 더불어 지능, 성격, 정신병리학 및 행동에 대한 평가를 다루게 될 것이다.

임상심리학에서의 평가

제2장에서 언급한 바와 같이 주요 분야로서의 심리학적 평가에 대한 관심은 시대에 따라 많이 달랐다. Abeles(1990)는 최근에 일어난 평가의 '재발견'에 대해 논평하면서 1960년대와 1970년대에 심리학적 평가에 대한 관심이 떨어졌다고 보았다. 치료가 더 매혹적으로 다가왔고, 평가는 수검자들에겐 거의 '부당'한 것처럼 생각되었다. 평가에 대한 임상심리학의 역사적 의미가 쇠퇴해 가는 듯했다. "테크니션으로 하여금 평가하게 하라."는 것이 평가에 대한 일반적인 견해였다. 그러나 1980년대에 와서 다른 견해가 생겨나기 시작했다. 학생들은 법정심리학에서부터 소아정신학, 노인병학 혹은 신경정신학에까지 전문화된 영역에 흥미를 가지게 되었다. 심리평가에 대한 새로운 관심들이 진척을 이루었고, 현재 임상심리학자들은 점점 더 증거-기반 접근을 사용하고 있다.

증거-기반 평가(Evidence-Based Assessment, EBA; Hunsley & Mash, 2007)는 평가 도구를 선택함에 있어서, 그리고 평가과정 자체에 있어서, 심리문제들에 대한 이론과 지식을 사용한다. 이러한 접근이 과거의 평가 관례들에서 나타나는 많은 약점들(예, 하나의 평가로 모든 문제를 평가하는 등, 타당화가 잘 되지 않은 도구를 사용, 신뢰할 수 없는 검사해석, 치료에 제한적으로만 도움이 되는 검사의 사용 등)을 극복하였다(Hunsley & Mash, 2007). 다시말해, 임상심리학자들은 평가과정 자체, 평가하는 문제, 검사의 심리측정 속성들, 특정 평가상황에 적용가능한 검사들에 대한 지식에 대해 훈련받아야만 한다.

정의와 목적

심리학적 평가는 공식적으로 많은 방법으로 정의된다. 임상심리학적 평가는 개인의 장점과 약점, 현재 문제들의 개념화(가능한 원인 요소와 더불어), 그리고 문제를 약화시키기 위한 처방과 관련되어 있는데, 이 모든 것들은 우리가 환자를 좀 더 잘 이해하도록 도와준다. 평가는 한 번하면 영원히 끝나는 것이 아니다. 치료에서 평가는 지속되는, 심지어 매일 매일 행해지는 과정이다. 임상가가 결론을 내리든 문제를 해결하든 간에 임상학적 평가는 목적지에 도달하는 방법인 것이다.

직관적으로 우리 모두는 진단과 평가의 목적을 알고 있다. 내과의사는 치료를 처방하기 전에 먼저 병의 본질을 파악해야 하며, 연관공은 파이프를 땜질하기 전에 먼저 문제의 특성과 문제 발단의 장소를 알아내야 한다.

의술과 땜질에서와 마찬가지로 이 사실은 임상심리에 있어서도 적용된다. 진짜 운 좋은 몇 사례를 제외하고는 임상적 문제를 해결하는 우리의 능력은 그 문제를 정의하는 기술과 직접적으로 연관되어 있다. 우리들 대부분은 "행동하기 전에 생각하라."는 부모님들의 엄격한 훈계를 기억할 것이다. 어떤 의미에서 이 말은 평가나 진단과정에서도 통한다. 이를 설명하기 위해 다음 사례를 생각해 보자.

의뢰

평가과정은 의뢰로 시작된다. 부모, 선생님, 정신과 의사, 판사, 혹은 심리학자가 환자에 대해 의문을 던진다. "왜 후안은 말을 안 듣지?", "왜 알리시아가 다른 아동들처럼 읽는 법을 배울 수 없지?", "환자의 행동 레퍼토리가 빈약한 것은 잘못된 학습 기회의 문제인가? 혹은 이런 제한된 행동이 위협을 가할지도

빌리의 사례

빌리는 초등학교 3학년 남아인데 문제가 많았다. 빌리의 선생님은 빌리가 교실에서 많은 문제행동을 보인다고 보고했다. 빌리는 시끄럽고, 말이 많으며, 쉽게 주의가 산만해졌다. 그리고 공격적이며 때때로 다른 친구들을 때렸다. 또한 행동은 충동적이고, 변덕스러웠으며, 과잉 활동적이었다. 빌리는 교실에서 문제아였다.

빌리의 선생님은 수차례에 걸친 만남을 통해서 빌리의 문제점이 전적으로 학교 책임이 아니라는 것을 빌리의 부모님에게 이해시킬 수 있었다. 빌리는 집에서도 같은 행동을 보여 부모님이 그의 행동을 통제하기가 어려웠다. 빌리의 성적은 최근 몇 달 동안 심하게 떨어졌는데, 빌리의 부모님은 지능 때문에 성적이 떨어졌다고 생각하지 않았기 때문에, 원인을 신체적, 감정적인 요소에서 찾으려고 했다.

빌리의 부모님은 처음에는 빌리를 가정의(내과)에게 데리고 갔다. 가정의는 신체적인 결함을 발견하지 못했고, 빌리 부모에게 빌리를 신경학자에게 보일 것을 전했다. 신경학자는 뇌파검사, 행동과 병력정보를 포함하는 철저한 신경검사를 한 후에도 확실한 진단을 내릴 수가 없었다.

신경학자는 빌리에게는 출산 시의(정신적) 외상, 뇌손상, 뇌염이나 혹은 신경학적인 병에 대한 병력이 없었지만, 빌리의 선생님의 보고서에 의한 행동력이나 부모님의 관찰이나 자신의 관찰을 통해 빌리에게 확실히 문제가 있다는 결론을 내렸다.

신경학자는 주의력결핍 과잉행동장애(Attention Deficit Hyperactivity Disorder: ADHD) 쪽으로 기울고 있었다. 신경학자는 심리학적 사고를 하는 사람이었고, 따라서 빌리의 부모님 간의 관계에 긴장감과 약간의 적대감이 있음을 느낄 수 있었다. 신경학자는 빌리의 부모와 면접 중 빌리의 아버지가 집에 있는 경우가 거의 없고 승진에 전념하고 있다는 것을 알아냈다. 엄마 역시 지역사회봉사와 지역사회활동에 적극 참여하면서 고의적인 무관심으로 남편에게 저항하고 있었다. 어머니는 언제나 브릿지게임[1]을 하거나 모금운동에 참가하거나 쇼핑을 갔기 때문에 빌리가 귀가할 때 집에 있는 일이 드물었다. 부모 중 어느 한쪽도 빌리를 위해 쓸 시간이 없는 것처럼 보였다. 실제로 빌리의 문제점이 교장에게 알려질 때까지도 빌리의 부모는 빌리의 문제를 알고 있는 것 같지 않았다.

따라서 신경학자는 진단학적 딜레마에 빠지게 되었다. 왜냐하면 ADHD의 경우 흥분제가 효과가 있는데, 빌리가 ADHD를 가진 듯 보였다. 반면에, 빌리에게는 분노의 원인이 되었을 부모로부터의 거부 양상이 확실히 있어 '과잉 활동'은 부모나 부모의 대리인(선생님)으로부터 관심을 끌고자 하는 시도로서 해석될 수도 있었다. 이와 같은 점들은 부모나 빌리에게 똑같이 심리치료가 필요함을 암시해 주었다.

신경학자는 오진에 대한 걱정을 했다. 약은 역효과를 낼 수 있고, 때로는 문제를 더 악화시킬 수 있다. 더 나아가서 문제가 ADHD가 아니라면 빌리의 행동적 반응들은(오진으로) 시간을 허비하는 동안 더 나빠져서 심리치료가 더 어려워질 수도 있다. ADHD의 진단은 빌리 부모가 빌리의 행동적 문제에 대한 자신들의 역할을 받아들이기 어렵게 만들 수 있다. 그와 반대 상황으로 빌리의 가족이 심리치료를 선택했는데 나중에 알고 보니 문제가 약으로 치유할 수 있었음을 알았다고 상상해 보라. 그 경우, 소중한 시간이 허비될 것이며 어쩌면 피할 수도 있었던 신체적인 피해가 일어날 수도 있다. 이러한 이유로 평가를 통해 빌리의 문제가 행동학적으로 해석되어야 하는지 혹은 생물학적으로 해석해야 하는지 판단할 필요가 있게 되었다. 두 가지가 각각 매우 명확한 별개의 치료법을 제시하고 있으므로, 궁지에 몰린 신경학자는 빌리를 소아 임상심리학자에게 의뢰하기로 결정했다. 신경학자는 임상심리학자가 지능과 다양한 성격검사를 하고, 부모를 좀더 철저히 면접하고, 다양한 조건하에서 빌리를 관찰하리라고 기대했다. 신경학자는 심리평가 보고서가 자신의 신경학적 자료와 더불어 보다 자료에 근거한 진단과 치료 결정에 도움이 될 것으로 기대했다.

1) 역자 주: 카드게임으로 건너편에 앉은 사람과 짝이 되어 하는 게임

모르는 타인과의 밀접한 관계를 피하고자 하는 노력의 일환인가?"

임상가는 이와 같은 의뢰 질문으로 시작한다. 임상가는 질문이 정확하게 무엇인지, 의뢰자가 무엇을 원하는지 알아야 한다. 어떤 경우엔 직접적인 답이 불가능할 수도 있고 혹은 질문이 부적절하거나 질문을 다르게 표현할 필요가 있다. 예를 들어, 임상가는 상황에 대해 보다 많은 정보를 얻지 않는 한 "이 환자가 살인을 할 수 있는가?"에 대한 질문에는 대답을 할 수 없다고 결론 내린다. 따라서 어떤 상황에서 일어날 수 있는 가능성을 포함하도록 질문을 다르게 바꿔야 한다. 만약 부모가 단지 궁금하기 때문에 아이의 IQ를 알기 원한다면, 임상가는 정보를 주는 것이 결과적으로 아이에게 득보다 해가 더 많지 않은지를 결정해야 한다. 대부분의 부모들은 심리측정에 대해 잘 모르기 때문에 결과를 잘못 이해하기 쉽다. 이런 경우는 의뢰를 받아들이기 전에 부모와 상의하는 것이 좋다.

임상가가 의뢰 질문을 어떻게 하는가에 따른 영향

임상가의 이론적 배경에 따라 찾는 정보가 많이 다르다. 예를 들어, 정신역동 이론의 임상가는 행동 주의 임상가보다 아동의 유년기의 경험에 관해 질문할 것이다. 또한 얻어진 정보가 비슷해도 임상가에 따라 다른 추론을 할 것이다. 예를 들어, 정신역동 이론의 임상가에게는 잦은 두통이 무의식적 적개심 때문이라고 보일 것이다. 그러나 행동주의 임상가는 단순히 직업에서 오는 스트레스라고 할 것이다. 어떤 임상가들에게는 과거 역사 자료가 내담자가 불안 위

임상심리학자는 환자나 내담자를 평가하기 위해 빈번하게 인터뷰를 이용한다.

계를 세우는 데 도움이 되기 때문에 중요하다. 다른 이들에게는 그 자료가 환자의 필요와 기대를 확인하는 방법으로 사용될 것이다.

그러므로 평가는 완전하게 표준화된 절차의 모음이 아니다. 모든 환자들이 다 똑같은 검사, 똑같은 질문을 받지는 않는다. 평가의 목적은 환자의 '진정한 심적 본질'을 발견하는 것이라기보다는 의뢰, 즉 문제해결에 유용하도록 환자를 기술하는 것이다. 물론 어떤 특정 사례에서 어떤 기술이 다른 기술보다 낫다는 것은 아니다. 어떤 임상가는 인지행동원리를 잘 모르면서 인지행동적으로 환자를 정리할 수 있다. 때론 행동적 기술보다 정신역동 기술이 더 적합하게 보일 수 있다. 환자 문제가 복잡하고 우리의 지식이 부족하므로 목적지로 가는 길은 여러 가지가 있을 수 있다.

면접

면접은 거의 모든 직업에서 자료를 수집하고 결정하는 주된 방법이다. 정치가, 소비자, 정신과 의사, 경영주, 혹은 일반인에게 면접은 항상 중요한 도구가 되어 왔고 흔히 행해지므로, 사람들은 면접이 쉬운 것 혹은 전혀 기술이 필요 없는 것이라고 생각한다. 사람들은 면접 과정에 대한 자신들의 이해를 과대평가한다. 비록 많은 사람들이 투사검사의 신비로움에 신기해하고 객관적 검사의 심리측정적 복잡성에 깊은 인상을 받지만, 면접에 관해선 쉽고 다 안다고 생각한다.

평가면접은 임상심리학자들이 사용하는 가장 기본적이고도 유용한 방법이다. 능숙한 임상가에게 있어서 폭넓은 적응성과 적합성은 임상적 의사결정, 이해와 예측을 위한 주요 도구이다. 그러나 면접의 임상학적 유용성은 그것을 사용하고 있는 임상가의 능숙한 기술과 민감성보다 더 중요하지는 않다는 사실을 기억해야 한다. 이번 장에서는 임상적 면접의 기본적인 특징과 더불어 완전히 알아야할 다양한 면접의 기술과 테크닉에 관해 토의할 것이다.

면접의 일반적 특징

상호작용. 면접은 적어도 두 사람 사이에 일어나는 상호작용이다. 참가자 각자가 과정에 기여하고 상대편의 응답에 영향을 준다. 그러나 이 특징은 면접과정을 정의하는 데 부족하다. 보통 대화는 상호작용적이지만, 면접은 확실히 그 이상이다. 대화하듯 면접하는 것은 얼굴을 마주보며 말을 주고 받는 것이다. 그러나 임상학적 면접은 목적을 가지고 시작한다. 면접하는 사람은 목적을 가지고 상호작용에 접근하는데, 계획에 따라 면접을 수행하며 목적을 향한 책임감을 가지고 임한다. 이와 같은 면접에는 일상의 대화를 특징짓는 편안함이 없다. 좋은 면접은 주의 깊게 계획되고, 신중하고, 능숙하게 집행되며, 철저하게 목적을 위해 행해진다.

면접은 감정 방출로 이끄는 것에서부터 엄중한 추궁에 이르기까지 다양한 형태가 있다. 그러나 전문적으로 행해진 모든 형태의 면접들은 흔히 일반적인 대화와는 다르다. 즉, 면접관은 개인적인 만족감이나 자신의 위신(명성)을 위해서 면접하지 않는다. 그들은 가장 능숙하고 가능한 방법으로 자료, 정보, 소신과 의견을 알아내는 데 면접을 쓰고있다.

면접 대 검사. 어떤 의미로 면접은 보통 대화와 검사의 중간에 있다. 면접은 대화보다 더 목적적이고 조직적이지만 가끔은 심리학적 검사보다 덜 공식적이고 덜 표준화되어 있다. 본 장의 뒤에 토의될 구조화된 진단적 면접은 예외인데, 이 면접은 표준화된 심리학적 검사와 유사하다.

심리검사의 가장 두드러진 점은 명백한 방법으로 표준화된 절차에 따라 자료를 수집하는 것이다. 그러나 대부분의 면접은 최소한의 유연성을 요한다. 따라서 면접 방법의 특징은 특정한 사람이나 환자로

글상자 7-1 컴퓨터 면접: 임상가가 필요한가?

최근에 컴퓨터 면접의 이용이 활발해지고 있다. 컴퓨터는 정신병력을 캐내고, 특수한 문제를 평가하며, 행동적 평가를 하고, 정신지체자의 진단을 돕는 데 사용되어 왔다(First, 1994; Greist, 1998; Kobak, Greist, Jefferson & Katzelnick, 1996). 컴퓨터의 사용은 몇 가지 이점을 가지고 있다(Erdman, Klein, & Greist, 1985; First, 1944; Greist, 1998). 예를 들어 컴퓨터는 언제나 검사에 있는 모든 질문을 하며, 그 신뢰도는 100%이다. 적어도 소수의 환자들에게는 임상가보다는 생명 없는 물체와 상대하는 것이 덜 당혹스럽고 덜 불편하다. 혹자는 컴퓨터는 비인격적이고 비인간적이라고 한다. 컴퓨터는 구조화된 면접에만 사용될 수 있고 면접하는 사람의 융통성을 발휘할 수 없다고 한다(First, 1994). 예를 들어서 면접받는 이의 응답이 불투명할 때에 이를 확실히 하기 위한 추가 질문을 할 수 없다. 또한 말씨(어법)나 질문의 순서를 환자에 맞추어 할 수 없다. 그러나 컴퓨터 면접은 환자의 목표 증상을 판정하는 데 유용함을 보여 줬다(Farrell, Complair, & McCullough, 1987)

아울러 컴퓨터화된 진단면접이 있다. 예를 들어 컴퓨터화된 진단학적 면접 개정판(Computerized Diagonostic Interview Schedule Revised: CDIS-R이라고 함, Blouin, 1991)은 개인 컴퓨터에 의해 실행될 수 있으며, 30개가 넘는 제1축 정신질환과 관련된 증상과 심각도를 평가한다(예: 우울증, 알코올 중독, 공황장애). DIS의 컴퓨터판과 사람이 실행한 판을 비교한 연구가 많다(Blouin, Perez, & Blouin, 1988; Greist et al., 1987). 마지막으로, 컴퓨터 기반 면접이 진일보하고 있다는 사실은 흥미롭다. Baer와 동료들은(1995)는 지역주민들의 우울증 증상을 평가하기 위해서 전산화된 디지털 음성녹음과 누름단추식의 전화기의 응답을 사용한 완전히 자동화한 전화 선별 시스템에 관한 예비 자료를 보고했다. 그는 이 연구에서 지역주민들에게 선별 검사를 실시하였다. 수신자부담 전화를 통해 여러 우울증 증상에 대한 일련의 질문을 던지고, 응답자는 전화기의 자판에 있는 번호로 질문에 응답했다. 질문을 반복해서 들을 수 있는 선택권도 있었다. 질문은 전문 남녀 배우 목소리로 녹음되었다. 응답자는 우울증에 대한 즉각적인 피드백(우울증 없음, 미세한 혹은 약간의 우울증세, 심하거나 극심한 우울증)을 받을 수 있었다. 적어도 미약한 수준의 우울증을 암시하는 응답을 한 모든 응답자들에게 건강관리전문가들의 수신자부담 전화번호를 주었다.

새로운 컴퓨터의 응용으로 임상가들이 쓸모 없이 될 것인가? First(1994)는 그렇게 생각지 않는다. 그는 컴퓨터 기반 면접평가가 상당한 이점이 있다는 것을 인정했지만, 컴퓨터가 임상가를 대신할 수 없는 몇 가지 이유에 대해 언급하였다.

- 현재 컴퓨터를 이용한 평가에선 많은 비언어적 단서(예: 얼굴표정, 억양)는 다룰 수 없다.
- 우리는 현재 자유롭게 언어(컴퓨터의 질문에 대한 응답으로 키보드로 혹은 다른 형식으로 제출된 환자의 자유형식 응답을 말함)를 처리할 수 있는 컴퓨터를 사용할 만한 기술이 없다.
- 임상가만이 정신적 질환이나 일시적으로 연달아 일어나는 증상의 과정과 관련된 정보를 부호화하고 처리할 수 있다.
- 임상가만이 '임상학적인 판단(임상적 유의미성 판단)'을 내릴 수 있다.

그러나 언젠가는 기술적인 발달이 First가 말한 단점을 보완할 것이며, 제11장에서 토의하겠지만 임상학적 판단 역시 한계점이 있다는 것을 기억해야 한다.

부터 자료를 수집하는 효과적인 개별접근 방법이 다양하다는 것이다. 이 유연성은 많은 면접 기술의 강점과 약점이기도 하다. 비록 환자 X에 대해 가장 적절한 방법으로 정보를 구할 수 있지만 거기에는 실수(과오)의 가능성이 있다. 우리는 본 장의 후반에서 면접 자료의 신뢰도와 타당도를 위협하는 요소에 대해 자세히 다룰 것이다.

면접의 예술. 면접은 자주 예술로 간주된다. 가장 구조화되고 형식화된 면접을 제외하고는, 일반적으로 다른 평가절차와는 다르게 임상가의 기술과 풍부한 자원을 발휘할 수 있는 여지가 있다. 언제 더 물어보고 언제 침묵해야 하나, 언제 간접적이고 미묘한 질문을 해야 하는지를 결정하는 것은 면접자의 기술이다. 임상가는 경험을 통해서 궁극적으로 면접의 목적을 충족시키는 방향으로 면접을 받는 이들이 주는 단서에 반응하는 법을 배우게 된다(Shea, 1998).

면접과 관련된 연구는 상당히 많다. 따라서 면접에 대한 과학적인 연구가 많다. 이는 초보자들이(단독으로) 기술을 연마하기 위해 혼자서 천천히 혹은 때때로 힘들게 경험을 축적해 나갈 필요가 없음을 의미한다. 초보자들은 자신들의 기술에 과학적 기초를 제공해 주는 면접에 관한 상당한 연구물로부터 지식을 얻을 수 있다(Garb, 1998, Wiens, 1983).

면접의 본질과 기술

많은 요소들이 면접으로부터 습득한 자료의 유용성과 생산성에 영향을 끼친다. 어떤 것들은 물리적 환경과 관련 있고, 또 어떤 것들은 환자의 본성과 연관되어 있다. 말을 못하거나 속을 터놓지 않는 환자는 면접자의 능숙도에 관계없이 협조하지 않는다. 소수의 면접자는 모든 환자에게 영향력을 발휘한다. 그러나 여러 요인과 기술이 면접의 생산성을 증가시킬 수 있다. 면접에 있어서 훈련과 감독받은 경험은 매우 중요하다. 한 면접자에게 효과적인 기술이 다른 면접자에게는 덜 효과적일 수 있다. 즉 기술과 면접자 사이에는 상호작용이 있다. 그렇기 때문에 감독자 아래서 경험을 쌓는 것은 매우 중요하다. 감독받은 경험은 면접자가 이 상호작용의 본질을 좀 더 많이 알 수 있게 해 준다.

따라서 훈련은 단순한 법칙을 외우는 것이 아니라 법칙 사이의 관계, 맞닥뜨린 상황, 면접 상황에서 자신의 영향력을 인식하는 과정이다.

물리적 환경 조성. 면접은 두 사람이 만나서 상호작용하는 어느 곳에서나 행해질 수 있다. 예를 들어, 어떤 경우에는 면접자가 우연히 길거리에서 환자와 마주치게 된다. 보통 임상가는 이와 같은 상황을 원하지 않는다. 그러나 환자의 요구에 의해서 혹은 상황의 긴급성에 의해서 혹은 때때로 순전히 우연에 의해서 피할 수 없는 면접을 할 수도 있다.

면접에 바람직한 물리적 환경이 있다. 가장 중요하게 고려할 점 두 가지는 사생활 보호와 방해받지 않는 것이다. 계속해서 울리는 전화소리, 행정 비서의 질문과 긴박하게 두드리는 문소리는 면접 진행을 저해하는 요소들이다. 이런 일들은 면접을 상당히 방해한다. 그러나 더욱 중요한 것은 그것들이 전하는 메시지이다. 즉, 환자나 환자의 문제가 최우선이 아니고 중요하지 않다는 메시지이다. 면접자의 지시가 있었다면 행정 비서는 노크를 하지 않았을 것이고, 전화도 연결하지 않았을 것이다.

사생활 보호의 결여는 해로운 결과를 초래하기 때문에 방음장치를 해 두는 것이 좋다. 복도나 옆 방에서 들려오는 잡음이 방해를 한다면 아마도 환자들은 자신들의 소리도 밖에서 들을 수 있을 것이라 추측할 것이다. 이와 같은 조건에서 마음을 열고 대답하는 환자는 거의 없을 것이다.

사무실이나 가구의 배치도 큰 소리나 외부로부터의 떠드는 소란만큼 주의를 분산시킨다. 여기엔 법칙이 거의 없고 대부분이 개인적 취향에 달려있다. 많은 임상가들이 중성적인 사무실을 선호하지만 우아하길 원한다. 짧게 말해서 사무실의 가구가 주의를 끌거나 혹은 평가를 하게 만드는 것은 좋지 않다. 치료자가 골프에 관심 있다고 해서 사무실을 골프장으로 바꿀 필요는 없다. 골동품 자동차를 수집하는 치료자는 1928년 Fords 모델 차로 책상을 어지럽게 하면 안 된다. 바람직한 면접 장소는 냉냉하고 가까이 하기 어려운 사무실과 정신을 소란시키거나 방해가 되는 물건들로 흐트러져 있는 사무실과의 사이에 증간점에서 찾을 수 있을 것이다.

요점 적기와 (기록)녹음. 모든 환자와의 접촉은 궁극적으로 문서화해야만 한다. 그러나 면접 도중에 기록 여부에 대한 논쟁은 있다. 예외가 있기는 하지만 일반적으로 면접 중에 기록하는 것이 바람직하다.

간단하게 적어둔 몇 개의 중요한 문장이 임상가의 기억을 도와줄 것이다. 많은 임상가들이 면접하면서 아주 중요한 자료는 쉽게 기억할 수 있기 때문에 기록할 필요가 없다고 생각한다. 그러나 다른 환자를 본 후에 임상가는 이전 면접 내용에 대해 기억하지 못할 것이다. 따라서 적당량의 기록이 요구된다. 대부분의 환자들은 기록에 신경 쓰지 않겠지만, 만일 그렇지 않은 경우에는 기록에 대해 미리 논의할 수 있다. 때때로 어떤 환자는 임상가에게 어떤 주제에 관해서는 기록하지 말라고 요청할 수도 있다.

대부분의 환자들은 어느 정도는 기록이 된다는 것을 예상하고 있다. 그렇지만 구조화된 면접 후 상의할 내용을 토의하는 경우를 제외하고는 말하는 그대로 기록하는 것은 피하는 것이 좋다. 그대로 기록하는 데 위험한 점은 이러한 습관으로 임상가가 환자의 말을 주의 깊게 듣지 못할 수 있다는 것이다. 모든 것을 다 받아 적으려고 하면 환자가 말한 것의 의미와 뉘앙스를 놓치기 쉽다. 게다가 과도한 기록을 하게 되면 임상가는 환자의 관찰 및 환자의 미세한 표현과 자세의 변화를 알아차리지 못하게 된다. 한 걸음 더 나아가서 임상가는 문자화된 면접 기록을 자세히 읽어야 한다. 임상가가 중요한 정보를 얻기 위해서는 10분의 면접 중에 기록한 자료가 50분 이상 걸리더라도 다 읽을 의무가 있다.

오늘날은 기술의 발달로 오디오나 비디오에 면접을 기록할 수 있다. 어떤 경우에도 환자의 충분한 이해와 동의 없이는 녹음이나 녹화를 해서는 안 된다. 일반적으로 녹음의 필요성에 대한 짧은 설명과 더불어 녹음이 비밀로 다루어지며, 오직 환자가 인정한 사람에게만 공개한다고 환자에게 설명하면 협조를 얻을 수 있다. 최근에 녹음이나 녹화가 만연하므로, 환자들은 이런 것에 별로 반대하지 않는다. 대부분의 환자들은 마이크로폰이나 녹음기를 보고 당황하지 않는다. 몇 분간 짧게 의식할 수는 있지만 이것은 빨리 사라진다. 오히려 임상가들은 환자보다 녹화에 더 민감한데, 자기의 상관이나 자문가에 의해서 녹화 내용이 평가되거나 검사되기 때문에 그렇다.

어떤 경우에는 동영상 녹화를 하는 것이 좋은데, 이는 동영상이 연구를 위해, 면접자와 치료자 교육을 위해, 혹은 환자에게 치료과정에 대한 피드백을 주기 위해 유용하게 사용할 수 있기 때문이다. 녹음과 같이 동영상은 동의를 구하고 면접에 방해되지 않도록 행해져야 한다.

라포

아마도 좋은 면접의 가장 본질적 구성요소는 임상가와 환자 사이의 관계일 것이다. 이 관계의 질과 성질은 면접의 목적에 따라 물론 변한다. 이 차이는 의심할 여지도 없이 치료 중에 생겨나는 치료자와 환자 관계에 영향을 준다.

정의와 기능. 라포는 가끔 환자와 임상가 사이의 관계를 특징짓는 데 사용된다. 라포는 편안한 분위기와 면접의 목적에 대한 상호 이해와 관련이 있다. 좋은 라포는 임상가가 면접의 목적을 이루는 최고의 수단이다. 냉담하고 적개심이 있고 적대시하는 관계는 생산적이지 못하다. 긍정적인 분위기가 좋은 면접의 유일한 요소는 아니지만(따뜻하지만 준비가 안된 면접자는 면접에서 최고의 결과를 얻지 못할 것이다), 필요 요소임엔 틀림 없다. 면접자가 가진 기술은 긍정적인 관계를 확립하는 면접자의 능력과 더불어 확실하게 면접 결과에 더 큰 영향을 주게 된다. 대부분의 면접에 환자들은 어느 정도 걱정하는 마음을 가지고 임한다. 그들은 자신들이 '미쳤다고' 진단될까 걱정하고 면접에서 자신들이 진술한 것이 고용주에게 전해질까봐 두려워한다. 근심의 내용이 무엇이든 간에 그것은 면접의 효과성을 떨어뜨릴 수 있다.

특징. 좋은 라포를 형성하는 데는 임상가 수만큼 많은 방법이 있다. 그러나 라포를 형성하는 데 도움이 되는 어떤 것도 환자에 대한 존경과 환자를 수용하고 이해하는 태도를 대신할 수 없다. 이러한 태도를 가져야 한다는 것이 임상가가 모든 환자를 좋아해야 한다는 것을 의미하지는 않는다. 또한 이 태도가 임상가가 모든 환자와 친구가 되어야 함을 의미하지도 않는다. 임상가가 짧은 시간 동안 라포를 형성하기 위해 그것을 위한 모든 행동을 다 알아야 하는 것은 아니다. 좋은 라포 형성을 위해서는 환자가 가진 문제로 미리 환자를 평가하지 말아야 한다. 이해하는 태도, 수용성, 성실성 그리고 감정이입은 기술이 아니다. 그렇게 보면 진정한 효과를 기대할 수 없다. 어떻게 하면 진실하고 수용적이고 감정이입을 잘하는 것처럼 보일 수 있냐고 묻는 것은 이런 자질이 부족하다는 것을 내보이는 것이다.

환자가 임상가가 자신들을 돕기 위해 문제를 이해하려 애쓴다는 것을 깨달았을 때에 면접자는 여러 다양한 행동을 할 수 있게 된다. 라포가 형성되면, 후속 질문, 대면, 면접자의 주장 등이 가능해진다. 임상가가 돕고자 하는 의도를 받아들이는 환자를 좋아할 필요는 없다. 환자는 면접이 임상가의 개인적인 만족감의 추구가 아님을 알고 있다.

라포는 가끔 초보 학생들이 생각하듯 임상가를 항상 환자의 마음에 들거나 위대한 사람으로 간주하는 상태가 아니다. 오히려 그것은 존경과 상호믿음과 신뢰와 어느 정도의 허용성을 바탕으로 세워진 관계이다. 그것은 존경심을 가진 환자가 주는 상도 아니며 임상가가 이겨야 하는 인기 경쟁도 아니다.

일부 환자들은 전문적인 관계에서 일반적인 제안들도 쉽게 받아들이지 못하게 하는 과거 경험이 있다. 그러나 대부분의 경우에, 임상가가 적절한 역할을 하고 존경의 태도를 유지한다면 관계는 발전할 수 있다. 면접의 초기단계에서 초보 면접자는 흔히 다음과 같이 얘기하며 과오를 범한다. "자, 걱정마세요. 당신이 무엇을 느끼는지 나는 확실히 알고 있어요." 이와 같은 확신은 환자들에게 면접자가 자신들이 어떻게 느끼는지 정말 모르고 있다고 확신시켜 준다. 타인이 내가 느끼고 있는 것을 알 수 있는가? 라포는 급하게 생긴다기보다는 존경과 조용한 태도, 수용력과 유능함을 통해서 형성된다.

특별 고려사항들. 한 명 이상의 내담자 혹은 특정 의뢰건의 경우 라포를 형성하는 것이 상당히 어려울 때가 있다. 예를 들어, 가족치료 혹은 커플치료의 경우 다양한 관점과 다양한 수준의 동기를 지닌 여러 명의 내담자와 동시에 관계를 맺어야 한다. 아동 혹은 청소년 내담자를 면담하는 경우는 심리학자가 부모와 내담자 모두와 라포를 형성해야 한다. 많은 경우 부모가 심리학자에게 연락을 하고, 아이는 자신이 잘못되었거나 이런 부모에게 비난을 받는다고 느낀다. 라포가 특히 어려운 경우는 면담 결과가 학교생활에 반영되거나, 고용에 참고가 된다거나, 법적인 과정에 반영될 경우 등이다. 이러한 경우, 빠르고 쉽게 라포를 형성하는 것이 매우 어렵다는 것을 심리학자가 알고 있는 것이 중요하며, 이러한 라포 형성의 어려움이 평가로부터 얻은 데이터의 타당성에 영향을 미칠 수 있음을 주지하고 있어야 한다.

의사소통

어떠한 면담도 의사소통이 필수이다. 고통받고 있는 환자를 도와주거나 잠재력을 깨닫게 도와주는 등의 사소통이 수단으로 사용된다. 의사소통을 극대화하는 기술과 방법을 아는 것이 중요하다.

회기 시작. 일상 대화로 평가를 시작하는 것이 좋다. 주차할 장소를 찾는 데 어려움은 없었는지 혹은 날씨에 대한 간단한 언급이나 질문은 임상가를 나와 비슷한 사람으로 보는데 도움이 되며, 자신들을 '제 기능을 못하는 사람'으로 보지 않을까 하는 두려움을 가라앉혀 준다. 대화의 내용이 무엇이든 간에 환자가 찾아온 이유를 캐묻기 전에 편안하게 해준다면 일반적으로 좋은 면접에 도움이 될 것이다.

언어. 제일 중요한 것은 환자가 이해할 수 있는 언어를 사용하는 것이다. 환자의(경력이나 경험 같은) 배경이나 교육 수준, 일반적인 교양 등에 관한 일차적인 판단을 먼저 내려 그에 맞게 언어를 사용해야 한다. 석사를 받은 40살의 여성에게 중2 여학생에게 말하듯하면 그 환자는 모욕감을 느낄 것이다. 환자들을 유아기의 아이처럼 취급할 필요는 없다. 도움을 구하는 것이 그들이 이해하는 능력이 떨어졌다는 것을 의미하진 않는다.

동시에 특정 환자들을 위해서 심리학적 전문 용어를 피해야 한다. 전문 용어를 사용하지 않고 대화할 수 없다면 임상가의 이해력을 의심해 봐야 한다. 환자에게 감탄을 억지로 받아내기 위해 무의식적으로 허풍스러운 언어를 쓴다면 그건 잘못된 것이다. 비슷하게 임상가가 25세의 청년을 면접할 때 10대의 언어를 사용하는 것은 환자를 멀리하게 만들 뿐 아니라 평가를 우스꽝스럽게 만들 것이다. 요약하자면 환자에 대한 존경심이 있다면, 굳이 모르는 용어를 사용할 필요가 없다는 것이다.

같은 맥락에서, 환자가 의도한 대로 단어들을 이해하는 것이 중요하다. 예를 들면, 어머니에게 아들이 어떻게 행동하느냐고 물으면 어머니들은 흔히 다음과 같은 답을 한다. "아, 네. 그 애는 착한 애죠. 내가 하자는 대로 꼭 해요." 때로 심리학자는 행동 같은 용어에 너무나 초점을 맞춘 나머지 이 말(단어)이 대부분의 사람들에게 어떤 의미를 갖는 지를 잊는다.

만약 환자가 사용한 단어나 용어들이 불확실하고 중복 해석이 가능한 경우에는 환자가 사용한 단어가 의미하는 바를 분명하게 할 필요가 있다. 예를 들어서 임상가는 환자가 "그 여자는 학대를 해요."라고 한 말이 무엇을 의미하는지 알고 짐작하면 안 된다. 이 말은 그 사람이 자신이 부리는 사람들을 특히 잘 대접하지 않는다는 말일 수도 있고, 그 사람이 육체적으로 학대함을 암시할 수도 있다. 이 경우는 즉각적인 중재가 필요하다.

질문의 이용. Maloney와 Ward(1976)은 면접이 진행됨에 따라 임상가의 질문이 점차적으로 더욱 구조화되는 것을 관찰했다. 그들은 몇 가지 형태의 질문을 구별하였다. 개방형, 촉진형, 명료형, 직면형 혹은 직접 질문이 있다. 각각은 특정 목적이나 특정 환자에게 유용하다. 표 7-1에는 이런 질문의 유형이 정리되어 있다.

표 7-1 다섯 가지 면접 질문의 유형

유형	중요성	예
개방형	질문에 답하는 데 책임감과 융통성을 준다	"군대에 있을 때 어떤 경험을 했는지 말해 주시겠어요?"
촉진형	환자의 대화를 독려	"조금만 더 자세히 얘기해 주시겠습니까?"
명료형	명확성과 확실성 독려	"당신이… 느꼈다는 말인가요?"
직면형	불일치와 반대를 반문	"이전에 당신은 이렇게 말했는데."
직접 질문	라포가 형성되고 나면 환자가 책임을 진다	"당신의 아버지가 당신의 선택에 대해 비판했을 때 뭐라고 응했나요?"

출처: Maloney and Ward(1976).

침묵. 초년생 면접자에게 침묵보다 더 불안한 것은 없다. 하지만 침묵은 많은 것을 의미할 수 있다. 특정한 면접에 있어서 침묵의 기능과 의미를 평가하는 것이 중요하다. 임상가는 개인적으로 필요하거나 불안해서라기보다는 면접의 목적에 부합하도록 환자의 침묵에 반응해야 한다. 환자가 생각을 정리하고 있거나 다음에 말할 내용을 결정하고 있다고 하자. 아마도 이 경우 침묵은 약간의 저항을 암시한다. 그러나 침묵의 순간마다 잡담으로 때우는 것은 침묵하는 시간의 길이에 관계없이 환자를 그냥 기다려 주는 것만큼이나 부적절하다. 임상가가 침묵에 대한 코멘트로 긴 침묵을 끝내건, 새로운 질문을 하든 간에 임상가의 반응은 이해와 전달을 촉진시켜야지 거북한 순간을 피하기 위한 무모한 해결책이어서는 안 된다.

경청. 우리가 임상가로서 효과적으로 의사소통을 하려면, 우리의 의사소통은 이해와 수용을 반영해야만 한다. 우리가 경청해서 듣지 않으면 그런 일을 바랄 수 없다. 왜냐하면 경청을 통해서 우리는 환자가 전하는 정보와 감정을 판단하게 된다. 만약 우리가 환자에게 좋은 인상을 주려 하고, 스스로의 직무에 불안해하고, 이해와 수용보다 동기에 의해 움직인다면 우리는 효과적인 경청을 하지 못할 것이다.

예를 들어, 많은 사람들은 어떤 사람을 만나 소개를 받아도 2분 후에는 그 사람의 이름을 기억하지 못한다. 가장 큰 이유는 경청에 실패했기 때문이다. 그들은 주의가 흐트러졌거나 다른 일에 몰두해 있거나 혹은 그들 자신의 외모에 너무 신경 쓴 나머지 그 이름을 듣지 못했기 때문이다. 때때로 치료자들이 환자에게 좋은 인상을 주는 것에 너무 신경을 쓰기 때문에 경청을 못하게 되고, 그래서 중대한 새로운 자료를 놓치게 된다. 능숙한 임상가는 능동적으로 경청할 때가 언제인지를 배운 사람이다.

자신의 욕구충족. 임상적 면접은 임상가가 자신의 문제를 푸는 장소와 시간이 아니다. 어떤 임상가들은 전문적인 면에서 불안정하거나 경험이 없다. 때로 어떤 환자의 문제는 임상가들 자신의 문제를 상기시키거나 그들의 가치와 태도, 적응력을 위협한다. 어떻게 해서든지 임상가는 자신에게 초점을 맞추는 유혹에 저항해야 하고 초점은 환자에게 있어야 한다. 이것은 정도의 문제이다. 우리 중 어느 누구도 자신을 너무 잘 통제함으로써 생각이 절대로 산만해지거나 흔들리지 않는 완벽한 사람은 없다. 그러나 임상가와 환자의 임무는 확실하며 결코 혼동되어서는 안 된다.

어떤 경우엔 환자가 임상가의 사적인 일에 관해 물어볼 것이다. 보편적으로 임상가들은 자신의 사생활이나 사적인 의견에 대해 토의하는 것을 피해야 한다. 그러나 이 충고는 질문하는 이유를 고려해서 바뀔 수 있다. 환자의 가벼운 질문, 예를 들면 "어제 저녁 야구게임 어떻게 생각하시나요?"라는 질문은 "프로이트가 여자들이 남성의 성기를 부러워한다고 했는데 그가 옳다고 생각하세요?"라는 질문과는 많이 다르다. 질문이 환자의 문제들에 있어 중요한 점을 암시할 때는 보편적으로 그것을 비껴가거나 우회적으로 지니고 있는 임상적 가설을 추리해 나가는 기회로 삼는 것이 바람직하다. 그러나 질문이 사소하거나 다른 뜻이 없거나 기본적으로 결과에 영향을 주지 않을 때, 그런 질문에 대답하지 않으면 아주 심한 회피로 인식될 것이다.

임상가의 영향. 두 명의 치료자가 한 병원에서 일하고 있다고 생각해보자. 한 치료자는 50대의 품위 있는 정신과 의사로 색상이 화려한 복장을 즐긴다고 하자. 또 한 사람은 임상심리학자인데 남성이고, 젊어 보이며, 말랐고, 복장에 신경을 쓰며, 자신이 없어 보인다고 하자. 이 두 치료자가 환자들에게 다르게 인식되는 것은 불가피하다. 우리 각자는 사회적으로 또 전문적으로 다른 이들에게 독특한 영향력을 갖는다. 그 결과로 각기 다른 임상가의 같은 행동은 환자로부터 다른 응답을 끌어낼 것이다. 키가 크고 근육질의 운동선수 같은 치료자는 어떤 환자에게는 약간 위협적일 수 있다. 매우 여성적인 여성 면접자는 그녀의 남자 동료가 환자에게 얻은 것과는 매우 다른 응답을 이끌어 낼 수 있다. 그렇기 때문에 모든 임상가들이 자기 통찰력을 개발하거나 혹은 적어도 환자의 행동에 어떤 의미를 부여하기 전에 자신의 영향력의 정도를 인식하는 마음가짐을 가질 필요가 있다.

임상가의 가치와 배경. 거의 모든 사람들이 자신의 가치, 배경, 그리고 편견이 그들의 인지에 영향을 미친다는 사실을 알고 있다. 불행하게도 우리는 보통 우리들 자신보다 남들한테서 더 쉽게 이런 사실을 발견한다. 그렇기 때문에 임상가들은 다른 사람들에게 임상적인 판단을 내리기 전에 자기 자신의 경험을 감시하고 예측하는 근거를 찾아야 한다. 임상가들에게 중요한 질병의 증거라고 생각되는 것이 실제로는 환자의 문화를 반영할 수도 있다. 다음 예를 들어 보자.

> 48세의 중국 여성이 정신분열증이 수반된 우울증으로 항정신성약물과 항우울약을 복용하고 있었다. 이 약물들로 인해 환자는 몸무게가 많이 줄었고, 희망도 잃었으며, 움직이기 어려워졌다. 이러한 정신분열증의 진단에 있어서 중요한 사실은 환자의 돌아가신 어머니가 자신의 꿈 속에 나타나서 환자를 죽음으로 인도하여 다음 세상으로 데려가려고 한다고 믿는 것이었다. 이런 보고는 망상으로 보기보다는 우울증에 빠진 여성이 최근에 돌아가신 어머니를 꿈 속에서 보기 시작함으로써 문화적으로 이해될 수 있는 믿음을 나타내는 것으로 더 잘 설명된다(동양인 환자의 꿈 속에서 죽은 자를 보는 것은 흔히 죽음의 전조이다). 이 환자는 항정신성 약물의 중단 후에도 증상이 좋아져서 항우울약물을 줄였고, 주 1회 정신치료를 시작하였다(Westermeyer, 1987 pp. 471-472).

이 사례는 임상가들이 전형적으로 믿고 있는 모든 행동적 단서가 다른 문화권에서 온 환자에게 적용되었을 때 어떻게 그 의미를 잃는가를 설명해 준다. 우리는 임상가가 환자의 말을 얼마나 많이 이해하는가는 함께 서로 공유하고 있는 배경에 달려 있음을 깨닫기 시작했다.

예를 들어, 중서부의 임상가들은 아시아계 미국인의 말을 들을 때 참조의 틀이 없는 것처럼 느낄 수 있다. 그러나 같은 임상가들이 미국 중서부의 환자들을 다룰 때에는 자신이 가지고 있는 참조의 틀이 환자가 가지고 있는 참조의 틀과 같다고 지나치게 확신하지는 않는지? 성차도 때로 비슷한 결과를 낼 수 있다. 성차와 연관된 요소는 임상가의 가치 및 배경과 상호작용할 수 있다. 그래서 성별에 따른 고정관념에 대해 전적으로 무시하는 것은 평가면접의 타당성을 줄일 수 있다. 한 가지 해결책은 평가자가 성차에 대한 인식을 높이는 데서 찾을 수 있을 것이다(L. S. Brown, 1990; Good, Gilbert, & Scher, 1990). 어떻게 성차에 대한 인식을 높일 수 있는가? 성차문제 전문가들이 다음과 같은 제시를 했다.

> 자신들의 성차에 대한 의식을 높이고자 애쓰는 임상가들은 세 가지 영역에 초점을 둔다. 지식, 태도 그리고 행동이다. 지식은 독서(연구와 개념적 기사들, 책), 혹은 성별문제에 관한 코스나 세미나에 참석함으로써 높일 수 있다. 태도는 자기와는 다른 성별에 관점을 가진 사람들과의 경험을 통해서 변할 수 있는데(나와는 다른 문화권, 종교, 혹은 성적 오리엔테이션을 받은 사람들), 이 경험이 성차 문제에 대한 이해력을 넓히는 데 공헌한다. 행동은 전문지식을 가진 감독자 아래에서 실습과 피드백을 통해서 개선된다.

환자의 참조 틀

임상가가 면접의 목적을 효과적으로 달성하려면 임상가(면접자)는 환자가 첫 만남을 어떻게 볼 것인가를 생각해야 한다. 이것을 알아야 환자의 언어와 행동을 잘 이해할 수 있게 된다. 같은 이유로 임상가가 환자의 초기의 사고와 기대에 민감하지 않는다면 라포 형성은 더욱 어려워질 것이다. 환자는 클리닉에 대해 잘못된 생각을 가질 수 있으며, 심지어 도움을 얻고자 했다는 것을 부끄러워할 수 있다.

때때로 환자들은 도움을 청하도록 압력 받는다. 배우자가 "도움을 받든지 아니면 우리는 끝이다."라고 말할 수 있다. 모임에서는 구성원에게 치료를 받든지 모임을 떠나라고 최후의 통첩을 한다. 환자들은 고용주를 만족시키려고 클리닉에 오는 경우도 있다. 그 이유가 무엇이든 간에 이것은 면접 행동의 특성에 불가피하게 영향을 끼친다.

클리닉에 심리학자를 보러 가는 많은 환자들은 부적절하다는 느낌을 갖는다. 이 중 많은 사람들은 침묵으로 일관한다. 다른 이들은 "자 봐라. 나는 문제가 없어."라고 말하면서 허세를 부린다. 어떤 사람들은 경쟁적으로 임상가들이 결코 잘할 수 없다고 묵시적으로 보이거나 혹은 직접적으로 임상가들이 해 줄 것이 있는 것 같지 않다고 말한다. 반대로 임상가를 일종의 구원자로서 보는 시각을 가진 환자도 있다. 기적을 일으키는 사람이나 위대한 치료자로서 보는 견해는 좋지만, 환자가 아마도 이를 다시 평가할 것임을 기억해야 한다. 예를 들어, 경계선 성격장애로 진단받은 한 입원 환자가 전체 입원환자들에게 어떤 치료자를 그 병원에서 최고의 치료자이며 아마도 전체 클리닉(병원)에서도 가장 훌륭한 사람이라고 떠벌렸다고 하자. 4일 후에 바로 그 환자는 그 치료자가 끔찍한 치료자이며 그 직업을 가진 게 창피할 정도라고 떠벌릴 수 있다.

임상가의 참조 틀

다른 어떤 영역에서처럼 여기서도 일반적인 견해가 준비되어 있어야 한다는 것이다. 이 말은 임상가는 환자에 관한 가능한 모든 기록을 주의 깊게 검토해야만 하며, 면접을 의뢰한 사람이 준 정보 등을 점검해야만 한다는 뜻이다. 이와 같은 태도를 가지면 임상가는 환자에 대해 그 시점에서 알 수 있는 한 많은 것을 알도록 노력할 것이다. 이 같은 준비작업으로 환자가 이미 다른 클리닉의 치료자와 나누었던 자료를 살펴봄으로써 면접 시간을 최소화할 수 있다.

임상가는 면접의 목적을 정확히 알고 있어야 한다. '환자가 입원 여부를 평가하는 것인가? 환자가 어떤 정보를 원하는가?' 만약 면접이 전문의의 의뢰로 시작되었다면, 임상가는 의뢰된 사람이 어떤 정보를 요청하였는지 확실히 알아야 한다. 나중에 면접의 목적을 잘못 이해했다는 것을 아는 것은 당황스런 일이다.

이 모든 과정 동안 임상가들은 초점을 가지고 있어야 한다. 객관성이 냉담함과 무관심을 말하는 건 아니다. 오히려 임상가가 침착성을 유지하고 면접의 목적을 지킬 정도로 확신이 있다는 것을 말해준다. 예를 들어, 환자가 매우 화가 나서 임상가의 능력, 훈련, 좋은 의도를 공격할 때 임상가는 그 자신의 주된 책임이 환자에 대한 이해라는 것을 기억해야 한다. 임상가는 환자가 보이는 문제와 환자를 몰고 가는 힘을 구별할 수 있을 만큼 충분히 확신이 있어야 한다.

면접의 목적에 따라서 임상가는 면접을 끝내면서 의뢰인과 종결해야 할 필요가 있다. 면접이 진행됨에 따라서 임상가는 가설과 권유사항을 만들어 낸다. 면접을 끝낼 때, 임상가는 자신감 있지만 수수께끼 같은 미소를 지으며 "다음에 또 보죠."라고 말하는 것으로는 충분하지 않다. 임상가는 의뢰 약속, 다음 약속, 혹은 환자에게 피드백을 제공할 수 있도록 준비되어 있어야만 한다.

면접의 다양성

이제까지 우리는 면접의 타입에 관계없이 면접과정과 관련된 다양한 면접 요소와 기술을 고찰했다. 이 섹션에서는 임상심리학자가 행하는 면접 중 흔히 쓰이는 유형 중의 몇 가지에 대해 토의하려 한다. 우선 환자나 내담자는 하나 이상의 면접을 거친다는 사실을 기억해야 한다. 예를 들어서 환자는 병원에 입원 시 초기면접을 하고, 입원 중에는 병동에서 병력과 정신상태검사면접을 하고, 나중엔 치료자에 의해서 구조진단면접을 한다. 이 사실을 염두에 두고 좀 더 흔히 쓰이는 몇 가지 유형을 알아보기로 하자.

면접의 다양성은 일차적으로 두 가지의 두드러진 특징을 가지고 있다. 첫째 면접은 그 목적에 따라 다양하다. 예를 들어 처음에 외래 클리닉에 온 환자를 면접하는 것도 있고(초기면접), *DSM-IV* 진단을 위한 면접(진단적 면접)도 있다.

두 번째 중요한 특징은 면접이 비구조적(때때로 '임상적 면접'이라 분류됨)이냐 구조적이냐 하는 것이다. 비구조적 면접은 임상가가 떠오르는 대로 순서에 구애치 않고 아무 질문이나 할 수 있다. 반대로 구조적 면접은 임상가가 지정된 순서대로 정해진(표준화된) 질문을 정해진 순서대로 하는 것이다. 본 장의 후반부에서는 구조적 면접과 비구조적 면접에 대해 자세히 다룰 것이다.

면접의 유형이나 목적에 관계없이 동일한 종류의 기술이 요구된다. 구조적 면접을 행할 때 라포형성, 의사소통 기술, 적절한 후속 질문 그리고 관찰력이 필수적이다. 또한 모든 평가면접에 강력한 치료 요소가 있음을 기억해야 한다. 결국 초기면접이나 진단적 초기선별검사에서 받은 환자의 경험에 의해서 환자의 클리닉에 대한 생각, 찾아온 동기, 그리고 도움에 대한 기대치 등이 결정될 것이다. 이 섹션은 면접의 목적에 따라 조직화되었다. 하지만 중요한 점은 이 모든 면접에는 구조적이거나 비구조적인 형태가 존재한다는 것이다.

초기면접

초기면접은 일반적으로 두 가지의 목적을 갖는다. (a) 왜 환자가 클리닉이나 병원에 찾아왔는가를 결정하는 것, (b) 기관의 시설, 정책, 서비스가 환자의 필요와 기대에 부응하는가를 판단하는 것이다. 대체로 정신과 사회사업가가 위와 같은 면접을 한다. 때때로 이 면접은 만나서 행해지는데, 초기면접에 앞서서 전화 접촉을 하는 것이 증가하는 추세이다.

능숙하고 민감한 전화면접자는 전통적으로 클리닉에서 모을 수 있는 많은 정보를 얻는다. 특수 상황이나 혹은 특수 클리닉에서는 같은 사람이 초기면접 후에 진단면접이나 정밀검사를 한다. 이러한 절차의 장점은 환자들이 한 면접에서 다음 면접으로 우왕좌왕하지 않아도 된다는 것이다.

초기면접의 다른 기능은 환자들에게 클리닉의 기능, 비용, 정책, 절차 그리고 직원 등과 같은 정보를 제공하는 것이다. 환자들은 소비자이며 서비스나 비용에 관해 알 권리가 있다. 이러한 구체적인 세부사항은 환자의 치료동기에 확실하게 영향을 미치며, 그들이 치료에 대해 가질 수 있는 비현 실적인 기대를 줄여 준다. 글상자 7-2는 지역사회에서 설립한 외래 클리닉에서 앞으로 내담자가 될 사람과 면접한 초기 보고서이다.

개인병력면접

개인병력면접에서는 가능한 많은 개인 정보와 사회적 정보가 수집된다. 임상가는 구체적인 사실과 날짜와 사건뿐 아니라 환자의 사건에 관한 느낌에 관심이 있다. 날짜와 이름을 너무 자세히 추적하는 것은 때때로 중요한 정보를 잃게 만들며, 환자가 사실 보고에만 집착하도록 만든다. 이런 자세는 때때로 후속면접의 진행을 방해할 수 있다.

기본적으로 개인병력면접의 목적은 환자와 문제

글상자 7-2 초기면접 보고서 예

성명: MORTON, Charles(가명)

나이: 22세

성별: 남자

직업: 학생

면접 일시: 1998. 6.1

면접자: Luke Baldry, Ph.D(가명)

피험자 정보: 환자는 22세의 백인남자로서 중동부에 있는 종합대학의 대학생이다. 현재 혼자 아파트에 살고 있으며, 지역 식료품 가게에서 시간제로 일하고 있다.

주된 호소 문제: 환자는 오늘 클리닉으로 나타나서 지난 2주 동안 점점 악화된 '우울증'에 관해 호소했다.

문제의 역사: 내담자는 지난 일 년간 우울증의 증상에 기복이 있었다고 보고했다. a) 우울한 기분('슬프게 느끼는 것'), b) 식욕부진, 그러나 괄목할 만한 체중감소가 없었음, c) 수면장애(일찍 잠이 깸), d) 피로, e) 무가치하다는 느낌, g) 집중하기 어려움 등을 포함하였다. 이 모든 증상이 지난 2주간 거의 매일 나타났다.

내담자는 약 1년 전에 4년 동안 사귀었던 애인과 헤어졌다고 보고했다. 이 내담자는 헤어지고 나서 눈에 띄게 기운이 빠졌으며, 위에 열거한 증상 외에도 몇 번쯤 심하게 울었던 적이 있다고 보고했다. 시간이 흐르면서 점차적으로 적응하게 되었지만, 내담자는 이 결별이 자신감을 뒤흔들었고, 그로 인해 사회적 활동 빈도가 현저하게 감소했다고 보고했다. 더구나 그는 그 사건 이후 데이트를 하지 않았다고 보고했다. 지난 학기에 그는 다른 중동부에 있는 지역 단과 대학에서 이 대학으로 전학해 왔다. 그는 이 이동이 감정적으로나 학업적으로 모두 어려웠다고 보고했다. 특히 자신이 고향집의 가족과 친구로부터 떨어져 있다는 것이 그를 더 고립되게 만들었고, 우울한 느낌을 갖게 만들었다고 했다. 지난 학기 그의 학점은 현저하게 떨어졌는데, 이전 학교에서는 A학점을 주로 받았으나, 이 대학에 와서는 C학점대로 떨어졌다고 한다. 지난 학기말 무렵에(예상했던 학점을 받자) 우울증 증상이 더 심해졌다.

과거치료기록: 내담자는 과거에 심리학적 혹 정신적 치료 경험이 없다고 보고했다.

병력: 괄목할 만한 병력은 보고되지 않았다.

물질복용/남용: 내담자는 현재 약물복용이나 약물의존으로 인한 어떠한 증상도 부인했다. 그는 과거에 3번에 걸쳐 마리화나를 복용해 봤지만 현재의 복용은 부인했다. 그는 일주일에 평균 3~4컵의 맥주를 마신다고 보고했다.

약물치료: 내담자는 현재 어떤 약도 복용치 않는다고 보고했다.

가족력: 그의 생물학적 부모는 살아계시며, 20세의 남동생과 26세의 누이가 있다. 그는 그의 어머니가 우울증으로 고생하고 있으며, 수차례에 걸쳐 외래에서 치료를 받았다고 했다. 더구나 그의 외할아버지도 우울증 진단을 받았다고 했다. 가족구성원들 중 약물복용 문제는 보고되지 않았다.

자살 혹은 타살의 가능성: 내담자는 현재 자살 혹은 타살에 관한 생각이나 의지, 행동을 부인했다.

정신상태: 내담자는 깨끗하게 몸단장을 하였고, 협동적이었으며, 옷을 적절하게 입었다. 정신은 맑았으며 날짜, 시간, 사람을 정확하게 보고하였다. 기분과 감정은 우울했다. 말은 명확했고, 조리가 있었으며, 목표지향적이었다. 주의력과 집중력에 약간의 어려움이 관찰되었는데, 특히 순간기억력이 미세하게 감퇴되어 있었다. 전형적인 사고장애나 착각, 망상, 자살/타살 관념의 증거는 발견되지 않았다. 통찰력과 판단력에는 문제없어 보였다.

진단적 인상

AXIS Ⅰ: 296.22, 주요 우울장애, 단일 삽화
AXIS Ⅱ: V71.09, 해당되는 진단이 없음
AXIS Ⅲ: 없음
AXIS Ⅳ: 사회적 주위환경, 교육적인 문제에 연관된 문제들
AXIS Ⅴ: GAF = 55(현재)

권유사항: 개인적 정신치료
우울증에 관한 인지행동적 치료

Luke Baldry, Ph.D.
Licensed Clinical Psychologist

를 해결하는 장을 마련하는 것이다. 진단과 치료 기술은 제한이 있어서 특정 행동, 문제 사고 등의 영역에서 모든 사람을 동일하게 이해할 수 없다. 환자의 문제를 정확히 기록하는 것이 필수적이며, 이로써 진단적 의미와 치료적 함의를 더욱 확실하게 만들 수 있다.

개인병력이나 사회적 기록을 포함한 자료수집은 포괄적으로 유년기와 성인기를 포함하여 또한 교육, 성, 병, 부모 환경적, 종교적, 그리고 정신병리학 문제 등을 포함한다. 앞에 표시한 바와 같이 이 자료의 많은 부분이 사실을 기록하는 것이지만 환자가 이 자료를 어떻게 표현하느냐, 어떻게 그것에 관해 말하는가, 이 자료에 대한 환자의 반사작용, 회피하는가 혹은 솔직한가 등을 주지하는 것이 중요하다.

많은 환자들, 특히 능력이 되는 환자들은 직접 자신의 개인적, 사회적 기록을 제공해 주지만, 주변 사람들이 매우 귀중한 자료와 느낌을 제공해 주기도 한다. 배우자, 고용주, 교사 혹은 친구들은 풍부한 정보 수집원이 될 수 있다. 임상가들은 이런 정보원을 잘 이용하지 못했는데 아마도 추가적 면접에 많은 시간과 노력이 필요하기 때문일 것이다. 더구나 여기에는 비밀 보장과 신뢰의 문제가 있다. 환자의 동의로 다른 정보 제공자 확보가 가능해도, 임상가들은 이들을 만나는 것이 후속치료 관계를 방해할까 두려워한다.

그럼에도 불구하고 가끔 외부 정보원은 다른 방법으로는 얻을 수 없는 환자에 대한 정보를 제공한다. 어린 아이들이나 지능에 한계를 가진 사람이나 혹은 무능한 사람들의 경우에는 위에 말한 정보원을 이용하는 데 어려움이 없다. 표 7-2는 전형적인 개인병력 개요를 보여 준다.

정신상태검사면접

정신상태검사면접은 전형적으로 인지, 정서 혹은 행동에 문제가 있는지를 평가한다. 이 면접에서 포함하는 영역이 샘플보고서로부터 발췌한 부분과 함께 표 7-3에 제시되어 있다.

정신상태검사면접의 한계는 신뢰할 수 없다는 것인데, 이는 이 면접이 매우 비구조적으로 행해지기 때문이다. 이 문제를 보완하기 위해 구조적 정신상태검사면접이 고안되었고 다양한 영역에서 보이는 행동을 포함하기 위해 특별한 질문이 만들어졌다. Richard Rogers(1995)의 주장처럼, 임상심리학자들은 정신상태검사면접에 익숙해지는 것이 중요하다. 왜냐하면 이 면접이 다양한 정신건강전문가들을(정신과 의사 포함) 위한 중요한 임상평가 형식 중 하나이기 때문이다.

위기면접

점점 더 많은 임상가들은 빌딩 전면에 위치한 곳에 클리닉을 차리고 약물 남용자나 자기의 자녀를 학대할까봐 두려워하는 부모 또는 단순히 외롭다는 사람들을 위로해 주고 충고해 주기 위한 직통전화 연결 서비스를 제공하고 있다. 이로 인해 면접의 전형적인 '규칙'이나 범주가 많이 희미해지기는 했지만, 기본 원칙은 그대로 남아 있다.

남편이 없을 때 자신이 아들을 학대할까봐 겁이 난 어떤 어머니의 예를 들어 보자. 다음은 잇따라 걸려온 전화 통화내용이다.

어머니: 오 하느님! 좀 도와주세요. 거기가 내가 찾는 그 곳인가요. 난 누가 좀 필요하단 말이에요. 말씀 좀 해 주세요.

자원봉사자: 네 그렇습니다. 무슨 일인지 말씀해 보세요. 계속 말씀해 보세요.

어머니: 난 지금 흥분했어요. 곧 폭발할 것 같아요. 대니가 울고 있어요. 그리고 남편은 지금 여기 없어요. 저 애의 울음을 그치게 해야만 해요. 난 더 이상 참을 수 없어요.

자원봉사자: 이해가 가는군요. 혼자 계신가요?

표 7-2 전형적 병력개요

1. 확인된 정보: 이름, 성별, 직업, 주소, 생년월일, 출생지, 교육.
2. 기관(Agency)에 온 이유와 서비스에 대한 기대.
3. 현 상황: 매일 행동의 기재와 최근 혹은 절박한 변화.
4. 가족구성원(가족소개 Family Of Orientation), 부, 모 그리고 다른 가족구성원에 대한 기술과 가족 내 자신의 역할.
5. 어릴 적 기억, 가장 어렸을 때 일어난 명확한 사건과 그 주위 환경.
6. 출생과 성장, 걷기 시작한 나이, 말하기 시작한 나이, 다른 아동과 나를 비교해서 생긴 문제들, 그리고 어릴적 경험에 대한 본인의 의견.
7. 건강, 유년기와 그 후 질병, 상처, 약과 술로 인한 문제, 그리고 남들과 비교한 자기 신체상.
8. 교육과 훈련, 특별한 관심 과목과 성취.
9. 이력서, 이적 이유와 일에 대한 태도.
10. 오락과 흥미, 자원봉사, 독서, 응답자의 자기표현과 즐거운 일에 관한 응답자의 적절성.
11. 성적 발달, 최초의 자각, 성적 활동의 종류, 성적 표현의 적절성.
12. 결혼과 가족 자료, 중요한 사건과 그 결과, 그리고 현재 가족소개.
13. 자기기술, 강점과 약점 그리고 이념.
14. 인생에 있어서의 선택과 전환점, 응답자의 가장 중요한 결단과 변화에 관한 본인의 의견, 한 가지 가장 중요한 사건 기술.
15. 미래에 관한 전망, 다음 해, 5년 뒤, 10년 뒤에 어떤 일이 일어나기를 바라는가, 그리고 이 일이 일어나게 하기 위해서 무엇이 필요한가?
16. 응답자가 역사에서 빠졌다고 보는 다른 자료들.

출처: Norman D. Sundberg *Assesment of Persons*, © 1977, pp.97-98, Reprinted by permission of Pearson Education, Upper Saddle River, NJ.

어머니: 네. 그런데 난 이 일을 다룰 수가 없어요.

자원봉사자: 알겠습니다. 화가 많이 나셨군요. 우리가 이 일을 상의할 수 있다고 생각합니다. 어디 계세요? 주소가 어떻게 되지요?

어머니: 나는 집에 있고, 우리 집은 파크플레이스 308번지입니다. 존(남편)이 여기 있으면 좋겠어요. 나는 이 일을 다룰 수가 없어요. 아무도 내가 결혼할 것이라고 생각하지 않았어요.

자원봉사자: 무엇이 잘못됐다고 생각하세요? 대니에게 상처를 줄까 두려우신가요?

어머니: 애가 울음을 그치지 않아요. 얘는 항상 울어요. 그런데 존은 이게 어떤 일인지 몰라요. 그가 나를 비난한다고 생각해요. 우리 어머니도 그렇고요(통제가 어려울 정도로 울기 시작함).

자원봉사자: 여보세요? 괜찮아요. 편하게 생각하세요. 존은 어디 있나요?

어머니: 그는 트럭을 몰아요. 이번 목요일까지 안 돌아와요.

자원봉사자: 그래요. 매우 힘드시겠어요. 이 일에 관해 다른 사람과 당신의 느낌을 얘기해 보신 적이 있나요?

표 7-3 정신분열증으로 진단된 24세의 남자의 정신상태검사면접

정신상태검사의 일반개요
I. 일반적 상태: 외모, 행동, 태도
II. 의식 상태: 각성, 초각성, 둔감
III. 주의력과 집중력
IV. 말: 명확성, 목표지향성, 언어결함
V. 지향성: 사람, 장소, 시간
VI. 기분과 정동
VII. 사고내용: 편견, 강박관념, 망상
VIII. 사고형태: 형태적 사고장애
IX. 추상적 사고능력
X. 지각: 환각
XI. 기억: 즉시, 최근, 오래된 기억
XII. 지적 기능
XIII. 통찰력과 판단력
* * * * * * * * * * * * * * * * * *
환자는 머리가 흐트러졌으며 면접 내내 '이상한' 행동을 보였다. 그는 각성되어 있는 듯 보였지만, 주의력과 집중력 결함이 있었다. 특히 숫자를 기억하는데 어려움을 보였고, 연필과 종이 없이 단순한 계산을 하기 어려워했다. 때로 환자의 말을 이해하기가 어려웠고, 목표지향적으로 말하지 못하였고(물어본 질문에 대한 답이 아니었다), 언어상 결함은 보이지 않았다. 그는 사람과 장소는 알고 있었지만, 시간 개념은 없었다. 특히 날짜와 달에 확신이 없었다. 그는 기분이 좋다고 보고했지만 정서표현은 제한되어 있었다. 그는 약간의 사고장애의 증세를 보였다. 이야기가 옆길로 빠졌고 내용의 연결이 허술하거나 연결이 잘 안 되었다. 그는 자살 생각은 없다고 했지만, 'FBI'가 자기가 하지 않은 범죄를 뒤집어 씌우고 있다고 보고했다. 그가 과거에 정신병원에 입원한 사실을 언급했을 때, 그는 그 모두가 FBI에 맞서 일부러 '미친 것' 같이 보이기 위해 그렇게 했다고 말했다. 환각은 부인했지만 그의 행동은 환청이 있음을 암시했다. 예를 들어 그는 공중을 응시하고 몇 차례 속삭였다. "야구공과 오렌지가 어떤 점이 같은가?"라는 질문을 했을 때 그는 "둘 다 살아 있다."라고 대답했다. 환자의 즉시 기억과 최근 기억은 약간 결함이 있었다. 그러나 오래된 과거의 기억은 완전했다. 그의 지능은 평균치였으며 현재 그의 통찰력과 판단력은 좋지 않게 보였다.

어머니: 아니요. 아, 네. 옆집에 사는 마지와 조금 이야기했어요. 마지도 나와 같이 느낀 적이 몇 번 있대요. 그런데 잘 모르겠어요.

이 상황에서 자원봉사자는 그녀가 상황을 잘 이해하고 있다고 격려하였다. 자원봉사자의 조용하지만 자신에 찬 태도는 그녀에게 확신을 줬고 다음날 오후 아들을 데리고 방문하기로 동의했다.

위기면접의 목적은 발생한 문제를 면접하고 즉각적인 방책을 강구하는 것이다. 이 목적은 일어날 수 있는 재난을 피하게 하고 통화자로 하여금 클리닉과 관계를 맺도록 용기를 북돋아 주거나 혹은 다른 전문가에게 의뢰함으로써 장기간에 걸쳐 해결이 이루어지도록 하는 것이다. 이와 같은 면접은 훈련, 민감성 그리고 판단력을 필요로 한다. 개인 병력면접 시에 잘못된 질문은 단지 정보상 오류를 만들 뿐이다. 그러나 전화상에서 잘못된 질문을 받게 되면 통화자는 전화를 끊을 수도 있다. 틀에 박힌 클리닉에서 벗어나기 시작하면서 통제가 힘든 상황에서 임상서비스가 제공되고 있다. 그러나 실제 위기 상황 속에서 중재를 하므로 더 심각한 문제를 다루고 있다.

진단적 면접

제6장에서 언급한 바와 같이 임상심리학자들은 환자를 *DSM-IV* 평가기준에 의해 평가한다. 보험회사, 연구 제안서, 심지어 소송절차도 진단적 평가를 요구한다. 어떻게 환자를 종합 정리하는가는 임상가들에게 달려 있다. 역사적으로 임상가들은 임상면접을 사용했다. 자유형식의 **비구조적 면접**으로 그 내용이 임상가에 따라 크게 달랐다.

예상했던 바와 같이 이 면접 방법은 때때로 신뢰성 없는 평가를 초래하였는데, 이는 같은 환자를 평가하는 2명의 임상가가 환자의 사례를 서로 다르게 종합 정리하였기 때문이다. 비구조적 임상면접을 이용한 진단의 신뢰성은 연구에 의해 지지되지 못했는데(예: Matarazzo, 1983; Ward, Beck, Mendelson, Mock & Erbauch, 1962), 다행히도 변화가 일어났다. 연구원들이 그들의 연구나 임상에서 임상학자들이 사용할 수 있는 구조적 면접을 발전시킨 것이다. **구조적 진단면접**은 일련의 표준적 질문과 후속되는 질문으로 구성되는데 질문에는 특정한 순서가 있다. 구조적 진단면접에서는 모든 환자나 개인에게 똑같은 질문을 한다. 이로써 똑같은 환자를 평가한 2명의 임상가가 비슷하게 환자를 종합 정리하게 만든다(높은 관찰자 간 신뢰도).

임상심리학자들이 쓸 수 있는 구조적 진단면접이 많다. 그림 7-1은 SCID-I으로 알려진 AXIS-I *DSM-IV* 장애(First, Spitzer, Gibbon, & Williams, 1995)에 대한 구조적 임상면접의 일부이다. SCID-I의 이 섹션은 특정 공포증에 대한 *DSM-IV* 진단 기준을 평가한다. 면접자가 물어본 질문이 왼쪽 칸에 있고, 장애에 관한 실제적 *DSM-IV* 평가 기준이 중간 칸에 나타나 있다. 다양한 진단을 위한 구조화된 면담이 있음에도 불구하고, 소수의 임상가들만이 자신들의 임상 활동에 활용하는 것으로 보인다. 예를 들어, 최근 연구에 따르면, 약 15%정도의 환자들에게만 진단적 면담을 실시하는 것으로 나타났다(Bruchmuller, Magraf, Suppiger, & Schneider, 2011). 흥미롭게도, 임상가들은 구조적 면담에 대해 환자들의 수용정도를 상당히 절하평가하고 있으며, 이러한 임상가의 견해가 진단면담 사용을 꺼리는 데 어느 정도 영향을 미치는 것 같다. 구조화된 면담을 받은 환자들을 대상으로 한 연구에서 평균적으로 환자들이 면담에 상당히 만족을 느꼈으며, 거의 대부분의 환자들이 면담자와 긍정적인 관계를 맺었음을 보고했고, 아주 적은 수의 환자들만이 면담 후 "취조받은 것 같은 느낌"을 보고했다(Suppiger, In-Albon, Hendriksen, Hermann, Magraf, & Schneider, 2009). 그러므로 이러한 연구들은 임상가들이 진단적 면담이 환자들 혹은 내담자들에게 도움이 안되는 것으로 비춰질 것이라고 가정하지 않아야 함을 제시한다. 대신, 지속적으로 사용이 된다면, 치료와 개입법을 결정하는데 있어서 신뢰할 수 있고 타당한 진단을 내리는 것을 도울 수 있을 것이다.

면접의 다양성 형태

다른 심리 평가에서처럼 면접의 신뢰도와 타당도를 평가하는 것은 중요하다. 면접의 신뢰도는 적어도 2인 이상의 평가자가 같은 환자나 의뢰인을 평가하고, 그 평가치의 동의 수준에 의해 평가된다. 동의 수준은 진단, 성격 특성 수준에 대한 평가 혹은 면접으로부터 얻은 요약 정보 등에서의 일치 정도를 말한다. 이를 **평가자 간 신뢰도**라고도 한다. 이는 여러 방식으로 수량화할 수 있는데, **카파 계수**(*Kappa coefficient*; Cohen, 1960)나 계층 내 상관 계수(interclass

▣ 인물소개 **Thomas A. Widiger, Ph.D.**

켄터키 주립대 심리학과 교수인 Thomas A. Widiger 박사는 아마도 정신장애의 진단 분류에 있어서 가장 잘 알려진 사람 중에 하나일 것이다. 그는 200편에 가까운 논문, 책을 출간 했다. 정신장애의 진단학적 최신 개정판에 개입한 몇 안 되는 심리학자의 한 사람으로서 Widiger 박사는 *DSM-IV*의 연구 의 코디네이터로서 봉사했으며, 두 종류의 반구적 면접, 즉 「PDI-IV(Personality Disorder Interview IV; Widiger, Mangine, Corbitt, Ellis, Thomas, 1995)」와 「Structured Interview for the Five Factor Model of Personality (Trull & Widiger, 1997)」의 저자이다. 우리는 Widiger 박사에게 그의 배경과 이 분야에 있어서 그의 의견과 구조적 면접에 관한 그의 생각에 관해 몇 가지 질문할 기회를 가졌다.

임상심리학 분야에 관심을 갖게 한 것이 무엇인가요?

내가 임상심리학에 관심을 갖게 된 것은 유전학적 성향과 부모의 영향력이었을 거라고 추측합니다. 하지만 난 내가 왜 지금의 나이어야만 하는가에 고민을 했던 기억이 납니다. 대학에 있던 내 친구들의 대부분은 의치과 전공이 있으며(심리학 전공은 하나도 없었습니다.) 대학에 다니지 않는 사람들은 자동차 기계공과 고속도로 정비 분야에 종사했죠. 대학 생활 처음 2년간 나는 창작문예를 전공했고 작가가 되길 원했습니다.

하지만 시를 쓰고 소설을 쓰는 것으로는 안락한 생활을 하는 것이 매우 어렵다는 사실을 깨달았습니다. 3학년 2학기에 이상심리학을 들었습니다. 나에게 이 과목은 긴 머리의 히피선생이 가르치는 영문학 과목과 쌍벽을 이룰 정도로 흥미로웠는데, 이 히피 선생은 학생들을 자기 집으로 데리고 가서 Vonnegut, Heller 그리고 Castenada (the good old days)를 논했죠. 임상심리는 개개인의 생애에 가장 중심적으로 중요한 문제에 관한(문제가 되어야 하는) 분야였는데, 즉 내가 지금 나인 이유와 그것에 대해 내가 무엇을 할 수 있는가에 관한 분야였습니다. 아마도 내 관심은 자기 정체의 혼란 시기를 정상적으로 겪고 있는 대학생으로서 전형적이었거나, 혹은 나 자신의 갈등과 혼란을 반영하는 것이겠죠.

학기 말에 나는 강사에게 읽을 만한 책을 좀 추천해 달라고 했습니다. 나는 그때 단과 대학에 다니고 있었는데 이 과목이 심리학과에서 개설하는 유일한 상급 코스였죠. 그는 세 가지의 책을 추천했는데, 프로이트의 「꿈의 해석」, R. D. Laing의 「Divided Self」, 그리고 Sandor Ferenczi의 「Sex in Psychoanalysis」이 였습니다. 왜 그가 Ferenczi의 책을 추천했는지는 모르겠습니다. 단지 추측할 뿐이죠. 어쨌든 나는 Freud와 Laing의 책에 매료되었습니다. 나는 정신없이 그 책들을 읽었으며, 그들의 다른 저서도 구입했고, 전공을 임상심리로 바꾸기로 결정했죠.

임상심리학자로서 당신이 개입한 활동에 대해 말씀해 주세요.

임상심리에 있어 나의 제1의 활동은 연구와 이를 감독하는 것입니다. 다행이죠. 나는 총명하고 동기부여가 되어 있고, 재능있는 많은 대학원생들의 도움을 받고 있습니다. 내 연구의 대부분이 그들과 공동연구하고 있는 것들이죠. 우리는 새로운 연구에 대해 토의하고 새로운 아이디어를 산출해 내기 위해 정규적으로 모임을 가지는데, 현재 진행되고 있는 계획을 차질 없이 잘 수행하기 위해서죠. 내 생각으로는 임상심리에 있어 논박과 논쟁의 대부분이(다는 아니지만) 경험 적 연구에 의해서 의미 있게 정리되었다고 생각하며(해결이 된 것이 아니지만), 나는 정보가 있는 프로젝트를 고안하고 수행하는 것을 즐깁니다.

나는 학부생과 대학원생들에게 많은 코스를 강의하는데 여기에는 이상심리, 정신병리학, 임상심리역사, 임상심리에 있어 윤리적 문제 그리고 성격심리 등이 있습니다. 나는 현재의 이슈와 논쟁을 강조합니다. 일부분 교실의 토론을 통해서 아이디어가 나왔습니다.

나는 또한 켄터키 주 심리학회의 조사관입니다. 켄터키 주에 속한 임상심리학자들은 주 의회에서 면허를 받아야 하고, 주 의회는 부정하고 비윤리적인 사례에 관한 불평을 접수하고 있습니다. 나는 특정 시기에 보통 2~3명의 심리학자를 조사합니다. 이 일은 어렵고도 시간을 많이 요하는 일이며 많이 불쾌한 일인데(비도덕적이기도 하고), 왜냐하면 승자가 없기 때문입니다.

나는 또한 개인적으로 한 두명의 우리 대학 다른 과에 등록된 학부생이나 대학원생들을 치료하고 있습니다. 또한 켄터키 대학교 심리학과에서 운영하고 있는 소규모 클리닉인 심리학과 서비스센터에서 2~3명의 대학원생이 제공하고 있는 정신치료 서비스를 감독하고 있습니다. 비록 나는 인지행동과 정신역동 특히 대상관계 관점을 강조하지만, 심리치료에 대한 내 접근 방식은 절충적입니다.

이외에도 나는 정원 가꾸는 일, 카드놀이 그리고 대학 농구시즌이 시작되기를 기다립니다.

당신의 전문적인 그리고 관심이 있는 특수 분야는 무엇입니까?

나의 제일의 관심 분야는 진단, 평가와 분류이며, 특히 범주적 접근과 분류적 접근, 성차와 편견, 그리고 성격장애입니다. 특정 원인론과 병리론이 있기는 하지만, 나는 정신장애의 대부분은 유전적인 성향과 환경적 경험이 시간의 흐름에 따라서 생긴 복잡한 상호작용의 결과라고 믿습니다. 정상과 비정상 간의 구분은 의미가 있는 일이지만, 많은 관점에서 임의적(arbitary)이라고 생각합니다. 나는 정신장애를 가진 사람들이 우리와 전적으로 다르다고 생각지 않습니다. 나는 정신적인 질환이 없는 사람들을 한 사람도 만난 적이 없습니다. 아마도 이것은 도발적인 말로 들릴 수 있지만 실제는 도발적인 말이 아닙니다. 우리는 전생애를 통해서 많은 신체적 장애로부터 고통받고 있습니다. 그러나 우리는 주로 정신장애라는 낙인 때문에('스스로가 주인이 아니라는 두려움') 정신장애로부터 고통 받은 일이 절대로 없으며 앞으로도 그럴 것이라고 믿고("I am OK and you are OK") 싶어 합니다. 삶은 극히 어려울 수 있으며, 유전적인 성향과 가족 · 사회 · 문화적 기대는 갈등 문제, 불균형, 비논리, 한계를 가져다 줍니다. 이런 것들은 우리가 만족스럽고, 의미 있고, 행복하게 사는 것에 부정적으로 영향을 미칠 것입니다. 아마도 우리 중 누구도 완전하게 심리학적으로 건강한 사람은 없을 것입니다 ("I am not OK and neither you are.").

임상심리의 미래에 대해 어떻게 생각하십니까?

임상심리의 미래를 묻는 것은 좋은 질문입니다. 우리는 이 직업을 오랫동안 지켜 왔습니다. 지금으로부터 50년 후는 매우 다를 것인데, 이건 50년 전이 매우 달랐다는 것을 생각할 때 놀라운 일이 아니지요. 나의 젊은 동료들은 때때로 이 직업이 경제적인 압력과 상관없는 직업이라는 생각을 하고 있습니다. 그러나 실상은 이 직업자체가 경제적 압력에 대한 반응으로 생겨나게 된 오래되지 않은 직업입니다.

구조적 면접의 장점은 무엇이며, 평가 분야에 있어서 미래를 어떻게 보십니까?

비판은 아마도 과학발달의 생명일 것입니다. 심리치료의 효율성에 대한 과학적인 조사는 심리치료가 현실적이지 않고 의미 있는 이득이 없다는 생각을 다루기 위해 시작되었습니다. 비구조적 임상면접을 포함해서 임상적 평가에서도 비슷한 경향이 일어나고 있습니다. 임상가들은 그들의 진단과 평가에 대한 타당성과 신뢰성을 판사, 변호사, 검열국, 보험회사 등에게 변호해야 합니다. 이런 시도들은 자기 충족적 동기를 가지지만, 반드시 다뤄 줄 필요가 있습니다.

미국정신과협의회(1980) 정신장애의 진단학적, 통계학적 매뉴얼의 제3판(*DSM-III*)의 중요한 혁신 중의 하나는 신뢰할 수 있는 진단을 가능하게 하는 상대적으로 특정하고 분명한 판단기준의 기초를 제공했다는 것입니다. *DSM-III* 이전에는 임상적 진단이 너무나도 신뢰할 수 없었기 때문에 타당성이 결여됐다는 비판을 받았습니다. 두 사람의 임상가가 각기 다른 진단을 내렸다면 둘 다 옳을 가능성은 거의 없습니다. *DSM-III*의 상대적으로 특정하고 분명한 판단기준으로 신뢰할 수 있는 진단에 대한 연구가 활성화되었고, 이것은 다시 원인론, 병리학, 치료에 관한 매우 유익한(그리고 반복 가능한) 연구로 발전하게 되었습니다.

그러나 연구 결과는 신뢰성이 없는 진단이 임상현장에서 계속적으로 사용되고 있음을 보여 주는데, 이는 주로 진단적 판단기준에 대한 조직적이고도 포괄적인 평가가 실패했기 때문입니다. *DSM*을 쓰지 않는 타당한 이유가 있는 사례들이 있겠지만, 그 경우에는 그 이유를 말하고 문서화해야 합니다. 일상적인 임상현장에서 비구조적 임상평가는 비조직적이고 특정적이며 신뢰할 수 없습니다. 그 결과로 그것들은 외적 타당도 준거들과(즉 병인론, 병리학 그리고 치료에 한 타당한 지표들) 의미 있는 상관관계를 보여 주지 못합니다. 이것들은 종종 성, 인종, 그리고 편향적 기대와 추측 등과 상호관계를 갖습니다. 그리고 때로 외부의 심사를 받을 때 신뢰성을 잃습니다.

반구조적 임상면접은 많은 이점과 이익이 있습니다. 면접이 조직적이고 포괄적이며 반복 가능합니다. 이 면접은 특정적인 편견과 가정을 최소화합니다. 이들은 경험적으로 유용한 정보를 생산하는 질문과 추가 질문을 할 수 있게 만들어 줍니다. 면접이 조직적이고 포괄적이며 직관적이라면, 임상 현장에서 믿을 수 있고 타당성 있는 진단을 내릴 수 있게 될 것입니다. 반구조적 면접은 법심리학, 장애, 그리고 다른 평가에 사용되어야만 하며, 초기평가의 일부분이 되어야 합니다(자기 보고식 선별 검사와 더불어). 이 말은 반 구조화된 면접이 문제가 없다고 하는 것은 아닙니다.

이 면접에선 라포를 형성하기 어려우며, 때때로 피상적이고 부적절하게 강제적입니다. 그러나 반구조적 면접은 중대한 경비문제(부담)없이 임상현장에서 사용될 수 있습니다. 대부분의 임상심리 대학원생들은 평가를 위한 훈련에 1년의 시간을 바칩니다. 배움의 초기에 객관적이고 조직적이며 포괄적인 임상면접의 중요성을 배우는 데는 거의 시간을 들이지 않는 것 같으나 이런 경향이 변하고 있는 것 같습니다. 나는 미래에 있어 임상심리를 전공하는 대학원생들의 평가 훈련에 반구조적 임상면접의 테크닉과 가치에 더 많은 관심이 주어지기를 기대하고 있습니다.

correlation coefficient; Shrout & Fleiss, 1979) 등이 그것이다.

면접의 타당도는 면접이 측정하고자 하는 바를 얼마나 잘 측정했는가에 관한 것이다. 예를 들어서 우울증면접에서 나온 점수가 우울증의 자기 보고적 평가로 잘 알려진 도구에서 얻은 점수와 매우 높게 상관이 있다면, 이 면접 점수가 우울증 평가에 이용하는 데 어느 정도 타당성이 있음을 보여준다. 면접의 **예언 타당도**에 대한 증거는 이 평가에서 얻은 점수가 비슷한 종류의 미래의 사건들과 의미 있게 연관되어 있을 때 증명된다. 예를 들어서 우울증 면접에서의 높은 점수가 다음 두 달 동안의 낮은 학업성취와 높게 상관이 있다면, 우리는 우리의 면접이 예언 타당도가 있다고 말할 수 있다.

면접에 있어서 평가기준의 신뢰도와 타당도는 정도의 문제이다. 면접으로부터 온 점수, 즉 심리검사로부터 온 점수는 완벽하게 신뢰할 수 있거나 타당하지 않다. 그러나 신뢰도와 타당도가 높을수록 우리는 결론에 대해 더욱 확신을 가질 수 있다. 면접의 신뢰도와 타당도에 대해 더욱 세밀하게 보도록 하겠다.

신뢰도

채점이 명확히 구조화된 면접은 비구조적 면접보다 더욱 신뢰할 수 있다. 그 이유는 구조적 면접은 정보변화나 판단기준변화 두 가지 모두를 감소시키기 때

특정 공포증	특정 공포증 판단기준	SCREEN #7 예 / 아니오 만약 "아니다"이면 : *강박장애*로 가시오.	
▶ 선별질문 #7의 답이 "아니오"면 *강박장애*로 가라. ▶ 질문 #7의 답이 "예"면 : 환자가 특별히 두려워하는 어떤 것들이 있다는 것이다. 비행, 피를 보는 것, 총에 맞는 것, 고도, 폐쇄된 장소 혹 어떤 곤충이나 동물에 대한 두려움 등이 있다. ▶ 선별질문이 사용되지 않았다면 : 당신이 특별히 두려워하는 다른 것들이 있습니까? 비행, 피를 보는 것, 총에 맞는 것, 고도, 폐쇄된 장소, 어떤 동물이나 곤충?	A. 뚜렷하고 지속적인 공포로서, 극단적이고 비현실적이다. 특정한 상황이나 객체에 대한 예상이나 존재에 대한 공포(예 : 비행, 동물 주사 맞는 것, 피를 보는 것)	? 1 2 3 강박장애로 가시오.	F67
다음에 대해 말씀해 주십시오. (공포자극을 직면했을 때) 무슨 일이 일어날까 두려운가요?			
(공포자극을 직면했을 때) 당신은 항상 놀랍니까?	B. 공포증 자극에 대한 노출은 대체로 즉각적이며 같은 불안한 반응을 야기시켰으며, 이 반응은 상황상 일어나게 될 혹 걸리기 쉬운 공황발작의 형태를 취한다. 주 : 어린이들에게 있어서는 불안감이 울거나, 화를 내거나, 얼어붙거나, 집착으로 표현된다.	? 1 2 3 강박장애로 가시오.	F68
당신은 공포자극에 대해서 당신이 생각하는 것보다, 혹은 말도 안 되게 훨씬 더 두려워한다고 생각하시나요?	C. 내담자가 두려움이 극단적이며 비현실적임을 깨달았다. 주 : 어린이들에게는 이런 특징이 결여되어 있다.	? 1 2 3 강박장애로 가시오.	F69
(공포자극)을 피하기 위해 다른 방법을 썼습니까? (공포 때문에 당신이 할 수 있었던 일을 못한 적이 있습니까?) 만약 NO : (공포자극을 직면했을 때) 혹은 할 때 얼마나 어려웠습니까?	D. 공포적 상황을 피하거나 혹은 과도한 불안감이나 고통을 참는다.	? 1 2 3 강박장애로 가시오.	F70

? 부적절한 정보　　1. 없음이나 거짓　　2. 기준점 이하　　3. 기준점이나 사실

그림 7-1 ■ AXIS-I SDM-IV Disorders (SCID-I)에 대한 구조적 면접의 특정 공포증 부분

출처: Structured Clinical Interview for Axis I DSM-IV Disorders by M. B First, R. L. Spitzer, M. Gibson and J. B. W. Williams, pp.F16–F19.

질문	기준	평정	코드
만약 공포를 느낄 당시의 공포감이 임상학적으로 유의한지가 불확실하다면: (공포자극률) 당신의 인생에 얼마나 방해가 됩니까? 두려워서 피한 것들이 있습니까? 만약 생활에 간섭하지 않았다면: (공포증자극물)이 당신을 괴롭힐까봐 두려워한 적이 있습니까?	E. 기피, 불안한 예감 그리고 공포스런 상황 속에서의 고통이 개인의 정상적인 일상사, 직업적(학술적)기능 혹은 사회적 활동이나 다른 사람과의 관계에 영향을 끼쳤으며, 공포증으로 인한 고통이 관찰된다.	? 1 2 3 (1 →) 강박장애로 가시오.	F71
18세 이하인 경우: 이런 공포를 얼마나 오래 가지고 있었습니까?	F. 18세 이하의 기간이 적어도 6개월이다.	? 1 2 3 (1 →) 강박장애로 가시오.	F72
만약 아직도 명확하지 않다면: 외상후 스트레스장애와 강박장애의 섹션을 다 끝마친 후 이 항목으로 돌아가라.	G. 불안감, 공황, 발작 혹은 특정한 대상이나 혹 상황과 연관된 공포적 회피는 다른 정신장애에 의해 더 잘 설명되지 않는다. 예를 들어서 강박장애(예: 전염에 대한 공포), 외상후 스트레스 장애(예: 심각한 스트레스 요인과 관계된 자극물 기피), 분리불안(예: 학교기피), 사회성 공포증(예: 당황스러움에 대한 공포 때문에 사회적 상황의 회피), 광장공포증으로 인한 공황장애, 공황장애의 병력 없는 광장공포증	? 1 2 3 (1 →) 강박장애로 가시오.	F73
	특정 공포증 판단기준 A, B, C, D, E, F 그리고 G가 코드 '3'으로 매긴다.	? 1 2 3 (1 →) 강박장애로 가시오. (3 →) 특정 공포증	F74
	유형을 표시하시오(해당사항 모두 체크).		
	____동물 유형(곤충 포함)		F75
	____자연환경 유형(폭풍, 고도, 물)		F76
	____피/주사/상처(피를 보는 것, 상처를 보는 것, 혹 주사를 맞는 것, 다른 침습적인 과정)		F77
	____환경적 유형(공공교통수단, 굴, 교각, 엘리베이터, 비행, 운전, 폐쇄된 장소)		F78
	____다른 유형(예: 질식, 구토 병에 전염될 수 있는 환경에 대한 공포)		F79
	상세히 적으시오: ____________________		

? 부적절한 정보　　1. 없음이나 거짓　　2. 기준점 이하　　3. 기준점이나 사실

그림 7-1 ■ 계속

특정 공포증 연대기

불명확한 경우: 지난 달에 특정한 공포증에 시달린 적이 있습니까?	지난달 특정 공포증의 판단기준에 맞는다.	? 1 2 3	F80

현재의 심각도를 표시하시오.

1— 경증: 거의 없거나 조금 있음. 진단을 내리는 데 필요한 증상 이상의 증상들을 보이며, 이 증상들은 사회적 혹 직업적 기능에 있어 아주 미세한 장애를 초래함.
2— 보통: '경증'과 '중증' 사이의 증상과 장애가 나타남.
3— 중증: 진단하는 데 필요한 것 이상의 많은 증상, 다수의 증상들이 특히 심하게 나타남. 증상이 사회적 혹 직업적 기능에 명백한 장애를 초래함.
만약 현재의 판단기준이 충분히 충족되지 않거나 전혀 충족 안 됨.
4— 부분 관해(완화): 장애에 대한 판단기준이 전에 충족되었으나, 현재에는 장애의 증상이나 증세만이 좀 남아 있음.
5— 충분히 관해(완화): 장애의 증상이나 증세가 더 이상 나타나지 않으나, 임상학적으로 아직도 장애와 연관되어 있음. 예를 들어, 특정 공포증 에피소드가 있었던 사람이 지난 3년간 항 불안성 약물 복용 상태에서 증상을 보이지 않고 있음.
6— 이전 병력: 장애 판단 기준을 충족시킨 병력이 있으나, 환자가 그 병으로부터 회복됐다고 판단됨.

F81 F82

언제 당신이 마지막으로 (특정 공포증) 진단을 받았습니까?)	이 면접하기 몇 달 전에 마지막으로 특정 공포증을 경험했습니까?	F83

*** 발병 연령 ***

잘 모르는 경우: 특정 공포증을 갖기 시작할 때가 몇 살입니까?	특정 공포증 발병 연령 (잘 모르면 99로 코드)	— —	F84

강박장애로 가시오.

? 부적절한 정보 1. 없음이나 거짓 2. 기준점 이하 3. 기준점이나 사실

그림 7-1 ■ 계속

문이다. 정보의 변화는 임상가가 물어본 질문, 면접 중 관찰, 획득한 정보를 종합하는 방법에서의 차이를 말한다(Rogers, 1995). 판단기준 변화는 임상가 사이의 채점기준의 변화를 의미한다(Rogers, 1995). 뚜렷한 점수기록의 지침은 두 사람의 임상가가 같은 환자의 반응을 비슷한 방식으로 점수 매길 가능성을 증가시킨다.

면접의 심리측정에 관한 대부분의 연구가 구조적 진단면접에 초점이 맞추어져 있기 때문에 여기에서 좀 더 자세히 논의해 보겠다. 오랫동안 진단적 면접은 매우 신뢰성이 없는 것으로 간주되어 왔다(Matarazzo, 1983; Ward et al., 1962). 그러나 몇 가지 변화가 생겼다. 첫째, *DSM-III*의(미국정신협회, 1980) 도입으로 정신장애진단에 대한 조작적 판단기준이 개발되었다. 이로 인해 특별한 정신장애진단을 포함시키거나 제외시키기 위해서 어떤 특성을 평가해야 하는지를 알기 쉽게 되었다. 둘째, 더욱 중요한 것인데 몇 그룹의 연구자들이 *DSM* 기준에 의한 다양한 정신장애를 조직적으로 평가하기 위해서 구조적 면접을 발전시켰다. 분명히 구조적 면접에서

표 7-4 면접을 평가하기 위해서 평가된 신뢰도의 흔한 유형

신뢰성 유형	정의	통계적 색인
평가자 간 신뢰도 혹은 판단가 간 신뢰도	진단이나 특질이 있거나 있다/없는 것, 혹은 현재 보이는 특성(trait) 정도에 대해 둘 또는 그 이상의 평가자와 판단가 간에 얼마나 동의하였는지를 나타내는 지표	Pearson's *r* 계층 간의 상관관계 Kappa
검사-재검사 신뢰도	어떤 시간에 걸친 면접 점수 간 일치성의 지표	Pearson's *r* 계층 간의 상관관계

얻은 진단적 정보의 신뢰성은 비구조적 면접에서 얻은 것을 능가한다(Rogers, 1995).

앞서 언급한 바와 같이 구조적 진단면접에 대해 평가되고 보고된 가장 흔한 유형의 신뢰도는 평가자 간 신뢰도이다. 다른 면접과 더불어 구조적 진단면접에 있어서 연구된 또 다른 신뢰도는 **검사-재검사 신뢰도**인데, 즉, 시간 경과에 따른 진단과 점수 기록의 일관성이다. 우리는 일반적으로 면접을 다시 시행하였을 때 각 개인들이 비슷한 기록점수와 진단을 받을 것으로 기대한다. 예를 들어서 구조적 면접에 근거해서 심한 우울증 환자로 지정된 환자는 다음날 다시 면접을 해도(동일한 구조적 면접을 이용한다면) 동일한 진단을 받을 것이라 믿는다. 면접의 검사-재검사 신뢰도는 최초의 검사와 재검사 간의 시간간격이 짧을 때 매우 높을 것으로 기대된다(몇 시간 혹 며칠 간격). 그러나 검사 간 간격이 길 때(몇 달, 몇 년) 검사-재검사 신뢰도는 일반적으로 낮아지게 된다. 한 가지 예로 '현재'의 정신장애진단을 평가할 때 환자의 심리학적 상태가 변했을 수도 있기 때문이다. 예를 들어 6개월 재검사에서 환자가 주요우울장애 진단을 받지 않았다는 사실이 구조적 면접이 틀렸다는 것을 시사하지는 않는다. 주요 우울 에피소드가 비교적 지속성이 짧기 때문에 면접을 통한 재검사에서 진단에 맞지 않는 것이 오히려 정확할 수 있다.

검사-재검사 신뢰도 수준은 변수의 본질(단기 상태 혹은 일시적 증후군 vs. 장기간의 개인적 특성)과 검사-재검사 사이의 간격과 더불어 해석해야 한다. 검사-재검사의 신뢰도가 낮은 것에는 여러 가지 원인이 있을 수 있는데, 재검사 시 수검자가 증상을 더 보고하는 경향, 재검사 시의 싫증과 피로감, 증상 보고 시의 감정 변화의 효과 등이 그 원인에 들어간다(Sher & Trull, 1996). 표 7-4는 구조화된 면접의 신뢰도 지표를 기술하고 있다.

표 7-5는 구조화된 면접의 알코올 남용 진단의 신뢰도를 평가하는 연구로부터 온 가상적 자료이다. 이 예는 검사자 간 신뢰도(평가자 간 의견 일치 혹은 동의의 정도)를 평가하지만, 검사-재검사 신뢰도를 재

표 7-5 2명의 평가자 간의 진단적 동의

		평가자 2	
		있다	없다
평가자 1	있다	30 (a)	5 (b)
	없다	5 (c)	60 (d)

$N = 100$

전체 동의 = a + d/N = .90

$$\text{Kappa} = \frac{(a+d/N)-((a+b)(a+c)+(c+d)(b+d))/N^2}{1-((a+b)(a+c)+(c+d)(b+d))/N^2}$$

$$= \frac{ad-bc}{ad-bc+N(b+c)/2}$$

$$= \frac{1775}{2275}$$

$$= .78$$

보면 동일할 것이다. 이 경우 평가자 2에 대한 자료는 두 번째 검사 자료(재검사)와 비교된다. 보는 바와 같이 구조적 면접을 이용한 알코올 중독 진단의 유무에 대해 2명의 검사자가 100명의 같은 환자를 평가했다. 이 경우 2명의 평점자는 90%[(30+60)/100]에서 동의했다. 여기에서 동의는 둘이 똑같은 결론에 도달했음을 말한다. 단순히 진단이 있는 경우 뿐 아니라 진단이 없는 경우에도 동의한 것이다. 표 7-5는 카파(Kappa)에 대한 추정치를 보여 주는데, 일반적으로 카파는 전체적 동의 보다 낮은 지표를 보인다. 이유는 진단의 유병률이 높거나 낮은 경우에만 평점자들이 우연에 의해 동의할 것이기 때문이다. 표 7-5에서 알코올 중독 진단이 상대적으로 낮음을 알 수 있다.

그러므로 장애가 없다고 판단한 검사자가 옳을 때가 많을 것이고, 다른 검사자도 아마도 십중팔구 이에 동의할 것이다. 카파 계수는 단지 우연에 의해 동의한 예들을 고려하게 되며, 따라서 동의 지표를 하향해서 조정한다. 일반적으로 0.75와 1.00 사이의 카파 점수는 높은 관찰자 간 동의를 나타낸다고 본다.

타당도

어떤 유형의 심리평가에 대한 타당도에는 여러 형태가 있다. **내용 타당도**는 관심 변인을 평가하는 데 있어서 평가 기준의 포괄성을 말한다. 다시 말하자면 관심이 되는 모든 중요한 관점이 적절하게 측정 되었는가? 예를 들어 만약 면접이 우울증을 평가하기 위해 고안되었다면, 면접은 다양한 감정적, 인지적 그리고 우울증의 심리적인 면을 평가하는 다수의 질문을 포함해야 한다.

준거관련 타당도는 다른 관련된 측정치를 예측하는 정도를 말한다. 이 측정치는 면접과 동시에 행해질 수도 있고(*concurrent validity*: **공시 타당도**), 미래 어떤 시점에서 측정될 수 있다(*predictive validity*: **예측 타당도**). 예를 들어서 유년기에 품행장애를 평가하는 면접 점수가 또래 거부와 공격적 행동의 평가기준과 상관이 있다면 준거관련 타당도를 가졌다고 말할 수 있다.

변별 타당도는 구성개념(construct)이 이론적으로 연관되지 않은 측정치와 연관되어 있지 않는 정도를 말한다. 예를 들면 특정 공포증(고도)이 지능 정도(수준)와 상호관계되어 있다고 믿을 만한 근거는 없다. 그렇기 때문에 두 가지 판단기준이 의미 있게 관계되어 있지 않다는 사실은 특정 공포증 면접에 변별 타당도가 있음을 암시한다.

마지막으로 **구성 타당도**는 타당도의 모든 측면을 모두 일컬을 때 쓰는 말이다. 그러므로 많은 연구자들은 측정치를 개발하고 타당화하는 과정을 구성 타당화의 과정으로서 기술한다. 표 7-6은 이 타당도의 지표이다. 구조화된 진단면접에서는 내용 타당도가 가정되는데, 왜냐하면 이 면접들이 특수한 정신장애

표 7-6 면접을 평가하기 위해 사용되는 일반적인 유형의 타당도

타당도의 유형	정의
내용 타당도	면접 항목이 변인이나 구성의 다양한 측면을 적절하게 측정한 정도
예측 타당도	검사 점수가 미래의 어떤 시점에 관찰됐거나 획득한 점수나(상호관계된) 행동을 예측하는 정도
공시 타당도	면접 점수가 관련 있으나 독립적인 다른 면접 점수나 혹은 행동과 상호 연관되어 있는 정도
구성 타당도	면접 점수가 논리적으로 이론상으로 일치하는 행동이나 다른 평가기준과 관계 되어 있는 정도. 이것은 수렴과 변별타당도와 관계되어 있다.

주: 예언 타당도와 공존 타당도는 준거-관련 타당도에 속한다.

에 대한 *DSM* 판단기준을 측정하기 위해서 개발되었기 때문이다. 따라서 면접의 준거 관련 타당도, 변별 타당도 그리고 구성 타당도를 확립할 필요가 있게 된다.

타당도를 확인하는 연구들이 행해졌지만 더욱 더 많은 연구가 요구된다. 예로서 널리 보급돼 있는 구조적 진단면접인 SCID를 들어 보자. Rogers (1995)에 의해서 주지된 바와 같이 상대적으로 적은 연구가 SCID의 준거관련 혹은 변별 타당도를 연구하였다. 특히 SCID 진단과 다른 진단면접으로부터 얻은 점수 혹은 자기 보고로 얻은 점수를 임상학적 면접이나 혹 자체 보고적 점수와 비교한 경우는 매우 드물다.

왜 그럴까? L. N. Robins(1985)는 구조화된 면접의 타당도를 증명하는 데서 오는 어려움을 주목했다. 정신장애진단을 확인하는 실험실 조사 자체가 불가능하다. 때문에 비교하는 데 이용되는 '좋은 기준'은 없다. 구조화된 진단면접은 자기 보고 검사에 대한 불만족으로 발전되었다. 그렇기 때문에 자기 보고 검사를 기준으로 이용하는 것이 적절치도 않고 바람직하지도 않게 보인다. 구조화된 진단면접과 자기 보고적 조사기록 간의 낮은 상관은 구조화된 진단면접의 타당도보다는 자기 보고 검사의 이와 비슷하거나 유사한 구성의 측정치로부터 온 점수와 매우 높게 연관되어 있다는 것과 이론적으로 진단과 무관해야 하는 구성의 측정에서 온 점수와는 유의하게 연관되어 있지 않았다는 사실을 반복적으로 보여준다면, 구조화된 면접에 대한 타당도를 증가시킬 수 있다.

신뢰도와 타당도를 향상시키기 위한 제안

다음은 앞서 토의한 것을 요약한 것이다. 이들은 면접의 신뢰도와 타당도 모두를 다 향상시키게 될 것이다.

1. 가능하면 언제나 구조적 면접을 이용하라. 입원 시 면접, 병력면접, 정신상태검사, 위기면접과 진단적 면접을 위한 폭넓고 다양한 구조적 면접이 있다.
2. 목적에 맞는 구조적 면접이 없다면 한 가지를 개발하도록 고려하라. 표준적인 질문들을 만들고, 응답을 점수 매기는 지침서를 개발하고, 이 면접을 대표적 집단에게 실시해, 참가자와 면접자로부터 나온 피드백을 이용해 면접을 수정하라. 이 과정을 거치면서 평가하고자 하는 것이 무엇인지를 더 잘 이해하게 될 것이며, 좋은 면접자가 될 수 있을 것이다.
3. 구조적 면접을 이용하든 안 하든 간에 면접기술은 필수적이다. 라포를 형성하고, 유능한 전달자가 되고, 주의 깊게 듣고, 언제 어떻게 추가적 질문을 해야 할지를 알고, 비언어적 행동에 대한 주의 깊은 관찰자가 되도록 하라.
4. 면접에 관한 환자의 동기와 기대감을 인식하라. 예를 들어 환자의 사회적 욕망과 인정에 대한 욕구가 얼마나 강렬한가?
5. 스스로의 기대감, 편견, 문화적 가치를 인식하라. 주기적으로 다른 사람에게 자신이 시행한 면접의 신뢰도를 평가받아라.

면접의 예술성과 과학성

능숙한 면접자가 되기 위해서는 실습이 필요하다. 진짜 면접할 기회, 실수를 하는 기회 혹은 경험이 더 많은 면접자들과 기술과 책략에 대해 토의할 기회 없이 단순히 면접의 과학적인 조사만을 인식하는 것으로는 큰 기술을 발전시킬 수 없을 것이다. 그렇다면 면접에 있어서 연구의 기능은 무엇인가? 한 가지 중요한 점은 임상가들로 하여금 그들의 '직관적인 기술'에 대해 더욱 조심스럽게 만드는 것이다. 예를 들어 연구는 다음과 같은 것을 암시한다. 즉 기대는 면접자의 관찰을 왜곡시킬 수 있고, 성격과 정신병리학에 대한 이론이 면접의 초점에 영향을 줄 수 있고, 인종, 연령, 성별의 견지에서 면접자와 피면접자가 서로 좋은 상대인가 아닌가 하는 면접의 과정과 결과에 영향을 줄 수 있다. 이와 같이 면접의 진행과정에 있어서 많은 영향력들이 확인되었다.

더구나 가설을 검증하지 않고, 진단의 타당성을 평가하지 않고, 그리고 다른 사람과 비교한 신뢰도를 조사하지 않는다면, 또한 특정한 면접 기술의 효과를 측정하지 않는다면, 결국 환자들에 대해 잘못된 확신을 갖기 쉽다. 비판가들은 머리를 한 번 끄덕이는 것이 "네, 네"하면서 맞장구를 쳐주는 것보다 효과 있다고 보여준 10개의 연구를 언급하면서 어떤 특정 상황에서 혹은 특정한 임상적 상호작용 상황에서는 그 두 표현법이 차이가 있다고 주장한다. 이와 같거나 이것과 비슷한 많은 다른 연구는 우리가 잠깐 멈춰 서서 스스로의 가정에 의문을 던져보게 하는 계기를 마련해 준다.

단 한번의 면접에 대한 연구가 면접문제에 대한 명백한 해결책을 제공하지는 않겠지만 이 연구들은 누적 효과가 있다. 연구는 우리의 관찰과 기술의 타당도를 향상시키는 제안을 할 수 있고, 진부한 환상을 부수며, 틀에 박힌 사고를 없앨 수 있다. 잘 통제되고 과학적인 접근을 하는 연구가 누적됨에 따라 면접자는 보다 민감하고 유능하게 될 것이다. 면접의 예술성과 과학성 양쪽에 깊이 관여한 임상가는 면접의 양면 중 단지 한면만을 의식하고 있는 임상가보다 더욱 유능하게 될 것이다(마음이 더 편한 것은 아니지만).

요약

임상평가는 개인의 장단점, 당면한 문제의 개념화 그리고 문제를 완화시키는 어떤 방법과 관계있다. 면접은 임상심리학자들이 이용하는 가장 기본적이고도 잘 할 수 있는 평가 기술이다. 면접은 두 가지의 주요 특징이 있다. 첫째, 면접은 목적에 따라 다르다. 본 장에서 우리는 입원 시 면접, 개인병력면접, 정신상태검사면접, 위기면접, 그리고 진단적 면접에 관해 토의했다. 두 번째의 두드러진 특성은 면접이 비구조적인가(자주 임상적 면접이라 불림) 혹은 구조적인가 하는 것이다. 비구조적 면접과는 반대로 구조적 면접은 임상가가 말 그대로 표준화된 일련의 질문을 특별한 순서에 의해서 물어본다.

면접의 유형이나 목적에 관계없이, 면접에는 라포, 좋은 의사소통 능력, 적절한 후속질문 그리고 좋은 관찰력 기술 등이 요구된다. 어떤 형태의 심리학적 평가라도 면접 점수의 신뢰도와 타당도를 평가하는 것이 중요하다. 마지막으로 우리는 면접의 신뢰도와 타당도를 향상시키는 제안을 제시하였다.

주요 용어

개인병력면접 문제가 일어난 환자의 뒷배경과 병력 진전상황에 대한 철저한 이해를 얻을 목적으로 행해지는 면접이다.

검사-재검사 신뢰도 시간 간격을 두고 얻어진 면접 점수의 일관성으로 만약 시행 간격이 짧다면 일반적으로 한 시행과 다음 시행 간에 유사한 진단이 기대된다.

공시 타당도 준거관련 타당도의 일종으로 면접 점수와 동시에 시행된 다른 연관된 척도에서 나온 기록 점수와의 상관 정도를 말한다.

구성 타당도 면접 점수가 논리적이나 이론적으로 일치하는 방법으로 행동이나 다른 척도와 상관된 정도로 구성 타당도가 있으려면 면접은 타당성의 모든 면을 증명해야 한다.

구조적 진단면접 일정한 순서로 물어보는 일련의 표준적 질문으로 구성된 진단적 면접이다. 질문들은 많은 장애에 대해 진단적 기준에 주요점이 된다.

내용 타당도 면접 항목이 측정된 구조의 모든 면을 적절하게 측정하는 정도를 말한다.

라포 내담자와 임상가 간의 관계를 특정짓는 데 사용된 단어로 임상적 면접 시 좋은 라포를 확립하는 것은 편안한 분위기를 조성하고 면접의 목적을 공유하는 것과 관련되어 있다.

변별 타당도 면접 점수가 개념적으로 연관되지 않은 척도와 상관이 없는 정도이다.

비구조적 면접 임상가가 어느 질문이라도 마음에 떠오르는 순서대로 질문하는 면접이다.

예측 타당도 준거기준 타당도의 일종으로, 면접 점수와 미래에 어떤 시점에서 얻어질 관련있는 척도에서 얻은 점수와 상관 정도를 말한다.

위기면접 다음과 같은 목적을 위해 행해진 면접이다. (a) 가까이에 있는 문제를 줄이거나 해결하기 위해서, 혹은 (b) 환자가 기관이나 다른 곳에서 치료관계를 갖도록 북돋아서 장기간에 걸쳐 문제에 대한 해결을 보도록 하기 위해서 행해진다.

의뢰 질문 의뢰인이 환자에 대해 가진 질문(예를 들면 특정 아동이 왜 성적이 나쁜가?)이다.

임상적 평가 개인의 장단점과 당면한 문제의 개념화, 그리고 증상 완화를 위한 권유사항을 만드는 것과 관련된 평가 방법이다.

정신상태검사면접(Mental Status Examination Inter-view: MSE) 인지적인, 감정적인 혹은 행동적인 문제의 유무에 대해 환자를 평가하기 위해 행해지는 면접이다. MSE 면접시엔 임상가가 일반적 표현 정도, 언어의 질, 사고 내용, 기억과 판단을 포함한 여러 영역에서 환자에 대해 평가한다.

준거관련 타당도 면접 점수와 다른 연관된 척도로 얻은 점수와의 상관 정도 혹은 다른 점수에 대한 예측 정도를 말한다.

진단적 면접 *DSM-IV* 진단적 공식에 이르기 위한 목적으로 행해진 면접이다.

초기면접 다음과 같은 목적으로 행해지는 면접이다. (a) 왜 이 환자가 이 기관에(예: 클리닉이나 병원) 왔는가를 결정하기 위해서, (b) 기관이 이 환자의 필요성과 기대치를 만족시킬 수 있는가, (c) 환자에게 기관의 정책과 절차를 알려 주기 위해서 행해진다.

카파 계수 진단이나 특징의 유무를 평가자가 얼마나 신뢰할 수 있도록 판단했는가 결정하기 위해서 산정된 평가자 간 신뢰도의 통계적인 지표이다.

컴퓨터면접 임상적 면접을 집행하는데 컴퓨터를 이용한다.

평가면접 참조된 질문에 대한 대답의 목적으로 임상적 심리학자들이 이용하는 가장 기본적인 기술 중의 하나이다. 능숙하게 집행된다면 평가면접은 문제를 보는 통찰력을 제공할 수 있으며, 임상적 결정을 하도록 알려줄 수 있다.

평가자 간 신뢰도 같은 환자를 독립적으로 평가한 적어도 둘 이상의 평가자 사이의 동의 정도로 관찰한 증상이나 진단 혹은 그 밖의 것에 대한 일치를 말한다.

Chapter 08

지능평가

The Assessment of Intelligence

핵심질문

1. 지능은 무엇이며, 이 개념을 측정하는 데 무엇이 문제인가?
2. 지능과 학업적 성취 그리고 지능과 직업적 지위 및 성공과는 어떤 관련이 있는가?
3. 지능에 대한 유전적 영향 대 환경적 영향에 대해 연구들은 어떤 점을 시사하는가?
4. Stanford-Binet 4판과 Wechsler 검사(WAIS-III, WISC-IV)의 공통점과 차이점은 무엇인가?
5. 지능검사들은 임상 현장에서 어떻게 사용되는가? 이런 상황에서 사용될 때 제한점은 무엇인가?

개요

임상심리학의 역사는 지능평가와 밀접하게 관련되어 있다. 지능 및 이와 관련된 평가의 성공 없이는 임상심리학이 없었을 것이다. 하지만 시간이 흐르면서 임상가는 치료 등 다른 영역에 관심을 가지기 시작했다. 평가는 뒷전을 차지하게 되었고, 제2차 세계대전 전처럼 기술자들이 평가를 대신하게 되었다. 그러나 앞의 장에서도 언급했듯이 모든 것이 변화하고 있다. 평가의 가치가 재발견되었을 뿐 아니라 특히 지능평가는 임상가의 주요 평가 도구 중 주무기로 남아 있다(Watkins, Campbell, Nieberding, & Hallmark, 1995).

본 장에서는 지능평가와 관련된 논쟁의 배경을 살펴보고, 지능의 정의와 이론을 제시할 것이며, 지능평가에 초점을 맞추고, 지능평가 점수의 해석에 대해 다루기로 하겠다.

지능검사: 어제와 오늘

19세기 후반부의 두 가지 중요한 역사적 발달은 지능평가의 출현에 큰 영향을 미쳤다(Thorndike, 1997). 첫째, 미국과 다른 여러 나라에서의 의무 교육은 다양한 학생들을 모이게 하였다. 많은 학생들이 '교육받지 못한' 가정이나 제2외국어를 말하는 가정에서 자라났다. 결과적으로 학교에서 실패하는 확률이 엄청나게 증가하였다. 이런 문제를 해결하기 위하여 학교에서 성공할 가능성이 있는 아동을 알아내야 할 요구가 생기게 되었다. 둘째, 심리학자들은 정신적 능력이 측정될 수 있다고 믿었고, 실제로 이를 증명하였다. 비록 초기 시도는 감각적 정확도나 반응 시간의 측정에 초점을 맞추긴 하였으나(예: Francis Galton, James McKeen Cattell), 이를 위한 기초 작업이 시작되었다.

Alfred Binet와 그 협력자인 Theodore Simon은 정신기능의 개인차를 규명하기 위하여 Binet-Simon 검사를 개발하면서(제2장) 지능평가의 선구자가 되었다. Binet의 초기 목적은 학업 능력이 떨어지는 학생을 알아내기 위한 객관적인 도구를 개발하는 것이었다. 오늘날의 다른 사람들과 같이 Binet와 Simon은 비록 지능이 훈련이나 기회에 의 해서 영향을 받기는 하지만, 기본적으로는 유전되는 능력으로 간주하였다. 인지 능력을 수량화하려는 관심과 유럽과 북부 아메리카의 의무 교육의 지속적인 성장으로, 인지평가는 그 뿌리를 내리게 되었다(Thorndike, 1997).

학교, 회사, 군대, 정부와 같은 기관은 그 기능상 수행에 영향을 주는 개인차에 관심이 있었으므로(예: 지능 수준) 지능검사가 꽃을 피웠다(Herrnstein & Murray, 1994). 오랫동안 지능의 중요성과 확산이 지속되었다. 그러나 1960년대 말 즈음해서는 심리학자들에서부터 Ralph Nader에 이르는 모든 사람들이 이 검사의 타당도에 대해 공격하기 시작했다. 기본적으로 그런 검사가 공정치 못한 항목으로 인해 차별을 낳게 된다는 것이다.

그림 8-1 ▪ Alfred Binet는 최초로 유명한 지능평가를 개발하였다. Stanford-Binet이 된 그 검사는 여러 해 동안 여러 번의 개정을 거쳤다.

ANTHROPOMETRIC LABORATORY

For the measurement in various ways of **Human Form and Faculty.**

Entered from the Science Collection of the S. Kensington Museum.

This laboratory is established by Mr. Francis Galton for the following purposes:—

1. For the use of those who desire to be accurately measured in many ways, either to obtain timely warning of remediable faults in development, or to learn their powers.

2. For keeping a methodical register of the principal measurements of each person, of which he may at any future time obtain a copy under reasonable restrictions. His initials and date of birth will be entered in the register, but not his name. The names are indexed in a separate book.

3. For supplying information on the methods, practice, and uses of human measurement.

4. For anthropometric experiment and research, and for obtaining data for statistical discussion.

Charges for making the principal measurements:
THREEPENCE each, to those who are already on the Register.
FOURPENCE each, to those who are not:— one page of the Register will thenceforward be assigned to them, and a few extra measurements will be made, chiefly for future identification.

The Superintendent is charged with the control of the laboratory and with determining in each case, which, if any, of the extra measurements may be made, and under what conditions.

H & W. Brown, Printers, 20 Fulham Road, S.W.

Mary Evans Picture Library/Alamy

Galton의 인체측정학(anthropometric) 연구실 공고문

1971년에 시작되어 오랫동안 진행된 시민권 분쟁의 결과로(Larry P. v. Wilson Riles), 1975년에 캘리포니아 주 교육국은 흑인들의 장애 판정에 있어서 지능검사 사용을 중지하라는 명령을 내렸다. 법정은 IQ 검사가 흑인 아동에게 편견적이며, 정당한 근거 없이 이들을 인지결함 아동을 위한 프로그램에

배치하는 경향이 있다고 보았다. 그러나 다른 사람들은(예: N. Lambert, 1981) 법정 판정에 불복하였다. 일부의 흑인들도 흑인이 그런 평가에 낮은 점수를 받을 것이라고 가정한 것에 대해 법정 판결에 반대하였다. 다른 일부는 IQ 평가가 사회적 인악이 아니라 열악한 환경으로 인해 소수민족에게 부과된 나쁜 점들을 교정하는 수단이라고 주장하였다(Hebb, 1978).

Stephen Gould의 유명한 *The Mismeasure of Man*이라는 책은 지능검사 운동과 지능 개념의 구체화에 대한 통렬한 비판이었다. 본질적으로, Gould는 Spearman과 같은 이론가들이 요인분석 기술의 잘못된 이해로 인해 일반 지능 *g*의 개념을 실존하는 것으로 착각한다고 주장했다. 이에 더하여, Gould는 지능의 유전성을 주장하는 사람은 잘못되었으며 사기꾼이라고 주장하였다. Gould의 책은 지능평가에 대해 더 강력한 공격을 초래할 만큼 크게 성공하였다.

이렇게 다소 과장된 논쟁은 1990년대에 *The Bell Curve*라는 책의 출판으로 다시 부각되었다(Herrnstein & Murray, 1994). 이 책에서 Herrnstein과 Murray는 지능의 개념을 정리하고, 지능검사의 역사를 재조명했으며, Gould(1981)의 비판에 반응하고, 가난, 범죄, 복지, 시민 운동 등의 정치적 이슈를 들고 나왔다. 심지어 오늘날까지 Herrnstein과 Murray의 책에 대한 논쟁은 지속되고 있다(Alderfer, 2003). 글상자 8-1은 이 책의 보다 논쟁적인 측면을 간단히 제시하였다. 모든 논쟁의 결과가 무엇이든, 지능평가는 모호한 학문에 그치고 있지 않음을 보여 준다. 그것은 현대 사회와 대중 정치문제의 핵심에 놓여 있다.

지능검사가 때론 소수민족에게 불리하도록 잘못 사용되어 왔다는 점에는 의심할 바가 없다. 또한 어떤 지능검사는 소수민족의 수행을 낮추도록 만드는 문항을 포함하고 있다는 점도 의심할 바가 없다. 그러므로 우리는 더 좋은 지능검사를 개발하고 그것을 사려 깊게 시행하고 해석하도록 최선의 노력을 기울여야 한다. 그러나 지능검사를 없애는 것은 결국은 가장 도움이 필요한 사람들을 해치는 결과를 가져올 수 있는 잘못된 처방이다.

지능의 개념

처음부터 심리학자를 성가시게 했던 두 문제가 아직도 해결되지 못하고 있다(White, 2000). 첫 문제는 '지능이라는 용어가 의미하는 바가 무엇인가'에 대한 것이고, 두 번째는 '어떻게 그것을 측정하기 위한 타당한 도구를 개발할 것인가'에 대한 것이다. 여기서는 이 두 문제를 다루려고 한다. 그러나 우선 신뢰도와 타당도라는 심리 측정 개념을 살펴볼 필요가 있다.

신뢰도와 타당도

이전 장에서도 언급했듯이 모든 면접과 검사가 유용하기 위해서는 신뢰도와 타당도를 증명해야 한다. 표 8-1과 8-2는 심리검사를 평가하기 위한 가장 일반적인 형태의 신뢰도와 타당도에 대한 정의를 간단히 소개하고 있다.

신뢰도. 심리학적 검사와 관련해서, 신뢰도는 개인이 검사 자극에 반응하는 정도의 일관성을 말한다. 신뢰도를 평가하는 방법은 많다. 첫째로, **검사-재검사 신뢰도**(*test-retest reliability*)가 있는데, 반복 측정 시 개인이 같은 검사에 동일한 반응을 하는 정도를 말한다. 개인이 매번 다른 답을 한다면, 그 평가 자료는 유용하지 않을 것이다. 어떤 때는 내담자가 첫 번째 시도 때 응답한 답을 기억하고 있을 수 있다. 또는 첫 번째 검사에서 '검사에 대한 지혜'를 발달시킴으로써 그것이 두 번째 검사 결과에 영향을 줄 수 있다. 또 다르게는 내담자가 검사 중간에 연습할 수 있으며 혹은 연습 효과를 보일 수 있다. 이런 이유로 신뢰도를 보는 다른 방법으로 **동형 검사 신뢰도**

글상자 8-1 The Bell Curve

최근에 출판된 어떤 심리학 책도 Herrnstein과 Murray의 *The Bell Curve*(1994)라는 책만큼 논쟁을 불러일으키진 못했다. 요약하자면, Herrnstein과 Murray는 1960년대 중반부터 미국은 시민들의 인지 혹은 지적 능력의 바탕 위에서 점점 더 양극화되어 왔다고 주장한다. 최근에는 '인지적 인재'라는 계급이 생겨났는데, 이들은 주로 높은 IQ를 가져야 하는 소수의 직업집단(예: 의사, 변호사, 교수)에 집중되어 있다. 비록 지능이 유전과 환경적인 요소의 결합체지만, 모든 이에게 동일한 환경을 제공하려는(예: 모든 사람에게 동일한 기회를 부여) 국가의 시도는 아이러니하게도 우리가 물려받은 유전자가 개인차의 주원인이라는 상황으로 몰고 갔다. 어떤 면에서 Herrnstein과 Murray가 주장하듯, 이 경향은 가진 자와 가지지 못한 자 간의 집단차를 더 극단화되게 만들었다. 저자들은 인지능력/지능이 경제적 안정성, 대학에서의 성공, 부, 사생아 출산, 범죄 행위 등과 같은 결과에 주요한 예측 인자라는 자신들의 주장을 뒷받침할 근거도 제시하였다. 그들은 또한 IQ에서 인종차에 대한 자료를 살펴보고 교육프로그램이나 Head Start 프로그램을 통해서 IQ 점수를 올려보려는 노력은 장기적으로 긍정적인 효과가 없다고 주장하였다. 마지막으로 Herrnstein과 Murray은 현재의 불균형을 개선하는 방법을 제시하였는데, 여기에는 교육과 직업 현장에서 소수민족 우대 정책을 없애고 의사결정권을 지역 정부에게 되돌려주는 것이 포함되었다.

이 책에 대한 가장 부정적인 반응은 저자들이 사회 정책의 개선책을 반대하는 데서 비롯되었는데, 때때로 이것은 인신 공격의 형태를 띤다. 게다가 비판가들은 이 책에서 인용되고 논의되었던 몇몇 경험적 연구의 방법론, 분석, 그리고 해석에 대한 문제점을 제시한다. 반면에 지능 연구 분야의 몇몇 전문가들은 지능 연구자들 간에 '동일한' 결론을 보여 주는 논문을 「Wall Street Journal」(Arvey et al., 1994)에 발표하였다. *The Bell Curve*에서 내린 요점의 대부분은 이 책의 결론과 동일하다. 그러나 전문가들은 이런 결론을 가지고 사회 정책을 결정하는 것을 반대하였다. 최근에 Alderfer(2003)는 심리학자들이 *The Bell Curve*에서 제시된 경험적 분석의 한계를 강조하는 데서 벗어나지 못하고 있다고 주장하고 있다. Alderfer는 지능의 유전성이나 IQ와 사회 문제(예: 가난, 실직, 복지, 수감) 간의 관계를 포함하여 저자들의 '과학적 주장'에 대해서 의문을 던지고 있다. Alderfer에 의하면 사회 경제적 수준은 IQ의 인종적 차이를 일으키는 가장 중요한 요소이며, IQ와 사회문제 사이에 존재하는 관계를 설명하는 제3변인이라고 한다. 그러므로 그는 심리학자들이 낮은 수행을 유발하는 인종주의와 같은 불공정성과 싸우는 데 그 힘을 쏟아야 한다고 주장한다.

(*equivalent forms reliability*)를 이용한다. 여기에서는 이전의 문제를 해결하기 위해서 동일한 혹은 동등한 형태의 검사를 개발한다.

때때로 유사 검사를 개발하는 것이 너무 비싸거나(시간적으로 비용면에서) 두 검사가 동등함을 증명하기가 어렵거나 불가능할 수 있다. 이런 경우, 혹은 재검사가 실제로 불가능할 때 **반분 신뢰도**(*split half reliability*)가 가능하다. 이는 검사를 두 부분으로 나누어(홀수 대 짝수 검사 항목) 두 부분에 대한 수검자의 점수를 비교하는 것이다. 반분 신뢰도는 검사의 **내적 일치 타당도**를 검사하는 지표가 된다. 검사의 항목이 같은 개념을 재는 것으로 보이는가? 즉, 항목들이 서로 연관되어 있는가? 내적 일치 타당도를 위해 가장 많이 쓰이는 방법은 주어진 검사의 반분 상관관계의 평균을 낸 것과 관련되어 있다.

신뢰도의 다른 측정치는 **검사자 간 신뢰도**인데, 이는 이전 장에서 면접평가를 다룰 때 설명하였다. 여기서 목적은 독립적인 관찰자들이 피관찰자가 하는 행동의 특정 측면에 대한 평가에 얼마나 동의하는지의 정도를 잰다.

어떤 신뢰도인가에 관계없이 목적은 자료의 일관성을 증명하는 것이다. 검사는 얻은 점수가 시간

표 8-1 심리검사를 평가하기 위해 이용되는 신뢰도의 종류

신뢰도 유형	정의	통계적 지표
검사-재검사 신뢰도	시간 경과에 따른 검사 점수의 일관성 지표	Pearson's *r* 계급 간 상관
동형 검사 신뢰도	시간 경과에 따른 검사 점수의 일관성 지표, 연습 효과에 영향 없음(같은 검사 반복 아님)	Pearson's *r*
반분 신뢰도	검사의 내적 일관성 지표(검사 항목이 같은 변인이나 개념을 잰다고 보이는가?)	Pearson's r
내적 일치도 신뢰도	선호되는 내적 일치도의 지표로 가능한 반분 상관의 평균을 계산	Cronbach's α Kuder Richardson-20
검사자 간 신뢰도	특성의 수준이나 어떤 특징이나 진단이 있고 없음에 대해 둘 또는 그 이상 관찰자가 보이는 동의 지표	Pearson's *r* 계급 간 상관 K

표 8-2 심리 검사를 평가하기 위해 이용되는 타당도의 종류

타당도의 종류	정의
내용 타당도	검사 항목이 변인 혹은 개념의 여러 측면을 적절하게 재고 있는 정도
예측 타당도	검사 점수가 미래 행동을 혹은 미래에 같은 관찰을 통해서 얻을 점수를 예언하는 정도(상관 정도)
공시 타당도	검사 점수가 관련되지만 독립적인 다른 검사 점수나 행동과 관련된 정도
구성 타당도	검사 점수가 논리적이고 이론적으로 일관된 방법으로 다른 측정치나 행동과 연관된 정도 이 타당도는 수렴 타당도와 변별 타당도를 확립하는 것임

주: 예측 타당도와 공시 타당도는 준거관련 타당도의 하위 유형이다.

이나 검사자에 관계없이 일정하며 신뢰할 수 있다는 것을 증명할 수 있어야 한다(반분이나 동형 검사 신뢰도). 평가의 신뢰도, 일관성, 안정성 없이는 평가는 타당화될 수 없다. 그러나 검사를 신뢰할 수 있더라도 이것이 자동적으로 타당도를 의미하지는 않는다. 예를 들어, 무게를 변별하는 능력을 재는 검사가 시간이 지나도 점수가 잘 변하지 않아 신뢰할 수 있다고 해도, 그것이 지능에 대한 타당한 검사가 되지는 않는다.

타당도. 일반적으로 타당도는 검사가 측정하고자 하는 것을 측정했느냐를 말한다. 신뢰도와 같이 여러 가지 종류의 타당도가 있다. **내용 타당도**는 검사 항목들이 실제로 재고자 하는 변인의 다양한 측면을 얼마나 제대로 포함하고 있는가에 대한 것이다. 예를 들어, 전반적인 적응을 재는 검사가 직업에서의 적응을 재는 항목만을 포함하고 있다면 그 검사는 내용 타당도가 없는데, 이는 그 검사가 집이나 친구 그리고 다른 상황에서의 적응을 재는 항목을 포함하지 않기 때문이다. **예측 타당도**는 검사 점수가 정확하게 미래의 어떤 행동이나 사건을 예측하는가를 말한다. 학교 성공을 예측하도록 만들어진 검사는 현재의 검사가 2년 뒤 아동의 학업 성취를 반영할 수 있을 때에만 타당하다. **공시 타당도**는 오늘 측정한 검사 점수가 동시적으로 얻은 기준(예: 선생님의 학업 성취도에 대한 평가)과 관련이 있느냐에 대한 것이다. 마지막으로 **구성 타당도**는 검사 점수가 논리적이고 이론적으로 기대되는 방향으로 다른 측정치나 행동과 관련이 있느냐를 보여 준다. 예를 들어, 외로움에 대한 검사가 있다고 하자. 외로움의 본질을 고려해 볼 때 외로움을 재는 검사가 타당한 검사라면 에너지 없는 것 혹은 우울과 연관이 있어야 한다. 만일 그렇다면 구성 타당도를 가지고 있다는 것을 자신할 수 있을 것이다.

지능의 정의

지능을 세밀하게 살펴보기 전에, 능력(ability), 적성(aptitude), 성취(achievement)의 차이를 구별해야 한다. Sundberg(1977)가 설명했듯이 "능력은 현재 어떤 것을 수행할 수 있는 힘이고, 적성은 훈련 후에 수행할 수 있는 잠재력이다. 두 개념은 성취와 비슷한데, 성취는 과거의 성공적인 수행을 측정한다(p.228)." 지능검사에서 측정된 지능과 성취 사이에는 개념적으로 상당히 겹치는 면이 있다. 한편 지능검사는 배운 것을 측정하므로 성취검사이다(Anastasi, 1988). 검사가 어떻게 이용되느냐 또는 검사결과를 가지고 어떤 추론을 하느냐가 검사가 지능을 재는지 아니면 성취를 재는지를 결정한다.

지능에 대해 공통적으로 받아들여지는 정의는 없다. 그러나 오랫동안 대부분의 사람들은 다음 셋 중의 하나를 받아들였다.

1. 환경에의 적응과 순응을 강조하는 정의: 새로운 상황에의 적응, 다양한 상황을 다루는 능력
2. 배우는 능력에 초점을 맞추는 정의: 큰 의미에서 교육 가능성
3. 추상적 사고를 강조하는 정의: 다양한 상징과 개념을 이용하는 능력, 언어적 수리적 상징을 사용하는 능력

오랫동안 있어 온 다양한 정의를 이해하려면 다음을 참조하라.

- (지능은) 사람이 목적을 가지고 활동하며, 이성적으로 사고하고, 환경을 효과적으로 다루는 전체적인 혹은 집합적인 능력이다(Wechsler, 1939, p.3).
- 개념으로서 지능은 통찰에 의한 문제해결, 새로운 상황에의 적응, 추상적인 사고, 경험으로부터 배우는 인간의 능력을 반영하는 인지행동의 집합체이다(Robinson & Robinson, 1965, p.15).
- 지능은 적응적, 목표 지향적 행동으로 표현될 수 있다. '지능'적이라고 붙여진 행동들은 문화적, 사회적 규준에 의해서 결정되는 듯하다(Sternberg & Salter, 1982, p.24).
- 지능은 아주 일반적인 정신능력을 말하는데, 그것은 논리를 따지고, 계획하고, 문제를 풀고, 추상적으로 사고하고, 복잡한 생각을 이해하고, 경험으로부터 배우고, 빨리 배우는 능력들을 포함한다. 지능은 단순히 책을 통한 학습, 협소한 학습 기술, 혹은 시험을 잘 보는 것에 국한되지 않는다. 그것보다 지능은 우리 주변을 이해하는 보다 넓고 깊은 능력을 반영한다. 사물에 대해 알아차리고 의미를 이해하거나 혹은 무엇을 할지 찾아내는 것 등을 말한다(Arvey et al., 1994).
- 지능은 개인이 속한 사회 문화적 상황에서 개개인의 기준에 따라 삶에서 성공을 달성하는 능력으로 정의할 수 있다(Sternberg, 2003, p.141).

앞에서 말한 것들이나 지능에 대한 특정 정의는 서로 모순되지 않는다. 더군다나 여러 정의들이 사회 가치와 동기 요소를 포함하고 있다. 그러나 이런 점을 넘어서 지능에 대한 수많은 정의는 너무 넓고 일반적이라 거의 쓸모가 없다. 여러 측면에서 다양한 정의에 근거한 지능검사들은 대체로 비슷하다. 그렇다면 지능을 어떻게 정의하는가에 따라 검사구성이 달라지지 않고 IQ 검사를 구성하는 일이 그저

비이론적이고 실용적인 작업으로 외적기준(예: 학교 성적)과 상관이 있을 만한 문항을 만들어 내는 것은 아닌지 의구심을 가져볼 수 있다.

어떤 사람들에게는 이 모든 애매함에 대한 답이 '전형적' 정의를 무엇으로 하는가에 달려 있는 것으로 보이기도 한다. Neisser(1979)은 이것에 대해 다음과 같이 말하고 있다.

어떤 사람을 '지능적'이라고 부르려면 그 사람은 상상 속의 지능적인 사람의 전형(prototype)과 비슷해야 하는데, 이것은 우리가 어떤 사물을 '의자'라고 부르려면 그것이 의자의 전형과 비슷해야 하는 것과 마찬가지이다. 의자에 대한 절대적인 기준이 없는 것과 같이 지능에 대한 절대적인 기준은 없다. 지능은 여러 특징을 포함하고 있는 두루뭉술한 개념이다. 두 사람은 모두 꽤 지능적일 수 있지만 공통되는 특징은 적을 수 있다. 그들은 서로 다른 차원에서 전형에 가까울 수 있다. 의자됨(chairness)이라는 것은 없다. 외형적으론 비슷하지만 내적 본질은 아니다. 마찬가지로 지능은 한 가지 특징이 아니므로 지능에 대한 정의는 없다. 그것은 실제 인물과 상상 속 전형 간의 유사성이다(p.185).

지능의 이론들

지능을 이해하고자 하는 많은 이론적인 접근이 있다. 심리측정 이론들, 발달 이론들, 신경심리학적 이론들, 그리고 정보처리 이론이 여기에 속한다(Kamphaus, 1993; Neisser et al., 1996). 여러 해 동안 다양한 이론과 논쟁이 있었다(Neisser et al., 1996; Weinberg, 1989). 여기서는 몇 개의 대표적인 이론만을 간단히 살펴보겠다.

요인분석 접근. 요인분석의 아버지인 Spearman (1927)은 *g*요인(일반지능)과 *s*요인(특수지능)의 개념을 가정하였다. 여러 검사가 공통적으로 갖는 요인을 *g*로 표시한 반면, 개개 검사에만 있는 특수 한 요소를 *s*요인으로 표시하였다. 그러나 Spearman은 요인분석적 증거를 갖고 기본적으로 지능은 넓고 일반화된 능력이라고 하였다.

E. L. Thorndike나 L. L. Thurstone과 같은 다수의 이론가들이 Spearman의 내용에 반기를 들었다. 예를 들어 Thurstone(1938)은 (240명의 참가자에게 행해진 50개의 다른 검사를 요인분석한 결과를 바탕으로) 하나의 *g*요인보다는 여러 개의 '집단'요인들을 보고하였다. 결론적으로 Thurstone은 7개의 집단요인을 기술하였는데, 그는 이 요인들을 수리능력(numerical facility), 단어 유창성(Word Fluency), 언어의미(Verbal Comprehension), 지각 속도(Perceptual Speed), 시공간능력(Spatial Visualization), 논리(Reasoning) 그리고 연상기억(associative memory)으로 명명하였다(Thurstone의 **기본 정신 능력**). 불행히도 Spearman과 Thurstone은 서로 다른 요인 축출법(주요소 대 주요인: principal component vs principal factor)과 축 회전 방법(rotation)을 사용하였는데, 이러한 방법의 차이는 같은 자료를 이용해도 다른 결론을 도출해 낼 수 있다(Gould, 1981). 이러한 결과에서 차이가 나는 이유는 Spearman은 다양한 인지능력을 지닌 피험자(즉, 학교 학생들)들을 대상으로 연구한 반면, Thurstone은 높은 인지능력을 지닌 피험자들(즉, 선택된 교육기관)을 대상으로 했기 때문일 수 있다(Hunt, 2011). 게다가 두 사람은 자신들의 분석으로 '발견한' 요소를 실존하는 것으로 해석한 오류를 범하였다. 이것은 결과적으로 Spearman과 Thurstone, 그리고 그 제자들의 격렬한 논쟁을 일으켰다.

Cattell의 이론. R. B. Cattell(1987)의 업적은 *g*의 중추적 역할을 강조한 것이다. 동시에 Cattell은 잠정적으로 17가지 주요 능력의 목록을 만들었다. 그는 Spearman의 *g*요인을 2요소로 분리한 것으로 추정되는 이차적 요인을 기술하였다–유동능력(*fluid* *ability*: 유전적으로 태어난 인지능력)과 **결정능력**(*crystallized ability*: 일반적으로 표준화된 지능검사에서 재는 문화적으로 습득된 능력). 본질적으로 Cattell의 접근은 지능에 대한 위계적 모델로 기술된다. 이런 종류의 모델에 대한 예가 그림 8-2에 체계적으로 나타나 있다.

Guilford의 분류. Guilford(1967)의 관점은 Cattell, Spearman, Thurstone, 그리고 다른 심리 측정 이론가들과는 다소 다르다. Guilford는 **지능의 구조**(*Structure of Intellect*: SOI) **모델**을 제시하였고, 여러 다양한 통계적 요인분석적 방법을 이용해 이를 조사하였다. 다른 심리측정 접근이 자료에서 모델을 추론하고자 시도하였다면, Guilford는 자료를 수집하는 근거로 모델을 사용하였다.

Guilford는 지능의 요소들은 조작(operations), 내용(contents), 결과물(products)의 세 가지 범주로 조직될 수 있다고 추론하였다. 조작은 인지, 기억, 분산적 산출(논리적 대안을 구성하는), 수렴적 산출(논리적으로 맞는 쟁점들을 구성), 그리고 평가를 말한다. 내용은 조작이 수행되는 정보 영역을 말하는데, 도형적, 상징적, 의미적, 행동적 영역이 여기에 속한다. 마지막으로 특정 정신 조작은 특정한 유형의 내용에 적용되는데, 단위(units), 등급(classes), 체계(systems), 관계(relations), 변형(trans-formations), 그리고 함축(implications)의 약 6가지 가능한 결과물이 있다. 이런 것들의 가능한 모든 조합을 따지면 약 120개의 지적능력을 만들 수 있다. Guilford 접근에서 가장 잘 수용되는 점은 그것이 이론이라기보다는 분류 체계나 분류법이라는 것이다.

최근 발달. 전통적으로 지능검사는 우리가 무엇을 알고 무엇을 할 수 있는지를 평가하는 것으로 구성되었다. 그러나 최근의 접근법은 상당히 인지적 혹은 정보 처리 성격을 가지기 시작했다. 예를 들어, 일부 연구자는 개인의 문제를 풀려는 순간 혹은 자극이 들어오는 순간부터 개인의 언어적 혹은 운동 반응이 일어나기까지를 기술하려고 한다. 이것은 과거의 정신 요소에 대한 이론에 비해서 지능에 대해 보다 역동적인 관점이다. 이런 연구자들은 정보 처리의 속도에 초점을 맞추며, 다른 연구자들은 처리의 전략에 초점을 둔다. 다양한 처리 수준이 연구되었는데, 여기에는 정보 처리 속도, 자극에 반응하는 선택을 하는 속도, 개인이 장기 기억으로부터 언어

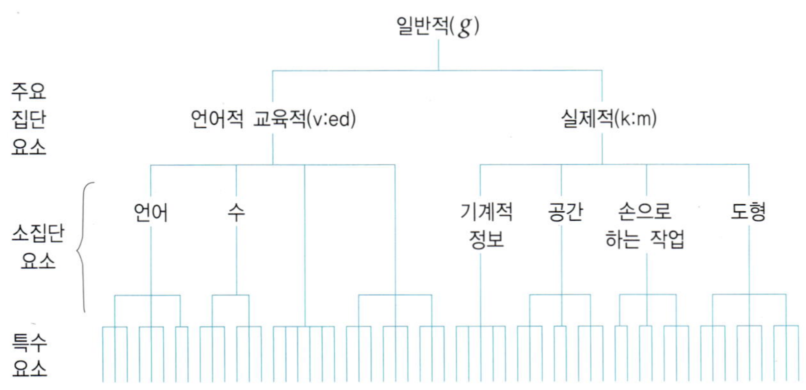

그림 8-2 ■ 능력의 위계 조직 모델

출처: *The Structure of Human Abilities*, rev. ed., by P.E. Vernon, p.22. Copyright © 1960 by Methuen & Co., Ltd. Reprinted by permission of Thomson Publishing Services.

의 여러 측면을 도출해 내는 속도 등이 속한다. 그러나 많은 문제와 의문은 그대로 남아 있다(Gardner, 1983). 정보 처리의 중심 기제가 있는가? 개인이 성장함에 따라 처리 요소들이 어떻게 변화하는가? 일반적인 문제해결 기술이 있는가? 혹은 어떤 능력에 특정적인 기술만 있는가? 아마도 시간이 흐르면 이런 문제에 답을 해 줄 것이다. Gardner(1983, 1999)는 다중지능 이론(theory of multiple intelligences)을 기술하였다. 인간의 지적능력은 사람으로 하여금 문제나 어려움을 해결하게 하는 문제해결 기술의 집합이다. 때로 이 능력은 새로운 정보를 습득하게 하는 잠재력을 준다. Gardner는 8가지 지능이 있다고 하였다. 언어적(linguistic), 음악적(musical), 논리-수학적(logical-mathematical), 공간적(spatial), 신체 운동적(bodily-kinesthetic), 자연주의적(naturalistic), 대인관계적(interpersonal), 그리고 개인내적인(intrapersonal) 지능이 그것이다. 예를 들어, 개인적 지능은 자신의 느낌에 대해 평가하고 다른 사람들을 인식하고 차별을 하는 능력을 말한다. Gardner 이론의 주요 비판은 그가 제시한 능력이 '지능'이라기 보다는 '재능'으로 더 잘 개념화될 수 있다는 것이다(Neisser et al., 1996). 그럼에도 불구하고, Gardner의 관점은 많은 심리학자와 교육자들에게 지대한 관심을 끌어왔고 전통적인 심리검사들이 평가하지 않는 재능 영역을 강조한다.

다중지능 이론과 다른 이론으로는 Sternberg (1985, 1991)의 **지능의 3요소 이론**(triarchic theory of intelligence)이 있다. 그는 사람이 지능의 세 가지 측면, 즉 요소적, 체험적, 맥락적인 기준으로 기능한다고 하였다. 이 접근법은 수행의 속도와 정확성을 덜 강조한다. 대신에 반응을 계획하고 모니터하는 것을 강조한다. 요소적 측면은 분석적 사고를 말한다. 시험을 잘 치르는 사람은 이 영역에서 높은 점수를 받는다. 체험적 요소는 창조적 사고와 관련 있고 서로 다른 경험 요소를 취하여 그것들을 통찰력있게 조합하는 것을 말한다. 마지막으로 맥락적 요소는 '영악한 사람'에게서 찾아볼 수 있다. 즉 어떻게 게임을 하는지 알고 환경을 성공적으로 조작하는 사람들을 말한다. Sternberg에 의하면 개개인의 수행은 지능의 이 세 영역에 의해서 결정된다고 한다. 다른 연구자들은 특히 지능의 한 영역으로 간주되는 사회적 유능감에 큰 관심을 보인다(Sternberg & Wagner, 1986). 그러나 기술한 영역 모두가 개인차를 설명할 수 있는지 혹은 그저 인지 이론에 불과한지는 아직도 논쟁 중이다.

Spearman, Thurstone 등의 학자들이 Cattell, Guilford, Gardner, Sternberg 등에게 자리를 내주 었지만, 임상가가 현장에서 지능검사를 사용하는 것을 보면 그들이 Spearman의 *g*요인이나 Thurstone의 다요인에서 크게 벗어나지 못했음을 보여 준다. 개인의 지능을 대표하는 단일 IQ 점수 개념은 강력하게 우리가 개인이 *g*요인을 얼마나 많이 가지고 있는지를 밝혀내려 한다는 것을 시사한다. 그러나 동시에 가장 최근의 지능검사들은 하부검사로 구성되어 전체 IQ가 하부검사 점수의 평균 혹은 합산으로 표시되게 한다. 이런 것들은 적어도 우리가 어느 정도 Thurstone의 집단 요소를 받아들였음을 시사한다. 우리는 개인의 지능이 얼마인지를 규명하고 수량화하기를 원하지만, 지능이 어느 정도 형태가 있다는 믿음에서 벗어나지 못하고 있다. 즉 두 사람은 같은 IQ 총점을 가질 수 있으나, 특정 영역에서는 그 능력이 다르다. 그러므로 환자를 보는 임상가는 Spearman이나 Thurstone과 비슷하게 생각하며, 최근의 정보 처리 이론에 영향을 덜 받고 있는 것으로 보인다.

IQ: 그 의미와 관련된 것들

IQ

비율 IQ. Binet는 정신 연령(*mental age*: MA)을 정신수행의 지표로 보았다. Binet 검사에서 각 항목을 맞추는 것은 어느 연령에 해당하는 능력이 있음을 말해 준다. 검사의 결과로 수행한 항목들이 합산되고 MA가 계산된다. 그러므로 MA에 마술적인 요소는 없다. MA는 몇 개의 항목을 맞췄느냐를 의미한다. 뒤를 이어, Sternberg는 IQ (*intelligence quotient*)의 개념을 소개하였는데, 이는 지능을 **생활 연령**(*Chronological Age*: CA)과 MA 간의 차이로 보는 데서 오는 문제점을 해결하기 위함이었다. 흔히, 4세 MA와 5세 CA를 보이는 한 아이와 14세 MA와 15세 CA를 보이는 아이가 비슷하게 결함을 보인다고 생각할 수 있다. 그러나 이는 잘못된 생각인데 지적 성장이 어린 나이에 더 빠르기 때문이다. 따라서 두 아동 모두 MA와 CA 사이에 비록 1년의 차이만 있지만, 어린 아동이 나이 많은 아동보다 훨씬 더 떨어진다고 볼 수 있다. IQ 개념은 다음의 계산을 가능하게 한다.

$$IQ = MA/CA \times 100$$

결과적으로, 앞서 말한 15세 아동의 IQ는 93이지만, 5세 아동의 IQ는 80임을 알 수 있다. 이러한 점수차는 어린 시절에 보다 빠른 지적 성장의 현실을 반영한다고 볼 수 있다.

지능을 재는 데 우리는 등간격 측정을 하고 있다고 확신할 수 없다. 즉, IQ 100이 IQ 50보다 두 배라고 할 수 없는데, 그건 수치에 절대 0이 없기 때문이다. 또한 IQ는 더하고 뺄 수 없다. 오로지 IQ 100이 IQ 50보다 똑똑하다고 말할 수 있다. 이런 모든 사실들은 IQ나 MA가 그저 숫자에 불과하다는 것을 말해 준다.

편차 IQ. 비록 처음엔 그럴듯하게 보이지만, 비율 IQ는 나이 든 집단에 적용하는 데 심각한 한계가 있다. 그 이유는 생활 연령이 증가함에 따라 동일한 MA 점수가 낮은 IQ 점수를 만들 것이기 때문이다. 따라서, 실제로 개인의 지적능력은 유지되지만, IQ는 시간이 경과함에 따라 낮아지는 것으로 보인다.

이런 문제를 해결하기 위하여 Wechsler는 편차 IQ라는 개념을 소개하였다. 지능은 인구 전체에서 정상 분포하고 있다는 가정을 기초로 한다. 편차 IQ는 IQ 검사에서 개인의 수행 점수를 그 개인의 연령집단과 비교하는 것이다. 따라서 같은 IQ 점수가 다른 연령이라도(예: 22살 대 80살) 동일한 의미를 갖게 된다. 이 두 경우에 IQ 100은 그 연령집단의 평균 지적 수준을 지칭한다.

IQ와 관련된 것들

지능검사가 타당한지 아닌지는 우리가 지능을 어떻게 정의하느냐에 달렸다. 만일 학교 성공이나 관련된 성취 능력을 넘어서는 어떤 일반적인 실체로 본다면, 답은 아마도 '아니다'일 것이다. 그러나 지능을 학교에서 성공의 예측 요인으로 규정한다면, 답은 '예'일 가능성이 크다.

지능을 *g*요인, 서로 다른 능력 혹은 요인 간의 위계적 관계로 정의내리건 아니건, 사회는 궁극적으로 어떤 능력이 가치 있게 여겨지고, 보상되며, 육성되는가를 결정한다. 아마도 이것이 왜 모든 지능검사가 거의 비슷한가에 대한 이유일 것이다. 그 검사들은 사회적 가치를 예측하도록 디자인되었다. 우리의 사회는 언어 능력, 추론, 읽기, 정보 습득, 분석능력 등을 보상하는 경향이 있다.

학업적 성공. 일반적으로 IQ는 학교에서의 성공과 배운 것을 측정하는 성취 평가에 밀접하게 관련이 있다는 것을 보여 준다(Herrnstein & Murray, 1994; Kamphaus, 1993). IQ 점수와 학교 성적과는 약 50의 상관이 있다(Neisser et al., 1996). 학교에서의 성공은 동기, 교사 기대, 문화적 배경, 부모의 태도 등 여러 변인과 관련이 있다. 이제 우리는 그런 변인을 분류해 내려는 매우 어려운 임상 과제에 직면하고 있다. 학교에서 성공이나 실패를 한다면, 그건 지능, 동기 문화적 배경 혹은 그 어떤 무엇 때문인가? 어떤 행동도 일반적 혹은 특정적 지능보다는 다른 여러 변인들이 의해서 복잡하게 결정된다. 그러나 IQ 점수와 성취와의 관계는 너무 높아서 사람들은 지능검사가 성취검사의 유형이라고 해석하기도 한다(Anastasi, 1988; Kaufman, 1990).

직업 수준이나 성공. 일반적으로 교육의 정도는 사람들이 구할 수 있는 직업의 종류를 결정하는 결정요인이기 때문에 IQ와 직업 수준이 연관되어 있다는 것은 놀랄 일이 아니다. 직업 상태가 보수, 사회적 지위, 선망 등 어떤 것에 의해 정의가 되어도 IQ와 직업 수준의 연관성은 비슷한 것처럼 보인다(Brody & Brody, 1976). 그러나 재미있게도 지능 점수는 직업 수행에 대한 좋은 예측치로 보인다(Hunter & Hunter, 1984; Neisser et al., 1996). IQ 점수는 이력서, 추천서, 교육, 혹은 대학 성적보다 훨씬 더 좋은 예측치이다. 그러나 일단 어떤 직업 군에 들어간 후에는 지능 지수가 더 탁월한 사람과 덜 탁월한 사람을 변별해 주지는 않는다(Matarazzo, 1972; Roe, 1953). 어떤 직업을 얻기 위해서 혹은 주어진 직업에서 최소의 수행을 위해서는 명백하게 어떤 최소의 능력 수준이 있어야 한다(비록 이 점은 논쟁의 여지가 있지만). 그러나 일단 직업을 얻고 나면, 후속적인 수행은 비지능적인 요소와 더 관련 있는 듯 보인다.

인구집단 차이. 비록 대부분의 연구들이 전체 IQ 점수에서 유의한 성차를 찾아내지는 못했지만, 특정 영역에서는 유의한 성차가 있는 것으로 보인다(Neisser et al., 1996). 남성들은 공간적 능력에 대한 측정에서, 그리고 청소년기 이후에는 수량적 능력에서 유의하게 높은 점수를 얻는 경향이 있다. 여성들은 언어적 능력 측정치에서 유의하게 높은 점수를 얻는 경향이 있다(Neisser et al., 1996). 인종 집단 중에서는 히스패닉과 아프리카 계통 미국인들이 유럽 계통 미국인들보다 유의하게 낮은 IQ 점수를 보인다(Neisser et al., 1996). 이런 결과들은 비록 일관적이기는 하지만 논쟁의 원인이 된다. Neisser 등(1996)은 비록 우리는 어떤 원인이 인종차를 만드는지는 모르지만, 차이의 크기는 통계적으로 환경적 요소로 설명될 수 있는 범위 내에 있다. 이 영역에 대한 보다 많은 연구는 이런 인종차의 본질에 대한 통찰을 가져다 줄 것이다. 이런 차이에도 불구하고 IQ 점수는 히스패닉과 아프리카 계통 미국인들에게 학교와 대학 성취의 좋은 예측치로 쓰인다.

IQ 점수의 유전성과 안정성

지능의 유전성. 50년 전과 비교하여, 현재 거의 모든 심리학자들은 지능이 적어도 어느 정도는 유전의 영향을 받는다는 것을 인정한다(Neisser et al., 1996). 이렇게 의견이 반전된 원인은 지난 수십 년간 행해진 **행동유전학** 연구에서 얻은 경험적 결과에 의한 것이다(McGue, Bouchard, Iacono, & Lykken, 1993). 글상자 8-2는 행동유전학의 방법을 짧게 정리한 것이다.

Bouchard와 McGue(1981)의 유명한 고찰은 지능에 대한 행동유전학 연구를 정리해 준다. 표 8-3은 그 자료의 일부를 제시한 것이다. 보는 바와 같이 지능의 유사성은 유전적으로 얼마나 가까운가에 대한 함수로 보인다(일란성 쌍생아는 이란성 쌍생아나 형제보다는 지능이 비슷하다). 이런 유형은 생물학적 친척이 따로 떨어져 자랐을 경우에도 뚜렷하다. McGue와 동료들(1993)은 다음과 같이 결론지었다.

> IQ에 관해 축적된 쌍생아, 가족, 입양에 대한 연구들은 비실험적 방법을 이용한 행동 과학에서 보여 준 것만큼이나 IQ에 대한 유전적 영향이 있음을 보여 준다. 유전적 영향이 있음을 고려하지 않고는 동성 이란성

글상자 8-2 행동유전학

행동유전학은 행동의 발달에 있어서 유전과 환경의 영향을 평가하는 연구 영역이다. 유전 코드에 의해서 단백질이 합성되고 지속되며, 단백질은 행동을 발생시키기 위하여 생리학적 중개자(호르몬, 신경전달물질, 신경체계의 구조적 속성)와 상호작용한다(Plomin, DeFries, & McClearn, 1990). 개인의 유전적 구성, 유전자형(genotype)이라고 하는 것은 탄생과 함께 결정된다. 사람의 유전자형은 생물학적 부모로부터 받는다. 표현형(phenotype)은 개인의 관찰 가능한 특징을 말하는데, 개인의 표현형은 변한다. 지능과 정신능력은 시간에 따라 변화하는 표현형적 특성이다. 표현형은 유전자형과 환경 간의 산물이다.

행동유전학에서 사용된 가장 강력한(실험적 의미에서) 연구 설계 중 하나는 쌍생아 연구이다. 이 연구법은 유전적으로 동일한 일란성 쌍생아와 유전적으로 50%만 공유하는 이란성 쌍생아의 행동이나 특성을 비교하는 것이다. 쌍생아 간의 유사성은 일반적으로 일치율(concordance rate)이나 유사성 지표(similarity index)의 형태로 표시된다. 가장 간단한 형태로 일치율은 모든 쌍생아 중에서 두 명이 비슷한 행동이나 특성을 보이는 쌍이 얼마나 있는가에 대한 백분율이다. 일란성 쌍생아에 대한 일치율(유사성 지표)이 이란성 쌍생아보다 높다는 사실은 유전적 영향이 행동이나 특성의 발달에 더 중요한 역할을 한다는 것을 보여 준다.

일란성 쌍생아는 동일하기 때문에 이들이 함께 양육될 경우 이란성 쌍생아보다 비슷하게 취급될 것이므로, 이란성 쌍생아에 비해 일란성 쌍생아에 대한 일치율이 높은 것은 유전적 영향이라기보다는 환경적 영향이라고 볼 수 있다. 행동유전학 연구에서 더 많은 정보를 주는 방법은 서로 떨어져서 자란 일란성 쌍생아(MZA)와, 같이 자란 일란성 쌍생아(MZT), 따로 자란 이란성 쌍생아 (DZA), 같이 자란 이란성 쌍생아(DZT)를 연구하는 방법이다. 이 경우, 유전적, 환경적 영향을 분리하기가 쉽다. 예를 들어 다음의 연구 결과는 연구의 관심이 된 행동이나 특징의 표현에 대한 유전적 영향을 알려 준다. (a) MZT와 MZA의 일치율은 DZT나 DZA보다 유의하게 크며, (b) MZA의 일치율은 MZT와 비슷하고, (c) DZA의 일치율은 DZT의 조화율과 비슷하다. 이러한 결과는 유전이 중요한 역할을 한다고 보여주는데, 유사성/일치율은 유전적으로 공유하는 정도의 함수이며, 다른 환경에서 자란 것은 유사성에 크게 영향을 주지 않는다는 것을 시사한다.

여기서는 행동유전학에 대한 아주 짧고 간단한 개요를 소개하였다. 지난 몇 년 동안 이 분야에 대한 관심은 늘었다 줄었다 하면서 변화하였는데, 한때는 이 분야가 여러 다른 분야의 사람들로부터 공격의 대상이 었다(Plomin et al., 1990). 그러나 여러 가지 점을 고려하는 것이 중요하다. 첫째로 일치율(유사 지표)이 100%(혹은 1)보다 작다는 것이 반드시 환경적 영향을 의미하는 것은 아니다. 따라서 행동 유전 방법은 행동에 있어서 유전 요소뿐 아니라 환경 요소도 규명하고 수량화하는 도구이다. 둘째로, 행동이나 특성이 유전적으로 영향을 받는다는 것이 바뀌지 않거나 변하지 않는다는 것을 의미하지는 않는다. 유전과 환경은 행동을 형성하기 위해 복잡한 방식으로 상호작용한다.

쌍둥이 연구법을 활용하여, 일란성 쌍둥이와 이란성 쌍둥이의 특성을 밝히고 서로 공유하는 유사성을 비교한다.

쌍생아보다 일란성 쌍생아 간 지능의 유사성이나 떨어져 자란 형제 간 IQ 상관이 높은 것이나, 가족 간 IQ 상관의 크기가 가족 간에 가까운 정도에 비례해서 나타난다는 것을 설명하기 어렵다(p.60).

유전적 요소와 관련된 IQ 변량의 정도는 약 30%에서 80%(Deary et al., 2010)로 추정된다. 일반적으로 IQ에서의 유전성은 조사하는 집단의 연령에 따라 변화하는 듯 보인다. 추정된 유전성은 나이 많은 집단에서 최고를 이룬다(McGue et al., 1993).

지능 점수가 유전적 요소에 영향을 받는다는 증거는 IQ가 변하지 않는다는 것을 의미하는가? 아니다. 이 점이 혼돈과 논쟁의 근거이다. 유전성의 추정치가 100%가 아님을 기억하라. 이 점은 환경이 지능의 발달에 어떤 역할을 한다는 것을 보여 준다. McGue와 동료들(1993)이 지적한 바와 같이, IQ에 대한 행동 유전 연구는 환경적 영향이 있음을 보여준다. 같이 자란 일란성 쌍생아의 상관은 1이 아니다. 같이 자란 형제는 따로 자란 형제에 비해 더 비슷한 점수를 보인다. 생물학적으로는 관련이 없으나, 같이 자란 형제의 IQ 간에는 유의한 상관이 있다(pp.70-73).

유전성이 100%인 경우라고 할지라도 IQ의 가변성을 배제하지는 못한다. 키와 같이 유전적으로 정해진 특질도 환경 요소에 영향을 받으며, 유전 질병도 환경적 중재에 의해 통제 혹은 치료될 수 있다(Kamphaus, 1993). 사실, 지능의 유전은 인생전반에 걸쳐 안정적으로 나타나지 않는 것 같다; 유아의 경우 20%, 젊은 성인의 경우는 60%, 노인의 경우는 80% 정도 되는 것 같다(Deary et al., 2010; Pertrill, 2005). 이러한 결과는 환경이 성인들에 비해 아동들에게 중요한 영향을 미친다는 것을 보여 주며, 더 어린 나이에 개입할 때 지능에 변화가 있을 것을 시시한다.

비록 단기 변화나 향상이 보이지만, 일반적으로 IQ를 향상시키려는 심리사회적 중재의 효과를 살펴

표 8-3 평균 가족 IQ 상관계수

관계	가중평균상관계수	쌍의 수
함께 양육된 생물학적 관계		
일란성 쌍생아	0.86	4,672
이란성 쌍생아	0.60	5,546
형제	0.47	26,473
부모/자식	0.42	8,433
이복형제	0.31	200
사촌	0.15	1,176
따로 양육된 생물학적 관계		
일란성 쌍생아	0.72	65
형제	0.24	203
부모/자식	0.22	814
함께 양육된 비생물학적 관계		
형제	0.32	714
양부모/자식	0.19	1,397

주: MZ = 일란성 쌍생아, DZ = 이란성 쌍생아. 가중평균상관계수는 z-변환의 집단크기 가중평균을 이용해 계산하였다.
출처: "Familial Studies of Intelligence: A Review" by T. J. Bouchard, Jr., and M. McGue, 1981, Science, 212, p.1056; copyright 1981 by the American Association for the Advancement of Science.

본 연구들은 그 결과가 일관적이지 않다(Kamphaus, 1993; Neisser et al., 1996). 이런 실망스런 결과에도 불구하고 타고 태어난 잠재력은 변화가 가능하며 향상시킬 가치가 있는 목표이므로 좋은 환경이 제공될 필요가 있다고 믿는다(글상자 8-3).

요약하면, 유전적 영향 대 환경적 영향은 흑백의 선택이 아니다. 명백하게 두 요소는 지능의 발달과 표현에 어떤 역할을 한다. 행동유전학자들도 환경이 IQ에 영향을 주지 않는다고 말하지 않는다. 오히려 그들의 자료는 환경적 영향을 말해 주며 지능의 발달에 영향을 주는 요소의 본질과 효과에 대한 보다 많은 연구를 위한 자극제 역할을 한다.

IQ 점수의 안정성과 "Flynn" 효과. 처음에도 지적했듯이 측정치의 신뢰도를 측정하는 방법 중 하나는 검사-재검사 상관을 살피는 것이다. 이 방법은 얻은 점수가 시간 경과에 따라 얼마나 안정성이 있는지 보여 준다. Schuerger와 Witt(1989)가 지적했듯이, IQ 점수는 어린 아이들에게는 덜 안정적이고 어른에게는 보다 안정적이라 한다. 이러한 결과는 환경(예, 학교)이 지능에 미치는 영향력이 더 어린 나이에 크다는 것을 잘 보여준다. 또한 예측할 수 있듯이, 검사-재검사 기간이 길수록(예: 10년 대 1년), 신뢰도 점수가 낮다. 그림 8-3은 나이를 함수로 한 IQ 점수의 안정성을 보여 준다.

글상자 8-3 유전의 개념

A 지역의 나무들은 그 키가 다 다르다. 서로 다른 정도를 변량이라고 부른다. 그럼 무엇이 변량을 만드는가? 부분적으로는 유전성 때문일 것이다. 어느 정도 유전적인지 알아보려면, 땅, 물, 햇빛(땅에 비치는 명암 정도로 표시된다)과 같은 환경요인을 동일하게 만들어 줘야 한다. 이제 A지역에서 무선적으로 묘목을 골라서 모든 것이 동일화된 환경인 B지역에 심고, 그 묘목들이 자랄 때까지 인내심을 가지고 기다린다. 우리는 B지역에서 크기의 차이가 A지역에서의 차이보다 적음을 발견할 수 있다. 이 사실은 B지역의 환경적 조건이 모든 나무에 공평하게 작용해서 변량의 환경적 영향이 제거되었음을 나타낸다. B 지역에서 보인 나머지 변량은 전적으로 유전적인 영향에 의한 것이다. 그러므로 A지역의 나무 높이에 대한 유전성은 B지역의 변량(유전 요소로 인한 변산)을 A지역의 변량(모집단의 전체 변산)으로 나눈 값이다.

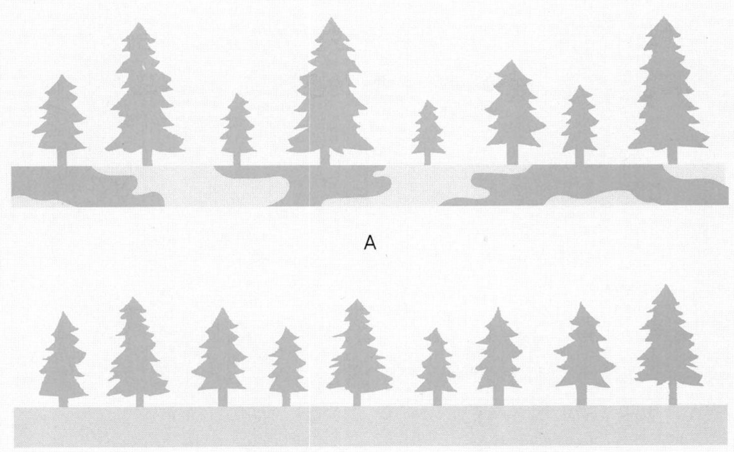

출처: Adapted from Psychology, by Henry Gleitman, by permission of W. W. Norton & Company, Inc. Copyright © 1981 by W. W. Norton & Company, Inc.

마지막으로, 여기에서 Flynn 효과를 소개하는 것이 도움이 될 것 같다(Flynn, 1984; Flynn & Weiss, 2007). Flynn 효과는 1972년부터 10년마다 지능 지수가 평균 3점이 상승한다는 경험적 연구 결과를 말한다. 이 효과에 대해서는 다양한 설명이 가능하다. 예를 들면, 사람들이 점점 더 똑똑해지고 있다는 설명에서부터, 일상에서 지능검사나 그와 유사한 과제에 노출이 많이 되어 있다는 설명까지 (Hunt, 2010). Flynn 효과가 더 나은 교육의 결과를 반영하는지에 대해서는, 임상가들이 알맞은 비교 군과 규준을 사용했는지 확인해야 한다.

지능의 임상적 평가

다음에선 아동과 성인에게 가장 빈번하게 사용되는 지능검사를 간단하게 기술하려 한다.

Stanford-Binet 검사

오랫동안 Binet 검사가 많이 쓰였다. 그 검사는 Binet가 1905에 개발한 후에 여러 차례 개정되었다. 1916년 Terman의 개정판과 1937년 개정된 Stanford-Binet 검사가 나왔다(Terman & Merrill, 1937). Stanford-Binet의 1960년 개정판은 새로운 규준과 함께 1972년의 개정판의 발판이 되었다. 가장 최근의 개정판은 2003년에 나왔는데 *Stanford-Binet* 제5판 SB-5이다(Thorndike, Hagen, & Sattler, 1986).

기술. 가장 최근인 2003년에 Stanford-Binet 제5판(SB-5)가 출판되었다(Roid, 2003).

설명. 1986년 판과 같이, SB-5는 지능의 위계 모델에 근거한다. 특별히, SB-5는 다섯 개의 일반적인 인지 요소를 측정하며, 각 요소들은 언어 및 비언어성 하위 검사들로 평가된다(Roid & Pomplun, 2005):

1. 유동 추론(Fluid reasoning): 단어, 이해력, 부조화, 언어적 관계
2. 수리적 추론: 질량, 수 개념, 방정식 형성
3. 추상/시각 추론: 패턴 분석, 복사, 행렬, 종이 접기와 자르기
4. 단기 기억: 구술 기억, 문장 기억, 숫자 기억, 사물 기억

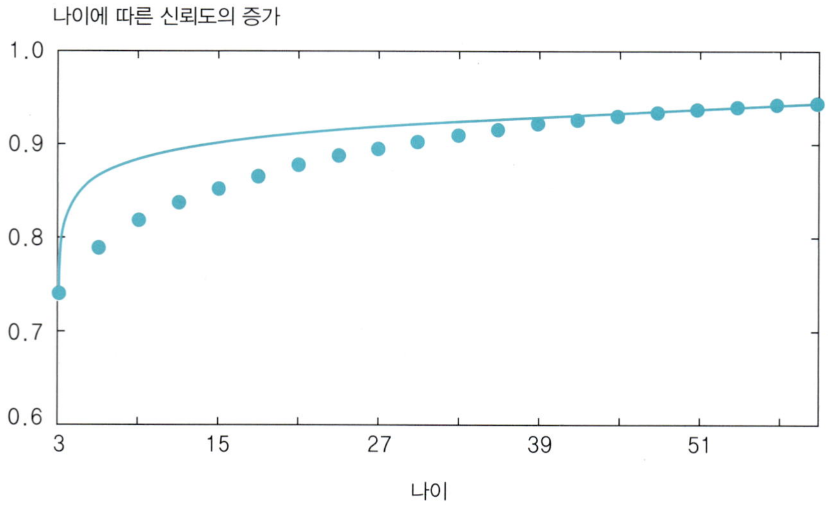

그림 8-3 ▪ 나이와 안정성의 관계를 보여주는 그래프

출처: Scheurger and Witt(1989). The temporal stability of individually tested intelligence. Journal of Clinical Psychology, 45, p.300. Reprinted by permission.

5. 지식(Knowledge): 가정, 학교, 직장 또는 환경을 통한 경험으로 정보를 통합하는 능력.

각 하위 검사는 2세에서 성인에 이르는 난이도가 다른 여러 항목들로 구성되어 있다. 이 개정판은 다단계 검사라는 적응적인 검사 절차를 사용한다. 검사자는 나머지 검사들의 시작점(예: 시작하는 항목)을 찾기 위해 먼저 두 가지 하위 척도(대상-연속 매트릭스 과제와 단어 과제) 검사를 실시한다. 이 두 과제를 항상 제공하는 이유는 이 두 가지가 각각 비언어성, 언어성 과제로 피검자의 초기 수준을 결정하여 이후 어떤 과제를 할지 결정하는 데 도움이 되기 때문이다.

능력에 대한 초기평가는 후속 검사에 대해 적절한 시작점을 알려 주고, 그로 인해 단순히 생활 연령에 의해 검사를 시작하는 것보다 검사를 효율적으로 만들 수 있다. 그러므로 같은 연령의 모든 사람들이 같은 항목에서 시작하지는 않는다. SB-5의 다른 특징은 시간제한을 거의 사용하지 않아, 빠른 시간에 완성하여 보너스 점수를 받을 수 없다는 것과 연습 과제들이 있다는 점이다(Roid & Pomplum, 2005).

표준화. SB-5의 표준화에는 2세부터 96세 4,800명의 참가자를 대상으로 하였다. 2001년도의 미국 인구조사를 참조하여, 참가자는 거주지, 지역 크기, 인종, 나이, 성별에 따라 표집되었다. 사회경제적 수준 역시 고려하였다. 게다가, SB-5는 점수의 임상적 유용성을 높이기 위해 특별 모집단(예, 정신지체, 학습장애, 주의결핍장애, 발화/청력 손상)에서 대략 1400명에게 실시하여 규준을 제작하였다.

신뢰도와 타당도. SB-5 매뉴얼(Thorndike et al., 1986)은 합산 점수와 하위 검사 점수가 대체로 신뢰할 수 있다고 보고한다. 내적 타당도 신뢰도는 IQ 점수에서 내적 일치도가 .95에서 .98에 이르며, 다섯 가지 요인들 점수에서도 .90에서 .92의 높은 내적 일치도를 보인다. 모든 집단에서 검사-재검사 신뢰도가 IQ 점수에서는 .90, 요인 점수에서 .80대로 일반적으로 높은 신뢰도를 보인다.

SB-5의 합산 점수의 타당도를 위해 다양한 증거들이 수집되었다(Laurent, Swerdlik, & Ryburn, 1992; Thorndike et al., 1986). 예를 들어 SB-5점수와 1986년 Standford-Binet 간의 상관은 .90이었다. SB-5와 Wechsler(다음에 기술) 검사 간의 상관은 아동의 경우 .84이었고, 성인의 경우 .82였다. SB-5와 Wechsler 하위 검사 간의 상관도 높은 편이었다. 그러므로 다른 지능검사와의 관계를 볼 때, 새로운 Standford-Binet 검사는 타당한 것으로 보인다. 마지막으로, SB-5 점수를 기반으로 정신지체, 학습장애, 주의력 결핍장애가 있는 개인들을 잘 분별해 낼 수 있다. 종합하면, SB-5의 타당도가 높아보인다.

Wechsler 검사

Standford-Binet 검사의 초기판들은 단점이 많았기 때문에 David Wechsler는 1939년에 Wechsler-Bellevue 지능검사를 개발하였다. 이 검사는 성인을 위한 것이었는데, 검사 항목의 내용이 아동보다는 성인에게 더 적절하고 성인을 동기화시키는 것들이었다. 항목들이 연령 수준으로 정렬된 Stanford-Binet와 다르게, Wechsler-Bellevue 지능검사는 항목을 하위 검사로 묶었다. 예를 들어 모든 산수문제는 하나의 하위 검사로 묶였고, 난이도가 높아지는 순서대로 제시되었다. 게다가 동작성 지능과 언어성 지능(각각 5개의 하위 검사로 구성됨)을 구분하였다. 전체 지능 점수와 함께 두 영역에 대해 각각의 지능이 산출되었다. 동작성 항목들을 체계적으로 포함시킴으로써, 초기 Standford-Binet 검사가 언어 기술을 과도하게 강조하여 그 효용성이 특정 집단에서 제한되었던 점을 개선하였다.

Wechsler는 편차 IQ 개념을 사용하였다. 이미 살

그림 8-4 ■ Stanford-Binet 제4판(SB-4)

펴본 바와 같이 이 접근은 지능의 정상분포를 가정하며 각 개인을 자기 연령집단과 비교한다. 실제로 15세 청소년의 점수를 다른 15세 청소년과 비교하는 것이다. 이 방법은 통계적으로 각 연령집단의 IQ 평균을 100으로 가정한다. 결과적으로 IQ 100은 연령에 상관없이 모든 사람에게 같게 해석된다.

WAIS-III와 WAIS-IV

기술. Wechsler Adult Intelligence Scale (WAIS)라 불리는 Wechsler-Bellevue의 새 판은 1955년에 처음 발표되었다. 개정판(WAIS-R)은 1981에 발행되었다. *Wechsler Adult Intelligence Scale Third Edition* (WAIS-III)은 1997년에 발표되었고, 가장 최근 버전인 WAIS-IV가 2008년에 출간되었다.

가장 큰 변화는 WAIS-III에서 처음 소개되었고 WAIS-IV에서도 이어진 여러 하위 검사에 **역행 항목**(reversal items)을 넣은 것이다. 이런 하위 검사에서는 모든 수검자가 똑같이 두 기저 항목(basal item)에서 시작한다. 만약 이 두 기저 항목을 다 맞추지 못하면 연속해서 두 항목을 옳게 대답할 때까지 이전 항목들로 역행하여 시행한다. 이런 변화의 목적은 수검자의 능력 수준보다 현저하게 낮은 항목은 시행하지 않고 가능한 한 효율적으로 수검자의 능력 수준을 평가하기 위함이다. 또 새로운 혁신은 WAIS-IV의 Full Scale IQ Score에 더해 *Index scores*를 제공해줄 수 있는 능력이다. 15개의 하위 검사를 실시(선택검사인 모양 맞추기를 제외: 아래 참조)함으로써 4개의 색인 점수를 계산할 수 있다–언어 이해, 지각 조직, 작업 기억, 그리고 처리 속도. 이렇게 계산된 점수는 WAIS-IV 하위 검사 점수 속에 내재된 주요 능력을 반영한다. 그러므로 색인 점수는 여러 과제에 걸친 수검자의 장점과 단점을 보다 자세히 평가한다고 할 수 있다.

다음은 15개 WAIS-IV 하위 검사에 대한 간단한 설명이다. 처음 7개 항목이 언어성 하위 검사이고, 나머지 7개가 동작성 하위 검사이다.

1. 어휘. 언어 이해(*Verbal Comprehension*). 여기서

수검자는 난이도가 증가하는 단어의 정의를 내려야 한다. 이 검사는 가장 좋은 단일 언어 소검사이다. 이 검사는 전체 IQ 점수와 상관이 높으며, 어떤 사람은 *g*를 재는 가장 대표적 검사라고 한다.

2. **공통성. 언어 이해**(*Verbal Comprehension*). 이 검사는 19개의 항목으로 구성되어 있는데, 각각의 항목에서 피검사자는 어떻게 두 대상이 비슷한지를 설명해야 한다. 이 하위 검사는 추상적 사고와 개념 발달의 기본적인 능력을 잰다.
3. **산수. 작업 기억**(*Working Memory*) 대부분의 학교 교재에서 나오는 산수문제와 비슷한 20문항으로 구성된다. 문항들은 구두로 제시되며, 수검자는 종이와 연필을 이용할 수 없다.
4. **숫자 외우기. 작업 기억**(*Working Memory*)이 하위 검사는 단기 기억과 주의력을 잰다. 검사자는 세 가지 세트의 숫자 목록을 크게 읽어 준다. 첫 번째 목록에서 수검자는 들은 순서 그대로 반복해서 말하면 된다. 두 번째 목록에서는 들은 것의 순서를 거꾸로 말해야 한다. 마지막으로 세 번째 목록에서는 다시 들은 숫자들을 오름차순으로 검사자에게 다시 반복해서 이야기해야 한다.

그림 8-5 ■ David Wechsler는 1939년에 Wechsler Bellevue Intelligence Scale를 발표하였다. 이 검사의 개정판들은 지적 기능을 평가하는 데 가장 많이 이용되는 검사가 되었다.

5. **기본 지식. 언어 이해**(*Verbal Comprehension*) 일상생활 그리고 문화적 상호작용의 결과물로 습득되었다고 간주되는 지식을 28문항을 통해 알아본다.
6. **이해. 언어 이해, 보충 과제**(*Verbal Comprehension, supplemental subtest*). 18개 항목으로 구성되며, 수검자는 특정 절차가 왜 취해져야 하는지 설명하며, 속담을 해석하고, 주어진 상황에서 어떤 행동을 해야 하는지를 설명해야 한다. 이 항목들은 상식과 문제해결에서 실제적인 판단력을 잰다. 이 과제는 IQ 점수를 위한 보충 하위 과제이다.
7. **글자-숫자 배열. 작업기억, 보충 과제**(*Working memory, supplemental subtest*) 이 새로운 하위 검사는 작업 기억과 주의력을 측정하는 7개 항목으로 구성되어 있다. 숫자와 글자의 조합을 읽고, 수검자는 먼저 오름차순으로 숫자를 회상해야 하며, 다음에 알파벳 순서대로 글자를 회상한다. 각 항목은 3개의 서로 다른 숫자와 글자의 조합으로 구성된다. 이 검사는 IQ 검사의 부수적 하위 검사이다.
8. **빠진 곳 찾기. 지각 추론, 보충 과제**(*Perceptual Reasoning, supplemental subtest*). 이 하위 검사는 25개의 다양한 색깔의 카드로 구성되는데, 각 카드는 한 부분이 빠져있는 그림을 보여 준다. 수검자는 빠진 곳이 어디인지 알아내야 한다. 이 검사는 집중력과 함께 세밀한 부분과 불일치하는 부분을 알아채는 능력을 요한다. 이 과제는 IQ 점수를 위한 보충 하위 과제이다.

9. 바꿔 쓰기. 처리 속도(*Processing Speed*). 이 부호 대체 검사는 수검자가 일련의 숫자 밑의 빈칸 보기에 있는 적절한 부호를 채워 넣는 과제이다. 이 하위 검사는 수검자가 직접적이고 단순하게 몰두하는 것을 요한다.
10. 토막 짜기. 지각 추론(*Perceptual Reasoning*) 수검자는 카드에 있는 디자인을 보고 블록을 그대로 만들어야 한다. 이 과제는 시각 운동 협응 능력과 분석 종합 능력을 요한다.
11. 행렬 추론. 지각 추론(*Perpectual Reasoning*) 이 새 과제는 시각 정보 처리와 추상적 추론 기술을 측정하는 항목으로 구성된다.
12. 차례 맞추기. 처리속도(*Processing Speed*). 여러 장의 그림을 줄거리가 통일성을 가지도록 적절한 순서대로 배열하는 과제이다. 이 하위 검사는 판단, 예견, 그리고 미리 계획하는 능력을 측정한다.
13. 시각 퍼즐(*Visual Puzzles*) (지각 추론, Processing Speed). 새로운 하위검사로써, 제시된 퍼즐 그림을 완성하기 위해 퍼즐 조각들 중 맞는 조각을 선택하는 과제이다.
14. 그림의 무게(*Figure Weights*), 지각 추론, 보충 과제(*Perceptual Reasoning, supplemental subtests*). 새로운 하위 검사로써, 저울의 무게를 맞추기 위해 알맞은 무게의 그림을 선택하는 과제임. 이 과제는 IQ 점수를 위한 보충 하위 과제이다.
15. 지우기(*Cancellation*) 처리 속도, 보충 과제(*Processing Speed, supplemental subtest*). 새로운 하위 검사로써, 색깔이 있는 모양들을 보고 목표가 되는 모양에 표기를 하는 과제이다. 이 과제는 IQ 점수를 위한 보충 하위 과제이다.

IQ 점수 얻기와 지표 점수. 각 하위 검사의 원 점수로부터 표준 점수 해당 연령군에서 표준화된 점수를 계산한다. 선택한 하위 검사의 표준 점수를 합쳐서 IQ 점수와 지표 점수를 계산하고, 이들의 합을 IQ 점수로 전환한다. 이러한 보충 하위 과제들은 핵심 과제들을 대체하는 데 사용할 경우, 위의 계산식에 함께 사용될 수 있다. 표 8-4는 7가지 주요 IQ와 지표 점수를 계산하는데 이용되는 WAIS-IV 하위 검사를 보여 준다. 언어 이해, 지각 추론, 작업 기억 그리고 정보 처리 속도이다.

그림 8-6 ■ WAIS-Ⅲ 빠진 곳 찾기 검사 중 자극의 예

표준화. WAIS-IV는 2,200명의 성인을 대상으로 표준화되었고, 16~90세를 13개 연령집단으로 나눠었는데, 이 집단 모두에서 남녀 수를 동일하게 하였다. 대상자는 2005년 미국 인구조사 자료를 기초로 나이, 성별, 인종, 교육 수준, 그리고 지역에 따라 표집되었다.

신뢰도와 타당도. 다양한 연령집단에 걸쳐서 전체 검사, 동작성, 그리고 언어성 IQ 평균의 신뢰도 계수는 .94에서 .98이며, 전 연령에 걸쳐 언어 이해, 지각 조직, 작업 기억, 정보 처리 속도 지표의 평균 신뢰도 계수는 .90에서 .96에 속한다. 3주 간격의 검사-재검사 신뢰도는 다양한 하위 검사들에서 그리고 모든 연령그룹에서 평균 .74에서 .90에 이른다.

풍부한 자료들은 WAIS-IV 점수의 타당도를 지

표 8-4 WAIS-IV 하위 검사들과 IQ 및 하위 조합점수들

	IQ 점수 혹은 조합 점수				
	전체 척도 IQ (Full Scale IQ)	언어 이해(Verbal Comprehension)	지각 추론 (Perceptual Reasoning)	작업 기억 (Working Memory)	처리 속도 (Processing Speed)
하위검사(Subtest)					
어휘(Vocabulary)	√	√			
기호쓰기(Coding)	√				√
공통성(Similarity)	√	√			
토막짜기(Block Design)	√		√		
산수(Arithmetic)	√			√	
행렬추론(Matrix Reasoning)	√		√		
숫자(Digit Span)	√			√	
상식(Information)	√	√			
빠진 곳 찾기 (Picture Completion)			○		
이해(Comprehension)		○			
무게비교(Figure Weights)			○		
동형찾기(Symbol Search)	√				√
퍼즐(Visual Puzzle)	√		√		
순서화 (Letter-Number Sequencing)				○	
지우기(Cancellation)					○

주의: V표시 된 것은 전체 척도 IQ 점수나 조합 점수를 산출하는 데 사용되는 하위 검사임. O 표시된 하위 검사의 표준 점수로 해당 조합 점수를 대신할 수 있음.

지해 준다(Psychological Corporation, 1997). 비슷한 능력을 측정하는 다른 인지능력검사의 하위 검사들은 WAIS-IV의 관련된 하위 검사들과 유의한 상관을 보인다. 예를 들어, WAIS-IV의 작업 기억 지표는 주의와 집중력을 재는 다른 검사 점수들과 높은 상관을 보이며, WAIS-IV 언어 이해 지표와 언어성 IQ 점수는 언어 유창성과 언어 이해를 측정하는 다른 검사들과 상관이 높다. 마지막으로 WAIS-IV의 요인적 타당도에 대한 증거로서 탐색적 요인분석(exploratory factor analysis)과 확인적 요인분석(confirmatory factor analysis)은 WAIS-IV의 네 요인(언어 이해, 지각적 조직, 작업 기억, 정보 처리 속도)을 지지하고 예측할 뿐 아니라 WAIS-IV의 하위 검사와 이 요인들 간의 관계도 지지해 준다.

이 사례는 전체 IQ 점수(Full Scale IQ)에 너무 의존하는 경우 잘못된 해석을 가져온다는 것을 보여준다. Ryan의 전체 지능이 비록 평균 수준에 있지만, 개별 하위 과제 점수들과 지표들을 자세히 살펴본다면 몇 가지 인지기능의 어려움을 파악할 수 있다. 이러한 이유로, 하위 검사, IQ 총점, 지표 점수들 간의 차이를 계산하고 해석하는 것이 중요하며 이를 통해 피검자의 인지능력에 대한 풍부한 임상적 그림을 얻을 수 있다.

이 사례는 전체 IQ 점수에만 의존하는 것은 잘못된 결론을 이끌 수 있음을 보여 준다. 비록 라이언의 전체 점수는 평균에 속하지만, 개개 하위 검사와 지표 점수를 자세하게 조사한 결과는 인지 결함을 시사한다. 이런 이유로 하위 검사 점수, IQ 점수, 지표 점수의 차이를 계산하고 해석하는 것이 수검자의 인지 능력에 대한 보다 풍부한 자료를 제공하는 데 중요하다.

WISC-IV

Wechsler Intelligence Scale for Children (WISC)는 1939년에 처음 개발되었고, 1974년(WISC-R)에 개정되었으며, 1991년엔 WISC-III로 개정되었다(Wechsler, 1991). 최신판 WISC-IV는 2003년에 발표되었다(Wechsler, 2003). 이 검사는 6세에서 16세 아동에게 적절하며, WISC-IV는 10개의 하위 검사와 5개의 부수적 검사로 구성되어 있다. 이전 판과 마찬가지로 많은 측면에서 WISC-IV는 Wechsler Adult Intelligence Scales (WAIS)의 변형이라 할 수 있다.

기술. WISC-IV는 전체 IQ를 구성하며, 네 가지 지표를 결정하는 개별검사로 구성된다. 그림 8-7은 이 모델을 보여 준다.

1. **언어 이해 지표**(*Verbal Comprehension Index: VCI*)는 공통성, 어휘, 이해 등의 하위 검사를 포함하며, 상식과 단어 추론은 VCI의 부수적 검사이다. VCI는 많은 점에서 Wechsler 검사에서 이용한 언어성 IQ와 유사한데, 이는 언어 추론과 이해의 지표이다.
2. **지각 추론 지표**(*Perceptual Reasoning Index: PRI*)는 토막 짜기, 그림 개념, 행렬 추론의 하위 검사로 이루어지며, 빠진 곳 찾기는 PRI의 부가적 검사이다. PRI는 다른 Wechsler 검사에서 이용한 동작성 IQ 지표와 유사한데, 빠른 수행과 운동 기술은 덜 강조한다.
3. **작업 기억 지표**(*Working Memory Index: WMI*)는 숫자 외우기, 글자 숫자 순서 맞추기 등의 하위 검사로 이루어지며, 산수 검사는 부가적 검사이다. WMI는 WISC-III의 산만지표(Freedom From Distractibility)와 유사한데, WMI는 아동이 의식적으로 정보를 수집, 조작, 결과를 산출해 내는 능력을 측정한다(검사자가 말한 숫자를 거꾸로 외워 대답하기).
4. **처리 속도 지표**(*Processing Speed Index: PSI*)는 기호 쓰기와 부호 찾기로 구성되며, 새로운 지우기 과제(Cancellation task)는 부가적 검사이다. WISC-III에도 있었던 PSI는 정보 처리 속도를 측정하며, 시간제한이 있는 과제와 관련 있다.

표준화. WISC-IV의 정상집단 자료는 미국 아동 인구를 대표하는 2,200명의 표준화된 피검자를 대상으로 수집되었다. 2000년도 미국 인구 조사자료를 이용하여, 미국 아동 인구를 비율을 기준으로 성별, 지역, 부모 교육 정도에 의해서 선발하였다. 표집은 6~16세의 11개 연령집단에 각각 200명(남녀 동일하게 100명씩)을 포함하였다.

신뢰도와 타당도. Wechsler(2003)는 모든 연령집단에 걸쳐서 언어 이해 지표, 지각 추론 지표, 작업 기억 지표, 처리 속도 지표, 그리고 WISC-IV 전체 점수에 대한 반분 신뢰도의 평균은 .94, .92, .92, .88, 그리고 .97이라고 보고했다. 각 개별 검사에 대한 평균 반분 신뢰도의 범위는 .70~.90이다. 세 연령집단에서 검사–재검사 신뢰도(평균검사 간격은 32일)도 모두 꽤 높았다. 타당도에 관해서는 WISC-IV 점

간단한 사례 보고: 지능검사

다음의 간단한 발췌는 1차 진료의에서 환자를 의뢰받은 임상심리학자가 쓴 보고서에서 따온 것이다. 1차 진료의는 자신의 환자가 인지 결함, 특히 단기 기억과 주의력에 문제가 있는지에 대한 평가를 의뢰했다. 의뢰된 환자는 창고에서 물류 운반을 하는 운전사로 새로 시작한 직업 수행에 어려움을 호소하고 있었다. 특히 그는 주어진 일을 완수하지 못하고, 배당 일과를 빈번하게 잊는다고 하였다. 여기서 WAIS-III의 결과와 해석을 제시해 보겠다.

환자: 라이언(가명)

나이: 28세, *교육 정도*: 고등학교 졸업, *결혼 유무*: 미혼

지적 기능: WAIS-III 점수에 의하면 라이언은 전체 IQ 100으로 평균 수준의 기능을 유지하고 있다. 라이언의 언어성 지능(100)과 동작성 지능(100) 역시 평균에 속한다. 하위 검사 점수와 지표 점수를 살펴보니 검사 간 상당한 편차가 보였다. 그가 얻은 점수는 다음과 같다.

언어성 검사	
어휘	12
공통성	13
산수	7
숫자 외우기	6
기본 지식	11
이해	12
글자-숫자 배열	(5)
동작성 검사	
빠진 곳 찾기	12
바꿔 쓰기	9
토막 짜기	10
행렬 추론	10
차례 맞추기	10
(부호 찾기)	(9)
(모양 맞추기)	(10)
합산 점수	
언어성 IQ	100
동작성 IQ	100
전체 IQ	100
언어 이해 지표	110
지각 조직 지표	103
작업 기억	75
정보 처리 속도	93

비록 언어 이해, 공간 조직, 정보 처리 속도와 관련된 점수가 평균에 속하지만, 라이언의 작업 기억을 반영하는 점수는 경계선 수준이다. 그는 주의와 단기 기억, 새 정보 처리와 연관된 하부 검사에서 문제를 보였다.

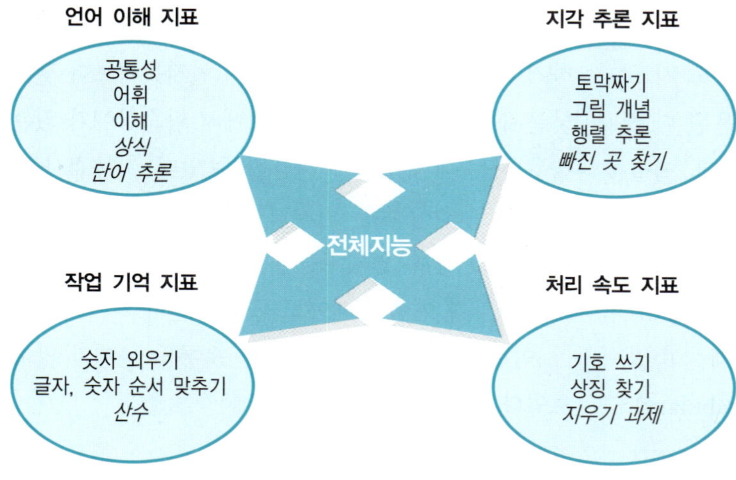

그림 8-7 ■ WISC-IV의 구성

주: 부가적 하위 검사는 이탤릭체로 표시하였다.

출처: Wechsler Intelligence Scale for Children: Third Edition. Copyright © 1990 by Harcourt Assessment, Inc. Reproduced by permission. All right reserved. Wechsler Intelligence Scale for Children, WISC, and WISC-III are trademarks of Harcourt Assessment, Inc. Registered in the United States of America and/or other jurisdictions.

수는 다른 지능검사 점수(WISC-III)와 상관이 높다. 게다가 WISC-IV를 특정 집단(예: 영재, 학습장애아, 운동 결함 아동)에게 실시한 결과는 과거 이 집단에 대한 연구 결과와 WISC-IV 하위 검사와 지표의 내용을 고려할 때 예상되었던 결과를 보이고 있다(Wechsler, 2003).

마지막으로 초기 요인분석은 네 가지 요소(VCI, PRI, WMI, PSI)가 15하위 검사 간의 관계를 설명한다는 것을 잘 보여 준다. 그러므로 이러한 분석은 WISC-IV의 이론적 모델과 구성을 지지해 준다.

The WPPSI-III

The Wechsler Preschool and Primary Scale of Intelligence (WPPSI)가 1967년에 처음 개발되고, 1989년에 WPPSI-II로 개정되었으며, 2002년에는 제3판이 출간되었다. 이 척도는 WISC-IV와 상당히 유사하나 더 어린 아동의 지능을 측정하는데 특화되어 있고 하위 척도들의 두 가지 세트가 포함되어 있다. 하나의 세트는 2살 6개월에서 3살 11개월 사이의 아동을 위해 개발되었고, 다른 한 세트는 4살에서 7살 3개월 사이의 아동을 위해 개발되었다.

현재, WPPSI-III는 세 가지 지표를 산출하는데, 즉 전체 IQ 점수, 언어성 IQ, 동작성 IQ 점수이다. 4세 이상의 아동들에게는 WPPSI가 처리 속도 지표 점수를 제공한다. WAIS와 WISC에서 사용된 다양한 하위 척도들이 사WPSSI에도 사용되는데, 예를 들면, 정보(Information), 블록 설계(Block Design), 모양 조립(Object Assembly), 코딩(Coding), 행렬 추론(Matrix Reasoning) 등이 포함된다. WPPSI-III는 더 어린 아동들에 맞춘 몇 가지 하위 과제들이 있는데, 예를 들면, 수용 어휘(Receptive Vocabulary), 단어 추론(Word Reasoning), 그림 개념(Picture Concepts) 등이다.

표준화, 신뢰도 및 타당도. WPSSI-III를 표준화하기 위해 2세 6개월에서 7세 3개월에 속한 1700명의 아동의 데이터를 사용하였다. 전체 점수들의 신뢰도는 .89를 넘는다. WPSSI는 널리 사용되는 능력검사인 Wechsler Individual Achievement Test Third Edition, WIAT-III와 함께 표준화하였기 때문에, 지능과 능력을 비교할 수 있으며, 타당도가 매우 높다.

지능검사의 임상적 이용

앞에서 가장 일반적으로 쓰이는 지능검사에 대해 기술하였다. 이제는 그러한 검사가 임상 상황에서 어떻게 이용되는지 자세히 살펴볼 차례이다.

일반 지능 수준의 추정. 지능검사는 수검자의 일반적 지능 수준을 평가하는 수단으로 가장 잘 이용된다. 목적은 수검자의 일반 지능 *g*가 어느 정도인지를 알아내는 것이다. 때때로 질문을 다소 다르게 표현하기도 한다. 예를 들어, 이 환자의 지적 잠재력은 어느 정도인가? 이런 식으로 질문을 하면 아마도 그 환자는 잠재력만큼 기능하지 못한다는 것을 시사한다고 할 수 있다. 잠재력은 현재 성취를 측정하는 것, 즉 현재 환자의 기능 수준에 대한 정보를 제공하는 기저선이 된다. 아이가 학업에서 어려움을 겪는 것이 인지적인 문제인지 정신건강의 문제인지를 파악하거나, 혹은 아이의 학업수행이 인지능력보다 훨씬 낮은지를 평가(즉 극단의 사례에서 학습장애가 있는 경우)하는 데 유용하게 사용될 수 있다. 지능검사 결과는 두부 외상 혹은 인지기능에 영향을 미칠 수 있는 수술을 한 후 인지기능을 얼마나 잘 회복할 수 있을지에 대해 예측할 때에도 도움이 된다.

이런 목적을 추구하는 데는 오류와 문제가 많아 보인다. 다음은 예이다.

학업 성취의 예측. 이전에 언급했듯이 지능검사 점수와 학업적 성취 간의 관계를 보여 주는 자료가 있다(Neisser et al., 1996). 지능이 논리적으로 학교

해럴드의 사례

해럴드는 중등학교 영재 교실에 배치되기 이전에도 주기적으로 평가를 받아왔다. 놀랍게도 그의 WISC-IV 전체 IQ 점수는 107이다. 이 점수는 평균에 속하지만 그가 속한 교실의 선발기준 점수보다는 낮다.

또한 교사가 해럴드의 수행을 바탕으로 추정한 점수보다 훨씬 낮다. 하위 검사 점수를 자세히 살펴보면, 토막 짜기와 기호 쓰기에서 해럴드의 수행은 다른 하위 검사보다 훨씬 낮다. 해럴드와의 면접은 이 불일치를 이해하는 데 도움이 되었다. 어릴 적부터 해럴드는 양쪽 팔과 손에 근육이 약해서 고생해 왔다. 이런 문제로 인해 해럴드는 세밀하고 빠른 운동 반응을 보일 수 없었다. 그러나 그는 다른 사람이 자신의 약점을 알아내지 못하도록 대안책을 개발하였다. 예를 들어, 토막짜기에서 그는 느리고 의도적이고 심지어 혼란스러워 보이는 반응을 보였는데, 이는 그가 소근육 기능의 문제를 숨기기 위해서 그렇게 연기한 것이다. 해럴드의 IQ는 운동기능의 저하로 인해 낮게 평가된 것이 분명하며, 이는 그의 지적인 수행 정도와 관련이 없다.

이러한 예는 빙산의 일각에 불과하다. IQ를 알아내는 것은 임상가 임무의 전부가 아니고 시작으로 봐야 한다. IQ 점수는 해석되어야 한다. 수검자의 학습 역사와 검사 상황 동안의 관찰에 의거한 정보에 의해서 그 점수가 적절하게 해석될 수 있으며 적절하게 평가될 수 있다(Oakland & Glutting, 1990).

에서의 수행 능력을 반영하는 만큼 지능검사가 학업적 성취를 예측한다는 것을 정당화할 수 있다. 모든 사람들이 지능과 학업 능력을 동일시하는 것은 아니지만, 지능검사의 주요 기능이 학업 수행을 예측하는 것은 사실이다. 그러나 지능과 학업적 성취가 개념적으로 동일한 것이 아님을 기억해야 한다.

스타일의 평가. 이미 언급했듯이 수검자가 어떤 특정 검사 항목을 맞추느냐 아니냐 뿐 아니라 어떻게 그것을 맞추느냐 또한 중요하다. 개인 지능검사들의 중요한 가치 중 하나는 검사자가 환자나 수검자가 실제로 수행하는 것을 관찰할 수 있다는 점이다. 그런 관찰은 IQ 해석을 크게 돕는다. 예를 들어 이 아이는 할 수 있는 것만큼 했는가? 실패를 피하려고 했는가? 아이가 거의 대부분 항목에서 어려워했는가? 아니면 쉽게 풀었는가? 아이가 관심 없어 보였나? 혹은 이 무관심이 아동의 수행을 방해하였나? 그런 질문과 뒤따르는 해석은 IQ 점수에 생명을 불어넣어 준다.

다음에서 보는 WAIS-IV와 비슷한 질문과 이에 대한 가상 수검자의 대답은 그저 옳고 그른 답을 넘어선 자료가 수집되어야 한다는 것을 보여 주는 좋은 예이다.

질문: 누가 실락원을 썼는가?(상식 문제)
답: 아마도 가톨릭 신자겠죠. 그런데 교황이 모든 것을 변화시키기 시작하면서 그렇게 제목을 붙였어요.

질문: 돈을 은행에 저금하면 장점이 뭐죠?(이해 문제)
답: 장점이 없죠. 사기꾼이 많아요. 결국에는 어디서든 돈을 먹겠죠.

질문: 사자와 호랑이는 어떤 점에서 같죠?(공통점 문제)
답: 글쎄요. 이건 설명하자면 길어요. 그것들이 비슷하게 생겼나요? 둘은 교접이 안되는 거 아시잖아요.[1]

어떤 임상가는 IQ 점수에 추가적인 의미를 주는 제한된 성격 추론 이상의 모험을 하며, Stanford-Bi-

1) 이 유사 항목들은 The Psychological Corporation의 협조로 제공되었다. 답은 실제 항목에 대한 답을 근거로 하였다.

net와 Wechsler 검사를 기초로 정신과적 진단을 내리기도 한다. 그들은 점수의 패턴을 살펴봄으로써(관심 분포, interest scatter) 진단을 내릴 수 있다고 한다(예: 정신분열증 혹은 우울증). 하지만 여러 해 동안 관심 분포에 대한 타당화 연구들은 같은 결과를 산출하는 데 실패하였다. 따라서 검사 수행의 패턴으로부터 신뢰할 수 있게 진단을 추론할 수는 없다(Piedmont, Sokolove, & Fleming, 1989).

마지막 관찰과 결론

앞에서 우리는 지능의 정의와 이론, 지능검사의 기술, 그리고 지능검사의 이용에 대해 논의하였다. 이제 결론을 내려보려 한다.

추상화된 개념. IQ는 개인이 모든 상황에서 일정한 수준으로 수행할 것이라고 보지 않기 때문에, 잠재력보다는 현재 기능을 말한다고 봐야 한다. 많은 사람들은 적성과 같이 지능도 '어떤 것'이 아니라고 한다. 오히려 지능은 임상가가 어떤 행동을 정확하게 예측할 수 있도록 해주는 개념, 추상적인 능력이라고 한다. 몰리가 수업에서 A를 받고 교사에게 인정을 받으며, 또래보다 문제를 빨리 푸는 것을 본 임상가는 몰리가 똑똑하다고 결론지을 것이다. 이런 결론에 도달하기 위해서 임상가는 여러 상황에서 몰리의 행동의 공통적인 요소를 추출해 낼 것이다. 임상가는 그렇게 추출된 개념으로 몰리가 관련된 미래 상황에서 성공적으로 수행할 것이라고 예측한다. 그러나 지능이 뇌의 특정 영역에 있는 것이라기보다는 추상적인 능력이라는 개념에도 불구하고, 또한 사람이 할 수 없는 것과 하기를 선택하지 않은 것 사이의 구별이 어려움에도 불구하고, 많은 사람들은 아직도 '진짜' IQ가 존재하며, 지능검사는 그것을 재는 가장 좋은 방법이라고 믿는다. 하지만, Sternberg가 했던 말 중에, "……지능을 애매하게라도 잴 수 있는 '줄자(tape measure)'는 아직 우리가 지니고 있지 못하다"를 기억하는 것이 필요하다(Sternberg et al., 2005, p. 47).

환경의 역할. 여러 해에 걸쳐 연구들은 환자, 어린 아이, 소수민족 등 영향을 받기 쉬운 집단에 대한 환경적 요소의 역할과 검사자 효과를 증명해 왔다(Masling, 1960; Sattler, 1970). 수검자뿐 아니라, 검사자의 나이, 사회 경제적 지위, 전문가 수준, 심지어 외모마저 검사에 영향을 준다(Babad, Mann, & Mar-Hayim, 1975). 몇몇 비평가는 아프리카계 미국 아동은 백인 검사자가 검사했을 때 더 낮은 점수를 받는다고 하였다(Sattler, 1970). 다른 연구는 이 점에 대해 밝히지 못했다(Sattler & Gwynne, 1982). 수검자의 능력에 대한 검사자의 기대는 영향을 준다. 이 효과를 자기 충족적 예언(self fulfilling prophecy)이라고 한다(Rosenthal, 1966). 코치, 연습, 그리고 수검자의 검사 경험 정도 역시 점수에 영향을 준다(Anastasi, 1988).

그러나 Flaugher(1978)가 지적했듯이, 편파적이지 않으면서 상황적 효과로부터 자유로운 검사가 자동적으로 모든 집단에 동일한 수행을 가져올 것 이라고 믿는 것은 오산이다. 표준 영어를 쓰지 않는 배경을 가진 아동은 언어에 크게 의존하는 일부 지능검사에서 좋은 성적을 내기 어렵다. 그런 아동은 다른 아동보다 훨씬 더 낮은 점수를 보일 것이다. 비록 획득한 점수에서 기본 능력에 대해 추론하는 것은 조심해야 하지만, 점수는 후에 학교에서 발생할 일들을 반영한다고 할 수 있다. 언어능력이 뒤떨어지는 학생은 IQ 검사에서 낮은 점수를 받는 것과 같은 이유로 학교에서 낮은 성적을 받을 것이다. Green(1978)이 지적했듯이 평균 검사 점수에서 인종 차이는 검사 편향보다는 문화적 배경의 차이이다. 우리는 검사 편향에 관해서 제9장(성격평가)에서 더 자세히 다룰 것이다.

유전 그리고 측정의 특정성. 이런 모든 경고와 제한점 및 거부를 생각하면, 독자들은 왜 임상심리학자가 일반적인 지능검사를 사용하는지 의아할지도 모른다. 많은 이유로 이 질문은 비용 대 이익의 용어로 설명될 수 있다. 만일 시간이 촉박하거나 진단 문제가 지능과 관련이 없다면 지능검사를 하지 말거나 단축형을 이용하는 게 더 나을 것이다.

그러나 Stanford-Binet나 Wechsler와 같이 지적 기능의 일반적인 검사가 알아낼 수 있는 것이 무엇인지를 알고 있어야 한다. 그 검사는 다양한 상황에 걸친 지적 기능의 폭넓은, 일반적 지표를 제공 한다. 전체 IQ 검사가 일반적인 지표이므로, 지적 기술이 중요한 여러 다양한 상황을 꽤 잘 예측할 수 있게 해 준다. 그러나 이 검사는 어떤 특정한 상황을 만족할 만하게 예측해 주지는 못한다. 그러므로 만약 목적이 Y상황에서 학업적 성공을 예측하는 것이라면, Wechsler 검사보다는 보다 특정한 측정도구를 이용하거나, 적어도 지금 예측하려고 하는 수행과 비슷한 요소를 가진 Wechsler 하위 검사를 사용하라고 권하고 싶다. 그러나 임상가는 대안을 찾는 기준이 필요하다. 표준화된 절차를 사용하면 임상심리학자는 환자를 같은 상황에서 수행한 비슷한 사람과 비교할 수 있게 된다.

요약

지능의 평가는 임상심리학에서 오랜 역사를 가지고 있다. 의무 교육과 정신능력을 측정하는 심리학자들의 능력은 지능검사의 발달과 성공에 기여하 였다. 그러나 1960년대 말에 이러한 검사들의 타당도가 의심되기 시작했다. 오늘날 지능을 어떻게 정의하며 어떻게 이것을 측정해야 하는지에 관한 논쟁이 뜨겁다. 현재 임상심리학자는 지능의 일반적 요소, *g*와 그 일반적 지능 요소 아래에 있는 특정 능력, *s*가 모두 있다고 믿는다. 지능 점수는 학업적 성취, 직업적 지위, 직업 수행과 상관이 있다. 게다가 여성과 남성, 그리고 다양한 인종 집단 간에는 지능점수에 있어서 집단 차가 있다. 비록 지능검사 점수가 유전적 요인에 의해 영향을 받지만, 환경 역시 지능 발달에 역할을 한다. IQ 점수는 아동보다 어른에게 더 안정적이다.

우리는 현재 지능의 네 가지 이론에 대해 논의하였다. Stanford-Binet 제5판은 아동, 청소년, 성인을 측정하고, Wechsler Adult Intelligence Scale 제4판은 청소년과 성인, Wechsler Intelligence Scale for Children 제4판은 아동을 평가, 그리고 Wechsler Preschool and Primary Scale of Intelligence, Third Edition (WPSSI)가 취학적 아동을 평가한다. 지능검사 결과는 일반적인 지능 수준뿐 아니라 특정 인지능력을 수량화하는 데 사용된다. 이런 융통성은 임상심리학자로 하여금 다양한 예측 과제에서 지능검사를 사용할 수 있도록 해 준다(예: 학교 성취).

주요 용어

같이 자란 쌍생아 같은 가족 환경에서 자란 일란성 또는 이란성 쌍생아이다. 이런 쌍생아들은 유전 물질과 특정 환경적 영향을 공유한다. 따로 자란 쌍생아의 조화율과 같이 자란 쌍생아들의 조화율을 비교하는 것은 특정 행동이나 특성에 대한 유전과 환경의 영향을 따로 분리해서 볼 수 있게 한다.

검사–재검사 신뢰도 반복 측정 시 개인이 같은 검사 자극에 동일한 반응을 하는 정도이다.

결정능력 Cattell에 의해 제안된 지능의 두 고차 요소 중 하나이다. 결정능력은 문화 기반 학습으로 획득된 지적 능력을 의미한다.

공시 타당도 검사 점수와 동시에 행해진 다른 연관된 측정의 점수와의 상관 정도이다.

관찰자 간 신뢰도 둘 또는 그 이상의 평가자가 같은 사람을 독립적으로 평가했을 경우 동의 수준이다. 동의는 행동, 특성 등에서의 일치도를 말한다.

구성 타당도 검사 점수와 논리적으로나 이론적으로 비슷한 방식으로 한 다른 측정치나 행동과의 상관 정도이다.

기본 정신능력 Thurston이 자신의 요인분석 작업에 기초하여 고안한 지능의 7가지 요소로 숫자, 언어 유창성, 언어 뜻, 지각 속도, 공간, 추론 그리고 기억이다.

내용 타당도 검사 항목이 관심 있는 구성의 모든 측면을 적절하게 측정했는지에 대한 정도이다.

내적 일관성 타당도 검사에서 항목들이 서로 묶여 있는 정도(Cronbach's alpha라는 계산법으로 표현됨)를 말한다.

다중 지능 이론 Gardner에 의해 발전된 이론으로, 언어적, 음악적, 논리-수학적, 공간적, 신체 운동적, 그리고 개인적인 6가지 지능이 있다고 본다.

동형 검사 신뢰도 개인이 같은 검사의 비슷한, 유사한 검사에서 비슷한 점수를 얻는 정도를 말한다.

떨어져 자란 쌍생아 탄생 직후 서로 떨어져 양육된 일란성 또는 이란성 쌍생아를 말한다. 이런 쌍생아들은 유전 물질을 공유하지만, 특정 환경적 영향은 서로 다르다.

반분 신뢰도 검사의 반(예: 짝수 항목)에서 개인의 점수가 나머지 반(예: 홀수 항목)에서 그 사람의 점수와 유사한 정도를 말한다.

생활 연령 연령, 나이로 간주되는 것이다.

역행 항목 WAIS-III에서 검사자에게 피검사자의 능력 수준보다 현저히 떨어지는 항목을 실시하지 않게 하기 위하여 수검자의 능력을 결정하게 만드는 여러 하위 검사를 지칭한다.

예측 타당도 검사 점수와 미래의 어느 순간에 행해질 관련된 측정치 점수와의 상관 정도이다.

유동 능력 Cattell에 의해 제안된 지능의 두 고차 요소 중 하나이다. 유동 능력은 유전적으로 결정된 개인의 지적능력을 말한다.

유전자형 개인의 유전적 구성을 말한다.

이란성 쌍생아 약 50%의 유전적 물질을 공유하는 쌍생아이다.

일란성 쌍생아 유전적 요소를 100% 공유하는 쌍생아이다.

일치율(유사성 지표) 개인 간 유사성의 지표이다. 조화율의 가장 간단한 형태는 두 개인이 같은 행동이나 특성을 보이는 정도를 %로 나타낸 것이다.

정신 연령 정신 수행의 지표 Binet에 의해 소개된 용어이다. 특정 연령의 개인이 습득해야 하는 특정 능력이 있다는 개념에서 출발한다.

지능 공통적으로 받아들여지는 지능의 정의는 없다. 그러나 지능의 많은 정의는 지능을 추상적으로 생각하는 능력, 학습하는 능력, 환경에 적응하는 능력을 강조한다.

지능 모델의 구조 Guilford에 의해 제안되고 조사된 모델로 지능의 구성 요소들은 작동(예: 기억), 내용(예: 상징적), 그리고 결과(예: 관계들)의 세 가지 범주로 조직된다. Guilford의 모델에서 특정 정신 작동은 특정 유형의 내용에 적용되고, 그에 연관된 결과물을 만든다고 본다.

지능의 3차 이론 Sternberg에 의해 제안된 이론으로 사람들은 지능의 요소적(분석적 사고를 지칭), 경험적(창조적 사고), 그리고 맥락적(자신의 환경을 성공적으로 조작하는 능력 혹은 환경을 조작하는 데 영악한 사람들)인 세 가지 측면을 기초로 기능한다고 본다.

지표 점수 WAIS-III 하위 검사에 있는 주요 능력 요소와 일치하는 점수(예: 언어 이해, 지각 조직, 작업 기억 그리고 정보 처리 속도)를 말한다.

타당도 평가 방법이 재려고 했던 것을 재느냐의 정도로 여러 가지 형태의 타당도가 있다.

편차 IQ 비율 IQ가 나이 든 개인에게 적용될 때 나타나는 문제를 개선하기 위해 Wechsler가 소개한 개념이다. IQ 검사에서 개인의 수행이 자신의 연령집단과 비교된다.

표현형 개인의 관찰 가능한 특성으로 표현형은 유전자형과 환경의 산물이다.

행동유전학 행동의 발달에 유전과 환경의 영향을 같이 평가하는 특정 연구 영역이다.

g 일반적 지능이라는 자신이 고안한 개념을 기술하기 위해 Charles Spearman이 소개한 개념이다.

Flynn Effect 미국인의 IQ 점수가 평균에서 1972년부터 10씩 3포인트 증가하는 경험적인 발견을 의미한다.

IQ 생활연령과 정신연령을 이용해 두 점수 간의 편차를 표시하는 데서 오는 문제를 해결하기 위해 1938년에 Stern에 의해 제안된 용어이다.

IQ 점수의 안정성 서로 다른 시간에 측정된 IQ 점수들 간의 유사성으로 검사－재검사 관계에 의하면, IQ 점수는 성인에게 보다 아동들에게 덜 안정적이다.

Stanford-Binet 제5판 지능의 위계 모델에 근거하여 만들어진 지능검사이다. SB-5는 다섯 가지 종류의 검사 항목으로 구성(유동 추론, 수량적 추론, 추상/시각 추론, 단기 기억과 지식)되고, 각각은 여러 하위 검사로 구성된다.

Wechsler Adult Intelligence Scale 제4판 각각 여러 하위 검사로 구성된 언어 검사와 동작성 검사로 나누어진 성인 지능검사이다. WAIS-IV는 지표 점수와 더불어 언어성 IQ, 동작성 IQ, 그리고 전체 IQ를 알려 준다.

Wechsler Intelligence Scale for Children 제4판 6~16세의 아동을 위해 만들어진 지능검사이다. WISC-IV 점수에는 언어 이해 지표, 지각 추론 지표, 작업 기억 지표, 그리고 정보 처리 지표와 전체 IQ 점수가 있다.

Wechsler Preschool and Primary Scale of Intelligence Third Edition (WPSSI-III). 2살 6개월 부터 7살 3개월 사이의 어린이를 위한 지능검사. WPPSI-III 점수는 언어적 IQ, 성과 IQ, 처리 속도 및 풀 스케일 IQ가 포함되어 있다.

Chapter 09

성격평가

Personality Assessment

핵심질문

1. 객관형 검사의 장단점은 무엇인가?
2. 검사 개발의 주요 전략은 무엇인가? 각각을 간략히 기술 해 보라.
3. 객관형 검사와 투사검사의 유사점과 차이점은 무엇인가?
4. 투사검사의 신뢰도와 타당도는 왜 평가하기 어려운가?
5. 검사편향의 증거에는 어떤 것이 있는가?

개요

몇 년 동안 심리검사의 초라한 상태에 대한 탄식이 성행해 왔다. '아무도' 그런 검사는 더 이상 사용하지 않을 것이다. 많은 학자들은 일반적으로 검사, 특히 투사검사가 타당하지 않다고 주장한다. 그리고 MMPI-2를 제외한 객관형 검사 역시 구식이라고 말한다. 다른 사람들은 이 책 같은 교과서에서 성격평가 범위를 과감하게 줄여야 한다고 충고한다. 그러나 앞의 주장과 충고는 한 가지 잘못된 것이 있다. 그들은 임상 실제의 현실적 세계를 반영하지 못한다. 사실상 심리평가는 오늘날 현장 임상가들에게는 명확한 활동으로 계속되고 있다(예: Butcher, 1995a 참조). 임상가들에 대한 조사 결과는 투사검사, Wechsler 검사, MMPI가 매우 일반적으로 쓰이고 있으며, 많은 임상가들이 심리검사에 의존한다는 결론을 지지한다(Watkins, Campbell, Nieberding, & Hallmark, 1995). 이 책의 뒤에서 보게 되겠지만 법정심리학, 소아심리학, 신경심리학적 평가, 건강심리학 등 특수 영역에서 검사는 상승세를 타고 있다. 심지어 투사검사(검사는 죽어가는 영역이라고 주장하는 많은 사람이 즐겨 비판하지만) 사용 경향은 강하게 남아 있다. 더구나 임상심리학 교수들은 많은 투사 기법에 대해 회의적일지라도 70~85%의 임상 프로그램에서는 여전히 이 기법들에 대한 소개를 하고 있다(Belter & Piotrowski, 2001).

그렇다면 아마도 성격평가의 소멸에 대한 보고는 조금 과장된 것 같다(Exner, 1995). 표 9-1은 오늘날 사용되는 검사의 종류와 그 사용 빈도를 알려준다. 이 표는 무선적으로 선정된 임상심리학자들이 사용하는 상위 20개의 평가절차 순위를 제시한 것이다(Watkins et al., 1995). 위에서 살펴본 바와 같이, 지능검사와 MMPI-2가 가장 자주 사용되나, 몇 가지 투사검사들도 자주 사용된다.

그렇지만 사용 빈도 이외의 다른 중요한 고려점이 있다. 임상심리학자에게 유용한 성격평가 도구가 되기 위해서는 높은 수준의 신뢰도와 타당도를 입증해야 한다. 게다가, 훌륭한 심리측정적 특성과 더불어, 검사를 선택할 때 고려되어야 하는 부분들은 심리적 문제들에 대한 연구 결과와 가능한 이론들, 임상적 유용성 그리고 다른 정보들을 보완할 수 있는 여부 등이다(Hunsley & Mash, 2007). 오랫동안 비교적 무비판적으로 사용해 왔던 특정 성격검사는 현재는 그 사용을 정당화할 수 없다. 그러므로 본 장에서는 많이 사용되는 객관형 및 투사적 성격검사를 기술할 뿐만 아니라 그 심리측정적 특성과 임상적 유용성에 대해서도 비판적으로 평가할 것이다. 또 다른 관련 쟁점은 책임성(account- ability)이다(Wood, Garb, Lilienfeld, & Nezworski, 2002). 관리의료의 시대이자 전문가에 대한 공공의 감시가 증가하는 이 시대에는 우리의 평가가 임상적으로 유용하고, 비용 효율적이며, 과학적이고, 공정하며, 편향되어 있지 않다는 것을 보여줘야만 한다.

객관형 검사

성격평가 도구 중 객관형 검사에 대해 먼저 검토해 보자. 객관형 성격검사는 표준적인 질문이나 진술문 세트를 실시해서 수검자가 고정된 선택 세트로 반응하게 한다. 많은 객관형 검사들은 그렇다/아니다 또는 예/아니오 반응 형식을 사용한다. 다른 검사들은 차원적 척도를 제공한다(예: 0 = 전혀 그렇지 않다, 1 = 그렇지 않다, 2 = 보통이다, 3 = 그렇다, 4 = 매우 그렇다). 객관형 검사는 장단점이 있다.

장점

객관형 성격검사 또는 자기 보고형 검사는 임상심리학의 발전에 중심 역할을 했다(Goldberg, 1971; R. I. Watson, 1959). 그 역사적 역할과 현재에도 현저하게 쓰이는 이유는 명백한 이점들 때문이다. 무엇보다도 객관형 검사는 경제적이다. 간단한 소개로 대규모 집단을 동시에 검사할 수 있으며, 수검자

표 9-1 임상심리학자들에 의해 가장 많이 사용되는 20가지 평가 절차

검사 또는 절차	임상심리학자 비율[a](%)
임상적 면접	95
개정판 Wechsler 성인용 지능검사(WAIS-R)	93
MMPI-2	85
문장완성검사	84
주제통각검사(TAT)	82
Rorschach	82
Bender-Gestalt 검사	80
투사 그림검사	80
Beck 우울증 검사	71
Wechsler 아동용 지능검사 3판(WISC-III)	69
개정판 Wide Range 성취검사(WRAT-R)	68
개정판 Wechsler 기억검사	65
개정판 Peabody 그림 어휘검사(PPVT-R)	50
Millon 임상다축검사-II(MCMI-II)	49
WPPSI-R	44
아동용 주제통각검사	42
Vineland 사회성숙도 척도	42
Millon 청소년 성격검사	40
Strong 흥미검사	39
Stanford-Binet 지능검사	38

[a] 검사나 절차를 적어도 '가끔은' 사용한다고 응답한 임상심리학자의 비율.
출처: Watkins et al.(1995), Table 4, p.57.

혼자서도 검사를 완성할 수 있다. 심지어 컴퓨터 실시 및 채점도 가능하다. 둘째, 채점과 실시가 비교적 단순하며 객관적이다. 이는 다시 해석을 쉽게 만들며, 임상가 측면에서는 적은 해석 기술을 요구한다. 흔히 단일 차원(예: 기능-역기능)이나 단일 특질(예: 의존성 또는 반사회성)에 대한 단순한 점수화가 가능하다. 이러한 뚜렷한 단순성은 많은 임상가에게 매력적이 된다. 그렇지만 앞으로 보게 되겠지만, 이러한 단순한 해석은 그 타당성을 보장하기 어렵다. 사실상, 이러한 뚜렷한 단순성 때문에 제대로 훈련받지 않은 검사자가 검사를 오용할 수 있다. 자기 보고형 검사의 마지막 매력은 그 뚜렷한 객관성과 신뢰도인데, 특히 투사검사에 내재된 문제에 환멸을 느끼는 임상가에게 그렇다.

물론 흔히 그런 것처럼 장점과 경제성을 취하는 과정에서 임상심리학자는 다른 문제를 위해 한 문제를 희생하게 된다. 그 선택이 잘한 선택이었는지는 개인의 가치와 이론적 지향에 따라 궁극적으로 결정된다.

객관형 지필검사는 경제적이고, 실시와 채점이 쉽다.

단점

많은 검사 문항들은 그 본질상 행동적이다. 즉, 질문과 문장들은 응답자의 특성을 나타내는(또는 나타내지 않는) 행동에 대한 것이다. 동기나 역동을 확인하는 데 관심이 있는 사람들은 이런 문항으로는 동기나 역동을 이해하기 어렵다. 예를 들어, 비록 두 사람이 동일한 문항("잠들기 어렵다.")에 그렇다고 응답하더라도, 그 이유는 서로 완전히 다를 수 있다. 물론 동기나 인지 같은 매개 변인에 관심이 없는 임상가에게는 이것이 결점이라기보다는 장점이다.

어떤 검사는 행동(behaviors), 인지(cognitions), 정서(emotions)를 다루는 문항들이 뒤섞여 있다. 그럼에도 불구하고 검사는 행동, 인지, 정서가 다양한 방식으로 결합된 단일 점수를 제공한다. 그러므로 동일한 점수를 받은 두 사람은 실제로는 매우 다를 수 있으며, 심지어 알아보고자 하는 성격 특질이나 구성개념에서도 그렇다. 따라서 측정치의 동일 점수는 여러 대안적 해석을 가진다. 다른 문제는 검사 질문이 가지는 명백한 의미가 일부 수검자들의 왜곡을 촉진하는 것과 관련된다. 일부 검사는 수검자의 자기 지식에 크게 의존하는 경향이 있다. 게다가 강제선택 방식은 반응을 한정하거나 정교화하는 것을 막아 부가적인 정보를 상실하거나 왜곡하게 된다. 다른 경우 제한된 이해력이나 제한된 읽기 능력 때문에 질문을 잘못 이해하거나(성격 결정인에 귀인할 수 없는 잘못된 해석) 무작위로 반응하게 만들 수 있다.

객관형 검사의 구성 방법

객관형 검사의 장단점에 대한 평가에서 이제는 객관형 검사를 개발하는 데 사용되는 다양한 구성 방법을 살펴보는 것이 좋겠다. 여러 해에 걸쳐 자기 보고형 검사를 구성하는 다양한 전략들이 제안되었다.

내용 타당도. 임상가에게 가장 직접적인 측정 방식은 무엇을 평가하고 싶은지 결정하고 그 정보에 대해 수검자에게 단순하게 묻는 것이다. 예를 들어, 제1차 세계대전 당시 사용했던 Woodworth Personal Data Sheet은 표준화된 정신과적 면접 중 하나였다. 내용은 '신경증'과 '정신증'의 주요 발현을 확인하기 위해 정신과 문헌 조사를 통해 결정되었다. 그런 다음 증상 발현을 타진할 수 있도록 문항을 구성하였다. 결과적으로 신경증이나 정신증의 영역(정신의학 문헌에서 정의된)을 적절히 표집했다면, 검사는 타당한 것으로 간주할 수 있다. "밤에 잠을 잘 잡니까?" "쉽게 화를 냅니까?"와 "쉽게 모욕감을 느낍니까?" 등의 문항이 유력한 정신의학적 견해에서 부적응으로 보는 것과 관련된다면 좋은 문항으로 간주되는 것이다.

그렇지만 내용 타당도를 보증하기 위해서는 무엇을 평가하고 싶은지 결정하고 그에 맞는 일부 문항을 구성하는 것 이상이 필요하다. 보다 정교한 **내용 타당화** 방법에는 (a) 측정하고자 하는 변인의 모든 관련된 측면을 신중하게 정의하고, (b) 문항을 만들기 전에 전문가의 자문을 받으며, (c) 각 잠정적 문항들이 관심을 가지고 있는 변인에 적합한지 전문적 판단을 구하고, (d) 문항을 최종 선정하기 전에 심리측정적 분석을 통해 평가하는 것이 포함된다(Haynes, Richard, & Kubany, 1995; Nunnally & Bernstein, 1994).

그렇지만 Wiggins가 관찰한 대로 검사 구성의 내용 타당도 접근은 몇 가지 잠재적 문제를 안고 있다. 첫째, 임상가는 모든 수검자가 문항을 정확히 동일하게 해석한다고 가정할 수 있는가? 둘째, 수검자는 자신의 행동이나 정서를 정확히 보고할 수 있는가? 셋째, 수검자는 정직할 수 있는가, 혹은 그들이 자신의 좋은 면을 강조할 수 있지 않은가?(또는 때로는 나쁜 면을 강조할 수 있는가?) 넷째, 임상가는 측정하고자 하는 개념의 본질을 정의하기 위해 '전문가'에게 의지할 수 있는가? 이와 같은 것들은 타당도를 확립하기 위해 내용표집 방법에 의존했는지와 상관없이 대다수의 검사가 가지는 일반적 문제로 보인다.

경험적 준거방식. 위에 논의한 문제들을 개선하기 위해 **경험적 준거방식**(*empirical criterion keying*)이 개발되었다. 이 방법의 가장 뚜렷한 사례가 원판 MMPI이다. 이 접근에서는 수검자가 진실을 말하는지 혹은 반응이 행동이나 감정과 실제로 상응하는지에 대한 아무런 가정도 하지 않는다. 중요한 것은 특정 수검자가 특정 방식으로 자신을 기술하는 것이다. Meehl(1945)이 말한 대로 "만약 건강염려증 환자가 '두통이 심하다'고 말하면 그가 이렇게 말한 것 자체가 중요하다(p.9)." 이 접근의 고유하고도 중요한 가정은 특정 진단 집단의 구성원은 동일한 방식으로 반응할 것이라는 점이다. 결과적으로 검사 문항을 합리적, 이론적 방식으로 선정할 필요가 없다. 필요한 것은 진단 집단 구성원들이 주어진 항목에 유사한 방식으로 반응한다는 경험적 근거를 보여 주는 것이다. 예를 들어, 비임상 집단에 비해 반사회성 성격으로 진단된 대부분의 사람들이 '나는 가난한 집에서 성장했다'라는 문항에 동의한다면, 이 문항은 반사회적 성격 집단원들이 시인한 것이므로 좋은 문항이라고 할 수 있다. 따라서 문항의 표면적 내용과 무관하게, 검사 반응이 개인의 진단적 상태의 '징후(sign)'가 되는 것이다. 그러므로 문항의 유용성은 집단 간의 변별력에 의해 결정되는 것이다. 문항 내용이 진단 집단의 특징적 증상과 직접 연결되지 않으므로 검사 반응은 행동의 **표본**(*sample*)이 아니다.

물론 경험적 준거방식 자체의 문제도 있다. 무엇보다도 점수가 가지는 의미의 해석이 어렵다. 예를 들어, 정신분열증 진단을 받은 환자가 자신을 적응-부적응 차원의 어느 지점에 위치시키려는 의도를 가지고 응답했을 수 있다. 또한 이 환자들의 대부분은 비교 집단에 비해 학력이 낮은 가정에서 성장했을 것이다. 정신분열증 환자가 "책을 거의 읽지 않는다"라는 문항에 그렇다고 응답한 경우 그들의 정신병리보다는 낮은 학력을 반영하는 것일 수 있다. 비록 다양한 환자집단 간 변별력이 검사의 타당도를 확립하는 하나의 측면이기는 하지만, 경험적 준거방식만 사용해서 검사 문항을 선정하는 것은 권장되지 않는다(Clark & Watson, 1995).

요인분석. 오늘날 대다수의 검사 개발자들은 검사 구성에 요인분석(또는 내적 일관성) 접근을 사용한다(Clark & Watson, 1995; Floyd & Widaman, 1995; Reise, Waller, & Comrey, 2000). Guilford 검사(Guilford, 1959)는 요인분석 접근의 뛰어난 역사적 사례이다. 먼저 많은 기존 성격검사에서 뽑은 개별 문항들 간의 상호 상관을 검토하였다. 다음으로 요인분석을 통해 성격의 기본 차원을 반영한다고 생각되는 축소된 또는 '정제된' 척도를 만들어 내었다. **탐색적(*exploratory*)** 요인분석은 비이론적 접근이다. 문항 모집단을 모은 후 성격, 적응, 진단적 기원 등의 기본 요소로 줄이는 과정을 거쳐 성격의 핵심 특질과 차원에 도달하는 시도를 한다. **확인적(*confirmatory*)** 요인분석 접근은 보다 이론 주도적이며, 검사 문항들의 가정된 요인구조(이론적 예언에 기초한)를 확인하려 한다(Floyd & Widaman, 1995; Reise et al., 2000). 확인적 요인분석 절차에 대한 상세한 설명은 이 책의 범위를 넘는 것이지만, 점점 더 많은 임상심리학자들이 객관형 검사 개발과 평가에 확인적 요인분석을 사용하고 있다. 검사 구성에서 요인분석적 접근의 강점은 성격 변인이나 차원을 측정하는 문항들이 서로 높게 관련되어 있음을 경험적으로 입증하는 데 있다. 그렇지만, 이 접근의 한계는 문항들이 관심있는 변인을 실제로 측정하는지에 대해 그 자체로는 입증할 수 없다는 점이다. 단지 문항들이 동일한 '어떤 것(thing)'을 재는 경향이 있다는 것만을 안다.

구성 타당도 접근. 이 접근은 내용 타당도, 경험적 준거 방식, 요인분석적 접근의 여러 측면들을 결합한 것이다(Clark & Watson, 1995). 이 접근에서는 주어진 이론에 입각한 구체적 개념을 측정하기 위해 척도를 개발한다. 성격평가의 경우, 성격 이론에 뿌리를 둔 측정치를 개발하는 것이 목적이다. 척도가 해당 이론적 구성개념을 측정한다고 볼 수 있을 때 타당화가 이루어진다. 문항 선정 기준은 연구되는 이론적 구성개념을 반영하는 정도에 따른다. 동질적인 척도가 개발되었는지 확인하기 위해 문항분석, 요인분석, 기타 절차들이 사용된다. 척도의 구성 타당도는 일련의 이론 기반 연구들을 통해 척도에서 특정 점수를 얻은 사람들이 비검사 상황에서 척도 점수에서 예측되는 행동을 한다는 것을 보여 줌으로써 결정된다. 그 포괄성으로 인해 검사 구성의 **구성 타당도 접근**은 가장 바람직하면서도 가장 노동 집약적이다. 사실상 검사의 구성 타당도를 확립하는 일은 경험적 피드백을 통해 이론과 성격 측정을 세련되게 만들어가는 끝이 없는 과정이다(G. T. Smith & McCarthy, 1995).

요약과 예시를 위해 위에 논의한 네 가지 검사 구성 전략에 따라 우울증을 측정하기 위해 구성한 문항의 타당도를 표 9-2에 개관하였다. 이제 임상심리학자들이 사용할 수 있는 주요 객관형 성격 측정치들에 대해 논의하겠다.

MMPI와 MMPI-2

MMPI는 오랫동안 경험적 준거방식 검사 구성의 가장 좋은 사례였다. 1943년 Hathaway와 McKinley에 의해 출간된 70년 후에도 가장 뛰어난 자기 보고형 검사로 여겨지고 있다. MMPI는 정신증 발현부터 결혼 적합도에 이르기까지 모든 상상 가능한 예언적 목적에 사용되어 왔다. 보다 경이로운 점은 Graham(1990)에 따르면 10,000편이 넘는 MMPI 연구가 출간된 것으로 추정된다는 것이다. 오랫동안의 성공에도 불구하고 MMPI는 개정되고 재표준화할 필요성이 있었다. 그 결과가 새로운 MMPI-2이다(Butcher, Dahlstrom, Graham, Tellegen, & Kaemmer, 1989).

MMPI 설명. Hathaway와 McKinley가 MMPI를 개발했을 때, 그들의 기본 목적은 개인의 정신과적 진단을 확인하는 것이었다. 문항들은 이전에 출판된 성격검사, 사례사, 임상 경험으로부터 수집되었다. 이 문항들은 비임상 집단(Minnesota 대학병원 방문객 700명 이상)과 정신과 환자(800명 이상)에게 실시하였다. 다음 정신과 범주들이 사용되었다. 건강염려증(hypochondriasis: Hs), 우울증(depression:

표 9-2 검사 문항의 타당도를 결정하는 접근방식(문항: "좀 더 행복해졌으면 좋겠다.")

타당도 결정 방식	문항이 타당한 경우
내용 타당도	'권위자'가 해당 문항이 우울 증후군을 대표한다고 보는지 검토함
경험적 준거 방식	문항이 우울증 집단과 비우울 집단을 변별하는지 검토함
요인분석	요인분석 결과 우울증을 측정하기 위한 동질적이고도 독립적인 문항 군집과 유의한 관련이 있는지 검토함
구성 타당도	이론적으로 정의된 우울증 구성개념을 측정하는지 검토함(우울증은 부정적 자기관을 포함 - 이 경우 자신을 불행하다고 봄)

D), 히스테리(hysteria: Hy), 반사회성(psychopathic deviates: Pd), 편집증(paranoia: Pa), 강박증(psychasthenia: Pt), 정신분열증(schizophrenia: Sc), 그리고 경조증(hypomania: Ma). 2개의 부가적 척도인 남성성-여성성(masculinity-femininity: Mf), 사회적 내향성(social introversion: Si) 척도가 후에 추가되었다. 이들 척도명은 1940년대와 1950년대에 사용되던 진단분류 체계를 반영하며 현재는 사용되지 않는다. 이 진단명들을 보다 의미 있는 용어로 번역한 것이 표 9-3에 제시되어 있다. 원판 MMPI는 환자가 '그렇다' '아니다' 또는 '모르겠다'로 답하는 550개의 문항으로 구성되었다. 해당 임상 집단과 비임상 집단을 변별해주는 문항들만 포함되었다. 예를 들어, 우울증 환자와 비임상 집단을 구별해주거나 정신분열증과 비임상 집단을 구별하는 문항, 또는 반사회적 특성이 있는 사람과 비임상 집단을 구별해주는 문항들은 유지되었다. 한 진단 범주를 다른 진단 범주와 구별해주는 문항을 선정하려는 시도는 이루어지지 않았다. 결과적으로 일부 문항은 서로 높은 상관을 보였으며, 동일한 문항이 여러 다른 척도에 속하게 되었다.

문항이 카드에 인쇄된 개별 형식의 검사도 있었는데, 수검자는 각 카드를 '그렇다-아니다-모르겠다' 범주에 따라 분류했다. 문항이 검사지에 인쇄된 집단 형식의 검사도 있었는데, 여기서는 답안지에 표시하도록 되어 있다. 원래 16세 이상에 실시하도록 설계되었지만, MMPI는 훨씬 어린 사람에게도 사용되어 왔다. 검사 결과는 기계나 수기로 채점되었다. 사실상 MMPI는 컴퓨터 실시, 채점, 해석이 가능하다.

MMPI-2 설명. 원판 MMPI의 표준화 표본은 일반 미국인 전집을 대표하지 못한다는 비판이 오랫동안 이어져 왔다. 참여자들은 주로 미네소타주 미니애폴리스 지역에서 왔다. 모두 백인이고, 평균 8년의 교육 경력을 가졌으며, 전형적으로 소도시에서 온 35세의 결혼한 사람이었다. 많은 문항에서 사용된 표현은 진부했고, 어떤 문항은 성차별적인 용어를 포함하고 있었다. 다른 문항들은 기독교적 신념을 부적절하게 나타내고 있었고, 성, 내장기관, 방광 기능을 지나치게 강조하는 것으로 보였다. 몇 몇 문항은 문법과 구두점에 문제가 있었다. 마지막으로 많은 사람들은 문항들이 자살이나 약물남용 같은 행동들을 적절히 다루지 못한다고 느꼈다. 대체로 개정의 시기가 무르익었다(Graham, 1990).

재표준화를 위해 550문항을 모두 유지하였으나, 82문항은 다시 썼다(비록 대부분의 변화는 사소한 것이었지만). 문항의 원래 의미는 유지되었지만, 보다 현대적인 언어를 사용했다. 추가적으로 154개의 새 문항이 추가되어 총 704문항이 되었다. 조정을

표 9-3 MMPI 모의 문항

임상척도	모의 문항(그렇다 반응)
건강염려증(Hs) (신체 기능에 대한 과도한 관심)	"때때로 심한 복통을 느낀다."
우울증(D) (비관주의, 무망감, 행동과 사고가 느려짐)	"일을 하면서 심하게 긴장이 될 때가 많다."
히스테리(Hy) (갈등이나 책임을 피하려고 신체적, 정신적 문제를 무의식적으로 사용)	"때로 무언가가 내 머리를 짓누르는 느낌이 든다."
반사회성(Pd) (사회적 관습의 무시, 피상적 정서, 경험으로부터 도움을 얻지 못함)	"내가 한 것 이상으로 잘하고 싶다."
남성성-여성성(Mf) (전통적 성 역할 간의 변별)	"체육 수업에서 춤을 추는 것을 좋아했다."
편집증(Pa) (비정상적 의심, 과대망상 또는 피해망상)	"사람들이 나에 대해 잘못된 생각을 하는 것 같아 괴롭다."
강박증(Pt) (강박관념, 강박행동, 공포, 죄책감, 우유부단)	"때로 무서운 생각이 스쳐 지나간다."
정신분열증(Sc) (기괴함, 이상한 사고와 행동, 철수, 환각, 망상)	"나를 잡으려는 사람들이 있다."
경조증(Ma) (정서적 고양, 사고 비약, 과잉활동)	"때로 내가 걷잡을 수 없이 생각이 빨리 지나간다."
사회적 내향성(Si) (수줍음, 다른 사람에 대한 무관심, 사회적 부적절감)	"다른 사람들과 토론할 때면 쉽게 포기하게 된다."

출처: Minnesota Multiphasic Personality Inventory (MMPI) Copyright © 1942, 1943, (renewed 1970) by the University of Minnesota. Adapted items reproduced by permission of the University of Minnesota Press.

거쳐 MMPI-2의 최종판은 704문항 중 567문항으로 구성되었다. 하지만 전통적인 타당도 및 임상척도에만 관심이 있을 경우 앞의 370개 문항만 실시되었다.

재표준화 표본의 참여자는 미네소타, 오하이오, 노스캐롤라이나, 워싱턴, 펜실베이니아, 버지니아 그리고 캘리포니아에서 왔으며, 1980년 미국 인구 조사 자료에 기초해 표집하였다. 최종 표본은 1,138명의 남자와 1,462명의 여자로 구성되었다. 인종 구성은 백인 81%, 아프리카계 미국인 12%, 히스패닉 3%, 미국 원주민 3%, 아시아계 미국인 1%로 되어있다. 참여자의 연령은 18~85세였고, 교육 연한은 최소 3년에서 최장 20년 이상이었다. 3% 정도의 남자와 6% 정도의 여자는 검사 당시 정신건강문제로 치료 중이라고 보고했다.

MMPI-2 저자들은 13세 이상이거나 8학년 수준의 읽기 능력을 가진 사람은 실시가 가능하다고 했다. MMPI-2는 개별 또는 집단으로 실시할 수 있다. MMPI와 달리 MMPI-2는 하나의 책자형으로만 되어 있다. 컴퓨터 채점이 가능하고, 비영어판 검사도 있다. 마지막으로 청소년용으로 특별히 제작된 MMPI-2도 구할 수 있다(MMPI-A; Butcher et al., 1992). Butcher(2010)는 MMPI, MMPI-2 그리고

MMPI-A에 대한 19,000편 이상의 논문들과 책들이 출간되었다고 예측한다.

타당도 척도. MMPI-2를 포함한 자기 보고형 검사의 잠재적 문제는 다양한 수검 태도와 반응 세트를 통해 왜곡되기 쉽다는 것이다. 예를 들어, 어떤 수검자는 자신을 좋게 보이려고 할 수 있고, 다른 사람은 도움이나 동정 또는 군대에서 빠지기 위해 '고의로 나쁘게(부정 왜곡)' 보일 수 있으며, 또 다른 사람은 문항 내용과 상관없이 거의 모든 문항에 동의할 수 있다. 만약 임상가가 이런 반응 스타일을 인식하지 못한다면 검사 해석에 큰 오류를 범할 수 있다.

꾀병(부정 왜곡), 다른 반응 세트나 수검 태도, 부주의나 오해를 탐지하기 위해서 MMPI-2는 원판 MMPI에 포함되었던 전통적인 4개의 **타당도 척도**를 계속 도입하였다.

1. *?*(무응답, *Cannot Say*) **척도.** 응답하지 않은 문항의 수
2. *F*(비전형, *Infrequency*) **척도.** 표준화 집단의 사람들이 거의 채점 방향으로 응답하지 않은 60문항으로 구성된다. 높은 F점수는 일탈 반응 세트, 두드러진 이상행동, 또는 검사 외 특성이나 행동에 대한 다른 가설을 시사한다.
3. *L*(부인, *Lie*) **척도.** 자신을 매우 좋게 보이려는 수검자의 반응을 나타내는 15문항으로 구성된다. "나는 만나는 모든 사람을 좋아한다"처럼, 실제로 진정으로 그럴 가능성은 없는 내용의 문항들이다.
4. *K*(방어, *Defensiveness*) 척도. 어떤 문제를 인정하지 않으려는 방어성을 시사하는 30문항으로 구성된다. 이 문항들은 긍정 왜곡(faking good)을 탐지하기 위한 것이지만, L이나 F보다는 은밀하다. 예를 들어, "다른 사람이 나를 비난해도 아무렇지도 않다."

4개의 전통적인 타당도 척도에 부가적으로 MMPI-2에는 새로운 타당도 척도들이 있다.

5. *Fb*(비전형–후반부) **척도.** 비전형 반응을 측정하는 40문항 척도로 MMPI-2 후반부에 제시된다.
6. *VRIN*(무선반응 비일관성) **척도.** 유사하거나 서로 반대의 내용을 다루는 67개 문항 쌍으로 구성된다. VRIN 점수가 높으면 MMPI-2 문항에 무선적으로 반응했음을 시사한다.
7. *TRIN*(고정반응 비일관성) **척도.** 내용상 서로 반대되는 23개 문항 쌍으로 구성된다. 높은 TRIN 점수는 무분별하게 그렇다 반응을 하는 경향이 있음을 시사한다. 낮은 TRIN 점수는 무분별하게 아니다 반응을 하는 경향을 시사한다.[1]

이 7개의 MMPI-2 타당도 척도는 수검자의 동기와 수검 태도에 대해 이해하는 수단을 제공한다. 예를 들어, 지나치게 호의적으로 보이고자 애쓰는 사람은 L(부인)이나 K(방어) 척도에 의해 탐지될 것이다(Baer & Miller, 2002; Baer, Wetter, & Berry, 1992). 반면에 자신의 문제나 증상을 과장하는 경향은 F(비전형) 및 Fb(비전형–후반부) 척도의 상승으로 이어질 것이다(Berry, Baer, & Harris, 1991; Rogers, Bagby, & Chakraborty, 1993; Wetter, Baer, Berry, Robison, & Sumpter, 1993; Wetter, Baer, Berry, Smith, & Larsen, 1992). 마지막으로 VRIN과 TRIN은 무선 반응이나 대부분의 문항에 그렇다(또는 아니다)로 반응하는 것의 유용한 지표가 된다(Berry et al., 1992; Tellegen & Ben-Porath, 1992).

단축형. 오랫동안 다양한 MMPI 단축형이 소개되

1) 역자 주: 이 설명은 원점수에 해당하며, T 점수의 경우 "그렇다"든 "아니다"든 높을수록 해당 반응 경향을 시사한다.

■ 인물소개 **Yossef S. Ben-Porath, Ph.D.**

Yossef Ben-Porath 박사는 켄트주립대학교의 심리학 교수이며 임상 프로그램 주임교수이다. 그는 심리평가, 특히 임상 및 법정 장면에서 MMPI-2와 MMPI-A 사용의 전문가이다. 그에 더해, 심리평가에서의 컴퓨터 사용과 사람들이 다양한 스트레스에 어떻게 대처하는지에 대해 연구한다. Ben-Porath 박사는 수많은 논문과 책, 심리평가에 대한 책의 저자이며, MMPI-2와 MMPI-A의 임상 적용에 대한 많은 워크숍을 이끌고 있다. 마지막으로 그는 현재 학술지 Assessment의 편집장이다. Ben-Porath 박사에게 그의 배경과 활동, 미래에 대한 예측과 관련해 몇 가지 질문을 할 기회를 가졌다.

임상심리학 분야에 관심을 갖게 된 계기는 무엇인가요?

이스라엘 하이파대학교의 학부 심리학 전공으로 임상심리학에 관심을 가지기 시작했다. 이상심리학과 성격심리학 과목이 내 흥미를 북돋았고, 이 영역의 연구 프로젝트에 참여하게 된 기회로 인해 임상심리학 대학원 과정에 진학하기로 결정했다. 학부시절 교수 중 한 분인 Moshe Almagor 박사는 최근 미네소타대학교에서 학위를 취득했으며, 임상 성격평가 분야의 연구를 하고 있었다. 그 응용적 성격과 임상 실제에 대한 함의 때문에 나는 이 연구가 매우 흥미로웠다. 결국 나 역시 미네소타대학교에서 임상심리학 대학원 훈련을 받았다.

임상심리학자로서 어떤 활동에 참여하고 있나요?

임상심리학자로서 나의 주요 활동은 켄트주립대학교 심리학과 교수로서 가지는 의무와 관련된다. 켄트주립대학교에서 나는 다양한 학부 및 대학원 과목을 가르치고, 학부에서 대학원 박사논문에 이르기까지 학생들의 연구 활동을 감독하며, 나 자신의 연구를 수행한다. 또한 임상심리학 박사과정의 주임교수로 일하며, 13명의 교수와 70명의 대학원 학생들의 활동을 조정하고 있고 마지막으로 연구 학술지인 「Assessment」의 편집장을 맡고 있다. 연구자들이 출판하기를 희망하는 논문을 해당 영역 전문가에게 심사 의뢰하고, 그들의 평가에 기초해 어떤 논문을 학술지에 실을지 결정한다. 여러 주, 그리고 여러 나라의 심리학자들에게 워크숍 교육을 계속하고 있다. 학교에서의 업무 외에도, 나는 법정심리학에서 비상근 임상 실무를 수행하고 있다. 내 임상 활동은 피고가 재판을 받을 능력이 있는지, 정신이상에 의한 무죄 청원, 수감평가 등 다양한 법정 명령에 의한 평가수행을 포함한다.

전문 영역이나 관심 영역은 무엇인가요?

나의 주된 관심은 임상평가에 있다. 내 전문 영역은 MMPI-2와 MMPI-A를 응용 심리평가 영역에서 사용하는 것이다. 내 연구는 이 도구들을 다양한 응용 장면에서 사용하는 심리학자들을 안내하는 경험적 자료를 제공하기 위해 설계된다. 이 검사들의 특수한 적용에는 꾀병의 확인, 그리고 특정 점수와 연합된 특질, 증상 및 행동에 대한 데이터베이스의 확장 등이 포함된다. 나는 입원과 외래 정신건강센터, 법정과 교정 장면 등 다양한 장면에서 검사가 다르게 해석될 필요가 있는지 검토하는 데도 관심이 있다. 가장 최근에는 MMPI-2의 새로운 척도 개발과 그 실시에 있어 컴퓨터 기술의 이점을 활용하는 기법을 개발하는 데 참여했다.

임상심리학의 미래 경향은 무엇이라고 생각하나요?

내가 생각하는 임상심리학의 주요 경향은 직접적인 임상 서비스 제공에서 벗어나는 것이다. 관리의료의 비용 억제에 대한 압력과 박사수준의 임상심리학자가 석사 수준의 상담가 및 사회사업가 같은 비용이 덜 드는 서비스 제공자보다 효과가 높다는 명백한 경험적 증거가 부족하여 지역사회 기관이나 개인 개업 장면에서 전일제 치료자로 일하는 임상심리학자의 수가 줄어들 것이다. 대신 임상심리학자는 그들의 훈련과 경험을 프로그램 개발 및 평가를 돕는 연구에 적용해 달라는 요청을 점점 더 많이 받을 것이다. 특히 임상심리학자들은 그들이 고용된 기관이나 조직에서 치료적 욕구를 확인하고, 치료 진행과 성과를 평가하는데 참여할 것이다. 게다가 임상심리학자는 가장 높은 수준의 훈련과 전문성이 요구되는 법정 실무에 점점 더 많이 참여할 것이다.

MMPI-2 연구의 미래 경향은 무엇이라고 생각하나요?

MMPI-2 연구 및 적용과 관련해 내가 내다보는 가장 흥미진진한 경향은 검사 실시, 채점, 해석에서 컴퓨터 기술을 도입이 증가할 것이라는 점이다. 현재 이 세 과제 모두를 성취할 수 있는 컴퓨터 소프트웨어가 존재한다. 그렇지만 MMPI-2를 사용한 대부분의 검사는 지필식으로 수행되고 있고, 해석은 대부분 개별 임상심리학자가 하고 있다. 검사 실시에 컴퓨터를 사용하면, 전통적인 검사지를 대체하게 될 것이다. 미래에는 심리학자에 의해 제기된 문제에 답하는 데 필요한 문항 수를 줄일 수 있는 방식으로 MMPI-2가 적응적으로 실시될 것이다. 경험에 근거한 검사해석을 산출하는데 지속적으로 증가하는 자료들이 고려되어야 할 것이므로 MMPI-2 해석에는 컴퓨터가 필수가 될 것이다.

었다. 이 척도들은 전형적으로 MMPI를 전통적인 550문항보다 훨씬 적게 줄인 것이다. 비록 단축형 사용으로 선발의 경제성이나 분류의 속도가 얻어지기는 했으나, 해석력이 상실되었다. MMPI 단축형 사용을 경고한 Butcher, Kendall과 Hoffman(1980)과 특정 단축형 사용의 유용성을 강조한 Newmark, Woody, Finch와 Ziff(1980) 간의 논쟁은 아직 해결되지 않았다. MMPI-2의 경우 Butcher 등(1989)과 Butcher, Graham과 Ben-Porath(1995)는 단축형 사용에 지속적으로 의문을 제기했다. 보다 일반적으로 어떤 심리검사이든 간에 단축형은 거의 개발되어서는 안 되며, 만약 개발되었다면 독립검사로서 매우 엄격한 신뢰도 및 타당도 기준이 적용되어야 한다.

패턴을 통한 해석: 프로파일 분석. 원래 척도들이 정신과적 범주를 예언하기 위해 개발되었기 때문에 초기 MMPI 사용은 상승한 척도 점수를 기반으로 단순하게 해석하는 것에 의존했다. 즉, 만약 Sc 척도가 유의하게 상승했다면 정신분열증 진단을 시사하는 식이다. 그렇지만 이러한 구획화된 해석은 대체로 과잉단순화라는 것이 임상 경험을 통해 빠르게 인식되었다. 일부 비임상 수검자도 높은 Sc 점수를 얻으며, 다른 진단 집단도 마찬가지이다.

현재는 점수 양상이나 '프로파일'을 검토해서 해석하는 쪽으로 이동했다. 예를 들어, 첫 세 임상척도(Hs, D, Hy)가 상승한 사람은 신체적 호소와 우울 증상을 나타내며, 흔히 신체형 장애, 불안장애 또는 우울장애 진단을 받는다. 6(Pa)과 8(Sc)척도의 상승은 극도의 의심과 잠재적인 정신병적 사고 과정을 시사하는데, 이런 특성은 편집형 정신분열증 진단을 받은 사람들에게서 발견된다.

내용을 통한 해석. 독자들이 프로파일 분석을 통해서만 진단이 가능한 것으로 결론 내리지 않을까

하여 그림 9-1에 있는 MMPI-2 프로파일에 기초해 치료 전에 검사한 것을 발췌하였다(Butcher, 1990).

> Ed는 솔직하고 개방된 태도로 검사에 임했으며, 타당한 MMPI-2 프로파일을 산출했다. 그는 몇 가지 심리적 적응문제를 가지고 있었고 그 극복을 위해 도움을 찾은 것 같았다. MMPI-2 임상 프로파일은 첫 치료 회기에서 그가 겪었던 여러 문제와 증상을 조명해 주었다. 그는 우울하고 자신의 상황에 대해 불안하다고 보고했으며, 관련된 긴장감, 고독, 불안정감도 보고했다. 일에 집중하는 데 큰 어려움을 겪었고 우유부단했다. 삶에 대한 열정이 없었고, 개인적 목적을 달성하는 데 있어, 자신이 무능하다고 집착하고 있었다. 반사회성(Pd) 척도에서의 상대적으로 높은 점수는 반항적 태도와 가족 갈등(Harris-Lingoes 가족문제척도, 즉 Pd1은 T점수 69였다)을 반영한다. 그는 수줍고 고립되어 있다고 보고하는 등 다소 수동적인 젊은이로 보였다(p.12).

따라서 MMPI와 MMPI-2의 임상적 활용에서 일어난 주요 변화와 개선은 단일 점수에 대한 평가에 기초해 정신과적 감별진단을 내리던 것에서 척도 점수를 성격 특성 측정치로 간주함으로써 보다 정교화된 프로파일 분석을 하는 것으로 이동한 것이다. MMPI-2의 경우 다양한 내용 척도도 개발되었다(Butcher, Graham, Williams, & Ben-Porath, 1990). 예를 들어, 어떤 문항들은 공포, 건강염려, 냉소적 태도, A유형 성격 등을 확인하는 데 도움이 된다. 이런 척도를 통해 임상가는 단순한 진단명 부여를 넘어서 보다 역동적 수준의 해석을 할 수 있다.

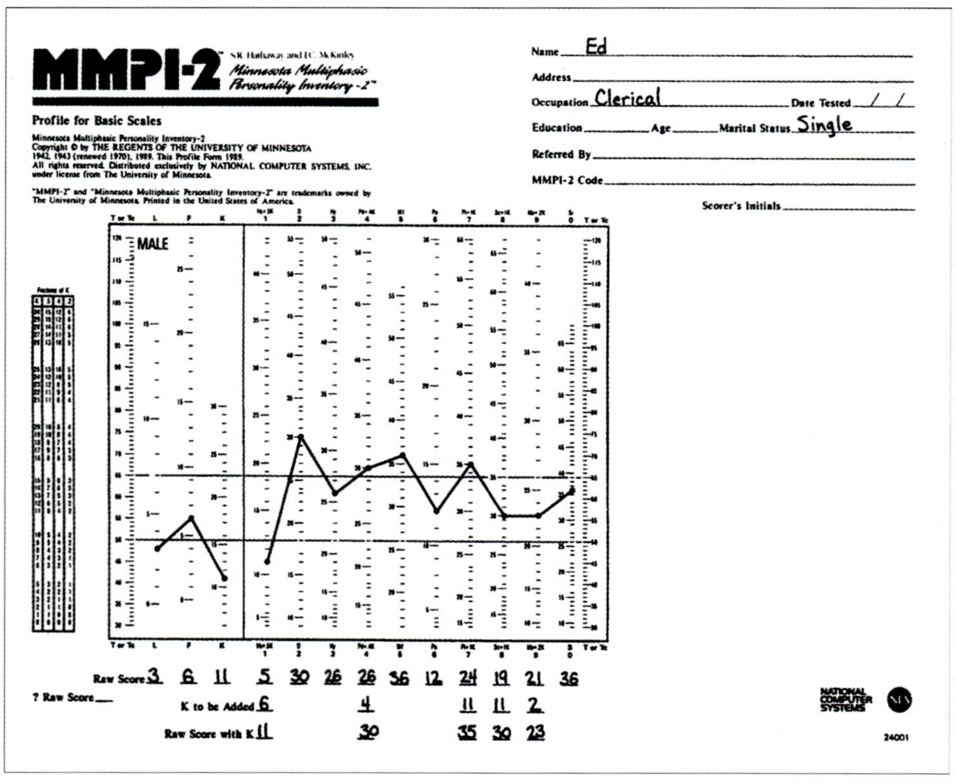

그림 9-1 ▪ Ed 사례: 치료 전 MMPI-2 임상 프로파일

Graham(1990)이 제공한 다음 예를 살펴보자.

> 가정문제(FAM)
>
> 가정문제 내용 척도(FAM)에서의 높은 점수는 다음을 나타낸다.
>
> 1. 현재 가족이나 원 가족에 상당한 불화가 있다.
> 2. 가정에 사랑과 이해와 지지가 부족하다.
> 3. 가족의 요구와 충고에 분개한다.
> 4. 가족에게 화가 나고 적대적이다.
> 5. 결혼관계가 불행하고 애정이 부족하다고 본다 (p.137).

보충 척도. 표준 타당도 척도, 임상 척도, 내용 척도 외에도 MMPI-2 문항집은 다양한 다른 척도 개발에도 사용되어 왔다. 오래 전 Dahlstrom, Welsh와 Dahlstrom(1972, 1975)은 지배성과 의심에서 농구에서의 성공에 이르기까지 450개의 MMPI 보충 척도들을 소개했다. MMPI-2의 경우, 현재까지 20개의 개별 보충척도들이 개발되었다. 일부 예는 불안, 억압, 자아강도, 지배성, 사회적 책임감 등이다. 미래에는 더 많은 보충 척도가 개발될 것이다(Butcher et al., 1995).

MMPI와 MMPI-2에 대한 요약 평가

선발. 많은 임상가들은 MMPI-2의 선발 능력 때문에 MMPI-2에 끌린다. 환자의 문제가 어느 정도 심각한지에 대한 정보가 필요하거나 환자의 진단적 상태에 대한 가설을 생성해야 할 때 MMPI-2는 가치 있는 자산이 될 수 있다. 그러므로 환자집단이 선별될 때 MMPI-2는 정신장애 진단 조력자나 가설 생성자로서 유용하면서도 효율적일 수 있다. 그렇지만 MMPI-2는 매우 길다. 많은 선발 목적에서 이처럼 시간 집중적인 자기 보고형 검사는 필요하지 않다. 예를 들어, 임상가가 단지 새 내담자 중 우울증을 선별하고자 할 때는 MMPI-2보다 훨씬 짧은 검사가 보다 바람직할 수 있다. MMPI-2 문항들은 광범위한 증상을 측정하지만, 우울증과 관련된 것은 소수이다. MMPI-2의 포괄성은 강점이자 약점이다.

성격역동에 대한 문제 제기. MMPI-2는 비이론적(*atheoretical*)이다(Butcher, 1995c; Helmes & Reddon, 1993). 정신역동적으로 지향된 임상가나 일반 성격 특성과 상황적 결정인 간의 미묘한 상호작용을 통해 환자를 이해하려고 하는 임상가에게는 MMPI-2가 선호되는 검사는 아닐 것이다. MMPI-2는 일차적으로 다양한 정신병리 증상의 측정치이다. 비록 MMPI-2 문항이 잡아낸 특성이 특정 성격 특질이나 양식을 시사할지라도 성격 구성개념이 떠오르는 것은 아니다. 그렇다면 성격 기술, 심리치료 계획 하기, 또는 임상가들이 환자와의 일상적 상호작용에서 직면하는 다른 예언에 도움이 되는가? 많은 임상가는 최초의 진단 범주가 선정되고 나면 지속 되는 임상적 결정에서 MMPI-2가 기여할 수 있는지에 대해 회의적이다. 그렇지만 Butcher(1990, 1995c)는 치료 계획과 치료 효과 평가에서 MMPI-2가 가치 있는 역할을 한다고 주장한다.

신뢰도와 타당도. 앞서 언급한 대로, 19,000편이 넘는 MMPI 연구가 있다. 이러한 논문들의 대다수가 MMPI-2 점수들의 신뢰도와 타당도를 검증하였다. 우리는 이 엄청난 연구를 '간단히' 요약할 수 있는 만용을 가지고 있지 못하다. 그렇지만 MMPI 연구의 일부 특징은 아래 언급에 포함되어 있다. 신뢰도와 관련하여, MMPI-2 임상척도 점수들의 내적 일치도와 검사-재검사 신뢰도를 평가하였다. 놀랍지 않은 점은(척도가 처음 개발된 방식을 고려하면), 많은 임상척도들의 내적 일치도가 좋지 않다는 점이다. 10개의 임상척도 가운데 3개의 척도(7, 8, 10번 척도)만이 남녀 모두에서 좋은 내적 일치도(0.8 이상)를 보인다(Butcher et al., 2001). 이 데이터를 해석할 때는, MMPI가 어떤 심리적 구성요소를 측정하는 문항으로 구성된 것이 아닌, 집단을 구분짓는 문항으로 구성되었다는 점을 기억할 필요가 있다. 내적 일치도와는 다르게, MMPI-2 임상척도들은 1주일 간격으로 측정한 검사-재검사 신뢰도에서 모두 좋은 신뢰도를 보였다(Butcher et al., 2001).

MMPI-2의 타당도 평가는 훨씬 복잡하다. 모든 검사에서와 마찬가지로, 검사점수가 얼마나 다른 행동이나 심리적 구성개념을 잘 예측하는가를 평가해야만 한다. MMPI-2 점수는 다양한 세팅과 다양한 모집단에서 관련된 심리적인 변인들(예: 정서적 상태, 반사회적 행동, 스트레스 반응, 걱정, 편집성, 내향성 등)과 관련이 높은 것으로 나타났다 (Graham, 2006). 게다가 MMPI-2 프로파일(상승점수 쌍)이 내담자의 특성 기분, 인지행동을 식별하는 데 타당한 것으로 나타났다(Graham, 2006).

MMPI-2 점수의 타당도와 관련된 다른 두 가지 쟁점 역시 중요하다. 비록 '새로운' MMPI-2 보충 척도 개발의 맥락에서 제시된 것이지만, Butcher 등(1995)은 절단점(역치)의 타당도뿐 아니라 척도의 **증분 타당도**(*incremental validity*)도 확립될 필요가 있다고 언급했다. 다른 검사가 제공하지 못했던 개인의 행동, 성격 특징, 정신병리 특징에 대한 정보를 척도 점수가 제공한다면 증분 타당도가지지 되는 것이다. MMPI-2 점수들은 다른 검사가 제공하지 못하는 적절한 정신병리 및 성격 정보를 제공하고 있는가? 이러한 증분 타당도의 쟁점을 MMPI-2를 포함한 모든 심리검사가 무시하는 경향이 있다. **절단점의 타당도**와 관련하여 적정한 절단점(점수에 기초해 환자가 해당 장애나 특질을 가졌는지에 관해 최대한 정확한 결정을 내리는 문제)은 표집된 환자 전집의 성질에 따라 다르다는 점을 명심하는 것이 중요하다. 검사 요강에 제공된 절단점은 특정 전집으로부터 나온 것이며, 이 전집은 임상가가 작업하고 있는 환자 전집과 유사하거나 그렇지 않을 수 있다. MMPI-2 절단점(T 점수 65 이상)은 규준 표본의 점수 분포를 사용해 도출한 것이다. 그러므로 이 절단점은 특정 임상 맥락에 적절할 수도 있고 아닐 수도 있다.

개인선발과 편향. 현대 사회의 발달은 MMPI-2에도 문제를 야기했다. 사회기관에 대한 신뢰 결여와 소수에 대한 배려는 모두 검사에 대한 비판으로 반영되었다. 예를 들어, MMPI-2는 그 절차를 잘 이해하고 있는 사람에게는 경험적 준거방식에 대해 흔히 좋은 평가를 받았다. 하지만 경험적 준거나 심리측정에 대해 아무것도 모르지만 X라는 회사에서 일하고 싶어 하는 사람들에게는 어떠한가? 아마도 이들은 MMPI-2를 받은 후 직업을 얻는 데 실패할 것이다. 만약 그들이 "나는 일기를 쓴다."나 "내 성생활은 만족스럽다." 같은 문항이 고용과 무슨 상관이 있는지 알고자 요구하면 무엇이라고 말할 것인가? 치료를 찾아온 사람에게는 MMPI-2가 적용될 수 있지만, 개인적 상황에서 검사를 받는 사람에게는 사생활 침해로 여겨질 수 있다(Butcher, 1971). 사실상 최근의 법정 판결과 미국의 장애인 법령에서 명시한 요구사항에 따르면, MMPI-2 같은 대중적인 성격-정신병리 검사는 대부분 고용 전 선발 상황에서는 권장되지 않는다(Camara & Merenda, 2000). 종교적 신념, 정치적 성향, 성적 지향 등을 묻는 문항을 포함하는 검사는 사생활 침해로 판결되며, 구직자의 경우 예비 선발이 이루어진 후에만 정신장애 선별이 가능하다고 판결했다(Camara & Merenda, 2000). 구직 맥락에서 심리검사는 '의학적 검사'의 유형으로 보며, 정신장애가 드러난 경우 고용자는 이러한 장애가 직무 수행에 직접적인 악영향을 준다는 것을 보여줘야 한다.

MMPI가 타당화된 원표본의 성질을 고려할 때, 검사가 특정 민족이나 인종에 편파적이진 않은지 문제가 제기되어 왔다. 이것은 오랫동안 분분하게 제기되어 온 논쟁이다(예: Gynther, 1972; Gynther & Green, 1980; Pritchard & Rosenblatt, 1980). 일부 연구는 인종집단 간에 유의한 점수 차를 발견했고, 다른 연구들은 그렇지 않았다. 그렇지만 집단 간 평균 점수 차이 자체가 검사의 편파를 시사하는 것은 아니라는 점을 명심해야 한다. **검사편향**이란 동일한 점수임에도 불구하고 두 집단 성원에 대해 다른 결정이나 예언이 내려지는 상황을 말한다(Anastasi, 1988). 검사편향의 일반적 쟁점에 대해서는 본 장의 뒤에서 다시 다루도록 하겠다. 확실한 것은 MMPI-2의 검사편향 가능성을 평가하는 연구 논문이 거의 없다는 사실이다. 고무적인 사실은 현재까지는 이 극소수의 논문들에서 MMPI-2를 특정 민족이나 인종에게 특정 목적으로 사용할 때 편향이 있다는 증거가 없다는 것이다(예: Arbisi, Ben-Porath, & McNulty, 2002; Timbrook & Graham, 1994; Wood et al., 2002).

MMPI-2에 대한 염려. MMPI 개정을 가져온 이유는 건전하다. 그럼에도 불구하고 의심의 여지없이 일부 임상가는 MMPI-2에 대해 염려한다. 이러한 염려의 일부는 임상심리학자들이 개정에 대해 익숙해지면서 줄어들었다. 그럼에도 불구하고 MMPI-2에 대해 제기되는 불평과 걱정은 아래와 같다.

1. 미국 인구조사국 자료와 비교했을 때 규준 표본은 너무 학력이 높다. MMPI-2 규준 수검자 중 5% 이하만이 대학교육을 받지 않은 반면, 표본 중 정상 수검자의 45%만이 대학교육을 받은 것으로 되어 있다. 정신과 환자 점수 변량의 상당 부분은 학력이 설명한다.
2. 구 MMPI를 사용한 모든 연구 자료가 새로운 MMPI-2에 적용 가능한가?
3. '불필요한' 개정이 이루어졌는가?
4. '정상적인' 수검자의 포함기준이 혼란스럽다.
5. 두 검사를 모두 받은 수검자 중 일부가 한 검사에서는 심리적 문제를 보이고 다른 검사에서는 그렇지 않았다.
6. MMPI에 비해 MMPI-2 점수가 일반적으로 낮다.
7. 새로운 내용 척도의 타당도가 불분명하다.
8. MMPI-2의 많은 척도는 시간에 걸친 신뢰도가 낮은 편이다.
9. 일부 MMPI-2 척도의 내적 일관성이 매우 낮다.
10. 아직도 많은 문항들이 척도 간에 중복되기 때문에 연구 결과 해석이 어렵다.

이러한 제한점과 염려에도 불구하고, MMPI와 MMPI-2는 정신병리나 성격을 측정하는 자기 보고 검사들의 '표준(benchmarks)'으로 남아 있다. MMPI-2는 MMPI 만큼의 성공을 누릴 것이다. 그렇지만 다른 검사와 마찬가지로 임상심리학자는 이 인기있는 검사의 강점뿐 아니라 잠재적 한계도 인식해야 한다.

개정판 NEO 성격검사

설명. 개정판 *NEO* 성격검사(*NEO-PI-R*) (Costa & McCrae, 1992)는 5요인 모델(*Five-Factor Model*: FFM, Goldberg, 1993)로 알려진 영향력 있는 성격 이론의 영향을 받은 자기 보고형 성격 특징검사이다(Goldberg, 1993). FFM은 지난 40년간 발전되어 왔고(Digman, 1990), 어휘적 전통(영어와 다른 언어에서 특질 형용사를 분석하는 것)과 성격 연구의 요인분석 전통 모두에 뿌리를 두고 있다. NEO-PI-R에 의해 조작화된 5개의 요인 또는 영역은 신경증(Neuroticism), 외향성(Extraversion), 개방성(Openness to experience), 동조성(Agreeableness),

그리고 성실성(Conscientiousness)이다. 각 영역은 6개의 측면 또는 하위 요인을 가지고 있는데, 이것은 각 영역의 여러 측면들을 대표하는 성격 특질들이다. 표 9-4에는 각 영역을 대표하는 하위 요인을 제시하였다.

NEO-PI-R은 240문항(30개의 측면별로 8문항, 5개 영역별로 48문항)으로 구성된다. 수검자는 240개의 진술문에 대해 5점 척도(전혀 그렇지 않다, 그렇지 않다, 중간이다, 그렇다, 매우 그렇다)상에 평정한다. NEO-PI-R의 개발을 이끈 연구는 1970년대에 시작되었다. 그 당시에는 어떤 성격 모델이나 체계가 성격 특성을 종합적으로 기술하는 데 가장 유용한지에 대한 분명한 합의가 없었다. Costa와 McCrae는 서로 경합하는 다양한 성격 모델들이 상위 차원을 구성하는 하위 수준의 특질(각 차원의 측면)보다는 성격의 상위 차원(예: 신경증이나 외향성)에 대해 더 합의하기 쉽다는 것을 확신하게 되었다. 이런 이유로 Costa와 McCrae는 검사구성에서 '하향식(top-down)' 접근을 적용했다. 그들은 자신들의 경험적 연구뿐 아니라 문헌 개관을 통해서 중요성과 유용성이 가장 크다고 생각되는 상위 수준의 성격 요인이나 차원을 선정하기 시작했다. 그리고는 각 주요 차원을 구성하는 특질이나 측면들을 확인했다. 원판은 5요인 중 단지 3개만을 평가했다(신경증, 외향성, 개방성). NEO-PI-R은 5요인 모델의 다섯 영역 모두를 측정하며, 각 영역별 하위요인 척도들을 포함하고 있다.

NEO-PI-R은 구성 타당도를 강조하는 합리적-경험적 검사구성 전략을 사용해 개발되었다. 특질의 다양한 측면을 측정하는 문항이 생성될 수 있도록, 각 성격 특질이 정의되고 분석되었다. 최종 문항 선정은 경험적 수행에 기초했는데, 즉 가장 신뢰할 수 있고 타당한 문항만 유지되었다. 그에 더해 요인분석을 통해 문항이 관련 요인에 부하되는지 확인하였다.

거의 절반 가까운 NEO-PI-R 문항은 역채점된다. 즉, 낮은 점수일수록 해당 특질을 많이 나타낸다. 이는 거의 모든 문항이 동일 방향으로 채점되는 검사에 존재하는 문제인 잠재적인 묵종(또는 부인) 편향을 다루기 위해 이루어졌다. 이런 검사에서 높은 점수는 묵종(acquiescence) 때문일 수도 있고 실제 특질 수준 때문일 수도 있어서 높은 점수 해석이 어렵다. NEO-PI-R의 논쟁거리가 되는 측면은 수검 태도를 평가하는 타당도 척도(또는 척도 세트)가 부족하다는 것이다. 대신 NEO-PI-R은 반응의 타당성을 평가하는 3개의 개별 문항을 가지고 있다. 한 문항은 수검자에게 정직하고 정확하게 반응했는지 표시하게 하고, 다른 문항은 모든 문항에 답했는지 묻고, 마지막 문항은 답을 정확한 위치에 기입했는지 평가한다.

규준. 성인 규준은 여러 지역사회 표본으로부터 선발한 500명의 남자와 500명의 여자에 기반하여 만

표 9-4 NEO-PI-R로 측정한 성격 영역과 측면

요인	하위 요인
신경증	불안, 분노, 우울, 자의식, 충동성, 취약성
외향성	온정, 사교성, 주장성, 활동성, 자극추구성, 긍정적 정서
개방성	상상, 심미성, 감정, 행동, 사고, 가치
동조성	신뢰, 솔직, 이타심, 순응, 겸손, 동정
성실성	유능감, 정연성, 충실성, 성취갈망, 자기규제, 신중성

NEO-PI-R은 성격 및 성격장애를 평가하는 잘 알려진 도구이다.

들었다. 규준 표본은 연령과 성별 분포에서 1995년 미국 인구조사국 자료와 유사하다. NEO-PI-R 요강은 대학생 규준 자료도 제공한다.

신뢰도와 안정성. NEO-PI-R 점수는 탁월한 수준의 내적 일관성과 검사-재검사 신뢰도를 보인다. 내적 일관성 계수는 영역 척도의 경우 .86에서 .92, 측면 척도의 경우 .56에서 .81 사이이다. 최근 임상 외래 환자 연구에서 6개월 간격의 검사-재검사 신뢰도 계수는 영역 점수의 경우 .76에서 .84 범위였다(Trull, Useda, Costa, & McCrae, 1995). 6년 간격의 검사-재검사 신뢰도도 인상적으로 높았다.

요인구조. 요인분석 결과는 NEO-PI-R의 가설적 5요인 구조를 지지했다. 개별 문항 점수나 측면 점수를 사용한 분석 모두에서 지지되었다(Costa & McCrae, 1992).

타당도. NEO-PI-R 요강(Costa & McCrae, 1992)은 도구 점수의 타당도를 증명하는 다양한 증거를 제시하고 있다. NEO-PI-R의 영역 및 측면 점수는 다양한 성격 측정치, 동료 보고, 형용사 점검표 등에서 나온 성격 특질 점수와 예측한 방향의 관련을 보였다.

임상 적용. 비록 NEO-PI-R이 '정상' 성격에 대한 모델에서 개발되었지만, 연구자들은 이 검사가 임상 표본에도 유용한지 평가하기 시작했다. 축 II 성격장애는 정의상 부적응적 성격 특질(즉, 모든 개인에게 공통적인 성격 특질의 극단적인 형태)을 포함하기 때문에 NEO-PI-R 같은 5요인 모델 도구의 적용이 명백하게 설명된다. 몇몇 연구들은 성격 장애를 특징짓는데 NEO-PI-R이 유용함을 지지했다(예: Schroeder, Wormworth, & Livesley, 1992; Trull, 1992; Trull et al., 1995). 게다가 연구자들은 NEO-PI-R 같은 5요인 모델 도구들이 축 I의 기분, 불안 및 약물사용장애 환자의 성격특성 평가에 유용한지 평가하기 시작했다(Trull & Sher, 1994). 이 연구들을 함께 고려할 때 NEO-PI-R과 관련 도구들이 임상 평가 영역에서 유망하다는 것을 시사한다.

대안 형식들. 5개의 주요 성격 차원에 대한 비교적 짧은 측정치가 바람직할 때는 NEO 5요인 검사(NEO-FFI)로 알려진 60문항의 단축형 NEO-PI-R이 유용할 수 있고 NEO-FFI는 측면 척도가 없다. R형으로 알려진 다른 판의 NEO-PI-R은 관찰자 평정에 사용된다. 이 검사는 240개의 자기 보고형 문항을 평정되는 사람의 성별을 반영하도록 표현을 바꾼 것이다. R형은 자기 보고 점수를 타당화 또는 보충하기 위해 사용할 수 있다(Costa & McCrae, 1992).

NEO-PI-R의 한계. 여러 저자들이 임상 평가에서 NEO-PI-R이 가지는 한계에 대해 제시했다(Ben-Porath & Waller, 1992; Block, 1995; Tellegen, 1993). 첫째, NEO-PI-R은 상대적으로 부족한 타당도 문항 때문에 비판받아 왔다. MMPI-2 및 기타 자기 보고형 측정치와 대조적으로 NEO-PI-R은 얻어진 점수 해석에 영향을 줄 수 있는 반응양식을 평가하기 위한 검사 문항에 노력을 기울이지 않았다. 둘째, 임상적 진단 목적에 NEO-PI-R을 사용할 수 있는지는 아직 입증되지 못했다. 비록 NEO-PI-R 점수와 정신장애 진단 간에 연합을 보여 주는 초기 연구들은 고무적이지만, NEO-PI-R은 '정상' 성격 모델에 근거해 개발되었기 때문에 임상 진단의 일반적 목적에 잘 맞지 않을 수 있다. 셋째, 이 측정치를 임상 장면에서 기본 검사로 사용할 수 있다는 것을 보증하기 위해 치료 계획에 NEO-PI-R를 사용할 수 있는지 연구한 경우가 너무 적다. 마지막으로, 영역 점수 간 상호 상관이나 특정 하위요인을 해당 영역 내에 위치시키는 문제(예: 충동성과 적대감을 신경증 영역에 포함시키는 문제)를 포함해 몇몇 심리측정적 비판이 NEO-PI-R에 가해졌다. 요약하면, 비록 유망하긴 하지만 기본적인 임상 평가로서의 NEO-PI-R의 유용성은 아직은 입증되어야 할 과제로 남아 있다.

투사검사

투사 기법은 길고도 풍부한 역사를 가지고 있다. William Shakespeare는 구름의 투사적 성질에 대 해

NEO-PI-R 사례

Bruehl(1994)은 축 I 진단으로 주요 우울장애와 축 II 진단으로 경계선 성격장애 진단을 받은 45세된 백인 이혼녀 사례 연구를 제시하였다. '베티'는 최근 약물 소지 혐의로 체포되었고 고등학교 때부터 집행유예를 받았던 딸의 양육에 대한 과도한 걱정 때문에 치료를 받으러 왔다. 베티는 아동기 성학대, 가족 및 동료와의 관계 문제, 성인기 신체적 학대 과거력이 있으며, 강렬하고 불안정한 정서를 보였다. 표 9-5는 그녀의 NEO-PI-R 실시 결과를 보여 준다.

보이는 바와 같이, 베티는 신경증 측면들이 높고, 일부 외향성과 우호성 측면들은 낮으며, 일부 개방성 측면은 높았다. 베티의 NEO-PI-R 점수에 대한 몇 개의 해석적 진술문들은 이 검사가 내담자 이해와 치료 계획에 유용할 수 있음을 보여 준다.

> …베티의 높은 신경증과 낮은 우호성은 경계선 성격장애의 DSM-III-R기준에 기초해 예측할 수 있는 것과 일치한다.
>
> …심리치료적 관계의 강도는 베티의 낮은 따뜻함 및 신뢰 수준으로 인해 서서히 발달했다…
>
> …치료에서 관찰된 전이 문제는 베티의 낮은 신뢰 및 높은 적대감과 일차적으로 관련된다. 그녀의 낮은 솔직함에서 짐작할 수 있듯이, 그녀는 자신의 분노와 신뢰부족을 수동적으로 표현했다…
>
> …베티의 낮은 순종성은 치료에서 통제 문제를 눈여겨봐야 함을 시사했다. 치료적 '숙제'가 할당되고 그녀가 동의했음에도 불구하고, 가끔 숙제를 해오지 않았다…
>
> …그녀의 낮은 순종성은 낮은 신뢰 및 높은 적대감과 상호작용해 치료에서 관계 문제를 야기한 것으로 보인다. 같은 문제가 가까운 친구, 가족, 남편과 이전의 친밀한 관계에서 그녀가 보였던 문제의 원인인 것 같다…
>
> …NEO-PI-R에 의해 제공된 정보는 또한 치료적 진전을 향상시키는 강점도 시사해 주었다. 관념에 대한 베티의 높은 개방성은 부분적으로는 병리적 측면이지만, 인지적으로 유연할 수 있는 능력을 반영하기도 한다… 그녀는 문제를 이해하고 다루기 위해 자신의 문제를 다른 방식으로 보고 대안적 방식을 고려하는 데 있어 매우 개방적이었다(Bruehl, 1994, pp.195-196).

표 9-5 '베티'의 개정판 NEO 성격검사 프로파일

척도	범위	임상적 함의
신경증	매우 높음	
불안	높음	신경과민/반추적
분노	매우 높음	격노한/적의에 찬
우울	매우 높음	침울한/낙담한
자의식	높음	불안한/부끄러운
충동성	높음	자발적인/예측 불가능한
취약성	높음	압도된/무방비의
외향성	낮음	
온정	낮음	차가운
사교성	낮음	수줍은/위축된
주장성	보통	
활동성	보통	
자극추구	높음	모험적인
긍정적 정서	낮음	평온한/사심 없는
개방성	높음	
상상	매우 높음	상상력이 풍부한/해리적인
심미성	보통	
감정	보통	
행동	보통	
사고	높음	인지적으로 유연한
가치	높음	개방된
동조성	낮음	
신뢰	낮음	냉소적인/의심 많은
솔직	낮음	속이는/조작하는
이타심	보통	
순응	낮음	공격적인/반항적인
겸손	보통	
동정	보통	
성실성	보통	
유능감	높음	완벽주의적인
정연성	보통	
충실성	낮음	신뢰할 수 없는/무책임한
성취갈망	높음	내몰린
자기규제	보통	
신중성	낮음	성급한

출처: Bruehl(1994).

썼고, William Stern은 Rorschach 이전에 구름을 검사 자극으로 사용했다. Francis Galton 경(1879)은 단어연상법을 제안했고, Kraepelin은 단어를 사용했다. Binet와 Henri(1896)는 투사적 도구로서 그림을 가지고 실험했다. Alfred Adler는 환자들에게 첫 기억을 회상하도록 요청했는데, 이 역시 투사적 접근의 일종이다.

그렇지만 투사 기법에 대한 실제적 영향은 1921년 Hermann Rorschach의 고전적 논문까지 거슬러 올라가며, 여기서 그는 정신병리의 감별 진단 방법으로 잉크반점을 사용했다. 후에 1920년대에는 David Levy가 잉크반점 검사를 미국에 가져왔으며, 그것은 Beck, Klopfer와 Hertz가 Rorschach 교육과정을 만들기 시작하기 직전의 일이다. 1935년 Morgan과 Murray가 주제통각검사(Thematic Apper-ception Test: TAT)를 소개했으며, 1938년 Murray는 투사과정을 주의 깊게 기술했다. **투사적(*projective*)**이라는 용어는 1939년 L. K. Frank가 투사적 방법에 대해 널리 논의된 논문을 쓴 이후 일반적으로 사용되기 시작했다.

투사검사의 본질

투사검사의 정의는 어느 정도 자아 방어 및 무의식 과정의 성질에 대한 Freud 학파의 개념에 속한다. 그렇지만 이것이 핵심 특성은 아닌 것 같다. 오랫동안 많은 정의들이 제공되었다(Anderson & Anderson, 1951; Lindzey, 1961; Murstein, 1963; Semenoff, 1976; Wiggins, 1973; Zubin, Eron, & Schumer, 1965). 아마도 가장 쉬운 해결책은 English와 English(1958)의 심리학 사전에서 온 실용적 정의일 것이다. 여기서는 투사적 기법을 '특정한 반응을 유발하거나 강요하지 않는 상황에 대한 개인의 반응을 관찰함으로써 개인의 특징적 행동양식을 발견하는 절차'라고 정의하고 있다.

전체적으로 투사적 기법은 다음의 특징을 갖는 경향이 있다(Rotter, 1954).

1. 비구조화되고 애매한 자극에 대한 반응에서 수검자는 **자신의 성격 구조를 드러내도록 강요**되며, 그렇게 함으로써 자신의 어떤 면(욕구, 소망, 또는 갈등 같은)을 드러낸다.
2. 자극 재료는 **비구조화**되어 있다. 이것은 매우 빈약한 기준이지만 투사 기법의 핵심을 반영한다고 널리 가정되는 것이다. 예를 들어, 만약 수검자의 70%가 Rorschach 카드 V를 박쥐로 지각한다면, 우리는 이 자극을 비구조화되어 있다고 말하기 어렵다. 따라서 어떤 검사가 투사적이냐 아니냐는 개인에게 장려되는 반응의 종류와 그 반응들이 어떻게 사용되느냐에 달려 있다. 지시도 중요한 요소이다. 만약 TAT 카드 속의 인물을 남녀로 분류하라고 지시한다면, 상당한 정도의 구조가 생기고 검사는 결코 애매하지 않게 된다. 그렇지만 카드 속의 인물이 무엇을 말하는지 답하라고 한다면, 과제는 갑자기 매우 애매한 것이 된다.
3. **간접적인** 방법이다. 어느 정도 수검자는 검사 목적을 인식하지 못한다. 최소한 그 목적은 위장된다. 비록 환자들이 검사가 적응–부적응에 관한 어떤 것을 다룬다는 것을 알고 있을지라도, 자신들이 한 반응의 중요성에 대한 세부 사항은 알지 못하는 것이 일반적이다. 환자에게 그들의 욕구나 근심에 대해 직접 묻지 않는다. 이러한 간접성이 수검자로 하여금 그들이 제공하는 자료를 검열하기 어렵게 하는 것이라 기대된다.
4. **반응의 자유**가 있다. 질문지 방법이 '그렇다'나 '아니다'만 허용하는 데 반해, 투사법에서는 반응 범위가 거의 무한하게 허용된다.
5. 반응 해석은 **보다 많은 변인**을 다룬다. 가능한 반응 범위가 넓기 때문에 임상가는 욕구, 적응, 진단 범주, 자아강도 등 다양한 차원에서 해석할 수 있다. 이에 반해 많은 객관형 검사는 심리적 고통

의 정도 같은 단일 점수나 고정된 수의 차원이나 척도 점수를 제공한다.

측정과 표준화

객관형 검사와 투사검사의 대비는 매우 인상적이다. 객관형 검사는 그 성질상 자료통계적인 해석적 접근을 허용한다. 규준, 신뢰도, 심지어 타당도까지도 관리가 용이하다. 투사법은 그 성질상, 심리 측정적 평가에 저항적으로 보인다. 사실 일부 임상가는 Rorschach 같은 검사가 심리측정의 모욕을 견디어야 한다는 제안마저도 거부한다. 그들은 이것이 그들의 직관적 예술에 대한 폭력이라고 본다. 이 절에서는, 투사검사의 심리측정적 성질을 평가하는데 포함된 어려움에 관한 몇 가지 일반적 관찰을 제공하였다.

표준화. 투사 기법이 표준화되어야 하는가? 그래야만 한다는 많은 이유가 확실히 있다. 표준화는 의사소통을 촉진시킬 것이며, 일부 임상가의 편향과 해석적 열의를 견제하는 기능을 할 것이다. 게다가 투사법의 열성적 옹호자들은 마치 그들이 규준을 가지고 있어서(비록 암묵적이겠지만), 그 규준에 대한 표준화 시도를 하지 않을 아무 이유가 없는 것처럼 행동한다. 물론 투사법에 대한 연구 문제는 방대할 수 있다.

반대자들은 투사법 해석이 표준화될 수 없다고 주장한다. 모든 사람은 독특하며, 어떤 규준적 기술도 필연적으로 오도될 수 있다. 수많은 변인들이 상호 관련되어 있기 때문에 표준화된 해석적 접근은 투사검사의 전체론적 성격을 파괴할 것이 분명하다. 결국 그들은 해석은 예술이라고 말한다.

신뢰도. 신뢰도 결정 방법은 단순하다. 예를 들어, TAT를 두 번 실시했을 때 문자 그대로 똑같은 이야기가 나올 것으로 기대하게 된다. 하지만 두 이야기 간에 얼마나 많은 차이가 허용되는가? 물론 검사 반응 전체를 뛰어 넘어 임상가의 성격 해석에 대해서만 신뢰도를 다룰 수 있다. 그렇지만 이것은 검사의 신뢰도와 판단의 신뢰도가 혼합될 수 있다. 또한 검사-재검사 신뢰도는 개인의 심리적 변화의 영향을 받을 수 있으며, 특히 환자집단을 다룰 때 그렇다. 임상가들은 대안 형태의 검사를 사용해 신뢰도를 확립하는 것을 선택할 수 있다. 그렇지만 TAT 카드나 잉크반점의 대안 형태가 서로 동등하다는 결정을 어떻게 내릴 수 있는가? 각 검사의 반이 동등하다는 것을 입증하는 것이 어렵기 때문에 반분 신뢰도도 확신하기 어렵다.

타당도. 투사법은 다양한 목적으로 사용되어 왔기 때문에, TAT는 타당한가? Rorschach는 좋은 성격검사인가? 같은 일반적인 질문을 하는 것은 무의미하다. 질문은 보다 구체적이어야 한다. TAT는 어떤 상황에서의 공격성을 예측하는가? Rorschach의 X 점수는 임상적 불안 판정과 상관되는가?

이런 쟁점들을 염두에 두고, 가장 널리 사용되는 투사검사들에 대해 논의하겠다.

Rorschach

비록 Rorschach가 유럽에 기원을 두고 있지만 그 후속 발달과 정교화는 미국에서 이루어졌다(Exner, 1993). 객관형 검사에 대한 환멸이 그 발달을 촉진한 것 같다(Shneidman, 1965). 그렇지만 정신역동적, 정신분석적 운동의 출현과 1930년대 그 추종자들이 유럽에서 미국으로 대거 이주한 것 역시 중요하다.

신뢰도 및 타당도 확립을 위한 많은 노력들에 대해 혼란과 장애를 가져온 것은 Rorschach에 여러 가지 서로 다른 접근방식이 있다는 사실이다. 예를 들어, 과거에는 Klopfer, Beck, Hertz, Piotrowski 및 Rapaport가 각기 다른 Rorschach 체계를 제공했다(Exner, 1993). 각 체계들은 검사의 실시, 채점, 결과 해석에서 서로 달랐고 수검자에게 하는 지시도 달랐다. 이는 연구 결과 해석과 일반화에 많은 문제를 야기했다. 이에 더해, Exner와 Exner (1972)는 22%의 임상가가 공식적으로 Rorschach를 채점하지 않으며, 75%는 채점 체계를 사용할 때 매우 고유한 방식을 사용하고 있음을 발견했다. 그렇지만 현재는 연구 출판을 위해서는 Rorschach 기록이 체계적으로 채점되고 적절하게 채점자 간 일치도가 입증되어야 한다(Weiner, 1991). 최소한 Rorschach 반응이 독립적인 평정자에 의해 유사하게 채점되어야 한다고 기대한다.

설명. Rorschach는 좌우 대칭인 인쇄된 잉크반점 10장으로 구성된다. 5장은 흑백(회색 음영이 있는)이고, 5장은 유채색이다. Rorschach와 유사한 카드가 그림 9-2에 제시되어 있다.

실시. Rorschach를 실시하는 여러 가지 기법이 있다. 그렇지만 많은 임상가들은 아래와 같은 유사한 과정을 거친다. 임상가는 수검자에게 첫 번째 카드를 들려주고 "무엇이 보이는지, 이것이 무엇처럼 보이는지 말씀해 주세요. 옳거나 그른 답은 없습니다. 단지 이것이 무엇처럼 보이는지 말하면 됩니다."라고 말한다. 나머지 모든 카드도 순서대로 실시한다. 임상가는 수검자가 말하는 모든 것을 축어록으로 적는다. 일부 임상가는 각 카드에서 첫 반응이 나올 때까지의 시간과 각 카드에 소비된 전체 시간을 적는다. 어떤 수검자는 카드별로 여러 개의 반응을 하며, 다른 수검자는 소수의 반응만 한다. 임상가는 각 반응이 나온 위치도 기록한다(옆, 거꾸로). 모든 자발적인 언급과 감탄사도 기록한다. 이 단계 이후에 임상가는 질문 단계로 이동한다. 여기서 수검자에게 이전에 했던 모든 반응을 상기시킨 후 하나씩 그런 반응을 하게 만든 것이 무엇인지 묻는다. 그리고 정확한 반응 위치를 지적하도록 요청한다. 이 시간은 수검자가 반응을 정교화하거나 명료화하는 시간이기도 하다.

채점. 비록 Rorschach 채점 체계는 다양하지만, 대부분 세 주요 요인을 채점한다. 위치(Location)는 수검자가 반응한 카드의 영역이다. 전체 반점(whole blot), 큰 세부(large detail), 작은 세부(small detail), 공백(white space) 등이다. 내용(Contents)은 본 사물의 성질이다(동물, 사람, 바위, 안개, 옷 등). **결정인**(*Determinants*)은 수검자의 반응을 촉발한 카드의 측면을 말한다(반점의 형태, 색채, 질감, 운동, 음영 등). 일부 체계에서는 일반 전집에서 특정 반응의 상대적 빈도에 근거해 평범 반응(Popular responses)과 독창적 반응(Original responses)도 채점한다. 현재 채점에는 Exner의 종합 체계가 가장 많이 사용된다(Exner, 1974, 1993). 이 채점 체계를 상세히 소개하는 것은 이 장의 범위를 넘어서는 것이지만(Exner의 구조적 요약에서는 총 54개의 지표가 계산된

그림 9-2 ■ Rorschach와 유사한 잉크반점

Rorschach 사례 1

수검자는 18세인 '정상' 남자 대학생임.

	반응	질문	채점
Card I	게나 다른 바다동물 같이 보여요.	집게발 때문에 게처럼 보여요.	D F+ A (큰 세부, 좋은 형태, 동물)
Card VIII	꽃 종류. 아마도 붓꽃.	꽃잎 모양이 그래요. 그리고 아마도 색도.	W FC Pl (전체, 형태–색채 반응, 식물)

다), 종합 체계에 대한 상세한 설명을 제공하는 많은 원전들이 있다(Exner, 1991, 1993 포함).

Rorschach 실제 채점에는 결정인들의 수를 집계하기, 전체 반응수에 근거해 비율을 계산하기, 반응 세트들 간의 상대적 비율 계산하기(예: 운동 반응 총수를 색채 반응 수로 나누기) 등이 포함된다. 사실상, 초심자들은 정통적인 Rorschach 채점이 반응의 실제 내용보다는 공식적 결정 요인(formal determinants)에 더 많이 의존한다는 것을 배우고는 흔히 놀란다. 그렇지만 현대 임상가들은 공식적 채점에 신경을 쓰지 않는다. 그보다는 결정인의 비공식적 기록에 의존하는 것을 선호한다. 게다가 이들 임상가들은 해석에서 내용을 많이 사용하는 경향이 있다. 사례 1, 2는 Rorschach 실시 및 채점에 무엇이 포함되어 있는지를 제공해 준다.

앞서 살펴본 것처럼, Rorschach 해석은 복잡한 과정이다. 예를 들어, 형태의 과도한 사용은 관습성을 시사할 수 있다. 평범하지 않은 반응이면서 형태

Rorschach 사례 2

아래 채점되지 않은 반응들은 가정에서 외상적 사건을 경험한 후 정신과 의사로부터 '불안 반응, 만성, 심한 정도'로 진단 받은 42세 여성의 반응이다. 진단은 Rorschach 단독이 아닌 가용한 모든 자료를 검토한 후 내려진 것이다.

카드 I 박쥐. (다른 것은요?) 거미줄 위에 있어요.

카드 II 한 쌍의 곰.

카드 III 잘 모르겠어요. (어느 것이든 보이는 것이 없나요?) 한 쌍의 작은 새.

카드 IV 어떤 종류의 곰 가죽 같아요. 펼쳐 놓은 것.

카드 V 나비.

카드 VI 가운데 부분이 램프 스탠드나 파이프 스탠드 같아요.

카드 VII 섬 같아요. (다른 것은요?) 항구에 있는 배. 어떤 종류의 배.

카드 VIII 나무를 올라가는 한 쌍의 곰. (다른 것은요?) 없어요.

카드 IX 무엇처럼 보이는지 모르겠어요.

카드 X 내가 바다 밑에서 본 것과 비슷하네요. 가재.

임상가의 보고서 일부를 발췌하면 다음과 같다. Rorschach에서 환자의 수행은 제한되고 관습적이었다. 그녀의 반응은 불안 요인의 영향을 받은 것으로 보인다. 적은 반응만을 하고 그것을 평범하거나 관습적인 것으로 만듦으로써 검사의 위협적 측면(구조의 결여)을 회피하는 뚜렷한 경향을 보였다. 동물 또는 무생물 반응을 하는 경향은 사회적 관계에서의 장해나 사회적 위축의 잠재성을 시사한다.

가 나쁘면, 정신증을 암시할 수 있다. 색채는 정서성과 관련된다고 이야기되며, 좋은 형태와 동반되지 않으면 충동성을 나타내는 경우가 흔하다. 공백 영역의 과도한 사용은 반항적이거나 심지어 반사회적인 성질을 시사하는 것으로 해석되어 왔다. 반점 전체를 사용하는 것은 통합하는 것과 적절히 조직화하는 것에 대한 관심을 나타낸다. 세부의 과도한 사용은 강박행동이나 강박관념과 연합될 수 있다. 하지만 내용 역시 중요하다. 작은 동물을 보는 것은 수동성을 의미할 수 있다. 피, 집게 발, 이빨, 또는 이와 유사한 형상은 적대감이나 공격성을 시사할 수 있다. 카드를 돌리거나 뒷면을 검토하는 것은 의심으로 해석될 수 있다. 그렇지만 해석자는 이 반응들을 잠재적 해석이나 가설의 예로 다루어야 하며, 성공적으로 타당화된 사실로 여겨서는 안 된다.

일반적인 평가적 언급을 몇 가지하고 Rorschach에 대한 논의를 마무리하고자 한다. 앞서 언급한 대로 가장 종합적인 채점 절차는 Exner(1974, 1993)가 개발하였다. 그의 체계는 다른 임상가들의 채점 체계로부터 요소들을 종합한 것이다. Exner와 동료들은 엄청난 양의 심리측정적 자료, 안정적인 검사-재검사 신뢰도 증거, 타당도 연구들을 제공했다. 그것은 유망하고도 연구에 기반한 접근으로서, Rorschach를 사용하기로 선택한 임상가의 신중한 주의를 보장한다. 그렇지만 Exner가 인용한 많은 신뢰도, 타당도 연구들이 도전을 받아왔다는 것을 언급하는 것 역시 중요하다(Wood, Nezworski, Lilienfeld, & Garb, 2003; Wood, Nezworski, & Stejskal, 1996). 다음에는 Rorschach 점수의 신뢰도 및 타당도에 대한 현대적 조망을 논의할 것이다.

신뢰도와 타당도. 연구 지향적인 임상심리학자들은 오랫동안 Rorschach 점수의 신뢰도에 의문을 제기했다(Wood et al., 2003). 앞서 언급한 바와 같이, 가장 기본적인 수준에서 Rorschach 반응들이 평정자에 걸쳐 신뢰할 만하게 채점된다는 확신이 있어야 한다. 같은 채점 체계를 사용하는 서로 다른 평정자가 동일한 Rorschach 반응을 유사하게 채점하지 않는다면, 이 도구가 임상 예언 장면에서 유용성을 가진다고 상상하기 어렵다. 불행히도, Rorschach 채점 체계가 이런 가장 기본적이고 직접적인 신뢰도 형식의 수용 기준에 부합하는지는 여전히 논쟁 거리이다. 예를 들어, 최근의 보다 격렬한 의견교환에서 Meyer(1997a, 1997b)는 Exner 채점 체계가 '탁월한' 평정자 간 신뢰도를 가진다는 증거를 보고 했지만, Wood, Nezworski와 Stejskal(1997)은 그의 새로운 신뢰도 분석과 결과에 대해 여전히 의문을 가지고 있다.

비록 채점자 간 신뢰도가 중요하지만, 시간과 검사 조건에 따른 개인 점수의 일관성과 점수 해석의 신뢰도 역시 중요하다. Weiner(1995)는 "Rorschach 자료의 기본 구조와 주제는 동일하게 유지되는 경향이 있으므로"(p.335) 빈번한 재검사(심지어 하루 단위도 가능)가 가능하다고 주장했다. 그렇지만 우리는 Rorschach 요약 점수의 안정성을 지지하는 대규모 경험적 연구에 대해 알지 못한다. 제한된 증거들은 특질과 유사한 소질을 반영한다고 믿어지는 요약 점수들이 시간에 걸쳐 안정적이라는 것을 지지하는 경향이 있다(Meyer, 1997a; Weiner, Speilberger, & Abeles, 2002). 하지만 더 많은 증거들이 필요하다.

결정적으로 중요한 것은 임상가 해석의 신뢰도이다. 중요하지만 상대적으로 경시되어 왔던 이 유형의 신뢰도는 Rorschach 같은 검사에는 결정적인 것이다. 몇 년 동안 함께 훈련받은 임상가는 해석의 신뢰도를 성취하기가 더 쉽다. 그렇지만 공통된 훈련을 받지 않은 임상가들은 어떨까? 공식 채점 체계의 급증과 많은 임상가들이 자기 나름의 해석적 접근을 하는 경향이 결합되어, 이런 종류의 신뢰도 계산을 어렵게 하고 있다.

Rorschach 점수 및 해석의 타당도와 관련해서

오랫동안 많은 증언들이 모아졌다. 숙련되고 경험 많은 임상가가 도구에 대해 강하게 말하면 그 분야의 사람들은 경청했다. 하지만 어떤 점에서 이 추천장들은 강력한 증거로 대체되어야 한다. 많은 Rorschach 문헌은 이 검사가 모든 목적에 동등하게 타당하지는 않음을 분명히 하고 있다. 실제적 의미에서 문제는 Rorschach가 타당한지가 아니라 유용한 조건과 그렇지 않은 조건을 구별하는 것이다. 오랫동안 환자에 대한 다른 부가적 정보 없이 Rorschach를 해석하는 것 같은 절차들이 Rorschach 타당도 평가에 사용되었다. 그렇지만 이런 식으로 Rorschach 반응 자료들이 분석에 제출되었을 때도 확인 가능한 단서들은 흔히 존재했다. 예를 들어, 한 연구에서는 10세 아동들의 Rorschach 자료와 60세인 사람들의 자료를 결합할 수 있다. 때로 이 자료들은 교사나 친구들에게 보내져 기대보다 높은 동의를 얻을 수 있다. 단지 어느 병원의 자료인지만 알아도 환자의 본성에 대한 중요한 단서를 제공할 수 있다.

다른 연구에서는 대응 기법(matching technique)을 사용했는데, 특히 Rorschach 해석의 타당도를 평가하기 위해 Rorschach 자료를 사례사와 대응시켰다. 그렇지만 이 연구도 문제가 있었다. 정확한 대응은 한두 개의 강한 일탈 변인들에 의해 결정될 수 있다. 결과적으로 무엇이 실제로 타당화된 것인가? Rorschach를 실시한 사람에게 검사 후에 정확한 사례사와 대응시켜 보도록 요청한 경우도 있었다. 따라서 정확한 대응은 검사 동안 관찰한 환자 특성에 대한 회상에 의해 결정될 수 있다.

Rorschach의 타당도에 대해 의문이 제기되었음 에도 불구하고, 일부 조사에서는 Rorschach에 대해 호의적이었다(예: Atkinson, 1986; Parker, 1983; Parker et al., 1988). 예를 들어, Parker 등(1988)은 Rorschach 연구에 대한 폭넓은 조사에서 다양한 Rorschach 척도에 걸친 평균 타당도 계수가 .41임을 발견했다. 또한 판단자 간 신뢰도와 검사−재검사 신뢰도도 .80대 중반이었다. 여전히 많은 사람들은 Rorschach 점수의 타당도를 지지하는 것으로 인용된 개별 연구들의 질에 비판적이다(예: Wood et al., 1996; Wood et al., 2003). 아마도 가장 중요한 점은 Parker 등(1988)의 메타분석을 포함한 최근의 분석이 다른 결론에 도달했다는 점일 것이다. Garb 등(1998)은 Parker 등이 개관한 동일 연구들의 자료를 사용해 Rorschach 점수에 대한 훨씬 낮은 타당도를 추정해 보고했다(타당도 계수 .29, 이전 연구에서는 .41). 게다가 개정되고 교정된 Rorschach 타당도 추정치는 MMPI(.48)보다도 유의하게 낮은 것이었다. 이 결과와 함께 Rorschach 점수의 증분 타당도를 지지하는 데 실패한 결과들(Archer & Krishnamurthy, 1997; Garb, 1984, 1998)은 "임상 수련에서 Rorschach 사용에 대한 강조를 줄이라고 권고하도록" 이끌었다(p.404). 임상심리학 프로그램에서 이 권고를 염두에 둘지는 두고 봐야 한다.

임상 평가에서 Rorschach의 유용성에 대한 논쟁은 계속되고 있다(Meyer, 1999, 2001; Wood et al., 2003). 옹호자들(Stricker & Gold, 1999; Viglione, 1999; Viglione & Hilsenroth, 2001; Weiner et al., 2002)은 개인의 무의식 기능이나 문제해결 양식이 초점일 경우 Rorschach가 유용하다고 주장한다. 하지만 비판론자들은 Rorschach 점수의 임상적 유용성이나(Hunsley & Bailey, 1999, 2001) 증분 타당도에 대해(Dawes, 1999; Garb, 2003) 여전히 회의적이다.

Rorschach '잉크반점법'. Weiner(1994)는 Rorschach가 검사보다는 자료 수집 방법(*Method*)으로 가장 잘 개념화될 수 있다고 주장했다.

> Rorschach는 아무것도 검사하지 않기 때문에 검사가 아니다. 검사란 무언가 있는지 없는지 그리고 양은 어느 정도인지 측정하려고 하는 것이다. 하지만 전통적으로 성격검사로 분류되어 온 Rorschach로는 사람들

이 성격을 가지고 있는지 어느 만큼의 성격이 있는지 측정하지 않는다(p.499).

몇 가지 함의는 다음과 같다. 첫째, Weiner는 Rorschach 방법을 통해 생성되는 자료는 다양한 이론적 입장에서 해석이 가능하다고 주장한다. 이 자료들은 지각에 부여된 의미뿐 아니라(연상과정), 수검자가 문제해결이나 의사결정에서 전형적으로 어떤 방식을 취하는지(인지 구조화 과정)도 알려준다. Weiner는 이를 Rorschach에 대한 '통합론자'적 관점이라고 부르는데, 그 이유는 이 방법이 성격의 구조 및 역동 모두에 대한 적절한 자료를 제공하기 때문이다. Weiner에 따르면, 두 번째 실용적 함의는 Rorschach를 방법으로 봄으로써 생성되는 모든 측면의 자료를 완전히 사용할 수 있으며, 그 결과로 보다 철저한 진단적 평가가 가능하다는 것이다. 이러한 재개념화의 영향과 유용성은 두고 봐야 한다. 어떤 경우든 Rorschach를 임상 장면에서 기본적으로 사용하는 것이 옹호되기 위해서는 그 자료의 유용성과 증분 타당도를 지지하는 경험적 자료가 더 필요하다.

주제통각검사

주제통각검사(*Thematic Apperception Test*: TAT)는 1935년에 Morgan과 Murray에 의해 소개되었다. 이 검사는 일련의 그림에 대한 반응에서 상상력의 산물을 해석함으로써 수검자의 기본 성격 특성을 드러내기 위한 목적을 가지고 있다. 비록 이 검사가 핵심 갈등, 태도, 목표, 억압된 재료 등을 드러내기 위해 설계되었지만, 실제로 산출된 재료는 이것들의 단편적 조합에다가 상황적 영향, 문화적 고정관념, 사소한 것 등이 결합된 것이다. 임상가의 직무는 가치 있는 것과 그렇지 않은 것을 가려내는 것이다.

대부분의 임상가는 심리적인 욕구(성취, 친애, 의존, 권력, 성 등)를 추론하고 수검자와 환경이 상호작용하는 방식을 밝히기 위해 TAT를 사용한다. Rorschach와 달리 TAT는 성격의 내용과 사회적 상호작용양식을 추론하기 위해 사용한다. TAT를 가지고 임상가는 "이 환자는 권위적 인물에 대해 적대적이지만, 그들의 인정과 승인을 갈구한다."와 같은 구체적인 판단을 내리는 경향이 있다. TAT는 부적응의 정도를 평가하기보다는 문제의 소재, 욕구의 성질, 대인관계의 질을 드러내는 데 사용된다.

설명. 31개의 TAT 카드가 있으며(1장은 공백 카드이다), 소수는 물건만 있지만 대부분은 다양한 상황에 놓인 사람을 그리고 있다. 일부는 소년 및 남자에게, 일부는 소녀 및 여자에게 유용하며, 일부는 두 성 모두에게 유용하다고 한다. Murray는 31장 중 20장이 각 수검자를 위해 선정된다고 하였다. 검사로서 TAT는 Rorschach만큼 애매하거나 비구조화된 것은 아니다. 하지만 그림 속의 인물은 분명 사람이지만, 그들의 성이 무엇이며 정확히 어떤 사람이고 무엇을 하고 있는지 또는 무엇을 생각하고 있는지는 항상 분명하지는 않다. 그림 9-3은 TAT 카드 중 하나이다. TAT에 근거한 다른 여러 가지 도구들을 아동 및 청소년에게 사용하기 위해 개발되었다. Robert Apperception Test는 성인과 아이들에 대한 활동 그림 카드로 구성되었다. 이 카드들에는 성(性)이 애매하게 표현되어 있으며, 어떤 카드에서는 특정 활동(예, 갈등)이 명확하게 표현되어 있다. Children's Apperception Test는 Robert Apperception Test와 유사하지만, 동물들을 의인화하여 표현되어 있다. 아이들이 종종 이야기 만들기를 좋아하고 학교 과제로 그림에 대한 이야기를 만들어보는 활동을 하므로, 아이들이 이 과제를 좋아한다. 하지만, 많은 임상가들은 이 과제를 초기에 아이와 라포를 형성하거나, 아이의 사고 과정에 대한 초기 가설을 세우는 데 주로 사용한다. Robert Apperception Test나 Children's Apperception Test에서 제공하는 점수는 거의 사용되지 않는다.

실시. 현장에서 임상가는 전형적으로 6~12장의 카드를 선정해 환자에게 실시한다. 비록 정확한 지시는 임상가마다 다르지만, "이제 이 각각의 그림에 대해 이야기를 만들어주기 바랍니다. 사람들이 누구이며, 무엇을 하고 있으며, 어떤 생각과 감정을 가지고 있으며, 이 장면이 있기까지 어떤 일이 있었으며,

그림 9-3 ■ TAT 12F 카드

출처: Reprinted by permission of the publishers from Henry A. Murray, *Thematic Apperception Test*, Cambridge, Mass.: Harvard University Press. Copyright © 1943 by the President and Fellows of Harvard College, © 1971 by Henry A. Murray.

어떻게 될 것 같은지 말해 주세요. 알겠습니까?"와 같이 말한다. 수검자의 반응은 축어록으로 기록한다(때로는 녹음한다). 어떤 경우, 수검자에게 반응을 쓰도록 할 수 있지만, 정상적 이야기보다 짧아질 수 있다.

채점. 오랫동안 여러 가지 채점 기법이 제안되었다(Exner, 1983; Lilienfeld, Wood, & Garb, 2000; Shneidman, 1951, 1965). 많은 임상가들은 수량화된 채점 체계는 임상적으로 유용한 증거들을 왜곡 또는 상실하게 만들며 따라서 이 체계는 연구 목적에만 사용해야 한다는 판단을 받아들이기로 선택한 것으로 보인다. 흥미롭게도 TAT는 Rorschach 만큼 비판을 받지 않았다. 그 이유 중 일부는 TAT 채점에 대해 관심이나 강조가 많지 않았기 때문일 수 있다. 잘 사용되지 않는 채점 체계를 지지하지 않는 경험적 연구를 수행하기는 어렵다.

아래 예는 TAT의 몇 가지 주제와 그 해석 또는 분석을 보여 주는 것이다. Rorschach에서 인용했던 42세 여자의 축어록 반응이다.

Lindzey, Bradford, Tejessy와 Davids(1959)는 200여 개의 출판물을 조사해 TAT 이야기에서 만들 수 있는 해석 사전을 편집했다. 다양한 이야기 단서로부터 가능한 TAT 해석을 이끌어 낸 것은 엄청난 양이다. 이것은 TAT 타당도를 평가하는 것이 어렵다는 점을 부각시킨다. 다시 말해 무엇에 대한 타당도인가? 아래는 Lindzey 등(1959)의 문헌에서 발췌한 몇 개의 해석적 일반화이다.

> 편집 증상은 기록에 걸쳐 진부한 어구가 반복될 때 시사된다(Rapaport, 1946, p.449).

TAT 사례

카드 3BM 가질 수 없는 무언가를 가지고 싶어서 울고 있는 작은 소년 같다. (왜 울죠?) 아마도 어디를 갈 수 없기 때문에. (어떻게 될까요?) 아마도 거기 앉아서 잠들 때까지 울 거예요.

카드 3GF 남자친구가 그녀를 힘들게 한 것 같다. 그녀가 그에게 상처를 주었다. 그가 문을 닫아버린 것 같다. (그가 뭐라고 말했나요?) 모르겠어요.

카드 9GF 누군가 달려가는 것을 보고 그녀를 떠나는 것 같아요. 춤출 준비를 한 것 같아요. 하녀가 그녀가 어디를 가는지 지켜봐요. (왜 달려가죠?) 아마도 늦은 것 같아요.

카드 10 뭔가 슬픈 일이 있는 것 같아요. 무언가에 대해 몹시 슬퍼하고 있어요. (무엇 때문에?) 아이 중 하나가 사망한 것 같아요.

카드 13MF 아내가 사망해서 아무것도 못할 것 같은 기분을 느끼는 것 같아요.

카드 20 뭔가 빼앗으려는 남자 같아요. 높은 담장 뒤에 뭔가 숨기고 있어요. 주머니 속에 총을 쥐고 누구든 나오면 쏠 준비를 하고 있어요.

분석을 제공하기 위해 임상가의 보고서에서 발췌하였다. "TAT는 한결같이 불행감, 위협, 불운, 또는 환경적 힘에 대한 통제 결여를 시사하는 반응을 산출하였다. 만족, 행복한 결말 등을 나타내는 검사 반응은 없다. Rorschach와 마찬가지로 이 검사에서도 빈약하고 제한된 반응을 했으며, 불안과 우울을 시사한다… 요약하면 검사 결과는 불안하고, 동시에 우울한 사람임을 나타낸다. 불안감과 부적절감, 환경적 힘에 대한 통제 결여가 두드러지며, 불행하고 걱정이 많다. 이런 요인들로 인해 수행이 제한되고, 위협을 회피하며, 이 때문에 적정 수준에서 수행할 에너지를 충분히 활성화하는 것이 방해받는다."

> 불안은 아내, 어머니, 연인, 직업의 상실이나 집이 불타는 것, 주가 폭락 같이 갑작스런 신체적 사고나 정서적 외상을 강조하는 이야기에서 시사된다(Rotter, 1946, p.88).

> 청소년기 의존성은 1명 이상의 가족에 대해 3번 이상 언급할 때 시사된다(Symonds, 1949, p.87).

> 성적 문제를 가진 환자는 4번 카드 벽에 있는 그림을 회피하거나 13번 카드의 벌거벗은 여인에 대해 논의하는 것을 거부할 수 있다(Stein, 1948, p.42).

불행히도 이 명제들은 거의 연구의 주제가 되지 못했다. 더구나 TAT에서 얻은 정보가 치료 성과와 유의하게 관련된다는 어떤 연구도 알고 있지 못하다. 치료자가 치료적 접근을 선택하는 데 영향을 줄 수 있는 대인관계를 확인하는 것이 TAT의 의도된 능력이라는 점을 놓고 볼 때, 이러한 사실은 놀라운 것이다.

신뢰도와 타당도. Rorschach와 마찬가지로 TAT에 대한 요약 평가로 이 절을 마무리하고자 한다. 어떤 형식적인 의미에서든 TAT의 신뢰도와 타당도를 평가하는 것은 매우 어렵다(Lilienfeld et al., 2000). 지시, 실시 방법, 사용되는 카드의 수, 채점 체계 유형 등에서 수많은 변형이 있어서 결론을 내리는 것이 거의 불가능하다. 신뢰도 연구에도 같은 방법론적 쟁점이 제기된다. 예를 들어, 성격 변화가 검사–재검사 신뢰도에 대한 결론을 흐리게 할 수 있고, 대안형태 신뢰도를 평가하려 할 때에도 동등 형태를 확신하기 어렵다. 주제 신뢰도는 연구해 볼 수 있으나, 시행 간에 단어 수준의 유사성까지 기대하기는 어렵기 때문에 주로 판단자 해석의 신뢰도를 연구한다. 명백하고 이론에 기반한 채점 지시 세트가 존재한다면(예: B. J. Fitzgerald, 1958), 판단자 간 일치도는 받아들일 만한 수준에 도달할 수 있다. 양적 평정이 포함되어도 판단자 간 신뢰도를 얻을 수 있다(Harrison, 1965). 하지만 폭넓고 전반적인 해석은 문제를 가져온다.

TAT의 타당도를 확립하려는 일부 시도가 있었다. 그 방법들에는 (a) TAT 해석과 사례 자료 또는 환자에 대한 치료자의 평가를 비교하는 것, (b) 환자에 대한 추가 지식 없이 검사 반응에 대해 대응 기법과 분석을 적용하는 것, (c) TAT로부터 도출한 임상 진단과 정신과 의사의 판단을 비교하는 것, (d) 특정한 해석의 일반 원리에 대해 타당도를 확립하는 것(예: 이야기 주인공과 동일시하는 경향 또는 일상적인 것보다 특이한 주제를 중요하게 이야기한 비율)이 있다.

TAT를 지지하는 연구 증거들을 개관하면서 Lilienfeld 등(2000)은 성취 욕구나 대상관계를 평가하는 특정 TAT 점수의 능력을 적당히 지지하는 예비적인 증거가 있지만, TAT의 기본적 사용을 보증하기에는 부족하다고 결론 내렸다. TAT 점수에 대한 적절한 규준도 부족하고, 더 중요하게는 임상가들이 점수를 계산하기보다는 수검자가 제공한 이야기의 질적 인상에 의존한다.

그러므로 임상에서 TAT가 전형적으로 사용되는 것은 기본적으로 주관적인 도구로 남아 있음을 시사하는 것이라고 볼 수 있다. 비록 해석의 일반 원리를 확인할 수 있다 하더라도, 해석을 위한 정확한 처방보다는 안내 정도의 역할만 할 수 있다. 적절한 해석은 환자의 배경에 대한 정보에 의존한다. 임상가가 검사 결과를 검토할 때 주제적 요소가 발생하는 빈도, 이야기의 기이함, 줄거리가 전개되는 방식, 오인(misrecognition), 단어 선택, 등장인물과의 동일시 등에 주의를 기울여야 한다. 임상가는 TAT 주인공의 성격과 그들의 욕구 및 목표에 대해 면밀히 보길 원하게 된다. 주제의 일반적인 정서적 양가성처럼 수검자에 의해 기술된 상황 역시 중요하다.

문장완성검사

단순하지만 영속성이 있고 서비스를 잘 제공해 온 것이 문장완성법이다. 가장 널리 사용되고 잘 알려진 것이 Rotter의 문장완성검사이다(Rotter, 1954; Rotter & Rafferty, 1950). 문장완성검사(*ISB*)는 40개의 문장 어간으로 구성된다. 예를 들어, "내가 좋아 하는 것은…", "나를 괴롭히는 것은…", "내가 바라는 것은…", "대부분의 소녀들은…" 등이다. 일반적인 적응–부적응 지표를 제공하기 위해 완성된 각 문장은 7점 척도로 채점된다(예: Jessor, Liverant,

Sentence Completion Test

Instructions: Finish each of the following sentences in any way you wish.

1. I secretly wish ______________________.
2. What worries me is ______________________.
3. Secretly, I need ______________________.
4. In the evening ______________________.
5. My mom ______________________.
6. I want ______________________.
7. My classes ______________________.
8. I fear ______________________.
9. I get angry when ______________________.
10. Men ______________________.
11. Tomorrow ______________________.
12. My best friend ______________________.
13. My nerves ______________________.
14. I have fantasies about ______________________.
15. For sure ______________________.
16. Higher education ______________________.
17. Getting married ______________________.
18. If only I could ______________________.
19. My dad ______________________.
20. People ______________________.
21. I would eventually like to ______________________.
22. My dad thinks my mom ______________________.
23. I wish I could forget ______________________.
24. Many of my friends ______________________.
25. My biggest wish ______________________.
26. My best friend doesn't know ______________________.

문장완성 검사의 예

& Opochinsky, 1963). ISB는 융통성이 크고, 다양한 변인에 대한 채점 기법이 개발되었다(예: Fitzgerald,(1958). 아동 및 청소년을 위해 비슷한 판의 문장완성검사들이 개발되었다.

ISB는 몇 가지 이점을 가지고 있다. 검사요강에 광범위한 채점 예가 제공되고 있어서 채점이 객관적이고 신뢰할 수 있다. ISB는 쉽고 경제적으로 사용할 수 있으며, 좋은 선발 도구가 될 수 있을 것으로 보인다. 비록 객관적으로 채점될 수 있지만, 반응은 상당히 자유롭게 허용하고 있다. 따라서 ISB는 객관-투사 차원의 양극단 사이의 어딘가에 위치한다. 이 검사는 Rorschach 채점에 요구되는 것 같은 심도있는 훈련을 요구하지 않는 검사에 대한 직접적 접근을 대표한다. 일부 임상가는 ISB에 검사 의도에 대한 위장이 상대적으로 적다는 것 때문에 곤란을 겪을 수 있다. 아마도 이런 점 때문에 ISB는 합리적인 포괄적 면접에서 수집할 수 없는 정보를 제공하지 못한다. 여러 가지 방식으로 ISB는 '깊고, 역동적인' 그림보다는 수검자의 인지행동적 그림을 제공한다.

착각 상관

투사검사 반응의 해석은 주로 심리진단가의 경험에 의존한다. 특정한 성격 특성과 연결되어 일어난다고 가정된 특정 검사 반응이 존재한다는 관찰이 누적되었다. 그 결과, 임상가들은 이 검사 반응들을 구체적인 성격 특성과 연합시키는 것을 '배웠다.' 검사 반응들은 기저 성격 특성의 '징후'가 되는 것이다. 그렇지만 많은 연구 증거들은 이러한 진단적 징후의 의미성을 지지하는 데 실패했다. 예를 들어, Little과 Shneidman(1959)는 검사 반응에 기초해 환자에 대한 타당한 진술을 하는 데 있어서 저명한 임상가들이라 하더라도 우연 수준보다 조금 더 잘할 뿐이라는 것을 발견했다. Chapman과 Chapman(1969)은 이러한 저조한 수행의 한 이유는 검사 반응과 성격 특성 간의 착각 상관(illusory correlations)에 의존하는 경향 때문이라고 믿는다. 이들은 Rorschach의 경우, 임상가들은 남성 동성애와 연상가가 높은 검사 반응에 집중하는 경향이 있음을 발견했다. 그러므로 '이것은 남자가 몸을 굽힌 것으로 보인다'나 '항문이 열린 것이다'는 남자의 검사 반응이 관찰되면, 재빠르게 동성애적 경향이 있는 것으로 잘못 가정한다. 동시에 임상가들은 위협적 동물이나 인간화된 동물(예: 머리 없는 괴물이나 나비 날개를 가진 여인) 같은 연상 강도가 낮은 타당한 징후들은 간과했다. 동성애가 정신장애로 간주되지 않기 때문에 현대 임상심리학 실무에서는 동성애 '진단'이 적합하지 않지만(DSM-II에는 정신장애로 수록되었다), 중요한 점은 연합 강도에 기초한 착각 상관이 강력한 오류원이 될 수 있다는 것이다.

증분 타당도와 유용성

MMPI-2를 논의하면서 언급한 대로, **증분 타당도**(*incremental validity*)는 다른 정보원으로부터 얻을 수 있는 예측력을 어떤 절차가 증가시키는 정도를 말한다(Hunsley & Meyer, 2003; Meehl & Rosen, 1955; Sechrest, 1963).

평가 절차가 실제적 가치를 가지려면, 관심집단의 기저율(유병률) 조사만으로는 얻을 수 없는 중요한 무언가를 임상가에게 알려 줘야 한다. 만약 정신지체아를 위한 주립 학교에서 일하는 임상가가 WISC-IV를 사용해 특정 학생이 정신지체 진단을 받아야 한다고 보고했다면, 이 결과는 놀랄 만한 것이 아니다. 왜냐하면 그 기관에 있는 사람들 거의 대부분이 정신지체임을 이미 알고 있기 때문이다. 하지만 만약 검사가 직업훈련 계획을 세우는 데 도움이 되는 능력 양상에 대한 정보를 제공할 수 있다면,

그 검사 절차에 어느 정도의 증분 타당도가 있다고 볼 수 있다. Rorschach를 통해 70대 홀아비가 '심한 외로움에 빠져 있는 것으로 보인다.'는 것을 발견했다면, 비록 이 진술은 참일지라도 증분 타당도를 확보했음을 나타내는 것은 아니다. 정신분열증 환자의 TAT 주제가 적응 곤란을 드러내거나 우울증 환자의 Rorschach 반응이 기분 부전과 슬픔을 시사한다면, 그것은 정확하고 심대한 어떤 것을 말하고 있을지라도 기존 지식에 더해 주는 것이 거의 없다.

많이 사용하는 심리적 측정치들의 증분 타당도를 평가한 최근의 개관 연구는 아래와 같은 점을 밝혀냈다(Garb, 2003).

1. 몇몇 연구는 선택된 MMPI-2 척도들이 성격장애 및 공격성 예측, 우울증 환자와 약물남용 환자 간 감별에 증분 타당도가 있음을 잠정적으로 지지하였다.
2. NEO-PI-R 점수는 성격장애, 유아에 대한 엄마의 반응성, 폭력을 평가하는데 예언력을 증가시키는 것으로 나타났다.
3. 연구에 따르면 Rorschach 측정치는 정신증의 특성인 사고장애 측정에서는 증분 타당도를 가지나, 다른 점수에서는 증분 타당도가 거의 지지되지 않았다.
4. TAT나 투사적 그림에 대한 증분 타당도는 적절히 연구되지 않았다.
5. 문장완성검사의 증분 타당도는 일부 지지되었다.

마지막으로 현존하는 평가 도구들이 보다 경제적인 측정치들(예: 짧은 자기 보고형 검사)를 넘어 그 사용을 정당화할 수 있으려면 증분 타당도를 입증해야 한다는 것을 언급해야 한다(Yates & Taub, 2003). 그렇지 않다면 동일한 정보를 위해 과외의 노력을 하는 것은 임상가와 내담자의 시간을 낭비하는 것이다.

검사의 사용과 남용

우리는 오랫동안 검사 지향적 사회에서 살아왔다. 선발, 지능평가, 또는 '실제 자기'에 대한 측정에 관심이 있을 때 사람들은 검사로 방향을 돌려 왔다. 어떤 사람들은 이 검사들을 위해 대중 잡지(현재는 인터넷)를 찾고, 어떤 사람들은 숙련된 임상가를 찾지만, 검사에 대한 호기심과 증대된 기대는 상존하는 것 같다. 그리고 이런 높은 기대는 너무나 자주 검사의 남용으로 이끈다.

검사는 큰 사업이다. 심리학, 교육학, 그리고 인사관리 회사에서는 매년 수천 가지 검사를 팔고 있다. 따라서 우리 삶의 많은 부분들은 익숙해져서 그 존재를 알아차리기 힘든 수많은 평가절차와 접해있다. 대학 지원, 고용, 군면제, 수감, 입양, 치료 계획, 컴퓨터 데이트, 특수 학급 편성 등 모든 것이 검사 수행에 의해 결정된다. 이렇게 수많은 사람에게 큰 영향을 주는 사업은 신중하게 살펴볼 필요가 있다.

보호. 미국 심리학회(2002)의 윤리기준에 따르면 심리학자는 자신의 능력으로 가능한 기법이나 절차만 사용하도록 요구하고 있다. 이러한 윤리기준, 주 공인 자격제도의 증가, 미국 전문심리학위원회의 전문역량 자격증 등이 결합되어 공익을 보호할 가능성은 증가하였다.

그에 더해 출판사들은 검사 재료의 구매 자격을 실시, 채점, 해석 능력이 입증된 개인이나 기관으로 제한하고 있다. 그 결과 검사 판매는 사용자의 자격에 의해 결정된다. 그렇지만 전문가의 기준과 출판사의 제한도 완전히 성공적인 것은 아니다. 여전히 비양심적인 사람들의 손에 검사가 넘어가곤 한다. 윤리기준도 항상 충분한 것은 아니다. 시장도 일정 부분 책임을 가지고 있다. 모든 검사 요강에는 규준 자료와 실시 및 채점에 대한 안내가 포함되어야 한다. 무엇보다도 사용자가 검사의 신뢰도와 타당도를 평가할 수 있도록 충분한 자료가 포함되어야 한다.

사생활 보호(프라이버시)의 문제. 대부분의 사람들은 자신의 태도, 감정, 공포, 열망 등을 어느 정도 드러낼지에 대한 권리를 가지고 있다고 가정한다. 물론 미묘하거나 간접적인 평가 절차에서는 수검자가 어떤 반응이 바람직한지 완전히 확신할 수 없다. 하지만 검사의 성격이 어떻든, 수검자는 검사 목적과 결과 활용에 대해 충분한 설명을 들을 권리가 있다.

수검자에게는 평가 목적에 적합한 검사만 주어야 한다. 인사선발 종합검사에 MMPI-2가 포함된다면, 그 적합성에 대해 설명하는 것이 심리학자의 책임이다(Camara & Merenda, 2000). 전체 평가 과정에 대한 사전동의를 받아야 하고, 선택권에 대한 충분한 고지가 이루어져야 한다. 이는 자발적인 사람(예: 자발적으로 임상 서비스를 찾아 온 사람)에게도 적용되어야 한다.

비밀보장의 문제. 신뢰와 비밀보장의 쟁점은 우리 사회에서 매우 중대해졌다. 컴퓨터 처리시설과 거대한 전자 데이터 뱅크의 확산은 한 정부 부서가 다른 부서나 회사의 개인 자료에 접근하기 쉽게 만들었다. 신용 카드사, FBI, CIA, 국세청, 그리고 다른 기관들은 개인의 기록이나 과거가 더 이상 비밀이거나 불가침의 것은 아니라는 분위기를 만들어냈다. 비록 정신과 의사나 임상심리학자에게 드러난 정보는 증언을 거부할 수 있는 면책특권을 가진 것으로 여겨지지만, 이 정보를 보관할 권리를 지속적으로 침해받고 있다. 예를 들어, 캘리포니아 대법원의 *Tarasoff* 판례[2]는 치료과정 중에 환자에 의해 제공된 정보가 환자를 위험하게 할 수 있다면 특권으로 남아 있을 수 없다는 점을 분명히 했다. 만약 치료실의 '신성함'이 불가침은 아니라면, 개인 기록, 학교 기록, 그리고 다른 검사 자료들은 더 취약하다. 산업 장면에 고용된 임상심리학자 역시 검사 결과에 대해 사생활 보호를 절대적으로 보장할 수 없다. 임상가는 부당해고와 관련된 소송에서 노조와 경영진의 전쟁 사이에 끼어 있을 수 있다. 더구나, 보험이나 의료 지원 프로그램하에서 치료를 받은 경우 진단이 컴퓨터에 기록되어 많은 회사가 접근할 수도 있다.

개인을 검사할 때는 검사 목적, 결과 활용, 결과에 접근할 수 있는 사람이나 기관에 대해 충분한 설명을 제공해야만 한다. 개인이 사전 동의하면, 검사는 진행된다. 하지만 이후 결과를 누군가에게 제공하는 것이 바람직할 때도 개인의 동의를 받아야만 한다. 비록 사전 동의했다고 하더라도, 모든 내담자가 자신의 정신건강 기록이 유출되는 것을 원하는 것은 아니다. 그들은 자신들이 서비스를 받지 못하게 될까 두려워서 동의했을 수도 있고, 순전히 권위에 대한 복종으로 그랬을 수도 있다.

차별 문제. 시민권 운동의 부상으로 대부분의 사람들은 사회가 고의로, 그리고 부지불식간에 소수자를 차별한다는 것을 인식하고 있다. 심리학 내에서도 검사가 소수자를 차별한다는 점에 공격이 집중되고 있다. 예를 들어, Stanford-Binet 검사의 원표준화 집단에는 아프리카계 미국인이 포함되지 않았다. 그 이후 출판된 많은 검사들이 인종 간 편향이 없는 표본을 포함하려 애썼지만, 계속 의문이 제기되었다. 흔히 제기되는 것은 대부분의 심리검사들이 백인 중산층을 위해 설계되었고, 다른 집단에게는 적합하지 않다는 것이다.

검사나 검사 상황에의 노출 경험이 부족한 소수 집단 성원이 문제의 주요 원인이 될 수 있다. 경험 부족, 부적절한 동기, 다른 인종의 검사자로 인한 불

2) 역자 주: 포다라는 남학생이 치료 중 타라소프라는 여학생을 살해하겠다는 계획을 말한 후 담당 심리학자가 경찰에 알렸으나, 접근 금지 약속을 받고 석방된 후 살해한 사건. 환자가 제3자에 대한 적의와 위해의 구체적 계획을 가지고 있음을 치료 중 알게 되었을 때, 이것은 비밀보장 개념과 상반되는 것으로 제3자 보호 의무도 있다는 판결.

▣ 대학원생의 관점 Danielle L. Burchett

Danielle L. Burchett은 Kent State University의 임상 심리전공 6년차 박사과정 학생이며, 현재 Patton State Hospital에서 인턴쉽을 하고 있다. 그녀는 California Polytechnic State University-San Luis Obispo에서 학사를 하였고, Kent State University에서 석사를 했다. Danille은 성격검사, 특히 MMPI-2와 MMPI-2 RF에서 심리적인 문제를 과잉 혹은 과소 보고하는 것에 대해 연구한다. 그녀는 졸업 후에는 법정임상심리학자로 활동하기 원하며, 내담자가 법정에서 진술할 능력이 있는지, 범죄 시 정신질환의 영향을 받았는지 등에 대한 법정 심리평가를 실시하는 활동을 희망한다. Danille은 자신의 대학원 생활에 대해 다음의 경험을 이야기를 해주었다.

왜 임상심리학에 관심을 갖게 되었나요?

어렸을 때 내가 정말 좋아한 것이 심리 스릴러였어요. 하지만 심리학이 무엇인지에 대해 알게된 것은 대학에서 심리학의 입문이라는 과목을 들었을 때였지요. 교수님의 도움으로 심리학에 푹 빠지게 되었어요. 드라마에 나오는 인물들과 같은 사람들에 대해 실제로 연구할 수 있겠다는 생각을 했어요. 그 시점 이후로는 내가 가고자 하는 진로에 대해 의심해 본 적이 없는 것 같아요.

임상심리대학원에 진학하기 위해, 학부 때 무엇을 준비했나요?

임상심리대학원의 경쟁률이 매우 높다는 것을 알았기 때문에, 학부 때, 임상, 연구 및 강의 경험을 할 수 있는 한 많이 했어요. 동료 상담자로서의 임상 경험도 하고, 연구 프로젝트에도 참여, 작은 규모의 학회에서 발표도 하며, 강의 튜터로도 활동을 했어요.

대학원 지원과정이 어떠했나요?

정말 힘든 과정이었어요! 지원하는 것 자체가 일이 아주 많은 파트타임 일을 하는 것 같았어요. 물론 돈을 받는 대신, 내 돈을 써야 한다는 점이 달랐지만요. GRE를 보고 나서는 정말 울고 싶었어요. 점수를 보기 전에 취소를 할까도 생각했었어요. 하지만 운이 좋게도 내가 생각한 점수보다는 좋은 점수가 나와서 다시 그 시험을 보지 않아도 되었죠.

대학원 지원 시 인터뷰는 어떠했나요?

인터뷰는 재미있었어요. 모든 교수님들이 매우 친절했고 도움이 많이 되었죠. 전화로 인터뷰도 했었는데 조금 색다른 경험을 했었어요. 갑자기 한 교수님이 제게 전화를 해서 바로 인터뷰를 했는데, 제가 준비가 되지 않아 많이 당황하고 횡설수설 했었어요.

뒤돌아 보면 어떤 활동이나 경험이 대학원을 준비하는 데 가장 도움이 되었나요?

조금 특별한 면을 준비한 것이 도움이 되었던 것 같애요. 예를 들면, 저는 통계를 부전공했었는데 지원자 가운데 통계를 부전공한 학생이 거의 없었어요. 통계를 부전공한 것이 이후에 연구, 강의 임상 경험을 하는 데에도 도움이 되었고요. 그리고 이후 내가 응용보다는 연구쪽으로 진로를 정하는 데에도 영향을 미쳤어요. 이런 경험이 실제 대학원 프로그램을 정하는 데 결정적인 도움이 되었어요.

임상심리대학원에 지원학생들에게 조언을 한다면?

지원 전에 자기 소개서에 대해 교수님의 조언을 듣기를 바래요. 저는 교수님께 스스로 쓴 자기소개서를 보여드리는 것이 너무 부끄럽고 민망해서 그러지 못했어요. 지원과정을 모두 마치고 나서, 내가 쓴 자기소개서가 잘 다듬어지지 않았었고 너무 개인적으로 쓰였다는 것을 깨달았고, 이것이 내 지원에 나쁜 영향을 미쳤을 가능성이 있음을 알았어요. 마지막으로 임상심리대학원의 지원과정이 매우 경쟁이 높다는 것을 충분히 감안하기를 바라요. 만약 가고 싶은 학교에서 입학허가를 받지 못하는 경우에도 결국엔 더 좋은 결과로 이어지는 경우도 있거든요. 지나고 보면 제가 합격하지 못했지만 매우 가고 싶었던 프로그램들보다, 오히려 나에게 가장 잘 맞는 프로그램에 합격했다는 것을 깨달았어요.

마지막으로, 대학원에서 성격평가에 대해 어떤 것을 연구하나요?

대학원에서, 제 연구의 초점은 자기-보고식 성격검사에서 내담자들이 부정확하게 보고하는 것이 었어요. 때로 사람들은 자신의 증상을 숨기려하고, 때로는 과장하려고 해요. 현재 성격검사 척도들이 이러한 응답성향을 얼마나 잘 측정하는가에 초점을 두고 연구하고 있어요.

편감 등이 모두 검사 수행에 영향을 줄 수 있다. 검사 재료 역시 인종적으로 공정하지 못한 맥락에서 준비되고 포함되는 경우가 흔하다. 예를 들어, TAT 카드가 모두 백인으로 구성되거나, 지능검사 문항이 특별히 아프리카계 미국인 아동에게 낯선 것일 수 있다. 여기서 문제가 되는 것은 검사문항 자체, 그것이 제시되는 방식, 검사 상황이 소수 집단원에게 불리하게 작용할 수 있다는 것이다.

검사편향. 집단 간 유의미한 평균 차가 그 자체로 검사편향이나 차별을 나타내는 것은 아니라는 점을 기억하는 것이 중요하다. 그보다는 검사편향이나 차별은 타당도 문제이다. 즉, 만약 여러 집단에 걸쳐 검사의 타당도가 유의하게 다르다면(예: 준거 특성이나 수행 예측에서) 그러한 목적에서 검사는 '편향된' 것이라고 볼 수 있다. 다시 말해, 다른 집단에 비해 어떤 한 집단을 더 정확히 예언한다면 검사는 편향된 것이다.

예를 들어 보겠다. 어떤 학자가 '적대감'이라는 특질을 측정하는 성격척도를 개발했다고 가정해보자. 이 검사에 대한 표준화 프로젝트의 일부분으로 저자는 남자가 여자보다 점수가 유의미하게 높다는 것을 발견했다. 이 차이는 이 검사의 편향을 나타내는가? 반드시 그렇지는 않다. 일련의 타당도 연구에서 저자는 적대감 척도 점수와 2개월간의 **언쟁** 수의 관계(상관)가 남녀 모두 유사함을 발견했다. 다시 말해, 두 집단의 예언 타당도 계수는 비슷 했다. 유사한 적대감 점수는 남녀 모두에게 같은 의미였다(비슷한 빈도의 언쟁을 예언했다). 반면 적대감 점수와 이후 2개월간의 **신체적** 싸움 빈도 간의 상관은 여자보다 남자가 유의미하게 높을 수 있다. 이 경우 만약 남자에게서 발견된 적대감 점수와 신체적 싸움 간의 연합을 기초로 해서 이 검사 점수로 여성의 신체적 공격행동을 예언하는 것은 편향될 수 있다.

다음의 몇 가지 점이 명백해진 것 같다. 첫째, 평균 점수 차이가 있다고 검사가 편향된 것은 아니다. 위의 예에서 남자가 여자보다 적대감 점수가 높은 합당한 이유가 있다(예: 호르몬 차이나 다른 생물학적 요인이 남자의 높은 적대감을 가져올 수 있다). 사실상 이 경우는 평균 점수에 차이가 없는 것이 검사의 타당도에 의문을 가져올 수 있다. 둘째, 비록 임상심리학 문헌에서 자주 보이긴 하지만, 검사가 '타당하다'고 발표하는 것은 부정확한 것이다. 검사는 일부 목적에서는 타당하지만(편향되지 않지만) 다른 목적에서는 타당하지 않을 수 있다. 마지막으로 집단마다 다른(그리고 보다 적절한) 예언 공식을 사용함으로써 검사편향을 '극복'할 수 있다. 다시 말해 임상심리학자가 관심집단(예: 여자)이 아닌 다른 집단(예: 남자)의 특성인 경험적 연합에 기초해 예언할 때 편향이 생긴다. 목표는 차별적 타당도 가능성을 연구하는 것이고, 만약 발견한다면, 해당 집단에 적절한 예언 공식을 사용하는 것이다.

컴퓨터 기반 평가. 컴퓨터는 오랫동안 검사 채점과 심리적 프로파일 산출에 사용되어 왔다. 현재는 임상 면접, 지능검사, 자기 보고형 척도, 심지어는 투사검사의 실시와 반응 해석에도 사용되고 있다(Buchanan, 2002; Snyder, 2000). 컴퓨터 사용의 이유로는 비용 절감, 내담자 주의와 동기 증진, 임상가 간 표준화된 절차 등이 포함된다. 그렇지만 컴퓨터 체계는 제대로 훈련받지 못한 사람이나 프로그램된 정보의 질이나 유용성을 넘어서서 컴퓨터가 명석하다고 생각하는 사람이 쉽게 오용할 수 있다는 점을 명심해야 한다.

인터넷을 매개로 한 심리평가의 증가는 많은 쟁점을 야기한다(Buchanan, 2002). 첫째, 인터넷 기반 검사와 전통적인 심리검사 과정이 동일한 심리 측정적 성질을 갖는지 입증한 연구가 거의 없다. 예를 들어, 일부 예측에서는 온라인검사가 전통적 검사보다 신뢰도와 타당도가 낮다. 둘째, 온라인검사는 검사 상황, 주의 산만, 기술적 문제 등에 대한 통제력 결여 등 혼입 요인의 영향을 받는다. 마지막으로, 인터넷 기반 검사들을 실시하거나 결과를 해석할 때, 검사의 보안에 대해 특별한 주의를 기울여야 하며, 다양한 내담자의 특성(예, 문화적으로 언어적으로 다양한 배경을 지닌)을 고려하여 함의점을 제공해야 한다는 임상심리학자의 책임을 강조한다. 이 모든 것들이 온라인 검사의 타당도를 낮춘다. 그러므로 전통적 검사의 신뢰도와 타당도가 온라인검사에도 일반화된다고 가정하기보다는 온라인 심리검사의 신뢰도와 타당도를 확립할 필요가 있다(Buchanan, 2002).

컴퓨터 기반 검사해석(computer-based test inter-pretations: CBTIs) 역시 논쟁거리이다(예: Bloom, 1992; Fowler & Butcher, 1986; Matarazzo, 1986; Snyder, 2000). CBTI는 수검자의 검사 점수가 소프트웨어 패키지에 입력되면 산출된다. CBTI는 비록 빠른 해석적 발견 산출, 점수의 선택적 해석과 관련된 주관성의 최소화, 대규모 데이터베이스 접근 및 복잡한 점수 패턴 처리 등의 이점이 있지만 제한점 역시 많다(Snyder, 2000). 첫째, 많은 CBTI 체계는 과학적 관점에서 세밀히 조사받지 못했기 때문에, 부정확한 해석을 할 수 있다. 둘째, '과학적으로' 정확하다는 인상으로 인해 임상가는 적합하지 않거나 부적절할 때도 CBTI 재료를 무분별하게 사용할 수 있다. 그러므로 다른 형태의 평가와 마찬가지로 CBTI도 신뢰할 수 있고(즉, 유사한 점수로부터는 유사한 해석이 나와야 하고), 타당하며(즉, 해석이 정확해야 하며), 임상적으로 유용해야 한다(즉, 해석이 수검자에 대한 임상적 이해와 치료계획에 도움이 되어야 한다).

CBTI의 신뢰도와 타당도를 평가하는 최선의 방법은 무엇인지(Moreland, 1985; Snyder, Widiger, & Hoover, 1990), 그리고 임상 작업에 가장 유용하게 사용하는 방법은 무엇인지(Butcher, 1995b)에 대한 지침이 제안되었다. 예를 들어, Butcher(1990, 1995b)는 내담자에게 MMPI-2 피드백을 제공하는 7단계를 개관하였다.

1. MMPI-2의 역사에 대한 정보를 제공한다.
2. MMPI-2 척도들은 어떻게 개발되었으며 MMPI/MMPI-2에 대한 경험적 문헌들이 얼마나 많은지 간략히 설명한다.
3. 타당도 척도와 그것들이 검사에 대한 내담자의 접근에 대해 무엇을 알려 주는지 간략히 설명한다.
4. MMPI-2 프로파일을 기초로 생성한 임상적 가설을 설명하고, 내담자가 자신을 어떻게 제시하고 현재 문제(만약 문제가 있다면)를 보고 있는지를 설명한다.
5. 내용 척도에서 유의한 상승이 있을 때는 그것을 논의한다. 왜냐하면 내용 척도는 직관적으로 명 확한 것을 측정하기 때문이다.
6. 내담자에게 자신의 점수에 대해 궁금한 것을 질문하게 하고 혼란스러운 점이 있으면 명확히 설명해 준다.
7. 내담자가 검사 결과에 대해 어떻게 느끼는지, 그리고 자신의 경험과 일치하는지를 논의한다(Butcher, 1995b, p.82에서 인용).

흥미롭게도 MMPI-2 검사 피드백이 실제로 임상적 개입의 일종으로 기능한다는 연구가 하나 있다(Finn & Tonsager, 1992). 이 연구에서 한 집단의 학생들은 대학 상담센터에서 대기 중 MMPI-2 검사 피드백을 받았고, 다른 집단은 받지 않았다. 첫 번째 집단은 정신병리 증상과 자존감에서 향상을 보인 반면, 통제집단은 그렇지 않았다. 비록 관찰된 '치료 효과'는 단지 MMPI-2를 받았기 때문일 수 있지만(즉, 피드백 때문이 아닐 수 있지만), 이 분야의 미래 연구를 정당화한다. 이 연구는 MMPI-2의 임상적 유용성을 보여 주려 했다는 점에서 훌륭한 것이다.

궁극적으로 임상 평가 도구의 성공은 그 검사가 제공하는 정보가 치료를 계획하고 수행하고, 평가하는데 유용한지에 달려 있다.

요약

임상심리학자들은 자주 성격평가를 한다. 그렇지만 가장 널리 사용되는 검사조차도 의문이 지속되고 있다. 관리의료 환경은 성격검사 옹호자들에게 흔히 사용되는 검사들의 사용을 정당화하라는 압력을 더 많이 가하고 있다.

본 장에서 우리는 몇 가지 검사구성 방법을 논의했고, 검사 개발 시에 구성 타당도 접근을 적용해야 한다고 결론 내렸다. 그리고 몇 가지 객관형 및 투사적 성격평가 기법을 개관했다. MMPI-2는 주요 객관형 성격검사이며, 풍부한 자료가 그 임상적 사용을 지지하고 있다. 비록 일부 학자들이 이 새로운 검사에 대해 우려를 표명했지만, 일반적으로 널리 받아들여지고 있으며, 현장에서 가장 중요한 측정치로 대표되고 있다. 투사 기법 중에서는 Rorschach에 초점을 두었다. 많은 점에서 이 검사에 대한 임상심리학자의 헌신은 믿느냐 믿지 않느냐에 따라 양분되어 있다. 학문적인 임상심리학자들은 Rorschach에 대해 매우 비판적이며, 그 타당성과 장점에 대한 신랄한 논쟁이 휘몰아치고 있다.

우리는 검사의 사용과 남용에 대한 논의로 결말을 맺었다. 미국심리학회는 최근 새로 교육 및 심리검사 지침(Standard for Educational and Psychological Testing)을 출판했다(그 최신판은 이 장의 끝에 있는 웹사이트 9-5 참조). 이 새로운 지침은 검사의 윤리적 사용을 지속적으로 증진시키게 될 것이다. 보호, 사생활 보호, 비밀 보장, 차별, 그리고 검사 편향에 대한 쟁점들은 성격검사 개발 및 사용에 관여하는 임상심리학자가 고려해야만 한다. 마지막으로, 컴퓨터 기반 검사 및 해석의 현대적 경향에 대해 논의했다. 기술적 발전은 심리검사 개발, 실시, 해석 방식에 지속적으로 영향을 줄 것이다.

주요 용어

객관형 성격검사 표준화된 질문이나 진술 세트에 대해 수검자가 고정된 선택 세트(예: 그렇다 또는 아니다, 차원적 평정)에 반응하도록 되어 있는 성격 평가 도구이다.

검사편향(test bias) 심지어는 두 집단이 동일한 점수를 얻었을 때도 두 집단 성원에게 서로 다른 결정이나 예언을 내리는 상황을 말한다.

경험적 준거방식 문항이 해당 진단에 이론적으로 적합한지 여부와는 무관하게 정상인과 해당 진단 집단원을 변별해주는 문항들을 선정하는 검사 개발 방식이다.

구성 타당도 접근 구체적 이론에 의해 척도가 개발되고, 요인분석이나 다른 절차를 사용해 다듬어지고 특정 점수를 얻는 사람이 점수에서 예측되는 방식으로 행동한다는 것을 보여줌으로써(경험적 연구를 통해) 타당화하는 검사 구성 접근이다.

기저율 유병률을 말한다.

내용타당화 검사가 해당 구성개념의 모든 측면을 적절히 측정하는지 확증하는 절차이다. 내용타당화 방법에는 구성개념의 모든 측면을 신중히 정의하기, 전문가 자문, 잠재 문항들의 적절성을 평가 받기, 각 잠재 문항의 심리측정적 속성을 평가하기 등이 포함된다.

문장완성검사 가장 잘 알려져 있고 가장 널리 사용되는 문장완성검사로 40개의 어간으로 구성된다.

문장완성법 수검자에게 여러 개의 문장 어간(예: 내가 믿는 것은 …)에 글을 써 완성하게 하는 간단한 투사 기법이다.

요인분석 접근 잠재 문항들이 서로 높게 관련되는지 결정하기 위해 검사 구성에 사용하는 통계법이다.

절단점(역치)의 타당도 특정 절단점이 해당 장애나 특질을 가지고 있는지 여부를 정확히 분류하는 정도를 말한다.

주제통각검사(TAT) 일련의 그림에 대해 수검자가 산출한 이야기를 해석함으로써 수검자의 성격 특성을 드러내는 것을 목적으로 하는 투사 기법이다.

증분 타당도 척도 점수가 다른 검사에서 제공하지 못하는 개인의 행동, 성격 특징, 정신병리 특성에 대한 정보를 제공하는 정도를 말한다.

착각 상관 투사검사 맥락에서 특정 검사 반응을 구체적인 성격 특성과 연결시킴으로써 나타나는 현상이다. 검사 반응은 해당 특질의 징후로 보며 검사해석에서 과도한 가중치를 받을 수 있다.

컴퓨터 기반 검사해석(CBTIs) 다양한 심리검사를 위한 컴퓨터 채점프로그램이 해석적 프로파일을 산출한다. 이런 프로파일의 사용은 격렬한 논쟁의 주제가 되어 왔다.

컴퓨터 기반 평가 임상 면접, 지능검사, 자기 보고형 검사 등의 반응을 관리(그리고 해석)하는 데 컴퓨터를 사용하는 것이다.

타당도 척도 수검자의 수검 태도와 동기(예: 자신을 과도하게 호의적으로 제시하는지, 자신의 문제나 증상을 과장하는지, 무작위 반응을 하는지)를 조명하는 검사 척도이다.

투사 기법 애매한 검사 자극에 대한 수검자 반응을 통해 그들의 적응-부적응을 판단하는 심리검사 기법이다. 옹호자들은 수검자가 자기 자신을 자극에 '투사'하며, 그래서 자신의 무의식적 측면을 드러낸다고 믿는다.

5요인 모델(Five-Factor Model: FFM) 신경증, 외향성, 개방성, 우호성, 성실성 차원과 차원별로 여섯 측면으로 구성되는 성격 특질에 관한 종합 모델이다.

MMPI-2 경험적 준거방식을 통해 개발한 정신병리 측정치이다. 567개의 그렇다-아니다 문항으로 구성되며 10개의 임상척도, 7개의 타당도 척도, 여러 내용 및 보충 척도 점수를 제공한다. MMPI-2 해석은 선택된 점수보다는 전체 프로파일에 대한 분석에 기초한다. 이전 MMPI가 그랬던 것처럼 MMPI-2

도 다양한 장면에서 다양한 목적으로 사용되어 왔으며, 성격 및 정신병리 평가에서 주요한 자기 보고 검사 중 하나로 남아 있다.

NEO-PI-R 240문항으로 구성된 5요인 모델에 입각한 자기 보고형 검사로 5점 척도에 평정한다. 5요인 모델의 5영역 모두에 대한 점수와(신경증, 외향성, 개방성, 우호성, 성실성), 각 영역의 여섯 측면에 대한 점수 모두를 산출한다.

Rorschach 10장의 잉크반점에 대한 수검자의 반응을 해석하는 투사 기법이다.

Chapter

행동평가
Behavioral Assessment

핵심질문

1. 왜 행동평가를 지속적 과정이라고 하는가?
2. 행동평가와 전통적 평가 간의 주요한 차이점은 무엇인가?
3. 관찰의 신뢰도와 타당도에 영향을 주는 요인들은 무엇인가?
4. SORC 모델이 무엇이며, 임상적 문제에 어떻게 적용되는가?
5. 행동평가에서 인지 변인의 중요성은 무엇인가?

개요

전통적인 관점에서 성격은 행동에 많은 영향을 미치는 구성요소들의 체계이다. 그 구성 요소가 신경증, 내향성, 편집증, 탄력성 중에서 어떠한 것이든지 간에 전통적 관점은 행동에 많은 기여를 하는 상대적으로 안정적인 성격 특성과 관련 있다. 이는 행동을 이해하거나 예측하기 위해서는 행동의 기저에 있는 변인들을 측정해야만 한다는 것을 의미한다. 물론 이는 많은 의견의 불일치를 지나치게 단순화한 것이다. 왜냐하면 정신분석 임상가에게 중요한 기저 개념과 인지행동적 이론가에게 중요한 기저 개념은 매우 다르기 때문이다.

그러나 행동치료자와 행동평가자들은 전통적 양식으로 성격을 바라보지 않는다. 그들은 성격을 특정한 상황에서의 행동적 경향성으로 본다(O'Brien, McGrath, & Haynes, 2003). 초점이 기저의 성격 특성의 탐색에서 행동과 상황 간의 상호작용을 알아보는 것으로 이동하였다. 이러한 종류의 개념화로 인해 사람들은 성격이 많은 부분 일련의 능력과 같다고 본다(Wallace, 1966). 이 사람들에게는 성격이 사람의 본질을 전달하는 성향(예: 욕구나 특질)의 집합이라기보다는 일련의 능력이나 기술이 되는 것이다. 자전거 타기가 기술인 것처럼 공격성과 의존성도 기술이다. 즉, 초점이 명사보다는 형용사적인 속성에 맞춰져 있다. 예를 들면, 행동치료자들은 공격성보다는 공격적 행동에 더 관심이 있는 것이다.

행동적 전통

행동평가의 특정한 방법들에 대해 살펴보기 전에, 행동평가가 전통적 평가와 크게 다른 세 가지 면을 알아보자.

표본 대 징후

전통적 평가에서는 상황에 대한 기술보다 좀 더 영구적인 성격 특성의 확인이 더 중요했다. 행동평가에서 주요한 쟁점은 평가 도구가 임상가가 관심을 가지고 있는 상황과 행동을 얼마나 잘 표집하는지에 있다. 검사가 얼마나 잘 위장하고 있는지 혹은 얼마나 성격의 깊은 곳까지 알아볼 수 있는지는 관심 밖의 문제이다. 예전에 Goldfried(1976)는 검사에 대해 **표본** 지향과 **징후** 지향의 차이에 대해서 기술한 바 있다.

> 검사 반응을 표본으로 볼 경우에는 사람들이 비검사 상황에서도 같은 방식으로 행동할 것이라고 가정한다. 그래서 만약 어떤 사람이 검사에서 공격적으로 반응하였다면, 이러한 공격성이 다른 상황에서도 나타날 것이라고 가정하게 된다. 그렇지만 만약에 검사 반응을 징후로 본다면, 그 수행은 어떤 다른 특성의 간접적이거나 상징적 발현으로 추론될 수 있다. 이러한 예로 Rorschach 검사에서는 피검자가 그림이 멀리에서 보이는 것 같은 지각표상을 보고하는 통경 반응이 있다. 이러한 반응을 해석할 때 보통은 시력적 문제가 있다기보다는 자기 평가와 성찰에 대한 개인의 능력을 나타낼 수 있다는 결론을 내린다. 대부분의 전통적 평가에서는 검사를 해석할 때 표본적 접근과 반대되는 징후적 접근을 취한다. 하지만 행동평가에서는 표본적 접근만이 타당하다(pp.283-284).

기능 분석

행동평가의 또 다른 주요한 특징은 Skinner(1953)의 **기능 분석** 개념으로 거슬러 올라간다. 이는 행동에 선행하는 자극과 행동에 따르는 결과로 정확한 분석을 할 수 있다는 의미이다. 행동변화와 관련된 자극조건과 결과의 차이를 측정하는 방법은 행동의 원인에 대한 더 정확한 이해를 가능하게 하였다(O'Brien et al., 2003). 여기서 주요한 명제는 행동이 그 이후의 결과 때문에 학습, 유지된다는 것이었다. 따라서 바람직하지 않은 행동을 변화시키려면 임상가들은 (a) 행동을 촉진시키는 자극조건을 확인하고,

(b) 뒤따르는 강화물을 정해야 한다. 일단 이 두 종류의 요인들이 측정되고 나면 임상가는 관련된 자극과 강화물을 조작함으로써 행동을 수정할 수 있다.

기능 분석에서는 정확하고 주의 깊은 기술이 중요하다. 관심 행동의 발생률을 신뢰할 수 있게 기록하기 위해서 관심 행동은 관찰하고 측정 가능한 단어들로 기술되어야 한다. 행동을 통제하는 조건들 또한 정확히 기술해야 한다. 따라서 **선행조건**과 **뒤따르는 사건**은 둘 다 조심스럽게 정교화되어야 한다. 행동이 나타날 때 존재하는 시간, 장소, 사람과 같은 사건들은 관심 행동에 뒤따르는 특정한 결과와 함께 기록된다.

예를 들어, 한 아동이 교실에서 공격적으로 파괴하는 행동을 하고 있다고 하자. 전통적 평가는 아동이 충족하고자 하는 욕구가 무엇인지 분석하는 데에 초점을 맞출 것이다. 여기서의 바람은 일단 그 욕구들이 확인되고 나면, 그것들이 수정될 수 있어서 그러한 바람직하지 않은 행동이 제거된다는 것이다. 행동평가는 '욕구'와 같은 가설적인 내적 요인은 무시하고 대신에 목표(공격적 행동)에 초점을 맞춘다. 이 아동은 주로 교사가 반에서 다른 아이들에게 주의를 기울일 때 다른 아동으로부터 물건을(예: 연필) 빼앗는 행동(즉, 공격적으로 행동하는 것)을 보일 수 있다. 이러한 공격성이 나타날 때 교사는 거의 항상 그 파괴적인 아동에게 주의를 돌린다. 기능 분석은 교사의 주의 부족(**자극**) 다음에 다른 아동으로부터 연필을 빼앗기(**행동**), 그 다음에 교사의 주의(**결과**)가 나타난다는 것을 보여 준다. 일단 이러한 관계의 패턴이 확립되고 나면 이를 변화시키기 위해 여러 절차를 수행할 수 있고, 그러한 방식으로 바람직하지 않은 행동을 수정할 수 있다. 예를 들면, 그 아동은 파괴적인 행동 뒤에 어떤 방에 혼자 있게 될 수 있다. 이런 치료는 행동을 바꿀 것으로 예상되는데, 왜냐하면 이는 아동이 평소에 받던 강화가 더 이상 따라오지 않기 때문이다. 이러한 시나리오는 많은 부모들이 직관적으로 하던 것과 많이 다르지 않아 보일 수 있다. 그렇지만 여기서의 차이점은 관계를 확인하는 과정에서의 주의와 정확성, 그리고 목표행동에 대한 정확한 기술에 있다. 표 10-1은 평가에서의 전통적 접근과 행동적 접근 간의 몇 가지 차이점을 요약하고 있다.

대부분의 행동치료자들은 '유기체적' 변인들도 포함하도록 기능 분석의 방법을 넓혀 왔다. **유기체적 변인**은 내담자의 문제에 대한 개념화와 수행될 궁극적인 치료 모두에 중요한 개인의 신체적, 생리적, 혹은 인지적 특성을 포함한다. 예를 들면, 우울증 삽화를 경험하기 쉬운 개인의 성격특성인 태도와 믿음을 측정하는 것이 중요할 수 있다. 왜냐하면 이러한 특성들은 우울증과 관계있을 뿐 아니라 개입의 대상으로 적합하기 때문이다. 행동적 관점에서 임상적 문제를 개념화하는데 유용한 모델은 **SORC 모델**이다 (Kanfer & Phillips, 1970).

S = 문제행동을 일으키는 자극이나 선행조건
O = 문제행동과 관련된 유기체적 변인들
R = 반응이나 문제행동
C = 문제행동의 결과

행동 임상가들은 문제를 충분히 기술하기 위해 필요한 정보와 궁극적으로 처방될 개입에 대해 그들을 안내하고 알려 주는 데 이 모델을 사용한다.

진행과정으로서의 행동평가

Peterson과 Sobell(1994)이 지적했듯이 임상장면에서의 행동평가는(대부분의 좋은 평가들이 그렇듯이) 치료가 시작되기 전 한 번만 수행되지 않는다. 오히려 치료 전, 중, 후에 나타나는 지속적인 과정이라고 할 수 있다. 행동평가는 치료전략의 초기 선택에 정보를 제공하고, 치료를 진행해 나가는 과정에서 치료전략이 얼마나 효율적인지 피드백을 주는 수단이

표 10-1 평가에 대한 행동적 접근과 전통적 접근 간의 차이점

구분	행동적	전통적
I. 가정		
1. 성격의 개념	성격 구성 개념은(만약 사용된다면) 주로 특정한 행동 패턴을 요약하기 위해 사용됨	성격은 지속적인 기저의 상태나 특질의 반영임
2. 행동의 원인	현재 환경에서 찾아낸 유지 조건	심리 내적(개인 내)
II. 함의		
1. 행동의 역할	특정한 상황에서 사람의 행동목록의 표본으로 중요함	행동은 기저 원인을 보여 주는 점에서만 중요함
2. 과거력의 역할	회고적 기저선을 제공할 때를 제외하고는 상대적으로 덜 중요함	현재 상태가 과거의 산물이라 생각하기 때문에 중요함
3. 행동의 일관성	행동은 상황에 따라 다를 것으로 생각함	행동이 시간이나 장소에 관계없이 일관될 것으로 예상함
III. 자료의 사용	목표행동과 유지조건을 기술하기 위함 적절한 치료 선택을 위함 치료를 평가하고 수정하기 위함	성격의 기능과 병인론을 기술하기 위함 분류나 진단을 위함 예후를 알고, 예측하기 위함
IV. 다른 특징		
1. 추론의 수준	낮음	중간에서 높은 정도
2. 비교	개인 내적이나 개별 사례를 더 강조함	개인 간이나 보편적 법칙을 더 강조함
3. 평가 방법	직접적 방법을 더 강조함(예: 자연 환경에서의 행동 관찰)	간접적 방법을 더 강조함(예: 면접과 자기 보고)
4. 평가의 시기	치료의 전, 중, 후로 더 지속적임	치료 전/후, 혹은 순전히 진단을 위함
5. 평가의 범위	더 많은 변인에 대한 특정한 측정치(예: 다양한 상황에서의 목표행동, 부작용, 맥락, 강점과 결핍에 대한 것들)	더 전반적인 측정치(예: 치료나 향상에 대한) 그렇지만 개인에 한함

출처: "Some Relationships Between Behavioral and Traditional Assessment," by D. P. Hartmann, B. L. Roper, and D. C. Bradford, *Journal of Behavioral Assessment*, 1979, 1, 4. Copyright © 1979 by Plenum Publishers. Reprinted by permission.

되며, 치료가 끝난 뒤에 전반적인 효율성에 대한 평가를 가능하게 하고, 문제행동의 재발을 이끌 수 있는 상황적 요인을 강조하기 때문에 중요하다.

그림 10-1은 치료의 다양한 단계에서의 행동평가를 그리고 있다(Peterson & Sobell, 1994). 우선 진단적 개념화는 부적응적 행동, 혹은 개입의 잠재적 목표행동을 기술한다. 둘째, 환자의 맥락이나 환경(사회적 지지 체계, 물리적 환경)을 평가하는 것은 치료계획과의 관련성과 현실적인 치료목표의 설정 때문에 중요하고 기술, 동기의 수준, 신념, 기대 등 환자가 가진 자원에 대한 평가 또한 중요하다. Peterson과 Sobell(1994)이 언급한 것처럼, 진단/부적응적 행동, 치료환경, 환자의 자원에 대한 초기 평가는 자연스럽게 자료가 기반이 된 초기 치료 계획을 가져올 것이다. 이 계획은 향상을 보여 주는 준거에 대한 상호 동의뿐 아니라 협력적인(환자와 치료자 간) 목표설정을 포함한다. 치료과정에 대한 공식적인 평가는 향상이 나타남에 따라 환자의 자기효능감을 축적하는 수단으로 작용할 뿐 아니라 진행과정에 대한 피드백으로 작용한다. 치료의 종결 후에 있는 평가는 환자의 최종상태의 기능에 대한 객관적인 자료를 제공한다. 이는 치료 전 평가 자료와 비교

될 수 있다. 마지막으로, 모든 단계에서의 평가를 통해서 재발을 이끌 수 있는 '고 위험' 환경을 확인하는 것을 포함해 증상 재발의 가능성에 대한 정보를 제공해 줄 것이다.

Peterson과 Sobell(1994)은 이러한 행동평가의 모델이 행동적 연구와 임상 현장 간의 격차를 줄여줄 수 있는 큰 잠재력을 가졌다고 주장했다. 제15장에서 논의하겠지만 전체 치료기간 동안 자료에 기반을 둔 의사결정을 강조하는 것은 행동치료 분야가 유일하다. 그러므로 행동평가는 사치품이 아니라 필수품이다.

이러한 개념들을 염두에 두고 이제 좀 더 보편적인 행동평가 방법의 일부를 살펴보도록 하자.

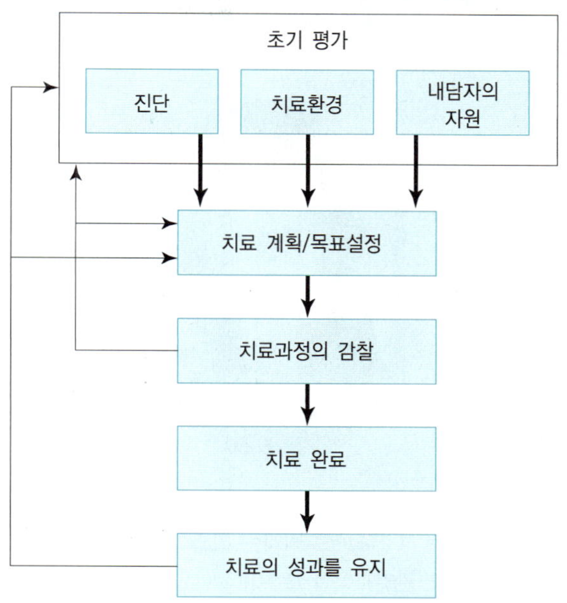

그림 10-1 ■ 행동치료 내에서의 행동평가의 역할에 대한 모델

출처: Peterson, L., & Sobell, L. C. (1994). Introduction to the state-of-the art review series: Research contributions to clinical assessment. Behavior Therapy, 25, 523–531. Reprinted with permission.

행동면접

문제가 무엇인지를 알기 전에는 행동치료 프로그램을 개발하거나 기능 분석을 시작할 수 없다는 것은 명확하다. Yoman(2008)은 기능 분석에서 가장 중요한 첫 번째 단계가 바람직한 행동변화를 통한 '궁극적인 결과'를 정의하는 것이라고 주장한다. 다시 말해, 행동치료자들은 내담자에게 원하는 결과에 대해 질문하고, 각 단계별로 변화를 통해 얻고자 하는 결과에 대해 질문한다. 인터뷰를 통해, 일련의 행동변화 단계를 명확히 하고, 행동변화를 통한 결과를 논의한다. 이를 통해 치료자는 단기 행동변화의 결과와 장기목표 혹은 '궁극적 결과'를 연결할 수 있다. 궁극적 결과는 예를 들면, 행복, 삶의 만족도, 혹은 세상을 더 살기 좋은 곳으로 만들기 등이 포함된다(Yoman, 2008). 이러한 과정을 거치 면서, 내담자가 행동치료를 통해 얻고자 하는 우선순위가 명확해지며, 치료자는 내담자가 이러한 목표를 달성할 수 있도록 도울 수 있는 전문적인 기술을 적용한다.

분명히 적어도 문제가 무엇인지에 대한 일반적인 개념을 가지기 전에는 기능 분석을 시작하거나 행동치료 프로그램을 개발할 수 없다. 그러한 개념을 발전시키기 위해서 행동주의 임상가는 임상가의 가장 좋고 오래된 친구인 면접을 사용할 것이다(O' Brien et al., 2003). **행동면접** 중에 임상가는 주 호소 문제와 문제행동을 유지시키는 변인으로 보이는 것들에 대한 일반적인 인상을 얻으려고 시도한다(Goldfried & Davison, 1994). 얻고자 하는 다른 정보에는 관련 과거력과 환자의 강점에 대한 평가, 그리고 문제를 다루기 위한 과거의 시도들이 포함된다. 또 관심을 가져야 할 것은 환자의 치료에 대한 기대이다. 마지막으로 가능하다면 임상가가 치료목표를 몇 가지 초기 설정하고 의사소통하는 것이 도움이 될 수 있다. 그렇지만 면접의 기본목적은 특정한 문제행동과 그 문제행동을 유지하는 상황적 요인, 그리고 그 문제행동이 초래하는 결과를 확인하는 것이다. 또한 정신장애의 증상을 개입의 목표가 되는 문제행동으로 보는

■ 인물소개 **Stephen N. Haynes, Ph.D.**

Stephen N. Haynes 박사는 하와이 대학 임상심리 프로그램의 관리자이며 교수이다. Haynes 박사는 행동평가, 심리검사의 개발과 평가, 건강심리학 부분에서 국제적으로 알려진 전문가이다. 그는 이 주제들에 대해 100편이 넘는 논문을 쓰고 관련 책의 저술에 일부 참여하였으며, 여러 권의 책을 집필하였다. Haynes 박사는 *Psychological Assessment*라는 학회지의 편집장을 역임하였고, 현재는 다른 주요 임상심리학 관련 학회지의 편집위원회에 속해 있다.

Haynes 박사는 그의 배경, 흥미, 관점들에 대한 우리의 질문에 다음과 같은 답을 제공해 주었다.

임상심리학 현장에 관심을 가지게 되신 계기가 무엇이었습니까?

내가 심리학을 직업으로서 전념하기로 한 것은 미시간주의 캘리머주에 있을 때, 고등학교 2학년 시절의 맑고 상쾌한 봄날이었다. 나는 고등학생이었을 때 내 환경에 대해 의문을 가지기 시작하였다. 나는 낙엽을 스치는 공기를 생각하였고, 물이 빠질 때 왜 원을 만들며 빠져나가는지, 그리고 여자아이들이 하는 행동을 보면서 왜 그랬는지 생각하였다. 나는 2학년 봄 학기 때에 심리학과 관련된 한 학기짜리 과목을 강의한 새 교생선생님인 Ms. Mountjoy를 만나게 되었다. 우리는 성, 사람들이 어떻게 학습하고 기억하는지, 어떻게 태도를 형성하고 눈물을 흘리는지 등에 대한 흥미롭고 즐거운 토의를 했다. 우리는 거의 매일 Ms. Mountjoy의 얼굴을 붉어지게 할 수 있었다. 심리학은 과학을 매혹적으로 적용한 것이 었으며, 내가 고등학교 때 한 것 중에서 가장 흥미롭고 재미있었다. 때는 2학년 4월의 화요일 아침이었는데, Ms. Mountjoy와의 특별히 활발했던 대화 후에, 나는 임상심리학을 직업으로 택하기로 마음먹었다.

임상심리학자로서 개입하고 있는 활동들을 알려 주세요.

내가 현재 하고 있는 학문적인 활동은 대부분 정신병리와 임상 평가에 대한 연구를 포함하고 있다. 나는 정신병리학에 대한 연구—외상경험(성폭행이나 전쟁 외상 같은)이 있는 사람들의 수면장애의 원인, 만성통증이 수면, 기분 및 사회적 상호작용에 미치는 영향, 심장혈관 장애의 심리사회적 상관, 가정폭력과 정신과 입원환자들의 폭력 간의 상관과 원인—에 개입하고 있다.

나의 평가 연구에는 주요한 개인적 그리고 사회적 문제를 측정하기 위한 평가도구를 개발하는 것이 포함된다. 이러한 문제의 타당한 측정도구는 좋은 연구와 치료의 필수 선행조건이다. 현재 연구 주제들은 외상적 생활 사건을 경험한 사람들의 반응, 결혼한 사람들의 만족과 불만족 영역, 남편의 아내들을 향한 신체적 공격성, 초기 양육환경의 외상적 생활 사건 판별, 그리고 학습장애가 있는 아동들의 가족 내의 부모와 아동의 상호작용 등의 측정을 포함하고 있다.

내 연구의 가장 즐거운 측면은 유능하고 재미난 많은 동료들, 대학원생들, 대학생들과의 협력에서 나타난다. 많은 연구들이 대학원생들에 의해 관리되고 있으며, 종종 그들의 석사나 박사학위 논문으로 사용된다. 보통 각 대학원생들은 주 연구자로서 기능하고 자신들을 위해 일하는 대학생들로 이루어진 팀을 하나씩 가지고 있다.

나는 또한 대학원생들에게 행동평가 과목들을 가르친다. 우리는 심리측정적 원리, 행동면접, 관찰, 자기감찰 등을 배운다. 이 과목들에서는 심리학적 평가의 과학적 원리를 공부하고, 이러한 원리들을 아동들과 뚜렷한 문제점들을 가지고 있는 가족들에 대한 평가에 적용한다. 평가의 목적은 가족의 문제와 강점, 그리고 가장 중요하게는 문제의 원인을 확인함으로써 치료될 수 있도록 하는 것이다.

나는 또한 편집과 저술을 즐긴다. 2004년까지 *Psychological Assessment*의 편집장으로 있으면서 나는 2,000개가 넘는 원고들을 심사하였다. 이는 내가 겸손해질 수 있는 경험이었는데, 그 일을 하면서 나는 많은 평가 학자와 평가자들의 깊은 전문성으로 인해 계속적으로 지식의 한계에 직면하였다. 나는 William O'Brien(2000)과 Elaine Heiby(2004)와 함께 행동평가에 대한 책을 출판하였다.

개인적으로 치료는 하지 않지만, 학대-방임 아동들을 위한 자원보호자로서 가정법원에서 자문을 맡고 있다. 이 일은 대부분 아동의 안전과 가장 좋은 배치를 위해 지역 내에서 행동평가인 가정 관찰, 학교 관찰, 면접을 하는 것이다. 또한 주로 임상적 평가 전략의 개발에 초점을 맞춘 주립 정신과기관과 몇 군데의 연구기관에서 사례개념화에 대한 자문을 맡고 있다.

전문적이거나 흥미가 있는 특정한 영역에는 어떤 것들이 있습니까?

내가 위에서 언급했던 것처럼, 내가 능력이 있다고 생각해 온 영역들은 다른 학자들의 인상적인 전문성들을 마주치게 되면서 줄어들었다. 나는 평가도구를 개발하고 평가하는 방법들, 평가정보(기능 분석과 같은)로부터 나온 임상적 판단의 원리, 측정 원리, 단일 피험자 시계열 설계를 포함하는 연구 설계에 대해 어느 정도까지 익숙하다고 말할 수 있다. 내가 가장 익숙하게 느끼는 내용의 영역들에는 건강심리학(수면장애, 심장혈관 장애, 만성 통증), 실험정신병리학, 부부관계의 문제 등이 있다.

앞으로 임상심리학의 경향은 어떨 것으로 보십니까?

여러 경향성이 있는데, 임상심리학의 과학적 측면의 진보에 기초한 것들이 대부분이다. 현장의 진보는 서비스의 전달 방법에서의 변화만큼 임상심리학(특히 임상적 평가)의 계속되는 연구와 학문적 접근과 관련이 있을 것이다.

경향에는 다음과 같은 것들이 포함된다.

1. 경험적으로 입증된 치료와 평가도구의 사용에 대한 강조 증가
2. 경험적으로 입증된 치료 선택권이 확장되고 같은 행동 문제를 가진 환자들 간의 개인차에 더 익숙해지면서 가장 좋은 치료를 선택하기 위한 임상적 사례개념화에 대한 강조 증가
3. 타당한 측정을 사용해서 프로그램 안에서의 변화가 빨리 나타날 수 있게 하는 치료과정과 결과에 대한 계속적인 평가(시계열 측정치) 강조
4. 평가에서 PDA, 컴퓨터화된 면접, 유사 임상 관찰, 간결한 선발도구, 특정영역에 초점을 맞춘 질문지 등 대안적 평가전략의 사용이 증가되고 있음

수련의 초점도 변화하는 듯하다.

1. 임상수련 감독자와 관리자에서 Ph.D. 강조
2. 사설개업을 한 곳에서의 급여가 줄어들었기 때문에 비싼 Psy.D. 프로그램 수를 줄임
3. 학문으로서의 임상심리학에 대한 초점이 증가

앞으로 행동평가의 경향은 어떨 것으로 보십니까?

1. 주류 심리학과 지속적인 통합. 현재 *Journal of Consulting and Clinical Psychology*에 실린 대부분의 논문에서 어떠한 형태로든 행동평가를 사용하고 있다는 것을 주목하라. 1960년대에는 거의 0%였다.
2. 컴퓨터 기술의 사용 증대: 예를 들면, 이동성 감찰, 자기감찰용 PDA, 여러 방법에서의 도구 사용(약물 복용이나 운동을 감찰하는 것 등)
3. 유사 임상 평가의 사용 증대: 임상장면에서 부모와 아동의 상호작용, 부부 상호작용, 학대 배우자의 사회기술 관찰
4. 더욱 비용 효율적인 평가: 시간을 덜 들이면서 위의 절차를 사용하는 것
5. 측정오류의 원천과 측정오류의 통제를 위한 방법에 대한 이해 증대, 심리학적 평가의 학술, 경험적 기반 접근의 계속적인 강조
6. 내담자의 기능 분석(임상적 사례개념화)과 기능 분석에 맞춘 치료의 정교화 증대

행동주의 임상가들 사이에서는 구조화된 진단면접(제7장 참조)을 더 많이 사용하고 있다는 것도 주목할 만하다.

관찰법

자연 관찰

행동을 평가하고 이해하려면, 우선 어떤 것을 다루고 있는지 알아야 한다. 그렇다면 행동평가 시 관찰을 주요한 기술로 사용하는 것은 전혀 놀라운 것이 아니다(O'Brien et al., 2003). 임상가가 어떤 사람의 고소공포증, 어떤 학생의 평가상황 회피, 혹은 어떤 사람의 과식경향성을 이해하려고 한다고 하자. 이 사람들은 면접을 하거나 자기 보고식 검사를 통해 평가될 수 있다. 그렇지만 많은 임상가들은 그들이 자연적 환경에서 직접 관찰되지 않는 이상, 진정한 이해는 불완전할 것이라 주장한다. 문제행동의 빈도, 강도, 만연성, 문제행동을 유지시키는 요인들을 알아보기 위해 행동주의 임상가들은 직접 관찰을 옹호한다.

물론 이런 것들에 대해 말하기는 쉽지만 실행하기는 어렵다. 실제로 훈련된 관찰자들을 두고 이들을 활용하는 것은 어렵고 비용이 많이 든다. 이는 외래 환자인 성인의 경우 특히 그렇다. 하지만 상대적으로 아동들이나 인지적 한계가 있는 환자들 또는 보호시설에 있는 상황에서는 쉬운 편이다. 어떤 사례들에서는 특징상 개인 환경의 일부에 포함되는 사람을 관찰자로 사용하는 것이 가능하다(예: 배우자, 부모, 선생님, 친구, 간호사 등). 나중에 보겠지만, 특정한 사례들에서는 내담자 스스로 어느 정도의 자기 관찰을 할 수도 있다. 물론 윤리적인 의문점은 항상 존재한다. 임상심리학자들은 사람들이 모르는 상태에서 관찰되지 않도록, 그리고 내담자의 친구나 동료들이 무의식적으로 관찰의 범위에 들어와서 그들의 사생활에 대한 존엄성과 권리를 침해당하지 않도록 하기 위해 노력해야 한다.

이러한 이유들 때문에 자연 관찰은 임상장면에서 생각하는 만큼 많이 사용되지는 않았다. 실제로 관찰은 임상장면에서보다 연구에서 더 두드러진다. 그렇지만 관찰 자료의 중요성을 인정하기 위해서 행동적 접근에 대한 고집스러운 지지자가 될 필요는 없다. 많은 다른 견해를 가진 임상가들이 내담자의 불완전한 그림에 도달하는 경우가 많다. 그들은 50분의 치료 시간이나 객관적 혹은 투사적 검사자료의 결과를 통해 내담자를 보는 것을 제외하고는 내담자를 전혀 보지 못할 수 있다. 그러나 많은 관찰절차의 성가신 속성 때문에 대부분의 임상가들은 수년간 더 단순하고 효율적으로 보이는 전통적인 평가 방법을 선택하였다.

자연 관찰은 새로운 생각이 아니다. McReynolds(1975)는 자연 관찰의 뿌리가 고대 그리스와 중국의 문명까지 거슬러 올라간다고 보았다. 50여 년 전에 Barker와 Wright(1951)는 하루 동안 7세 아이의 행동에 대해 자세하고도 체계적인 기록을 했다(이는 많은 노력을 요했고, 거의 책 1권에 달했다). 이런 관찰이 아니더라도 우리 모두는 친구나 동료에 대한 자신의 비공식적인 평가가 그들의 자연적으로 발생하는 행동에 대한 관찰에 많은 영향을 받는다는 것을 즉시 인식했을 것이다. 그렇지만 관찰은 검사와 마찬가지로 신뢰도와 타당도를 확신할 수 있는 단계들이 있을 때만 유용하다. 이런 주제들에 대해 살펴보면서 독자들은 관찰의 신뢰도와 타당도에 영향을 미치는 여러 요인들은 기본적으로 면접과 관련해서 논의했던 것들과 같음을 알게 될 것이다(제7장 참조).

자연 관찰의 사례

수년간 많은 형태의 자연 관찰이 교실, 놀이터, 일반-정신병원, 가정환경, 정신지체자를 위한 기관, 외래 환자의 치료 회기들을 포함한 특정 상황들에서 사용되어 왔다. 게다가 이러한 상황에 적용된 많은 체계들이 연구 목적으로 널리 사용되고 있음을 알아두는 것이 중요하다. 그렇지만 이의 대부분은 임상적용도에도 적용이 가능하다.

가정 관찰. 가족이나 가정 내에서의 경험은 적응에 영향을 많이 주기 때문에 다수의 평가절차가 이 환경에서 일어나는 행동들을 위해 개발되었다는 것은 놀랍지 않다. 가정 관찰로 가장 잘 알려진 체계 중 하나는 Patterson(1977)과 그의 동료들(R. R. Jones, Reid, & Patterson, 1975)이 개발한 행동 부호화 체계(Behavioral Coding System: BCS)이다. 이 관찰 체계는 공격성과 반항을 보이지만 아직 비행 청소년이라고까지는 할 수 없는 남자아이들이 있는 가정에서 사용되도록 고안되었다. 훈련받은 관찰자들이 그러한 남자아이들이 있는 가정에서 가족 상호작용을 관찰하고 기록하면서 1~2시간을 보낸다. 보통, 관찰은 저녁식사 바로 전이나 저녁을 먹는 중에 이루어졌고, 관찰자들은 가족구성원들과 상호작용하도록 허락되지 않았다(비록 때때로 관찰 전 혹은 후에 절차를 더 잘 받아들일 수 있도록 이야기를 할 수도 있다). 각 가족구성원은 관찰 기간마다 2번씩 5분 동안 관찰되었다. 관찰은 28개 범주의 행동들로 구성되었으며, 각 관찰 기간 동안 6초마다 정해진 가족구성원이 관찰되었는데, 관찰자는 그러한 행동이 나타났는지 여부를 기록한다. 그림 10-2는 BCS 부호화 용지의 견본을 보여 주고 있다. 6초의 부분구간들은 용지의 각 행 안에 나타나 있고, 각 행은 30초 구간을 나타낸다. 평정되는 28범주 중에는 이런 것들이 있다.

HU(창피주기, Humiliate): 개인을 의도적으로 놀리거나, 망신주거나, 무안하게 하는 것

CO(순응, Compliance): 그/그녀에게 요청된 행동을 즉각적으로 행하는 것

WH(푸념, Whine): 얼버무리거나, 콧소리를 내거나, 고음이나 가성인 목소리로 말하는 것

한 연구에서 Patterson과 Forgatch(1995)가 67명의 아동과 그들 각각의 가족들 간의 가정 상호작용을 부호화한 관찰 자료—이 사례에서는 여러 범주의 혐오행동의 총합(예: 소리지르기, 창피주기, 파괴성)를 보고하였다. 이 연구의 모든 아동들은 반사회적 행동문제 때문에 치료에 의뢰되었다. 흥미롭게도 Patterson과 Forgatch(1995)는 아동들의 치료 종결 때 혐오행동 점수는 향후 2년 후의 체포율을 유의미하게 예측한다는 것을 발견했다. 그래서 이 연구에서는 자연 관찰 자료가(전통적인 부모나 교사의 평정보다) 예측적 가치가 더 크다는 것을 밝혔다.

학교 관찰. 아동임상심리학자들은 종종 학교장면에서 일어나는 행동문제를 다루어야 한다. 어떤 아동들은 수업시간을 방해하고, 놀이터에서 과도하게 공격적이며, 전반적으로 두려워하거나, 선생님에게 달라붙거나, 집중을 하지 않는 등의 행동을 보인다. 비록 부모와 선생님의 언어적 보고는 유용하지만, 가장 직접적인 평가절차는 문제행동을 자연스러운 장소에서 관찰하는 것이다. 학교 관찰에서 사용하기 위한 여러 가지 부호화 체계가 지난 수년간 개발되어 왔다.

학교장면에서 사용되는 행동 관찰 체계의 예로는 Achenbach(1994)의 아동 행동 체크리스트(CBCL)의 개정된 직접관찰형(*DOF*)이 있다. DOF는 학교 교실이나 다른 상황에서 관찰될 수 있는 문제행동들을 측정할 때 사용한다(Achenbach, 1994). 이 체크리스트는 88개의 문제문항들과 평정자가 이 문항들에 포함되지 않는 문제행동들을 지목할 수 있는 개방형 질문들을 포함하고 있다. 평가자들은 10분간의 관찰 기간 동안 각 문항을 빈도, 지속기간, 강도에 따라서 평정하도록 지시된다. 3번에서 6번의

BCS 부호화 용지 견본

가족 번호 ____________________
ID 번호 ____________________

행동 부호화 용지

단계 ____________
대상 ____________ 관찰자 ____________ 날짜 ____________ 번호 ____________

AP	인정	HU	창피 주기	PP	긍정적 신체접촉
AT	주의	IG	무시	RC	받아들임
CM	명령	LA	웃음	SS	자기 자극
CN	명령(부정적)	NC	불복종	TA	이야기하기
CO	응종	NE	반항	TE	괴롭히기
CR	울음	NO	규범적	TH	접촉, 건드리기
DI	불승인	NR	무응답	WH	푸념하기
DP	의존	PL	놀이	WK	작업
DS	파괴성	PN	부정적 신체접촉	YE	소리 지르기
HR	심한 욕설				

1					
2					
⋮					
10					

설명 ____

그림 10-2 ■ BCS 부호화 용지 견본

출처: From "Naturalistic Observation in Clinical Assessment.", by R. R. Jones, J. B. Reid, and G. R. Patterson. In P. McReynolds (Ed.), Advances in Psychological Assessment, Vol. 3, P. 56. Copyright © 1975 by Jossey-Bass, Inc. Reprinted by persmission.

10분짜리 관찰 기간을 기록하고, 점수는 시간에 따라 평균낼 수 있도록 한다(Achenbach, 1994). 이러한 방법으로 교실 내에서의 아동의 문제행동 수준에 대해 더 신뢰할 수 있고 안정적인 측정치를 얻을 수 있다. 표 10-2는 DOF의 견본문항들을 보여 준다. 연구에 따르면 직접적인 관찰이 진단적 개념화를 하는 데 매우 유용하다. 6세에서 12세 사이의 아동 310명을 대상으로 한 연구에서, McConaughy와 동료들(2010)은 부모나 선생님들이 아이의 부주의나 과잉행동을 평가한 데이터가 ADHD를 예측하는 데 유용하며, 여기에 더해, 직접적인 관찰이 부가적으로 ADHD아동을 식별하는 데 유용함을 보고하였다.

병원 관찰. 정신과 병원이나 정신지체장애인시설에서는 오랫동안 관찰을 사용해 왔다. 이러한 장면들은 외부로부터 격리되고 보호되어 있어 더 개방

표 10-2 아동 행동 체크리스트(Child Behavior Checklist)의 직접 관찰 형식(Direct Observation Form: DOF)의 견본 항목들

외현화 행동 문제들
1. 말다툼
2. 반항적이거나 선생님께 말대꾸
3. 잔인성, 괴롭힘, 비열함
4. 다른 아동들을 방해함
5. 사람들에게 신체적인 공격을 가함
6. 집단 활동을 와해시킴
내현화 행동 문제들
1. 불안한 움직임 혹은 경련
2. 무감각, 동기결여, 시도 부족
3. 수줍거나 소심한 행동
4. 멍하니 응시
5. 불행함, 슬픔, 우울함
6. 위축되어 있음, 타인과 관계하려 하지 않음

주: 모든 항목들은 특정한 관찰 기간 동안 0에서 3까지의 척도로 평정된다. 0 = 관찰되지 않음, 1 = 매우 약하게 혹은 확실치 않게 발생, 2 = 확실하지만 약함에서 중간 정도의 강도로 발생하며 3분 이하의 지속, 3 = 심각한 강도로 확실히 발생하거나 3분 이상의 지속.
출처: Copyright © 1986. T. M. Achenbach; Center for Children, Youth, and Families; University of Vermont, 1 South Prospect Street, Burlington, VT 05401. Reprinted with permission.

되어 있고, 통제되지 않은 환경에서보다 행동에 대한 주의 깊은 관찰에 더 적합하다.

병원 관찰 도구의 예로는 Gordon Paul과 그의 동료들(Mariotto & Paul, 1974)이 개발한 **시간 표본 행동 체크리스트**(*Time Sample Behavioral Checklist*: TSBC)가 있다. 이 방법은 만성 정신과 환자들에게 사용될 수 있다. 시간 표본은 해당 환자를 일정한 시간, 구간마다 관찰한다는 것을 의미한다. 관찰자들은 환자가 깨어 있는 동안 한 시간에 한 번씩 2초간의 관찰을 실시한다. 이런 식으로 각 환자의 하루 행동 분석표가 만들어질 수 있다. 이 체크리스트의 관찰자 간 신뢰도는 꽤 높았고, TSBC와 같은 척도들은 환자의 전반적인 행동에 대한 그림을 제공하는 데 도움이 된다. 예를 들면, Menditto 등(1996)은 TSBC를 사용해서 상대적으로 새로운 항정신성약물(클로자핀)과 구조화된 사회학습 프로그램의 조합(Paul & Lentz, 1977)이 입원 중인 만성 정신장애를 가진 환자들의 부적절한 행동과 공격적인 행동의 빈도를 6개월 동안 유의미하게 줄이는 데 얼마나 도움이 되었는지 밝혀냈다. 더 최근에는 Salinas, Paul 그리고 Springer(2008)가 TSBC 점수를 입원병동에서 400명 이상의 환자들에게 사용을 하였는데, TSBC 점수가 편집증 점수와 공격성 점수와 비교하였을 때, 환자의 퇴원준비여부에 대한 병원스텝의 결정을 더 강력하게 예측한다는 것을 보고하였다.

통제된 관찰

자연 관찰은 직관적인 면이 많다. 이는 자기 보고나 추론, 혹은 다른 오염시킬 가능성이 있는 변인들에 의해 걸러지지 않은 개인의 실제 행동에 대한 그림을 제시해 준다. 그렇지만 말이 쉽지, 주로 임상가들이 관심을 가지는 특정 종류의 행동은 자연적으로 잘 발생하지 않는다. 그 상황과 행동이 나타나기를 기다리면서 많은 시간과 자원을 낭비할 수 있다. 책임지기 행동의 평가를 예로 들면, 그 상황이 나타날 때까지 매일 비싼 관찰을 요할 수 있다. 그러다가 임상가가 막 기록을 시작하려고 할 때 어떤 예상치 못했던 환경의 '다른' 특징이 환경의 전체적인 특징을 미묘하게 변화시킴으로써 상황을 망칠 수 있다. 게다가 자연스럽고 자발적인 상황들에서는 내담자가 자신의 대화가 들리지 않도록 이동할 수도 있고, 전체적인 장면이 따라가기에는 힘들게 너무 빠르게 바뀔 수 있다. 간단히 말하면 자연적인 환경은 종종 임상가를 주의 깊고 객관적인 평가를 할 수 있는 기회를 압도하는 사건에 처하게 한다. 이러한 문제들을 다루는 방법으로써 임상가들은 **통제된 관찰**을 사용한다.

통제된 관찰은 **유사 행동관찰**이라고도 불린다(Haynes, 2001). 이러한 관찰은 자연적인 환경에서나 상담소 장면에서 모두 일어날 수 있다. 중요한 특징은 평가자가 목표행동이나 상호작용을 관찰 할 가능성이 높도록 환경이 '설계된다'는 점이다. 예를 들면, 부부의 상호작용 패턴을 관찰하기 위해 실험실에서 관계의 문제를 논의하도록 요청할 수 있다(Heyman, 2001).

연구자들은 수년간 통제된 행동의 표본을 이끌어 내려고 여러 기술을 사용해 왔다. 개인을 실제 생활에서의 상황과 어느 정도 비슷한 상황에 집어 넣는 **상황 검사**들이 바로 그런 방법들이다. 그러고 나서 개인이 어떻게 반응하는지에 대한 직접적 관찰이 이루어진다. 어떤 점에서 이 방법은 행동 검사 상황과 예측되는 준거 행동이 매우 비슷한 일종의 작업 표본 접근이다. 이 방법은 예를 들자면, 자극이 예측 상황과는 동떨어진 심리검사와 대조해 볼 때 예측에서의 오류를 감소시켜야 한다.

정직성과 기만에 대한 연구. 이러한 면을 다룬 초기 연구들로는 Hartshorne, May와 그의 동료들의 연구가 있다(1928, 1929, 1930). 비록 Hartshorne과 May가 주로 연구지향적이기는 했지만, 그들의 접근은 평가장면에서 직접적인 적용이 가능하다. Hartshorne과 May는 성격이나 인격을 습관-반응의 의미로 보았기 때문에 직접 행동을 표집함으로써 이를 측정하려고 시도하였다. 예를 들면, 만약 어떤 사람이 아동의 정직성을 평가하고 싶다면, 그들을 부정행위가 가능한 상황에 직면하게 하고 그들의 반응을 관찰함으로써 이를 연구하면 된다는 것이다. 이러한 방법은 정확히 Hartshorne과 May가 부정행위, 거짓말, 도벽 등의 행동을 평가하는 데 사용한 방법이다. 일련의 정교한 자연적 상황을 사용함으로써 그들의 의도는 숨겨져 있으나 매우 통제된 조건에서 연구를 실행할 수 있었다. 여기에서 특히 관심을 가져야 할 것은 아동의 속이는 행동이 매우 상황-특정적이며, 일반화된 특질을 반영하는 것으로 해석되어서는 안 된다는 것을 시사하는 자료이다.

스트레스에 대한 반응. 제2차 세계대전 동안 매우 훈련되고 기량이 풍부한 지적인 군인들이 긴급하게 요구되면서 일련의 상황적 스트레스 검사가 개발되었다. 개인이 파괴적이거나 정서적으로 스트레스가 생기는 상황들을 다루는 방법을 평가하기 위해 성격검사를 사용하는 대신 미국의 전략정보국(U.S. Office of Strategic Services)에서는 할당된 과제를 사용하였다(OSS Assessment Staff, 1948). 훈련된 직원들에 의한 객관적 기록과 질적 관찰을 통해 스트레스에 대한 반응이 평가되었다. 비록 전쟁으로 인한 요구가 OSS 평가 기술의 엄격한 타당화를 위한 많은 좋은 기회를 제공하지는 않았지만, 그들은 평가에서 어떤 것이 가능한지에 대한 좋은 모델을 제공하였다. OSS 과제의 견본 중 하나를 제시하면 다음과 같다.

> 말뚝, 막대기, 블록 등으로 커다란 정육면체를 만들어야 한다. 혼자서는 이 일을 할 수 없기 때문에 2명의 도우미를 제공한다. 하지만 과제는 10분 안에 완료되어야 한다. 사실 도우미들은 방해하는 앞잡이들로 수동적이고, 실용적이지 않은 제안을 하는 등의 행동을 하였다. 그들은 과제를 하는 후보자를 비웃고 전반적으로 매우 좌절하게 만들었다. 실제로 어떤 후보자도 정육면체를 조립하는 데 성공하지 못하였다.

이와 관련한 기술들이 영국의 공무원의 후보자를 선택하는 데 사용되었다(Vernon, 1950). 비록 영국에서의 절차에서 스트레스는 사용되지 않았지만, 후보자들이 선택되기 전에 작업하는 과제들은 주의 깊은 과제 분석에 기초하고 있었다. L. V. Gordon(1967)은 평화봉사단 훈련생들의 수행을 예측하기 위한 평가를 위해 여러 가지 작업-표본 접근을 평가하였다.

부모-청소년 갈등. 부모-청소년 갈등의 속성과

정도를 더 정확하게 평가하기 위해서 Prinz와 Kent(1978)는 상호작용 행동 부호 체계(*Interaction Behavior Code*: IBC)를 개발하였다. IBC를 사용할 때 여러 평정자들은 가족들이 서로 동의하지 않는 문제를 해결하기 위해 논의하는 것을 녹음해서 이를 검토, 평가했다. 각 가족구성원이 토의하는 중에 해당 행동을 보였는지에 따라서 개별적으로 문항이 평정되었다(어떤 문항에 대해서는 그 행동들이 나타나는 정도에 따라서). 요약 점수는 부정적인 행동과 긍정적인 행동의(평정자 간의) 평균 점수로 구하였다. 표 10-3은 IBC의 부호와 정의들의 예를 보여 준다.

물론 엄격한 행동주의자들은 앞에서 언급한 기술들이 관찰과 추론의 혼합물이라고 주장한다. 리더십, 스트레스 수준, 혹은 독창성을 평정할 때 관찰자들이 행동으로부터 어떤 것을 추론하게 된다는 것이다. 그들은 단지 행동의 목록을 수집하거나 빈도를 체크하는 것이 아니다.

표 10-3 상호작용 행동 부호(Interaction Behavior Code: IBC)의 표본 부호와 정의들

부정적 행동

1. 소리 지르기 – 화난 방식으로 언성을 높이는 것
2. 험담하기 – 다른 사람에게 부정적인 것을 암시하는 이름을 붙이는 것으로 명사여야 함
3. 독심술 – 다른 사람에게 어떤 생각들이 있다고 생각하거나 그렇게 정해버리는 것

긍정적 행동

1. 제안하기 – 미래에는 달라질 수 있는 해결책이나 가능성 있는 생각들을 제공하기(요구 없이)
2. 타인이 어떤 것을 원하는지 물어보기 – 다른 사람이 원하고, 기대하고, 선호하는 것이 무엇인지 알아보려고 시도하기
3. 절충 – 원래 하던 의도나 선호, 의지를 수정하기

주: 각 부호는 평가하는 시간의 틀 중에 나타났는지 여부에 따라 평정됨.
저자인 Dr. Ronald J. Prinz의 허가를 받고 재판.

통제된 수행 기술

OSS 평가 연구에서 보았듯이 인위적인 상황은 통제와 표준화의 가능성을 제공하는 조건하에서 행동을 관찰할 수 있게 해 준다. 더 색다른 사례로 A. A. Lazarus(1961)의 밀실공포증 행동평가 사례를 들 수 있다. 그는 스크린을 이동하여 점진적으로 작아지는 밀폐된 방에 환자가 있게 함으로써 밀실 공포증을 평가했다. 유사하게 Bandura(1969)는 일련의 점진적인 불안-자극적인 자극에 사람들을 노출시키는 영상을 사용하였다.

만성적 뱀 공포증을 연구하는 데 **통제된 수행 기술**을 사용한 일련의 평가절차는 이러한 종류의 측정치에 대한 여러 가지 접근을 보여 준다(Bandura, Adams, & Beyer, 1977).

행동적 회피. 회피 행동검사는 붉은 꼬리 보아뱀과의 점점 더 위협적인 상호작용을 요구하는 29개의 수행 과제로 구성되어 있다. 뱀이 담긴 유리 상자에 접근하고, 그것을 내려다보고, 만지고, 장갑 낀 채로 들고, 맨손으로 들고, 뱀을 방 안에 풀어 주고, 다시 상자 안으로 돌아오게 하고, 얼굴에서 12 cm 내에 들고 있게 하고, 마지막으로는 손을 양 옆으로 내려놓고 뱀이 자신의 무릎 위를 기어다니는 것을 참도록 지시한다. 뱀이 있는 방으로 들어오지 못하는 사람들은 0점을 받고, 방에 들어올 수 있는 피험자들은 단계적인 다양한 과제를 수행하도록 요청받는다. 검사자가 드러내는 단서들이 줄 수 있는 영향을 통제하기 위해, 검사자는 피험자 뒤에 서 있으면서 수행할 과제들을 소리 내어 읽는다. 회피 점수는 피험자가 성공적으로 수행한 뱀-상호작용 과제의 숫자이다.

접근 반응에 동반되는 공포 각성. 수행 능력의 측정에 더해서, 각 접근 반응으로 인해 각성된 공포도 평가되었다. 이는 행동검사 중에, 피험자들이 각 뱀 접근 과제가 설명될 때와 그들이 수행을 할

© Corbis

임상심리학자들은 부모와 청소년 간의 갈등의 정도를 관찰하고 평정하는 다양한 평가 도구를 사용할 수 있다.

때의 공포에 대해 IQ-등간 척도로 구두로 평정했다(pp.127~128).

더 최근에는 Armstron, Sarawgi 그리고 Olatunji(2011)가 강박장애의 특성 중 하나인, 오염에 대한 공포가 있는 사람들의 행동적 회피 수준과 고통감을 평가하기 위해, 행동적 회피 과제(behavioral avoidance task)라고 불리는 통제된 수행기반평가를 사용하였다. 이 과제에서, 연구자들은 참여자에게 공동화장실에 가서 다음과 같은 과제들을 점차적으로 실시할 것을 요청하였다: (a) 화장실 세면대 안을 만지기, (b) 화장실 휴지통 안쪽을 만지기, (c) 변기의자를 만지기, (d) 변기의자 아래쪽을 만지기, 그리고 마지막으로 (e) 변기의 안쪽을 만지기. 각 단계를 마친 후, 참여자들은 자신의 불편감을 평가하도록 요청받는다. 만약 참여자들이 이러한 각 단계를 실시하는 것을 거부한다면, 각 단계를 상상하고 불편감을 평가하도록 요청한다. 이러한 방식으로, 연구자들이 행동적 회피 수준을 수치화할 수 있다(완성한 단계의 수와 불편감 점수). 이러한 통제된 상황에서, 임상연구자들은 회피행동이 얼마나 심각한지, 혹은 이러한 유사한 상황에서 내담자가 어느 정도의 불편감을 경험할지에 대한 보다 실제적인 이해를 할 수 있다.

상황의 요구 특성을 특히 주의 깊게 검토해야 한다. 이러한 긴장되는 상황에서의 행동은 전혀 전형적인 실제-생활 행동이 아닐 수 있다. 임상가의 존재, 그리고 임상가가 환자에게 해가 가지 않도록 할 것이라고 믿는 태도와 결부되어 상황의 현실성을 유의미하게 왜곡할 수 있다.

어떤 사례들에서는 임상적 그리고 연구 목적 둘 모두에 심리생리학적 측정 절차가 수행된다. **생리 심리학적 측정**은 조심스럽게 중추신경계, 자율신경계, 혹은 골격운동 활동을 평가하는 데 사용된다(Tomarken, 1995). 이러한 측정들은 불안, 스트레스, 정신분열증을 포함한 여러 임상적 상태의 평가에 사용되어 왔다. 임상심리학자들은 보통 생리심리학적 측정을 다른 더 전통적인 형태의 평가를 보완하기 위해 사용한다. 생리심리학적 측정의 장점은 자기 보고나 행동적 측정으로는 직접적으로 평가되지 않는 과정(예: 정서적 반응성)을 평가할 수 있고, 대안적인 측정들보다 더 민감하게 이러한 과정들을 측정할 수 있다는 것이다(Tomarken, 1995). 생리심리학적 측정의 예에는 사건관련 전압(ERPs), 근전도 기록(EMG), 뇌파(EEG), 피부 전도 활동(EDA) 등이 포함된다. 비록 이러한 측정들이 임상가들에게 어느 정도의 도움이 되긴 하지만, 이들은 아직 다른 더 전통적인 임상적 평가 기술들만큼의 신뢰도와 타당도와 같은 심리측정적 고려사항에서 문제가 있다.

자기감찰

앞에서 자연 관찰을 논하면서 관찰 절차는 훈련된 직원, 즉 임상가, 연구보조자, 교사, 간호사, 병동 간호인 등에 의한 사용을 위해 설계되었다고 하였다. 그렇지만 이러한 절차는 종종 시간과 비용 면에서 비싸다. 더 나아가 대부분의 사례에서 시간 표집에 의존하거나 관찰의 범위를 제한하는 것이 필요하다. 개인 내담자들을 다룰 때 그들이 일상적 활동 속에서 자유롭게 움직이게 하면서 관찰하는 것은 종종 비실용적이고 비용이 너무 많이 든다. 그래서 임상가들은 개인이 스스로의 행동, 사고, 정서를 관찰하고 기록하는 **자기감찰**을 점점 더 사용하게 되었다(Ciminero, Calhoun, & Adams, 1986; Korotitsch & Nelson-Gray, 1999; Mahoney, 1977b).

요컨대 내담자들은 일정하게 정해진 시간 동안 행동일지나 일기를 쓰도록 요청된다. 이러한 일지는 행동에 수반되는 자극조건, 뒤따르는 결과와 함께 특정 목표 행동의 빈도, 강도, 지속기간에 대한 연속적인 기록을 제공할 수 있다. 이러한 자료들은 특히 임상가와 내담자 모두에게 얼마나 자주 문제 행동이 나타나는지에 대해 말하는 데 유용하다. 게다가 이는 치료의 결과로서 변화의 지표를 제공하기도 한다(예: 6주의 치료 후 빈도와 기저선 빈도를 비교). 또한 내담자가 바람직하지 않은 행동에 주의의 초점을 맞출 수 있도록 해 줌으로써 그 행동을 줄이는 데도 도움을 준다. 마지막으로 내담자들이 환경적 자극과 행동의 결과, 그리고 행동 그 자체 간의 연결을 알아차리게 된다.

물론 자기감찰을 사용할 때의 문제점이 있다(Korotitsch & Nelson-Gray, 1999). 어떤 내담자들은 다양한 이유로 관찰이나 기록을 부정확하게 하거나 의도적으로 왜곡시킬 수 있다. 전체 과정에 단순히 저항하는 사람도 있다. 이러한 분명한 어려움들에도 불구하고, 아주 적은 비용으로 많은 양의 정보를 제공하는 자기감찰은 유용하고 효율적인 기술이다. 그렇지만 자기감찰은 더 큰 치료적 개입 프로그램과 접목했을 때만 효과적인 변화를 일으킬 수 있다.

감찰을 도울 수 있는 다양한 것들이 개발되었다. 어떤 내담자들은 어떤 것을 감찰하게 되느냐에 따라서 작은 계산기나 초시계를 제공받는다. 작은 파일 크기나 지갑크기의 카드들은 내담자들이 그들의 자료를 빠르고 조심성 있게 기록할 수 있도록 개발되었다. 좀 더 비공식적인 수준에서는 단순히 일기에 기입만 하도록 한다. 요즘에는 스마트 폰, 컴퓨터 등에서 제공하는 전자일기(electronic dairies)를 사용해 자기-관찰하는 것이 가능하다. 이러한 기술을 이용하여, 자기-보고식 평가보다 더 실제적이고 정확한 데이터를 수집하는 것이 가능하다. 이러한 도움들은 특히 비만, 흡연, 주장성 부족, 알코올 중독일 경우를 평가하거나 치료할 때에 유용하다. 이러한 도움들은 한 사람의 문제는 특정한 행동을 줄이는 것으로 감소될 수 있다는 명제를 강화하는 데 도움을 준다. 그래서 순간적인 속성에 대한 전반적인 불평으로 시작한 내담자가 '자신에 대해 좋지 않게 느껴진다'는 것이 실제로는 스스로의 권리를 위해 특정한 상황에서 주장할 능력이 없는 것 또는 생각없이 말하는 것 등임을 알기 시작한다. 자기감찰 일지의 예시 하나가 그림 10-3(역기능적 신념 기록지)에 나타나 있다.

역기능적 신념 기록지(*Dysfunctional thought record*: DTR)은 내담자에 의해 작성되며 불안이나 우울증에 관한 내담자의 자동적 사고의 기록을 내담자와 치료자에게 제공한다(J. S. Beck, 1995). 이 DTR은 우울증의 인지행동치료에서 변화를 해야 할 특정한 생각과 반응을 목표로 잡을 수 있다. 내담자에게 스스로의 기분 변화를 알아챌 때 DTR을 완성하도록 지시한다. 여기에는 상황, 자동적 사고(들), 연관된 정서들이 열거된다. DTR의 마지막 두 열은 치료 회기 중에 채울 수 있고, 치료적 개입의 역할을 할 수 있다. 이러한 방법으로 내담자들은 이러한 역기능적 자동적 사고들을 인식하고 평가하며, 수정할 수 있도록 배운다.

관찰의 신뢰도에 영향을 주는 변인

자료가 면접에서 나온 것이든 검사나 관찰에서 나온 것이든 간에, 임상가들은 자료의 신뢰성을 확신해야만 한다. 관찰의 경우 임상가들은 다른 관찰자들이 기본적으로 같은 평정과 점수를 낼 것이라고 확신해야 한다. 예를 들면, 가정에서의 상호작용을 관찰한 한 관찰자가 배우자의 행동을 '공감의 수준이 낮음'이라고 평정했을 때, 다른 관찰자가 같은 상황에서 같은 행동을 평정할 때 같은 평정을 할 것이라고 어떻게 확신하는가? 많은 요인들이 관찰의 신뢰도에 영향을 줄 수 있다. 다음은 이러한 요인들의 좋은 예들이다.

목표행동의 복잡성. 확실히 관찰할 행동이 더 복잡할수록 신뢰할 수 없을 확률은 더 커진다. 행동평가는 보통 덜 복잡하고 낮은 수준의 행동들에 초점을 맞춘다(Haynes, 1998). 어떤 사람이 아침에 무엇을 먹는지에 대한 관찰(저차적 행동)은 대인적 행동(고차적이고 더 복잡한 행동)에 초점을 맞추는 것보다 신뢰할 수 있는 확률이 더 높다. 이는 자기감찰에도 적용된다. 구체적으로 합의된 행동이 지정되지 않는 이상 관찰자는 어떤 것에 집중해야 할지에 대해 엄청나게 큰 행동 범위를 가지게 된다. 그래서 대인적 공격성의 예를 확인할 때 한 관찰자는 빈정대는 말을 평가하는 반면, 다른 관찰자는 명확하고 신체적인 행동에 초점을 맞출 수 있다.

훈련된 관찰자. 주의 깊고 체계적으로 훈련된 관찰자들을 대신할 수 있는 것은 없다(Foster, Bell-Dolan, & Burge, 1988; Tryon, 1998). 예를 들면, 환자의 행동을 연구하고 진단적 평가를 내리기 위해 정신과 병원에 보내진 관찰자들은 사전에 잘 준비되어야 한다. 우울증의 경우에는 그들에게 우울증의 정의가 무엇인지, 어떤 특정한 행동들이 우울증을 나타내는지 등에 대해서 광범위한 것들을 간단하게 알리는 것이 필요하다. 그들의 목표가 프로젝트에 '도움이 되는' 자료를(의식적으로든 무의식적으로든) 가져와서 지도감독자를 '기쁘게' 해주는 양상이 되어서는 안 된다. 또한 그들 스스로 서로 보호하기 위해서 평정치들에 대해 서로 이야기하고 '동의하기로 동의'해서도 안 된다.

때때로 **관찰자 표류**의 사례들이 나타난다. 이는 가깝게 지내는 관찰자들의 평정치를 미묘하게, 깨닫지 못한 채, 다른 관찰자들로부터 표류하기 시작한다. 비록 표류하는 관찰자들 간의 신뢰도는 받아들일 만한 것이겠지만, 이는 단지 시간이 지남에 따라 그들이 표적 행동에 대한 그들의 정의를 바꾸기 시작했기 때문이다(Kent & Foster, 1977). 또한 때때로 관찰자들은 그들이 감시되거나 조사된다고 예상할 때보다 그들 스스로 관찰한다고 느낄 때 관찰에 주의를 덜 기울인다(Reid, 1970). 관찰자 표류가 일어나지 않도록 하려면 독립적인 평정자에 의해서 정기적으로 신뢰도를 조사하고, 평정자들에게 피드백을 제공해야 한다.

Directions: When you notice your mood getting worse, ask yourself, "What's going through my mind right now?" and as soon as possible jot down the thought or mental image in the Automatic Thought column.

Date/time	Situation	Automatic thought(s)	Emotion(s)	Adaptive response	Outcome
	1. What actual event or stream of thoughts, or daydreams or recollection led to the unpleasant emotion? 2. What (if any) distressing physical sensations did you have?	1. What thought(s) and/or image(s) went through your mind? 2. How much did you believe each one at the time?	1. What emotion(s) (sad/anxious/angry/etc.) did you feel at the time? 2. How intense (0–100%) was the emotion?	1. (optional) What cognitive distortion did you make? 2. Use questions at bottom to compose a response to the automatic thought(s). 3. How much do you believe each response?	1. How much do you now believe each automatic thought? 2. What emotion(s) do you feel now? How intense (0–100%) is the emotion? 3. What will you do (or did you do)?
Friday 2/23 10 A.M.	Talking on the phone with Donna.	She must not like me any more. 90%	Sad 80%		
Tuesday 2/27 12 P.M.	Studying for my exam.	I'll never learn this. 100%	Sad 95%		
Thursday 2/29 5 P.M.	Thinking about my economics class tomorrow.	I might get called on and I won't give a good answer. 80%	Anxious 80%		
	Noticing my heart beating fast and my trouble concentrating.	What's wrong with me?	Anxious 80%		

Questions to help compose an alternative response: (1) What is the evidence that the automatic thought is true? Not true? (2) Is there an alternative explanation? (3) What's the worst that could happen? Could I live through it? What's the best that could happen? What's the most realistic outcome? (4) What's the effect of my believing the automatic thought? What could be the effect of my changing my thinking? (5) What should I do about it? (6) If ______ [friend's name] was in the situation and had this thought, what would I tell him/her?

그림 10-3 ■ 역기능적 사고 기록지의 예시.

출처: From Beck, J. S., *Cognitive Therapy: Basics and Beyond.* Copyright (c) 1995 Guilford Publications, Inc. Reprinted with permission.

관찰의 타당도에 영향을 주는 변인

이 시점에서 타당도의 중요성에 대해 반복해서 말하는 것은 불필요해 보인다. 우리는 면접과 검사에 대한 논의를 하기 전에 이 개념을 다루었다. 타당도란 관찰의 경우에서도 마찬가지로 중요하다. 그렇지만 관찰에서 타당도의 문제라는 것은 속일 수 있다는 것이다. 면접에서 환자가 면접자에게 말하는 것이 그들이 비면접 상황에서 하는 실제 행동과 일치하지 않을 수도 있다는 것은 분명하다. 아니면 투사적 검사의 경우에 포악한 동물, 피, 혹은 큰 치아를 포함하는 Rorschach 반응으로부터 공격성이 있다고 추론하는 것에는 타당도의 문제가 있을 수 있다. 어쨌든 지각되어진 것은 '실제' 행동과 같지 않다. 그렇지만 관찰의 경우 행동이 훨씬 명확히 보일 수 있다. 한 아동이 그의 친구들을 지독하게 괴롭히는 것으로 관찰되었고 이 관찰이 교사보고로 보강된다면, 이 관찰자의 자료의 타당도에 대해서는 거의 문제될 것이 없다. 공격성은 공격성이다! 그렇지만 앞으로의 논의에서 보여 주는 것처럼 모든 것이 항상 단순하지는 않다.

내용 타당도. 행동관찰 도식은 가까운 미래의 연구나 임상적 목적에 중요해 보이는 행동들을 포함해야한다. 보통 체계를 개발하는 연구자나 임상가는 그 체계가 내용 타당도를 보이는지 여부 또한 결정한다. 그렇지만 임상가가 그 체계가 타당하다고 결정한다면 이 과정은 체계가 타당해진다는 점에서 거의 순환적이라고 볼 수 있다. R. R. Jones 등(1975)은 행동 부호화 체계를 개발하여 아동의 여러 범주의 유해한 행동을 체계화하여 평정하도록 함으로써 이 문제를 피할 수 있었다. 그들은 어머니의 평정을 사용함으로써 특정 일탈 행동이 실제로 불건전하고 혐오적인 것인지 여부에 대한 그들의 연역적인 임상적 판단을 확인할 수 있었다.

공시 타당도. 관찰의 타당도에 접근하는 또 다른 방법으로는 같은 시간에 관찰한 다른 사람들(예: 교사, 배우자, 친구들)과 일치하는 관찰 평정치를 얻었는지 여부를 물어보는 것이 있다. 예를 들면, 훈련된 관찰자들이 내린 놀이터에서의 아동들의 공격성에 대한 관찰 평정치가 아동의 또래집단에서 내린 평정치와 일치하는가? 간단히 말하자면, 아동들이 서로의 공격성을 지각할 때 관찰자들이 하는 것과 같은 방식으로 하는가?

구성 타당도. 관찰 체계는 보통 어떤 내현적이거나 외현적인 이론적 구조로부터 나온다. 예를 들면, Jones 등(1975)의 BCS는 공격성을 가족 내에서의 학습의 결과로 보는 사회학습의 틀에서 나왔다. 공격성에 대한 보상이 많으면 공격성이 나타난다는 것이다. 이러한 보상들이 더 이상 행동에 수반되지 않는다면 공격성은 줄어들어야 한다. 따라서 BCS의구성 타당도는 관찰된 공격성의 발생을 줄이는 방식으로 가족 내의 사회적 수반성을 재배열하는 임상치료를 한 후 아동의 공격적인 행동이 기저선 점수보다 감소했다는 것을 보임으로써 확인할 수 있다.

평정 기법. 분석의 단위를 명시하는 것은 중요하다(Tryon,1998). 분석의 단위는 관찰이 이루어지는 시간의 길이, 고려해야 할 반응의 수와 시간이다. 예를 들면, 매 4분마다 1분간 모든 신체적 움직임이나 동작이 기록되는 것으로 결정할 수 있다. 전체 관찰 시간은 유치원 아동들의 20분짜리 쉬는 시간일 수도 있다. 이는 매 4분마다 아동이 1분간 관찰될 것이며, 모든 신체적 움직임이 기록된다는 의미이다. 이 움직임들은 연구되는 변인(예: 공격성, 문제해결, 혹은 의존)으로 부호화되거나 평정된다.

분석의 단위를 고르고나면 평정할 형식 또한 결정해야 한다. 어떤 사람은 행동을 강도의 차원으로 기록하기로 결정할 수 있다—공격적인 행동이 얼마나 강한가? 어떤 사람은 지속기간 기록을 포함 시킬 수 있다—그 행동이 얼마나 지속되었는가? 혹은 어떤 사람은 단순히 빈도 계산을 사용할 수 있다—연구 중인 행동이 지정된 기간에 몇 번이나 나타났는가?

또한 점수를 매기는 절차가 개발되어야 한다. 이러한 절차에는 필기판의 종이에 체크표시를 하는 것부터 계산기, 초시계, 시간기록계, 그리고 노트북의 사용까지 있을 수 있다. 물론 모든 평정자들은 같은 절차를 수행한다.

관찰자 오류. 누구도 완벽하지는 않다. 관찰자 보고의 정확성을 확실히 하기 위해서는 관찰자들도 감찰되어야 한다. 때때로 그들은 단순히 어떤 것을 빠뜨리거나 전혀 실제로 일어나지 않은 일을 관찰했다고 믿기도 하고, 한 아동의 고함을 실수로 다른 아동이 한 것으로 생각할 수 있다. 혹은 실제로는 우정을 표현하는 것이었는데도 그 고함을 언어적 공격성으로 부호화할 수 있다. 다른 경우에 이는 편견만큼 큰 오류는 아니다. 어떤 이유로 관찰자는 관찰하는 가족구성원 중 한 사람을 싫어할 수도 있다. 그렇다면 이 관찰자는 어떤 기회가 생겼을 때 그 사람에 대해서 좋게 평정하지는 않을 가능성이 있다. 가끔 어떤 사람이 관찰 순서 전에 관찰자가 반응하게 되는 어떤 행동—문제를 빨리 풀거나 지적인 말을 한마디 하거나—을 하게 된다. 이는 일종의 후광효과로 나중에 관찰자가 그 사람에게 호의적인 평정을 할 확률이 높아지게 된다. 잠재적 편견이나 오류의 속성이 어떤 것이든지 간에 관찰자들이 이러한 문제의 원인들을 저지하는 데 도움이 되기 위해서는 주기적인 검토 회기를 가지면서 사전에 신중한 훈련 회기를 가질 수 있도록 해야 한다.

반응특성. 관찰의 타당도에 영향을 주는 또 다른 요인은 반응성이다. 환자들이나 연구 참여자들은 때때로 그들이 관찰되고 있다는 사실에 대해 원래 행동하던 방식을 바꾸는 반응을 한다. 수다스러운 사람이 갑자기 조용해지고 불평하는 배우자가 갑자기 자기 희생의 축소판이 된다. 때때로 어떤 사람은 "얘가 우리하고 있을 때는 절대 그러지 않아요." 라고 하면서 그 말 때문에 사과할 필요를 느끼기까지 한다. 어떤 사례에서든 반응성은 관찰의 타당도를 심하게 방해할 수 있다. 왜냐하면 이는 관찰되는 행동이 보통 나타나는 것을 대표할 수 없게하기 때문이다. 반응성의 진짜 위험은 관찰자가 그것의 존재를 알아차리지 못할 수 있다는 점이다. 만약 관찰된 행동이 실제 표본이 아니라면 이는 이 행동 예시로부터 일반화할 수 있는 범위에 영향을 미친다. 이번에는 관찰자들이 그들이 관찰해야 하는 바로 그 행동을 무의식적으로 방해하거나 영향을 줄 수 있다. 한 예로 성적 역기능의 사례에서 Conte(1986)는 행동평정은 너무 간섭적이기 때문에 임상가들은 자기보고 방법에 주로 의존해야 한다고 언급하였다. 그렇지만 자기감찰도 반응성에 영향을 받을 수 있다 (Korotitsch & Nelson-Gray, 1999).

생태학적 타당도. 심리학의 가장 큰 문제 중 하나는(그리고 한 번도 완전히 해소된 적 없는) Brunswik(1947)가 몇 년 전에 언급한 생태학적 타당도이다. 여기서의 기초 질문은 정말로 행동의 대표적인 표본들을 획득하는지 여부이다. 오늘 내담자의 행동이 전형적인가, 아니면 특징이 없는 어떤 자극의 산물인가? 이러한 질문은 단순한 반응성을 넘어선다. 이는 관찰자들이 그들의 관찰이 진실로 대표성을 가지는지에 대해 확신을 할 수 있을 만큼 많은 표본을 가지고 있는지에 대해 문제를 제기한다. 어떤 행동의 일부분이 주어진 내담자의 전형적인 행동일지에 대해서도 의문을 제기한다. 그렇다면 4, 10, 20개의 표본이 적당한 숫자인가? 모든 영역의 심리학은 이 문제를 해결하려고 오랫동안 노력해왔다. 이타주의에 대한 한 실험이 심리학자들에게 이를 일반화할 수 있도록 해 주는 모든 가능한 상황의 충분한 좋은 표본인가? 3개의 TAT 카드에 대한 반응이 내담자의 '욕구 구조'에 대한 일반적인 설명에 충분한가? 곧 수술을 할 입원한 환자들에 대한 관찰이 이 환자들이 다른 스트레스 상황에서 어떻게 반응할 것인지를 제안하기에 충분히 일반적인가?

관찰의 신뢰도와 타당도를 높이기 위한 제언

다음의 제언들은 관찰 절차의 신뢰도와 타당도를 증진하기 위한 방법으로 제시되었다. 면접을 위한 제언과 비슷하게(제7장 참조), 이 제언들 역시 종종 임상적 상황에서 완전히 이행되지는 못한다. 그럼에도 불구하고 이러한 점에 대해 인식하게 되면 관찰의 타당도를 향상시킬 수 있는 방향으로 임상가의 주의를 집중할 수 있다.

1. 관련있고 포괄적인 표적 행동을 정하라. 객관적으로 정의할 수 있는 직접적이고도 관찰 가능한 행동을 정하라.
2. 행동을 구체화할 때 가능한 많이 관심 행동을 정의하는 데 도움을 줄 외현적인 이론적 틀에서 도움을 얻어라.
3. 신뢰도가 확실하고, 사용하기에 객관적이고 표준화된 관찰 형식에 익숙한 숙련된 관찰자들을 고용하라.
4. 분석의 단위, 관찰자의 평정이 쓰일 형식, 정확한 관찰 절차, 채점 체계, 그리고 관찰 일정이 포함된 관찰 형식이 엄격하게 정해져 있는지 확인하라.
5. 편견과 집중에서의 변화와 같은 관찰에서의 잠재적 오류의 원인들에 주의하라.
6. 관찰 대상의 반응성 가능성과 관찰됨을 의식하는 것에 대한 일반적인 영향을 고려하라.
7. 관찰이 실제로 얼마나 대표성을 가지는지와 다른 상황에서의 행동에도 얼마나 일반화를 시킬 수 있는지의 문제를 주의 깊게 숙고하라.

자료 습득에서의 현대적 추세

Haynes(1998)는 최근 관찰을 포함한 행동평가 방법의 형세를 바꾸어 온 기술적 진보에 대해서 여러 측면을 약술했다. 첫째, 노트북과 PDA가 사용 가능해지면서 평가자들에 의한 관찰 자료의 부호화를 촉진시켰다. 둘째, PDA를 내담자들에게 나누어 주어서 실시간 자기감찰 자료를 제공할 수 있다. PDA의 사용의 한 가지 장점은 낮이나 밤이나 정해진 시간에 질문에 응답할 수 있게 자극하도록 프로그램화할 수 있다는 것이다. 노트북이나 PDA의 자료들은 더 좋은 처리능력과 큰 용량을 가지고 있어서 관찰치를 모으고, 점수내며, 분석할 수 있다. 마지막으로, 다양한 기술을 사용해 실제 상황에서 데이터를 모으는 것이 가능하다. 예를 들면, 바이오센서(Haynes & Yoshioka, 2007), 음성녹음(Mehl, Pennebaker, Crow, Dabbs, & Price, 2001), GPS 기계(INTILLE, 2007) 등 행동평가자들이 미래의 기술적 진보를 계속적으로 이용할 것은 자명하다.

예를 들어, **생태학적 순간 평가**(*Ecological momentary assessment*: EMA; Stone & Shiffman, 1994)는 과거 10년간 진가를 인정받은 주요한 새로운 연구 도구이다. EMA 연구에서는 피험자들이 자신의 자연적 환경에서 하루 종일 **전자일기**(*electronic diaries*: EDs)를 가지고 다닌다. ED는 주로 PDA를 통해 수행되는데, ED는 매일 무선적이나 유사–무선적으로 피험자들을 자극하거나 신호를 보내도록 프로그램화되어 있다. 이 자극들은 피험자들에게 ED에 프로그램된 자기 보고 종합평가를 작성하도록 신호를 보낸다. 보통 평가 문항들은 순간적 상태나 행동에 대해서 질문한다(예: "지금 당신의 기분은 어떻습니까?"). 그래서 ED들은 경험 표집도구로서 사용된다. EMA는 조사자들이 역동적이고 임상적으로 중요한 심리과정을 특징짓는 데 관심이 있을 때 전통적 연구 설계에 비해 많은 개념적 장점을 가지고 있다. 또한 실험실 연구와 비교했을 때, EMA는 **생태학적**일

수 있다는 장점이 있다. 피험자들의 생활을 대표하지만 실험실에서는 재창조되지 못하는 많은 환경적 대인적 요인들에 영향을 받는 그들의 '자연적인 거주 환경'에서 기분과 같은 과정을 연구할 수 있다. 물론 EMA 연구는 관심 있는 과정(예: 기분)만을 표집하는 것이 아니라 관심이 있는 과정의 변화를 설명하는 데 중요하며, 시간에 따라 변하는 환경의 성격(예: 장소, 시간, 대인 갈등의 존재) 또한 표집하게 된다. 그래서 EMA 연구들은 예외적으로 풍부한 설명적인 자료들을 가져다 준다.

컴퓨터화는 전통적 현장 기술에 비해 EMA가 가지는 또 다른 장점이다. 연구자들은 종종 종이 일기를 사용해서 현장 자료를 수집하고, 피험자들에게 연구센터에 방문하는 날 사이에 하나 혹은 그 이상의 일지를 작성하도록 요청한다. 이러한 접근의 주요한 한계점은 평가가 연구설계에서 명시된 시간에 작성된 평정인지 연구자들이 확신할 수 없다는 점이다. 피험자가 그것을 정해진 시간에 평정을 하지 못했을 때 인정하고 싶지 않아 자신들의 일기를 연구센터에 보고하기 전에 한꺼번에 '메우기' 할 수도 있다. 이는 나타나는 정도에 따라 연구의 타당도에 심각한 위협을 줄 수 있다. 이러한 메우기는 회고의 편향성질(예: 망각, 자기 제시 편향)에 영향을 받도록 하면서 순간적 보고를 교묘하게 회고적 보고로 바꾸어 놓는다. 불행하게도 메우기는 원래 속일 수 있는 것이어서, 연구자가 자료에 메우기가 얼마나 있는지 혹은 피험자에 따라서 어떻게 다른지 알 수가 없다. 하지만 ED는 컴퓨터화되어 있기 때문에 EMA 연구들에서는 메우기 문제를 피할 수 있다. 피험자들은 기계에 의해서 방출된 자극에 반응하여 평정을 작성하고 컴퓨터에 의해서 일지에 시간이 찍힌다. 만약 응하지 않는다면, 신속하게 기입의 부재로 기록이 된다. 만약 피험자들이 메우려고 노력한다면, 그에 대한 시간이 찍힐 것이고 의문이 가는 자료로 쉽게 확인될 수 있다.

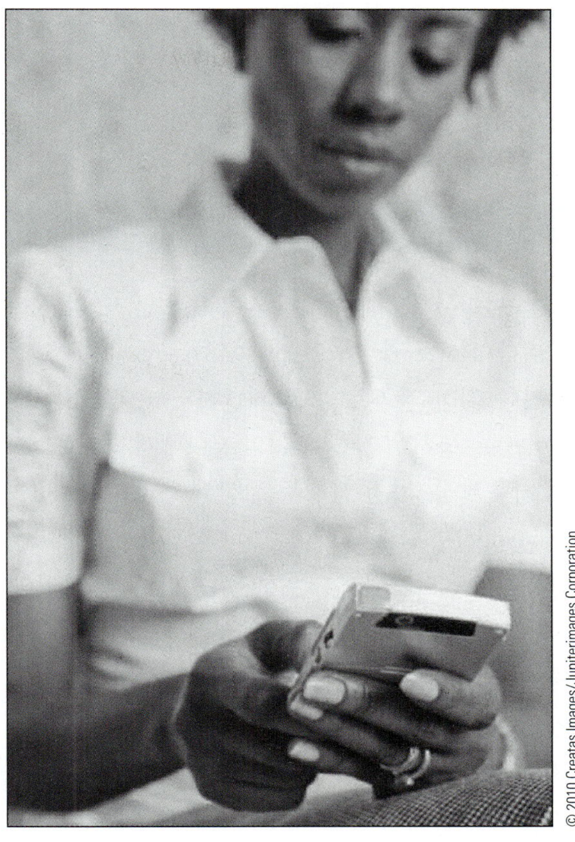

스마트 폰 등으로 사고, 정서 및 행동을 실시간으로 입력하고 모니터 할 수도 있다.

매일의 통증 경험에 대한 한 최근의 연구(Stone, Shiffman, Schwartz, Broderick, &Hufford, 2002)는 전통적인 종이 일지에 대해 상대적으로 컴퓨터화된 평가들의 장점들을 입증하는 극적인 증거를 제공한다. 저자들은 종이 일지 기록을 일지의 접하는 부분의 표지에 광전지를 삽입함으로써 언제 열렸는지 기록할 수 있도록 하여 시간을 기록하였다. 결과는 예정된 종이 일지 기록의 단 11%만이 적절한 시간에 작성된 것으로 나타났다. 그렇지만 피험자들은 정해진 기록 시간의 95%에 응했다고 보고하였다(즉, 그들은 평가를 '저장'하였고 지시에 따랐다는 인상을 주기 위해 이전의 날짜로 기록한 것이다). 반면에 ED를 휴대용 컴퓨터로 수행한 비교집단의 피험자들은 94%가 예정된 자극 시간에 예정된 평가를 하였다. 이러한 결과로 볼 때 실시간 컴퓨터화 감찰의 유익함은 명백히 드러난다.

역할-놀이

역할-놀이는 행동평가에서 사용되어 온 또 다른 기법이다. Rotter와 Wickens(1948)는 몇 해 전 행동평가를 위한 절차로 이를 제안하였다. Goldfried (1976)는 특히 주장성 훈련의 분야에서 역할-놀이가 사용된 몇 가지 사례들을 실었다. Goldfried와 Davison(1994)도 역할-놀이나 **행동시연**을 새로운 반응패턴으로 훈련하기 위한 수단으로 논의하였다. 비록 역할-놀이는 오래된 임상적 기술이지만, 행동평가자들은 평가의 수단으로서 역할-놀이가 가지고 있는 고유의 방법론적 문제들(역할 선택에 포함되는 요구특징, 절차의 표준화, 평정자 후광효과, 그리고 표집의 문제)에 대한 구조적 연구를 수행했다.

역할-놀이는 사회기술과 주장성의 평가에 널리 사용된다. 예를 들어, Twentyman과 McFall(1975)은 수줍은 남성들의 사회 기술에 대한 연구에서 개인이 역할을 하도록 요구되는 6가지의 사회적 행동 상황을 개발하였다. 피험자들은 그들에게 묘사된 상황에서 그들이 실제로 있는 것처럼 소리 내 응답하도록 지시되었다. 예를 들면 다음과 같다.

> 지금은 직장에서의 휴식 시간이다. 당신은 매점에서 당신 나이 또래의 여자를 본다. 그녀는 그 상점의 다른 부서에서 일을 하고 있어서 잘 알지는 못한다. 당신은 그녀에게 말을 걸고 싶다. 뭐라고 말할 것인가? (p. 386)

일단 피험자가 말하기를 시작하면, 훈련된 여성 도우미가 그의 노력에 응답한다. 이 대화는 피험자가 대화를 끝내거나 3분이 지날 때까지 지속된다.

McFall과 Lillesand(1971)도 주장성을 평가할 때 역할-놀이를 사용하였다. 각 사람들은 9개의 녹음된 자극에 소리내어 응답하도록 요구되었다. 예를 들면 다음과 같다.

> 해설자: 당신이 잘 모르는 어떤 사람이 주말에 집에 가려고 합니다. 그 사람은 도서관에 반납해야 하는 몇 권의 책이 있고 당신에게 기한이 연기되지 않도록 그것들을 반납해 달라고 부탁합니다. 당신이 사는 곳으로부터 도서관까지는 걸어서 25분 거리이며, 책들은 무겁고, 그 주말에 도서관에 갈 계획이 없었습니다. 뭐라고 말씀하시겠습니까? (p. 315)

확실히 역할-놀이 기술들은 새로운 것이 아니다. 이들은 수년간 치료적 도구로 사용되어 왔다(예: Kelly, 1955; Moreno, 1946). 행동 지향적인 임상가는 역할-놀이 기술들에 관심이 있을 것이다. 왜냐하면 이들은 내담자의 행동적 기술과 약점들을 표집하는 간단하고 효율적인 수단을 제공하기 때문이다. 그렇지만 우리는 치료실에서 개발된 행동 기술들이 실제 세상에서 지속적으로 수행된다고 가정할 수는 없다.

척도와 체크리스트

행동주의 임상가들은 행동, 정서적 반응, 그리고 환경에 대한 지각을 확인하기 위해 다양한 자기 보고 기술들을 사용해 왔다. 이 중 두려움 조사 계획표(Geer, 1965; Lang & Lazovik, 1963)와 Fear Questionnaire (Marks & Matthews, 1979)는 불안장애와 연관된 행동들을 평가하는 데 널리 활용되고 있다.

이는 51개의 잠정적인 두려움-각성 상황들로 이루어져 있고, 각 상황이 일어났을 때의 환자의 두려움 정도를 평정하도록 요구한다. Fear Questionnaire는 15개 문항으로 구성되며, 두려워서 회피하는 상황을 평가한다. 행동 척도들 또한 사용되는데,

신체활동(Physical Activity Scale for the Elderly; Washburn, Smith, Jette, & Janney, 1993), 폭식(Binge Eating Scale; Gormally, Black, Daston, & Rardin, 1982), 알코올 사용(Alcohol Use Disorders Inventory Test; World Health Organization)이 그 예이다. 자주 사용되는 다른 자기 보고식 검사에는 Rathus의 주장성 계획표(Rathus, 1973), Beck의 우울증 척도-II (Beck, 1972), 청소년 자기 보고 척도(Achenbach, 1991), 그리고 결혼 갈등 척도(Weiss & Margolin, 1977)가 있다.

이 간략하고 부분적인 검사의 목록에서 특별히 빠진 것들은 정신과적 진단 지향적인 도구들이다. 역사적으로 행동평가자 쪽에서는 정신과적 분류에서 취할 점을 거의 찾지 못하여서 이를 의식적으로 생략해 왔다(Follette & Hayes, 1992). 그들의 검사는 특정한 행동결핍, 행동 부적절성, 그리고 행동적 자질의 평가를 더 지향하고 있다(Sundberg, 1977). 간략히 말하자면, 행동검사의 초점은 '행동'이다. 내담자들은 그 행동이 실제 무슨 의미인지에 대해 추론할 필요가 거의 없는 특정한 활동, 감정, 사고에 대해 질문받는다.

검사들은 또한 사회적 환경에 대한 개인의 지각을 평가하기 위해 개발되었다(Insel & Moos, 1974). Moos와 그의 동료들이 개발한 척도들은 관계, 개인적 성장, 그리고 구조의 유지와 변화를 위해 제공하는 기회로 환경을 측정하려고 시도한 것이었다. 일, 가족, 교실, 병동 등을 포함하는 다양한 환경을 위한 별개의 척도들이 있다.

인지행동 평가

마지막장에서 살펴보겠지만, 행동적 접근은 점점 인지지향적이 되고 있다(Goldfried & Davison, 1994; Meichenbaum, 1977). 행동에 동반되는 인지는 병리적 상황의 발생과 유지 및 변화와 관련 있다는 점에서 집중적인 연구의 주제가 되고 있다. 이러한 유형의 **인지행동 평가**의 중심에는(자기 이미지부터 자기 진술까지의) 내담자의 인지와 사고가 행동에 중요한 역할을 한다는 개념이 있다(Brewin, 1988). Meichenbaum(1977)은 인지기능적 접근을 옹호한다. 요약하면, 개입 전략을 계획하려면 내담자의 사고과정에 대한 기능 분석이 되어야 한다는 의미이다. 어떤 인지(혹은 인지의 부족)가 적절한 수행을 방해하고, 어떤 상황에서 그러한지를 결정하기 위해서는 인지 전략에 대한 주의 깊은 검사가 이루어져야 한다.

Parks와 Hollon(1988)이 언급했듯이, 인지 기능을 평가할 수 있는 방법이나 절차에는 여러 가지가 있다. 예를 들면, 내담자들은 '소리내어 생각하기'를 하도록 지시받을 수 있거나 즉석의 생각들을 언어화할 수 있다. 여러 가지 유형의 녹음된 대화에 대한 반응으로 그들의 생각이나 감정을 보고할 수도 있다(예: 다른 사람에게 평가를 받는 스트레스 상황). 과거에 일어났을 수도 있는 적응적 인지나 부적응적 인지를 가려내기 위한 문항들이 있는 평정 척도를 실시할 수도 있다. 그리고 제시되는 특정 자극(예: 주제나 문제들)에 대한 반응으로 생겨나는 생각들을 적을 수 있다.

좋은 예로, 주장성 행동의 과제분석이 이루어진 연구가 있다(Schwartz & Gottman, 1976). 여기서는 주장성 자기 진술 검사(Assertiveness Self-Statement Test: ASST)를 사용하여 주장 상황과 관계있는 인지적 자기 진술을 평가하였다. 이는 34개 문항의 질문지로, 요구를 거절하기 쉽게 하는 17개의 긍정적 자기 진술과 어렵게 하는 17개의 부정적 자기 진술이 있다. 예를 들면 다음과 같다.

> 긍정적: 나는 아니라고 말할 자유가 완전히 있다고 생각했다. 나는 이 요청이 터무니없는 것이라고 생각하고 있었다.

> **부정적**: 나는 만약 내가 거절한다면 다른 사람들이 나에 대해 어떻게 생각할지 걱정하였다. 나는 만약 내가 거절한다면 다른 사람이 상처받거나 모욕 받은 느낌을 받을지 모른다고 생각하였다(Schwartz & Gottman, 1976, p. 913).

이러한 평가를 통해서 주장성이 부족한 것 등의 문제의 지속에 자기 진술이 정확히 어떤 역할을 하는지가 분명해졌다.

비슷한 절차가 과식, 우울증, 수줍음 등의 문제에 적용될 수 있다. 예를 들면, Chambless, Caputo, Bright와 Gallagher(1984)는 광장공포증이 있는 사람의 공포를 평가하기 위해서 불안을 경험할 때 일어나는 부정적인 결과에 대한 사고를 포함하는 척도를 개발했다. 인지적 평가의 또 다른 사례는 Seligman 등(1988)의 연구가 있다. 그들은 **귀인 양식 질문지**를 사용하여 우울증 환자들이 인지치료의 한 과정을 마친 후 사건에 대해 더 건강한 해석을 한다는 것을 발견했다.

보다 최근에 Turner, Beidel, Heiser, Johnson과 Lydiard(2003)는 사회공포증과 관련한 인지를 평가하는 자기 보고 측정치인 **사회적 사고와 신념 척도**(*Social Thoughts and Beliefs Scale*: STABS)를 개발하였다. 사회공포증은 일반인들 사이에서도 널리 퍼져있으며, 매년 미국 인구의 거의 8%를 고통스럽게 하고 있다(Kessler et al., 1994). STABS는 사회공포증이 나타나는 특징적인 사회적 상황에서 응답자들의 사고를 평가하는 항목을 포함하고 있다. 여기에는 사회적 서투름에 관련한 인지(예: 자신이 사회적 상황에서 서투르며 타인에게 사회적으로 불안하게 보일 것이라는 신념)뿐 아니라 사회적 비교와 관련한 인지(예: 다른 사람들이 더 사회적으로 유능하고 능력있다는 신념)들을 포함한다. STABS 점수는 다른 불안장애 진단을 진단받은 사람들로부터 사회공포증 환자들을 구분해 낼 수 있는 것으로 나타났다(Turner et al., 2003).

동시에 다중 인지구조를 측정하는 방법들 또한 존재한다(Linscott & DiGiuseppe, 1998). 예를 들면, Davison, Robins와 Johnson(1983)은 피험자들이 다양한 문제 상황을 제시하는 테이프를 듣게 하는 방법을 사용하였다. 매 10초 혹은 15초마다 그 시점에 그들이 어떤 생각을 가지고 있는지 보고할 수 있도록 빈 구간이 있었다. 여러 연구 결과들은 이 방법이 사람들이 어렵고 재미없는 상황 모두에 대해 어떻게 생각하는지 밝히고(Davison & Neale, 1998), 우울증, 불안, 가족 갈등, 공격성을 포함하는 다양한 상태와 관련된 인지를 밝혀낸다고 하였다(Linscott & DiGiuseppe, 1998).

행동평가의 강점과 약점

행동평가의 현장에서 더 체계적이고 정확한 평가 방법을 사용하는 것은 좋은 일이다. 행동평가자들은 개입목표가 되는 행동을 구체화함으로써 임상적 문제를 조작할 수 있게 만든다. 게다가 치료가 수행되기 전, 치료 중간, 그리고 추수기간에 이러한 행동에 대해 다중적 평가가 이루어진다. 마지막으로 평가 결과들은 치료를 수정하거나 정보를 제공하는 데 사용된다. 이는 평가가 종종 치료 전이나 시작단계에서 단 한번만 행해지는 데다가 평가 결과가 치료에 어떻게 영향을 미치는지가 명확하지 않은 '전통적' 평가와 대조된다.

그렇지만 행동평가 방법의 정확성과 포괄성은 강점과 약점을 동시에 가지고 있는 것으로 보인다. 이 기술들의 많은 부분은 임상 상황에서 비실용적인 것으로 밝혀졌다. 자연 관찰방법 중 일부는 심리생리학적 평가와 마찬가지로 꽤 시간-집중적이며 비용이 많이 든다. 그래서 행동 임상가들은 덜 시간-집중적인 방법과 측정을 그들의 평가에 짜 넣기 시작했다. 예를 들면, 요즘은 자기 보고식 검사를 종합행동평가의 일부로 시행하는 일이 꽤 흔하다. 그렇다고 하더라도 이 검사들은 전통적인 자기 보고식 검사들에서보다 더 인지적이며 행동적인 속성의 항목들을 포함한다. 그렇지만 이러한 모든 측정들은 환자의 자기 보고가 그의 행동적이거나 인지적인 과정의 정확한 표상을 전달한다고 가정하고 있다. 초기 행동주의자들은 이러한 유형의 자기 보고식 검사들을 거의 신뢰하지 않았다.

이 분야의 또 다른 흥미로운 발달은 정신장애의 진단 및 통계 편람(DSM) 진단분류 체계가 받아들여지고 있는 것처럼 보이는 것이다. 일반적으로 행동평가자들은 그러한 진단적 공식화가 전반적 평가의 한 요소로써는 유용할 것이라고 시인한다. 진단은 더 전통적인 행동적 방법으로부터 끌어낸 자료로 보강되어야 한다. 그렇지만 행동주의 임상가들이 정신장애 진단 정보를 무시했을 뿐 아니라 이 정보의 근원의 합리성과 유용성에 대해 공격을 가했던 것은 그리 오래되지 않았다. 물론 아직 몇몇의 급진적 행동주의자들은 정신장애 진단에 대한 이러한 다소 시대착오적인 시각을 유지하고 있지만 그들은 소수이다.

왜 대부분의 행동주의자들의 마음이 바뀌었을까? 그럴듯한 여러 가지 설명이 있지만, 몇 가지 가능성이 두드러진다. 첫째, 다양한 정신장애의 준거가 더욱 객관적이고 행동적이 되었다. 둘째, 행동 임상가들이 진단적 명칭을 사용하는 것에 대해 어느 정도의 유용성을 발견하였다. 이런 진단들은 개입의 목표가 될 수 있는 부적응적인 행동의 집합체를 설명해주며, 치료의 결과로 바뀔 수 있는(목표 행동이 아닌) 다른 증상들을 예상할 수 있게 도와 준다. 이런 예측은 장애의 증상들 간에 확립되어 있는 공변 패턴에 근거하고 있다. 예를 들면, 우울증 환자가 관여하는 사회적 상호작용의 양을 늘리는 것은 우울한 기분을 덜 보고하는 결과를 가져올 수 있다. 비록 문제행동들 간의 공변에 대한 더 많은 연구가 필요하지만(Kazdin, 1985), 정신장애에 대한 준거세트(증상 목록)는 적어도 치료의 결과로 어떤 행동이 변하거나 변하지 않을지에 대한 기초 가설을 제공한다.

마지막으로 인지적 현상과 과정이 이제 행동평가와 행동적 개입에 있어서 더 적당한 주제로 고려되고 있다는 것을 주목할 만하다. 행동평가에서는 행동, 선행/자극조건, 그리고 표집된 결과뿐 아니라 '유기체' 변인들도 있다(Goldfried & Davison, 1994).

이러한 유기체 변인들은 다양한 생리학적 요인들을 포함할 수도 있지만, 측정된 인지적 변인들도 포함한다. 특히 내담자의 기대가 중요한 것으로 여겨진다. 내담자의 주 호소문제의 본질과 의미에 대한 기대, 내담자가 정하는 성공의 최소한의 기준, 그리고 행동치료에 대한 내담자의 기대는 현대 행동평가에서 평가하는 인지 변인 중 몇 가지 예이다. 행동치료자들은 유기체 변인들을 통합하지 않는 학습모형을 과도하게 융통성 없이 고수하는 것이 너무 억지라는 점을 알게 된 것 같다.

그렇지만 어떤 종류의 생리학적 혹은 인지적 측정에도 문이 활짝 열려 있는 것은 아니다. 오히려 이러한 측정이나 방법들은 더 전통적인 행동적 방법을 위해 설정된 똑같은 엄격한 기준을 만족시켜야 한다. 타당도는 가정되는 것이 아니라, 증명되어야 한다. 예를 들어, 공황장애에 관련되었다고 일컬어지는 인지적 측정치(예: '통제불능'이라는 신념)는 공황장애 증상의 다른 행동적 측정과 상관이 있어야 하며, 이러한 신념의 변화는 다른 공황장애 증상에서 어느 정도 개선을 가져와야 하며 향후 더 좋은 결과로 이끌어야 한다. 이 과정과 다른 과정들을 통해서 치료 효과성뿐 아니라 측정치의 공시 타당도와 예언 타당도가 확립될 것이다(Hayes, Nelson, & Jarrett, 1987; Kazdin, 1985).

요약

행동평가는 몇 가지 기본적인 측면에서 전통적 평가와 다르다. 행동평가는 문제행동의 직접적 평가(자연 관찰), 선행(상황적) 조건, 그리고 결과(강화물)를 강조한다. 이러한 기능 분석을 수행함으로써 임상가들은 행동의 맥락과 원인을 더 정확하게 이해할 수 있다. 또한 행동평가는 진행과정이며, 치료 중의 모든 시점에서 일어난다는 것도 중요하다.

우리는 좀 더 일반적인 행동평가 방법의 몇 가지를 개관하였다. 행동적 면접은 현재의 문제에 대한 일반적인 그림과 문제행동을 유지하는 것으로 보이는 변인들을 얻는 데 사용된다. 관찰법은 임상가에게 문제행동에 대한(자기 보고적인 것이 아닌) 실제 표본을 제공한다. 관찰은 자연적인 조건(행동이 전형적이고 자연스럽게 나타나는)이나 더 통제된 조건(모의실험이나 인위적인 상황 혹은 조건)하에서 이루어질 수 있다. 행동평가자들은 또한 내담자들로 하여금 자신의 행동, 사고, 정서를 자기감찰('자기 관찰')하도록 할 수 있다. 관찰될 행동의 복잡성, 어떻게 관찰자들이 훈련되고 감찰되는지, 선택된 분석의 단위, 사용된 행동 부호화 체계, 관찰된다는 것에 대한 반응특성, 관찰의 대표성을 포함하는 여러 가지 요인들은 관찰의 신뢰도와 타당도 모두에 영향을 줄 수 있다.

마지막으로 우리는 행동에 기반한 검사나 체크리스트, 좀 더 인지적으로 초점화된 평가들, 역할-놀이, 행동시연의 사용에 대해 논하였다. 행동평가를 더 정확하고 타당하며 효율적으로 하기 위해 미래 행동평가는 더 인지적이고 정신생리학적 평가 방법을 포함하며 기술적 진보의 장점을 받아들일 것으로 보인다.

주요 용어

가정 관찰 적절한 관찰 평정 체계를 사용하는 훈련된 관찰자들이 환자의 집에서 관찰을 수행하는 것이다.

결과 사건 관심의 대상이 되는 행동의 결과로 나타나는 결과나 사건을 말한다.

관찰 행동평가의 주요한 기술이다. 관찰은 종종 문제행동을 유지시키는 요인들일 뿐만 아니라 문제 행동의 빈도, 강도, 확산 정도를 더 잘 이해하기 위해 사용된다.

관찰자 표류 가까이서 일하는 관찰자들끼리 미묘하게 깨닫지 못한 채, 다른 관찰자들로부터 평정에서 표류하는 현상이다.

기능 분석 행동평가의 주된 특징이다. 기능 분석에서는 행동에 선행하는 자극과 행동에 따르는 결과로 행동의 원인에 대한 정확한 이해를 하기 위한 주의 깊은 분석을 한다.

반응특성 관찰되어질 때 피험자들이 관찰되고 있다는 사실에 반응해서 자신의 행동을 바꾸는 현상이다.

병원 관찰 정신과 병원이나 기관에서 수행되는 관찰 혹은 이러한 목적으로 고안된 관찰도구를 사용한다.

분석 단위 관찰의 맥락에서 관찰을 할 시간의 길이와 평정될 응답의 유형과 숫자를 말한다.

상황적 검사 임상가가 개인을 실제 생활과 다소 비슷한 상황에 있게 하고 그들의 반응을 직접적으로 관찰하는 하나의 통제된 관찰 기법이다.

생태학적 순간 평가 행동평가의 새로운 방법으로 피험자들이 자신의 생각, 감정, 혹은 행동들이 자연적 환경에서 나타날 때 기록하는 것이다. 보통 전자일기를 사용해서 수행한다.

생태학적 타당도 행동평가의 맥락에서 분석되거나 관찰된 행동이 한 개인의 전형적 행동을 대표하는 정도이다.

선행 조건 자극조건 혹은 관심의 대상이 되는 행동을 이끄는 조건들이다.

역기능적 사고 기록지 내담자에 의해 작성되며, 내담자와 치료자에게 내담자의 불안이나 우울증에 관련된 자동적 사고의 기록을 제공한다.

역할-놀이 환자들에게 만약 그 상황에 있다면 전형적으로 하는 방식으로 반응하도록 하는 기술이다. 상황은 설명될 수도 있으며, 혹은 도우미가 실제로 다른 사람의 역할을 연기할 수 있다.

유기체 변인 내담자의 문제에 대한 개념화와 효과적인 치료의 형성에 중요한 내담자의 신체적, 생리학적, 혹은 인지적 특징이다.

인지-기능적 접근 내담자의 사고과정에 대한 기능분석을 요하는 평가 접근이다. 이 접근에서는 임상가가 한 사람의 인지와 어떻게 그 인지가 수행을 돕거나 방해하는지, 어떤 상황에서 나타나는지에 대해 주의 깊은 분석을 한다.

인지행동적 평가 행동에서 중요한 역할을 하는 사고나 인지를 인정하는 평가적 접근이다.

자기감찰 자신 스스로의 행동, 생각, 혹은 정서(타이밍, 빈도, 강도, 지속 시간에 대한 정보 포함)를 관찰하고 기록하는 관찰 기법이다.

전자 일기 행동평가에서 사용되는 기술로 피험자의 자연적 환경에서 개인이 정해진 순간에 평가를 하게 자극하도록 프로그램화되어 있는 PDA를 들고 다니면서 하는 것이다.

정신생리 측정 중추신경계, 자율신경계, 혹은 골격운동 활동을 측정하는 데 사용된다. 정신생리학적 측정의 장점은 자기 보고나 행동적 측정으로는 직접적으로 평가되지 않는 과정(예: 정서적 반응성)을 평가할 수 있다는 것과 대안적인 측정들보다 이러한 과정을 측정하는 데 더 민감한 측정 경향성이 있기 때문이다. 이러한 측정의 예로는 사건 관련 전압(ERPs), 근전도 기록(EMG), 뇌파(EEG), 피부 전도 활동(EDA) 등이 있다.

징후 전통적 평가는 검사할 때 '징후' 접근을 사용한다. 이의 목표는 내재한 특성의 표식을 확인하는 것이다.

통제된 관찰 관찰되는 사건에 대해 임상가가 어느 정도의 의도적인 통제를 행하는 관찰 방법으로 유사 행동 관찰이라고도 한다. 통제된 관찰은 행동이 그 자체로는 자주 일어나지 않거나 보통의 사건들이 관찰자의 범위 밖으로 환자를 끌어낼 것 같을 때 선호한다.

통제된 수행 기술 임상가가 개인을 조심스럽게 통제된 수행 상황에 배치시키고, 그들의 수행-행동, 정서적 반응(주관적으로 평정됨), 그리고(혹은) 다양한 정신생리학적 지표에 대한 자료를 모으는 평가 절차이다.

표본 행동평가는 검사의 '표본' 지향을 사용한다. 즉, 목표는 관심의 대상이 되는 상황과 행동의 대표성을 가진 예를 수집하는 것이다.

학교 관찰 학교 장면에서 수행되는 행동 관찰이다. 가정 관찰처럼 훈련받은 관찰자들은 적절한 관찰 체계를 사용해서 환자를 평정한다.

행동 면접 문제행동, 행동을 유지시키는 상황적 요인, 행동으로부터 나타난 결과를 확인하기 위해 시행되는 면접이다.

행동시연 역할-놀이로 행동시연이라는 단어는 환자가 새로운 반응 패턴을 개발하려고 하는 경우에 주로 사용된다.

행동평가 행동변화에 영향을 줄 목적으로 상황과 행동 간의 상호작용에 초점을 맞춘 평가 접근법이다.

SORC 모델 행동적 관점에서 임상적 문제들을 개념화하는 모델이다. 이 모델에서 S = 문제행동을 가져오는 자극(Stimulus) 혹은 선행조건, O = 문제행동과 관련 있는 유기체적 변인(Organismic variable)들, R = 반응(Response) 혹은 문제행동, C = 문제행동의 결과(Consequence)이다.

Chapter 11

임상적 판단

Clinical Judgment

핵심질문

1. 임상적 접근으로 예측하는 것의 장단점은 무엇인가?
2. 통계적 접근으로 예측하는 것의 장단점은 무엇인가?
3. 어떻게 하면 임상적 판단을 향상시킬 수 있는가?
4. 통계적 예측 절차를 사용하는 데 있어서 주된 어려움은 무엇인가?
5. 심리보고서를 준비할 때 고려해야 할 점은 무엇인가?

개요

임상심리학이 과학적이고 객관적인 학문이 되기 위해 노력해 왔지만, 아직까지 임상가를 떼어 놓고 진단과 평가 기법을 판단하는 것은 실제로 불가능하다. 이번 장의 제목이 '임상적 판단'인데, 이 제목만으로도 임상가들이 객관적인 것과는 거리가 먼 추론 과정을 평가에 사용하고 있다는 것을 유추해 낼 수 있다. 임상적 평가의 과정, 정확성, 그리고 보고서를 통해 의사소통하는 방식은 아직도 지극히 개인적인 현상으로 받아들여지고 있다. 본 장에서는 임상가들이 평가 자료를 어떻게 통합하여 해석해 내는지 그리고 어떻게 특정한 결론에 이르게 되는지에 대해 알아보고자 한다. 또한 임상가의 판단과 인상이 얼마나 정확한 것인지에 대해서도 토론해 볼 것이다. 마지막으로 평가 결과가 전달되는 전형적인 방법인 임상보고서에 대해서도 간단히 살펴보겠다.

임상적 판단의 절차와 정확성

임상적 판단에 대한 논의는 가장 기본적인 요소인 해석에서부터 시작해 보겠다.

해석

"해석은 임상가가 관여하는 가장 중요한 활동이다(p.viii)."라고 말한 L. H. Levy(1963)의 의견에 반대하는 사람은 드물 것이다. 해석은 평가를 마치는 순간 바로 시작되는 추론의 과정이다(Nisbett & Ross, 1980). 면접을 끝내고 심리검사도 다 실시했다. 자, 그러면 이 과정을 통해 얻은 모든 것이 무엇을 의미하며, 앞으로 어떤 결정을 내려야 하는가?

적어도 **임상적 해석** 또는 판단은 매우 복잡한 과정이다. 이 과정에는 우선 자극이 포함되는데, MMPI-2프로파일, IQ 점수, 비언어적인 행동과 소리 등이 여기에 속한다. 또한 이에 대한 임상가의 반응도 포함된다. "이 환자가 정신병인가?", "환자의 행동이 성공에 대한 낮은 기대를 표현하는 것인가?" 또는 "환자는 어떤 사람처럼 보이는가?"와 같은 질문이 이에 해당된다. 그리고 임상가의 인지적 구조와 이론적인 배경 등의 특징도 관련된다. 마지막으로 현장과 관련된 상황적인 변인들도 이 과정에 영향을 미친다. 즉 환자의 유형과 범위가 달라지며, 현장의 특성이 예측에 미치는 제한점도 달라지게 된다. 예를 들어, 대학 정신건강센터의 임상가는 내담자를 어떻게 할지 그 결정의 범위가 넓다. 내담자를 입원시킬 것인지 단지 심리치료만을 받게 할 것인지, 아니면 학교만 그만두게 할 것인지 등에 대해 판단을 내려야 한다. 반면 감옥의 경우에는 임상가가 취할 수 있는 선택사항들이 훨씬 줄어든다.

이론적인 배경. 이 책 전반에 걸쳐 계속 다루어질 텐데, 임상심리학자들은 환자들을 돕기 위해 심리적 문제의 병인론 혹은 근원을 탐구하며, 환자를 이해하려 노력한다. 임상적인 문제들은 다양한 방식으로 개념화될 수 있다(예: 정신역동적, 행동적, 인지적). 정신역동 이론을 따르는 임상가가 내리는 해석의 종류는 행동주의 임상가가 내리는 해석과는 상당히 다르다. 위에서 말한 두 임상가가 어떤 아동이 부모 침대에서 계속 자려고 하는 것을 관찰했다고 하자. 정신역동적 임상가는 이 행동이 미해결된 오이디푸스 콤플렉스의 징후라고 할 것이다. 행동주의 임상가는 강화라는 용어를 사용하여 해석하려 할 것이다. 실제 임상가들이 해석을 평가할수 있는 한 가지 방법은 해석이 자신의 이론과 지속적으로 일치하고 있는지의 여부를 살펴보는 것이다. 관찰, 면접에서의 반응들, 검사 자료 등 일련의 자료들로부터 도출될 수 있는 해석의 개수를 보면 경이롭기도 하고 한편 당황스럽기도 하다. 특정한 이론적 배경을 가짐으로써, 임상가들은 이론과의 일치도 여부를 기준으로 자신의 해석과 추론을 평가할 수 있고, 추가적인 가설을 만들어 낼 수도 있다.

표본, 징후와 상관치. 제10장에서 언급하였던 것처럼 환자의 자료를 보는 관점은 여러 입장으로 나뉜다. 첫째, 자료를 표본으로 보는 입장이다. 관찰치, 검사 점수, 검사 반응들, 이외의 여러 자료가 평가 상황이 아닌 일상생활에서 얻을 수 있는 더 많은 정보들을 대표하는 표본이라는 것이다. 예를 들어 환자가 Wechsler Memory Scale-III에서 수행을 잘못했을 경우, 이는 검사하지 않은 행동(기억의 문제들)의 표본으로 간주될 수 있다.

환자의 자료를 해석할 수 있는 두 번째 관점은 자료에 기저하고 있는 상태, 조건, 결정요인의 징후로 보는 것이다. 급진적인 행동주의자들과는 달리, 많은 임상가들은 환자 행동에 대한 관찰치와 검사 행동으로부터 다양한 기저 결정요인을 추론하려고 한다. 어떤 임상가는 기저의 결정요인을 불안이라고 보기도 하고, 어떤 이는 자아 강도, 또 어떤 이는 기대라고 본다. 그러나 모든 경우에 관찰은 기저하는 결정요인이 무엇인지를 알게 해 준다. 예를 들어, Rorschach 검사에서 환자의 반응 질이 떨어지는 것은 현실 검증력의 약화(정신병) 징후로 해석되곤 한다.

환자 자료에 대한 세 번째 관점은 이 자료들이 다른 것들의 상관치(*correlates*)라고 보는 입장이다. 불안한 행동, 둔화된 정서 또는 집중이 안 되는 증상을 보이는 우울한 환자가 있을 때, 임상가는 그 환자가 성 행동의 감소, 사회적 관계에서의 위축, 직업을 찾으려는 노력의 감소 등도 함께 보일 것이라고 예측할 수 있다. 따라서 실제 평가 자료는 관련된 행동, 태도, 정서 요인을 감안하여 해석될 수 있다.

해석의 수준. 임상가들이 임상 자료를 표본, 징후

PhotoDisc

임상심리학자는 다양한 통로를 통해 자료를 수집하고, 통합하고, 해석해야 한다.

또는 상관치 어느 것으로 보든, 임상적 권고를 하기 위해서 또는 보고서를 쓰거나 예측을 하기 위해서는 이러한 임상적 자료로부터 추론을 해내야만 한다. Sundberg, Tyler와 Taplin(1973)은 그림 11-1에 추론 또는 해석의 세 가지 수준을 제시하였다.

수준 1의 해석은 일반적으로 추론의 과정을 거의 포함하지 않고, 징후적 접근을 하지도 않으며 입력에서 출력까지 중간 추론 단계가 거의 없다. 예를 들면, 과거의 경험을 근거로 강의실 앞줄에 앉는 학생들이 거의 항상 A 또는 B를 받는다는 사실이 알려져 있다면, 임상가는 좌석 번호에서 학점 예측으로 곧바로 나아간다. 이때 지능 지수, 이미 이수한 과목 등이 미치는 영향은 전혀 고려할 필요를 느끼지 않는다. 이러한 간단하지만 효율적인 접근은 예측을 위해 현란한 추론을 하는 높은 수준의 임상가 없이 이루어질 수 있다. 기술자, 컴퓨터 또는 기계 등에 의해 얼마든지 다루어질 수 있다. 많은 사람들을 대상으로 우선 일차적인 선별을 하거나 특정 개인에 대한 예측이 그다지 중요하지 않은 경우에 수준 1의 해석을 할 수 있다. 대학입학시험이 이러한 경우라고 할 수 있다. 하나의 검사 점수가 상당한 정확성을 가지고 신입생 1,000명의 학업 수행을 예측할 수도 있다. 이 단일 점수가 특정한 한 학생의 예측 요인으로는 잘못된 것일 수 있지만, 평가의 관심이 졸업할 가능성이 있는 사람들을 뽑아내는 데 있다면 어느 정도의 오류는 참고 넘어갈 수 있다.

수준 2의 해석은 두 종류의 추론을 포함한다. 임상가는 환자를 관찰하고 관찰된 행동으로 환자에 대한 결론을 내린다. Sundberg와 그 동료들(1973)은 이 첫 번째 추론을 설명적인 일반화라고 하였다. 사실 임상가는 몇 가지 행동 예를 바탕으로 더 넓은 일반화를 하고 있으며, 이때 주로 설명하는 수준에서 추론한다. 안절부절 못하고, 면담하는 동안 세 개피의 담배를 피며, 말을 더듬는 환자를 본 임상가는 면담 시간 동안의 결과를 일반화시켜 설명할 수 있다. 이후 실제로 환자가 집에서 이완하는 것을 힘들어하고, 사무실에서는 회의시간 동안 앉아 있지 못하고, 빚을 갚지 못할까봐 심각하게 걱정하는 모습을 보인다면, 임상가는 더 많은 설명적인 일반화를 할 수 있을 것이다. 두 번째 종류의 추론은 내적인 상태

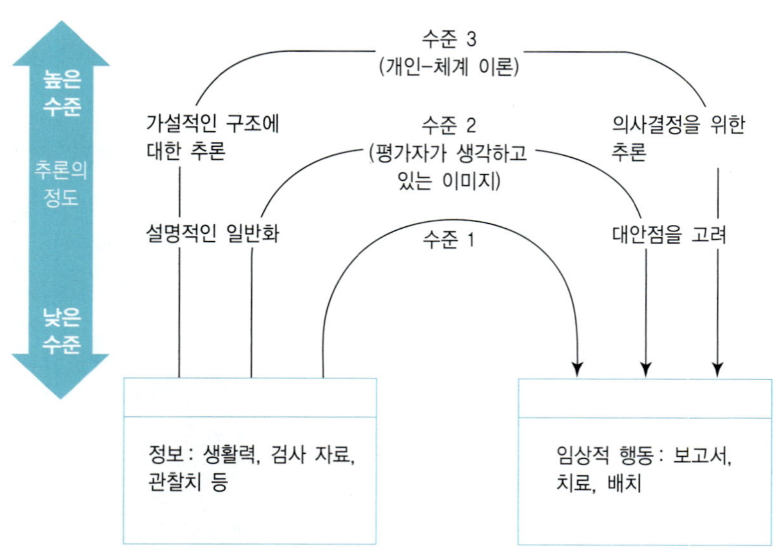

그림 11-1 ■ 해석의 수준

출처: N.D.Sundberg, L. E. Tyler, & J. R. Taplin, *Clinical Psychology: Expanding Horizons* (2nd ed.), © 1973, p.143. Reprinted by permission of Pearson Education, Upper Saddle River, NJ.

를 나타내는 가설적 구성개념에 대한 추론을 포함하며, 이때 임상가는 설명적 일반화의 수준을 넘어가게 된다. 임상가들이 일반화를 하려고 할 때, 특히 내적인 결정 기제가 환자에게 있다고 볼 때, 임상적 해석의 영역으로 옮겨가게 된다.

수준 3의 해석은 임상가가 수준 2보다 더 많은 정보를 바탕으로 더 나은 통합을 하고자 하는 것이다. 이 수준에서 임상가들은 '상황 속에 있는 한 개인'에 대해 일관되고 광범위한 이해를 하고자 한다. 임상가들은 더욱 논리 정연한 가설과 이론적 체계를 가지고 환자의 발달적, 사회적, 생리적 결정요인들에 대한 통합적 그림을 제시한다. 예를 들어, Rorschach 검사에서 '피' 반응을 많이 한 경우, 이는 기저에 존재하는 공격성의 징후라고 해석하며, 이것이 미래에 충동적 분출행동이나 통제력의 상실로 나타날 수 있다고 말하는 경우가 이에 해당된다.

이론과 해석

임상가들은 해석에 있어 크게 세 집단으로 구분할 수 있다. 첫째는 행동주의 임상가이다. 이미 말한 바와 같이 엄격한 행동주의자는 기저하는 상태에 대해 추론하는 것을 피하고 그 대신 환자의 행동에 집중한다. 행동주의 임상가는 전형적으로 개인적 관찰에 근거해서 환자의 자료를 모으고, 환자 또는 다른 관찰자의 직접적인 말에 근거를 두며, 이러한 자료들은 표본으로 간주된다. 최근의 몇몇 행동주의 임상가들은 수준 3의 해석에 관심을 보이기 시작했지만, 대개의 경우 수준 1과 수준 2에서 해석한다.

두 번째 임상가들은 스스로를 경험적이고 객관적이라고 자부하는 집단이다. 특히 이러한 임상가들은 특정한 준거를 예측하기 위해 객관적인 검사를 사용하는 경향이 있다. 예를 들어, 검사 A, B, C의 점수들은 성공적인 학교생활, 치료성과, 공격적인 폭발 행동을 예측하는가? 뒷부분에서 보게 되겠지만 해석에 있어 **심리측정적인 접근**을 하는 것은예측되는 준거가 뚜렷하고 명료하게 제시될 때 유용하다. 일반적으로 이러한 접근은 자료를 다룬 것의 상관치(관련 변인)로 사용한다. 예를 들어, X라는 검사의 95%에 해당하는 점수는 상습적인 범행과 관련이 있는 것으로 해석한다. 심리측정적 임상가들은 대부분 표준화된 검사와 그 규준, 회기 방정식 또는 자료 통계적 표에 관심을 가지고 있으며, 수준 1과 수준 2의 해석을 하는 경향이 있다.

세 번째 임상가들은 **정신역동적 접근**을 더 편안하게 느낀다. 이는 오랫동안 임상심리학에서 인기가 있었던 이론적 지향점이다. 현재 임상가들이 객관적인 행동주의 접근이나 심리측정적 접근을 더 많이 하는 것처럼 보임에도 불구하고, 스스로가 인정하는 것보다 더 많은 임상가들이 여전히 정신역동적인 접근을 하고 있다. 정신역동적인 접근은 내적인 상태나 결정요인을 규명해 내고자 노력한다. 투사법 검사들, 비구조화된 임상 면접들, 그리고 다른 정보원들로부터 나온 자료를 기저하는 상태의 징후로 바라본다. 해석은 수준 3에서 이루어지는 편이다. 많은 경우 애매한 규준적 주장을 하기도 하지만, 대체로는 광범위한 인상에 근거해서 환자 특성을 제시한다.

수량적 접근과 주관적 접근

이전에 논의된 부분에 좀 더 덧붙여 임상적 판단과 해석에 대한 두 가지 주된 접근법을 보고자 한다. 첫째는 객관성을 강조하고 모호하지 않은 사고를 하는 **수량적 또는 통계적 접근**이다. 둘째는 **주관적 또는 임상적 접근**으로, 이 접근법을 따르는 이들은 이 접근법만이 진정으로 유용한 해석과 예측을 제시한다고 주장한다.

수량적, 통계적 접근. 임상가들이 사용할 수 있는 수량적 예측의 가장 단순한 형태가 환자의 다양한 특성들에 대해 점수를 부가하는 것이다. 이것은 임상가들이 두 가지 특성들 사이의 관계를 결정하도록 해준다. 예를 들어, 몇 년간 임상 수련을 한 어떤 임상가가 치료의 조기 종결과 환자의 독립 욕구와의 사이에 직접적인 관계가 있는 것으로 생각하기 시작했다고 하자. 임상가는 이러한 가설을 검증하기 위해 '환자의 독립 욕구' 점수와 원하는 치료 기간에 대한 환자의 자기 보고 점수 사이의 상관을 구해보고자 할 것이다. 만일 상관이 .50이 넘어가게 되면 임상가는 독립 욕구 점수를 바탕으로 치료 기간에 대한 해석과 예측을 해 볼 수 있을 것이다.

물론 하나의 점수 또는 하나의 특성만을 바탕으로 중요한 예측을 할 수는 없다. 치료의 종결은 많은 결정요인이 작용하는 매우 복잡한 현상이다. 따라서 임상가는 몇 가지 다른 변수들, 예를 들어 자아강도, 치료자에 대한 경험, 결혼 만족도, 그리고 타인에 대한 신뢰 등에 관한 점수를 얻고자 할 것이다. 그래서 다중 예측 모델이 만들어지고 검증되지만 주의해야 할 점은 그런 분석 결과에서 다중 상관이 매우 높게 나옴에도 불구하고, 이것을 새로운 표본에 적용할 때에는 상관이 매우 낮아질 수 있다는 것이다. 이는 기존의 표본이 작고, 예측 변인들이 많은 경우에 더욱 그러하다. 게다가 초기의 연구에 사용된 표본이 치료받고 있는 환자집단을 잘 대표하지 않을 경우 더욱 그렇다. 캔자스 주에서는 해당되는 결과가 캘리포니아 주에서는 틀린 결과가 될 수 있다. 또한 정신분석치료에는 맞는 결과가 행동치료에서는 맞지 않을 수 있다. 그래서 임상가는 일반화하기 전에 다양한 예측 점수들에 올바른 가중치를 두었는지를 확신할 수 있어야 한다. 그리고 다른 표본들을 사용하여 예측 모델들을 교차 검증해 보아야 한다.

이러한 통계적 기법은 한 번 공식이 만들어진 뒤에는 임상적인 의사결정을 전혀 하지 않고도 기계적인 적용을 할 수 있게 만든다. 임상적 접근과 통계적 접근이 구별되는 점은 공식이 한 번 만들어지면(수식을 만들어 내는 과정이 얼마나 복잡한가에 관계없이) 만들어진 공식을 기술자 또는 컴퓨터가 기계적으로 적용할 수 있다는 것이다.

수량적, 통계적 심리학자는 임상적 결정을 내리기 위해 데이터를 활용한다. 데이터는 사전 연구를 통해 임상심리학 문헌 및 저널에 실린 것일 수 있고, 임상가 자신의 임상적 관찰일 수 있으며, 환자들에게 얻은 것일 수도 있다. 예를 들면, 임상가가 아이의 반항행위가 정서적으로 메마르거나 무관심해 보이는 부모의 주의를 끌기 위한 목적으로 행해진다고 생각한다면, 기존의 문헌에서 부모의 우울증상이 아이의 반항행동과 상관이 있는지를 살필 수 있을 것이다. 혹은 아이의 부모에게 직접 표준화된 체크리스트를 사용해 우울증상을 측정하고, 그 아이의 반항행동도 표준화된 측정도구로 평가한 후, 두 가지 변인 간의 관련성에 대한 가설을 검증해 볼 수 있을 것이다.

하지만, 한 가지 주의해야 할 것은, 통계치나 과학적 결과가 일반적으로는 변인들 간의 관계를 이해하는 데 도움을 줄 수 있으나, 그러한 관계를 모든 상황이나 모든 개개인에게 적용할 수는 없다. 예를 들어, 연구 결과를 통해 부모가 친구들에게 인기 있는 정도와 그 부모의 아이가 친구들에게 인기정도 간에 상관이 있다는 연구가 있는데 이러한 결과가 모든 아이가 부모의 인기도와 유사한 정도로 인기 있다는 것을 의미하지 않는다. 다시 말해, 경험적인 (혹은 통계적인) 접근을 통해, 특정 결과에 대한 확률에 대해서는 이야기할 수 있으나, 이러한 해석이 항상 적용되지 않을 수 있다는 점 또한 기억해야 한다. 과학적 임상가는 자신의 내담자를 위해 임상적 의사결정을 내리는 경우, 과학적 연구 결과에 기반하여야 한다. 하지만, 과학적 연구 결과에 영향을 미칠 수 있는 요인들과 그러한 결과를 적용하는 데 제한이 되는 요소들을 항상 고려해야만 한다. 개별 사례에 대한 임상적 해석에 영향을 미칠 수 있는 다양한 환경, 진단요소, 공병률, 문화적 요인 등을 고려한 완벽한 데이터가 없기 때문에, 임상적 해석 시 이러한 한계를 인식하고 과학적 결과를 적용해야한다.

주관적, 임상적 접근. 임상적 접근은 더욱 주관적이고 경험적이며 직관적이다. 여기서는 경험에 바탕을 둔 주관적인 가중치가 있으면 충분하다고 본다. 판단을 각 개별 사례에 내린다는 점에 초점을 두고 있다. '임상적 직관'은 분석이나 수량화가 잘 되지 않는다고 보는 고전적 개념을 따른다. 이 과정은 매우 개인적이어서 임상가 자신조차 결론이나 판단에 중요하게 작용한 단서가 어떤 검사 반응이나 언어적 표현이었는지 찾아낼 수 없는 경우가 있다.

예를 들어, Rorschach 검사를 시행하는 과정에서 환자는 "이것은 크리스마스 나무 같아 보여요."라고 반응하였다고 하면 이것은 무엇을 의미하는 것일까? 아마도 의미하는 바가 없을 수도 있다. 또는 삼림국에서 일하는 직업을 의미할 수 있다. 아니면 앞으로 다가오는 휴가 기간 동안 같이 보낼 친구나 가족이 없는 사람의 마음속에 있는 슬픔 또는 우울감을 의미하는 것일 수도 있다. 마지막 해석은 환자와 가족 배경에 대한 이야기를 나눈 후에 지지될 수도 있는 내용이다. 수련 실습 중에 나온 문제에 정확한 해석을 한 임상심리학 수련생은 다음과 같이 자신의 추리과정을 설명했다. "크리스마스가 가까워 올 때였어요. 멀리 있는 가족들을 나타내는 자료들이 TAT에 있었어요. 나도 크리스마스 때 항상 약간 슬펐었다는 것을 기억해 냈고, 이 기억이 갑자기 내 머릿속에 떠오르는 순간 내가 추론하는 것이 맞다고 확신하게 되었어요."

이 예는 임상적 해석에 대한 몇 가지 사실을 잘 나타내 준다. 우선 자료들을 통합하는 데 민감성을 필요로 한다는 것이다. 기민한 임상심리학자는 환자의 행동, 개인력, 다른 검사 반응 등을 특징짓는 다양한 요소들에 주의를 기울인다. 임상가는 범죄 장면에 있는 모든 것을 살펴보고 이후 모든 것을 종합하여 일련의 귀납적 또는 연역적 일반화를 할 수 있는 탐정과 비슷한 역할을 해야만 한다. 게다가 임상가는 환자에게서 자기 자신의 모습을 기꺼이 볼 수 있어야 하는데, 이는 임상가가 자신의 경험을 활용하여 타인의 감정과 행동을 해석해 낼 수 있게 한다.

불행하게도 앞의 예는 한쪽만 보여 주는 예이다. 크리스마스 나무가 숲에 대한 관심을 의미하는 것이라고 생각한 수련생에 대해서 우리는 거의 아무것도 모른다. 따라서 두 가지 더 고려해야 할 사항이 있다. 첫째는 임상적 민감성에 대한 개인차가 있다는 것이며, 둘째는 민감한 임상적 추론을 하는 경우에도 회상되지 않은 기억에 대해 똑같이 잘못된 해석을 내릴 수 있다는 사실이다.

임상적 해석은 다양한 자료들의 민감한 통합을 통해 환자에 대한 통일성 있는 그림을 그려낸다. 이는 또한 잘 설명되어 있는 성격 이론을 토대로 가설을 만들어 내기도 한다. 그러나 책임감 있는 임상가들은 판단을 내릴 때 단서들을 분명히하고, 단서들만을 가지고 결론을 향한 지나친 도약을 하지 않도록 노력해야 한다. 좋은 임상가에게는 또한 이러한 기술을 다른 사람에게 전수할 책임감도 있어야 한다.

통계적 접근의 장점

임상적 판단을 할 때 수량적, 통계적 접근을 하는 것은 결과 또는 예측되는 사건이 알려져 있거나 특정한 것일 때 더욱 효과적이다. 실제로 이런 예에서는 인상에 기초한 임상적 자료가 더 기여할 부분이 없다. 특히 상당히 많은 사람들을 대상으로 하는 경우나, 정확한 예측을 한 비율이 한 개인의 수행을 정확히 예측하는 것보다 중요한 경우에는 더욱 그러하다. 앞에서 언급했던 것처럼, 신입생의 학점을 예측하는 검사를 실시한 경우 임상가는 고등학교 성적과 성취검사 점수와 같은 객관적인 자료를 참고하라는 조언을 들을 것이다. 대학 때의 좋은 성적은 능력과 능력을 잘 사용한 이전 경험을 가지고 예측할 수 있기 때문에 어디에서나 존재하는 미묘한 성격요인은 예측력을 높여 주지 못할것이다.

전적으로 주관적이고 임상적인 접근만을 하는 이들은 모호한 준거를 가지는 경향이 있다. 임상가는 너무 자주 다음과 같은 판단을 내릴 것이다. MMPI-2의 7번 척도를 근거로 봤을 때 환자는 심리치료에서 도움을 받을 수 있다. 이러한 모호한 문장은 어떤 명확한 준거도 가지지 않는다. 이를 통해 어떤 도움을 받을 수 있을 것인가? 논리적으로 치밀하지 못한 미래에 대한 예측은 경험적인 자료를 배제한다. 그러나 치료성과를 다음의 두 가지 측면, 즉 12개월 동안 합리적 정서치료를 계속 받는 것과 치료에 관여하지 않은 관찰자가 치료성공정도를 10점 척도에서 7점 이상 받는 것으로 보다 구체적으로 명확하게 정의한다면 어떤가? 그렇게 한다면 객관적인 면접 또는 검사 준거를 바탕으로 한 어떤 공식을 만들어 낼 수 있을 것이다.

임상적인 용어들은 종종 명확한 의미 없이 모호하게 사용된다. 예를 들어, Grayson과 Tolman (1950)은 오래전에 심리학자나 정신과 의사들이 공격성과 강박행동같은 개념들을 사용하는 의미에 있어서 개인마다 상당한 차이를 보인다는 것을 밝혔다. 객관적, 통계적 접근에서는 강제적으로라도 이런 개념의 용어를 보다 명확하게 정의하도록 만드는데, 그렇게 함으로써 결국 공식으로 만들어지는 더욱 구체적인 예측을 가능하게 할 것이다. 그 결과 좀 더 직관적 접근에 내재하는 판단의 신뢰도 결여 문제를 다소 완화할 수 있게 될 것이다.

통계적인 접근을 하는 또 다른 이유는 임상적인 설명이 마치 모든 사람에게 다 해당되는 것처럼 기술되는 경우가 많기 때문이다. 이전 장에서 언급했던 것처럼 성격에 대한 기술은 증분적 유용성을 보여 주어야만 한다. 그들은 평가가 시작되기 전에 모든 사람이 알고 있었던 것 이외에 어떤 것을 밝혀내야만 한다. 더 정확하게 말하자면, 임상가들은 환자를 좀 더 의미 있는 방식으로 기술하고, 나아가 명확한 예측을 할 수 있도록 설명을 해야만 한다. 그러나 임상가들은 타당하기는 하나 실제로는 모든 사람에게 다 해당되는 해석을 하는 경우가 종종 있다. 이를 Barnum 효과라고 하는데 D. G. Paterson이 처음 제안하였고, 이후 Meehl(1956)에 의해 다시 인용되었다. Barnum 문장들은 특정인을 잘 설명하는 것처럼 보이지만, 실제로는 거의 모든 사람에게 해당되는 이야기를 하는 것이며 전혀 차별화된 내용을 말하고 있지 않다. 예를 들어, 다음의 문장들을 보고 누가 자신과는 관련 없는 것이라고 부인할 수 있겠는가?

때때로 나는 나의 성적인 성숙을 확신할 수 없다.
나는 대부분의 사람들이 나에 대해 생각하는 것만큼 항상 자신감이 있지는 않다.
종종 나는 좋아하는 사람들과 함께 있지 않을 때는 내 진짜 감정을 드러내지 않는다.

글상자 11-1에서는 Barnum 효과에 대한 더 자세한 설명을 제시하고 있다.

수량화를 더 많이 하게 되면 통계적 접근을 통해 임상적 판단에 내재되어 있는 신뢰도 결여의 문제를 상당 부분 해결할 수 있다. 객관적으로 도출된 공식들, 분명한 준거들, 가중치를 둔 예측과 회귀 방정식, 그리고 세심하고 명확한 설명과 예측이 함께 통합되면 임상적 판단에서 틀리기 쉬운 오류를 몰아내고 실수를 최소화하는 기계적인 절차들로 대치할 수 있게 된다.

그런데 왜 더 많은 임상심리학자들이 통계적 접근을 받아들이지 않는 것일까? 이는 몇 명의 연구자들이 발견한 통계적 접근의 문제점 때문이다. Dawes(1979)는 세 가지 이유를 제안하였다.

한 학생이 GPA(대학평점)와 GRE(대학원 적성검사) 점수에 근거하여 대학원에 입학하지 못하는 상황을 생각해 보자. 우선 Dawes는 기술적인 측면에서 그러한 점수들을 사용하는 것에 반박하는 사람

글상자 11-1 Barnum 효과에 대한 예: 알코올 중독자의 성인 자녀에 대해 알려진 특징들

Logue, Sher와 Frensch(1992)는 ACOAs (Adult Children of Alcoholic)의 성격에 대해 널리 알려져 있는 특징이 부분적으로 Barnum 효과에서 오는 것이 아닌지 조사하였다. Barnum 문장들은 거의 모든 사람들에게 적용되고 따라서 자기 자신을 설명하는 것처럼 보인다. 그러나 실제 그 문장들은 일반적인 사람들을 기술하는 것이고, 임상적 유용성과 변별성이 부족하다.

ACOAs에 관한 몇몇 유명한 책들의 저자들은 부모가 알코올 중독자이면 가족에게 부정적인 영향을 미치며 이들 자녀들이 성인되었을 때 많은 문제를 가지게 된다고 주장한 바 있다. 예컨대 죄책감, 수치심, 불안정감, 낮은 자아존중감, 무력감, 정서에 잘못 대처하는 것, 친밀감을 가지지 못하는 것 등을 말하고 있다. Logue 등은 이러한 주장을 한 사람들이 인기를 누리는 데 ACOAs를 설명하는 것뿐만 아니라 사람들 전반에 해당되는 언급을 하기 때문인 것으로 보았다.

ACOAs와 ACOAs가 아닌 대학생 두 집단에게 성격 프로파일을 주고 프로파일 내의 각 문장이 얼마나 자신에게 해당되는지 평정하라고 했다. 성격 프로파일은 6개의 성격과 관련된 문장들로 구성되었다(예: 위기가 닥쳤을 때, 당신은 다른 사람을 돌볼 필요가 있다). 크게 2개의 성격 프로파일이 포함되었다. 첫째, ACOA 성격 프로파일은 ACOA 문헌들을 통해 구성한 성격 문장들로 구성되고, 둘째, Barnum 성격 프로파일은 몇 개 기존의 성격검사 도구나 이전 Barnum 연구에서 사용된 성격 문장들로 구성되었다. 두 프로파일의 전반적인 사회적 바람직성의 수준은 비슷한 수준으로 맞췄다. Logue 등의 연구 결과를 간단히 요약해서 보자면, ACOA 대학생이나 ACOA가 아닌 대학생 모두가 ACOA 성격 프로파일에 대해 자기 자신을 기술한다고 보고하였다. 저자들은 이러한 인기 있는 성격 문장들은 Barnum과 비슷한 성격을 띠며 그래서 ACOA들의 성격 특성을 설명한다고 보기에는 타당성이 떨어진다고 보았다.

Archive Pics/Alamy

P.T. Barnum

이 있다고 보았다. "내게 기회만 주어진다면 성공할 수 있어요."라고 말하는 것은 희망을 표현하는 것이지 반박이 아니다. 통계적인 것을 찬성하지 않는 주장은 종종 '저 너머 어딘가에' 훌륭한 판단을 내리고 공식보다 더 나은 작업을 할 수 있는 전문가가 있다는 주장으로 이어지곤 한다.

둘째, 이러한 접근은 심리적인 이유로 거부당하기도 한다. 많은 사람들은 쉽게 자신의 직관이 맞았던 경우만 기억하고 틀렸던 경험은 편의상 잊어버린다. 이러한 예들을 보았을 때, 임상가는 치료에 성공적으로 반응할 것이라고 예측하는 내담자에게 무의식적으로라도 더 열심히 할 것이다. 이후 긍정적인 결과는 임상가에게 자신의 예감이 맞았다는 증거 자료로 사용될 것이다.

셋째, 거부할 만한 윤리적인 이유도 있다. 어떤 사람들은 지원자를 단지 점수들로 환원하는 것이 불공평하고 비인간적이라고 할 것이다. Dawes(1979)는 다음과 같은 논쟁을 하기도 했다.

> 결과가 심리학적으로 보잘 것 없고 취향에 맞지 않든, 그리고 '사람을 단순히 숫자로 환원하는 것'에 대해 윤리적인 불편감을 느끼든 간에, 내담자들이 가능한 가장 좋은 방식으로 대접받을 존재라는 사실은 분명하다. 이 가장 좋은 방식이 사람들을 선별하고 진단 내리고 예후를 예측하는 데 가치나 특성을 대변하는 몇 개의 숫자를 합산하는 것으로 나타났다면—그것이 현재에는 맞는 것처럼 보이는데—이 사실을 받아들여야 할 것이다. 그렇지 않다면 우리가 서비스하는 사람들을 속이는 것이 된다(p.581).

임상적 접근의 장점

예측 모델 또는 회귀 방정식에 근거를 둔 통계적 접근의 어려움은 임상심리학자가 임상가로서 역할을 하기 위해서는 매우 많은 예측 모델이나 회귀공식들이 필요하다는 것이다. 치료 현장에는 현재 치료 효과를 예측하는 데 잘 만들어지거나, 교차 타당도가 확립된 공식이 없다. 또는 치료 기간 동안 해석을 하거나 입원보다는 특수학급에 넣는 것을 알려 주는 공식도 나와 있지 않다. 독서치료를 하라고 할지, 취미생활을 하라고 할지, 결혼 상담을 받으라고 할지 아니면, 시험적으로 별거를 해보라고 할지 어떤 것을 제안하여야 할 것인가? 바쁘고 곤경에 처한 임상가는 중요한 결정을 내릴 때마다 회귀 방정식을 찾을 수 없고, 혼자서 계속 중요한 결정들을 내려야 한다. 이전부터 Meehl(1957)은 "우리는 대체로 머리를 사용하는데, 사용할 수 있는 공식이 별로 없기 때문이다(p. 273)"라고 말하였다. 불행히도, 이 상황은 Meehl이 관찰한 이후 별다른 변화가 없었다.

물론 특정한 결과를 예측해야 할 때, 그리고 임상가가 좋은 공식을 만들어 낼 충분한 시간이 있다면 공식들이 임상가보다 더 낫다. 잠시 후 이에 대한 근거를 간단히 살펴보도록 하겠다. 그러나 이런 경우에서조차 어떤 때는 임상적 판단이 기여할 여지가 있다. 특히 표본이 상대적으로 동질적일 경우 임상가의 판단은 중요한 역할을 하게 된다. 예를 들어, 대학원 과정의 학생을 선발하는 것에 대한 규정된 방식은 단지 GRE와 학부 성적만을 고려한다. 이러한 방식은 초기에 이질적인 많은 학생들 중에 대학원 과정을 잘 이수할 학생들을 골라내는 데는 매우 정확한 방법일 수 있다. 그러나 일차로 선별된 집단 중에서 더 잘할 지원자를 골라낼 때는 동기 또는 성격적인 측면에 대한 임상가의 판단이 도움이 될 수 있다. 즉 마지막 단계의 표본에서는 성적과 시험 점수가 거의 비슷하기 때문에 그다지 판단의 주된 지표로 역할을 하지 못하게 된다. 임상가의 추론이 초기 선별 이후에는 중요해지며, 이는 이후의 성공과 관련한 부가적인 정보를 제공하기 때문이다. 머릿속에 있는 많은 자료를 가지고 이들을 통합하는 것은 사람의 두뇌가 잘하는 일이 아니다(Dawes, 1979). 임상가들은 이런 일을 위해서는 컴퓨터와 공식을 사용하고, 자기가 잘하는 일, 무엇을 선택적으로 볼 것인지 또 그 결과를 어떻게 사용할 것인지를 결정하는 일을 위해 정신적 역량을 잘 아껴두어야 한다.

또 다른 중요한 공헌은 임상가가 자료를 수집하는 기능을 하는 것이다. 예를 들어, 어떤 환자의 특징을 아는 것이 예측하는 데 있어서 중요하다는 것이 알려졌다고 하자. 그러나 포괄적인 면접 또는 검사 결과에 대한 심층적인 해석이 없이는 이러한 특징들을 발견해 낼 수 없을 수 있다. 또 다른 예로서, 민감한 임상가가 환자의 개인력을 들은 후 몇 가지 사실들이 이 환자가 여성에게 폭력적인 성폭행을 할 가능성이 있음을 말해 준다고 치자. 임상심리학이 그러한 폭력을 예측하고 신뢰할 수 있는 회귀 방정식을 가지고 있지 못하지만, 기민한 임상가로서 발견한 이 자료들은 중요할 수 있다. 게다가 현재로서 어떤 자료는 포괄적인 임상적 탐색을 통해서만 관찰 가능하다. 예측력 있는 공식은 검사 자료를 사용 가능할 때에만 유용하다. 그러나 때로 적합한 검사가 없기도 하다. 자살과 같은 드문 현상들을 조사하는 경우, 발생하는 빈도가 낮아서 임상가들은 이에 대한 적합한 방정식을 만들어 내지 못하였다. 그러나 빈도가 낮아도 이러한 사건은 중요한 것이며 임상가는 이에 대한 임상적인 판단을 내려야 한다.

마지막으로 많은 사람들은 특정한 결과를 예측하는 능력이 과학의 유일한 목표는 아니라고 주장한다. 오히려 현상을 이해하고 기술하는 것이 더 중요하다고 말하는 사람도 있다. 이러한 주장이 타당성이 있음에도 불구하고 모호한 용어를 사용하고 애매한 기준을 적용하는 데 대한 합리화로 종종 사용된다. 이에 대한 반대 입장은 설명과 이해가 명확한 용어로 표현되고 명백한 준거와 기준을 사용할 때, 예측은 자연스러운 부산물로 따라오게 된다고 주장한다.

임상적 접근과 자료통계적 접근의 비교

수년간 많은 연구들이 임상적 방법과 통계적 방법의 상대적인 정확도를 비교하여 왔다(Grove, Zald, Lebow, Snitz, & Nelson, 2000). 연구들 중 일부를 살펴보도록 하자.

비교 연구들. Sarbin(1943)은 대학 신입생들의 학업적 성취를 예측하는 데 한 명의 사무원이 회귀 방정식을 사용하여 예측한 것과 몇 명의 상담자가 예측한 것을 비교하였다. 회귀 방정식에 투입된 예측인자들은 적성검사 점수와 고등학교 때의 등수였다. 상담자들은 이 두 가지 사전정보(수학적으로 계산된 가중치 없이)와 함께 직업 흥미 점수, 면접, 개인력을 가지고 있었다. Sarbin(1943)은 상담자들이 더 많은 정보를 가졌었음에도 불구하고 예측에 있어 회귀 방정식보다 나을 것이 없다고 보고하였다.

Meehl(1954)은 임상적 예측과 통계적 예측에 관한 많은 연구들을 조사하였고, "하나를 제외하고는 모두 통계적인 근거를 바탕으로 이루어진 예측이 임상가에 의한 예측과 거의 동일하거나 이보다 나았다."라는 결론을 내렸다. 이후의 연구들에서도 Meehl(1965)은 기존의 결론들을 재확인하였다. 그러나 Meehl(1954)은 몇몇의 연구에서 통계적 예측이 회귀 방정식이 도출된 것과 같은 자료에서 나온 것임을 발견하였다. 즉 그러한 공식들은 교차 타당화되지 않은 것이었다. 앞에서 언급했던 것처럼, 연구에서 사용된 표본과는 다른 표본에 그런 공식들이 적용될 때, 때로 효과가 상당히 감소한다.

Sawyer(1966)는 면접 또는 관찰을 통해 모은 자료를 임상적 자료라고 보았다. 그는 목록표, 자서전적 기술, 또는 사무적으로 얻어진 자료들을 통계적 또는 기계적 자료라고 보았다. 방법론적인 문제들과 그가 조사한 연구들의 애매한 결과들을 고려해 볼 때, Sawyer는 자료를 조합하는 데 있어서는 기계적인 방식이 임상적인 방식보다 더 낫다고 보았다. 그러나 그는 또한 임상적 방식이 자료수집 과정에서는 유용하다고 보았다. 임상적 방식은 자료수집에서 기계적인 기술로는 보통 평가되기 힘든 특성들을 평가할 수 있게 해 준다. 그러나 어떤 방식으로 얻은 자료이든지 간에 자료가 모아졌을 때, 이는 통계적인 접근을 통해 가장 잘 조합될 수 있다.

임상적 예측과 통계적 예측을 비교한 하나의 연구를 잘 살펴봄으로써 예측에 대한 논쟁을 좀 더 잘 알 수 있다. 임상적 예측과 통계적 예측에 대해 가장 자주 인용되는 연구들 중 하나가 Goldberg(1965)의 연구이다. 이 연구에서는 13명의 박사급 연구진들과 16명의 박사과정 수련생들에게 MMPI점수를 바탕으로 800명 이상의 환자들에 대한 진단적인 평가를 내려달라고 하였다. 이러한 평가들은 환자와의 접촉이나 환자에 대한 부가적인 정보 없이 이루어졌다. 각 평가는 단지 MMPI 프로파일 점수만을 근거로 하였고, 환자가 '정신병'인지 아니면 '신경증'인지를 판단하였다. 이러한 진단을 판단하는 데 있어서 MMPI 정보를 어떻게 사용할지는 평가자가 원하는 방식으로 할 수 있었기 때문에, 이러한 판단은 임상적 예측이라고 할 수 있다.

반면 통계적 예측은 다양한 알고리즘을 사용했는데, 이때 MMPI 점수를 특정한 방식으로 조합하고(합산하거나 감산하는 방식으로) 이전에 사용된 절단 점수를 사용하였다. 또한 몇몇의 통계적 예측에서는 MMPI 코드 점수와 다른 심리측정적 징후들을 바탕으로 결정하는 규칙(decision rule)을 정하고 이를 적용함으로써 이루어졌다.

정확성을 평가하기 위해 임상적 예측과 통계적 예측을 무엇과 비교해 보아야 하는가? 이 연구에서는 각 환자의 병원 또는 상담소에서 제시한 진단(정신병인지 신경증인지)을 준거가 되는 진단으로 삼았다. 따라서 임상가의 예측과 통계적 알고리즘 예측의 정확성은 실제 준거 진단과의 일치율을 통해 결정되었다.

표 11-1은 이 연구 결과의 일부를 제시한 것이다. 통계지표 모두를 제시하지는 않았지만 이 표는 독자에게 결과에 대한 전반적인 인상을 전달해줄 수 있다. 첫째, 임상적 예측은 평균 62% 정도 정확했다. 주목해 보아야 할 것은 수련생들의 정확률이 더 많은 임상적 경험을 한 박사 수준급의 임상가들과 별반 차이를 보이지 않았다는 것이다. 둘째, 통계적 예측을 위한 14개의 통계적 지표들은 전반적인 예측 정확도에서 임상가만큼 결과가 나오거나 더 잘 나오는 편이었다. 단순히 MMPI 점수의 선형적인 조합(예: Pt-Sc)만을 근거로 진단적인 의사결정을 하는 경우 임상가보다 더 나은 수행을 보이기도 하였다.

임상적 예측과 통계적 예측에 관한 이후의 연구들은 대체로 통계적 절차의 우수성을 보여 주고 있다(예: Dawes, 1979, 1994; Dawes, Faust, & Meehl, 1989; Garb, 1998; Goldberg, 1991; Grove et al., 2000; Kleinmuntz, 1990; Meehl, 1986; Wiggins, 1973).

최근 임상적 예측과 통계적 예측에 관한 논문들을 검토한 결과 Grove와 그 동료들(2000)은 통계적 예측이 대략 50% 정도 더 우수한 편이었고, 임상적 예측은 약 6% 정도의 적은 연구 결과에서만 더 우수하다는 보고가 나왔다고 하였다. 이러한 경향성은 판단을 내리는 과제가 무엇이든지(예: 심리치료 결과를 예측하는 것) 판단자가 누구이든지(예: 의사인지 심리학자인지), 판단자의 경험이 어느 정도인지 자료의 형식이 어떠하든지 간에 비슷하게 나왔다. 게다가 통계적 예측이 임상적 예측보다 덜 비쌌고 (주로 인건비가 계산되기 때문에) 이런 점이 통계적인 예측이 선호되는 이유라고 보았다. Meehl(1986)은 다음과 같이 말하였다.

> 사회과학에서 상당히 많은 다양한 질적인 연구들이 이와 같이 한 방향으로 결과를 내는 쟁점은 없다. 만약 당신이 90개의 연구 결과들을 보고 있다면(이 수치는 2005년에는 극적으로 더 많아졌다), 미식축구경기의 결과를 예측하는 것이나 간질환 진단을 예측하는 것이든 간에 임상가의 판단이 낫다고 결과가 나오는 연구는 6개도 안 된다. 이제는 이에 대한 현실적인 결론을 내려야 할 때가 된 것이다(pp.33-374).

더 최근에, Garb(2005)가 다섯 가지 영역에서 임상적 판단의 정확성에 대한 자료를 리뷰했다: (a) 성격 및 정신병리, (b) 진단, (c) 사례개념화, (d) 행동 예측, 그리고 (e) 의사결정. 임상가들이 공식적인 진단 메뉴얼에 정신병리 증상들이 기술되어 있다는 것을 알고, 이러한 용어들로 환자가 신뢰할 수 있게 기술할 수 있어 보이지만(특히 구조화된 진단적 면접을 할 경우), 환자들의 성격특성에 대해서 신뢰할 수 있게 설명하는 데에는 어려움이 있어 보인다. 이러한 어려움은 임상 현장에서 사용할 수 있는 성격에

표 11-1 Goldberg(1965)의 연구에서 임상적 vs. 통계적 예측의 정확도 비교

예측의 근거	평균 정확도(%, n = 861)
임상가들	
박사급 13명	62(59~65)
수련생 16명	61(55~67)
총 29명의 임상가	62(55~67)
통계적 지표	
(L + Pa + Sc) − (Hy + Pt)	70
2개의 코드 조합	67
Sc − (Hs + D + Hy)	67
(Pt − Sc)	65
단독 상승 점수	66
(Hy − Pa)	61
Pa − (Hs + D + Hy)	62
(Hs − Sc)	61
(Pd + Pa) − (Hs + Hy)	63

출처: Adapted from Goldberg(1965).

대한 구조화된 도구가 상대적으로 적기 때문일 수도 있고, 임상가들이 과학적 결과보다는 자신이 오랫동안 현장경험을 하면서 얻은 성격에 대한 자신만의 암묵적인 이론들(하지만 경험적으로는 검증되지 않았거나, 조작적으로 정의되지 않은)을 사용하기 때문일 수 있다.

일반적으로 임상적 사례 개념화는 상당히 주관적이고 신뢰할 수 없어 보인다; 사례 개념화에 사용되는 데이터는 종종 환자나 다른 정보제공자에게 비-체계적으로 얻은 것일 수 있다. 예를 들면, 이러한 데이터는 편향된 기억에 기반된 것일 수 있고, 사건이 발생한 시기와도 관련될 수 있고, 혹은 사건과 관련된 정서/기분이 영향을 미쳤을 수도 있다.

임상심리학자들은 때로 내담자의 미래 행동을 예측하는 것이 필요할 수 있다(예, 폭행을 다시 저지를 수 있는 확률 등). 하지만 임상심리학자들이 이러한 예측을 잘 하는 것은 아니다. 예를 들어, 폭행의 경우, 실제보다 특정 성별(남성) 혹은 특성 인종(예, 아프리칸 아메리칸)에게 발생확률이 높다는 편향된 예측을 할 가능성이 있다.

치료에 대한 의사결정에 있어, 근거-기반 평가에 많은 초점을 두고 있다(예, Hunsley & Mash, 2008을 참고하라). 특히, 이러한 근거-기반 평가를 활용하여 임상가 자신의 의사결정 뿐 아니라 환자가 경험한 치료 결과를 향상할 수 있다는 데 관심을 가지고 있다. 그러므로 임상가들은 주관적인 요소나 의견(예, 임상적 통찰 등)에 기반하기보다는 근거-기반 평가에 기반하여 의사결정을 내릴 것을 권고하고 있다.

이러한 결과를 반대하는 주장들. Dawes(1994)는 통계적 예측의 우수성을 지지하는 증거들을 반

그림 11-2 ■ Paul Meehl은 예측할 때 통계적 접근을 지지하는 학자로 널리 알려져 있다.

박하는 몇 가지 주장을 다음과 같이 요약하였다. 첫째, 비판가들은 검토된 연구들의 설계에 오류가 있었기 때문에 이것이 결과에 영향을 끼쳤다고 보았다. Dawes(1994)는 가능성은 높지만 이러한 가능성을 지지하는 실질적인 증거는 없다는 점에서, 이를 '진공 속의 논쟁'이라고 불렀다. 모든 연구에는 제한점이 있음에도 불구하고, 실제적으로 모든 연구들이 통계적 예측을 지지하는 상황에서 반대 결론(임상적인 예측이 우수하다)이 맞다고 주장하기는 어렵다.

둘째, 이러한 연구에서 판단가/임상가의 전문성이 문제가 된다고 보았다. 아마도 연구에 참여한 사람들이 진정한 전문가가 아니며, 보다 전문적인 임상가를 사용한다면 임상적 판단이 더 우수한 쪽으로 결과가 나올 것이라고 주장한다. 그렇지만 이들 연구에서 다양한 판단가-임상가가 사용되었으며 많은 연구들이 잘 알려진 '전문가'—예측 과제를 수행하는데 수년의 경험을 가진 임상가—를 사용하여 이루어졌다. 임상가가 통계적인 공식을 가지고 임상적인 수행을 하는 경우도 있기는 하지만 이것은 예외적인 경우이다. 게다가 임상전문가가 더 우수하다는 강력한 경험적인 증거도 가지고 있지 못하다.

셋째, 예측 과제들은 임상가가 직면한 예측 상황들을 대표하는 것이 아니다(즉, 생태학적으로 타당하지 않은). 예를 들어, 임상가의 진단은 MMPI-2의 결과를 바탕으로 한 것일 뿐만 아니라, 환자와의 면담 자료도 고려해서 이루어진다. 그러나 Dawes(1994)는 이러한 예측 과제들이 실제 임상현장에서 수행되는 일이라고 주장하였다. 즉 임상가들이 예측을 위한 목적으로 MMPI-2의 정보를 사용한다는 것이다. 게다가 몇몇 연구들은 판단가의 임상적인 예측을 위해 수집되고 사용되는 추가적인 정보(예: 면담 자료)가 제공될 때 오히려 통계적인 공식만을 사용해서 예측하는 것보다 정확도가 떨어진다는 보고를 하였다.

Dawes(1994)는 이러한 예측 연구 결과들에 대해 사람들이 부정적인 반응을 보이는 것은 우리가 사는 세상에 더 높은 예측 가능성이 존재한다는 것을 믿고 싶어하기 때문이라고 하였다. 그리고 이는 인지적, 정서적 필요 모두에서 그러하다고 보았다. 사람들은 기존의 관점대로 세상을 보려하고 그런 경향성을 찾고자 하며, 확률이 떨어지는 결과에 대해서는 불편감 또는 정서적인 스트레스를 느끼는 경향이 있다고 하였다. 그러나 예측 가능성에 대한 필요를 느낀다고 해서 실제 예측할 수 있다는 것은 아니다.

임상적 판단에서의 오류. 어떤 종류의 편향이라도 의사결정과정에 끼어들게 될 때 임상적 판단은 그 결과가 나빠지게 된다. 즉 임상적 판단이나 예측의 정확도가 내담자 특성의 함수로 변화할 때 편향이 생기게 된다. 이것은 내담자 특성에 따라 판단이 그때마다 달라지는 것과는 다른 경우이다(Garb, 1997, 1998). 예를 들어, 남성보다 여성에게 우울증이 더 많이 나타난다는 결과는 여성에 대한 오류를 함축하고 있는 것이 아니다. 그러나 동일한 증상이 나타날 때 남성보다 여성이 우울증 진단을 받을 확률이 더 높다는 것은 편향을 의미한다.

Garb(1997)는 임상적 판단을 하는 데 있어 인종, 사회적 지위, 성별에 따른 편향과 관련된 경험적인 증거를 검토하였다. 흥미롭게도 이 세 가지 유형의 편향을 지지하는 증거가 거의 없었다. 예를 들어, 편향에 대해 다음과 같은 신념을 지지하는 자료는 거의 없었다. (a) 사회 경제적 지위가 낮은 환자들은 사회 경제적 지위가 높은 환자들에 비해 더 많이 불안해하고 불안정한 상태인 것으로 판단된다. (b) 여자 환자들은 남자 환자들보다 더 불안해하고 역기능적인 면이 많은 것으로 판단된다. 그러나 다음과 같은 오류가 존재하는 것을 지지하는 강력한 증거들이 있다. (a) 정신병적 기분장애를 가지는 흑인과 히스패닉계 환자들은 유사한 증상을 가지는 백인 환자들보다 정신분열증으로 잘못 진단되는 경향이 있었다. (b) 증상들의 양상이 동일하게 나타나도 남자는 반사회성으로 진단될 때가 더 많고, 여자는 히스테리성으로 진단될 때가 더 많다. (c) 하층민보다는 중산층 환자들이 심리치료에 더 많이 의뢰되는 편이었다. (d) 흑인 환자는 다른 인종 집단보다 실제 정신병을 갖지 않아도 향정신 약물을 더 많이 처방받는 편이다.

Garb(1997)는 임상가가 이러한 오류 또는 다른 오류들을 극복하는 데 도움이 되는 방법을 다음과 같이 제시하였다−(a) 문서에 기록되는 오류들에 민감해져라. (b) 진단 책에 나오는 진단적 준거를 숙지해라. (c) 가능한 경우에는 언제나 임상적 판단과 예측 대신에 통계적 예측 방식을 사용하라.

경험과 수련. Faust(1986)는 다음과 같이 말하였다.

> 누가 임상적 판단을 잘하지 못하는가? 초심자만 그렇다고 볼 수 없다는 것이 그 대답이다. 전문가 또는 상당히 많은 경험을 가진 사람이 보통 임상가 혹은 초심자보다 더 수행을 잘한다는 것에 대한 증거는 매우 제한되어 있다. '사실은 거의 없다(p.420).'

임상적 경험이 많을수록 예측의 정확도가 증가한다는 것을 지지하는 경험적 증거는 없다(Dawes, 1994; Garb, 1989, 1998; Grove et al., 2000). 이는 상식에 반하는 증거이다. 왜 우리는 임상심리학 또는 다른 정신건강 분야에서 임상적 경험의 효과에 대한 증거를 찾지 못했을까? 여기에는 몇 가지 가설들이 존재한다(Dawes, 1994). 첫째, 예측의 정확도는 예측할 때 도움을 주는 사용 가능한 척도와 방법이 제한되어 제약을 받는다. 예를 들어, 심리검사 점수가 관련 있는 준거와 상관이 높지 않을 때(즉, 검사의 타당도가 높지 않은 경우), 임상적 경험의 효과는 나타나지 않을 수 있다. 예측의 정확도는 기껏해야 중간 정도일 것이고, 이는 임상가의 '임상 경험'에 영향을 받지 않을 것이다. 둘째, 우리가 예측하려고 하는 것(예: 학대하는 성격)이 무엇인지를 정확히 정의내릴 수 없고, 예측의 정확도를 객관적으로 평가할 수 있는 준거에 대한 우수한 기준이 없다. 따라서 예측에 대한 진정한 피드백을 얻기가 불가능하고, 진단가들이 경험에서 오는 이점을 누리기가 어렵다. 셋째, 우리는 정확한 예측들을 기억하려 하고 부정확한 것은 잊으려고 한다. 따라서 평가가 불완전하기 때문에, 예측과정에서 더 많은 경험을 하는 것이 꼭 정확도를 높이는 것은 아니다.

하지만 최근에 발표된 임상적 의사결정에 대한 대규모 메타분석 연구에 따르면, 임상적 경험이 임상적 의사결정을 향상하는 데 약간의 도움만(slight improvement) 되었다. Spengler 등(2009)은 1970년에서 1996년 사이에 행해진 임상적 의사결정에 대한 75개 연구들의 결과를 분석했다. 이 연구에 포함된 연구들은 임상적 의사결정, 임상적 의사결정 편

■ 인물소개 **Howard N. Garb, Ph.D.**

Howard N.Garb 박사는 Wilford Hall 의학센터에서 심리학 연구팀의 책임자이자 심리학 인턴십 프로그램의 부소장으로 일하고 있다. Wilford Hall 의학센터는 텍사스 주 샌안토니오에 위치하고 있으며 미국 공군 기지에서는 가장 큰 의학센터이다. Wilford Hall의 심리학 분야는 미국에서 가장 큰 인턴십 프로그램들 중 하나이며, 최근에는 Association for Advancement of Behavior Therapy에서 수여하는 우수한 수련 프로그램 상을 받기도 하였다. Garb 박사에게 임상심리학에 대한 그의 생각과 배경에 대해 몇 가지 질문을 하 였다.

어떻게 임상심리학 분야에 관심을 가지게 되었나요?

나는 16살 즈음 임상심리학자가 되기로 결정하였다. 어머니쪽 친척들 중에는 정신건강전문가들이 많이 있었다. 실제 나는 3세대 정신건강전문가이다. 이와 반대로 아버지 형제 중 한 명은 젊은 나이에 정신병원에서 사망하였다. 그는 쇼크치료—1940년대에 알려져 있던 일—를 잘못 받아 죽었다. 나는 심리학 책을 읽고 생각하는 것을 재미있어 하였고 이보다 더 흥미로운 일을 생각해 낼 수 없었기 때문에 임상심리학자가 되기로 결정하였다.

임상심리학자로서 하고 있는 활동에 대해 이야기해 주세요.

1984년부터 2003년까지 나는 Pittsburgh V.A. Health Care System에서 임상심리학자로 일하였다. 나는 환자들을 면담하고 심리검사를 실시하고 개인 또는 집단치료를 하였었다. 내 책들 중 2권은 이때 출판된 것이다. 「Studying the Clinician: Judgment Research and Pychological Assessment」, 「What's Wrong With the Rorschach? Science Confronts the Controversial Inkblot Test」 (written with Jim Wood, Teresa Nezworski, and Scott Lilienfeld). 요즘은 미군 공군 기지에서 기초적인 훈련을 위해 모집된 사람들을 대상으로(연간 4만 명 이상) 심리학적인 평가를 실시하는 책임을 맡고 있으며 심리학 인턴들을 가르치고 수련 감독을 한다. 심리학 연구진들에게는 연구를 할 수 있도록 도와주며 연구 프로젝트를 감독하는 역할도 하고 있다.

관심을 가지고 있거나 전문적인 활동을 하고 있는 임상 영역이 무엇인가요?

나의 전문 영역은 심리평가이다. 나는 특히 심리검사의 타당도, 정신건강전문가로서 내리는 판단의 타당도 및 임상가의 인지적 처리 과정, 판단과 결정을 내리는 과정에서의 컴퓨터 사용에 관심이 많다.

당신이 예측하는 임상심리학의 미래는 어떠한가요?

컴퓨터가 일반 사회에서 점점 더 중요해지고 있는 것처럼, 심리평가에서도 점점 더 중요한 역할을 차지하게 될 것이다. 결국 컴퓨터가 성격 특성을 기술하고, 진단을 내리고, 행동을 예측하고, 치료 결정을 내리는데 사용될 것이다. 그러나 컴퓨터가 심리평가를 수행하기 전에 임상가가 어떻게 판단을 내리는지, 어떻게 해야 판단을 잘 내리는지에 대해 이해하고 있는 것이 중요하다. 어떤 것을 변화시키기 위해 노력하기 전에 그것을 이해하고 있는 것이 중요하다.

임상심리학자들이 임상적 판단에 관한 연구들을 통해 알아야만 하는 주된 교훈이 무엇인가요?

임상적 판단에 관한 연구들을 통해 많은 것을 배울 수 있다. 임상가는 경험적인 연구들에 주목해야 하고, 문화적 편견을 인식하고 극복해야 하며, 어려운 사안에 대해 판단을 내릴 때(예: 방어 기제를 설명하거나 인과관계에 대해 판단을 내리는 경우)에는 신중해야 한다. 또한 면접을 할 때에는 체계적이고 포괄적으로 접근해야 하며 진단을 내릴 때에는 진단 준거를 숙지하고, 심리검사와 행동평가도구를 사용해야 한다. 또한 판단을 내릴 때 더 고려해야 할 사항은 없는지를 생각하고, 기억에 의존하지 말고, 법적, 윤리적인 원칙들을 지키도록 해야 한다.

임상적 판단에 대한 연구 결과는 긍정적이지도 부정적이지도 않다. 임상가는 연구의 결과가 부정적으로 나올 때는 기분이 안 좋을 것이다. 그러나 임상 장면에서 진보를 일구어 내는 것은 스스로를 비평하며 개선해 나가는 것 외에 다른 방법은 없다.

향, 혹은 임상적 예측 대 통계적 예측을 다루었다. 메타분석에 포함된 연구들은 정신건강관련 주제를 다루었고, 의사결정자는 대학원 수준의 임상가들이거나 정신건강전문가들이었다. 임상적 경험은 다양하게 평가되었는데, 예를 들면, 치료 혹은 평가한 내담자 수, 치료의 길이, 임상 훈련의 수준, 임상적 지도감독을 받은 시간 등이었다. 이 연구들에서 의사결정은 주로 내담자의 문제, 증상, 진단, 문제의 심각도, 치료가 필요한지에 대한 여부, 예후에 대한 것이었다.

이전의 모든 연구들에서, 경험 수준과 임상적 판단의 정확성 간에 약하지만 유의미한 관련이 있다고 보고되었다(평균 효과크기 = 0.12). 이러한 작은 효과크기는 더 많은 임상 경험이나 훈련을 통해 대략 13%정의 정확성을 높일 수 있다고 해석할 수 있다. 임상 경험이 의사결정의 정확성에 미치는 다양한 요인들도 보고되었다.

- 더 경험 많은 정신건강전문가들이 진단과 경험적 지침에 기반한 치료 개념화를 하는 데 있어서, 경험이 적은 전문가들에 비해 정확성이 높았다.
- 덜 타당한 의사결정 평가도구를 사용한 연구에서 더 높은 효과크기를 보고하였다. 반대로, 높은 수준의 타당성을 지닌 평가도구를 사용했던 연구들은 임상적 경험과 의사결정의 정확성 간에 상관이 없음을 보고했다.
- 마지막으로, 질이 높은 저널(higher-quality journals)에 게재한 논문들은 임상 경험과 의사결정 간에 높은 상관이 있음을 보고했다.

이러한 결과들이 무엇을 말해주는가? Spengler 등(2009)이 지적한 바와 같이, 임상적 경험과 의사결정 간에 유의미한 효과가 발견되었지만, "훈련과 경험은 전문성에 제한된 정도(modestly)만 도움이 되는 것일 수 있다(p. 383)." 위에서 지적한 바와 같이, 보고된 효과크기는 상당히 적다는 것을 알 수 있다(예, 일반적으로 효과크기가 0.2~0.3은 '적은' 효과로 알려짐). 이러한 결과를 통해, 의사결정에 있어서 임상 경험의 가치를 강조하는 데 다소 주의를 기울어야 한다. 둘째, 더 큰 효과크기를 보고한 연구들이 타당도가 적은 평가도구를 사용했다는 것에도 주의를 기울여야 한다. 그렇다면 전반적으로 보고된 적은 수준의 효과크기가 질이 낮은 연구들에서 보고한 효과로 인한 것일 수 있을까? 마지막으로 이러한 연구들이 통계적 예측(statistical prediction)과 임상적 예측(clinical prediction)을 비교하지 않았다는 것도 주목해야 한다.

어떤 유형의 전문적인 훈련을 받든지 간에, 정확한 진단 평가를 내리는 데 어떤 하나가 다른 것보다 우수하다는 증거는 없다. 예를 들어, 의학적인 질병이 있을 때 그것을 가리고 겉에 드러나는 심리적인 증상들과 기저에 의학적인 질병이 없는 심리적인 증상들을 구분하는 데 있어서조차 의학전문가와 의학전문가가 아닌 사람 사이에 정확도에 있어 차이가 없었다(Garb, 2000; Grove et al., 2000; Sanchez & Kahn, 1991).

이러한 연구들 모두는 임상심리학 분야에서는 다소 진지하게 생각해 보아야 할 부분이다. 그러나 예측하는 능력에는 한계가 있다는 것을 인식하고 '경험의 미신'을 쫓지 않는 것이 전문가로서의 책임감을 가지는 것이다. 그러나 한 가지 확실한 것이 있다. 임상가들은 그들에게 다른 선택의 여지가 없기 때문에 계속해서 의사결정을 내려야한다는 것이다. 중요한 것은 임상심리학자들이 예측을 해야하는 상황에서 가장 적절한 평가도구와 기술들을 사용할 수 있도록 최대한 준비하고, 또 임상심리학자들을 훈련시켜야 한다는 점이다.

결론

임상적 그리고 자료통계적 방법의 상대적인 강점들에 대한 다음의 결론들을 내릴 수 있다.

임상적 접근은 다음의 경우에 특히 더 가치 있다.

1. **적절한 검사가 없는 영역이나 사건에 대한 정보가 필요한 경우.** 이러한 경우 연구는 기계가 임상가를 대신해서 자료를 수집할 수 있다는 증거를 제시하지 못하고 있다.
2. **매우 드물게 발생하며, 비정상적인 사건으로서 지극히. 개인적인 일을 예측하고 판단 내려야 하는 경우** 회귀 방정식 또는 다른 공식들은 그런 사건을 다룰 수 있을 정도로 발달하지 못하였고, 임상적인 판단이 의지할 만한 유일한 방법이다.
3. **임상적인 판단들이 어떠한 통계적인 공식도 적용된 적이 없는 사례들을 다루고 있는 경우.** 실제 다양한 사례들이 이 범주에 해당된다(Garb, 2000). 임상가의 일상적인 결정들은 대개 이런 일들이며, 유용한 공식을 사용할 수 있는 경우는 드물고 비일상적인 일이다.
4. **예측하지 못한 상황변수가 발생하여 공식이 유용하지 않게 되는 경우.** 예를 들어, 병원에서 퇴원시키는 것이 타당한지 결정하는 데는 공식을 사용하는 것이 임상가보다 나을 수 있다. 그러나 자료를 모으는 과정에서 임상가는 논리적인 통계적 예측에서는 전혀 고려되지 못했을 중요한 자료를 환자로부터 얻게 될 수도 있다.

자료통계적 접근은 다음의 경우에 특히 더 가치 있다.

1. **예측되는 결과가 객관적이고 특정한 것일 경우.** 예를 들어, 통계적인 접근은 학점, 성공적인 퇴원, 직업적인 성공 그리고 이와 유사한 객관적인 결과들을 예측하는 데 매우 효과적이다.
2. **다수의, 이질적인 표본들을 대상으로 한 경우로 한 개인의 특성에 대한 관심은 적은 경우.** 5만 명의 군인들 중 몇 명이 군대에서 불명예 제대를 하게 되는지를 통계적인 공식으로 예측하는 것은 군대에게 매우 유용한 자료가 된다.
3. **인간이 내리는 판단, 실수와 오류가 걱정이 되는 경우.** 피곤함, 지루함, 편견, 그리고 다른 사람의 많은 실수 등은 결국 임상가가 책임져야 하는 잘못이 될 수 있다. 때로 그런 결과들은 무작위적으로 발생되며 예측 불가능하다. 공식, 방정식, 컴퓨터는 지치지도 않고 지루해 하지도 않으며 편견을 가지지도 않는다.

임상적 방법과 자료통계적 방법에 대한 많은 논쟁들이 열기를 띠고 있다. 각 진영은 자신과 다른 진영의 이야기를 조롱하며 무시한다. 공식이 직관보다 더 나은 결과를 보이면 임상가는 위협감을 느끼며 방어적으로 반응하게 된다. 이와 유사하게 어떤 연구자들은 모든 임상가들을 예측을 하는 데 있어 이류 수준의 기계로 생각한다. 그러한 반응은 어떤 문제를 해결해 내기는 커녕 다른 쪽의 장점을 받아들이지 못하게 방해하는 역할을 할 뿐이다.

가장 유용한 입장은 이 두 가지 접근을 통합하는 것으로 보인다. 민감한 임상가는 모든 회귀 방정식, 객관적인 검사 점수 또는 특정한 과제에 적용되는 통계적 방법을 사용할 것이다. 그러한 임상가는 임상적 자료를 모으는 것, 가설을 세우는 것 그리고 직관을 사용하는 것이 공식으로 대체될 수 없다는 것을 충분히 안다.

마찬가지로 임상가는 회귀 방정식조차 어디선가 만들어져야 한다는 것에 안도감을 느낄 수 있다. 컴퓨터 프로그램을 만드는 것과 같이 누군가는 자료를 수량화하고 자료통계적 분석을 위한 자료로 만들어야 한다.

누군가는 처음에 검사와 검사 문항들을 선택해야 한다. 공식이 기계적으로 적용될 수 있음에도 불구하고, 이러한 공식이 초기에 만들어질 수 있는지 없는지 여부는 임상심리학자에게 달려 있다.

임상적 판단과 해석을 향상시키기

본 장과 이전 장에서 우리는 임상적 예측과 해석의 효율성과 타당성을 감소시킬 수 있는 다양한 요인에 대해 논의하였다. 어느 누구도 확실하게 완벽한 수행을 이끌어 낼 일련의 처방들을 규정할 수는 없다. 그러나 예측을 위해 자료에서 해석으로 넘어갈 때 명심해야 할 중요한 몇 가지 요인들에 대해서 주의를 기울여 보자. 임상가의 수행이 이제까지는 훌륭하지 않았다 할지라도 향상시킬 방법은 있다(Faust, 1986; Garb, 1998).

정보처리

임상가들이 평가 정보를 처리할 때, 그들은 종종 엄청난 양의 자료에 압도된다. 많은 경우에 이런 정보들은 양과 복잡성 때문에 통합하기 어려울 수 있다. 임상가들은 과도하게 단순화시키는 경향을 경계해야만 한다. '이목을 끄는' 정보에 과잉 반응하거나 그들이 그리려고 하는 그림에 적합하지 않은 자료들을 무시하기가 십상이다. 지나치게 많은 정보로부터 오는 압박이든 환자에 대한 추론에 일관되어야 할 필요에서 오는 압박이든, 임상가는 본래부터 복잡한 환자에게서 생기는 모호함과 복잡함을 인내할 수 있어야 한다.

과잉해석 경향

앞선 장에서 임상가들이 때로는 과잉해석하는 경향이 있다는 것을 언급하였다. 그들은 때로는 덜 의미 있는 언급이나 행동에 지나치게 많은 의미를 부여한다. 임상가는 그렇게 보도록 훈련되었기 때문에 단서들로 정신병리의 증거를 찾으려 한다. 정말로 놀라운 것은 세상이 정말 많은 '아픈' 사람들과 함께 잘 지내고 있다는 것이다. 긍정적인 것보다 부정적인 것을 강조하기 너무 쉬워 어떤 사람의 장점이나 자원을 고려하지 않은 채 극단적인 예측이나 해석을 하게 될 수 있다. Garb(1998)는 병리와 역기능을 평가하는 데 더하여 환자의 강점과 자원을 평가하는 임상가가 내담자를 부적응적인 사람이나 기능이 손상된 사람으로 선고할 가능성이 적다는 점을 지적한다.

타당화와 기록 남기기

임상가들은 너무 자주 추후조사 없이 해석이나 예측을 한다. 만약 임상가들이 해석과 예측을 기록해 놓지 않는다면 맞는 것만 기억하기 쉽다. 전문가 동료나 환자를 아는 다른 사람들의 관점과 임상가의 관점을 비교하는 고통을 받아들일 수 있게되면 해석 기술을 다듬는 데 도움이 된다.

모호한 보고서, 개념, 그리고 준거

임상가의 판단을 타당화하는 데 가장 방해가 되는 것 중의 하나는 모호한 개념이나 잘 정의되지 않은 기준을 사용하는 것이다. 물론 이런 과정은 모호한 심리 보고서에서 정점을 이룬다. 이런 상태에서 임상가의 판단이 옳은지를 결정하는 것은 매우 어려워질 수 있다(판단 중 어떤 것은 그런 모호한 용어를 사용하기 때문에). 이런 문제를 해결하기 위해 Garb(1998)은 임상가가 임상적 판단과 예측을 하기 위해 구조화된 면접, 구조화된 평가 척도, 객관적 성격검사, 행동평가 방법을 사용할 것을 권고한다.

예측의 효과

때로 예측이 잘못된 것으로 판명되기도 하는데, 이는 잘못된 추론에 기초했기 때문이 아니라 예측 그 자체가 행동적 상황에 영향을 주기 때문이다. 예를 들어, 환자가 병원에서 퇴원한 후에 집에서 적응을 하는 데 어려움을 겪을 것이라는 예측은 맞을 수 있다. 그러나 환자의 친척이 이 예측을 도전적으로 받아들일 수 있고, 그런 예측이 없었을 때보다 환자의 적응에 더 도움이 되는 환경을 제공할 수 있을 것이다. 그러므로 판단은 환자 자신의 행동이나 다른 사람의 행동을 변화하게 만들 수 있다.

모르는 상황에 대한 예측

임상적 판단과 예측은 임상가가 예측할 상황에 대해 명확하게 이해하지 못할 때 잘못될 수 있다. TAT에서 공격성을 추론하는 것과 구체적인 상황에 그것을 관련시키는 것은 별개의 문제다. 더구나 임상가가 아무리 주의 깊고 옳았다고 하더라도, 외부적 사건이 완벽하게 타당한 예측을 무효화시킬 수도 있다. OSS(전략 사무국) 평가 프로그램의 다음 예를 살펴보자.

> OSS의 한 고위 관리자가 외국에서 근무하고 있을 때 국내에 있는 친구로부터 자신의 부인이 아무런 메시지나 주소도 없이 자동차 수리공과 도망갔다는 정보가 담긴 편지를 받았다. 결과적으로 그 관리자는 상당한 충격을 받았다. 평가자는 소수의 남성만이 이런 종류의 매우 우울한 사건에 대응할 수 있다고 예측할 수는 있었다. 그러나 이 관리자가 그 소수의 사람이 속하게 될지 추정하는 것은 불가능하였다(OSS Assessment Staff, 1948, p.454).

상식적으로 볼 때 사람의 행동을 정확하게 예측하기 위해서는 그 행동이 어떤 환경에서 일어나는가를 고려해야 한다. 이것이 또한 행동평가에서 신봉하는 원리이기도 하다. 그러나 임상가는 종종 환자가 살거나 일하는 상황에 대해 부정확하고 모호한 정보에 기초하여 예측을 하도록 요구받는다.

병원 상황에서 임상가는 주어진 정신과 환자에 대한 퇴원 전 평가를 하라고 요구받게 될 것이다. 그러나 임상가에게 가능한 정보는 개인차를 말해 주는 보조적 자료와 일반적인 배경 정보뿐인 경우가 많다. 조사자들은 그런 자료가 천장 효과를 보일 소지가 있으며, 그 자료와 후속 행동 간의 상관이 .30에서 .40보다 좋지 않을 것이라는 것에 동의한다(예: Mischel, 1968). 어림잡아 보더라도 그 정도 크기의 상관은 바람직한 수준이 못된다. 그러므로 예측 시 성격 자료만으로는 불충분하다.

오류가 있는 예측 원리

어떤 경우 직관적 예측은 임상가로 하여금 오류를 범하게 만드는데, 이는 임상가가 통계적 예측의 논리를 무시하기 때문이다. 직관적 예측은 종종 기저율을 무시하며, 회귀 효과를 고려하는 데 실패하고,

높은 상관을 보이는 예측은 타당도도 높을 것이라고 가정한다(Grab, 1998; Kahneman & Tversky, 1973). 예를 들어, 임상가가 다양한 상황에서의 행동 표본들을 모아서 환자를 평가한다고 가정해 보자. 관찰들이 극단적으로 공격적인 사람이라는 것을 드러냄에도 불구하고, 임상가는 그 사람이 궁극적으로는 비공격적인 방식으로 행동하는 것을 배울 것이라는 데 놀라서는 안 된다. 회귀 개념은 예외적으로 키 큰 부모가 더 키가 작은 아이들을 가질 것이라든가 혹은 똑똑한 학생이 때로는 바보 같은 행동을 할 수 있다는 것을 예상할 수 있게 만든다.

또한 임상가 자신의 자신감이 때로 그릇된 판단을 하게 한다. 예를 들어, Kahneman과 Tversky(1973)는 임상가가 관련된 여러 검사들로부터 예측을 할 때 더 자신감이 있다는 것을 보여 준다. 더 구체적으로 살펴보면, 임상가가 단일 검사만으로 해석하는 것보다 Rorschach, TAT, MMPI를 함께 볼 때 자신의 추론에 더 자신감을 가지게 되는데 M. Golden(1964)는 이런 자신감에 근거가 없다고 주장했다. 임상적 해석의 신뢰도와 타당도는 검사 자료의 양이 증가하는 것에 비례해서 더 나아지는 것은 아니었다. 임상가는 항상 자신의 추론을 확증해야만 하는데, 추론의 타당도가 검사 배터리의 크기와 반드시 관계가 있다고 믿는 것은 오류이다.

전형화된 신념의 영향

때로 임상가는 전형화된 신념에 근거하여 자료를 해석한다(Chapman & Chapman, 1967). 예를 들어, Golding과 Rorer(1972)는 어떤 임상가들은 Rorschach 검사에서의 항문 반응이 동성애를 나타낸다고 믿었으며, 그렇게 해석하지 않도록 훈련을 받았음에도 불구하고 그들의 선입견을 바꾸는 데 극단적으로 저항하였다. 이런 연구는 임상가들이 특정 진단적 징후가 특정 성격의 지표로 타당하다고 믿는 경향에 끊임없이 경계를 해야 한다는 것을 상기시켜 준다.

또 다른 예는 임상적 판단을 내리는 데 내담자의 사회경제적 지위가 미치는 영향에 대한 연구이다(Sutton & Kessler, 1986). 242명의 응답자들이 두 내담자의 사례사를 읽고 임상적 판단을 내렸는데, 이때 두 내담자는 사회경제적 지위만 다르고 다른 측면에서는 모두 같았다. 7학년까지만 다니고 실업 보조금을 받는 내담자에 대해 대부분의 임상가가 더 나쁜 예후를 예측하였고 통찰치료를 권유하는 경우가 더 적었다.

"내가 사례 회의에 참가하지 않는 이유"

Meehl(1977)은 흥미로운 한 논문에서 그가 왜 사례 회의에 참석하지 않게 되었는지 그 이유에 대해 열거하였다. 그는 그런 회의에서 나타나는 많은 오류들을 열거했는데, 그것들 중 대부분은 일반적으로 해석과정과 관련된 것이었다. Meehl이 열거한 이유들을 대략 살펴보면 이런 오류들이 어떤 것인지 가늠해 볼 수 있다.

- **병든 자-병든 자 오류(*Sick-sick fallacy*)**: 자기와 매우 다른 사람들을 병리적인 사람으로 지각하는 경향성이다. 자신들의 행동과 아주 다른 행동은 부적응적인 행동이라고 해석하는 경향성으로 이런 행동을 보이는 내담자들에게서 더 병리가 있는 것으로 보려 한다.
- **나 또한 그렇다 오류(*Me-too fallacy*)**: 우리에게도 일어날 수 있기 때문에 환자의 인생에서 일어난 사건의 진단적 의미를 부인하는 것이다. 우리들 중 일부는 너무나 자애적이거나 방어적이어서 우리가 마치 정신건강의 모범인 것처럼 생각한다. 그래서 환자가 우리와 유사할수록 문제를 덜 찾아내게 된다.

- **우리 아저씨도 그렇다 오류**(*Uncle George's pancakes fallacy*): "그건 아무런 문제가 안 돼요. 우리 삼촌 조지도 먹다 남은 팬케이크를 버리는 것을 좋아하지 않았어요." 이는 앞의 오류의 연장선에 있다. 우리가 하는 것은(더 나아가 우리와 가까운 사람이 하는 것은) 부적응적인 것일리 없다. 그러므로 우리와 비슷한 사람은 부적응적일 리가 없다고 생각하는 것이다.
- **다수의 나폴레옹이 있다 오류**(*Multiple Napoleons fallacy*): 정신병 환자가 자신이 나폴레옹이라고 강하게 느끼지만 나폴레옹은 단 한 사람뿐이다. 이런 환자의 믿음을 병리적인 것으로 해석하는 데 이의를 제기하면서 다음과 같이 말한다. "글쎄 그것이 우리에게는 현실이 아닐 수도 있지만 그 사람에게는 현실이에요!" 더 나아가 "모든 것이 그렇게 지각한 그 사람에게는 현실이에요. 실제로 우리의 지각은 우리의 현실이에요." 만약 이런 논쟁이 지속적으로 일어난다면, 병리적인 것은 아무것도 없다. 자신의 콧구멍에 외계인이 살고 있다고 믿는 편집형 정신분열증을 가진 환자조차도, 결국은 그에게는 그것이 현실이기 때문에 정상이라고 말하게 된다.
- **이해되면 정상이다 오류**(*Understanding it makes it normal fallacy*): 환자의 신념이나 행동을 이해할 수 있게 되면 그것이 병리적 의미를 가지지 않는다고 생각하는 것이다. 이런 함정은 임상가가 빠지기 매우 쉬운 것이다. 가장 이상하고 의심스러운 행동조차도 그것이 일어난 이유를 확신하게 될 때 그 행동을 받아들일 수 있는 행동으로 간주하게 만든다. 이는 범죄자의 동기와 불쌍한 어린시절의 경험을 이해해서 범죄행위를 용서하는 것과는 다른 논리이다.

의사소통: 임상 보고서

이제까지 평가에서 임상적 판단의 과정에 대해 논의하였다. 임상가는 면접을 하고, 검사를 실시하며, 사례의 배경정보를 읽는다. 검사를 채점하고, 가설을 세워본다. 그 다음에는 보고서를 써야 한다. 이것이 평가과정의 의사소통 단계이다.

Appelbaum(1970)은 평가자의 역할을 사회학자, 정치가, 외교관, 집단역학 분석가, 판매원, 예술가로 보았으며, 물론 심리학자의 역할도 있다고 보았다. 사회학자로서 평가자는 보고서가 수용되고 가장 도움이 되도록 하기 위해서는 지역 사회의 관습을 잘 평가해야만 한다. 어떤 경우에 이것은 병원 관계자들에게 보고서의 타당성을 납득시키고, 보고서에 제안한 대로 조치를 취하도록 설득하는 것을 의미하기도 한다. 때로는 병원 조무사, 간호사, 정신과 의사, 그리고 관련자를 설득할 수 있다. 그런 설득은 임상가보다는 정치가나 외교관으로서더 적합한 것일 수 있다.

임상가가 영업사원의 역할을 해서는 안 된다. 그러나 보고서를 이용해 망설이고 있는 다른 사람을 설득할 수는 있다. 모든 사람이 임상가를 지혜와 순수한 진실을 전달하는 사람으로 보지는 않는다. 물론 이상적으로는 임상가의 결론과 빈틈없는 논지를 뒷받침해 주는 증거가 사람들이 보고서에 나타난 기술과 제언을 받아들이는 이유가 될 수 있을 것이다.

보고서를 작성하는 유일한 '최상의 형식'은 존재하지 않는다. 의뢰 사유, 보고서를 받아볼 사람, 평가절차에 사용된 검사 종류, 그리고 임상가의 이론적 설득이 임상 보고서의 형식에 영향을 미치는 요인들이다. 정신과 의사에게 보내는 보고서에서 사용하는 용어와 학교 책임자에게 보내는 보고서에서 사용하는 언어는 다를 것이다. 정신지체가 있는 자녀를 가진 부모에게 제공되는 피드백은 전문가 동료에게 하는 피드백과 다르게 제시되어야 한다. 표 11-2에 심리검사 보고서의 개요를 제시하였다(Beutler, 1995).

의뢰 경위

보고서의 주된 책임은 **의뢰된 사유**에 대한 답을 제시하는 것이다. 검사 보고서는 우선 평가를 하도록 만든 질문에 주의 깊고 명백하게 답해야 한다. 만약 의뢰 사유에 답할 수 없거나 의뢰 사유가 부적절하다면, 이런 내용이 보고서에 기록되어야 하며 이런 판단을 내리게 된 이유에 대해서도 기록해야 한다. 어떤 경우(아마도 대부분의 경우)에는 평가 자료에 모순이 내재할 수 있다. 임상가는 이런 모순을 해결하기 위해 모든 노력을 기울여야 하고 환자에 대한 통합된 관점을 제시해야 함에도 불구하고, 이런 해결이 불가능한 경우도 있다. 그럴 때는 모순점들을 기술해야만 한다. 일관성을 보이기 위해 왜곡하는 것은 바람직한 대안이 아니다.

종종 다른 사람들이 임상 보고서를 읽는 경우가 있다. 예를 들어, 처음의 보고서는 의뢰한 사람(정신과 의사, 다른 임상가 혹은 기관)에게 제공됨에도 불구하고, 기관 관리자, 프로그램 평가자, 연구 심리학자 등이 읽게 될 수도 있다. 이런 특수한 상황에서는 그런 사람들을 위해 특별히 보고서를 준비하는 것이 필요할 수도 있으며, 때로는 바람직할 수도 있다. 어떤 경우에 임상 보고서는 항상 임상적 혹은 직접적인 도움을 주는 기능만을 하는 것은 아니다. 보고서는 프로그램의 효과를 평가하기 위해 도움을 줄 수도 있다. 심리학 연구의 관점에서도 유용할 수 있다. 임상 보고서에 있는 정보는 검사 혹은 검사에서 도출된 해석, 예측을 타당화하는 데 도움이 될 수도 있다. 때로 그런 자료는 환자가 다양한 형태의 치료를 받은 후 변화를 비교하기 위 한 기초 자료로 제공될 수도 있다.

의사소통 돕기

보고서의 기능은 의사소통이다. 다음에 제시되는 것은 이 기능을 강화시키기 위한 제안들이다.

언어. 환자의 반응을 검사마다 지루하고 구체적으로 적거나 나열해서는 안 된다. 다시 한 번 말하자면, 의뢰 사유의 본질을 잘 기억하고 있는 것이 중요하다. 일반적으로 지적인 일반인이 이해할 수 있는 양식과 언어로 쓰는 것이 가장 좋다. 물론 무엇이 쓸데없는 나열 혹은 과도한 기술인지는 읽는 사람의 시각에 따라 조금은 다르다. 어느 정도의 기술적 언어는 그것을 알고 있는 전문가 동료에게 보내지게 될 보고서에서는 괜찮을 수 있다. 반면에 부모에게 보낼 보고서에는 기술적 용어는 사용하지 않는 것이 좋다. 소검사 간 분산이나 EB (Erlebnistypus: 경험형)와 같은 용어는(다소 명확하지 않은 Rorschach 검사지표) 다른 임상가에게는 괜찮을 수 있지만, 고등학교 상담자에게 보낼 보고서에서 써서는 안 된다.

개별화된 보고서. 이 장의 초반부에 Barnum 효과를 피하는 것의 중요성에 대해 다루었으며, 그 요지를 다시 반복하여도 좋을 듯하다. 특수한 것(그것이 현재의 성격이든 발달사 혹은 학습 경험의 역사가 되든)이 일반적인 것보다 좋다. "잭은 불안정하다."라고 말하는 것은 심리치료에 온 다른 90%의 사람들과 구별하기 어렵다. "잭의 불안정성이 어린 시절 몇몇 다른 친척들과 살았던 과거력에 기인하며, 그가 부인과 집을(일시적으로) 떠나야 한다는 결정을 해야 할 때마다 특히 급성적으로 나타난다."라고 말하는 것이 더 의미가 있다. 이 경우 일반적인 특성은 앞의 조건과 뒤의 조건에서 다르게 나타난다.

세부사항의 수준. 보고서가 얼마나 구체적이어야 하는가에 대한 문제가 종종 야기된다. 다시 한 번 말

표 11-2 심리보고서 개요 표본

I. 인적사항
  A. 환자 이름
  B. 성별
  C. 나이
  D. 인종
  E. 평가일자
  F. 의뢰한 임상가
II. 의뢰 사유
III. 평가 절차
IV. 배경정보
  A. 의뢰 사유를 명확하게 만드는 정보
  B. 결론의 신뢰도/타당도에 대한 언급
V. 인상과 결과에 대한 요약
  A. 인지적 수준
    - 현재의 지적, 인지적 기능(예: 사고, 지능, 기억, 지각)
    - 병전 수준과 비교하여 손상된 정도
    - 손상의 예상되는 이유

    (이 부분의 끝에 이를 때 의뢰한 사람이 환자가 사고장애, 정신지체, 기질적인 문제가 있는지의 여부를 알 수 있게 해 주어야 한다.)
  B. 정동과 기분 수준
    - 현재의 기분과 정동 – 병전 수준과 비교하여
    - 손상된 정도(경미, 중간, 심각)
    - 장애가 급성인가 만성인가
    - 불안정성 – 자신의 인지적 지원으로 얼마나 잘 정서를 조절하고 통제할 수 있는가?
  C. 대인관계적 – 개인내적 수준
    - 초기의 대인관계적, 개인내적인 갈등, 그리고 그것의 중요성
    - 대인관계적, 개인내적인 대응 전략(주요 방어기제를 포함하여)
    - 성격에 대한 개념화
VI. 진단적 인상
  A. 인지적, 정서적 기능 등에 대한 일련의 인상들
  B. 가장 가능성 있는 진단
VII. 치료에 대한 제언
  A. 위험에 대한 평가, 입원, 약물의 필요성
  B. 치료의 기간, 종류, 빈도

출처: From "Integrating and Communicating Findings," in L.E. Beutler and M.R. Berren (Eds.), *Integrating Assessment of Adult Personality*(pp.25-64). Reprinted with permission of Guilford Publications.

하면, 답변은 대개 누가 읽느냐에 달려 있다. 그러나 일반적으로 추상적 일반화, 구체적 행동 기술, 약간의 검사 세부 내용이 섞여 있는 것이 바람직하다. 예를 들어, 우울한 경향을 보고할 때 그런 추론을 하게 한 약간의 검사 반응을 적어 주는 것이 좋다. 검사 동안 보였던 관련된 행동 관찰을 적는 것도 도움이 될 수 있다. 약간의 세부사항은 읽는 사람으로 하여금 임상가의 결론과 해석을 평가할 수 있다고 느끼게 할 수 있다. 추상적 일반화만을 사용하는 것은 읽는 사람으로 하여금 임상가의 추론적 과정에 좌우되게 만들 수 있다.

안토니오 라미레즈 보고서에 대한 의견. 보고서의 주요한 기능은 의사소통이다. 보고서 쓰는 사람의 자아 여행(ego trip)이어서는 안 된다. 일반적으로 안토니오 라미레즈에 대한 보고서는 일반인이 읽고 이해할 수 있는 정도이다. 심리학적 기술용어는 거의 포함되어 있지 않다. 그렇지만 일부 용어(예를 들면, '강한 내적 경험', '현실 검증력')는 정신건강 전문가들에게만 익숙한 것일 수 있다.

또 다른 긍정적 특성은 세부사항에 대한 수준이다. 이 보고서는 배경정보를 제시하는 것으로 시작하고 있는데, 환자가 자신의 행동과 감정을 어떻게 보고 있는지 소개하고 있다. 또한 임상가에 의한 행동 관찰도 포함된다. 그리고 검사 반응과 추론에 대한 논의로 옮겨간다. 그 다음에 몇 가지 통합적 언급을 하였다.

동시에 이 보고서에는 Barnum적 언급의 예가 명백하다. 예를 들면, "그의 현실 검증력은 높은 스트레스 상태에서 다소 손상되어 있는 듯하다." 또한 종종 다소 모호한 예측이나 언급도 있다. 예를 들어, "만약 그가 적절한 치료를 받는다면 병전 기능 수준으로 돌아올 수 있을 것이다." 등이다. 어떻게 이런 예측을 타당화할 수 있는가? 많은 경우에 검사 자료가 언급된 해석이나 예측을 지지하는 데 사용되었다는 것이 불명확하다. MMPI-2, WAIS-R, Rorschach 결과에 대한 근거가 있는가? 이 검사들의 구체적인 검사 점수가 이런 언급을 위한 근거로 사용되었는가?

이런 몇 가지의 비판적 언급에도 불구하고, 우리는 이 보고서가 제한점보다 강점이 더 많다고 강조하고자 한다. 보고서는 구조, 양식, 언어적 측면에서 다양한 형태를 취한다. 그러나 가장 중요한 것은 검사 보고서가 환자에 대한 이해를 증가시키고 결과적으로 적당한 조치 · 치료를 받도록 기여하는 것이다. 결국 그것이 심리평가의 첫 번째 목표이다.

임상 보고서의 사례 실례

임상적 판단과 의사소통에 대한 본 장의 몇 가지 요점의 실례를 들기 위해, 구체적인 임상 사례 보고서를 살펴보고자 한다(Corbishley & Yost, 1995; pp.322-340).

인적사항

이름: 안토니오 라미레즈
생년월일: 1962년 7월 4일
성별: 남
검사일자: 1994년 8월 22일, 94년 8월 23일

의뢰사유

32세 라틴계 남성인 안토니오 라미레즈는 미시간 주 디트로이트 시 경찰서의 경사였으며, 현재 마약 담당으로 근무하고 있다. 지난 몇 주간 그는 스트레스를 받는 것처럼 보였으나 병가를 거부하였고, 아무 이상이 없다고 주장하였다. 최근 사건들이 그가 현재의 업무를 지속하는 능력에 어떤 영향을 미쳤는지 알아보기 위하여 그의 상사가 심리평가를 의뢰하였다.

(*계속*)

임상 보고서의 사례 실례(*계속*)

평가절차

라미레즈 씨의 개인 파일과 의뢰인의 보고서를 검토하였고, 라미레즈 씨는 마지못해서 부인인 도나를 면접하는 것에 동의하였다. 1994년 8월 22일, 남편이 MMPI-2를 실시하는 1시간 동안 부인을 면접하였다. 그는 두통과 눈이 뿌옇다고 호소하면서 그날 더 평가를 받지 못하겠다고 하였다. 다음날 1시간 동안 더 면접을 했으며, 그 후에 Rorschach 검사와 웩슬러 성인용 지능검사(WAIS-R)를 실시하였다.

배경정보

라미레즈 씨는 현재 부인, 6살 난 딸, 4살 난 아들과 함께 살고 있다. 그는 1984년부터 디트로이트 시 경찰서에 근무하고 있으며, 만족스러운 경력을 가지고 있다. 전반적인 건강 상태는 양호하였으며, 결혼생활과 직장생활에 대한 만족감을 표현하였다. 그의 대인관계는 제한되어 있었는데, 자신이 경찰관이어서 주변 사람들이 불편해 한다는 사실과 일해야 하는 시간이 예측 불가능하기 때문에 비롯된 것이라고 말했다.

그는 형제들과는 좋은 관계를 유지하고 있었지만, 형제들이 모두 멀리 살기 때문에 자주 만나지는 못한다. 그는 취미가 없으며, 주로 집이나 정원에서 아이들과 가끔 놀아주는 등 가정에서의 제한된 여가 시간을 보낸다. 그의 보고에 따르면 부인과의 관계는 가까우나 감정에 대해 말하는 일은 거의 없으며, 부인에게 자신의 걱정을 지우고 싶지 않다고 하였다. 그의 부인은 그를 훌륭하고, 성실하며, 침착하고, 애정 어린 아버지라고 설명하였으나, 인생을 너무 심각하게 살고 있어서 재미를 추구하는 방법을 더 배웠으면 좋겠다고 말하였다. 라미레즈 씨는 매우 가난한 어머니 밑에서 자라났으며, 아버지는 안토니오가 8살 때 산재로 사망하였다. 그는 '엄격하지만, 자신을 사랑했던' 아버지라고 회상한다. 그는 어머니를 '언제나 기진맥진하고 항상 슬픈' 사람으로 묘사하였다. 아버지가 돌아가셨을 때, 5살, 3살, 6개월 된 세 명의 동생들이 있었다. 라미레즈 씨는 일찍부터 가족을 돕는 사람의 역할을 하였는데, 방과 후와 주말엔 돈을 벌기 위해 일을 하였으며, 동생들의 훈육을 돕기도 하였다. 그는 자신의 어린 시절을 '그리 재미없었고, 살아남기 위해 투쟁했던' 시절로 기억하고 있다.

그는 일을 해야 했고 학업을 마치기 위해 '또래들과 장난칠' 시간이 없었기 때문에, 학교에서도 소외되어 있었다. 그는 필요할 때 자기 방어를 위해 싸우는 법을 배웠으며, 자신의 길을 추구하는 법을 배웠고, 시도하는 것은 무엇이든 밀고 나가는 법을 배웠다. 그의 어머니는 이미 매우 지쳐 있었고 친한친구도 없었기 때문에, 그는 문제나 감정들을 혼자 간직하는 법을 배우게 되었다. 대학생활 2년 후에 그는 조직의 규율과 구조, 그리고 사회를 지킬 수 있는 기회가 있다는 점에 반해서 경찰학교에 입학하였다. 경찰계에서 그는 공정하고, 침착하며, 강인하고, 완전히 신뢰할 수 있으나, 가까이 하기에 쉬운 사람은 아니라는 평판을 들었다—사실, 그의 자기 충족적인 면이 무서울 정도였다.

지난 3개월간, 그는 몇 가지 혼란스런 사건을 경험하였다. 그의 파트너가 불시단속 중 부상을 당했고, 일상적인 교통상황을 점검하다가 상처를 입지는 않았지만 저격을 당했으며, 그의 부인이 저녁에 퇴근을 하다가 강간이나 상해는 당하지 않았으나 공격을 당했고, 부서진 집에서 거의 압사당한 5세 미만의 두 아이를 처음 발견하였다.

이런 폭력의 누적이 라미레즈 씨에게 몇 가지 영향을 준 것으로 보인다. 그는 그의 성격답지 않게 조그만 일에도 벌컥 화를 냈으며, 한 번은 동료 경찰관과 어려움이 있을 때 부적절하게 격앙되어 총을 발사하기도 하였다. 신체증상으로는 지난 두 달 동안 15파운드나 감량되었으며, (부인의 말에 따르면) 잠을 설치고 일주일에 몇 번씩 악몽을 꾼다. 더구나 그는 과민하게 그의 가족을 과잉보호하게 되었는데, 자녀들이 친구 집에 놀러가지 못하게 하였으며, 부인에게 직장을 그만두라고 화를 내며 요구하였다. 직장에서는 흥분을 잘하고 집중하지 못하여, 동료 경관들에게 걱정을 끼치기도 하였다. 세밀한 주의가 요구되는 일을 할 때, 그는 종종 두통이 생겼다. 평소에 매우 꼼꼼하던 그가 작성한 몇몇 보고서에서는 부주의한 오류나 소홀함이 발견되었다. 그는 이러한 일들이나 갈등을 동료나 상사, 경찰 담당의사와 상의하는 것을 거부하였다.

이러한 일상적이지 않은 행동들에 대해 질문하였을 때, 라미레즈 씨는 자신이 변했다는 것을 부인하였고, 사람들이 과장하고 있다고 주장하였다. 자세히 탐색하자 그는 간혹 관계없는 일상적인 활동을 할 때 플래시백(특히 죽은 아이들에 대한 장면)을 경험한다는 것은 인정하였으나, 별로 불편하지도 않을 뿐더러 주의집중에 방해가 되지도 않는다고 주장하였다. 그는 체중 감소와 수면 장해를 더운 여름 날씨 탓으로 돌렸으며, 평가 과정 내내 자신은 "괜찮다"며, 지난 몇 달 동안의 사건은 자신의 직업과 생활의 부분일 뿐이며, 예전처럼 일을 계속할 수 있다고 주장하였다.

결정의 신뢰도와 타당도

평가의 다양한 부분에서 라미레즈 씨는 동요되어 있었고 초조해 보였다. 그는 검사자가 '잊는 것이 최선인 사건들'을 기억해 내라고 한다며 검사자를 농담조로 힐난하였다. 비구조화된 상황(Rorschach 검사)에서 그는 검사가 진행됨에 따라 더 적은 반응을 하였다. 아마도 그의 높은 각성 수준이 비구조화된 자료에 대한 반응의 타당도에 영향을 미쳤을 것이다. 그는 구조화된 자료(MMPI-2)에서는 불편함을 잘 드러내지 않았으나, 타당도 척도에서는 그가 호의적으로 보이려고 하고 병리를 부인하려고 노력하고 있다는 것이 시사되었다. 지적으로 도전적인 과제(WAIS-R)를 실시하는 동안에 그는 매우 열심히 하는 듯 보였으며 거의 주의가 분산되지 않았다.

모든 외적 증거들은 지난 몇 주 동안의 라미레즈 씨의 행동이 병전 기능 수준과 현저하게 다르다는 것을 보여 준다. 그러므로 결과들은 외적 정보원에서 얻을 수 있는 객관적인 자료에 비추어 해석되어야 한다.

인상과 결과에 대한 요약

양일간 평가를 할 때, 라미레즈 씨는 시간에 맞게 도착하였으며, 완벽하게 제복을 차려입고 꼼꼼하게 몸단장을 하였다. 서 있거나 앉아 있거나 그는 경직되어 있었으며, 마치 차려 자세를 하고 있듯이 거의 움직이지 않았다. 그는 눈맞춤을 거의 하지 않았으며, 하더라도 짧게 하였고, 명확하고, 약간 크고, 단조로운 목소리로 말하였는데, 종종 말하기 전에 잠시 쉬었으며 다시 일러 주지 않으면 대답을 하는 경우가 드물었다. 내적 경험에 대해 이야기를 할 때조차도, 그는 상사에게 공식적인 보고를 하는 듯한 인상을 주었다. 비구조화된 자극에 대해 반응할 때만이 자발적으로 반응하는 것 같았다.

지적으로 그는 '보통 상' 범위의 지적 기능을 보였으나, 이전 평가 결과보다는 현저하게 낮은 수준이었다. 보통 상황에서는 주의 깊고 논리적으로 생각하고(상상력이 없기는 하지만), 지속적인 지적 노력을 기울일 능력이 있었다. 현재 그는 강한 내적 경험에 의해 쉽게 주의가 분산되었다. 최근의 불쾌한 사건들에 대한 강한 감정과 정신적 이미지들이 문제해결에 대한 노력을 방해하고 인지적 효율성을 감소시키는 것으로 보인다. 따라서 그의 주의집중력과 기억력은 다소 손상되어 있다고 볼 수 있다. 이 문제를 인식하여 극복하고 보완하기 위해 노력하지만, 그 결과는 불완전하고 비효율적이다. 이런 노력은 신체적 긴장을 증가시키며, 이것이 그의 신체 증상을 설명할 수 있을 것이다. 높은 스트레스, 특히 자신의 유능 감이나 다른 사람의 복지가 위협된다고 지각되는 스트레스하에서는 현실 검증력이 다소 손상되어 있는 듯하다; 이런 상황하에서 그의 인지적 통제력은 내적 혹은 외적 자극에 의해 압도되어 있는 자신을 막기에는 불충분한 것 같다. 사고장애에 대한 증거는 시사되지 않으며, 만약 적절한 치료를 받는다면 병전 기능 수준으로 돌아갈 수 있을 것으로 보인다.

라미레즈 씨의 기분은 일반적으로 거의 냉철할 정도로 덤덤하며, 상황에 대해 적절한 약간의 감정 표현을 한다. 그는 거의 화를 내지 않으며, 게다가 자신의 내면에 강한 감정이 야기되는 것을 막기 위하여 정서 경험을 조절한다. 그는 강한 정서적 경험을 할 수 있는 능력이 있으나, 자기나 다른 사람이 그것을 표현하는 것은 유약한 일로 본다. 그는 통제가 삶의 만족을 유지하는 가장 훌륭한 수단이라고 믿고 있기 때문에 그의 가장 큰 공포는 자기 통제를 상실하는 것이다. 전형적으로 그는 회피, 철수, 부인에 의해 자신의 감정을 과도하게 통제하고 있었다. 자신을 보호할 필요가 훨씬 적다고 느끼는 집에서조차 그는 부인과 자녀들이 긍정적이든 부정적이든 강하거나 긴 감정을 표현하지 못하도록 한다. 다른 사람들은 그를 정서적으로 고립되어 있으나 냉정하거나 위협적이지는 않다고 보고 있다.

현재 그는 사소한 자극에 대해 평소답지 않게 강하게 반응하고 있는데, 이는 그가 억압된 분노와 좌절을 동반한 급성 우울감(dysphoria)을 경험하고 있다는 것을 보여 준다. 그가 강한 감정을 느낀다는 것과 그것을 감당할 능력이 없다는 것을 부인하고 있음에도 불구하고, 정서를 통제하

(*계속*)

임상 보고서의 사례 실례(*계속*)

는 그의 일상적인 통제력이 현재 덜 효과적이라는 것은 명백하다. 경찰관으로서 불쾌한 정서를 야기하는 사건을 매일 접해야만 하며, 모든 위험에서 그의 가족을 완벽하게 지켜낼 수는 없기 때문에, 그의 감정은 강력해지고 통제력은 더 약해질 것이다. 통제력이 무너지게 될 때 더 심각한 신체적 불편감으로 나타날 수 있으며, 혹은 적개심이나 공격적 행동 혹은 둘 다로 나타날 수 있다. 스트레스를 다루는 라미레즈 씨의 현재 방법은 점차적으로 효과가 덜해질 것이다.

라미레즈 씨는 다른 사람에 대해 강한 도덕심, 충성심, 책임감을 가지고 있었고, 구조적인 것을 선호하는 등 전반적으로 순응적이고 관습적이다. 그는 최선을 다해 일을 하며, 임무를 명확하게 해냈을 때 유능감과 자기 확신감을 느낀다. 그는 강하고, 유능하고, 통제력을 가지고 싶어하며, 그렇게 보이고 싶어한다. 그는 계획적이고, 주의 깊으며, 꾸준하고, 단호하여, 자기 자신을 위해 목표를 설정하고 조직화된 방법으로 이를 밀고 나간다. 어려움이 야기되면 그는 신속하고 직접적이며 적극적으로 이를 처리하며, 문제가 애매하게 해결되는 것을 참지 못한다. 반면에 그는 융통성이 없으며, 독단적이며 오만한 경향이 있는데, 특히 그가 약자로 보이거나 자신을 보호할 필요가 있을 경우에 그렇다. 그의 유능감과 자신감 때문에 다른 사람들은 그를 신뢰하고 믿고, 존경하는 경향이 있으나, 정서적으로는 거리감을 느끼며 알기 어려워하는 경향이 있다. 이런 태도와 행동 때문에 라미레즈 씨는 일반적으로 매우 유능한 경찰관이다.

개인적인 삶의 측면에서 그는 목표에 전념하는 마음과 강한 정서를 인식하지 않으려는 것 때문에 다소 즐거움이 없고 완고한 삶을 살고 있다. 남들에게 약한 모습을 보이지 않으려는 욕구와 혼자서 즐기려는 경향성으로 인해 적극적인 사회 활동을 하지 않으며, 별 목적없는 사회적 모임에 대해 상당한 불편감을 느낀다. 그의 다소간 이완할 수 있는 가장 친밀한 관계는 아이들과 놀 때이다. 그는 가족의 중요성을 매우 강하게 느끼고 있으며, 보호자와 부양자로서 남성의 역할에 대한 전통적 관점을 고수하고 있다. 그러므로 그의 부인이 공격을 당한 것은 라미레즈 씨에게는 즉각적인 행동을 요하는 심각한 위협이었다. 그는 상황을 통제할 수 없었으며 유사한 상황이 닥친다 해도 달리 방법이 없기 때문에, 감당하기 어려울 정도로 무기력하고 취약하게 느끼는 것으로 보인다.

진단적 인상

수검자의 병전 기능은 약간의 사회공포증, 정서 경험과 표현을 제한하려는 경향성, 다소 경직된 성격 구조로 설명될 수 있을 듯하다. 그러나 안정적인 직장생활과 개인적인 인간관계에서 보여 주듯이 일상생활에서는 대체로 효율적인 삶을 살아 왔다. 정서, 행동, 인지적 기능에서 최근의 변화는 몇 가지의 심각한 심리사회적 스트레스원과 직접적으로 관련이 있는 것 같다. 그는 사건을 재경험하고 있으며, 사건과 관련된 자극을 회피하고, 중요한 활동들에 대한 흥미 상실, 부족한 주의집중력, 악화된 놀람 반응, 강한 과민성으로 인해 괴로워하고 있다. 이런 증상들은 적어도 한 달간 지속되고 있으며, 외상 후 스트레스 장애로 진단내릴 수 있다.

축 I	309.89 외상 후 스트레스 장애
축 II	축 II에 대한 진단 없음
축 III	없음
축 IV	심리사회적 스트레스원: 파트너의 부상; 부인이 공격당함, '무너진' 집에서 죽은 아이들을 발견함 심각도 : 4~5(급성 사건들)
축 V	전반적 기능 평가(GAF): 현재 53, 지난해 가장 높은 수준 75

제언

환경에 대한 라미레즈 씨의 반응은 비전형적이며 예측하기 어렵다. 그의 현재 임무는 자제와 냉정한 판단이 필요하나, 그는 더 이상 병전 수준에서 신뢰성을 보여 줄 수 없을 듯하다. 더구나 그는 분노를 경험하고 있으며 공격적으로 행동할 소지가 있는 자신의 상태에 대한 통찰이 거의 없다. 따라서 자신과 다른 사람에 대한 폭력 혹은 위협에 직접적 직면을 하게 하는 업무를 줄이고, 이후 심리적 변화가 나타날 때 원래 업무로 돌아가게 할 것을 권고하는 바이다.

또한 라미레즈 씨가 자기 관리 접근을 사용하는 행동적 심리치료—가능하다면 집단치료—를 받을 것을 제언한다. 그의 방어, 자족적 특성, 전통적 남성 역할을 취하는 것, 심리적 자료에 대해 저항적인 것을 고려할 때 통찰 지향 심리치료에 적합한 지원자는 아니라는 것을 나타낸다. 그는 이런 치료를 받으라는 권고를 개인적 실패의 증거로 볼 수 있을 것이다. 그러나 그가 삶의 모든 부분을 통제하고자 하는 것을 고칠 필요가 있는데, 특히 그가 현재의 경력을 지속하고자 한다면 더욱 그러하다. 행동·자기 관리 접근은 그로 하여금 자기 검토의 과정과 변화를 수용할 만한 것으로 보게 해 줄 것이다.

요약

임상가는 진단과 평가를 통합하는 사람이다. 임상가는 어떤 자료를 모으고, 어떻게 모으고, 어떻게 해석하는가와 같은 중요한 결정을 한다. 자료는 행동에 대한 표본, 기저 상태에 대한 징후, 또는 다른 행동 혹은 정서요인과 관련 있는 것으로 볼 수 있다. 또한 해석은 더 직접적이고 덜 추론적인 것부터 더 복잡하고 매우 추론적인 범위까지 다양한 형태를 취할 수 있다.

임상심리학에서는 임상적(주관적) 대 통계적(객관적, 수량적) 예측의 장점에 대해 얼마 동안 논쟁을 해 왔다. 연구 결과는 명확하게 임상적 예측을 하는 데 통계적 접근이 더 나은 것으로 나타난다. 직관적인 호소력을 가지고 있음에도 불구하고, 임상적 예측은 다양한 편향(예: 인종, 사회 계층, 성별)에 영향을 받으며, 보장되지 않는 과신을 하게 만들며, 신뢰도나 타당도의 문제들을 안고 있다. 그러나 객관적 결정 규칙과 통계적 알고리즘이 임상가가 직면하는 모든 예측 과제에 가능한 것은 아니다. 그러므로 임상적 판단과 임상적 예측은 종종 필요하다.

우리는 임상적 판단에 대한 신뢰도와 타당도를 향상시키기 위한 많은 제언을 제공하였다−(a) 모든 가능한 정보를 고려하고, 비일관적인 자료를 무시하지 말라. (b) 병리 및 역기능과 함께 내담자 혹은 환자의 장점과 강점을 고려하라. (c) 모든 예측을 기록하고, 예측의 정확성을 평가하기 위해 노력하며, 피드백으로 이 정보를 사용하라. (d) 자료를 모으기 위해서 구조화된 면접, 구조화된 평가 척도, 객관적 성격검사, 행동평가 방법만을 사용하라. (e) 예측하기 전에 환자의 상황이나 환경을 고려하라. (f) 기저율과 회귀 효과를 고려하라. (g) 자신감 수준이 예측에 영향을 주도록 내버려 두지 말라. (h) 전형화된 신념과 착각 상관에 주의하라.

임상 보고서는 임상가의 측정과 평가에서 나온 결과를 전달하기 위한 주된 의사소통의 형태이다. 보고서는 의뢰 사유를 기술해야 하며 보고서를 읽을 사람에 맞춰 언어를 사용해야 한다. 마지막으로 보고서는 내담자에 대한 구체적이고 세부적인 정보를 포함해야 하며, Barnum적 언급 같은 모호한 표현은 피해야 한다.

주요 용어

바넘(Barnum) 효과 타당한 자기 기술처럼 보이는 언급이지만 거의 모든 사람에게 해당되는 언급을 지칭하기 위한 용어이다.

상관치 관련된 변인들이다. 환자 자료에 대해 상관적 입장을 적용하는 임상가는 특정 결과가 나왔을 때 그것과 관련 있다고 추정되는 행동, 태도, 정서적 요인에 초점을 둔다.

수량적 혹은 통계적 접근 임상적 결과에 대한 예측을 하기 위해 공식과 통계적 모형(이미 도출된)을 사용하는 임상적 판단과 해석에 대한 접근이다.

의뢰 사유 환자가 평가에 의뢰된 이유를 말한다.

임상적 해석 문제를 개념화하고 치료과정을 결정하기 위해 임상가가 현재 가지고 있는 정보들(예: 면접자료, 검사 결과)을 통합하는 복잡하고 추론적인 과정이다.

전형화된 신념 임상적 판단에 영향을 미칠 수 있는 고정된 신념(예: 어떤 진단적 징후에 대해, 어떤 인구통계학적으로 규정된 집단에 대해)이다.

주관적 혹은 임상적 접근 임상적 판단과 해석에 대체로 직관적이고 체험적인 접근을 하는 입장이다. 주관적 혹은 임상적 해석은 임상가가 광범위한 자료원에서 얻은 정보에 민감할 것을 요구하며, 관찰 치들을 연결시키고 결과를 예측하기 위하여 귀납적 혹은 연역적 일반화를 할 것을 요구한다.

징후 기저 성격에 대한 표식으로 환자 자료를 기저하는 상태나 특성의 징후로 생각하는 입장이다.

표본 행동의 견본으로 환자 자료를 환자에 대한 더 많은 정보들의 견본으로 보는 입장이다.

PART 3

임상적 개입

Clinical Interventions

Chapter 12

심리적 개입

Psychological Interventions

핵심질문

1. 심리치료 혹은 심리적 개입이란 무엇인가?
2. 심리치료 결과와 관련된 치료자 변인과 환자 변인은 무엇인가?
3. 임상적 개입의 전형적인 단계는 무엇인가? 각 단계를 기술하시오.
4. 심리치료 연구를 설계할 때 고려해야 할 가장 중요한 쟁점은 무엇인가?
5. 각기 다른 형태의 심리치료를 비교하는 연구에서 도출할 수 있는 결론은 무엇인가?

개요

본 장에서 우리는 심리치료에 대해 일반적으로 개관한 후 주요 특징에 대해 기술하고, 치료의 효과와 관련된 쟁점을 논의하며, 심리치료 연구에 대해서 소개할 것이다. 가장 핵심적인 것은 각기 다른 임상적 개입법에 공통적으로 존재하는 주요한 특징들에 대해서 개괄적으로 살펴보는 것이다. 이들 개입법은 여러 이름으로 불리우는데, 정신역동치료, 인지치료, 집단치료, 가족치료, 행동치료, 실존치료 등이 있다. 어떤 면에서 이러한 개입법 각각은 일련의 각기 다른 독특한 특징으로 정의되며, 특정 종류의 문제에 초점을 맞추고 있기도 하다. 다음 장에서는 이런 특징에 초점을 맞출 예정이다. 그러나 본 장에서는 차이점보다는 각 개입법이 서로 공유하고 있는 특징에 주의를 기울일 것이다.

개입의 정의

가장 일반적으로 보았을 때, **심리적 개입**은 개인의 행동이나 사고, 감정에서의 변화를 가져오는 방법이다. TV 광고나 교육자의 노력, 가까운 친구의 조언 등에 의해서도 동일한 변화가 나타난다고 이야기할 수도 있지만, 심리치료란 보다 전문적인 관계의 맥락 안—내담자나 내담자의 보호자에 의해서 찾게 되는 관계—에서 제공되는 개입을 뜻한다. 어떤 경우에는 구체적인 문제를 해결하거나 현재 존재하고 있는 행동이나 감정, 사고를 다룰 수 있는 개인의 능력이 떨어졌을 때 이를 향상시키는 것도 치료라 할 수 있다. 다른 경우에는 현재 존재하는 상태를 개선시키는 것이 아니라, 문제를 예방하는 것에 좀 더 초점을 맞출 수도 있다. 다른 경우, 현재 상태를 치료하기보다는 문제의 예방에 초점을 두기도 한다. 또 다른 경우에는 문제의 해결이나 예방보다는 일상생활에서 즐거움을 누릴 수 있는 능력이나 발현되지 않은 잠재력을 달성하는 것에 초점을 맞추기도 한다.

오랜 시간 동안 치료적 개입의 과정에 대해 무수한 정의가 존재하였다. **개입**(*intervention*)과 **심리치료**(*psychotherapy*)의 두 용어는 종종 서로 혼용해서 사용되어 왔다. 오래 전에 Wolberg(1967)가 심리치료에 대해 다소 전형적이고 일반적인 정의를 제시하였다.

> 심리치료란 정서적 문제에 대한 치료 형태로서, 훈련받은 사람이 환자에게 현재 존재하는 증상을 제거, 수정, 지연시키거나 혼란된 행동 패턴을 중재하거나, 긍정적인 성격의 성장과 발달을 촉진하기 위한 목적으로 환자와 전문적인 관계를 의도적으로 형성하는 것이다(p.3).

Wolberg의 정의는 **증상**이나 **치료**와 같은 단어를 포함시키고 있으며, 이후에 덧붙여지는 좀 더 정교한 설명에서도 의학적 색채가 짙다. 그러나 더 심리학적 지향을 가지고 있는 임상가(Rotter, 1971a, p. 79)가 보다 포괄적으로 제시했던 정의와 위의 정의는 그다지 다르지 않다. "심리치료란… 개인 생활의 적응에서 더 행복하거나 더 건설적인, 혹은 둘 다의 변화를 이루기 위해서 심리학자가 계획한 활동이다." J. D. Frank(1982)는 이러한 개괄적인 정의를 아래와 같이 정교화시켰다.

> 심리치료란 잘 훈련받아서 사회적으로 인정받은 치료자와 고통받는 사람들 사이에서 벌어지는 계획되고 정서적이며, 속을 털어놓는 상호작용이다. 이러한 상호작용 동안 치료자는 상징적 커뮤니케이션—주로 언어를 이용하지만, 때때로 신체 행동을 이용하기도 한다—을 통해서 환자의 고통과 장애를 경감시키기 위해 노력한다. 치료자는 치유적 의식에 환자의 가족이나 다른 사람들을 포함시키기도 하고 그렇지 않기도 하다. 심리치료는 인생에서 피할 수 없는 측면으로 고통받고 있는 환자들에게 이를 수용하거나 견뎌내어서 성장의 기회로 이용할 수 있도록 도와주기도 한다(p.10).

당연하겠지만 이 정의들은 다소 광범위하다. 정신역동치료나 합리적 · 정서적 치료, 내담자 중심 상담, 인지치료, 게슈탈트치료, 혹은 다른 형태의 심리기법과 같은 구체적 접근을 사용하는 임상가들은 이러한 정의가 자신들의 고유한 치료 '브랜드'의 정수를 제대로 전달하지 못하고 있다고 이야기할 것이다.

심리치료는 도움이 되는가?

심리치료의 목표나 특징에 대해 좀 더 세부적으로 기술하기 전에 일반적인 질문에 대해 답할 필요가 있다. 바로 "심리치료는 도움이 되는가?"의 질문이다. 이 질문에 대해 대답할 때, 염두에 두어야 할 두 가지 측면은 치료의 **효능**(*efficacy*)과 **효과**(*effec-tiveness*)이다. 임상장면에서 치료를 받았던 사람이 어떠한 치료도 받지 않았던 사람(예: 대기자집단)에 비해서 통계적으로 유의하게 기능이 향상되었을 때, 그 치료를 효능이 있다고 간주한다. **효능성 연구**에서는 연구에 포함된 내담자를 통제하거나, 치료를 표준화하거나, 치료집단과 비치료집단에 포함된 환자들을 무선 할당함으로써, 내적 타당도의 우수성을 획득한다. 효능성(efficacy) 연구들은 주로 대학이나 연구소 랩에서 행해졌으며, 미리 선별된 내담자들이 참여하였다. 종종 연구 참여자들은 특성이 유사하며(homo-geneous), 연구참여에 대한 보상을 받았을 수 있다. 효능성 연구들에서 치료를 제공한 치료자들은 훈련받은 대학원 학생들이거나 지도감독을 받은 정신건강전문가들이다. 대조적으로 **효과 연구**에서는 외적 타당도와 처치받았던 치료의 대표성을 강조한다. 이러한 효과성(effectiveness) 연구들은 효능성 연구들에 비해, 조금 더 '실제 환경에서 제공되는' 치료와 유사하다. 연구에 참여한 내담자들과 치료를 제공한 치료자들이 보다 다양하다. 그 치료를 통해서 내담자들이 임상적으로 유의미한 이득을 얻었을 때, 그 치료를 효과적이라고 간주한다. 효과 연구에서는 무선 할당이나 통제집단을 포함하기도 하고, 그렇지 않기도 하다. 전형적인 내담자가 어떤 치료를 전형적으로 처치받았을 때, 유의미한 고통의 감소나 임상적 이득을 획득하였는지가 주된 관심의 초점이다.

심리치료를 지지하는 집단(예: M. J. Lambert & Bergin, 1994; M. J. Lamber & Ogles, 2004)이나 비판하는 집단(예: Dawes, 1994) 모두 심리치료의 효능이 경험적으로 지지된다는 사실에는 동의한다. 물론 이것이 '모든 사람이 심리치료의 이점을 얻을 수 있음'을 의미하지는 않는다. 그러나 평균적으로 심리치료를 찾거나 받는 사람들은 어느 정도 고통이 경감된다는 것을 뜻한다. 예를 들어, 자주 인용되는 개관연구에 의하면 475개 이상의 심리치료 성과(out-come) 연구들을 메타분석했을 때, 심리치료를 받지 않은 사람들에 비해서 심리치료를 받았던 사람들의 기능이 80% 이상 향상되었다고 보고하였다(M.L. Smith, Glass, & Miller, 1980). 우리는 이 연구에 대해 논의할 예정이며, 다음 단락에서는 심리치료의 연구 방법론에 초점을 맞춘 다른 개관 연구를 살펴볼 것이다.

그러나 심리치료의 효과에 대한 연구는 그다지 많지 않다. 심리치료의 이점에 초점을 맞춘 대규모 조사 연구 한 가지를 언급할 만하다. 「*Consumer Reports*」("Mental Health", 1995) 1995년 9월호에는 1991년부터 1994년까지 정신건강전문가나 가족주치의, 자조 집단을 통해 심리적 문제에 대한 치료를 받았던 4,000명의 독자들에 대한 조사 결과가 요약되어 있다. 대부분의 응답자들은 교육 수준이 높았고 연령의 중간치는 46세였으며, 절반가량이 여성이었다. 이 표본에서 43%가 치료를 시작했을 무렵 자신의 정서 상태를 '아주 끔찍하거나(일상생활의 일들을 전혀 다룰 수가 없었다)' '약간 끔찍하다(전반적으로 인생이 상당히 힘들다)'라고 묘사하였다. 4,000명의 응답자들은 우울, 불안, 공황장애, 공포증, 결혼 생활 문제, 성(性)적인 문제, 자녀 문제, 알코올이나 약물중독과 같은 광범위한 문제에 대해 치료를 받았다. 주요한 결과는 아래와 같았다.

- 대다수의 응답자들이 심리치료를 통해서 약간의 개선을 경험하였다. 치료 전에 가장 힘들었다고 보고했던 사람들이 가장 많은 향상을 보였다.
- 어떤 종류의 정신건강전문가들이 가장 도움이 되는지에 대한 질문에 대해서 정신과 의사, 심리학자, 사회사업가들은 모두 높은 점수를 획득하였다. 증상 심각도와 심리적 문제의 유형을 통제한 이후에도 모든 집단이 비슷하게 효과 있는 것으로 나타났다.
- 개인 심리치료를 받았던 응답자들은 심리치료와 약물치료를 함께 받았던 사람들만큼 개선되는 것으로 나타났다.
- 이 조사에서 치료기간이 길수록(치료 회기가 더 많을수록) 더 많은 향상을 보이는 것으로 나타났다.

이러한 결과는 흥미로운 동시에 도전적이다. 하지만 이 조사는 수많은 측면에서 한계가 존재하며, 일반화할 때 주의해야 한다. 즉 정신분열병과 같은 심각한 정신병리를 보고했던 응답자가 거의 없었고, 회고적인 보고가 주를 이루었으며, 오직 내담자의 자기 보고에만 의지하고 있기 때문이다. 부가적으로 잠재적 응답자 중 설문지를 작성해서 반송해 주었던 사람들의 수가 상대적으로 낮은 편이었는데, 이것은 표본의 대표성이 떨어질 가능성이 높음을 암시한다. 게다가 이 간행물을 읽는 독자들이 일반적인 미국의 대표 표본이라고 절대 말할 수 없다. 이러한 한계점에도 불구하고, 「*Consumer Report*」의 조사는 '심리치료가 효과 있다'라는 주장에 힘을 실어 주고 있다. 이 연구가 심리치료를 찾았던 사람들을 대상으로 실질적으로 실시되었던 연구이며 가장 광범위하고 주의 깊은 연구이기 때문에, 이 연구를 '심리치료의 효과'를 평가했던 가장 대규모의 연구라고 할 수 있다 (Seligman, 1995, p.971).

근거-기반치료(Evidence-Based Treatment)와 근거-기반실천 (Evidence-Based Practice)

심리치료가 효과가 있는가? 혹은 특정 심리치료가 다른 심리치료보다 더 효과적인가?에 대한 질문에 답을 하기 위한 많은 연구가 실시되어왔다. 최근 임상심리학 분야에서 관심을 갖는 부분은 증거-기반 치료들이 그렇지 않은 치료들보다 더 효과적인가이다(Kazdin, 2008).

여기에서 근거-기반치료와 근거-기반실천을 구분하는 것이 중요하다(Kazdin, 2008). **증거-기반 치료**(*Evidence-Based Treatment*, EBT: 초기에는 경험적으로 지지되는 혹은 경험적으로 타당한 치료라고 불림)는 통제조건(치료)에 비해 내담자 혹은 환자들에게 더 유의미한 변화를 이끈 접근법이다. 주로 EBT는 효능성 연구에 기반한 치료이다. 증거-기반실천(Evidence-Based Practice: EBP)은 보다 넓은 범위의 개념이며, 주요 요소로 과학적 연구결과, 임상적 전문성 그리고 환자의 필요와 선호가 포함된다(APA, 2006; Kazdin, 2008). EBP는 EBT와 동일한 개념이 아니며, 후자는 보다 통제된 연구에 기반한다(그림 12-1을 참고하라).

증거-기반실천은 항상 다양한 치료자들에게 관심이 되는 주제이다; 의사, 간호사 및 타 유관 전문가들은 자신들이 제공하는 치료가 효과가 있는지에 관심이 있다. 1980년대와 1990년대에 건강보호 개혁이 진행되면서 임상심리학자들에게도 자신들이 제공하는 서비스가 효과가 있는지를 입증할 것에 대한 압박이 주어졌고, 효과성에 대한 질문에 특히 관심을 갖기 시작했다.

하지만 몇몇 임상심리학자들은 증거-기반실천의 아이디어에 반발했는데, 이유는 치료가 과학적

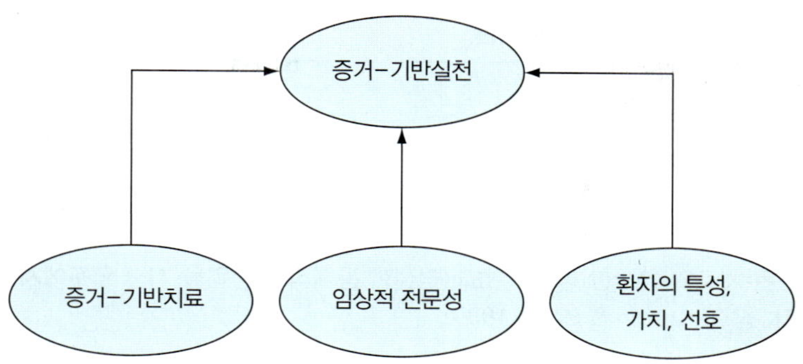

그림 12-1 ■ 증거-기반실천은 증거-기반치료, 임상가 자신의 전문성, 환자 자신의 특성, 가치 및 선호를 고려하여 실현된다.

측면뿐 아니라 '예술(art)'적 측면이 있고, 치료의 결과에 영향을 미치는 요소들을 과학적으로 정의하거나 측정하는 것이 어렵기 때문이라고 주장한다. 이러한 이유로 특정 치료적 접근법이 다른 접근법에 비해 더 효과적인지를 검증하는 것이 어렵다고 생각한다.

1995년에, 미국심리학회의 하위 분과인 임상심리학회(Society of Clinical Psychology)는 심리학적 증상들을 경감하는 효과적인 접근법들을 과학적으로 검증할 수 있는 기준들을 발표했다(표 12-1을 참고하라).

변화 가능한 문제는 무엇인가?

정신병리적 증상, 문제행동, 걱정, 근심이 모두 심리적 개입에 반응할까? 아마도 아닐 것이다. 대중 심리학적인 해결책이 양산되고 거의 협잡꾼 수준의 주장이 모든 문제를 다 고칠 수 있다고 선전하고 있지만, 내담자가 보이는 어떤 어려움은 변화하기 어렵고 반면에 다른 것들은 상당히 쉽게 변화하는 것으로 나타났다. 자가치료에 대한 흥미로운 지침서에서 Seligman(1994)은 광범위한 영역의 문제들에 대한 경험적 연구를 개관하여 '변화시킬 수 있는 문제와 변화시킬 수 없는 문제'라는 목록을 작성하였다. 표 12-1에 그가 찾아낸 결과가 요약되어 있다.

왜 어떤 문제들은 변화가 쉬운 반면, 다른 것들은 그렇지 않을까? Seligman(1994)은 행동이나 상태에 존재하는 다양한 '변화 가능성'을 설명하기 위해서 '문제의 깊이(depth of problem)'라는 개념을 도입하였다. 그 문제가 천성적 · 생물학적으로 결정된 것인지 혹은 그 문제의 기저에 존재하는 신념들을 뒤집기 어려운지, 마지막으로 문제의 기저에 존재하는 신념이 너무나 강력하여 세상의 많은 부분을 설명할 수 있을 정도로 일반화되어 있는지에 따라서 '문제의 깊이' 수준이 달라진다. 예를 들어, '성전환증'은 임신 중 생물학적으로 정해져서 인생 전반에 걸쳐 영향을 미치고 실질적으로 굳어진 것이기 때문에, '깊은' 수준의 문제이며 아마도 변화할 수 없는 것 같다(Seligman, 1994, p.247). 반면에 거미에 대한 특정 공포증은 '깊은' 수준의 문제가 아니다. 거미 공포증은 그 자체가 유전적인 것이 아니며, 오직 거미에만 국한된 것이기 때문에 기저에 존재하는 신념(거미는 위험하다)이 강력하지 않으며, 변화 가능하다.

Seligman(1994)의 개관, 분석, 이론을 통해서 우리는 왜 어떤 심리적 문제는 상대적으로 변화시키기 어려운데 반하여, 다른 문제는 적절한 치료를 통해서 고통이 경감되는지를 이해할 수 있다. Seligman이 특정 장애를 치료하는 다양하고 널리 알려진 치료법에 대해 경험적 연구 결과에 근거해서 비판적 평가를 내렸다는 점은 이 책의 또 다른 매력적인 특

표 12-1 경험적으로 타당한 치료를 위한 기준들

증거가 잘 확립된 치료들에 대한 기준들
I. 적어도 두 개의 그룹설계 연구들, 서로 다른 연구자들이 시행, **하나 혹은 그 이상 다음의 방법**을 통해 효능성을 보임
A. 약물 혹은 심리적 위약(placebo) 혹은 다른 치료에 비해 우수한 효과
B. 이미 효과가 검증된 치료와 유사한 정도의 효과(적절한 통계적 검증력을 지닌 연구에서 검증된 것, 즉 한 집단 당 30명의 참여자; 참조, Kazdin & Bass, 1989).
혹은
II. 많은 일련의 단일 사례 설계연구들이 효능성을 보임. 이러한 연구들은 반드시 다음의 기준을 충족해야 함.
A. 엄정한 실험설계를 사용.
B. 다른 치료와 비교(I.A.에서처럼)
I과 II 기준과 함께 고려해야 할 기준들
III. 연구들이 치료 메뉴얼을 바탕으로 이루어져야 함
IV. 내담자의 특성이 명확하게 기술되어야 함
어느 정도 (probably) 증거가 확립된 치료들에 대한 기준들
I. 두 개 이상의 연구가 대기자들과 비교해 더 효과적일 것
혹은
II. 두 개의 연구가 '증거가 잘 확립된 치료들에 기준(I, III 그리고 IV)'을 충족하나, 두 가지 연구가 모두 같은 연구자에 의해 수행된 경우. 혹은 오직 하나의 연구만이 '증거가 잘 확립된 치료들에 기준'을 충족.
혹은
III. 적어도 두 개의 연구들이 효과성을 보이지만, 내담자가 다양하여 결론을 내리기 어려운 경우
혹은
IV. 몇 가지 단일 사례 설계연구들이 '증거가 잘 확립된 치료들에 기준' II, III 및 IV를 충족한 경우
실험 중인 치료들(Experimental Treatments)
엄정한 방법론을 사용한 연구를 통해 아직 검증이 안된 치료들

출처: Chambless, D.L., Baker, M., Baucom, D.H., Beutler, L.E., Calhoun, K.S., 등(1998). Update on empirically validated therapies, II. *Clinical Psychologist*, *51*(1), 3-16.

징이다. 이 주제에 대해서는 다음 장에서 다시 다룰 것이다.

많은 치료에 존재하는 공통요인

심리치료들 간에 겉으로 드러나는 차이점으로 인해서, 우리는 종종 그들 사이에 존재하는 뚜렷한 공통점을 간과하기 쉽다. 공통점을 자꾸 간과하게 되는 이유 중 하나는 새로운 심리치료를 널리 보급하려는 사람들이 그 치료법만의 고유한 특징을 너무 강조하기 때문이다. 오래된 치료법을 약간만 변형시켜서는 사람들의 관심을 전혀 끌지 못한다. 하지만 대부분의 심리치료들은 상당히 많은 공통점을 가지고 있으며, 이러한 공통점은 많은 측면에서 그들의 차이점

■ 인물소개 **Martin E. P. Seligman, Ph.D.**

Martin E. P. Seligman은 펜실베이니아 주립대의 Fox Leadership 교수이다. 학습된 무력감, 설명 양식, 낙관주의와 비관주의 연구의 권위자이다. 동기와 성격에 대해 20권의 저서와 190여 편의 학술 논문을 발간하였다. 지난 30여 년 동안 국립정신건강연구소(National Institute of Mental Health), 국립노화연구소(National Institute of aging), 국립과학재단(National Science Foundation), 구겐하임재단(the Guggenheim Foundation), 맥아더재단(the MacArthur Foundation) 등에서 연구 지원을 받아 왔다. 1991년 국립정신건강연구소로부터 모두가 바라 마지않는 Merit award를 수상하였다. 학회동료들이 그의 업적을 기려 많은 상을 주었는데, 미국정신병리연구학회(Society for Research in Psychopathology)에서 Zubin Award를 수상하였으며, 미국심리학협회(American Psychological Society)에서 William James Fellow Award를 수상하였고, 미국심리학회(American Psychological Association)에서 개별적인 주제로 두 번이나 Scientific Contribution Award를 수상하였다. Seligman 박사는 미국심리학회의 회장을 역임하였다.

Seligman 박사의 관심 연구 주제는 우리의 설명 양식—실패를 경험할 때 스스로에게 무엇이라 이야기하는가—은 무엇이며, 이것이 우리의 삶에 어떤 영향을 주는지에 대해 알아보는 것이었다. 그는 부정적인 생각과 학습된 무력감을 변화시키고, 부정적 생각에 수반되는 우울감이나 비관주의를 초월하기 위한 효과적인 기법을 찾아내었다. 이후의 여러 연구에서 Seligman 박사는 건강한 생각을 통해서 우리가 어떻게 자신의 감정과 면역 체계를 향상시킬 수 있는지를 설명해 왔다. 「변화시킬 수 있는 것과 그렇지 않은 것(What you can change and What you can't)」이라는 저서에서(Seligman, 1994), 변화를 가장 잘 가져올 수 있는 기법이나 치료가 무엇인지, 변화시키려는 노력을 중지하는 것이 더 나은 영역은 어떤 것인지를 지적하였다. 「낙관적인 아이(Optimistic Child)」라는 저서에서(Seligman, Reivich, Jaycox, & Gillham, 1995) 그와 그의 동료들은 아동기의 우울을 어떻게 예방할 수 있는지에 대해서 연구하였고, 아동기 비관주의의 위험 징후를 확인하고 긍정적으로 생각할 수 있는 기술을 가르쳐 주기 위한 부모 및 교육자를 위한 프로그램을 제안하였다. 그의 가장 최근 저서인 「진정한 행복(Authentic happiness)(2002)」에서는 그가 창안한 긍정심리학 운동(Positive Psychological Movement)에 대해 상세하게 기술하고 있다.

을 능가한다.

지금까지 수백 종류의 심리치료 '상표(brand)'들이 개발되어 왔다. 몇몇은 효과가 있었지만, 다른 것들은 그렇지 못하였다. 불행히도 모든 심리적 개입에 대해 경험적인 연구가 이루어지지 못하였다. 그러나 경험적 연구가 이루어진 심리치료들에 대한 결과를 보면, 특정한 하나의 접근이나 기법이 다른 것들에 비해서 더 효과적이라고 말해 주는 증거는 매우 적다. Lambert와 Ogles(2004)가 지적한 바와 같이 '치료적 등가(therapeutic equivalence)'의 함의는 심리치료에 의해 생기는 긍정적 변화가 다양한 이론이나 치료의 경계를 뛰어넘어 존재하는 일련의 공통요인에 의한 결과라는 것이다. Lambert와 Ogles(2004)는 긍정적 변화와 연관된다고 생각되는 공통요인의 목록을 치료과정 중에 일어나는 순서대로 분류해서 제안하였다.

요약하자면 지지적 요인(예: 긍정적 관계, 신뢰)이 내담자의 신념 및 태도의 변화(학습요인, 즉 인지적 학습, 통찰)에 토대가 되며, 이러한 변화는 행동변화(행위요인, 즉 통달감, 위험 감수)를 야기한다. 표 12-2에 제시되어 있는 공통요인 각각에 대해 자세히 논의하는 것은 이 책의 범위를 벗어나지만, 짧게 다루어보는 것은 유익할 것이다.

전문가 역할. 치료자는 수용이나 따뜻함, 존중, 관심 이상의 무언가를 치료적 상황에 불어넣는다고 여겨진다. 임상심리학자로 전문가 인증을 받기 위해서는 수용이나 따뜻함과 같은 개인적 자질만으로는 충분하지 않다. 관습적 지혜에 따르면 심리치료를 수행하기 위해서 무엇보다 다른 사람에 대한 지치지 않는 관심이 필요한 것처럼 보이지만, 이것만으로는 부족하다.

모든 형태의 심리치료에서 환자들은 따뜻한 사람일 뿐만 아니라 유능한 사람을 만날 것이라고 기대할 권리가 있다. 길고 고된 수련기간을 통해서만 유능감을 얻을 수 있다. 어떤 사람들은 전문가적 역할이 치료자-환자 관계에서 권위주의적인 요인을 야기해서, 환자와 치료자가 동등하지 않게 되어 둘 사이에 존재하는 상호 존중감을 파괴할 수도 있다고 지적한다. 그러나 각기 다른 역할에 대해 서로 이해하고 수용하게 되면 상호 존중감을 충분히 유지할 수 있다. 물론 치료자가 환자보다 더 나은 사람이라는 말은 아니며, 세상 만사에서 더 나은 위치를 점한다는 말도 아니다. 이러한 동등성에도 불구하고 환자의 문제를 해결하기 위해 노력하는 상황에서 치료자에게 도움이 되는 수련이나 지식, 경험의 중요성을 부인해서는 안 된다.

표 12-2 긍정적 변화와 관련된 심리치료의 공통요인들

지지적 요인	학습요인	행동요인
카타르시스	신뢰	행동 조절
치료자와의 동일시	정서 경험	인지적 숙련감
고립감의 경감	문제시되었던 경험을 동화하기	공포에 직면하는 것에 대한 격려
긍정적인 관계	개인적 효능감에 대한 기대 변화	위험 감수
안도감	인지적 학습	숙련감을 위한 노력
긴장의 해소	교정적 정서 경험	모델링
구조	내적 참조틀에 대한 탐색	연습
치료적 동맹	피드백	현실 검증
치료자 · 내담자의 활동적인 참여	통찰	성공 경험
치료자의 전문성	치료적 근거	훈습
치료자의 따뜻함, 존중, 공감, 수용, 진정성		
조언		

출처: Lambert and Ogles(2004).

감정의 해소 · 카타르시스. 어떤 사람들은 분노나 불안, 눈물이 나타나지 않는 심리치료는 심리치료라 할 수 없다고 이야기한다. 여기에 대해 대부분의 심리치료자들이 너무나 강력하게 확신하고 있어서, 회기가 진행되어 갈 때 침착함이나 태연함, 약간 동떨어져 있는 듯한 태도, 지적인 표정 등을 계속 유지하는 환자들에게 심리치료가 실제로 효과가 있는지에 대해 심각하게 의문이 제기된다. 심리치료를 받으려고 가져온 문제들은 대체로 중요한 것이다. 따라서 중요한 감정적 선행요인이 있었을 것으로 보인다.

때때로 카타르시스라 불리는 감정의 해소는 대부분의 심리치료에서 아주 중요한 부분이다. 감정의 깊이나 강도는 내담자가 경험하는 문제의 특징이나 심각도에 따라서 다양하며, 특히 치료의 어떤 단계에 와 있는지에 따라서 달라진다. 그러나 치료자들은 감정 표현을 다룰 수 있는 준비를 해야만 하며, 감정을 이용해서 치료적 변화를 이끌어 내야 한다. 심리치료의 종류에 따라 정서표현에 대해 주안점을 두는 정도가 다르긴 하지만, 새로운 브랜드의 심리치료가 정서적 표현을 소홀히 취급한다면 그 치료는 비판을 받기 쉽다. 반면에 카타르시스가 바람직한 목표가 될 수 없다고 하는 심리치료의 형태도 존재한다(예를 들어, 분노 통제). 이 경우 감정 표현을 잘 통제할 수 있게 되는 것이 치료의 목표가 될 것이다.

관계 · 치료적 동맹. 어떤 임상가는 치료자가 환자와 맺는 관계의 특징, 즉 치료적 동맹이 성공적 치료를 위한 가장 중요한 단일 요인이라고 생각한다. 모든 치료자들이 치료관계를 일차적인 '치료적 요인'이라고 평가하는 것은 아니지만, 대부분의 치료자들이 치료관계의 독특한 중요성에 대해 인정하고 있다. 환자들이 어디 가서 자신의 가장 깊은 곳에 내재된 욕구나 비밀, 실망감을 이야기할 수 있는 수용적이고 비판단적인 환경을 발견할 수 있겠는가? 친구나 친지들과 이런 종류의 문제에 대해서 이야기하다 보면 항상 암묵적으로 평가받는 것 같은 분위기가 생겨나고, 특히 이야기를 나누었던 문제에 대해 그 사람의 개인적인 이해관계가 존재할 경우에는 뜻하지 않게 문제가 복잡해질 수 있다. 또 이야기한 내용이 잠재적으로 관계의 기반을 흔들어 놓을 수도 있기 때문에, 친구와의 대화가 어려울 수 있다. 남편이 아내에게 자신의 의존 불안을 드러내 놓고 이야기하면 부부관계에서 아내의 역할 지각이 흔들릴 것이 분명한데, 그런 식의 이야기를 나누는 것이 가능할까? 아들의 성공을 항상 자화자찬했던 아버지를 둔 아들이 자신의 실패에 대한 공포를 아버지에게 드러내는 것이 가능할까? 어머니가 가치 있는 존재라는 것을 의심하지 않으면서 딸이 어머니에게 자신의 직업을 위해 전업 주부 역할을 포기하고 싶다고 이야기를 하는 것은 가능할까? 심리치료에서는 이 모든 것이 가능하다. 유능한 치료자는 수용적이면서도 비판단적이고, 객관적인 동시에 통찰력이 있고, 항상 전문적이다. 이 모든 형용사가 언제나 모든 치료자들에게 꼭 들어맞기란 쉽지 않다. 그럼에도 불구하고 자신의 개인적 욕구를 초월해서 비밀을 유지하고 잘 이해해주며, 따뜻한 마음이 전달되는 비판단적인 분위기에서 전문적인 기술을 가지고 반응해 주는 치료자의 일반적인 능력은 우리 사회에서 심리치료가 유지되고 성공하는 데 있어서 주요한 역할을 하는 것으로 보인다.

불안 감소 · 긴장의 해소. 치료 초기에는 환자가 가져오는 삶의 문제에 수반된 불안이 그 문제를 초래한 요인들을 검토할 수 있을 만큼 충분히 감소되는 것이 중요하다. 심리치료의 핵심적인 요인—치료적 관계의 특성, 치료자의 자격, 비밀 유지, 프라이버시 유지—들은 서로 상호작용해서 환자들에게 안정감과 안도감을 제공하며, 이를 통해서 환자의 불안이 낮아져 자신의 경험을 체계적으로 심사숙고할 수 있게 된다.

불안 수준이 극도로 높은 경우, 어떤 환자들은 의학적인 자문을 받아 항불안제를 복용하는 것이 도움이 되기도 한다. 그러나 그런 약물복용은 일시적인 방법일 뿐 문제를 완전히 해결하는 수단이 되지 못한다. 어떤 내담자들은 약물을 복용하면서 부작용을 경험하기도 하며, 약물복용 그 자체가 어떤 형태의 심리치료(예를 들어, 노출치료)를 방해하기도 하는데, 이를 심리치료에서는 특정 자극에 직면하여 불안 수준을 증가시켜 습관화가 일어나는 것을 목적으로 하기 때문이다. 이러한 노출치료에 대해서는 제15장에서 더 많이 다룰 예정이다.

해석 · 통찰. 수많은 비전문가들이 심리치료를 잘못 생각해서 그 과정이 다소 명쾌하게 이루어지는 과정이라고 생각한다. 즉 처음에 환자들이 자신의 문제를 이야기하고, 그 다음에 치료자가 그 사람에게 자신의 어린 시절에 대해서 말하라고 요청하며, 그 이후에 어린 시절의 경험들이 실제로 의미하는 바에 대해서 치료자가 일련의 해석을 제공하고, 환자는 이를 통해 '통찰'을 얻게 된다. 몰랐던 사실을 갑작스럽고 격정적으로 알게 되면서 모든 것이 해결된다. 모든 문제가 눈 녹듯이 사라지면서 짧은 경이의 감정이 뒤따른다. 마지막으로 그 사람이 상담실 밖으로 나가면 석양의 빛 속에서 있는 프레임이 잡히고, 그 사람은 완전한 회복과 영원히 지속되는 기쁨을 얻었음을 확신하게 된다. 하지만 이것은 싸구려 영화의 시나리오거나 초심자인 치료자 혹은 순진무구한 환자들이 가지는 환상이다. 물론 앞서 말했던 시나리오에도 현실적인 요인이 있긴 하다. 많은 심리치료들에서 환자의 어린 시절에 중요성을 부여하는 것이 사실이다. 하지만 어린 시절 경험에 부여하는 중요성의 정도나 치료자들이 찾고자 하는 관련 정보의 양, 과거 경험이 환자에게 끼친 영향에 대한 관점이 아주 다양하다. 유사하게 '해석' 역시 심리치료에서 공통요인이다. 그러나 해석의 사용 범위, 해석의 종류나 타이밍, 해석이 치료에 끼치는 기여도에 대한 관점 역시 심리치료 학파마다 다양하다. 하지만 용어의 차이를 무시하고 보았을 때, 환자가 자신의 과거 경험을 다른 시각으로 볼 수 있는 기회를 갖도록 하는 것은 다양한 심리치료에서 매우 중요한 요인이다.

오랜 시간이 지나면서 심리치료에서 통찰의 중요성은 점점 약화되어 왔다. 문제의 기원과 특징에 대해 통찰을 얻기만 하면, 환자가 자동적으로 더 높은 수준의 적응을 향해 앞으로 나아갈 것이라는 생각은 일단 너무 순진하다. 대부분의 심리치료자들은 더 이상 이렇게 단순한 신념에 매달리지 않는다. 통찰이란 여전히 중요한 개념이지만, 다른 수단을 통해서 유의미한 행동적 변화가 도출될 수 있다고 인식된다. 통찰이 심리적인 성장과 성숙을 촉진하는 것으로 볼 수 있지만, 통찰 그 자체가 그런 변화를 필연적으로 도출한다고 말할 수 없다. 즉, 누군가가 자신의 문제로부터 자유로워지기 위한 통찰을 얻을 때까지 기다리는 것은 그 사람이 자신의 삶을 변화시키는 데 필요한 책임감을 회피하기 위해서 사용되는 지연 전략이 될 수 있다.

유능감 · 통달감의 확립. 어떤 의미에서 대부분의 치료에서 그 목표는 내담자가 더 유능하고 효율적인 인간 존재가 되도록 만드는 것이다. 앞에서 언급한 모든 공통요인은 결국은 더 높은 효율성과 만족감을 얻도록 촉진하는 역할을 해 준다고 볼 수 있다. 그러나 어떤 치료에서는 치료적 관계나 불안 감소와 같은 요인들에서부터, 나아가 특히 이 부분에 주력하기도 한다. 예를 들어, 치료는 내담자가 새로운 것을 배우고 사고에서 잘못된 방식을 수정하는 장(setting)이 될 수 있다. 때때로 어떤 치료는 상당히 교육적 뉘앙스를 띠며 진행되기도 한다. 내담자들은 직업을 구하기 위한 더 효과적인 방법으로 '개인교습(tutor)'을 받을 수도 있으며, 과거의 성적 어려움을 완화하거나 미래에 더 나은 성적 적응을 촉진하기 위한 성과 관련된 정보를 제공받을 수도 있다. 즉, 치료가 오래된 심리적 악마를 몰아내는 것 이상의 역할을 할 수 있으며, 단어의 직접적인 의미 그대로의 '학습 경험'이 될 수 있다. Bandura(1989)는 개인이 더 나은 수행을 할 수 있게 되는 데 있어서 자기효능감의 중요성을 강조하였다. 즉, 통달감(a sense of mastery)—잘 할 수 있다는 자신감, 앞으로 잘 할 것 같은 기대감, 아니면 단지 자신을 긍정적으로 보는 것—을 경험하는 사람들은 좀 더 효과적인 방법으로 기능할 것이다.

비특정적 요인. 그것이 신념이든 희망이든 아니면 더 유능해지리라는 기대감이든 간에 성공적인 치료는 이러한 **비특정적 요인**과 관련이 있다(Kazdin, 1979). 그런 기대를 촉진시키기 위해서 다양한 요인이 함께 작동한다. 우선 치료에 대한 신비감—적어도 일반인의 눈으로 보았을 때—을 들 수 있다. 환자들은 종종 자신이 정신건강의 회복을 완전히 보장해 주는 어떤 과정에 참여할 것으로 기대하면서 치료에 임한다. 치료자들은 그런 믿음을 부추기기도 하는데, 신념을 가지고 있으며 동기수준이 높은 사람들이 냉소적이고 반항적인 사람들보다 더 많은 치료적 진전을 보인다는 사실을 알고 있기 때문이다. 게다가 대부분의 치료자들은 치료적 변화에 대해 명확한 태도를 가진다. 조작적 조건형성 이론이든 무의식 이론이든 잠재력의 성장에 대한 이론이든, 치료가 어떻게 작동되는지에 대해 치료자가 설명할 경우 내담자들이 처음에 느꼈던 절망감이 줄어들고 자신감이 촉발된다. 비록 성공적인 치료가 거의 항상 내담자의 희망이나 신념, 의욕을 다시 불러일으키기는 하지만(J.D.Frank, 1973), 심리치료가 단순한 위약 효과에서 오는 것이라고 얕볼 수는 없는 것 같다. 심지어 내담자의 기대는 치료에 적용되는 구체적인 기술을 더 효과적으로 만들어 주기도 한다. 그런 기술이 성공하게 되면, 이후에 내담자의 기대가 더 증가하게 된다.

Frank(1982)는 심리치료에 대해 설명하면서 치료에는 내담자 문제를 그럴 듯하게 설명해 주는 이론적 배경과 개념적 도식, 혹은 신화가 포함되어 있으며, 이와 함께 마음의 평정을 재건하도록 치료적 의식을 처방하는 것이라고 말했다. Frank에 따르면 그런 설명과 의식은 마음의 준비가 되어 증상을 버리게 될 때 환자 스스로 체면치레를 할 수 있도록 이유를 제공한다는 것이다. 좋은 이유 없이 문제에 대한 호소를 멈추거나 자신의 소중한 증상을 포기하는 것은 그것들이 하찮은 것이었다는 것을 의미한다. 따라서 비구체적 요인라고 하든 위약 효과라고 하든 혹은 신념이라고 하든 무엇이라 부르건 간에, 이것은 치료과정에서 중요한 요인이 된다.

특수 치료요인들의 특징

치료자가 진단하고, 이것을 환자에게 전달하고, 한두 번 정도 강의하고, 그러면 환자가 당장 치료되는 그런 단순한 과정이 심리치료라면 아주 좋을 것이다. 그러나 불행히도 치료는 그런 식으로 이루어지지 않는다. 치료란 단순히 심리적인 처방전을 받는 것이라는 환자의 기대를 수정하는 데에도 엄청난 시간이 든다. 심리치료가 적극적이고 역동적인 과정이기 때문에 비관적인 태도나 치료 동기의 부재는 장애물이 된다. 환자의 특징, 치료자의 특징, 그리고 치료자—환자의 관계에 포함된 다양한 요인들이 치료과정에 중요한 방식으로 영향을 미치며, 그 영향은 종종 환자가 어떤 치료를 받았든지 그 특정치료를 넘어서서 영향을 미치는 것처럼 느껴진다.

환자 혹은 내담자

치료 결과에 영향을 미치는 내담자들의 구체적인 혹은 일반적인 특징이 존재하는가? 이렇게 모호하면서도 단순한 질문은 "상황에 따라 다르다"와 같은 답변 이외에는 다른 답이 있을 수 없다. 치료의 결과란 환자의 특징만으로 결정될 수 없는 아주 복잡한 사건이기 때문이다. 그것은 치료자의 자질과 기술, 환자에게 적용되었던 치료적 절차, 환자를 둘러싸고 있는 환경적 변인과 같은 다양한 요인에 의해서 결정된다. 결과적으로 이것은 '어떤 종류의 환자에게 어떤 종류의 절차가 어떤 환경하에서 그리고 어떤 치료자에 의해서' 적용되어야 효과적인지를 구체적으로 확인해야만 하는 영역이다(Kiesler, 1966, Paul, 1967).

앞서 언급한 경고 문구를 마음에 깊이 새긴 이후에야 전통적 심리치료에서 치료 결과와 관련 있는 것으로 보이는 내담자 변인에 대해서 논의할 수 있을 것이다.

환자가 경험하는 불편감의 정도. 치료를 가장 덜 필요로 하는 사람들이 치료를 통해서 가장 큰 이득을 얻는다는 생각은 임상가들이 자주 일반화해서 내리는 결론이다. 이 관계에 대한 좀 더 정교한 논지를 Truax와 Carkhuff(1967)가 펴고 있는데, 환자들이 느끼는 불편감과 그들이 외현적으로 나타내는 행동상 장애가 불일치한다는 것이다. 이러한 불일치를 적용해 볼 때 많은 임상가들은 고통이나 불안을 경험하고 있지만, 행동적으로는 잘 기능하고 있는 환자들이 가장 예후가 좋다고 말한다.

이런 주제에 대한 초기의 연구 결과는 그다지 일관적이지 않았으며, 서로 모순되기까지 하였다(이것은 다시 한 번 다른 여러 요인들을 고려하지 않고 결론을 단순히 내릴 수 없다는 것을 반영한다). 예를 들어, 어떤 연구들에서는 초기의 고통수준이 높을 경우, 치료 호전도가 더 높아진다는 것을 발견하였다(예: A.R.Stone, Frank, Nash, & Imber, 1961). 그러나 다른 연구들(예: Barron, 1953)의 연구 결과는 이와 정확히 반대이다. Miller와 Gross(1973)의 연구에서는 문제가 더 복잡해졌다. 그들의 주장에 따르면 치료 호전도와 치료 초기의 높은 장애 수준은 곡선적인 관계이기 때문에 초기에 장애가 거의 없거나 극단적으로 많은 경우에는 중간 수준의 장애를 지닌 사람에 비해서 치료 결과가 좋지 않다고 한다. 이 영역에 대한 최근 연구에서 Clarkin와 Levy(2004)는 장애가 더 심한 사람들이 더 나쁜 치료 결과를 보이며, 성격장애가 공존하는 집단에서 더 나쁜 결과가 야기되는 경향이 있다는 점에서는 서로 일관된 견해를 보인다고 정리하였다.

지능. 몇몇 치료적 접근법은 많은 대화, 과거 경험, 통찰, 자기성찰에 초점을 둔다. 이러한 치료적 접근법들은 메타포와 자신의 경험들 사이에 공통적으로 나타나는 주제에 의존하게 될 수 있다. 일반적으로 심리치료에는 적당한 수준의 지적능력이 요구된다(Garfield, 1994). 그렇다고 특정한 조건에서 정신지체가 있는 사람들이 상담을 받거나 자신의 어려움을 이야기하는 기회를 가졌을 때 이득을 얻을 수 없다는 것은 아니다. 그럼에도 불구하고 다른 조건이 동일할 경우, 머리가 좋은 내담자들은 심리치료에서 요구되는 것들을 훨씬 잘 다루는 것처럼 보인다.

이것은 여러 측면에서 사실이다. 우선 심리치료는 언어적인 과정이다. 심리치료에서는 환자들이 자신의 문제를 명료화해서, 언어의 형태로 그것을 표현할 수 있어야 한다. 다음으로 심리치료에서 환자들은 사건들 사이의 관련성을 뚜렷하게 인식할 수 있어야 한다. 환자들이 선행 사건과 현재 문제 사이의 관련성을 볼 수 있는 능력이 있어야만 하며, 궁극적으로 현재 느끼는 감정이 처음에는 그 감정과 별 상관이 없어 보였던 다양한 일들과 어떻게 연결되는지를 인식할 수 있는 능력이 있어야만 한다. 마지막으로 사건들 사이의 관련성을 도출해 내기 위해서 심리치료에서는 내성(introspection)을 필요로 한다. 전통적인 심리치료가 항상 행동의 기저에 존재하는 내적인 결정요인을 강조하기 때문에, 자기 내면을 들여다보는 데 어려움을 겪는 사람들은 그 과정에 적응하는 데 문제가 생긴다.

그러나 행동적인 치료에서는 인지적 능력이 부족한 사람들에게서도 상당한 성공을 거두고 있다. 특히 통찰을 증진시키는 것을 목표로 하기보다는 구체적인 행동 변화를 목표로 할 경우, 다양한 행동수정적 접근들이 적용 가능하다. 그런 내담자 집단에서는 인지적 측면보다는 행동적 측면에 초점을 맞출 경우 사회성이나 자조능력과 같은 영역이 개발될 수 있을 것이다. 일반적으로 보자면 행동적 손상이 문제일 경우, 행동적 기법들이 종종 선호된다.

연령. 다른 조건이 동일할 경우, 더 어린 환자들(예를 들어, 40세 이하)이 치료에 가장 적합한 것으로 여겨져 왔다. 아마도 젊은 환자들은 더 유연하고 '자신의 방식에 덜 집착하는 것' 같다. 어린 환자들은 아동기에 더 가깝기 때문에 적절한 관련성을 더 잘 도출해 낸다고 할 수도 있고, 나이 든 사람들에 비해서 자신의 부정적인 행동에 대해 강화를 적게 받아온 것으로 볼 수 있다. 어떤 경우든 젊은 사람들이 치료에 더 잘 반응한다는 생각은 임상가들 사이에서 상당히 널리 알려진 사실이다. 그러나 나이든 내담자들이 더 나쁜 예후를 보인다는 사실을 지지하는 연구상의 증거는 강하지 않다(Clarkin & Levy, 2004; Garfield, 1994; M. L. Smith et al., 1980).

아마도 연령 변인 하나만 고려하기보다는 환자들의 구체적인 특성들을 함께 고려하는 것이 가장 현명할 것이다. 55세의 내담자가 활동적이고 개방적이며, 자신의 내면을 돌아볼 줄 안다면, 그 사람은 치료에서 정말 많은 것을 얻을 수 있을 것이다. 즉, 노인을 치료에 받지 않는 것은 어떤 경우에는 고령층에 대한 일종의 편견(ageism)이라고밖에 할 수 없다! 여러 연구들이 노인들을 대상으로 한 인지행동치료나 정신역동치료의 효과를 입증하고 있다(Gallagher-Thompson & Thompson, 1995; Scogin & McElreath, 1994).

동기 수준. 심리치료는 꽤 오래 지속되는 과정으로 환자들에게 아주 많은 것들을 요구한다. 이 과정에 불안이 동반될 수 있으며, 치료가 퇴보하는 것 같거나 향상의 조짐이 전혀 존재하지 않는 것처럼 보이는 시기도 있다. 치료실 이외에서 숙제나 활동을 통해 많은 작업을 한다. 이러한 숙제나 활동을 통해 환자들이 불안을 일으킬 수 있는 새로운 행동을 할 기회를 얻게 된다. 심리치료가 성공하기 위해서는 환자들이 오랜 기간 동안 탐색하지 않고 내버려 두었던 마음 깊숙한 곳을 억지로 탐색해야 한다. 게다가 치료과정에서 환자들은 불안을 유발하는 새로운 행동을 시도하게 된다. 이전에 언급했듯이 심리치료란 '통찰'을 환자에게 떠먹여 주는 수동적인 과정이 아니며, 환자들이 적극적으로 '통찰'을 찾아야 한다. 일반적으로 그런 탐색이 쉽지는 않다. 이런 저런 이유로 성공적인 심리치료는 높은 동기 수준을 요구한다.

어떤 면에서는 환자가 치료를 원해야만 한다(심리치료기간 동안 아주 동기 수준이 높은 환자들이라도 치료를 그만두고 싶은 시기가 있지만). 심리치료는 자발적인 과정이다. 누군가를 강제로 심리치료에 참여하게 만들 수는 없다. 강제로 치료를 받게 하거나 미묘하게 치료받는 것을 종용할 경우, 그 사람이 치료 경험을 통해서 얻을 수 있는 것은 거의 없다. 가석방 기관의 명령으로 치료를 받으러 온 범죄자나 마리화나를 피운 후 감옥에 가거나 상담센터를 방문하는 선택이 주어진 대학생 혹은 보험을 계속 받기 위해서 치료를 찾는 사람들이 치료를 통해서 이득을 볼 가능성이 낮다.

내담자의 동기 수준이 긍정적인 변화를 위한 필요조건으로 여기는 것이 관습적으로 널리 받아들여지고 있지만, 연구 결과상의 증거는 일관되지 않다(Garfield, 1994). 한 가지 방법론상의 문제는 내담자의 동기 수준을 가장 잘 측정할 수 있는 방법이 문제이다. 연구마다 동기 수준을 측정한 방법들이 아주 다양하다. 예를 들어, Yoken과 Berman(1987)은 심리치료에 지불하는 내담자들의 치료비용을 동기 수준의 지표로 이용하였다. 이들은 심리치료에 평균적인 비용을 지불하는 내담자들과 비용 지불을 보류하는 내담자들의 치료 결과에서 상대적으로 큰 차이가 없다는 것을 발견하였고, 동기 수준과 치료 결과에 관련성이 없는 것으로 결론 내렸다. 그러나 명확한 결론이 존재하지 않는다는 것이 단순히 연구자들이 내담자의 동기 수준을 정의하고 측정하는 데 많은 어려움을 겪고 있다는 사실을 반영할 수 있다.

개방성. 대부분의 치료자들은 직관적으로 심리치료를 존중하며, 치료적 유용성에 대해 긍정적인 태도를 가지고 있는 것처럼 보이는 환자들이 더 나은 예후를 보일 것이라고 기대한다. 환자들이 자발적으로 자신의 문제를 의학적인 관점이 아니라 심리적인 관점에서 보면 치료자들은 내심 안도한다. 이런 사람들은 쉽게 '좋은 심리치료 환자가 되도록 가르칠 수 있지만,' 어떤 사람들은 좋은 성과를 얻기를 수동적으로 기다리면서 자신의 문제를 전지 전능한 권위적 치료자에 의해서만 고칠 수 있는 것으로 생각하는 사람들도 있다. 따라서 치료적 과정에 대한 일종의 '개방성'(Strupp & Bergin, 1969)은 환자로 하여금 심리치료를 더 잘 헤쳐 나갈 수 있는 사람으로 만들어 주는 것 같다.

성별. 치료 결과와 환자들의 성별 사이에는 어떤 관련성이 있을까? 여성이 남성에 비해서 치료에 더 잘 반응할 것이라고 많은 사람들이 생각한다. 그러나 생물학적인 성별이 치료 결과와 통계적으로 유의미한 관련성을 맺을 것이란 관점을 지지하는 연구는 거의 없다(Clarkin & Levy, 2004; Garfield, 1994). 내담자의 성별은 치료 결과와 그다지 관련이 없는 것처럼 보이지만, 특수한 경우에 치료자의 성별이 중요하게 고려되어야 할 필요가 있다. 예를 들어, 여성 강간 피해자인 경우 남성 치료자보다는 여성 치료자와 이야기를 나눌 때 더 많은 안정감을 느낄 수 있을 것이다.

인종, 종교, 사회적 계급. 오랜 기간 동안 소수 인종 환자들에 대한 치료 효과에 관한 논쟁—특히 그들이 백인 치료자와 상담을 할 경우—이 맹렬하게 제기되어 왔다. 수많은 치료적 기법이 백인 중산층 혹은 그 이상의 계층 환자들을 대상으로 설계, 발전되어 왔다는 것은 명백한 사실이다. 환자의 특수한 문화적 배경이나 경험을 고려한 치료적 절차가 거의 없는 것처럼 보인다. Banks(1972)는 치료자와 내담자가 동일한 인종일 경우 라포가 더 잘 형성되고 자기 탐색이 더 잘 일어날 수 있다고 주장하였다. 다른 사람들도 사회적 계층, 배경, 가치, 경험 등을 고려해서 동일한 결론에 도달하였으며, 전통적인 심리치료를 하지 말고 지지적 치료를 해야 한다고 결론내렸다. 그렇지만 두 세기에 걸쳐 이 주제에 대한 연구들이 이루어져 왔지만, 아직까지도 소수 인종의 경우 치료성과가 달라지는지에 대한 확실한 결론이 내려지지 않고 있다(Sue, 1988; Sue, Zane, & Young, 1994; Zane, Hall, Sue, Young, & Nunez, 2004).

Schofield(1964)는 이상적인 환자에 대한 심리치료자의 믿음을 YAVIS 증후군(젊고 매력적이며, 언어구사 능력이 좋고, 지능이 높고, 성공한 사람)이라고 기술하였다. 그러나 사회적 계층과 치료성과 사이에는 실질적으로 아무런 관련성이 없음을 보여주는 연구가 무수히 많이 존재한다(Garfield, 1994). 환자와 치료자가 비슷한 수준의 사회적 계층이어야 하는지, 사회경제적 수준이 낮은 사람들에게 더 효과적인 특정한 형태의 심리치료가 존재하는지와 같은 주제들은 세부적으로 연구되지 않았다.

환자와 치료자의 사회 계층이나 가치가 현저하

게 다를 경우 치료를 계속 받으려는 환자의 의지가 변하기 쉽다는 사실을 밝혀낸 연구도 있다(Zane et al., 2004). 치료자가 갖는 문화적 민감성이 매우 중요하다는 것에 대해서는 이견의 여지가 없을 것이다. 임상 현장에서는 문화적 민감성을 갖춘 정신건강서비스의 개발이 매우 필요하다(Sue et al., 1994; Zane et al., 2004). 임상가들 역시 소수 인종들과의 심리치료를 위해 인지적 공감이나 Scott와Borodovsky(1990)가 말한 '문화적 역할 수행(cultural role taking)' 능력을 개발할 필요가 있다. 마지막으로 문화적으로 다양한 인종들과 효과적으로 작업할 수 있는 문화적 민감성이 높은 치료자들을 배출하는 것은 임상심리학에서 매우 시급한 일이다(Paniagua, 1998).

환자에 대한 치료자의 반응. 가장 바람직한 것은 내담자가 다른 사람들로부터 긍정적인 반응을 도출해 낼 수 있는 매력적인 사람이든 그렇지 않든 간에 아무런 차이가 없어야 한다는 것이다. 환자에 대한 자신의 반응이 긍정적이든 부정적이든 간에 치료자는 좋은 효과를 낼 수 있게 치료적 작업을 해낼 수 있어야 한다. 그러나 이전에 살펴보았듯이, 치료자들도 완벽한 존재가 아니며 그들 역시 다른 사람의 개인적 품성에 의해 상당히 영향을 받는다. 다행스럽게도 환자와 자신이 맺고 있는 전문적인 관계에 대해서 이해하고 스스로 조절할 수 있는 치료자의 능력은 보통 사람들이 사회생활이나 대인관계에서 보이는 이해나 자기조절 능력을 뛰어넘는다. 그럼에도 불구하고 매력도가 전반적으로 더 높게 평정된 내담자의 치료 결과가 더 좋으며(예: Nash et al., 1965), 치료자와 더 나은 관계를 맺고 있는 내담자의 치료 결과가 더 좋다(Garfield, 1994)는 연구 결과가 존재한다. 뿐만 아니라 가상적인 환자에 대한 연구에서 치료자 자신이 좋아하지 않는 환자들은 그렇지 않은 환자들에 비해서 치료하고 싶어하지 않는다는 연구도 하나이긴 하지만 존재하고 있다(Lehman & Salovey, 1990).

치료자

치료자의 특징 중 어떤 것이 치료과정에 영향을 줄 수 있다는 사실은 이제 전혀 놀랍지 않다. 치료자가 가지고 있는 특정 이론적 · 치료적 지향은 그의 성격이나 따뜻함이나 감수성보다 더 상위에서 영향을 미치지는 않는다. Freud는 치료자의 성격이 정신분석 과정에 미치는 잠재적 영향을 매우 일찍 인식하였다. 개인적 요인이 정신분석과정에 영향을 미치는 것을 '예방하기' 위해서, Freud는 정신분석가들이 주기적으로 개인분석을 받을 것을 제안하였으며, 이를 통해서 치료자들이 그런 요인들을 인식하고 통제할 수 있게 될 것이라고 말하였다. 어떤 점에서 Rogers는 같은 동전의 다른 면에 대해 언급하고 있는데, 그는 수용이나 따뜻함과 같은 치료자 특성이 치료의 초석이라고 하였다. Freud가 부정적인 측면을 강조하고, Rogers가 긍정적인 측면을 강조하고 있긴 하지만, 두 사람 모두 치료과정에 영향을 미치는 치료자 변인의 역할을 이해할 수 있는 기틀을 마련한 셈이다. 거의 대부분의 사람들이 치료자 변인이 중요하다는 점에 대해서는 동의하고 있긴 하지만, 불행히도 구체적인 사안에 대해서는 그다지 많은 동의가 이루어지지 않았다. 치료자의 성격적 특성이 치료성과에 어떻게 기여하는지에 대한 질문은 아주 중요한 연구 주제가 되어 왔다(Beutler, Machado, & Meufeldt, 1994; Beutler et al., 2004).

연령, 성별, 인종. Beutler 등(1994, 2004)은 치료성과에 영향을 미칠 수 있는 치료자 변인에 대한 최근의 포괄적 개관논문에서 치료자의 연령이 치료 성과와 관련이 없었으며, 치료 효과 면에서 남자 치료자와 여자 치료자 간에 통계적으로 유의한 차이가 나타나지 않았으며, 인종을 고려해서 치료자와 환

글상자 12-1 문화적 유능성

임상심리학자들은 백인이 아닌 다문화적 집단의 구성원들을 위한 서비스를 점점 더 많이 제공하고 있다. 따라서 임상가들은 자신과 사회 경제적 배경이나 인종이 다른 내담자들을 평가하거나 치료할 경우, 여러 요인들을 고려해야만 한다. Paniagua(1998)이 몇 개의 일반적 지침과 고려할 점을 제시하고 있다.

1. 타문화수용(acculturation). 이것은 '기존의 문화 패턴에 새로운 문화 패턴이 통합되는 정도'를 의미한다(Paniagua, 1998, p.8). 타문화수용은 내적인 것(예를 들어 미국 내의 한 주에서 다른 주로 이동하는 것)이 될 수도 있고, 외적인 것(새로운 나라로 이주하는 것)이 될 수도 있다. 임상가들은 선호하는 언어나 사회적으로 어울리고 싶어 하는 인종이나 세대와 같은 변인들을 평가하는 짧은 척도를 통해서 내담자의 타문화수용 정도를 추정할 수 있다(Paniagua, 1998).
2. 언어적 장벽. 가능하더라도 통역자 사용을 지양하는 것이 관례이긴 하지만, 통역자가 필요할 경우도 있다. Paniagua(1998)은 내담자와 문화적 배경을 공유하는 통역자를 이용해야 한다고 제안한다. 통역자는 정신건강에 대한 배경 지식을 가지고 있어야만 하며, 사전에 내담자와 라포를 형성해야만 한다. 동시 통역보다는 내담자가 이야기한 다음에 통역을 하는 것이 좋으며, 친구나 친척, 2개 국어를 사용하는 아동이 통역하는 것은 바람직하지 않다. 통역자의 타문화 수용 정도 역시 고려되어야 한다.
3. 과잉진단. 임상가들은 단순히 자신에게 친숙하지 않거나 이상해 보인다고 해서, 다른 문화 집단의 구성원이 보이는 행동을 병리적인 것으로 부정확하게 바라보지 않도록 조심해야만 한다.
4. 확장 가족. 내담자 치료에 도움을 줄 수 있는 사람들의 명단을 만들기 전에, 임상가들은 내담자가 이야기하는 확장 가족의 정의(생물학적으로 가족이 아닌 사람들을 포함해서)를 신뢰해야 한다.
5. 이론의 종류. 아프리카계 미국인들(African American), 원주민 미국인(Native American), 히스패닉(Hispanic), 동양계 미국인(Asian American)들에게는 직접적이고 능동적이며 구조화된 치료가 선호된다. 타문화 수용 문제가 현재 문제에서 중요한 역할을 하고 있다면 가족치료나 부부치료에 선행해서 개별적인 치료가 필요하다.
6. 수집된 자료의 양. 임상가들은 평가나 치료의 초기과정에서 대규모로 자료를 수집하지 말아야 한다. 그렇지 않으면 다른 문화에서 온 사람들은 이것을 무능력의 징후로 여기거나, 자신의 문화와 엄청나게 다른 것으로 여길 수 있다. 자료는 회기가 진행됨에 따라서 점

자를 동일하게 짝지으는 것도 더 나은 치료 성과를 도출하는 데 필수적이지 않았다고 한다. Beutler 등(1994, 2004)은 이런 결과가 널리 받아들여지고 있는 사회정치적 의견과 반대될 수 있음을 인정하고 있다. 동시에 이들 연구들에 방법론상의 문제가 많이 존재한다고 주장한다. 이들 치료자 변인은 내담자의 특성, 치료가 일어나고 있는 현장의 특징, 그리고 치료형태와 상호작용할 가능성이 있다. 해결책은 치료자가 환자와의 관계뿐만 아니라 자기 자신에게 있어서 성별이나 나이, 인종적 정체감과 같은 문제에 더 민감하게 되는 것이다.

성격. 치료자 변인을 논의하는 데에서 Strupp과 Bergin(1969)은 주목할 만한 두 가지 점을 지적하였다. 첫째, 치료자의 성격 변인이 아주 큰 영향력이 있다는 증거가 있음에도 불구하고, 함께 작동하는 다른 요인들이 치료 결과를 상당히 많이 결정한다. 둘째, 이 영역에 대한 연구는 행동치료자들이 인기를 얻기 시작하면서 그다지 눈에 띄지 않게 되었다. 그러나 행동치료자들이 기법이나 기제 아닌 다른 요인들에 대해 점점 더 많은 주의를 기울이게 되면서, 치료자 성격 변인의 중요성을 '재발견'하고, 치료자의 성격적 측면을 연구와 치료실무에 더 많이 통합하려

진적으로 수집되어야 한다.

7. '치료자'에 대한 정의. '치료자'라는 용어를 정의하는 내담자의 관점을 이해하는 것이 중요하다. 치료자가 그들에게는 의사나 주술사, 민간요법과 같은 의미일 수 있다. 따라서 그들이 가지고 있는 근거 없는 기대에 대해서는 수정해 줄 필요가 있다.

임상심리학자는 다양한 문화적 배경을 지닌 사람들을 평가하고 치료할 수 있도록 준비되어 있어야 한다.

는 움직임이 시작되고 있다.

'이상적인' 치료자로 규정할 수 있는 성격 특성이 존재하는가? 다음은 연구 논문에서 그려지고 있는 이상적인 치료자의 특징에 대해서 Krasner(1963)가 농담처럼 기술한 내용이다.

> 이상적인 치료자란 성숙하고 적응을 잘하며, 공감적이고 재능이 뛰어나며, 인내심이 강하다. 또한 친절하고 상냥하며, 재치 있고 판단적이지 않으며, 수용적이고 허용적이다. 비판을 하지 않으며, 따뜻하고 호감이 느껴지며 인간 존재에 대한 관심이 많다. 모든 사람들과의 민주적인 관계를 가지는 것을 존중하고 신중히 생각하며, 이를 위해 노력하며, 인종적 · 종교적 편견에서 자유롭고 인생에서 가치 있는 목표를 가지고 있다. 그리고 친밀하고 격려해 주는 사람이며, 낙천적이고 강하며, 똑똑하고 현명하다. 호기심이 많고 창조적이며, 예술적이고 과학적인 마인드를 가지고 있으며, 유능하고 믿을 수 있다. 또한 환자가 따를 만한 모델이고, 인간적 자원이 풍부하고 정서적 민감성을 가지고 있으며, 자의식이 있다. 스스로의 문제에 대해 통찰력이 있으며, 자발성이 있고 유머 감각이 있으며, 인격적으로 안정되어 있다. 성적인 측면에 대해 성숙되어 있으며, 인생에서

PhotoDisc

심리치료의 효과는 다양한 요인에 의해 영향을 받는다. 예컨대, 내담자 특성, 치료자 자질과 기술, 해결받으려는 문제와 그 문제를 해결하는 데 사용된 치료적 절차를 들 수 있다.

> 여러 경험을 하면서 성장 · 성숙해 나가고, 좌절에 대한 내성이 높으며, 자기 확신감이 있다. 이완되어 있으며, 객관적이고 자기 분석적이며, 스스로의 편견에 대해 인식하고 있다. 비굴하지 않고 겸손하며, 회의적이긴 하지만 비관적이거나 자기 비하를 하지 않고… 의존할 만하며, 일관적이고, 개방적이며, 정직하고 솔직하다. 또한 기법적인 측면에서 세련되고 전문가로서 헌신적이며, 매력적이어야 한다(pp.16-17).

치료자는 고사하고 어떤 사람이라도 이런 모든 특징(명백히 말하자면 겹치는 것들이 있긴 하지만)을 가지고 있는 사람은 없다. 따라서 Goldstein, Heller와 Sechrest(1966)가 지적한 바와 같이, '이상적 치료자'라는 것이 정말로 유용한 개념인지에 대해서는 의심스럽다. 단일한 특성 혹은 몇몇 작은 특성들로 제한했던 연구들의 경우가 더 이치에 맞는 것 같다. 모든 특성을 다 가지게 되면, 메시지의 논리적 일관성이 떨어지게 된다.

Beutler 등(1994, 2004)에 따르면, 치료 성과에 영향을 미치는 치료자의 개인적 특성에 대해서는 연구자들이 충분한 관심을 기울이지 못하였다. 연구되었던 특성 가운데에서 가장 많은 주목을 받은 것은 지배성이나 독단적 태도, 지각된 통제 소재, 인지적 정보 처리 스타일 등이다. 그러나 이런 변인들이 내담자의 특성이나 치료 유형에 따라서 치료 결과에 각기 다른 방식으로 영향을 미치기 때문에 일반적인 결론을 도출하기는 어렵다(Beutler et al., 1994, 2004). 예를 들어, Hall과 Malony(1983)의 경우, 치료자와 내담자가 문화적으로 유사한 경우에는 치료자에게 존재하는 높은 수준의 지배성이 더 나은 치료 성과를 가져오지만, 치료자가 내담자와 문화적으로 유사하지 않을 경우에는 치료자의 지배성이 낮아야만 더 효과적이라고 주장하였다.

공감 능력, 따뜻함, 진솔성. Swenson(1971)은 성공적 치료자와 성공적이지 못한 치료자를 구분 짓는 주요 요인은 인간에 대한 관심과 환자에 대한 헌신이라고 이야기하였다. 동일한 맥락에서 Brunink와 Schroeder(1979)는 서로 다른 이론적 지향점을 취하는 각 종파의 유능한 치료자들이 공감적 커뮤니케이션이란 측면에서 서로 유사하다는 사실을 발견하였다.

공감 또는 이와 관련된 따뜻함이나 진솔성이란 개념에 주의를 기울이게 된 것은 Carl Rogers(1951)의 내담자 중심치료에서 나왔다. 그는 이런 변인들을 치료적 변화의 필요충분조건이라고 기술하였다(Rogers, 1957). 이 세 가지 변인과 성공적인 치료 성과 사이의 관련성을 지지하는 몇몇 연구 증거도 존재한다(Truax & Carkhuff, 1967; Truax & Mitchell, 1971). 그러나 치료자의 공감이나 존중, 솔직성이 치료 성과와 관련된다는 연구들을 주의 깊게 검토했을 때, M. J. Lambert, DeJulio와 Stein(1978)은 Rogers 학파의 가설이 부분적으로만 지지된다는 사실을 발견하였다. Strupp과 Bergin(1969)은 공감이나 따뜻함, 진솔성과 같은 개념이 치료의 필요조건이기는 하지만 좋은 치료 성과를 위한 충분조건이라고는 여기지 않았다. 더 최근의 연구에서 이러한 세 가지 변인은 훈련하고 배우면 익힐 수 있는 일종의 기법으로 간주되고 있다. Bergin과 Suinn(1975)에 따르면, "이 세 가지 변인이 예전에 생각했던 것만큼 그렇게 중요하다고는 볼 수 없지만, 이 변인의 존재와 영향력은 도처에서 찾을 수 있으며 심지어 행동치료에서조차 나타난다(p. 52)." 그러나 공감능력의 경우, 유능하지 못한 치료자들은 유능한 치료자들에 비해서 더 낮은 점수를 받는 경향이 있다(Lafferty, Beutler & Crago, 1989).

이 세 가지 요인들이 치료자의 질뿐 아니라 치료관계의 질을 반영하고 있다는 주장도 나오고 있다(Beutler et al., 1994). 이런 관점에서 보자면, 공감이나 따뜻함, 진솔성과 같은 변인들은 치료적 동맹의 특징을 반영하는 지표로 볼 수 있다. 치료자가 환자와 맺는 관계의 강도나 질적인 측면이 긍정적 치료 성과를 내는 데 비록 중간 정도이지만 유의한 기여를 한다는 일관된 연구 결과가 나오고 있다(Beutler et al., 1994, 2004).

정서적 성숙. 치료자가 적응적 측면에서 귀감이 될 필요는 없지만, 치료자가 정서적 문제로 둘러싸여 있을 경우 그렇게 효과적인 치료를 할 수 있을 것 같지 않다. 치료자가 자기 스스로의 취약한 영역에 대해서 인식하는 것은 매우 중요하다. 어떤 주제에 대해 논의하면서 화가 나거나 불안해지는 경향이 발견되거나, 방어하지 않으면서 내담자의 질문을 다루기 어려워지는 경우, 이것은 뭔가 제대로 돌아가고 있지 않다는 징후이다. 즉, 자기 인식은 치료자에게 아주 중요한 자질이다(I. B. Weiner, 1975). 치료자는 그들 자신의 문제를 객관적으로 바라볼 수 있어야만 하며, 자신의 개인적 역동에 얽혀서는 안 된다. 치료실은 자기 자신의 정서적 욕구를 충족시키기 위한 장소가 아니기 때문이다(Bugental, 1964; Singer, 1965).

어떤 경우 치료자들 역시 자신의 정서적 문제를 해결하기 위해서 개인적인 치료를 받을 필요가 있기도 한다. 그러나 개인치료를 받는 것이 치료자를 더 유능하게 만드는 것인지는 오랜 기간 논쟁거리가 되어 왔다. 불행히도 연구 증거들이 명확하지 못하다(Beutler et al., 1994, 2004). 치료과정의 복잡성에 대해 생각해 보면, 이것은 그리 놀라운 결과도 아니다. 그럼에도 불구하고 모든 치료자들이 치료를 행하기 위한 자격을 얻기 위해서 개인적인 치료를 받을 필요는 없는 것처럼 보인다.

경험 및 전문가적 정체감. 관습적으로 생각해 봤을 때 경험이 더 풍부한 심리치료자가 더 나은 치료 효과를 보일 것 같다. 직관적으로는 설득력이 있는 말이지만, 대부분 연구 결과에서는 이 말을 지지할 수 있는 충분한 증거가 없다(Beutler et al., 1994; 2004; M. L. Smith et al., 1980). 치료자의 경험과 긍정적인 치료 성과 사이에 일관된 관계가 없는 것처럼 보일 뿐만 아니라, 여러 연구에서 심리치료를 수행하기 위해서 특별히 훈련받은 준전문가들(*paraprofessional*)도 동일하거나 어떤 경우에는 훨씬 더 나은 수행을 보인다는 결과가 시사되고 있다(Berman & Norton, 1985; Durlak, 1981; Hattie, Sharpley, & Rogers, 1984; Weisz, Weiss, Alicke, & Klotz, 1987). Lambert와 Ogles(2004)는 지금까지 수행되었던 많은 연구들에는 결함이 있기 때문에, 이 주제에 대해 평가를 내리는 것은 여전히 어렵다고 주장하였다. 하지만 Lambert 자신은 5,000명이 넘은 수의 내담자를 대상으로 훈련의 수준과 내담자의 변화 사이에 관계를 찾지 못했다고 보고했다(Okiishi, Lambert, Egget, Nielsen, Dayton & Vermeersch, 2006). 우리 모두와 마찬가지로 Lambert와 Ogles(2004)는, 경험이 많고 전문적인 훈련을 받은 치료자들에게서 더 나은 치료 효과가 나타난다는 것을 지지하는 연구가 왜 더 많지 않은지 그 이유를 알 수 없다고 말했다.

어떤 전문가 집단이 다른 전문가 집단에 비해서 치료를 더 잘한다고 밝혀졌는가? 더 나은 치료를 위해 가장 훌륭하게 준비된 전문가 집단은 어떤 집단인가에 대해서 논쟁이 오랫동안 계속되어 왔다. 오랜 기간 동안 정신과 전문의들은 자신들의 수퍼 비전 없이 임상심리학자들이 심리치료를 하는 것을 막기 위해서 적극적으로 노력해 왔다. 그들의 주요 주장은 의학적 전능감에서 비롯된 것일 뿐 공고한 연구 기반을 가지고 있는 것이 아니기 때문에 임상심리학자들은 정신과 전문의들의 지배력에서 점점 자유로워졌다. 독점적 영역에 대한 오래된 증오와 투쟁이 점점 사라지고 있다. 그러다가 정신건강 영역에 대한 연방 정부의 기금이 증가하고, 심리치료를 포함하는 방향으로 보험의 적용 범위가 확장되면서, 경제적 측면에서의 경쟁이 정신과 전문의와 임상심리학자 사이의 오래된 영역 싸움에 다시 불을 붙이게 되었다.

사실상 어떤 전문가 집단도(임상심리학자, 정신 사회사업가, 정신과 의사, 정신분석가이건 간에) 더 나은 심리치료를 한다고 자랑할 만한 실질적인 증거는 없다. 「*Consumer Reports*」 study("Mental Health", 1995)에서 자신의 심리적인 문제를 해결하기 위해서 정신건강전문가들을 만났던 사람들은 가족 주치의와 이 문제를 상의했던 사람들에 비해서 호전율이 더 좋았으며, 치료에 대한 만족도도 높았다. 그러나 심리학자, 정신과 의사, 사회사업가들은 모두 소비자들로부터 만족도에 대한 평정 수준이 높은 편이었다. 즉 이 조사에 의하면 효과성과 내담자의 만족도의 측면에서 특정 전문가 집단이 다른 전문가 집단에 비해서 우월하다는 주장을 지지해 주지 않는 것처럼 보인다.

지금까지 일반적으로 심리치료 성과와 관련이 있을 것으로 추정되는 다양한 환자 변인과 치료자 변인에 대해 개관하였다. 논의에서 언급했듯이, 심리치료에 대한 연구에서 이런 가정들 중 상당수가 경험적 증거를 얻지 못하였다. 표 12-3에 일반적으로 치료 결과에 영향을 줄 것으로 가정되었으나, 경험적 증거가 전혀 없거나 아주 조금밖에 없는 변인들의 목록을 제시하였다.

임상적 개입의 과정

심리적인 문제의 종류가 너무나 많은 것과 마찬가지

표 12-3 치료 성과와 관련 있을 것으로 일반적으로 생각되지만, 경험적으로 지지되지 않고 있는 환자–내담자 변인 및 치료자 변인들

가정	증거
1. 내담자의 나이가 많으면 치료 결과가 나쁠 것이다.	이 가정에 대한 강력한 지지 증거가 없음(Clarkin & Levy, 2004; Garfield, 1994; Smith et al., 1980)
2. 동기 수준이 높은 내담자만이 좋은 치료 성과를 얻을 수 있을 것이다.	지지 증거가 혼재되어 있음(Garfield, 1994)
3. 여성 내담자들이 더 나은 치료 성과를 얻을 것이다.	일반적으로, 생물학적 성별은 치료 성과와 상관이 없는 것으로 나타났음(Sue et al., 1994; Zane et al., 2004)
4. 소수 인종의 내담자들은 치료 성과가 항상 나쁠 것이다.	이 가정에 대한 지지 증거가 없음(Sue et al., 1994; Zane et al., 2004)
5. 사회경제적 지위가 높은 내담자들이 더 나은 치료 성과를 얻을 것이다.	사회 경제적 지위와 치료 성과 사이에 관련성이 없음(Garfield, 1994)
6. 나이가 많은 치료자들이 치료를 더 잘 할 것이다.	치료자의 연령과 치료 성과 사이에 관련성이 없음(Beutler et al., 1994, 2004)
7. 여성 치료자들이 치료를 더 잘 할 것이다.	지지 증거가 혼재되어 있음(Beutler et al., 1994, 2004)
8. 치료자와 환자의 인종이 서로 같다면, 더 나은 치료 성과가 산출될 것이다.	결론을 내리기 어려움(Beutler et al., 1994, 2004)
9. 개인치료를 받았던 치료자들이 더 나은 치료 성과를 산출할 것이다.	결과가 일관되지 않음(Beuter et al., 1994, 2004)
10. 더 경험이 많은 치료자들이 치료를 더 잘 할 것이다.	결과가 일관되지 않음(Beuter et al., 1994, 2004; Lambert & Ogles, 2004; M.L. Smith et al., 1980)

로 개입의 형태 역시 다양하다. 따라서 모든 사례에 똑같이 잘 적용되는 치료과정을 정확히 기술하는 것은 불가능하다. 그러나 대부분의 심리치료에 적용되는 가장 전형적인 치료 절차에 대해서는 일반적인 기술이 가능하다.

초기면접

내담자가 처음 클리닉에 방문하거나 임상가의 사무실에 들어왔을 때, 그들은 정확하게 무엇을 기대해야 하는지 모른다. 어떤 사람들은 불안해질 수도 있고, 어떤 사람은 의심스러운 마음이 들기도 한다. 어떤 사람들은 의학적 치료와 심리치료가 어떻게 다른지에 대해 정확하게 이해하지 못할 수도 있다. 어떤 사람들은 자신이 도움을 구하고 있다는 사실 때문에 당황하거나 부적절감을 느낄 수도 있다. 따라서 가장 먼저 해야 할 일은 클리닉이란 무엇이며 그들이 받을 수 있는 도움의 종류가 어떤 것인지에 대해서 일반적으로 설명하는 것이다. 이 중요한 단계는 내담자의 태도와 기꺼이 협력하고자 하는 의지에 중요한 영향을 미친다. 이 최초의 접촉을 치료자나 사회사업가, 심리학 기술자(psycho-logical technician) 혹은 그 밖의 다른 누가 했든지 간에 이 접촉을 노련하고도 민감하게 하는 것이 중요하다.

일단 치료를 받으러 오게 된 이유에 대해서 논의한 후, 일반적인 치료 절차에서 다음 단계가 무엇인지 설명해 준다. 이 시점에서는 다음과 같은 여러 가지 구체적인 이슈에 대해 논의하는 것이 유용하다. 전문가 스텝은 누구며, 그들의 자격은 무엇인가? 치료비의 문제는 어떻게 할 것인가? 치료의 비밀 유지는 되는지, 만약 기밀 유지가 되지 않는다면 어떤 사람들이 그 정보에 접근할 수 있는가? 다른 의학적인 문제가 있는가, 심리치료를 하면서 의학적 문제는 어떻게 다루게 되는가? 이 내담자와 계속 절차를 진행해 나가는 것이 적절한가 아니면 다른 기관이나 전문가에게 의뢰를 하는 것이 맞는가? 이런 질문들과 함께 다른 질문들이 분명하게 다루어져야 한다.

평가

내담자가 클리닉에서 계속 치료를 받는 것이 도움이 되겠다는 점에 대해 서로 동의하게 된다면, 내담자의 문제를 평가하기 위한 회기가 한두 회기 정도 지정된다. 앞 장에서 이미 살펴보았듯이, 내담자가 가지고 있는 문제의 특징이나 치료자의 치료적 지향점, 기타 다른 요인들에 따라서 다양한 평가 절차가 있을 수 있다. 보통 과거력을 전반적으로 알아보기 위해서 접수 면접을 하게 된다. 다른 정보들은 다양한 심리검사를 통해서 수집될 수 있다. 어떤 경우에는 배우자, 가족, 혹은 친구들과의 인터뷰가 필요한 경우도 있다. 내담자가 자기 관찰을 통해서 각기 다른 상황에서의 행동이나 생각, 감정에 대해 체계적으로 기록하는 것 역시 바람직한 것으로 생각된다.

어떤 환자들의 경우, 다른 전문가의 자문을 받는 것이 바람직할 수 있다. 비심리적 요인에 의해 문제가 생겨났을 가능성을 확인해 보기 위해, 필요하다면 신경심리학적 평가나 의학적 검사가 필요할 수 있다. 문제가 경제적 문제나 실업과 관련되어 있을 경우 사회사업가나 직업 상담가와 만나 추가적인 자문을 구하는 것이 바람직할 수 있다.

모든 정보가 수집, 분석된 이후 예비적인 통합이 시도된다. 여기서 가장 바람직한 것은 단순히 진단명만 붙이는 것이 아니라 얻을 수 있는 모든 심리적, 환경적, 의학적 자료의 관점에 입각해서 내담자의 문제를 포괄적으로 구성해 보는 것이다. 내담자에 대한 이런 초기의 개념화 작업을 통해서 치료과정에서 어떤 구체적인 치료적 개입이 필요한지 가이드라인을 얻을 수 있게 된다. 치료가 진행되면서 내담자에 대해 개념화 작업이 변화할 수 있으며, 치료적 목표나 기법도 결과적으로 변화할 수 있다. 평가란 두 번째 혹은 세 번째 인터뷰에서 끝나는 것이 아니라 지속적인 과정이다. 사실, 치료 중에 있는 환자들을 매주 평가하여 진척이 없는 경우나 오히려 기능이 안 좋아지는 경우에 이에 대한 적절한 대응을 해야 한다는 데 많은 전문가들이 동의한다(예, Lambert, 2007).

치료의 목표 설정

평가 자료가 통합된 이후 곧 치료자와 내담자는 내담자 문제의 본질이나 그 문제에 대해서 무엇을 할 수 있는지에 대해 더 체계적으로 논의하기 시작한다. 어떤 치료자들은 이 단계를 치료 목표에 대해 협상하는 단계라고 이야기하기도 한다. 또 다른 사람들은 치료자가 구체화된 내담자 문제를 경감시키고 가능한 가장 효과적인 방식으로 문제를 처리하겠다는 데 대해 내담자와 치료자가 '계약'을 맺는 단계로 진입한다고 말하기도 한다. 솔직히 모든 문제에 대한 완전한 치료나 해결책에 대해서 누구도 완벽하게 약속하지 못한다. 내담자들은 또 그들 입장에서 자신이 바라는 것과 의도하는 것을 이야기하게 될 것이다. 사실상 치료자와 내담자의 계약은 대개 치료의 목표, 치료 기간, 만나는 횟수, 비용, 일반적인 치료의 형식, 내담자가 지켜야 할 것들을 다룬다.

그 계약 내에 존재하는 다양한 요인들이 시간이 지남에 따라서 수정될 수도 있음을 이해하고 있는 것이 매우 중요하다. 내담자들이 현재 받아들일 수 있는 부분에 대해서만 다루어야 한다. 극도로 불안하거나 방어적인 내담자들은 목표나 절차를 제한해서 수용하고 싶어 할 수 있다. 치료가 진행됨에 따라 내담자가 점점 더 많이 개방하면서 편안해질 수 있으며, 확장된 치료 목표를 더 쉽게 수용하게 될 수 있다. 따라서 치료가 진행됨에 따라 내담자에 대한 추가적인 정보가 명백해질 수 있으며, 그 결과에 따라서 치료 목표에 대한 수정이 필수 불가결해지기도 한다. 어떤 내담자들은 치료자와의 관계에서 신뢰감과 확신감이 증가하면서 스스로 치료적 목표를 확장시키고 싶어 할 수 있다. 목표나 방법에 대해서 논의하는 것은 신중하고 예민하며 기술적으로 다루어져야 한다. 치료자들은 내담자가 심리적으로 준비된 부분에 대해서만 다룰 수 있도록 노력해야만 한다. 너무 빨리 진행하거나 과도한 치료적 목표를 설정하는 것은 내담자들을 긴장하게 하거나 소외시킬 수 있다. 섬세하고 기술적으로 진행해 나가서 내담자 스스로가 목표를 확립하거나 수정해야겠다고 느낄 수 있도록 만드는 것이 바람직하다.

치료의 이행

초기 목표 설정이 끝난 후 치료자들은 구체적으로 어떤 치료를 할 것인지 결정해야 한다. 내담자 중심 치료일 수도 있고, 인지치료일 수도 있고, 행동치료일 수도 있고, 정신분석치료일 수도 있다. 치료가 매우 제한되어서 특정 공포증만을 다루는 것일 수도 있고, 내담자의 성격 유형에 대한 아주 광범위한 접근을 포함하고 있을 수도 있다. 이것이 내담자의 문제와 어떻게 관련되는지, 시간은 얼마나 걸릴지, 치료과정에 놓여 있는 어려움이나 힘든 순간들에 어떤 것들이 있는지와 관련하여 모든 것을 내담자에게 충분히 설명해야 한다. 정확히 내담자 편에서는 무엇을 해야 하는지에 대해서도—자유연상, '과제' 할당, 자기 감찰인지 아니면 다른 어떤 것이 요구되는지—자세하게 설명해 주어야 한다. 여기에서 본질적으로 중요한 것은 내담자의 동의이다. 연구에 참가한 사람들이 어떤 일이 벌어질지에 대해서 알 권리가 있는 것처럼, 치료에 참여하는 환자도 치료에서 어떤 일이 벌어지는지를 알 권리가 있다. 글상자 12-2에 외래 환자들이 알고 있어야 하는 정보들의 개관을 제공하였다.

종결, 평가 및 추수 회기

내담자가 일생 동안 치료에 머무르지 않는 것은 모든 이들이 바라는 바이다. 내담자가 자신의 문제를 독립적으로 다룰 수 있는 능력이 있다는 것을 치료자가 믿기 시작하게 되면, 내담자와 종결에 대한 논의를 시작한다. 때로 일주일에 한 번에서 한 달에 한 번 정도로 만나는 횟수를 줄여나가면서 종결을 점진적으로 진행하기도 한다. 종결이 가까워져 오면 종결에 대한 논의를 자세히 하고, 이에 대한 내담자의 감정과 태도가 충분히 표현되고 다루어졌는지를 세밀하게 논의하는 것이 매우 중요하다. 치료자가 적절한 시기라고 느끼기 전에 갑작스럽게 치료를 종결하는 내담자도 있다. 그러나 가능하다면 치료를 갑자기 떠나게 되는 내담자의 감정에 대해서 짧게라도 논의하고, 필요한 경우 나중에 치료에 돌아올 수 있는 가능성에 대해 알려줄 수 있는 시간을 갖는 것이 중요하다. 어떤 경우에는 치료자가 클리닉을 떠나야 하기 때문에(그리고 내담자가 다른 치료자에 의뢰되는 것을 원하지 않기 때문에) 강제로 종결을 하게 되는데 이런 경우 내담자에게 다양한 반응을 촉발시킨다. 많은 치료자들은 종결 이후 추후 회기를 잡는 것(대개 6개월 내지 1년 후)이 상당히 도움이 된다는 사실을 발견하였다. 이런 추후 회기는 내담자의 예후를 살펴보고, 그 사이에 발생했던 새로운 문제나 쟁점을 이야기하며, 치료를 통해 얻었던 것들을 공고화시키는 데 이용된다. 치료를 통해 향상된 과정을 내담자와 같이 평가하는 것이 중요하다. 치료자들에게는 자신의 노력이나 치료 기관의 서비스의 질적 측면을 평가하고, 치료를 계속 개선시켜 나가기 위해 자료를 수집하고, 치료의 진행 과정을 기록할 의무가 있다. 물론 가장 신뢰할 수 있는 자료는 정식으로 설계된 연구 프로젝트에서 나올 수 있을 것이

글상자 12-2 환자의 알 권리가 있는 정보

Pomerantz와 Handelsman(2004)는 환자들이 알 권리가 있는 질문들에 대한 대답이 제시되어 있는 동의서(consent form)를 제안하였다. 어떤 연구들에 따르면 이것과 유사한 서식이 치료자에 대해 내담자가 갖게 되는 첫인상을 좋게 만들어 준다고 한다(Handelsman, 1990; Sullivan, Martin, & Handerlsman, 1993; Wagner, Davis, & Handerlsman, 1998).

알 권리가 있는 정보

치료를 받는다는 것은 당신이 어떤 서비스를 구매한다는 의미입니다. 따라서 올바른 결정을 내리기 위한 정보가 필요합니다. 아래에 있는 것들은 여러분이 궁금해 할 수 있는 몇 가지 질문들입니다. 우리는 여기 있는 것들 중 몇몇에 대해 이미 이야기하였습니다. 여기 있는 질문들 중 어떤 것이라도 여러분은 알 권리가 있습니다. 제 대답이 이해가 되지 않는다면 다시 한 번 질문해 주십시오.

I. 치료
- A. 당신이 행하는 치료의 이름은 무엇인가?
- B. 이 치료방법을 어떻게 배웠는가? 어디에서 배웠는가?
- C. 당신이 행하는 치료 방법과 다른 치료 방법을 비교하면 어떠한가?
- D. 당신이 행하는 치료 방법은 얼마나 치료 성과가 좋은가?
- E. 발생 가능한 위험요인은 무엇인가(이혼이나 우울증)?
- F. 호전되는 환자의 비율은 얼마인가? 어떤 방법으로 호전되는가? 어떻게 알 수 있나(예를 들어 출판된 연구로? 치료자 자신의 임상 경험으로? 동료들과의 논의를 통해서)?
- G. 악화되는 환자들의 비율은 얼마인가? 어떻게 알 수 있는가?
- H. 이 치료를 받지 않는 사람들의 경우 호전되는 환자의 비율과 악화되는 환자의 비율은 얼마인가? 어떻게 알 수 있는가?
- I. 얼마나 치료를 받아야 하는가?
- J. 치료가 별 소용이 없는 것 같이 느껴질 경우 어떻게 해야 하는가?
- K. 검사도 받아야 하는가? 어떤 종류의 검사인가?
- L. 이미 결정된 치료 단계가 있는 치료 매뉴얼을 따라서 치료하는가?
- M. 전화나 인터넷을 통해서 치료를 하기도 하는가?

II. 대안적 치료
- A. 다른 종류의 치료 방법이나 도움이 될 만한 것(지지집단과 같이)에는 무엇이 있는가?
- B. 그런 집단은 얼마나 자주 작업하는가? 어떻게 아는가?
- C. 이런 식의 다른 접근에 갖는 위험요인은 무엇인가? 치료를 받지 않았을 경우 위험과 이득은 무엇인가?
- D. 이런 식의 다른 접근과 당신이 행하는 치료 방법은 어떻게 다른가?
- E. 약물을 처방하는가? 약물을 처방하는 사람과 함께 작업하는가?
- F. (약물을 복용하고 있는 경우) 약을 처방하는 의사와 함께 치료를 해나갈 것인가? 내가 복용하고 있는 약물에 대해서 얼마나 잘 알고 있는가?

III. 치료약속 정하기
- A. 치료 스케줄은 어떠한가?
- B. 치료 회기의 길이는 어떠한가? 더 길게 상담할 경우 더 많은 돈을 지불해야 하는가?
- C. 응급 상황에서는 어떻게 치료자에게 연락할 수 있는가?
- D. 당신과 연락할 수 없는 경우 내가 이야기를 나눌 수 있는 사람은 누구인가?
- E. 날씨가 나쁘거나 내가 아플 경우 어떻게 되는가?

IV. 비밀유지
- A. 당신이 보관하는 기록의 종류는 무엇인가? 그 자료에 접근 가능한 사람들(예: 보험 회사, 지도 감독자 등)은 누구인가?
- B. 우리가 논의했던 내용에 대해 다른 사람에게 이야기해도 되는 상황은 어떤 종류의 상황인가? (자살이나 타살의 위협, 아동 학대, 법적인 문제, 보험 회사, 지도 감독자 등)
- C. 가족들이나 내 소속 집단의 다른 사람들이 그 정보에 접근할 수 있는가?

D. 내 기록에 대한 비밀유지와 관련된 문제를 다룰 때 정부의 규정(예: 연방 건강 정보 & 효과 설명 가능성 규정; Federal Health Information & Accountability Act regulations)이 어떤 영향을 미치는가? 그런 규정하에서, 모든 종류의 정보에 대해 동일한 수준에서 비밀이 유지되는가?

V. 비용

A. 치료 비용은 얼마인가?

B. 어떤 방식으로 지급되는가? 회기마다? 한 달에 한 번씩? 등

C. 놓친 회기에 대해서도 비용을 지급할 필요가 있는가?

D. 전화를 하거나 편지를 쓰거나 이메일을 이용한 경우, 그것에 대해서도 비용을 지급할 필요가 있는가?

E. 비용 인상과 관련된 당신의 방침은 무엇인가? (예: 지난 2년 동안 몇 번이나 비용을 인상하였는가?)

F. 내 수입원이 없어진다면, 치료 비용을 인하해 줄 수 있는가?

G. 내가 치료 비용을 지급하지 않을 경우, 빚을 받아 내기 위한 법적 혹은 다른 활동을 할 것인가? 어떤 상황에 그러한가?

VI. 보험/관리의료

A. 보험 회사에서 우리 치료 회기에 대해서 얼마나 이야기해 달라고 하는가? 어떤 종류의 정보를 이야기해 달라고 하는가? (진단, 증상 등)

B. 보험 회사가 치료 회기에 얼마나 많은 영향을 미치는가? (길이, 목표 등)

C. 보험 회사를 바꾸거나 보험 자격을 상실하게 된다면 어떻게 되는가? 당신이 내 보험 지급액을 더 이상 수락하지 않는다면 어떻게 되는가?

D. 가장 좋은 치료 방법에 대해서 당신의 의견과 보험 회사의 의견이 일치하지 않는다면 어떻게 되는가?

E. 보험으로 처리하지 않고 치료 비용을 지불할 경우, 치료가 어떻게 달라지는가?

VII. 일반적인 질문

A. 어떤 수련을 받았으며, 어떤 경험이 있는가? 면허증이 있는가? 지도 감독을 받고 있는가? 보증된 자격증이 있는가?

B. 심리학자인가? 정신과 의사인가? 가족치료자인가? 상담가인가? 당신의 자격증이 갖는 장점과 단점은 무엇인가?

C. 우리가 치료에서 다룰 수 없는 치료와 관련된 고충이 있을 경우, 나는 누구와 이야기할 수 있는가? (예: 지도 감독자, 주 심리학자 자격위원회(State Board of Psychological Examiners), APA 윤리위원회)

이미 여러분들께 문서로 표기된 정보들을 드렸습니다. 여기에는 계약, 프라이버시에 대한 진술문, 브로셔, 동의서가 포함되어 있습니다. 우리가 함께 해 나갈 작업의 몇몇 측면에 대해서는 이미 말씀드렸습니다. 이 정보는 이런 의문 사항에 대한 대부분의 것들을 다루고 있습니다. 저는 기쁜 마음으로 이 내용들을 설명하고 여러분이 궁금해 할 수 있는 다른 질문들에 답해드릴 것입니다. 이것이 당신으로 하여금 올바른 결정을 내리는 데 도움이 될 것입니다. 집에서 이 내용을 주의 깊게 읽어 주십시오. 우리는 이것을 때때로 검토할 것입니다.

출처: From "Informed consent revisited: An Updated written question format" by A. M. Pomerantz and M. M. Handelsman, Professional Psychology: Research and Practice, 2004, 35, 201–205. copyright 2004 by the American Psychological Association. Reprinted by permission.

다(다음 부분에서 기술할 것이다). 그러나 치료자나 치료소가 치료를 위한 자신들의 노력이 성공적이었는지 평가하는 것은 우선적으로 그들과 내담자의 몫이다.

변화의 단계

Prochaska와 동료들(예: Prochaska & Norcross, 2002)은 어떤 치료를 받았는지에 관계없이 내담자의 **변화 단계**를 인식하는 것 역시 매우 중요하다고 주장해 왔다. 이런 관점에 따르면, 내담자의 행동 변화는 일련의 변화 단계를 통한 점진적인 향상을 포함한 과정으로 생각된다.

1. 숙고 전(*precontemplation*): 이 단계는 내담자들이 가까운 시기에 자신의 행동을 변화시킬 의향이 없는 시기이다. 이 단계에 있는 내담자들이 치료에 방문하는 이유는 전형적으로 외부의 압력(예를 들어, 법원의 명령, 가족들의 압력 등) 때문이다. Prochaska와 Norcross는 환자들이나 내담자들 중에서 50~60%가 이 단계에 해당하는 것으로 추정하였다.
2. 숙고(*contemplation*): 이 단계는 내담자들이 자신에게 문제가 있음을 인식하고는 있지만 아직 변화의 과정에 참여하고 싶어 하지 않는 단계이다. 내담자들 중에서 30~40%가 이 단계에 해당하는 것으로 추정된다.
3. 준비(*preparation*): 이 단계에서 내담자들은 가까운 시기에 변화를 시도하고자 하는 의향을 가지게 된다.
4. 활동(*action*): 이 시기에 내담자들은 자신의 부적응적인 행동과 감정, 그리고 자신의 환경을 변화시키기 시작한다. 내담자들 중에서 10~20%가 이 단계에 해당하는 것으로 추정된다.
5. 유지(*maintenance*): 이 단계에서 내담자들은 재발을 방지하고 치료적 활동 단계에서 알게 되었던 것들을 심화시키는 작업을 하게 된다.
6. 종결(*termination*): 이 시기에 있는 내담자들은 필요한 변화를 이룩한 상태로 재발이 더 이상 위협이 되지 못한다.

변화과정에 대한 이런 개념화는 두 가지 측면에서 중요하다. 첫째, 이런 개념화는 내담자들 전부가 변화를 시도할 준비가 되어 있는 시점에 있는 것이 아님을 치료자들에게 강조하고 있다. 이런 상황에서 치료의 목표는 내담자들을 숙고 전 단계에서 숙고 단계, 준비 단계, 활동 단계로 점차 '옮겨갈' 수 있도록 한다. 일단 활동 단계에 접어든다면, '치료 효과를 만들어 내는 요소'가 작동하여 더 효과를 거둘 수 있게 된다. 따라서 각 내담자의 변화 단계에 대해 평가하는 것이 매우 중요하다. 둘째, Prochaska와 Norcross(2002)는 각 단계에는 그 단계 나름의 특정한 '과정'이 있기 때문에, 치료자들에게 중요한 것은 그 단계에 잘 맞거나 보완하는 개입만을 사용하는 것이 좋다고 보았다. 예를 들어, 숙고 전 단계에 있는 내담자와 작업할 경우, 치료자는 내담자의 행동이 문제를 야기하고 있음을 스스로 자각할 수 있도록 해야 하며, 치료의 잠재적인 이득뿐만 아니라 변화를 시도해서 얻을 수 있는 이점에 대해 강조해야 한다. 이런 시도가 성공한다면, 내담자들은 숙고 전 단계에서 숙고 단계로 변화할 수 있을 것이다.

심리치료 연구

마지막 부분에서는 심리치료 연구 방법론과 치료 성과에 대한 주요한 연구들의 결과와 심리치료 연구에서의 최근 경향에 대해 짧게 살펴볼 것이다. 이 주제에 흥미를 느끼는 독자들을 심리치료 연구 방법론에 대한 더 포괄적인 개관논문이나 서적들을 찾아보는 것이 좋다(예: Lambert, 2004).

오랜 시간 동안 심리치료가 많은 환자들에게 효과적이며, 적어도 다른 사람들에게 해가 되지는 않으니 걱정할 필요가 없다는 생각이 지배적이었다. 그러나 오래전부터 이러한 관점에 의문을 제기한 사람들이 있었다. 예를 들어, Cartwright(1956), Bergin(1971), Hadley와 Strupp(1977)들은 특정한 심리치료를 받았던 환자들이 악화될 가능성에 대해 주목하였고, 심리치료의 성과에 대한 연구가 필요하다는 사실을 환기시켰다. 심리치료를 받은 환자들이 치료를 받지 않은 비슷한 사람들에 비해 심리적으로 악화될 위험이 더 크다는 관점을 모든 사람들이 믿는 건 아니지만, 치료를 받는 것이 오히려 위험할 수 있는 사람들도 있긴 하다. 최근 연구에서 Lambert와 Ogles(2004)가 추정한 바에 따르면, 치료를 받고 있는 사람들 중 5~10%는 실제로 악화될 수 있는데, 이는 아마도 치료의 잘못된 적용, 내담자나 치료자의 부정적 태도, 내담자의 문제에 맞지 않는 치료와 같은 문제들이 혼합되어 발생하는 것 같다.

무엇보다 심리치료 분야를 두들겨 넘어지게 한 연구는 Eysenck의 연구(1952)로서 경험적 연구 결과 신경증이 있는 사람들에게 심리치료를 했을 때 치료받지 않은 것에 비해 더 효과 있다는 것을 지지해 주지 않는다는 것을 너무나 분명한 말로 천명하였다(글상자 12-3 참조). 연구자들은 이 연구와 그의 관련 연구들(Eysenck, 1965, 1966)을 도전으로 받아들였다. 결과적으로 Eysenck의 연구는 그가 내린 결론이 타당해서가 아니라(많은 사람들은 그의 결론에 흠이 있다고 본다) 심리치료 분야가 자기만족에 빠져 있을 때 이를 공격했다는 점에서 중요성을 가진다.

이 장의 초반부에 언급했듯이, 심리치료의 효능과 관련된 증거가 오늘 날에는 더욱 풍부해졌지만 아직도 약간의 의심은 저변에 남아 있다(Dawes, 1994). 치료적 변화의 본질을 더 많이 이해하기 위해서 우리는 연구 설계 및 방법론에서의 쟁점, 치료 성과 연구에서의 결론, 비교 연구, 변화과정 그 자체에 대한 연구들을 살펴보겠다.

심리치료 연구에서의 쟁점

분석치료를 받고 있는 25명의 환자들을 모집해서 치료 전후의 적응 수준을 측정하고, 6개월 후에 긍정적인 변화가 발생했으며, 이를 토대로 정신분석 치료가 효과적이라고 결론내리는 것은 충분하지 않다. 그들과 비교할 만한 환자들이 치료를 받지 않았을 때 호전이 나타날 수 있지 않을까? 체계적 둔감화 치료를 받았던 유사한 집단에서도 그 정도의 향상이 나타날 수 있지 않을까? 그런 향상이 발생한 것이 정신분석적 치료 절차로 인한 것인가 아니면 단순히 자신의 말에 흥미를 느끼며 들어 주었던 따뜻한 사람이 존재하고 있었기 때문인가? 우리가 예로 제시한 단순한 설계로는 이러한 중요한 질문에 대해서 대답할 수 없다.

무수한 심리학 실험에서와 같이(제5장 참조), 심리치료의 효능을 알아보기 위한 연구는 전형적으로 실험집단과 통제집단을 포함한다. 실험집단 혹은 **처치집단**은 연구하고자 하는 치료를 받은 집단이며, **통제집단**은 그렇지 않다. 통제집단은 여러 가지 형태를 취할 수 있다. **대기자 통제집단**(*waiting list control group*)의 경우, 연구가 종결될 때까지 환자에 대한 치료가 연기된다. **치료적 관심만 받는 통제집단**(*attention only control group*)의 경우 환자들이 정기적으로 임상가를 만나기는 하지만, '적극적인' 치료적 처치를 받지는 않는다. 가능하다면 실험집단과 통제집단에 속한 환자들의 성별, 연령, 진단적 상태, 증상의 심각도와 같이 연구 결과와 관련이 있을 수 있는 변인들은 연구가 시작되기 이전, 환자들이 집단에 무선적으로 배정되기 전에 대등하게 짝지어 놓아야 한다. **환자의 기능**에 대한 평가는 두 집단의 참가자들에게 같은 방식으로 수행되어야 한다. 적어도 연구가 시작되는 시점과 치료가 종결되는 시점, 치료가 종결된 후 어느 정도의 시간이 지난

글상자 12-3 Eysenck의 폭탄선언

심리치료의 효능에 대한 결론을 내리기 위해서, Eysenck는 7,000명 이상의 환자들의 치료 결과 자료를 통계적으로 분석하였다. 5개의 정신분석 집단과 14개의 '절충적' 치료집단에 있던 환자들이 포함되었다. 통제집단 자료로는 뉴욕 주립 대학 병원에 입원한 환자들의 퇴원율과 보험 적용을 청구했던 사람들이나 일반 개업의에게 의학적 치료를 받았던 사람들의 향상된 수준을 이용하였다.

기본적으로 Eysenck는 보호(custodial care)만 받았거나 의학적 치료만 받았던 사람들 중 72%가 호전되는 데 반해, 정신분석을 받은 사람들 중에서는 44%만이 호전을 보였고, 절충적 치료를 받았던 사람들 중에서는 66%만이 호전되었다고 주장하였다. 확실히 통제집단에 비해 심리치료를 받았던 사람들의 향상 비율이 더 적었다.

어떤 사람들은 Eysenck가 내린 결론의 타당성에 대해 찬성한 반면(예: Rachman, 1973; Truax & Carkhuff, 1967), 다른 사람들은 맹렬히 비난하였다(예: Bergin, 1971; deCharms, Levy, & Wertheimer, 1954). Eysenck가 통제집단과 치료집단의 환자들을 일치시키지 못했다는 점에 비판이 집중되었다. 사실상 고전적 의미에서의 통제집단이 실제로 아니었으며, 교육 수준이나 사회 계층, 성격 구조, 치료에 대한 기대 등등이 전혀 일치되지 못하였다. 게다가 내과 의사와 정신과 의사들이 치료적 향상에 대해 동일한 기준을 사용했다는 증거도 없었다. 마지막으로 Eysenck가 향상 수준을 계산한 방식에 대해서도 의문이 제기되었다. 예를 들어, 보호만 받았거나 의학적 처치만 받았던 집단의 향상 수준은 Eysenck의 계산대로라면 72%였지만, 실제로는 30%에 불과하다고 Bergin(1971)이 주장하였다.

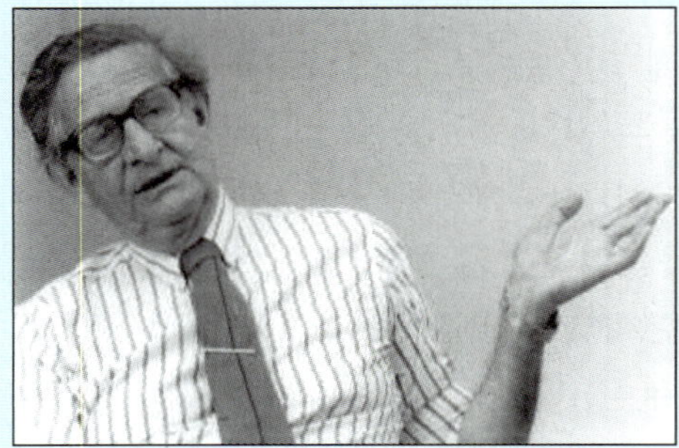

ANNA WIDOFF / SCANPIX BLACK AND WHITE PICTURE ONLY SCANPIX SWEDEN / AFP

Hans Eysenck

시점(추후 평가, follow-up)에서 평가 결과를 얻어야 한다. 이 연구 설계를 통해서 각 집단 내에서 발생한 변화의 양에 대한 평가뿐만 아니라, 치료가 종결된 시점 및 추후 평가 시점에서 두 집단 간의 비교를 할 수 있게 된다.

아래에는 치료 성과에 대한 연구의 의미를 부여하고 일반화해 나가는 데 도움을 줄 수 있는 몇 가지 고려 사항을 제시하였다.

1. 연구 참여자가 어떤 사람들인가? 환자들의 참여가 자발적인가, 아니면 미묘하게 혹은 노골적으로 참여를 강요받았는가(예: 재소자 대 개업의나 사설 상담소의 환자)? 치료자가 숙달된 사람이었는가, 초심자였는가? 치료자가 정신분석가였는가 행동치료자였는가? 환자들이 '진짜' 환자들이었는가 아니면 '뱀 공포증 치료' 비슷한 연구를 위해 신문 광고로 모집했던, 돈을 지급받는 지원자들이었나? 의심할 바 없이 이 질문(혹은 이와 유사한 다른 질문)에 대한 대답은 연구자들이 자신의 결과를 어떻게 해석할 수 있는가를 결정한다. 절대적인 발견은 존재하지 않으며, 수행한 연구의 조건 및 표본의 특정에 상대적인 발견만 존재할 뿐이다.
2. 관련된 환자 변인 중 어떤 변인이 통제되었는가? 불행히도 치료집단과 모든 것이 동일한 통제집단을 구하기를 바라는 것은 불가능하다. 이것이 보통의 상황이라면 이 연구에서 관련 변인을 어느 정도까지 잘 통제할 수 있었나? 대기자 통제

집단이나 치료적 관심만 받는 통제집단이 환자 집단과 동일하지 않다면 어떤 방식에서 차이가 나는가? 환자집단에 속한 환자들의 호소문제는 기본적으로 다 비슷한가 아니면 다양한가? 인구통계학적 변인이나 성격, 치료에 대한 지식, 치료에 대한 기대와 같은 요인들에서 통제집단은 치료집단과 유사한가?

3. 치료 성과를 어떻게 측정하였는가? 치료 성과의 측정이 환자집단과 통제집단에서 모두 동일하게 이루어졌는가 아니면 각 환자 특유의 상황(목표, 희망, 기대 등)에 부합하는 맞춤식의 측정이 이루어졌는가? 한 가지 척도로 성과를 측정하였는가 아니면 다양한 척도를 사용하여 측정했는가?
4. 이 연구의 일반적인 특성은 무엇인가? 치료의 효과는 다양한 방식으로 평가될 수 있다. 지금까지 우리는 실험적 연구에 집중해 왔다. 다른 연구 방법론으로는 사례 연구나 임상적 조사 연구, 상관 연구, 아날로그 연구가 있다. 여기에는 각각 고유의 강점과 약점이 존재한다. 예를 들어, 사례 연구는 세부 사항이 더 풍부하며, 실험 연구나 아날로그 연구에 비해 상당히 가치 있는 가설을 무궁무진하게 얻을 수 있다. 그러나 사례 연구의 사례 수는 1이며, 단일 사례에서 얻은 결론으로 어떻게 일반화할 수 있겠는가? 아날로그 연구는 관련 변인을 통제하고 치료를 받지 않는 집단에 대한 윤리적 문제를 피하면서 만족할 만한 참여자 수를 확보할 수 있다는 점에서 상당한 강점을 가지고 있다. 그러나 아날로그 연구가 현실과 얼마나 가까운가? 앞에서도 여러 번 언급했듯이 각 방법에는 각각의 고유한 강점과 한계가 존재한다. 연구자가 어떤 방법을 선택할 때 자신이 무엇을 알고 싶으며, 각 방법론의 한계 중 자신이 견딜 만한 것이 무엇인지 알고 결정해야 한다. 여러 훌륭한 연구자들이 다양한 연구 방법을 따르기로 결정하는 것이 아마도 바라는 최상의 경우일 것이다.

비교 연구

Eysenck의 비판 이후 치료 연구가 아주 정교해지기 시작하였다. 단순히 치료 성과만 평가하는 것이 아니라, 치료 효능의 맥락에서 2개 이상의 기법을 비교하는 연구가 점점 많아지기 시작하였다. 그러나 연구자들은 일부 연구의 연구 설계가 2개의 서로 다른 치료 사이의 차이점을 탐지하는 데 충분한 검증력을 가지고 있는지 의문을 제기했다(Kazdin & Bass, 1989).

템플대학교 연구. 가장 중요한 비교 연구는 Sloane, Staples, Cristol, Yorkston과 Whipple(1975a, 1975b)이 수행한 것이다. 90명 이상의 신경증 환자를 (a) 행동치료, (b) 단기 정신역동 치료, (c) 최소한의 치료만 받는 대기자 집단에 배정하였다. 각 집단별로 성별 및 증상의 심각도는 동일하게 배정하였으며, 그 외에는 무선 할당하였다. 3명의 행동치료자와 3명의 정신분석치료자가 치료를 실시하였는데, 이들은 모두 훈련을 잘 받았으며 경험도 많은 사람들이었다. 치료 전후로 심리검사, 목표증상기법(target symptom technique; 개별화된 치료목표에 맞춘 척도 사용), 표준화된 인터뷰, 정보제공자의 보고(내담자를 평균 12년 정도 알고 지내온 주변 사람들의 보고), 치료자평정, 환자평정, 독립적인 평정자에 의한 평정이 이루어졌다. 독자들은 템플대학교의 연구 절차가 이 장의 앞에서 지적한 방법론상의 권고 사항과 상당히 유사하다는 사실을 알게 될 것이다.

세 집단 모두 4개월 이후의 추후 회기 시점에 좋아지긴 하였지만, 정신역동치료집단(psychoanalytic therapy: PT)과 행동치료집단(behavior therapy: BT)원들이 대기자 집단(waiting list: W)의 사람들보다 더 많은 향상을 보였다. 목표증상의 측면에서 독립적인 평정자들은 BT와 PT 집단원들의 사이에 아무런 차이점도 발견하지 못했다. 직장이나 사회적 상황에서의 개선 여부와 같이 일반적인 측면에서도 PT와 BT 사이에 특별한 차이가 존재하지 않았다. 전체적인 치료 결과에 대한 평정자 평가에서 BT 집단과 PT 집단원들 모두 80% 정도의 향상이 나타난 데 비해, W 집단에서는 48%만이 좋아졌다. 일반적 적응의 측면에서 BT 집단의 93%, PT 집단과 W 집단의 77%가 향상되었다. PT 집단과 BT 집단 사이의 비교 결과는 구체적인 영역에 따라서 다르게 나타나긴 하지만, 일반적으로 BT 집단에서 약간 더 나은 향상이 나타났다. 악화되었다는 증거는 없었으며, 세 집단 모두 1년 후까지 치료 효과가 유지되었다. 그러나 BT와 PT 집단에서 개선이 계속 유지되는 경향을 보여 주었지만, W 집단에도 이 두 집단에 거의 육박할 만한 변화를 보여주었다. 아마도 치료를 받지 않는 것과 비교했을 때, 치료를 하는 것은 변화를 촉진시키는 것이지 더 많은 변화를 일으키는 것은 아님을 보여 주는 결과다. 정신분석 치료자들은 장애의 수준이 낮은 사람들과 작업했을 때 더 나은 치료 효과를 보였다. 그러나 행동치료자들의 경우 환자의 장애 수준에 따라 치료 효과가 달라지지 않았다. 이 결과는 행동치료자들이 적용하는 기법들이 더 유연하고 절충적이기 때문에, 행동치료가 더 다양한 환자에게 잘 응용될 수 있음을 시사한다.

메타분석. 1977년 Smith와 Glass는 거의 400편에 달하는 심리치료 성과 논문에 대한 개관논문을 발표하였다. 그들은 심리치료가 효과 있다는 증거들이 확실하다는 것을 판결 짓고자 했다. 그들의 논문에서 독특한 점은 **메타분석**이라고 불리는 방법을 사용한 것이었다. 이 방법을 이용해서 그들은 적어도 1개의 치료집단과 1개의 통제집단을 비교한 연구와 2개의 서로 다른 치료를 비교한 모든 연구를 분석하였으며, 이들 연구 모두를 통틀어서 치료의 효과를 평균 내었다. 이 분석에서 연구자들은 **효과 크기**(*effect size*)를 다음과 같이 정의하였다. 즉 치료 성과를 측정하는 척도에서 치료집단과 통제집단이 얻은 점수의 평균 차이를 통제집단의 표준편차로 나눈 것으로 잡았다.

앞에서 우리는 M. L. Smith et al.(1980)의 메타분석에 대해서 언급하였다. 이 분석에는 평균 16회기의 치료를 78명의 치료자에게서 받은 25,000명의 환자들을 대상으로 한 475개의 연구가 포함되어 있다. 결과를 비교해 보았을 때, 효과 크기의 평균은 .85 표준편차였다. 이전에 언급했듯이, 이것은 "치료를 받았던 사람들이 치료를 받지 않은 80%의 사람들에 비해 치료가 끝난 시점에서 향상된다."는 의미이다(Smith et al., 1980, p.87). '위약치료(placebo therapy)'나 '비변별적 카운슬링(undiffer- entiated counselling)'을 제외하고 보다 엄격하게 정의된 치료의 개념을 적용했을 경우, 평균적인 치료 효과는 1 표준편차 단위로 .85에서 .93으로 증가한다. 이 수치는 질병이나 사망률이 66%에서 34%로 감소되는 것과 유사하다! 표 12-4에 여러 형태의 주요 심리치료에 대한 Smith et al.의 결과를 요약하여 제시하였다.

많은 연구자들이 메타분석 절차의 일반적인 유용성을 지지해 왔으며, 심리치료의 효능에 대한 Smith와 Glass의 결론을 확증하였다(예: Fiske, 1983; Landman & Dawes, 1982; D. A. Shapiro & Shapiro, 1982, 1983). 그러나 이러한 메타분석적인 연구에는 몇 가지 문제점이 존재한다(Parloff, London, & Wolfe, 1986). 주요한 임상 조건 중 몇몇(예: 우울증, 알코올리즘)은 표본에 너무 적게 반영되었고, 다른 임상 조건(예: 공포증)은 지나치게 많이 표집되었다. 치료자들은 초보 임상가나 정신과의 레지던트인 경향이 있었고, 너무 단기적인 행동적 개입으로 구성되었다. 몇몇 비판가들은 메타분석적인 방법론 자체에 대해 회의적이다. 예를 들어, Wilson과 Rachman(1983)은 분석을 위해서 질적으로나 방법론적인 정교함의 수준에서 매우 다른 연구들을 모두 합쳐버린 Smith와 Glass의 경향에 대해 우려를 표하였다.

양쪽의 시각을 균형 있게 정리한다면 메타분석은 심리치료의 효능을 살펴보는 경우에는 매우 강력한 기능을 발휘한다고 볼 수 있다. 그러나 메타 분석이 심리치료 영역의 모든 문제를 해결할 수 있는 수단이 될 수 있는 것은 결코 아니다. 정교한 통계 분석 기법이 주의 깊게 설계된 연구를 대신할 수 있을 것이라고 생각하는 사람들에게는 충격이 될 수 있을 것이다. Wilson과 Rachman(1983)는 "메타분석에 내재되어 있는 문제를 알아차리는 데 실패하게 되면 통계 분석으로 치료과정과 성과를 왜곡시키는 질 나쁜 자료를 받아들이도록 만들 수 있다는 인상을 영속화시킬 수 있다"라고 경고하였다(p.54).

치료과정 연구

지금까지 우리는 치료 성과에 영향을 미치는 환자 및 치료자 변인과 함께 치료적 개입의 성과에 초점을 맞추어 왔다. 그러나 다른 연구자들은 치료과정 중에 치료자와 환자 사이에 상호작용하는 가운데 발생하는 특수한 사건에 주안점을 두었다. 이것을 **치료과정 연구**(*process research*)라고 부른다. Rogers 학파 연구자들은 이 영역의 개척자들인데, 이들이 주로 수행한 연구들은 어떤 회기에서 치료자가 말한 양과 내담자의 자발성 간의 관계, 치료자의 명료화나 재진술 작업이 내담자가 주어진 회기에 책임감을 가지고 임하는 정도에 미치는 효과 등을 알아보는 것이었다.

오랜 시간 동안 치료 연구자들은 치료과정을 연구하는 집단과 치료 성과를 연구하는 집단, 두 가지 진영으로 분리되어 있었다(Beutler, 1990). 치료 성과에 초점을 맞춘 집단은 치료과정 연구에서 연구하는 치료 내적인 과정이 치료 성과와 어떤 상관이 있는지 알려 주지 않고 있기 때문에 치료과정은 심각하게 고려할 가치가 없다고 비판하였다. 게다가 때때로 치료과정이 치료 성과를 잘못 예측하는 것처럼 보이기도 하였다.

그러나 치료과정 연구를 하는 진영에서는 치료 성과와 치료과정 사이에 틀림없이 관련성이 존재한다고 믿었다(Strupp, 1971). 이런 종류의 연구를 수행하는 한 가지 방법은 실제 치료 회기를 녹화하거나 녹음하는 것이다(Hill & Lambert, 2004). 이런

표 12-4 심리적 개입의 형태에 따른 평균적인 효과 크기와 등가 백분위

치료 종류	효과크기(ES)	등가 백분위(percentile equivalent)
정신역동치료	0.69	75%
내담자중심치료	0.62	73%
게슈탈트치료	0.64	74%
합리적 · 정서적 치료(RET)	0.68	75%
RET가 아닌 인지치료	2.38	99%
체계적 둔감화	1.05	85%
행동 수정	0.73	77%
인지행동치료	1.13	87%
비변별적 카운슬링(undifferentiated counseling)	0.28	61%
모든 형태의 심리적 개입	0.85	80%

등가 백분위는 치료받은 사람이 치료받지 않은 사람보다 개선된 비율을 나타냄.

출처: The Benefits of Psychotherapy, by M. L. Smith, G. V. Glass, and T. I. Miller. Copyright © 1980 by Johns Hopkins University Press.

종류의 연구를 통해서 치료 기간 동안 실제로 일어났던 사건과 최종적인 결과 사이에 분명한 관련성이 존재한다는 것을 점점 더 볼 수 있게 되었다(Orlinski Ronnestad, & Willutzki, 2004). 예를 들어, 여러 연구에서 공통적으로 알려진 바에 의하면 치료적 유대(therapeutic bond: 치료자와 내담자가 서로에게 시간과 노력을 들이고, 함께 의사소통하며, 서로를 긍정하는 정도)와 치료 결과 사이에는 강력한 상관이 있다는 것이다(Orlinski et al., 2004). 이것은 심리치료에서 강력하고도 긍정적인 치료적 관계의 중요성을 강조한 것이다.

치료과정과 치료 성과 사이의 관계를 보여 주는 다른 일관된 결과는 다음과 같다(Orlinski et al., 2004).

- 치료 프로토콜을 그대로 따르는 치료자의 능력과 이를 충실히 고수하는 치료자의 태도는 긍정적인 치료 결과와 관련이 있다.
- 회기 내에서 내담자가 반영하고, 생각하고, 정서적으로 처리하는 정도는 치료 성과와 정적인 상관이 있다.
- 치료자가 지도하거나 충고하는 것은 일반적으로 치료 성과와 관련이 없다. 치료자가 격려하거나 지지하는 것과 치료 성과의 관계는 일관성이 없다.
- 기대했던 것과 마찬가지로 내담자의 협조 수준(vs. 저항)은 성과와 정적 상관이 있으며, 회기 내에서 내담자가 긍정적인 감정을 표현하는 정도와도 정적 상관이 있다.

이러한 결과들은 긍정적인 성과와 관련된 치료요인에 대해서 우리에게 더욱 많은 단서를 준다. 신기하게도 이 결과들은 치료의 '브랜드'가 무엇이었든지 상관없이 일반적으로 일관되게 나타난다는 점이다.

최신 경향

심리치료 연구의 초점. 이전에 살펴본 바와 같이, 많은 연구들이 정신과 진단별로 심리치료의 효과성을 검증하였다. 또한 심리치료 효과와 관련된 요소들(예, 내담자의 동기, 사회경제적 상태 등)을 밝히려는 연구들이 최근 이루어졌으며, 이에 더해 치료기법(예, 인지행동치료)의 치료요인들을 밝히려는 노력도 이루어졌다. 마지막으로 특정 진단에 적합한 특정치료를 밝히려는 연구도 행해졌다. 다시 말해, 최근 심리치료 연구의 관심은 더 이상 "심리치료가 효과적인가?"가 아니라, "어떤 심리치료가 특정 진단에 더 효과적인가?"이다. 이러한 연구의 일환으로 심리치료, 약물치료, 혹은 심리치료와 약물치료의 병행이 더 나은 효과를 이끄는지도 관심의 대상이 된다.

예를 들어, Clorpita와 동료들(2011)이 청소년들을 대상으로 한 심리치료 연구들을 분석했으며, 몇 가지 효과적인 심리치료 접근을 보고했다. 예를 들면, '노출'기법을 포함한 인지행동치료가 불안장애를 치료하는 데 가장 효과적이었다. 이에 반해, 정신역동 혹은 놀이치료는 통제그룹(치료제공하지 않은 집단)에 비해 불안장애의 증상을 경감하는 데 거의 효과가 없었다(Chorpita et al., 2011).

최근 다른 연구들이 심리치료, 약물치료 혹은 심리치료와 약물치료의 병행치료 효과를 비교하였다. 이를 위해, 많은 연구들이 여러 센터들과 연계하여 국가차원의 연구를 실시하였고, 미국 전역에서 수백 명의 내담자들이 참여하였다. 한 가지 예를 들면, ADHD아동의 치료 효과 연구이다(즉, NIMH Collaborative Multisite Multimodal Treatment Study of Children with Attention-Deficit/Hyperactivity Disorder, MTA, 1999). 이 연구에서 치료기법으로 인지행동치료, 약물치료, 인지행동치료+약물치료, 그리고 지역사회의 일반적인 치료(통제조건)로 이루어졌다. 결과에 따르면, 인지행동치료+약물치료가 인지행동치료만 제공하였거나 지역사회의 일반적인 치료만을 제공한 경우보다 더 효과적인 것으로 보고되었다(MTA, 1999).

치료 지침. 임상심리학자들이 자신이 제공하는 서비스에 대해 설명해야만 하는 상황에 놓일 가능성이 점점 증가하고 있다. 보험회사와 관리의료기관은 임상가가 적용하는 치료 기법이나 치료의 진행 속도에 대해서 더 이상 임상가들에게 자유를 주지 않는다. 심리치료 사업을 컨트롤하기 위해 몇몇 전문 기관에서는 **치료 지침**을 개발하는 데 점점 적극성을 띠게 되었다(Nathan, 1998). 치료 지침에는 특정한 심리적 문제나 장애에 대해 특정한 치료 개입법을 권고하는데, '각 장애에 대한 효과적인 치료를 보장하는 방법이나 절차에 대해 세부적으로 상술하는 것'이 일반적인 목표이다.

이런 추세를 보여 주듯이, 미국심리학회의 임상심리학 분과에서는 경험적으로 타당화된 치료(em-pirically validated treatment: EVTs)의 목록을 1995년에 출간하였다(심리치료 보급을 위한 특별위원회, 1995). 미국심리학회의 이 특별위원회는 표준적 준거를 이용하여 다양한 심리적 문제에 대해서 효과가 잘 확립되어 있으며, 효능이 있다고 여겨지는 치료의 목록을 작성하였다. 1995년 이후 이 목록은 여러 번 갱신되어 왔다(Chambless et al., 1998; Chambless & Ollendick, 2001). 표 12-5에 여러 가지 임상적 상태에 대해 잘 확립된 EVTs[오늘날에는 ESTs (empirically supported treatments: 경험적으로 지지받는 치료)라는 용어로 사용되고 있음]의 몇 가지 예들을 제시하였다(Chambless & Ollendick, 2001). 우리는 다음 장에서 이런 형태의 심리적 개입법 중 몇 가지를 논의할 것이다.

그러나 이런 목록에 대한 논쟁이 존재하고 있다는 사실을 명심해야 한다(Chambless & Ollendick, 2001). 예를 들어, Garfield(1996)는 (a) 그런 목록이 아직 시기상조이며, 출판되기 전에 더 많은 연구가 수행되었어야 했으며, (b) '경험적으로 타당화된(empirically validated)'이라는 용어로 인하여 그 목록에 제시되지 않은 다른 치료가 쓸모없거나 오히려 해로울 수 있다는 잘못된 오해를 야기할 수 있으며, (c) ESTs가 연구실험실 밖에서 흔히 수행되고 있는 심리치료를 제대로 대표하지 못하기 때문에 외적 타당도가 결여되어 있고, (d) ESTs는 치료 성과에 미치는 치료자 변인과 환자 변인 모두의 중요성을 무시하며["한 가지 형태가 모든 사람에게 다 적합하다(one size fits all)"], 한 종류의 치료가 다른 치료보다 우월하다는 증거가 없음에도 불구하고 유통되고 있다고 지적하였다.

Garfield(1996)의 비판은 고려할 만한 가치가 있었으며, 심리치료 연구를 수행하는 여러 임상심리학자들이 그에 대해 반응하였다. Barlow(1996), Chambless(1996), 그리고 다른 몇몇 연구자들은 ESTs의 발간이 시기상조라는 지적에 대해 다음과 같이 반박하였다. 첫째, 그들은 이 목록에 지시된 치료들의 효능이 잘 지지받고 있다(well supported)는 사실을 지적하였다. 비록 부가적인 연구를 수행해서 적절하게 목록을 수정하는 것이 중요하긴 하지만, 다른 전문가 집단(예: 정신과 의사)이 자신들의 치료 지침을 발간했으며, 관리의료 회사에서 이 목록을 자신의 업무 지침으로 통합하기 시작했기 때문에 발간을 반대하는 것이 심리치료의 위상을 위태롭게 만들 수도 있다(Barlow, 1996). 둘째, 많은 사람들이 이 치료들을 지칭하는 데 있어서 '경험적으로 지지받는(empirically supported)'이라는 용어가 더 적절하다는 Garfield의 지적이 타당하다고 받아들여 오늘날에는 이 새로운 용어(EST)가 적용되고 있다. 셋째, 임상현장에서 보통 이루어지고 있는 '통상적인 치료(therapy-as-usual)'의 효과와 효능이 적절히 연구되지 못했다(Barlow, 1996). 그러나 일반적으로 우리는 EST에 있는 치료를 받은 환자의 기능이 통제집단에 비해서 현저하게 좋아진다는 사실을 잘 알고 있다. 마지막으로 직관적으로 보이긴 하지만, 임상적 결과에 대한 치료자와 내담자 변인의 중요성을 언급하는 Garfield(1996)의 진술은 경험적인 사실을 입증하는 것이 아니라 가설로 작동하는 듯이 보인다(Barlow, 1996; Chambless, 1996).

매뉴얼에 기반한 치료. 뜨겁게 논의되고 있는 문제 중 하나는 매뉴얼에 기반한 치료가 임상 장면에서 사용되어야만 하는지와 관련된 것이다. 치료 매뉴얼은 원래 치료 프로토콜이 모든 환자들을 대상으로 표준화되었음을 확증하기 위해서 심리치료 연구자들에 의해서 개발되었다. 그러나 **매뉴얼에 기반한 치료**는 연구 외의 맥락에서도 사용되어 왔다. 어떤 사람들은 매뉴얼에 기반한 치료가 임상가의 임상적 판단을 '훼손시키고' 다양한 문제가 있는 내담자(공존 장애가 있는 내담자)에 대한 맞춤 치료를 제공하지 못하며, 치료 성과에 대한 치료자 효과를 무시한다는 점에서 이러한 접근에 대해 비판한다(Davison, Lazarus, 1995; Garfield, 1996; Wilson, 1998).

이런 비판이나 다른 비난에도 불구하고 Wilson

표 12-5 경험적으로 지지되는 치료(ESTs)의 예

불안 및 스트레스 문제
공황장애에 대한 인지행동치료(광장공포증이 동반된, 동반되지 않은)
범불안장애에 대한 인지행동치료 광장공포증에 대한 노출치료
강박장애에 대한 노출 및 반응 제지법(ERP)
스트레스 면역 훈련(stress inoculation training)
우울
우울장애에 대한 행동치료(BT)
우울장애에 대한 인지치료(CT)
우울장애에 대한 대인관계 치료(IPT)
건강문제
두통에 대한 행동치료
류머티즘 질환과 관련된 통증에 대한 다요인 인지행동치료
금연에서의 재발 방지를 위한 다요인 인지행동치료
폭식증에 대한 인지행동치료
아동문제
유뇨증에 대한 행동 수정법
적대적 행동을 보이는 아동을 위한 부모 교육 훈련 프로그램
부부문제
행동주의적 부부치료
Chambless & Ollendick(2001)에서 따옴

(1998)은 매뉴얼에 기반한 치료가 상당한 임상적 유용성을 가지고 있다고 지적하였다. 심리검사와 임상적 판단에 관한 문헌에 따르면 임상적 판단과 임상적 예측이 제한되어 있어서 경험적으로 지지되는 매뉴얼에 기반한 치료가 오히려 더 나을 수 있음을 시사한다. 둘째, 여러 심리적 문제가 공존할 때 임상에서 평소 하는 치료(treatment-as-usual)보다 매뉴얼에 기반한 치료가 더 못한다는 것을 지지하는 임상적 증거가 존재하지 않는다(Wilson, 1998). 사실 여러 문제가 공존하는 상황에서 각 문제를 순차적으로 혹은 동시에 치료하는 데 있어서 매뉴얼에 기반한 치료를 사용할 수도 있다. 셋째, Wilson(1998)은 매뉴얼에 기반한 치료가 '가장 선호되는(first choice)' 치료에 반응하는 것 같지 않은 환자를 확인할 수 있도록 하기 때문에, 실제로 임상적인 혁신을 촉진한다고 주장하였다. 그렇게 되면 이런 사람들을 성공적으로 치료하기 위해 필수적으로 프로토콜을 수정하게 된다. 마지막으로 Wilson(1998)은 다른 형태의 치료와 마찬가지로 매뉴얼에 기반한 치료 역시 임상적 기술과 긍정적인 치료적 동맹을 요구한다는 사실을 지적하였다. 매뉴얼에 기반한 치료가 '치료자가 사용하기 좋을(therapist friendly)' 필요가 있으며, 치료를 수행하는 과정 중에 직면하는 문제에 대해 더 많은 논의와 실질적인 가이드라인을 제공해야 한다고 제안하였다.

우리는 매뉴얼에 기반한 치료의 몇 가지 더 부가적 이점을 강조하고 싶다. 이런 형태의 치료는 더 초점이 맞추어져 있으며, 내담자의 관점에서도 더 참여하게 되며, 가르치거나 수퍼비전하거나 모니터하는 것이 더 수월하다(Wilson, 1998). 마지막으로, 매뉴얼에 기반한 치료에 숙달한 임상가는 관리의료 회사에게 더욱 매력적인데, 이런 치료법이 더 효능이 있으며 효과적이라고 인식되고 있기 때문이다(Marques, 1998; Strosahl, 1998). Marques(1998)은 임상가들이 공급자 위치를 유지하기 위해서는 관리의료협회로부터 매뉴얼에 기반한 치료 프로토콜의 사용을 요구받게 될 것이라고 예측하였다. 이런 모든 이유 때문에 임상심리 수련생들이 매뉴얼에 기반한 경험적으로 지지되는 치료를 수련받는 것이 중요하다(Calhoun, Moras, Pikonis, & Rehm, 1998). 표 12-6에 경험적으로 지지되는 치료의 훈련을 위한 일련의 예비적 가이드라인을 제시하였다.

표 12-6 경험적으로 지지되는 치료(ESTs)의 훈련을 위한 가이드라인

1. 훈련 프로그램에 EST의 핵심 요인의 수행을 보여줄 수 있는 비디오 테이프를 포함시킬 것
2. 수퍼비전을 하는데 수련생의 자기 보고에 의지하기보다는 치료 회기를 녹음 또는 녹화한 자료에 일차적으로 의지할 것
3. 수련생이 점진적으로 발전하는지를 체계적, 정기적으로 평가하기 위해서, EST를 위해 개발된 측정 도구를 계속 사용할 것
4. EST의 핵심요인을 수행할 때 흔히 발생하는 실수를 설명해 주는 훈련자료는 훈련에 상당한 도움이 됨
5. 학습율의 측면에서 치료 회기의 녹음테이프를 이용한 집단 수퍼비전은 개별적인 개인 수퍼비전보다 더 효과적임
6. EST를 적절히 수행하기 위한 최소한의 기술을 개발하기 위해서 EST에 대한 최소 서너 가지의 전형적인 사례와 최소 4개 이상의 비전형적인 사례에 대한 수퍼비전을 제공할 것
7. EST에 대한 내담자의 반응을 지속적으로 평가하는 방법을 포함할 것

출처: Calhoun, K. S., Moras, K., Pilkonis, P. A., & Rehm, L. P. (1998). Empirically supported treatments. Implications for training. Journal of Consulting and Clinical Psychology, 66, 151-162.

일반적 결론

대부분의 사람들이 심리치료의 효능이 증명되었다고 인정함에도 불구하고, 어떤 한 가지 치료가 모든 문제에 효과 있다는 것을 밝히는 증거는 어디에도 존재하지 않는다. 수십 년 전에 심리치료에 대해 내렸던 J. D. Frank(1989)의 결론은 오늘날의 생각을 나타내주고 있는 것으로 보인다.

1. 거의 모든 형태의 심리치료는 무계획적이고 비공식적인 처치에 비해서 더 효능이 있다.
2. 대체로 모든 임상적 장애에 한 치료가 다른 치료보다 더 효능이 있다는 사실을 보여 주지 못한다.
3. 초기에 향상을 보이는 내담자는 그것을 유지하는 경향이 있다.
4. 내담자특성, 치료자특성, 그들의 상호작용에 존재하는 특성은 치료적 기법보다 더 중요하지는 않지만 치료적 기법만큼은 중요할 수 있다.

이 마지막 지적은 강조할 만한 가치가 있다. 왜냐하면 다양한 형태의 치료가 모두 효능이 있다고 한다면 임상심리학 분야는 모든 형태의 치료에 공통적인 치료요인 및 치료 성과에 영향을 미치는 치료자나 내담자의 특성에 관심을 돌려야 한다는 것을 시사하기 때문이다. 이런 결론에 모든 사람이다 동의하지는 않는데, 한 예로 Telch(1981)은 사용되는 치료기법이 더 강력할수록, 치료자나 내담자의 특성은 덜 중요해진다고 언급하였다. 예를 들어, Telch는 체계적 둔감화가 공포증이 있는 사람들에게 매우 효과적임을 시사하는 강력한 증거를 언급하였다. 그러나 정신적 심상을 이용하는 데 어려움을 겪는 사람의 경우에는 둔감화의 효과가 그다지 크지 않으며, 모델링이 선택될 수 있는 기법이 될 수 있다. Lazarus(1980) 역시 특정한 치료가 특정한 문제에 적용되는 것이라고 이야기하였다. 그러나 동시에 그는 다양하고 비특정적 요인이 치료적 향상에 중요한 역할을 한다고 주장한다. 예를 들어, 치료자가 둔감화나 모델링, 통찰 추구 중 어떤 특정 기법을 사용하는지에 상관없이 치료의 결과로 내담자 편에서 볼 때 자기효능감을 증진시키고, 이것이 결과적으로 치료적 변화를 촉진한다는 것이다.

아마도 가장 안전한 길을 택한다면 두 가지 방향으로 나아가는 것일 수 있다. 주어진 문제에 대해 가장 잘 작용하는 치료를 예측할 수 있도록 주의 깊은 연구가 설계되어야 한다. 일반적인 심리적 문제에 대해 경험적으로 지지되는 치료의 목록은 지속적으로 갱신되고 확장되어야 한다. 동시에 모든 치료에 공통적인 요인과 이것이 작동하는 방식을 연구하는 데 노력을 쏟아야 한다. 그러나 마지막 분석에서 치료자의 유능성이 인종이나 계급, 성별에 따라 내담자와 치료자를 단순하게 매칭시키는 것보다 더 결정적인 요인이 될 것이다.

예를 들어, 치료란 일주일에 한 번씩 일어나는 간헐적인 과정이다. 즉, 그것은 내담자의 계속 일어나는 생활과정에서 아주 작은 부분에 불과하다. 내담자가 비슷한 시기에 하는 다른 경험들이 치료적 진전이 이루어지게 하거나 하지 않는 데 더 중요한 요인일 수 있다. 게다가 치료에서 일어나는 일들은 복잡한 방식으로 다른 경험들과 상호작용할 수 있다. 다른 것들이 내담자에게 각기 다른 방식으로 반응을 야기할 수 있으며, 이렇게 변화한 반응이 치료로 유발된 변화를 강화하거나 방해할 수 있다. 내담자에게 발생한 변화가 가족구성원을 위협할 수 있으며, 이 때문에 가족들이 협력해서 치료적 태만을 유발할 수도 있다. 전체적인 과정이 너무 복잡하고 서로 상호작용하고 있기 때문에 치료의 어떤 요인이 내담자가 변화하는 데 혹은 변화가 덜 일어나는 데 관련되는지 연구하기가 매우 어렵다(J. D. Frank, 1982).

아마도 모든 것들 중 가장 큰 현실적인 제약점은 Barlow(1981)가 제안했던 바와 같이, 많은 임상심리학자들이 단순히 치료 성과 연구에 주의를 기울이지 않는다는 사실이다. 그들은 단일 사례에서 얻은 경험으로부터 타당한 추론을 이끌어 내기 어렵다는 사실을 충분히 인식하지 않은 채, 항상 자신이 해오던 방식으로 치료를 지속한다. Persons(1995)는 수련 부족과 자원에 접근하기 어렵다고 지각하는 것이 어떻게 임상가로 하여금 경험적으로 지지되는 치료 기법을 훈련받는 것을 미루게 하는지 논의하였다. 그러나 Chambless와 그 동료들(1996)은 그것에 대해서 다음과 같이 가장 잘 설명하였다.

> 심리학은 과학이다. 임상심리학은 도움을 구하는 사람들을 돕는 데 그 강점과 독특성을 과학적 타당화 윤리에서 얻어온다. 신비주의, 권위, 상업주의, 정치, 관습, 편리성, 혹은 부주의함이 어떤 치료가 좋다고 말하든 간에 무엇이든, 임상심리학자는 무엇이 효과 있는 치료인지에 대해 초점을 맞춘다. 그들은 가능한 한 효과가 있는 개입법을 사용하며 그들이 사용하는 개입법에 대한 과학적 연구를 할 기본적인 윤리적 책임을 지니고 있다(p.10).

임상심리학자들은 다양한 형태의 치료가 지닌 효능과 효과에 대해서 구체적으로 학습해야만 하며, 이러한 지식을 일상적으로 적용하는 것에 대해서도 알아야만 한다. 그들은 그렇게 해야만 하는 윤리적, 과학적 소명을 가지고 있다.

요약

임상심리학자는 개인의 행동, 사고, 감정에 있어서의 변화를 유도하기 위해서 심리적 개입을 사용한다. 심리치료란 심리적 문제를 해결하거나, 대처나 기능을 향상시키거나, 미래의 문제를 예방하거나, 인생의 만족감을 증진시키기 위한 목적으로 전문적인 맥락에서 이루어지는 개입의 한 형태이다. 심리치료가 특정한 유형의 심리적 문제에 대해 효능이 있다는 증거가 존재한다. 그러나 한 가지 형태의 심리치료나 개입이 모든 문제에 우월한 효과가 있지는 않다.

치료자의 전문적 역할, 치료 관계나 치료적 동맹, 유능감의 구축, 불안이나 긴장의 감소, 변화에 대한 기대와 같은 요인들은 모든 형태의 치료에 공통적인 속성이다. 내담자나 치료자의 구체적인 특성이 치료 결과에 영향을 줄 수 있음에도 불구하고, 그런 관계는 다차원적이고 복잡한 것처럼 보인다. 흥미롭게도 치료자 및 내담자 요인과 치료 성과 사이의 관계와 관련해서 많은 사람들이 일반적으로 가지고 있는 신념은 연구에서 그다지 지지되지 않았다.

심리치료 연구는 특정한 치료적 개입이 특정한 내담자 집단에 효과적인지, 어떤 요인이 치료적 변화와 관련 있어 보이는지, 그런 변화가 어떻게 발생하는지를 평가하는 것이 목적이다. 더 최근의 연구들에서는 구체적인 심리적 문제를 가진 내담자에게 구체적으로 어떤 치료가 유용할지 탐색한다(예: 구체적인 DSM-IV 진단). 부가적으로 임상심리학자는 특정한 임상적 상태에 대해 약물치료와 심리치료의 상대적 이득이나 심리치료와 약물치료를 조합한 것의 상대적 이점에 대해 더 철저하게 연구하기 시작하였다. 마지막으로 연구는 임상적으로 지지되는 치료를 통합해서 임상 실제에서 적용할 수 있는 가이드라인을 다듬는 데 도움이 되어 왔다. 앞으로 임상심리학자는 더 많은 빈도로 매뉴얼에 기반한 치료를 사용하게 될 것이다.

주요 용어

경험적으로 지지되는 치료 다양한 심리적 상태에 대해 주의 깊은 경험적 연구를 통해서 '잘 확립되어 있으며' '효능 있는 것으로 여겨지는' 치료이다. ESTs의 목록은 APA의 임상심리학 분과에 의해서 주기적으로 업데이트되고 있다.

공통요인 서로 다른 이론적 지향의 치료에 특징적으로 나타나며, 심리치료에 의해 일어나는 긍정적 변화의 원천이 되는 일련의 특징이다.

대기자 통제집단 연구가 끝난 이후에 치료를 받게 되는 사람들로 구성되는 통제집단을 말한다.

매뉴얼에 기반한 치료 표준화되어 매뉴얼을 통해 제시되는 심리치료적 개입(치료의 각 단계에 상응하는 이론적 근거, 목표, 기법을 개괄하는 것)을 말한다.

메타분석 어떤 공통적인 주제나 질문에 관련된 모든 연구를 포괄해서 결과를 통계적으로 조합하는 연구 방법을 말한다.

문제의 깊이 어떤 상태나 행동의 변화 가능성(상태가 더 '깊을수록' 더 변화하기 어려울 것으로 지각된다)을 말한다.

변화단계 심리치료에서의 변화에 대한 내담자의 준비도를 표상하는 일련의 단계이다. 여기에는 숙고전, 숙고, 준비, 활동, 유지, 종결단계가 포함된다. 비특정적 요인 특정한 치료에만 있지 않으면서 긍정적 치료 성과에 기여하는 요인(예: 개인이 향상될 것이라는 기대)이다.

성과를 재는 척도 심리치료 연구에서 사용하는 치료 후 환자 기능에 대한 지표, 치료의 효과를 측정하기 위해 사용한다.

심리적 개입 개인의 행동이나 사고, 감정에서의 변화를 야기하는 방법이다.

전문가 역할 치료자가 능력을 보이는 것(예: 지식과 경험)을 말한다.

증거-기반실천(Evidence-Based Practice, EBP) 치료에 대한 과학적 근거, 임상적 전문성, 환자의 요구와 선호를 포함한 다양한 정보들에 기반하여 선별된 치료들.

증거-기반치료(Evidence-Based Treatments, ESTs) 다양한 심리적 어려움을 치료하는 데 있어, 엄정하게 실시된 경험연구를 통해 '잘 정립된' 효과 혹은 '어느 정도 효과적'이라고 알려진 치료들. EST의 치료 목록은 미국심리학회의 임상심리분과에서 지속적으로 업데이트하여 제공함.

준전문가 전문적인 정신건강요원을 돕기 위해서 훈련받지만 심리학과 관련된 고등 교육을 받지 않은 사람이다.

치료과정 연구 치료자와 환자의 상호작용 과정에서 발생하는 구체적인 사건을 탐색하는 연구이다. 어떤 치료과정들은 치료 성과와 관련이 있음이 밝혀졌다.

치료적 관심만 받는 통제집단 임상가가 정기적으로 만나긴 하지만 '적극적인' 치료적 개입을 받지 않는 통제집단이다.

치료적 동맹 치료자와 환자 사이의 관계이다. 강력한 치료적 동맹을 형성하는 것은 치료적 변화에서 가장 중요한 것으로 여겨진다.

치료 지침 특정 심리적 문제나 장애에 대해 개입할 때 권고되는 구체적인 지침을 말한다.

치료집단 심리치료 연구에서 치료를 받는 집단이다.

카타르시스 감정의 분출을 말한다.

통달감 높은 수준의 기술이나 지식 습득을 말한다. 심리치료의 한 가지 목표는 환자들이 특정한 영역에서 유능감과 통달감을 발달시키는 것이다.

통제집단 심리치료 연구에서 연구에 포함되지만, 치료적 처치를 받지 않는 집단이다.

통찰 심리치료의 맥락에서 자신이 가진 문제의 기원과 특징에 대해 이해하게 되는 것이다.

해석 심리치료의 맥락에서 환자의 경험과 행동 뒤에 있는 의미에 대한 치료자의 개념화를 말한다.

환자 기능 여러 영역(심리학적으로, 사회적으로, 대인관계적으로, 직업적으로)에서 환자가 얼마나 잘 지내고 있는가를 말해 준다.

효과 연구 치료의 외적 타당도와 대표성을 강조하는 연구를 말한다. 치료를 통해서 획득했다고 내담자가 보고하는 임상적인 효과의 크기를 '효과적인 것'이라고 고려한다.

효과 크기 치료 효과의 크기(통계적으로 정의된다)

효능 연구 연구에 포함된 내담자의 유형을 통제하고 치료를 표준화하며, 환자들을 치료집단과 비치료집단에 무선 할당함으로써 내적 타당도를 증진시키는 연구이다. 임상적 시행에서 치료를 받았던 사람이 아무런 치료를 받지 않았던 사람에 비해서 통계적으로 더 많이 기능할 수 있는 정도를 '효능이 있다'고 말한다.

심리치료: 정신역동적 접근

Psychotherapy: The Psychodynamic Perspective

핵심질문

1. Freud 이론의 주요 가정은 무엇인가?
2. 정신분석 치료에서 어떤 기법들이 사용되며, 왜 이런 기법들이 사용되는가?
3. 정신분석 치료의 주요 대안적 형태는 어떤 것들이 있는가? 각각을 기술하라.
4. 정신역동 치료가 효과 있음을 보여주는 근거로는 어떤 것들이 있는가?
5. 정신역동적 치료의 장점과 단점은 무엇인가?

개요

치료에 대한 정신역동적 접근은 행동의 근원을 찾는 데 있어서 무의식적인 동기와 갈등에 초점을 맞춘다. 또한 정신역동적 접근은 과거 경험의 분석에 매우 의존하고 있다. 이 관점에 대한 요약은 Sigmund Freud의 정통 정신분석적 이론과 치료에서 찾아볼 수 있다(글상자 13-1 참조).

의심할 여지도 없이 정신분석적 이론은 성격 분야에 가장 광범위한 기여를 한 이론 중 하나로 여겨지고 있다. 빈의 소수 신경증 환자들에 근거하여 논란의 여지가 있는 생각들의 불완전한 흐름으로 시작되었던 것이 성격 이론과 임상 실제에 변화를 가져온 급류로 바뀌었다. 현대 생활의 어떤 부분에서도 Freud의 견해에서 영향을 받지 않은 부분을 찾기 어렵다. Freud의 이론은 교과서뿐 아니라 예술, 문학, 영화에도 역시 영향을 미쳤다. **자아, 무의식, 죽음에 대한 소망, 오이디푸스 콤플렉스와 Freud적 말실수**와 같은 단어와 구절들은 우리 일상 언어의 일부가 되어 왔다.

이는 치료적 개입에서 역시 마찬가지다. 정신분석적 치료는 때때로 시대착오적이라고 여겨지긴 하지만, 여전히 임상심리학자들에 의해 광범위하게 사용되고 있다. 사실 치료자와 환자 간의 언어적 대화에 의존하는 거의 모든 치료 형태들은 이론적으로나 치료적으로 정신분석에 일부분 빚을 지고 있다고 봐야 한다. 실존주의 치료든, 인지행동 치료든, 가족치료든 간에 정신분석의 영향은 항상 공식적으로 인정되지는 않지만 명백하다.

정신분석: 서론

1885년에 Freud는 저명한 Jean Charcot와의 파리에서의 공동연구로 연구비를 받았다. Charcot는 히스테리 환자와의 작업으로 주목받고 있었다. 그 당시 히스테리는 마비, 실명, 청력상실이 가장 자주 두드러지게 나타나는 '여성의' 장애로 간주되었다. 이러한 증상들은 신경학적 원인이 있음을 시사하지만, 어떤 기질적 원인도 발견되지 않았다. 이전에 Charcot는 히스테리가 있는 일부 환자들이 최면 상태에 있는 동안 증상을 보이지 않으며, 때로는 증상들을 야기했던 외상적인 경험을 회상한다는 것을 발견했다. 최면상태에서의 그 같은 회상은 무의식의 본질에 관한 Freud의 사고를 자극했다. 어쨌든 간에 Freud는 Charcot의 연구에 매우 감명을 받았고, 빈으로 돌아오자마자 이를 그의 의사동료들에게 설명했다. 많은 이들이 최면의 이득에 대해 매우 회의적이었으나, 그럼에도 Freud는 이를 신경학적 진료에 사용하기 시작했다.

Anna O.

초기 몇 년 동안 Freud는 Anna O.라고 불리는 젊은 히스테리 환자와 했던 Josef Breuer의 작업에 매료되었다. 그녀는 명백히 아버지의 사망에 의한 것으로 보이는 많은 전형적인 히스테리 증상을 보였다. Breuer는 그녀를 최면을 사용해서 치료했는데, 한번은 최면에 걸려있는 동안 그녀는 그에게 그녀의 증상들 중 하나의 첫 출현에 관해 말했다. 그런데 이상한 것은 그녀가 최면에서 깨어난 후 그 증상이 사라졌다는 것이다. Breuer는 그가 매우 중요한 어떤 것을 우연히 발견했음을 알아차렸고, 그래서 한 회기 동안 같은 절차를 반복했다. 그의 시도는 성공적이었으나, 복잡한 문제가 나타났다. Anna가 그에게 강한 정서적 애착을 보이기 시작한 것이다. 이 반응이 강렬했고, Anna가 히스테리적 진통을 보이기 시작한 두드러진 회기가 있었기 때문에, Breuer는 그 사례를 중단해야 한다고 확신하게 되었다. Breuer 부인의 질투 역시 그의 결정에 중요한 역할을 했을 것이다.

Freud가 경험한 이러한 사건은 의심할 여지도 없이 무의식, '대화치료', 정화, 전이, 도덕적 불안과 같은 자신의 초기 이론을 자극하게 했다. 그는 많은

글상자 13-1 Sigmund Freud의 간략한 일생

Sigmund Freud는 1856년 5월 6일 오스트리아(지금은 체코슬로바키아의 일부가 된)에서 태어났다. 그는 어린 시절의 대부분을 빈에서 보냈다. 그는 7명의 자녀 중 장남이었다. 정규 교육을 마치고 빈 대학에서 의학 공부를 시작했으며, 1881년에 의학박사학위를 받았다. 짧은 연구 생활 후에 그는 매우 흥미를 느끼지는 않았지만 개업을 했다. 적어도 세 가지 이유로 그는 그러한 결정을 내렸다. 첫째, 그는 자신이 유대인이기 때문에 반유대 감정이 팽배한 연구–학문적 환경에서는 거의 출세할 기회를 갖지 못할 것이라는 것을 알고 있었다. 둘째, 연구는 많은 수입을 가져다줄 것으로 보이지 않았다. 셋째, 그는 Martha Bernay와 사랑에 빠져 있었다. 오늘날과 마찬가지로 결혼에는 돈이 필요했으며, Freud는 돈이 거의 없었다. 따라서 그는 신경과 의사로서 개업을 결심했다. 그는 Martha와의 결혼에서 6명의 자녀를 낳았으며, 그 중 하나가 유명한 정신분석학자가 된 Anna였다.

이 시기에 Freud는 빈의 명망있는 의사인 Josef Breuer와 짧지만 매우 생산적인 협력을 시작했다. 그들은 환자의 신경학적 문제가 그 증상에 관해 *이야기함으로써* 완화된다는 대화치료에 대한 Breuer의 발견을 함께 설명하고자 시도했다. 1985년 Breuer와 Freud는 정신의학 학술논문에서 획기적 사건으로 여겨지는 「*히스테리에 대한 연구*」를 발표했다. 얼마 후에 이들은 분명하지 않은 어떤 이유들로 인해 사이가 틀어졌다. 어떤 이들은 그 문제가 돈에 관한 견해의 불일치일 것이라고 주장했고, 다른 이들은 Freud가 히스테리의 원인으로 성적인 요소를 점점 더 많이 강조하는 데 대한 Breuer의 두려움 때문일 것이라고 믿었다.

매우 생산적이었던 10년간의 연구를 마무리하면서 Freud는 가장 찬사를 받은 연구인 「*꿈의 해석*」을 1900년도에 발간하였다. 20세기가 밝아옴에 따라, 그의 직업적 성취는 계속해서 커져갔으며, 그의 연구는 헌신적인 일군의 추종자들을 매혹시키기 시작했다. 이들 중 여럿은 정통 Freud 학파를 떠나 독자적인 정신분석 이론을 발전시켰다. 이들 중 유명한 사람들로는 Alfred Adler, Carl Jung, Otto Rank가 있다. Freud는 1909년 그가 미국의 Clark 대학에 강의를 위해 초청되었을 때 진정한 의미의 국제적 명사가 되었다.

많은 책과 논문이 뒤이어 출판되었다. 그러나 1930 년대에는 나치의 박해 역시 뒤따랐다. 그들은 Freud의 저서를 태우고 그를 반유대의 표적으로 삼았다. 마침내 그는 영국으로의 이민을 허가받았다. 쇠퇴기에 그는 턱암으로 고통 받았고, 상당한 고통과 약 32회에 달하는 수술을 견뎌야 했다. 그는 시가 애연가로서 주기적으로 시가를 끊었지만 완전히 끊지는 못했다. 그는 1939년 9월 영국에서 사망했다.

Photo Researchers Inc.

환자들을 최면으로 치료했다. 그러나 모든 환자들이 최면 절차에 적합한 대상은 아니었다. 어떤 이들은 쉽게 최면에는 걸렸으나, 때로는 최면상태에서 무슨 일이 일어났는지를 기억하지 못해 당황스러워하는 경향을 보였으며, 이는 최면으로 인한 대부분의 이득을 무위로 돌렸다. 그 예가 Freud가 1892년에 진료했던 환자인 Elisabeth였다. 그는 그녀에게 완전히 깨어있는 동안 언제 증상(ailment)이 시작되었는지를 기억하게 하고, 그녀의 증상에 집중하도록 요청했다. 그는 그녀의 이마를 자신의 손으로 누르면서 그녀에게 긴 의자에 눕도록 요청했다. 이어서 Freud는 그의 손을 환자의 이마에 놓고 증상의 근원을 둘러싸고 있는 사건을 기억하도록 요청하는 것이 최면만큼 효과가 있음을 발견했다. 그는 곧 환자의 이마에 자신의 손을 올려 놓는 것을 그만두고 그냥 단순히 환자들에게 무엇이나 마음속에 떠오르는 것에 관해 이야기하도록 요청 했다. 이것이 자유연상이라는 방법의 시작이었다.

Freud 학파의 시각: 간략한 개요

Freud 이론의 주요한 가정인 **심리적 결정론**은 우리가 행하는 모든 것이 의미와 목적을 가지며 목표지향적이라고 본다. 이 같은 시각으로 인해 정신분석학자들은 환자의 행동과 문제의 근원을 탐색하는 데 있어서 매우 방대한 양의 자료를 사용할 수 있다. 평범한 행동, 기괴한 행동, 꿈, 설단현상 모두가 중요하고 의미가 있다.

인간 행동의 많은 측면을 설명하기 위해 Freud는 또한 **무의식적 동기**의 존재를 가정했다. 이러한 가정의 사용은 어떤 기존의 이론보다 더 광범위하며, 이전에 설명되지 않았던 많은 것들을 설명할 수 있게 했다. 분석가들은 먼저 건강한 행동은 개인이 동기를 이해하는 행동이라고 가정했다. 장해가 있는 행동의 중요한 원인은 무의식이다. 따라서 치료의 목표는 무의식을 의식화하는 데 있다.

본능. 인간이 기능하게 하는 에너지는 **생의 본능**(*Eros*)과 **죽음의 본능**(*Thanatos*) 두 가지 본능에 의해 제공된다. 생의 본능은 행동의 모든 긍정적이고도 건설적인 측면의 기반이 된다. 이 행동들에는 문학, 음악, 예술과 같은 문화의 창의적 요소뿐 아니라 성, 배고픔, 목마름과 같은 신체적 충동도 포함된다. 그러나 이러한 모든 행동들은 또한 파괴적인 결과를 가져올 수도 있다. 이러한 결과가 일어 날 때, 이는 죽음의 본능 때문이다. 임상 실제에서 현대 분석가들은 죽음의 본능에 관심을 별로 기울이지 않는다. 그러나 Freud는 죽음의 본능이 인간 행동의 어두운 측면(신경증 환자들의 강박적인 자기 파괴적 행동, 전쟁을 피하는 데 있어서의 우리의 무능 등)을 설명하는 데 필수적임을 밝혀냈다. 어쨌든 비록 본능이 관찰할 수 없고, 측정할 수 없으며, 종종 사건이 일어나기 전보다는 후에 사건을 더 잘 설명할 수 있는 것으로 보이기는 하지만, Freud에 있어서 모든 행동은 궁극적으로 본능으로 설명된다.

성격 구조. 정신분석학자들은 성격이 세 가지 기본적인 구조인 원초아, 자아, 초자아로 구성되어 있다고 보았다. **원초아**(*id*)는 성격의 깊고 접근할 수 없는 부분을 나타낸다. 우리는 꿈의 분석과 다양한 형태의 신경증적 행동을 통해 원초아를 이해할 수 있다. 원초아는 외적 세계와 교류가 없다. 이것은 진정한 심리적 실재이다. 원초아의 내부에는 즉각적 만족에 대한 소망을 가진 본능적 충동이 존재한다. 원초아에는 가치, 윤리, 논리가 없다. 원초아의 핵심 목적은 신체 작용에 근원을 둔 채워지지 않은 충동의 만족을 꾀하는 것이다. 그 이후 원초아는 모든 긴장으로부터 자유로운 상태를 유지하는 것을 목표로 하게 되고, 만약 이를 달성할 수 없다면 가능한 한 낮은 수준의 긴장을 유지하고자 한다.

원초아는 긴장이 느껴지자마자 긴장을 해소하기 위해 노력하는 **쾌락원리**에 따르는 것으로 생각된다. 이를 위해 원초아는 운동 근육 활동(예: 즉각적인 배뇨를 가져오는 방광의 팽창)에 에너지를 소비하는 일차과정 사고를 사용한다. 후에 원초아는 일차과정 사고의 이러한 측면을 다른 형태로 대치시킨다. 이것은 긴장을 감소시키는 정신적 심상을 만들어 낸다(예: 배고픔의 결과로 음식의 정신적 표상이 나타나는 것). 꿈은 일차적 사고과정의 이러한 형태의 좋은 예로 여겨진다. 물론 이 일차적 사고 과정은 음식처럼 실제적 만족을 제공하지는 못한다. 이러한 무능함 때문에 성격의 두 번째 요소인 자아로 작동시키는 이차 사고과정이 발달한다.

자아는 성격의 집행부이다. 자아는 지각, 학습, 기억을 사용하는 조직화되어 있고 합리적인 체계로 역시 욕구 만족을 제공한다. 자아는 유기체를 보존하는 데 있어서 원초아가 부적절하기 때문에 생겨난다. 자아는 적절한 대상과 방식이 발견될 때까지 본능적인 충동의 만족을 지연하는 **현실원리**에 따라 작동한다. 이를 위해 자아는 학습, 기억, 계획, 판단 등에 관여하는 과정인 **이차 사고과정**을 사용한다. 본질적으로 자아의 역할은 유기체에 만족을 제공하는 동시에 유기체가 현실 세계에 의해 파괴되지 않도록 하는 방식으로 원초아와 초자아 및 현실 세계의 요구를 중재하는 것이다.

성격의 세 번째 구성요소는 **초자아**이다. 초자아는 특히 **오이디푸스 콤플렉스**(아동의 이성부모에 대한 성적 이끌림)에 대한 해결책 중 하나로 어린시절 동안 자아로부터 발달한다. 초자아는 부모의 말과 행동을 통해 아동에게 전달된 사회의 가치와 이상을 나타낸다. 이러한 이상과 가치들은 또한 보상과 처벌을 통해서도 전달된다. 강화된 행동은 일반적으로 자아 이상의 일부가 되는 데 반해, 처벌된 행동은 전형적으로 개인의 **양심**으로 통합된다. 따라서 초자아의 안에서 **자아 이상**의 보상은 자긍심과 가치감으로 경험되는 데 반해, 양심은 죄책감과 무가치함을 느끼게 함으로써 개인을 처벌하기 위한 목적으로 사용된다. 일반적으로 초자아의 역할은 수용될 수 없는 원초아의 충동을 차단하고, 자아가 편의보다는 도덕성을 목적으로 작용하도록 압력을 가하며, 완벽을 향해 노력하게 하는 것이다.

심리성적 단계. 많은 다른 이론가들처럼 Freud도 아동기를 개인의 성격을 형성한다는 점에서 가장 중요한 시기라고 보았다. 그는 각각의 개인이 일련의 발달 단계를 거친다고 믿었다. **심리성적 단계**라고 명명된 이 각각의 단계들은 성적으로 민감한 특정한 신체 부위(특히 생애 첫 5년 동안)에 몰두하는 것으로 특징지을 수 있다. **구강기**는 약 1년 정도 지속되는데, 만족에 도달하기 위한 주요 수단으로 입을 사용하는 기간이다. 그 다음에 오는 것이 **항문기**인데, 이는 관심의 초점이 배뇨와 배변에 있는 시기로 이 단계는 생후 6개월~3년에 걸쳐 있다. 다음에 오는 것이 **남근기**(3~7세)로 성적 기관이 만족의 주된 수단이 되는 시기이다. 이러한 소위 전성기기를 지나면, 아동은 **잠재기**에 들어서게 되는데, 이 단계는 드러나는 성적 행동의 결여와 성적인 것에 대한 부정적인 태도로 특징지을 수 있다. 이 단계는 5세에서 12세나 그 이상까지 지속된다. 청소년에 들어선 후 **성기기**가 시작된다.

이상적으로는 이 단계에서 자아가 성적 자극을 성공적으로 조절하는 성숙한 성의 표현이 최고조에 달할 것이다. 아동이 어떤 단계에서든 어려움을 경험할 때, 이러한 어려움들은 부적응적인 증상으로 표현될 수 있으며, 특히 그 어려움이 심각할 때 더욱 그러하다. 어떤 심리성적 단계에서의 과도한 좌절이나 탐닉은 문제를 가져온다. 과도한 만족이나 좌절에 부딪힌 특정 단계는 특정한 증상의 성격을 결정한다. 따라서 강박 증상은 개인이 항문기를 성공적으로 지나가지 못했기 때문일 수 있으며, 성인기의 과도한 의존욕구는 구강기의 영향을 시사한다. Freud는 모든 사람들이 특정한 성격 형성을 보이며, 이러한 성격 형성은 항상 신경증적인 것은 아닐 수 있지만, 그럼에도 불구하고 그것은 근원적인 미숙한 충동들이 승화로서나 반동형성으로서 영속화됨을 나타내는 것이라고 믿었다. 예로는 구강기적 성격의 음식에 대한 탐닉이나 결벽증적인 언어 패턴, 항문기적 성격의 더러운 것에 대한 혐오나 새침함, 그리고 남근기적 성격의 과도한 겸손과 같은 것이 있다.

불안. 자아와 그 이후에 초자아를 형성하게 하는 상황은 **불안**이라고 불리는 고통스러운 정서적 경험을 가져온다. 심장, 폐, 다른 내부 장기에서의 과장된 반응은 불안으로서 지각되고 경험된다. 불안에는 일반적으로 세 가지 종류가 있다. 첫 번째가 **현실 불안**인데 이는 외부 세계로부터의 실제적 위험에 근거한다. **신경증적 불안**은 자신의 원초아적 충동이 검열되지 않은 채 표현되어서 문제를 겪게될 것이라는 두려움에서 기원한다. **도덕적 불안**은 자신이 양심의 기준에 따르지 않을 것이라는 두려움에서 발생한다. 이러한 불안을 식별하고 정의해주는 것은 불안 경험의 특성이라기보다는 불안의 근원이다. 불안의 핵심적 기능은 위험을 없애고 유기체를 보호하기 위해 특정 조치가 시작되어야 한다는 것을 자아에게 알려주는 경고 신호로서 작용하는 것이다.

자아 방어. 우리는 이미 자아가 문제를 해결하고 환경에서의 위협을 피하기 위해 기억, 판단, 학습과 같은 이차 사고과정을 사용한다는 것을 관찰했다. 그러나 그 같은 수단들은 위협이 개인 내에서 발생할 때는 덜 유용하다. 개인이 초자아의 분노나 원초아의 자유로워진 욕망에 두려움을 느낄 때, 그는 이것을 어디로 향하게 하는가? 대답은 **자아 방어**, 혹은 **방어기제**에 있다. 종종 앞뒤가 맞지 않고 비논리적인 환자들의 말에서 방어기제를 이끌어낸 Freud의 능력은 그의 천재성을 잘 드러내 준다. 이러한 기제들은 더 건설적인 활동들로부터 심리적 에너지를 전환시키고 동시에 현실을 왜곡하기 때문에 일반적으로 병리적이라고 간주된다. 모든 방어기제는 개인이 자각하지 못하는 가운데 능동적이고 무의식적으로 작동된다.

기본적인 자아 방어는 **억압**이다. 억압은 매우 위협적으로 느껴지는 성적이거나 공격적인 요소를 의식으로부터 몰아내는 것으로 설명될 수 있다. 일부 사례들에서 이 작용은 우선 불쾌감을 주는 충동이 의식에 도달하지 못하게 함으로써 작동한다. **고착**은

그림 13-1 ▪ Freud의 치료실

다음 심리성적 단계에 대한 불안과 좌절감이 너무 커서 개인이 현재의 심리성적 발달 단계에 머무르게 될 때 발생한다. **퇴행**은 이전에 매우 큰 만족을 주었던 단계로 돌아가는 것을 의미한다. 퇴행은 극심한 좌절 후에 일어날 수도 있다. **반동 형성**은 무의식적 충동이 그 반대의 행동으로 표현되는 것이다. 따라서 "나는 널 증오해."가 "나는 널 사랑해."로 표현되는 것이다. **투사**는 무의식적 감정이 자신의 것이 아니라 타인의 것으로 생각하는 것이다. 따라서 "난 널 싫어해."의 감정은 "넌 날 싫어 해."로 전환된다.

이론에서 적용까지

일찍이 언급되었다시피, Breuer의 Anna O.와의 경험은 '대화치료'의 발견을 가져왔다. 이는 Elisabeth

와 Freud의 작업동안 자유연상이라는 개념으로 바뀌었다. **자유연상**은 환자가 그것이 얼마나 부적절하고, 어리석고, 따분하고, 불쾌한 것으로 보이는가와 상관없이 떠오르는 모든 생각을 말하는 것을 의미한다. Freud는 또한 Anna가 그녀의 삶에서 중요한 남성들에게 느꼈던 많은 감정들을 Breuer에 전이했다는 것을 알아차렸다. **전이**라는 개념은 환자가 가진 문제의 성격, 특히 무의식적인 문제의 성격을 이해하기 위한 매우 귀중한 진단의 수단이 되었다.

최면을 통해 Freud는 환자가 히스테리 증상의 발병과 관련된 외상적인 사건을 풀어놓을 수 있다는 것을 알게 되었다. 일부 사례에서는 이러한 방출이 이전에 억눌린 에너지를 풀어주는 역할을 했다. 이것이 **카타르시스**(중요한 치료적 이득을 가지는 에너지의 발산)이다. Elisabeth와의 작업에서 Freud는 **저항**(위협적이거나 괴로운 사건에 대해 이야기하거나 기억하거나 생각하고 싶어 하지 않는 것) 역시 목격했다. 그는 저항을 일종의 방어라고 보았으나, 후에는 이것을 생각이나 충동을 무의식으로 밀어내는 억압으로 분석했다. 물론 여기서의 **무의식**은 의식적인 사고로 접근할 수 없는 마음의 영역을 의미한다.

통찰의 역할

정신분석적 개입의 궁극적 목적은 사람을 쇠약하게 만드는 신경증적 문제를 제거하는 것이다. 하지만 전통적 정신분석 치료자들의 확고한 신조는 궁극적으로 이를 위한 유일하고도 결정적이며, 효과적인 방식은 내담자가 **통찰**을 얻도록 해주는 것밖에 없다는 것이다. 통찰은 무엇인가? 통찰은 고통을 불러일으키는 비합리적인 감정, 사고 및 행동의 무의식적인 결정요인에 대한 총체적인 이해를 의미한다. 일단 이러한 무의식적인 이유들이 완전히 이해되고 직면하게 되면, 신경증적 방어와 증상은 필요하지 않게 된다. 본 장 후반부에 설명될 모든 구체적인 기법들은 통찰의 촉진이라는 궁극적인 목적을 가진다.

통찰을 얻기 위한 분석의 완성은 느리고 지루하며, 종종 매우 오랜 기간이 소요된다. 전통적인 분석은 몇 주나 몇 달이 아니라 몇 년이 걸리는 작업이다. 예를 들자면, 통찰은 환자가 친구나 상사나 직장 동료에게 격노를 보이는 것이 오래전에 죽은 아버지를 향한 적대감과 경쟁심의 무의식적인 감정 때문이라는 것을 단순히 알게 되는 것만은 아니라는 것이다. 지적인 수준에서 환자는 이 해석을 쉽게 받아들일 수 있다. 하지만 무의식은 그런 빈약한 정보에 의해서는 크게 영향을 받지 않을 수 있다. 환자는 무의식적인 적대감을 실제로 경험해야만 한다. 이것은 전이 과정을 통해서 일어날 수 있다. 아버지와 관련된 초기 경험이 치료자와의 경쟁으로 재경험될 수 있다. 분석가들이 수년 전의 아버지처럼 보이기 시작하고, 모든 해묵은 반응들이 다시 쏟아져 들어오기 시작한다. 치료자가 다른 누군가(아버지 상)를 나타내게 됨에 따라 과거의 감정들이 재경험되고 재평가된다. 여기에서 더 깊은 통찰이 온다.

이러한 통찰의 진정한 의미는 **훈습과정**을 통해 환자의 의식에 이르게 된다. 훈습은 다양한 다른 삶의 영역에서 개인의 갈등과 방어가 어떻게 작용하는지에 대한 주의 깊고 반복적인 검토라고 볼 수 있다. 개인의 수동성과 무력함이 사실은 공격성의 무의식적 형태라는 단순한 해석으로는 통찰이 거의 이루어지지 않는다. 일단 해석의 토대가 굳건해지면, 해석은 계속해서 반복되어야 한다. 환자는 해석을 배우자, 친구, 상사와의 관계에 적용하고, 심지어는 이것이 치료자에 대한 반응에도 영향을 미치고 있음에 대한 통찰과 직면해야 한다. 환자는 생활의 전 영역에서 통찰을 훈습할 수 있게 도움을 받아야 한다. 이는 물리 수업 시간에 원리를 배우는 것과 다르지 않다. 원리는 단지 연구실 내에서가 아니라 자동차 엔진, 주택건설, 야구 등의 전 영역에서 적용된다는 것을 알게 될 때, 비로소 실제 생활에 이용되고 중요해지기 시작한다. 통찰 역시 그러하다. 통찰은

표 13-1 정신역동치료의 7가지 주요 특성(Shedler, 2010)

- 환자가 정서의 표현과 감정에 초점을 두도록 함
- 불편한 생각이나 감정들을 회피하려는 노력을 탐색하도록 도움
- 환자의 생각, 감정 행동에서 반복적으로 나타나는 주제를 파악하고 초점을 둠
- 환자의 과거 경험이 현재의 관계, 감정 및 행동에 어떻게 영향을 미치는지를 논의함
- 대인관계 및 대인경험에 초점을 둠
- 현재 치료 관계에 초점을 둠
- 판타지(예: 검열되지 않은 생각, 감정 꿈)를 탐색하도록 함

그것들이 자신의 삶과 관계에 어떻게 영향을 미쳤는지가 반복된 예들을 통해 고통스러울 정도로 명백해질 때 비로소 생생해진다. 전통적인 정신분석학자들이 3~5년 혹은 그 이상 동안 주당 3~5회의 치료 회기를 가졌던 것은 부분적으로는 이러한 장기간의 훈습과정 때문이기도 하다.

정신역동적 심리치료의 기법

분석가들은 신경증적 증상을 원초아, 자아, 초자아와 현실 세계의 요구 간의 갈등의 징후로 보았다. 공포증, 바람직하지 않은 성격특성, 방어기제에 대한 과도한 의존은 모두 더 깊은 문제의 징후이다. 그리고 증상은 해결될 필요가 있는 무의식적 문제를 가리킨다. 명백하게 환자가 혼자서 자신의 문제를 해결할 수 있다면, 그들은 치료를 필요로 하지 않을 것이다. 하지만 무의식적 문제와 방어의 본질은 자기 치유를 대단히 어렵게 만든다. 치료적 관계 내에서 무의식을 직면하고 방어를 무너뜨리는 것은 정신분석의 목표이다. 수년에 걸쳐 기법에 있어서의 많은 변형들이 발달되어 왔다. 그러나 거의 모든 변형들에서 기본적으로 강조하는 것은 이전 경험에 대한 재분석을 통해 억압을 해제하는 것이다. 그리고 기본적인 목표는 통찰을 통해 무의식의 억압으로부터 자유로워지는 것이다. Shedler(2010)은 정신역동치료를 특정짓는 7가지 주요원리들을 정리했다(표 13-1을 참고하라). 이러한 주요 원리들은 다른 치료들을 특정짓는 원리들과 유사하다는 것에 주목하라. 정신역동 심리치료에 사용되는 특정 기법들을 아래에 정리하였다.

자유연상

정신분석에서 아주 기본적인 규칙은 환자들이 떠오르는 모든 것을 어떤 것이든 말해야 한다는 것이다. 이는 환자들에게 있어서 보이는 것만큼 쉽지는 않다. 이를 위해 환자들은 우스꽝스럽거나, 공격적 이거나, 당황스럽거나, 성적인 생각들을 거르거나 검열하는 것을 그만두어야 한다. 전 생애에 걸쳐 우리는 우리 자신과 타인들을 보호하기 위해서 그 같은 생각들을 의식적으로 통제하는 것을 학습해왔다. 그러나 Freud에 따르면 만약 치료자가 환자를 그들의 무의식의 압제에서 해방시키고 그들의 증상과 바람직하지 못한 행동들로부터 자유롭게 하고자 한다면, 그와 같은 검열되지 않은 자유연상의 흐름들은 필수적이다. 자유연상에서부터 환자와 치료자는 환자의 오랫동안 감춰왔던 문제의 기원을 찾아내기 시작할 수 있다.

전통적으로 정신분석가들은 환자들의 뒤에 앉고, 환자들은 긴 의자에 기대게 된다. 이런 위치에서 분석가들은 환자의 시야에서 벗어날 수 있고 연상의 흐름을 방해하지 않을 수 있다. 내담자의 뒤에 앉는 다른 이유는 환자들이 분석가를 6시간 이상 바라

보고 있는 것이 분석가에게 다소 피곤한 일이기 때문이다. 긴 의자의 목적은 환자가 휴식을 취하고 자유롭게 연상할 수 있게 하기 위해서다. 정신분석가들은 한 연상이 다른 연상을 이끌 것이라고 가정한다. 과정이 계속되면서 연상은 무의식적인 사고와 충동에 점차 더 가까워진다. 어떤 일련의 단일 연상도 매우 분명하지는 않다. 그러나 여러 회기에 걸쳐 연상의 패턴이 드러나기 시작하고, 분석가는 반복되는 주제를 통해 연상을 이해하기 시작한다. 어떤 의미에서 자유연상은 전혀 진정으로 '자유로운 것'이 아니다. 자유연상은 개인의 연상의 방향을 결정하는 무의식적 힘의 부산물이다. 항상 그런 것은 아니지만 자주 이러한 연상들은 초기 아동기 시절의 기억과 문제를 떠오르게 한다. 그 같은 오랫동안 잊고 있었던 경험에 대한 기억은 분석가에게 성격 구조와 그 발달에 대한 단서를 제공해 준다.

꿈의 분석

관련된 기법은 **꿈의 분석**이다. 꿈은 상징적인 형태이기는 하나, 무의식적인 소망들로 가득 차 있는 것으로 여겨지고 있기 때문에 무의식의 본질을 잘 드러내 준다고 생각된다. 꿈은 자유연상처럼 아동기의 소망과 감정에 대한 중요한 단서를 제공해주는 상징적인 소원충족으로 보인다. 잠을 자는 동안 자신의 습관적인 방어가 해제되고, 상징적인 소재가 표면 위로 떠오를 수 있다. 물론 자아에 의한 검열이 자는 동안 완전히 제거되지 않거나, 원초아에서 나온 소재들이 너무 위협적이어서 개인은 빨리 깰 수 있다. 어떤 의미에서는 꿈은 두 마리 토끼를 동시에 잡을 수 있는 한 방식이 될 수 있다. 꿈의 소재는 원초아에 만족감을 주기에 충분할 만큼 중요하지만 일반적으로 자아를 두렵게 할 만큼 위협적이지는 않다. 그러나 어떤 경우들에서는 이런 시나리오가 꼭 들어맞지는 않으며, 정신적으로 충격을 주는 꿈이 나타나기도 한다.

꿈의 **표면 내용**은 꿈에서 실제 발생한 것이다. 예를 들어, 꿈의 표면 내용은 그가 2개의 크고 맛있게 보이는 아이스크림 콘을 보고 있는 것일 수 있다. 그러나 꿈의 **잠재 내용**은 그것의 상징적 의미를 뜻한다. 조금 전의 예에서 어머니의 가슴으로 돌아가고 싶은 갈망이나 구강기 만족에 욕구에 대한 메시지가 담겨 있을 수도 있다.

잠재 내용을 알아내기 위해서, 환자는 꿈의 의미에 대한 통찰을 얻을 수 있다는 소망을 가지고 꿈에 대해 자유연상하도록 격려된다. 일반적으로 표면 내용은 치환, 응축, 대치, 상징화, 논리 결핍의 혼합물이다. 이 모든 것을 뚫고 잠재된 의미를 발견하는 것은 쉬운 일이 아니다. 자유연상은 이 탐색을 도와주겠지만, 꿈 하나의 의미만으로 항상 명백해지는 것은 아니다. 개인의 삶에서 꿈의 진정한 의미는 연속되는 꿈 전체에 대한 분석을 통해 분명해질 수 있다. 다른 문제는 환자가 분석 회기 동안 꿈에 대해 다시 이야기할 때 표면 내용을 종종 왜곡한다는 것이다. 따라서 분석가들이 상징적인 의미를 발견하기 위해 깊이 파고들어야 할 뿐 아니라, 이해하고자 하는 목표를 방해하는 환자의 수많은 깨어 있는 방어들도 존재한다는 것이다. 많은 분석가들에게 꿈은 환자의 역동에 대한 필수불가결하고 결정적인 근거를 제공해 주는 것이 아니다. 그보다 꿈은 분석가들이 그 이상의 정보를 토대로 채택하거나 기각할 수 있는 가설을 형성하게끔 도와주는 단서들이라고 봐야 한다. 어떻게 꿈과 자유 연상이 함께 사용될 수 있는지의 예는 Freud의 자기 분석에 대한 간략한 설명(글상자 13-2)에서 찾아볼 수 있다.

일상의 정신병리

무의식에 접근하는 다른 중요한 방법은 Freud의 '일상의 정신병리'에서의 예민한 분석을 예로 들어 설명할 수 있다. Freud 학파의 시각에서 모든 것은 결정되어져 있다. 우연은 없다. 말실수나 잊어버린 약속은 단순한 실수가 아니다. 그보다는 이것들은 무

글상자 13-2 Freud의 자기 분석

Freud는 사람들이 어린 시절에서 기인하는 성적 소망에 의해 동기화된다는 자신의 주장을 지지하기 위해 자신의 자기 분석 결과를 이용했다.

Freud의 아버지는 1896년에 사망했다. 아버지가 늙고 병들어 사망했지만, 아버지의 사망은 Freud에게 매우 큰 영향을 미쳤다. 사실 그는 극도로 불안하고 우울했으며, 따라서 자신의 꿈, 연상, 행동을 통해 상세한 자기 분석을 시작하기로 결심했다.

특정한 어린 시절의 꿈 하나가 중요해 보였다. Freud는 이 꿈을 7~8세경에 꾼 것으로 기억했다. 30여 년 후에, 그는 이 꿈을 해석했다. 꿈에서 그는 '새의 부리를 가진 두(혹은 세) 사람에 의해 방으로 옮겨지고 침대에 눕혀지는 묘하게 조용하면서도, 졸려하는 표정의 사랑하는 어머니'를 보았다(Freud, 1938, p.522). 그의 자유연상은 그가 죽음에 대한 생각과 죽기 직전에 보았던 할아버지의 얼굴을 떠올리게 했다. 이것은 그의 어머니와 할아버지의 요소들이 결합된 복합적인 꿈이었다. 여기서부터 그의 연상은 그를 죽어가는 아버지에 대한 생각으로 이끌었다. 그러고 나서 그는 그의 불안이 어린 시절 아버지에 대해 무의식적으로 품었던 적대적인 감정들이라는 것을 알게 되었다. 추가적인 연상들(예: 새에 관한 독일어에서 파생된 성교에 대한 독일 속어)은 확실히 어린 시절 그의 성적 충동이 어머니를 향해 있었다는 결론에 도달하게 했다. 따라서 그가 종종 그의 부모에게서 해석해왔던 무의식적인 오이디푸스적 분투가 그 자신에게도 해당되었다고 볼 수 있다.

의식적인 소망의 의식적인 표현이라고 볼 수 있다. 이러한 일상에서의 작은 실수들이 우리 삶을 대수롭지 않은 식으로 방해하긴 하지만, 성적이거나 공격적인 충동을 부분적으로 만족시켜 준다는 점에서는 일부분 꿈과 유사하다. 환자가 치료를 하는 동안 그와 같은 실수를 저지르거나 치료실 밖에서 저지른 실수에 관해 자세히 이야기할 때, 치료자는 환자의 문제를 평가할 수 있는 추가적인 자료를 얻는다. 어떤 예에서는 실수의 의미가 명백하지 않고, 환자는 실수에 대해 자유연상을 하도록 요청받을 수도 있다. 이러한 연상은 치료자의 해석과 더불어, 환자가 추가적인 통찰을 얻게 해준다.

저항

심리치료과정 동안 환자는 문제를 해결하는 신경증적 방식을 제거하기 위한 노력을 무위로 돌리려고 할 것이다. 이전에 언급되었던 이 성격적 방어는 저항이라고 불린다. 사실 이러한 행동들이 처음에 도움을 청하게 만들었던 극심한 괴로움을 가져 왔음에도 불구하고 환자들은 전형적으로 지금까지 사용해오던 행동들을 포기하기를 원하지 않는다. 게다가 환자들은 고통스러운 주제에 관해 이야기하거나 생각하는 것이 어려운 일이라는 것을 알게 된다. 예를 들어, 항상 그의 아버지를 두려워해 왔거나 자신이 아버지의 기준을 충족시키지 못했다고 느껴왔던 한 남성 환자는 아버지와 관련된 것들에 관해 이야기하거나, 심지어는 회상하는 것조차도 원하지 않을 수 있다. 특정한 정도의 저항은 대부분의 환자들에게서 나타나지만 저항이 치료의 진전을 저해하게 된다면, 치료자는 반드시 이를 인식하고 다루어야 한다.

이전에 언급했던 것처럼, 저항이라는 용어는 무의식적 소재를 의식으로 가져오는 것을 방해하거나 통찰을 저해하는 내담자의 모든 행동이나 행위를 의미한다. 저항은 여러 형태를 취할 수 있다. 환자는 덜 얘기하고, 더 자주 머뭇거리며, 아무 생각도 나지 않는다고 말하기 시작할 수 있다. 긴 침묵 또한 자주 나타난다. 때로는 환자들은 계속해서 주제에 대해 빙빙 돌려 말하거나, 끊임없이 같은 주제에 대해 이야기하기도 한다. 치료는 실업이나 세금과 같이 중요하긴 하나, 환자를 처음 치료 장면에 오게한 문제와는 거리가 먼 주제에 대해 논하는 자리가 되어 버린다. 어떤 환자들은 원초적인 소리 지르기 대 누드 마라톤 간의 상대적인 장점이나 심지어는 Freud의 소년기가 정신분석의 이후 발달에 미치는 영향에 대해 주지화하기도 한다. 만약 환자가 치료자가 꿈을 매우 좋아한다는 것을 안다면, 그 다음에는 꿈과 관련된 소재가 계속 등장하게 될 것이다. 이런 관심이 실제 문제를 회피하는 것임을 치료자가 깨닫게 될 때까지 이것은 치료자에게 매우 기쁘게 느껴질 수 있다. 저항의 다른 형태는 특정 정보를 생략하거나 검열하는 경향으로 나타날 수도 있다.

저항은 또한 환자가 계속해서 늦게 오고, 특별한 이유 없이 약속을 취소하고, 치료를 받으러 오는 것을 잊어버리는 등의 행동을 할 때 드러난다. 치료자는 환자의 삶에서의 다양한 '실제' 사건이 회기에 대해 음모를 꾸미고 있는 것으로 보인다는 것에 주목하기 시작할 수도 있다. 예를 들어, 환자가 계속 몸이 아파서 회기를 빼먹을 수도 있고, 아니면 연달아 일어나는 일상의 어려운 상황들로 인해 약속을 변경하고 싶다고 끊임없이 요청할 수도 있다. 어떤 것이든 저항의 한 형태가 될 수 있다. 환자의 방어가 다루어짐에 따라 때로는 증상이 심해질 수도 있다. 그러나 반대의 경우가 일어나 실제로 '급격히 건강'해지기도 한다. 즉 환자의 상태가 호전된다. 이는 마치 첫 번째 예에서 환자가 "이런 걸 직면하게 하지 말아요. 그럼 더 나빠질 거예요."라고 말하고 있는 것 같다. 그리고 두 번째 예에서 환자는 "보라고요. 난 이 문제를 다룰 필요가 없다니까요. 난 나아지고 있다고요."라고 말하는 것 같다.

다른 방법은 '행동화'이다. 이 경우 환자는 잠재적으로 위험한 행동을 하거나 비합리적인 행위에 탐닉함으로써 치료에서 느끼는 불안에서 도피하려고 한다. 예를 들어, 환자는 갑자기 등산에 몰입하거나 코카인이나 헤로인을 복용하기 시작할 수도 있다. 한편, 다른 환자들은 '주지화'로 도망친다. 경험이나 기억에서 정서적인 내용은 제거되고, 침착하고 합리적으로 분석된다. 모든 것이 냉정하고 객관적이다. 실직은 경제 상황이나 첨단기술로의 전환에 대한 복잡하고 지적인 토론의 기회가 되어버린다. 감정은 무시되고, 경험은 합리성으로의 도피로 다루어진다.

이런 저런 형태로 저항은 치료과정을 통해 지속된다. 어떤 의미에서 저항은 신경증적 갈등의 신속한 해소를 방해하는 것이다. 그러나 다른 측면에서 본다면 저항은 치료의 중심과제일 수 있다. 치료를 하는 동안 지속되는 저항은 아마도 실제 삶에서 무엇이 일어났는지를 비춰 줄 수 있을 것이다. 만약 치료 중의 저항이 분석되고, 환자가 그 진정한 기능을 이해하게 된다면, 그 같은 방어는 치료실 밖에서 작용하지 않게 될 것이다. 다음은 어떻게 치료자가 저항의 문제에 대처하는지에 관한 예이다.

전이

정신분석적 치료에서 핵심적인 현상은 우리도 알다시피 전이이다. 전이는 어느 정도까지 말로 이루어지는 대부분의 개인 심리치료에서 활발히 나타난다. 전이는 마치 치료자가 환자의 어린 시절에 중요한 대상을 나타내는 것처럼 환자가 치료자에게 반응할 때 발생한다. 긍정적이고 부정적인 감정 모두 전이될 수 있다. 간단히 말하면 아동기에 시작된 문제나 갈등은 치료실에서 다시 나타난다. 이것은 환자가 가진 문제의 본질에 대해 중요한 단서를 줄 뿐 아니라 치료자가 즉각적이고 생생한 상황에서 전이를 해석할 기회를 제공하기도 한다. 정신분석적 회기의 많은 특성—환자가 분석가의 다른 쪽을 향한 채 긴 의자에 앉아 있거나 분석가가 개인적인 정보를 드러내거나 조언을 하지 않는 것—은 전이의 형성을 촉진하는 역할을 한다.

긍정적인 전이는 종종 치료의 도입단계에서 급

저항의 사례 예시

목사의 부인은 몇 달간 치료를 받아왔다. 이전 회기에서 그녀가 불만족스러운 성적 적응에 대한 책임이 자신보다는 전적으로 남편에게 있다고 보는 경향이 있다는 것에 대한 일련의 해석이 이루어졌다.

치료자: 오늘은 바로바로 반응을 보이시는 것 같지는 않네요.
환자: 별로 생각나는 게 없어요.
치료자: 거의 안절부절 못하는 것처럼 보이는데요.
환자: 전 그냥 사무실이 짜증나게 작다고 생각하고 있던 중이었어요. 너무 숨 막혀요.
치료자: 이상하네요. 지금까지 한 번도 거기에 대해 언급한 적이 없었잖아요.
환자: 지금까진 그런 생각이 든 적이 없었거든요.

환자가 자신의 시계를 두 번 힐끔 보는 동안 긴 침묵이 흘렀다. 마침내 치료자가 침묵을 깨뜨렸다.

치료자: 이 모든 게 지난 시간 우리가 얘기한 것들과 관련되어 있는 건 아닌지 궁금하네요.
환자: 그렇게 얘기할 줄 알았어요. 음, 우리가 얘기했던게 뭔지 기억이 안나니까 그건 아닌 거 같은데요.
치료자: 그런가요? (웃음)
환자: 글쎄요… 사실대로 말하자면… 음, 그건 남편 잘못이라고 생각해요. 그는 굉장히 공격적일 때도 있거든요. 다른 사람들과 있을 땐 남편도 굉장히 참을성 있고 이해심 많아요. 하지만…

회기는 계속되었고, 환자의 성적 태도에 대한 더 깊은 탐색이 이루어졌다.

격한 향상을 보이는 원인이 된다. 안전한 상태에서 박식한 권위자와의 신뢰로운 관계는 급격하지만 단지 표면적인 진전을 가져올 수 있다. 후에 환자의 방어가 도전을 받게 되면 이러한 향상은 사라지고, 부정적인 전이가 나타나게 된다.

전이는 여러 형태로 나타날 수 있다. 전이는 치료자의 옷이나 사무실의 가구에 대한 언급에서 반영될 수도 있다. 전이는 감탄, 혐오, 사랑, 분노에 대한 직접적인 언급의 형태로 나타날 수도 있다. 전이는 심리치료의 효과가 나타나는 것으로 가장하여 나타나거나 무력하고 의존적인 자세로 나타나기도 한다. 중요한 것은 이러한 반응들이 지금의 현실을 반영하는 것이 아니라 아동기에 그 근원을 두고 있다는 것이다. 환자의 모든 반응을 전이의 표현으로 보기 쉽다. 그러나 진정으로 민감한 치료자는 성격적으로 신경증적인 반응과 현실에 근거한 반응들을 구분할 수 있는 사람이다.

기본적으로 긍정적인 전이와 부정적인 전이 모두 저항의 형태들이다. 해석을 통해 환자는 전이 감정의 근원과 비합리적인 본질을 인식하게 된다. 반복적 해석과 분석으로 환자는 치료실에서 이러한 반응들을 통제할 수 있게 되고, 현실 세계에서도 그 같은 통제를 일반화할 수 있는 방법을 배우기 시작한다.

해석

해석은 거의 모든 역동적 심리치료의 토대가 된다. 그 내용은 치료자의 이론적 지향점에 따라 상당히 다양하겠지만, 해석을 하는 행위는 모든 형태의 심리치료에서 가장 흔하게 사용되는 기법일 것이다. 정신분석가들의 관점에서 **해석**이란 사고와 행동의 무의식적인 의미를 밝혀내는 방법이다. 그러나 더 큰 의미에서 해석은 환자가 다른 방식으로 생각, 행동, 감정, 소망을 바라볼 수 있게 해주는 과정이다. 해석은 환자의 문제를 일으켰던 사물을 보는 낡은 방식의 족쇄로부터 환자를 자유롭게 하기 위해 계획된 방법이다. 해석은 통찰을 가져오는 주요한 방식이기도 하다. 물론 중요한 통찰이나 행동적 변화는 한 번의 해석으로 이루어지는 경우는 거의 없다. 그보다는 해석은 특정 행동과 사고, 감정들의 이면에 있는 핵심적 의미가 연속적인 맥락 내에서 환자에게 명확해지는 느리고도 반복적인 과정이라고 봐야 한다.

뒤에 나올 사례 연구는 해석의 과정을 잘 보여 준다.

이 사례 연구에서 치료자는 환자가 자신의 입장을 이해하도록 도와주기 위해 마지막 언급을 했다. 환자의 행동이 남편에게 상처를 주는 한 방법일 수 있다는 가능성에 대해 주의를 환기시킴으로써 치료자는 환자가 자신과 남편과의 관계, 그리고 자신의 동기에 대한 관점을 재검토하게 했다. 그의 해석은 내담자가 가진 문제의 핵심을 가리키고 있었다. 해석은 색종이 조각처럼 뿌리는 것이 아니라는 점을 강조해야 할 것 같다. 그보다 해석은 치료자가 해결하고자 하는 문제와 직접적으로 관련 있는 중요한 삶의 영역에 제한되어 있어야 한다.

환자가 거의 자각할 즈음에 해석을 하는 것이 가장 좋다. 덧붙여서 해석은 환자가 해석에 대해 심각하게 숙고할 만큼의 불안을 야기하긴 하지만, 그렇다고 해석을 거부하지는 않을 정도의 불안을 야기할 때 이루어져야 한다. 치료자는 때로는 어둠 속에서 총을 쏘는 것처럼 해석을 하지만, 일반적으로는 해석을 하기 전에 자신의 목표물에 대해 합리적으로 확신하는 것이 현명하다. 해석이 잘못되었거나, 너무 빨리 이루어졌거나, 환자가 받아들일 준비가 되어있는 것 이상의 것을 해석하는 것은 역효과를 초래한다. Colby(1951)는 "그네의 높이가 최적이 되는 순간에 미는 것처럼, 해석이 이루어질 최적의 타이밍은 이미 환자에게 해석이 가까워져서 지금까지는 보이지 않았던 지점을 보게 해주기 위해 슬쩍 도와

해석의 사례 연구

이 대화는 대학교수를 남편으로 둔 27살의 여성과의 15번째 심리치료 중에 이루어진 것이다. 이전 회기들에서 그녀는 그들의 성적 관계가 얼마나 부족한지에 관해 이야기했다. 최근 회기들에서 그녀는 또한 자신과 남편이 자신들의 관계가 솔직하고, 개방적이며, 허심탄회하다는 믿음을 얼마나 공유하고 있는지에 관해 말했었다. 이번 회기 이전에 환자는 근처 도시의 회의에 참석하기 위해 이틀 동안 여행을 다녀왔다. 회의 첫날 그녀는 한 남자를 만났고, 그와 잠자리를 가졌다. 그 후 그녀의 생리주기가 며칠 늦어졌다. 그래서 그녀는 자신이 임신했다고 확신했다. 그녀의 치료자는 정서적인 요소들이 생리를 지연시켰는지 의심했기 때문에 확신이 들 때까지 남편에게 이야기하는 것을 미루는 것이 어떨겠냐고 제안했다. 그녀는 이 제안을 무시하고, 남편에게 모든 것을 이야기했다. 바로 다음날 생리가 시작되었다.

환자: 음, 딕에게 다 얘기했어요. 세상에, 얼마나 당황했는지.

치료자: 그리고 무슨 일이 있었나요?

환자: 남편은 내가 생각했던 것보다 더 잘 받아들였어요. 남편은 정말 이해심이 많았어요. 용서랄 것도 없이 그냥 담담하고, 이해심이 많았죠. 그리고 지금 게다가 전 임신한 것도 아니었어요. 이런거 본 적 있어요? 하지만 전 이 일이 정말 우리 관계를 더 굳건하게 했고, 우리가 잘 해낼 수 있을 거라고 생각해요.

치료자: 딕이 그렇게 잘 이해해 줄 거라고 예상했나요?

환자: 딕이 어떻게 반응할지 알았던 것 같지는 않아요. 확실히 전 그가 지독하게 화낼 거라고 생각했는데, 그렇더라도 제가 뭘 어떻게 달리할 수 있었겠어요? 회의에서 일어난 사건이 바보 같았다는 걸 알아요. 하지만 전 정말 섹스를 즐기는 게 가능한지 확인해야만 했어요.

치료자: 가능했나요?

환자: 네. 정말로요. 지금 전 그걸 알고, 그래서 정말 기분이 좋아요.

치료자: 그리고 이제 딕도 그걸 알게 됐고, 기분이 썩 좋지는 않을 거예요. 그건 당신이 그에게 간절히 모든 것을 말하고 싶어 했던 이유가 될 수 있습니다.

주기만 하면 될 때이다."(p.91)라고 말했다.

일반적인 규칙으로서 소량의 해석을 하는 것이 가장 좋다. 마찬가지로 환자가 갖고 있는 갈등의 모든 주요한 측면들을 다 포함하는 한 번의 큰 해석보다는 여러 번에 걸쳐 문제들에 접근할 수 있게 하는 해석이 현명하다. 치료자는 질문에서 명료화로, 더 나아가 해석으로 점진적으로 이동할 수 있다. 이것은 환자가 각 단계를 통합할 수 있게 해 준다. 해석을 할 때, 환자 자신의 설명과 언급을 사용해서 환자가 이전에 말한 것을 토대로 해석을 하는 것이 중요하다.

특정 해석이 효과적이었는지를 결정하는 것은 어려울 수 있다. 때로는 환자의 반응(예: 놀라서 소리를 지르고 얼굴이 붉어지면서 "세상에, 그런 식으로는 한 번도 생각해 본 적 없어요."라고 말하는 것)은 해석이 표적에 정확히 명중했음을 의미한다. 그러나 다른 경우에는 환자들이 몇 회기 후에 치료자의 말이 얼마나 정확했었는지에 대해 언급하는 것을 제외하고는 거기에 대해 아무런 이야기도 하지 않을 수도 있다. 어쨌든 간에 해석의 유용성에 대한 진정한 검증은 회기 이후의 경과를 통해서 얻을 수 있다. 환자의 해석에 대한 외현적인 수용조차도 때로는 치료자를 즐겁게 해주기 위함이나 방어를 곤두세우는 방식 이상은 아닐 수도 있다.

고전적인 정신분석적 해석은 환자가 사물을 새로운 방식으로 보고, 궁극적으로는 무의식적인 방어와 갈등을 중성화하기 위해 만들어졌다. 이를 위해 치료자는 저항과 전이 등을 보여주는 자유연상과 꿈의 소재 및 행동을 사용한다. 해석은 그 복잡성과 예리함이라는 차원에서 매우 다양하다. 때론 해석은 환자의 무의식적 갈등의 핵심을 두 동강 내기 위해 계획되기도 한다. 하지만 다른 경우에 해석은 환자들이 통찰의 방향으로 조금씩 움직이도록 계획된 질문과 언급에 지나지 않는다. 이런 것들은 해석이라기보다는 언어적 개입이라고 봐야 할 것이다. 그러나 모든 것은 환자가 사고하고 느끼는 방식을 바꿀 가능성이 있다. 이러한 언어적 개입은 아마도 환자가 얼마나 직접적으로 사물을 새로운 시각으로 볼 수 있도록 이끌어 주는가에 따라 고려될 수 있다.

정신분석의 대안들

정신분석 이론들은 신 Freud 학파와 Alfred Adler, Carl Jung, Otto Rank, 자아 분석가들 등에 의해 상당히 수정되었다. Freud가 한 중요한 기여들은 남아 있으나, 강조점들은 많이 변했다. Jung은 더 많은 꿈과 상징적인 과정들을 고안했다. Rank는 출생 시 외상을 중요한 개념으로 보았다. Adler와 신 Freud 학파는 본능적 힘 대신 문화, 학습, 사회적 관계의 중요성을 강조했다.

그 같은 변형들은 치료 방법들에 영향을 미쳤을 것으로 여겨진다. 그러나 이러한 변화들은 자유연상, 꿈의 분석, 해석, 전이, 저항의 결정적 역할에 대해서는 거의 영향을 미치지 않았다. 통찰의 궁극적 역할은 거의 변화되어지지 않았다. 통찰은 전통적인 정신분석적 방식에서 나온 개념이지만, Horney나 Fromm, Sullivan의 개념이기도 하다. 신경증적 증상은 억압된 성적 혹은 공격적 충동에서만 기인하는 것이 아니다. 이런 증상은 성인 역할을 해나가는 데 대한 불안정성과 홀로 되는 것에 대한 두려움의 소산이라고 여겨지기도 한다. 이러한 대부분의 정신분석의 초기 변형들에서 해석은 여전히 핵심적인 치료적 요소로 남아 있다. 이러한 변형들을 구분해주는 것은 종종 해석의 내용—무의식적 재료가 분석가들에 의해 해석되는 방식의 차이—이다.

몇 년에 걸쳐 더 이상 엄격한 Freud 학파의 기법들을 실행하지 않는 정신분석가들이 종종 '정신분석 지향적인' 치료를 한다고 일컬어지는 변화가 전통적인 정신분석에서 일어났다. 이러한 변화들은 많은 요인들과 관련 있다. 어떤 경우들에서는 분석적 회기의 횟수가 주당 5회에서 3회로, 전체 치료 과정은

1년 반으로 줄어들기도 한다(Alexander & French, 1946). 치료자는 더 이상 반드시 환자가 앉아있는 긴 의자 뒤에 앉아 있어야 하는 것만은 아니며, 환자를 맞은편에 있는 의자에 앉게하고 자신은 책상에 앉기도 한다. 아마 이러한 여러 수정된 부분들을 특징짓는 가장 손쉬운 방법은 훨씬 융통성이 생겼다는 것일 것이다. 기본적인 Freud 학파가 아직 관찰되고 있긴 하지만 전반적인 맥락은 그렇게 경직되어 있지 않다. 예를 들어, 자유연상은 더 이상 이러한 정신분석적 지향을 가진 치료자들에게 반드시 필요한 것으로 여겨지지 않는다. 꿈의 중요성은 다소 경시되는 것 같다. 약물과 최면이 사용되기도 한다.

여러 해 동안 치료실은 내적 성소 같았다. 치료자는 환자와만 대화했다. 지금은 가족이나 배우자가 종종 상담을 받기도 하며, 때로는 가족단위로 치료가 이루어지기도 한다. 과거에 대한 강조는 덜 해지고 현재에 대한 적극적인 직면이 더 강조되는 경향이 있다. 의뢰인의 성격 역시 바뀌었다. 클리닉과 시설은 이제 나이 든 내담자나 소수 집단 내담자, 그리고 전통적으로 정신분석 치료의 대상이 아니었던 이들에게 약간의 치료적 서비스를 제공한다. 그들은 전통적이지 않은 대상에게 치료를 개방하고자 시도해왔다. 어떤 것도 Freud 학파적 원칙들을 부인하는 것은 아니다. 그보다는 전통적인 Freud 학파적 치료절차가 Freud 학파적 정신분석 이론에서 도출될 수 있는 치료 기법들만을 의미하는 것은 아님을 보여 준다.

자아 분석

자아 분석의 움직임은 분파라기보다는 전통적 정신 분석의 틀 내에서 유래한 것으로, 고전적 정신분석이 자아 작용을 희생하고 무의식적이고 본능적인 결정 요인을 과도하게 강조한다고 보았다. 이 집단은 원초아와 현실 세계 간의 갈등을 매개하는 자아의 역할은 수용했으나, 자아가 또한 다른 매우 중요한 기능 역시 수행한다고 보았다. 그들은 기억, 학습, 지각을 포함한 자아의 적응적이고 '갈등으로부터 자유로운' 기능을 강조한다. 이러한 이론가들로는 Hartmann(1939), Anna Freud(1946a), Kris(1950), Erikson(1956), Rapaport(1953) 등이 있다.

자아 분석적 심리치료는 어느 정도를 제외하고는 보통의 심리치료 방법에서 이탈된 것이 아니다. 어떤 점에서 자아 분석가들은 정통 정신분석가들의 재구성적인 목표보다 재교육적 목표를 더 선호하는 것으로 보인다. 유아기 경험의 탐색과 전이 신경증의 도입은 고전적 정신분석가들에게서보다 자아 분석가들에게서 덜 흔하게 나타난다. 자아 분석적 치료는 과거의 재진술과 광범위한 검토보다 생활에서 발생하는 현재 문제에 더 초점을 맞춘다. 또한 치료자는 환자의 성격에 신경증적 측면만이 아니라 효율적인 측면이 있으며, 이런 측면들이 신경증적인 경향과 어떻게 상호작용하는지를 역시 이해해야 한다.

자아 분석적 접근은 또한 치료 관계 내에서 '재양육'을 통해 환자의 신뢰를 쌓는 것의 중요성을 강조한다. 이러한 접근은 때때로 전이를 치료의 방해물로 보며, 환자가 적응적 방어를 형성시키는 쪽으로 치료작업을 한다(Blanck & Blanck, 1974).

현대의 다른 발전들

특히 Horney, Sullivan, Adler의 작업은 정신분석에 새로운 견해를 제공했다는 점에서 중요하다. 게다가 자아 심리학과 대상관계 이론들은 본능적인 힘 간의 갈등보다는 환자가 다른 사람들과 관계 맺는 방식을 더 강조해 왔다. 예를 들어, 대상관계 이론들은 타인과의 관계 형성에 대한 욕구를 인간 행동에 일차적으로 영향을 미치는 요소로 보았다. 따라서 이러한 이론가들은 자기 발달에 있어서 자율성과 의존성뿐만 아니라 사랑과 증오의 역할에 더 초점을 맞추었다. Kohut(1977)의 자기 심리학에서 성숙의 핵심 과제는 심리성적 단계를 성공적으로 타협하는 것이 아니라 통합된 자기의 발달을 이루는 것이다.

정신분석적 이론에서 변화에 대한 논의는 '지금, 여기'와 그 안에서 발생하는 대인관계적 상호작용으로 치료적 초점을 전환시켰다(W. P. Henry, Strupp, Schacht, & Gaston, 1994). Strupp과 Binder(1984)는 정신분석적 치료에서 좀 더 핵심적인 발달적 변화 중 일부를 종합했다. 그들은 아동기 기억의 회복과 그것의 분석에서 벗어나서 치료 관계의 매개를 통해 일어나는 교정적 정서 경험에 초점을 맞추는 쪽으로의 변화를 강조했다. 전이 관계는 이제 치료실 밖의 대인관계에서 건설적 변화를 가져오기 위한 수단으로 작용한다.

현대 정신역동 심리치료

최근에 전통적인 정신분석에 많은 변화가 있었고, 더 이상 프로이트가 사용한 기법을 사용하지 않는 치료자들이 '정신분석 기반'치료 혹은 '정신역동 심리치료'를 한다고 이야기한다(Shedler, 2010). 정신역동 심리치료 영역에서 많은 다양성이 존재함을 주목해야 한다(Gibbons et al., 2008). 예를 들면, 현대 정신역동 심리치료는 일주일에 5회 대신 1~2회의 치료회기를 제공하며, 전체 치료과정이 단기인 경우도 혹은 장기인 경우도 있다(Shedler, 2010). 더 이상 카우치 뒤에서 치료자가 해석하거나 지시만 하지 않는다. 정신역동 심리치료에 많은 유연성이 생겼다. 비록 전통적인 프로이트의 견해가 반영되지만, 전체적인 맥락에 따라 유연하게 적용된다. 예를 들면, 자유연상을 반드시 사용하지는 않는다. 꿈의 중요성도 다소 줄어들었다. 약물이나 최면도 사용이 된다.

전통적인 정신역동 심리치료에서보다 초점화되고 시간-제한적인 치료로 가장 근본적인 변화를 이룬 치료 기법에 대해 살펴보겠다.

단기 정신역동적 심리치료

정신역동적 치료에서 최근 몇 년 동안의 주된 치료적 주제는 단기간의 치료방법을 개발하는 것이었다(Goldfried, Greenberg, Marmar, 1990; Koss, Butcher, & Strupp, 1986). 이러한 단기 치료 중 다수가 긴급 상황이나 위기 상황에서 사용되고 있음에도 불구하고 그들의 정신역동적 정체성은 그대로이다. 이것은 치료자들이 환자의 강한 동기를 이용하고 또한 전이 관계에 의존하게 해준다(Goldfried et al., 1990).

이론이나 연구에서의 문제들 때문에 더 짧은 심리치료로의 전환이 이루어졌다고 믿는 것이 더 멋지겠지만, 꼭 그렇지만은 않다. 의료관리 제도에서 비용절감에 점점 더 초점을 맞추기 시작한 것이 중요한 동기가 되었다(Cummings, 1986). 보험회사들은 보험처리가 가능한 치료횟수를 줄여 왔다. 비용 절감은 또한 심리치료보다는 약물을 주로 처방하는 정신과 의사와의 간접적인 경쟁을 야기했다. 순효과는 경제적으로 경쟁력있는 단기 심리치료 쪽으로의 전환이었다.

현재 수백 가지의 서로 다른 단기 치료방법이 존재하고 있다. 사실 이러한 치료들이 널리 보급되어 있다는 것은 정신과 의사의 독점적인 역할을 감소키고 많은 비의학적 치료자들이 이 영역에 뛰어들게 만들었다. 본 장의 후반부에서 살펴보겠지만, 이러한 단기 심리치료들 모두를 정신역동이라고 이름 붙일 수 있는 것은 아니다. 어떤 경우에는 단기 치료가 위기 개입 기법과 매우 비슷하다. 결정적으로, 단기 심리치료의 많은 형태들이 그 접근에서 절충적이다(Garfield, 1989).

어떤 이들은 단기 치료의 상한선을 25회기로 정의하지만(Butcher & Koss, 1978), 다른 이들은 그 범위가 1회기(Bloom, 1981)에서 40~50회기가 될 수도 있다고 본다(Sifneos, 1972). 그러나 쟁점은 치료에 할당된 시간의 제한보다는 치료 회기 수를 줄이는 것과 치료자와 환자의 마음 상태가 같은지에 대한 것 같다. 표 13-1은 장기 치료자와 단기 치료자의 가치를 비교해 놓은 것이다.

위기-지향 치료에서 사건들은 더 급박히 움직인다. 따라서 통찰에 대한 추구는 전통적인 심리치료 형태에서의 느긋한 과정이 아니다. 전체 훈습과정도 가속화된다. 궁극적 목표는 성격을 재구성하는 것이 아니라 삶에서 일상적인 문제들을 더 잘 다룰 수 있게 하는 것이다. 전이는 권장되지만, 주로 치료자가 도움이 되고, 유능하고, 적극적이라고 지각될 수 있게 하는 수단으로서 권장된다.

단기 치료에서 구체적 기법들은 많이 있다. 그러나 현실적인 목표에 대한 명확하고 구체적인 초점을 유지하는 것이 중요하다. 보통은 치료자가 더 그러하지만, 치료자와 환자 모두가 시간 요소에 대해서는 예민하게 감지하고 있어야 한다. 치료자는 환자에게 과제를 사용하고 치료 계획에 친척이나 중요한 타인을 개입시킬 수 있다. 치료 밖에서의 지지적인 활동들 역시 사용될 수 있다(예: 운동, 과식 자조집단). 엄격한 정신역동적 관점에 비해 단기 치료의 치료활동은 매우 융통성이 있다.

연구증거들은 다양한 임상 환경에서 단기 심리치료가 효과가 있으며(Koss & Shiang, 1994), 단기 정신역동적 심리치료가 전통적인 시간제한 없는 정신분석만큼 효과적임을 입증하고 있다(Koss, Butcher, & Strupp, 1986). 두 메타분석은 주목할 만하다. Svartberg와 Stiles(1991)는 단기 정신역동적 심리치료가 치료를 하지 않은 집단에 비해서는 우수하나 다른 단기 치료, 특히 인지행동치료에 비해서는 다소 그 효과가 떨어진다는 것을 밝혀냈다. 또한 Crits-Christoph(1992)는 단기 정신역동치료의 효과를 검증했지만, 그의 메타분석은 연구 절차의 일부로 치료 매뉴얼을 사용한 연구들만이 포함되었다. Crits-Christoph(1992)는 단기 정신역동적 심리치료가 치료를 안 하는 경우보다는 확실히 좋은 치료효과를 보였으며, Svartberg와 Stiles(1991)와 반대로 단기 정신역동적 심리치료가 대안적 심리치료의 효과와 거의 상응하는 효과를 보였다고 밝혔다.

대인관계 심리치료: 경험적으로 지지되는 치료 현재 인기있는 특정 정신역동적 단기 심리치료 방법에 대해 언급할 필요가 있다. 이 방법은 심리치료 연구자들로부터 많은 관심을 받아왔으며, 여러 치료 지침에서 강조되어 왔다. 대인관계 심리치료(IPT) (Klerman, Weissman, Rounsaville, & Chevron, 1984)는 다른 장애(예: 약물 남용, 신경성 과식증)의 치료에도 사용되기 위해 수정되긴 했지만 우울증에 주로 사용되는 단기의 통찰지향적 접근방식이다. 우울증 치료에 사용될 때 IPT는 우울증상을 평가하고, 주요 문제 영역(예: 지연된 슬픔, 역할 변화나 갈등, 대인관계적 결핍)을 목적으로 삼고, 타인과의 관계를 향상시킴으로써(의사소통 기술과 사회기술을 향상시킴으로써) 우울 증상을 경감시킨다. IPT는 급성 우울 삽화를 치료하고 재발성 우울 삽화를 예방하거나 지연시키는 데 효과를 보였다(Weissman & Markowitz, 1994). 글상자 13-3은 IPT의 주요 특징과 성격에 대해 약술하고 있다. IPT는 모든 정신역동 치료들 가운데 경험적으로 가장 검증된 치료법이며, 주요 우울장애의 대안적 심리치료로 고려될만하다.

정신역동적 심리치료의 평가 요약

이 부분에서 우리는 정신역동적 방식에 근거를 둔 심리치료에 관한 경험적 평가를 개관하고 전반적인 관찰을 제공할 것이다. 정신역동치료에 대한 우리의 평가는 미국심리학회의 임상심리분과(Division 12, http://www.div12.org/Psychological-Treatments/index.html)에 따르며, 몇 가지 최근의 주요 리뷰들에 기반한다(예: Cuijpers et al., 2011; Gibbons et al., 2008; Shedler, 2010).

정신역동적 심리치료가 효과가 있는가?

어떤 증거들이 정신역동적 접근이 효과적이라는 것을 보여 주는가? 아동 및 청소년에게 정신역동치료

글상자 13-3 대인관계적 심리치료(IPT)의 특징

IPT는 많은 연구에서 사용되어 왔던 정신역동적 심리 치료의 단기적 형태이다. 이것은 미국 심리학회의 12 분과(임상심리학회)의 특별 연구팀에 의해 경험적으로 지지되고/타당화된 치료방법 중 하나이다. Weissman과 Markowitz(1998)는 IPT의 기본적인 특징에 대해 논했다.

초점

IPT는 임상적 문제의 발병과 현재 대인관계 문제와의(친구, 배우자나 애인, 친척과의) 관련성에 초점을 맞춘다. 영속되는 성격특질과 양식이 아닌 현재의 사회적 문제가 다루어진다.

길이

전형적으로 12~16주

IPT치료자의 역할

IPT치료자는 능동적이고, 비중립적이고, 지지적이다. 그들은 환자의 전형적으로 부정적이고 비관적인 견해에 반대하기 위해 현실주의와 낙관주의를 취한다. 치료자들은 긍정적인 변화에 영향을 줄 수 있는 선택들과 변화의 가능성을 강조한다.

치료 단계

1. *첫 번째 단계*(3회기까지): 이 단계는 진단적 평가와 정신과적 병력, 대인관계적 기능 평가, 임상적 상태(예: 우울증)의 성격에 대한 환자교육을 포함한다. 치료자는 현재의 대인관계적 문제와 상황들과 환자의 증상을 연결함으로써 환자의 어려움에 대한 임상적 개념화를 제공해야 한다.
2. *두 번째 단계*: 어떤 대인관계적 문제가 선택되는가에 따라(예: 슬픔, 역할 갈등, 역할 변화, 대인관계적 결핍) 구체적 전략과 목표가 시행된다. 예를 들어, 역할 갈등에 초점을 맞추는 치료는 환자가 문제가 있는 관계와 문제의 성격과 이를 해결할 해결책들을 탐색하게 하는 것을 목표로 한다. 만약 관계가 난국에 부딪힌다면, 치료자는 환자가 관계를 끝내거나 무엇이든 진전을 가로막는 것들을 빠져나갈 방법을 찾도록 도와준다.
3. *세 번째 단계*(마지막 2~3회기): 환자의 진전과 숙달 경험이 강화를 받고 공고화된다. IPT 치료자는 환자의 자신감과 자율성에 대해 강화를 준다. 임상적 증상의 재발을 다루는 방법이 논의된다.

의 효율성과 효과성은 아직 체계적으로 축적되지 않았다. 즉 주요 진단들에 있어서 정신역동적 접근법의 효과를 보고한 논문은 거의 없다(Chorpita et al., 2011). 하지만, 대부분의 연구들이 성인을 대상으로 효과성을 검증해왔다.

앞 장에서 우리는 광범위하게 인용되고 있는 심리치료의 효과성을 검증한 M. L. Smith, Glass, Miller(1980)의 메타분석 연구에 대해 언급했다. 일반적인 심리치료의 효과성에 대한 검토에 덧붙여, 저자들은 또한 다른 유형의 심리적 개입들의 효과를 구분해서 보고했다. 그들은 정신역동적 심리치료를 받은 환자가 치료를 받지 않은 사람들의 75%보다 더 잘 기능했음을 밝혀냈다. 단기 정신역동적 심리치료의 효과에 대한 두 가지 최근의 메타분석 연구는 상반되는 결과를 보였는데, 하나는 단기 정신역동적 치료의 효과를 지지했고(Crits-Christoph, 1992) 다른 하나는 그렇지 않았다(Svartberg & Stiles, 1991). 마지막으로 지난 40년 간의 주요 연구들에 대한 선택적인 개관에서 McWilliams와 Weinberger(2003)는 정신분석적 심리치료와 정신역동적 심리치료가 효과가 있었다고 주장했다. 가장 최근에 Shedler(2010)가 다양한 성인들의 심리적 상태를 치료하는 데 정신분석 치료의 효과성에 대한 주요 리뷰들을 요약했다. Shelder는 중간에서 큰 효과크기를 보인다는 논문들을 리뷰했고, 특히 장기간의 치료에서 더 큰 효과크기를 보인다는 점에 주목했다.

▣ 임상심리학자의 견해

Kenneth N. Levy, Ph.D.

Kenneth N. Levy 박사는 Pennsylvania State University-University Park의 심리학과에 부교수로 재직중이다. 그의 주요 연구관심사는 애착이론, 성격장애들, 심리치료과정 및 결과에 있다. Transference Focused Psychotherapy (TFTP)의 선두 연구자이자 임상가이다. TFP는 경계선 혹은 자기애성 성격장애과 같은 심한 성격장애들을 지닌 환자를 치료하기 위해 고안된 정신역동 치료이다. 이 치료법은 자기와 타인에 대한 이질적인 부분들을 통합함으로써, 증상을 경감하고 자기-파괴적인 행동을 감소하도록 돕는다. TFP는 초기 아동기 경험에 초점을 두지 않으나, 대신 치료 세션 내에서, 치료자와의 지금-여기에서 나타나는 관계(전이관계로 개념화 됨)를 통해 경험하는 환자의 주된 관계 양상을 식별하고 이에서 느껴지는 정서적 경험에 초점을 둔다.

Levy 박사는 90편의 북챕터와 논문을 발표하였고, 연구결과가 *Newsweek*와 *Scientific American* 등과 같은 미디어에 소개되었다. Levy 박사는 다양한 수상 경력을 지니고 있다. 예로, 미국 정신분석 학회의 명예회원이고, National Alliance for Research in Schizophrenia and Depression (NARSD)에서 젊은 연구자 상을 수상했으며, 미국정신분석학회와 심리치료 연구협회에서 젊은 연구자 상을 수상했다. Levy 박사는 또한 미국심리학회로부터 심리학과 박사과정 학생들의 교육에 공헌한 점을 인정받아 Raymond D. Fowler 상을 수상했다. 아래에서 Levy 박사는 임상심리학과 정신역동 심리치료 및 연구분야의 미래에 대해 그의 견해를 밝혀주었다.

무슨 계기로 임상심리학에 관심을 갖게 되었나요?

심리학은 나 자신, 타인 및 주변 사회를 이해하기 위한 수단으로서 내 관심을 자극했어요. 임상심리학은 고통을 경감하고, 부적응적이며 원치 않는 행동들을 바꾸는 것에 초첨을 둔 흥미로운 학문입니다. 심리학을 공부하는 많은 사람들처럼, 나 자신과 타인의 마음, 행동 및 동기에 대해 궁금했지요. 나는 심리학적인 분위기의 가정에서 자랐고, 영화, 책, 가족 및 친구들과 심리학에 대한 논의들을 하며 관심을 키웠어요. 나이가 들면서, Judith Guest (1976)의 *Ordinary People*과 Freud (1907)의 *Interpretation of Dreams*를 읽었어요. 이때, 내 의식 밖의 생각과 기분이 사람의 행동에 어떻게 영향을 미칠 수 있는가에 대해 알고 강한 흥미를 느끼기 시작했어요. 또한 방어기제에 대한 생각도 매우 흥미로웠어요. 고등학교 때, 심리학 입문과목을 수강했고, Tolman의 인지맵, Bandura의 bobo 인형 연구와 같은 실험들이 어떻게 정신작용이 행동에 영향을 미치는지에 대해 이해하며 매료되었어요. 대학 때에는 많은 교수님들과 강의에 영향을 받았지만, 막상 졸업을 앞두고는 '심리학자가 되는 것'에 대해 조금 혼란스러웠어요. 대학원에 지원하는 과정에 대한 혼란보다는, 대학원 프로그램을 선정하기 위해 중요한 요소들인, 즉 내가 명확한 이론적인 배경을 정립하지 못했고, 내가 무엇을 구체적으로 공부하기 원하는지가 명확하지 않았기 때문이었어요. 심리학은 너무도 흥미로운 다양한 분야를 포함합니다. 제가 비록 두루 관심을 지니고 있었지만, 동시에 특별한 분야의 전문성을 지녀야 한다고 생각했지요. 저는 James, Lewin, Allport, Bandura, Mischel, Tolman, Rogers, 그리고 Freud와 같은 다양한 이론가들에 대해 알게 되었어요. 교수님께 대학원에

(계속)

대해 물어보면서 어떤 분야를 공부할지 어떻게 결정해야 하는지에 대해서도 상담을 받았어요. 그런데 답변은 매우 간단했지요. "쉽게 생각해… 네 지도선생님이 공부하는 것을 공부하면 된다." 비록 교수님은 나를 편하게 해주시려고 하신 것이었지만, 제가 대학원 프로그램을 선택하는 데 있어서 불안감을 낮추어주진 않았어요. 졸업하면서, 내게 맞는 이론적 배경이 무엇일까와 생산적으로 내 관심을 실현해 나갈 수 있는 방법에 대해 결정하기로 했어요. 그래서 스스로 책을 읽으며 위대한 심리학자들에 대해 알아보기로 했지요. 이 과정에서 Raymond Corsini가 쓴 *Current Psychotherapy* 라는 책을 함께 읽기 시작했고, 임상이론 중에 내가 관심이 있는 부분을 깨닫기 시작했어요. 동시에 심한 정신질환을 앓는 환자들을 만나기 시작하면서, 무망감에서 만성 정신분열병에 이르는 문제들에 대해 직접 보고 배울 수 있었어요. 환자들과 함께 일하는 것이 좋았고, 그들이 지닌 정신병리가 생기고, 표현되며 유지되는 데 있어 주요 역할을 하는 선행하는 사건들과 현재의 상황 및 요소들을 이해하고 싶었어요. 시간이 지나며, 사람들이 자신에 대해, 타인에 대해, 혹은 세상에 대해 어떻게 생각하고, 느끼는지에, 그리고 이러한 생각과 감정이 자기-조절에 어떻게 영향을 미치는지에 제가 관심이 많이 있다는 것을 깨달았어요. 시간이 지나면서, 나의 임상적 지향(clinical orientation)을 명확히 할 수 있었고, 이러한 임상적 이론에 대한 중요한 질문들에 대답할 수 있는 도구가 연구라는 것을 깨달았어요.

임상 심리학자로서 어떤 활동을 하나요?

임상심리학로서 제가 행복한 이유들 중 하나는 제가 하고 있는 활동들이 다양한 범위에 걸쳐있으나, 매우 심도있는 전문성을 활용한다는 점이예요. 일반적으로 말하면, 저는 기초가 되는 지식에도 공헌하지만, 이러한 기초지식을 응용하여 임상현장에 적용하여 심리적 문제를 해결하는 데 활동한다는 점입니다. 다양한 수준에서 지식의 근간을 쌓는 데 공헌을 하지요: 예를 들면, 대학원에서 심리치료 연구 세미나, 성격이론, 심리평가를 가르치고, 성격장애의 현대 심리치료에 초점을 둔 임상활동을 감독합니다. 학부과목으로는 성격이론, 이상심리학, 발달정신병리학, 그리고 심리치료 연구를 강의합니다. 저는 대학원생의 연구와 임상활동을 지도 감독하며, 심리학의 여정을 시작하는 학부생들도 지도 감독합니다. 지도 감독뿐 아니라, 파트-타임으로 개인 상담소에서 일하면서, 다양한 수준의 문제 중 특히 성격 문제에 초점을 두고 아동, 청소년 및 성인 환자들을 치료합니다. 때로 동료들에게 자문도 제공한다. 하지만, 일주일에 70시간 이상은 연구에 시간을 할애하는데, 연구문제를 개념화하고, 연구를 실시하며 학회에서 발표하거나 논문과 북 챕터를 쓰는 일을 해요. 전문가로서 사회적 봉사를 하는데, 학교 및 학과의 위원회에서 활동하며, 과학잡지의 편집위원으로 연구비 평가위원으로도 활동해요. 또한 학회에서 프로그램 위원장으로서 혹은 위원으로서 봉사합니다.

특정 전문 분야나 관심 분야는 무엇인가요?

저의 주요 연구관심은 애착이론, 경계선 성격장애, 심리치료과정과 결과에 있어요. 제 연구는 정신분석 및 발달정신병리학의 이론에 기초합니다. 방법론으로는 실험정신병리학과 치료 연구 설계 등을 사용합니다. 제 연구의 목표는 경계선 성격장애를 치료하는 치료기법을 개발하고 그 치료 기제를 연구하는 것입니다.

임상심리학의 미래는 어떠할 것으로 생각하나요?

현재 앞으로 해결해야 할 문제들이 있기 때문에 임상심리학의 미래가 어떻게 변화할 것인지에 대해 이야기하는 것이 다소 어렵습니다. 제가 진심으로 보고 싶은 임상심리학의 미래는 과학과 실제를 통합한 진정한 증거-기반 심리치료 접근법을 통합하는 것입니다. 그럴 때, Gordon Paul이 제기한 문제, "특정 환경에서, 특정 문제를 지닌 사람에게 가장 효과적인 접근법을 누가 제공할 것인가?(Paul, 1967, p. 111)"에 대해 답할 수 있을 것입니다. 현재 소위 말하는 증거-기반치료들을 배포하고 증거-기반 원리들을 사용해야 함을 지속

(계속)

적으로 이야기하고 있지만, Paul의 통찰에는 아직 미치지 못하고 있다고 생각해요. 반어적이지만, 현재의 근거-기반 접근운동은 너무 범위가 좁아서, 강조할수록 진정한 증거-기반적 접근과 멀어지는 것 같이 생각이 됩니다. 과학과 실제를 통합하는 것이 심리학의 중요한 강조점이었고 앞으로는 더욱더 중요해질 것입니다. 세계 각국의 연구비 지원 기관들은 과학적 결과를 실제에 활용하는 연구에 관심이 있고, 경험적으로 검증된 생각들을 배포하는 데 관심이 있어요. 공공보험기관이나 민영 보험기관과 같은 제 3의 단체들도 더 많은 책임을 요구하고 있어요. 마지막으로, 임상심리학 내에서, 임상가들이 과학적 결과를 활용하지 않는다는 의문이 늘었어요(Baker, McFall, & Shoham, 2009를 참고하라). 과학자들은 현장을 잘 반영하지 못하는 데이터에 의존한다고 비판을 받죠. 제가 앞으로 이 분야에서 나타났으면 하는 변화는 진정으로 과학과 임상이 서로 잘 반영되어 발전하는 것이고, 이러한 협동이 지속적으로 이루어지는 것입니다.

정신역동 심리치료와 연구에 있어서 앞으로 나타날 변화는 무엇인가요?

정신역동 심리치료는 점차 연구-중심으로 변화고 있어요. 아주 적은 수의 정신분적 치료자들이 연구의 필요성에 대해 회의적이지만, 이러한 태도가 지난 30년간 매우 많이 변화했어요. 정신분석 기관들이 적극적으로 연구를 장려하는 정책을 펴고 있어요. 게다가, 유전학자들과 신경과학자들과 같은 기초 연구자들과 적극적으로 협력연구를 실시하고, fMRI와 같은 뇌영상기법을 사용하여 치료 효과와 기제를 연구하고 있어요. 또한 신경과학자들도 기본적인 정신분석적 요소들에 관심을 갖고 있으며, 이러한 정신분석적 개념들을 검증하는 데 관심을 보이고 있어요. 현재 정신역동적 심리치료가 우울, 공황장애, 결혼불만족, 경계선 성격장애와 같은 정신질환에 효과가 있다는 결과가 보고되고 있어요. 현재의 연구를 통해, 정신역동 심리치료가 지속적으로 연구되어야 함을 제시합니다. 내가 희망하는 것은 유용하고 검증된 정신분석적 개념들이 비-역동적 심리치료에 통합이 되는 것입니다.

하지만, 이 결과에 대해 여러 연구자들이 비판을 하는 점은 인용된 연구들이 낮은 질의 연구들이 많으며, 방법론과 분석에 있어서 문제가 있고, 특히 특정 장애에 대한 정신역동치료만의 효과성을 분리하기 어려운 연구들도 포함이 되었다(Anestis, Anestis, & Lilienfeld, 2011; McKay, 2011; Thombs, Jewett, & Bassel; Tryon & Tryon, 2011).

이러한 비판에 대해, Gibbons(2008) 등은 성인의 심리적 문제들에 있어서 정신역동 치료의 효과성에 대해 리뷰를 했다. Gibbons 등은 잘 설계된 무선할당연구들에 따르면, 정신역동치료는 주요 우울장애, 공황장애, 경계선 성격장애, 물질남용 및 의존을 치료하는 데 적어도 잠재적인 가능성이 있다고 결론을 내렸다.

이런 저런 결과들에 근거해, 우리는 정신역동적 심리치료의 효과성이 적어도 어느 정도의 지지는 받았다는 가설적인 결론을 내릴 수 있었다. 그러나 많은 골치 아픈 방법론적 문제들(예: 적절한 결과 측정 방법, 치료의 기간)이 정신역동적 치료에 대한 연구들을 방해하고 있으며, 추가적인 연구가 있어야 한다.

해석과 통찰

현재의 많은 심리치료들은 치료자의 해석을 통해 환자가 통찰을 얻는 데 어느 정도 의지하고 있다. 정신분석은 삶의 문제를 해결하는 주요 수단으로서 통찰을 여전히 중요하게 여기는 것처럼 보인다. 이들은 충분한 이해가 이루어질 때 환자의 증상이 개선되거나 완전히 사라질 것이라고 보았다.

이해 추구에 대한 강조는 많은 사람들에게 매우 매력적이다. 예를 들어, 슬픈 많은 사람들이 행복을

■ 인물소개 **Ali Khadivi, Ph.D.**

Khadivi 박사는 정신역동적 지향을 가진 전일제, 개업 임상 심리학자이다. 그는 뉴욕의 White plain에 있는 New York Hospital-Cornell Medical center에서 임상 수련을 받은 후, 1990년에 뉴욕에 있는 The New School of Social Research에서 박사학위를 받았다. Khadivi 박사는 심리 측정 영역에 관한 논문을 발표했고, 성격평가와 진단적 면접 기법에 관해 강의해왔다. 그는 또한 양극성 장애와 다루기 어려운 환자들의 치료에 관한 워크숍도 진행했다. Khadivi 박사는 그의 배경, 임상적 흥미, 임상실제에 대한 많은 질문에 답했다.

당신과 당신의 임상적인 관심에 대해 말씀해주십시오.

현재 저는 뉴욕의 South Bronx에 있는 개인 병원인 Bronx-Lebanon Hospital Center에 수석 심리학자로 있습니다. 그리고 Fordham and New School 대학의 Albert-Einstein 의대에서 조교수로 재직 중입니다. 저는 정신과에서 직접 서비스를 제공하기도 하고, 심리학적 자문을 하기도 합니다. 또한 임상연구를 조정하고, 정신과 레지던트들에게 정신과적 평가를 가르치기도 하고, 병원에서 인턴 프로그램을 지도감독 하기도 합니다. 대학에서는 임상심리학을 전공하는 학생들에게 임상적, 법 심리적 평가를 강의합니다. 제가 관심을 가지고 있는 분야는 성격평가와 법 심리학, 심각한 정신병리입니다.

어떤 사람들을 대상으로 어떤 일들을 하고 계십니까?

저는 입원환자에 대한 정신과적 서비스의 자문을 맡고 있으며, 심리치료와 평가를 하고 있습니다. 제가 주로 개입하는 대상은 경제적으로 혜택을 받지 못한 흑인이나 라틴계입니다. 병원의 환자 대부분은 높은 비율의 다양한 약물 남용을 포함해 여러 정신과적 진단을 받습니다. 저는 또한 뉴욕에서 개업을 하고 있는데 이곳에서는 대개는 더 기능수준이 높은 환자들을 치료하고 있습니다. 심리치료와 더불어 저는 또한 임상평가와 법 심리적 평가 역시 하고 있습니다.

임상적인 일들 중 어떤 일을 가장 좋아하십니까?

심리치료에서, 환자와 맺는 진정하고, 공감적인 관계는 제일에서 가장 만족을 주는 측면이라고 할 수 있습니다. 그것과 유사하게 심리 평가를 통해 공감적 이해를 발전시킬 수 있는 임상 평가도 좋아합니다.

당신이 개업 임상심리사로서 맞닥뜨리는 가장 큰 도전이라면 무엇이 있을까요?

도시 중심부에서 일을 하면서 겪는 가장 큰 도전이라면 환자가 가진 문제의 복잡성이라고 할 수 있습니다. 환자는 다양한 정신과적 진단과 약물 복용, 의학적 문제, 환경에서 오는 중요한 스트레스 요인들을 가지고 있습니다. 그런 사람들에 대한 평가와 심리치료 모두가 힘듭니다. 더군다나 그런 사람들을 대상으로 하는 임상심리학에서의 경험적 연구가 평가와 치료 부분에만 제한되어 있는 형편입니다.

연구가 당신이 하는 일에 정보를 줍니까? 그렇다면, 어떻게 당신의 치료를 당신의 내담자에게 더 효과적이 될 수 있도록 바꾸십니까?

연구는 제 임상적, 법 심리적 작업들에 대한 정보를 주는 주는 데 있어 중요한 역할을 합니다. 제가 정신분석을 지향하고 있긴 하지만, 저는 병원이나 제 개인적인 치료에서 경험적으로 입증된 인지행동적 개입을 점점 더 많이 사용하고 있습니다. 평가에 대한 연구 역시 제 치료방식을 바꿉니다. 저는 임상과 법 심리적 평가에 있어 반구조화된 면접을 포함시켰습니다. 전통적인 배터리식 접근에서 다척도 자기 보고와 수행에 기반을 둔 측정방식들을 사용하고 통합하는 좀 더 초점적인 방식으로 바꾸고 있습니다. 더군다나 저는 대부분의 제 심리 평가에서 치료적 평가 피드백 개입을 사용해오고 있습니다.

치료 목표로 삼지만, 이들 중 대부분은 단지 행복해지는 것으로는 만족하지 않는다—그들은 자신이 왜 슬픈지 역시 알고 싶어 한다. 정신분석을 수용하고 통찰과 이해를 심리치료적으로 계승하고 있다는 것은 그들의 가장 큰 자산이지만, 실패를 내포하고 있기도 하다. 특히 정신분석의 경우에 통찰과 이해를 통한 성격의 재구조화는 과거에 대한 지루하고 때로는 힘겨운 검토와 동기에 대한 분석을 이끈다. 정신분석이 과거가 현재를 '형성'한다는 것의 중요성을 가르친다는 것을 비난할 수는 없지만, 좋다고 해도 이는 너무 지나치다. 때로는 환자가 과거에 대한 추구와 이해에 대한 욕구를 현재의 문제와 맞붙어 싸우지 못하는 이유로 사용할 수 있는 것 같다. 갈등과 동기, 어린 시절의 기원에 관한 끝없는 분석은 생활 속의 문제에 대한 해결책과 행동적인 대안책들을 찾기 위한 욕구를 쉽게 대치해 버린다. 자신의 문제의 이유를 아는 것은 중요할 수 있지만(그리고 단편적인 해결책보다는 종합적인 해결책을 얻고자 한다면 궁극적으로 효과적이겠지만), 행동의 대안적 방식을 강조하지 않는 것은 전통적 정신분석의 주요한 단점이 될 수 있다. 정신분석은 종종 훈습과정을 거쳐 일단 통찰이 이루어지면 더 적응적인 행동이 자동적으로 나타나게 된다고 가정한다. 즉 행동적 변화는 통찰에 뒤따른다고 암묵적으로 가정한다. 그러나 이런 가정의 증거는 매우 빈약하다. 사실 얼마 동안은 이것이 역방향으로 이루어진다고, 즉 통찰이 행동변화에 의해 야기된다고 주장되어 왔다.

정신역동적 임상가들이 환자의 통찰을 촉진하기 위해 사용하는 주요한 방법 중 하나가 전이 해석이다. 정신역동적 심리치료에서 전이 해석의 효과를 검토한 경험적 연구들에 대한 개관은 다음과 같은 일반적인 결론을 내리게 해준다.

1. 해석의 빈도는 더 좋은 치료 결과와 관련이 없다. 사실, 일부 연구들은 더 높은 빈도의 해석이 더 나쁜 결과와 관련이 있음을 밝혀냈다.
2. 전이 해석은 다른 유형의 개입이나 다른 유형의 해석과 비교해 봤을 때 환자의 정서적인 경험에 더 큰 영향을 주지는 않는다. 그러나 정서적인 반응이 일어났을 때 뒤따르는 전이 해석은 긍정적인 결과와 관련이 있는 것으로 보인다.
3. 치료자에 의한 해석은 다른 종류의 개입보다는 환자의 방어적인 반응을 이끌 수 있다. 빈번한 전이 해석은 치료 관계에 손상을 줄 수도 있다.
4. 임상가의 해석의 정확성은 이전에 믿고 있었던 것보다 더 낮을 수 있다.

저자는 "이 이용 가능한 발견들은 굳게 믿고 있었던 일부 신념들에 도전한다. 짧게 말하자면, 전이 해석은 굉장히 효과적이지는 않은 것으로 보이며, 더 큰 과정상의 위험을 야기할 수 있고, 특정 상황에서는 반 치료적일 수도 있다."고 결론을 내렸다.

이는 전이 해석이 항상 해로우며, 피해야 한다는 말은 아니다. 그보다는 기존 연구들은 해석과 결과

간의 관계가 환자의 성격, 임상가의 해석 스타일, 해석의 시점, 해석의 정확성과 같은 요소들에 좌우되는 복잡한 것임을 시사한다.

치료요인

그렇다면 정신역적 심리치료의 긍정적인 결과는 무엇 때문인가? 경험적 증거들은 치유적 요인으로 치료 동맹의 질과 강도를 들고 있다(W. P. Henry et al., 1994). 많은 치료 양식(예: 내담자 중심, 인지행동)에서 치료 동맹의 질이 결과와 관련 있다고 보기는 했지만, 환자와 임상가의 관계의 중요성은 Freud(1912/1966)에 의해 인식되었다는 것이 흥미롭다. 치료 동맹에 대한 다양한 정의가 제안되었지만, 이 용어는 일반적으로 환자의 치료자에 대한 정서적인 유대감을 의미하는 것으로 사용된다. 긍정적인 관계나 강한 유대감은 환자에 의한 자기 검토를 촉진하고 해석을 인정하게 한다. 아마도 강한 치료 동맹이 환자가 임상가의 해석에 방어적으로 반응할 가능성을 줄이는 것 같다. 연구 증거는 치료기간이나 결과 측정에 사용되는 방식과 상관없이, 치료 동맹과 치료 결과가 직접적인 관계가 있다는 것을 보여 준다(W. P. Henry et al., 1994).

최근 연구는 치료 동맹과 결과에 여러 가지가 영향을 미칠 수 있다는 것을 강조한다. 50명의 사례를 대상으로 Hilliard, Henry와 Strupp(2000)은 환자와 치료자의 초기 부모와의 관계(예: 환자와 치료자의 대상관계에 대한 지표들)가 치료 결과뿐 아니라 치료 동맹(치료과정 변인)의 질에서 영향을 준다는 가설을 검증했다. 결과는 일반적으로 가설을 지지했다. 환자와 치료자의 초기 부모와의 관계에 대한 보고는 그들의 치료 동맹에 대한 평가와 각각 유의미하게 관련 있었다. 더 나아가 환자의 결과에 대한 평가는 또한 그들의 부모와의 초기 과거력과 유의미하게 관련 있었으며, 그 효과는 치료 동맹에 대한 평가를 통제했을 때도 역시 남아 있었다. 따라서 이 연구는 환자의 부모와의 초기 과거력이 정신역동적 심리치료의 과정과 결과에 미치는 영향의 중요성을 강조하는 것이라고 볼 수 있다.

행동에 대한 강조 부족

정신분석적 심리치료의 전형적인 치료자는 해석을 제외하고는 상대적으로 수동적인 역할을 한다. 행동을 다루고, 제안을 하고, 더 능동적인 자세를 취하지 않는 것은 심리치료를 불필요하게 길게 끌게했다. 예를 들어, 남성 환자의 서투른 이성적 적응이나 여성과 관계를 형성하는 데 대한 기술 부족은 과거 월등한 형과의 비판적인 비교를 무의식적으로 일반화한 것에서 유래한 것일 수 있다. 그러나 문제의 아동기 근원에 대한 단순한 통찰은 부족한 기술을 채워주지는 않는다. 이성과의 행동에 대한 레퍼토리가 만들어질 때까지 여성과의 관계를 성공적으로 맺는 데 대한 환자의 기대는 낮을 것이고, 이는 불안의 근원이 될 것이다. 통찰을 이끄는 해석만을 제공하는 것이 아니라 환자를 새로운 학습 상황으로 안내하는 능동적인 치료자는 그냥 통찰에만(혹은 행동에만) 의존하는 치료자보다 환자의 문제에 대한 영속적인 해결책을 달성할 수 있게 해 준다.

행동치료가 급부상하는 주된 이유는 많은 심리치료자들이 직접적으로 환자의 구체적인 문제를 다루는 데 실패하기 때문이라는 것이 분명하다. 이 접근은 필연적으로 주 호소문제를 '더 깊은 무언가의 증상'으로 끌어내리는 것 같다. 그러고 나서 치료자는 일단 환자가 이해하고 나면 증상이나 결핍이 사라질 것이라는 믿음에 매달려 '더 깊은 어떤 것'을 다루기 시작한다. 불행히도 이런 식으로는 작업하는 것만으로는 충분치 않은 것 같다. 어쨌든 점점 더 많은 치료자들이 환자에게 통찰과 행동적 대안 모두를 촉진하고자 노력하고 있다.

심리치료의 경제성

그 본질(성격의 재구조화)로 인해, 정신분석은 길고 많은 비용이 들게 된다. 정신분석은 3~5년 정도 걸리며, 치료자가 되기 위한 길고 많은 비용이 드는 준비 과정 역시 정신분석이 많은 비용이 드는 일임을 확신하게 한다. 따라서 정신분석은 그들의 신경증을 해결하기 위해 들일 시간과 돈이 충분한 사람들을 위한 치료가 되었다. 게다가 정신분석 절차는 정신분석으로 인한 치료적 요구를 받아들일 수 있는 상대적으로 지적이고, 세련되고, 교육을 잘 받은 사람들을 위한 것이다. 이 모든 이유들 때문에, 심리치료를 필요로 하는 사람들의 일부만이 전통적인 정신분석을 받을 수 있다. 가난한 사람들, 교육을 받지 못한 사람들, 소수집단, 노년인구, 심각하게 장애가 있는 사람들과 현실에서의 삶의 의무에 대비하지 못하고 괴로워하는 이들은 정신 분석의 환자가 될 수 없었다.

이러한 이유만으로 많은 사람들이 정신분석을 실패로 간주한다. 이는 본질적으로 국가의 정신건강 문제의 감소에 어떤 영향도 주지 못한다. 그러나 정신분석에서 요구되는 개인적 자질과 경제적 자원을 가진 사람들에게, 특히 이해를 통해 가장 잘 해결될 수 있는 문제를 지닌 사람들에게는 유용하다.

정신분석적 기법은 많은 환자들에게 도움이 되는 것으로 보이며, 치료 이론으로서의 정신분석은 여러 유형의 심리치료를 뒷받침해 준다. 그러나 많은 임상가들은 그 효과성을 입증하는 결정적인 연구가 많이 있는가에 대해서는 여전히 의문을 표하고 있다. 이러한 의견들은 Wolpe(1981)에 의해 반영되었다. 편견이 없을 수는 없지만 Wolpe는 환자가 오랫동안 치료를 받게 만들거나 종종 향상의 징후도 거의 없는 방법을 특히 비판했다. Wolpe는 Schmideberg(1970)가 제시한 예를 언급했다. 한 사례에서 54세 남성은 두드러진 향상의 징후 없이 30여 년간 정신분석을 받아왔다. 특별한 증상 없이 정신분석을 시작한 한 여성은 이후 거미공포증에 걸렸고, 치료를 12년간 받은 후 증상은 치료를 시작했을 당시보다 심해졌다. 의심할 여지없이 거의 모든 종류의 치료에서 이런 무서운 이야기를 찾아 볼 수 있다. 그러나 치료기간은 긴 데 비해 향상은 거의 없다는 것이 의문을 불러일으켰다.

그러나 정신역동적 심리치료의 단기적 형태가 개발되었다는 것은 고무적이다. Crits-Christoph(1992)의 메타분석은 매뉴얼을 사용한 단기 정신역동적 치료가(매뉴얼을 사용하지 않은 정신역동적 치료에 비해) 더 강한 치료 효과를 나타내며, 일부에서는 단기 심리치료의 다른 형태와 비슷한 정도의 치료 효과를 나타낸다는 것을 보여주었다. 정신역동 지향적 임상가에게 고무적인 결과이기도 하지만, 이 결과는 이들이 대인관계적 심리치료와 같은 매뉴얼에 기반을 둔, 경험적으로 지지되는 단기적 정신역동적 치료를 사용하고 숙달하도록 만든다(Markowitz, 1998). 이 접근은 과학적으로 검증가능하며, 의료관리 회사에게도 매력적이다.

더 치료적 초점이 맞춰진다. 대인관계적 심리치료는 우울증이나 다른 상태들을 치료하는 데 많은 경험적 지지를 받고 있는 단기 정신역동적 치료의 한 형태이다.

연구 증거들은 정신역동적 심리치료의 전통적인 형태가 꽤 효과적이지만 단기의 매뉴얼에 기반을 둔 형태들이 더 효과적이라는 것을 보여 준다. 중요한 치료적 요인은 치료 동맹의 질과 강도인 것으로 여겨진다. 연구 증거들과 의료관리 환경은 정신역동적 임상가들이 단기의 매뉴얼에 기반을 둔 정신역동적 심리치료를 더 많이 사용하게 만들고 있다.

▣ 대학원생의 관점 Joseph E. Beeney

Joseph E. Beeney는 Pennsylvania State University의 임상심리학 박사과정 학생이다. 그는 Santa Cruz의 University of California와 Humboldt State University에서 학사 학위를 받았다. 그는 경계선 성격장애의 대인관계, 정체성 문제, 사회인지, 분노 등과 같은 양상을 이해하기 위해 신경과학적 방법론, 특히 fMRI를 사용하는 것에 큰 관심을 가지고 있다. 그는 경계선 성격장애의 대인관계 기능을 측정하는 데 EEG를 활용하는 것에 관한 그의 연구 논문으로 NIMH R36 grant를 수상하였다.

당신에게 임상심리학 대학원 과정이란 무엇이었나요?

전 대학원 과정을 통해서 아주 많이 변했어요. 저는 연구, 임상적 활동들, 전문성 개발, 그리고 제 개인적인 발전을 통해 자신을 발견할 때마다 항상 가슴이 두근거렸어요. 대학원 프로그램은 제가 예상하지 못한 영역들을 경험할 수 있도록 도와주었어요.

대학원에서의 가장 의외의 경험은 무엇이었나요?

대학원에서 전 많은 놀라운 경험들을 했습니다. 특히 임상 활동들에서요. 대학원에 진학하기 전에는 정신역동적 심리치료에 대해, 경험적인 증거가 없는 돌팔이 같은 접근이라고 비방당하고 무시당한다고 생각했었어요. 정신역동적 심리치료는 지긋지긋한 과거의 유물 같은 것이라고 생각했었죠. 제가 실제로 대학원에서 정신역동 이론에 대해서 공부하기 시작했을 때, 저는 그것이 제게 큰 반향을 불러일으키고 있다는 것에 약간 놀랐습니다. 정신역동적 접근은 돌팔이가 아니라 풍부한 역사를 가진, 과학에 의해서 지지되며, 다양한 장애들과 기능수준에 대해 효과적이고 명확하게 정의된 기틀을 가지고 있는 접근법이었어요.

대학원이 당신을 바꿨나요? 만약 그렇다면, 어떻게 바뀌었나요?

다양한 프로젝트와 책임져야 할 많은 영역들을 동시에 다루어야 하는 능력이 극적으로 향상되었어요. 저는 과거에 비해 훨씬 더 체계적인 사람으로 성장했어요. 또한, 제가 하는 일을 사랑하기 때문에, 저는 주로 'Yes'라고 말합니다. 그러나 저는 어떤 상황에서는 습관적이고 나태한 사람이 되지 않기 위해서는 'no'라고 말하는 것이 매우 중요하다는 것 또한 배웠어요.

당신이 대학원에 처음 왔을 때와 비교해서, 당신의 전문적인, 혹은 연구 관심사가 바뀌었나요?

제 연구와 임상적 흥미에 상당한 변화가 있었어요. 대학원 전에, 저는 그저 경계선 성격장애가 무엇인가에 대해 모호한 느낌만 가지고 있었죠. 저는 실제 경계선 성격장애를 가진 사람들을 직접 만나기 시작했고, 저의 내담자들을 어떻게 하면 더 잘 이해하고, 효과적이고 도움을 줄 수 있는 방법들을 찾을 수 있을까에 대해 고민하기 시작했어요. 이런 경험들로 인해, 경계선 성격장애의 심리치료 과정에 대한 연구에 관심을 갖게 되었고, 또한 신경과학에 대한 흥미를 통해, 심리치료의 변화에 대한 지표로 기능적 뇌 활동을 측정하는 데 관심을 갖게 되었어요.

돌이켜보면, 어떤 활동과 경험들이 당신의 대학원 프로그램에서 가장 중요했나요?

연구비를 신청하는 게 가장 중요했어요. 먼저, 그건 연구 자금이 걸린 일이었으니까요. 그러나 연구비 신청서를 쓰는 과정 자체가 저의 연구 아이디어를 아주 명확하게 만들어 주었어요. 연구비 신청서를 다 쓰고 난 후, 저는 다른 연구들을 디자인하는 것에도 자신감을 얻었어요. 저는 저의 독립적인 연구 프로그램들을 더 명확히 그려볼 수 있었어요. 여전히 저는 더 배워나가고 있는 중이지만, 지금 저는 저 스스로를 역량 있는 연구자로 생각합니다.

임상심리학 대학원 과정을 통과하려고 하는 학생들에게 추가적으로 해주실 말이 있나요?

임상적으로, 저는 열린 마음을 유지하는 것과 우리 영역에 있는 모든 훌륭한 아이디어들을 존중하는 것이 중요하다고 생각해요. 저의 관점으로는, 어떠한 치료적 지향도 틀리지 않았다고 봐요. 그리고 어떠한 치료적 지향도 모든 종류의 내담자들을 완벽하게 이해할 수는 없어요. 하나 더 말하자면, 다양한 치료적 지향에서의 연구자들은 종종 같은 것을 그저 다른 이름으로 이야기합니다. 저는 저의 임상가로서의 성장이 전적으로 다양한 관점에서 심리치료를 배우는 것과, 어떻게 제 내담자들을 바꾸는 것을 촉진하는 방향으로 이것들을 통합할지 고민하고 추구하는 것에 달려있다고 생각해요.

연구에 있어서는, 먼저 여러분이 할 수 있는 것을 가능한 한 많이 하고 더불어 여러분의 생각을 발전시키거나 새롭고 유용한 양식으로 당신을 훈련시킬 수 있는 기회들을 놓치지 마세요.

요약

치료의 정신역동적 접근은 Sigmund Freud의 연구에서 발전된 것이다. 정신역동적 접근은 과거 경험에 대한 분석에 초점을 맞추고 행동의 근원에 대한 탐색에서의 무의식적 동기와 갈등을 강조한다. 오늘날조차 임상가 중 다수가 정신역동을 자신의 치료적 지향으로 삼고 있다. 이들의 시각에서 볼 때 심리적 문제는 원초아, 자아, 초자아와 현실 간의 갈등적인 욕구의 결과로 발생한다. 정신역동적 심리치료의 기법은 무의식적 동기와 갈등을 밝히는 데 그 목적이 있다. 예를 들어, 꿈은 자유연상과 전이의 성격과 마찬가지로 분석된다.

정신분석적 이론과 치료는 신 Freud 학파와 자아 분석가들에 의해 여러 해에 거쳐 상당부분 수정되어 왔다. 단기 정신역동적 심리치료 또한 중요한 발전이라고 볼 수 있다. 단기 정신역동적 심리치료에서 치료의 기간은 훨씬 짧아지고, 지금 여기에 더 치료적 초점이 맞춰진다. 대인관계적 심리치료는 우울증이나 다른 상태들을 치료하는 데 많은 경험적 지지를 받고 있는 단기 정신역동적 치료의 한 형태이다.

연구 증거들은 정신역동적 심리치료의 전통적인 형태가 꽤 효과적이지만 단기의 매뉴얼에 기반을 둔 형태들이 더 효과적이라는 것을 보여 준다. 중요한 치료적 요인은 치료 동맹의 질과 강도인 것으로 여겨진다. 연구 증거들과 의료관리 환경은 정신역동적 임상가들이 단기의 매뉴얼에 기반을 둔 정신역동적 심리치료를 더 많이 사용하게 만들고 있다.

주요 용어

고착 다음 심리성적 단계에 대한 좌절과 불안으로 인해 개인이 현재의 심리 성적 발달에 머무르게 하는 방어기제이다.

구강기 생후 1년간의 심리성적 단계로 이 시기는 입이 만족과 쾌락의 주요 원천이 되는 시기이다.

꿈의 분석 무의식적 소재를 의식적으로 만들려는 정신분석적 기법이다. 꿈이 상징적인 형태로 무의식적 소망을 상당 부분 나타내는 것으로 여겨지기 때문에 꿈의 분석은 이러한 소망들에 대한 중요한 단서를 제공하는 것으로 생각된다.

남근기 3~7세까지 겪게 되는 심리성적 단계로 성기가 주요한 만족의 원천이 되는 시기이다.

단기 심리치료 건강관리 체계의 비용–절감에 대한 강조 때문에 인기를 얻게 된 상대적으로 단기간 동안 이루어지는 심리치료이다. 많은 단기 치료들이 정신역동적 정체성을 가지고 있다.

대인관계적 심리치료(IPT) 그 경향에 있어서는 정신역동적이라고 할 수 있는 단기의 통찰 지향적 치료이다. IPT는 일차적으로 우울증 치료에 적용되어 왔으며, 우울증 치료에 있어 '잘 정립된' 경험적인 지지를 받고 있는 치료방식이다.

대화치료 Breuer에 의해 개발된 것으로, 신경증적 증상을 다루고 완화시키기 위한 방법으로써 환자가 이야기하도록 하는 기법을 사용한다.

도덕적 불안 자신이 자신의 양심적 기준과 갈등을 일으키는 방식으로 행동할 것에 대한 염려에서 발생하는 불안을 말한다.

무의식 자각할 수 없는 마음의 한 부분이다.

무의식적 동기 의식적으로 자각할 수 없는 동기이다. Freud는 무의식적 동기가 존재하며 이것이 부분적으로 불안한 행동의 원인이 된다고 주장했다.

반동 형성 무의식적 충동이 그 반대의 행동으로 의식적으로 표현되어지는 방어기제이다.

방어기제 자신의 초자아나 원초아에 의해 내적으로 생겨난 위협을 차단하기 위해(starve off) 자아에 의해 사용되는 전략(자아 기제라고도 함)이다.

삶의 추동 행동의 모든 긍정적이고 건설적인 측면의 원인이 되는 내적인 충동이다.

성기기 청소년기가 시작된 다음에 나타나며, 이상적으로는 성의 성숙된 표현에 이르게 되는 심리 성적 단계이다.

신경증적 불안 자신의 원초아적 충동이 검열되지 않고 표현되어 문제를 일으킬 것이라는 공포에서 근원한 불안이다.

심리성적 단계 Freud에 의해 제안된 일련의 발달 단계로 각각은 신체의 특정 성적 영역에 대한 몰입으로 특징지을 수 있다.

심리적 결정론 사람이 행한 모든 것에는 의미가 있으며 목표 지향적이라는 Freud 이론의 주요한 가정을 말한다.

억압 가장 기본적인 방어기제이다. 억압은 매우 위협적으로 느껴지는 성적이거나 공격적인 소재를 종종 무의식적으로 의식적인 자각에서 몰아내는 역할을 한다.

오이디푸스 콤플렉스 아동이 이성 부모에 대해 성적 매력을 느끼고 동성 부모에 대해서는 적대감을 느끼는 시기이다. 초자아는 이 콤플렉스가 해결되면서 나타난다.

원초아 본능적인 충동을 갖고 있는 성격의 깊고, 접근할 수 없는 부분이다. 원초아는 규칙, 논리 도덕을 가지고 있지 않으며 오직 본능적인 충동을 만족 시키기 위해서 움직인다.

이차적 과정 자아를 특징짓는 합리적이고 자기 보존적인 사고의 유형을 말한다.

일차적 과정 원초아를 특징짓는 비합리적이고 충동적인 사고의 유형을 말한다.

자아 성격의 조직화되고, 합리적인 요소이다. 자아는 현실에서의 자신의 위치를 지키는 동시에 유기체의 욕구를 만족하기 위해 지각, 학습, 계획 등을 사용한다.

자아 분석 무의식의 역할과 아동기 경험에 대한 탐색을 상대적으로 덜 강조하고 자아의 적응적인 기능(예: 지각, 학습, 기억)과 현재의 문제 탐색을 더 강조하는 전통적인 정신분석의 대안이다.

자유연상 환자가 마음 속에 떠오르는 어떤 것이든지 모든 것을 말하게 하는 정신역동의 가장 기본적인 규칙이다. 시간이 지남에 따라 자유연상은 무의식적 사고와 충동을 끌어내는 것으로 여겨지고 있다.

잠재 내용 꿈에서 일어난 사건의 상징적인 의미를 말한다.

잠재기 5세에서 12세까지에 나타나며 드러나는 성

적 행위의 결여(그리고 성적인 모든 것에 대한 부정적인 태도)로 특징지을 수 있는 심리성적 단계 이다.

저항 문제해결을 위해 환자의 신경증적 방법을 없애려는 치료자의 노력을 무위로 만들려는 환자의 시도. 통찰이나 무의식적인 것을 의식적인 것으로 만들려는 노력을 방해하는 모든 내담자의 행동이 저항이라고 볼 수 있다.

전이 마치 치료자가 과거의 중요한 인물을 나타내는 것처럼 환자가 치료자에게 반응하게 하는 정신분석적 치료의 핵심적인 현상을 말한다.

정화 정신분석학자들에 의해 중요한 치료적 이득을 가진 것으로 평가되고 있는(외상적 사건의 재경험을 통해 달성된) 심리적 에너지의 방출을 말한다.

죽음의 추동 행동의 모든 부정적이거나 파괴적인 측면의 원인이 되는 내적인 충동을 말한다.

초자아 부모의 행동이나 말을 통해 아동에게 전달되는 사회의 가치와 이상을 나타내는 성격의 요소이다. 초자아의 역할은 허용될 수 없는 원초아의 충동을 차단하고 자아가 편익보다는 도덕적인 것을 목표로 하게 만든다.

치료적 동맹 환자와 치료자 간의 결속을 말한다. 강한 치료적 동맹은 긍정적인 치료 결과에 상당히 기여하는 것으로 알려져 있다.

쾌락 원칙 쾌락을 추구하고 고통을 피하려는 행동 규칙. 원초아는 쾌락 원칙에 의해 작동한다.

통찰 정신분석적 심리치료에서 자신의 비합리적이고 문제적인 사고, 감정, 행동의 무의식적 결정 요인에 대한 완벽한 이해를 의미한다.

퇴행 엄청난 불안으로 인해 개인이 이전에 큰 만족을 얻었던 단계로 돌아가게 되는 방어기제를 말한다.

투사 자신의 무의식적인 감정을 다른 이의 것으로 돌릴 때 나타나는 방어기제를 말한다.

표면 내용 꿈에서 실제 일어난 것이다.

항문기 생후 6개월에서 3년까지에 걸쳐 나타나며 만족의 수단으로써 배변과 배뇨에 집중하는 심리 성적 단계를 말한다.

해석 정신분석가가 환자의 사고와 행동의 무의식적 의미를 밝힘으로써 환자가 통찰을 할 수 있게 돕는 방법이다. 해석은 거의 모든 형태의 정신역동적 심리치료의 토대이다.

현실 불안 외부 세계에서의 실제적 위험의 존재에서 발생하는 불안을 말한다.

현실 원칙 적절한 목표와 만족의 방식이 발견될 때까지 본능적인 충동의 만족을 지연하는 행동 규칙이다. 자아는 현실 원칙에 따라 움직인다.

훈습과정 어떻게 자신의 갈등과 방어가 자신의 삶의 많은 부분에서 작용되어 왔는지에 대한 주의 깊고 반복적인 검토가 이루어지는 과정이다. 훈습과정은 환자가 통찰에서 완전하고 진실된 의미를 얻게 해준다.

심리치료: 현상학적, 인본주의-실존주의적 접근

Psychotherapy: Phenomenological and Humanistic-Existential Perspectives

핵심질문

1. 내담자중심치료의 주요 특징은 무엇인가?
2. 내담자중심치료자는 진단과 심리평가에 대해 어떤 견해를 가지는가?
3. 내담자중심치료의 장단점은 무엇인가?
4. 실존치료자들이 사용하는 기법은? 게슈탈트 심리치료자들이 사용하는 기법은? 정서-중심치료에서는 어떤 기술들을 사용하는가?
5. 내담자중심치료, 게슈탈트치료, 그리고 과정-체험적 치료의 효과를 이용 가능한 결과에 근거해 어떻게 평가할 것인가?

개요

전통적인 심리치료의 기원은 정신분석적 관점으로 정신병리와 자신의 잠재력을 성취하지 못하는 원인을 과거에 대한 이해의 실패로 간주한다. 이러한 실패는 무의식적 힘이나 심리내적 갈등에 뿌리를 두고 있다. 내담자는 치료를 통해 이 모든 것을 이해하는 것을 배우며, 통찰을 통해 치유된다. 즉, 문제, 증상, 생산적이고도 의미 있게 사는 데 실패로 인한 고통에서 자유롭게 된다.

오랫동안 위와 같은 관점이 심리치료를 지배했다. 그렇지만 1940년대 초 정신분석적 심리치료에 대한 일련의 대안들이 등장하기 시작했다. Carl Rogers의 지도로 **비지시적 상담**(*nondirective counseling*)으로 알려지고, 후에 **내담자중심치료**(*client-centered therapy*)가 된 접근이 모양새를 갖추기 시작했다(글상자 14-1참조).

내담자중심치료

Carl Rogers의 관점은 정신분석과 거의 정반대이다. 그러면서도 두 관점은 일부 특성을 공유하고 있다. 두 이론 모두 문제를 가진 사람들과 치료적으로 대면하는 가운데 개발되었다. 결과적으로 두 관점 중 어느 것도 치료와의 관련성을 인식하지 않고는 완전히 이해할 수 없다.

기원

1930년대 말 성격-치료 세계를 살펴보면 Carl Rogers의 공헌이 분명해진다. 정신분석은 이론과 실제 모두에서 지배적 힘을 가지고 있었다. Gordon Allport나 Kurt Lewin 같은 심리학자들의 이론이 일부 관심을 끌긴 했지만, 실제 주목을 받은 것은 치료와 밀접히 연결된 이론들, 즉 정신분석 또는 정신분석과 관련된 접근들이었다. 많은 수의 저명한 정신분석가들이 유럽을 벗어나 미국에 정착하면서 이러한 관심이 증가하게 되었다.

이 시기에 Carl Rogers는 장애를 가진 아동의 임상적 문제를 치료하는 뉴욕 주 로체스터의 무명 임상심리학자였다. 당시 대부분의 치료자처럼 Rogers도 정신분석적 사고에 많이 노출되었다. 컬럼비아대학교에서 박사학위를 마친 후 그는 로체스터의 아동지도 클리닉에서 일하기 시작했다. 그곳에서 그는 Otto Rank의 의지치료(will therapy)와 Jessie Taft의 관계치료(relationship therapy)를 접하기 시작했다. Rank는 환자에게는 자신의 의지를 발휘하고 치료자를 압도할 자유로운 기회가 허용되어야 한다고 믿었다. 사회복지사인 Taft는 Rank의 개념을 미국에 가져왔고, 치료자와 환자의 관계를 강조하였다. 사실상 Taft는 이러한 관계가 환자문제에 대한 어떤 지적 설명보다 중요하다고 여겼다. 결과적으로, 치료 상황 자체가 매우 허용적으로 되었다. Rogers는 이 견해들에 동조했는데, 이는 그의 종교적 신념과 사회에서 인간관계 본질에 관한 민주적 신념과 일치하는 것이었다. 누구도 다른 사람을 지배할 권리는 없다는 신념은 허용 및 수용이라는 그의 치료적 개념과 충고 주기를 거부하는 것에 잘 표현되어 있다.

현상학적 세계

Rogers의 성격 이론은 환자와의 치료적 대면과 인간 본성에 대한 철학적 개념으로부터 나왔다. 이에 더해 내담자중심치료는 현상학적 이론에 속한다(Combs & Snygg, 1959; Greenberg, Elliott, & Lietaer, 2003; Rogers, 1951).

현상학은 개인의 현상적 장이 행동을 전적으로 결정한다고 가르친다. 현상적 장은 개인이 어떤 시점에서 경험한 모든 것이다. 그러므로 사람의 행동을 이해하기 위해서는 그들의 현상적 장, 즉 그들에게 세상은 어떤 것인가를 알아야 한다. 그렇지만 난제는 그 사람의 행동을 통해 추론할 수밖에 없다는 점이다. 이 추론은 다시 해당 행동을 예언하거나 이해하는 데 사용될 수 있다. 치료자가 주의하지 않으

글상자 14-1 Carl Rogers의 생애

Carl Rogers는 1902년 1월 8일 일리노이 주 오크 파크에서 6남매 중 넷째로 태어나 경제적으로 안정된 가정에서 성장했다. Rogers가 열두 살 때 토목기사이자 토목업자였던 아버지는 시카고 외곽의 농장으로 이주했다. 그의 부모는 독실한 신자였고, 이로 인해 가족은 매우 결속력이 높았다. Rogers는 친구가 거의 없었고 대부분의 시간을 혼자 독서하며 보냈다. 고등학교 시절 그는 뛰어난 학생이었지만 사교적이진 않았다.

1919년에 그는 농업을 전공하기 위해 위스콘신대학교에 진학했다. 그는 첫 2년 동안 캠퍼스 종교 활동에 적극적이었다. 중국 북경에서 열린 종교 회의에 참가하기까지 했다. 이 여행을 통해 문화적, 종교적 다양성을 접했고, 깊은 인상을 받아 자신의 가족 및 종교적 관점이 흔들리게 되었다. 그 결과로 그의 근본주의적 지향이 현격히 변화하기 시작했다. 1924년에 역사학 학위를 받고 대학을 졸업했다.

Rogers는 Helen Elliott과 결혼해 두 자녀를 두었다. 뉴욕 주로 이주해 연합신학교에 2년간 다녔다. 그렇지만 종교에 대한 회의와 다른 사람을 돕고 싶은 생각으로 인해 컬럼비아대학교로 전학해 임상심리학 수련을 받았다. 1931년 박사학위를 받았고, 뉴욕 주 로체스터로 이주해 아동지도 클리닉의 전임심리학자로 일했다.

Rogers만의 방법이 시작된 것은 1939년 출판된 '*The Clinical Treatment of the Problem Child*'에서이다. 1940년 오하이오주립대학교로 옮겼을 때, Rogers는 본격적으로 자신의 심리치료 접근을 개발하기 시작했다(Rogers, 1942). 1945년 시카고대학교로 옮겼으며, 자신의 치료적 실무를 보강할 이론적 구조를 개발하는 집중적인 연구를 시작했다. 이 기간 동안 '내담자중심'이라는 용어가 '비지시적'이라는 용어를 대체하기 시작했다(Rogers, 1951). 1957년 그는 심리치료에 대한 자신의 생각을 입원 정신분열증 환자 같은 보다 극단적인 집단에 확장시키기 위해 위스콘신대학교의 자리를 받아들였다(Rogers, Gendlin, Kiesler, & Truax, 1967). 1968년부터 1987년 2월에 사망하기까지, California La Jolla소재의 Center for Studies of the Person에서 상임 특별연구원으로 재직했다.

Rogers는 수많은 책을 출간했다(그 중 일부는 이 책 마지막 부분의 참고문헌에 인용되어 있다). 1967년에 그의 자서전은 *A History of Psychology in Autobiography* (Vol.5)에 포함되었다. 자서전적 논문 *In Retrospect: Forty-Six Years*는 1974년 *American Psy-hologist*에 실렸다. 1980년에 발간된 *A Way Being*은 몇 년에 걸친 그의 생각 변화를 보여준다. Gendlin(1988)은 심리학자로서 그리고 한 사람으로서 Rogers의 민감하고 선구자적 모습에 대해 기술해 놓았다.

면 순환론에 빠질 가능성이 있다. 예를 들어, 조지가 시험을 앞두고 초조한 행동을 보이는 것을 치료자가 관찰했다면, 조지가 시험에 따른 위협을 경험하고 있다고 추론할 것이며, 위협 때문에 초조해진다고 할 수 있다. 이러한 관찰은 추론과 설명의 대상 모두에 기초한 것이다.

현상학적 이론에서 중요한 개념은 **현상적 자기**(*phenomenal self*)로서, 개인이 '나(I)'를 경험하는 현상적 장의 일부이다. 이것은 분명히 객관적 경험이 아니다. 게다가 현상학적 이론은 인간의 기본 동기는 현상적 자기를 유지하고 증진시키는 것이라고 말한다. 즉 자존감이 행동의 원천이 되는 것이다.

현상적인 자기가 위협받을 때 부적응문제가 일어난다. 그렇지만 한 사람에게 위협이 되는 것이 반드시 다른 사람에게도 위협이 되는 것은 아니다. 본질적으로, 사람들은 자신의 현상적 자기가 위험하다고 지각하면 언제든 위협을 느끼게 된다. 그러므로 자신이 여성에게 매력적이라고 생각하는 사람이 여성에게 거절당하면 불안해질 수 있는데, 왜냐하면 이 경험이 자기개념에 대한 위협으로 인식될 수 있기 때문이다. 이러한 위협에 직면해서 사람들은 다양한 방어적 자세를 취한다. 예를 들어, 자신의 실패를 합리화할 수도 있고, 지각 장(perceptual field)을 좁힐 수도 있다. 잘 적응하는 사람은 자기개념에 즉각적으로 일치하는 경험만이 아니라 모든 경험을 현상적 장으로 통합할 수 있는 사람이다. 예를 들어, 잘 적응하는 학생은 시험에 실패해도 공정치 못하다고 불평하거나 질병을 탓하지(자신의 불평이 부당하다고 생각하는 경우) 않는다. 그보다는 자기 개념을 수정함으로써 이러한 경험을 통합한다. 예를 들어, '생화학에서는 내가 생각한 만큼 잘하지 못했지만, 다른 과목에서는 잘했고 사교성도 좋아. 따라서 이것은 인간으로서의 나를 깎아내리지는 않아.'라고 생각하거나 '나는 실패했어. 하지만 더 많은 노력을 하면 될 거야. 만약 안된다면, 만족감을 주거나 성공할 수 있는 다른 일을 시도해 볼 거야.'라고 할 것이다.

이론적 명제

일찍이 Rogers(1951)는 성격에 대한 내담자중심 견해가 담긴 일련의 명제들을 만들어 냈다. 그는 사람들은 자신이 중심이 되는 경험 세계에 존재한다고 말했다. 이 경험은 그 사람만이 알 수 있다. 그러므로 그 사람이 자신에 대한 최고의 정보원인 것이다. 이러한 견해로 내담자중심 견해를 가진 사람들이 일차적 정보원으로 검사 자료나 관찰 자료를 통한 추론보다는 자기 보고에 주로 초점을 두게 되었다. 사람들이 경험하고 지각하는 대로 지각 장에 반응하기 때문에 그들의 지각 장은 현실이 된다. 그러므로 자극에 대한 객관적 지식만으로는 행동을 예언하기에 불충분하다. 임상가는 자극에 대한 개인의 인식을 알아야만 한다. 개인이 보고한 내적 경험세계를 알려면 객관적인 심리학으로 부족하다.

인간은 본질적으로 경험하는 자기를 유지하고 증진시키는 것, 또는 **자기실현**(*self-actualization*)에 대한 욕구가 있다. 자기실현은 삶을 앞으로 나아가게 하는데, 이것이 치료자가 내담자와의 치료적 접촉에서 주로 의존하게 될 힘이다. 하지만 이 향상은 삶의 선택이 분명하게 지각되거나 적절히 상징화될 때만 일어난다.

행동은 근본적으로 경험적 욕구를 만족시키기 위한 유기체의 목표 지향적 시도의 집합이다. 모든 욕구는 궁극적으로 현상적 자기를 증진시키려는 단일 욕구로 포함될 수 있다. 이 모든 것은 일종의 학습 이론을 함축하는 것으로 보이는데, Rogers의 이론적 설명에서 학습 개념을 찾기는 어렵다.

결정적 개념은 자기(self)로, 자신의 존재와 기능을 자각하는 것이다. 자기의 구조는 환경과의 상호작용, 특히 다른 사람의 평가로부터 형성된다. 자기는 나(I or Me)의 특성과 관계에 대한 지각이 조직화되어 일관된 패턴으로 나타난 것이고 이로 인해 가치가 부여된다. 개인의 일생 동안 다양한 경험이 일어난다. 경험 이후엔 세 가지로 구별된다. (a) 경험은 자기와의 관계 속에서 상징화되고 조직될 수 있다. (b) 경험은 자기와의 관련성이 지각되지 않아 무시될 수 있다. (c) 경험은 자기 구조와 일치하지 않기 때문에 상징화가 부정되거나 왜곡될 수 있다.

어떤 상황에서는 자기 구조와 일치하지 않는 경험으로 자기 구조가 수정될 수 있는데, 이때 우선 조건은 자기에 대한 위협이 전혀 없어야 가능하다. 이에 따라 따뜻하고, 수용적이며, 허용적이고, 비판단적인 분위기가 내담자중심치료의 기본 조건이라는 논리가 성립된다.

핵심 특징

Rogers(1959)가 제시한 대로 심리치료는 "수동적인 성격을 전문가가 관리해 주는 것이 아니라, 잠재적으로 유능한 개인 안에 이미 존재하는 능력을 끌어내는 것이다."(p.221) 이것이 내담자중심치료자들이 주로 의지하는 성장 잠재력이다. 모든 사람이 이런 잠재력을 가지며, 비결은 그것을 어떻게 끌어 내는가 하는 것이다. 내담자중심치료에서 그것이 효과를 발휘하면, 자기실현 경향을 제한했던 이전의 내면화된 요인들을 극복하게 된다. 이 모든 것을 촉진시키는 치료자의 세 가지 특성은 (a) 정확한 공감적 이해, (b) 무조건적인 긍정적 존중, (c) 진실성 또는 일치성이다. 이 세 가지 변인은 제12장에서 간단히 논의하였는데, 연구 결과 Rogers가 생각한 만큼 영향이 있지는 않았다(예: Elliott, Greenberg, & Lietaer, 2004; Greenberg, Elliott, & Lietaer, 1994).

공감. 공감(*empathy*)의 전달은 내담자에게 이해하고 있음을 전달하는 것이다. 공감적인 치료자는 내담자의 욕구, 감정, 상황에 대한 이해를 나타낸다. 공감적인 치료자는 내담자의 태도를 가지고 그들의 시각에서 세상을 볼 수 있다. 내담자는 치료자가 온 노력을 기울여 자신을 정확히 이해하려 하고 있음을 알아야 한다. 내담자가 이것을 깨달으면 치료적 관계를 위한 기초가 놓인 것이다. 물론 공감은 필요하긴 하지만 다는 아니다. 객관적 거리두기는 항상 유지되어야 한다. 그렇지 않으면 치료자는 내담자와 같은 문제를 가지게 된다. 어떤 상황이든 공감적인 치료자는 내담자의 욕구나 곤경에 대한 이해와 받아들임을 보여주거나 알릴 수 있다. 그리고 내담자는 이런 태도가 어떤 말이나 어떤 관심 표명보다 훨씬 위안이 된다는 것을 발견한다. 공감의 태도는 말로 진술할 수 있는 것이 아니다. 그것은 그 존재 자체로 전달된다.

아마도 다음의 Rogers(1946) 자신의 말이 이해 및 공감의 태도를 전달해 줄 것이다.

> 우리가 내담자에게 이 순간 그 자신처럼 이해한다는 것을 보여 준다면 나머지는 그가 알아서 한다는 것을 알게 되었다. 치료자는 진단과 예리한 진단능력에 대한 집착을 버려야 하고, 전문적 평가를 하지 말아야 하며, 정확한 예후를 파악하려는 노력을 중단해야만 한다. 또한 내담자에게 지시하려는 유혹을 포기해야만 하고 오직 하나의 목적에만 집중해야 한다. 그 목적은 내담자가 의식에서 부정해왔던 위험 영역에 한 발씩 탐색해 들어갈 때 순간적으로 가지게 되는 의식적 태도에 대해 깊은 이해와 수용을 보여 주는 것이다.
>
> 이런 유형의 관계는 상담자가 이러한 태도를 깊게, 진실로 취할 수 있을 때만 존재할 수 있다. 내담자중심상담이 효과적이려면, 이런 태도는 비결이나 도구가 되어서는 안 된다. 그것은 내담자에게 끌려가지 않고 내담자를 안내하는 것이 아니다. 효과적이기 위해서는 진실해야 한다(pp.420~421).

무조건적인 긍정적 존중. 부모, 친구, 배우자, 또는 다른 사람들과의 대부분의 관계에서 내담자는 인정이나 수용이 특정 조건에 맞을 때만 주어지는 조건적인 것임을 배워왔다. 부모는 자녀가 복종할 때만 수용한다. 고용주는 피고용인이 기민하고 효율적일 때만 수용한다. 배우자는 상대가 관심을 주고 사랑하기를 요구한다. 하지만 치료에서는 아무런 조건이 없어야 한다. 숨겨진 조건이나 은근한 거부 없이 수용을 제공한다. 무조건적 긍정적 존중은 내담자를 인간 자체로 존중하는 것 이상도 이하도 아니다. 치료자는 선입관을 버리고 내담자가 수용될 수 있도록 돌볼 수 있어야 하며, 무엇보다도 내담자가 내적 잠재력을 성취할 수 있는 능력과 강점을 가졌다고 믿고 신뢰하는 누군가가 있다는 것을 전달해야 한다. 또는 평가를 통한 판단을 배제함으로써 내담자가 문제를 악화시키는 방어를 포기하지 않고 위협이 없는 가운데 인간으로서 성장을 시작할 수 있는 분위기를 조성해 나가야 한다.

치료자가 편안하게 느끼거나 배경 혹은 가치가 비슷한 사람에게 이런 태도를 보이기는 상대적으로 쉽다. 치료자의 무조건적 긍정적 존중에 대한 진정한 검증은 치료자의 신념에 실제로 도전하는 내담자의 행동과 태도로부터 나온다. 즉 고집불통인 사람, 동기가 없거나 게으른 사람, 조카와 근친 상간을 저지른 내담자는 치료자의 인내와 수용을 테스트할 수 있다. 하지만 Rogers에 따르면, 모든 시민이 투표권을 가지는 것처럼, 모든 내담자는 무조건적인 긍정적 존중을 받을 가치가 있다.

일치성. 일견, 일치성(*congruence*)이나 진실성(*genui-neness*)은 그 이름처럼 공감이나 긍정적 존중과는 질적으로 반대되는 것으로 보인다. 일치성이 높은 치료자는 내담자가 자극해 일어난 자신의 행동과 감정, 태도를 표현하는 사람이다. 화가 나면 웃지 않는다. 내담자의 말이 속상하게 만들 때, 진실한 치료자는 평온한 표정의 가면 뒤에 숨지 않는다(Rogers, 1961). Rogers는 내담자가 궁극적으로는 자신에게 진실되게 반응하는 사람이 있다는 것을 알고 이러한 정직과 일치성에 긍정적으로 반응할 것으로 믿었다. 이 경험은 가장 위안이 될 수 있고 개인적 가치와 자신의 숨어 있는 잠재력을 파악하는 데 자극이 될 수 있다.

태도 대 기법. 많은 면에서 내담자중심치료의 핵심은 어떤 구체적인 방법보다는 사람에 대한 가치와 태도의 진술에 있는 것 같다. 그런 점에서 내담자중심치료는 기법의 세트이기보다는 마음의 상태이다. 내담자중심치료는 치료자가 내담자의 병을 진단하고 그 치료를 위한 평가를 배제하며 비지시적이 되려고 한다.

사실상 내담자중심치료자들은 '처방'이 필요 없다고 주장하는데, 왜냐하면 내담자의 자원과 잠재력을 풀어 놓음으로써 해당 문제가 해결되기 때문이다. 치료자의 일치성, 무조건적 긍정적 존중, 정확한 공감적 이해로 내담자는 성장과 자기 지시를 위한 스스로의 능력을 발견할 것이다. 정신분석가와 달리 Rogers는 사람들을 파괴적이기보다는 건강과 자기 충만에 이를 수 있는 건설적 힘을 소유한 것으로 본다. 게다가 Rogers학파는 현재 경험을 자각하기 위해 과거를 강조하는 것을 그만두었다. 뚜렷한 입장을 가진 정신분석 심리치료자의 해석 대신에 그들은 치료자의 돌봄을 통해 내적 강점과 타당한 개인적 경험을 내담자 자신이 발견하도록 촉진하는 조용히 경청하는 치료자로 대체했다.

내담자중심치료와 행동적 접근(다음 장에서 논의) 간의 차이도 명확하다. Rogers학파는 내적 경험이 최고의 자료이며, 이 경험을 무시하는 것은 인간 존재의 기본 자료를 무시하는 것이라고 주장했다. 행동적 접근에서는 변화에 영향을 주기 위해 환경을 조작하고 통제하는 데 초점을 두는 반면 내담자중심치료자는 내부에서 발산되는 변화에 의지한다. 즉, 내적 잠재력의 발현이다.

치료과정

내담자중심치료를 보다 쉽게 설명하는 방법은 치료 회기에 하지 말아야 될 것을 설명하는 것이다. '하지 않는 것'의 긴 목록에는 정보를 주거나 충고하기, 안심시키기나 설득하기, 질문하기, 해석 제공하기, 비판하기 등이 포함된다. 아마도 치료자의 주요 활동은 내담자의 진술과 연합된 감정의 인식과 명료화일 것이다. 예를 들어, Greenberg 등(1994)은 내담자중심치료자가 보이는 반응의 75%정도가 내담자가 한 말의 '반영(reflections)'이라고 보고했다. 치료자의 완전하고 무조건적인 수용을 보여 주는 말도 포함된다. 때때로 치료자는 내담자와 치료자 각각의 역할에 대해 설명할 필요를 느낀다. 이를 **구조화**(*structuring*)라 부르는데, 이 역시 수용의 요소를 포함하고 있다.

일반적으로 지지나 해석 모두 사용되지 않는다. 감정의 인식과 동반되는 수용이 그 자체로 안심시키는 것으로 본다. 안심시키기 역시 치료자의 목소리 톤, 단어 선택, 표정, 일반적 태도로 전달된다. 해석이나 충고, 정보를 제공하는 것은 피하는데, 왜냐하면 이것은 치료자가 내담자에 대해 가장 잘 알고 있다는 것을 함축하기 때문이다. 어떤 때는 책이나 웹사이트 등 내담자가 필요한 정보가 있는 곳을 소개할 필요도 있다. 하지만 일반적으로 치료적 진행의 책임을 치료자가 아닌 내담자가 지도록 한다. 유사하게 해석은 내담자가 왜 그렇게 행동하는지 말해주는 것이다. 해석은 내담자가 자신만의 설명에 도달할 때까지 기다리기보다는 치료진행의 책임을 치료자가 지는 것을 의미한다.

수용의 경우, 기법이라기보다는 전반적인 태도이다. 기본적인 믿음은 내담자가 삶의 문제를 만족스럽게 해결할 능력이 있다는 것이다. 수용은 성장과 자기실현을 위한 내담자의 잠재력이 발현되는 분위기를 제공한다. 내담자의 감정에 반응하고 수용함으로써 이해받는 느낌으로 이끄는 따뜻함을 제공하는 것이다.

내담자중심치료 회기는 통상 주 1회이다. 이보다 더 빈번한 회기, 별도 회기, 전화 등은 장려하지 않는데, 그 이유는 성장을 억제하는 의존성을 가져올 수 있기 때문이다. Rogers는 내담자가 밟게 되는 7단계를 포함하는 치료의 일반적 과정을 기술했다(Meador & Rogers, 1984). 각각의 단계를 축약하면 다음과 같다.

1단계: 자신을 드러내지 않으려 한다. 자신의 감정을 인식하지 못한다. 경직된 구성 개념을 가진다. 친밀한 관계를 위험한 것으로 지각한다.

2단계: 가끔 감정을 기술하지만 여전히 개인적 경험에서는 멀어져 있다. 여전히 외향화하지만 점차 문제와 갈등이 존재함을 인식하기 시작한다.

3단계: 과거 감정을 수용할 수 없다고 기술한다. 자신에 대한 표현에서 더 자유로운 흐름을 보인다. 자신의 구성 개념의 타당성에 의문을 가지기 시작한다. 책임감을 표현한다. 감정 수준에서 관계를 맺는 위험을 감수하기 시작한다.

4단계: 개인적 감정을 자신의 것으로 자유롭게 기술한다. 오랫동안 부정했던 감정이 현재 터져 나온다는 것을 막연히 인식한다. 개인적 구성 개념이 유연해진다. 책임감을 표현한다. 감정 수준에서 관계를 맺는 위험을 감수하기 시작한다.

5단계: 감정을 자유롭게 표현하고 수용한다. 비록 두렵더라도 이전에 부정했던 감정을 명료하게 자각한다. 지적 측면과 정서 간의 갈등을 인식한다. 문제에 대한 개인적 책임을 수용한다. 자기 자신이 되려는 욕구를 느낀다.

6단계: 부정하려는 욕구 없이 감정을 수용한다. 경험을 생생하게 풀어놓는다. 다른 사람과 관계에 따른 위험을 기꺼이 감수한다. 다른 사람을 신뢰하고 수용한다.

7단계: 자기를 경험하는 것에 대해 편안해 한다. 새로운 감정을 경험한다. 불일치가 거의 없다. 경험의 타당성을 확인할 능력을 가진다.

진단

일반적으로 내담자중심치료에서는 진단이나 평가

드미트리의 사례

아래 사례는 내담자중심 상담의 일부 특징을 보여 준다. 내담자는 20세 대학 2학년생으로 대학상담센터에 왔다. 그는 처음엔 일반적인 무가치감을 호소했으나 회기가 진행됨에 따라 점차 지적 무능으로 초점을 맞추기 시작했다. 전공 과목에서 학점이 평균 수준(3.3)임에도 불구하고, 그는 지속적으로 열등감에 빠져 있었다. 그는 최근 의과대학을 졸업해 부모님의 자랑거리가 된 형과 자신을 자주 비교했으며, 항상 자신에게 비호의적이었다. 다음 대화는 15회기 때 이루어진 것이다.

내담자: 그 일은 어제 일어났어요. 영문학 시험에 다시 들어 갔지요.

치료자: 네.

내담자: 전과 마찬가지였어요. 저를 포함해서 8명이 A를 받았어요. 하지만 세 번째 문제에 대해 강사는 좀 더 명확하게 쓰거나 좀 더 상세하게 쓰라고 지적했어요. 늘 그렇죠, 뭐. 저는 A를 받았지만, 이해하지도 못한 채 맞는 답을 만들어 낼 수 있는 기계 같다는 생각이 들어요. 바로 그거예요. 저는 기억력은 좋지만 번뜩임도 창의성도 없어요. 이런 참!

치료자: 시험에 관해 얘기할 수 있는 다른 것은 없어요?

내담자: 글쎄요, 전에 말했던 것 같은데요. 저는 잘하지만 실제로 그렇다는 느낌이 들지 않아요. 형이 고등학교에서 받은 성적표를 가져온 것이 기억나요. C였지만 강사는 존이 정말 잠재력이 있다고 말했어요. 저는 제가 그렇다고 생각하지 않아요.

치료자: A를 받고도 만족하지 않는군요.

내담자: 만족할 수 없어요. 저는 42학점에서 A^+를 받았지만 기분이 좋지 않았어요. 저 자신을 증오해요!

치료자: 음.

내담자: 때로 저 자신이 정말 바보 같아요.

치료자: 자신의 반응이 바보스럽게 느껴지는 거군요. 그렇죠?

내담자: 그 생각을 집어치우고 다른 생각을 해야 하는데 그러지 못하는 제가 바보처럼 느껴져요.

치료자: 만족을 느끼지 못하고, 잊어버리지 못해서 바보같다는 거군요.

내담자: 다른 아이들처럼 A학점에 만족해야 한다는 것을 알아요. 다른 아이들 같았으면 기뻐할 거예요.

치료자: 음.

내담자: 하지만 전 안 돼요. 친척들은 모두 형을 자랑스러워 하거든요. 저하고 달리 형은 학점을 낮게 받아도 만족하죠. 저는 친척들이 맥없이 돌아다니는 저에 대해 싫증을 낼까 봐 걱정돼요.

치료자: 좋은 학점에도 불행해 하는 것이 사람들을 싫증나게 한다 이거죠.

내담자: 맞아요. 하지만 어떻게든 이런 패배자적인 태도를 없애버릴 거예요. 좋은 면을 생각해야겠죠.

치료자: 음.

내담자: 오랫동안 제 잠재력 부족을 잊으려고 애썼어요. 그냥 꾸준히 노력해 왔어요.

치료자: 잠재력 부족 때문에 사람들이 당신을 깎아내린다고 느끼는 거죠?

내담자: 그래요! 특히 친척들이요. 실제로 그렇게 말한 적은 없어요. 하지만 행동을 보면 알 수 있죠.

치료자: 음.

내담자: 친척들은 형이 정말 뛰어나다고 말해요. 형은 스스로 알아서 잘한다고.

치료자: 형에 대한 얘기를 듣게 되면 자신이 무가치하다고 느끼게 된다는 거죠. 자신에 대한 얘기를 듣는 것이 아닌데도.

내담자: 맞아요.

치료자: 음.

이 회기에서 강렬한 감정이 표현되었다. 내담자는 무가치감과 형에 대한 열등감을 보고했다. 우수한 학점에도 불구하고 내담자는 자신이 지적으로 무능하다고 생각한다. 치료자는 내담자에게 반박하거나 그가 틀렸다고 입증하려 하지 않았다. 안심시키는 말도 하지 않았다. 대신 치료자는 내담자의 말과 그것을 통해 전달되는 감정을 수용했다.

를 강조하지 않거나 피한다. 대부분의 Rogers학파는 공식적 평가가 불필요할 뿐 아니라 실제로 해롭다고 믿는다. 이들에 따르면, 평가는 심리학자를 우월하고 권위주의적인 역할로 만들어 따라서 내담자의 자율성과 자기실현 발달을 저해할 수 있다. 평가를 포기하는 것은 내담자중심치료가 내담자의 문제나 특정 상황에 관계없이 강력하고 효과적인 방법임을 함축한다. 당연히도 이 가정의 유용성은 아직 적절히 검증되지 않았다(Greenberg et al. 1994).

내담자중심치료에서 중요한 것은 그가 틀렸는지 또는 그가 건강하지 못한 가정환경에서 성장했는지가 아니라 감정이다. 치료자는 인정도 아니고 불인정도 아닌 단지 이해를 전달하는 방식으로 내담자의 감정을 수용한다. 내담자가 자신에 대해 보다 신중하게 고찰하고 변화할 수 있게 도와주는 것은 치료자의 이해와 명료화이다. 수용의 분위기에서만 성장 잠재력이 양성되고 발현될 수 있다. 위 예는 치료자의 공감적 진술을 강조하고 내담자 감정에 대한 요약과 추론을 한다. 치료자는 단지 내담자의 감정을 수용하는 것 이상을 한다. 바꾸어 말해 주고 추론함으로써 치료자는 내담자가 무엇을 느껴야 하는지 상기시켜 준다.

다른 입장들과 마찬가지로, 내담자중심치료도 오랫동안 발전하고 변화했다. 방법과 이론 모두 수정되고 확장되었다. 이러한 발달의 간단한 요약을 Greenberg 등(2003)에서 찾을 수 있다.

기타 적용

내담자중심치료는 일차적으로 상담심리치료 맥락에서 개발되었으며 주로 사용되고 있다. 그렇지만 다른 접근에서도 이용되고 있다. 예를 들어, 내담자중심 접근은 인간관계 훈련에 자주 사용된다. 관계, 수용, 따뜻함을 강조하는 것은 위기센터에서 일하고 싶어하는 사람이나 상담에 종사하는 준전문가, 자선기관 자원봉사자에 대한 훈련 프로그램에서 통합적인 부분이 된다. 따라서 의사, 간호사, 심리전문가, 평화봉사단원 같은 전문가들의 인간관계 훈련에는 내담자중심 철학이 상당부분 포함되어 있다. 내담자중심 접근이 치료실 밖의 문제에 적용될 땐, 인간중심 접근이라고 부른다.

제16장에서 볼 수 있는 것처럼, 소집단, 대면 집단, 개인적 성장 집단은 내담자중심 틀을 사용한다. 흔히 이런 집단은 인종이 다른 집단들, 노동자와 관리자, 학생과 교수 등 갈등관계에 있는 두 집단 간의 긴장을 줄이기 위해 구성된다. 어떤 경우 교회, 회사, 학교 같은 기관이 인간관계 증진이나 기관 기능, 목표 변화를 촉진하기 위해 내담자중심 접근을 사용한다.

맺음말

긍정적 측면. 내담자중심 접근은 큰 영향을 주었다. 전통적인 정신분석적 형태의 심리치료에 대한 대안을 제공했고, 따라서 Freud학파의 생물학적 추동이나 본능보다는 자기결정이나 내적통제에 초점을 맞추게 되었다. 내담자를 과거의 희생자에서 발달하고 진화하는 사람으로, 기계적으로 결정되는 행동을 자유로운 선택으로 대체하였다.

Rogers는 심리치료를 위해 과거를 캐낼 필요가 없음을 보여 주었다. 초점은 내담자와 치료자의 관계에 두며, '기법'의 적용은 이차적인 것이다. 내담자(client)라는 용어도 중요한 점을 시사한다. 의사의 권위에 의존하는 맥락에서 수동적인 환자 역할을 하던 것에서부터 경험의 선택, 평등과 자유를 능동적으로 추구하는 내담자로 대체한 것이다.

Rogers학파는 일반적으로 과거를 중시하지 않는 관점을 취하므로 치료는 길게 지속되는 정신분석보다 훨씬 단기적인 형태를 가진다. 전이관계의 오랜 해결이나 과거의 상세한 재구성, 그리고 카타르시스를 강조하지 않게 됨에 따라 치료과정은 훨씬 짧아졌다. 더구나 치료자가 덜 적극적인 역할을 하기 때문에 훈련도 덜 요구된다. 국가적인 정신건강 요구가 증대됨에 따라 빠르고 경제적으로 제공할 수 있는 치료적 원리가 필요하게 되었다. 그렇지만 내담자중심치료는 양날의 칼이 되었다. 일부 사람들은 내담자중심의 인본적 축이 열정이나 '진정성'으로는 결코 충분히 상쇄할 수 없는 훈련이 부족한 유사치료자를 양산한다고 본다.

주요 공헌은 Rogers가 연구를 강조한 점이다. 그는 치료과정에 대한 연구를 수행하려 노력한 최초의 사람이다. 치료과정과 그 효과를 연구하기 위해 치료회기를 기록한 첫 번째 사람이다. 현재 회기 기록은 훈련 및 연구에 이용하게 되었다. Rogers이전에는 치료실의 신성함이 철저히 보호되었다. Rogers는 치료를 개방해 신비의 대상이 아닌 연구의 대상으로 만들었다. 자신의 치료 회기를 기록하고 축어록을 만듦으로써 그는 당시로서는 대단한 정도의 용기를 보여주었다(비록 오늘날에는 일상적인 것이 되었지만).

Rogers등은 면접 기록과 축어록에 기울인 선구자적 노력 이외에도 치료 성과 연구에도 많은 노력을 기울였다. 예를 들어, Rogers와 동료들은 내담자 자신의 현재의 자기와 이상적 자기 개념에 대한 평가에 기초해 치료 성과 지표를 개발했고, 이것과 함께 치료자와 내담자의 대화 비율, 대화에 대한 책임감 같은 상담 회기로부터 수집한 다양한 호전 지표들을 사용했다(예: Cartwright, 1956; Rogers & Dymond, 1954; Rogers, Gendlin, Kiesler, & Truax, 1967; W. U. Snyder, 1961; Truax & Carkhuff, 1967; Truax & Mitchell, 1971).

제12장에서 언급한 바와 같이, 내담자중심치료 조건이 포함된 메타분석 연구 결과 효과크기(effect size)는 0.62로, 이 형식의 치료를 받은 사람들이 그렇지 않은 사람보다 평균적으로 73% 더 잘 기능한다는 것을 시사한다. 이 결과가 내담자중심치료에 대한 '새로운' 연구에서도 나타나는지 알아보기 위해 2개의 추가적 메타분석이 수행되었다. Greenberg 등(1994)은 1978년에서 1992년 사이에 출판된 연구들의 메타분석을 수행하였다. 이 기간 중 수행된 연구 중 통제집단을 포함한 연구는 단지 8편에 불과하였다. 이들 연구의 평균 효과크기는 0.88로 이 연구에 참여한 내담자는 치료받지 않은 집단보다 81% 더 잘 기능하였다. Greenberg 등은 다른 치료형식과 내담자중심치료의 상대적 효과도 평가하였다. 7개의 적합한 비교 중 오직 하나의 비교에서만 내담자중심치료가 더 우수한 것으로 나타났다(이 경우 단기역동치료와의 비교였다. A. E. Meyer, 1981).

최근 Elliott, Greenberg와 Lietaer(2004)는 1992년 이후 출판된 연구들에 대한 메타분석 결과를 발표하였다. 통제집단을 포함해 내담자중심치료의 효능을 본 11개의 연구가 포함되었고, 평균 효과크기는 0.78이었다. 28개의 연구를 사용해 다른 치료 형식과 비교한 결과 내담자중심치료는 평균적으로 다른 치료보다 더 효과적이지는 않았다.

가장 최근에, Elliott과 Freire(2010)이 인간-중심/실존치료들에 대한 200개의 연구를 리뷰한 메타분석 결과를 보고했다. 결과에 따르면, 이러한 치료를 받은 내담자들이 치료 전에 비해 유의미한 향상을 보였고 이러한 향상이 적어도 평균 1년이 지속되는 것으로 보고되었다. 이러한 치료를 받지 않은 그룹과 비교했을 때에도 효과크기가 0.78정도 되었다. 마지막으로 인간-중심/실존치료와 다른 종류의 치료들을 비교했을 때, 다른 치료들과 유사한 정도의 효과가 보고되었다.

인간-중심/실존치료의 어떤 부분이 내담자들에게 도움이 되는가? 최근 일련의 메타분석을 보면, 치료적 동맹이 중요한 치료 요소로 보고된다. Horvath, Del Re, Fluckiger, 그리고 Symonds(2011)은 200개의 연구 결과를 분석하였고, 치료적 동맹과 긍정적인 치료 결과가 유의미한 상관이 있다고(r=.28) 보고하였다. Elliott, Bohart, Watson, 그리고 Greenberg(2011)는 59개의 연구들에서 공감과 긍정적 치료 결과 간에 유의미한 상관(r = 31)이 있다고 보고하였으며, Farber와 Doolin(2011)은 긍정적 관심(positive regard)과 긍정적 치료 결과 간에 유의미한 상관($r = .28$)이 있다고 보고하였다. 마지막으로, Kolden, Klein, Wang, 그리고 Austin(2011)은 16개의 연구를 리뷰한 결과 일체성/진솔성(congruence/genuineness)이 치료 결과 간 상관이 0.24가 있는 것으로 보고하였다.

요약하면 연구 증거들은 내담자중심치료가 중간 정도로 효과적이지만, 다른 심리 치료보다 더 효과적이진 않다는 것을 시사한다. 인간–중심/실존치료의 치료 요인과 관련하여, Norcross와 Wampold(2011)은 최근 메타 분석들에 기초하여, 치료적 동맹, 치료관계에서 표현되고 경험한 공감, 긍정적인 관심의 표현과 경험이 긍정적 치료결과에 영향을 미치는 요인들이라고 제시하였다.

부정적 측면. 그렇지만 동전의 양면이 있다. 내담자중심치료자들은 그들의 노력이 내담자를 변화시키지 않는다고 반복해서 주장한다. 대신 내담자의 내적 잠재력이 발현되는 것이라고 말한다. 이 견해가 신념에 기초한 것이든 아니면 겸손에 기초한 것이든, 불완전해 보인다. 치료는 많은 반응을 행동으로 이끄는 자극이며, 이 자극의 특성은 치료자에 의해 크게 영향을 받는다. 그 반응이 긍정적이든, 부정적이든, 아니면 중성적이든 주로 자극과 치료자의 방법에 의한 것이다.

내담자중심치료자는 내담자를 이해하고 동일한 현상적 세계를 경험하기 위해 내담자 관점에서 해야만 한다고 주장한다. 하지만 어떻게 하는가? 직관으로? 개인적 틀의 고유한 편향을 어떻게 완전히 벗어버릴 수 있는가? 비판자들은 평가를 하지 않고 과거를 무시하는 것이 내담자를 이해하고 내담자의 지각적 틀로 들어가는 치료자의 능력을 실제로 손상시킬 수 있다고 주장한다.

내담자중심치료는 일종의 전반적 접근 또는 일반적 태도를 나타내는 것으로 볼 수 있다. 공감, 수용, 무조건적 긍정적 존중이 그것이다. 그러므로 모든 내담자는 똑같은 방식으로 치료된다. 치료자는 내담자가 자신의 고유한 개성에 맞는 가장 효과적인 치료나 특수한 기법을 선택하는 것에 대해 평가할 필요가 없다. 그래서 내담자중심치료가 실제로 기법 중심인지에 대한 논쟁이 일어났다. 그렇지만 보다 최근에 일률적으로 적용되는 치료의 문제점에 대한 인식이 이루어지면서 특정 내담자 문제에 적합한 기법과 방법이 개발되기 시작했다(Greenberg et al., 2003).

내담자가 가장 잘 알고 있다는 변치 않는 신념을 가지고 있다. 이러한 운동은 민주주의, 선택의 자유, 내담자의 내적 잠재력이 가지는 명백한 우위에 초점을 두며, 해석, 충고, 가치 표현을 통한 치료자의 '간섭'을 비난한다. 그렇지만 많은 경우 내담자 문제의 심각성이나 내담자 가치의 일탈적 성질은 보다 적극적이고 지시적인 절차를 필요로 하기도 한다. 반사회성 성격이나 정신분열증 내담자의 지혜나 자원에 대해 의문의 여지가 있다. 무한한 시간과 적절한 상황이 주어진다면 각 내담자가 옳은 결정을 내리고 적합한 결론에 도달할 수 있겠지만(물론 이 명제는 검증 가능하지 않다.), 그것은 매우 비효율적인 방식이다. 내담자중심치료자들은 때때로 충분한 진단적 개인사적 자료수집 없이 내담자의 변화를 추구한다(물론 그들은 그렇지 않다고 주장한다). 내담자의 언어적 보고를 강조하는 것은 방어적이고 왜곡되며 불완전한 정보를 내담자가 마음대로 제공하게 할 수 있다.

내담자중심치료의 효과에 대한 많은 연구들은 내적 기준에 의존했다. 즉, 내담자가 회기 중의 대화에 대해 보다 많은 책임감을 가지거나 치료자보다 대화를 많이 할 때 호전된 것이라고 주장한다. 그렇지만 다른 사람들은 호전에 대한 실제 기준은 관찰, 동료나 배우자의 보고 등 치료실 밖에서 와야 한다고 주장할 수 있다. 이러한 외부 자원에 의한 타당화

없이는 치료실에서 관찰된 모든 내담자 변화는 치료 밖으로 일반화될 수 있는 변화라기보다는 상황의 요구에 적응한 것을 나타낸다고 볼 수 있다.

내담자중심치료의 철학이나 절차에 대한 설명은 독특하고 정의되지 않은 많은 용어를 포함한다. 존재(being), 되어감(becoming), 실현(actualizing), 일치성(congruency) 같은 단어는 명확하게 정의되지 않았거나 신뢰할 수 있는 의사소통을 할 수 없을 만큼 다양한 의미를 가진다. 또 한편으로는 광범위하게 사용되는 표현도 있다. 예를 들어, Rogers(1951)는 "치료는 삶의 정수이다."라고 말했다.

비록 일부 사람들은 이를 전문용어의 문제로 돌리지만, Rogers학파에게는 선전 효과를 가진 정서적 색조의 언어를 사용하는 경향이 있다. 비지시적, 내담자중심이라는 단어는 뭔가 긍정적인 것을 전달하는 동시에 다른 접근을 지시적이거나 치료자 중심적이라고 묘사하는 함의가 있다. 자유, 민주, 진실, 따뜻한, 진정한 등과 같은 용어는 다른 접근들의 옹호자를 즉각적으로 불리하게 만드는 경향이 있다. 이러한 옹호론자들은 자신들의 이론이 실제로 무엇인지 설명하기 전에, 권위주의적인, 기법 중심의, 통제하는, 공통적인 인본적 가치가 없는 것에 대한 암묵적 비난에 대해 답하게 만든다.

마지막으로 내담자중심 접근은 대학에서 개발되고 성장했다. 1940년대와 1950년대 내담자는 대학상담센터를 방문한 대학생들이었다. 흔히 이 센터들에서 Rogers전통에 따라 훈련받은 치료자들은 다른 대학상담센터의 직원이었다. 일반 집단과 비교해 대학생은 문제가 나타날 때 더 똑똑하고, 학력이 높으며, 부적응이 덜하며, 강하게 축적된 대 처방법을 가지고 있다. 소위 비지시적이고 내담자 중심적인 방법은 정신병적이거나 언어적 기술이 좋지 않거나 학력이 제한된 사람들보다는 이러한 대학생 집단에서 보다 효과적일 수 있다.

인본주의-실존주의 운동

심리학에서 현상학, 인본주의, 실존주의는 밀접하게 서로 얽혀있다. 앞 절에서 Rogers가 즉각적 경험에 부여한 중요성을 살펴보았다. 이것이 기본적인 현상학이다. 동시에 내담자중심치료는 내담자의 가치, 고유성, 존엄을 강조한다. 이것은 기본적인 인본주의다. 실존치료, 의미치료(logotherapy), 게슈탈트 치료로 넘어가기 전에 이런 치료들에 널리 퍼져있는 인본주의적 전통에 대해 잠시 알아보자.

인본주의

인본주의 심리학은 아주 최근에 개발되었지만, 그 기원은 철학과 심리학의 역사 속으로 멀리 올라간 다. 인본주의에 대해 말하면, Allport, Goldstein, James, Murray와 Rogers 같은 심리학자들을 생각하게 된다. 인본주의가 정신분석이나 행동주의의 결정론에 뿌리를 두지 않음으로써 심리학에 공헌하였다고 말할 수 있다. 인본주의적 관점에서 사람은 과거, 무의식, 또는 환경의 산물이 아니다. 그보다는 자신의 내적 잠재력과 자기실현을 추구하는 가운데 자유롭게 선택한다. 그들은 인지, 감정, 열망의 조각들이 아니라 통합된 전체이며 고유한 존재이다. 이해한다는 것은 그런 성질을 인정하는 것이며, 개인의 경험을 이해함으로써만 얻어질 수 있다. 규준, 실험, 자료에 기초한 과학적 구성 개념이라는 것은 직관이나 공감에게 길을 내주어야 한다. 질병, 일탈, 또는 진단명을 강조하지 않고 긍정적 힘, 자기실현, 자유, 자연스러움을 강조한다. Bugental(1965), Buhler(1971), Buhler와 Allen(1971), Jourard (1971), Maslow(1962)는 이러한 가치들의 다양한 측면을 소개했다. 여러 형식에서 인본주의는 과학적 실증주의에 저항하고 사람의 본질적인 인간성을 적극적으로 품고 있다.

실존치료

실존심리학은 Freud의 기계적 관점을 거부하고 인간은 의미를 찾는다고 보았다. 사람들이 기술사회의 중대한 문제들로 고통을 겪고 자신들의 소외된 삶의 양상을 고치려 하면서 실존주의가 큰 대중성을 얻게 되었다. 실존주의는 삶의 의미를 회복시켜 주고, 영적인 깨우침을 증가시키며, 개인의 성장을 약속함으로써 체제 순응적 사회에 따른 인습적 속박에서 해방시켜 줄 것이다(Bugental, 1978).

실존주의 관점은 한 목소리를 내는 통합된 운동은 거의 없고 다양한 견해를 가진다. 실존주의는 Kierkegaard, Heidegger, Tillich, Sartre와 Jaspers 등의 철학에 깊이 뿌리를 두고 있다. 실존주의의 심리학적 적용을 논할 때면, Binswanger, Boss, Gendlin, Frankl, May와 Laing 등이 떠오른다. 철학적으로 실존주의는 현상학과 같은 근원을 가지고 있다(MacLeod, 1964; Van Kaam, 1966).

실존주의자들은 인간 본성에 관해 많은 주장을 한다(Kobasa & Maddi, 1977; Maddi, 1989). 그 중 가장 기본적인 것은 근본적인 인간 특성, 즉 의미 추구이다(Binswanger, 1963; Boss, 1963). 이러한 추구는 상상, 상징화, 판단을 통해 수행된다. 이 모든 것은 사회참여의 매트릭스 안에서 일어난다. 물리적, 생물학적 환경의 관점에서 볼 때, 사람은 사회적 맥락에서 기능한다.

성격의 결정적 측면은 사실과 가능성 모두의 세계를 포함하는 의사결정이다. 그러므로 성격은 단지 생물학적이거나 사회적, 심리학적인 것일 뿐 아니라, 그 사람이 되려고 하는 어떤 것이기도 하다. 많은 실존주의자들은 의사결정이 필연적인 선택의 세트를 포함한다고 믿는다. 어떤 사람은 변화가 부족하고 과거에 몰두하는 현재(현상유지)를 선택할 수 있다. 이러한 선택은 기회 상실로 인한 죄책감과 후회를 가져올 것이다. 하지만 어떤 사람은 미래와의 동맹을 선택할 수도 있다. 이 선택은 미지의 것에 대한 예언과 통제 능력 부족에서 오는 불안을 가지고 미래로 치닫게 한다. 이러한 죄책감과 불안 경험은 학습된 것이 아니고 삶의 정수 중 일부이다. 미래를 선택하고 이러한 선택이 함유하고 있는 불가피한 불안의 고통을 선택하는 용기가 필요하다. 자기에 대한 믿음을 가짐으로써, 그리고 과거를 선택하면 불가피하게 불안보다 끔찍한 죄책감을 느끼게 된다는 것을 인식함으로써 사람은 용기를 발견할 수 있다.

치료 목표. 실존심리치료의 궁극적 목표는 책임있게 자각과 의사결정을 실행할 수 있는 곳에 개인이 도달하도록 돕는 것이다. 인지능력 훈련은 보다 높은 상태의 사랑, 친밀, 건설적 사회행동을 성취하도록 해 준다. 치료를 통해 개인은 자신의 결정에 대한 책임감을 수용하고 변화를 향해 가면서 누적되는 불안을 견디는 것을 학습해야만 한다. 여기에는 자기신뢰와 변화 불가능하거나 불가피한 것들을 삶에서 수용하는 능력이 포함된다.

기법. 실존치료는 기법을 강조하지 않는다. 기법은 내담자가 그 적용의 대상이라는 것을 함축한다. 대신 고유한 실체로서 내담자의 경험과 이해를 강조한다. 치료는 내담자가 경험에 가까이 다가가게 하는 대면이다. 자기를 경험함으로써 내담자는 삶에 의미와 가치를 부여하는 것을 배울 수 있다. 때로 치료자는 질문을 통해 내담자를 직면시킬 수 있는데, 이 질문은 내담자가 삶의 의미를 찾는 데 실패한 이유를 검토하게 한다. 예를 들어, 자신의 직업에 만족하지 못한다고 반복적으로 불평하는 내담자에게 왜 다른 직업을 찾거나 훈련을 더 받기 위해 학교로 돌아갈 생각을 하지 않는지 질문한다. 이러한 질문은 내담자가 과거에 대한 자신의 관점을 보다 면밀히 검토하게 하고, 그럼으로써 죄책감과 공허감을 느끼게 한다. Gendlin(1969, 1981)은 개념 이전의 느껴진 감각에 도달하는 수단으로서 초점 맞추기(focusing)

■ 인물소개 **Leslie S. Greenberg, Ph.D.**

Leslie S. Greenberg

Leslie S. Greenberg 박사는 캐나다 토론토의 요크대학교 심리학과 교수이다. 그는 심리치료 연구 전문가이며, 체험적 심리치료(experiential psychotherapy)의 개념화와 연구를 선도하고 있다. 인본주의 · 실존주의 전통에서 나온 이 치료적 접근은 내담자의 경험이나 현상학, 치료적 관계와 정서적 타당화의 가치를 강조한다. Greenberg 박사는 12권의 책과 100개의 책 chapter 또는 논문의 저자이며, 심리치료연구협회의 소장학자상을 포함해 이 분야의 다양한 상을 수상하였다. Greenberg 박사는 임상심리학 및 체험적 심리치료의 현재와 미래에 대한 견해를 묻는 질문에 답하였다.

임상심리학 분야에 관심을 갖게 된 계기는 무엇인가요?

나는 1970년에 공학 석사를 마치고 심리학을 공부하면서 사회적 개인적 관련성을 찾기 시작했다. 나는 남아프리카에서 공학사를 받았는데, 물리학이 아닌 공학을 선택한 이유는 사람들과 함께 일하고 싶었고, 공학을 통해 사람들을 관리하고 함께 일할 수 있다고 생각했기 때문이다. 나는 남아프리카의 반인종격리정책 학생 정치운동에 참여하였고, 1960년대에 캐나다로 왔다. 그때 나는 공학에서 행복을 느끼지 못했고, 사람들에게 관심이 많았다. 그리고 심리학이 시대적 쟁점인 개인적 성장과 사회변화에 더 많이 참여할 수 있는 길이라는 것도 보게 되었다.

에 대해 논의한다. 이것은 내담자가 자신을 괴롭히는 구체적으로 느껴진 신체 감각에 초점을 맞춤으로써 성취할 수 있다. 이를 성취하기 위해 침묵이 권장된다. 그렇지만 내담자치료에서 초점 맞추기를 사용한 것을 평가한 연구는 거의 없다. 그러므로 그 효능은 앞으로 평가되어야 할 부분이다(Elliott et al., 2004; Greenberg et al., 1994).

의미치료

가장 널리 알려진 실존치료 중 하나가 **의미치료**(*logotherapy*)이다. 이 기법은 내담자가 냉담하고, 불친절하며, 무의미해 보이는 세상에서 의미를 찾도록 격려한다. 이 기법은 Viktor Frankl이 개발했다. 그는 초기에 Freud의 영향을 받았으나 나치 강제수용소에서의 경험을 다루는 방식을 찾는 과정에서 실존적 틀로 옮겨갔다. 그는 나치의 유대인 대학살로 부모와 형제, 아내를 잃었고, 그 자신도 죽음 직전까지 갔다(Frankl, 1963). 그가 보기에 이 수용소에서 살아남을 수 없는 사람은 자신을 지탱하기 위해 관습적인 삶의 의미만을 가진 사람이었다. 하지만 이런 관습적인 삶의 의미는 나치의 잔혹함이라는 현실과 맞설 수 없었다. 필요한 것은 존재에 대한 개인적 의미이다. 그는 전쟁 경험과 자신을 살아남게 한 실존적 통찰로부터 의미치료(logotherapy; the therapy of meaning)를 개발했다. 그의 많은 생각이 일련의 책에 표현되어 있다(Frankl, 1963, 1965, 1967). 성

임상심리학자로서 어떤 활동에 참여하고 있나요?

나는 상담과 심리치료를 가르치며, 변화과정과 이 과정에서 정서의 역할에 대한 연구에 참여하고 있다. 내가 수행하는 연구에서 학생들의 임상실무를 감독하고 개업을 하고 있으며, 개인과 커플을 만나고 있다.

전문 영역이나 관심 영역은 무엇인가요?

나의 전문 영역은 심리치료 연구이며, 특히 변화의 과정과 체험적, 통합적 개입법에 관심이 많다. 나는 특히 정서를 심리치료에 다시 가져오는 데 관심이 있으며, 기능과 변화에서 핵심 역할을 한다고 본다(이 때문에 개인 및 커플에 대한 정서초점 접근을 개발하고 글을 썼다).

임상심리학의 미래 경향은 무엇이라고 생각하나요?

나는 궁극적으로 단일 연구 및 정신건강 영역으로 통합될 것으로 본다. 임상심리학, 사회사업, 정신의학, 간호학 등 학문 간 통합과 생물학적, 심리적, 사회적 접근 등 개입의 서로 다른 수준들의 통합이 일어나고, 그에 더해 치료학파 자체와 학파 간 전쟁이 끝날 것이다.

체험적/인본주의-실존주의 치료의 미래 경향은 무엇이라고 생각하나요?

나는 체험적 치료가 '단지' 경청하는 것이라는 것, 사람이 건강에 대한 내적 안내인 실현 경향성을 가진다는 견해에 기초하는 것, 그리고 단순히 개인의 감정을 건드리는 것으로 건강을 이끈다는 것 같은 전통을 극복하고 있다고 본다. 비록 이 모든 진술이 일부 진실을 이야기하고 있지만, 기능에 대한 이해가 증가하면서 분화되고 수정되어 갈 것으로 본다. 체험적 치료는 정서 및 구성주의적 이론 및 연구를 바탕으로 원래의 이론적 진술을 넘어서 인간기능에 대한 보다 정교한 견해를 발달시킬 것이다. 기능과 치료에 대한 과정적 견해를 제공할 것이며, 특정 치료적 개입에 적합한 회기 내 상태 및 이 상태가 어떻게 변화하게 되는지에 대해 상세한 설명을 제공할 것이다. 그리고 체험적 심리치료가 보다 연구에 기반을 두게 될 것으로 본다. 궁극적으로 회기 내 과정에 대한 이해를 제공하는 비학파적인 통합적 접근이 될 것이다.

격에 대한 Frankl의 견해와 치료 목표에 대한 그의 생각은 대체로 앞서 논의한 실존주의와 일치한다. 그렇지만 의미치료 기법이 이론과 밀접하거나 합리적인 관계를 가지는지는 항상 분명치는 않다.

의미치료는 전통적인 심리치료를 대체하기보다는 보완하기 위해 고안되었다. 그렇지만 Frankl은 특정 정서문제의 핵심이 삶의 의미나 허무함에 대한 고뇌를 포함하고 있다면 선택되어야 할 구체적 치료는 의미치료라고 생각했다. 삶의 의미가 분명해지면 의미치료는 내담자 자신의 책임감과 삶에 대한 의무를 심어주려 한다. Frankl은 책임감이 내담자 삶의 역사적 사건보다 중요하다고 보고 보다 많은 책임감을 심어주려 했다. 결정적인 것은 현재의 의미, 그리고 미래의 전망이다.

Frankl(1960)이 설명한 두 가지 기법이 특히 주목을 받았다. **역설적 의도**는 불안이나 걱정의 대상이 되는 바로 그 행동이나 반응을 의식적으로 수행하도록 내담자에게 요구하는 잘 알려진 기법이다. 그러면 두려움은 역설적 소망으로 대체된다. 예를 들어, 집단 앞에서 연설할 때 얼굴이 붉어질 것을 두려워하는 여성 내담자가 있다. 그녀에게는 그런 상황에서 얼굴을 붉히려 노력하라고 지시한다. Frankl에 따르면, 역설적인 사실은 그녀가 그렇게 얼굴이 붉어질 것이라고 두려워하는 것을 하려고 노력하면 붉어질 수 없다는 것이다. 전형적으로 치료자는 이 모든 것을 밝은 색조로 다루려 한다. 예를 들면, 강사 앞에서 떠는 것을 두려워하는 내담자의 경우, Frankl(1965)은 내담자에게 스스로 "여기 강사가 있어. 이제 나는 그에게 내가 얼마나 잘 떠는지 보여 주겠어."(p.226)라고 말하게 한다. 이 절차는 제15장에서 논의한 노출치료와 유사하다. 두 번째 기법은 **탈반영**(*de-reflection*)으로, 내담자에게 문제가 되는 행동이나 증상을 무시하도록 지시한다. 많은 내담자들은 자신의 행동 반응과 신체 반응에 절묘하게 주의를 맞추는데, 탈반영은 내담자의 주의를 보다 건설적인 활동이나 반성으로 전환시킨다.

게슈탈트치료

게슈탈트치료에서는 현재 경험과 정서 및 행동에 대한 즉각적 자각에 초점을 둔다. 행동의 기원을 찾는 대신 자신의 경험에 '접촉'한다. 사람을 자기 자신으로부터 격리시키는 기술 사회에서 삶의 의미를 찾는 것에 실패하면 실존적 문제가 생긴다. 컴퓨터와 신용카드의 '비현실성'은 즉각적 정서 경험을 통해서만 발견할 수 있는 삶의 진정한 의미를 압도한다. 게슈탈트치료는 적절한 균형을 회복하려 시도한다.

이질성 운동. Frederick (Fritz) Perls는 게슈탈트치료 운동의 발달과 밀접한 관련이 있는 인물이다. 그는 의학과 정신분석으로 기초를 닦았다. 그는 나치가 집권한 후인 1934년에 독일을 떠났고, 남아프리카에 정착해 정신분석기관을 설립했다. 그렇지만 시간이 흐르면서 그는 정신분석에서 벗어나 게슈탈트치료를 개발하기 시작했다. 그는 1946년 미국으로 이민을 했고, 1970년 사망했다.

게슈탈트치료는 기법과 생각들의 이질적 혼합이다. 게슈탈트치료자들은 자신들끼리도 서로 동의하지 않으며, 때로 그들의 이견을 즐긴다. 그들의 목표는 획일적인 치료 이론을 구축하는 것이 아니고, 치료를 통해 자신의 고유성과 삶에 대한 해석을 표현하려 한다. 심지어 Perls의 공헌 역시 일관성을 가진 모델이 되기 힘들다. 그의 주요 업적들인—Ego, Hunger, and Aggression(Perls, 1947), *Gestalt Therapy* (Perls, Hefferline, & Goodman, 1951), *Gestalt Therapy Verbatim* (Perls, 1969a), *In and Out the Gabage Pail* (Perls, 1969b)—에서는 다양한 개념을 표현하고 있다. Kempler(1973)는 E. W. L. Smith(1976)가 그랬듯이 게슈탈트치료 이론에 대한 설명을 제공했다. 혼란을 더하는 것은 게슈탈트치료가 Wertheimer, Koffka, Kohler와 Lewin의 게슈탈트 원리와 실제로 관련이 별로 없다는 점이다. 이들은 피상적으로 연결되어 있어 보인다.

기본 개념. 게슈탈트치료의 핵심은 인간을 정서, 인지, 행동의 흩어진 조합이 아닌 조직화된 전체로 개념화하는 것이다. 또한 게슈탈트치료의 일관된 설명은 개인이 자기 자신뿐 아니라 스스로를 좌절시키는 방식도 자각해야 한다는 가르침이다. 이러한 자각은 순간순간 지금 무엇을 느끼는지 표현함으로써 도달할 수 있다. 높은 적응 수준으로의 향상을 방해하는 것은 그것이 무엇이든 역시 경험되어야 하며 자각할 수 있어야 한다. 아마도 사람의 내적 잠재력이 적응상의 문제를 극복할 수 있는 것 같다. 하지만 처음엔 적응 증진의 장애물과 잠재력 자체를 모두 자각해야만 한다.

치료자는 어떻게 내적 잠재력 표현이 꺾이게 되는지 자각하는 것을 촉진하는 촉매가 된다. 그래서 치료자는 내담자에게 잠재력이 비효율적으로 사용되는 이유를 제공하지 않으며, 잠재력이 어떻게 발현되기 시작하는지도 말하지 않는다. 대신 치료자는 보다 효과적인 경험을 위한 책임감이 어디에 존재하는지, 즉 내담자 안에 있다는 것을 보여 준다. 기억이나 억압된 충동의 회복이 아닌, 순간적인 자각을 강조한다. 비록 Perls가 많은 정신분석적 특징들을 거부하긴 했지만, 그의 접근은 실제로는 실존주의와 정신분석의 혼합물이다. 예를 들어, 그는 동기와 방어의 성질에 대한 전통적인 정신분석적 통찰의 중요성을 기꺼이 수용한 것으로 보인다.

그림 14-1 ■ 게슈탈트치료와 Cleveland, New York, LA의 게슈탈트연구소 설립자인 “Fritz” Perls. 그는 California Big Sur 소재의 Esalen 연구소 공동설립자이기도 하다.

지금. Perls에게 현실은 지금이고, 행동도 지금이며, 경험도 지금이다. 과거에서 답을 찾는 것은 더 이상 존재하지 않는 것을 다루고 있는 것이다. 치료는 지금이며, 내담자의 지금에 대한 자각을 다루고 장려해야만 한다. 개인의 성장능력은 자각의 흐름을 지금에서 다른 곳으로 전환시키려 위협하는 어떤 것을 공격함으로써만 실현할 수 있다. Perls(1970)가 제시한 대로, “나에게는 지금 이외에는 아무것도 존재하지 않는다. 지금 = 경험 = 자각 = 현실이다. 과거는 더 이상 존재하지 않고, 미래는 아직 존재하지 않는다. 오직 지금만이 존재한다.”(p.14) 게슈탈트 심리치료자들에게 불안은 지금과 나 중간의 틈(미래에 대한 집착)이다. 과거에 대한 집착도 많은 부정적 정서를 야기한다. 과거나 미래에 초점을 두는 것은 현재의 개인을 움직이지 못하게 만든다. 치료과정 동안 환자에게 “지금 나는 …을 알아차리고 있다.”고 반복하게 하거나, 치료자가 “지금 알아차리고 있는 것이 무엇입니까?”라고 자주 묻는다. 치료자의 역할은 현재의 감정, 사고, 경험으로 내담자의 주의를 지속적으로 불러오는 것이다. 그렇지만 지금의 자각 자체가 치유적 힘을 가지므로 해석은 하지 않는다. 자각은 내담자가 자신의 성격에서 이전에 부정했던 측면들을 통합할 수 있게 한다.

비언어적 행동. 환자의 방어를 탐지하고 실행되고 있는 게임을 드러내기 위해서 치료자는 비언어적 행동에 면밀한 주의를 기울여야 한다. 환자는 어떤 것을 말하면서 다양한 단서를 통해 그 반대 것을 암시할 수 있다. 다음 예를 살펴보자.

치료자: 기분이 어떠세요?
환자: 평온해요. 좋습니다.
치료자: 정말 그런가요?
환자: 예.
치료자: 왜 그렇게 딱딱하게 앉아 계시죠?
환자: 그렇지 않은데요.
치료자: 자신을 보세요. 다리를 보고, 의자에 닿은 등의 느낌을 느껴 보세요.
환자: 무엇을 말씀하시는지 알겠군요.
치료자: 딱딱한 자세에 대해 말해 봅시다. 그것이 당신에 대해 무얼 말하고 있나요?
환자: 풀어지는 것이 두려워요. 나 자신을 통제하려 한다는 것을 느껴요.

비언어적 단서에 주의를 기울임으로써, 치료자는 중요한 경험에 바로 도달할 수 있다. 치료자는 자세 단서를 사용해 지금 존재하는 감정에 닿을 수 있고, 환자가 그것과 접촉하게 도울 수 있다.

꿈. 정신분석가는 환자에게 다양한 꿈의 요소들을 연상하라고 요청한다. 반면 게슈탈트치료자는 치료실에서 꿈을 재현해 보라고 한다. 이것은 꿈을 행동화하는 것을 의미한다. 게슈탈트치료자들에 따르면, 해석은 단지 주지화된 통찰만을 이끈다고 한다. 게슈탈트치료에서는 꿈 경험에 직접 직면함으로써 내적 자기를 발견한다. 꿈은 메시지를 전달하며, 심지어 자기의 갈등적 측면을 요약한다. 꿈은 개인 존재의 압축된 반영의 일종이고, 자기 직면을 회피하는 방식으로 사용된다. 꿈속의 여러 인물이나 대상의 역할을 함으로써, 개인은 자기의 소외된 부분을 인식하고 확인하여 통합하는 것을 배울 수 있다.

강자와 약자. 갈등이 성격의 반대 측면을 포함할 때는 환자에게 각 부분을 맡아 대화하도록 요청한다. 반대 측면은 Freud의 초자아(superego), 원초아(id)와 유사하다. 강자(topdog)는 초자아이며, 부모의 명령 같은 성격의 내면화된 '당위(shoulds)'를 포함하고 있다. 약자(underdog)는 원초아와 유사하다. 그것은 원초적이고, 회피적이며, 강자의 노력을 지속적으로 교란시킨다. 대화에서 두 역할을 모두 연기함으로써 자기의 두 갈등적 측면을 통합할 수 있다.

방어. 게슈탈트치료에서는 내담자가 하고 있는 게임과 그 이면에 있는 방어를 드러내는 것이 목적이다. Perls는 층(layers)의 관점에서 신경증적 행동을 설명한다. 첫 번째 층에서 내담자는 게임을 하며 자기 직면을 회피하여, 일반적으로 진정한 사람이 아니다. 게슈탈트치료자들은 이런 가식을 경험하고 자각하도록 한다. 이런 자각은 위협적인데, 왜냐하면 가식을 통해 회피하던 두려움을 경험해야 하기 때문이다. 또한 진실한 행동도 위협적으로, 이런 행동이 무서운 결과를 가져올 수 있기 때문(또는 내담자가 그렇게 가정하기 때문)이다. 사실상 환경적 지지가 동시에 드러나면서, 내담자는 실제로 두려워하며, 정직과 독립적인 행동을 위해 신경증적 방어를 포기하는 것을 내적 성장 능력이 견디지 못한다는 느낌을 갖는다. 그렇지만 최종적으로 내담자는 불안, 공포, 의심을 일으키는 공허함을 자각하게 된다. 이러한 자각은 살아 있음, 전체성, 진정성을 경험하게 만든다.

책임. 게슈탈트치료에서 가장 중요한 요인 중 하나가 내담자들이 자신의 행동과 감정에 대해 책임감을 수용하도록 돕는 것이다. 게슈탈트치료에 대한 중요한 네 가지 단어를 뽑는다면, 자각(인식) (*awareness*), 경험(*experience*), 지금(*now*), 그리고 책임(*responsibility*)이다.

규칙. 게슈탈트치료의 '규칙'은 아래와 같은 것들을 포함한다(Levitsky & Perls, 1970).

1. 의사소통은 현재시제로 한다(과거나 미래형은 권장되지 않는다).
2. 동등한 위치에서 의사소통한다(~에게 말하는 것이 아니라, ~와 말한다).
3. '그것'보다는 '나'를 사용하여 책임감 수용을 장려한다.
4. 내담자는 지속적으로 즉각적 경험에 초점을 둔다(예: 치료자는 "적대감에 대해 설명할 때 어떤 느낌이 듭니까?" "지금 이 순간에 어떤 느낌이 드는지 말씀해 주세요."라고 말한다).
5. 다른 사람에 대한 뒷공론을 하지 않는다.
6. 질문은 권장하지 않는다(질문은 정보를 찾기보다는 의견을 피력하는 조용한 방식이기 때문에).

게슈탈트 게임. 게슈탈트치료자들은 소위 게임을 개발함으로써 많은 주목을 받았다(Levitsky & Perls,

1970). 예를 들어, 내담자들이 자신에 대해 기술할 때 "그리고 나는 그것에 대해 책임을 진다."라는 문구를 덧붙이게 한다. 그래서 "나는 행복하지 못한 사람이다 … 그리고 나는 그것에 대해 책임을 진다."가 된다. 다른 게임은 치료자가 보기에 중요한 문구나 언급을 점점 더 큰 소리로 반복하게 한다. 다양한 측면의 역할 연기도 사용한다. 이러한 게임들의 긍정적 효과가 치료실 밖으로 일반화되는지는 아직 증명되지 않았다.

도덕적 계율. 게슈탈트치료의 '도덕적 계율(moral precepts)'(환자가 살아가면서 지켜야 할 규칙)을 Naranjo(1970)가 기술했다.

1. 지금을 살아라(과거나 미래가 아닌 현재에 관심을 둬라).
2. 여기에 살아라(없는 것보다는 있는 것에 관심을 둬라).
3. 상상을 그만두어라(현실만을 경험하라).
4. 불필요한 생각을 그만두어라(듣고, 보고, 냄새 맡고, 맛보고, 만져지는 것을 향하라).
5. 직접 표현하라(설명하거나 판단하거나 조작하지 말라).
6. 쾌, 불쾌를 모두 자각하라.
7. 자신의 것이 아닌 모든 당위(shoulds)나 의무(ought)는 거부하라.
8. 자신의 행동, 사고, 감정에 대해 완전한 책임감을 가져라.
9. 자신의 실제 모습에 빠져라.

맺음말. 제12장에서 지적한 바와 같이, M. L. Smith(1980)는 관련 연구에 대한 대규모 메타분석에 기초해 게슈탈트치료의 효과 크기가 0.64라고 보고했다. 게슈탈트치료를 받은 내담자들은 평균적으로 치료를 받지 않은 사람보다 74% 더 잘 기능하였다. 불행히도 이 개관 이후 게슈탈트치료에 대한 연구가 거의 없다. 최근 발표된 연구들은 게슈탈트치료가 다른 형태의 치료보다 더 효과적이 라는 것을 보여 주지 못했으며(Elliott et al., 2004; Greenberg et al., 1994), 심지어 덜 효과적이라는 보고도 있다. 게슈탈트치료의 효과성에 대해 알려진 것이 거의 없는 이유 중 하나는 대부분의 게슈탈트치료자들이 연구에 대해 격렬히 반대하기 때문이다. 명확하지 않은 이유로 평가 연구는 반인간적인 노력으로 본다.

게슈탈트치료는 미국에서 사회적 혼란과 소외의 시기에 뿌리를 두고 있다. 그 결과 가장 적합한 내담자는 젊고 학력이 높으며 개인적 소외가 중심 문제인 사람들이다. 게슈탈트 지향적인 치료자들은 자신의 감정 및 즉각적 경험과의 접촉을 상실한 과도하게 주지화된 대학 교육을 받은 사람에게 특별히 효과적일 때가 있다. 분명히 모든 환자에게 적합한 해결책은 아니다. 그렇지만 게슈탈트치료가 일시적 해결책 이상인지 그리고 치료에 오는 광범위한 환자의 삶의 문제를 성공적으로 해결할 수 있는지에 대해서는 더 알아봐야 한다. 현재만을 다룸으로써 게슈탈트치료는 강력하고 기술지배적인 사회에서 억제되고 과잉통제된 사람들에게 매우 매력적일 수 있는 쾌락주의적 의미추구를 대체할 수 있는 단기적 해결책이 될 위험성을 갖고 있다. 동시에 게슈탈트치료는 많은 사람이 기대한 것보다 큰 저력을 이미 보여주었다.

정서-중심치료

본 장을 마무리하기 전에 치료 분야에 매우 큰 영향을 주고 있는 인본주의-실존주의 치료의 최신 형태를 소개하겠다. 초기에는 과정-경험치료라고 이름을 붙였던, EFT는 (Emotion-Focused therapy: ; Greenberg, Rice, & Elliott, 1993) 내담자중심치료와 게슈탈트심리치료 전통을 통합했다. EFT의 핵심 이론적 명제는 모든 정서는 의미가 있고, 우리 삶의 경험에 가치, 의미, 방향을 제공한다는 것이다(Elliott, Watson, Goldman, & Greenberg, 2004). 정서가 우리의 삶의 경험을 통합하는 데 도움이 되기 때문에 개인적 성장을 위해서는 정서적 자기조절이 필요하다. 이러한 관점에서 경험을 응집된 자기로 통합하는 능력의 손상이나 정서 상태를 경험하고 확인하는 능력의 손상, 또는 정서조절 능력의 손상이 역기능을 가져온다. 이러한 역기능은 다시 삶의 만족이나 타인과의 관계의 질에 영향을 줄 수 있다.

EFT에서 치료자는 내담자가 자신의 여러 다른 측면들을 자각하고, 정서 상태에 접근하고 탐색하며, 이러한 정서 상태를 보다 잘 조절하도록 배울 수 있게 안전하고 지지적인 환경을 제공한다. 이러한 목표는 다양한 치료적 과제에 참여함으로써 달성되는데, 여기에는 초점 맞추기, 두 의자 대화법, 빈 의자 기법 등이 포함된다(Greenberg et al., 2003).

비록 비교적 새로운 접근이지만, EFT는 일부 경험적 지지를 축적했다. 메타분석 결과 EFT는 효능 있는 치료이며(특히 커플에게), 다른 치료에 비해서도 좋은 편이다(Elliott, Greenberg, et al., 2004). 그러므로 이 새로운 인본주의-실존주의 치료는 이 조망의 치료에서는 중요한 발달이라고 할 수 있다.

현상학적 치료 및 인본주의-실존주의 치료에 대한 요약 평가

이 장을 통해 계속 언급한 바와 같이, 내담자중심, 게슈탈트, PET 및 다른 인본주의-실존주의 치료들의 효능과 효과에 대해 수행된 경험적으로 의미 있는 연구들은 상대적으로 적다. Carl Rogers가 심리치료 연구에 선구자적인 역할을 한 점을 고려할 때, 이것은 아이러니이다. 비록 일부 사람들은 이런 상태가 변하고 있다고 믿지만(Elliott, Greenberg, et al., 2004), 잘 통제된 성과 연구가 적다는 것은 이 치료들의 효능과 효과평가를 어렵게 만든다. 이러한 제한된 자료에 기초해 볼 때, 이 치료들은 중간 정도의 효능이 있는 것으로 보이지만, 일반적으로 다른 형태의 치료보다 더 우수하지는 않다. 추가적인 연구들이 필요하며, 이 접근들이 가장 적합한 임상적 조건을 찾는 연구가 특히 필요하다.

이 장에 소개된 일반적인 현상학적, 인본적 · 실존적 치료는 다른 치료적 접근들과 마찬가지로 공헌도 있고 문제도 있다. 아래 제시한 것 중 일부는 Rogers 접근과 관련해 이미 언급한 것들이다.

강점

현상학적, 인본주의-실존주의적 관점의 주요 공헌부터 살펴보자.

경험. 내적 경험과 자각의 중요성을 강조함으로써 이 치료들은 임상가가 자극/환경 조건의 단순한 양화나 열거 이상의 것을 신뢰해야만 한다는 견해를 재확인하는 데 도움을 주었다. 인간 경험은 즐거움을 아는 것부터 고통까지를 망라하며, 임상심리학자들은 자신의 이론이나 치료에서 이를 무시할 여유가 없다. 현상학, 인본주의-실존주의 축은 경험과 자각의 필수 자료에 다시 한 번 접촉하게 한다.

선택. 현상학적, 인본주의-실존주의 치료는 인간이 본능, 추동, 습관의 단순한 연쇄를 넘어선다는 것을 상기시켜 주었다. 우리는 자극에 반응하는 로봇이 아니다. 우리는 선택하고, 결정하며, 변화하고, 우리 자신을 점검한다. 그리고 심지어는 실존주의적, 인본주의적이라는 단어를 만들어 낸다. 인간은 단지 연구의 대상이 아니라, 연구를 주도하는 사람이기도 하다. 심리학은 너무나도 오랫동안 생물학자들과 물리학자들의 길을 맹목적으로 따름으로써 인간의 본질을 부정하려 했다. 비록 자유의지와 결정론에 대한 논쟁이 가까운 미래에 해결될 것 같지는 않지만, 개인에 대한 단순한 결정론적 견해는 무익하고 비생산적일 수 있다는 인식이 증가하고 있다.

현재. 현재를 강조함으로써 현상학자들은 과거에 대한 통찰이나 무의식의 본성에 대한 깨달음을 통해서만이 긍정적 변화가 가능하다는 견해를 버리게 하였다. 선택과 책임감의 실행을 통해 우리는 현재를 조형할 수 있으며, 이를 통해 과거의 속박에서 벗어날 수 있다.

관계. 본 장에서 소개한 많은 치료자들은 치료적 관계에 큰 가치를 부여한다. 이 치료들은 기법보다는 관계의 중요성을 보여 준다. 전통적 치료는 친절한 관심과 냉정한 기술을 실행하는 초연한 치료자를 오랫동안 요구했다. 새롭게 대두된 역할이 수동적이면서도 무조건적 긍정적 존중, 수용, 또는 주저 없이 환자와 '대면하기'라면, 문제는 분명히 달라졌을 것이다. 치료관계는 분명히 결정적으로 중요하며, 어떤 치료든 그 성패에 주요 기여를 할 것이다. 이러한 인식에 따라 치료관계는 더 이상 주어진 것이거나 드러나지 않게 작용하는 배경으로 간주되지 않는다. 치료관계는 치료의 전면에서 작용하는 주요 부분으로 인식되기 시작했으며, 이는 현상학자들과 인본주의 · 실존주의 치료자들에게 힘입는 바가 크다.

성장. 오랫동안 치료의 강조점은 정신병리, 병, 행동 결손 등이었다. 그렇지만 인본주의자와 실존주의자는 긍정적 성장을 강조하기 시작했다. 그들은 병약함보다는 자기실현 경향과 성장 잠재력을 추구했다. 병리보다는 자각, 감정, 존재, 절정경험, 자유를 해방시키려 했다. 이는 때로 혼란에 이르게 할 수 있는 무모한 언어이다. 하지만 부정적인 것에 대한 침울하고 무의미한 강조보다는 긍정적인 것을 본질적으로 강조하도록 한다. 따라서 목표는 정신병리 치유뿐 아니라 개인적 성장도 포함한다. 성장센터, 대면 집단, 주말 피정 등 많은 기관은 자신의 자각을 확장하고 인간으로서의 진정성을 고양시키는 경험을 요구하는 사람들에게 서비스를 제공하고 있다.

비판

이제 현상학적 접근 및 인본주의-실존주의 접근의 문제로 관심을 돌려보자.

편견적 언어. 보다 구체적인 내담자중심 접근과 마찬가지로 일반적인 인본주의 운동도 편견적인 언어 사용으로 비난받는다. 인본주의, 수용, 자유, 자기충만, 성장, 진정한 같은 단어의 지속적 사용은 다른 접근들이 비인간성, 거부, 권위주의, 공허함, 허위를 설파한다는 함의를 가질 수 있다. 거의 모든 정신분석가, 정신과 의사, 행동주의자, 인지치료자, 절충적 심리치료자들이 최대한 사람을 돌보고, 관심을 가지며, 관여하고, 허용적이며, 자신의 환자가 보다 풍부하고 만족스런 삶을 경험하도록 최선을 다하는 수용적인 사람이다. 간단히 말해, 인본주의 운동의 핵심이라고 말하는 모든 속성들이 다 그 고유 영역은 아니다.

감정과 정서에 대한 강조. 주관적 경험과 감정에 의존하는 것은 임상가로 하여금 신뢰성 없는, 편향된, 또는 이기적이고 합리성이 결여된 자료에 의존하게 한다. 실제 쟁점은 감정이나 초월적 자각, 진지한 분석에 영향받지 않는 것, 합리성, 통찰이 개인적 만족과 사회적 공헌을 모두 증가시킬 수 있는 지속적인 적응을 가져오느냐 하는 것이다. 냉정한 분석과 이성의 적용만으로 문제나 사적인 공포를 벗어날 수 없다는 것은 이제는 분명해졌다. 하지만 주관성의 미궁이 될 수 있는 것으로 들어가는 것이 그런 목적을 달성할 수 있을 것 같지도 않다. 아마도 어떤 단일 방법이나 길도 완전하지 않으며 성공하기 힘들다는 것이 교훈이 될 것이다. 인간은 생각하고, 행동하고, 느끼고, 경험하며, 길을 찾기 위해 과거를 돌아

■ 대학원생의 관점

Catalina Woldarsky Meneses, M. A.

Photo of Catalina Woldarsky Meneses, M. A.

Catalina Woldarsky Meneses

Catalina Woldarsky Meneses는 현재 Canada Toronto의 York University 임상심리학 박사학위과정 마지막 학기를 보내고 있는 중이다. 과학자이자 임상가로서, Catalina는 심리치료에서 변화의 과정을 밝히기 위한 임상 연구를 하는 것에 매진하고 있다. 그녀의 학문적 연구에서 가장 우선시되는 주제는 정서-초점 부부치료에서 용서의 과정에 대해 탐구하는 것과, 이러한 맥락에서 수치심의 대안적 역할에 대해 이해하는 것이었다. Catalina는 또한 요가 강사 자격을 가지고 있으며, 궁극적으로는 요가 철학과 심리치료를 통합하는 방법에 대해서 연구하고 싶어한다. Catalina가 대학원 생활을 통해 경험하고 깨달은 것들은 다음과 같다.

당신에게 임상심리학대학원 과정이란 무엇이었나요?

대학원은 아주 길고, 그리고 많은 변화를 경험하는 기간이었어요. 우리가 임상 수련생으로서 하는 일들은 근본적으로 개인적인 성장과 발달이에요. 다른 전문적인 훈련과는 달리, 임상심리학 전공 학생으로서 요구되는 것들은 단순히 성격 이론을 배우거나 무엇이 '비정상' 인지를 이해하는 것이 아니라 이러한 지식들을 통합하고 자기 자신 그리고 다른 사람들과의 관계에 대해 이해하는 거예요. 저는 인본주의적 전통을 가진 환경과, 치료자로서 저의 개인적인 경험을 반영할 수 있도록 격려해 주시는 교수님들에게서 훈련받을 수 있어서 운이 좋았다고 생각해요. 저는 제 수퍼바이저를 포함한 좋은 사람들을 만났고, 이들과 우정을 쌓을 수도 있었어요.

대학원에서의 가장 의외의 경험은 무엇이었나요?

저는 이 훈련이 저에게 개인적인 수준에서 아주 큰 영향을 끼쳤다는 것을 깨닫지 못하고 있었어요. 저는 세상을 치료자, 그리고 심리치료자의 눈으로 보는 방법을 절대로 잊지 못할 거에요. 예를 들어서, 저는 사람들의 감정에 대한 새로운 귀를 성장시켰다고 느끼고, 제가 사람들의 제스처나 목소리에 아주 민감하다는 것을 발견했어요.

대학원이 당신을 바꿨나요? 만약 그렇다면, 어떻게 바뀌었나요?

'내가 과연 경쟁적인 학계와 어울리는 사람인가'에 대한 저의 불안이 아주 크게 변했어요. 돌이켜보면 저는 제 대학원 생활을 제 지식과 경험을 확장시키고 앞으로 나아갈 수 있을 거라는 자신감을 가지고 시작했어요. 그 당시에 저는 질문에 '모르겠습니다'라고 답하는 것을 아주 최악이라고 느꼈었어요. 그리고 대학원 초반에 저는 제가 모든 것들을 읽어야 하고 인간의 행동 같은 복잡한 것들을 이해하기 위해서는 근본적으로 모든 것을 알아야 한다고 생각했어요. 당연하게도, 저는 저 자신의 스트레스에 빠져 죽어가고 있었고, 제 자신이 사기꾼같다는 느낌에 대해서 고민하기 시작했어요(특히 연구자로서). 그러다 놀라운 일이 일어났죠. 많은 시간과 치료 경험이 필요했지만 마침내 제가 절대로 모든 것을 다 알 수 없다는 것을 깨달았고 그리고 그래도 괜찮다는 것을 알게 됐어요. 저는 대학원에서 제 완벽주의적 경향을 떨쳐 버릴 수 있는지 배웠고 저 자신을 있는 그대로 수용하게 되었죠. 그리고 조금 모순적이지만, 지금 저는 자신있게 질문들에 대답할 수 있어요. '몰라요'라고.

당신이 대학원에 처음 왔을 때와 비교해서, 당신의 전문적인, 혹은 연구 관심사가 바뀌었나요?

저는 "치료에서 변화는 어떻게 이루어지는가?"라는 질문을 가지고 대학원에 들어왔어요. 7년 동안 이 질문에 대해서 연구했지만, 아직도 저는 이 질문에 완전히 대답할 수 없어요. 대신에, 저는 가설을 검증하기 위해서 좀 더 정확한 질문들을 나눠서 할 수 있게 되었어요. 비록 제가 치료적 관계를 상세히 분석하고 미묘한 치료과정들을 연결시키는 것에 있어서 업적이 있다고 느끼지만, 저는 제가 절대로 어떻게 치유가 일어나고 무엇이 변화를 일으키는지에 대해서 완전히 대답할 수 없을 거라고 생각해요. 저는 심리치료 연구를 하는 것을 즐겨요. 왜냐하면 그것은 여전히 어렵고, 저를 자극하거든요.

저는 또한 대학원 경험을 통해서 새로운 연구 관심사들을 개발하기도 했어요. 저의 수퍼바이저 한 분은 영어가 모국어가 아니시고 여러 언어를 하시는 분인데, 우리는 심리치료에서 언어의 영향에 대해서 많은 토론을 했죠. 그러한 토론들은 결국 제가 다국어 심리치료자들의 심리치료 경험에 대해 인터뷰한 비교문화 연구를 할 수 있게 했죠.

돌이켜보면, 어떤 활동과 경험들이 당신의 대학원 프로그램에서 가장 중요했나요?

저는 저의 연구 및 임상 수퍼바이저인 Les Greenberg와 함께 일할 수 있었던 것에 매우 감사하고 있어요. 저는 그가 세상을 대하는 진실한 호기심과 심리치료 과정에 대한 과학적인 분석에 대한 그의 열정, 그리고 정서와 함께 작업하는 것에 매우 많이 영향 받았어요. 저는 저희 연구실의 많은 연구들에 참여했고, 제가 개인적으로 임상적 활동을 시작하기 전에도 셀 수 없는 치료 회기들을 관찰할 수 있었어요. 저는 깊이 있는 과정, 예를 들면 정서 각성 정도, 목소리 질, 정서적 생산성과 같은 것들을 측정하고 미세하게 분석하는 방법에 대해서 배웠어요. 이 분야에서 연구를 하는 것은 저의 임상적 기술들에 엄청난 영향을 줬어요.

게다가, 저는 Les로부터 대학원 프로그램의 실습 학생으로서 그리고 부부 정서-상처 프로젝트의 치료자로서 집중적인 임상적 수퍼비전을 받았어요. Les로부터 받은 수퍼비전은 저의 임상가로서의 발달에 아주 핵심적이었어요.

저는 또한 실습 학생, 그리고 경계선 성격장애 클리닉의 연구 분석가로서의 경험들이 저를 아주 많이 성장시켰다고 생각해요. 경계선 성격장애 집단과 작업하는 것은 아주 도전적이지만 동시에 매우 보람 있기도 하죠. 경계선 성격장애 클리닉에서의 경험들은 저에게 어떻게 중요 정서 조절이 개인의 기능에 연관되어 있고 개인의 극적이고 미묘한 변화와 성장을 만들어 내는지 인식하도록 도와줬어요.

임상심리학대학원 과정을 밟고 있는 학생들에게 추가적으로 해주실 말이 있나요?

1. 먼저, 언젠가는 그것이 끝날 때가 옵니다. 대학원은 마라톤 경기와 같아요. 당신은 아주 오랫동안 결승점을 볼 수 없을 거에요. 그러나 제가 장담할 수 있는 것은 당신이 알아채기 전에, 당신이 거기에 도달해 있을거라는 거에요.
2. 두 번째로, 비록 대학원이 다양한 수준에서 아주 비싼 경험이기는 하지만 제 바람은 그것이 당신의 삶이 되지 않았으면 하는 거에요. 산책을 하고, 학술적이지 않은 것들을 하면서 신선한 공기들도 좀 마시고, 이런 것들이 당신을 일깨우고 당신이 진짜 관점을 가질 수 있도록 도와줄 거에요.

보고, 열망을 가지고 미래로 들어간다. 행동이나 경험, 통찰만 강조하는 접근은 인간의 핵심 부분들을 무시하게 된다. 이런 단일한 접근이 일시적으로라도 작용한다면, 아마도 개인이 오랫동안 무시해오던 어떤 것과 직면하게 했기 때문일 것이다. 예를 들어, 억제되고 과도하게 지적이며 억압된 환자는 섬세한 치료자가 '정서적인 지금'으로 인도하는 것을 통해 큰 즐거움과 행복을 발견할 수 있다. 그렇지만 지적이고 이성적인 측면을 오랫동안 유기하는 것은 다른 문제를 가져온다.

현상적 장. 다른 문제는 사람이 다른 사람의 주관적 경험의 성질을 완전하게 알 수 있느냐 하는 것이다. 현상학은 인간의 행동이 그 순간에 존재하는 자신의 현상적 장에 의해 결정된다고 본다. 이에 따라 치료자는 이해와 예언을 위해 환자의 내적 경험세계를 알려고 한다. 하지만 임상가가 어떻게 거기에 닿을 수 있는가? 어떻게 자신의 지각을 형성한 과거 경험에서 벗어날 수 있는가? 내담자의 현상적 자각에 대해 편향되지 않게 인정해 줄 수 있으려면 어떻게 해야 하는가? 인간의 불완전성과 편향된 성질을 고려할 때, 이러한 현상학적 관점은 임상가에게 성취하기 불가능한 어떤 것을 요구하는 것이다.

문제는 환자의 경험에 다가가기 위한 공감적 시도나 '내담자 입장이 되는 것'이 아니다. 항상 있을 수 있는 편향의 위험을 인식하는 가운데 환자의 감정이나 곤경과 보다 나은 관계를 가지기 위해 자신의 경험을 탐색하는 것은 언제나 유용하다. 문제는 임상가로서 작업하기 위해 환자의 내적 경험에 대한 임상가의 지식에만 전적으로 의존하는 것에 있다.

평가. 많은 인본주의-실존주의 접근에서는 평가와 진단을 전적으로 경시한다. 이런 경시는 평가가 공감적 관계를 간섭하거나 파괴한다는 신념에 의해 강화된다. 평가는 개인의 자유와 존엄을 침해한다고 본다. 평가는 치료자의 개념화를 강요함으로써 내담자의 자기실현 잠재력을 방해한다고 믿는다.

많은 사람들은 증상이 만개된 경우 진단이 항상 필요한 건 아니라는 데 동의한다. 사실상 인본주의-실존주의 운동은 임상심리학의 과도한 진단과 환자의 성장잠재력이나 강점보다는 병리에 대한 진단적 강조를 지적함으로서 실제적 기여를 하였다. 진단이 강점이나 장점보다는 약점을 찾는 데 흔히 사용된다는 것도 진실이다.

하지만 임상심리학자가 평가를 전적으로 거부하면 어떻게 될까? 왜곡의 가능성이 높아지고 불완전한 환자의 언어적 보고만 있게 된다. 자신의 감정에 접촉함으로써 자신의 문제를 해결할 수 있다는 환자의 능력에 대한 믿음은 심한 장해가 없는 지적이고, 내성적이고, 세련된 젊은이에게는 잘 작용될 것이다. 하지만 정신병적 환자나 정신신체적 문제로 고통받는 환자는 어떨까? 교육 수준이 낮고 내성적인 능력으로 배운 적이 없는 비언어적인 사람은 어떻게 다룰 수 있는가? 적응 문제와 정신지체를 동시에 가진 사람의 경우 임상가가 평가를 무시할 수 있는가? 아무도 진단을 무분별한 꼬리표로 사용하는 것을 동의하지 않는다. 하지만 모든 평가를 금지하는 것은 실제 필요한 것보다 치료자를 무지하게 남아 있게 한다.

기법 중심. 많은 인본주의-실존주의 임상가들이 평가를 경시하는 부분적인 이유는 그들이 환자들을 유사하게 치료하기 때문이다. 이런 많은 임상가들은 모든 고통 받는 영혼은 수용, 긍정적 존중, 자기에 대한 책임감 주장에 의해 구원될 수 있다는 믿음을 고수하는 것으로 보인다. 만약 그렇다면 진단은 사실상 불필요한 것이 된다. 하지만 이렇게 되면, 정신분석이나 행동치료가 기법중심이라는 많은 인본주의적 실존치료자들의 책망은 자신에게도 향하게 되는 것이다. 치료실에 오는 모든 사람이 모두 동일한 기본 문제를 가지며 항상 동일한 '치유'가 일어난다고 보면, 이런 접근은 어떤 의미에서 기법 중심적이다. 그렇지만 점차 임상가들은 각 환자에 가장 적합한 치료를 가능한 여러 치료 중 선택할 수 있도록 해주는 자료 개발의 필요성을 인식하고 있다. 이러한 인식은 미래에 진단의 역할을 증진시킬 것이다.

연구의 부족. 앞서 언급한 것처럼 내담자중심 및 현상학적-실존적 심리치료에 대한 경험적 연구는 다른 주요 치료 양식에 비해 상대적으로 적다. 이 역시 몇 가지 이유로 문제가 된다. 첫째, 관리의료와 세련된 소비자의 시대인 이 시기에 경험적으로 입증되지 못한 치료 양식은 피하거나 무시된다. 예를 들어, 행동건강관리회사가 내담자중심치료 선택의 경험으로 입증된 원리를 제공하지 않거나 치료를 위한 객관적인 목표를 설정하기를 거부하는 사람에게 배상을 기꺼이 해주기를 기대하기는 어렵다. 둘째, 훈련 프로그램은 이런 형식의 치료보다는 경험적 문헌에서 자주 평가되고 관리의료기관에서 선호하는 경험적으로 입증된 치료를 강조하게 될 것이다. 마지막으로, 연구 부족은 이 치료들이 일차적으로 역사적인 관심 대상이고 현대 임상실무에 적합하지는 않다는 인상을 준다. Norcross, Hedges와 Castle(2002)이 언급한 바와 같이, 인본주의, 실존주의, 게슈탈트, Rogers의 접근은 현대 임상심리학자들이 가장 적게 사용하는 접근이다(모두 임상가의 2% 이하만 사용). 이들 접근의 옹호자들은 이러한 경향을 진지하게 고려해야 하며, 경험적 연구를 경시하는 것이 전문적, 공적 지각에 어떤 영향을 주는지도 고려해야 한다.

애매한 언어. 인본주의-실존주의 운동이 제공하는 것이 무엇인지 이해하려고 하는 많은 사람에게 마지막 문제는 사용되는 언어에 대한 것이다. 이런 어려움의 일부는 이들 입장들 간의 응집력 부족 때문이다. 사용되는 언어가 애매하고 잘 정의되지 않게 만드는 많은 주제적 변이들이 있다. 이에 더해 변인의 의미가 적용되는 글도 거칠고 규칙이 없다. 용어들은 어떤 해석도 내리기 힘들 정도로 애매하다. 언어들은 그 자체로 생명력을 취하고 있는 것으로 사실상 글을 쓰는 사람이 단어가 무엇을 의미하는지 전혀 모르는 상태에서도 단어의 배열이 인본주의-실존주의 심리학의 근본 담론을 정확히 말하는 것처럼 보일 수 있다. 이것은 실제 단어를 사용하지 않고도 외국어를 말하는 것처럼 모방할 수 있는 코미디언과 유사한 것이다. 일부 특징적인 소리와 강세만이 필요하다.

Maslow, Perls, Bugental, Boss, Binswanger와 Rogers 등에서 우리는 '내적 침묵', '곳곳에서의 주기적인 자각 연습', '상위 욕구', '절정 경험', '현존재(Dasein)', '진정성', '나-과정', '존재', '대면', 그리고 '질병국면' 등의 용어나 구를 찾을 수 있다. 모든 이론이 신조어나 전문 은어를 포함하고 있다는 것을 고려하더라도, 인본주의-실존주의자들의 운동은 특히 이러한 용어들이 부여되어 있다. 이 언어들은 이 접근들이 과학과의 동맹으로부터 의식적으로 떨어져 나가려는 것을 강조하는 것 같다. 하지만 그 언어를 '인간화'함으로써, 실제 자신들이 한 공헌의 중요한 요소들을 폭넓게 수용하지 못하도록 장벽을 세우는 것일 수도 있다.

요약

현상학적 접근 및 인본주의-실존주의 심리치료 접근의 최상의 예는 Carl Rogers의 내담자중심치료일 것이다. 이 치료 양식은 정신병리 및 심리적 건강에 대한 전통적인 정신분석적 조망에 대한 Rogers의 반응으로부터 개발되었다. 결정론적이고 어느 정도는 비관적인 조망을 채택하는 대신, Rogers의 견해는 내담자의 현상적 세계 및 경험을 강조하며, 자기실현을 향한 내담자의 내재된 경향을 강조한다. 내담자중심치료자들은 공감적 이해, 무조건적 긍정적 존중, 진실성을 제공함으로써 내담자의 성장 잠재력을 촉진시키려 한다. 진단, 공식적 평가, 치료적 '기법'은 일반적으로 삼간다. 인본주의–실존주의 접근은 내담자의 자유의지, 내적 잠재력, 자신의 정서에 접촉하는 능력을 강조하는 점에서 내담자중심치료와 유사하다. 마지막으로 내담자중심치료와 게슈탈트치료 전통을 통합한 과정–체험적 치료는 이 분야의 중요한 새로운 발달을 대표한다. 특히, 정서–중심치료가 우울을 경험하는 개인이나 커플을 위한 증거–기반치료로 제기되고 있다.

이러한 형태의 치료는 심리치료 분야에 몇 가지 가치 있는 공헌을 했다. 내담자의 내적 경험, 감정, 자유의지, 성장 잠재력은 가장 중요한 위치에 서게 되었다. 치료적 관계와 라포의 중요성을 보여 준 것도 또 다른 주요 공헌이다. 그렇지만 이런 형태의 치료는 몇 가지 문제도 있다. 때때로 편견적 언어를 사용한 것은 다른 접근들이 민감하지 않고 해가 될 수 있다는 것을 함축한다. 감정은 지나치게 강조되는 반면, 행동은 충분히 강조하지 않는다. 애매하거나 전문적인 용어들을 자주 사용했고, 경험적 연구나 공식적 평가에 대해 강한 편견을 가지고 있다. 이러한 치료적 형식이 어떻게 수정될지, 현재의 형태로 계속 살아남을지는 지켜봐야 한다. 몇 가지 경향은(예: 행동건강관리의료) 이 치료 형태의 대중성과 유용성에 위협을 가한다.

주요 용어

게슈탈트 게임 게슈탈트치료의 '규칙'을 강조하기 위해 게슈탈트치료자들이 개발한 '게임'이다. 언어화하도록 처방하거나 다양한 역할 연기에 참여하게 하는 것을 포함한다.

공감 내담자중심치료에서 필수적인 것으로 간주되는 세 가지 치료자 특성 중 하나이다. 공감은 내담자의 욕구, 감정, 상황에 민감한 것으로 내담자는 이해받는 느낌을 가지게 된다.

정서–중심 치료 내담자중심 전통과 게슈탈트치료 전통을 통합한 비교적 새로운 치료적 접근이다. 내담자중심치료 Carl Rogers가 개발한 심리치료로 내담자 자신의 경험에 대한 내담자의 자각과 자신의 능력을 개발하려는 내재적 경향의 인식을 강조한다. 내담자의 성장 잠재력 촉진을 추구한다.

도덕적 계율 게슈탈트치료에서 환자가 살면서 지켜야하는 규칙(예: 지금을 살라. 직접 표현하라. 자신의 것이 아니면 모든 '의무'와 '당위'를 거부하라. 자신의 행동에 전적으로 책임을 져라)이다.

무조건적인 긍정적 존중 내담자중심치료에 필수적인 것으로 간주되는 세 가지 치료자 특성 중 하나이다. 무조건적 긍정적 존중은 아무런 조건이나 요구 없이 내담자를 인간존재로서 완전히 수용하고 존중하는 것을 말한다.

성장 잠재력 모든 개인이 가지고 있는 역량이다. 내담자중심치료의 목표는 이것의 발현이다.

실존심리학 사람은 의미를 찾는 데 적극적으로 참여한다고 보는 심리학 접근이다.

역설적 의도 Frankl이 설명한 기법으로 내담자에게 불안이나 걱정의 대상이 되는 바로 그 행동이나 반응을 의식적으로 더 수행해 보도록 한다. 의도적으로 하려고 하면 자신이 할까봐 두려워했던 행동을 하지 못하게 된다는 것이 역설이다.

의미치료 Victor Frankl이 개발한 널리 알려진 실존치료로 내담자가 (a) 냉담하고, 불친절하며, 무의미해 보이는 세상에서 의미를 찾도록 격려하며, (b) 자신의 삶에 대해 책임감을 발달시키도록 격려한다.

인간중심접근 내담자중심접근을 치료실 밖의 문제나 상황에 적용할 때 부르는 명칭(예: 자원봉사자 훈련, 전문 의료인 훈련)이다.

인본주의 인간이 자유 선택을 실행하고 내적 잠재력을 발달시키려 하는 통합되고, 전체적이며, 고유한 존재라고 보는 심리학 접근이다.

일치성 내담자중심치료에서 필수적인 것으로 간주되는 세 가지 치료자 특성 중 하나이다.(진실성이라고도 부른다.) 일치성은 내담자에 의해서 자극된 치료자의 행동, 감정, 태도를 정직하게 표현하는 것을 말한다.

자기 자신의 존재와 기능을 다른 모든 것과 분리되고 구분되는 것으로 자각하는 것이다.

자기실현 자기를 유지, 증진하려는 기본적인 인간의 경향을 말한다.

탈반영 내담자의 주의를 보다 건설적인 사고나 활동으로 돌리기 위해 문제가 되는 행동이나 증상을 무시하도록 내담자에게 지시하는 기법으로 Frankl에 의해 소개되었다.

현상적 자기 사람이 '나'로 경험하는 현상적 장의 부분이다. 현상학적 이론에 따르면, 인간은 현상적 자기를 보존하고 증진하려는 기본 추동을 가지고 있다.

현상학 개인의 행동이 전적으로 자신의 현상적 장 또는 당시에 경험하는 모든 것에 의해 결정된다고 주장하는 철학적, 이론적 접근을 말한다.

Chapter 15

심리치료: 행동적 접근과 인지행동적 접근

Psychotherapy: Behavioral and Cognitive-Behavioral Perspectives

핵심질문

1. 임상문제에 관한 행동치료 접근을 가장 잘 기술하는 특징은 무엇인가?
2. 다음의 행동치료 형태에서 가장 특징적인 면은 무엇인가? 체계적 둔감법, 노출치료, 행동시연, 유관 훈련, 혐오치료
3. 행동적 접근과 인지적 접근이 어떻게 인지행동적 접근으로 통합되었나?
4. 행동치료의 장단점은 무엇인가?

개요

흔히 행동치료라고 명명되는 인지행동 치료(CBT)는 (Goldfried & Davison, 1994) 임상심리학의 주요 원동력이 되었다. 수많은 책들이 이 이론과 기술 그리고 다양한 실제적 적용에 관해 폭넓은 정보를 제공한다. 경험적으로 입증된 치료 목록 속에는 행동주의적인 요소가 들어간 수많은 치료가 포함되어 있다. 행동치료는 무르익었으며 큰 힘을 형성하였다.

행동치료의 기원

본 장에서는 행동치료의 정의에 대한 토의로 시작해 이 치료의 역사적인 근거에 대해 다루기로 하겠다.

정의

치료에 대한 행동 접근의 다양성은 모두가 만족할 만한 정의를 내리기 어렵게 만든다. 어떤 정의는 주로 조작적 조건 형성의 용어로 귀결되고(Skinner, 1971), 다른 정의는 고전적 조건 형성의 형태로 내려진다(Wolpe, 1958). 어떤 정의는 학습의 일반적인 원리(Ullman & Krasner, 1969)를 강조하고 심지어는 인지적 색채를 나타내기도 한다(Meichenbaum, 1977). 이러한 다양성을 고려해서 Goldfried와 Davison(1994)은 다음과 같이 언급하였다.

> 행동치료는 임상 현장에서 인간의 행동에 대한 연구에 실험적인 접근을 하는 방법을 말한다. 이 특정 접근의 기본적인 가정은 임상현장에서 보는 문제행동은 다양한 심리학적 실험에서 나온 원칙에 근거해서 가장 잘 이해될 수 있으며, 이런 원칙은 임상현장에서 행동 변화에 대해 제시하는 바가 크다는 것이다(pp.3-4).

전통적으로 행동 접근은 (a) 과학적 측면의 강조와 (b) 추론 변인에 대한 역할의 축소와 관련된다. 행동주의자들은 Freud의 정신론보다는 Skinner나 Pavlov의 과학에서 더 자신의 근거를 찾는다. 자극이나 반응을 매개하는 변인보다는 자극 반응에 더 초점을 둔다. 그러나 이 장의 뒷부분에서 볼 수 있듯이, 지난 세월 동안 행동치료는 인지나 다른 매개 과정을 취급하는 기법들로 그 관점이 확대되었다(Goldfried & Davison, 1994). 그럼에도 불구하고 행동치료의 역사적 근거를 살펴보는 것이 유익할 것이다.

간단한 역사

아주 많이 인용되는 알버트와 실험실 쥐의 실험 연구를 행한 Watson과 Rayner(1920)의 획기적인 업적을 제시하면서 시작해 보겠다. 실제로 이 연구는 어떻게 '신경증'이 아동에게 발달하는지를 증명한 것이었다. Pavlov의 조건 형성에 따라 알버트를 실험실 쥐와 놀게 두었다. 그런데 쥐를 보여 줄 때마다 동시에 큰 소리를 내었다. 몇 번의 이런 시도 후에 쥐(처음엔 중성 자극이었음)가 알버트에게 공포 반응을 유발하였는데, 이는 후에 비슷한 털 달린 다른 물건에까지 일반화되었다.

Mary Cover Jones(1924)는 어떻게 학습된 공포가 없어지는지 증명하였다. 3세 소년 피터는 토끼, 쥐 및 다른 것들을 두려워하였다. Jones이 공포를 없애기 위해서, 피터가 먹고 있을 때 우리에 가둔 토끼를 점차적으로 가까이 데리고 갔다. 공포 대상은 음식과 연합되었고, 몇 달 후에 피터의 토끼에 대한 공포는 완전히 사라졌다. 그러나 토끼에 대한 공포가 음식에 대한 혐오를 일으킬 정도로 크면 안 된다는 Jones의 충고를 기억해야 한다. Watson의 공포 조건 형성과 Jones의 '재조건 형성'은 30년 후에 상호 억제에 근거한 Wolpe(1958)의 치료에 직접적인 영향을 준 연구들이다.

Albert와 Peter의 경험이 말해 주듯이, 행동치료의 주요 이론적인 바탕은 Pavlov식 조건형성과 Hull의 학습 이론에 근거한다. 1950년대에 Joseph Wolpe와 남미의 Arnold Lazarus, 런던 Mausdsley 병원 Hans Eysenck는 동물 연구 결과를 인간의 불안 습득과 제거에 적용하기 시작하였다. Wolpe는 환자를 이용해 인간의 공포 감소에 대해 실험을 시작했고, 고조된 이완 상태에서 공포가 발생하는 상황을 상상하게 하였다. Wolpe의 **체계적 둔감법**은 Jones의 재조건 형성과 같이 어떻게 학습 이론이 임상 상황에 적용되는지를 실제적으로 증명해 준 것이었다. Salter(1949)는 조건형성된 반사치료를 통해 Pavlov의 전통에 근거한 치료 방법을 개발하려고 시도하였다.

이런 시도들을 단지 새로운 기법을 소개하는 것으로만 보지 않는다. 그들은 이 기법들이 체계적인 실험 과학 구조 속에서 나왔다는 것을 강력하게 주장한다. 또한 자신들의 신경증적 공포에 대한 기원과 치료에 대한 예시들이 Freud파의 정신적 악마주의(mentalistic demonology)나 Krapelin파의 정신과 진단 맞추기(psychiatric pigeon-holing)[1)]를 따를 필요가 없음을 보여 준다고 강하게 주장한다.

Wolpe나 Lazarus 및 Eysenck가 조건화 절차를 이용한 방법을 개발함과 때를 같이하여 조작적 전통이 영향을 미치기 시작한다. Skinner와 그 동료들(Lindsley & Skinner, 1954; Skinner, 1953)은 입원한 정신분열병 환자의 행동이 조작적 절차를 통해 변화될 수 있음을 보여 주었다. 환자의 특정 반응이 특정 결과를 가져오는 통제된 환경을 만들어 줌으로써 의미 있는 행동 변화를 초래할 수 있었다.

처음에는 행동치료에 질적으로 아주 극단적인 측면이 있었다. 행동에 초점을 맞춤으로써 환자의 내적 세계는 철저하게 무시되었다. 정신역동 이론의 유심론에 대한 반응이건 과학의 주관적인 영역

B.F.Skinner는 조작적 조건형성 영역의 선구자이다.

에 대한 편협적인 관점에서 나왔건 간에, 초기 행동치료자들은 인지적인 것들을 철저히 피하였다. 그러나 1954년에 Julian Rotter가 *Social Learning and Clinical Psychology*라는 책을 발표한 이래 변화가 일어나기 시작했다. 이 책에서 그는 심리학에 대한 동기 강화 접근이 인지 기대 접근과 병합될 수 있음을 설득력 있게 보여 주었다. 그래서 행동은 강화의 가치와 그 행동에 뒤따라 발생하는 강화에 대한 기대에 의해 결정된다고 간주하게 되었다. 또한 Rotter의 새로운 관점은 일련의 실험 연구를 통해서 학습과 인지 이론자이면서 동시에 과학적으로 존경받을 수 있는 임상가가 될 수 있음을 의심 없이 보여 주었다. Albert Bandura(1969)의 사회학습 이론은 행동의 변화에 기여하는 또 다른 주요 사건이었다. 인지적 측면에 강조를 둔 Rotter나 Bandura와 같은 이론가들은 행동치료를 보다 더 다양하고 유용하게 만드는 데 일조를 한 것이다(Goldfried & Davison, 1994; Meichenbaum, 1977; Thorpe & Olson, 1977).

1) 진단을 내리고 그 진단과 맞지 않는 정보는 무시하는 경향.

행동치료의 전통적 기법

특정 행동치료 기법을 논하기에 앞서, 치료관계의 중요성과 같은 환자에게 다양한 기법을 사용하는 현대 행동치료자들의 경향을 살펴보기로 한다.

치료관계

행동치료자들은 자신들의 성공적인 치료 방법을 소개할 때 종종 치료관계의 중요성을 간과하기도 한다. 그러나 Wolpe(1958)의 체계적 둔감법을 설명할 때 우리는 치료자들이 환자에 대해 수용적이고, 어려움을 미리 설명해 주며, 치료의 행동적 근거를 설명하는 등의 태도를 취함을 알 수 있다. 실제로 다른 치료에서와 마찬가지로 환자가 치료관계를 어떻게 지각하느냐가 성공적인 행동치료 결과에 매우 중요하다는 자료가 있다(Sloane, Staples, Cristol, Yorkston, & Whipple, 1975a). 행동치료 환자들이 치료관계를 긍정적으로 지각하며, 적어도 변화가 좋은 관계 덕분이라고 보는 여러 가지 이유가 있다. 행동치료자들은 환자의 문제에 개방적이고 수용적이며(문제를 무의식적 과정이라고 보기보다는), 치료가 상호 협력적이고 또한 교육적이며, 개입이 환자와 치료자가 변화시키고자 하는 문제행동에 명확하게 연결되어 있다(Thorpe & Olson, 1997).

이런 증거들은 행동치료가 미묘한 치료관계 요소를 아무것도 아닌 것으로 취급하지 않음을 시사한다. 즉, 이는 성공적인 치료 개입에 관계가 무시할 수 없는 영역임을 보여 준다. 결국 치료는 도움을 원하는 환자가 행동치료가 대안이 된다고 받아들이고 치료관계를 맺음으로써 이루어진다(Goldfried & Davison, 1994). 다르게 말하면, 행동치료는 환자가 실패할 것이라고 믿거나 그것에 반대하는 경우에는 성공적일 수 없다는 것이다. 사람들은 때론 행동치료자들의 환자에 대한 태도가 차갑고 기계적이라고 말한다. 이건 아마도 사실이라기보다는 고정관념이나 잘못된 믿음일 것이다. 실제로 Sloane과 그 동료들은(1975) 행동치료자들이 다른 치료자들에 비해 일반적으로 더 따뜻하며 감정이입을 많이 한다고 보고했다.

다양한 치료 스펙트럼

행동치료자들은 다양한 치료법을 사용하는데, 이는 환자에 따라 다를 뿐 아니라 같은 환자에게도 전체 치료과정에서 시기에 따라 다른 방법을 적용한다. Lazarus(1971a)는 이것을 **행동치료의 다양한 스펙트럼**이라고 명명하였다. 다음에서는 다양한 특정 치료법이 기술되겠지만, 독자들은 각각의 기법이 특정 목적을 가지고 행해지지만 실제적으로 모두가 서로 보완적임을 알 수 있을 것이다. 예를 들어, 독재적인 남편 때문에 어려움을 보이는 여자 환자는 특정 행동을 배우기 위해 자기 주장 훈련을 받게 된다. 그러나 이런 행동을 할 수 있게 되면, 그 여자 환자는 관계에 대한 다른 공포를 느끼게 될 수 있다. 그러면 그 환자에게는 비이성적이고 복종적으로 만드는 결혼에 대한 잘못된 신념을 재구조화하는 치료 회기가 필요하게 된다. 그 환자는 대처행동을 배우기 위해 모델링이나 관찰 학습에 참여하게 된다.

또한 행동치료나 기법이 적용되기 전에 철저한 행동평가가 이루어져야 한다는 제10장의 내용을 기억할 필요가 있다. 예컨대, 현재 문제에 대한 기능분석은 (a) 문제행동을 일으키는 자극이나 선행 조건, (b) 문제행동과 관련 있는 유기체 변인, (c) 문제의 정확한 묘사, 그리고 (d) 문제행동의 결과를 규명하도록 도와준다. 이런 자세한 분석을 실시함으로써 행동치료 그리고 인지행동치료로 적절한 치료를 할 수 있게 된다.

■ 인물소개 **Samuel M. Turner, Ph.D.**

Samuel M. Turner 박사는 심리학과 교수이자 메릴랜드 주립대학교의 불안장애를 위한 메릴랜드 센터의 공동 책임자이다. Turner 박사는 행동치료와 불안장애의 전문가이다. 그는 이 영역에서 미국심리학회에서 주는 지식 발전을 위한 저명한 전문가 기여상(Distinguished Professional Contribution to Knowledge Award)을 비롯해 많은 상과 명예를 받았다. Turner 박사는 33개 책을 냈으며 200개가 넘는 책 chapter와 논문을 썼고, 주요 심리학 학술지의 편집장, 부편집장, 그리고 논문심사위원으로 활동하였다. 다음에서는 우리가 가진 질문에 대한 Turner 박사의 답을 들어보겠다.

임상심리학에 관심을 갖게 된 동기가 무엇입니까?

임상심리학에 관심을 갖게 된 어떤 특정한 요소, 사건, 문제는 없습니다. 그러나 가장 중요한 사건을 들자면 행동적인 성향을 가지고 행동에 대한 경험적인 접근을 강조하는 아주 훌륭한 선생님에게 배운 두 수업을 들 수 있습니다. 이는 다른 접근이 가진 아주 주관적이고 이론적인 접근법과 반대되는 아주 새로운 접근이었습니다. 이 방법은 나의 아주 실제적이고 객관적인 관점과 잘 맞아 떨어졌다고 생각합니다.

임상심리학자로서 관련된 활동을 말씀해 주십시오.

저는 교수, 연구, 임상 활동을 병행하고 있습니다. 여기에는 수업, 대학원생과 박사 후 과정생들을 지도하는 것, 대학원생과 박사 후 과정생에 대한 임상 훈련, 그리고 직접 임상 서비스를 제공하는 것 등이 포함됩니다. 저는 활동적으로 연구에 임해왔으며, 과학자이자 임상가임을 자랑스럽게 여기고 있습니다. 또한 여러 행정 직책을 맡았고, 현재도 맡고 있습니다. 인턴십 디렉터, 클리닉 디렉터, 그리고 임상 훈련 프로그램 디렉터 등을 맡았습니다. 이와 더불어 여러 가지 직책을 맡으며 심리학 단체에서 활동하고 있습니다. 마지막으로 저는 국가 수준의 기관에서 연구비를 결정하는 데 참여해 오고 있습니다.

특정 전문 영역 혹은 관심은 무엇입니까?

저의 특정 관심 분야는 어른과 아동의 불안장애, 행동치료와 행동평가입니다.

임상심리학에서 당신이 보는 미래의 경향은 어떻습니까?

임상심리학의 미래 경향에 대해서 말할 것은 별로 없습니다. 한 가지 발생할 수 있는 일은 임상심리학자들이 정신건강보다는 일반적인 건강에 더 많은 관심을 갖게 되리라는 것입니다. 또한 전문 학교에서 훈련된 임상심리학자의 수가 점점 늘어남으로써 일반적인 대중뿐 아니라 다른 전문가의 눈에도 임상심리학의 이미지가 변화될 것입니다. 불행히도 난 이것이 바람직한 변화라고 보지 않습니다.

인지행동치료의 미래 경향에 대해서는 어떻게 보십니까?

인지행동치료에 어떤 미래가 올 것인지 말하기는 매우 어렵습니다. 지금은 별로 많은 변화가 일어나지 않고 있습니다. 대부분의 경우 인지적 접근과 행동적 접근의 결합이 치료 효과 연구에 큰 향상을 초래한 것으로 보이지는 않습니다. 실제로 임상 영역에서 인지 모델이 아주 잘 연구된 것을 보지 못했습니다. 아마도 미래에는 이런 일이 일어날 수도 있겠지요.

체계적 둔감법

이 방법은 일반적으로 환자가 어떤 특정 상황(혹은 상황들)에 적절하게 반응할 수 있는 능력이 있으나, 불안 공포 혹은 회피 반응을 보일 때 쓰인다. 기본적으로 체계적 둔감법은 불안을 낮추는 기술이다. 이는 Salter(1949)와 Wolpe(1958)에 의해 개발되었으며 **상호억제**, 즉 긴장과 이완을 동시에 할 수 없다는 간단한 원리에 기초한다. 환자에게 이완하는 법을 가르치고, 환자들이 이완상태에 있을 때 점차적으로 불안을 유발하는 자극을 제시하는 것이다. 결과적으로 환자는 이완된 상태에서 공포를 일으키는 자극을 경험함으로써 그 자극에 대해 둔감해진다. 체계적 둔감법은 동물 공포, 대중 연설 불안, 사회 불안에 효율적이라고 한다(Chambless et al, 1998; Chambless & Ollendick, 2001).

그림 15-1 ■ Joseph Wolpe는 신경증적 불안을 줄이는 방법으로 체계적 둔감화를 개발시킨 사람으로 잘 알려져 있다.

기법과 절차. 체계적 둔감법은 환자의 문제에 대한 역사를 알아내는 것에서 시작한다. 특정하게 문제를 일으키는 조건과 발달 요소에 대한 정보를 얻는다. 개인력에 대한 정보를 얻기 위해선 면접을 실시해야 하며, 때론 설문지를 실시할 필요가 있다. 이 과정을 거치는 이유는 환자의 불안의 중심을 알아내기 위해서이다. 또한 체계적 둔감법이 적절한 방법인지 결정하는 평가이기도 하다. 적절한 대처능력이 있으나 특정 상황에 심각한 불안을 보이는 환자에게는 둔감법이 적당하다. 그러나 환자가 기술이 부족하고 그런 기술이 필요한 상황에서 불안해진다면, 둔감법은 부적절하고 오히려 해로울 수 있다. 예를 들어, 만일 남자 환자가 춤을 춰야 하는 상황에서 아주 불안해진다면, 행동 부족에 대해서 둔감해지는 것보다는 춤추는 것을 배워야 효과적이다.

그 다음에 환자에게 문제를 설명한다. 설명할 때는 환자의 삶에서 예를 포함하도록 구체적이어야하고 환자가 불안을 배우고 유지하게 된 방법을 포함해야 한다. 이어서 체계적 둔감법의 근거를 설명한다. 설명과 예를 드는 중에는 과학적인 용어를 삼가고 환자가 알아들을 수 있는 언어를 사용해야한다. 이 단계는 임상가는 환자에게 체계적 둔감법의 효율성에 대해서 받아들이게 하는 단계이다. 면접, 평가, 설명의 전 과정이 따뜻하고 수용적이며 이해를 가지고 행해져야 한다.

다음 두 단락은 **이완 훈련**과 **불안 위계**를 형성하는 것과 관련 있다. 치료작업은 불안 위계 형성으로 시작되지만 동시에 이완 훈련도 시작한다.

이완. 행동치료자들은 Jacobson(1938)의 점진적 이완 방법을 빈번하게 사용한다. 환자는 먼저 특정 근육 부위를 긴장하고 이완하는 방법을 배우고, 이 두 감각 사이의 차이를 구별하는 것을 배운다. 이완에 대한 지시문은 주로 녹음해서 집에서 연습할 때 사용한다. 일반적으로 이완 훈련은 약 6회기에 걸쳐서 행해진다. 때론 이완을 위해 최면술이 사용되기도 하며, 어떤 경우에는 환자가 아주 편한 상황을 상상하라고 지시받기도 한다. 어떤 때는 이완을 증진시키기 위해 숨쉬기 운동을 사용한다.

불안 위계. 특정문제와 그것들이 발생하는 상황과 발달과정에 대해 논의하면서, 환자와 치료자는 함께 위계를 작성한다. 환자가 반복적으로 어려움이나 불안을 보이는 주제들을 따로 분리해서 불안을 유발하는 정도에 따라(가장 덜 불안을 일으키는 상황에서 아주 극심한 불안 반응을 일으키는 상황까지) 순서를 매긴다. 전형적인 불안 위계는 가장 약한 단계에서 가장 극심한 단계에 이르기까지 비슷한 간격이 있는 20 내지 25개의 상황으로 만들어진다. 다음은 아주 심한 시험 불안을 보이는 24세 된 여학생의 불안 위계의 예이다(Wolpe, 1973).

1. 시험 4일 전
2. 시험 3일 전
3. 시험 이틀 전
4. 시험 하루 전
5. 시험 전날 밤
6. 시험지의 뒷면이 앞에 놓여 있음
7. 시험지를 나눠 주기를 기다림
8. 시험장소의 닫힌 문 앞에 있음
9. 시험지를 답하는 과정
10. 시험날에 대학에 가는 길(p.116)

위의 위계는 두 가지 점을 보여 준다. 첫째로 그 위계는 공간적, 시간적 관점에서 만들어졌다. 둘째로, 항목들은 논리적으로 맞지는 않는다. 항목 10은 위계의 중간에 있어야 될 것처럼 보일 수도 있다. 이 목록은 위계가 개인에게 고유한 것임을 보여 주는데, 이건 결국 환자의 불안이지 임상가의 불안이 아니라는 것이다.

둔감법 절차에서 환자는 완전히 이완된 상태에서 위계에서 가장 약한 항목(불안을 가장 적게 일으키는 항목)을 상상하라고 지시받는다. 치료자는 장면을 기술하고, 환자는 약 10초 동안 그 장면에 대해 상상한다. 치료자는 한 회기당 2개에서 5개 항목 정도로 천천히 위계의 윗 항목으로 옮겨 간다. 그러나 환자에게 어느 때나 불안 수준이 올라가기 시작하면 알려달라고 하고, 그 경우 치료자는 환자에게 그 장면을 상상하는 것을 그만두라고 한다. 치료자는 환자가 다시 이완되게 돕는다. 몇 분이 지난 후, 그 절차를 반복한다. 이상적으로는 여러 회기에 걸쳐서 환자가 불편감 없이 가장 높은 항목까지 상상할 수 있게 될 것이다. Goldfried와 Davison(1994)은 둔감법 동안 남자 환자에게 준 지시문의 예를 제시하였다.

> (환자는 안락의자에 앉아서 스스로 이완 연습을 해왔다.) 좋습니다. 이제 그렇게 좋고 조용하고 편안한 이완 상태를 유지하세요. 조용하게 이완을 하는 장면을 상상하는 것도 도움을 줄 것입니다… 좋네요. 이제, 이완 훈련에서 사용한 0~100의 수를 기억하세요.
>
> 0은 완전히 이완된 상태를 말하고 100은 최대 긴장 상태를 말합니다. 지금 당신의 상태가 몇 점에 있는지 말해 보세요… (치료자는 *15~25*의 상대적으로 고요하고 이완된 상태를 말하는 점수를 기대한다.)
>
> 좋습니다. 곧 어떤 장면을 상상하라고 요청할 겁니다. 그 상황에 대한 설명을 듣고 나서, 될 수 있으면 아주 생생하게 마치 그곳에 있는 것처럼 그 장면을 상상해 보세요. 그 장면에 아주 세밀한 부분까지 모두 상상해 보세요. 그 상황을 시각적으로 상상하는 동안, 지금과 같은 이완 상태를 유지할 겁니다. 그렇게 할 수 있다면 아주 좋습니다. 5, 10, 15초 후에 그 장면에 대한 상상을 멈추고 다시 즐거운 장면으로 돌아가서 그냥 이완하고 계십시오. 그런데 혹시 불안이나 긴장이

체계적 둔감법의 사례 예

가장 유용한 위계를 작성하려면, 환자의 불안 반응을 유발하는 것이 정확하게 무엇인지 알아내야 한다. 적합한 위계를 선택하는 것이 얼마나 중요한지 보여 주기 위해서 다음의 예를 살펴 보자. 아래의 환자는 처음엔 본질적인 문제가 음식점에서 남편의 사업상 친구들과 식사를 할 때 불편감을 느끼는 간단한 문제로 보였다.

치료자: 사업상 미팅의 어떤 점이 당신을 불편하게 하는지 말씀해 보시겠어요? 예컨대, 너무 형식적이라든지, 아무런 의미도 없는 사람들을 안주인으로 대접해야 하는 게 꺼려지는 것인지?
환자: 그런 것 같네요.
치료자: 억지로 강요하지 않을 테니 곰곰히 생각해 보세요. 자신이 그 상황에 있다고 상상해 보세요. 지금 당신은 남편과 동료들과 같이 식당에 있습니다. 어떤 생각과 느낌이 드는지 말해 보세요.
환자: (눈을 감고 있다.) 화가 나고 내가 왜 여기 있어야 하는지 이유를 모르겠네요.
치료자: 남편은 뭐라고 하나요?
환자: 남편(Herb)은 이렇게 하면 사업이 더 번창할 것이라고 말하죠.
치료자: 얼마나 자주 이런 식사를 하나요?
환자: 한 달에 한 번 정도?
치료자: 어떻게 시작되죠?
환자: 무슨 뜻인가요?
치료자: 남편이 어떤 식으로 당신에게 알리나요?
환자: 남편은 집에 들어와선 "여보, 다음 주 금요일에 라이언과 2쌍의 부부를 Red Goblet 식당에서 대접하는 게 어떨까?"라고 말하죠. 그럼 나는 "결정 다 하고 왜 물어보죠?"라고 말해요.
치료자: 그러니까 그 대화가 있고부터 저녁 약속 날이 될 때 쯤이면, 남편과 당신은 서로 으르렁거리며 긴장된 상황에 있는 거겠네요?
환자: 글쎄요. 난 정말 싫어요.
치료자: 왜요?
환자: 무슨 뜻이죠?
치료자: 무슨 뜻인지 아시잖아요. 이 혐오 뒤엔 뭐가 있는 거죠?
환자: 난 그저 라이언이나 밀러 그리고 다른 돈쟁이들과 저녁을 먹기 싫을 뿐이에요.
치료자: 잠깐만, 다시 돌아갑시다. 당신은 남편이 작년에 광고 분야로 진출했을 때부터 이런 느낌을 받았다고 얘기하지 않았나요?
환자: 글쎄요. 설명하자면, 남편은 우리 아버지 회사에서 일했었고, 2년 전 아버지가 돌아가시자 사업을 물려받았죠.

약간이라도 높아지기 시작한다고 느끼면 왼쪽 검지를 들어 나한테 알려 주세요. 그러면 난 그 장면에 대한 상상을 멈추라고 할 것이고, 다시 한 번 이완할 수 있도록 도울 것입니다. 스스로가 불안을 느끼지 않고 공포스런 상황에 노출되는 사실을 극대화하기 위해서는 이런 방식으로 자신의 긴장 상태를 알리는 것이 중요합니다. 아셨죠? 질문 있습니까? … 좋습니다. 후에 이에 대해 자세히 토론할 기회를 가질 것입니다.[2)]

2) From Clinical Behavior Therapy (Expanded Edition) by M. R. Goldfried & G. C. Davision (1994). 허락하에 발췌.

이론적 근거. 비록 Wolpe의 체계적 둔감법의 효과성에 대한 설명이 '역조건화(*counterconditioning*: 불안을 이완으로 대처하는 것)'의 원리를 기반으로 하지만, 다른 연구자들은 그 설명에 확신이 없다(Davison & Wilson, 1973). 어떤 사람들은 소거(*extinction*)가 조작적인 과정이라고 주장한다. 즉, 환자가 불안 유발 상황을 반복적으로 시각화할 때 불안 반응이 종국에는 없어진다고 한다(Wilson & Davison, 1971). 또 다른 설명으로는 Mathews(1971)의 습관화(*habituation*) 가설이 있다. Emmelkamp(1982)는

체계적 둔감법의 사례 예 (계속)

치료자: 잠시 추론을 해 보죠. 당신 아버지는 돌아가시기 전에 광고분야를 담당하고 있었나요?
환자: 그게 이거랑 무슨 상관이죠?
치료자: (조용히 있는다.)
환자: 하나님 맙소사. 당신은 남편이 우리 아버지 자리를 빼앗았기 때문에 내가 그를 미워한다고 생각하는군요?
치료자: 그런가요?
환자: 글쎄요. 그런 생각은 한번도 해본 적이 없어요.

면담이 더 진행되면서 문제는 남편과 그 사업 관계자와 식사하는 것에 대한 민감함을 다루는 것이라기보다는 남편이 아버지보다 못한 사람이라는 기본적인 생각을 다룬다는 것이 명백해졌고, 둔감법은 아버지의 죽음에 초점을 두었다.[3)]

3) From Behavior Therapy and Beyond, by A. A. Lazarus, pp. 99-100. Copyright © 1971 by McGraw-Hill, Inc. 허락하에 발췌.

이 가설에 대한 경험적 증거와 다른 이론적 설명들을 살펴보았다.

둔감법의 기본 방식은 치료 절차를 방해하는 불필요한 예기 불안을 피하기 위해 자료를 약한 것부터 점진적으로 강력하게 제시하는 것이다. 그러나 어떤 임상가들은 위계 목록을 거꾸로(가장 불안을 유발하는 항목부터) 제시하는 것도 여러 공포증을 없애는 데 효과적이라고 한다. Richardson과 Suinn(1973)은 가장 강한 장면 3개만을 제시했는데 효과적인 결과가 나타났다고 보고하였다.

체계적 둔감법은 여러 요소와 관련 있다. 지시문만으로 긍정적 결과가 나올 수 있는데, 이는 향상에 대한 환자의 기대가 영향을 준 것으로 볼 수 있다. 다른 결정적인 요소는 환자가 불안 감소, 일상에서의 향상, 혹은 불안 위계를 성공적으로 완수하는 것을 보고했을 때 치료자가 주는 정적 보상이다. 예컨대, Leitenberg, Agras, Barlow와 Oliveau(1969)는 뱀에 대한 공포를 치료할 때, 체계적 둔감의 효과는 환자가 (a) 불안을 보고하지 않고 장면을 떠올릴 때, (b) 한 목록을 마칠 때, 혹은 (c) 연습할 때 뱀에 가까이 갔다는 것을 보고할 때에 치료자가 "좋습니다.", "훌륭해요.", "잘하고 있습니다." 등의 칭찬을 할 때 가장 극대화됨을 관찰했다. Goldfried(1971)은 체계적 둔감법이 공포를 줄이려는 환자에게 적용되는 수동적 과정이라는 설명에 반대한다. 오히려 환자가 자신의 공포를 줄이는 기술의 습득이라고 주장한다. 이런 의미에서 Goldfried는 체계적 둔감법을 자기통제의 훈련이라고 간주한다.

앞에서 말한 것들은 모두 체계적 둔감법이 이전에 생각했던 것 같은 단순한 기계적인 혹은 조건화 과정이라고 말하기 어려움을 시사한다. 여러 관련된 변인 및 환자의 기대와 신념들이 관련된 듯 보인다. 일반적으로, 체계적 둔감법은 여러 임상상황에 심리학적 개입으로 꽤 유용함이 밝혀졌다. 기존의 연구들은 체계적 둔감법이 불안장애, 특히 단순 공포증, 사회 공포증, 대중 연설 공포증, 그리고 전반적 불안장애에 효과적임을 보여 준다(Chambless et al., 1998; Chambless & Ollendick, 2001; Emmelkamp, 1994, 2004).

노출치료

노출치료라는 용어는 홍수법이라고 불렀던 절차를 가다듬은 행동치료 기술이다. 노출치료의 시초는 고양이의 불안 반응과 회피 반응을 연구한 Masserman(1943)까지 거슬러 올라간다. Masserman의 연구에서는 특정 환경 조건하에서 고양이에게 쇼크를 줌으로써 신경증적 행동을 일으켰다. 이어서 고양이를 쇼크가 일어난 환경에 억지로 놔두면(예: 회피나

도피 반응이 불가능한 상황) 회피 반응이 감소함을 발견하였다. 이 결과는 사람의 불안치료를 개발하는 데 기초가 되었다. 그 후 연구들은 특정 공포증, 공황장애, 광장 공포증, 사회 공포증, 외상후스트레스 장애, 강박증에 노출치료가 효과적이라는 증거를 보여주었다(Chambless et al, 1998; Chambless & Ollendick, 2001; Emmelkamp, 1994, 2004).

노출치료에서 환자는 공포를 일으켰던, 혹은 회피를 유발했던 자극이나 상황에 자신을 노출시킨다. 실제 상황에 대한 노출일 수도 있고, 상상에 의한 노출일 수도 있다. 상상에 의한 노출의 경우, 환자는 자기가 공포자극(예: 거미) 혹은 불안을 일으키는 상황(예: 대중 앞에서 연설)에 있는 것을 상상하게 한다. 많은 연구들은 노출치료에서 최대 효과를 보기 위해선 불안 공포 자극의 특정한 측면에 노출되어야 함을 지적한다(Barlow & Cerny, 1988).

1. 노출은 길어야 한다.
2. 노출은 공포-불안이 제거될 때까지 반복되어야 한다.
3. 노출은 불안을 덜 일으키는 자극-상황에서 높은 불안을 일으키는 자극-상황으로 점차적으로 진행되어야 한다.
4. 환자는 될 수 있는 한 공포스러운 자극에 주의를 기울이고 그 자극과 관계를 맺도록 노력해야 한다.
5. 노출은 불안을 유발해야 한다.

본 장에서 다룬 다른 행동치료처럼, 노출치료는 그 치료만으로 혹은 다요소치료의 한 치료 요소로 이용될 수 있다. 예를 들어, Barlow와 Cerny(1988)는 공황장애의 심리치료를 기술하였는데, 이 치료는 이완, 인지적 재구조화와 노출을 포함한다. 이 치료 방법이 특히 눈에 띄는 이유는 환자를 **신체 감각 단서**(예: 빠르게 숨쉬기, 어지러움과 같은 내적 신체감각 자극)를 경험하게 만들기 때문이다. 이런 경험은 공황장애를 앓고 있는 사람들에게 필수적인데, 왜냐하면 이들의 공황 발작은 예측 불가능하며 아무 이유 없이 발생한다고 보고하기 때문이다. 이 경우 특별한 외적인 불안 유발 자극이나 상황이 없다. 반대로 공황장애가 아닌 다른 불안장애를 가진 사람들은 특정 외부 자극이나 상황에 직면할 때 심한 불안을 보고한다.

어떻게 임상가가 불안 수준을 높이는 것이 병을 낫게 하는 것이라고 환자를 설득할 수 있나? 노출치료에 대한 이론적 근거를 보여 주기 위해, 글상자 15-1에서는 Barlow와 Cerny(1988)의 공황장애 치료에 이용되는 소개서를 제시한다.

Craske, Rowe, Lewin과 Noriega Dimitri(1997)는 고소공포증이 수반된 공황장애의 두 가지 치료 방법의 효과성을 비교하였는데, 한 가지 치료는 신체 감각 단서에 대한 노출이었고, 다른 치료는 그것보다는 숨 참기 방법을 이용한 것이었다. 두 치료 모두가 효과가 있었지만, 신체 감각 단서에 대한 노출을 훈련받은 환자들이 치료 후와 추수단계에서 기능상의 문제나 공황 발작을 덜 보였다. 따라서 신체 감각 단서를 포함하는 것이 효과가 있었다는 결론을 내렸다. 노출을 기초로 한 경험 근거치료의 한 예로, 글상자 15-2에서는 강박증에 대한 **노출과 반응 제지** 프로그램을 소개한다. 노출과 반응 제지 프로그램은 강박증에 가장 효과적인 심리학적 치료방법이다(Emmelkamp, 2004).

행동시연

이 제목 밑에는 다양한 환자의 대처 행동을 증진시키려는 방법들이 있다. **행동시연**은 분명히 새로운 개념이 아니다. 지난 수년간 여러 가지 형태의 행동시연이 이용되어 왔다. 예를 들어, Moreno(1947)는 환자의 문제해결을 돕기 위해 역할 훈련의 한 방법인 사이코드라마를 시작했고, Kelly(1955)는 고정된 역할치료를 이용하였다. 그러나 역할 훈련이나 행동시

글상자 15-1 공황장애 환자에게 적용되는 노출치료의 이론적 근거

많은 행동 요법들을 이용할 때 환자에게 이론적 근거를 제공하는 것은 매우 중요하다. 특히 환자가 자신의 불안이나 공포 수준을 증가시키는 행동을 해야 하는 노출치료에 중요하다. Barlow와 Cerny가 제시한 노출치료에 대한 이론적 근거는 다음과 같다.

우리가 전에 만났을 때 말했던 것처럼, 공황 발작은 당신의 몸이 위험하거나 위협적인 상황에 대한 신호로 오해해서 생긴 허위 경보입니다. 물론 문제는 이런 공황 경보가 실제적으로 오류라는 것입니다. 그럼에도 불구하고, 이 공황 발작과 관련된 공포는 상당히 사실적입니다. 오류 경보가 학습된 현상이듯이, 이에 대한 치료 역시 계획된 재학습 경험과 관련이 있습니다. 이런 수정 학습 경험을 기술하는 용어가 노출치료입니다.

노출치료의 기본 논리는 단순합니다. 자신을 불안이나 공황 발작과 관련된 상황이나 단서에 노출시킴으로써 적어도 세 가지 것을 배울 기회를 갖게 됩니다. (1) 불안이나 공황 증상은 이완과 이제까지 배워온 인지 대처 방법으로 통제할 수 있습니다. 실제로 문제되는 증상을 줄일 뿐 아니라, 원하면 증상을 일으킬 수 있습니다. (2) 공황 발작과 연결된 공포가 근거가 없습니다. (3) 마지막으로 공포에 대한 신호와 공황 발작 사이의 관계를 없애고 그런 공황 상태와 연결된 신호에 대해 점진적인 노출을 하는 동안 그에 대해 새롭게 반응하는 방법을 배우게 될 것입니다.

지금은 이런 새로운 학습이 어떻게 일어나는지에 대한 정확한 기제에 대해 완전히 이해하지는 못할 것입니다. 그러나 우리는 불안장애를 치료하는 데 있어서 노출치료가 매우 효과적임을 알고 있습니다. 노출 동안에 얻는 새로운 학습이 치료의 결정적인 요소입니다. 공황과 관련된 단서에 대한 노출은 단순히 그 학습이 일어날 가능성을 증대시켜줍니다. 그러므로 이런 단서에 대한 수동적인 노출, 즉 교정 학습 없이 계획되지 않은 노출은 치료가 될 만큼의 행동 변화를 일으키지 못합니다.

불안 유발 단서에 노출시키기 때문에, 처음에는 더 불안하고 때로는 공황 발작이 자주 일어날 수 있다는 것을 알아야 합니다. 그러나 이 경우 불안과 공황 발작은 제한적입니다. 즉, 대부분의 경우에 불안과 공황 증상은 사라지게 될 것입니다. 불안과 공포 그 자체는 다소 불쾌할 수 있습니다.

경험할 수도 있는 불쾌감을 최소화하기 위해서 불안을 일으키는 단서에 대한 점진적 위계표를 함께 작성할 것이며, 그 위계에서 가장 덜한 항목에서 가장 심한 항목까지 차례로 연습해 나갈 것입니다. 그렇지만 적어도 처음에는 어느 정도의 불안은 참아야 할 필요가 있습니다. 불안과 공황 증상을 다루는 데 보다 효과적이고, 오류 경보를 무시할 수 있게 되면, 공황 발작의 수나 강도가 점차적으로 감소함을 느낄 수 있을 것입니다.

공황 유발 단서에 대해 자신을 노출시키는 세 가지 방법이 있습니다. 첫째는 스스로가 공황을 일으키는 상황이나 단서를 경험한다고 상상하는 것입니다. 상상 노출은 통제된 혹은 각성을 덜 일으키는 상황에서 노출에 대한 기회를 제공할 뿐 아니라, 관리하는 기술을 상상 속에서 계획하고 연습하게 함으로써 직접적으로 맞닥뜨렸을 때를 대비할 수 있게 해줍니다. 둘째, 병원에서 특정 공황 유발 단서에 대해 노출하는 기회를 갖는 방법입니다. 이는 오류 경보일 수 있는 신체 감각을 일으키는 방법들을 살펴보는 기회가 됩니다. 그리고 마지막으로, 생활 속에서 맞닥뜨리는 실제 상황에 자신을 노출시키는 방법입니다. 지금부터 상상 훈련과 위계 목록을 만들 것입니다.

출처: Barlow, D. H., & Cerny, J. A. (1988). Psychological Treatment of Panic (pp. 155-156). New York: Guilford. Reprinted with permission.

연의 형태는 행동적 목표와는 동떨어진 목표를 추구해 왔다. Moreno에게 있어서 역할 훈련은 환자의 문제에 대한 원인을 규명하는 치료적 감정 배출 수단으로 이용되었다. Kelly는 역할 훈련을 환자의 인지 구조를 바꾸는 방법으로 사용하였다. 다시 말해, 특정치료 방법은 한 가지 이론적인 접근에 국한되는 것은 아니라는 것이다. 서로 다른 이론은 다양한 이유로 비슷한 방법을 사용할 수 있다.

글상자 15-2 **강박증의 행동치료: 노출과 반응 제지**

강박증은 과도한 불안과 불편함을 일으키는 반복적인 침투적 사고, 충동, 혹은 이미지(강박관념)를 특징으로 하는 DSM 1축 질병이다. 이 병에는 상반되는 강박관념이나 불안을 막거나 줄이려는 목적으로 행하는 반복적인 행동이나 의식화(ritualistic)된 정신 활동이 수반된다(American Psychiatric Association, 2000). 최근 몇십 년간의 연구결과는 일단 이런 생각이 통제가 불가능해지면, 이런 강박증상의 치료에 특정 행동치료, 노출과 반응 제지가 효과적이라고 한다(Emmelkamp, 2004).

Foa(1996)가 밝혔듯이, 이 치료는 강박관념이 아주 심한 불안과 불편감을 주지만, 강박 충동이 이런 불안을 줄인다는 가정을 기초로 한다. 또한 비록 강박 충동이 일시적으로 불안을 줄이기는 하지만, 습관화가 일어나지 않기 때문에 강박적인 불안은 유지된다는 것이다. 강박 충동은 불안을 감소시키는 강화물로서 지속된다. 노출과 반응 제지는 이런 패턴을 깨려고 하는데, 이를 위해 (a) 환자를 강박적인 불편감을 일으키는 상황에 노출시키고, (b) 불편감을 느꼈을 때 전형적으로 행하는 강박 행동을 하지 못하게 하는 방법을 이용한다. 이상적으로는 이런 방법을 쓰면 (a) 강박사고, 이미지, 충동에 대한 습관화가 일어날 것이며(따라서 이런 것들에 의해 발생한 불안의 수준은 줄어들 것이며), (b) 강박 행동은 방지가 되므로 더 이상 강화가 되지 않을 것이다.

Foa(1996)는 강박증에 대한 노출과 반응 제지치료의 개요를 제시하였다.

1. 3주 동안 회기당 2시간, 15회기가 진행된다.
2. 이 회기 동안 환자는 강박 사고를 유발하는 상황이나 대상에 노출된다. 예를 들어, 먼지나 세균에 강박 사고를 가진 환자에겐 팔이나 얼굴에 신문지를 문지르게 한다.
3. 또한 강박 행동을 하지 않으면 발생할 것이라고 생각하는 비극적인 결말에 대해서 상상하게 한다. 이 방식으로 환자는 큰 두려움 없이 비극적 사건에 대해서 생각할 수 있게 된다.
4. 이런 노출 경험을 연습해 오는 것이 숙제이다.
5. 노출이 소개됨과 동시에 치료자는 강박적 공포에 직면하면 전형적으로 발생하는 의식적 강박 행동이 일어나지 않게 한다. 예를 들어, 먼지나 세균에 강박을 가졌고, 이로 인해 과도한 손 씻기나 샤워를 하는 환자는 이런 행동을 못하게 한다. 시간이 흐르면 '정상적인' 손 씻기나 샤워가 허용된다.
6. 마지막으로 약 10회의 내원이나 전화 상담이 이루어지는 치료유지단계에서는 환자가 이런 치료 효과를 지속시키도록 고무한다.

기법. Goldfried와 Davison(1994)에 의하면, 행동시연은 네 가지 단계를 거친다. 첫 단계는 환자에게 새로운 행동을 배울 수 있는 필수 조건에 대해 설명하고 환자가 행동시연을 유용한 방법으로 받아들이고, 역할 훈련을 통해 초기 불안을 제거하도록 준비시키는 단계이다. 두 번째 단계는 목표 상황을 선정하는 것이다. 이 시점에서 많은 치료자들은 역할 훈련이나 시연 상황의 위계를 정한다. 이 위계는 환자가 어려움을 호소했던 상황과 유사해야 한다. 목표상황의 위계에 대한 예(점점 더 복잡한 행동 기술이 요구되는 순서)는 다음과 같다.

1. 비서에게 수업에 대한 정보를 요구한다.
2. 다른 학생에게 지난 시간의 숙제에 대해 물어 본다.
3. 수업 후에 교수에게 다가가 강의에 대해 질문한다.
4. 교수의 연구실로 가서 어떤 화제에 대해 대화를 나눈다.
5. 의도적으로 자신과 의견이 다른 학생에게 접근하여 어떤 이슈에 대해서 논쟁한다.

세 번째 단계는 실제 행동시연단계이다. 위계를 올라가면서 환자는 적절한 역할을 수행하게 되고, 치료자는 환자의 수행에 얼마나 적절했는지에 대해 가르치고 피드백을 준다. 때로 동영상을 보조로 이용할 수 있다. 다른 예로, 치료자 혹은 치료 보조자는 적절한 모델을 위해 환자와 역할을 바꿀 수 있다. 환자가 한 가지 목표 상황에서 잘 수행하면 다음 위계 단계로 넘어간다.

마지막 단계에서 환자는 새롭게 배운 기술을 실제 상황에 적용한다. 실제 경험 후에 환자와 치료자는 환자의 수행 정도와 그 경험에 대한 느낌을 이야기할 기회를 갖는다. 때로 환자에게 자신이 경험했던 상황, 행동, 그리고 결과에 대해 써 보라고 하기도 한다.

자기 주장 훈련. 행동시연의 한 가지 형태는 **자기 주장 훈련**이다. Wolpe는 자기 주장 반응이 어떻게 상호 억제가 일어나는지에 대한 예시라고 간주했다. 즉, 사람들은 동시에 자기 주장적이면서 수동적이 될 수 없다는 것이다. 자기 주장 행동이 불안을 억제함으로써 불안을 일으켰던 상황이 더 이상 그렇지 않게 될 것이다.

자기 주장 훈련은 처음엔 상황에 대처하는 소극성 때문에 불안해진 환자의 치료를 위해 개발되었다(Wolpe, 1958; Wolpe & Lazarus, 1966). 다양한 자기 주장 훈련 프로그램은 극심한 수동성으로 고생하는 사람들을 위해 개발되었다. 그러나 자기 주장 훈련은 성적인 문제, 우울증 그리고 결혼 갈등을 가진 사람들에게 사용되어 왔다. 인지적 자기진술(예: 싫으면 싫다고 맘대로 얘기할 수 있다고 생각한다)은 자기 주장 훈련의 효과를 증진시킬 수 있다. 실제적으로 많은 절차가 자기 주장을 증가시키는 데 사용되었다. 행동시연은 아마도 가장 대표적인 방법이다.

자기 주장이 부족한 것에는 여러 가지 원인이 있을 수 있다. 어떤 경우에 단순한 정보 부족이 원인일 수 있는데, 이 경우 정보를 제공하는 것이 치료이다. 다른 경우엔 예기된 불안이 자기 주장을 막는 수가 있다. 이 경우 둔감법을 이용하여 치료한다. 또 다른 사람들은 자기가 주장을 내세우는 것에 대해 비현실적인(부정적) 기대를 가진다. 이런 기대는 해석과 합리적 정서 기법을 통해 다룬다. 자기 주장이 틀리다고 느끼는 환자에게도 비슷한 방법이 사용된다. 마지막으로 자기 주장이 부족한 것이 행동 결핍과 관련되어 있는 환자들(어떻게 자기 주장적으로 행동해야 하는지 모르는 환자들)이 있다. 이 경우엔 행동시연이나 모델링 등의 방법이 이용된다.

자기 주장 훈련은 사람들을 공격적으로 만드는 것과는 다르다. 이 방법은 사람들로 하여금 다른 사람의 권리를 침해하지 않는 범위 내에서 자신이 느낀 것을 표현하는 방법을 가르치는 것이다(Wolpe & Lazarus, 1966). 농구장에서 앞사람이 자꾸 뛰기 때문에 경기를 보지 못하는 사람을 상상해 보라. "앉지 않으면 밀어 넘어뜨려 버리겠소."라고 말하는 것은 공격적이다. 그러나 "죄송한데, 좀 앉아 주실래요? 잘 안 보이네요."라고 말하는 것은 자기 주장적 반응이다. 실제로 자기 주장 훈련은 과도하게 공격적인 사람을 자신의 욕구를 만족시키기 위해 보다 부드럽고 효과적인 방법을 가르치는 데 유용하다.

유관성 관리

많은 스키너식 혹은 조작적 방법은 **유관성 관리** 절차를 지칭한다. 이 방법은 결과를 조작함으로써 행동을 통제한다는 공통적인 목적을 가진다.

기법. 유관성 관리는 여러 가지 형태를 띠는데, 다음에선 몇 가지 예를 살펴보겠다.

1. **조형**. 바람직한 행동은 처음엔 그것과 비슷한 행동을 보상함으로써 발달시킬 수 있다. 점차적으로, 목적으로 하는 행동과 비슷한 행동에 대해 선택적으로 강화해 줌으로써 최종 행동이 만들어질 수 있다. 이 방법을 **연속적인 근접**(*successive approximation*)이라 부른다.
2. **타임 아웃**. 바람직하지 않은 행동은 그 행동에 대

한 보상이 더 이상 주어지지 않게 되면 없어진다. 수업을 방해하는 아이의 경우 그 행동이 다른 사람의 관심을 더 이상 받지 못하게 하려고 아이를 수업에서 내보낸다.

3. **유관성 계약**. 환자와 치료자 사이의 공식적인 동의나 계약으로 양자 사이에 특정 행동에 대한 결과를 명시한 것
4. **할머니 법칙**. 기본적으로 할머니가 쓰는 방법, "먼저 공부하고, 그 다음에 놀아."와 비슷하다. 즉 바람직한 행동은 그 행동의 결과로 더 좋은 행동을 할 특권이 주어지면 강화받는다는 것이다. 방을 치운 뒤에 공놀이를 할 수 있게 허락하는 것을 예로 들 수 있다. 이 방법은 프리맥 원리(premack principle)라고도 한다(Premack, 1959).

토큰 경제. 조작적 접근은 치료자나 기관에서 근무하는 치료진이 환자의 행동에 대한 강화 유관을 통제하기 위해 발휘하는 가장 일반적인 방법이다. 조작적 조건형성의 원리는 정신지체나 만성 정신질환으로 병원이나 기관에 수용된 사람들의 행동을 수정하는 데 이용된 토큰 경제에서 쉽게 찾아볼 수 있다(Kazdin, 1977; Liberman, 1972). 그런 프로그램은 기관을 보다 살만한 곳으로 만들어 줌으로써 치료 효과 극대화에 보다 효과적이다. 배워서 습득한 여러 가지 사회 기술이 기관 밖으로의 매끄러운 일반화를 고무할 수 있을 것이다.

토큰 경제를 만들 때 세 가지 사항을 고려해야 한다(Krasner, 1971). 첫째로, 보상될 바람직한 행동에 대해서 조심스럽고 명백하게 해두어야 한다. 둘째로, 명백하게 정의된 보상물(혹은 교환 매개물로 각양각색의 포커칩, 카드, 동전 등)이 정해져야 한다. 셋째로 지원 강화물(back-up reinforcement)이 정해져야 한다. 이런 것들은 환자가 누릴 특권이나 물건을 말한다. 각각 10점씩 하는 토큰 두 개로는 TV를 1시간 시청할 수 있고, 5점짜리 토큰은 사탕과 바꿀 수 있게 한다. 토큰 경제를 잘하기 위해서는 세밀한 자료 기록 체계와 그 치료 프로그램의 중요성을 인식하고 관찰을 잘하는 스태프가 필요하다.

토큰 경제는 강화 통제를 통해서 바람직한 행동을 증가시키는 데 사용된다. 바람직한 행동이 청결 유지이건 사회적 참여의 증대이건, 혹은 직업 능률 향상이건 간에 발생 가능성은 다양한 가치를 가진 토큰에 의해 증대된다. 그런데 도대체 토큰은 왜 이용하나? 왜 직접적으로 침대 정돈하는 것을 보상하지 않는가? 그 이유는 보상의 효과가 보상이 행동 발생 즉시 발생하는 경우 가장 효과가 있기 때문이다. 환자가 자기 방을 청소한 10시간 후에 보상으로 영화를 보여 준다면, 토큰이 즉각적으로 주어진 것보다 덜 효과적일 것이다. 토큰은 보상을 의미 있게 하고 나중에 교환되는 대체 강화물의 효과성을 기초로 한다.

혐오치료

모든 치료 가운데 가장 논쟁이 되는 치료가 **혐오치료**이다. 실제적으로 이건 단일치료라기보다는 바람직하지 않은 행동에 적용되는 여러 절차들을 일컫는 말이다. 이런 방법들은 반응이 불쾌한 결과를 가져오면(예: 벌이나 고통), 그 행동이 사라질 것이라는 간단한 원리에 기초한다. Wolpe(1973)는 "혐오치료는 조작적으로 원하지 않는 감정 반응을 억제하기 위해서 혐오 자극을 주어서 습관 강도를 약화시키는 것"(p.216)이라고 정리하였다. 불쾌한 자극은 부적절한 행동과 임시로 연결시킨다. 부적절한 행동과 불쾌한 자극을 영구히 연결시켜 조건화를 일으키는 것은 윤리적으로 금지되어 있다.

이 같은 기술은 최근에 과학적 임상 분야에 나타난 것으로 보인다. 그러나 이런 방법들은 좀 덜 세련된 형태지만 옛날부터 우리가 사용해 오고 있다(예: 엉덩이 때리기, "방으로 가." "오늘밤에 TV 못 본다." 등). 현대적인 혐오치료 기술은 두 가지 측면에

서 위에 언급한 방법과는 다르다. 첫째, 혐오 자극을 체계적으로 제시한다. 일시적 유관을 철저하게 모니터한다. 둘째, 처벌이 일관적으로 적용된다. 부모에 의해 가해지는 처벌은 불규칙적인 것이 특징이다. 때때로 아동의 바람직하지 않은 행동은 즉각적으로 처벌된다. 그런데 부모는 잊어버려서 혹은 정신이 딴 곳으로 쏠려서, 너무 피곤해서 반응하지 못하는 수가 많다. 결과적으로 아이는 행동이 때로는 무시됨을 배우고 따라서 소거가 일어나지 않는다. 공식적인 임상 절차로서 이런 기술은 부모가 자기 통제를 잘 하도록 가르친다. 비만, 흡연, 알코올 중독, 성도착 등에 이 방법이 사용되어 왔다.

혐오 자극. 가장 빈번하게 사용되어 온 혐오 자극은 전기 자극과 약물이다. 예를 들어, 특히 알코올 중독에 강력한 구토제가 여러 해 동안 사용되어 왔다(Voegtlin & Lemere, 1942). 환자는 구토와 메스꺼움을 일으키는 약물을 복용한다(혹은 약물을 술과 섞어 준다). 환자는 곧 괴로워하게 된다. 약 10일 동안 알코올과 구토제의 혼합물을 복용한다. 결과적으로 그 마시는 음료를 보기만 해도 구토와 불편감을 일으키기 충분하게 된다.

Wolpe(1973)는 숨을 참는 것, 줄담배를 피게 하는 것, 아위수지(asafetida, 역주: 진정제의 일종으로 냄새가 아주 고약함) 냄새를 맡게 하는 것, 불빛을 극도로 밝게 하는 것, 백색 소음, 그리고 창피함을 주는 것 등 여러 가지 다른 혐오제를 기술하였다. 분명히 치료자가 어느 정도 상상력이 있느냐에 따라 혐오 자극이 다양하게 된다.

내재적 예민화. Cautela(1967)는 내재적 예민화라는 절차를 개발하였는데, 이 절차에서는 체벌이나 약이나 자극을 직접 가하지 않고 상상을 통해 가한다. 환자는 자신이 없애고 싶은 행동을 하는 것을 상상한다. 일단 부적절한 행동이 확실하게 떠오르면, 극도로 혐오스러운 사건을 떠올리라고 지시받는다. 이런 지시는 아주 생생하다. 과식을 하는 사례를 치료한 예에서 다음과 같은 경로의 혐오적 지시가 사용되었다. "포크를 만질 때 목에서 음식이 넘어오는 것을 느낀다. 토할 것 같다."(Cautela, 1967, p.462)처럼 환자에게 계속해서 보다 생생한 기술을 해 준다.

다른 기법. 기법적으로는 혐오치료나 벌로 간주되지만, 다른 행동치료 기법들은 혐오 자극이나 내재적 예민화보다 덜 극단적이다. 예를 들어, **반응 대가**(*response cost*)는 환자가 바람직하지 않은 행동(예: 떼쓰기)을 하면 정적 강화(예: 토큰 경제에서 토큰)를 제거하는 것이다(Thorpe & Olson, 1997). 과잉교정(overcorrection)은 또 다른 방법이다. 여기서 환자나 내담자는 행동의 결과를 과하게 수정해서 그 행동이 앞으로 나타날 확률을 줄인다(Thorpe & Olson, 1997). 예를 들어, 자기 방 벽에 "아버지는 미친놈"이라고 쓰는 청소년의 경우 자기 방 벽 전체에 새로 페인트를 칠하게 한다.

고려할 점. Skinner와 같은 유명한 행동주의자는 행동에 영향을 주고 통제하는 벌의 효과에 대해서 의문을 제기해 왔고, 많은 임상가들은 치료 시 혐오 방식의 사용을 자제하여 왔다. 예를 들어, Lazarus(1971a)는 보다 향상된 반응의 구축과 불안을 감소시키는 것이 혐오치료를 하는 것보다 훨씬 더 오래 치료 효과를 지속시킨다고 하였다. 그래서 성에 대한 도착증(fetish)의 경우 여자의 구두를 상상할 때마다 처벌하기보다는 행동시연을 통해 환자의 이성에 대한 공포를 줄이는 것이 장기적으로는 더 효과적이라고 하였다.

행동치료 안팎으로 비평가들은 혐오치료에 대해 지극히 비판적이었다. 벌에 집중을 하는 것과 공포스런 자극을 이용하는 것은 인간의 존엄성에 크게 위배된다. 환자가 스스로 치료를 원하는지 아닌지는 문제가 아니다. 큐라레(남미 식물에서 채취되는 독물 역주)와 비슷한 구토를 일으키는 약물을 이용해 환자가 숨이 막히는 경험을 하거나 코에 담배 연기를 연속해서 내뿜는 것은 존중할 만한 치료라기보다는 고문같이 보인다.

그러나 다른 사람들은 혐오치료가 존경할 만한 전문가에 의해서 세심하게 이용된다면 진정한 가치가 있음을 주장한다. 가장 일반적인 태도는 혐오 기술은 다른 모든 방법이 실패했을 경우에 쓴다는 것이다. 환자가 질질 끌려가며 소리지르는 상황이 되면 곤란하다. 일반적으로 이 방법은 아주 심각하며 고질적인 문제를 가진 사람들(알코올 중독, 흡연, 성도착), 혹은 다른 방법은 모두 듣지 않아서 희망이 없는 사람들에게 적용해야 한다. 자발적으로 혐오치료를 찾는 사람들에겐 덜 문제가 되는데, 이는 매년 치과 의사의 손에 고문을 당하는 것과 비슷하다고 할 것이다. 논쟁은 계속된다.

인지행동치료

배경

얼마 전까지만 해도 행동치료에 대한 책은 행동 수정, 체계적 둔감법, 조작행동, 조형, 토큰 경제, 혐오조건화 등과 같은 용어나 개념으로 가득 차 있었다. 그러나 이제는 더 이상 그렇지 않다. 이제는 인지행동 수정, 인지적 재구조화, 스트레스 면역 훈련, 합리적 재구조화 등의 용어와 개념으로 가득 차 있다. 이런 변화는 지난 수년간 인지적 접근이 행동치료에서 차지하는 비율이 커졌음을 시사한다(Hollon & Beck, 1994; 2004).

임상문제에서 인지적 접근은 문제의 원인과 유지에서 사고의 역할을 강조한다. 인지행동치료는 환자의 문제에 기여한다고 보이는 사고의 방식을 수정하거나 변화시키고자 한다. 이런 기법들은 연구를 통해 수많은 경험적 지지를 받았으며(M. L. Smith, Glass, & Miller, 1980; Hollon & Beck, 1994; 2004), 모든 심리적 개입 방법 중 가장 효능성 있는 방법 중 하나로 본다. 예를 들어, 인지행동치료는 경험적으로 지지된 치료법의 최신 목록 중의 많은 부분을 차지하며(Chambless et al., 1998; Chambless & Ollendick, 2001), 성인(DuRubeis & Crits-Christoph, 1988)과 아동(Kazdin & Weisz, 1998)을 위한 대안 심리치료, 혹은 정신약물치료와 비슷하거나 더 효과적임을 보여 준다.

인지행동치료를 향한 움직임. 이런 인지 경향을 반영하듯 30년도 넘은 오래전에 Mahoney(1972)는 다음을 관찰하였다.

> 때론 지독한 경쟁을 치룬 오랜 역사에도 불구하고, 행동주의자와 인지행동 심리학자는 조심스럽게 같은 이론적 발판을 공유하고 있는 듯하다. 물론 이런 좋은 관계를 유지하기까지 방해 요소가 없었던 것은 아니다. 극소수의 행동주의자는 정신주의와의 좋은 관계가 금방 지나갈 것이라고 보고 있기도 하다. 비슷하게 일부의 인지심리학자도 이 연합을 의심의 눈초리로 보고 있다(p.5).

비록 전통적인 행동학습 이론을 근거로 한 여러 효과적인 치료가 개발되었어도, 1970년 초반까지 몇 가지 빈번하게 맞닥뜨렸던 임상 질환(예: 우울증)은 고전적 또는 조작적 조건 형성을 기반으로 하는 치료로는 잘 해결할 수 없었다(Thorpe & Olson, 1997). 행동과 인지적 방법의 결합은 정신역동치료와 급진적 행동주의가 가진 한계에서 비롯되었다. 이 결합은 행동주의자들에게 아주 중요한 과학적이고 실험적인 측면과 인지 변인이 결합한 여러 이론 모델의 출현에 의해 고무되었다.

사회학습 이론의 역할. 특히 Rotter의 사회학습 이론(Rotter, 1954; Rotter, Chance & Phares, 1972)은 전통적 정신역동치료와 학습 이론의 차이를 연결해 주는 구실을 하였다. 이 이론은 행동을 강화와 기대의 연합물로 설명하는 이론이다. 사람들은 선택된 행동이 자신이 목적으로 하는 것 혹은 가치를 두는 것을 얻게 해 주는 방식으로 행동한다는 것이다.

이러한 사회학습 이론은 적어도 행동치료의 발전에 두 가지 영향을 주었다. 첫째로, 새로운 행동 기법을 받아들일 준비가 되었고, 기존의 기법을 보다 인지적 성향을 띤 방식으로 변화시키는 이론적 관점을 가진 임상가들을 많이 배출하게 되었다. 둘째로, 동시에 인지적, 동기적 성향을 띤 이론은 과거의 정신역동 이론에서 파생된 절차와 새로운 행동적, 인지적 접근의 융합을 가능하게 하였다. 그 자체로 사회학습 이론은 아직도 발전하고 있는 접근들의 결합을 촉진하였다. 전통적 심리치료와 행동치료를 행하는 데 사회학습 이론의 관련성을 평가하려면, Rotter(1970)가 말한 다음 것들을 고려할 필요가 있다.

1. 심리치료는 학습 상황으로 간주해야 하며, 치료자의 역할은 환자가 관찰 가능한 행동과 사고에서의 예견된 변화에 도달할 수 있도록 돕는 것이다.
2. 문제해결 접근은 환자의 가장 어려운 점을 바라보는 유용한 방법이다.
3. 대체적으로 치료자의 역할은 환자가 부적절한 행동과 약해진 태도뿐 아니라 만족스럽고 생산적인 행동을 배우게끔 하여 문제를 해결하는 과정을 돕는 것이다.
4. 때때로 비현실적 기대를 변화시키는 것이 필요하다. 그렇게 함으로써 어떻게 특정 행동이나 기대가 발생하고 어떻게 환자가 과거 경험을 잘못 적용하고 과일반화하는지 알 수 있다.
5. 치료 상황에서 환자는 감정, 기대, 동기, 타인에 대한 욕구에 대한 것을 배워야 한다.
6. 살면서 일어나는 새로운 경험이나 다른 경험은 치료 상황 동안에만 일어나는 것들보다 훨씬 더 효과적이다.
7. 일반적으로 치료는 사회적 상호작용의 일종이다.

Bandura(1969)는 인지적 요소가 행동치료에 접목되는 데 아주 큰 기여를 하였다. Bandura는 대리학습과 인지적 중재요소가 정서와 수행에 미치는 역할의 중요성을 증명하였다. Bandura(1977a)는 환자의 자기효능감을 증가시키는 여러 치료 절차가 행동과 인지 영역을 연합시키는 도약임을 강조하였다. 자신이 제안한 모델에서 Bandura는 개인적 효능감에 대한 기대가 환자의 실제 성취 경험, 설득, 대리경험, 그리고 신체적 상태에서 나온다고 주장한다. 여러 가지 형태의 치료는 환자들에게 개인적인 효능감 증진에 대한 신념을 주므로 특별히 유용하다고 본다.

Rotter나 Bandura 등의 사회학습 이론가들은 학습은 수동적이 아니라 적극적인 과정임을 강조한다. 즉, 개인적 성향이나 인지적 과정이 행동, 때로는 자극의 상호의존성, 상황, 보상에 영향을 준다는 것이다. 그러므로 행동에 대한 이런 새로운 경향의 영향에 대한 보다 자세한 조사가 이루어졌고, 이 과정을 중재하는 인지요인이나 성격요인에 초점을 맞춘 치료가 발전되었다. 이 장에서는 다양한 인지행동치료 접근에 대해 기술하겠다.

모델링

Bandura(1969, 1971)는 **모델링** 혹은 관찰 학습을 특히 아동의 행동 패턴을 변화시키는 수단으로 강조하였다. 모방, 모델링, 혹은 관찰은 잘못된 반응에 벌을 주거나 옳은 반응에 보상을 주는 것보다 훨씬 효과적인 방법이다. 새로운 기술이나 새로운 행동은 다른 사람의 관찰을 통해서 더 효율적으로 습득될 수 있다. 다른 사람이 어떤 행동을 수행하는 것을 관찰하는 것은 그 행동과 연관된 공포나 불안을 제거하거나 줄이는 데 도움이 된다. 마지막으로 관찰을 통해서 이미 알고 있는 행동을 실천하는 것을 배운다.

모델링은 비현실적인 공포를 제거하는 데 가장 잘 이용되었다(Bandura, Adams, & Beyer, 1977; Bandura, Jeffrey, & Wright, 1974). 공포증(특히 뱀 공포증)은 모델링 방법을 증명하고 연구하는 기본적인 방법이었다. 예를 들어, 참여자 모델링에서 환자는 치료자 혹은 모델이 뱀을 들고 있는 것, 뱀이 몸을 휘감는 것, 그 밖의 여러 행동을 관찰한다. 점차적인 개입을 통해서 환자는 불안을 일으키는 정도에 따라 순서가 매겨진 여러 행동을 수행한다. 일반적인 접근에 대한 예는 6주간의 자기 시행 자위치료 프로그램에 의해 치료받은 불감증 여성의 사례에서 찾아볼 수 있다. McMullen과 Rosen(1979)은 다음과 같이 두 치료 조건에서 사용된 일반적인 기술을 설명해 준다.

> **동영상 모델링 과정.** 이 연구에선 6개의 20분짜리 동영상 시리즈가 이용되었다. 테이프는 여배우가 지난 6회기 동안 오르가즘에 도달하기 위해 스스로 자극하는 방법을 배운 뒤, 그 능력을 파트너와 성관계를 맺는 데 사용한 불감증 여성을 연기하는 대처 모델 역할을 한다. 테이프는 자기 탐색, 자기 자극, 그리고 파트너와 성관계를 통해 오르가즘에 도달하는 내용을 포함하고 있다.
>
> **문서로 된 지시.** 동영상 대본은 책자의 형식으로 나오는데, 예비 조사를 통해 책 내용이 동영상의 내용과 일치함이 증명되었다. 이 환자들에게 같은 절차가 적용되었는데, 환자들은 6주간의 훈련 동안 주 1회 방문하여 책자를 읽는다. 때로 환자는 혼자서 책을 읽기도 하는데, 소요된 시간은 방문하여 읽는 시간과 거의 같았다.

Thorpe와 Olson(1997)이 지적한 바와 같이, 관찰 학습은 다음 네 가지 조건이 맞았을 때 가장 좋고 효과적이다.

1. 환자는 모델에 관심을 가져야 한다. 관심을 높이기 위해 보상을 주기도 한다.
2. 환자는 모델에게 얻은 정보를 유지해야 한다. 획득한 정보를 조직하고 유지하기 위해 상상 기술이나 언어적 부호화 전략 등을 사용할 수 있다.
3. 환자는 모델의 행동을 해야 한다. 행동은 학습과 행동 변화를 위해 모방되고 연습되어야 한다.
4. 마지막으로, 환자는 모델 행동을 하도록 동기화되어야 한다. 결과를 보상하는 것은 모델의 행동이 발생할 가능성을 증가시킨다.

합리적 재구조화

Albert Ellis(1962)의 업적을 바탕으로 Goldfried와 Davison(1994)은, 많은 부적응적 행동은 사람들이 세상을 해석하는 방법과 세상에 대해 가진 가정들에 의해서 결정된다는 사실을 받아들였다. 만일 이 가정이 맞다면, 행동치료자들은 환자가 상황을 보다 현실적으로 파악해서 그들이 보다 많은 만족을 얻도록 도와주어야 한다. 이런 **합리적 재구조화**를 고무하기 위해서 치료자들은 때때로 환자들에게 자신들의 신념이 비합리적이라는 사실을 깨우치기 위해서 환자들과 토의하고 논쟁할 필요가 있다. 환자들에게 그들이 가진 문제에 대한 합리적인 분석을 하게 해 줌과 동시에, 환자는 그들이 가진 자기 고유의 의견들을 바꾸도록 가르쳐야 한다. 즉, 환자들은 실제 상황에서 불편해지기 시작하면, 잠시 멈춰서 스스로가 그런 상황에서 자신에게 어떤 말을 하고 있는지 살펴보도록 배워야 한다는 것이다. 다른 방법으로 치료자들은 환자들이 치료실에서 특정 문제 상황을 상상하도록 돕는다. 이런 모든 방법은 행동시연, 실제 연습, 모델링 등과 관련이 있다. 그러므로 합리적 재구조화는 이론적으로만 파생된 절차라기보다는, 환자가 처한 특정한 상황에 대한 요구에 맞도록 조절할 수 있는 다양한 절충적인 방법들로 보아야 한다.

합리적 재구조화의 아주 좋은 예는 Ellis(1962)의 **합리적 정서치료**(*Rational Emotive Therapy*: RET)이다. Ellis는 분명하게 인지행동치료의 선구자이다. RET는 환자가 사물에 대해 생각하는 방식을 바꿈으로써 행동 변화를 목적으로 한다. 상식적으로는 사건이 감정과 행동문제를 유발한다고 생각한다. 그러나 Ellis는 모든 행동은 그게 부적응적이건 아니건, 사건에 의해 결정되는 것이 아니라 그 사건에 대한 환자의 해석에 의해 결정된다고 본다. RET의 ABC에서 Ellis는 해석은 문제가 되는 감정적, 행동적 결과(C)를 결정하는 사건과 상황(A)에 대한 믿음(B)이라고 한다. 그는 정신역동치료는 통찰에 극도로 의존하므로 비효율적이라고 보고, 비합리적 사고의 근간 그 자체는 사람들이 자신에게 주는 메시지만큼은 중요하지 않다고 한다.

어떤 의미에서 RET의 기본적인 목적은 사람들이 자신이 가진 비논리적 사고에 직면하게 만드는 것이다. Ellis는 환자에게 상식을 이용하도록 애쓴다. 치료자는 활동적이고 지시적인 선생님이 된다. 글상자 15-3은 많은 사람들에게 영향을 준다고 Ellis가 믿는 가장 일반적인 비이성적 사고들이다. RET에 대한 기존 문헌 조사는, RET가 효과적인 심리 중재 방법임을 시사한다(M. L. Smith et al., 1980). 그러나 임상적인 상태를 변화하게 만드는 RET의 요소에 대한 자세한 연구들이 필요하다(Haaga & Davison, 1993). Hollon과 Beck(2004)이 지적했듯이, RET는 인지행동치료에서 가장 덜 연구되었다. 비록 RET의 일부 원리와 전략이 다른 인지행동치료에 쓰이기는 하지만, RET는 과거에 비해서 훨씬 덜 사용되고 있다.

스트레스 면역 훈련

환자들이 스스로의 행동을 변화시키기 위해 혼자서 말이나 자기 지시를 사용할 수 있고 치료자는 환자가 자기 말을 하도록 훈련시킬 수 있다는 연구 결과에 의존해서, Meichenbaum(1977)은 **스트레스 면역 훈련**(SIT)을 개발하였다. SIT는 현존하는 혹은 미래의 스트레스 유발 인자에 사람들을 면역시킴으로써 문제를 예방하려고 한다(Meichenbaum, 1996). 이 방법은 사람들이 새로운 대처 기술을 발달시키고, 그 상황에 직면했을 때 적응전략을 잘 이용할 수 있도록 돕도록 짜여졌다(Meichenbaum, 1996). 스트레스 유발 인자에 대처하기 위한 SIT는 최근에 경험적으로 지지된 치료 목록에 들어갔다(Chambless et al., 1998; Chambless & Ollendick, 2001). SIT는 다음의 세 가지 중복되는 단계를 거친다(Meichenbaum, 1996).

1. **개념화 단계**. 첫째로, 환자는 어떻게 특정 사고나 상황에 대한 평가 방식이 스트레스, 다른 부정적인 감정, 그리고 역기능적인 행동을 일으키는지에 대해 배운다. 환자는 어떻게 잠재적인 위협이나 스트레스 유발인자를 알아내고 여기에 적응하는지에 대해 배운다.
2. **기술 습득 및 시연 단계**. 환자는 클리닉에서 대처 기술(예: 감정 자기 조절, 인지적 재구조화, 지지 체계 이용)을 연습하고, 이 연습을 점차적으로 스트레스 유발인자를 경험하는 실제 세계로 옮겨간다.
3. **적용 단계**. 환자가 다양한 스트레스 상황을 통해 여러 가지 대처 기술을 적용할 수 있도록 부가적인 기회를 제공한다. 이런 기술을 확실하게 하기 위해서 환자들은 비슷한 문제를 가진 다른 사람을 도우라고 지시받기도 한다. 재발 방지와 지지 회기를 포함하는 면역 절차는 추후 기간에도 지속된다.

SIT는 강간, 폭행 외상, 외상후스트레스 장애, 그리고 분노 통제 불가 등 여러 임상문제를 치료하

글상자 15-3 공통적인 '비이성적' 사고

다음에 적힌 Ellis(1977)가 생각하는 12가지 비이성적 사고는 많은 사람들에게 공통적이다. 비록 우리 대부분은 이런 사고를 가지나, 극단적으로 신봉하면 문제가 된다.

1. 자신이 주위의 의미 있는 모든 사람들로부터 항상 진실된 사랑과 승인을 받아야만 한다는 생각
2. 스스로가 아주 능력 있고 적절하며 성취하고 있다는 것, 혹은 적어도 중요한 어떤 것에 아주 능력 있거나 재능이 있음을 증명해야 한다는 생각
3. 자신에게 해를 주거나 잘못한 사람은 아주 나쁘고 사악하고 악의적인 사람이며, 따라서 그 사람들의 죄악을 심하게 비난하고 저주하고 벌해야 한다는 생각
4. 일이 스스로가 생각하는 방향대로 가지 않으면 삶은 괴롭고, 처참하고, 비참하며 비극적이라는 생각
5. 감정적인 고난은 외부의 압력에서 기인하므로 스스로는 자신의 감정을 통제하거나 우울과 화를 없앨 능력이 없다는 생각
6. 어떤 것이 위험하거나 불안하게 보이면, 거기에 몰입하고 불쾌하게 느껴야 된다는 생각
7. 삶의 여러 가지 어려움이나 책임감은 자기훈련을 통해 극복하기보다는 피하는 게 쉽다는 생각
8. 과거가 삶에 지대한 영향을 끼쳤기 때문에 그것이 현재의 감정과 행동을 지배한다는 가정하에 자신의 과거가 무조건 중요하다는 생각
9. 사람들과 사물은 생각했던 것보다 좋아야 한다는 생각, 만일 삶에서 맞닥뜨리는 문제에 대한 좋은 해결을 찾을 수 없다면 그건 아주 고통스럽고 끔찍한 것으로 봐야 한다는 생각
10. 스스로가 노력이나 활동 없이 혹은 수동적이고 의지 없이 행복을 맞을 수 있다는 생각
11. 안전하다고 느끼기 위해서는 확신을 가지거나 혹은 초자연적인 힘이 필요하다는 생각
12. 인간으로서 자신에게 좋은 점수를 줄 수 있고, 스스로의 가치와 자기 수용이 자신의 수행 정도나 남들의 인정 정도에 달려 있다는 생각

출처: From "A Basic Clinical Theory of Rational-Emotive Therapy," by A. Ellis, p. 10. In A. Ellis and R. Grieger (Eds.), Handbook of Rational-Emotive Therapy. Copyright © 1977 by Springer Publishing Company, Inc., New York 10012. Used by permission.

는 데 사용되어 왔다. 가장 구체적인 예로, Novaco(1977)는 스트레스 면역 절차를 급성 정신분열 병동에 입원한 우울 환자들의 분노문제에 적용하였다. 절차를 요약하면, 환자들을 인지적으로 준비시키고, 필요한 기술을 습득하고 시연하게 하며, 이러한 기술의 적용을 연습시키는 것들을 포함한다. 환자들은 인지적으로 준비되기 위해 분노가 문제가 되는 상황, 분노를 일으키는 것들, 분노가 조절되는 방식을 포함해 불안의 본질과 기능을 설명하는 지침서를 받는다. 이런 인지적 준비과정의 요소는 분노를 일으키는 사람들과 상황을 규명하고, 분노와 공격의 차이에 대해서 배우고, 정당화된 분노와 불필요한 분노를 구별하고, 분노 유발 상황에서 긴장과 각성을 인식하는 방법을 배우는 것 등이 포함된다.

Beck의 인지치료

Aaron Beck은 여러 다양한 임상문제의 인지행동 치료의 선구자이다(Beck, 1991). 이 중재 모델은 문제가 되는 질병을 특징짓는 역기능적 사고를 조절하는 데 인지적 그리고 행동적 기술을 모두 사용한다(Beck, 1993). 예컨대, 우울한 사람들은 자신에 대해, 세계에 대해, 그리고 미래에 대해 부정적-회의적 믿음을 가지고 있다고 본다. 그래서 45세 된 우울한 남성은 아주 자기 비판적(때로는 적절하지 않게 죄책감을 가짐)이기 쉬우며, 세상을 일반적으로 불공평하고 비지지적인 것으로 간주하고, 미래가 향상될 것이라는 희망을 갖지 않는다. 다음의 **인지치료**(CT) 기술은 그 사람의 우울증 치료에 사용될 수 있다(Beck, Rush, Shaw, & Emery, 1979).

1. 비활동성과 자신의 우울한 감정에 초점을 두는 경향을 막기 위해 활동 계획표를 만든다.
2. 유쾌한 활동 비율의 증대와 어떤 것을 완성하는 경험을 증대시킨다.
3. 인지적 시연: 환자가 중요한 과제(예: 운동 수업에 참여하기)를 수행하는 데 필요한 일련의 과정을 상상하게 하고, 방해가 될 요인을 알아내고, 준비하고, 다루어 준다.
4. 자기 주장 훈련과 역할 훈련
5. 우울한 사건 전에 혹은 사건 동안 일어나는 자동사고를 규명(예: "난 아무것도 제대로 할 수 없어.")
6. 이런 사고들의 현실성과 정확성을 이들 사고의 타당성을 조심스레 물어보면서 조사한다(예: "그래서 지금 제대로 하는 것이 없다고 생각하나요?")
7. 환자에게 부정적 결과에 대한 비난을 자신 아닌 적절한 다른 곳으로 돌리게 가르친다. 우울한 환자는 자기가 비난의 대상이 아니어도 부정적 결과에 대해 자신을 비난하는 경향이 있다.
8. 환자가 해결 불가능한 일로 간주하고 자신을 비난하는 대신 문제에 대한 대안책을 찾도록 돕는다.

위의 절차는 우울증에 대한 Beck의 인지치료에 사용되는 기술들을 간략화한 것이다. 글상자 15-4는 우울증의 인지치료에 주요 특징을 제시해 놓았다. 인지치료는 우울증치료에 쓰이는 가장 효과적인 기술 중 하나로 증명된 치료임을 다시 강조하겠다(Chambless et al., 1998; Chambless & Ollendick, 2001; Hollon & Beck, 1994, 2004). 조금 더 예를 살펴보면, 인지치료는 불안장애(Beck & Emery, 1985), 섭식장애(Fairburn et al., 1991), 성격장애(Beck, Freeman, & Associates, 1990)에 사용되어 왔다. 경험적 연구들은 인지치료가 다양한 임상문제에 효과적인 치료 형태임을 시사한다(Hollon & Beck, 1994, 2004; M. L. Smith et al., 1980).

변증법적 행동치료

변증법적 행동치료(*Dialectical Behavior Therapy*: DBT; Linehan, 1993)는 경계성 성격장애와 감정 조절의 어려움과 충동성이 문제가 되는 상태를 치료하기 위해 상대적으로 최근에 개발된 인지행동치료이다. Linehan은 자살 행동을 보이는 여자 환자들과의 임상 경험을 바탕으로 DBT를 개발하였다. DBT가 근거하는 이론은 개인은 감정적으로 취약한 성품을 타고 태어났고, 감정을 인정해 주지 않는(invalidating) 가정 환경과 상호작용을 통해서 감정 조절의 어려움과 자해 행동으로 발전하게 된다는 것이다. 인정해 주지 않는 환경은 개인이 원하는 것과 감정이 무시되거나 존중받지 못하고, 의사소통을 위한 노력이 무시되고 처벌받는 환경을 말한다.

DBT는 문제해결 기술, 감정 조절, 대인관계 기술 훈련을 포함한다. 이런 기술 훈련은 의견을 인정해주는 치료 환경에서 시작되며, 주로 개별 DBT 치료자 회기와 집단 DBT 기술 훈련이 관련된다. DBT를 받는 환자들은 다음의 네 가지 기술훈련 모듈을 두 번씩 거치게 된다. (a) 마음 챙김(*mindfulness*: 흐트러지지 않고 비판적이지 않으면서 순간을 인식하는 능력), (b) 감정 조절(*emotional regulation*: 감정을 규명하고, 감정이 자신이나 다른 사람에게 주는 효과를 인식하고, 부정적인 감정 상태를 바꾸고 긍정적인 감정을 일으키는 행동을 증가시키는 법을 배우는 것), (c) 고통 인내(*distress tolerance*: 스트레스 상황에 대처하는 법과 자기 위로법을 배우는 것), (d) 대인관계 효과성(*interpersonal effectiveness*: 대인관계 갈등을 효과적으로 해결하고, 자신의 요구과 욕구를 적절하게 충족시키며, 다른 사람들이 원치 않는 요구 시 적절하게 거절하는 방법). 환자들은 12개월 동안 치료를 받도록 되어 있다. DBT는 자해 행동, 입원 일수, 약물사용을 줄이는 데 초점을 둔 일반적인 치료법보다 효과적이다(Koerner & Linehan, 2001). 글상자 15-5는 DBT회기의 일부를 보여 주

글상자 15-4 우울증의 인지치료

Aaron Beck의 우울증에 대한 인지치료는 일반적으로 널리 쓰이고 있으며, 구조화되어있고 시간 제한적인, 경험적으로 지지된 치료이다(Chambless et al., 1998; Chambless & Ollendick, 2001). 다음과 같은 특징이 있다(Butler & Beck, 1996).

초점
인지치료는 사고패턴-스타일과 감정, 행동 사이의 관계에 초점을 둔다.

치료기간
일반적으로 14~16회기이다. 8~12회기 시에 재발률이 높다.

인지치료자의 역할
인지치료자는 활동적이고 지지적인 동맹자 역할을 한다. 심리교육, 치료자 안내를 통한 발견, 소크라테스식 질문, 역할 훈련, 그리고 행동적 실험을 통해서 치료자는 환자들이 자신의 우울과 다른 부정적인 감정을 유발하고 유지시키는 부정적인 사고를 알아내고 변화시키도록 도와준다.

전형적 회기의 구조
기분을 확인하고 회기에서 다룰 내용을 정한 다음, 이전 회기를 요약하고, 숙제를 살펴보고, 회기 내용들을 다루고, 숙제를 새로 내주고, 현재 회기를 요약하고, 치료자와 환자가 현재 회기를 평가한다.

치료단계
첫 단계(약 8회기)에는 인지 모델을 소개하고, 기술을 배우고 습득한다. 우울 증상이 감소될 것이다. 나머지 회기 동안, 재발을 일으킬 수 있는 역기능적 사고(예: 좋은 느낌은 오래가지 않을 것이다)를 평가하고, 수정하고, 재발 방지 기술을 가르치고, 종결 이슈들을 토의한다.

는 것이고, 인물소개에서는 DBT 치료자인 Rhonda Reitz 박사를 소개한다.

행동치료의 평가

행동치료의 지지자들은 이제까지의 성과가 정신역동이나 현상학이 가진 정신적인, 주관적인, 비과학적인 미신적 요소를 떨쳐냈으므로 가능했던 결과라고 본다. 반면에 비판가들은 행동치료가 피상적이며 과학적으로만 보이고, 사람의 행동 변화를 위한 기계적인 시도 때문에 비인간적이라고 한다. 실제로 이런 비판들은 행동치료에 대한 잘못된 신념을 반영한다(Goldfried & Davison, 1994). 어쨌든 더 많은 임상심리학자들이 자신의 이론적 방향이 인지 혹은 행동적이라고 기술한다(Norcross, Karpiak, & Santoro, 2004).

이제 우리는 행동치료와 인지행동적 접근의 장단점을 살펴볼 것이며 도전적인 측면에 대한 요약으로 이 장을 마칠 것이다.

장점

여러 가지 면에서 행동치료는 심리치료와 임상심리학 영역을 변화시켜 왔다(Wilson, 1997). 이제 행동치료의 영향에 대해 살펴보겠다.

효능성. 본 장에 걸쳐서 언급한 바와 같이 다양한 행동치료와 인지행동치료는 효능성이 있다는 증거가 있다(Chambless et al., 1998; DeRubeis & Crits-Christoph, 1998; Emmelkamp, 1994; Hollon & Beck, 1994, 2004; Kazdin & Weisz, 1998; M. L. Smith et al., 1980). 실제로 행동치료는 여러 질병에 선택된 치료처럼 보인다(Wilson, 1997). 독자들은 제12장에서 소개한(표 12-4) Smith와 그 동료들의 메타분석 결과를 기억할 것이다. RET와 RET 이외의 인지치료, 체계적 둔감법, 행동 수정, 인지행동치료에 계산된 효과 크기는 평균적으로 이런 행동치료를 받은 환자들이 적어도 치료를 받지 않은 사람들보다 기능면에서 75% 이상 향상되었음 보여준다. 최근에 수행된 메타분석도 다양한 질병에 비슷한 결과를 보여 준다. 더군다나 인지 또는 인지행동치료와 다른 형태의 심리치료(예: 정신역동 혹은 내담자중심치료)를 비교, 메타분석한 연구의 대다수가 효과 크기는 작지만 일관적으로 행동치료와 인지행동치료가 더 우월함을 보여 준다(Dobson, 1989; Hollon & Beck, 2004; Svartberg & Stiles, 1991). 분명하게 이 치료는 임상가가 배워야 할 중요한 치료 방법이다.

효과성. 행동치료 운동은 더 빠르고 더 효과적인 기술의 발전을 가져 왔다. 50분간의 심리치료 시간은 환자의 특정 불만에 초점을 기울이는 보다 짧은 자문(consultation)으로 대치되었다. 비슷하게 특정적인 절차가 이용되며 환자가 더 이상 불평을 하지 않으면 치료가 끝난다. 속에 숨은 원인을 캐내고, 환자의 과거를 철저하게 조사하며, 통찰에 관해 오랫동안 물어보는 관행은 더 이상 사용되지 않는다. 그 대신에 현재에 관심을 두며, 특정 문제에 특정 기법을 사용하는 실용주의가 대신하게 되었다. 이런 효과성 때문에 행동치료는 현재 관리의료 체계에 특히 부합한다(Wilson, 1997).

실제로 몇몇 행동적 기법은 박사 수준의 임상전문가에게 감독을 받아야 하는 치료자들에 의해서 이용된다. 그러므로 행동치료의 모든 요소가 박사 수준의 전문가에 의해 행해질 필요는 없다. 행동치료 프로그램은(예: 토큰 경제) 훈련된 전문가가 시작해야 하지만, 매일 매일 실시하는 것은 기술자, 준전문가, 간호사, 혹은 다른 이들에 의해서 시행되어도 된다. 이런 특징은 정신건강전문가에게 큰 장점으로 작용하며, 정신역동접근에서 심층적이고 개별적으로 치료절차를 적용할 때보다 더 많은 환자집단을 다룰 수 있게 만든다.

경험적으로 지지된 기법의 목록. 행동치료는 체계적 둔감법에서 인지적 재구조화에 이르기까지 다양한 기법을 포함하는 방향으로 진보되어 왔다(Wilson, 1997). 행동치료자는 단일 절차에 고착되지 않는 이런 넓은 관점으로 다양한 선택을 할 수 있다. 올바른 선택을 내리기 위해서 치료자는 환자에게 가장 적절한 기법을 찾기 위한 정보를 수집할 것이다(Peterson & Sobell, 1994). 만일 평가가 결국 다시 임상가의 선호 활동 목록 중 두드러진 위치로 복귀한다면, 이는 어느 정도는 행동치료자가 치료 의사결정 과정을 이끌 정보수집의 방법으로 평가가 필요하기 때문일 것이다.

행동치료는 아주 능동적인 절차들의 모음이다. 행동치료는 평가, 계획, 결정, 방법을 포함한다. 일면으로 행동치료는 아주 복잡한 과학 기술로 간주된다. 과학 기술이 환자에게 수동적으로 행해지리라 기대할 수는 없다. 조심스럽게 예측하면서 시행되어야 하고 절차에 대해 세밀한 관심을 쏟아야 한다. 치료는 환자가 목요일 약속에 올 때까지 치료자가 아무런 생각 없이 기다려도 되는 과정이 아니다. 치료자는 듣는 것만으로는 도와줄 수 없다. 만일 치료자가 혐오 절차를 사용한다면 자극의 시작과 벌의 시작 사이의 시간적 관계를 아주 잘 감독해야 한다. 토큰 경제는 창의력을 이용해 그때 그때의 바꿔가는 무계획적인 절차가 아니다. 모든 것이 사전에 조심스럽게 계획되어야 한다. 치료적 함의가 서로 아주 다르므로, 치료자는 환자가 진정으로 행동 결함이 있는지 혹은 '순전한' 불안문제인지 알아야 한다.

위의 이야기는 모든 정신역동치료자들이 치료회기 사이에 사례를 전혀 생각하지 않는다든지 되는 대로 계획을 세운다는 것은 아니다. 그러나 전통적인 심리치료의 본질은 수동적이다. 행동 방법의 능동적이고 활기찬 성향과 이로 인해 치료자에게 요구

글상자 15-5 변증법적 행동치료 회기의 예(DBT; Linehan, 1993)

환자는 30세 된 경계선 성격장애를 가진 여성으로 지난 2년간 자살 의도에 대한 치료로 적어도 10번 이상 입원하였으며, 클로락스 탈색제 마시기, 자신을 칼이나 불로 자해하기, 한 번의 자살 시도를 포함하여 다수의 자해 행동을 보였다.

아래 제시된 대화에서(Linehan & Kehrer, 1993, pp.428-429) DBT 치료자는 DBT 프로그램과 목적을 환자에게 설명하는 부분이다.

치료자: 이제, ○○○씨가 가장 중요하게 이해해야 할 부분은 이 프로그램은 자살 예방 프로그램이 아니라는 것, 그건 우리의 일이 아니라는 겁니다. 이 프로그램은 삶 증진 프로그램입니다. 우리는 괴로운 삶을 사는 것은 아무 이득이 없다는 관점을 가집니다. 만일 이 치료를 받기로 결정하시면, 저는 ○○○씨의 삶을 향상시키려고 도와서 ○○○씨가 죽거나 자해를 가하지 않게 할 것입니다. ○○○씨는 이 치료에서는 클로락스를 마시는 것 등을 포함한 자살 행위 등을 문제해결의 한 방식으로 본다는 것을 기억하셔야 합니다. 알코올 중독이 비슷한 경우라고 생각합니다. 알코올 중독과 유일한 차이점은 불행히도 자신을 칼로 긋고, 불에 태우고 하는 것이 효과적이라는 것이죠. 만일 효과적이 아니었다면, 한 번 이상 하는 사람은 없을 겁니다. 그런데 이런 방법은 장기적 해결법이 아니라 단기 해결법이죠. 칼로 긋는 행동, 자해를 멈추는 것은 술을 끊는 것과 같습니다. 이게 어려울 것이라고 생각하시나요?

환자: 술을 끊는 것은 그렇게 어렵지 않았어요.

치료자: 글쎄요. 제 경험에 의하면, 자해 행동을 그만 두는 것은 일반적으로 아주 어렵죠. 그 일은 우리 둘이 같이 힘을 합쳐 일해야 가능한데, 특히 ○○○씨가 아주 열심히 하셔야 합니다. 그리고 제가 전에 말했듯이, 열심히 하신다면 1년이 걸립니다. 저와 주 1회 개별 회기를 갖고, 주 1회 집단 회기에 참여하시게 됩니다. 문제는 1년 동안 노력하실 의향이 있으신지요?

환자: 저는 지금 아주 괴롭습니다. 그게 제가 여기 있는 이유죠.

치료자: 지금 1년간 치료를 받으시겠다고 동의하신 거 맞죠?

환자: 네.

치료자: 만일 1년 동안 그만 두지 않고 치료를 받으면, 1년간 자살하지 않을 것이라는 걸 의미합니다.

환자: 논리적으론 그렇네요.

치료자: 그렇다면 우린 이 문제에 대해 확실히 해 둘 필요가 있는데, 왜냐하면 이 치료는 결심을 굳게 하지 않으면 효과가 없을 것이기 때문이죠. 우리가 집중해야 할 가장 중요한 기분 관련 목표는 어떤 기분

되는 비슷한 태도는 적용된 특정 절차를 넘어서서 환자를 향상시키는 원인일 수 있다. 활동적인 치료자는 확인을 시켜주고, 자극적이고, 어떤 환자들에겐 고무적이다(제시할 것이나 말할 것이 적은 수동적이고, 심사숙고하며, 별로 참견하지 않는 치료자에 비해).

행동치료자는 치료에 대해 '지침서'를 만들어서 경험적으로 입증된 치료방법이 일정한 방식으로 제공될 수 있게 하려는 선구자이다. 이런 경향은 연구를 활성화시키고 효과적인 치료를 제공할 뿐 아니라, 후세대 임상심리학자들이 이런 효과적인 치료를 제공할 수 있게 훈련시키는 것을 고무한다.

증상 대체. 행동치료자는 증상 대체라는 공허한 개념을 잠재웠기 때문에 심리학의 역사에 중요하고 안정된 역할을 확립할 수 있었다. 병리에 대해 정신역동과는 다른 접근법이 있다는 것을 증명하였을 뿐 아니라, 병과 증상의 개념을 강조하는 의학적인 모델을 효과적으로 공격하였다. 수년간의 연구와 임상 경험으로 이제는 모든 환자의 호소문제가 기저의

이 들든지, 자살, 혹은 자살 시도를 하지 않는 것입니다.

환자: 좋아요.

치료자: 저는 그게 유일한 약속은 아니지만, 우리가 함께 추구할 가장 중요한 약속이라고 생각합니다. 어떤 기분이 들든지 간에 자살 시도나 자해를 하지 않고 살아 있겠다고 동의하셔야 합니다. 동의하시나요?

환자: 동의합니다.

다음에서(Linehan & Kehrer, 1993, p.433) 치료자는 환자의 주치의가 진통제 처방 요구를 거절했을 때 환자가 불편감 참기 기술을 사용했던 것을 칭찬한다.

치료자: 좋은 생각이었네요. 바로 그럴 때가 어떤 행동을 하는 것에 대한 장단점을 생각해야 할 때죠. 좋습니다. 그때 고통이 심해지는 것의 장점이 단점보다 낫던거네요. 좋습니다. 아주 잘 하고 있습니다. 또 어떤 시도를 했지요?

환자: 다른 환자들과 그것에 대해 이야기했습니다.

치료자: 그 사람들이 뭐라고 하던가요?

환자: 제가 진통제를 얻어야 한다고 했습니다.

치료자: 맞죠. 그런데 그 사람들이 당신이 진통제를 못 얻으면 자해를 하라고 하던가요?

환자: 아니요. 저는 음악을 듣고 마음 챙김 기술을 이용하면서 고통을 줄이려고 노력했습니다. 책도 읽으려고 했고 낱말 맞추기 게임도 했지요.

치료자: 음. 받아들이려고 해 보지는 않았나요?

환자: 그게 뭔가요?

치료자: 진통제를 얻지 못할 것이라는 사실을 받아들이고 그걸 더 이상 생각하지 않는 거죠. 그리고 그 상황을 포기하는 거죠. 진통제는 못 얻을 것이고, 다른 방법으로 대처해야 한다는 걸 받아들이는 것을 말합니다.

환자: 어제 그렇게 했습니다. 저는 아티반(로라제팜)이 필요했을 때 그랬습니다.

치료자: 어제요?

환자: 네. 저는 낮잠을 잤죠. 일어나선 스스로에게 말했죠. "난 약을 못 얻을 것이고, 최선을 다해 이 상황에 적응해야 해."라고 말이죠.

치료자: 그렇게 받아들이니까 낫던가요?

환자: 저는 경계선 성격장애에 대한 차별에 지금도 화가 납니다. 저는 아직도 화가 나 있어요.

치료자: 좋습니다. 그런데 받아들이는 게 도움이 된 건가요?

환자: 그렇다고 할 수 있죠.

치료자: 좋습니다. 아주 훌륭해요. 아주 좋은 기술이죠. 받아들이는 것은 압력을 느낄 때, 한계에 도달했다고 생각할 때, 극히 나쁜 상황이라고 생각할 때, 쓸 수 있는 좋은 기술입니다.

심리적 질환, 즉 현재 보이는 증상 밑에 숨은 병리를 다루지 않으면 그 증상이 사라지더라도 다른 증상이 나타나는 증상이 아니라는 것이 확실해졌다. 환자의 불안을 직접적으로 다루었을 때, 그 불안이 반드시 다른 형태로 나타나지는 않는다. 이 증명은 행동적 경향에 신뢰를 주었을 뿐 아니라, 증상 대체의 개념을 전적으로 고수하던 정신과적, 정신역동적 경향에 대한 믿음을 약화시켰다. 결과적으로, 특정 환자의 불만을 다루기 위한 특정 기법이 개발되기 시작하였다. 그러나 환자가 말한 문제를 직접적으로 다루는 것이 반드시 가장 효과적인 방법은 아니라는 것을 인식해야 한다. 본 장의 서두에서 언급했듯이, 특정 불안이 즉각적으로는 명확하게 나타나지 않는 어떤 것에 의해 지속될 수 있다(Lazarus, 1971a).

적용 범위. 치료의 적용 가능성을 확대한 것이 주된 기여이다. 전통적인 심리치료는 주로 자신들의 심리적인 상처를 다룰 시간과 돈이 있는 중산층이나 상류층과 적은 비용 혹은 비용 없이 상담 서비스가 가능하면서 어느 정도의 대처기술을 가지고 있는 말

■ 인물소개 **Rhonda Oswalt Reitz, Ph.D.**

Reitz 박사는 DBT를 전문으로 하는 인지행동치료자이다. Reitz 박사는 현재 미주리 주 풀턴에 위치한 범죄관련병동이 있는 플턴 주립 병원의 심리학자이다. 플턴 주립 병원에서 Reitz 박사는 인턴십 책임자이고, DBT 프로그램 코디네이터이며, 최소/중간/최대 안전 병원에 있는 입원 환자를 위한 DBT 치료자이다. 마지막으로 Reitz 박사는 미국에 있는 정신건강전문가에게 DBT를 훈련시키는 회사인 B-Tech의 훈련강사이자 발표전문가이다. Reitz 박사에게 배경, 관심, 활동에 대해 질문하였다.

당신이 지금 일을 선택한 배경이나 임상적 관심에 대해 말씀해 주십시오.

난 12살때부터 심리학과 관련된 일을 하기 시작했습니다. 난 아버지가 정신과 의사인 친구가 있었는데, 그 친구의 아버지는 환자들에 대한 연민과 존경을 보여 주셨습니다. 나도 그렇게 되고 싶었습니다. 학습의 과정과 구조에 관심을 가진 정신건강전문가를 꿈꾸었습니다. 난 고등학교 시절에 개를 훈련시키는 행동적인 방법을 배웠고, 대학생 때는 될 수 있으면 많은 학습 이론 수업을 들었고, 뇌 해부 경험을 했습니 다. 인턴십 때에는 석사 수준의 임상가/인턴으로 HIV/AIDS나 외상 뇌환자 등의 신경 평가를 했습니다. 내 대학원 훈련은 전반적으로 CBT가 주를 이뤘지만, 기질적으로 뇌가 손상된 사람들, 아동, 청소년, 그리고 다른 문제를 보이는 사람들과도 일한 경험이 있습니다. 최근에 경험적으로 입증된 방법들이 많이 나오면서 이런 경험들이 가능해진 것입니다.

DBT는 행동적으로 근거를 둔 방법에 대한 나의 관심과 경험적으로 입증된 치료의 자연스런 결합이었습니다. DBT는 Marsha Linehan의 워크숍에 참가하면서 내 주된 치료 방법이 되었고, 지난 10년간 난 경계선 성격장애를 가진 환자와 일해 왔습니다.

어떤 치료를 누구에게 제공하고 있나요?

난 500병상이 있는 범죄 관련 주립 병원의 DBT 프로그램 디렉터입니다. DBT 모델로 약 10%의 환자를 치료하고 있습니다. 대부분의 환자는 인지 손상, 발달장애, 약물남용, 우울 및 사고장애, 그리고 성격장애 등의 중복장애를 보입니다. 이런 환자들을 위해 밤낮으로 집단 및 개별 DBT 프로그램을 실시하고 있습니다. 집단은 환자가 자신 고유의 행동적 패턴을 분석하고, 어려운 상황에 효과적인 기술을 규명하고, 배우고 사용하는 것을 배우고(대인관계 효율성, 핵심적인 마음 챙김 기술, 감정 조절, 불편감 참기 기술), 사회로 돌아갈 때 필요한 행동과 기술을 발달시키도록 짜여져 있습니다. 환자와 일하는 모든 스태프는 환자가 습득한 기술을 사용했을 때 이를 알아채고, 강화하도록 교육받습니다.

환자를 보면서 당신이 가장 즐기는 것은 무엇입니까?

내 직업에서 가장 보상이 되는 것은 내가 일하는 환자 한 분 한 분을 알아가는 것입니다. DBT 모델에선 환자와 아주 극단적으로 진실한 대인관계를 맺어야 하므로, 모든 스태프에게 거리감을 최소화하라고 강조합니다. 치료가 지대한 관심과 인지적 융통성을 요구하는 반면, 환자의 치료자에 대한 영향이 매우 중요한 아주 이완되고 개인적인 관계를 가능하게 합니다. 다른 사람과 행동적으로 진실된 상호작용을 하고, 결과적으로 아주 어려웠던 행동 패턴에 변화가 오는 것을 관찰하는 것은 만족스런 경험입니다.

임상가로서 당신이 직면한 가장 큰 도전은 무엇이죠?

제한된 경제적 인적 자원 내에서 환자에게 질적인 치료를 제공한다는 것은 어느 환경에서든 힘든 일입니다. 거기에 더하여, 만성 정신질환 환자나 범죄를 저지른 집단의 적극적인 치료에 위한 공공 보조금에 대한 편견도 많습니다. 이 집단의 치료에 대한 경험적 지지는 제한된 편으로, 예산이 많이 깎이는 시기에는 이런 치료를 주장하는 것 자체가 매우 어렵습니다. 따라서 의회 위원이나 다른 영향력 있는 사람들에게 이런 집단에 대한 치료 효과를 증명하고, 효과적인 치료를 위한 보조금의 필요성을 이해시키고, 가치를 인식하게 하고, 보조를 제공하게 설득하는 것이 필수적입니다. 서류나 팀 미팅, 위기 개입, 행정적인 일들로 인해서 주립 병원 체계에서 임상 서비스에 초점을 맞추는 것 또한 쉬운 일이 아닙니다.

연구가 무엇을 할 것인지에 대해 알려 줍니까? 만일 그렇다면, 환자에게 보다 효과적인 치료를 제공하기 위해 치료 방법에 어떤 변화를 주어 왔습니까?

나나 심리학자들이(다른 서비스 제공자와 같이) 자신이 제공하는 치료가 그 문제에 적절하고, 그와 비슷한 문제에 효과적이며, 치료 프로토콜에 의해서 치료하고 있다는 증거를 제공해야 한다고 생각합니다. 난 이런 관점을 가지고 우리 병원의 행정가나 스태프에게 단지 비용 면에서 효율적인 요소만 집중하기보다는 치료 프로토콜 전체를 실시해야 한다고 교육하고 있습니다. 어떤 환경에선 초기 비용에 대한 저항 때문에 치료 프로토콜 전체를 적용하는 것이 아주 오래 걸리기는 하지만, 임상적인 효과를 보면 그 노력이 보람 있습니다. 또한 때로는 일상적인 방법 외에도 환자 치료를 위한 지원금을 찾아 볼 필요가 있습니다. 예를 들어, 환자의 상태로 미루어 보다 집중적이고 장기적인 치료가 예상된다면(난치성 광장공포증, 경계성 성격장애 등) 전형적인 회기나 연간 최대 회기 수 이상의 치료 회기를 달라고 보험 회사에 요청할 필요가 있습니다.

잘하고 세련된 대학생에게만 한정되어 왔다. 행동치료는 이런 경향을 바꾸었다.

이제 정신지체나 만성 정신질환을 가진 경제적으로 여유 없는 사람들도 치료를 받을 수 있다. 그런 사람들은 독립적인 기능 수준까지 갈 수는 없지만 조작적 절차와 토큰 경제를 잘 따른다면, 기관에의 적응이 유의하게 향상될 수 있다.

행동 기법이 단지 기관에 수용되어 있는 환자들에게만 도움을 주는 것은 아니다. 사회 경제적 수준이 낮고 언어기술이 제한된 사람들도 불안과 공포를 경험할 수 있고 문제해결 기술이 부족할 수 있다. 통찰 획득, 상징주의 혹은 잠재력의 분출에 매우 의존적이며 오랜 기간을 요하는 언어 기반 심리치료가 실패하는 경우, 다양한 행동치료가 진정한 희망을 줄 수 있는 것처럼 보인다.

과학자-임상가 그리고 임상적 과학자. 임상심리학에서 과학자-임상가나 임상적 과학자 모델을 지지하는 사람들에게는 행동치료가 이 두 역할의 결합을 고무하는 영역이다. 행동적 전통은 실험적이고 연구를 중시하는 경향에서 비롯되었다. 행동치료의 여러 특정 방법은 실험실에서 직접적으로 개발되었다. 행동치료에서 사용하는 언어조차도 실험 연구 학술지에서 쓰인 것들이다. 행동치료에서는 연구자와 임상가 사이의 의사소통이 수월하며, 같은 사람이 문제 없이 두 역할을 번갈아 수행한다. 이 같은 관계는 실험실에서의 발견이 새로운 치료 기술로 발전될 수 있고, 반대로 임상 경험이 앞으로 수행될 연구의 종류와 평가를 결정하는데 결정적인 역할을 할 가능성을 증대시킨다.

▣ 대학원생의 관점 John Guerry, M. A.

John D. Gurrey는 현재 뉴욕 Bronx에 있는 Montefiore Medical Center에서 박사 전 임상심리학 인턴쉽 과정 중이다. 그는 Wesleyan University에서 학사학위를 받았고, Chapel Hill의 University of North Carolina에서 석사 학위를 받았다. 그리고 현재 동 대학원 박사과정의 지원자이다. 그의 연구 관심사는 청소년 자살과 자해행동, 우울, 그리고 이러한 문제들과 인지, 정신생리적 활동의 교류적 역할(transactional roles)이다. 학위를 취득하고 난 후, 그는 연구와 임상적 활동과 교육을 결합하는 활동을 교내 의료센터에서 계속하고 싶어 했다.

다음은 John이 공유하는 그의 대학원 생활에서 경험한 것과 배운 것들이다.

임상심리학에서 당신은 어떤 것에 관심이 있나요?

광범위하게 얘기하면, 우리는 모두 평생 심리학을 공부하는 학생이에요. 이런 의미에서, 저의 심리학에 대한 흥미의 근원을 한 가지 경험이나 순간으로 설명하는 것은 힘든 일이에요. 저의 공식적인 학부생과정, 임상군에 대한 봉사활동 경험, 대학원 연구 조교, 그 외 다른 모든 것들이 저의 흥미와 연관되어 있어요. 저는 언제나 개인과 사회적 맥락이라는 주제에 매료되어 있었죠. 저는 우리의 가장 급한 심리과학적 과제들이 인간의 고통과 장해를 경감시켜주는 서비스라고 확신하고 있어요. 근거 기반 임상활동이나 임상적 연구와 같은 것들이요.

임상심리학 대학원을 위해 당신은 어떤 것들을 준비했나요?

저의 학부 시절 경력에서 가장 중요하고 도움이 되었던 것은 연구 실험실에서의 봉사활동이었어요. 다양한 관점의 심리학적 연구에 직접적으로 참여할 수 있는 기회는 교실에서의 교육과정을 보완할 수 있는 핵심적인 기회였어요. 마지막 학년에, 저는 저의 경험들을 통해서 나온 질문들을 어떻게 더 잘 연구할 수 있을지 배우기 원했었어요. 저는 저의 학부 지도교수님과 함께 논문을 작성했어요. 이 프로젝트를 통해 저는 의미 있는 연구를 스스로 해낸다는 것의 만족감이 무엇인지 알게 되었죠. 저의 멘토의 도움으로, 저는 연구의 모든 디자인, 시행, 자료 수집, 결과의 통계적 분석, 그리고 원고 준비까지 모든 단계들을 직접적으로 다 해볼 수 있었어요. 이러한 기회는 저의 독창적인 연구를 할 수 있는 필수적인 기술들을 발달시키는 것과 제가 대학원과정의 공부를 계속 해나가야겠다고 결심하는 데 모두 큰 도움을 주었죠.

당신에게 지원 과정은 어떠했나요?

아주 힘든 과정이었어요. 그렇지만 또한 아주 즐거운 일이기도 하죠. 돌이켜보면, 그 모든 과정들이 어떤 하나의 괴롭히는 의식 같은 거였어요. 당신이 지원자이건 대학원생이건 상관없이, 많은 기술들에 높은 프리미엄이 붙게 되죠. 꼼꼼한 조직능력, 짧은, 긴 시간 관리능력, 변함없는 우선 순위 유지, 멀티테스킹, 그리고 인간관계 기술 같은 것들이요. 그러나 저의 경우에는, 지원과정의 가장 중요한 부분이 좀 더 개인적이었어요. 저는 저의 연구 관심사에 집중하기 위해, 그리고 내가 대학원과정에서 무엇을 탐구하고 싶은가에 대해 결정하기 위해 저 스스로를 분석하는 데 많은 시간을 보냈어요.

당신에게 인터뷰 과정은 어떠했나요?

저는 지원과정 중에서 인터뷰가 가장 좋은 부분이었다고 생각해요. 다른 훌륭한 지원자들과 함께 세계적인 수준의 전문가들에게 관심을 받는 것은 무섭기도 하지만, 이미 수백 개의 지원서들 중에서 하나로 뽑혔다는 사실이 그래도 안도감을 주죠. 그리고 인터뷰과정은 좀 더 인간적이고 유익한 과정이기도 해요. 장래의 멘토들과 개인적인 수준의, 그리고 전문가 수준의 상호작용을 할 수 있다는 점에서요.

돌이켜보면, 어떤 활동과 경험들이 당신이 대학원을 준비하는 데 가장 중요했나요?

전반적으로, 저의 대학원 전후 몇 년 동안 가장 가치 있는 경험들은 저에게 임상적 연구 기반을 쌓게 해준 것들이었어요. 학부 졸업 후에 저는 조심스럽게 연구조교를 수락했는데, 그것이 저의 흥미에 맞는지 그리고 제가 아주 넓은 종류의 책임감을 가져야 하는지 등으로요(자료 관리, 분석, 원고 준비, 연구실 운영, IRB작성 등). 추가적으로, 지속적으로 연구와 치료 환경의 맥락에서 임상군들을 대상으로 일할 수 있는지 여부는 개인적으로도 보람있었고 전문가적인 발전이라는 관점에서도 유용했어요.

청소년들을 대상으로 일할 때 CBT 접근이 가지는 장점이 무엇이라고 생각하세요?

비록 저의 대학원 훈련과정이 다른 치료적 접근들에 비해서 CBT에 아주 많은 영향을 받긴 했지만, 저는 청소년 내담자들과 상호보완적인 체계(정신역동적인 접근이 포함된)를 가지고 작업하는 것에 대한 수퍼비전을 받을 수 있었어요. 저는 '내담자가 현재 있는 곳에서 그들을 만나라'라는 말에 따라, 폭넓은 통합적인 훈련을 받을 수 있도록 노력해 왔어요. 내담자들의 선호나 기대에 더 잘 부응할 수 있게요.

그렇긴 하지만, 제 능력이 미치는 한 저의 치료의 시작지점은 언제나 문제와 일치하는 근거-기반치료죠. 대개 아동을 위한 근거-기반치료는 거의 CBT에요. 제가 틀림없이 편향되어 있다는 것을 인정할 수 밖에 없긴 한데, 왜냐하면 저는 그런 것들을 할 때 안정감을 느끼거든요. 특히 청소년들과 작업할때요. 많은 청소년들은 전혀 동기가 없이 치료 장면에 오게 되거나 치료과정에 대해서 굉장히 회의적이거나 불안해 하죠. 저는 CBT 접근이 특별히 이러한 걱정들을 완화해주거나 설명해줄 수 있는 맞춤형 접근이라고 생각해요. 예를 들어서, 초기에 청소년들의 특정 문제에 대한, 혹은 치료를 받음으로써 그들이 나아질 수 있는 가능성들을 권위적인 심리교육을 통해 제공함으로써, “당신이 날 도울 수 있나요?”라는 질문에 대해서 대답할 수 있게 돼요. 이것은 장기적으로 불안을 경감시키고 신뢰와 작업 동맹을 조성하는 데 도움이 되죠. 동시에, CBT가 강조하는 치료과정의 투명성(회기 안건을 세우고, 기법들에 대한 근거를 제시해주고, 등)은 청소년과 치료자 모두에게 가야 할 길을 보여줄 뿐 아니라 그 길을 잘 갈 수 있도록 만들어주기도 하죠. 청소년과 치료자 상호 간의 공동 작업을 통해서요. CBT는 치료자와 내담자 모두가 전문가라는 가정을 하고 있는 거죠. 치료자는 치료에 있어서, 청소년들은 그들의 인생의 도전들과 강점에 있어서 말이에요. 저는 청소년 내담자들에게 이런 동등한 위치에서의 관점보다 더 나은 접근법이 있다고 생각하기 힘들어요.

비판

행동치료에 대한 통상적인 비판은 인지적 요소가 가미되면서 크게 줄어들었다. 전에도 언급했듯이, Goldfried와 Davison(1994)은 행동치료라는 용어를 행동적인 기술과 임상적 적용이 실험실 상황에서 경험적으로 입증된 원리에서 나온 인지 기술을 모두 포함하여 엄격하게 사용하였다. 그러나 실험실에서 나온 원리와 행동치료 기법 사이의 관련성의 정도는 논쟁의 주제이다.

임상과 과학을 연결시키기. 여러 해 동안 행동적 경향은 과학적 책임감의 역할을 수행하였다. 많은 행동주의자들, 특히 극단적 경향을 가진 이들은 행동치료가 견고하고 증명된 학습 이론의 과학적인 원리에 근거한다고 주장함으로써 자신의 입지를 공고히 하여 왔다. 정신역동적 접근은 반대로 마녀 사냥과 겨우 조금 다른 정신주의의 엉성한 연장이라고 비판한다. 때론 과학에 근거한 혹은 경험적으로 입증된 것이라는 주장의 반복은 행동치료의 추종자들에게 과학을 과대평가하게 만들기도 하였다.

모든 행동적 방법이 다 강력한 실험적 근거를 가지는 것이 아니며, 많은 방법은 임상적 경험에서 나왔다(Wilson, 1997). 게다가 행동치료자들이 하는 많은 것들은 비행동적 관점에서도 비슷하게 잘 설명된다(Goldfried & Davison, 1994).

비인간화. 행동주의 운동의 가장 오래된 고정 관념은 행동주의가 메마르고, 기계적이고, 비인간적이란 것이다. 여기에는 명명 오류(labeling bias)가 작용한다는 것을 증명하기 위해 Woolfolk, Woolfolk와 Wilson(1977)은 두 집단의 대학생에게 선생님이 강화법을 이용하는 동일한 동영상을 보여 주었다. 첫 번째 집단에겐 테이프가 행동 수정을 보여 주는 것이라고 말했고, 두 번째 집단에겐 동영상이 인성 교육의 예를 보여 주는 것이라고 말했다. 후속으로 실시된 설문지에서는 인성이라는 용어로 기술한 동영상을 본 집단이 동영상에 있는 선생님들에 대해 더 좋은 점수를 주었고, 그 방법이 학습과 정서 향상을 위해서도 효과적일 것이라고 판단하였다.

반응, 자극, 강화, 그리고 조작행동 등과 같이 기계적으로 들리는 용어를 사용하는 것이 치료자나 혹은 그 방법이 비인간적이고, 메마르고, 감정을 다루지 않는다는 것을 뜻하지는 않는다. 체계적으로 학습 이론을 이용하고 인간 학습의 본질을 살펴보기 위해 동물과의 유사성을 실험하는 것은 행동치료자가 차갑고 환자보다는 학습 원리에 더 관심있는 로봇 같음을 시사하지는 않는다. 이상적으로 인지 경향성의 증대와 함께 그런 오류 이미지는 사라지기 시작할 것이다.

행동치료에서 내재적인 것을 인정하지 않는 것이 비인간화를 말하는 것은 아니지만, 초기에는 불행한 사건들과 기술상의 오류가 있었다. 이미 혐오치료가 치료보다는 가학으로 간주되었다고 언급한 바 있다. 게다가 많은 초기 행동주의자들은 원리와 기법에 너무 집착을 한 나머지 상식을 무시했던 것처럼 보인다. 정신역동적인 접근에 대한 순진한 공격이나 스스로의 기술에 대한 과도한 자신감은 비판을 불러일으켰고, 행동치료의 후계자들을 어렵게 만들었다. 마지막으로 단일 기법이나 원리들로 임상가들의 임상적인 민감성을 대처할 수는 없었다.

내부 성장. 행동치료는 또한 개선되기는 하지만, 내적인 성장은 하지 못한다고 비판되었다. 또한 증상을 감소시키거나 기술을 습득하게 해주지만 창조적인 경험을 주지는 못한다고 비판받았다. 그 치료가 행동을 변화시킬 수는 있지만 이해를 증진시키지는 못한다는 것이다. 내재적인 면, 가치, 책임감, 동기와 같은 것은 다루지 못한다고 비판받았다. 그러나 이런 측면이 다 틀린 것은 아니지만, 그런 비판은 객관적으로 기술되고 특정 자극과 반응으로 추론되는 범위 내에서 기대와 자기 개념과 같은 매개 변인을 강조하는 인지 요소가 가미된 새로운 행동치료에는 적절하지 않다.

비특정적 문제. 여러 해 동안, 행동치료의 비판은 애매모호하고 실존적인 문제를 적절히 다루지 못한다는 비판을 해 왔다. 아주 명백한 뱀 공포증은 이완, 체계적 둔감화, 혹은 모델링에 의해 쉽게 다뤄질 수 있다. 그러나 가족들이 성장해서 집을 떠났기 때문에 빈집에서 우울하고 만족하지 못하는 가정주부는 어떤가? 애매모호하고 잘 정리되지 않은 불안과 우울의 경우는 어떤가? 짧게 말하면 특정 공포와 행동 결함을 다루는 기술이 도덕적 딜레마나 무의미한 느낌을 다룰 수 있나? 답은 명백하지 않다. 1964년에 Grossberg은 "행동치료는 많은 신경증과 정신증에 적용되었고, 특정 부적응 행동이 있는 질병에 가장 효과적"이라는 문헌 조사를 언급하면서 행동치료의 한계를 인식하였다(p.73).

행동치료는 이런 한계로 인해서 보다 인지적이고 다소 정신역동적, 인본주의 경향을 띠게 되었다(Goldfried & Davison, 1994). 행동치료가 학습 이론, 객관성, 과학적 조사라는 특성을 유지하면서 보다 인지적, 역동적, 인본적인 경향을 향해 움직이면, 가장 훌륭한 방법으로 거듭날 것이다.

정신과정. 비록 소수의 행동치료자가 무의식 개념을 받아들이지만, 아주 극단적 행동주의자들은 정신과정 일체를 절대적으로 거부한다. 이처럼 행동주의 임상가 중 환자의 과거를 철저하게 파헤치길 권유하는 사람은 드물다(특히 어린 시절의 심리 성적 문제들). 그러나 이것은 과거 학습 경험이 현재 환자의 문제와 상관이 없다는 것은 아니다. 참으로 상관이 있다. 섬세한 행동치료 임상가는 어떤 학습 경험을 가졌는지 이해하기 위해 시간을 쓸 것이다. 그렇게 함으로써 임상가는 행동 결함과 문제를 구별할 수 있게 되고, 환자가 자신의 문제에 보다 잘 적응하기 위해 어떤 학습 경험을 하게 해야 하는지를 알 수 있게 된다.

조작과 통제. 행동치료에 대한 가장 취약하고 감정이 섞인 비판 중의 하나는 행동치료의 조작과 통제성이다. 행동치료자들은 남을 조정하며, 때론 환자의 의사결정, 책임감, 인간 존엄성과 일체성에 대한 능력을 직접적으로 무시한다고 간주된다. 그러나 일반적으로 환자들은 자발적으로 전문가적 도움을 구하며, 자신의 삶을 바꾸는 데 도움과 지도가 필요하다는 것을 인식하고 있다. 따라서 환자는 제시되는 치료 절차를 받아들이거나 무시할 수 있는 기회가 있다(때론 이런 방어는 기관 상황에는 적용되지 않지만). 게다가 많은 행동치료 기술은 환자가 보다 나은 자기 지도, 자기 통제 능력을 향상시키는 기술을 습득하게 도와준다(Goldfried & Davison, 1994).

일반화. 여러 형태의 행동치료에 가장 치명적인 비판은 치료가 행해지는 환경 외의 상황에서의 효과성과 관련 있다. 다른 말로 하면, 행동치료 프로그램의 효과가 치료가 시행되는 상황을 넘어서까지 일반화되느냐이다. 공평하게 말하자면, 모든 심리치료의 형태가 같은 질문을 받아야 한다. 예를 들어, 어떤 환자는 치료 외 상황까지 일반화는 못 시켜도 치료 상황에서 현저한 향상과 적응을 보일 수 있다.

조작적 접근(토큰 경제와 관련된 행동 관리 프로그램)이 가장 의심을 받고 있다. 그런 프로그램은 아주 많은 상황에서 환자에 대한 통제가 가장 잘 작용하는 듯 보인다. 이 방법은 정신지체나 만성 정신질환자를 위한 기관이나 특정 교실이나 실험적 거주 환경이 조성된 곳에서는 효과적으로 보인다. 이런 환경에서는 훈련된 사람들이 행동을 관찰하고, 토큰을 주고, 행동과 보상 사이의 적절한 유관을 유지하게 만들 수 있다. 그러나 개인이 이런 환경을 떠나게 되면 비록 바람직한 유관이 조작적 절차에 의해 유지되었다 하더라도, 비통제된 환경으로의 일반화의 학습을 기대하긴 어렵다. 기관 밖으로 치료 효과를 일반화하는 것 이외에, 자연 상황에서 행동 수정 프로그램을 확립하는 데는 실제적인 문제가 많다.

혐오치료 등의 다른 치료 역시 비슷한 문제를 안고 있다. 예를 들어, 알코올 중독자는 중독치료제(Antabuse)와 통제된 병원 환경의 도움으로 자신의 음주 문제를 극복할 수 있었다. 그 환자는 중독치료제를 복용하면 음주 시 많이 괴로워진다는 것을 알았다. 그러나 병원에서 퇴원하자, 곧 여러 스트레스 상황에 직면하게 되었다. 그 환자는 음주와 괴로운

■ 인물소개 **Judith S. Beck, Ph.D.**

Judith S. Beck 박사는 Beck 인지치료 및 연구기관(Beck Institute for Cognitive Therapy and Research)의 장이자 펜실베이니아대학교 의과대학(University of Pennsylvania School of Medicine)의 부교수이다. Beck 박사는 인지치료 전문가이며, 심리적 문제에 대한 이 접근법의 이론과 실제에 대해 국내와 세계를 돌며 훈련을 제공하고 있다. 교수와 행정일 이외에도, Beck 박사는 인지 평가와 치료 영역에서 연구를 하고 논문을 발표하고 있다. Beck은 인지치료와 우울증에 관해 대중을 대상으로 하는 수많은 책의 저자 혹은 공동 저자이다. Beck 박사는 자신의 배경과 임상심리학과 인지치료의 미래에 대한 자신의 관점을 피력하였다.

이 분야에 관심을 갖게 된 연유는 무엇입니까?

난 어려서부터 아이들과 일하는 것에 관심이 있었고 그래서 선생님이 되고자 했습니다. 실제로 난 교육학과 교육 심리학을 전공했습니다. 처음엔 난 학습장애 아동들을 가르쳤고, 특수 교사들을 감독했죠. 그러고 나서 나의 아버지이자 인지치료의 아버지인 Aaron T. Beck과 일하기 시작했습니다. 박사학위 중간쯤에 난 아버지의 분야에서 전문가가 되어야겠다고 결심했죠. 난 처음엔 내 교육 기술처럼 상담 기술이 타고 나거나 직관적일 필요 없이 학습될 수 있는 것이라는 것을 몰랐기 때문에 내가 좋은 심리학자가 되는 것에 다소 회의적이었습니다. 심리학 과목을 듣고 실습을 통해 내가 선생님으로써 배우고 닦은 기술을 유용하게 써 먹을 수 있었습니다.

현재 내가 가장 선호하는 전문적인 활동은 정신건강 분야, 그리고 교육 분야에서 학생과 전문가를 교육하는 것입니다.

심리학자로서 당신이 하고 있는 활동에 대해 말씀해 주십시오.

임상서비스, 교육, 연구를 모토로 하는 비영리 심리치료센터의 장으로써, 나의 활동은 다양합니다. 난 많은 시간을 행정에 쓰고 있습니다. 나는 우리 프로그램이나 방문자 훈련 프로그램의 임상 스태프, 심리학자, 그리고 정신건강전문가를 감독하고 있습니다. 난 또한 전국적으로 그리고 국제적으로 수업, 컨퍼런스와 워크숍을 통해서 인지치료를 가르치는 데 많은 시간을 쓰고 있습니다.

또한 나는 여러 가지 정신과적 질병을 가진 적은 수의 외래 환자를 보고 있습니다. 나는 자문가로서 혹은 책임 연구자로서 여러 연구를 수행하고 있습니다. 나는 논문과 책을 발표하고 있고, 현재 두 번째 책을 집필하고 있는데, 이 책은 임상가들에게 어려운 임상 질병을 가진 환자들 사례를 종합하고, 치료 계획을 세우고 함께 일하는 것을 가르치는 내용입니다. 나는 또한 여러 지역 사회 위원회 그리고 전문가 집단의 위원입니다. 펜실베이니아대학교의 정신과에 속한 임상 부교수로써 나는 인지치료 수업을 개발하고 가르치고 있고, 3~4년차 전공의를 감독하며, 심리학과 대학원 학생들과 정신과 간호사를 교육하고 있습니다.

당신의 특정 전문가 영역이나 관심은 무엇입니까?

내 주요 분야는 인지치료입니다. 내가 집중해 왔던 영역은 환자 특히 성격장애 환자의 인지적 개념화입니다. 나는 환자가 어린 시절 혐오스런 경험의 결과로 어떻게 자신과 타인 세계에 대해 융통성 없고 일반적이며 부정적인 신념을 갖게 되었는지, 이런 신념이 전 생애에 걸쳐 그들의 정보 처리, 감정 반응, 그리고 행동에 어떤 영향을 미치는지에 대해 임상가들이 자료에 근거한 가정을 세울 수 있는 구조화된 치료 형태를 개발해 내었습니다.

치료자-환자 관계를 확립하고 유지시키며, 치료 계획을 세우고, 표준화된 인지치료에 반응하지 않는 복잡한 문제나 질병을 가진 환자에 대한 구조와 중재 기대를 변화시키는 지침으로써의 인지적 개념화를 임상가에게 가르치는 것 또한 내가 하는 일입니다.

나는 학생들과 전문가들을 가르치고 감독하는 데 보다 효과적인 전략을 지속적으로 개발하고 있습니다. 예를 들어, 치료를 구조화하는 것처럼 교수와 감독 회기도 구조화하고 있습니다. 또한 환자가 치료자를, 감독자가 치료자를, 그리고 치료자가 감독자를 평가하는 도구를 만들었습니다.

나는 성격관련 신념을 측정하는 도구 개발에 공동저자이며, 아동의 우울, 불안, 분노, 잘못된 행동, 그리고 낮은 자존감을 평가하는 자기평가 도구 개발에 관여하고 있습니다.

임상심리학의 미래 방향에 대해서 어떻게 보십니까?

환자를 진단하고 그들의 증상을 보다 정확하게 평가하는 평가 도구를 개발하고 정교화하는 게 한 영역일 것입니다. 미래의 도구는 전통적인 감정, 행동, 그리고 생물학적인 증상과 더불어 보다 많은 인지 항목을 포함하리라 봅니다. 미래에는 특정 문제나 진단에 내재된 신념을 규명하고 측정하는 도구들이 개발될 것입니다. 임상심리학자는 치료의 효과를 평가하기 위해 결과를 측정하는 도구 개발에 관심을 두게 될 것입니다.

나는 석사 수준의 임상가, 사회사업가, 1차 개업의가 우울과 불안을 가진 사례를 직접적으로 치료하게 될 것이라고 봅니다. 많이 교육받고 전문 영역이 있는 임상심리학자들은 주로 보다 복잡한 문제를 가진 환자를 치료하게 될 것이며, 점점 더 경험적으로 입증된 치료법을 사용하게 될 것입니다. 행동 건강관리 조직은 심리학자가 다양한 진단의 심각도와 중복 질병을 인식하는 데 보다 기본적인 정보를 제공하길 기대하게 될 것입니다.

인지치료의 미래에 대해 어떻게 보십니까?

인지치료가 보다 다양한 정신과적 질병에 적용될 것입니다. 예를 들어 최근의 치료 효과 연구 결과는 인지 치료가 약물 중독, 섭식장애, 성격장애에 효과적이며, 조울증이나 정신분열증 등에 보조적인 치료로도 효과가 있다는 것을 보여 줍니다. 인지치료는 또한 다양한 의학적 질병의 치료에 변형되어 쓰이고 있습니다. 심장발작 후 우울한 환자, 처방을 따르지 않는 당뇨환자, 스트레스로 인한 혹은 스트레스가 악화시킨 여러 문제를 가진 환자 등이 이에 해당합니다.

임상가는 다양한 여건에서 환자(그리고 가족)를 위한 인지치료의 제공에 계속 힘쓸 것입니다—입원, 부분 입원, 외래, 일차 진료소 및 특수 클리닉, 재활센터, 요양원과 학교 등. 임상심리학자인 인지치료자들은 정신과 의사, 정신과 간호사, 사회사업가, 상담원, 일차 진료의들에게 인지 요법을 가르침으로써 치료 효과성을 증대시키는 데 일조할 것입니다.

마지막으로 인지치료 교육자와 감독자는 원거리 학습 프로그램, 정보의 확산, 인터넷을 통한 토의, 상호 교환적 미디어를 이용한 컴퓨터 프로그램 등 발달하는 기술의 힘을 빌어 방법들을 정교화해 갈 것입니다.

것 사이에 관련이 있다고 배웠으나, 불행히도 또한 중독치료제를 복용하지 않고 시간이 지난 얼마 후에는 괴롭지 않게 술을 먹을 수 있음을 알았고 실제로 그렇게 했다.

앞의 예들은 행동치료 기법이 피상적이고, 단순하고, 그리고 지속되지 않는 경우를 보여 준다. 비판자들은 행동치료의 장점이 행동 관리가 중요한 요양원 환경에서만 나타나고, 자기 통제나 독립성이 중요한 감독받지 않는 환경에서는 일반화되지 않는다고 지적한다. 실제로, 몇몇 사람들은 어떤 특정 바람직한 행동을 유지하기 위해서 외적인 보상을 제공하는 것은 그 활동에 대한 인간의 '내재적-실제' 관심을 줄인다고까지 말한다. 즉, 사람들에게 어떤 행동을 하도록 만드는 노력을 하면, 치료자는 환자가 그 활동에 대해 스스로 발전시킬 수도 있는 내재적 동기를 망친다는 것이다. 이 가정은 행동은 외적인 동기가 없어지면 사라질 것이라고 확신하는 것이다. 아주 잘 교육된 행동치료자는 이런 문제에 대해 둔감하지 않다. 그들은 환자가 즉각적 보상이 불가능한 환경으로 가는 것을 대비 하기 위해 보상의 빈도를 점차적으로 줄이거나 약화시켜 갈 것이다.

일관된 이론의 부재. 행동치료의 마지막 문제는 이론적 혼란의 가능성이다. 현재는 여러 기법의 복합체인데, 몇몇은 조작적 조건의 형성 전통에서, 몇몇은 고전적 조건형성을 기반으로 하고 다른 기법은 본질적으로 아주 인지적이다. 통합적인 이론적 틀 없이는 개별 임상가는 각각이 행동치료의 형태를 띤 서로 경쟁하는 기법의 늪에 빠질 것이다. 지금 필요한 것은 이런 기법을 종합하고 분리하며, 임상가가 언제 어떤 상황에서 어떤 기법을 사용할지를 결정하게 도와주는 체계적 이론적 입장이다. 그런 이론적 틀은 다양한 좋은 방법의 집합보다는 효과적일 것이다.

미래

Wilson(1997)은 행동치료의 과거를 살피고 미래의 방향을 정리하였다. Wilson은 행동치료를 보다 확대 유도하고 적용할 필요가 있다고 하였다. 강력한 경험적 지지가 있음에도 불구하고 이런 기법들이 다양하게 이용되지 못한다는 것은 다소 놀라운 일이다. 재미있게도, 행동치료는 임상심리학 외의 영역에서는 영향력이 적다(예: 정신과나 사회사업). 아마도 지금 필요한 것은 행동치료 기법뿐 아니라 다양한 임상문제에 효과적인 치료법에 대해(임상심리 안팎으로) 정신건강전문가를 훈련시키는 좋은 방법일 것이다. 마지막으로 Wilson(1997)은 행동치료가 심리 과학의 진보에 지속적으로 한 몫 하기를 기대한다.

> 과학 연구의 발달과 임상적인 적용을 접목시키려는 애초의 목적을 위해 행동치료는 실험 심리학과 생물학의 발달에 주의를 기울여야 한다. 유전학과 신경 과학의 눈에 띄는 발달은 생물 과학을 혁신시켰고, 이 과정에서 뇌의 비밀이 지속적으로 드러나게 될 것이다. 임상 질병이 발달하고 유지되는 과정에서 뇌 기제의 역할에 대한 이해를 증대시키고 약물과 행동 요법을 통해 이런 질병을 개선시키는 것은 토론의 여지 없이 행동 변화에 대한 이론을 발달시킬 것이다(p.454).

요약

행동치료는 임상적 문제가 실험심리학에서 형성된 이론에 의해 지지받고 경험적으로 입증된 평가와 치료 기법을 이용하면 해결될 수 있다는 가정에 바탕을 둔다. 비록 치료 절차는 과거에 이 치료를 지배했던 고전적 및 조작적 조건 형성에서 파생되었지만, 행동치료는 관찰 학습과 인지 과정에 기반을 둔 학습 이론에서 나온 절차로까지 확대되었다.

전통적인 행동치료는 체계적 둔감법, 노출치료, 행동시연, 유관성 관리, 그리고 혐오치료를 포함한다. 이런 치료는 효과가 증명되었으며, 몇몇은 특정 임상문제의 선택된 치료이다(예: 공포증에는 체계적 둔감화, 강박증에는 노출과 반응제지). 인지행동치료는 임상문제의 발생과 지속에 있어서 사고, 기대, 그리고 신념의 역할을 강조한다. 인지행동치료의 예로는 모델링, 합리적 재구조화, 스트레스 면역 훈련, 인지치료, 그리고 변증법적 행동치료 등이 있다. 가장 최근에 발표된 경험적으로 입증된 치료 목록에는 인지행동과 전통적 행동 기법이 주를 이룬다.

행동치료는 다양하게 효과적이고 효능적인 치료 때문에 이 분야에 긍정적인 영향을 미쳤다. 행동치료는 치료 지침서를 만들고 연구, 훈련, 임상을 고무하는 데 주도적이었다. 많은 측면에서, 행동치료는 과학자–임상가 그리고 임상적 과학자를 위한 이상적인 치료 접근 방법이다. 그러나 행동치료는 여러 가지 한계와 도전을 받고 있다. 행동치료 기법과 과학적 실험적 증거 사이의 연계가 주장된 것처럼 강력하지 않은 경우가 있다. 게다가 행동치료는 비인간적이고 과도하게 통제하려 한다는 등의 잘못된 신념이 만연하다. 미래에는 행동치료 기법의 확산, 임상심리학 안팎으로의 보다 향상된 훈련, 그리고 심리 과학에서 여러 가지 발견들을 종합하는 데 좀 더 주의를 기울여야 한다.

주요 용어

내재적 민감화 환자가 바람직하지 않은 행동을 한다고 상상하고, 그런 행동을 생각했을 때 발생하는 극도로 혐오스런 사건을 상상하게 하는 혐오치료의 한 형태이다.

변증법적 행동치료 Marsha Lihehan에 의해 경계선 성격장애를 대상으로 개발되어 마음챙김, 감정조절, 불편감 찾기, 대인관계 효과성 등의 기술을 가르치는 인지행동치료이다.

불안 위계 체계적 둔감화에서 아주 낮은 정도에서 높은 정도까지 불안 반응을 일으키는 상황의 순차적인 목록이다. 때로 이 항목들은 공포 자극과의 공간적 혹은 시간적 거리에 의해서 조직된다.

스트레스 면역 훈련 Donald Meichenbaum이 환자를 현재 혹은 미래의 스트레스유발요인에 면역시킴으로써 문제를 예방하도록 개발한 방법이다. SIT는 환자에게 어떻게 특정한 평가 패턴이 스트레스를 유발하는지 교육하고, 잠재적인 스트레스유발요인을 규명하고 대처하는 방법을 가르치고, 치료 상황에서 이런 대처 기술을 연습하고, 이런 기술을 스트레스를 일으키는 다양한 실제 상황에 적용시킴으로써 기술을 견고히 하는 것 등을 교육하는 법이다.

역조건화 불안 반응을 이완으로 대처하는 원리이다.

유관성 계약 치료자와 환자가 바람직하고 바람직하지 않은 행동을 정하고, 그런 행동을 했을 때 혹은 하지 않았을 때 얻게 되는 결과를 계약 형태로 쓰는 유관관리 기술이다.

유관성 관리 결과를 조작하여 행동을 통제하려고 시도하는 다양한 조작적 조건화의 기술들이다.

인지치료 Aaron Beck에 의해서 시작된 치료로 사고 유형과 감정, 그리고 행동 사이의 관계에 초점을 맞추며, 질병을 특징짓는 역기능적 사고 패턴을 바꿔주기 위해 인지적, 행동적 기법을 사용한다. 인지치료는 활동적, 구조적, 시간-제한적이며, 여러 가지 질병의 치료에 적용되어 왔다.

인지행동치료 문제의 발생과 지속에 사고의 역할을 강조하는 이론적 틀이다. 인지행동 기술은 환자의 문제에 기여한다고 보이는 사고의 패턴을 바꿔주고, 문제행동을 개선하기 위해서 조건화와 학습의 원리를 적용한다.

자기 주장 훈련 행동시연과 다른 기법을 이용해 환자가 자신이 원하는 바를 다른 사람의 권리를 침해하지 않고 효과적으로 표현하도록 훈련시키는 방법이다.

증상 대체 그 병에 내재하는 병리에 대해 다루지 않으면 증상이 사라져도 다른 증상으로 대처될 것이라는 개념이다.

지속적인 근접 조형법의 다른 용어이다.

체계적 둔감법 환자가 이완하는 동시에 점점 더 강도를 증가시키면서 불안을 일으키는 상황을 시각화하여 불안을 줄이는 행동 기술법이다. 이런 방법으로 환자는 공포스런 자극에 대해 둔감화된다.

타임 아웃 바람직하지 않은 행동을 강화하는 상황에서 환자를 잠시 떠나있게 하는 유관관계 기술이다.

토큰 경제 강화를 강력하게 통제함으로써 바람직한 행동을 증가시키는 체계이다. 그런 체계를 확립시키기 위해서는 각각의 행동에 대한 즉각적인 보상과 환자가 자신의 강화를 교환할 수 있는 지원 강화물을 구체화하여야 한다.

행동시연 환자의 대처 행동의 종류를 확장시키는 일반적인 방법이다. 성공적인 행동시연을 위해서는 환자에게 새로이 배울 행동에 대해 기술하고, 목표 상황을 정하며, 시연을 하고 피드백을 제공한 환자가 새로이 배운 기술을 실제 상황에서 적용할 수 있도록 고무시킨다.

행동치료 조건형성과 학습의 원리에 기초하여 질병을 치료하는 틀이다. 행동적인 접근은 근본적으로 과학적이며, 행동에 있어서 추론(예: 관찰할 수 없는 요소)의 역할을 축소시켰다.

혐오치료 바람직하지 않은 행동 후에 일관되게 불쾌한 결과를 줌으로써, 시간을 두고 행동의 강도를 줄이는 논쟁이 많은 치료법 중 하나이다.

Chapter 16

집단치료, 가족치료, 부부치료

Group Therapy, Family Therapy, and Couple Therapy

핵심질문

1. 집단심리치료를 특징짓는 기본적 가정, 특징, 그리고 잘 알려진 치료 요소는 무엇인가?
2. 시간–제한적인 치료와 다른 형태의 치료를 비교하고 대조해보라.
3. 가족치료의 주요 목적과 특징은 무엇인가?
4. 부부치료의 주요 특징은 무엇인가?
5. 전체적으로 가족 및 부부치료는 얼마나 효율적인가?

개요

환자가 치료받기를 원하는 거의 모든 문제는 사회적 상황에서 습득되고 유지되어 왔다고 말하는 사람도 있다. 현재 감정적, 행동적 문제는 어느 정도는 과거 대인관계의 역기능에 의해 영향을 받았을 가능성이 높다. 부부 갈등은 정의상 두 사람이 관련된다. 자기 주장이 약한 영업사원은 고객과의 상호작용에서 자기 문제를 드러낼 수 있다. 따라서 개인적 불행이라는 실이 사회관계라는 천 속에 짜여 들어가 있는 만큼, 치료의 형태가 집단이나 쌍으로 행해져야 하지 않을까?

게다가 지지자들은 집단치료와 가족치료가 보다 경제적이라고 주장한다. 그들의 주장에 따르면, 개인치료는 사회의 정신건강 요구를 생각할 때 합리적이라 할 수 없다. 건강관리의 경제성을 이유로 보험 회사들은 보다 효율적이고 비용이 덜 드는 정신건강치료를 요구하고 있다. 이유가 무엇이든지 간에 한 번에 여러 명을 치료하는 집단치료, 가족치료, 부부치료 등의 방법들은 상당히 인기를 끌고 있다. 본 장에서 우리는 집단, 가족, 부부치료에 대해서 자세히 다루겠다.

집단치료

역사적 관점

오랫동안 집단치료는 소수의 관심 많은 치료자에 의해 행해졌다. 어떤 치료자들은 환자가 너무 많아서 그 환자를 다 보기 위한 유일한 방법일 경우에만 집단치료를 주로 이용하였다. 또 다른 치료자들은 집단치료를 부가적인 기법으로 사용하였다. 예를 들자면 개인치료 시, 치료자가 환자로 하여금 여성을 폄하하고자 하는 병리적인 욕구가 있는 것에 대해 통찰을 얻게 해주려고 할 수 있다. 그런 경우, 집단치료 동안 그 집단의 다른 성원들은 그 환자에 대한 자신들의 반응을 통해서 치료자의 해석을 지지해 줄 수 있다. 그러나 집단치료는 이제 이차적인 치료 혹은 부가적 치료를 넘어서 더 영향력있고 두드러진 위치를 확보하게 되었다.

초기에 집단치료를 공식적으로 사용한 사람은 1905년에 결핵환자와 일한 Joseph H. Pratt이었다. 우울한 환자들의 사기를 증진시키고 그들이 의학 처방에 협조하게끔 강의와 집단 토론을 이용하는 고무적인 접근법이었다. 집단 운동의 가장 중요한 사람은 J. L. Moreno였는데, 그는 1890년대 초기에 비엔나에서 집단 방법을 개발하기 시작하였고, 1925년에 미국에 사이코드라마를 소개하였다. Moreno는 **집단치료**라는 용어를 사용하였다. Trigant Burrow는 자신의 절차를 기술하기 위해 **집단분석**이라는 관련된 용어를 사용한 정신분석가이다(Rosenbaum, 1965). 1930년대에 Slavson은 청소년 환자가 통제된 놀이를 하며 자신의 문제를 풀어가도록 고무하였다. 그의 절차는 정신분석 개념에 기초한 것이었다. 이런 인물들이 집단 운동의 선구자로 뽑힌다(미국집단심리치료회, 1971; Lubin, 1976).

임상심리학 전반에서와 마찬가지로, 집단 방법이 중심부에 떠오르게 된 것은 제2차 세계대전 후였다. 이전에도 언급했듯이 많은 수의 전쟁 참전용사들에 대한 상담과 치료의 요구가 급속하게 증가하였다. 기관이나 병원들이 부족했으므로 즉각적인 요구에 부응하기 위해서는 집단 방법이 필요하게 되었다. 일단 이런 방법이 실용성의 측면에서 발판을 마련하자 곧 인정받기 시작했다. 결과적으로 개별 심리치료 중심의 거의 모든 학파나 접근 방법들이 개별치료에 상응하는 집단 형태를 가지게 되었다. 정신역동적, 게슈탈트, 행동치료, 그리고 다른 여러 이론에 근거한 집단치료가 있다.

집단치료에 대한 접근

다양한 형태의 집단치료는 서로 다른 이론적 배경에서 비롯되었고, 집단치료는 다양한 이론적 언어로 기술되고 있다. 그러나 개별심리치료에서 보았듯이, 같은 이론적 배경을 가진다고 해도 경험 많은 집단치료자들도 저마다 다른 방법을 사용하기도 한다. 실제 치료자가 하는 것과 그들의 이론적 입장과의 차이 때문에 접근들 간의 유사성과 차이점을 평가하기 어렵고, 특정 접근에서 사용하는 방법을 일관적으로 기술하기 어렵다. 그럼에도 불구하고 아래에서는 전형적인 집단치료 운동을 기술하려고 한다.

정신역동적 집단치료. 대부분의 정신역동 집단치료는 기본적으로 집단 세팅에서 행해지는 정신역동 치료이다. 비록 개별치료와는 현격한 차이가 있지만(다중 전이 효과, 수정된 환자-치료자 전이, 그리고 집단 성원 간의 영향), 중점은 자유연상, 전이, 저항의 해석, 훈습과 같은 현상에 있다. 비록 집단과정이 존재하지 않는다고 말하기 어렵지만, 집단과정은 개인과정에 부차적인 것으로 본다. 집단은 개인으로 하여금 무의식적 힘이나 방어가 작동하는 것을 이해함으로써 더 나은 적응을 하도록 만들어주는 도구가 된다.

Wolf(1975)는 정신분석은 개인적 지도뿐 아니라 집단에서도 일어날 수 있다고 강조하였다. Wolf는 집단의 역동은 개인적 분석에 부차적이며, 치료자의 역할이 핵심적이라고 강조하였다. 개별치료와 반대로, 집단치료에서는 보다 깊은 수준의 분석을 경험할 수 있는데, 이는 개개인이 집단에 의존해서 불안 내성을 증가시킬 수 있기 때문이다. 게다가 집단 성원들은 서로에게와 치료자에게 반응할 뿐 아니라, 권위적 관계와 친밀한 관계에도 반응한다. 집단 내 다른 사람이 어떻게 서로 서로 소통하는지를 관찰하고, 자신이 치료자의 유일한 관심이 아닌 상황을 경험하고, 다른 사람에게 도움을 받고 다른 이를 도와줌으로써, 개개인은 개인치료 세팅에서보다 더 효과적인 분석에 도달할 수 있다.

전형적으로 Wolf의 집단은 8~10명으로 구성되며(남녀 수가 동일), 주 3회 90분간 만난다. 때로 집단은 치료자 없이 1~2회 정도 만나기도 하는데, 이는 전이관계의 훈습을 고무하기 위해서이다. 환자는 가끔 다른 집단원에 대한 자신의 감정을 자유 연상하고, 꿈을 보고하고, 치료자와 다른 집단 성원 모두를 향한 저항과 전이를 분석한다. 다음은 **정신역동 집단심리치료**의 예를 발췌한 것이다.

사이코드라마. 이 방법은 Moreno(1946, 1959)가 개발한 역할 훈련의 일종이다. 환자는 자기가 연극에 출연하는 것처럼 자신의 역할을 연기한다. 이 연기는 감정적 해소(카타르시스)를 불러일으키고 통찰과 자기 이해를 고조시킨다고 간주된다. 환자는 다른 사람의 역할을 하도록 요구된다. 때때로 연기 중간에 역할을 바꿔 행하기도 한다. 연극은 환자의 과거에 있었던 사건이나 환자가 두려워하는 앞으로 있을 사건과 관계있다.

일반적으로 **사이코드라마**는 환자, 연기가 펼쳐지는 무대, 감독이나 치료자, 그리고 보조자아(auxiliary ego: 다른 환자, 치료 보조자, 다른 사람), 그리고 관중이 관련된다. 감독은 환자에게 역할을 주고, 조연들은 보조자아 역할을 한다. 관중은 주로 수용과 이해를 보여주지만 때로 참여하기도 한다.

Moreno는 상황을 연기하는 것, 보조자아의 반응을 듣는 것, 청중의 반응을 느끼는 것이 보다 깊은 카타르시스와 자기 이해를 불러일으킨다고 주장한다. 그는 이 방법이 치료자에게 이야기하는 것보다 훨씬 효과적이라고 믿는다. 특히 사회기술이 부족하거나 억제된 환자들에게 사이코드라마는 향상된 자기 표현과 보다 나은 사회 기술의 발달을 가능하게 한다. 최근 메타분석은 비록 상대적으로 적은 수의 연구를 기초로 했지만, 사이코드라마가 효율적인 치료임을 시사한다(Kipper & Ritchie, 2003).

교류분석. Eric Berne(1961)은 **교류분석**(*Transaction- al Analysis*: *TA*)의 창시자이자 역동적인 힘의

정신역동 집단심리치료의 사례 발췌

이 집단은 3명의 남성(A, B, C)과 3명의 여성(X, Y, Z), 그리고 치료자로 구성된다. 치료자는 정신역동 이론으로 훈련된 정신과 의사이다. 만나는 장소는 치료자의 사무실이다. 치료자는 원형으로 의자를 배치하고, 자신은 책상 뒤에 앉는다. 치료자는 각 성원을 모두 알고 있고, 이들과 여러 번에서 수백 번에 이르는 개별치료 경험이 있다. 집단은 주 2회 만나고, 한 번에 1시간, 폐쇄 회기(집단 회기 동안 새 성원은 들어오지 못한다)를 갖는다. 다음은 첫 회기와 10번째 집단 회기를 발췌한 것이다. 성원들은 첫 회기 시작 전까지 서로를 모른다.

1회기

치료자: 이게 우리의 첫 회기이고 난 이 경험이 우리 모두에게 다 도움을 줄 것으로 기대합니다. 여러분은 서로 서로를 모르니까, 소개를 시작하지요. 내 오른쪽에 계신 분은 xx씨.

이제 소개가 끝났으니 우리가 어떻게 집단을 운영할지에 대해 소개하고, 집단심리치료에서 많은 것을 얻을 수 있도록 당부를 하겠습니다.

여러분은 저에게 개인치료를 따로 받아 왔습니다. 이제 우린 새롭게 시작하려고 합니다. 난 이전에 내가 알게 된 여러분에 대한 정보를 집단에 알리지 않을 것입니다. 일반적으로 개별 회기와 같은 법칙이 적용되는데, 다시 말하면, 여러분은 말하고 싶은 건 무엇이든지 말해도 되고, 난 여러분의 말에 대해 내가 생각하는 것을 말할 것입니다. 여러분은 원하면 서로를 분석할 수 있습니다. 난 여러분 각각이 상대방의 개인정보를 보호하길 기대합니다. 비록 내가 다른 집단 성원에 대해서 여러분께 아무런 보장은 못하지만, 난 여러분을 잘 알고 있고, 그래서 여러분의 성실성을 믿습니다. 그러나 동시에 여러분은 무얼 말해야 하는지에 대한 판단을 잘 내려주시기 바랍니다.

다음 회기부터 나는 오늘 첫 회기만큼 말을 많이 하지 않을 것입니다. 그러나 조금만 더 정보를 드리겠습니다. 첫째로, 심리치료는 어떤 형태이건 간에 심리치료입니다. 근본적으로 자기 이해의 문제이며, 무의식적 동기가 어떻게 우리를 행동하게 하는지를 배우는 것입니다. 우린 통찰을 얻길 원합니다. 이를 통해 우리 행동과 반응의 기저에 있는 것을 이해할 것입니다. 심리치료의 목표는 우리 자신에 대한 만족도를 높이고 사회생활의 향상을 위한 것입니다. 둘째, 여러분은 아마 이 집단치료에 대해 미덥지 않을 수 있고, 내가 여러분과 각각 얘기를 해 본 경험에 비추어 볼 때 다른 사람에게 자기 얘기를 하는 것이 쉽지 않다는 것을 알 수 있을 것입니다. 나는 여러분 모두가 이렇게 느낀다고 생각합니다. 그러나 평가를 미루고 의견을 공유한다면, 이 집단 방법이 믿었던 것보다 더 가치 있고 유용하다는 것을 알 수 있을 것입니다. 셋째, 집단에 있는 경험은 참여가 없으면 무가치합니다. 진부하게 여겨질 수 있으나, 집단에 투자하는 만큼 얻을 것입니다. 마지막으로 여러분은 서로에 대해 다양한 형태의 긍정적이고 부정적인 태도를 경험할 것입니다. 이런 전이는 심리치료의 중요한 요소이고, 이런 경험을 한다고 기분 나빠하지 말아야 합니다.

이제 다 말했습니다. 나는 우리가 지금 하려고 하는 일의 가능성에 대해 아주 낙관적이고, 우리 모두가 이 회기를 통해 뭔가 얻을 것이라고 말하고 마치고 싶습니다. 이제 시작하죠.

10회기

치료자: 음. 다 모였으니 시작합시다. Z양은 어떻게 지냈나요? 지난 회기에 끝날 때, Z양이 문제를 겪고 있었죠.

A: 나도 그 점에 대해서 생각하고 있었어요. 난 Z양이 문제를 잘 해결했기를 바랍니다.

Z: 글쎄요. 난 우리가 토론한 것에 대해 많은 생각을 했고, 좀 진전을 봤다고 말씀드릴 수 있어서 기쁩니다. 난 엄마를 향한 분노 때문에 엄마와 싸우고 있고, 내가 생각했던 것만큼 엄마를 사랑하지 않았다는 걸 깨달았죠. 그리고 난 엄마에게 너무나 의존적이었고, 엄마를 좀 더 현실적으로 대하는게 더 건강한 것이라는 걸 깨달았죠. 결국, 그건 엄마에게도 좋지 않았던 거죠.

Y: 그럼 정말 엄마를 사랑하지 않는다고 생각하나요?

Z: 그렇지는 않아요. 내가 사실이라고 생각하는 건 난 엄마에게 너무 의존적이고 내 분노는 나 자신을 향한 분노

인데, 왜냐하면… 왜냐하면 아무도 나를 사랑하지 않기 때문이죠(울기 시작한다).

X: 난 Z양이 틀렸다고 생각해요. 사람들은 Z양을 사랑할 수 있어요. 사람들은 누구나 사랑받을 수 있는데, 사랑받으려면 먼저 남을 사랑해야 해요.

A: 이 집단에서도요. Z양은 좀 동떨어져 있고 다른 사람이 가까이 가는걸 꺼리는 듯 보여요.

Z: 엄마와 같이 난 모든 세상에 대항해 왔어요. 우리 아버지는 엄마를 떠났고, 엄마는 내게 의존했죠. 난 엄마로 인해 세상이 너무 두려웠고, 우리 둘은 같이 외로웠고, 난 다른 누구와도 거의 교제하지 않았어요. 아주 나쁜 상황이죠.

치료자: 우리 모두 이 상황을 이해하려고 해 봅시다. 난 Z양이 아주 중요한 어떤 것을 건드렸다고 생각해요. Z양과 엄마는 세상 전체에 저항하는 팀을 이룬거죠. 난 Z양이 엄마가 자기를 완전히 소유하려는 것을 아주 싫어한다고 생각해요. Z양은 이제 엄마에게 향한 감정에 사랑뿐 아니라 미움도 있다는 것을 깨달은 거죠. 그런데 어떻게 엄마에게 기대게 되었는지, 또 엄마가 어떻게 자신에게 의존하는지 이해하기 시작한거죠. 마지막으로 스스로가 감정적으로 엄마에게 얼마나 노예가 되어있는지 볼 수 있고요. 그런데 이런 감정을 경험하는 것은 아주 어려운 일이고, 따라서 지금 Z양이 외롭게 느끼는 건 당연합니다.[1]

1) From *Methods of Group Psychotherapy*, by R. J. Corsini, pp. 160-161, 163-164. Copyright © 1957 by McGraw-Hill, Inc. 저자의 허락하에 재인용.

근원이다. TA는 본질적으로 집단에서 사람들의 여러 측면간의 상호작용이 분석되는 과정이다. 분석은 때로 각 개인 내에 존재하는 아이 자아 상태, 부모 자아 상태, 그리고 성인 자아 상태인 세 가지 자아 상태(ego states)에 초점을 둔다. 각 상태는 긍정적 혹은 부정적 측면으로 구성된다. 긍정적 아이 상태는 자발적이고, 억압되지 않았으며, 창조적이다. 부정적 아이 상태는 두렵고, 너무 감정적이고, 죄책감으로 가득하다. 긍정적인 측면의 부모 상태는 지지적이며, 사랑을 주고, 이해력 넓은 특징을 가진다. 부정적 부모 상태는 벌을 주고 쉽게 책망한다. 성인 자아 상태는 감정과 정서에 덜 반응하고, 논리, 계획, 그리고 정보 수집을 보인다. 그러나 성인은 이성적일 수도(긍정적) 비자발적일 수도(부정적) 있다.

어떻게 양육되었는가에 따라 사람들은 이런 여러 가지 긍정적, 부정적 특징을 보일 수 있다. 부모가 너무 심하게 감독하거나 과도하게 규율을 지키도록 양육된 아이들은 죄책감이나 억제된 자아 상태를 발달시킬 수 있다. 결과적으로 만일 TA 집단에서 어떤 사람이 성에 대해 권위적이고 거만하게 말하면서, 억제된 사람에게 반응해 보라고 한다면 그 사람은 반응할 수 없거나 아주 긴장 상태에서 반응할 것이다. 치료자는 각각이 얼마나 부정적인 역할을 하는지(아동, 성인, 부모에 상관 없이) 지적할 수 있다. 어떤 사람은 거만하고 권위적인 부정적 부모의 역할을 하게 한다. 다른 사람은 억제되고 긴장한 부정적 아이처럼 반응한다. 집단 성원 간의 상호작용에 관한 반복적인 분석으로 사람들이 흔히 취하는 자아 상태를 찾아낼 수 있다. 이런 분석은 환자가 긍정적인 성인 자아 상태에 가깝게 되어 이성적이고 적절하게 생각하게 돕는다.

분석되는 단위를 **교류**(*transaction*)라고 하는데, 이는 어떤 순간에 둘 또는 그 이상의 사람들 사이에 작동하는 자극과 반응을 말한다. 교류분석은 어떤 자아 상태가 주어진 사람들 사이의 교류에 작동하는지 알아내는 것과 관련 있다.

TA의 또 다른 측면은 **게임**을 강조하는 것이다(Berne, 1964). 게임은 사람들이 다른 사람들과 너무 가까워지는 것을 피하기 위해 하는 행동이다. 게임은 근본적인 동기를 가진 계획된 교류이다. TA 집단치료에선 어떻게 성원들 간에 게임이 이루어지는지 발견하고 분석하는 데 시간을 쏟는다. Berne은 TA 집단에서 진실한 친분보다는 가식적 친분이 형성된다고 믿는다. 성원들이 하는 게임은 자신의 진짜 감정과 신념을 가린다. Berne은 치료자의 한 가지 기능은 선생님과도 같이 질문, 해석, 심지어 대결을 통해서 환자를 게임과 그보다 더 만족스런 행동 사이에서 선택할 수 있는 지점까지 끌고 오는 것이라고 본다.

TA는 변화가 빠르고 활동 중심적인 접근이다. 현재, 그리고 즉각적인 문제에 대해 감을 잡는 것을 강조하는데, 이는 환자와 치료자 모두의 관심을 끈다. TA는 책임감, 여러 가능성 사이의 선택을 배우게 하는데, 이는 고통스러울 정도로 느린 전통적인 치료에 대한 바람직한 대안이 될 수 있다. 또한 전체 치료 기술이 이해하기 쉽고 환자와 전문가가 받아들이기 쉽게 개념적으로 간소하다.

그러나 TA의 이런 간소함이 몇몇 TA 치료자의 열정과 사업성과 결합해서 위험스런 정도의 인기를 끌었다. 많은 비판가들은 사람들이 겪는 문제는 아주 복잡해서 게임으로 쉽게 전환될 수 없으며, 그런 절차로 인한 득은 오래 가지 못한다고 주장한다. TA 치료자들은 연구를 거의 하지 않으므로 확실하게 그런 비판을 잠재울 연구 문헌은 드물다.

게슈탈트 집단. 게슈탈트 집단치료는 분류가 어렵다. 정신역동적 집단치료와 마찬가지로 환자의 개인적 경험을 중시한다. 동시에 세미나와 주말 보상, 짧은 워크숍 그리고 대중화에 대해 강조하는 것 등에서 감수성 운동의 성격을 띤다(Rogers, 1970). 이런 특징들은 Fritz Perls(게슈탈트 운동의 선구자)의 때론 강하고 때론 과장된 특징에서 비롯하며 캘리포니아의 빅서에 있는 Esalen Institute의 대중성과 합쳐진 것이다.

제14장에서 보았듯이 게슈탈트치료는 환자가 현재에 대해 인식하게 하고 세상에 존재한다는 것에 감사하게 만들려고 한다. 집단에서는 한 번에 한 성원에게 집중해서 이를 성취하려고 한다. 치료자는 환자에게 초점을 맞추는 반면, 다른 집단 성원은 관찰자 역할을 한다. 이를 뜨거운 의자(hot seat) 기법이라고 한다. 환자는 자신의 감정과 행동을 경험하도록, 즉 이성의 고삐를 늦추고 자신의 감각을 찾도록 요구된다. 집단의 다른 성원들은 그냥 수동적인 관찰자가 아니다. 그들은 뜨거운 의자의 사람을 어떻게 생각하는지 말해야 한다. 때로는 역할 훈련도 하고, 꿈과 환자들 사이의 대화도 보고하게 한다(Perls, 1973). 그러나 환자가 관찰자이건 뜨거운 의자에 있던 간에 치료 절차에 완전히 몰입해야 한다. TA 방법과 같이 절차의 대중성, 연구의 부족, 그리고 감정성은 이 치료의 효과성을 평가하는 것이나 치료효과가 특정 상황이나 시간을 넘어서서 일반화될 수 있는지 결정하기 어렵게 한다.

행동치료집단. 집단 행동치료는 집단 상호작용의 역동이 특별히 가치 있다기보다는 효율성 때문에 생겨난 듯 보인다(Lazarus, 1975; Rose, 1991). 체계적 둔감법, 대인관계기술, 혹은 인지적 재구조화 중재는 집단 형태로 하기 쉽다(Rose, 1991). 예를 들어, 집단으로 환자에게 어떻게 이완하는지를 가르칠 수 있고, 여러 환자에게 동시에 비슷한 불안 위계를 배우게 할 수 있다. 그런 절차가 집단으로 가능하다면, 집단치료를 이용하는 것은 효과적이다.

행동적 혹은 인지행동적 집단은 시간 제한적이며(예: 12회기), 비슷한 문제를 가진 환자들로 구성된다. 거의 대부분의 행동치료에서처럼 경과를 살펴보기 위해서 치료 전, 중, 후에 집단 성원에게 다양한 평가 도구를 실시한다. Rose(1991)는 보상, 모델링, 문제해결, 인지 기법이 행동치료집단에서 어떻게 행해지는지에 대한 다양한 모델을 보여주었다. 연구 결과는 행동, 인지행동 집단 중재가 우울증, 사회 기술 부족, 통증, 광장 공포증, 그리고 다른 상태의 치료에 효과적임을 보여준다.

예를 들어, 집단 접근은 자기 주장 훈련에서 주로 사용되는 방법이다. 집단은 자기 주장이 약한 사람들에게 자신의 문제를 직면하고, 주장하는 것에 대한 공포를 줄이고, 자기 표현을 하는 적절한 방법을 가르치는 데 훌륭한 환경을 제공한다. 그런 집단에서는 치료자가 직접적인 교습을 하는 경우가 많은데, 집단의 목표를 설명해주고, 자기 주장을 못함으로 어떤 문제가 발생하는지 알려 준다. 자기 주장 훈련 집단은 집단 성원 간에 협동적 문제해결을 하고, 정직하게 대하고 서로 수용한다. 집단 성원은 다른 집단원들이 남들에게 어떻게 보이는지 의견을 제시하거나 평가할 기회를 가진다. 새로운 자기 주장 기술을 시연해 보고 연습하며, 숙제가 주어지고, 그 후에 자기의 성공담에 대해 집단 성원과 토론한다.

또 다른 예는 사회 공포증에 대한 인지행동적 치료이다. Heimberg와 Becker(2002)는 이 치료에 대해 상세히 기술하였다. 집단 성원에게 먼저 사회 공포증의 인지, 행동, 신체 요소를 포함하는 인지행동 모델에 대해 짧게 소개한다. 인지행동치료의 기본을 소개한 후, 집단 회기는 공포스러운 상황에 실제로 혹은 모의로 노출하는 연습을 하며, 인지적 재구조화를 한다. 또한 사회 공포증 증상을 일으키는 인지적 오류를 규명하고 수정하는 데 이용되는 기술을 발달시키는 연습을 중점적으로 한다. 사회 공포증에 대한 치료 접근은 효율적이라 증명되었고(Burlingame, MacKenzie, & Strauss, 2004), 사회 공포증의 본질상 가장 권장되는 치료이다.

시간-제한적 집단치료. 집단치료의 마지막 예로 살펴볼 것은 시간-제한적 집단치료이다(Budman & Gurman, 1988). 이 최근 모델은 그 효과성 면에서 매력적인데, 관리의료시대의 집단개입을 선도할 가능성이 크다. 이런 집단들은 주로 미리 정한 수의 회기 동안(예: 인생의 위기를 맞이한 사람들 집단의 경우 8회기) 주 1회 만남을 갖는다. Budman과 Gurman(1988)이 언급했듯이, 시간-제한적 집단은 네 가지 주요 특징을 갖는다.

1. **집단 준비 및 선별.** 집단 성원을 가려내기 위해 집단 구성 전 1시간짜리 워크숍을 실시한다. 이 선별과정을 통해 실제로 집단이 시작되면 기본적인 규율을 지키고, 모든 성원이 집단에 기여하기 위한 필수 기술을 갖추어 집단에 이익이 될 수 있도록 한다.
2. **집단에서 초점을 결정하고 이를 지킴.** 초점은 모든 집단 성원이 공유하는 걱정, 문제, 쟁점이다(예: 친밀감의 문제). 첫 회기 때 초점에 대해서 이야기한다. 예를 들면 다음과 같다.

   > 이전에 내가 말씀드린 바와 같이 이 집단은 친밀감 문제를 중심으로 하는 성인집단입니다. 이 집단의 성원은 어떤 형식으로든 최근에 이런 문제에 대해 어려움이 있었습니다. 여러분은 친밀감과 관련된 문제 외에 다른 문제도 가지고 있습니다. 우리는 이에 대해서도 조금은 다룰 것입니다. 그러나 우리가 같이 일할 시간이 제한되어 있기 때문에, 우리는 대부분의 시간을 친밀감문제로 국한할 필요가 있습니다(Budman & Gurman, 1988, p.269).

3. **집단 응집력.** 이론가와 치료자들은 집단 응집력(집단 성원이 과정에 관여하는 정도, 신뢰도, 협동심, 관심, 그리고 동정 표시 정도)이 효과를 결정하는 중요한 요소라고 한다.
4. **시간-제한에 대한 반응.** 이 집단이 시간-제한적이므로 집단 성원들은 각자의 인생단계와 관련 있는 감정, 과거의 상실, 좌절을 경험할 것인데, 이는 집단에서 많이 다루어지지 않게 된다.

Budman과 Gurman(1988)은 각 단계에 따라 환자가 다른 문제를 경험하기 때문에 집단의 여러 다른 단계를 분석하였다(집단 형성, 초기발달, 종결, 추후). 예를 들어, 종결단계는 슬픔을 표현하는 특징을 보이는데, 몇몇 집단 성원은 집단 회기를 늘이도록 치료자에게 요청한다. 이 단계에서 치료자의 역할은 초점과 관련해서 집단과 개인의 긍정적 변화를 살펴보고, 집단이 없으면 어떨 것인지에 대해 각자의 집단 성원에게 생각과 감정을 표현하게 한다. Budman과 Gurman(1988)은 긍정적 변화를 유지하고, 집단 성원이 그 동안 이룩한 변화를 서로 나누기 위해 추후 회기를 권장하였다(6~12개월 후).

글상자 16-1은 성격장애 환자를 대상으로 한 이 치료의 예를 보여 준다.

준비와 구성

임상가에 의해 쓰이는 방법이 매우 다양하므로 집단치료의 구성 방법에 대해 일반적으로 기술하는 것은 다소 무리일지 모른다. 그러나 이런 다양성에도 불구하고 공통점이 있다. 예를 들어, 모든 집단은 약 5~10명의 환자로 구성되며, 주당 1회 약 90분에서 2시간의 회기를 갖는다. 성원들은 서로 볼 수 있도록 원형 형태로 앉는다. 때로는 회의용 탁자를 두고 앉기도 한다.

집단의 구성은 치료자의 확신이나 실제적인 여건에 따라 달라진다. 일부 치료자는 다양한 집단이 좋다고 주창하는데, 다양한 문제, 배경, 그리고 성격을 가진 남녀를 함께 본다. 다른 치료자들은 동질성 집단이 가장 좋다고 하는데, 예를 들어 집단은 알코올 중독이나 공포증 환자로만 구성된다. 이 사람들은 동질성으로 큰 효과, 빠른 이해, 그리고 상호 수용이 커질 수 있다고 믿는다(Budman & Gurman, 1988). 사람들이 많은 기관 상황에서는 동질성집단을 형성하기 쉽다. 그러나 개인 병원에서는 치료자가 이질집단을 형성할 수밖에 없다. 대부분의 치료자는 어떤 환자들은 포함하면 안된다는 것에 동의한다. 인지적으로 기능이 낮은 사람, 정신병이 심한 사람, 또 집단과정을 방해하기 쉬운 사람(예: 집단 토의를 독점하거나 극단적으로 반대만 하는 사람)들이 여기에 속한다.

어떤 경우에 치료자는 모든 집단 성원을 개별 회기에서 동시에 치료한다. 또는 집단치료 회기만 갖는 경우도 있다. 때로는 보조 치료자를 두기도 한다(성별이 다른 치료자로 전이와 같은 과정에 또 다른 차원을 다룰 수 있도록). 몇몇 집단은 치료자 없는 회기를 갖기도 한다. 어떤 형식이든 집단 리더의 역할은 결정적이다. 어떤 집단에서는 회기 외의 친목을 금지하지만, 다른 치료자는 금지 자체가 불가능한 일이라고 본다. 개방집단은 성원이 떠나면 곧 새 성원을 받지만, 폐쇄집단은 집단이 일단 시작되면 새로운 성원을 받지 않는다. 집단 내에서 개인 정보 보장은 매우 중요하다. 집단의 구성과 규율을 설명할 때, 치료자는 비록 모든 성원이 회기에서 개인 정보가 보장되지만, 절대적으로 보장되는 것은 아니라고 확실히 해둘 필요가 있다(이 장의 초기에 보여 준 사례 참조).

치료 요소

집단치료가 다양하다는 것은 명백하다. 그러나 이런 모든 접근의 바탕에는 집단치료를 유용하게 만들어 주는 공통분모가 있다. Yalom(1975)은 이런 집단치료의 정수를 규정하는 **치료 요소**를 제시하였다.

1. **정보 나누기.** 집단 성원은 치료자뿐 아니라 다른 집단 성원으로부터 충고와 가이드를 받을 수 있다.
2. **희망 고취.** 문제를 성공적으로 해결하는 타인을 관찰하는 것은 희망을 심어 주는데, 그 희망은 성공적인 치료 경험에 필수적인 요소이다.
3. **보편성.** 다른 사람에게 귀 기울임으로써 그 사람도 비슷한 문제, 공포, 걱정을 가지고 있다는 것

글상자 16-1 성격장애 환자를 위한 시간 효과적 집단치료

Budman 등(1996)은 집단심리치료가 어떻게 가장 치료가 어렵다는 정신과 진단 체계 제2축 성격장애 환자군에게 효과적일 수 있는지 설명하였다. 이런 환자를 위한 집단치료의 장점은 다음과 같다.

- 환자의 사회 대인관계 행동(예: 적의적, 비판적)을 직접적으로 관찰할 수 있다
- 집단 성원은 환자의 대인관계 행동의 긍정적, 부정적 측면에 대해 그 자리에서 피드백을 줄 수 있다(예: 사람들이 내가 뭘 말하고 있는지 모르겠다고 했을 때, 난 상처받았고, 그 사람들에게 화가 났다).
- 환자는 집단 세팅에서 대인관계 행동을 바꿀 기회를 갖는다.
- 또래 압력은 집단 성원의 문제행동을 감소시키고(말로 퍼붓기), 적절한 반응을 증가시킬 수 있다(다른 집단 성원에게 그 사람의 어떤 말이 마음을 무척 상하게 했는지 말하는 것).
- 집단은 실제 삶의 사회적 소우주가 될 수 있다.

다른 특징들도 살펴볼 만하다. Budman과 동료들은(1996) 시간-제한적 심리치료를 다음과 같이 정리하였다. (a) 대인관계 기술을 초점으로 하고, (b) 치료자가 집단과정을 적극적으로 활성화시키며(집단을 시작하게 하고 집단에 좋지 않은 행동을 막는다), (c) 변화를 추구하는 데 시간-제한적이고, (d) 환자의 책임감과 목적 설정을 고무하고, 목적을 향한 향상을 모니터하게 하고, (e) 변화를 촉진하기 위해 숙제를 내주며, (f) 회기 요약을 통해 집단과정, 반복되는 주제, 그리고 개별 과정을 함께 종합하려 한다.

집단 구성원은(집단 리더가 개별 회기를 통해 실시하는) 전체 집단 과제를 수행(예: 모임 계획)하는 집단 전 워크숍을 통해 선발되며 스크리닝과 모든 집단 참가 예정자가 서로를 만나서 서로 소개하고 소규모 집단 과제를 함께 한다(문제가 되는 대인관계 행동을 역할 시연하고 대안 행동을 보여 준다). 이 방법으로 집단 리더는 각각 참가 신청자가 제한된 환경에서 잘 반응할 것인지, 피드백을 적절히 이용할 것인지, 다른 성원과 잘 지낼 것인지에 대한 적절성을 평가한다.

Budman과 동료들(1996)은 이 같은 치료가 성격장애 환자군이 감정 통제를 더 잘하고, 대처 기술을 발달시키며, 대인관계 행동을 향상시키는 데 도움이 될 것이라고 보고하였다.

을 알게 된다. 자기가 혼자가 아니라는 사실을 아는 것은 안심하게 만들어 준다.

4. **이타성.** 초기에 집단 성원은 보통 자신이 쓸모없고 가치 없다고 느낀다. 자신이 집단 내의 타인을 도울 수 있다고 느끼게 되면 자기 가치감의 느낌과 효능감이 생기게 된다.
5. **대인관계 학습.** 집단에서 타인과의 상호작용은 대인관계, 사회 기술, 민감성, 갈등 해소 등을 가르칠 수 있다.
6. **모방 행동.** 다른 사람을 보고 듣는 것은 보다 유용한 행동을 모델링하도록 할 수 있게 만든다. 집단 성원은 다른 사람들로부터 배울 수 있다.
7. **교정적 원가족 경험.** 집단 상황은 환자가 가족구성원과 관련된 문제를 이해하고 해결하는 것을 돕는다. 과거 가족 경험의 효과는 부적응적인 대처 방식이 현재 집단 상황에선 더 이상 통하지 않을 것이라는 것을 깨달음으로써 해결된다.
8. **카타르시스.** 집단에서 다른 사람들에 대한 감정을 어떻게 정직하고 개방된 방식으로 표현하는가를 배우는 것은 상호 신뢰와 이해능력을 심어준다.
9. **집단 응집성.** 집단 성원은 집단 수용을 통해서 자기 존중감을 증대시킴으로써 잘 엮여진 집단이 된다.

■ 인물소개 **Simon H. Budman, Ph.D.**

Budman 박사는 Innovative Training System이라는 건강관리 제공자와 기관에 자문, 훈련, 치료 도구를 제공하는 개인 회사의 창업자이자 회장이다. Budman 박사는 여러 학교와 병원에도 직책이 있으며, 여러 기관에 관리의료 행동 건강관리를 수행하는 일을 한다. Budman 박사는 시간–효과적인(시간–제한적인) 치료, 집단심리치료, 심리치료 연구로 유명하다. 그는 100권도 넘는 책, 북 챕터, 논문을 저술하였고, 건강관리 전문가를 훈련시키는 데 이용되는 동영상도 제작하였다. Budman 박사는 또한 약물남용, 섭식장애, 금연과 다른 영역에서의 연구로 25건의 연방 연구비도 획득하였다. Budman 박사에게 자신의 배경과 관심, 전문 영역에 대한 질문을 했고, 임상심리학과 집단심리치료 영역의 미래에 대해 예측을 해달라고 부탁하였다.

임상심리학에 관심을 갖게 된 이유가 무엇입니까?

난 초등학교 때부터 의사가 되려고 했었습니다. 이건 순전히 내가 자란 고향에 있는 두 의사 선생님 때문이었죠. 1950년대엔 의사가 집에 전화를 해주고 기술적인 도구들을 사용하지 않았고, 페니실린 이외엔 별다른 치료가 없었던 때였죠. 관리의료 개념도, 그로 인한 생산성에 대한 압박도 없을 때였습니다. 그 시절 의사 치료의 가장 중요한 부분은 사람들에게 얘기하는 것이었습니다. 나는 순진하게 그것이 의사가 하는 모든 것이라고 생각했죠. 1960년대에 의대생으로 대학에 갔을 때, 난 곧 수업들이 인간이나 행동에 대한 것보다는 생물학과 화학에 대한 것을 알아차렸죠. 난 의대를 그만두었고 진로 상담원이 임상심리학을 제안하며 상담소에 있는 심리학자를 소개해줄 때까지 여섯 개도 넘는 과를 방황했습니다. 나는 즉각적으로 심리학을 좋아하게 되었습니다. 심리학은 내가 의학에 있었다고 믿었지만 실제로는 없었던 요소를 다 가지고 있었습니다. 그 후로 난 내 직업 선택에 대해 한 번도 후회한 적이 없습니다.

임상심리학자로서 당신이 하고 있는 활동에 대해 말씀해 주십시오.

난 처음엔 개인, 집단, 가족 모두에게(지금도 다 하긴 하지만) 직접적인 서비스를 제공하는 일을 했지요. 그러나 해를 거듭할수록 내 활동은 변했고 다양화되어 갔습니다. 난 대학원 졸업 후 금방 임상 연구를 시작했고 지금도 계속하고 있습니다. 난 또한 집중적인 훈련, 임상 자문, 조직 자문을 하기도 합니다. 현재 나는 새로운 건강관리 상품을 개발하는 회사를 운영하고 있습니다. 이 회사에선 난 행정, 연구, 홍보, 사업 개발, 훈련 등의 역할을 하고 있습니다. 내 시간의 상당 부분은 대중 건강관리 프로그램과 관련 웹사이트 개발하기, 연구 제안서 쓰기, 회사를 위한 자금 모음 등으로 소요되며, 다수의 심리학자, 프로그래머, 경영자 등과 팀을 이루어 일하고 있습니다. 난 10년 전까지만 해도 내가 직간접적으로 심리학 훈련이 주가 되는 현재의 일을 하고 있으리라고는 생각도 못했었습니다.

당신의 전문 영역과 관심의 무엇입니까?

현재 난 대중 기반 건강 프로그램, 예방 행동 건강관리, 행동 암 종양학, 약물 남용 예방과 치료, 건강관리 체계에서 컴퓨터, 인터넷, 다양한 정보매체의 이용에 관심이 있습니다. 난 단독으로 혹은 다른 전문가와 함께 청소년을 위한 비디오 프로그램과 다양한 정보매체 게임을 제작하기도 했습니다.

임상심리학의 미래에 대해 어떻게 보십니까?

난 임상심리학자가 융통성 있게 새롭게 혁신하지 않으면 미래는 어둡다고 봅니다. 앞으로 사회사업가, 간호사, 석사 수준의 상담가들은 외래와 입원 환자를 더 보게 될 것입니다. 임상심리학자를 위한 직업은 지금보다 더 구하기 어려워질 것이고 수입은 감소할 것입니다. 난 심리학자가 어떻게 대중을 치료하고, 그런 치료에 어떻게 새로운 기술을 도입하느냐에 대한 고유의 특별한 기술을 습득하지 못한다면 미래는 어둡다고 생각합니다. 비록 임상심리학자의 직접 임상 서비스에 대한 요구가 지속적으로 있을 테지만, 이제 그런 서비스를 제공할 수 있는 치료자들은 불어나고 있습니다. 임상심리학은 지금으로부터 매우 다른 10년을 생각해야 합니다. 스스로 재창조하지 않는다면, 다른 행동 건강전문가와 섞여서 구별이 안 될 것입니다.

집단치료의 미래는 어떻습니까?

난 보다 많은 치료가 집단의 형태로 제공될 것이라고 생각합니다. 그건 비용면에서 효과적이고 개인치료와 비교했을 때 결과가 좋기 때문이죠.

집단치료는 효과적인가?

집단심리치료의 효과성에 관한 연구 문헌 조사는 집단치료가 무처치 집단보다 효과적이라고 한다(예: Burlingame et al., 2004). 특히, 인지행동 집단치료는 공황장애, 사회 공포증, 섭식장애 환자에게 효과적이다. 그러나 집단치료는 다른 치료 형태보다 더 효과적으로 보이진 않는다(Burlingame et al., 2004). 집단치료, 특히 시간-제한적 집단치료의 주요 장점은 효율적이고 경제적이라는 것이다.

일반적으로 집단치료에 대한 연구는 효과성을 묻는 질문에 대답하는 정도이다(Bednar & Kaul, 1994; Riva & Smith, 1997). 그러나 여러 가지 다른 심리적 장애에 특정 집단 모델이 효과적이라는 증거가 수집되고 있다고 믿는 치료자들도 있다(Burlingame et al., 2004). 비록 Yalom과 같은 이론가는 다양한 치료 요소와 집단치료의 결과에 영향을 주는 변인들을(예: 집단 리더십 스타일, 집단 전 훈련의 필요성) 제시하였으나, 이러한 요소들의 효과를 직접적으로 조사한 연구는 상대적으로 드물다. 이제까지의 연구는 개념적인 문제와 방법론적인 문제가 많다. 명백하게 왜 그리고 어떻게 집단치료가 작동하는지 이해하기 위해서는 집단심리 치료의 과정과 제시된 치료 요소에 대한 연구가 필요하다.

집단치료의 미래

집단치료의 경제성과 효율성에도 불구하고, 집단치료는 아직 덜 활성화된 것으로 보인다. 가장 중요한 이유는 환자와 치료자가 모두 집단치료를 이차적인 치료 형태로 보기 때문이다. 다른 치료보다 집단에 의뢰되는 환자 수가 적은데, 의뢰된 사람들조차도 집단에 들어오려고 하지 않는다. 그러나 집단치료의 요구가 증가하고 있다는 증거가 있다(Burlingame et al., 2004).

관리 행동건강의료 체계는 집단치료를 미래에 더 실용 가능한 선택으로 본다(Steenbarger & Budman, 1996). 집단치료는 치료자나 관리 조직에게 매력적인데, 이는 덜 심각한 환자를 보살피는 데 치료진의 시간(결국은 비용)을 줄일 수 있기 때문이며(MacKenzie, 1994), 어떤 경우에는 입원치료를 대신할 수 있기 때문이다(Steenbarger & Budman, 1996). 그러나 이런 기회를 빌어서 집단치료자는 이 치료 형태에 대해 대중과 건강 관리 전문가를 더 교육시키고, 정부에 공격적으로 법안통과운동을 하며, 관리의료 회사에 집단치료를 서비스의 한 형태로 재정적으로 지지하게 만들고, 관리의료와 건강관리 요구에 대해 보다 잘 알아갈 필요가 있다(Steenbarger & Budman, 1996).

가족치료와 부부치료

일반적으로 가족구성원이 문제를 일으키면 가족의 모든 성원이 영향을 받는다. 점점 더 많은 가족들이 그 문제의 본질을 밝혀내고 그것을 잘 다루기 위해 치료를 찾고 있다. 가족과 부부치료는 여러 입문서와 매년 나오는 개관논문에 언급되었다시피, 막 피어나기 시작하는 영역이다. 이런 관심은 *Journal of Consulting and Clinical Psychology*와 같은 전문 학술지에 가족치료와 부부치료에 대한 특별 섹션이 자주 등장하는 것을 보면 알 수 있다.

오래 전에, 많은 치료자들은 아동을 치료하는 것을 부모를 '치료적' 면접을 위해 클리닉으로 끌어오기 위한 방법으로 사용하였다. 예를 들어, 아동을 일주일에 두 번 보는 것이 일반적인 일이었다. 그 동안 아동은 손으로 페인트칠을 하고, 표현적인 놀이를 하며, 카타르시스를 일으키고 치료적인 가치를 지녔다고 간주되는 다른 활동들을 하였다. 그러나 많은 임상가들은 직관적으로 아동과 주 2시간씩 만난 후, 그 아이를 변화가 없는 환경—애초에 문제를 발생시킨 환경—으로 되돌려 보내는 것은 말이 안된다는 것을 깨달았다. 결과적으로 아이가 클리닉 놀이방에 있는 동안 부모와 얘기하는 것이 일반적인 치료가 되었다. 실제로 많은 임상가들은 그런 면접들이 아동의 행동을 향상시키는 데 놀이방 경험보다 더 중요하다고 믿게 되었다. 그런 임상적 경험이 가족치료 운동 발전의 기반을 마련하였다.

가족치료의 발전

Fruzzetti와 Jacobson(1991)은 가족치료의 기원을 19세기 사회 복지 운동까지 거슬러 올라가는 것으로 본다. 그러나 가족치료는 즉각적으로 인기를 끌지는 못하였다. 가족치료가 인기 있는 치료가 된 건 20세기 중반이다. 이렇게 시간이 오래 걸린 이유는 정신분석학이 오랫동안 지배해왔기 때문이다. 행동주의와 인본주의 접근은 가족치료와 같은 대안치료가 임상가가 활용할 수 있는 한 가지 선택지가 되도록 기초를 마련하였다. 개인의 문제들은 가족 역기능의 표현과 같은 체계적 용어로 개념화되었다. 임상문제에 대한 새로운 관점은 정신분열증과 같은 여러 정신질환의 개념화에서 가장 잘 나타난다.

정신분열증을 이해하기 위해 Palo Alto집단(Bateson, Jackson, Haley, Satir 그 외)은 문제를 의사소통 관점에서 접근하였다. 가족구성원에게 영향을 주기 위해선 가족 체계 전체를 다루어야 한다(Jackson & Weakland, 1961). 가족을 한 단위로 보는 사고와 관련된 것으로 **이중 구속**(*double-bind*)이라는 개념이 있다(Bateson, Jackson, Haley, & Weakland, 1956). 예를 들어, 한 아이에게 아버지가 "항상 어떤 상황에서도 누구에게라도 네 권리를 주장해야 한다."고 말해 왔다고 하자. 그러나 동시에 그 아버지가 아이에게 "내 권위에 의문을 던지지마. 난 네 아버지야. 그리고 내가 말하는 대로 해."라고 말한다. 이 두 메시지에 담겨 있는 상반된 생각은 아이가 아버지에게 어떻게 행동하든 그건 옳지 않을 것이라는 것을 암시해 준다. Bateson 집단에 의하면 모순을 아버지가 깨닫지 못하는 것, 그리고 다른 가족들의 지지 부족이 정신분열증 발병의 거름이 될 수 있다는 것이다. 실제로 정신분열증의 이중 구속 이론에 대한 경험적 지지는 아주 드물다. 또 그런 의사소통을 신뢰할 수 있게 측정할 수 있는 현상으로 보려는 시도도 실패했다. 그러나 가설은 그럴듯해서 이로 인해 Palo Alto 가족치료가 발전하게 되었다. 이런 경우는 개념과 연구의 가치는 옳고 그름과 상관이 없음을 보여 준다. 그것이 발견적 가치, 즉 새로운 일, 새로운 아이디어, 새로운 절차를 자극하는 정도 역시 중요하다는 것을 알 수 있다.

Theodore Lidz와 그 연구팀도 정신분열증의 원인으로 가족을 강조하였다(Lidz, Cornelison, Fleck, & Terry, 1957a, 1957b). 배우자가 상대방의 심리적, 정서적인 욕구를 만족시키지 못하면, 그 사람은 자녀와 병리적인 동맹을 맺고, 결국에는 자녀의 정신분열증을 유발한다는 것이다. 정신병동에서 오랫동안 부모와 같이 산 정신분열증 환자에 대한 Bowen(1960)의 관찰은 환자뿐 아니라 환자 가족 전체가 병리적이라는 결론을 내리게 하였다. Ackerman (1958, 1966)도 비슷한 결론에 도달하였다. 그의 연구는 정신분열증의 원인을 설명했기 때문이 아니라(설명하지 못했다), Satir(1967a), Haley(1971), Jackson(1957), Bell(1961)과 함께 기술과 이론, 역사가 풍부한 가족치료 운동의 기동력과 방향을 제시했기 때문에 중요하다.

의사소통의 개념

정신분열증에 대한 연구의 초창기부터 가족치료는 **의사소통**을 강조하였다. 일반적으로 병리는 가족구성원들 간에 의사소통이 실패한 결과 일어나는 것으로 간주되었다. 이런 의사소통에 대한 강조가 바로 많은 이들이 가족치료의 중심적인 개념으로 여기는 **일반적인 체계 이론**이다. 가족치료는 각각의 가족구성원과 가족 체계(시스템) 간의 관계에 대해 다룬다. 가족은 일종의 시스템으로 간주되는데 가족치료는 이 시스템을 어떤 중요한 방식으로 변화시키려고 한다. 개인의 드러난 병리 증상이나 기능 저하 혹은 심리내적 갈등에 초점을 두지 않는다. 예를 들어, 과 활동하는 원초아를 성적문제의 원인으로 보지 않는다. 오히려 개인은 정보 부족으로 문제를 겪는다고 본다. 치료는 이 정보 부족을 수정하고 피드백 방식을 변화하는 과정이다. 치료자는 환자의 심리내적 갈등을 인식함으로써가 아니라, 시스템이 기능하는 방법을 바꾸기 위해 피드백을 이용함으로써 긍정적인 변화를 꾀한다. Bowen(1960)과 같은 사람들은 의사소통을 보다 큰 관계 시스템에 포함된 과정으로 본다.

Ackerman(1958, 1960, 1966)은 병리를 개인 혹은 심리내적으로 보는 관점과 의사소통 이론가들과 같이 시스템으로 보는 관점의 중간적 입장을 견지하고 있다. 그는 환자와 가족, 그리고 사회 간에 지속적인 상호 교환이 있다고 믿는다. 환자의 완전한 이해를 위해서는 이런 상호 교환을 이해해야 한다고 믿는다. Ackerman은 가족 시스템의 의사소통과정을 강조하였고, 의사소통의 내용 또한 중요하다고 믿었다.

형태와 방법

가족치료를 구성하는 것이 무엇이냐에 대한 명백하고 일치되는 정의는 없다. 실제로 심지어는 누가 치료를 행해야 하느냐에 대한 일치된 의견도 없는 상태이다. 일반적으로 가족치료는 심리학자, 정신과 의사, 사회사업가, 상담가 등이 해왔다. 가족치료자와 상담가는 임상심리학, 상담심리학, 정신의학, 사회사업, 가족 및 아동발달학, 그리고 교육학 등 다양한 프로그램에서 훈련받는다. 물론 이 다양성이 상당한 혼란을 가져오며, 전문가 자격에 대한 논란을 일으킨다. 어떤 치료자는 가족치료를 여러 기법 중 하나로 사용하고, 다른 치료자들은 가족치료만을 고집한다. 누가 가족치료를 할 자격이 있느냐에 대한 의견 차이 때문에 사용되는 특정 방법에(실제로는 공통점이 많아 보인다) 서로 다른 이름이 붙여질 수 있는 것인지 의심스럽다. **가족치료, 행동적 가족치료, 합동(*conjoint*) 가족치료, 공존(*concurrent*) 가족치료, 협력적(*collaborative*) 가족치료, 네트워크 가족치료, 구조적 가족치료, 다중 가족치료** 등 여러 가지 가족치료가 있다. 이론적 체계 이론은 시스템에서 정신역동, 행동주의, 그리고 여러 이론을 통합한 것에 이르기까지 다양하다.

목적. 모든 가족치료자는 가족 내의 의사소통을

증진시키고, 개인의 문제보다는 가족 전체의 문제를 해결하는 것에 일차적 목적을 둔다. 그러나 일단 그런 공통적인 방향을 넘어서면 목적과 의도에 다소 차이가 있다. 예를 들어, 가족 시스템에 대해 말하는 이론가는 가족치료를 개인 문제를 해결하는 장으로 본다. 가족을 함께 보는 것은 개인 환자의 변화를 유도하려는 기술(아마 보다 효과적인)이다. 다른 가족 이론가들은 가족을 한 단위로 보고 가족을 함께 치료하는 것이 그 단위를 향상시키는 것이라는 철학을 가진다. 비록 이것이 개별 성원에게 도움이 될 수도 있지만 진짜 초점은 가족이다. 다른 영역에서도 마찬가지겠지만, 대다수의 가족 치료자들은 두 극단의 중간에 서 있다.

■ 인물소개 **Greta Francis, Ph.D. ABPP**

Greta Francis

Greta Francis 박사는 1982년에 University of Pittsburgh 심리학과에서 학사학위를 받고, 1987년에 Virginia Tech에서 임상심리학으로 석사와 박사를 받았다. 다시 University of Pittsburgh로 돌아와 Western Psychiatric Institute and Clinic에서 인턴쉽을 하였고, National Research Service Award를 받아 박사 후 연구원으로 재직하였다. 1988년에 박사 후 연구원을 마치면서 Francis 박사는 로드아일랜드로 옮겨 Brown 대학 정신과에서 교수로 임용되었고, Bradly Hospital의 청소년 입원병동에서도 심리학자로 일하고 있다. Brown 대학 정신과에서는 임상심리학 인턴쉽 훈련과정을 맡아 운영하였고, 병원에서는 아동 청소년 서비스를 책임지고 운영하고 있다. 1997년에 부교수로 승진했고, 2003년에는 임상심리학 훈련 컨소시엄의 부 디렉터로 임명되었으며, 현재 아동청소년 임상분과위원회에서 회원 인증(board certification)을 받았다.

Francis 박사에게 자신에 대해 그리고 임상심리학과 가족치료의 미래에 대해 물었다.

무슨 계기로 임상심리학에 관심을 갖게 되었나요?

정신과 의사인 아버지와 간호사인 어머니 사이에서 태어나, 어렸을 때부터 남을 돕는 전문직에 관심을 갖게 되었어요. 피츠버그 대학에서 학부를 다니면서, 훌륭하신 Frank 박사님께 생물학적 심리학 과목을 듣고는 이 분야에 많은 관심을 갖었습니다. Frank 박사님이 학생을 매료시키는 능력을 정말 탁월했어요. 하지만 시간이 지나면서 제 관심 분야가 실험실보다는 임상현장에서 일하는 것에 있다는 것을 깨달았지요. 피츠버그 대학에서 다양한 임상연구실에서 일할 기회가 있었는데, 그 중 하나가 성인들의 사회기술훈련을 하는 연구실이었고, 다른 하나는 의대에서 아동의 정신병리를 연구하는 연구실이었지요. 두 연구실에서 정말 많은 것을 배웠고, 저의 관심은 조금 더 아동에 있다는 것을 발견했어요. 대학원에 갔을 때, 제 지도교수인 Thomas Ollendick 박사를 만난 것을 정말 행운이라고 생각해요.

Ollendick 박사님은 아동임상심리학자이며, 이 분에게 아동임상심리학자가 되는 것이 무엇을 의미하는지 배웠어요. 훈련은 크게는 인지행동의 관점에서 발달정신병리에 초점을 두었어요. 그 당시 나는 공부를 마치면 다시 임상심리학 프로그램으로 돌아와 학생들을 가르칠 것이라고 생각했었어요. 하지만 정신과에서 인턴쉽을 하면서 그 생각이 바뀌었어요. 지금은 생각이 계속 바뀌고 있어요.

심리학자로서 어떤 활동을 하나요?

대학원을 마쳤을 때, 대학교수가 되고 싶었지만, 정신과적 문제 혹은 발달 문제를 지닌 학생들을 위해 브라운 대학에서 운영하는 프로그램을 책임지는 교수로 일할지는 몰랐었죠. 현재 저의 일은 다양하고 항상 바쁩니다. 솔직히 말해, 제 일에 대해 지루할 겨를이 없어요. 때로는 몹시 힘들지만, 매우 기쁨을 느낍니다. 치료나 지원을 통해 학생들이 자신들의 강점이나 유연성을 개발해 내는 것을 볼 때는 언제나 놀랍지요.

제가 믿기에 일에서 만족감을 느끼는 주요한 요소는 계속해서 성장하고 배울 수 있는 능력이라고 봅니다. 내가 현재 하는 것은 지속적으로 배우는 것들을 통합하는 것이에요. 저는 주로 CBT를 사용하지만, 환경과 상황에 맞추어 CBT를 적용합니다. 현재 아이들의 정신건강에 대한 교육을 제공하고 라포를 형성하는 데 많은 시간을 할애합니다. 더 작은 목표들을 설정해 단계별로 이룰 수 있게 도와주고, 다른 전문가들과 연계해주며, 점차로 그러한 지원을 줄여나가 독립적으로 생활하는 것을 돕습니다. 학생들과는 장기적으로 연락을 할 수 있으므로, 학생들 가운데 중간 중간 치료적 도움이 필요한지(booster sessions)를 평가합니다.

제가 정말 좋아하는 일들 중 하나가 학생들을 가르치는 것입니다. 운이 좋게도, 아동임상심리학 및 소아정신과에서 대학원 수준의 학생들을 가르칠 수 있어요. 또한 작은 그룹의 고등학생들을 대상으로 심리학 기초를 가르치기도 합니다. 고등학생들은 심리학에 대해 배우고 싶어해요. 제가 어렸을 때 그랬던 것처럼, 이런 학생들에게 관심을 불러일으키고 호기심을 줄 수 있도록 강의를 준비하고 싶어요. 이와 더불어, 지역사회에서 정신건강전문가들을 위해 교육적 워크숍을 제공하고, 학교에 있는 상담 직원들을 위해서 연수 워크숍[예: 어떻게 만성적인 외상(Trauma)이 정서와 학업에 영향을 미치는지 등]도 제공합니다. 최근에는 지역사회에 있는 정신건강전문가들을 위해 불안장애의 CBT훈련 워크숍을 기획하고 제공했어요.

제가 일하는 학교에서 학생들과 가족들에게 임상서비스를 제공하는 것뿐 아니라, 임상심리학 레지던트와 박사 후 연구원들이 실시하는 평가, 치료 및 자문에 대해 지도감독을 합니다. 저는 수퍼비전을 통해 지도감독자와 피 훈련자가 전문성을 발전시켜 나가는 과정에 많은 관심이 있어요. 매년, 내 소아정신과에 있는 동료들과 함께 수퍼비전과 전문성의 개발에 대한 제목으로 세미나를 합니다. 피-훈련자들이 점차 독립적인 임상가로 발전해나가는 모습을 보는 것이 이 일을 하는 데 많은 보상이 됩니다. 브라운 대학에 오는 레지던트들과 연구원들은 이미 매우 잘 훈련받은 학생들이기 때문에, 그들의 능력을 지속적으로 발전시켜주고 이와 더불어 독립성을 키워주고 싶어요.

제가 현재 훈련 프로그램에서 맡은 일들 중 두 가지는 아동임상심리학 인턴쉽 프로그램을 기획하는 것과 훈련 컨소시엄의 부 소장으로 일하는 것입니다. 마지막으로 다양한 방식으로 행정업무를 담당합니다. Bradley 대학의 임상 프로그램 소장으로서, 학생들에게 제공되는 임상서비스와 교육 프로그램에 책임을 지고 있습니다. 다행히 매우 훌륭한 학교 직원들을 만나게 되어 이 일을 하는 것이 매일의 즐거움입니다. 또한, 다른 캠퍼스에서 일하는 직원들과도 함께 일하면서, 직원 교육, 학교 입학사정 및 학생들을 위한 음악교육 프로그램을 개발하는 다양한 일들을 합니다.

특정 전문 분야나 관심 분야는 무엇인가요?

제 전문 분야는 다양한 정신과적 문제를 지닌 학생들을 치료하는 것이고, 이를 위해 인지-행동치료를 사용합니다. 특히 불안, 기분, 정신과적 질환을 지닌 청소년들과 일하는 데 관심이 있어요. 많은 내담자들이 처음 진단을 받은 학생들입니다. 청소년기에 정신증을 경험하는 학생들을 치료하는 예가 많이 보고되지 않았어요.

그래서 성인 대상 서비스들과 논문들을 읽고, 제 내담자들을 돕기위한 다양한 방안들을 연구했습니다. 저는 학교에 기반을 둔 행동관리에 대해 많은 경험을 쌓았습니다. 다양한 나이와 정신과적 문제가 있는 아이들에게 구조화된 교실–기반 행동관리 프로그램을 만들고 시행해 왔습니다. 마지막으로 정신과적 문제들이 있는 학생들을 위한 학교를 운영하는 데 있어서 필요한 시스템적 이슈들에 전문성을 가지고 있어요. 학생들이 자신의 일을 하여 성과를 만들고 목표를 달성하도록 돕기 위해, 다양한 전문가들과 효율적으로 일하는 법을 배웠습니다.

임상심리학의 미래는 어떠할 것으로 생각하나요?

아동기 장애를 위한 근거–기반 치료들이 지속적으로 보급되어야 한다고 생각해요. 이를 통해, 아동 청소년들이 근거에 기반한 효과적인 치료를 받을 수 있을테니까요. 제가 인턴쉽 프로그램 디렉터를 하면서 절실히 느낀 것은, 현재 수련가능 기관에 비해, 지원학생이 월등이 많습니다. 따라서 이러한 격차를 해소하는 일이 중요합니다.

가족 혹은 그룹으로 청소년들과 일할 때 특별히 어려운 점은 무엇인가요?

또래관계가 중요하며, 청소년들이 독립성과 자율성을 키우는 것을 돕는 것이 중요하다고 생각해요. 가족치료의 맥락에서, 가족 내에서 문제를 해결하고 조율하는 법을 배우는 것이 청소년들과 그 부모들에게 필요한 작업입니다. 부모님들은 자녀들이 무언가 새로운 일을 할 때, 성공확률이 적은 것을 알면서도 자녀들이 한번 시도할 수 있도록 허락할 수 있어야 합니다(물론 매우 두렵겠지만). 가족치료자는 청소년 자녀와 부모들에게 효과적인 문제–해결 능력을 보여주기 위해, 코치와 같은 역할을 소화해야 합니다. 집단치료에서는, 치료자가 치료 집단원을 구성할 때 신중해야 합니다. 예를 들어, 비행문제가 있는 청소년들로 그룹을 구성할 때, 집단원들 간에 더 부적응적인 행동을 서로 배울 수 있는 위험성이 있습니다. 집단치료자들은 집단원들 사이의 비밀 보장에 대해(특히 사회 미디어가 발달한 요즘) 명확한 규준을 지니고 있어야 합니다.

일반적인 특징들. 가족치료의 어떤 측면은 일반적인 개인치료와 차별성을 보여 준다. 예를 들어, 가족 구성원은 비슷한 준거의 틀, 역사, 그리고 치료자에겐 낯선 언어를 공유한다. 치료자는 가족의 역할과 가족 내의 특징적인 문화에 대해 배워야 한다. 동시에 치료자는 환자와 거리를 두어야 하며, 다른 사람을 희생해 가면서 한 성원에게 지나치게 동일시해서는 안 된다. 이건 매우 어렵고 민감한 문제인데, 가족 구성원은 때로 치료자를 자기들 힘 겨루기나 개방적 의사소통에 대한 방어로 끌어들 이기도 한다.

가족력과 평가과정은 가족치료의 한 부분이다. 현재 문제는 진술되고 이해되어야 한다. 아들이 비행 소년이고, 딸이 성적으로 문란할 수 있다. 어떻게 다른 가족구성원이 같은 문제를 다양한 방식으로 나타내고 있는지 보는 것은 진단적으로 중요하고 흥미가 있다. 일반적으로 가족력을 수집하는데, 이것 또한 다양하다. 가족 문제가 부모의 출생과 그들의 초기 삶, 결혼 등 보다 큰 맥락에 놓여졌을 때, 자녀의 의사소통이 향상되고 이해가 넓어진다. 확대 가족과 그들의 목표, 꿈, 불안, 결점 등 가족력 전체를 파노라마식으로 펼쳐 놓으면 이해, 공감, 인내가 깊어질 수 있다. 이 큰 맥락은 그 전에는 불가능했던 준거의 틀을 공유하게 해 준다. 자녀는 가족을 위해 자신의 꿈을 포기한 것이 엄마에게 어떤 의미가 있음을 알게 되고, 아버지가 할아버지로부터 학대당한 경험이 뭘 말해주는지를 알게 된다. 또한 부모도 가족치료실과 같은 통제된 상황에서 또래 압력을 받는 것이 어떤 것이었는지 기억하게 된다(자녀의 현재 경험을 통해서).

합동 가족치료

합동 가족치료에서는 한 치료자가 전체 가족을 동시에 본다. 어떤 경우에 치료자는 다소 수동적이고 비지시적인 역할을 한다. 다른 경우엔 치료자는 적극적인 역할을 하면서 대화를 지시하고, 여러 가족구성원에게 과제를 주고, 인간관계 등에 관한 직접적인 지시를 내린다.

Satir(1967a, 1967b)는 가족치료자를 현행 가족과정을 관찰하며, 분명하고 명쾌한 의사소통을 통해 가족에게 의사소통의 모델이 되는 사람으로 간주한다. 그러므로 Satir는 치료자를 선생이요, 일종의 자원이요, 의사소통가로 본다. 그런 치료자는 가족구성원들이 어떻게 더 잘 의사소통하여 만족스런 관계를 만들 수 있는지 보여 준다. 다음은 Satir(1967a)가 가족에게 상호작용과정을 설명하는 발췌 부분이다.

합동치료와 다른 가족치료에는 다섯 가지 의사소통 형태가 있다(Satir, 1975)—즐겁게 하는(언제나 무슨 일이 있어도 항상 동의함), 탓하는(얼마나 다른 사람을 비판할 수 있는지를 보여줌으로써 자신의 가치를 떨어뜨리는 것), 초이성적인(주로 선생님에게 특징적으로 보이는데, 초이성적으로 말하지만 실제로 그것이 자신의 느낌과는 아무런 상관이 없는), 부적절한(말이 지금 행해지는 것과 전혀 상관이 없음), 일치된(실제와 일치하는 말). 이러한 의사소통의 형태는 어떤 의미에서 의사소통과 감정의 진수를 보여 준다. 물론 인지의 역할은 무시되지 않지만, Satir는 인지가 속한다고 믿었던 것에 강조를 둔다.

합동 가족치료의 예

치료자: (남편에게) 랄프. 난 당신이 이마를 찡그리는 걸 봤습니다. 지금 화가 나신 건가요?

남편: 내가 이마를 찡그린걸 몰랐습니다.

치료자: 때로 사람들은 의식하지 못하면서 얼굴 표정을 짓거나 소리를 내죠. 지금 어떤 생각을 하고 어떤 느낌을 가지고 있으신가요?

남편: 아내가 한 말을 생각하고 있었습니다.

치료자: 부인이 말한 어떤 것을 생각하고 계셨나요?

남편: 자기가 너무 크게 말할 때 내가 그렇다고 말해 주길 원한다고 한 말요.

치료자: 그것에 대해 어떻게 생각하시나요?

남편: 아내에게 말해 주는 건 생각해 본 적이 없어요. 화를 낼 것이라고 생각했죠.

치료자: 아. 그렇다면 그 찡그림은 아내가 당신이 뭘 해 주길 원했는데, 그게 바로 이거란 것을 당신이 몰랐기 때문에 놀랐음을 의미하나요? 이마를 찡그려 다소 놀랐다는 표시를 했다고 생각하시나요?

남편: 예. 그렇다고 볼 수 있죠.

치료자: 전에 비슷한 상황에 놓인 적이 있었나요? 즉 앨리스(아내)의 말이나 행동에 대해서 놀란 적이 있었습니까?

남편: 물론이죠. 아주 많았습니다.

치료자: 아내에게 당신이 놀랐다고 말한 적이 있습니까?

아내: 그 사람은 그런 말을 한 적이 없어요.

치료자: (아내를 보고 웃음 지으며) 앨리스. 잠시 기다리세요. 랄프의 생각에 대해서 들어 봅시다. 랄프. 당신이 앨리스에 대해서 놀랐을 때, 그걸 어떻게 아내에게 알립니까?

남편: 난 아내가 안다고 생각합니다.

치료자: 그러세요? 한 번 봅시다. 앨리스에게 알고 있었느냐고 물어봤다고 칩시다.

남편: 이건 웃긴 일입니다.

치료자: (웃으며) 이 경우엔 앨리스가 이 자리에 있고 당신의 말을 들었으니까 그렇게 보일 수도 있겠네요. 이 경우 앨리스는 뭔지 알죠. 그런데 난 앨리스와 당신이 서로 상대방에 대해 기대하는 것이 무엇인지 모르고 있다는 생각이 들고, 당신은 그걸 알아내는 방법을 아직

합동 가족치료의 예(계속)

알지 못한다는 생각이 듭니다. 앨리스, 내가 랄프의 찡그린 이마에 대해 말했던 그때로 돌아갑시다. 혹시 그걸 알아차렸나요?

아내: (불평조로) 네. 저이는 언제나 그런 얼굴을 해요.

치료자: 찡그린 이마가 뭘 말해 주죠?

아내: 여기 있고 싶지 않다. 상관하지 않는다. 전혀 말을 안 한다. 그저 TV를 보고 있거나 집에 없다.

치료자: 궁금해지는데요, 그럼 랄프가 이마를 찡그리면, 당신은 랄프가 "난 당신을 사랑하지 않아. 앨리스, 난 당신이 상관 없어, 앨리스"라는 것으로 받아들이나요?

아내: (울컥하고 눈물을 보이면서) 모르겠어요.

치료자: 음. 아마도 두 분은 서로에게 사랑과 의미를 담은 말을 하는 분명한 방법을 가지고 있지 않는 것 같습니다. 모든 사람은 자신에게 중요한 메시지를 주는 분명한 방법을 가지고 있을 필요가 있습니다. (아들에게) 짐. 자신에게 중요한 메시지를 부모님께 어떻게 전달하는지 아나요?

아들: 무슨 뜻인지 모르겠어요.

치료자: 음. 예를 들어 엄마를 사랑하는 마음이 생겨날 때 엄마에게 어떻게 그 마음을 알리죠? 모든 사람들의 느낌은 시간마다 달라집니다. 엄마가 곁에 있어 감사할 때, 그걸 엄마에게 어떻게 알리죠?

아들: 난 엄마가 하라고 하는 걸 하죠. 공부나 그런 것.

치료자: 알겠어요. 집에서 공부하면 그건 엄마에게 엄마가 곁에 있어 좋다는 메시지를 전달하고 있는 건가요?

아들: 그건 아니고요.

치료자: 그럼 다른 메시지를 준다는 건가요? 음. 앨리스. 짐의 이런 메시지를 사랑의 메시지로 받아들였나요?(짐에게) 아버지에게 좋다는 메시지는 어떻게 보냅니까?

아들: (잠시 있다가)아무것도 생각이 안나요.

치료자: 다른 말로 해볼게요. 아버지를 웃게 만들 수 있는 분명한 방법을 알고 있습니까?

아들: 학교에서 좋은 성적을 받으면요.

치료자: 맞는지 한 번 확인해 보죠. 앨리스, 짐이 집에서 공부하면 당신은 그것을 사랑의 메시지로 받아들이나요?

아내: 그렇다고 할 수 있죠. 그런데 걘 별로 공부를 하지 않아요.

치료자: 지금 이 상태에서 앨리스 지금 당신은 짐에게서 사랑의 메시지를 많이 받지 못하고 있네요. 그렇다면 앨리스. 지금 짐이 생각을 못하고 있지만 당신이 있어서 기쁘다는 표현을 하는 다른 방법을 쓰고 있나요?

아내: (작은 목소리로) 다른 방법은 걔가 날 좋게 쳐다보는 거죠.

치료자: 랄프 당신은 어떻습니까? 짐이 말한 것처럼, 좋은 점수를 얻으면 당신을 기쁘게 할까요?

남편: 그런 일로 웃을 때가 올지 의심스럽습니다.

치료자: 당신은 짐이 좋은 성적을 받을 것이라 생각지 않지만, 받아온다면 웃을 것이라는 것으로 들립니다.

남편: 젠장. 그럴 겁니다. 난 기쁠 거예요.

치료자: 상상해 보세요. 어떻게 그걸 표현하실 건가요?

아내: 기쁘게 했는지 절대로 알 수 없을 거에요.

치료자: 우린 이미 앨리스 당신과 랄프가 서로에 대한 중요한 감정을 보여 주는 정확한 방법을 가지고 있지 않다는 것을 알고 있어요. 앨리스. 짐과 랄프를 관찰하고 있네요. 랄프. 당신은 어떻게 생각하나요? 짐이 언제 당신을 기쁘게 하는 지 알아내기 어려울 것이라고 생각하나요?[2]

2) Virginia Satir. *Conjoint Family Therapy*. 제2판. 1967. pp.97-100. Science and Behavior Books, Inc. Palo Alto, CA. USA.

다른 가족치료들

다른 형태의 가족치료가 많은데, 다음은 가장 일반적인 형태의 가족치료이다.

공존 가족치료. 공존 가족치료에서는 치료자가 모든 가족구성원을 보지만, 각각의 구성원과 따로 회기를 갖는다. 전체적인 목표는 합동 가족치료와 동일하다. 어떤 경우에 치료자는 주 환자에게 전통적인 심리치료를 제공하지만, 때론 다른 가족구성원을 만나기도 한다. 실제로 다른 가족을 만나는 것이 전통적 심리치료의 일부가 아니라는 사실은 불행한 일이다. 개별 환자의 문제는 환자 삶에서 의미있는 타인과의 협력과정에서 더 잘 이해되고 해결되는 것이므로, 가족을 만나는 것은 치료과정을 촉진시킬 것이다.

협력적 가족치료. 협력적 가족치료에서는 각각의 가족구성원이 다른 치료자와 만난다. 치료자들은 자기가 치료하는 환자와 가족에 대해 상의하기 위해서 함께 만난다. 앞에서 본 것과 같이 아동 환자에게 이런 접근법을 이용하는 것은 가족치료의 초기 성장을 촉진시키는 이유가 되었다. 이 접근법의 변환으로 공동 치료자(co-therapist)가 같은 가족과 일하기도 한다. 즉, 둘 또는 그 이상의 치료자가 한 가족과 만난다.

가족치료에 대한 행동주의적 접근. 때때로 임상가는(예: Liberman, 1970; Patterson, 1971) 가족관계를 강화 유관으로 본다. 치료자의 역할은 가족문제의 행동 분석을 수행하는 것이다. 이 분석은 빈도가 늘거나 줄어야 되는 행동뿐 아니라 바람직하지 않은 행동이나 바람직한 행동을 유지시키는 보상을 밝혀내도록 돕는다. **행동주의적 가족치료**는 가족구성원에게 바람직한 행동에 대해 서로 서로 적절한 강화를 제공하도록 만드는 과정이 된다. 실제로 몇몇 치료자는(Stuart, 1969) 심지어 이 목적을 위해 가족구성원에게 토큰을 이용하게 하였다. 예를 들어, 남편은 일요일에 TV로 축구를 시청하지 않고 아내를 야외로 드라이브 시키면 4개의 토큰을 얻었다. 물론 사전에 이런 토큰으로 정확하게 무엇을 할 수 있는지를 정확하게 해야 했다.

최근 인지행동치료의 발전을 고려하면, 이런 접근이 가족치료 분야로 확산된 것이 놀랍지 않다. 개인을 위한 인지행동치료와 비슷하게, 가족치료도 개개의 가족구성원이 문제행동과 사고과정을 관찰하고, 새로운 기술을 개발하고(의사소통, 문제 해결, 타협, 갈등 관리), 가족 사건에 대한 해석에 의문을 가지고 필요하면 재해석을 하도록 가르친다(Carlson, Sperry, & Lewis, 1997; N. Epstein, Schlesinger, & Dryden, 1988).

다중체계치료(Multisystemic Therapy). 더 최근의 가족치료 형태인 **다중체계치료**(*multisystemic therapy*: MST)(Henggeler, 2011; Henggeler & Borduin, 1990; Henggeler,Schoenwald, Borduin, Rowland, & Cunningham, 2009)가 비행 청소년들과 그들의 가족들을 위한 개입법으로 개발되었다. MST에 기저하는 모델에서는, 임상적 문제들이 다양한 요소들(예: 개인, 가족, 학교환경, 이웃 등)에 의해 영향을 받는다고 가정한다. 이러한 영향력을 체계(system)로 이해하여, 이 접근법은 다음의 여러 가지 주요 특성들을 지니고 있다: (a) 치료가 개인 가정 혹은 지역사회에서 이루어짐, (b) MST 치료자는 일주일 24시간 준비가 되어 있어야 한다, (c) MST 치료자는 비교적 적은 수의 내담자를 치료한다, (d) MST 치료자들은 서비스를 지속적으로 제공하기 위해 팀으로 일하여야 한다(Henggeler, 2011). MST는 몇 가지 증거–기반 기술들(예: 인지–행동)을 활용하며, 개인과 가족에 대한 데이터를 모은다. MST는 비치료에 비해 효과적이라고 보고되었다(Henggeler, 2011). 마지막으로 MST는 정서조절, 청소년 약물사용장애, 가족의 학대와 방임, 아동/정년 건강문제 및 임상적 문제를 해결하는 데 초점을 둔다(Henggeler, 2011).

언제 가족치료를 하나?

언제 가족치료를 하는 것이 적절하느냐를 결정하는 쉽고 빠른 공식은 없다. 가족치료는 주로 청소년 환자를 대상으로 시작한다. 아마도 환자의 문제가 가족과 밀접하게 연관되어 있어서 가족치료가 유일하게 적절한 방법일지 모른다. 아마도 가족은 과거에 치료과정을 방해했거나 치료자의 권고에 저항했을 수 있다. 이상적으로 가족 모두를 치료과정에 포함시키는 것으로 이런 저항을 줄일 수 있다.

다른 경우엔, 환자의 문제는(때로 치료에서 환자의 향상) 가족이라는 틀 속에 깊게 관련되어 있거나 가족을 위협하기 때문에 가족 전체를 치료하는 것이 현명할 때가 있다. 때때로 가족 위기, 가족구성원의 죽음은 가족 전체가 병리를 가지게 만들 수 있다. 어떤 가족에게는 가치를 어기는 데서 오는 갈등이 있다. 예를 들어, 약물을 시작하거나 이단 종교에 빠지기 시작한 청소년은 가족의 가치를 무시했기 때문에 가족 전체를 혼란스럽게 할 수 있다. 이런 경우 가족치료는 합리적인 선택이다.

마지막으로 심각한 결혼 혹은 성 문제는 가족치료의 형태로 가장 잘 해결된다. 물론 이러한 문제를 해결하기 위해 개인, 가족, 혹은 부부치료 중 어떤 것을 선택할지 결정하는 것은 어려운 일이다. 그러나 가족이나 커플 상담은 문제가 아주 깊은 감정적 갈등에서 비롯된 것이 아니고 잘못된 태도, 성에 대한 무지, 그리고 의사소통의 부족에서 올 때 이들 문제를 교육적으로 해결하는 데 적절한 듯 보인다.

그러나 가족치료는 만병통치약이 아니며, 항상 적절한 것은 아니다. 때때로 가족이 너무 망가져서 치료 자체가 실패하게 되는 경우가 있다. 하나 혹은 두 가족구성원이 참가하지 않는 경우도 있다. 또 다른 경우엔 가족구성원이 정서에 문제를 보이며, 비협조적이며, 파괴적이어서 그 사람의 존재로 인해 가족치료 전체과정이 그르칠 수 있다.

가족치료는 여러 사람과 관련이 있으므로, 때론 비용 절감 측면에서 생각해봐야 한다. 비록 가족치료가 집단 속 환자를 도울 수는 있어도, 그 과정에서 다른 성원들에게 악영향을 줄 수 있다. 개별 환자처럼 때로 어떤 가족은 가족치료 내에서 발생하는 위협적 일들에 대처할 만한 심리적 강점이나 자원을 가지고 있지 않은 경우도 있다. 언제 가족치료를 하고 언제 하지 말아야 하느냐는 조심스런 평가와 임상적 감각을 요구하는 어려운 과제이다.

부부치료

비록 **부부치료**라는 용어를 사용하고 있지만, 이 치료는 비단 결혼한 부부에게만 적용되는 것이 아니라 동거 커플, 동성 커플, 그리고 다른 사람들에게도 적용된다. 커플에게 임상가의 자문을 받게 하는 데는 여러 문제가 있다. 한편으로 부부치료는 가족치료의 한 형태로 간주될 수 있다. 예를 들어, 남편과 아내를 함께 보고, 치료의 초점이 개인의 문제라기보다는 결혼관계에 있다면, 가족치료의 한 형태로 봐야 한다.

가족치료 운동과 마찬가지로 부부치료 운동도 Sullivan, Horney와 Fromm과 같은 대상 이론가들에게 힘입어 자라났지만, 부부치료가 하나의 영역으로 발전하게 된 것은 실용적인 이유도 이에 못지않게 중요하다(Fruzzetti & Jacobson, 1991). 기본적으로, 아주 다양한 전문가들은(정신과 의사와 법률가) 자신의 일반적인 전문가 의무를 수행하는 과정에서 결혼 갈등을 풀어보려는 시도를 점점 더 많이 하게 되었다. Fruzzetti와 Jacobson(1991)은 부부치료가 1960년대 이후에 괄목할 만한 성장을 보였다고 지적하였다. 오늘날 부부치료의 가장 인기 있는 형태는 행동적 결혼치료, 인지 부부치료, 강점 중심 부부치료, 성 치료, 통찰 – 지향적(정신역동) 부부치료이다. 부부치료에 사용되는 기술들에 어떤 것들이 있는지 소개하기 위하여 여기서는 행동주의적 결혼치료(Jacobson & Margolin, 1979; Sturart, 1980; Weiss, Hops, & Patterson, 1973)와 감정 중심적 부부치료(Johnson, Hunsley, Greenberg, & Schindler, 1999)를 간략하게 기술하려고 한다.

행동주의적 부부치료. 행동주의적 결혼치료(*BMT*)의 기원은 Richard Stuart(1969)로 거슬러 올라간다(비록 결혼이라는 용어를 사용했지만, BMT는 결혼한 사람들에게만 적용되는 것은 아니다). Stuart의 결혼문제에 대한 치료는 강화 원리를 커플의 상호작용에 적용시키는 것을 말한다. 치료의 주요 요소는 **유관계약**(*contingency contractiong*)이라는 기술이다. 배우자는 상대방의 행동에 바람직한 변화를 꾀하기 위해서 자신의 행동을 변화시키도록 훈련받는다.

지난 몇 년 동안 BMT는 다른 기법들을 개발시켜 왔다. **지지 이해 기법**은 상대방의 바람직한 행동, 커플의 협동성, 커플 간의 긍정적 감정을 증가시키려는 목적으로 한다. 예를 들어, 각 파트너는 상대방이 하면 기분 좋을 행동의 목록을 만든다. 그리고, 각 파트너는 다음 회기 전에 그 목록에서 세개의 행동을 하기로 약속한다. **문제해결 기술**은 커플에게 긍정적 의사소통 기술을 훈련시켜서 효과적인 의사결정과 타협이 가능하도록 가르친다. 예를 들어, 커플은 긍정적 의사소통의 기본 규칙을 받고, 회기 중에 이런 기술을 훈련한다. 치료자는 도움이 필요하면 중재한다(예: 적절한 의사소통 기술을 설명하고, 긍정적인 의사소통을 위한 대안을 보여 주는 등). 이 방법들과 다른 BMT 기법들은 여러 문헌에 잘 기술되어 있다(예: Gottman, Notarius, Gonso, & Markman, 1976; Jacobson & Margolin, 1979; Stuart, 1980).

감정 중심 부부치료(Emotionally Focused Couples Therapy: EFT). **감정 중심 부부치료**는 파트너의 문제 있는 상호작용 스타일과 감정 반응을 변화시켜 보다 강하고 안정된 감정 관계를 수립하는 것을 목적으로 한다(Johnson et al., 1999). 이 치료 접근법은 부정적 감정, 그리고 관련된 파괴적 상호작용 스타일이 결혼 불만족을 일으킨다고 본다. 상대방과 보다 안정적인 애착을 이루는 것은 두 사람의 관계를 안정시키는 데 필수적이다.

Johnson et al.(1999)는 EFT의 치료 9단계를 요약해 놓았다(글상자 16-2). 처음 네 단계는 커플의 평가와 부정적 상호작용의 순환을 막으려고 시도한다. 다음 세 단계에서는 상대방의 요구에 맞는 새롭고 보다 적응적인 상호작용 스타일을 개발하도록 돕는다. 마지막 두 단계에서는 변화를 공고히하게 한다.

이런 단계를 거쳐서 파트너는 자신의 감정과 결합 욕구를 인식하고 서로 상호작용법을 바꾸게 된 다. 이런 식으로 하면 서로의 욕구를 더 잘 맞출 수 있고, 파괴적인 상호작용은 최소화하게 된다는 것이다.

가족치료와 부부치료는 효과적인가?

다른 형태의 심리치료와 마찬가지로 가족과 부부치료의 효과성을 말해 주는 경험적 근거를 조사하는 것이 중요하다. 그러나 이러한 자료를 제시하기 전에 가족과 부부치료에서 치료 성과를 평가하는 것은 매우 복잡한데, 이는 다양한 관점이 고려되어야하기 때문임을(가족 수의 차이) 지적하고 싶다. 개별 심리치료 연구에서와 같이 자기 보고 측정, 타인 평가(치료자), 관찰 평가가 가족과 부부치료 연구에 포괄적으로 사용되고 있다.

가족치료. 임상현장에서 가족치료가 인기 있음에도 불구하고, 그 효과성을 평가하기 위한 잘 통제된 경험적 연구는 매우 적다. 이 영역에 대한 메타 분석 연구는 (Shadish et al., 1993) 가족치료의 효과성을 평가하기 위하여 1963년에서 1988년까지 출판되었거나 발표되지 않은 박사 논문 중 44개를 선정해서 효과 크기를 계산하였다. 형태에 상관없이 평균 효과 크기는 0.47이었는데, 이는 치료 받은 환자의 평균이 치료 받지 않은 사람보다 기능면에서 약 68% 더 좋음을 보여 준다. Shadish와 동료들은 여러 가지 가족치료의 평균 효과 크기를 따로 보고하였다. 절충적(여러 방법의 결합) 그리고 행동주의적-심리교육적 프로그램이 가장 효과적인 반면, 인본주의적과 체계적 접근이 가장 덜 효과적 이었다. 자료는 표 16-1에 제시되어 있다.

비록 Shadish과 동료들의 메타분석이 여러 형태와 다양한 집단에 걸쳐 가족치료가 전반적 효율성

글상자 16-2 감정 중심 부부치료(EFT)의 9단계

완화 사이클(Cycle De-escalation)

1단계. 평가-동맹을 결성하고 애착과정을 이용해 커플의 갈등에서 주 문제를 알아냄

2단계. 애착 불안정과 관계의 불편함을 지속시키는 문제가 되는 상호작용 사이클을 규명

3단계. 상호작용적 입장 밑에 깔린 인식되지 않은 감정 평가

4단계. 숨겨진 감정과 애착 욕구의 사이클이라는 개념으로 문제를 재구성화

상호작용 태도를 변화

5단계. 잘 몰랐던 욕구와 자신의 다른 면에 대해서 알아내고 이를 관계 상호작용에 적용

6단계. 상대방의 관계에 대한 새로운 경험과 반응을 받아들이도록 도움

7단계. 특정한 욕구와 요구를 표현하도록 고무하고 감정적 게임을 함

공고화 · 통합

8단계. 이전에 문제가 된 관계에 대한 새로운 해결책 모색을 고무

9단계. 새로운 입지와 애착행동의 새로운 사이클을 공고히 함

출처: Johnson, S. M., Hunsley, J., Greenberg, L., & Schindler, D. (1999). Emotionally focused couples therapy: Status and challenges. *Clinical Psychology: Science and Practice*, 6, 67-79.

표 16-1 몇몇 가족치료와 부부치료에서 평균 효과 크기와 등가 백분위

치료 유형	평균 효과 크기	등가 백분위
가족치료 전체	0.47	68%
행동주의적/심리 교육적	0.44	67%
시스템	0.25	60%
인본주의적	0.29	61%
절충적	0.55	71%
부부치료 전체	0.60	73%
행동주의적/심리 교육적	0.74	77%
시스템	0.62	73%
인본주의적	0.12	55%
절충적	0.63	74%

주: 등가 백분위는 치료를 받지 않은 사람의 백분위가 치료를 받은 사람의 백분위보다 좋은 경우를 의미한다.

출처: "Effects of Family and Marital Therapies: A Meta-Analysis, " by W. R. Shadish, L. M. Montgomery, P. Wilson, I. Bright, and T. Okwumbua, 1993, *Journal of Consulting and Clinical Psychology*, 61, 992-1002. Copyright © 1993 by APA.

을 가진다는 정보를 주지만, 보다 최근에 행해진 메타분석은 특정 가족구성원이나 특정 장애에 대한 가족치료의 효과성에 대한 정보를 제공한다. Baucom, Shoham, Mueser, Daiuto과 Stickle(1998) 은 가족치료가 특정 심리장애의 치료에 효과적이라고 한다. 특히, 강박증에는 가족이 보호해주는 노출과 반응 제지치료(제15장)가 가족구성원의 보조없는 전통적인 치료보다 우수하다고 한다(Mehta, 1990). 그

러나 이 결과는 반복 조사가 필요하다. 가족치료는 또 다른 심리장애, 정신분열증에 효율적이라고 한다. Baucom과 동료들은(1998)은 정신분열증 환자를 위한 행동적, 지지적, 가족 체계적 가족치료가 이 질병의 재발률을 줄이는 데 효과적이라고 보고한다. 정신분열증 환자의 재발률은 약 50~75%이지만, 이런 치료를 받은 환자의 경우 재발률은 35% 이하였다.

성공적인 가족치료의 요소로서 Alexander와 Mease(2004)는 문제를 '가족문제'로 재정의하는 것, 곤경을 해결하는 능력, 강한 치료자 동맹 관계, 회기 내에서 부정적 가족 상호작용 감소, 향상된 가족 의사소통 촉진 등이 성공적인 가족치료 결과와 관련된다는 증거를 제시하였다.

부부치료. 가족치료 자료와 더불어 표 16-1에 Shadish와 동료들의(1993) 부부치료에 대한 메타분석 결과가 제시되었다. 첫째로, 가족치료에 비해서 부부치료에는 더 적은 수의 연구와 효과 크기가 제시되고 있음을 알 수 있다. 표 16-1에서 볼 수 있듯이 부부치료 전체의 평균 효과 크기는 0.60인데, 이는 가족치료보다 다소 높다. Shadish와 동료들은 여러 형태의 부부치료의 효과성에 큰 차이가 있음을 발견하였는데, 인본주의적 부부치료는 다른 어떤 것보다 덜 효과적임이 나타났다.

Baucom과 동료들(1998)은 다양한 부부치료의 효과성에 대한 부가적 정보를 제시하였다. 행동주의적 결혼치료(BMT)는 효과적인데, 자료는 BMT를 받는 1/3~2/3의 커플이 치료 후에 관계 기능에 대한 측정치에서 불편감을 호소하지 않는 커플과 비슷했다는 결과를 제시했다. 게다가 Baucom과 동료들은 감정 중심 부부치료(EFT)가 경도나 중증도의 불편감을 호소하는 커플에게 효과적이며, 적어도 한 연구에서 EFT가 BMT보다 효과적임을 보였다고 보고했다(Johnson & Greenberg, 1985). 마지막으로, Baucom과 동료들은 인지, 인지행동적, 그리고 통찰 중심 부부치료는 효과가 있는 것처럼 보이므로 더 연구가 되어야 한다고 주장했다.

Sexton과 동료들(2004)은 이 결과에 동의하였다. 또한 그들은 부정적 의사소통 – 비난하기를 감소시키는 것, 커플이 치료과정을 이끌어 가도록 고무하는 것, 그리고 치료자와의 동맹관계 등이 부부치료의 긍정적인 결과와 관련 있다고 하였다.

최근 연구들은 커플치료가 효과가 있다는 더 강력한 증거를 제시한다. 예를 들어, Powers, Vedel, 그리고 Emmelkamp(2008)이 수행한 메타분석 연구에서, 행동적 커플치료가 개인 CBT에 비해, 약물사용장애에서 더 강한 장기적 치료효과가 있다고 보고하였다. Snyder, Castellani, 그리고 Whisman(2006)은 커플 치료를 통해 건강–관련 행동(예: 흡연, 과식 등)뿐 아니라, 우울, 불안장애를 치료하는 데에도 효과적임을 보고하였다. 또한 커플치료가 개인의 심리적 증상을 경감하는 데 도움이 될 뿐 아니라, 결혼 불만족과 관련된 문제들을 동시에 경감시키는 데 효과적이라고 보고되었다.

요약하면, Shadish, Baucom, Sexton과 동료들, 그리고 그 밖의 연구자들(Alexander, Holtzworth-Munroe, & Jameson, 1994; Hahlweg & Markman, 1988; Hazelrigg, Cooper, & Borduin, 1987)에 의해 행해진 경험적 자료를 종합하면, 이런 치료가 적어도 중간 정도의 효과성을 가지는 것으로 보인다. 치료 방법 사이에 차이가 있는데, 가족과 커플에 대한 인본주의적 치료 방식은 일관되게 낮은 치료 효과를 보인다. 게다가 가족치료와 부부치료는 특정 심리장애의 치료에서 파트너와 혹은 가족구성원과 행해졌을 때 유용한 것으로 보인다(Baucom et al., 1998).

특수한 문제들

가족치료와 부부치료는 임상가들에게 특수한 문제를 제시한다. 예를 들어, 집단 세팅에서 강한 감정, 부정적 감정, 그리고 공격성의 표현은 가족의 일체성을 위협하며, 부모의 권위와 존경을 위협할 수 있다. 그러나 이런 가능성이 얼마나 심각한 것인지 의구심이 든다. 치료를 찾는 가족과 커플은 문제가 있는 상태이고, 그들의 부모에 대한 존경심 부족과 공격성 등의 문제가 치료 전에 없었다고 보기는 어렵다. 그런 문제가 치료에서 발생하면, 그 문제에 신경을 쓸 수 있는 치료자가 함께 풀어나갈 수 있다. 실제로 그런 해결이 가족관계 향상의 기초가 될 수 있다. 치료에서 그런 문제를 토론하는 것은 회기를 어렵게 만들 수 있고, 가정에서 위기를 촉발할 수 있다. 그러나 길게 보면 이런 것들은 유익하다.

개인치료가 가족치료보다 가족을 더 방해한다는 보고가 있음을 지적하고 싶다(R. V. Fitzgerald, 1973). 예를 들어, 개별치료에서 개인적 성장을 달성한 환자는 비슷한 성장을 하지 못한 배우자와 함께 살면서 그 성장을 지속시킬 수 없다고 생각할 수 있다. 개별치료는 때로 이전엔 명확하지 않았던 가족구성원과 배우자 간의 욕구의 불화를 인식하게 하는 것이 사실이다. 이런 경우에 가족이 붕괴되기 쉽다. 배우자의 심리치료가 다른 배우자에게 미치는 영향을 본 연구에서(Brody & Farber, 1989) 그런 결과가 도출되었다. 치료받지 않은 배우자는 치료받은 배우자가 치료 결과로 더 개방적이고, 공감하며, 의사소통이 수월하다고 보고한다. 동시에 그들은 배우자와 치료자의 관계로 인해서 소외감, 적대감, 부적절성을 느낀다. 대부분은 치료 비용에 대해 불만족스러워 한다. 모든 걸 종합하면, 치료는 관계의 변화를 초래한다는 것이 명백하다. 부부치료는 이혼을 예견한다고 알려져 있다(Alexander et al., 1994). 이런 일로 이혼의 가능성이 부부치료 계약이나 동의서에 위험요인으로 올라가 있다. 어떤 경우에는 실제로 관계의 와해가 가장 좋은 결과일 수 있다.

또 다른 불편한 문제는 누가 진짜 환자인가에 대한 문제이다. 치료자가 처음 개별 회기에 의뢰된 환자와 더불어 전체 가족을 보기를 원한다면, 상황은 꽤 명확하다. 그러나 때로 가족의 다른 성원이 처음 의뢰된 환자보다 더 문제가 있는 듯 보일 수 있다. 이런 경우에 가족을 환자라고 보는 치료자들에게 그런 상황은 의사소통에 문제를 일으킬 수 있다. 치료자의 이론적 방향에 따라 한 사람을 환자로 보고 나머지 가족을 배경으로 보는 것이 문제가 될 수 있다. 그러나 문제가 되건 아니건, 어떻게 치료 상황을 구조화 하느냐가 명확하게 이해되어야 한다.

요약하면 Margolin(1982)이 질문했듯이, 우리도 "누가 환자인가? 개인 정보가 어떻게 취급되어야 하는가? 가족구성원 각각이 치료를 거부할 동등한 권리를 갖는가? 치료자의 가치가 가족구성원 간의 가치와 충돌하는 경우 치료자 가치의 역할은 무엇인가?"(p.788)에 대해 질문할 수 있다. 이런 것들은 아주 복잡하고 논쟁의 여지가 있다. 기본적으로 이 질문들은 윤리적 문제와 관련이 있다. 만일 가족문제가 중심이라면 가족 건강은 무엇이고, 바람직한 가족은 누가 결정하는가? Constantine(1986)이 지적했던 것처럼 다양한 형태의 정상적인 가족 기능이 있다. 그럼 수많은 결혼과 관계 속에 있어서 미묘하게 문제를 일으키는 성차별은 어떤가? 이것과 다른 많은 특수 문제가 가족과 부부치료를 행할 때 발생하게 된다.

요약

시간이 지남에 따라 집단, 가족, 부부치료는 보다 발전 가능한 치료의 형태가 되었다. 집단치료는 원래 수많은 사례를 해결하기 위한 필요성에서 시작되었다. 그러나 몇몇 임상가들은 집단치료를 치료의 형태로 보기 시작했다. 이전 형태와 달리 현행 집단치료는 주로 시간 제한적이며(회기 수가 미리 결정된), 현재에 초점을 맞춘다. 관리 의료체계는 임상가들이 최신 형태의 집단치료를 더 많이 사용하도록 고무한다. 이는 집단치료가 임상가에게, 관리 의료회사에게, 그리고 환자에게 효율적이고 경제적이기 때문이다. 불행히도 연구 관점에서 보면 집단치료는 무처치보다는 효과적이지만 다른 치료 보다는 효과적이지 못하다는 것 이외엔 연구된 것 이 없다. 집단치료의 주된 장점은 경제적이고 효율적이라는 것이다.

가족치료의 기원은 19세기 사회사업 운동으로 거슬러 올라간다. 개인의 문제가 가족 기능 문제의 표현으로서 체계적인 용어를 이용하여 표현되기 시작했다. 집단치료에서와 같이 많은 형태의 가족 치료가 있다. 이런 치료법들은 사용하는 방법이나 기술, 그리고 이론적 방향(예: 행동주의적) 등에서 차이가 있다. 부부치료의 전통적 이름인 결혼치료는 잘못된 명칭인데, 환자가 결혼을 했는지 동성인지가 상관이 없기 때문이다. 가장 많이 쓰이는 부부치료의 형태는 행동주의적 결혼치료(BMT)와 감정 중심 부부치료(EFT)이다.

많은 형태의 가족 및 부부치료가 효과적이라는 증거가 있다. 가족치료 중에서는 절충적 그리고 행동주의적－심리 교육적 치료가 강박증과 정신분열증에 효과적이라고 한다. 부부치료 중에서 가장 효과적인 것은 BMT와 EFT이다. 마지막으로 집단, 가족, 부부치료와 관련된 많은 문제를 지적하였다. 또한 너무나 많은 관점이 공존하므로 이 치료 영역에 대한 연구가 어렵다.

주요 용어

가족치료 환자 이외에 가족의 여러 성원이 치료자를 만나는 심리치료의 형태이다. 이 치료 양식은 가족 내의 모든 성원은 한 성원이 문제를 발생했을 때 영향을 받으며 가족 환경이 처음에 그 문제가 발단할 때 영향을 끼쳤을 것이라는 가정을 기본으로 한다. 비록 이론적으로 다양한 가족치료가 있지만, 거의 모든 양식은 가족 내의 의사소통 향상을 주목적으로 한다.

감정 중심 부부치료 결혼 불만족은 부정적인 정서와 파괴적인 상호작용 스타일에서 기인했다는 가정을 두는 부부치료의 일종이다. EFT의 중재는 파트너의 문제가 되는 상호작용 스타일과 감정 반응을 바꿔서 보다 강력하고 안정된 감정관계가 형성되도록 시도한다.

게슈탈트 집단치료 치료자가 한 번에 한 사람에게 초점을 두고 그 사람에게 뜨거운 의자에 앉게 하고 다른 집단 성원에게 그 사람을 관찰하고 피드백을 주게 하는 동안, 그 사람이 경험한 감정과 행동을 물어보는 데 초점을 두는 집단 접근이다.

공존 가족치료 한 치료자가 모든 가족구성원을 개별 회기에서 만나는 가족치료의 형태이다. 때로는 치료자는 주 환자에게 전통적인 심리치료를 제공하고 다른 가족구성원은 가끔 만난다.

교류분석 Berne에 의해 개발된 집단 방법으로 다른 집단 성원과의 교류에서 알 수 있는 자아 상태—아이, 부모, 성인—와 이 상태들 간의 균형에 초점을 맞추며, 환자들이 보다 긍정적 성인 자아 상태가 가지는 사고방식을 가질 수 있게 돕는다. TA는 환자가 다른 사람과 너무 가까워지는 것을 피하려고 사용하는 게임을 규명하고, 보다 만족스런 행동을 하도록 돕는 것에 관심을 둔다.

다중체계치료. 청소년의 반사회적 행동을 치료하기 위해 개발된 가족치료의 한 형태. 가정, 학교 혹은 이웃에서 수행된다는 점이 특별하며, 문제에 있어서 가족의 역할을 강조한다.

문제해결 기술 BMT에서 커플에게 의사결정과 타협의 효과성을 증진시키는 긍정적 의사소통 기술을 가르치는 것이다.

부부치료 커플(결혼, 동거, 혹은 동성)이 한 치료자 혹은 그 이상과 보면서 문제를 풀어가는 심리치료의 한 형태이다.

사이코드라마 Moreno에 의해 개발된 역할 훈련의 형태를 띠는데, 집단에서 한 환자가 치료자에 의해

할당된 역할을 하고, 다른 환자는 부가적 자아(ego)의 하나로 조연 역할을 하며, 다른 환자들은 방청객 역할을 한다. 부가적 자아의 반응을 듣고 방청객의 반응을 보면서 주 역할을 하는 환자가 카타르시스와 자기 이해를 경험하게 된다.

시간–제한적 집단치료 Budman과 Gurman이 주창한 단기 집단 접근으로, 환자를 미리 정해진 회기 수만큼만 만난다. 네 가지 주 특징은 집단 선별과 준비, 주제의 선정과 유지, 집단 응집력, 그리고 집단의 시간적 제한에 대한 성원의 반응을 들 수 있다.

유관계약 BMT에서 배우자들이 상대방의 행동에 보다 구체적이고 바람직한 변화를 끌어오기 위해 자신의 행동을 변화시키도록 훈련받는 기술을 말한다.

의사소통 사실, 사고, 또는 감정에 대한 언어적 비언어적 정보 교환이다.

이중 구속 개인이 삶에서 중요한 사람으로부터 두 개의 상반되는 메시지를 받은 경우로, 그 주요인물과 관련되어 개인이 한 모든 반응은 틀린 것으로 간주되는 사례를 말한다. 일부는 이중 구속 상황이 정신분열증 발병의 원인으로 믿는다.

정신역동 집단치료 정신역동치료가 집단 세팅에서 행해지는 경우로, 여기서 집단 역동은 개인과정의 부수적인 것으로 보며, 집단은 개인이 자신의 무의식적 힘과 방어에 대해 통찰을 가질 수 있는 수단이 된다.

지지 이해 기술 BMT에서 파트너의 긍정적 감정, 긍정적 행동, 그리고 둘 간의 협동의 정도를 증가시키려고 사용하는 방법이다.

집단치료 하나나 그 이상의 치료자가 한 번에 여러 명의 환자를 치료하는 심리치료의 한 형태이다. 일반적으로 모든 집단은 5~10명의 환자로 구성되며 적어도 주 1회 90분에서 2시간을 만난다. 그러나 집단은 이론적인 방향, 규율, 제외, 치료의 일차적 부수적 관점 등에서 서로 다를 수 있다.

집단치료에서 치료 요소 Yalom이 제시한 다양한 집단치료 접근의 공통점으로 긍정적 치료 효과의 근원이다. 치료 요소로 정보 분리, 희망 심기, 일반성, 이타성, 상호관계 학습, 친밀행동, 1차 가족의 교정 개괄, 카타르시스, 집단 응집력 등을 들 수 있다.

체계(시스템) 이론 가족을 시스템으로 보고 병리는 시스템이 기능하는 방식을 바꾸었을 때 최소화한다고 여기는 가족치료의 중요 개념 이론이다.

합동 가족치료 한 치료자가 가족 전체를 동시에 보는 가족치료의 형태이다.

행동주의적 가족치료 강화 유관 용어로 가족 관계를 보는 가족치료의 일종으로 치료자의 역할은 가족 문제를 행동 분석하고, 가족구성원에게 서로를 강화하게 하여서 바람직한 행동의 빈도를 증가시키게 하는 것이다. 인지에 좀 더 강조점을 두는 치료자는 각각 가족구성원에게 문제가 되는 행동과 사고의 패턴을 모니터하고, 가족 사건에 대한 해석에 의구심을 가지는 방법을 가르친다.

행동주의적 부부치료 커플의 상호작용에 강화의 원칙을 적용시키는 부부치료의 한 형태이다. BMT의 주요 요소는 유관계약, 지지 – 이해 기술, 그리고 문제해결 기술이다.

행동치료집단 비슷한 문제를 가진 환자(예: 우울, 광장공포증, 고통)를 기본적인 행동 혹은 인지행동기법을 이용하여 집단으로 치료하는 방법이다. 행동치료집단에서는 집단 역동에 대해 거의 관심을 두지 않는다.

협력적 가족치료 각각의 가족구성원이 다른 치료자를 보고, 치료자들이 주기적으로 만나서 자신의 환자와 가족 전체에 대해 토의한다. 이 접근의 변형으로 가족과 일하는 보조 치료자를 두는 방법이 있다.

PART 4

임상심리학의 전문 영역

Specialties in Clinical Psychology

Chapter 17

지역사회심리학

Community Psychology

핵심질문

1. 지역사회심리학의 고유한 특성은 무엇인가?
2. 지역사회심리학 운동에 공헌한 역사적 요인은 무엇인가?
3. 다양한 유형의 예방에 대해 논의하라. 예방 연구는 어떻게 이루어지는가?
4. 지역사회심리학자들이 사용하는 개입의 주요 형식은 무엇인가?
5. 미래에 지역사회심리학이 당면할 가능성이 있는 쟁점들은 무엇인가?

개요

최소한 정신분석의 출현 이후, 조력 전문가들은 어떤 치료적 형태를 통해 문제를 완화시키려 해왔다. 어떤 접근은 통찰을 강조했고, 다른 접근은 행동을 보다 직접 변화시키려 했다. 어떤 접근을 취하든 간에, 그들은 기본적으로 개인이 이미 발달시킨 심리적 문제에 초점을 두었다. 다소간 임상심리학은 개인의 심리학이다.

이론적 수준에서 치료자들은 행동(병리적이든 아니든)이 상황과 인간요인의 공동 산물이라는 데 오랫동안 동의해 왔다. 여전히 일상의 치료적 노력에서 임상가는 어떤 종류의 일대일 치료에 초점을 두었다. 문제를 가진 개인은 전문가의 도움에 참여하며, 이 행동을 통해 그들은 환자 역할에 순종한다. 임상가는 처치했고 환자는 반응했다. 그렇지만 오늘날 정신건강문제의 비율을 놓고 볼 때, 이러한 일반적 접근이 합리적인지에 대한 의문이 제기되었다. 그들에게 비교적 새로운 접근인 **지역사회심리학**(*community psychology*)은 정신건강문제를 다루는 전도유망한 것이다.

관점과 역사

지역사회심리학이 정확히 무엇인지 확인하는 것에서부터 시작해 보자. 그런 다음 이 운동을 일으킨 사건들로 이동할 수 있다. 표 17-1은 지역사회심리학을 특징짓는 원리들을 제시하고 있는데, 문제의 원인에 대한 가정, 문제를 정의하는 데 사용할 수 있는 다양한 분석 수준, 지역사회심리학이 사용되는 영역, 서비스 계획 방식, 예방에 대한 강조, 자조 프로그램과 비심리학자에 대한 자문을 통해 기꺼이 심리학을 '양도'하는 것 등이 포함된다. 이 각각의 기본 원리에 대해서는 본 장의 전반에 걸쳐 여러 관점에서 논의할 것이다.

지역사회심리학 관점

지역사회심리학은 문제의 발생 및 완화에서 환경적 힘의 역할을 강조하는 정신건강 접근으로 기술되어 왔다(Zax & Specter, 1974). Rappaport(1977)는 공식적인 정의보다는 관점의 측면에서 지역사회심리

표 17-1 지역사회심리학의 원리

문제의 원인은 무엇인가? 개인, 사회장면, 체계(예: 조직) 간 오랜 기간의 상호작용에 기인해 문제가 발생한다. 이들은 상호 영향을 미친다.
문제를 어떻게 정의하는가? 문제는 여러 수준에서 정의할 수 있으나, 특히 조직과 지역사회 또는 이웃 수준에서의 분석을 강조한다.
지역사회심리학의 실무영역은 어디인가? 지역사회심리학은 전형적으로 클리닉에서 실무를 하지 않으며, 오히려 현장이나 해당 사회적 맥락에서 실무를 수행한다.
서비스는 어떻게 계획되는가? 도움을 구하는 사람에게만 서비스를 제공하지 않고, 지역사회심리학자들은 지역사회의 욕구와 위험을 전향적으로 평가한다.
지역사회심리학 개입에서 강조하는 것은 무엇인가? 기존 문제의 치료보다는 문제 예방을 강조한다.
개입 자격을 갖춘 사람은 누구인가? 자문을 통해 심리학을 나누려 한다. 실제 개입은 자조 프로그램이나 훈련된 비심리학자, 준전문가를 통해 이루어진다.

출처: Adapted from Orford(1992), p.4.

학을 논하는 것이 유용하다는 것을 발견했다. 이 관점의 주요 측면은 문화적 상대성, 다양성, 생태학(사람과 환경의 적합성)이다.

이 관점은 몇 가지 함의를 가진다. 첫째, 지역사회심리학자들은 부적절한 환경이나 사람 중 어느 하나에 배타적으로 관심을 가져서는 안 된다. 그보다는 환경과 사람 간의 적합성—그것이 좋든 아니든—에 주의를 기울여야 한다. 둘째, 지역사회심리학자들은 사람과 지역사회의 자원과 강점을 확인하고 개발함으로써 대안을 창출하는 데 강조를 두어야 한다. 그래서 초점은 사람과 환경의 결손보다는 능력을 향한 활동에 둔다. 셋째, 지역사회심리학자들은 사람과 지역사회들 간의 차이가 바람직하다고 믿는다. 그러므로 사회적 자원은 한 가지 능력을 기준으로 할당되어서는 안 된다. 지역사회심리학자들은 단일한 사회적 규범이나 가치에 공명하지 않으며, 다양성을 추구한다.

Rappaport(1977)의 견해에 따르면, 세 가지 관심이 지역사회심리학 관점을 정의한다. 인간자원 개발, 정치 활동, 과학이 그것이다. 많은 면에서 이 요소들은 대립적이다. 정치활동가들은 전통적인 임상가들이 사회를 너무 작고 너무 느리게 변화시킨다고 조급해하며 그들을 비웃는다. 임상가들은 다시 활동가들을 비전문적이고 세상에 대한 자신의 시야를 알리는 데만 과도하게 관심을 갖는다고 비난한다. 두 집단 모두 과학자들이 세상의 이치를 아는 실제문제에서 너무 멀리 떨어져 있다고 여긴다('상아탑' 증후군). 과학자들은 다시 활동가와 임상가들 모두 타당화되지 않은 예감과 부족한 자료에 기초해서 무엇보다도 실행 가능한 안내 이론 없이 충격적으로 행동한다고 보고 간담이 서늘해진다. 그렇지만 정신건강에 관한 진정한 사회적 변화는 이들 '캠프들'의 상호협력을 필요로 한다. 예를들어, 과학자들은 임상가와 정치활동가의 노력을 지원하고 지도하는 자료를 제공해야 하며, 정치활동가는 과학자들이 필요한 연구를 할 수 있도록 기금 지원을 해야 한다. 결국 각 캠프는 개인, 지역사회, 사회 전체의 안녕과 정신건강 증진이라는 공통 목표를 갖는다.

지역사회심리학이 무엇이든 간에, 개인 질병이나 개인치료모형을 강조하는 분야는 아니다(Iscoe, 1982). 초점은 치유보다는 예방이다. 게다가 개인과 지역사회 조직은 능력부여(empowerment)를 통해 전통적인 전문적 개입이 필요 없도록 자신의 문제를 통제하고 지배하도록 장려된다(Orford, 1992).

연대기와 촉진적 사건들

1955년 미 의회는 정신건강 및 질환공동위원회설립 법안을 통과시켰다. 그 보고서는 지역사회정신건강 개념의 발달을 장려하고, 정신병원 입원 감소를 추진했다. 심리적 고통과 정신장애의 발달이 부정적 환경조건의 영향을 받는다는 전제에 기초해, Kennedy 대통령은 정신장애 예방을 위한 '대담한 새로운 접근'을 요청했다. 소위 1963년 Kennedy 법안은 정신건강센터[1] 건립을 위한 기금을 모았다. 그 목적은 정신건강문제의 조기 탐지, 급성장애치료, 정신병원이 만성 환자의 '수용소'가 되는 것을 막기 위한 종합퇴원체계 확립 등이다(Bloom, 1973). 미국심리학회는 이러한 결정에 지역사회 거주자가 참여하는 것이 바람직하다고 했고(M. B. Smith & Hobbs, 1966), 지역사회 접근과 참여의 개념에 주의집중하도록 도왔다.

많은 사람들에게 지역사회심리학의 탄생으로 '공식적'으로 인정받은 것은 1965년에 열린 학회부터이다(Zax & Specter, 1974). 메사추세츠의 Swampscott에서 심리학자들은 지역사회 정신건강 운동에서 심리학의 위상을 위해 이 분야의 상황을 개관하고 미래의 발달과정을 구상했다.

1) 역자 주: 우리나라에서는 정신보건센터라는 명칭도 많이 사용한다.

Kennedy

Johnson

그림 17-1 ■ John F. Kennedy 대통령과 Lyndon B. Johnson 대통령은 지역사회심리학이 진행되도록 정치적 리더십을 제공하는 데 기여했다.

출처: Library of Congress.

이 학회 직후 미국심리학회에 지역사회심리학 분과가 조직되었다. 곧이어 *The Community Mental Health Journal* 과 *American Journal of Community Psychology*가 출판되기 시작했다. 1977년까지, Jimmy Carter 대통령은 지역사회 정신건강센터들과 시설을 조성하기 위해 특별 위원들을 구성하여 정신건강 쟁점들을 논의하기 위한 패널을 구성했다. 교과서도 출판되기 시작했는데, Zax와 Specter(1974), Heller와 Monahan(1977), Rappaport(1977), Mann(1978), Heller, Price, Reinharz, Riger와 Wandersman(1984), Orford(1992), 그리고 보다 최근에 Duffy와 Wong(1996), Levine과 Perkins(1997), 그리고 Dalton, Elias와 Wandersman(2001) 그리고 Orford(2008) 등이 있다. *Annual Review of Psychology*에 정기적으로 개관논문이 실렸으며, 입문서들도 출판되었다(예: Rappaport & Seidman, 2000).

이후 많은 것이 바뀌었다. Ronald Reagan 대통령 선거시절에 지역사회 정신건강 서비스를 위한 자금이 줄기 시작하면서 관심이 시들었다. 자금의 절감과 함께 지역사회 정신건강시스템이 약해지기 시작했다. 몇몇 주정부에서는 초기 지역사회 정신건강센터 모델을 고수했으나, 점차 퇴색되어져 갔다. Obama 대통령이 건강관리 개혁을 하면서 지역사회적 접근, 특히 예방, 증거-기반적 지역사회 접근, 다양한 시스템들(예, 학교, 가정, 사법기관, 건강관리시스템)의 통합이 강조되었다. 앞으로의 수십 년이 임상심리학에서 지역사회적 접근의 역할이 결정되는 중요한 시기가 될 것이다. 지역사회심리학 과목과 대학원 훈련 프로그램이 확립되었으며, 현재는 지역사회 정신건강의 역사에 대한 책도 있다.

충실한 연대기를 제시하기 위해 지역사회심리학

출현을 촉진했던 몇 가지 쟁점과 관심사를 지적하는 것이 도움이 된다.

치료시설. 미국의 정신과 입원환자는 1950년대 중반 50만 명으로 최고를 기록했지만, 사회지향적인 임상가들은 비용이 많이 들고, 비효율적이며, 흔히 보호관리만 하는 입원의 대안을 찾기 위한 압력을 지속적으로 행사했다. 이 시기에 정신과 입원 환자가 획기적으로 줄어든 데는 세 가지 요인이 결합되어 있다. 향정신성 약물의 출현, 보다 자유로운 퇴원 방침, 정신병원에서의 보다 효과적인 치료가 그것이다. 하지만 많은 환자들이 퇴원했지만, 흔히는 대량 투약 상태였고, 이전에 입원했던 환자는 더 이상 입원이 안 되면서, 보다 나은 지역사회 치료와 지지 서비스가 필요하게 되었다. 한편으로는 원인이면서 다른 한편으로는 결과로 지역사회 철학이 발판을 얻기 시작했다.

많은 정신병원의 문제는 훈련된 치료자가 부족하다는 것이었다. 일반인에게 어려운 정서문제를 해결하는 현실적 수단으로 여겨졌던 입원은 정서문제 완화와 더불어 그 자체로 문제를 야기했다. 오랫동안 정신병원(특히 주에서 운영한 병원)은 수용소나 보호 관리소가 되었다. 돌봄의 수준은 최저였고 때론 노골적으로 잔인하기도 했다. 전문 인력은 수적으로 부족했고 때로 질적으로도 부족했다. 사실상 많은 사람은 여전히 입원이 특별히 효과적인 치료적 방략은 아니라고 주장하며, 이를 입증하기도 했다.

인력 부족. 점점 더 많은 임상심리학자와 정신과 의사가 훈련을 받았지만, 그들의 서비스에 대한 수요는 그 숫자를 능가했다. 새로운 전문가들은 개업가로 뛰어들었고, 다른 사람들은 교육이나 연구로 전환했다. 어떤 경우든 병원과 클리닉에서 훈련된 전문가의 서비스는 수요에 맞추기 힘들었다. 여러 경향들이 결합되어 병원과 임상 인력의 결정적 부족을 낳은 것으로 보인다(Albee, 1959, 1968; Arnhoff, 1968). 이러한 부족을 해결하기 위해 새로운 인력을 찾는 것, 전문가의 시간을 효율적으로 사용하는 것, 그리고 인간 문제에 대한 새로운 대처 모델 개발이 시급해졌다. Albee(1959, 1968)는 기존 및 미래의 수요에 맞추기 위해 충분한 정신건강전문가를 훈련시키는 것은 현실적으로 불가능하다고 예측했으며, 예방전략이 추구되어야 한다고 권고했다.

심리치료에 대한 문제제기. 1950년대에 사람들은 심리치료의 효능과 효과에 대해 의문을 제기하기 시작했다. 일부는 심리 내적 요인이 문제를 일으킨다는 데 의문을 제기하며 사람과 사회의 상호작용을 고려하기 시작했다. 동시에, 심리치료가 비싸지고 점점 더 많은 임상심리학자와 정신과 의사가 개업을 함에 따라, 가난한 사회적 약자들이 접근할 수 있는 범위를 넘어서 버렸다. 정신질환과 사회계층의 관계는 Hollingshead와 Redlich(1958)에 의해 밝혀졌다. 현재도 사회계층과 심리치료 접근성의 관계는 존재한다.

의료 모델과 역할. 이 책 전반을 통해 우리는 의료 모델의 광범위한 역할과 그것에 대한 불만을 지적했다. 1960년대는 기관의 특권과 전통주의자의 신념이 공격받는 분위기를 미리 예고했다. 이러한 분위기는 전통적인 정신질환 견해를 공격하는 것을 기꺼이 수용하는 경청자를 양산했다. 이 모든 것들이 삶의 문제의 원인을 내적인 생물학적 또는 심리적 원인보다는 사회-지역적 선행사건에서 찾는 경향을 증가시키는 데 기여했다.

1960년대의 일반적 활동주의 역시 많은 임상가로 하여금 자신들을 사회적 피해자가 문을 열고 걸어 들어오는 것을 기다리는 수동적인 역할의 사람으로 격하시키는 것에 대해 불만을 가지게 만들었다. 사람들에 대한 정신건강 서비스를 사회-지역 모델과 함께하도록 한 것이 활동주의자의 역할이 아닐까? 만약 그렇다면, 이 역할은 의학전문가의 지배로부터 자율성을 제공하는 역할도 했을 것이다. 그렇지만 이러한 발달을 과장해서는 안 된다. 결국, 임상심리학의 현대 주요 경향은 개업으로 뛰어드는 것이다. 이러한 행동은 의료 모델의 거부나 사회-지역 접근의 수용이라고 보기 어렵다.

환경. 지역사회심리학 운동 형성에 도움을 준 다른 힘은 사람의 행동이나 문제 결정에 미치는 사회 환경적 요인의 중요성을 크게 인식한 것이다. 빈곤, 차별, 오염, 밀집이 유력한 요인으로 인식되었다. 심리학자들이 사람들에게 선택을 제공하고 행복을 증진시키기 위해서는 사람의 성격이 초기 아동기 결정인에 의한 것이라는 반사적인 고려를 넘어서서 이러한 요인들에 관심을 기울여야 한다. 많은 사람들의 정서적 문제는 빈곤, 실업, 직업차별, 인종주의, 감소된 교육기회, 성차별, 그리고 다른 사회적 요인들의 영향을 받는다. 이러한 영향은 내적 역동에서 답을 찾는 정신분석이나 다른 이론들에서는 제안된 적이 거의 없다.

시간의 행로. 다른 어떤 것만큼이나, 1960년대에 스며든 사회정치적 사건들도 지역사회 접근을 지탱시켰다. 1954년 대법원에 의해 명령된 학교 인종 차별 철폐와 시민권 운동의 부상은 차별의 유해성을 지적했으며, 전국적인 의식을 불러일으켰다. 우선 많은 사람들이 사회적 억제가 희생자의 마음과 정서에 미치는 영향을 이해하기 시작했다. 동시에 시민권 운동은 이의제기, 집회, 압력, 그리고 때로는 심지어 논리(logic)조차도 영향을 줄 수 있음을 입증했다. 이 시대의 교훈은 후에 정신건강에 대한 지역사회 접근의 옹호자가 된 일부 사람들에게 잊혀지지 않고 있다.

핵심 개념

지금까지 지역사회심리학의 전체적 관점과 연대기를 서술해 보았다. 그 과정에서 몇 가지 중요한 개념을 언급하였다. 이제 지역사회심리학의 핵심이 되는 일부 개념들을 보다 상세히 살펴보겠다.

생태학적 분석 수준

지역사회심리학의 기저 원리 중 하나는 개인과 사회가 상호의존적이라는 것이다. 타인의 삶을 이해하고 증진시키려면, 다양한 체계와 분석 수준을 고려하는 것이 필수적이다(Bronfenbrenner, 1979; Dalton et al., 2001). 그림 17-2는 지역사회심리학의 연구 주제가 되는 분석 수준들을 나타낸다.

첫째, **개인** 수준에서 지역사회심리학자들은 개인과 그들의 환경 간의 관계를 연구한다. 개인은 환경의 영향을 받으며(예: 실직), 개인은 또한 환경에 영향을 준다. 둘째, 다음 분석 수준은 개인과 **미시체계**(*microsystems*)—개인이 가족, 학우, 친구, 동업자 등의 타인과 함께 직접 참여하는 환경—의 관계에 초점을 둔다. **조직**은 보다 큰 미시체계의 세트이다(예: 학교, 종교단체). 개인은 조직에 참여할 수 있으나, 그들의 참여는 주로 조직의 미시체계를 통해 이루어진다. **지역**(전형적으로 지리적 지역) 수준은 다양한 미시체계의 조직으로 이루어진다. 예를 들어, 약물남용이나 지역건강관리 이용과 관련된 문제를 제기하기 위해 지역사회 연합이 존재할 수 있다. 마지막으로 **거시체계**(macrosystems)는 지역사회를 넘어서는 사회, 문화, 정부 및 경제기관을 포함한다.

Kelly, Trickett와 동료들(예: Trickett, Kelly, & Todd, 1972)은 이러한 생태학적 구조 특징에 더해 지역사회심리학에 틀을 제공할 수 있는 네 가지 생태학적 원리를 강조했다. 첫째, 모든 생태계는 그것이 생물적이든 심리적이든 간에 **상호의존적인 많은 부분들**로 구성된다. 한 부분의 변화는 다른 부분에

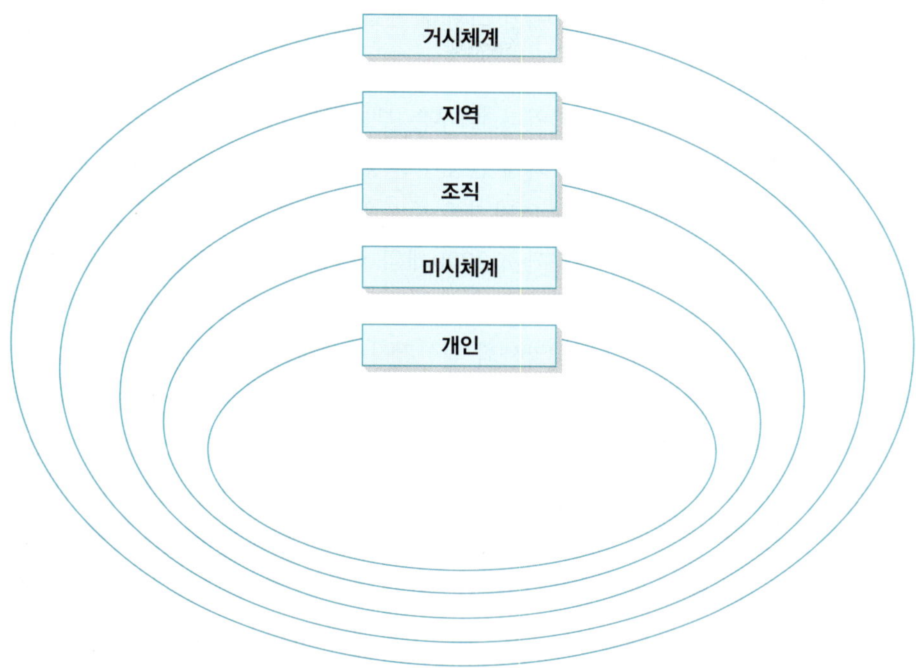

그림 17-2 ■ 지역사회심리학의 분석 수준

출처: Dalton, Elias, & Wandersman(2001). Community psychology. Belmont, CA: Wadsworth/Thomson Learning.

영향을 주게 된다. 예를 들어, 학교 리더십의 변화는 교사, 학생, 학부모, 지역사회에 영향을 준다. 둘째, 생태계는 행복에 사용되고 요구되는 **자원**을 검토함으로써 이해할 수 있다. 흔히 자원의 중요성이 명백해지는 것은 생태계에 스트레스나 문제가 있을 때이다. 그래서 어떤 자원이 창출되고, 보존되고, 또는 강화될 필요성이 생길 수 있다. 셋째, 개인과 생태계의 다른 수준은 제약이나 요구에 대처하고 가용한 자원을 사용함으로써 환경에 **적응**한다. 넷째, 생태계는 정적이기보다는 **역동적**이다. 따라서 시간에 걸쳐 상호의존성의 패턴이나 가용한 자원에 의해 변화하고, 적응적 변화로 이어진다.

요약하면, 생태계의 다른 수준 간 상호의존성 때문에 어떤 개인이나 사회적 문제는 여러 수준에서 검토될 수 있다. 사회적 환경은 변화하고 변화 가능하다.

지역사회 정신건강의 개념

1955년 정신건강 및 질환 공동위원회는 지역사회심리학의 발달을 이끈 시대성향을 설정한 몇 가지 기본 권고안을 만들었고, 이 시대성향은 국가의 정치적, 재정적 압력에 따라 여전히 울려 퍼지고 있다. 이 권고안들은 다음과 같다. (a) 정신건강 현상에 대한 보다 나은 연구, (b) 정신건강 서비스 제공자에 대한 폭넓은 정의, (c) 지역사회에서 정신건강 서비스가 가능하도록 하는 것, (d) 정신질환이 사회적 요인(예: 사회적 매장과 고립)에 의해 일어날 수 있다는 인식의 배양, (e) 연방 정부는 이 권고안을 재정적으로 지원한다.

1963년에 미국 전역에 걸친 종합정신건강센터 건립과 인력을 위해 연방기금이 제공되었다. 이 기금을 받을 자격을 갖추기 위해서 **지역사회정신건강센터**는 (a) 입원 관리, (b) 외래 관리, (c) 부분 입원(예: 낮에는 일하고 밤엔 병원으로 돌아오는 것), (d)

24시간 응급서비스, (e) 지역사회에서의 다양한 전문적, 교육적 자문과 개인 서비스의 5가지 필수적인 서비스를 제공해야 한다. 이러한 요구사항에 더해, 정신건강센터는 (a) 진단서비스, (b) 사회 복귀 서비스, (c) 연구, (d) 훈련, (e) 평가와 같은 업무를 제공하도록 기대되었다. 하지만 Hobbs(1964)가 정신건강의 '제3혁명'이라고 기술했음에도 불구하고, 의학 모델이 여전히 성행하고 있으며(아마도 정신과 의사가 행정적 위계상 최상위에 남아 있기 때문에), 소수 환자, 가난으로 고통 받는 개인, 심지어 아동은 지속적으로 무시되고 있다.

M. B. Smith와 Hobbs(1966)는 영향력이 큰 논문에서 정신건강 관리와 서비스에서 지역사회 통제가 필수적이라고 주장했다. 그들은 예방의 역할이 가장 중요하다고 보았다. 이것은 학교, 경찰서, 사회봉사기관, 기업 및 다른 조직에서의 조기 탐지와 작업을 함축한다. 개인적 결함에 대한 생각은 사회 체계가 적절한 환경을 제공하지 못한 것으로 대체되었다. 그래서 지역사회 정신건강센터는 단지 개인적 결함을 수정할 뿐 아니라 체계가 더 잘 기능하기 위해 필요한 모든 것을 해야만 한다. 새로운 지역사회 자원 개발에 따라 자문이 부각되었다. Smith와 Hobbs의 주장을 넘어, 일부 사람들은 이 센터가 지역사회 모든 사회 체계의 중심 조정자가 되어야 한다고 주장하기까지 했다. 목표는 도움이 필요한 사람에게 다가가는 것이며, 특히 그 동안 서비스에서 제외되었던 사람들(가난한 사람, 빈민, 소수자)에게 다가가는 것이다. 정신건강 수요에 맞는 새로운 방법들이 장려되었다(예: 위기개입과 집단치료). 주거, 고용 및 기회 증진을 위한 사회운동 프로그램을 장려하는 것이 일대일 치료 회기보다 우선되었다. 치료자 역할은 사회변화자로 대체되었다.

많은 선구자들은 이상적인 생각을 갖고 있었다. 그럼에도 불구하고 1960년대에 많은 지역사회센터가 운영되기 시작했다. 일부는 Smith와 Hobbs가 희망했던 역할에 근접했다. 다른 센터는 지역사회라는 말을 사용하기는 했지만 이전의 임상적 접근을 하고 있었다. 일부는 부드럽게 정착했지만, 일부는 지역사회에 긴장과 논쟁을 불러일으켰다. 1968년에 시작된 연방기금 중단을 포함한 많은 이유로 인해 1975년까지 2000개의 센터를 설립하겠다던 목표는 실현되지 못했다. 1974년까지 단지 540개의 센터만이 지역사회 정신건강센터 법령에 따른 기금으로 설립되었다. '충분한 서비스를 받지 못한 사람에 대한 서비스'(아동, 노인, 소수민족, 농촌거주자)를 강조한 1977년 Carter 대통령의 정신건강위원회 권고안에도 불구하고, 이후 지역사회 정신건강센터를 위한 적정 기금은 거의 없었다. 주와 지방 정부는 재정적 격차를 메우는 데 실패했다. 오늘날 미국 전역에 걸쳐 1,500개의 지역사회 정신건강센터가 있으나, 수십년 전에 세운 목표에 못 미치고 있다. 현재는 지역사회 정신건강센터들의 수가 줄고 있고, 이러한 추세가 바뀔지는 아직 확실하지 않다.

예방의 개념

예방은 오랫동안 미국 공중보건 프로그램의 핵심 원리였다. 기본적으로 장기적인 예방활동이 질병이나 문제 발생 후에 시행되는 개인치료보다 효율적이고 효과적이라고 주장한다(Felner, Jason, Moritsugu, & Farber, 1983). 이러한 접근이 작동할 수 있다는 것을 Price, Cowen, Lorion과 Ramos-McKay(1988)가 그림으로 보여 주었다. 그들의 책 *Fourteen Ounces of Prevention*은 14개의 아동, 청소년, 성인 예방 시범 프로그램을 기술하고 있다. 글상자 17-1은 저소득 가정의 학령 전 아동을 대상으로 한 프로그램 중 하나를 개관한 것이다.

성인을 위한 예방 프로그램도 개발되고 시행되었다. 글상자 17-2는 최근 실직한 성인을 돕기 위한 JOBS 프로그램을 개관한 것이다.

일차예방. 이 유형의 예방은 정신건강문제의 전통적인 대처방식에 대한 가장 급진적인 이탈을 대표한다. 일차예방(primary prevention)의 핵심 개념은 Caplan(1964)이 "해로운 환경이 질병을 야기하기 전에 제거하는 것"(p.26)을 강조한 것에서 찾을 수 있다. 하지만 Albee(1986)는 인간문제의 복잡성은 흔히 사회변화와 권력 재분배에 의존하는 예방 전략을 필요로 한다고 지적했다. 사회의 많은 사람들에게는 이것이 아주 기분 좋은 전망은 아니다. 일부 일차예방 프로그램은 직업차별을 줄이고, 학교의 교과과정을 향상시키며, 주택을 늘리며, 부모 기술을 교육하고, 편부편모 슬하의 아동을 돕는다. 일차예방 프로그램이라는 이름이 붙은 것들로는 유전상담, 헤드 스타트(Head Start), 사회적 약자인 여성의 산전관리, 가정급식 서비스, 학교급식 프로그램 등이 있다. 글상자 17-3은 아동 및 청소년 일차예방 정신건강프로그램의 효능에 대한 최근의 메타분석 결과를 보여준다(Durlak & Wells, 1997).

이차예방. 이차예방은 정신건강문제의 조기 확인 증진과 정신장애로 발전하지 않도록 초기단계에서 문제를 치료하는 것을 포함한다. 이차예방(secondary prevention)의 기본 생각은 문제가 치료하기 힘들어지기 전, 즉 관리할 수 있을 때 문제를 공격하는 것이다(Caplan, 1961; Sanford, 1965). 흔히 이 접근은 대규모 사람들에 대한 선별을 시사한다. 이 사람

글상자 17-1 예방: The High/Scope Perry Preschool Program

The High/Scope Perry Preschool Program(HSPPP)은 학업 실패의 위험이 있는 아동을 돕기 위해 1962년에 시작되었고, 그 교육과정은 오늘날에도 수천 명의 초기 아동기 아동의 교사들이 사용하고 있다(Schweinhart & Weikart, 1988). 아동기 빈곤이 흔히 학업실패를 낳고, 이는 다시 성인 빈곤과 사회적 문제(예: 범죄)를 가져온다는 이론적 원리에 기초해, HSPPP는 낮은 사회경제적 지위를 가진 가정의 3~4세 아동을 대상으로 개입한다. 이 개입의 특성은 다음과 같다.

1. 아동이 능동적이고 주도적인 학습자라는 Piaget의 견해에 기초해 발달적으로 적절한 교육과정을 가지고 있다.
2. 학급별 인원은 성인 지도인력에 적절하게 제한된다(초기 아동기 발달에 대해 훈련을 받은 최소한 두 명의 성인이 있어야 한다).
3. 교사에 대한 적절한 지도감독과 서비스 훈련 기회가 자주 제공된다.
4. 각 아동의 교육에 부모의 참여를 강조한다.
5. 아동 및 가족의 욕구에 대한 민감성이 필요하다(Schweinhart & Weikart, 1988).

Perry 학령 전 개입집단의 3~4세 아동 58명이 2년간 이 프로그램에 참여했는데, 1년간 주 5회의 교실 아침 수업과 주 1회의 가정방문이 이루어졌다. 지능과 성별, 사회경제적 지위를 대응시킨 통제집단 아동 65명의 자료도 수집되었다. 이 연구의 주요 결과를 요약하면 다음과 같다(Schweinhart & Weikart, 1988).

1. 프로그램 참가자들은 초등 및 중등학교에서 더 나은 학업 성취를 보였고, 교사에 의해 보다 사교적이고 정서적으로 성숙하며, 고등학교 과정에 보다 적합한 태도를 가진 것으로 평가되었다.
2. 프로그램 참가자 집단은 19세 때 더 나은 직업과 보다 높은 임금을 받았다. 게다가 더 자립적이었고, 고등학교에서 탈락하는 사람이 적었으며, 체포될 확률도 낮았고, 대학이나 직업학교에 진학하는 비율도 높았다.
3. 손익분석 결과 이 프로그램은 사회와 납세자에게 이득을 제공했다. 2년 프로그램에 1달러를 투자하면 3달러가 절약되는 것으로 나타났다. 예를 들어, 이 프로그램은 특수학급 운영, 복지 및 범죄 비용을 줄여 주었다.

글상자 17-2 JOBS 프로그램

실직은 우울증, 약물남용, 건강문제, 가정불화, 자살, 재정적 부담 등 많은 문제를 가져온다(Caplan, Vinokur, & Price, 1997). 개인이 이러한 어려운 과도기를 관리하도록 돕고, 새로운 직장을 얻도록 돕는 프로그램은 분명 이득이 된다. Caplan 등(1997)은 이러한 개입인 JOBS 프로그램의 개관과 평가를 제공했다.

JOBS 프로그램은 집단 형식으로 시행되며, 1~2주에 걸쳐 여러 번의 3.5시간 회기가 진행된다. 프로그램은 다음과 같은 사항에 초점을 둔다. (a) 참가자가 효과적으로 재취업하도록 훈련시킨다. (b) 구직에 대한 자신감을 높여준다. (c) 재취업 장벽과 실패에 대처하기 위한 스트레스 면역 훈련을 한다. 연구 결과 실직 상태의 JOBS 프로그램 참여자들은 프로그램에 참여하지 않은 실직자보다 자신의 구직 능력에 대해 높은 자신감과 높은 자기 효능감을 보였다. 게다가 우울증 위험이 높은 사람들 중 JOBS 프로그램 참여자들이 추적조사에서 더 낮은 수준의 우울증상을 보였다. 추가적인 결과도 언급할 만한데, JOBS 참여자들은 비참여자에 비해 빨리 재취업하였고, 보다 좋고(예: 관심 분야) 안정적인 직업을 얻었다. 마지막으로 JOBS 프로그램은 비용 효율적이었다. 경제전망에 따르면, 프로그램 비용은 연방과 주 정부에 내는 참여자의 평생에 걸친 소득세로 상쇄되는 것으로 나타났다.

글상자 17-3 아동 및 청소년을 위한 일차예방 정신건강 프로그램

Durlak과 Wells(1997)는 아동 및 청소년의 행동, 정서, 사회적 문제를 예방하기 위한 177개의 일차예방 프로그램에 대한 메타분석적 개관을 출판했다. 그들은 이 프로그램들이 평균적으로 의미 있는 긍정적 효과를 보였으며, 일차예방 프로그램 참여자들이 통제집단보다 59%에서 82%까지 더 나은 성과(더 나은 적응)를 보였다고 하였다. 대부분의 예방 프로그램은 문제를 감소시켰을 뿐 아니라 감정-정서, 인지, 학업, 행동 영역에 걸쳐 능력을 유의하게 증가시켰다. 마지막으로 Durlak과 Wells는 추적 자료를 수집한 연구들에서 이 효과가 오래 지속됨을 발견했다. 이 연구는 광범위한 범위의 일차예방 프로그램이 잘 기능하며, 그 결과로 아동 및 청소년의 정신건강이 증진됨을 보여 준다.

들은 도움을 찾지 않는 사람들이며, 위험해 보이지도 않는 사람들이다. 이러한 선별은 의사, 교사, 성직자, 경찰, 법원공무원, 사회사업가 등 다양한 지역사회 서비스 인력에 의해 수행될 수 있다. 물론 초기 평가 후에는 적절한 의뢰가 이루어진다.

이차예방의 예는 잠재적으로 해로운 음주문제를 가진 사람에 대한 조기탐지 및 치료다(Alden, 1988). 추가적인 예는 1957년 Emory Cowen에 의해 개척된 Rochester 일차 정신건강 프로젝트이다. 이 프로젝트는 학교부적응 위험이 있는 초등학교 아동을 체계적으로 선별한다. 몇 개의 주에서 시행되는 조기탐지 및 예방 프로그램의 발달에 대해서는 Cowen, Hightower, Johnson, Sarno와 Weissberg(1989)가 소개하였다.

삼차예방. 삼차예방(*tertiary prevention*)의 목표는 정신장애 발생 후 그 지속기간과 부정적 영향을 줄이는 것이다. 따라서 삼차예방은 정신장애의 새로운 사례 발생률을 낮추는 것이 목적이 아니라 진단된 정신장애의 영향을 줄이는 것이 목적이라는 점에서 일차예방 및 이차예방과 다르다.

많은 삼차예방 프로그램의 주요 초점은 사회복귀이며, 직업능력 증진부터 내담자의 자기 개념 증진까지 걸쳐 있다. 사용되는 방법은 상담, 직업훈련

등이다. 프로그램의 목적이 정신지체자의 독자적 생활기술을 교육하는 것이든, 또는 최근 퇴원한 정신분열증 환자의 사회기술을 회복하는 것이든, 그 목표는 추가적 문제의 예방이다. 그 이름은 다소 다르지만 삼차예방 프로그램은 결손 철학(deficit philosophy)에 기초한 인간지향 프로그램(personoriented program)과 별반 다르지 않다. 그렇지만 모든 형태의 예방이 전 지역사회적인(전 인구적인) 정신장애 발생률 또는 정신장애와 연합된 문제의 감소를 시도한다는 점이 특징임을 기억하는 것이 중요하다.

대안적 예방 모델. 비록 전통적인 일차–이차–삼차예방 모델(Caplan, 1964)이 가장 많이 인용되지만, 대안적 분류 틀이 제안되었다(Orford, 1992). 한 예로, 1994년 의학연구원(Institute of Medicine: IOM) 보고서인 *Reducing Risks for Mental Disorders*에서 제안된 정신장애 예방을 위한 개념적 틀을 간략히 논의하겠다. R. Gordon(1983, 1987)이 제안한 용어를 적용한 이 모델은 예방적 개입을 세 유형 중 하나로 분류한다. **보편적 예방개입**(*universal preventive interventions*)은 전 국민을 대상으로 하며, 모든 사람에게 제공되기 때문에 비용이 많이 든다. **선택적 예방개입**(*selective preventive interventions*)은 가깝거나 먼 미래에 해당 장애가 발생할 확률이 평균보다 높은 개인이나 하위집단을 대상으로 한다. 대상자는 장애 발생과 관련된 것으로 알려진 생물학적, 심리적, 사회적 위험요인에 기초해 확인 한다. 마지막으로 **지정된 예방개입**(*indicated preventive interventions*)은 역치하 증상 발현이나 장애를 발전시킬 소질을 시사하는 생물학적 표지를 통해 확인한 '고위험' 상태의 개인을 대상으로 한다.

이 모델의 가치는 예방, 정신장애의 치료, 그리고 유지를 정신장애개입의 전 범위에서 연속선상으로 나타낸다는 것이다. 예방은 장애 발병 전에 일어난다. 치료는 장애 진단에 해당하는(또는 장애에 가까운) 사람에게 시행한다. 유지는 정신장애 진단을 받고 지속적 주의가 필요한 사람에 대한 개입을 포함한다(Institute of Medicine, 1994). 그림 17-3은 정신장애에 대한 IOM 개념화를 나타낸 것이다.

예방 연구. 예방 프로그램의 계획, 개발, 평가는 지역사회심리학자가 몇 년을 투자해야 하는 다단계과정이다. 예방연구를 위한 지침으로 IOM(1994)은 개념화, 설계, 실행, 평가에 초점을 둔 예방개입 연구 프로그램의 일련의 단계를 권장했다. 그림 17-4는 이 단계들을 보여 준다. 첫째, 프로그램이 다루는 문제나 장애는 유병률, 발병률, 사회적 비용의 측면에서 명확하게 명시되어야 한다. 둘째, 해당 문제나 장애의 위험 및 보호요인을 확인하고, 예방 또는 치료와 관련된 기존 연구를 개관한다. 셋째, 계획된 개입의 효능을 평가하는 예비 연구를 계획하고 수행한다. 넷째, 개입 프로그램의 대규모 실험을 계획하고 수행한다. 마지막으로 실험 결과 고무적인 결과가 나오면 프로그램을 지역사회에 시행하고 그 효과를 다시 평가한다. 그림 17-4에서 볼 수 있는 바와 같이 이 마지막 단계가 과정의 종점은 아니다. 지역사회에서의 개입의 효과에 대한 정보는(문제나 장애 발생률을 감소시키는가?) 개입을 수정하는 데 사용하고, 단계는 다시 반복된다. 이런 방식으로, 예방 프로그램은 그 효과 증진이라는 궁극적 목표에 의해 정교화된다.

능력부여

Gurin과 Gurin(1970)은 빈곤에 대해 논의하는 가운데 가치 있는 목표를 성취하지 못할 것이라는 기대와 무력함(powerlessness)에 대한 기대의 중요성을 강조했다. 이 개념은 통제소재(locus of control)라는 사회학습적 개념과 밀접히 관련된다(Phares, 1976; Rotter, 1966). Rappaport(1977)는 다음과 같이 언급했다.

■ 임상심리학자의 견해

Kristin Hawley, Ph.D.

Hawley 박사는 University of Missouri-Columbia에서 Psychological Sciences학과의 조교수로 일하고 있다. 그녀는 Los Angeles의 University of California에서 임상심리학 박사학위를 받았고, Los Angeles의 여러 지역 정신건강센터에서 임상 훈련을 받았으며, San Diego의 아동 청소년 정신건강 서비스 연구소에서 박사 후 연구원 훈련을 받았다. 현재 그녀는 교수로서의 일과 더불어, 지역 정신건강 서비스 제공자 및 근거 기반 서비스 연구자들의 협력 공동체인 Missouri Therapy Network의 공동 임원으로 활동하고 있다. 또한 그녀는 St. Louis의 Washington University의 정신건강 서비스 연구센터에서 공동 연구원으로 일하고 있기도 하다. Hawley 박사의 주요 연구 주제는 아동과 가족을 대상으로 하는 공동체 기반 정신건강 서비스의 사용, 참여, 효과, 그리고 임상가 훈련 및 연구–기반의 치료 등이다. 그녀의 연구는 비영리단체와 정부 조직 등에서 지원받고 있으며, 그녀는 공공기관 및 전문가 커뮤니티에 연구–기반의 치료에 관한 정보를 알리는 데 힘쓰고 있다.

Hawley 박사는 그녀의 배경과 지역 정신건강 영역에 관한 의견 등에 대한 우리의 질문들에 대답해 주었다.

어떤 계기로 아동 및 청소년을 위한 지역 정신건강 서비스에 흥미를 가지게 됐나요?

저는 아동 발달과 정신병리에 오랜 관심을 가지고 있었고 그 분야에서 직업을 가지고 싶어했어요. 그렇지만 정확히 어떤 형태의 직업을 가지고 싶은지에 대한 명확한 생각은 없었고, 대학은 이를 고민하기에 좋은 기회였어요. 저는 아동, 청소년, 성인 입원 환자를 대상으로 일할 수 있는 정신건강 병원에서 자원 봉사를 했어요(나중에는 돈을 받고 일했었죠). 이 경험은 제게, 그리고 저의 직업에 아주 큰 영향을 주었어요. 저는 제대로 된 치료를 받지 못한 개인이 죽음으로 치닫는 것도 본 반면에, 어떤 환자들에게서는 극적인 향상이 있는 것도 보았어요. 특히 어떤 아동들에게는 이러한 변화가 입원 후 행동주의치료 프로그램을 제공하는 동안 일어나기도 했어요. 제가 계속 일하면서, 퇴원하고 몇 주 혹은 몇 달 내에 다시 똑같은 상태로 혹은 더 나빠져서 돌아오는 아동들에게 주의를 기울이기 시작했어요. 저는 또한 그 부모와 가족들이 병원치료에 거의 관여하지 않는다는 것을 발견했죠. 어떤 가족들은 어찌할 줄 몰라했고, 또 어떤 가족들은 무관심해 보였어요. 그리고 많은 사람들은 그들의 직장 스케줄이나 재정 상태 때문에 단순히 몇 시간 병원에 머무르는 것이 고작이었죠. 이러한 양육, 가족환경 때문에, 치료(사회 학습 원리에 기반한) 시 아주 좋은 성장을 보였던 아이가 집으로 보내지고 난 후 아무런 발전을 이루지 못하고 어려움을 겪게 되는 것을 보았어요.

다른 환자들의 경우, 특히 만성적 문제를 가진 환자들의 경우에는, 저의 임상 수퍼바이저들이 제공한 치료가 별로 도움이 되진 않았어요. 이 사람들은 아주 오랫동안 고군분투해 왔고 최소한의 성장만 했어요. 이러한 경험들은 제가 이러한 정서와 행동적인 문제로 고생해 온 사람들에게 제공할 수 있는 치료를 개발하거나 아동들과 그들의 가족, 그리고 그들이 사는 지역사회를 위해 사용가능한 치료를 개발해야겠다는 목표 설정에 확신을 주었어요. 임상심리학 박사과정에서 이러한 목표를 이루는 데 필요한 정신병리 훈련, 임상적 개입, 그리고 연구 방법론 등을 배웠어요.

임상심리학자로서 당신이 하는 활동들을 설명해주세요.

저는 큰 연구 대학의 교수로 있어요. 저는 이 자리에서 지역사회 정신건강 서비스 연구를 활발하게 진행하고 있고, 발달 정신병리와 아동 및 가족에 대한 임상적 개입에 관한 교육을 하고, 대학원생들의 근거-기반 심리치료에 대해서 수퍼비전을 해 주기도 하고, 지역사회 임상가들과 연구-기반 치료를 시행하거나 평가하기도 하고, 정신건강 정책과 관련된 자문을 하기도 해요. 다른 학교 심리학자들과 마찬가지로, 제 일의 가장 큰 부분은 저의 연구성과를 학술지나 학회 발표 등을 통해서 공유하는 거에요. 그렇지만, 제 연구가 주로 현장에 적용될 수 있는 부분에 초점을 맞추고 있기 때문에, 저의 연구성과들을 다양한 청중(예, 학교 상담가, 지역 정신건강센터, State agencies 등)에게도 알리곤 해요.

당신이 특별히 전문적이거나, 흥미가 있는 영역은 무엇인가요?

제 연구들은 Translational Science의 영역에 주로 위치해 있어요. Translational Science의 목적은 과학적 발견들을 지역사회와 클리닉에 광범위하게 적용하도록 돕는 거에요. 이 영역은 매우 광범위한데, 저는 이 중에서 두 영역에서 전문성을 가지고 있어요. 첫 번째는 아동 정신건강 서비스와 개입(치료) 연구에요. 저는 치료과정과 그 결과들을 지역사회 기반 정신건강 서비스 환경에서 연구하는데, 아동과 그 가족들을 향상시키기 위한 효과적인 치료 요소들과 중요한 정서, 행동, 그리고 인지적 변화를 확인하기 위해서죠. 저의 두 번째 전문영역은 연구-기반 치료들을 알리고 적용하는 거에요. 저는 지역 정신건강 서비스의 연구-기반 평가와 치료개입들을 향상시키기 위한 임상가 훈련이나 피드백 시스템 같은 전략들을 연구해요.

아동 및 청소년을 위한 지역사회 정신건강 서비스의 미래의 추세는 무엇이라고 생각하나요?

과학과 실제 지역사회 정신건강 서비스 현장 간의 연결을 강화시키는 쪽에 초점을 맞추는 것이 주목할 만한 추세가 될 거에요. 우리는 연구를 수행하는 방법과 지역사회 정신건강 서비스 제공자들이 아동과 가족들에게 서비스를 제공하는 방법들에 대해서 긍정적인 변화를 보게 될 거에요. 치료 개발자들은 연구의 과정과 설계 등에서 지역 서비스 제공자들과 함께 일하기 시작했어요. 실제치료에 대한 검증과 적용이 실제 현장에 최대한 가까운 환경에서 이루어질 수 있도록 말이죠. 지역사회 정신건강 서비스 제공자들 중에는 근거에 기반한 의사결정을 내리는 것과, 치료과정을 평가하는 것의 중요성, 제공된 서비스의 질을 확신할 수 있는 결과에 관심을 지닌 사람들이 많이 생겼어요.

마침내, 과학자들과 현장의 서비스 제공자들이 새로운 치료들을 소개하고 지속적으로 사용하기 위해 함께 협력하기 시작했어요. 시행을 위한 과학(Implementation science)이 실제 현장에서 연구-기반치료들을 시행하는 것을 돕는 전략들을 발전시키고, 과학과 실제 현장 간의 유기적인 연합을 돕는 데 초점을 두고 있어요. 여러 전문 분야가 결합된 비교적 새로운 영역이에요. 이러한 노력을 통해 많은 아동 및 그 가족들이 필요로 하는 효과적인 치료를 개발하는 데 점차 가까워지고 있다고 생각합니다.

지역사회심리학과 관련해 이 변인들의 중요성은 그것이 권력 및 그 반대인 소외에 대한 사회학적 관념과 밀접히 연결되어 있다는 것이다. 통제소재는 분석 수준에 걸친 연구와 일관된 관계를 가지는 것으로 입증된 몇 안 되는 사회과학 변인 중 하나이다(p.101).

Rappaport에게 지역사회심리학의 주요 목표는 무력감의 예방이다. 이러한 **능력부여**(*empowerment*) 목표는 성취하기 쉽지 않으며, 지역사회심리학자들은 자신이 생각했던 것만큼 뚜렷한 성공을 거두지 못했다(Heller, 1990). Gesten과 Jason(1987)은 권능부여 개념으로부터 고유한 방법이 개발될

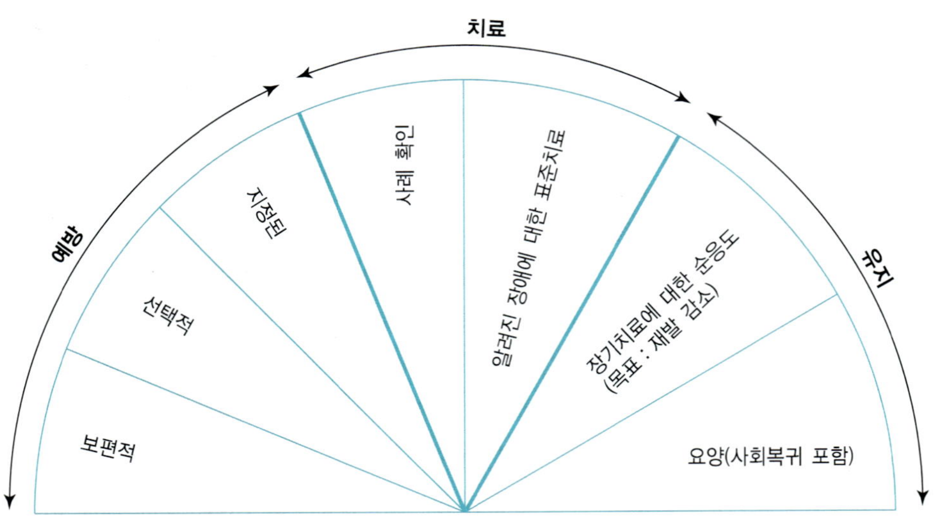

그림 17-3 ■ 정신건강 욕구에 따른 예방 서비스의 연속성

출처: Reducing Risks for Mental Disorders, p.8, produced by the institute of Medicine. Copyright © 1994 by The National Academy of Sciences. Reprinted by permission of the National Academy of Sciences.

수 있는지에 대해 의문을 제기했다. 여전히 Rappaport(1981)는 자신의 운명을 스스로 통제할 수 있다는 느낌을 증진시키는 전략이 심지어 예방이나 치료적 접근보다도 바람직하다고 주장한다. 통제감 증진을 시도하는 예는 아동 및 배우자 학대 감소에서부터 여성, 이주 노동자, 노인 착취의 근절, 장애인과 정신질환자에 대한 편견 감소에 이르기까지 다양하다.

초기에 그는 능력부여와 예방적 개입을 서로 반목시켰으나, 보다 최근에는 유연해졌다(Rappaport, 1987). 그는 이제 예방 개입이 권능부여와 정반대이기보다는 일치할 가능성을 인정한다. 그렇지만 이러한 가능성이 실현되기 위해서는 예방 개입이 협력적이어야 하며, 전통적인 치료자-내담자 상호작용의 특징인 온정적인 스타일을 벗어나는 방식으로 전달되어야 한다(Felner et al., 1983).

다양성

지역사회심리학, 그리고 보다 일반적으로는 임상심리학에 중요한 다른 개념은 **다양성**이다. 인간의 다양성을 이해하고 인정하는 것은 지역사회심리학자에게는 필수적이다(Trickett, 1996). Dalton 등(2001)은 반드시 고려해야 하는 인간 다양성의 9가지 차원을 제시했다.

- **문화**: 비록 정확히 정의하기는 어렵지만, 문화는 사회나 집단이 젊은 세대나 이주민에게 전수하고자 하는 규범이나 전통으로 흔히 간주된다.
- **인종**: 비록 원래는 생물학적 변인으로 생각했었지만, 현재는 인종을 신체적 기준에 기초한 심리학적 또는 사회적 변인으로 보고 있다.
- **민족성**: 민족성은 사회적 정체성에 관한 것으로 조상, 원문화, 현재 문화의 영향을 받는다.
- **성**: 생물학적인 변인인 성별(sex)과 행동, 태도, 남성 및 여성의 역할에 관한 가정들이 사회적으로 구성된 세트인 성(gender)을 구별하는 것이 유용하다.
- **성적 지향**: 하나 또는 두 성에 성적 또는 낭만적으로 끌리는 것을 포함한다.

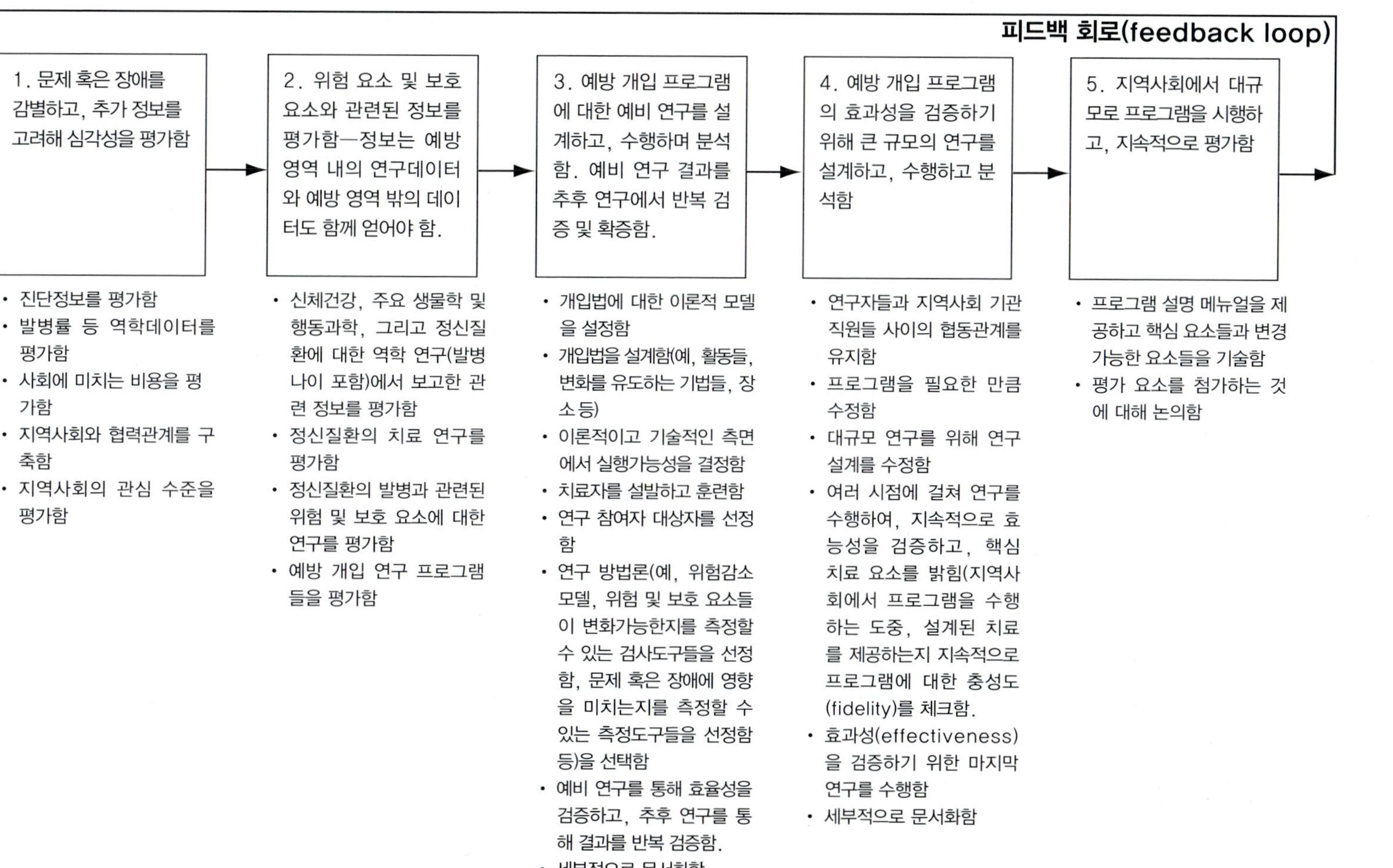

그림 17-4 ■ 예방 프로그램을 설계하고, 실행하며 평가하기 위한 단계들

출처: Institute of Medicine(1994). Summary: Reducing risks for mental disorders. Washington, DC: National Academy Press, pp. 32–33. Reprinted with permission.

■ 대학원생의 관점

Shawn C.T. Jones, M.H.S.

Shawn Jones는 University of North Carolina-Chapel Hill에서 임상심리학 박사과정 2년 차에 있는 학생이다. 그는 Duke University에서 2008년에 학사학위를 취득했고, 최근에 Johns Hopkins University Bloomberg School of Public Health에서 Health Science in mental Health 석사과정을 마쳤다. 그의 연구 관심사는 소수 인종의 아동-청소년기 발달로, 다양한 맥락에서의 위험요인과 보호요인들에 특히 관심이 있다. 그의 최근 연구는 외현화 행동과 물질 남용과 관련된 민족 정체성과 양육 방식에 관한 연구였다. Shawn은 인종별 건강에서의 차이를 없애는 데 큰 관심이 있으며, 특히 정신건강서비스와 관련하여 많은 관심을 가지고 있다.

Shawn은 대학원과 관련된 그의 생각들, 그리고 그의 연구 관심사들을 공유하는 것에 동의해 주었다.

임상심리학에 관심을 갖게 된 계기가 무엇인가요?

저는 처음에는 의과대 학부생이었어요. 제가 심리학 전공을 하기로 결정한 것은, 심리학을 통해서 사람들이 생각하고 행동하는 이유를 이해하고, 이를 바탕으로 그들을 도울 수 있을 것이라고 생각했기 때문이에요. 그럼에도 불구하고, 이 분야에서 "변화를 만들겠다"는 저의 소망은 의학(정신의학)을 통해 가장 잘 성취할 수 있을 것이라 생각했었어요. 그러나 감사하게도, 학부시절 심리학 심화전공을 통해 얻은 경험을 통해, 제가 의대 학위보다는 임상심리학 Ph.D. 과정에 진학할 중요한 결정을 하게 되었죠.

임상심리학대학원을 준비하기 위해 당신이 학부생 시절 준비했던 것은 무엇인가요?

제가 임상심리학대학원에 진학하기 위해 준비했던 가장 중요한 것은 다양한 연구 경험을 쌓는 것이었어요(예, 연구조교, 연구학점 등). 필요한 교과과정들(그리고 추가적인 과정들도)을 이수하고, GRE도 준비했으며, 그리고 저희 학교에 계신 임상심리학자들을 만나 인터뷰도 했어요. 저는 이러한 인터뷰를 추천하는데 왜냐하면 이러한 경험들을 통해, 당신이 접해보지 못한 분야에 대한 관점 등과 같은 통찰들을 얻을 수 있기 때문이에요.

대학원 지원과정은 어떠했나요?

저는 대학원에 세 번 지원했어요. 첫 번째는 심리학 석사과정에 지원했었고(저는 대신에 연구조교를 하기로 결정했어요), 두 번째는 공공 건강 프로그램에 지원했었죠(저는 Health Science in Mental Health의 석사학위를 가지고 있어요). 세 번째로 저는 임상-지역사회 프로그램에 지원했어요. 각각의 지원과정이 도전과도 같았는데, 한결같은 점은 그 과정이 정말 엄청나게 바쁘고 그리고 돈이 많이 든다는 거였어요(이 두 부분들은 면접과정에서도 동일해요). 미리 준비하고 계획하는 것이 이러한 부분들을 잘 감당할 수 있는 최선의 방법이라고 생각해요. 많은 선배들이 나에게 맞는 훈련 프로그램을 찾고, 필요한 시험들을 보고, 추천서를 준비하는 데 2년 정도의 기간을 두고 계획하는 것을 추천하거든요.

인터뷰과정은 당신에게 어떠했나요?

저는 운이 좋게도 제가 지원했던 주요 대학들에서 인터뷰 기회를 얻었어요. 이 인터뷰들은 세 가지 형식으로 나뉘는데, 전화 면접, 면대면 면접, 그리고 제가 합격한 후에 하는 인터뷰로 나뉘죠. 각각의 형식들은 근본적으로 같은 요소들을 담고 있어요. 제가 왜 이 프로그램을 선택했는지, 이 연구실이 어떻게 본인의 흥미와 잘 맞다고 생각하는지, 저의 개인적인 강점과 약점 등에 관해서 질문받았어요. 제가 받았던 가장 어려웠던 질문은: "당신에게 지원이 무제한으로 제공된다면, 당신의 연구 관심/질문을 어떻게 해결하고 답할 것인가요?" 마지막으로, 제 면접관들에게 어떤 질문을 하고 싶은지에 대해서도 질문 받았어요. 당신이 지원한 프로그램에 대해서 몇 가지 질문 정도는, 특히 이미 웹사이트에 올라오지 않은 질문들을 가지고 있는 것이 중요해요.

돌아보면, 어떤 활동과 경험들이 당신이 대학원 프로그램을 준비하는 데 있어서 가장 중요했나요?

저는 저의 다양한 연구 경험들(독립적인 연구 프로젝트와 NIDA에서의 여름 인턴십들을 포함한), 그리고 학교에 개설된 고급 교과과정들이라고 답하고 싶네요. 왜냐하면 그러한 프로그램과 경험들을 통해 얻게 된 기술들이 저의 석사 그리고 지금 박사과정 프로그램을 이끌 수 있는 원동력이 되었으니까요.

임상심리학 대학원을 지원하는 사람들에게 더 해줄 말이 있나요?

당신의 연구를 하세요. 대학원에 지원하는 것과 대학원에서 당신의 첫 연구 경험으로 삼고 싶은 것에 대해서 고민하세요. 당신이 흥미 있는 대학원 프로그램의 웹사이트에 방문해서 그 프로그램에 대해 알아보세요. 미래의 지도교수님이 하시는 연구에 익숙해지도록 노력하세요. 임상 프로그램에 계신 교수님들이 하는 연구들에 관심을 기울이세요. 다른 학생들과 대화하구요. 대학원 지원과정은 당신이 성실하게 준비한다면 아주 부드럽게 흘러갈 수 있을 거에요.

당신이 대학원에서 해온 연구에 대해서 말해주세요.

현재, 저는 석사학위 논문에 열중하고 있어요. 아프리카계 미국인 대학생들의 차별에 대한 정서 반응과 인종 정체성의 잠재적 보호 효과 등을 연구하는 실험적인 디자인의 연구죠. 저는 이 작업에 굉장히 열중하고 있는데요, 이것은 실험실 세팅에서 아프리카계 미국인들의 심리적 웰빙과 특정 인종-관련 사건에 노출되는 것의 영향력을 보는 첫 번째 연구이기 때문이에요. 저는 이 연구가 여러 맥락에서 차별에 관한 연구의 중요성을 알리는 연구가 될 것으로 생각해요.

- **능력/무능력**: 사람들은 정신적 혹은 신체적 무능력으로 고통받는 정도에 있어서 서로 다르다.
- **연령**: 연령이 다르면 다른 심리적, 신체적 관심을 가지며, 노화과정은 가족, 지역사회, 기관과의 관계에 영향을 주기 때문에 생물학적 연령이 중요하다.
- **사회경제적 지위-사회 계층**: 사회 계층을 고려하는 것이 중요한데, 왜냐하면 이 차원의 다양성은 정체감, 관계, 교육 및 경제적 기회뿐 아니라 다른 심리적 변인에도 영향을 주기 때문이다.
- **종교 및 영성**: 개인의 삶의 의미 추구는 문화 및 민족성과 관련되는데, 지배적인 종교 및 영성을 인정하지 않고서는 문화를 이해할 수 없다.

지역사회심리학자들은 지역사회를 위한 프로그램 계획과 수립에서 문화적 능력과 인간의 다양성에 대한 지식을 갖추어야만 한다.

사회적 개입의 개념

전통적인 개입 전략은 항상 건강은 개인의 노력을 통해서만 성취할 수 있으며, 그러한 노력이 실패하면 질병이 발생하고, 개인은 임상적 도움을 받기 위해 종합정신건강센터를 방문하게 된다는 함의를 가지고 있다. 하지만 지역사회심리학자들은 역할과 사회 조직을 재구성하려 한다. 예를 들어, 범죄와 비행으로 인한 문제를 줄이기 위해 지역사회심리학자들은 잠재적인 범죄자 및 비행청소년에게 유리하게, 그리고 자원을 사용할 수 있도록 사회기관과 조직을 변화시키려 한다.

이러한 사회적 개입전략에 내재한 생각은 개인에게 필요한 자원이나 대안이 주어지면 그들은 스스로 자신의 문제를 해결한다는 것이다. 또한 사람들은 능력과 강점을 가진다는 생각도 내재해 있다. 환경이 변하거나 사람이 스스로 결정할 수 있는 권한을 발휘하도록 허용하면, 강점과 능력은 분명해진다. 결손보다는 능력을 강조하는 것은 지역사회심리학자로 하여금 문제가 있는 사람을 변화시켜서 주류의 가치에 의해 결정된 적절한 환경에 맞추기보다는 적절한 개인-환경 적합성을 만들어 낼 수 있도록 한다.

희생자 비난. 사회적 개입전략을 불러일으킨 개념의 특별한 예는 희생자 비난 대 체계 비난 간의 대비이다. Ryan(1971)은 자신의 영향력 있는 저서에서 사회가 경제적 약자, 학업 포기자, 약물중독자, 실업자를 실패자로 간주하고, 그들의 치유에는 교정적 독서 프로그램, 약물 상담 등이 필요하다는 견해를 가지고 있다고 주장했다. Ryan에 따르면 사회는 실제 메시지, 즉 나쁜 사회 환경을 누락했다. 그들의 문제는 임상적이기보다는 지역사회와 범사회적인 것이다.

왜 우리는 사회나 환경보다는 사회적 약자의 책임으로 돌리려는 경향을 가지는가? Caplan과 Nelson(1973)은 몇 가지 이유를 언급했다.

- 이런 설명은 정부와 문화 기관에 대한 비난을 면하게 해 준다.
- 그러므로 기관들은 문제를 '해결'할 책임을 지지 않아도 된다.
- 개인에게 책임을 돌림으로써 전통적 임상심리학에서 일반적으로 하는 것과 같은 개인 수준의 개입에 어느 정도 적법성을 부여한다.

Caplan과 Nelson(그리고 다른 학자들도)은 이 요인들을 부각시켜 우리가 사회적 문제의 원인을 어떻게 개념화하는지에 영향을 주기를 희망했다. 결과적으로 우리는 정당성 없이 '피해자를 비난'하려는 유혹에 보다 잘 저항할 수 있게 되었다.

개입전략의 핵심. 전통적인 임상심리학과 지역사회 접근을 대비시키는 한 방법은 개입 전략에 초점을 두는 것이다. Heller 등(1984)에 따르면 이러한 전략들은 두 차원에 따라 달라진다. 하나는 이론적(결손 대 능력), 다른 하나는 생태학적(개인, 조직 또는 지역사회)이다. 표 17-2는 이 차원에 따른 전략들을 요약한 것이다.

개입과 변화의 방법

이제 개입방법으로 주의를 돌려보자. 여기서 우리가 초점을 둘 부분은 서비스가 전달되는 양상이다.

자문

자문이란 무엇인가? Orford(1992)는 다음과 같이 정의했다.

> 자문이란 다른 사람(내담자)에게 서비스를 제공할 책임이 있는 사람(피자문가)이 내담자에게 보다 나은 서비스를 제공하도록 도울 수 있는 특별한 전문 지식을 가졌다고 믿는 사람(자문가)에게 자발적으로 자문하는 과정이다(p.139).

표 17-2 이론적 지향과 분석 수준에 따른 변화 전략

	분석 수준		
이론적 지향	*개인*	*조직*	*지역사회*
결손	생화학적 또는 생리적 불균형 교정을 위한 의학적 치료	대인관계 문제 교정을 위한 집단 심리치료 또는 감수성 훈련	무능력자나 정서장애가 있는 사람을 위한 수용기관이나 특별 시설 건립
능력	대부분의 행동치료, 특히 기술 훈련 고위험군에 대한 예방 프로그램	조직원의 직무능력 증진을 위한 훈련 및 자문 조직 스트레스 감소와 대처 증진을 위한 예방 프로그램	새로운 환경이나 대안적 프로그램 환경적 스트레스 감소와 시민권 향상을 위한 전 지역사회 예방 프로그램

출처: Adapted from *Psychology and Community Change: Challenges of the Future*, by K. Heller, R. H. Price, S. Reinharz, S. Riger, and A. Wandersman. Copyright © 1984 by Kenneth Heller. Reprinted by permission of the publisher, Brooks/Cole Publishing Company, a division of Wadsworth, Inc.

정신건강 인력이 부족한 현실에서 자문의 기본 이점은 바위의 물이 연못으로 흘러 들어가듯이 동시다발적인 효과를 가진다는 것이다. 개별 개입기법을 사용하면 정신건강전문가들은 제한된 수의 내담자에게만 접근할 수 있다. 하지만 교사, 경찰, 성직자 등 다른 서비스 제공자의 자문을 받음으로써 보다 많은 내담자에게 간접적으로 다가갈 수 있다(Orford, 1992).

자문은 서로 다른 역사적 관점으로부터 나온 여러 입장에서 볼 수 있다(Brown & Schulte, 1987; Heller et al., 1984; Nietzel, Winett, MacDonald, & Davidson, 1977; Orford, 1992). 첫째, 정신건강 자문이 있다. 이것은 정신분석 및 정신역동적 전통에서 성장했다. 정신건강 인력이 부족한 농촌 및 저개발 지역에서 흔히 사용되었다. 자문은 기존 지역사회 인력(예: 교사, 성직자)을 활용해 해당 지역의 정신건강문제를 해결하도록 돕는 것이 되었다. 두 번째 입장은 행동적 전통에서 발달했다. 실험실 장면에서 성공적이었던 행동수정 기법을 완성하기 위해서 실생활 상황으로 이동할 필요가 있었다. 그러기 위해서는 환자의 환경 속 인물들(예: 가족이나 학교 사람들)을 훈련시켜 바람직한 행동에 강화를 적절히 시행해야 했다. 자문은 이런 훈련을 제공하는 방법이 되었다. 세 번째 입장은 조직적인 것으로 산업 자문을 강조한다. 전문가가 관리자나 노동자 대표와 작업함으로써 사기, 직무 만족, 생산성 증진이나 비효율성, 결근, 알코올 중독 및 다른 문제의 감소를 이끈다.

정신건강 자문의 유형. 정신건강 자문에 대한 접근은 여러 방식으로 분류할 수 있다. 아마도 가장 널리 받아들여지는 분류는 Caplan(1970)의 분류일 것이다. 그 범주는 다음과 같다.

1. **내담자중심 사례 자문**. 현재 문제를 해결하기 위해 특정 내담자나 환자를 돕는 데 초점을 둔다. 예를 들어, 임상가는 특정 환자의 진단적 문제와 관련해 동료의 자문을 받는다.
2. **피자문자중심 사례 자문**. 이 경우 목적은 피자문자가 미래의 사례를 다루는 데 필요한 기술을 증

진 시키도록 돕는 것이다. 예를 들어, 학급에서의 문제행동을 줄이기 위해 행동을 선택적으로 강화하는 방법을 교사에게 조언한다.

3. **프로그램중심 운영 자문.** 특정 프로그램의 운영과 관리를 돕는다. 예를 들어, 잠재적인 부적응 사례를 탐지하기 위한 '조기경보 체계'를 확립하기 위해 학교에 자문가를 고용할 수 있다.
4. **피자문자중심 운영 자문.** 여기에서의 목적은 미래에 운영자가 보다 잘 기능할 수 있도록 운영자의 기술을 증진시키는 것이다. 예를 들어, 운영자의 의사소통 기술 증진을 위해 운영자 감수성 집단을 구성하고 감독한다.

기법과 단계. 자문과정의 효과를 향상시킬 수 있는 몇 가지 일반적 기법이 있다. 대부분의 경우 자문과정은 다음 단계를 거친다.

1. **도입 또는 준비 단계.** 초기단계에서는 자문관계의 정확한 본질과 상호 의무에 대해 작업한다.
2. **시작 또는 워밍업 단계.** 이 시기에 작업관계가 확립된다.
3. **대안적 행동 단계.** 이 단계는 문제해결을 위한 구체적이고 대안적인 해결책과 전략을 개발하는 것을 포함한다.
4. **종결.** 추가적인 자문이 필요 없다는 데 상호 동의하면 종결하게 된다.

불행히도 지역사회 정신건강센터는 자문 서비스 제공이 어려우며, 특히 학교와 지역사회기관에 대한 자문이 부족한데, 예산상의 지원이 이르지 못하고 있다(Iscoe & Harris, 1984). 이런 사태와 관련해 특히 안타까운 점은 자문의 효과가 경험적으로 입증되었다는 점이다(Duffy & Wong, 1996; Medway & Updike, 1985; Orford, 1992).

입원에 대한 지역사회 대안

앞서 언급한 바와 같이 정신병원은 오랫동안 비판의 대상이 되어 왔다. '퇴원불가' 환자가 있는 것은 사실이지만, 현재 병원 체계에 대한 대안이 있다. 즉 환자를 사회에서 책임 있는 위치에 다시 서게 하는 목표를 가진 환경을 제공하는 것이다.

대안의 예로 지역사회 임시거처(community lodge)가 있다(Fairweather, Sanders, Maynard, & Cressler, 1969). 이것은 만성 입원환자가 독자적인 생활 기술을 배울 수 있는 사회복귀시설이다. Mendota 프로그램(Marx, Test, & Stein, 1973)이 전에 퇴원불가 환자였던 사람들의 구직과 요리, 쇼핑 기술 등을 도우려 한 개척자적인 시도이다. 마지막으로 전통적인 24시간 입원보다 효과적이고 비용이 적게 드는 낮병원이 점점 더 대중화되고 있다.

초기 아동기 개입

공중보건 인력과 정신건강 인력은 오랫동안 가난으로 인한 교육상의 불이익을 인식하고 있었다. 가장 두려운 관심사는 결정적 발달시기의 조기 박탈이 아동의 생을 방해하는 것이다. 가난한 학령 전 환경과 경험은 저조한 학업 수행으로 이어지고, 다양한 정신건강 및 법적, 사회적 문제에 취약해진다. 하지만 성공적인 학령 전 개입 프로그램이 개발된다면, 진정으로 예방적인 행동 과정이 가능할 것이다.

Head Start 프로그램. 글상자 17-1에서 이미 High/Scope Perry Preschool Program에 대해 논의한 바 있다. 그렇지만 가장 잘 알려진 초기 아동기 프로그램은 Head Start이다. 1960년대 중반 Johnson 대통령은 경제기회국(Office of Economic Opportunity: OEO)을 만들었다. Head Start는 사회적 약자 아동을 위해 특별히 만들어진 프로그램 중 하나이다. 이 프로그램은 사회적 약자 가정의 학령 전 아동들에게 초등학교 과정을 준비시키기 위해 설계되었다. Head Start 프로그램은 지역에서 통제하지만 일반적인 연방 지침을 따르도록 요구하고 있다. 지역별 프로그램은 출석 시간, 개월 수(여름 혹은 1년 내내), 교사의 배경 등에서 다양했다. 사용되는 구체적 기법도 다양했지만, 기본 학습기술은 통상적으로 강조되었다. 신체적, 의학적 욕구도 일반적인 학교 준비 및 적응을 위해 다루어졌다.

평가. 이러한 초기 아동기 프로그램은 얼마나 효과적인가? Gomby, Larner, Stevenson, Lewit과 Behrman(1995)은 아동중심 프로그램과 가족중심 프로그램을 구분하는 것이 유용함을 발견했다. 아동중심 프로그램의 경우 아동에게 직접 개입하였고, 후자의 경우 부모 등 가족들이 개입이나 훈련을 받았다.

아동중심 프로그램에 참여한 경우, 프로그램 직후에 지능지수가 8점 높아졌고(비록 이 상대적 이득이 시간이 지나면서 사라지긴 했지만), 특수교육이나 유급을 받을 가능성을 낮추었으며, 고등학교를 졸업할 가능성을 높였다(Barnett, 1995; Gomby et al., 1995). 범죄관련 행동 감소, 사생아 출산 감소, 비참가자보다 높은 임금 등 프로그램 참가자들의 긍정적인 사회적 성과도 보고되었다(Gomby et al., 1995; Yoshikawa, 1995).

가족중심 프로그램은 비록 아동중심 프로그램보다 부모에게 더 많은 영향을 주긴 했으나, 아동에게 얼마나 긍정적인 영향을 주었는지는 분명치 않다(Gomby et al., 1995; Yoshikawa, 1995). 개입의 초점 뿐 아니라 강도나 빈도도 달랐다. 가족중심 프로그램의 경우 주 1회의 서비스만 제공되었다. 최근 Institute of Medicine의 보고서(NRC-IOM, 2009)에 따르면, 가정, 학교 및 지역사회 예방프로그램들이 효과적이다.

자조

전문가가 모든 도움을 제공하는 것이 아니다. 비공식 조력집단이 전문가 개입 욕구를 대신하는 가치있는 지원을 제공할 수 있다. 게다가 알코올 익명 집단(Alcoholics Anonymous), 독신부모모임, 모유 수유 장려모임(La Leche League) 같은 비전문적 **자조집단**(*Self-help groups*)이 위탁 전문가에 의해 치료의 효과적 부분으로 편입될 수 있다.

자조집단이 갖추어야 하는 것은 무엇인가? Orford(1992)는 자조집단의 8가지 일차적 기능을 논의했다. (a) 정서적 지지를 제공한다. (b) 집단원들이 다루고 있는 문제를 직면하고 정복한 역할 모델을 제공한다. (c) 집단원의 문제를 이해하는 방법을 제공한다. (d) 중요하고 적절한 정보를 제공한다. (e) 기존 문제에 어떻게 대처할지에 대한 새로운 아이디어를 제공한다. (f) 집단원이 서로 도울 기회를 제공한다. (g) 사교관계를 제공한다. (h) 자신들의 문제에 대한 향상된 숙달감과 통제감을 제공한다.

분명히 자조집단은 집단원들에게 몇 가지 중요한 기능을 한다. 그렇지만 연구 결과에 따르면 이 집단이 최대의 효과를 보기 위해서는 전문가가 자문가로 참여해야 한다. 전문가가 집단을 통제해서는 안되지만, 지역사회심리학자가 전혀 없는 것 역시 도움이 되지 않는다(Orford, 1992). 질서와 규칙이 집단을 지배하는 정도뿐 아니라 집단 지도자의 능력과 지식을 포함한 일부 조직적 특징이 집단 성공과 관련되는 것으로 보인다(Maton, 1988). 지역사회심리학자는 집단 지도자의 자문가로서 매우 귀중한 간접적 역할을 할 수 있다.

준전문가

지역사회 운동에서 눈에 띄는 특징 중 하나는 공식적인 임상 훈련을 받지 않은 일반인이나 **준전문가**(*paraprofessional*)를 치료자로 활용한다는 점이다. 정신건강 영역에서 준전문가를 활용하는 경향은 증가하고 있다. 하지만 이는 논쟁을 야기했다. Durlak(1979)은 42개의 연구를 개관한 후, 효과적

■ 인물소개 **David DuBois, Ph.D.**

David DuBois 박사는 Chicago 소재 일리노이대학교의 공중보건대학 지역사회건강과학전공 부교수이다. 그는 Oberlin 대학에서 심리학과 경제학을 전공해 학사학위를 받고, 어바나 샴페인에 있는 일리노이대학교에서 임상-지역사회심리학으로 박사학위를 받았다. DuBois 박사는 임상아동심리학과 지역사회심리학 전문가이다. 그의 지역사회심리학 연구는 아동 및 청소년 정신건강문제의 일차예방에 초점을 두고있다. 그는 아동 및 청소년기 자존감과 멘토링관계, 경제적 약자 청년의 위험 및 회복력요인, 아동, 청소년, 가족을 위한 지역사회기반 예방 프로그램 등의 주제에 관해 수많은 논문을 썼다. 학문적 추구 외에도 DuBois 박사는 공립학교와 수많은 지역사회 기반 청년 프로그램의 자문가로서 지역사회의 적극적 일원이기도 하다.

DuBois 박사는 그의 배경, 관심사, 지역사회심리학에 대한 평가 등에 관한 질문에 답하였다.

임상심리학 분야에 관심을 갖게 된 계기는 무엇인가요?

내가 임상심리학 분야에 관심을 가지게 된 데는 두 가지 주요 이유가 있다. 첫째, 어린 시절 나는 내가 다른 사람들의 복지에 깊은 관심이 있다는 것을 발견했고, 나를 둘러싼 세상을 보다 좋게 하는 작지만 유의미한 차이를 만들기 위해 내가 할 수 있는 일을 하게 되었다. 이것은 진부하게 들릴 것이고, 나도 인정한다. 하지만 당시엔 진지한 느낌이었고, 현재도 여전히 그렇다. 둘째, 나는 비교적 어린 나이에 과학에 매료되었다. 즉 왜 사물이 그런 식으로 작용하는지에 대해 이론을 개발하고 검증하는 일이 매우 흥미진진했다. 여러 가지 자료에 근거해 대학 시절 나는 사람들의 사고, 감정, 행동의 원인에 대한 과학과 그 과학의 새로운 지식이 유용하게 적용될 때 어떻게 단순한 이해 증진을 넘어 '실제' 세계의 다른 사람들에게 행복을 증진시키고 보다 긍정적인 삶을 살도록 해 주는지에 대해(실제로 내게는 이것이 더 중요하다) 흥미를 가지고 있음을 일찍 발견했다. 물론 우리의 경력을 통해 세상을 보다 살기 좋은 곳으로 만드는 여러 가지 방법이 있었지만, 나는 심리학에 대한 적성과 본질적 능력을 가지고 있었다. 나 자신의 가치와 여러 강사들의 격려는 내가 임상심리학과정에 의도적으로 집중하는 데 그리 긴 시간이 걸리지 않도록 북돋았다.

임상심리학자로서 어떤 활동에 참여하고 있나요?

현재 나는 대부분의 시간을 응용 연구를 하는 데 보내고 있다. 내가 공중보건대학에 소속되어 있기 때문에, 지역기반 집단 및 프로그램과의 협동 연구에 강력한 초점을 두고 있다. 나의 현재 연구 프로젝트에는 지역학교 및 지역기반 청년 멘토링기관과 협동으로 실행 중인 예방적 개입에 대한 실험적 평가가 포함되어 있다. 나는 건강교육 및 건강증진과 관련된 대학원 과목을 가르치고 있고, 공중보건 전공의 석박사과정 학생들을 지도하고 있다. 추가적으로, 지역, 주, 국가 수준의 청년 서비스 기관이나 자존감과 청년 멘토링 같은 주제와 관련된 다른 전문가 집단을 대상으로 자문과 워크숍을 정기적으로 하고 있다. 이 모든 활동 전반의 공통적인 요소는 연구이다. 내가 연구를 하지 않는다면, 나는 교육에서 최근의 가장 흥미로운 연구들의 발견을 학생들과 공유할 것이며, 그들에게 연구 수행 방법을 배우도록 할 것이다. 유사하게, 자문을 할 때는 서비스의 효과를 보고하고 증진시키는 데 사용할 수 있는 연구 결과나 방법론을 강조할 것이다.

전문 영역이나 관심 영역은 무엇인가요?

나의 전문 영역은 임상아동심리학과 일차예방이다. 본질적으로, 나는 아동 및 청소년이 성장과정이나 성인기에 주요 정신건강문제를 보일 가능성을 낮출 수 있는 요인들의 발견에 관심이 있다. 똑같이 중요한 것은 이미 평가되고 효과가 입증되어 대규모 보급이 가능한 프로그램이나 개입에 새로운 지식을 적용하는 것이다. 나의 현재 연구 초점은 자존감과 멘토링관계에 대한 것이다. 이 두 요인을 증진시키려 설계된 프로그램은 우울증, 자살 경향 같은 정서적 어려움과 비행, 약물사용 같은 행동적 문제를 포함해 젊은이에게 영향을 주는 광범위한 정신건강 쟁점들에 적용 가능한 효과적인 전략임을 보여주고 있다. 그렇지만 많은 경우 자존감 및 멘토링 프로그램은 기대한 이득을 내지 못하고 있다. 내 연구는 심리치료 연구자들이 연구해 온 경험적으로 타당화된 치료와 같은 방식으로 이런 유형의 프로그램을 위한 경험적으로 입증된 '최선의 실제'를 확인하려 시도하는 것이다.

임상심리학의 미래 경향은 무엇이라고 생각하나요?

내가 보기에 임상심리학의 가장 중요한 미래 경향은 그 과학성과 연구 기반에 대한 강조가 증가한다는 것이다. 클리닉에서 치료 서비스를 제공하든 지역사회에서 예방 프로그램을 제공하는 간에, 임상심리학자를 다른 정신건강전문가와 구분해 주는 가장 명백한 단일 특성은 자신들의 활동을 보다 효과적으로 안내하고 지도하는데 연구를 사용하는 전문화된 기술 세트를 가졌다는 것이다. 관리의료의 시대에, 그리고 프로그램 기금을 위한 경쟁이 증대되는 시기에, 우리는 개인 환자 수준에서 정신장애를 치료할 뿐 아니라 전체 지역사회 수준에서 정신건강문제 및 관련 문제를 예방하는 것에도 고유한 가치를 가진 기여를 하는 전문가로서 우리만의 영역을 견고히 확립하기 위해 이러한 차별적인 강점을 활용할 수 있어야 하고 활용해야만 한다.

지역사회심리학의 미래 경향은 무엇이라고 생각하나요?

가까운 미래에 정신건강문제를 효과적이고 경제적으로 다루는 전략을 추구하는 경향이 강해짐에 따라 지역사회심리학은 더 많은 요청을 받게 될 것이다. 비록 비용 측면을 일차적으로 고려해서 개발된 것은 아니지만, 준전문가 및 상호 지지집단 활용 같은 혁신으로 정신건강전문가의 서비스 전달에만 의존하던 것에 비해 실용적이고 경제적인 대안으로 보는 경향이 증가할 것이며, 결국 전통적 정신건강치료의 조망에서 보다 두드러진 부분을 차지하게 될 것으로 기대한다. 예방적 개입이 좋은 비용 효율을 보이는 한(최근의 발견들은 고무적이다.), 사회 활동가뿐 아니라 관리의료 회사의 최고 경영자를 포함해 점점 더 광범위한 지지 기반을 갖게 될 것이다. 문화적 다양성의 쟁점을 효과적으로 다루려는 사회적 수요가 증가하면서, 지역사회심리학은 서로 다른 배경을 가진 개인과 집단이 긍정적인 정신건강과 행복을 증진하는 방향으로 함께 살아가는 데 가치 있는 기여를 하는 위치에 설 것이다.

인 조력자가 되는 데 전문적 교육, 훈련, 경험이 전제조건이 되지는 않는다고 결론지었다. 그렇지만, Nietzel과 Fisher(1981)는 이 결론에 이의를 제기하며 Durlak이 개관한 많은 연구 결과가 해석에 주의를 요하는 것이라고 주장했다. 그들은 Durlak의 개관에 포함된 많은 연구가 방법론적 결함이 있으며, '전문가'와 '준전문가'에 대한 Durlak의 정의도 문제가 있다고 주장했다. 이들의 주장과 다른 비판들을 염두에 두고 Hattie, Sharpley와 Rogers(1984)는 Durlak의 개관에 포함된 연구들을 재분석하였다. 이들의 메타분석 결과는 Durlak의 결과와 일치하였다. 전체적인 결과는 준전문가에게 호의적이었으며, 특히 경험이 많고 훈련 양이 많을수록 그랬다. 보다 최근의 요약들도 많은 증거들이 준전문가가 전문가만큼 효과적(때론 더 효과적)임을 시사한다고 주장했다(예: Christensen & Jacobson, 1994).

효과와는 별도로 누가 도움을 제공할 수 있는지에 대한 쟁점도 있다. 좋든 싫든 정신건강서비스를 원하는 대부분의 사람이 정신건강전문가를 찾지는 않는다. 대신 비공식적 '치료'가 여러 맥락에서 다양한 일반인들에 의해 일어나고 있다. 예를 들어, 흥미롭고 도발적인 연구들에서 Cowen(1982)은 미용사와 바텐더의 '도움 행동'을 연구했다. 연구 결과는 작지만 유의한 비율의 고객이 중등도에서 심각한 수준에 이르는 개인적 문제를 이야기했고, 미용사와 바텐더는 개입의 범위에 드는 것을 시도했다(예: 단지 경청하거나, 지지와 동정을 시도하거나, 대안을 제시). 많은 지역사회심리학자들은 이 연구들이 정신건강 욕구를 가진 개인들과 자연적으로 접촉하는 일반인들에게 자문 프로그램이 제공되어야 함을 지지하는 증거라고 생각한다. 그렇지 않다면 정신건강 욕구는 다루어질 수 없는데, 왜냐하면 표적이 되는 개인들이 정신건강전문가의 도움을 찾지 않는 경향이 있기 때문이다.

비록 전문적인 훈련을 받은 임상심리학자가 필요 없다는 주장을 하기는 힘들지만, 오늘날 정신건강 영역에는 준전문가의 활기찬 역할이 있는 것은 분명해 보인다. 임상심리학자들은 최소한 자문가로서 필요하다. 게다가 연구 결과는 궁극적으로 어떤 유형의 정신건강문제는 정신건강전문가가 제공하는 서비스에 보다 잘 반응한다는 것을 나타낼 수 있다. 그렇지만 현재까지 제기된 연구 질문들은(예: 준전문가가 전반적으로 효과적인가?) 이 쟁점을 다루기에는 지나치게 넓다. 하지만, 적어도 최근 우울에 대한 메타분석 결과에 따르면, 동료-지지 개입을 받은 우울한 집단이 그렇지 않고 일반적인 치료만 받은 집단보다 더 나은 치료 결과를 보였다(Pfeiffer et al., 2011).

맺음말

지역사회에 대한 강조는 비교적 단기간에 임상심리학자로 하여금 자신들의 오랜 가정을 재검토하게 이끌었다. 하지만 이 영역에 대한 결론을 내리려면 중요한 문제에 직면해야만 한다.

효과에 대한 의문

오래 전 Cowen(1967, 1973, 1978)은 지역사회 운동이 전통적인 정신건강 접근이 성취한 바를 넘어서서 얼마나 많은 것을 성취했는가에 대해 의문을 제기했다. 이 의문은 실제로는 매우 적은 실체적 변화를 흥분과 수사법을 통해 가리지 않았는가 하는 것이다. 예를 들어, Cowen(1973)은 *Community Mental Health Journal*에서 비교적 적은 수의 연구만이 구체적인 자료를 제공했음을 발견했다. 이 논문들은 또한 지역사회 접근의 핵심 개념인 예방과 관련된 쟁점을 다루는 데 분명히 실패했다. Rappaport (1977)는 미국 지역사회 정신건강이 증진되었다는 증거는 실제로 존재하지 않는다고 말했다. 그는 심지어 지역사회 정신건강 운동의 가장 위대한 업적은 전에 운동의 일원이 아니었던 사람들에게 새로운 경력을 열어준 것이라고까지 말했다.

비록 오랫동안 예방 프로그램과 관련해 실행보다는 수사적 표현이 많았지만(Iscoe & Harris, 1984), 개입은 지역사회 운동의 토대 중 하나이다. 그렇지만 이 분야가 대규모의 성공적 예방 프로그램을 착수할 만큼 정신건강문제의 원인에 대해 충분한 지식을 가지고 있는지에 대한 의문은 여전히 남아있다. 다행히도 광범위한 예방 프로그램의 효과를 평가한 최근 보고들은 조심스런 낙관론을 제공한다(예: Durlak & Wells, 1997; Felner, DuBois, & Adan, 1991; Institute of Medicine, 1994). 예방 프로그램의 효능에 대한 초기 보고들이 실망스런 것이었던 것에 반해, 지역사회심리학자들은 이런 실패로부터 배우고 변화로 연결시켜 새로운 프로그램을 만들었다(Felner et al., 1991). 예를 들어, 다양한 정신장애에 기저하는 심리적과정을 수정하는 데 점점 더 많은 관심을 두었으며, 보다 집중적이고 장기간의 개입을 설계하였다. 정신질환 예방에 대한 Institute of Medicine(1994) 보고서는 유아, 학령 전 아동, 초등학생, 청소년, 성인, 노인을 대상으로 한 39개의 예시적 예방 프로그램과 그 효과를 제시했다. 유사하게, 더 최근 예방에 대한 요약 보고서(NRC-IOM, 2009)에 따르면, 아동기 학대, 학업실패, 폭력, 비행, 우울, 약물중독, 불안들에 예방 효과가 있었다. 마지막으로, Biglan과 Hinds(2009)는 지역사회 요소들(예, 친사회 행동)에 초점을 두어 동시에 여러 가지 요소들에 개입함으로써, 약물사용과 반사회성 행동을 방지하는 성공적인 예방 프로그램의 근거를 제시했다.

분명히 쟁점은 계속될 것이다. 예를 들어, 개입 프로그램을 어떻게 보급할 것인가, 누가 어떻게 프로그램을 지속적으로 유지할 것이냐(기금과 관련된 쟁점), 예방 프로그램의 설계, 실행, 평가에 자격을 갖춘 보다 많은 연구자를 훈련시킬 필요성 등에 관한 문제가 제기되고 있다(Institute of Medicine, 1994; Orford, 1992). IOM 보고서는 매년 단지 10명의 새로운 예방 전문가가 양성되고 있다고 추정했다. 이 비참하게 낮은 숫자를 증가시키기 위해서는 훈련 프로그램과 재정적 지원이 필요하다.

가치, 권력, 그리고 시민권

분명히 지역사회 운동은 사회 변화와 사회기관의 재조직을 추구한다. 이러한 변화의 목표는 의심할 여지없이 훌륭한 것, 즉 모든 사람의 보다 나은 정신건강이다. 독자들이 지역사회심리학의 목표를 알고 있지 못한 경우, 이 마지막 언급은 마치 공무원 지망자가 한 말인 것처럼 들릴 것이다. 사실상 일부 사람들은 지역사회전문가가 사회 변화를 원한다면 공무원이 되어야 한다고 주장한다. 이런 주장을 하는 사람들은 사회 변화(특히 그것이 공적 자금으로 성취되는 것인 경우)는 정치적 현상이며, 공공에 의해 위임되어야 한다고 말한다.

양쪽 모두 할 말이 많은 것이 사실이다. 큰 지역사회의 옹호자라는 광범위한 역할보다는 환자의 옹호자라는 좁은 역할만 채택할 위험이 있다. 좁은 역할을 채택하는 것은 환자문제의 실제 기반을 무시하게 만들 수 있다. 하지만 정치적 옹호자가 되는 것 역시 큰 위험을 안고 있다. 이상적으로 개인 임상가와 지역사회지향 옹호자는 각자 자신의 잠재적 위험성과 좋은 점 모두를 면밀히 검토해야 한다.

지역사회심리학자 훈련

현재 많은 사람들이 지역사회심리학자가 정확히 누구인지 이해하는 데 어려움을 겪고 있다. 아마도 지역사회심리학이 가지는 다학문적 접근 때문에 아직 다른 학문과 구별되는 적절하고 확인 가능한 이론적 틀을 발달시키지 못했을 것이다. 이것은 때로 역할 혼란을 가져온다. 지역사회심리학자는 부분적으로는 사회학자이고, 부분적으로는 정치학자이며, 부분적으로는 심리치료자고, 부분적으로는 옴부즈맨(행정 감찰관)이지만, 구체적인 정체성은 부족하다. 이러한 애매성이 적절한 훈련 프로그램 설계를 어렵게 한다.

다행히도 훈련을 위한 몇 가지 지침이 있다. 최근의 IOM 보고서(1994)는 미래의 예방연구전문가는 관련 학문(예: 간호학, 사회학, 사회사업학, 공중보건, 역학, 의학, 임상-지역사회심리학)에 대한 견고한 배경이 있어야 한다고 권고했다. 개입설계나 개입에 대한 경험적 평가 훈련이 필수적이다. 마지막으로, 개입에 대한 실습이나 인턴 훈련 역시 권장된다. 실제로 개입을 수행하는 예방 현장전문가에게 요구되는 교육은 덜 엄격하다. 흔히 관련 분야(예: 심리학)의 학사학위로 충분하다. 하지만, 오늘날에는 지역사회 심리학에 대한 많은 훈련기회가 있다. The Society for Community Research and Action (SCRA)에서 학부 및 대학원 훈련과정에 대해 요약하여 제시한다. (Web sites 17-1과 17-4를 참고하라)

미국에서 문화 및 민족 다양성이 증가하고 있는 현실을 고려할 때, 지역사회심리학자는 다양성 쟁점이 자신의 직무에 미치는 영향에 대한 훈련도 받을 필요가 있다. 예를 들어, 문화 및 민족적 차이에 대한 지식과 민감성이 예방 연구자의 활동 및 역할과 관련해 다음 사항들을 알려 주게 된다(Institute of Medicine, 1994).

1. 지역사회 지도자 및 조직과의 관계 개발
2. 문제나 장애의 잠재적 위험요인, 기제, 전조의 개념화와 확인
3. 최대의 효과를 발휘할 개입을 개발하고, 대상 집단에게 어떻게 보급하고 전달할지 결정
4. 평가도구의 내용과 형식 결정

'문화적 역량'을 성취하기 위해서(Cross, Bazron, Dennis, & Isaacs, 1989; Isaacs & Benjamin, 1991), 지역사회심리학자는 다양한 문화 및 민족적 배경을 가진 사람들과 적절한 전문적 경험을 축적할 필요가 있으며, 이러한 문화 및 민족적 배경을 가진 사람들에게 개입을 설계, 실행, 평가해 본 경험이 있는 사람으로부터 지도감독을 받을 필요가 있다.

관리의료의 시대

정신건강문제 예방에 대한 강조와 예방적 노력의 비용 효과를 나타내는 초기 보고를 고려할 때(글상자 17-1 참조), 지역사회심리학은 관리의료 회사들로부터 권장되고 재정적 지원을 받게 될 개입의 설계와 실행에서 주요 역할을 하게 될 것이다.

그렇지만 예방적 노력에 대한 관리의료산업으로부터의 재정적 지원 수준은 이런 형식의 개입이 비용 면에서 효과적이라는 보고가 계속되도록 하는 현장의 능력과 관련된다. 일반적으로 몇 가지 요인이 예방 프로그램의 비용 효과에 영향을 주는데, 개입의 비용, '효과'를 보는 데 필요한 개입의 빈도, 개인적 비용, 적절한 시행에 필요한 시간, 고위험을 효율적이고 정확하게 확인하고 참여시킬 수 있는 예방 전문가의 능력 등이다(Institute of Medicine, 1994). 여기에는 체계적이고 시간이 걸리는 예방 연구들을 통해서만 다루어질 수 있는 복잡한 고려 사항이 있다.

예방 프로그램뿐 아니라 지역사회심리학과 관련된 다른 여러 프로그램도 정신건강서비스 비용 감소를 위해 사용될 수 있는데, 위기 개입, 입원에 대한 지역사회 대안, 자조집단 등이 여기에 해당한다. 마지막으로 지역사회심리학자들은 개입의 계획과 실행에서 자신의 전문지식을 적용하는 자문가로서 초빙될 가능성이 많다.

예방의 미래

예방에 대한 주목할 만한 이론적 근거와 예방적 노력의 효과를 보여주는 최근의 결과들을 고려할 때, 이 형태의 개입에 보다 많은 자원이 투입되지 않는 것은 당혹스러워 보인다. 고전적이지만 여전히 관련성이 높은 논문에서 Cowen(1983)은 예방 운동의 몇 가지 장벽과 저항을 기술했다. 일부 예를 인용하면, 이 분야 밖에서는 여전히 회의적인 시각을 가지고 있는데, 왜냐하면 (a) 예방적 개입의 사회적, 환경적 초점은 많은 임상심리학자들이 작업했던 개인적 변인들에 대한 전통적 초점과는 철학적으로 다르다. (b) 예방은 어떤 의미에서 보다 확립된 형태의 개입(예: 일대일 심리치료)을 통해 완성되어야만 한

다. (c) 예방 프로그램은 비실제적이고 비용이 많이 드는 것으로 보일 수 있다(Cowen, 1983; Davison, Neale, & Kring, 2004). 이에 더해, 예방 현장 자체가 '내부의 적'으로 기능할 수 있는데(Cowen, 1983), 용어의 정확성이 부족하고, 예방적 개입의 효과에 대한 보고가 늦으며, 프로그램 간 협조가 무시되기 때문이다(예: Hawkins & Catalano, 1992).

이상적으로, 이 쟁점들은 지역사회심리학의 특징인 개입이 보다 널리 적용되도록 미래에 적절히 다루어질 수 있을 것이다. 아마도 미래에는 정신병리 및 정신장애 치료와 마찬가지로 심리적 건강도 강조하기 시작해야 할 것이다(Cowen, 1991). 그렇게 되면 우리는 능력, 회복력, 예방, 사회 체계 수정, 권능부여 같은 개념의 중요성을 파악하게 될 것이다.

요약

지역사회심리학은 문제의 발생, 완화에서 환경 및 사회적 힘의 역할을 강조하는 정신건강 접근이다. 치유보다는 문제의 예방에 초점을 두며, 개인과 지역사회 모두가 자신의 문제를 통제하고 숙달하도록 장려함으로써 전문적 개입이 필요 없게 만드는데 초점을 둔다. 1955년 정신건강 및 질환에 관한 공동위원회, 지역사회 정신건강센터 건립을 위한 기금을 모은 1963년 Kennedy 법안, 탈병원화, 정신건강전문가의 부족, 1960년대의 여러 사회정치적 사건 등이 지역사회심리학 발달에 영향을 미쳤다. 지역사회심리학의 몇 가지 핵심 개념이 있다. 생태계는 개인에서 거시체계(예: 사회나 문화)에 이르는 하나 또는 그 이상의 상호관련된 수준에서 분석 가능하다. 지역사회 정신건강 개념은 지역사회 구성원에 대한 책임이 지역사회에 있다는 신념과 관련되며, 지역사회 정신건강서비스는 문제를 예방하고 지역사회와 그 체계가 더 잘 기능할 수 있도록 도와야 한다. 문제가 발생한 후에 개인치료를 하는 것보다 예방적인 주도가 장기적으로 보다 효율적이고 효과적이라는 믿음 때문에 지역사회심리학자는 예방에 초점을 둔다. 지역사회심리학자는 또한 권능부여 수준을 높이는 전략에 초점을 두는데, 즉 사람에게 자신의 운명에 대한 통제감을 증진시켜 준다. 또한 인간 다양성의 여러 다른 측면에 대한 지식이 중요한데, 그 이유는 쟁점과 문제들을 더 잘 이해할 수 있고, 개입이 더 성공적일 수 있기 때문이다. 마지막으로 지역사회심리학자들은 역할과 사회 기구를 재구성함으로써 긍정적인 변화를 추구하여 개인에게 긍정적인 대안과 자원을 증진시켜 줌으로써 개인이 성공하고 좋은 인간-환경 적합성이 실현될 가능성을 높여준다.

지역사회심리학자들은 흔히 정신건강전문가, 교사, 성직자 및 다른 지역사회 인사에게 충고와 전문지식을 제공함으로써 자문가로서 기능한다. 지역사회심리학자가 제공하거나 조정하는 추가적 유형의 서비스에는 아동 및 청소년 개입, 자조 집단, 지역사회 구성원에게 서비스를 제공하기 위한 준전문가 모집 등이 있다. 지역사회심리학의 미래는 밝다. 많은 예방 프로그램들이 효과적이고 비용 효율적임이 밝혀지고 있고, 자문 역시 효과적인 것으로 나타나고 있으며 지역사회심리학자와 예방현장전문가 훈련이 요구되고 있다. 마지막으로 지역사회심리학자가 설계하고 실행한 점점 더 많은 예방 프로그램이 미래에 관리의료 회사로부터 권장되고 재정적인 지원을 받게 될 것이다. 하지만, 지역사회 정신건강센터들을 위한 자금이 줄어들었고, 소수의 박사과정 훈련 프로그램만이 지역사회-기반적 관점을 통합하여 운영한다. 최근 입법기관에서 정신건강 관리를 위해 지역사회-기반 접근을 장려하는 움직임이 이 중요한 영역에서의 긍정적인 변화를 가져올 수 있을 것이라는 기대를 해본다.

주요 용어

내담자중심 사례 자문 구체적 내담자의 현재 문제를 해결하도록 돕는 데 초점을 두는 정신건강 자문의 유형이다.

능력부여(empowerment) 개인이 자신의 운명에 대한 통제감을 갖게 하거나 통제감을 증진시켜 주는 것이다.

다양성 개인차가 나타나는 여러 차원들을 말한다. 개인을 보다 잘 이해하고 보다 잘 서비스하기 위해서는 이러한 차이에 대한 인식이 중요하다.

보편적 예방 개입 전 국민을 대상으로 한 예방 개입을 말한다.

삼차예방 문제 발생 후 그 지속 기간과 부정적 영향을 줄여주는 것이다. 이 예방 모델에는 대부분 사회복귀가 포함된다.

생태 분석 개인에서 거시체계(예: 문화나 사회)에 이르기까지 인간 생태계의 여러 수준에서 쟁점을 검토하는 것이다.

선택적 예방 개입 해당 장애가 발생할 가능성이 평균보다 높은 개인이나 하위 집단을 대상으로 한 예방 개입(대상자는 특정 생물학적, 심리적, 또는 사회적 위험요인의 존재 여부로 결정한다)을 말한다.

예방 장기적으로 예방적 활동이 질병이나 문제 발생 후에 개인을 치료하는 것보다 효율적이고 효과적이라는 원칙을 말한다.

이차예방 문제가 아직 개입 가능할 때 조기에 탐지하고 교정하는 것이다. 이 예방 모델은 도움을 구하지 않거나 위험해 보이지 않는 사람까지 포함한 대규모 인원에 대한 선별을 수반하는 경우가 많다.

일차예방 부정적 조건이 중요한 문제를 야기하기 전에 교정하는 것이다. 이 예방 모델을 적용하기 위해서는 어느 정도의 사회변화가 필요하다.

자문 다른 사람에게 서비스를 제공하는 사람이(또는 서비스 제공을 감독하는 사람이) 서비스를 개선하기 위해 전문가의 도움을 구하는 것이다.

자조집단 개인이 구체적인 문제를 직면하고 전문적 개입을 받지 않아도 되도록 지지를 제공하는 비공식 집단이다. 자조집단의 기능에는 중요하고 적절한 정보 제공, 역할 모델(문제에 성공적으로 직면한 사람) 제공, 정서적 지지와 대처 아이디어 제공, 자신의 문제에 대한 숙달감과 통제 증진 등이 포함된다.

준전문가 공식적인 임상 훈련은 받지 않았지만 전문적인 정신건강 사업가를 돕도록 훈련된 사람이다. 지역사회심리학, 그리고 정신건강 분야 전체에서 준전문가 활용은 증가해 왔으며, 메타분석 결과 준전문가가 전문가보다 효과적임이(일부 경우 더 효과적임이) 시사되었다.

지역사회심리학 문제의 발생 및 완화에 환경적 힘의 역할을 강조하는 심리학적 접근이다. 지역사회심리학은 교정적이기보다는 예방적이다. 게다가 사람과 환경 간의 적합성(각각의 부적절성 보다는)과 사람과 지역사회의 강점과 자원의 확인 및 개발에 초점을 둔다.

지역사회 정신건강 1950년대 부각된 운동으로 정신건강문제가 사회체계의 실패로 인해 나타난다고 본다. 이 운동은 정신건강서비스를 지역사회가 통제해야 한다고 보며, 예방, 조기 개입, 전통적으로 서비스가 부족했던 사람들에 대한 서비스 제공 등에 초점을 둔다.

지정된 예방 개입 장애 발생 위험이 높은 사람을 대상으로 예방적 개입을 하는 것이다. 장애발생 위험은 장애발생 소질을 나타내는 역치하 증상 유무, 생물학적 표지 유무로 결정한다.

프로그램중심 운영 자문 기관이나 구체적 프로그램 관리를 돕는 데 초점을 둔 정신건강 자문의 유형이다.

피자문자중심 사례 자문 피자문자가 미래의 사례를 효과적으로 다루는 데 필요한 기술을 증진시키도록 돕는 데 초점을 둔 정신건강 자문의 유형이다.

피자문자중심 운영 자문 운영자가 기술을 증진시키도록 도와서 미래에 보다 효과적으로 기능할 수 있게 하는 데 초점을 둔 정신건강 자문의 유형이다.

Head Start Program 기본 학습기술에 초점을 두고 사회적 약자 계층의 학령 전 아동에게 초등학교 준비를 시켜주는 일차예방, 초기 아동기 프로그램 이다.

Chapter 

건강심리학과 행동의학

Health Psychology and Behavioral Medicine

핵심질문

1. 어떤 역사적 사건들이 건강심리학의 발달에 영향을 주었는가?
2. 건강심리학자들에 의해서 사용되는 주요 개입 방법들은 무엇인가?
3. 흡연, 알코올 남용 · 의존 및 비만과 관련된 문제들을 다루기 위해서 예방 기법들이 어떻게 사용되는가?
4. 스트레스를 주는 의학적 절차와 수술에 대처하도록 환자를 도와주기 위해서 무슨 기법들이 사용되는가?
5. 어떤 주요 영향력이 건강심리학의 미래에 영향을 미칠 것 같은가?

개요

사람들은 생활양식이 우리의 건강과 웰빙에 영향을 준다는 것을 알고 있다. 미국에서 대부분의 건강 문제들은 만성질환(예: 심장병, 암, 뇌졸중)과 관련되어 있으며, 이 병들은 흔히 그 사람들이 선택한 행동이나 생활양식(예: 흡연, 과식)과 관련이 있다(Brannon & Feist, 2004; Rice, 1998). 미국에서는 지난 50여 년간 의료관리 비용이 국내 총생산(GDP)의 16% 이상으로 치솟았다(Pleis, Ward, & Lucas, 2010). 건강문제와 관련된 잠재적인 재정적 부담은 많은 사람들로 하여금 자신들의 생활양식과 행동을 재평가하도록 이끌었다.

또한 건강과 관련된 지각에 있어서도 변화가 생겼는데, 건강은 단순히 병이 없는 것이 아니라 긍정적인 웰빙으로 받아들여졌다(Brannon & Feist, 2004; Rice, 1998). 이런 풍조는 미국인들로 하여금 건강을 증진하고 병을 예방하는 행동과 생활양식에 훨씬 더 열정적으로 주의를 기울이도록 이끌었다. 행동과학인 심리학은 건강 영역에 공헌할 많은 것을 가지고 있으며, 건강심리학은 임상심리학에서 급속하게 성장하는 전문 영역이 되었다. 떠오르는 영역이 정말로 인정받고 있다는 한 증거는 그 영역을 기술하는 교재와 편람(handbook)이 출판되는 것이다. 현재 건강심리학에 대한 일반적인 교재들이 많이 출판되었고(예: Brannon & Feist, 2004; Rice, 1998; S. E. Taylor, 1999), 임상건강심리학(Belar & Deardorff, 1995; Camic & Knight, 1998), 여성과 건강(Blechman & Brownell, 1998) 및 소아 건강심리학(Goreczny & Hersen, 1999) 영역의 전문화된 교재들도 흔하다. 게다가 여러 전문 학술지들(*Health Psychology, Journal of Behav- ioral Medicine*)이 이 영역의 연구들을 보고하고 있다. 끝으로, 미국심리학회의 두 개의 개별 분과(38분과)가 성인과 아동 분야 각각에서 건강심리학자들의 공헌을 알리고 증진시키기 위해서 설립되었다.

역사와 조망

여러 하위 학문 분야들이 건강관련 쟁점에 함께 관심을 가지고 있으나, 우리는 심리학의 두 영역인 행동의학과 건강심리학에만 주목할 것이다. 마음과 신체가 따로 뗄 수 없을 만큼 연결되어 있다는 인식은 초기 그리스 문명부터 있어 왔다. 그러나 행동의학과 건강심리학의 정의가 구체화되기 시작한 것은 1970년대 말이 되어서이다.

정의

여러 해 동안 다양한 정의가 내려졌으나(예: N. E. Miller, 1983; Schwartz & Weiss, 1977), **행동의학**이란 근본적으로 행동과학과 의학의 통합을 의미한다. Matarazzo(1980)는 이 용어를 건강, 병 또는 그것과 연관된 생리학적 기능장애에 관한 과학적인 연구, 교육 및 실행을 하는 광범위한 다학제간 영역을 지칭하기 위해서 사용하였다.

건강심리학은 심리학 내의 한 전문 영역이다. 이 분야는 심리학의 일차적인 역할을 행동의학 영역에서의 과학과 직업으로서 나타내는 특정적인 학문 분야를 지칭하는 용어이다. 건강심리학은 사회, 산업, 생리심리학 등 많은 분야의 심리학자들에 의한 건강관련 실행, 연구 및 교육을 포함한다. 건강심리학은 다음과 같이 정의된다.

> 건강을 증진하고 유지하는 것과 병을 예방하고 치료하는 것, 그리고 건강, 병 및 그와 관련된 기능장애의 원인과 진단적 상관물을 밝히는 것에 대한 심리학의 교육적, 과학적, 직업적 기여를 모두 모은 것(Matarazzo, 1980, p.815)

이 정의는 건강관리정책을 만들고 건강관리 체계에 기여하는 심리학자의 역할을 포함시키기 위해서 나중에 수정되었다(DeLeon, Frank, & Wedding,

1995 참조). 이런 새로운 역할들을 통합한 건강심리학에 대한 최근의 정의는 Brannon과 Feist(2004)에 의해 내려졌다. 이들은 건강심리학이 "건강 증진, 질병의 예방과 치료, 건강위험요인들의 확인, 건강관리체계의 개선 및 건강에 관한 대중여론의 형성에 대한 심리학의 기여를 포함한다(p.14)."고 기술하였다.

역사

Rice(1998)에 의해서 지적되었듯이 두 가지 주요 조망이 건강과 병에 관한 우리의 견해에 영향을 미쳤다. 첫째는 **생물의학적 전통**이다. 이 전통은 사람들이 경험과 관찰을 통해서 지식을 얻으려고 함에 따라서 오랜 시간을 두고 발달하였다. 초기의 시도는 오히려 미숙하고 조잡하였으나(예: 침술요법의 효과 발견, 질병과 치료에 대한 Hippocrates의 체액 이론) 나중에 생물의학 과학자들은 질병을 정의하고 이해하기 위한 시도로서 해부학과 '세균 이론' 및 유전학에 주목하였다. 그러나 생물학적인 요인에만 주목하고 환원주의적(reductionistic) 접근방법을 채택한 이러한 서구의 경향이 제한점이 없는 것은 아니다(Rice, 1998). 예를 들어, 비평가들은 우리는 아직도 무엇이 질병을 일으켰는지를 알지 못하고 오히려 단순히 더 작은 분석 수준(예: 분자유전학적 수준)에서 또 다른 발현을 관찰하였을 뿐이라고 주장한다. 생물의학적 연구는 신체적 상관물(예: 비정상적인 물리적 과정과 생화학적 불균형)에 너무 매혹되어 있어서 심리사회적 변인들을 흔히 무시한다. 끝으로, 이런 전통은 마음-신체 이원론을 강화시키는데, 이 이원론은 시대에 뒤떨어지고 그 유용성이 제한되어 있다. 이것은 의학, 과학 및 심리학에 생물의학적 전통이 중요하지 않다거나 무관하다고 말하는 것은 아니다. 엄격한 생물의학적 견해는 때로는 너무 협소하여 다양한 질병들을 적절하게 설명할 수 없다는 점이 문제이다.

건강과 질환에 대한 우리의 견해에 영향을 미친 두 번째 조망은 **심리사회적 조망**이다(Rice, 1998). 지난 수백 년 동안 의학 문헌은 심리적이고 사회적인 과정이 병을 일으키거나 병에 영향을 미칠 수 있다는 것을 인식하여 왔다. 1940년대에 이런 광범위한 일반화는 **정신신체의학**(*psychosomatic medicine*) 영역으로 합쳐졌다. 정신신체의학은 어떤 병이나 병적인 상태가 심리적 요인들에 의해서 유발된다는 가정에 기초한다. 연구자들(예: Alexander, 1950)은 소화성 궤양, 본태성 고혈압, 기관지 천식 등이 '정신신체적' 질환임을 발견하였다. 모든 질환은 '기질적' 또는 신체적 요인으로 인한 것과 심리적 요인으로 인한 것으로 나누어진다. 이런 조망을 채택한 일본 사람들은 각각의 정신신체질환이 서로 다르고, 특정적인 내면의 무의식적 갈등을 지니고 있으며 특정한 갈등을 지닌 사람은 특정한 장애에 걸리기 쉽다고 생각했다. 예를 들어, 억압된 적개심은 류머티즘성 관절염을 일으킨다고 믿어졌다. 초기에는 흥미를 끌었지만 이 생각(과 정신신체의학 전반)은 그런 특정한 심리적 요인들이 그다지 예측적이지 못하다는 것이 분명해짐에 따라서 무너지기 시작했다. 대부분의 경험적 연구들도 이 이론을 지지하지 않았다. 사실 심리사회적 요인들이 모든 질환에 관여되지만 이 요인들이 일차적인 인과적 역할을 필수적으로 하지는 않는다.

정신신체의학은 주로 정신과 의사와 일반 의사들의 영역이었다. 그러나 행동주의 심리학자들이 그들의 치료방법의 범위를 이른바 의학적 장애로까지 확장시키기 시작했다. 비만이나 흡연과 같은 문제 또한 심리학자들의 영역이 되었다. 또한 환자들이 어떤 생리학적 반응을 통제하거나 수정하도록 도와주는 바이오피드백(이 장에서 나중에 논의될 것이다)의 사용이 빠르게 증가하였다.

또 다른 요인들은 천천히 발달하였으나 궁극적으로는 강한 영향을 주었다. 1960년대까지 많은 주요 전염성 질환들이 정복되었다. 의사나 심리학자와 같이 남을 돕는 직업에 종사하는 사람들은 사망의 가장 큰 원인이 되는 두 가지 질환인 심혈관질환과 암으로 그들의 관심을 돌리기 시작했다. 과식, 흡연, 음주 등의 행동들이 이런 질환과 중요한 상관을 갖는 것으로 점차 밝혀졌다. 병의 과정 자체뿐만 아니라 감소시키거나 제거하면 그 병에 대한 취약성을 감소시킬 수 있는 병과 연합된 행동들도 주목을 받기 시작했다.

1960년대 동안 스트레스를 주는 생활 사건들이 병에 대한 위험요인으로서 등장하기 시작했다(예: Holmes & Rahe, 1967). 스트레스를 주는 주요 생활 사건들이 건강에 어떻게 영향을 미치는가를 조사하기 위해서 일상적인 일들(이 또한 스트레스가 된다고 입증될 수 있음)이 건강에 미치는 결과에 대한 조사가 수행되었다(예: R. S. Lazarus, 1984).

이 계통의 관련 연구들은 성격과 행동양식이 어떻게 건강에 영향을 미칠 수 있는지를 보여주었다. 그 예가 관상동맥심장병을 앓고 있는 많은 사람들이 공통된 성격특질과 행동들을 나타낸다는 데 깊은 인상을 받은 두 명의 심장전문의가 행한 연구이다. 이른 바 Type A 성격(Friedman & Rosenman, 1974)은 적개심이 있고 경쟁적이며 시간에 쫓기는 특성을 나타낸다. 후속 연구들이 Type A 성격과 심장병 간의 직접적인 연결을 지지하지 못하였으나(Brannon & Feist, 2004; Rice, 1998), 그 가설은 건강심리학 영역의 연구를 자극하였고 예방에 대한 노력뿐만 아니라 심장병의 다른 행동적 위험요인들(예: 흡연과 운동부족)에 주의를 기울이게 만들었다.

심리적 요인과 사회적 요인들이 모두 병과 건강에 영향을 미친다는 인식은 **생물심리사회적 모델**(*biopsychosocial model*; Engel, 1977)로 알려진 영향력 있는 다른 한 조망의 기초가 되었다. 이 모델은 생물의학적 조망과 심리사회적 조망을 여러 면에서 통합한 것으로 보일 수 있다. 그 이름이 의미하는 것처럼 생물심리사회적 모델은 질병과 건강이 생물학적, 심리적, 사회적 영향을 모두 받는다고 주장한다. 생물학적 영향은 유전적 소인, 영양결핍, 생화학적 불균형을 포함할 수 있다. 사회심리적 영향은 그 사람의 행동, 정서와 인지를 포함할 수 있다. 끝으로 사회적 영향은 친구, 가족, 가정환경과 생활 사건을 포함할 수 있다. 이 생물심리사회적 모델은 건강심리학자들이 어떻게 문제를 개념화하고 개입을 계획하는지를 나타내 준다.

다른 많은 요인들이 건강심리학 영역의 발달에 중요하게 작용하였다. 감염질환이 더 이상 주범이 아니라는 사실과 함께 막대한 건강관리 비용이 이미 주목을 받고 있다. 건강관리 비용 중 큰 부분이 상해 사고, 중독, 폭력 등을 낳는 인간행동과 생활 양식의 직접적인 결과이다. 알코올이나 약물남용, 흡연, 식사 패턴 등과 같은 생활양식이 다양한 질환에 기여한다.

앞에 기술한 것들은 건강심리학 영역의 발달에 우세한 요인들 중 단지 몇 가지에 불과하다. 우리는 이제 스트레스, 생활양식과 행동, 성격, 사회적 지지 및 건강이 어떻게 서로 연결되어 있는지를 논의할 것이다. 이런 연결이 건강심리학 영역의 기초를 형성한다.

스트레스, 생활양식과 행동, 성격, 사회적 지지와 건강과의 관련성

심리적 요인들과 사회적 요인들은 어떤 과정을 통해서 건강과 질병에 영향을 미치는가?

스트레스와 건강. 스트레스라는 용어는 자주 사용되고 있지만, 정확히 정의되지 않고 사용되는 경우가 많다(Brannon & Feist, 2004). 어떤 사람들은 그 용어를 외부 자극의 특질(예: 스트레스를 주는 면접)을 의미하는 것으로 사용하고, 다른 사람들은 어떤 자극에 대한 반응(면접이 스트레스를 일으킨다)을 의미하는 것으로 사용하며, 또 다른 사람들은 스트레스가 자극과 반응의 상호작용에서 발생한다고(면접은 도전할만 했으나 내가 준비가 되지 않았기 때문에 스트레스가 생겼다) 믿는다. 현재 대부분의 건강심리학자들은 이 세 번째 입장인 상호작용주의(interactionist) 견해를 택하고 있는데, 이 입장은 스트레스를 환경적 사건(stressor), 그 사람에 의한 그 사건의 평가(그것이 도전할만 한가 위협적인가?), 유기체의 다양한(생물학적, 정서적, 인지적, 행동적) 반응, 그리고 이 반응들과 스트레스 요인의 변화로 인해서 발생하는 재평가를 포함하는 과정으로 본다(Rice, 1998). 스트레스에 대한 이런 거래 모델(transactional model)이 그림 18-1에 그려져 있다. 이 같은 심리사회적 자극들은 스트레스 과정에 영향을 미치며, 그 과정은 또한 호르몬 체계, 자율신경계, 면역체계에 직접적으로 영향을 미칠 수 있다.

신체에 대한 스트레스의 생리학적 효과는 그림 18-2에서 볼 수 있듯이 연속되어 나타나는 복잡한 사건들로 구성된다(Brannon & Feist, 2004). 스트레

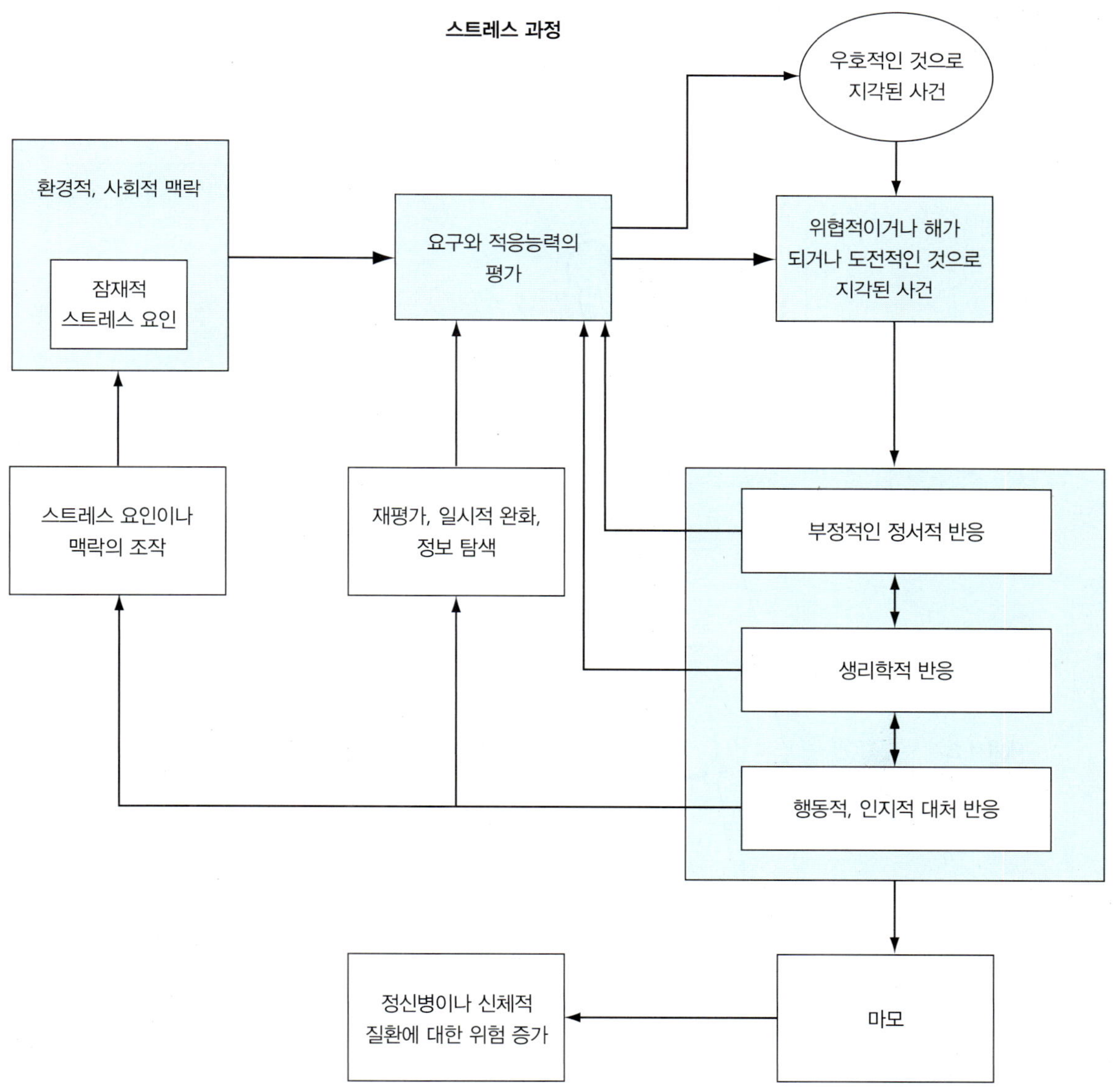

그림 18-1 ■ 스트레스 과정: 통합주의 견해

출처: Rice, P. L. (1998). ***Health Psychology***. Pacific Grove, CA: Brooks/Cole. p.177. Used with permission.

스를 지각하면 **교감신경계**(긴박한 상황에서 신체자원을 동원하는 일을 맡고 있는 체계)가 부신선과 부신 수질을 자극한다. 그 결과 카테콜라민, 에피네프린(아드레날린)과 노어에피네프린이 생성되는데, 이것들은 심장박동, 호흡, 혈류 및 근육강도를 증가시킨다. 스트레스는 또한 뇌하수체(전뇌의 시상하부와 연결된 구조)가 부신피질자극호르몬(adrenocorticotropic hormone: ACTH)을 방출하게 하고 ACTH는 부신선의 부신피질이 당질코르티코이드(glucocorticoid)를 분비하도록 자극한다. 스트레스와 관련되는 가장 중요한 당질코르티코이드는 코르티솔(cortisol)이다. 코르티솔은 에피네프린과 노어에피네프린처럼 신체의 자원들을 동원하는 호르몬이다. 코르티솔은 주로 에너지 수준을 높이고 염증을 감소시키도록 기능하는데, 이 기능은 긴박한 상황에서 손상을 견디는 데 특히 중요하다.

스트레스에 대한 신체 반응들이 도움이 될 수 있다 하더라도 스트레스는 심하거나 오래 지속되면 신체기관, 지적 기능 및 면역체계에 악영향을 줄 수 있다. 예를 들면, 스트레스는 면역체계에 영향을 주어 면역체계가 바이러스, 박테리아, 종양 및 비정칙 세포를 효과적으로 파괴할 수 없게 만든다.

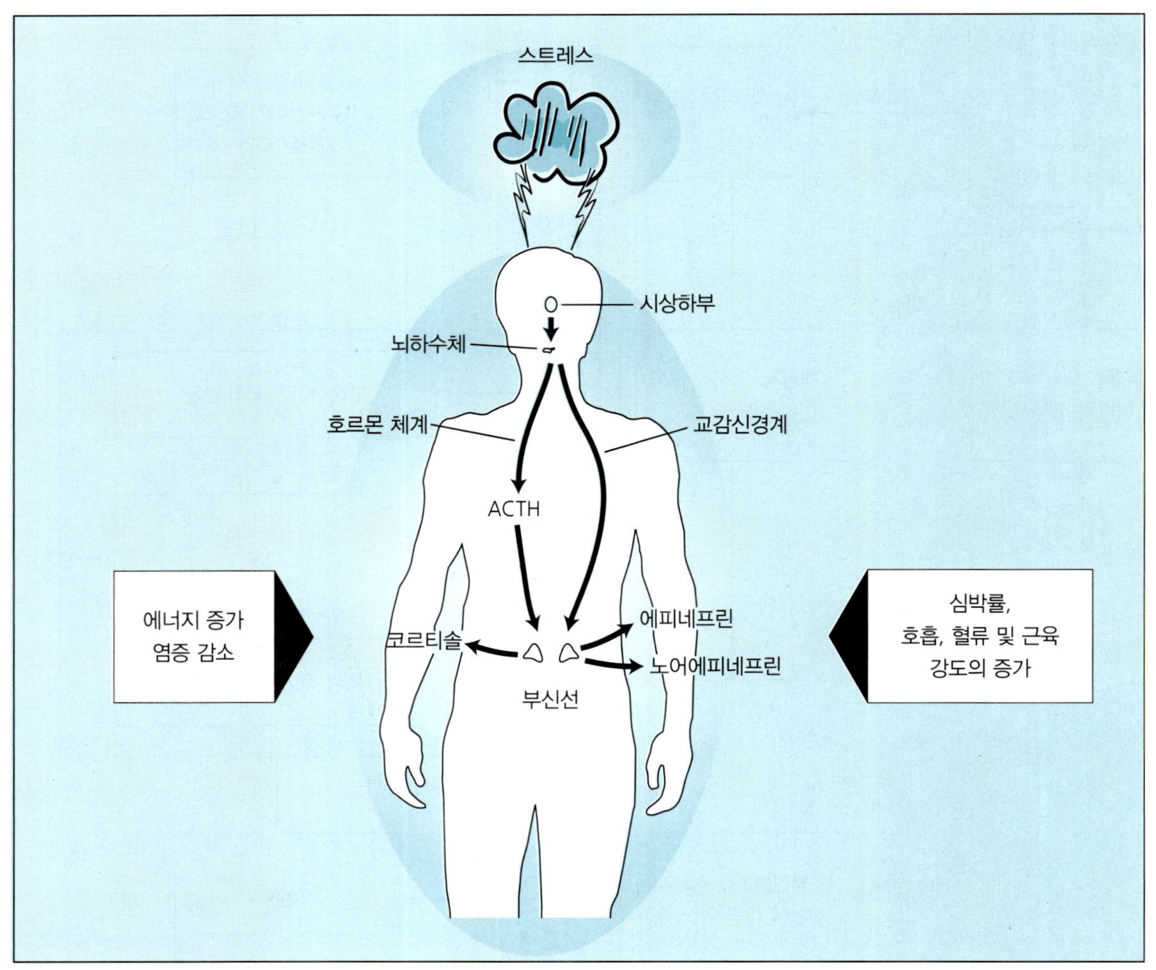

그림 18-2 ■ 스트레스의 생리적 효과

출처: Brannon, L., & Feist, J. (2004). *Health psychology: An introduction to behavior and health* (5th edition). Pacific Grove, CA: Brooks/Cole. p.105. Used with permission.

글상자 18-1 스트레스와 일상: 대학생들에게 가장 공통적인 스트레스 요인은 무엇인가

스트레스는 신체뿐 아니라 심리적인 문제들에 영향을 미친다. Smyth와 동료들(2008)은 수천 명의 대학생들을 대상으로 어떤 삶의 사건들이 가장 스트레스가 되거나 화가 나는지에 대해 조사를 했다. 조사 결과 84.5%의 대학생들이 부정적인 사건을 경험했다고 보고했다. 부정적인 사건에는 사랑하는 사람의 죽음(62.7%), 학업문제(39.6%), 부모의 이혼 혹은 별거(24.4%), 외상적인 성적경험(18.4%)가 포함되었다.

다른 연구자들은 교통, 지각/결석, 시간의 압박, 친구와의 불화 등 소소한 혼란 혹은 문제들에 대해 조사했다. Brougham과 동료들(2009)은 일상적으로 발생하는 소소한 문제들이 학업, 가족 혹은 경제적인 문제들보다 더 스트레스가 된다고 보고하였고, 이는 여성들에게서 더 많이 보고되었다. Ross와 동료들(1999)은 최근 스트레스 사건들과 소소한 문제들에 대해 조사했는데, 그 결과는 아래 표에 제시하였다. 표에서 볼 수 있듯이, 대학생들에게 가장 공통적인 스트레스 요인들은 대인관계 갈등, 수면문제, 발표, 늘어난 일들, 성적, 휴학 등이었다.

스트레스 사건을 보고한 대학생의 비율

사건	비율
대인관계	
사회활동에서의 변화	71
룸메이트와 갈등	67
잘 알지 못하는 사람과 일하는 것	57
남자/여자친구와 다툼	41
새로운 남자/여자 친구	36
부모님과의 갈등	21
개인 내(intrapersonal)	
수면 습관의 변화	89
식습관의 변화	74
새로운 책임들	73
경제적 어려움	71
직업	65
발표	60
술/담배 이용의 변화	39
개인적 성취	35
대학입학	32
건강 약화	26
사소한 법적문제	14
종교적 신념의 변화	13
가족의 죽음	12
친구의 죽음	6
사고로 인한 상처	5
약혼/결혼	2
학업	
과목의 증가	73
예상보다 낮은 학점	68
전공변경	24
대학원/직업 구직	21
잦은 수업 결강	21
졸업에 대한 예상	20
강사와의 언쟁	11
전학	3
환경	
방학/휴일	82
줄 서서 오래 기다리기	69
컴퓨터 문제	69
낯선 상황	51
정돈되지 않은 상태	50
오랫동안 할 일을 미룬 상태	47
생활환경의 변화	46
자동차 문제	42
직업을 그만 둠	8
부모님의 이혼	1

출처: Ross et al. (1999)

20년보다 더 이전에 Ader와 Cohen(1975)은 쥐에서 면역체계 반응이 고전적으로 조건화될 수 있음을 보여줌으로써 신경계와 면역체계가 상호작용하고 서로 상호의존적이라는 것을 시사하는 증거를 제시하였다. 이 초창기의 보고는 수많은 연구들이 생리학적 요인들(예: 스트레스에 대한 반응)과 면역체계 반응 간의 관계를 연구하도록 이끌었다(Brannon & Feist, 2004). 현재 면역억제가 스트레스의 직접적 효과인지 또는 단순히 스트레스 사건에 대한 신체 반응의 일부인지는 불분명하다(Brannon & Feist, 2004). 어떤 경우이건 스트레스는 건강과 질병에 중요한(유일하지는 않다 하더라도) 영향을 미치는 것으로 보인다.

행동과 건강. 행동, 습관, 생활양식은 건강과 질병 모두에 영향을 미칠 수 있다. 흡연, 과도한 음주나 잘못된 식사로부터 위생상태 불량에 이르기까지 모든 것이 이에 포함된다. 그런 행동들은 흔히 문화적 가치나 개인적 필요와 기대에 깊게 뿌리를 두고 있으므로 어떤 일이 있건 쉽게 변화되지 않는다. 본 장에서 나중에 우리는 건강과 연관되어 있는 여러 행동과 생활양식, 즉 흡연, 알코올 남용과 의존 및 체중조절에 대해서 보다 자세하게 논의할 것이다.

인지적 변인들은 건강하거나 건강하지 않은 행동을 채택하는 우리의 결정에 영향을 미친다(Bandura, 2001). 한 예를 들면, 많은 건강심리학자들이 **자기효능감** 변인에 주목하였다. 앞의 장들에서 논의된 바 있는 자기효능감은 "생활에 영향을 미치는 사건들에 대해서 자신이 통제를 행사할 능력이 있다는 믿음"(Bandura, 1989, p.1175)을 의미한다. 자기효능감은 건강관련 행동변화에 관한 주요 이론들을 포함하는 건강심리학자들에 의해서 기술된 많은 주제들과 관련된다(Maddux, Brawley, & Boykin, 1995). 이것은 건강신념 모델(health belief model; Rosenstock, 1974; Rosenstock, Strecher, & Becker, 1988), 보호동기 이론(protection motivation theory: R. W. Rogers, 1975; Sturges & Rogers, 1996), 계획된 행동 이론(theory of planned behavior; Ajzen, 1985, 1988) 등 가장 유명한 건강행동의 사회 인지적 모델들에서 주요 역할을 한다.

예를 들어, **보호동기 이론**(*protection motivation theory*, PMT)은 행동이 **위협평가**(*threat appraisal*; 위해에 대한 지각된 취약성이나 지각된 잠재성과 같이 어떤 행동을 할 확률에 영향을 미치는 요인들에 대한 평가)와 **대처평가**(*coping appraisal*; 부정적인 결과를 피하거나 대처하는 자신의 능력에 대한 평가)의 함수라고 가정한다. 대처평가는 자기효능감, 즉 자신이 적절한 대처 행동이나 전략을 사용할 수 있다는 신념에 의해서 영향을 받는다(Maddux et al., 1995). PMT를 실제생활에서 건강과 관련된 결정을 내릴 때 적용한 예가 이해에 도움을 줄 것이다. 청소년기의 소녀인 Janey는 몸무게를 감소시키기 위해서 담배를 피우기 시작할까 말까에 관한 결정에 직면하였다.

PMT에 따르면 Janey는 위협평가와 대처평가를 하고 있는 것이다. 위협평가는 흡연의 위험(예: 폐암)과 그런 결과에 대한 자신의 취약성의 정도를 평가하는 것이다. 그런 위험이 심각하다고 지각하지 않거나 자신에게 곧 닥칠 것이라고 지각하지 않는다면 Janey는 담배를 피우기 시작할 것이다. 대처평가 또한 관련되는데 이 과정은 자신이 흡연을 얼마나 자제할 수 있는가에 관한 Janey의 평가를 포함한다. Janey가 자신이 흡연을 자제할 수 없다고 믿는 한(예: 그녀의 모든 친구들이 담배를 피우고, 그녀 자신은 몸무게를 줄이고 싶기 때문에) 그녀는 담배를 피우게 될 것이다. 그러므로 인지적 변인인 자기효능감은 궁극적으로 건강에 영향을 미치는 행동과 생활양식 선택에 뚜렷한 역할을 할 수 있다.

사람들이 병에 반응하는 방식에 따라서 문제들이 또한 발생한다. 어떤 사람은 자신의 병의 심각성을 평가하지 못하거나 평가하고 싶어하지 않으며 적절한 시기에 의학적 도움을 받지 못한다. 그들은 의학적 충고를 받았을 때 그것을 명심하고 따르지 못한다. 청소년들 경우, 의사결정이 더 복잡해지는데 이유는 청소년과 그들의 보호자의 관점이 건강 행동을 결정짓는 데 영향을 미치기 때문이다. 이런 모든 행동은 간접적으로 부정적인 결과를 조장할 수 있다. 우리는 나중에 의학적 치료에 대한 준수에 대하여 논의할 것이다.

성격 요인. 직접적 그리고 간접적으로 성격특징은 건강과 병에 영향을 미칠 수 있다(Friedman & Booth-Kewley, 1987). (a) 질병과정의 결과로 성격특징이 생겨날 수 있다. (b) 성격특징이 건강하지 않은 행동을 하게 만든다. (c) 성격이 생리적인 기제를 통해서 직접적으로 질병에 영향을 미칠 수 있다. (d) 제3의 생물학적 변인이 성격과 질병 모두와 관련될 수 있다. (e) 여러 가지 원인들과 피드백 고리들(feedback loops)이 성격과 질병의 관계에 영향을 미칠 수 있다.

아마 성격특질/행동 패턴과 질환 사이의 연합에 관하여 가장 널리 연구된 것은 Type A 행동과 **관상동맥심장병** 간의 관계이다. 이미 언급한 바와 같이, 성격이나 대처양식과 건강에 해로운 결과(관상동맥심장병)가 서로 관련되어 있을 가능성이 두 심장 전문의(Friedman & Rosenman, 1974)에 의해서 제안되었다. 그들은 특징적인 성격특징들과 행동들을 발견하였고, 이것들이 *Type A* 행동패턴을 구성한다고 제안하였다. Glass(1977)는 Type A인 사람들은 다음과 같은 경향이 있다고 기술하였다.

- 시간이 빨리 간다고 지각한다.
- 지연된 반응을 요구하는 과제에서 저하된 수행을 보인다.
- 마감시한이 없을 때에도 최대의 능력을 발휘하여 일한다.
- 약속에 일찍 도착한다.
- 좌절하면 공격적이고 적대적이 된다.
- 피로감과 신체적 증상을 덜 보고한다.
- 자신의 물리적, 사회적 환경을 장악하고 통제를 유지하려는 강한 동기를 지닌다.

표 18-1은 Type A인 사람을 확인하기 위해서 사용되는 면접 질문의 예를 보여 준다.

표 18-1 행동패턴 면접의 일부 문항들

4. 당신의 직업은 무거운 책임감이 따릅니까? a. 당신이 특히 쫓기고 있다거나 압박감을 느낄 때가 있습니까? b. 당신이 압박을 받고 있을 때, 그것이 당신을 괴롭힙니까?
6. 당신이 화가 났을 때, 당신 주변의 사람들이 그에 대해서 알게 됩니까? 당신은 그것을 어떻게 나타냅니까?
12. 당신이 당신의 차 안에 있고, 당신과 같은 차선에 있는 다른 차가 너무 천천히 간다면 당신은 어떻게 하겠습니까? 당신은 투덜거리면서 당신 자신에게 불평을 하겠습니까? 당신과 함께 차를 타고 있는 사람이 당신이 화가 난 것을 아나요?
14. 예를 들어서 당신이 오후 2시에 어떤 사람과 데이트를 하기로 했다면 당신은 정각에 거기에 있나요? a. 당신이 계속 기다려야 한다면, 그것 때문에 화가 날까요? b. 그것에 관해서 좀 얘기해 주시겠어요?
17. 당신은 빨리 먹습니까? 당신은 빨리 걷습니까? 다 먹고 난 후 식탁에 앉아서 담소를 나누는 것을 좋아하십니까 아니면 자리에서 일어나서 다른 일을 하러 가는 것을 좋아하십니까?
19. 줄을 서서 기다리는 것에 대해서 어떻게 느끼십니까? 은행이나 슈퍼마켓에서는 어떤가요? 우체국에서는요?

출처: "The Interview Methods of Assessment of the Coronary-prone Behavior Pattern," by R. H. Rosenman, pp.68-69. In T. M. Dembroski, S. M. Weiss, J. L. Shields, S. G. Haynes, and M. Feinleib (Eds.), *Coronary-prone Behavior*, Copyright © 1978 by Springer-Verlag. Reprinted by permission.

많은 초기 연구들은 Type A 행동과 관상동맥심장병 간에 관계가 있음을 시사하였다. 그러나 이런 결과들은 자주 Type A인 사람들이 관상동맥심장병에 더 잘 걸린다는 것을 보여 준 것으로 잘못 해석되었다(Davison, Neale, & Kring, 2004). 더욱 최근의 연구들은 과거에 생각되었던 것만큼 Type A 행동과 심장병 간의 강한 관계를 보여 주지 못하였으며(T. W. Smith & Ruiz, 2002), 대다수의 Type A인 사람들은 관상동맥심장병을 일으키지 않음이 분명하다. 그러나 Type A인 사람들은 상대적으로 관상동맥심장병에 걸릴 더 큰 위험을 지니고 있다. 더욱 최근 연구들은 Type A 패턴의 분노-적개심 요소가 전반적인 Type A 범주화보다 관상동맥심장병을 더 잘 예측한다고 시사하였다(Guyll & Contrada, 1998; T. W. Smith & Ruiz, 2002).

T. W. Smith(1992)는 적개심과 건강을 조사한 연구를 방법론적이고 개념적으로 분석하여 적개심과 건강 간의 관계를 설명하는 여러 개의 이론적 모델을 제시하였다. **정신생리학적 반응 모델**(*pscho-physiological reactivity model*)은 적대적인 사람은 잠재적 스트레스 유발요인에 대한 반응으로 심장박동, 혈압, 스트레스관련 호르몬이 더 크게 증가한다고 가정한다. 정신생리학적 반응이 증가되면 관상동맥질환과 관상동맥심장병의 증상들이 더 나타나게 된다고 생각되고 있다. **심리사회적 취약성 모델**(*psychosocial vulnerability model*)은 적대적인 사람은 불신 수준이 높고 미래에 잘못된 대우를 받을까봐 환경을 살피기 때문에 스트레스가 많은 심리사회적 환경을 더 많이 경험할 것이라고 제안한다. **스트레스의 거래 모델**(*transactional model of stress*)은 정신생물학적 모델과 심리사회적 모델의 조합과 통합을 반영한다. 이런 통합적인 모델은 적개심 수준이 높은 사람은 그들이 지닌 전반적인 불신과 그로 인한 행동들 때문에 생활에서 잠재적으로 스트레스가 많은 상황을 창조한다고 제안한다.

끝으로 **건강행동 모델**(*health behavior model*)은 앞의 모델들과는 달리 스트레스의 생리학적 측면들이 적개심과 건강을 연결하는 중요한 연결고리라고 가정하지 않는다. 오히려 건강행동 모델은 적대적인 사람들이 나쁜 건강 습관(예: 흡연, 과음, 운동부족)을 가지는 경향이 있고, 따라서 관상동맥 심장병에 더 걸리기 쉽다고 제안한다. 적개심과 관상동맥심장병 간의 연합을 발견한 연구 결과들에 대한 이런 간단한 설명은 더욱 자세하게 평가될 필요가 있다.

사회적 지지와 건강. 연구자들이 점차 관심을 많이 보이는 주제는 사회적 지지와 건강과 웰빙에 대한 그 효과이다. **사회적 지지**는 사회관계의 수와 그 관계의 질(당신은 친구와 가족을 신뢰할 수 있습니까?)을 의미한다. 기본적인 생각은 대인관계의 유대가 실제로 건강을 증진시킬 수 있다는 것이다. 사회적 지지는 스트레스에 직면하였을 때 해를 입지 않도록 사람을 보호하고, 병에 대한 감수성(이환성)을 감소시키며, 또한 사람들이 치료 처방을 따르고 유지하도록 돕는다. 사회적 지지는 여러 면에서 일종의 대처 도우미이다. 많은 연구들이 건강과 사회적 지지 사이에 정적인 상관이 있다고 지적하였다(T. W. Smith & Ruiz, 2002). 예를 들면, Williams 등(1992)은 관상동맥질환을 지닌 약 1,400명을 9년간 추적하였고, 사회적 지지 측정치(예: 기혼, 배우자를 신뢰할 수 있음)에서 높게 평정된 환자가 추적조사기간 동안 유의하게 낮은 사망률을 나타냈음을 발견하였다. 이 관계는 인구학적 변인들과 의학적인 위험요인들을 통제한 후에도 유지되었다. 이 연구와 다른 연구들은 사회적 지지가 건강에 해로운 일이 발생하지 않도록 '완충물'로서 작용함을 시사한다.

사회적 지지, 스트레스 및 건강의 상호관계는 인종, 성, 문화와 같은 많은 요인들의 영향을 받는다. 예를 들면, 여성이 평균적으로 남성보다 사회적 지지로부터 더 많은 혜택을 받는다. 이는 아마도 여성이 정서적으로 더욱 친밀한 관계를 유지하는 경향이 있기 때문인 것 같다(Brannon & Feist, 2004). 또한 예비 자료는 백인 남자가 다른 인종의 남자들보다 사회적 지지로부터 더 많은 혜택을 받는다고 시사하였다(Brannon & Feist, 2004). 그러나 이것의 원인은 불분명하며, 인종 차이의 가능성은 연구가 더 필요하다. 분명히 사회적 지지와 건강의 관계는 매우 복잡하다.

적용 범위

건강심리학이 다루는 모든 문제를 전부 기술하는 것은 이 장의 범위를 넘어선다. 최근에 건강심리학이 다루는 주제들의 목록에서 가려낸 일부 문제들로는 다음과 같은 것들이 있다—흡연, 알코올 남용, 비만, type A 성격, 고혈압, 심부정맥, 레이노병(Raynaud's disease), 알츠하이머병, 후천성면역결핍증(AIDS), 낭포성 섬유종, 거식증, 만성 구토, 유분증-대변실금, 궤양, 과민성 대장 증후군, 연축사경(spasmodic torticollis), 틱, 뇌성마비, 뇌혈관사고(CVA), 간질, 천식, 신경피부염, 건선, 만성 통증, 두통, 불면증, 당뇨병, 월경통, 치아장애, 암, 척수 손상, 성기능장애.

앞으로 우리는 이 장애들 중 몇 가지를 개입과 예방 방법을 기술할 때 다룰 것이다. 글상자 18-2는 인간 면역결핍 바이러스(HIV)감염과 후천성면역결핍증(AIDS)의 문제에 특히 적용되는 건강심리학과 행동의학 영역 내의 몇 가지 쟁점들을 시사한다.

개입 방법

본질적으로 건강심리학, 행동의학과 아동심리학은 행동적이거나 인지행동적인 평가 방법과 치료를 적용한다. 우리는 일반적인 개입 방법들(반응적 방법, 조작적 방법, 인지행동적 방법, 바이오피드백)을 개관하고, 이 기법들이 건강심리학자들에 의해서 어떻게 사용되고 있는지 몇 가지 예를 제시할 것이다.

반응적 방법

자연적으로 발생하는 자극(비조건화된 자극)과 짝을 이룬 중성 자극(조건화된 자극)은 시간이 경과하면 그 자체가 어떤 특정한 반응을 일으킬 수 있게 된다. 이것이 고전적인 Pavlov패러다임이다. 예를 들어, 정서적인 반응들이 전에는 중립적이고 무해하였던 자극과 연합된다. 이 과정은 조건화된 정서적 반응을 생산하게 되는데, 이러한 정서적 반응은 만성적이 되면 궤양, 신경피부염 또는 본태성 고혈압과 같은 지속적인 조직변화를 가져올 수 있다. 이런 종류의 증상들은 여러 가지 방법으로 건강심리학자들에 의해서 치료된다. 반응적 기법의 경우에는 소거나 체계적 둔감법 개입이 흔히 사용된다.

소거는 조건화된 자극이 그 행동을 일으키는 환경적 자극과 더 이상 연합되지 않는 상황을 만듦으로써 조건화된 정서적 반응을 제거하는 것이다. 예를 들면, 이런 접근은 치과에 가는 것에 대한 아동들의 공포를 제거하기 위해서 사용될 수 있다. 아동을 치과에 데려가서 거기서 일하는 사람들과 친해지게 만들고, 치과 치료를 성공적으로 잘 받은 다른 아동들과 만나게 한다. 간단히 말해서 시간이 지나면서 치과에 대해서 덜 불안해 하도록 하기 때문에 아동의 정서적 반응이 소거된다. 또 다른 방법으로는 제15장에서 기술된 노출기법이 있다. 방금 기술된 것처럼 점진적인 접근방법을 사용하는 대신에 전문가의 감독하에 아동을 '공포를 일으키는 상황'에 강제적으로 남아있게 하면 불안이 최고점에 도달했다가 그 이후 빨리 감소하고, 아동은 그 때문에 불안이 쓸데없다는 것을 학습하게 된다. 그 결과 불안 반응이 소거된다.

체계적 둔감법은 역조건화(counterconditioning)의 좋은 예이다(제15장 참조). 환자가 불안을 일으키는 자극에 직면한 상태에서 이완하는 법을 학습할 수 있다면 불안은 감소한다. **이완** 기법은 스스로의 노력을 통해서 낮은 각성상태에 이를 수 있게 하기

글상자 18-2 미래의 건강심리학의 역할: 후천성면역결핍증후군(AIDS)

Chesney(1993)는 미래에 건강심리학과 행동의학 분야에서 직면하게 될 도전을 인간 면역결핍바이러스(HIV) 감염의 전염성 전파와 그에 따른 치명적인 조건인 AIDS를 그 한 예로 들어서 설명하였다. 수백만의 미국인들이 HIV에 감염되어 있다고 추산된다. AIDS의 발병률(새로운 사례)은 지난 10여 년 동안 급속히 감소하였으나 2000년에는 약 34만 명의 미국인이 AIDS를 지닌 채로 살았고, 약 8만 명이 AIDS로 죽었다. 현재는 AIDS에 대한 치료제도 없고 HIV에 대한 백신도 없기 때문에 고위험 행동의 예방이 중요하다(Chesney, 1993). 더 나아가, 그 바이러스에 감염되고 증상을 나타내게 된 사람은 AIDS에 대처하는 것에 초점을 맞춘 심리적 치료를 받을 필요가 있다(Schneiderman, Antoni, Saab, & Ironson, 2001). Chesney(1993)는 HIV 감염과 AIDS뿐만 아니라 건강심리학과 행동의학의 영역 내에 있는 다른 조건들과 관련된 의학에서의 5가지 경향을 기술하였다.

1. 위험이 있는 사람들의 조기 탐지
   HIV감염과 관련하여 자발적인 검사를 격려하는 것, 검사결과가 알려진 후에는 상담을 받고, 고위험 행동(예: 보호되지 않은 성행동과 주사바늘을 다른 사람과 함께 사용하는 것)을 감소시키는(희망적으로는 중단하는) 것을 포함한다.
2. 성공적인 행동변화 프로그램의 기대
   HIV가 전파되지 않도록 하기 위해서는 행동이 바뀌어야 한다. 또한 이 경우에 있어 과거의 행동으로 돌아가는 것(예: 보호되지 않은 성행동을 하는 것)은 잠재적으로 치명적인 결과를 가져올 수 있다. 높은 위험이 없는 행동으로 이끈다고 경험적으로 밝혀진 요인들을 통합함으로써 행동변화를 유지하는 것이 중요하다.
3. 만성질환에 걸린 인구의 증가
   미국의 '노년화'추세와 그와 연관되어 특징적으로 노인들을 괴롭히는 만성질환들의 유병률 증가와 함께 가까운 미래에 AIDS를 발병하게 될 미국인의 숫자는 건강관련 서비스의 수요를 극적으로 증가시킬 것이다(Schneiderman et al., 2001). 특히 건강심리학자들은 환자들과 그들의 주 간병인들에게 대처 기술을 가르치는 것을 도와달라는 요청을 점차 더 많이 받을 것이다.
4. 조망을 넓히는 것
   건강심리학자들은 개별 환자에게 주의를 기울이는 것에 더하여 지역사회와 대중 건강 조망들을 통합할 필요가 있을 것이다. 예를 들면, HIV의 전파 및 만성질환의 전조증상들과 싸우기 위해서 지역사회기반 대중매체 캠페인과 지역사회기반 개입이 필요하다.
5. 전 세계적인 규모로 건강문제를 기술하는 것
   우리는 병과 질환들이 전 세계의 사람들에게 영향을 미친다는 사실을 명심해야 하고 이 사실이 모든 국가에서 발표되어야 한다. 예를 들면, Lamptey(2002)는 2001년까지 전 세계에서 4천만 명이 HIV에 감염되었다고 보고하였다. 이 사람들이 죽으면 AIDS는 기록된 병들 중에서 가장 치명적인 역병이 될 것이다.

끝으로 한 역설을 언급하여야 한다. AIDS환자들의 생존 기간을 증가시키는 약물을 쉽게 구할 수 있게 됨에 따라서 AIDS 및 HIV 감염과 연합된 공포가 감소되기 시작했다. 이로 인해서 생겨난 의도되지 않은 결과는 위험한 행동들(예: 보호되지 않은 성행동)이 특히 청소년과 젊은 성인들 사이에서 증가하였다는 것이다. 그러므로 건강심리학자들과 다른 영역들이 해야 하는 일은 대중을 교육하고, 특히 젊은 나이 집단에게 고위험 행동을 감소시키는 개입을 실행하는 것이다.

위해서 고안되었다. 예비적인 단계에서 환자들은 자신의 증상과 관련된 기초적인 행동 원리들과 치료가 이런 이론과 어떻게 관련되어 있는지를 학습한다. 예를 들어, 스트레스를 일으키는 생활양식에서 비롯된 신체적인 문제를 지니고 있는 환자는 상당히 광범위한 설명(또는 읽을 자료)을 통해서 생활양식과 질병의 관계에 대해 배우게 될 것이다. 그 후 기록장치와 긴장수준에 대한 자기평정 및 치료자의 관찰에 의해서 철저한 정신생리학적 평가가 실시된다.

다음으로 환자들은 자기감찰하는 법을 배운다. 예를 들면, 그들은 두통의 존재를 어떻게, 언제 기록하는지 훈련받는다. 그들은 두통에 선행하는 환경적 자극의 여부, 두통에 대한 그들 자신의 반응 및 증상 이후의 결과에 대한 자료를 기록하도록 배운다.

마지막으로 환자들은 이완 훈련을 받는다. 제15장에서 이완 훈련에 대한 자세한 정보를 제공하였다. 좋은 결과에 대한 긍정적 기대가 생기고 이완 상태가 쉽게 일어날 수 있도록 신체적 조건을 조정한다(편안한 자세, 꽉 끼는 옷을 느슨하게 함, 조명을 조절함). 치료자 사무실에서의 정규적인 훈련 후에는 집에서 연습하도록 한다.

건강심리학자들이 다루는 문제들을 치료하는데 이완 기법이 얼마나 효과적인가? 이완은 고혈압, 긴장성 두통 및 불안을 치료하는 데 효과적인 것으로 나타났다(Brannon & Feist, 2004). 유도된 영상(환자가 평화롭고 고요한 상황의 영상을 의식으로 가져오는 기법)과 함께 결합되면 이완은 화상으로 인한 통증 및 화학요법과 연합된 오심(메스꺼움)과 불안을 치료하는 데 또한 효과적임이 입증되었다(Brannon & Feist, 2004).

조작적 방법

학습된 반응들은 그 반응들이 초래한 결과에 따라서 유지되거나 제거된다. 제15장에서 논의되었듯이 강화된 행동은 재발하는 경향이 있으나, 강화되지 않거나 처벌받은 행동은 빈도가 감소하는 경향이 있다.

조작적 조건화는 건강을 향상시킨다고 알려진 행동들을 증가시키거나 건강문제를 일으킨다고 알려진 행동들을 감소시키기 위해서 건강심리학과 행동의학에서 사용될 수 있다. 예를 들면, 건강심리학자들은 통증 행동을 다룰 때 조작적 방법을 사용해왔다(Brannon & Feist, 2004; Turk & Okifuji, 2002). 조작적인 관점에서는 통증 환자들이 보이는 많은 행동들(불평, 신음 등)이 정적 강화 때문에 시작되고 유지된다. 가족과 의료진은 이런 행동을 하는 환자들에게 더욱 관심을 보일 것이다. 또한 동정하거나 일에서 쉬게 해 주는 것, 가족으로부터의 낮은 기대 등은 부가적인 강화로 작용할 것이다. 이런 통증 행동을 변화시키기 위해서 가족과 의료진은 더욱 바람직한 행동들(예: 신체적으로 더 활동적이 되려는 시도)을 강화하고 덜 바람직한 행동들(예: 지속적인 불평)은 무시하도록 훈련받는다. 연구들은 통증행동에 대한 이런 접근들이 신체활동을 증가시키고 진통제를 덜 복용하게 만드는 등의 성공을 거두었음을 보고하였다(Brannon & Feist, 2004).

마지막으로 건강심리학자들은 유관성 계약(contin-gency contracting)을 사용한다. 이 방법에서는 치료자와 환자가 기대되는 행동들과 어떤 행동들의 결과들을 일일이 규정하는 공식적인 계약을 체결한다. 예를 들어, 환자는 물리치료에 더 참여하거나, 약을 복용하거나 신체적인 호소를 적게하면 강화를 받는다. 강화는 환자에게 가치가 있는 어떤 것으로 교환될 수 있는 토큰의 형태를 취한다.

인지행동적 방법

건강심리학자들은 다양한 인지 기법들을 사용한다. 이 기법들은 단독으로 사용되거나 또는 이완이나 바이오피드백과 같은 다른 전략들과 함께 사용되기도 한다. 이 방법들 중에서 합리적 재구성 기법과 스트레스 면역 훈련과 같은 방법들은 제15장에서 논의되었다. 이 방법들은 모두 사고(thought)가 문제의 원인과 유지에 중요한 역할을 한다고 강조한다. 인지행동적 개입은 환자의 문제와 관련이 있다고 생각되는 인지와 지각을 변화시키려 한다.

제12장에서 제시된 경험적으로 지지되고 '잘 확립된' 치료 방법의 목록에는 스트레스나 다른 행동 문제에 대한 여러 가지 인지행동적 치료 방법들이 포함되어 있다. 제15장에서 우리는 다양한 스트레스

유발 요인(stressor)에 대처하기 위한 스트레스 면역 훈련(SIT)에 관해서 논의하였다. 이 접근은 건강심리학자들에 의해서 매우 다양한 환자들(예: 만성 통증 환자)에게 사용된다. 건강문제에 대한 다른 효과적인 인지행동치료로는 두통, 통증, 금연과 폭식증에 대한 치료가 있다.

인지행동치료는 만성 두통 치료에 있어 중요한 하나의 요소이다(Blanchard & Andrasik, 1985; Holroyd, 2002). Blanchard와 Andrasik의 치료는 두통 환자들에게 다음과 같은 점들을 강조하는 심리교육적인 부분으로 시작한다. (a) 긴장, 불안, 걱정이 두통을 일으킬 수 있다. (b) 두통은 그 사람이 스트레스에 효과적으로 대처하지 못하고 있다는 것을 알려 주는 신체의 한 신호이다. (C) 어떤 상황도 스트레스를 일으킬 수 있다. 어떤 상황에 대한 우리의 해석과 믿음은 그 상황이 스트레스를 일으킬 것인지 아닌지를 결정한다. (d) 스트레스와 두통과 관련된 흔한 신념이나 기대들이 있다. 치료 중 환자들은 긴장이나 걱정 또는 불안감이 생길 때마다 **자기감찰기록**을 하여 자신의 사고과정을 모니터하도록 지도받는다. 두통과 연합된 사건들에 대한 자기감찰기록의 예가 그림 18-3에 제시되어 있다. 각 상황에서 환자는 긴장과 불안을 일으키는 단서들, 신체적 감각, 긴장하기 바로 전에 든 생각, 자신의 정서에 대한 평정(rating) 및 자신의 행동반응(예: 철회 또는 공격)을 나열한다.

치료자는 이 자료를 그 환자에게 맞는 특정한 개입방법을 만들기 위해서 사용한다. 첫째, 상황들과 환자의 생각 및 정서적-행동적 반응을 연결 지으려고 시도한다. 치료자는 환자의 사고가 두통을 일으키는 과정에 중요하게 연결되어 있다는 것과 그 사고 패턴이 수정될 수 있다는 것을 강조한다. 환자의 '부적응적' 사고, 기대 및(스트레스 및 두통과 연합된) 신념은 세밀하게 검토되고 그것들의 타당도가 도전을 받는다. 예를 들어, 한 대학교수가 두통으로 이끄는 긴장과 불안을 경험하기 전에 늘 무능함에 관한 생각("나는 절대로 이 책을 다 쓰지 못할 것이다")이 먼저 든다고 보고할 수 있다. 치료자는 이런 생각들에 도전하고("당신이 논문이나 책을 완성한 적이 없다는 것이 정말 사실입니까?") 그 교수가 대안적인 생각을 하거나 대처 책략("이 과제는 어렵지만 과거에 내가 할 수 있었던 것처럼 끝낼 것이다"와 같은 보다 적응적인 생각을 내적으로 반복하는 것)을 사용하여 상황 → 사고 → 긴장성 두통의 사슬을 끊도록 훈련시킨다. 끝으로, 환자가 이런 대안적인 사고방식이나 대처 방법을 실제 생활장면에서 사용할 수 있고 성공을 거두게 되면 치료자는 칭찬함으로써 강화한다.

바이오피드백

바이오피드백은 대단히 유행하고 있고 행동의학 자체와 거의 동의어가 되었다. 환자들은 특정 조건에서 심장박동, 혈압, 뇌파와 같은 생리적 과정을 수정하거나 통제하는 것을 배울 수 있다.

바이오피드백은 광범위한 일련의 절차들을 포함한다. 그러나 기본적인 틀은 환자의 일부 생리적 기능(예: 심장박동이나 혈압)이 어떤 장치에 의해서 측정되고, 측정된 정보는 청각적, 촉각적 또는 시각적인 신호의 형태로 환자에게 알려지게 되며, 환자는 생리적인 기능을 변화시킴으로써 그 신호를 수정하는 것이다. 그러므로 심한 두통이 있는 환자의 이마에 전극들을 붙이면, 전극들은 머리의 그 영역에서 일어나는 미세한 근육 수축을 탐지하며, 이것이 증폭되고 소리로 변화된다. 그 소리는 근육 활동이 변화됨에 따라서 달라진다. 환자의 과제는 자발적으로 그 소리를 감소시키거나 제거하는 것이다. 이는 근육긴장이 감소되고 그에 상응하는 두통이 감소되었음을 의미한다.

바이오피드백은 많은 다른 문제들에 대해서도 효과적(위약처치보다 좋은 효과를 보임)임이 밝혀졌다(Brannon & Feist, 2004). 예를 들어, 바이오피

시간	상황	생리적 반응	생각	감정(0–100)	행동
오전 8시	아침식사 중, 남편이 내가 "정신이 없어 보인다"고 이야기함		직장에 늦을까봐 걱정함(예, 만약 내가 늦으면, 김과장님이 눈치챌 것이다)	불안(25) 감정이 상함(20)	아침을 부랴부랴 먹고, 그릇들을 싱크대에 놓은채 나감
오전 10시	타이핑을 해야하는 너무 많은 문서들을 받음	커피 마신 후 배가 아픔 근육이 경직됨	모두가 내가 수퍼우먼이라고 생각하는 것 같음. 내가 현재 하고 있는 많은 일들에 대해서는 아무도 신경쓰지 않음	불안(30) 짜증(20)	타이핑을 빠르게 서두름. 전화는 빠르게 끊거나 퉁명스럽게 받음. 기분을 가라앉히는데 시간이 오래걸림
오후 12시	직장상사가 점심 먹으러 가자고 하며, 최근 자신의 이혼에 대해 이야기함	약간의 두통, 얼굴 부분이 따끔따끔함, 미식거림	내가 쉬워보이나? 직장상사인데 거절하는 것은 어렵고, 내가 왜 여기있지?라는 생각이 듦	불안(50) 어색함(40) "이게 감정인지 확실치 않음"	동감하려고 애쓰지만, 감추어진 속셈에 분개함. 퉁명스럽게 반응함
오후 2시	직상 동료가 5시까지 타이핑을 해야하는 긴 보고서(표가 5개가 있는)를 줌	두통, 목 뒤가 뻐근해 짐	욕이 나옴. 내가 혹시 다른 일을 하고 있는지도 묻지 않았음. 직장 동료가 엘리베이터에 갇히는 것을 상사함. 쉴 시간이 없음	화(60) 불안(60)	레포트를 타이핑함. 주의가 분산됨
오후 4시	레포트를 마무리함	두통이 심해짐, 미식거리고 구역질이 남	내가 자꾸 반추하지 않고 일을 계획적으로 하면, 더 많은 일을 할 것 같음	화(40) 불안(50)	보고서 교정을 맡김. 직장 동료인 승혜씨에게 불만을 이야기함 다른 문서들을 타이핑함

그림 18-3 ■ 긴장성 두통과 관련된 자기-관찰 기록지의 예

출처: Reprinted from Holroyd, K. A., & Andrasik, F., "A cognitive–behavioral approach to recurrent tension and migraine headache," in P. E. Kendell (Ed.), Advances in cognitive–behavioral research and therapy (Vol. 1). Copyright © 1982 by Elsevier. Reprinted with permission.

드백은 두통으로 인한 통증, 고혈압, 요통을 감소시키는 임상 연구들에서 성공적으로 사용되어져 왔다. 그러나 몇 가지 경고를 인정해야만 한다. 첫째, 일부 사례에서 바이오피드백의 효과는 이완 기법의 효과보다 우수하지 않았다. 바이오피드백은 값비싼 장비와 훈련된 인원을 필요로 하므로 치료 비용이 이완 기법과 같은 다른 치료보다 훨씬 비싸다는 점에서 이 사실은 중요하다. 둘째, 바이오피드백과 이완 기법이 자주 함께 실시되므로 각각의 치료효과를 따로 평가하기가 어렵다. 그러나 일부 연구들은 두 치료의 효과를 따로 평가했는데, 그 결과 바이오피드백이 그만의 긍정적인 효과가 있으며, 특히 이완 기법에 반응하지 않는 사람들에게 더 긍정적인 효과를 제공한다고 보고하였다(Lehrer, Carr, Sargunaraj, & Woolfolk, 1994).

아직도 많은 비평가들은 바이오피드백의 과학적 지위에 관하여 불편하게 느끼고 있다. 일부 비평가들은 일부 바이오피드백 사용자들의 열광한 듯한 떠벌림 때문에 의심을 갖는다. 일부 사례에서는 바이오피드백이 주로 위약조건으로 사용된다. 바이오피드백 하나만으로 최적의 치료적 이득을 얻을 수는 없는 것 같다. 바이오피드백이 효과적일 때는 보통 이완 기법이나 인지적 전략을 포함한 다양한 치료기법들이 함께 사용되었을 때이다. 바이오피드백만이 따로 실시되면 바이오피드백은 그 효과를 잃을 것이다. 그러나 바이오피드백은 인생에서 자기 조절이 가능하다는 한 사례를 환자에게 보여 줄 수 있다. 진료소에서는 임상적 관계와 부가적인 치료적 기법들을 이해하는 더 큰 맥락에서 바이오피드백 기계를 사용하므로 바이오피드백은 연구실험실에서보다 진료소에서 더 잘 기능한다. 최소한 바이오피드백은 환자들로 하여금 자신의 신체 신호들과 그 신호들이 무엇을 의미하는지를 더 잘 알게 하는 유용한 기법인 것 같다.

건강문제의 예방

몇 가지 단순한 행동들이 광범위하게 널리 행해지기만 한다면 건강관리 체계로 퍼붓는 엄청난 돈이 급격히 감소될 수 있다는 사실에 거의 모든 사람들이 동의하고 있다. 그런 행동들은 소금과 지방이 많은 음식 덜 먹기, 조심스럽게 운전하고 안전벨트를 착용하기, 규칙적으로 운동하기, 담배를 피우지 말고 스트레스를 줄이기 등이다. 그러나 충고를 하는 것과 사람들이 실제로 그렇게 하도록 하는 것은 매우 다른 일이다. 그러므로 심리학자와 다른 분야의 행동 전문가들, 그리고 의학 전문가들은 잠재적으로 해로운 인간 행동들을 어떻게 치료하고 예방하는지를 알아내기 위한 연구 프로그램을 수행하여 왔다. 여기에서 우리는 건강과 관련된 중요한 영역들(흡연, 알코올 남용, 체중 조절)에서의 예방 노력에 관해서 논의하겠다.

흡연

흡연의 위험에 대한 인식이 증가함에 따라 미국에서는 습관적인 흡연자의 비율이 1960년대 중반 이후로 계속 감소하였다(Brannon & Feist, 2004). 그러나 흡연율은 성, 교육수준, 수입에 따라 다르다. Centers for Disease Control (CDC)에 따르면, 약 20%의 고등학생들이 지난 30일 동안 적어도 하루에 한 개피의 담배를 피운다(성인 남성은 23%, 성인 여성은 18%) (Pleis et al., 2010). 성인 흡연자 중, 젊은 성인들(18세~44세, 23%), 고등학교 혹은 더 적은 교육수준(29%), 가족 수입이 $35,000 이하(28%), 백인 남성(25%)에서 더 많은 것으로 보고된다.

담배 흡연은 미국에서 주요 사망 원인인 심혈관 질환과 암에 걸릴 위험을 증가시킨다. 흡연이 동맥경화, 심장병, 호흡기 암, 폐기종, 기관지염 등의 병으로 일찍 사망할 확률을 증가시키는데도 불구하고 사람들은 여전히 담배를 핀다. 왜일까? 가능한 이유로 긴장 조절, 사회적 압박, 체중 조절, 반항, 니코틴 중독, 외향성과 같이 유전적인 영향을 받는 성격특질을 들 수 있다(Brannon & Feist, 2004). 긴장 조절, 체중 조절, 유전 및 사회적 압력은 흡연을 시작하는 이유인 것으로 생각되는 반면, 반항, 중독 및 성격은 주로 흡연을 유지하는 요인들로 보인다.

사람들이 금연하도록 하기 위해서 교육 프로그램, 혐오치료(예: rapid smoking), 행동계약, 최면술 요법, 약물학적 치료, 인지치료, 집단지지 등 다양한 기법들이 사용되고 있다(Brannon & Feist, 2004). 그러나 재발률이 높고(70~80%) 어떤 방법이 금연에 가장 효과적인가에 대해서는 연구 결과들이 일치하지 않는다. 흡연을 중단한 대부분의 흡연자들은 스스로 그렇게 한다.

가장 좋은 접근방법은 처음부터 습관이 생기지 않도록 막는 것이다. 불행히도 교육(예: 담배곽의 경고 문구)만으로는 젊은이들의 흡연을 막을 수 없는 것 같다(Brannon & Feist, 2004). 더욱 효과적으로 보이는 방법은 나중에 나타나는 부정적인 결과보다는 즉각적인 부정적 결과에 주목하고, 대처 기술을 가르치고, 자기효능감을 증진시키는 것이다.

아동과 10대들을 목표로 한 고무적인 초기 다요소(multiple-component) 예방 프로그램들 중 하나는 사회학습 이론에 입각하였고 또래 역할 모델을 사용하였다(R. I. Evans, 1976). 비디오 발표, 또래 모델링, 토론집단, 역할-놀이, 흡연감시, 흡연에 대한 태도와 지식을 반복적으로 체크하는 방법들이 모두 초등학교 학생들에게 사용되었다. 이런 접근 방법은 청소년을 대상으로 흡연에서 오는 장기적인 부정적 결과들을 강조한 방법들보다 더 우수한 것으로 보인다. 비결은 나중에 나타나는 부정적 결과(예: 폐기종)보다는 즉각적으로 나타나는 부정적인 결과(예: 또래들로부터의)에 초점을 맞추는 것이다. 더 최근의 프로그램들이 이러한 요소들을 보완하여, 아동 및 청소년들이 흡연을 시작하는 이유를 분석하고, 동료학생들의 압력에 거절할 수 있는 훈련을 포함하였다(La Torre et al., 2005).

알코올 남용과 의존

미국에서는 약 70~74%의 청소년들이 고등학교 졸업 이전에 음주를 시작했다; 40% 이상의 고등학생들이 지난 1달 이내에 음주했다고 보고했으며, 61%의 성인 남성과 43%의 성인 여성이 정기적으로 음주를 한다고 보고했다(Pleis et al., 2010). 대학 졸업자 이상(64%), 가족 수입이 $100,000 이상(67%), 백인남성(66%)에서 더 많은 음주를 보고했다.

일부 연구들이 약하게 또는 적당하게 마시는 사람들에게는 알코올이 건강에 긍정적인 혜택을 가져온다고 시사하였지만, 음주는 많은 부정적인 결과를 가져온다. 과도한 알코올 섭취는 간이나 신경학적 손상, 암, 심혈관 문제, 태아 알코올 증후군, 신체적 공격, 자살, 자동차 사고, 그리고 폭력의 위험을 증가시킨다(U.S. Department of Health and Human Services, 2000). 알코올관련 문제들이 이렇게 광범위하다는 사실은 알코올 남용과 알코올 의존(알코올 중독)의 치료와 예방을 최우선으로 하도록 만들었다.

수년 동안 많은 치료적 접근들이 문제 음주자들에게 적용되어 왔다. 대부분의 치료방법들은 완전히 금주할 것을 목표로 한다. 이 치료방법들은 의학적 치료와 disulfiram (Antabuse)과 naltrexone과 같은 약 복용에서부터 전통적인 심리치료와 알코올 중독방지회(Alcoholic Anonymous: AA) 같은 집단지지 전략에 이르기까지 다양하다. 그러나 알코올 중독은 실제로 모든 개입에 극단적으로 저항하는 문제이며 재발률이 높다.

알코올문제 치료를 위한 또 다른 접근방법은 **조절된 음주**(*controlled drinking*)이며 이 방법은 매우 논란이 되고 있다(Sobell & Sobell, 1978). 이름이 의미하듯이 이 접근은 적당한(그러나 조절된) 수준의 음주에 목표를 둔다. 내담자들은(음주 외의) 다른 대

■ 인물소개 **Beth E. Meyerowitz, Ph.D.**

Dr. Beth E. Meyerowitz, Psych Dept., Univ. of Southern CA

Beth Meyerowitz 박사는 University of Southern California (USC)의 심리학과 교수인 동시에 USC의과대학의 예방의학과 교수이다. Meyerowitz 박사는 암 환자와 그 가족들의 삶의 질과 대처(coping)의 전문가이며, APA 38분과(건강심리학)의 이사이다. 그녀는 저명한 임상심리학 학술지들의 논문 심사위원이며, 학부생 교육과 관련하여 여러 개의 상을 받았다. Meyerowitz 박사는 그녀의 영역에서 많은 학술논문과 책의 chapters를 출판하였고, 연방정부의 연구비를 여러 개 받았다.

Meyerowitz 박사는 그녀의 배경과 관심에 관한 우리의 질문들에 대답하였고 임상심리학과 건강심리학의 미래에 대한 그녀의 견해를 말해 주었다.

무엇이 처음에 당신을 임상심리학 분야에 관심을 갖도록 만들었습니까?

돌이켜보니 나는 14살 때 임상심리학에 관심을 갖게 된 것 같다. 그 여름 동안 나는 뇌성마비 아동들을 위한 캠프에서 자원봉사 상담자로 일했다. 나는 아동들과 놀고 가르치는 것이 매우 즐거웠으며, 심한 장애가 있는 이 아동들과 가족들의 경험을 이해하려고 시도하는 것에 가장 매력을 느꼈다. 나에게는 감당할 수 없을 정도의 어려움으로 보이는 상황에 직면하여서도 어떤 가족들은 잘 대처하는 것처럼 보인다는 사실에 나는 특히 흥미를 느꼈다. 어떻게 자신이 전혀 통제할 수 없는 만성적인 문제들에 직면했을 때 어떤 사람들은 행복하고 잘 적응하는 듯이 보일 수 있을까? 고등학교와 대학교에 다니는 동안 줄곧 나는 다른 임상현장들에서 자원봉사자로 일했다. 각 현장에서 나는 왜 어떤 사람은 그렇게 잘 살아가는 반면에 다른 사람들은 살면서 계속 고통과 파괴에 직면하게 되는지에 의문을 갖게 되었다. 대학원에 지원하는 시기가 되었을 때, 나는 내가 심리학적으로 '정상'인 사람들이 만성적으로 스트레스를 일으키는 상황에 어떻게 반응하고 대처하는지에 관해 연구하고 싶다는 것을 알았다.

임상심리학자로서 당신이 어떤 활동을 하고 있는지 기술해 주십시오.

대학 심리학과에 근무하는 임상심리학자로서 나의 주된 활동은 교육, 연구, 그리고 행정이다. 내가 교실에서 가르치는 학부과목은 임상심리학입문과 인간의 성(human sexuality)이고, 대학원 학생을 대상으로는 임상적 면접입문, 인간의 성 및 건강심리학에 관한 세미나 수업을 실시한다. 나는 또한 연구 프로젝트를 감독하는 학부 및 대학원 학생들과 많은 시간을 보낸다. 나의 연구 활동은 연구를 계획하고 설계하고, 의사 및 환자집단과 협력관계를 구축하고, 연구비 지원을 받기 위한 연구계획서를 쓰고 자료수집을 감독하고, 연구 결과를 분석하고, 연구 결과에 대한 강의를 하고, 학술지 논문을 쓰는 것을 포함한다. 연구와 교육 외에도 나는 학교 수준과 국가 수준의 여러 개 조직과 위원회에 관여하고 있다. 나는 또한 NIH와 여러 외국 정부에 제출된 연구비 계획서를 심사하고, 심리학과 의학 학술지 논문들을 심사한다. 학교에서 근무하는 임상심리학자로서 내가 가장 좋아하는 점들 중 하나는 내가 매우 다양한 흥미 있는 활동들을 할 수 있다는 것이다.

당신이 전문적 지식을 가지고 있거나 관심이 있는 영역은 무엇입니까?

나의 연구 초점은 주로 만성질환, 특히 암으로 진단된 후 환자와 가족들의 삶의 질과 대처 행동에 관한 것이다. 나는 진단과 치료에 대한 반응이 정서적, 인지적, 사회적, 신체적, 그리고 기능적인 변화를 포함한 삶의 질 전반에 어떻게 나타나는지 이해하는 데 관심이 있다. 환자와 가족과 그들의 건강관리 제공자들은 병의 다른 단계들에서 무엇을 기대할 수 있는가? 사람, 사회적, 맥락적 또는 의학적 요소들 중 무엇이 누가 빨리 적응을 하고 누가 계속 문제를 가지게 되는지를 예언하는가? 이런 요인들이 적응에 작용하는 심리적 기제는 무엇인가? 많은 사람들이 역경 속에서도 이점과 의미를 발견하는 과정은 무엇인가? 최근에 나의 동료와 나는 초기 암 환자와 그 배우자의 삶의 질을 향상시키고 대처 기술을 증진시키기 위해서 고안된 간단한 심리사회적 개입을 개발하고 검증하였다. 나는 또한 문화와 인종에 관한 쟁점에도 관심이 있으며,미국에 있는 다양한 집단에 대한 연구를 통해서 이런 쟁점들을 연구하고 있다.

당신은 생각하는 임상심리학의 미래 경향은 무엇입니까?

임상심리학의 미래에 대해서 가장 흥분되는 가능성들은 임상연구자로서의 우리의 전문성에 있다고 생각한다. 임상심리학자들은 연구의 전통적인 경계를 넓히고 임상적으로 관련된 다양한 질문을 기술할 수 있도록 방법론을 확장하는 데 관여하고 있다. 우리는 사회적인 요구에 반응할 뿐 아니라 합리적인 이론과 방법론이 탄탄한 연구를 설계하도록 요구될 것이다. 과학자–지역사회 간의 연결을 통해 연구 활동은 지역사회현장에 수용될 수 있다. 나는 또한 Ph.D. 수준의 수련이 그 영역에서의 최적의 수행에 본질적인 것인지를 증명하라는 요구가 증가되고 있음에 비추어, 임상심리학자들이 서비스 공급자로서의 자신의 역할을 방어할 필요가 있게 될 것이라고 예상한다. 박사학위를 소지한 심리학자들은 어떤 치료가 어떤 사람에게 가장 잘 들어맞는지를 결정하기 위하여 효과적인 치료 방법들과 심리측정적으로 문제가 없는 평가 도구들을 개발하도록 요구될 것이다. 비용 – 효율성은 다양한 임상영역에서 고려될 필요가 있다.

당신이 생각하는 건강심리학의 미래 경향은 무엇입니까?

건강심리학과 행동의학은 지난 30년간 극적으로 관심이 증폭된 비교적 새로운 연구 영역이다. 그래서 이 분야는 많은 흥미로운 방향으로 발전할 수 있도록 넓게 열려 있다. 예를 들면, 우리는 스트레스와 고립이 면역 기능과 호르몬 기능에 미치는 영향을 통해서 병을 일으키는 심리적 요인들의 중요성에 대해서 많이 알게 되었다. 또한 건강심리학자들은 건강한 행동을 증가시키고 위험한 행동을 감소시키도록 고안된 이론들과 개입방법들을 계속 발전시켜야만 한다. 결국, 산업 국가들에서 젊은 나이에 일찍 사망하는 사람이 많은 것은 건강한 생활을 위한 지침을 잘 따르지 못한 것과 관련된다. 두 영역의 연구는 건강과 삶의 질에 영향을 미치는 문화의 역할을 확인하는 데 초점을 두고, 서비스를 잘 받지 못하고 있는 집단에까지 확장될 필요가 있다. 문화에 대한 연구는 또한 건강관리 체계의 문화에 대한 연구와 건강관리를 환자들과 그 가족들이 더욱 사용하기 편리하도록 만드는 방식에 대한 연구를 포함하여야 한다. 종합적인 이해를 위해서는 건강관련 행동들과 삶의 질을 분리되고 고립된 영역이 아니라, 그 사람이 현재 살고 있는 생활 맥락 내에서 고려하는 것이 필요할 것이다. 이 정보를 가지고 심리학자들은 1차, 2차, 3차 예방을 위한 새로운 접근방법을 계속 개발할 수 있다. 나는 연구자들이 현재 진행 중인 건강관리 체계로 효과적이고 쉽게 통합되는 행동주의적이고 심리사회적인 개입을 개발하였을 때, 이 개입방법이 점진적으로 표준 관리의 요소가 될 것이라고 예상한다. 심리학자들이 건강심리학과 행동의학의 비용절약 이득을 증명할 수 있어야 보험회사는 그런 서비스에 대해서 변제하기 시작할 것이다.

안적인 대처 반응을 발달시키고 알코올 섭취량을 세밀하게 모니터하도록 교육받는다. 이 접근의 장단점에 대해서는 의견이 갈려 있으나 연구들은 이 접근이 일부 알코올 중독자들에게는 실행이 가능한 치료방법이라고 시사하였다(U.S. Depart- ment of Health and Human Services, 2000). 많은 알코올 치료 프로그램들이 **재발 예방** 훈련도 포함한다(Marlatt & Gordon, 1985). 알코올 문제로 치료받은 다수의 내담자들이 치료가 종결된 후 곧 술을 다시 마시는 재발 삽화를 경험한다. 이것을 치료의 실패(완전한 재발이 임박하였다는 신호)로 보기보다는 완전한 재발이 덜 일어나도록 '고위험' 상황에서 사용할 수 있는 대처 기술과 행동을 내담자들에게 가르치는 기회로 삼는다.

알코올 남용과 의존은 아마도 다중치료전략이 필요한 복합적인 문제이다. 치료나 예방에 대한 2차와 3차 접근방법들과의 문제 때문에 점점 더 많은 전문가들이 음주문제의 발달을 미리 방지하도록 1차적인 예방으로 선회하고 있다. 청소년들이 흡연을 하지 못하도록 예방하려고 고안된 프로그램과 유사한 프로그램들이 음주와 약물남용에 대해서 개발되고 있다. 흔히 이런 프로그램들은 고등학교의 건강교육 수업에서 또는 대중매체의 캠페인을 통해서 시행된다. 학교에 기반한 예방 프로그램은 전형적으로 1개나 그 이상의 다음 요소들을 포함한다—정서적 교육(자존감을 세우기, 결정을 내리는 기술을 증진시키기), 생활 기술(의사소통기술, 자기 주장 훈련), 저항 훈련(술을 마시라는 압력에 저항하는 것을 학습하기), 또래 규준에 관한 잘못된 지각의 수정(U.S. Department of Health and Human Services, 1997). 연구 결과, 또래 저항 훈련과 또래 규준에 대한 잘못된 지각을 수정하는 것을 포함한 프로그램이 가장 전망이 있음이 제안되었다(U.S. Department of Health and Human Services, 1997). 전반적으로, 이러한 프로그램들 간에 효과성에서 차이가 많이 나며, 많아야 절반 정도의 연구들에서만 음주에 있어서, 일반 학교과정과 비교해서 유의미한 효과를 보였다.

비만

어떤 다른 문제보다 비만에 대해서 행동치료가 흔히 시행되어 왔다. 이것을 강조하는 이유는 비만이 당뇨병, 고혈압, 심장병, 암과 같은 의학적 장애들과 연합되어 있기 때문이다(Brannon & Feist, 2004). 비만은 또한 자기개념을 손상시키고 다양한 사회 장면에서 기능하지 못하도록 사회적으로 낙인을 찍는 조건이기도 하다. 미국에서 성인의 62%가 과체중(27%가 체질량척도가 30 이상인 비만의 기준에 맞음)인 것으로 추산된다. 흔히 체중의 문제는 그 출발 시점을 아동기로 거슬러 올라갈 수 있다. 20%의 아동이 비만이고 그 중 80%가 비만한 성인이 된다(Stunkard, 1979).

비만이 유전적 요소를 지닌 것이 분명하지만(Wadden, Brownell, & Foster, 2002), 비만의 원인은 의심할 바 없이 생물학적, 사회적, 행동적 요인들의 복잡한 상호작용이며, 정확한 기제는 분명하게 말하기 어렵다. 비만의 유병률이 증가하는 것은 우리의 유전자 pool(유전자 공급원)이 변화해서라기보다는 우리의 식습관과 활동수준이 변화하기 때문인 것 같다(Wadden et al., 2002). 비만치료에 사용되어 온 전통적인 의학적 방법과 식이요법은 그다지 효과적이지는 않다. 비만인 사람들은 체중이 줄었다가 다시 금새 회복한다. 더욱이 전통적인 체중조절 프로그램에서는 중도탈락률이 높다. 대부분의 행동 수정 프로그램은 어떤 종류의 음식을 제한하고, 언제 그리고 어떤 조건에서 먹어야 하는지를 가르치고, 규칙적인 운동을 권하고, 프로그램이 끝난 이후에도 수정된 섭식패턴을 유지하도록 하는 데 목적을 둔 프로그램들로 구성된다. 끝으로 비만에 대한 약물치료와 외과적인 수술치료가 증가하고 있다(Wadden et al., 2002).

그러나 비만의 경우도 역시 초기 예방이 체중을 조절하는 데 있어서 가장 좋고 안전한 방법이다. 그런 접근방법의 훌륭하고 고전적인 한 예가 스탠퍼드 청소년 비만 연구(Stanford Adolescent Obesity Project)이다(Coates & Thoresen, 1981). 청소년기의 체중 조절이 성인기에 비만이 되는 것을 예방할 것이라는 희망으로 다양한 전략이 청소년들에게 사용되었다. 사용된 전략은 자기 관찰, 단서 제거, 그리고 사회와 가족의 지지였다. 이 개입은 부모가 참여하였을 때 현저하게 더욱 효과적이었다. 많은 연구자들은 또한 또래집단 토의를 사용하는 가능성을 탐색하고 있다. 아동기 비만에 대한 가족기반 행동치료의 효과를 10년 후에 살펴본 한 연구는 아동기의 초기 개입이 체중 조절에 중요하고 지속적인 변화를 가져온다고 시사하였다(Epstein, Valoski, Wing, & McCurley, 1994).

끝으로 아직 그 효과가 검증되지는 않았으나, 개입에 있어서 새로운 경향은 식사습관과 신체적 활동을 변화시키는 수단으로서 공공정책을 검토하고 제정하는 것이다. 예를 들면, Horgan과 Brownell (2002)은 다음과 같은 제안을 하였다—아동을 겨냥한 음식 광고를 규제하기, 학교에서 패스트푸드와 청량음료를 금지하기, 건강에 유익한 음식의 값을 내리기, 건강에 해로운 음식에 세금을 부과하기, 신체적 활동을 위한 더 많은 자원을 제공하기.

최근의 학교-기반 비만 예방 프로그램들에 대한 두 개의 메타분석 연구들이 다음의 요소들에서 아이들에게 효과가 있음을 보고했다: (a) 음식에 대한 접근성을 제한하고, 신체활동을 증가며, 적절한 식습관 모델을 제공하도록 가정 환경을 바꾸는 것, (b) 텔레비전 보는 것을 줄이는 것, (c) 식습관을 바꾸기 위해 학교정책 및 환경을 바꾸는 것(예, 탄산음료를 제한하는 것), (d) 좋은 식습관에 대해 수업시간에 가르치는 것(Katz, O'Connell, Njike, Yeh, & Nawaz, 2008; Kropski, Keckley, & Jensen, 2008).

기타 적용

치료와 예방적인 활동은 환자가 의학적 절차에 잘 대처하고 의학적 충고를 따르도록 격려하는 기법으로 보완되어야 한다.

의학적 절차에 대처하기

수술, 치과 방문, 다양한 의학적 검사를 예상하면 강한 사람들도 공포를 느낄 수 있다. 그런 절차에 직면하면 많은 환자들은 방문을 연기하거나 심지어는 완전히 보류한다. 행동의학전문가인 건강심리학자들은 환자들이 그런 절차를 둘러싼 스트레스를 다루어 나가는 것을 도와주는 개입방법을 개발하였다.

의학적 검사와 절차. 어떤 의학적 검사나 절차는 특히 스트레스를 준다. 그러나 그런 검사나 절차 없이는 환자가 적절히 진단될 수 없고 건강을 유지하는 데 필요한 개입을 받지 못하게 될 것이다. 한 좋은 예가 항문대장경검사인데 이것은 결장의 끝 10인치 내에 어떤 병리적인 종양이 있는지의 여부를 발견하기 위해서 대장의 점액을 검사하도록 고안된 상당히 흔한 절차이다. 이 검사는 대장암의 조기 탐지와 예방에 도움을 줄 수 있다. 그러나 많은 환자들에게 이 절차는 매우 스트레스를 준다. 이 검사는 기계를 대장 안으로 삽입하는데 그 결과 장이 약간 팽창된다. 이 모든 절차가 매우 고통스럽거나 위험하지는 않지만 많은 사람들을 기겁하게 만들고 사람들은 이 절차를 치욕적인 절차로 지각한다. 사람들이 이런 스트레스와 다른 절차들에 잘 대처하도록 돕기 위해서 개입방법이 개발되었다. 예를 들어, 간단한 지시문을 통해 환자가 앞으로 받게 될 절차에 대해 준비시킬 수 있다.

어떤 종류의 정보가 스트레스를 주는 의학적 절차에 환자들이 잘 대처할 수 있도록 가장 도움을 줄 수 있을까? 흔히 **절차적 정보**(무엇이 발생할 것인지

표 18-2 **질병특징, 환자의 개인적 특성, 문화적 규준 및 임상가-환자 상호작용 요인들과 치료 준수의 관계에 대한 연구 결과들의 요약**

	결과
1. 질병 특징	
A. 병의 심각도	
HIV	관계 없음
실명	관계 없음
병이 일상활동이나 외모에 문제를 생기게 할 때	치료에 대한 순응 증가
병으로 인한 통증	치료에 대한 순응 증가
B. 약물치료의 부작용	
불유쾌한 HIV약	치료에 대한 순응 감소
C. 복잡한 치료절차	
약의 숫자가 3알이 넘을 때	치료에 대한 순응 감소
2. 개인적 요인	
A. 나이의 증가	
성인	
4개월 이하 운동	치료에 대한 순응 증가
4개월 이상 운동	관계 없음
암 검사	곡선적 관계
고혈압 약 복용	치료에 대한 순응 증가
당뇨병 약 복용	치료에 대한 순응 증가
심장병 약 복용	치료에 대한 순응 증가
청소년	
당뇨병	치료에 대한 순응 감소
B. 성	
운동 프로그램	학급단위로 수행되는 운동은 차이 없음, 여성이 집에서 행하는 운동을 더 잘 준수함
건강한 식사	여성이 불평이 더 많음
정신장애 치료제 복용	여성이 불평이 더 많음
C. 사회적 지지	
남편의 다이어트에 대한 아내의 지지	치료에 대한 순응 증가
혈액투석 처방	치료에 대한 순응 증가
약속 지키기	치료에 대한 순응 증가
D. 정서적 지지	
당뇨병 치료제 복용	치료에 대한 순응 증가

(계속)

	결과
심장병 처방	정서적 지지가 결혼보다 더 잘 예측한다.
E. 성격 요인	
강박적	치료에 대한 순응 증가
냉소적 적개심	치료에 대한 순응 감소
F. 정서적 요인	
스트레스를 일으키는 생활 사건	치료에 대한 순응 감소
불안	치료에 대한 순응 감소
G. 개인적 신념	
회피대처	치료에 대한 순응 감소
개인적 통제	치료에 대한 순응 증가
3. 문화적 규준	
A. Zimbabwe에 있는 당뇨와 고혈압 환자들	
전통적인 치료사에 대한 믿음	치료에 대한 순응 감소
B. 라틴계 환자	
라틴 아메리카 문화에 대한 의사의 지식	치료에 대한 순응 증가
C. 의사의 고정관념	
미국흑인에 대한	치료에 대한 순응 감소
낮은 소득의 환자에 대한	치료에 대한 순응 감소
4. 임상가-환자 상호작용	
A. 언어적 의사소통	
의사의 능력에 대한 환자의 신뢰	치료에 대한 순응 증가
의사의 무관심	치료에 대한 순응 감소
B. 임상가의 개인적 특질	
다정함	치료에 대한 순응 증가
여성	여의사는 더 많은 정보를 제공한다.

출처: Brannon & Feist (2004). Health Psychology: *An introduction to behavior and health* (5th ed.), pp.89-90. Pacific Grove, CA: Brooks/Cole. Reprinted with permission.

에 관한 기술)와 **감각적 정보**(느껴질 감각에 대한 기술) 간의 차이가 구분된다. 관련된 연구들을 개관한 결과, 부정적인 정서, 통증에 대한 보고 및 다른 고통을 감소시키는 데 있어서는 절차적 준비가 감각적 준비보다 우수하지만, 절차적 준비와 감각적 준비를 결합하면 가장 큰 효과를 얻을 수 있음을 알 수 있었다(예: Suls & Wan, 1989).

정보를 제공하는 개입에 더하여 연구 결과들은 어떤 상황에서는 행동적 개입을 사용하는 것을 지지한다. 예를 들어, 정맥천자는 암을 치료하는 과정에서 흔히 시행되는데 이 절차는 암 치료를 받는 아동들, 그들의 부모, 그 절차를 시행하는 간호사들에게 모두 매우 고통스러울 수 있다(Manne et al., 1990). Manne 등은 그 절차와 연합된 고통 수준을 감소시킬 수 있는 행동개입 방법을 개발하였다. 그것은 주의 분산(절차를 시행하는 동안 풍선 불기를 하는 것), 호흡조절, 정적 강화(예: 아동이 협력하면 스티커를 받는 것), 부모의 코치를 포함한다. 연구자들은 이런 개입들이 아동들의 행동적 고통, 부모의 불안, 아동의 고통에 대한 부모의 평정을 상당히 감소시킨다는 것을 발견하였다. 그러나 흥미롭게도 이런 치료는 아동들 스스로가 보고하는 고통을 유의하게 감소시키지는 않았다.

수술에 대한 준비. 수술에 대한 심리적 준비를 증진시키는 방법에 대해서 상당한 양의 연구들이 행해졌다. 환자를 의학적 검사와 절차에 대해 준비시키기 위해서 사용된 방법들과 유사하게 이 개입은 (a) 이완 전략, (b) 사용될 절차에 관한 기본 정보, (c) 수술 동안 경험할 신체적 감각에 관한 정보, (d) 인지적 대처 기술을 포함한다(Brannon & Feist, 2004). 예를 들어, Wilson(1981)은 집중적인 이완 훈련을 제공한 잘 통제된 연구를 수행하였다. 담낭절제술이나 복부자궁절제술을 받은 700명의 환자들에게 이런 이완 개입을 실시한 결과 병원재원일수가 감소되었고 자기 보고와 생리학적인 자료가 모두 개선되었다.

또 다른 기법이 수술을 받을 아동들에게 사용되었다. 필름으로 **대처 모델**을 보여 주면 병원에 있는 동안 아동의 정서적 반응이 유의하게 감소되었음이 발견되었다(Melamed & Siegel, 1975). 필름 속의 모델은 그 절차를 성공적으로 대처하는 것으로 보인다. 수술 이전에 필름을 본 아동들은 수술 전에 덜 불안해 했고 수술 후에는 행동문제가 더 적게 나타냈다. 일반적으로 가장 효과적인 모델링 개입방법은 (a) 모델들이 대상과 같은 절차를 경험하고, (b) 그 절차에 관해서 처음에는 불안하게 보이지만, (c) 결과적으로는 불안과 절차에 성공적으로 대처하는 것을 보여 주는 것이다(Brannon & Feist, 2004).

처방에 따르는 순응

가용한 개입전략이 있음에도 불구하고, 많은 사람들은 프로그램 개입에 따르지 않으며, 또 다른 사람들은 이 새로운 행동을 유의미한 기간 동안 유지하지 않는다. 의학적 충고나 건강에 관한 충고를 따르지 않는 비율은 거의 50%라고 추산된다(Brannon & Feist, 2004). 정말로 성공적인 프로그램 전략이라면 환자들이 그 프로그램에 순응하고 그 프로그램에서 획득한 새로운 행동을 장기간 유지해야 한다. 행동적, 심리사회적 요인들이 모두 고려되어야 한다.

일반적으로, 환자의 순응에 대한 예측은 4개의 범주들로 나누어질 수 있다—질병 특징, 환자의 개인적 특성, 문화적 규준, 임상가—환자 상호작용(Brannon & Feist, 2004). 표 18-2는 다양한 요인들과 환자의 순응 간의 관계에 관한 연구 결과들을 요약하고 있다.

교육적이고 지시적인 방법들은 순응을 증진시키는 데 별로 도움이 되지는 않으며, 오히려 행동개입이 더 성공적인 것으로 입증되었다(Brannon & Feist, 2004). DiMatteo와 DiNicola(1982)는 환자의 순응을 증진시키는 여러 가지 일반적인 전략을 추천하였다.

1. 상기하는 데 도움이 되도록 재촉/격려(prompts)를 함(예: 식사 전에 약을 복용하도록 알려 주기 위해서 시간에 맞추어 전화를 걸어 줌)
2. 치료 처방을 환자의 일정과 생활양식에 맞춤
3. 치료지침에 순응하는 것에 대해서 환자에게 보상을 약속하는 계약서를 작성함

건강심리학: 미래에 대한 전망

건강심리학, 행동의학, 그리고 아동심리학은 성장하

고 있는 분야이며 매년 더 많은 심리학자들이 이 분야에 입문하고 있다. 그러므로 지금이 자신을 돌아보고 건강심리학자들을 어떻게 잘 훈련시키고, 훈련목적을 달성할 수 있도록 프로그램을 어떻게 잘 구성할지를 결정할 시기이다(Belar, 1997; Travis, 2001). 이 마지막 부분에서 우리는 여러 건강관리 추세와 미래의 건강심리학자들을 위한 훈련 쟁점들 및 건강심리학 영역에서 미래에 다루어질 중요한 쟁점들을 논의하고자 한다.

건강관리 추세

오늘날 대략 90%의 미국인들이 어떤 종류이건 '관리 건강관리 계획(manged health care plan)'에 속해 있었다(Winslow, 1998). 관리 건강 체계에서는 포함되는 비용이 가장 중요하다. 앞의 장들에서 우리는 관리의료가 임상심리학에 이미 끼쳐 왔고 앞으로도 끼칠 거대한 영향에 대하여 언급하였다. 건강심리학 전문가들은 흔히 병원이나 일차 진료 현장에서 일을 하기 때문에 관리 건강이 건강심리학에 미칠 영향은 더 클 것이다. 건강심리학자들은 의료관리 비용을 줄이는 데 기여할 개입방법을 제공하는 데 적합하도록 훈련된다(Belar, 1997; Brannon & Feist, 2004). 사업체와 산업체가 습관과 생활양식 때문에 결근을 하고 효율성이 떨어지거나 이직하는 피고용인들 때문에 지출하는 비용을 깨닫게 됨에 따라서, 사업체와 산업체에서는 건강심리학자들의 기술이 더 자주 사용될 것이라 기대된다.

건강이나 행동의학에 전문화된 임상심리학자들에 대한 수요가 계속 증대되고 있으나, 현재 정신건강전문가들이 과잉공급되고 있음에도 주목해야 한다. 예를 들어, R. G. Frank와 Ross(1995)는 미국 사람들 10만 명에 대해서 32.8명의 사회사업가, 22.8명의 심리학자, 13.1명의 정신과 의사, 4.3명의 정신과 간호사가 있다(모두 합하면 10만 명당 정신건강전문가가 73명)고 추산하였다. 문제는 각 학문 영역의 정의가 중복된다는 데 있다. 즉 모든 영역들이 비슷한 문제들을 평가하고 치료한다고 주장한다. 경제적인 비용이 높아짐에 따라서 건강심리학과 행동의학의 고유한 특성이라고 생각되어 온 개념과 쟁점들을 다른 영역들이 자신들의 영역으로 통합할 것이다. R. G. Frank와 Ross(1995)는 국가적인 차원에서 건강인력 계획(health work force planning)을 좀 더 조정해야 한다고 주장하였다.

> 건강관리 영역에서 분명하게 정의되고 확립된 심리학의 역할은 다른 건강관련 직업들의 공급이 증가하고 있는 이때 심리학만의 독특한 공헌이 무엇인지를 기술하는 노력을 또한 필요로 하고 있다… 다양한 건강관리 집단들 중에서 분명한 직업적 경계와 정체감을 수립하려는 노력은, 대중의 건강 관리 요구가 자격을 갖추고 윤리적이며 유능한 전문가들에 의해서 충족된다는 것을 보증하도록 대화, 조정 및 협력에 기반되어야 한다(p.524).

훈련 쟁점

건강심리학자들은 줄곧 주로 임상심리학 프로그램에서 교육받아 왔다. 대부분의 임상심리학 프로그램에서 채택한 과학자–임상가 모델과 임상적 과학자 모델에 의해서 임상가들은 건강심리학에 잘 맞도록 훈련되었다. 최근까지 다른 어떤 심리학 전공 분야도 의료 장면에서 일하는 데 요구되는 학문적, 과학적, 직업적 경험 및 병원 경험 모두를 함께 제공하지 않는다. 그러나 다른 심리학 전문 영역들도 또한 건강심리학 영역에서 일하고 있다. 이 장에서도 임상심리학자뿐만 아니라 사회, 실험 및 생리 심리학자들이 많이 인용되었다.

건강심리학은 아직도 대부분의 심리학박사 프로그램에서 일종의 특별한 부속영역이다. 학생이 임상, 사회 또는 실험 프로그램에 입학하면 핵심 영역에 대한 경험에 덧붙여서 건강관련 주제로 몇 가지 전문적인 연구를 하거나, 한두 개의 건강관련 실습 과목을 택하며, 때로는 건강관리기관에서의 인턴십에 의해서 보강되기도 한다. 그러나 본질적으로 건강심리학관련 경험은 임상심리학이나 다른 관련 학문 분야에 이미 존재하고 있는 프로그램에 접목되어 있다.

많은 사람들은 현재 건강심리학이 모든 전문심리학자들에게 적용될 수 있는 표준 핵심 훈련 요소의 하나라고 주장하고 있다(예: R. G. Frank & Ross, 1995). 건강관련 쟁점들의 중요성과 임상심리학과 전문적인 심리학의 정의가 확장됨에 따라서 정신약물학, 신경심리학, 심리신경면역학과 같은 영역에 대한 훈련이 필수적인 것으로 간주된다. 게다가 미래의 건강심리학자들은 그들이 건강 결과(health outcome)를 경험적으로 평가하기 위한 연구를 설계하고 수행할 수 있도록 훈련받아야 한다. 현재 일부 임상심리학대학원 프로그램이 건강심리학이나 행동의학 전공을 개설하고 있으나 아직은 드문 경우이다. 여하튼, 건강심리학 훈련을 위한 교과과정은 계속 추천되고 있다(Brannon & Feist, 2004). 본 장의 마지막에 나열된 웹사이트들이 건강심리학 훈련 모델과 건강심리학자를 위한 기회에 관심 있는 사람들에게 좋은 출발점이 될 것 이다.

다른 도전들

새로 등장한 분야는 그 구성원들의 역할을 정의하는 문제를 제기한다. 건강심리학도 예외가 아니다. 여러 해 전에, S. E. Taylor(1984)는 여러 가지 문제를 발견하였다. 한 문제는 역할의 모호함이다. 건강심리학자가 무엇을 해야만 하는지(특히 실제 현장에서)에 대해서 아무도 말할 준비가 되어 있지않다. 건강심리학자들은 실제로 건강 현장(health setting)에서 심리학 동료나 역할 모델이 없는 자신을 발견한다. 둘째, 지위에 관한 쟁점이다. 건강 현장에서 의사는 분명히 그 무리의 꼭대기에 있다. 때때로 심리학자는 예를 들어 학교에서보다 의료센터에서 훨씬 낮은 지위에 있다. 더욱이 심리학자와 건강관리전문가는 경쟁적인 목표들을 지니고 있을 수 있다. 후자는 환자를 도울 수 있는 즉각적인 방법을 발견하는 데 관심이 있을 것이나, 심리학자는 연구와 이론적 모델 및 개입을 생각하며 결정을 주저하고 숙고하는 태도를 취한다.

전통적으로 의사가 주도해 온 현장에서 자신의 정체감과 존재감을 확립하는 한 방법으로서 건강심리학자들은 자신들이 수행하는 개입이 가져올 비용 효과를 자료로 제출할 필요가 있다(Brannon & Feist, 2004; Friedman, Sobel, Myers, Caudill, & Benson, 1995). 이 건강관리개혁의 시대에 보험회사와 정부기관들은 건강관리 비용을 절감하는 방법을 빈틈없이 조사하고 있다. 건강심리학과 행동의학 전문가들에 의해서 성공적이고 비용 효율적인 개입이 많이 수행되었음에도 불구하고 이런 개입들이 우리의 건강관리 체계로 왜 통합되지 않았는지에 대해 Friedman 등(1995)은 의문을 제기하였다. 그들은 가능한 이유들을 다음과 같이 제안하였다.

1. 건강심리학의 역할을 지지하는 많은 자료가 의사들에게 알려지지 않았다.
2. 질병의 생물학적 기원들이 강조되어 왔으며, 이는 심리사회적 설명과 행동적 개입의 효과를 간과하게 만들었다.
3. 환자들은 심리적인 개입과 설명에 저항한다.
4. 임상건강심리학과 행동의학은 전통적이고 장기적인 심리치료와 아직도 혼동되고 있다.

분명히 의사, 보험회사, 연방정부 및 일반 대중들에게 건강심리학자들의 역할 뿐만 아니라 그들의 개입의 잠재적인 금전적, 임상적 혜택에 관해서도 알려주어야 한다.

이 영역에 대한 또 다른 도전은 인종과 건강에

관련된다. 미국에서 다양한 소수 인종들의 건강 개요(예: 기대수명, 건강상태)는 인종마다 매우 다르게 나타나며, 이런 집단 구성원들의 건강을 증진시키거나 해치는 행동들에 대한 더 많은 연구가 요구되고 있다(N. B. Anderson, 1995). 그러나 Brannon과 Feist(2004)가 지적하였듯이, 미국에서는 인종을 건강 및 건강관리에 영향을 미치는 사회적, 경제적, 교육적 요인들과 분리하여 생각할 수 없다. 경제적인 곤란과 낮은 학력은 나쁜 건강상태 및 적절한 건강관리를 받지 못하는 것과 관련 있다. 그러므로 건강과 건강 요구(needs)를 평가할 때 인종과 함께 많은 요인들을 고려하는 것이 중요하다(예: 글상자 18-3 참조).

흥미로운 새로운 분야에 대해서 열정을 지니기는 쉽다. 실제로 임상심리학의 모든 분야에서 이제까지 그래 왔다. 그러나 건강심리학 분야의 밝은 전망과 실제 성취한 것 사이에는 아직 차이가 있다. 어떤 경험 있는 임상가라도 당신에게 말할 것이다. "장기간에 걸쳐 인간의 행동을 변화시키기는 매우 어렵다." 그럼에도 불구하고 건강심리학은 우리의 관심뿐만 아니라 열정을 가장 확실하게 받을 만하다(Keefe, Buffington, Studts, & Rumble, 2002). 많은 사람들은 건강관리의 개선에 대한 절박한 요구가 있는 한 건강심리학의 미래는 밝다고 낙관한다. 실제로 Belar(1997), Keefe 등(2002)과 여러 학자들은 건강심리학이 21세기에 심리학의 전문적 개업을 위한 전문분야로서 독특하게 잘 들어맞는다고 생각한다.

요약

건강심리학과 아동심리학은 심리학이 건강증진, 건강문제의 예방과 치료 및 건강관리 체계에 공헌하는 분야이며 점점 더 인기가 있는 전문 영역이 되고 있다. 대부분의 건강심리학자들은 건강과 병에 대한 생물심리사회적 모델을 고수하는데, 이 모델은

글상자 18-3 인종과 암의 결과

각 인종집단에서 흔한 종류의 암 발병률과 사망률을 조사한 결과 인종들 간에 놀라운 차이가 많이 발견되었다(Meyerowitz, Richardson, Hudson, & Leedham, 1998). 일반적으로 미국의 흑인들은 발병률과 사망률이 모두 제일 높고, 라틴계, 중국계 미국인, 인디언들이 가장 낮다. 그러나 발병률과 사망률은 성별과 암이 발생한 해부학적 위치에 따라서도 다르다. 그러므로 광범위한 인종적 구분에 초점을 맞추어 일반적인 결론에 도달하기는 어렵다. Meyerowitz 등(1998)은 암 발병률과 사망률에 대해 잘 이해하기 위해서 인종 범주를 넘어서는 강력한 연구를 하였다. 그들은 인종과 암의 발견과 추후 치료 간의 유의미한 관계가 있음을 발견하였는데, 이 관계는 수입, 암과 암 검사 절차에 대한 지식, 건강관리의 접근성, 의사의 권고 등의 변인에 의해서 설명되어질 수 있었다. 또한 그들은 인종과 생존 간의 관계가 사회경제적 수준, 암과 그 치료에 대한 지식, 적절한 치료에의 접근성 및 치료준수 등의 변인에 의해서 설명될 수 있다고 보고하였다.

이 발견들은 여러 가지 이유에서 중요하다. 첫째, 이 결과들은 인종과 병 간의 관계가 주로 인종과 연합된 다른 변인들에 기인하기 때문에 인종과 건강에 관한 폭넓은 일반화가 다소 잘못 오도될 수 있다는 것을 보여주었다. 이것은 흥미 있는 결과에 대해서 더 좋은 이론적 설명을 제공하는 인종 차이를 발견하였을 때 연구자들이 좀 더 깊이 파고들 필요가 있다는 것을 시사한다. 둘째, Meyerowitz 등(1998)에 의해서 밝혀진 변인들은 심리학적으로 더 의미가 있으며 개입의 대상이 될 수 있다. 그들의 연구 결과는 무료로 암 검사와 추후 치료가 제공될 때, 암과 검사절차에 대한 더 많은 정보를 알고 있을 때, 건강관리 접근성이 더 좋을 때 사람들은 암 검사를 더 많이 받으며, 그 결과 조기 발견과 성공적인 치료의 기회가 증가한다는 것을 시사한다.

전통적인 생물의학적 모델과 심리사회적 모델을 통합한 모델이다. 스트레스, 생활양식과 행동, 성격, 사회적 지지 및 건강 간의 연결은 건강심리학 영역의 기초를 형성한다. 스트레스 과정은 사람들이 병에 더 취약하도록 만드는 생리학적, 정서적, 행동적, 인지적 효과를 낳는다. 행동과 생활양식도 건강에 주요한 영향을 미치고 성격과 대처양식 또한 병과 관련된다. 끝으로 사회적 지지는 부정적인 건강 결과에 대한 취약성에 영향을 미칠 수 있다.

건강심리학자들은 평가, 개입 및 예방을 주도하면서 다양한 문제에 관여한다. 대부분의 개입은 행동적이거나 인지행동적이며 체계적 둔감법, 조작적 조건화, 스트레스 면역 훈련, 바이오피드백 같은 기법들을 포함한다. 만성 두통, 담배흡연, 알코올 남용, 비만, 의학적 절차에 대처하기, 그리고 치료에 순응하기에 대한 특정 개입 프로그램이 논의되었다.

건강심리학의 전망은 밝아 보인다. 더 좋고 더 효과적으로 건강관리 비용을 줄이는 개입방법에 대한 요구가 증대되고 있다. 게다가 자료들도 건강관리에서 건강심리학자의 역할을 지지하고 있다.

주요 용어

감각 정보 스트레스를 주는 의학적 절차를 경험할 때 직면하게 되는 감각이 어떤 것인지에 관한 기술이다.

건강심리학 병의 예방, 건강의 증진과 유지, 질병과 건강의 상관물 발견, 건강관리 체계에서 개인의 치료, 건강관리정책 형성 등에 그 분야의 도구들을 적용시키는 심리학 내의 한 전문 분야이다.

건강행동 모델 적대적인 소인과 건강 간의 관계가 스트레스의 생리학적 측면보다 건강행동의 수행(또는 수행의 부족)에 의해서 매개된다고 주장하는 이론적 모델이다.

관상동맥심장병 심장근육의 손상과 혈액 공급의 부족으로 인한 질환이다.

교감신경계 긴박한 상황에서 신체 자원을 동원하는 것을 담당하는 신경계의 일부이다. 지속적인 교감신경계의 활성화는 신체 기관, 정신 기능 및 면역체계에 악영향을 미칠 수 있다.

대처 모델 스트레스 상황(예: 의학적 절차나 수술을 준비하는 것)에서 효과적인 대처를 나타내는 사람이다. 그런 모델의 필름을 보는 것은 비슷한 절차를 경험할 사람들에게 유용할 수 있다.

대처평가 보호동기 이론에서 부정적인 결과를 성공적으로 피하거나 대처할 수 있는 능력에 대한 평가이다. 효과적으로 대처할 수 없다는 결론을 내리면 그 행동을 더 나타낼 것이다.

바이오피드백 환자가 생리적인 과정을 변경하거나 조절하는 것을 학습하는 일련의 광범위한 절차이다. 보통 관심 있는 생리적 과정이 장치에 의해서 추적되고 그 정보는 청각, 촉각 또는 시각적인 신호의 형태로 환자에게 보내진다. 그러면 환자는 다양한 기법을 사용하여 그 신호를 변경하려고(그에 따라 생리적인 반응을 변화시키려고) 시도한다.

보호동기 이론 행동이 위협평가와 대처평가의 함수라는 것을 가정하는 건강행동의 한 모델을 말한다.

사회적 지지 사회적 관계의 수와 질이다. 여러 연구들은 사회적 지지가 더 좋은 건강 결과들과 정적인 관계가 있음을 보여 주었다.

생물심리사회 모델 건강과 병이 생물학적(예: 유전적 소인, 영양결핍), 심리적(그 개인의 인지와 정서), 사회적(예: 친구와 가족, 생활사건) 영향의 함수라고 주장하는 이론적 모델이다.

소거 조건화된 자극과 처음에 반응을 생성했던 환경자극이 더 이상 연합되지 않는 상황을 만들어서 바람직하지 않은 조건화된 반응을 제거하는 것이다.

스트레스 환경적 사건(스트레스 유발요인), 그 사람에 의한 그 사건의 평가(그것이 도전할 만한가, 위협적인가?), 유기체의 다양한(생리적, 정서적, 인지적,

행동적) 반응, 그리고 이 반응들과 스트레스 유발요인의 변화에 의해서 발생한 재평가를 포함하는 과정이다.

스트레스의 거래 모델 스트레스를 (a) 환경적 사건, (b) 그 사건에 대한 그 사람의 평가(위협적이거나 우호적으로), (c) 그 사건에 대한 그 사람의 생리적, 정서적, 인지적, 행동적 반응, (d) 그 사람의 반응과 환경적 사건의 변화에 의해서 2차적으로 발생하는 그 사건에 대한 재평가를 포함하는 과정으로 보는 모델이다.

심리사회적 취약성 모델 적개심과 건강을 연결한 이 모델은 적대적인 사람들은 그들이 높은 수준의 불신을 지니고 있으며, 앞으로 일어날 수 있는 부당한 대우를 염려하여 자신의 환경을 살피기 때문에 스트레스를 더 많이 주는 심리사회적 환경을 더 많이 경험하는 것 같다고 제안한다.

예방 건강심리학에서 몇 가지 단순한 행동(예: 운동, 금연, 안전벨트 착용)을 지속적으로 수행함에 의해서 건강문제가 발생할 위험을 급격하게 감소시키고 건강관리 비용을 유의하게 감소시킬 수 있다는 생각이다.

위협평가 보호동기 이론에서 특정한 행동을 행할 확률에 영향을 미치는 부정적인 요인들(예: 해를 당할 가능성)에 대한 평가이다. 사람들은 자신에게 즉각적인 위협이 없다고 결론을 내리면, 그 행동을 더 많이 할 것이다.

유관성 계약 한 치료자와 환자가 바람직하거나 바람직하지 않은 행동들과 그런 행동을 하였을 때의 결과들에 대해서 구체적으로 명시하는 공식적인 협약을 맺는 조작적 방법이다.

이완 낮은 수준의 불안, 스트레스 및 생리적 각성 상태이다. 이완은 여러 가지 방법으로 유도될 수 있으며 많은 건강문제들의 치료에 효과적이다.

인지행동적 방법 문제의 원인과 유지에 사고의 역할을 강조하고 그 환자의 문제에 공헌한다고 믿어지는 사고 패턴을 변화시키려고 시도하는 기법들이다. 경험적으로 검증된 심리학적 치료 목록에 스트레스와 다른 건강문제들에 대한 여러 가지 인지행동적 치료들이 있다.

자기감찰기록 인지행동치료에서 흔히 사용되는 기록으로서, 개인이 스스로 자신의 정서적 반응(그런 정서적 반응을 일으킨 상황, 정서의 강도, 신체적 이거나 행동적인 반응들 및 그 당시의 사고과정을 포함함)을 관찰하여 기록하는 방법이다. 치료자는 수집된 자료를 검토함으로써 특정 상황과 환자의 생각, 정서, 행동 간의 관련성을 파악하고 거기에 맞게 치료 개입을 세울 수 있게 된다.

자기효능감 자신에게 영향을 미치는 사건들을 통제하고 장악하는 자신의 능력에 대한 신념이다. 건강행동에 관한 대부분의 사회-인지 모델에서 뚜렷한 역할을 한다.

재발 예방 중독행동을 치료하는 맥락에서 재발을 방지하기 위한 전략들이다. 환자들은 문제 상황을 예상하고, 바람직하지 못한 행동에 빠지지 않고 그 상황에서 헤쳐나오는 대처 기술을 배운다. 또는 한 번 재발이 되면 완전한 재발(total relapse)을 방지하기 위해서 어떻게 반응할지를 배운다.

절차적 정보 스트레스를 주는 의학적 절차를 경험할 때, 실제로 어떤 일이 일어날 것인지에 관한 기술이다.

정신생리학적 반응 모델 적개심과 건강을 연결한 이 모델은 적대적인 사람은 잠재적인 스트레스 유발요인에 대한 반응으로 심장박동, 혈압 및 스트레스 관련 호르몬이 크게 증가된다고 가정한다. 증가된 정신생물학적 반응이 관상동맥질환과 관상동맥심장병 증상들을 초래할 수 있다고 여겨진다.

정신신체의학 어떤 병과 병적 상태가 심리적 요인들에 의해서 유발된다는 가정에 입각한 영역(1940년대와 1950년대에는 인기가 있었으나 현재는 유행이 지남)이다. 일부 지지자들은 각 '정신 신체' 질환이 그 환자가 그 병에 걸리기 쉽게 만드는 특정한 무의식적 갈등과 상응한다고 믿었다.

조작적 조건화 강화된 행동들은 다시 발생하는 경향이 있으나 강화되지 않거나 처벌받은 행동들은 빈도가 감소한다는 원리이다.

조절된 음주 약하거나 적당한 수준의 음주를 목표로하는 알코올 문제치료에서 논쟁이 되고 있는 접근방법이다. 내담자들은 알코올 섭취량을 세밀하게 추적하고 음주가 포함되지 않는 대처방법을 개발하도록 배운다.

체계적 둔감법 점점 강도를 높여서 불안을 일으키는 상황을 상상하는 동안 이완을 하도록 하여 불안을 감소시키려는 반응적 방법이다. 이 기법은 불안하면서 동시에 이완될 수 없다는 원리에 기초한다.

행동의학 행동과학을 의학과 통합한 연구, 교육, 실행의 광범위한 다학제 영역이다.

Type A 행동 패턴 관상동맥심장병의 높은 위험과 연합된 성격 패턴이다. Type A인 사람은 시간에 쫓기고, 마감 시한이 없을 때에도 최대의 능력을 발휘하여 일하며, 좌절하면 공격적이고 적대적이 되며, 환경을 장악하고 통제를 유지하려는 강한 동기를 지닌다.

Chapter 19

신경심리학

Neuropsychology

핵심질문

1. 신경심리학 영역과 신경심리학적 평가의 특징들은 무엇인가?
2. 기능의 국재화, 등잠재성 및 두뇌 기능의 기능적 모델을 비교하고 대조하시오.
3. 두뇌의 기본 구조들 및 각 구조와 연합된 기능은 무엇인가?
4. 어떤 변인들이 신경심리학적 검사 수행에 영향을 미치는가? 신경심리학적 검사 결과는 어떻게 해석되는가?
5. 미래에는 어떤 형태의 신경심리학적 평가와 개입이 강조될 것 같은가? 그 이유는 무엇인가?

개요

지난 수십 년간 임상심리학 영역 중에서도 신경심리학 영역은 매우 중요한 성장을 이루었다. 신경심리학 영역의 이러한 성장은 (a) 전문적인 신경심리학 관련 학회의 회원 증가, (b) 신경심리학 전공과정을 개설한 대학원 프로그램 수의 증가, (c) 신경심리학적 주제로 쓰여진 많은 논문, 책, 학술지 등으로 반영된다. 이 영역이 '초기 성인기'로 접어들면서 이 영역의 주된 난관은 건강관리 개혁이 되었다(Meier, 1997). 과거와는 달리 임상신경심리학자들의 일자리가 줄어들었고, 따라서 낮은 비용으로 높은 효과를 지닌 임상적 서비스를 제공해야 한다(Meier, 1997). 그러나 신경심리학자의 역할과 이 영역이 어떻게 발달했는지 이해하기 위해서 이 쟁점은 잠시 미루고 신경심리학의 역사부터 살펴보기로 하자.

조망과 역사

용어가 시사하듯이 신경심리학자는 심리학과 신경학 영역 양쪽에 발을 담그고 있다. 일부는 임상심리학에서 기본 훈련을 받지만 일부는 신경학자들에 의해서 훈련된다.

정의

신경심리학이 무엇인가? 가장 간단하게는 두뇌 기능과 행동 간의 관계에 대한 연구로 정의할 수 있다(Golden, Zillmer, & Spiers, 1992). 혹은 Zillmer, Spiers, 그리고 Culbertson(2008)이 정의한 바에 따르면, "복잡한 뇌 기능이 어떻게 행동을 이끄는가에 대한 연구(p. 4)"이다. 신경심리학은 두뇌 기능과 직접적으로 관련된 행동을 이해하고 평가하고 치료하는 것에 관한 학문이다(Golden, 1984). **신경심리학적 평가**는 두뇌-행동관계를 정확하고 민감하게 척도화한 표준화된 검사에 대한 환자의 수행에 근거하여 두뇌 기능을 기술하는 비침습적 방법이다(Golden et al., 1992).

> 신경심리학자는 대뇌 손상의 편측화, 국재화 및 대뇌 손상 진행에 관한 쟁점들을 기술한다. 신경심리학적 평가는 또한 교육적, 사회적, 또는 직업적 적응에 있어 어떤 한계가 있는지 알려 준다. 퇴행성질환, 뇌혈관장애, 다발성 경색과 같은 신경학적 장애를 지닌 환자들은 병이 진전되거나 호전되는 속도가 매우 다양하므로 상태의 심각도에 대하여 환자를 평가하는 가장 의미 있는 방법은 신경심리학적 평가절차를 통해서 객관적으로 행동을 평가하는 것이다(Golden et al., 1992, p.19).

신경심리학자의 역할

신경심리학자들은 다양한 역할을 수행한다(Golden et al., 1992). 첫째, 신경심리학자들은 자주 신경과 의사나 다른과 의사들로부터 특정한 진단을 내리거나 배제하는 것을 도와달라는 요청을 받는다. 예를 들어 어떤 환자가 신경학적이거나 정서적인 이유로 여러 증상을 나타낼 수 있다. 신경심리학적 검사 결과는 이런 상황에서 진단을 명료화하는 데 도움을 줄 수 있다. 둘째, 두뇌의 기능 체계에 대해 다루므로 신경심리학자는 회복의 예후에 관하여 예측할 수 있다. 세 번째 주요 역할은 개입과 재활이다. 신경심리학자에 의해서 제공된 정보는 종종 치료에 중요한 정보를 제공한다. 검사 결과는 재활치료가 어떤 기능 영역에 도움을 줄 수 있는지 알려 준다. 마지막으로 신경심리학자는 환자의 강점과 약점에 맞는 치료전략을 세우고(현재의 인지적 손상 정도에 입각하여) 병의 경과를 예측하는 데 도움을 주기 위해서 정신장애 환자들을 평가하도록 요청받는다(Keefe, 1995).

신경심리학자의 역할에 대한 정의와 기술을 염두에 두고, 이 영역의 역사를 간단히 살펴보자.

신경심리학의 역사

두뇌 기능의 이론들. 대부분의 심리학 영역에서처럼, 신경심리학의 역사적 뿌리는 따지려 들면 훨씬 오래전으로 거슬러 올라간다. 일부 학자들은 기원전 3000~1700년경까지 거슬러 올라가 두뇌 기능의 국재화를 논의한 문서인 Edwin Smith Surgical Papyrus를 신경심리학의 기원으로 삼고 있다(Walsh & Darby, 1999). 다른 학자들은 Pythagoras가 인간이 뇌에서 추론을 한다고 말했을 때 신경심리학이 시작되었다고 주장한다. 또 다른 학자들은 로마의 의사인 Galen이 마음은 Aristotle이 주장한 것처럼 심장에 있지 않고 뇌에 있다고 주장한 2세기경을 그 시작으로 꼽는다.

그러나 신경심리학의 기초가 되는 가장 중요한 사건은 19세기에 있었다(Hartlage, 1987). 그때부터 연구자들은 특정한 두뇌피질 영역이 손상되면 어떤 적응행동들에 기능장애가 발생한다는 것을 이해하기 시작하였다. 이런 관계를 이해한 최초의 학자는 Franz Gall로, 그는 현재 인정을 받지 못하고 있는 골상학을 주장하였다. Gall은 지능과 성격(예: 읽기능력)의 개인차는 두개골의 튀어나온 부분과 들어간 부분을 파악하면 평가될 수 있다고 믿었다. 즉, 뇌의 어떤 영역의 크기가 그에 상응하는 심리적 능력을 결정한다고 믿었다. 이로 인해서 **기능의 국재화**(*localization of function*)라는 개념이 처음으로 널리 알려졌다. 이 국재화는 1861년 Paul Broca의 외과적 연구로 훨씬 크게 공신력을 얻었다. Broca는 언어를 표현하는 능력을 상실한 두 환자들을 사후에 검시하여 운동 언어(motor speech)의 위치를 발견하였다. 그 이후 30~40년 동안 주요한 각 기능이 어디에 위치하고 있는지를 표시한 뇌 지도를 보여주는 많은 책들이 출판되었다(Golden, 1984).

Pierre Flourens 등은 동물들의 뇌에서 어떤 영역을 외과적으로 파괴시킨 후 그 결과로 어떤 행동문제가 나타나는지 기록하였다. Flourens와 20세기 초기에 Karl Lashley는 이런 연구도 **등잠재성**(*equipotentiality*)의 개념을 내세웠다. 즉, 뇌 기능의 국재화가 확실히 있다 하더라도 대뇌피질은 고립된 단위들이 아니라 하나의 전체로서 기능한다는 것이다. 특히, 고등 지적 기능은 전체로서의 뇌에 의해서 중재되며 어떤 한 부분이라도 두뇌가 손상되면 이런 고등 기능에 손상이 일어나지만 대뇌피질의 다른 영역의 능력이 손상된 영역을 대치한다고 믿었다.

그러나 국재화와 등잠재성 이론은 모두 몇 가지 문제를 제기한다. 국재화주의자들은 두뇌의 매우 다른 영역이 손상되어도 왜 같은 결함이나 장애를 일으키는지를 설명할 수 없으며, 등잠재성 이론을 주장하는 사람들은 매우 작은 병소를 지녔는데도 환자들이 왜 눈에 띄는 특정한 행동 결함을 나타내는지 설명할 수 없다(Golden et al., 1992). 이 두 관점을 통합한 한 대안적인 이론이 기능적 모델이다. 이는 신경과 의사인 Jackson이 처음 제안하였고, 후에 소련의 신경심리학자인 Luria에 의해서 보완된 이 기능적 모델은 두뇌 영역들이 행동을 생산하기 위해서 서로 상호작용을 한다고 주장한다. 행동은 "하나 또는 여러 부분으로 나누어진 두뇌 영역들의 결과라기보다는 두뇌 영역들의 여러 기능들이나 체계의 결과로 생각된다. 어떤 단계에서 파괴되어도 그 기능 체계가 가동하지 못하게 된다(Golden et al., 1992)." 이 모델은 과거의 이론들로는 설명할 수 없는 많은 임상적 발견들을 설명할 수 있으므로 중요하다. 기능적 모델에 따르면 행동 결함의 특성은 어떤 기능 체계(예: 각성, 지각, 또는 행동계획)가 영향을 받았는가와 그 기능 체계 내에서 손상을 입은 부위가 어디인가에 달려 있다. 끝으로 재조직화라고 불리는 한 과정을 통해서 두뇌 손상으로부터의 회복이 때때로 가능하다.

신경심리학적 평가. 신경학은 두뇌 기능의 대단위 작용(mass action)에 오랫동안 관심을 두어 왔다. 이런 관심은 기능의 국재화를 진단의 이차적인 목적으로 만들었고, 두뇌 손상을 흔히 단일한 현상으

■ 인물소개 **Brick Johnstone, Ph.D.**

Brick Johnstone 박사는 미주리-콜롬비아대학교에 있는 건강전문대학의 건강심리학과 교수이고 학과장이다. 그는 미국 임상신경심리학 위원회로부터 자격을 인준받았고, 미국신경심리학회(National Academy of Neuropsychology)의 평위원(fellow)이다. Johnstone 박사의 연구 초점은 장애인들의 직업 재활, 재활과 신경심리학 영역에서의 수련 및 건강관리개혁이다. Johnstone 박사에게 그의 배경과 관심뿐만 아니라 임상심리학과 신경심리학의 미래에 대한 의견을 물었다.

처음에 어떤 이유로 임상심리학 분야에 관심을 갖게 되었습니까?

듀크대학교 학부에 재학하고 있을 때 수업과 임상실습을 통해서 임상심리학에 흥미를 느끼게 되었다. 나는 이상심리학 수업을 수강하고 Butner 주립병원에서 자원봉사자 활동을 한 후에 정신병리에 강한 흥미를 느꼈다. 인지심리학과 지각심리학 과목을 통해 뇌 기능에 관심을 갖게 되었고 마침내 신경심리학에 관심을 갖게 되었다. 끝으로, 학부생 때 아동들의 인기와 관련 있는 요소들이 무엇인지 결정하는 연구에 연구조교로 참여하였고, 이로 인해 심리학적 연구에 관심을 갖게 되었다.

임상심리학자로서 당신이 어떤 활동을 하고 있는지 기술해 주십시오.

나는 현재 미주리-콜롬비아대학교 건강심리학과의 학과장으로 근무하고 있다. 행정적인 의무와 연구에 대한 의무를 가지고 있으나 나의 주된 관심은 임상이다. 나는 신경심리학자로서 자격증을 지니고 있지만 나 자신을 두뇌의 기능장애와 신체적 장애를 지닌 사람들의 재활에 전문성을 갖춘 임상심리학자라고 생각한다. 나는 특별한 요구를 지닌 집단과 일을 하고 있지만, 내가 사용하는 기술들은 대학원에서 배운 것들이다. 환자에 대한 평가는 1차적으로는 자세한 임상적 면접과 행동관찰에 바탕을 두고, 2차적으로는 객관적인 검사자료에 바탕을 둔다. 두뇌 기능장애 환자들의 치료는 내가 조지아대학교의 임상심리대학원 프로그램에서 학습한 모든 행동주의 치료방법에 바탕을 두고 있다.

임상심리학자들이 앞으로는 행정적인 기술을 발달시킬 필요가 있음을 시사하는 현 추세와 일치하게도, 나는 10명의 심리학자, 4명의 박사 후 연구원, 3명의 인턴, 그리고 여러 명의 직원들로 구성된 학과의 학과장이다. 불행히도 나는 대학원 수련 중에 오늘날 직면하는 재정적이고 정치적인 쟁점들을 어떻게 다루어야 할지 배우지 못했는데, 대학원 프로그램들이 이런 영역들에 대해서 학생들을 더 잘 교육시킬 수 있기를 희망한다. 나의 연구 초점은 장애인들의 직업적 성공을 증진시키는 것이다. 나는 1998년부터 2002년까지 17군데 미국외상성 두뇌 손상 모델 시스템센터 중 한 곳의 책임연구자(PI)였다. 이 연구의 17명 책임연구자 중에 12명이 심리학자였다는 사실은 중요하게 언급되어야 한다. 임상심리학자들에게 열려있는 기회는 건강관리와 건강정책의 수많은 영역으로 확장되고 있으며 엄청나다.

당신이 전문적 지식을 가지고 있거나 관심이 있는 영역은 무엇입니까?

나의 주된 전문 영역은 재활심리학이다. 대학원 재학 시절, 나는 캔자스 시 재향군인병원에서 여름 동안 신경심리학 인턴을 하였다. 그 이전에는 WAIS를 실시해 본 적도 전혀 없었다. 그 경험으로 뇌 기능장애를 지닌 사람들과 일하는 것에 대한 내 관심이 확실해졌다. 신경심리학적 평가에 대한 임상적 연구적 관심이 늘어나게 되었다. 여러 요인들의 결과로, 신경심리학 전문 분야는 주로 다양한 장애의 진단을 도와주고 뇌-행동 관계를 밝히는 영역으로 발전하였다. 그러나 신경방사선 기법들이 정교해지면서 신경심리학은 더욱 기능적으로 관련될 필요가 있게 되었고, 뇌 손상환자와 그들의 가족을 위한 실제적인 치료전략에 더 초점을 맞추게 되었다. 나는 신체의학 및 재활학과(Department of Physical Medicine and Rehabilitation)의 동료들로부터 재활심리학에 관해서 많이 배웠다. 나의 목표는 두뇌 기능장애환자들을 위한 신경 심리학적 치료를 개선시키고, 재활과 장애에 대하여 더 좋은 수련이 실시될 수 있도록 신경심리학자들에 대한 수련 지침을 개선하는 것이다.

당신은 임상심리학의 미래에 대해 어떻게 생각하십니까?

심리학의 미래를 예상하는 일은 항상 재미있다. 관리의료로 인한 스트레스뿐만 아니라 잠재적 성장 기회까지 고려하면, 긍정적인 측면에서 임상심리학자들은 전통적인 정신건강 밖의 영역으로 전문성을 계속 확장해 나갈 것이다. 내가 현재 있는 곳에서 임상심리학자들은 (1) 장애인들을 위한 Medicaid 관리의료 프로그램을 개발하고, (2) Robert Wood Johnson 재단 연구비로 지방에 거주하는 장애 아동들에 대한 관리의료의 영향을 연구하는 책임 연구자들로 활동하고 있다. 우리 학과의 다른 심리학자들은 지방에 거주하는 외상성두뇌 손상환자를 위한 원격의료 적용을 연구하는 책임 연구자들이며, 한 동료는 미국 척수손상 모델 시스템을 연구하는 17군데 중 한 곳의 책임연구자이고 책임연구자 중 유일한 심리학자이다. 또한 의대에서 근무하는 많은 심리학자들은 심리적 서비스로 도움을 받을 수 있는 많은 환자집단(계통질환, 감염질환 및 심혈관질환을 포함)을 찾아내어 도와주고 있다.

관리의료의 최근 추세로 인하여 모든 건강관리전문가들이 자기가 하는 서비스가 효과 있다는 것을 증명하지 않을 수 없게 되어 긍정적인 효과를 낳고 있다. 그러나 심리학자들이 사회사업가들이나 면허가 있는 전문상담가들보다 우수하지만 저렴한 서비스를 제공할 수 있다는 것을 보여 주지 못했기 때문에 임상현장에서 심리학자의 입지가 좁아질 것으로 보인다. 미주리 주 심리학회의 전임 회장으로 나는 임상심리학의 미래는 우리의 직업을 옹호하고 다른 사람들에게 우리의 가치를 보여주는 능력에 달려 있다는 것을 깨달았다. 우리 스스로 그렇게 하지 않는다면 아무도 우리를 위해서 그렇게 하지 않을 것이다.

신경심리학의 미래를 어떻게 보십니까?

나는 신경심리학 전문 분야가 두 방향으로 나누어지고 있다고 생각한다. 첫째는 실험적인 것에 초점을 맞추는 것이며, 결과적으로 특정한 뇌-행동관계를 밝히는 더 많은 연구들이 수행될 것이다. 정교화된 신경방사선 기법들로 인해서 우리는 뇌가 어떻게 기능하는지에 대해 훨씬 잘 이해할 수 있게 될 것이다. 다른 한편으로 나는 임상신경심리학이 재활에 기반을 둔 평가와 치료를 발달시키는 데 초점을 맞추게 될 것이라 생각한다. 앞으로 신경심리평가를 위해 의뢰된 사람들은 대부분 그들의 문제의 원인을 알고 있을 것이다. 따라서 임상신경심리학자들은 가정, 직장, 학교에서의 그들의 일상적인 기능을 도울 수 있는 특정한 치료적인 제언을 개발할 필요가 있을 것이다.

로 간주하게 만들었다. 여러 심리검사들(예: Benton Visual Retention Test, Graham-Kendall Memory-for-Design Test)은 단순히 두뇌 손상 여부를 판단하기 위해 사용되었다. 특정 검사와 특정 두뇌 병소와의 상관에 대한 정보는 효율적으로 수집되지 않았다.

하나의 학문 영역으로서 신경심리학은 제2차 세계대전 직후에 성장하기 시작하였는데 그 이유는 (a)

전쟁 동안 뇌 손상 환자가 많이 발생하였고, (b) 임상심리학 영역 자체가 발달했기 때문이다(Hartlage, 1987). 전쟁 이후엔 Ward Halstead의 연 구로부터 큰 발전을 하게 된다. Halstead는 일상에서 뇌손상환자를 관찰하고 그들의 행동에서 어떤 특성을 발견하였다. 그 다음 그는 이 환자들에게 다양한 심리검사들을 실시하여 그들의 특성을 평가하려고 시도하였다. 그는 요인분석을 통해서 궁극적으로 자신의 검사 배터리를 구성하는 10개의 측정치를 확인하였다. 후에 Halstead의 대학원 학생이었던 Ralph Reitan이 10개의 검사에서 두 개의 검사를 제외시키고 대신 다른 검사들을 포함시켜 검사 배터리로 만들었다. 그 뒤에 Reitan과 그의 동료들은 검사 반응과 두뇌 병소를 연결지을 수 있었고, 이런 작업은 Halstead-Reitan Neuropsychological Battery (HRNB)로 정점에 이르렀다. 1980년에 Luria-Nebraska Neuropsychological Battery (LNNB)가 개발되었는데 이 검사는 Halstead-Reitan 배터리의 대안으로 현재 자주 사용되고 있다. 나중에 이 검사들과 다른 신경심리학 검사들에 관해서 더 기술할 것이다.

그러나 현대 임상신경심리학자들은 평가 시에 점점 더 융통성 있는 검사 배터리 접근(flexible battery approach)을 채택하고 있다. 융통적인 검사 배터리는 환자가 나타내는 임상적 특성과 신경심리학자의 가설에 근거하여 각각의 환자에게 맞추어진 평가를 허용한다. HRNB과 LNNB와 같은 표준 배터리는 너무 시간이 오래 걸리고 특정한 임상상황에 적용될 수 있도록 쉽게 수정될 수 없다. 우리는 나중에 표준 검사배터리와 융통적인 검사 배터리 접근을 비교할 것이다.

뇌: 구조, 기능과 손상

더 진행하기 전에 뇌의 몇 가지 중요한 측면들을 개관하는 것이 도움이 될 것이다. 이것은 기초적으로 필요한 간단한 내용이므로 더욱 광범위한 설명을 위해서는 다른 참고문헌(예: Golden et al., 1992; Walsh & Darby, 1999)들을 활용하기 바란다.

구조와 기능

뇌는 두 반구로 이루어져 있다. 좌반구는 우측 신체를 통제하며 거의 모든 오른손잡이와 상당한 수의 왼손잡이들의 언어기능, 논리적 추론 및 세부 분석에 관여하는 것으로 생각된다. **우반구**는 신체의 왼쪽을 통제한다. 우반구는 시공간 기술, 창조성, 음악적 활동 및 방향지각에 더 관여한다. 그러나 일부 왼손잡이들은 이와는 반대의 반구 패턴을 지닌다. 두 반구들은 뇌량을 통해서 서로 의사소통을 하며 뇌량은 우리의 복잡한 행동을 조정하고 통합하도록 돕는다.

각 대뇌반구는 4개의 엽(lobe)을 갖는다—전두엽, 측두엽, 두정엽, 그리고 후두엽(그림 19-1 참조). **전두엽**은 진화론적이면서 발달적인 관점에서 볼 때 뇌에서 가장 최근에 발달된 부분이다. 전두엽은 가치 있는 목표를 성취하기 위해서 행동을 변화시키는 데 필요한 피드백을 얻을 수 있도록 자신의 행동과 그에 대한 다른 사람들의 반응을 관찰하고 비교할 수 있게 한다. 또한 전두엽은 집행기능들(목표지향적인 행동을 형성, 계획하고 실행에 옮김)과도 연관된다. 마지막으로 정서적 조절(자신의 정서적 상태를 감찰하고 통제하는 능력)도 전두엽 기능과 연관된다. 전두엽의 발달은 대부분이 청소년기에 이루어진다.

측두엽은 언어적 표현, 수용 및 분석을 중재한다. 측두엽은 또한 음조, 소리, 리듬 및 비언어적인 의미의 청각적 처리에도 관여한다. **두정엽**은 촉각과 근육운동지각, 공간지각 및 일부 언어이해와 처리에 관련된다. 또한 두정엽은 신체자각(body aware-ness)과 관련 있다. **후두엽**은 주로 시각적 처리와 시각적으로 중재된 기억의 일부 측면에 관여한다. 균형의 통제와 근육 긴장도 및 운동조절기능은 소뇌와 연합되어 있다.

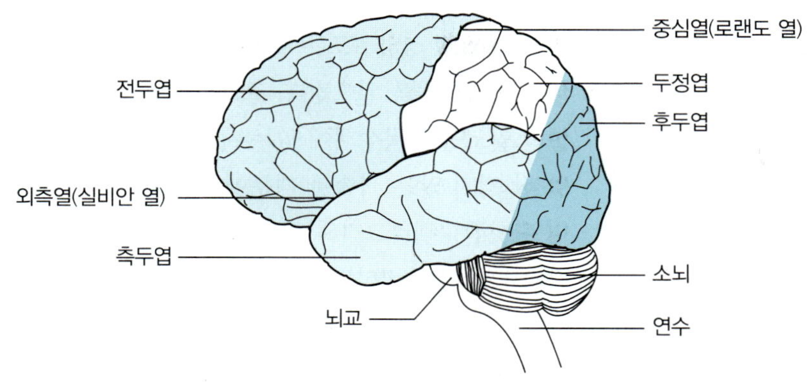

그림 19-1 ▪ 대뇌피질

두뇌 손상의 선행사건과 원인

무엇이 두뇌 손상을 일으키는가? 거기에는 많은 가능성이 있다.

외상. 매년 미국에서는 500,000명 이상이 두뇌 손상을 입는 것으로 추산된다(Zillmer et al., 2008). 외상을 일으키는 사건은 자동차 사고부터, 운동부상, 그리고 사다리에서 떨어지는 것에 이르기까지 다양하다. 그 결과도 천차만별인데 두뇌 손상의 내용(예: 폐쇄형 대 개방형)이 결과에 영향을 미친다. 대부분의 두뇌 손상이 경한 편이지만, 입원이 필요한 경우도 꽤 있다. 두뇌 외상은 미국의 젊은이들의 사망과 장애(disability)의 주된 원인이다(R. J. Smith et al., 1997).

두뇌 외상의 주된 결과는 뇌진탕(concussion), 뇌좌상(contusion) 및 뇌열상(laceration)의 3개 범주로 분류될 수 있다. **뇌진탕**은 보통 순간적인 두뇌 기능의 혼란을 일으키나 미식축구, 축구, 권투 등의 경우에서처럼 반복적인 진탕이 아니라면 영구적인 손상은 흔하지 않다. **뇌좌상**은 뇌가 정상적인 위치에서 벗어나 두개골에 눌린 경우를 말한다. 그 결과로 두뇌 조직에 멍이 든다. 심각한 결과가 초래될 수 있으며 혼수상태와 섬망에 빠질 수도 있다. **뇌열상**은 두뇌 조직이 실제로 파열되고 파괴되는 것이다. 총알이나 날아오는 물체에 의해서 발생 할 수 있다. 물론 이런 열상은 매우 심각한 손상이다.

뇌혈관 사고. 대뇌혈관이 막히거나 터지는 것을 흔히 '뇌졸중(stroke)'이라고 부른다. 이것은 성인들의 두뇌 손상의 대표적 원인인데, 미국(과 다른 나라들)에서 뇌졸중은 주요 사망원인 중 하나이다. 뇌졸중은 주로 노인들에서 발생하지만 중년기의 가장 흔한 사망 원인 중의 하나이기도 하다(Mora & Bornstein, 1997). **폐색**(*occlusion*)은 혈병(blood clot: 핏속의 덩어리)이 뇌의 특정 영역에 공급되는 혈관을 막는 것을 말한다. 폐색은 **실어증**(언어장애), **실행증**(자발적인 움직임을 수행하는 능력의 장애) 또는 **실인증**(감각적 지각장애)을 일으킬 수 있다. 대뇌출혈의 경우 혈관이 파열되고 혈액이 뇌 조직으로 흘러가서 그 조직을 손상시키거나 파괴시킨다. 결과로 발생되는 정확한 증상들은 발생한 위치와 심각도에 따라 다르다. 매우 심한 경우는 사망에 이른다. 살아남더라도 흔히 마비, 언어장애, 기억력과 판단력 장애 등을 보인다.

뇌졸중 환자를 즉시 병원에 가도록 하는 것이 매우 중요하다. 근본적으로 폐색을 용해시키는 약물('clot-busting' medication)은 폐색성 뇌졸중의 영구적 장애를 막을 수 있다. 또한 신경 손상이나 심지어 사망까지도 일으킬 수 있는 연속적인 화학적 반응을 방지하는 새로운 약물들(예: tissue plasmin-ogen activator, tPA; Fagan et al., 1998)이 개발 중이다. 그러므로 신속하게 치료를 받으면 큰 도움을 얻을 수 있다.

종양. 뇌종양은 뇌의 바깥이나 내부에서 성장하거나 폐나 유방과 같은 신체의 다른 기관으로부터 체액에 의해서 퍼진 전이세포에 의해서 생긴다(Berg, 1997). 뇌종양 초기에는 흔히 증상이 매우 불분명하고 두통과 시각장애를 나타내다가 점차 판단장애 등을 보인다. 종양이 커짐에 따라서 다양한 다른 증상들(예: 기억력 장애, 정서적 문제, 운동조절 장애)이 나타난다. 종양은 수술로 제거될 수 있지만 수술 자체가 더 많은 뇌손상을 일으킬 수 있다. 일부 종양은 수술하기에 너무 위험한 위치에 있어서 수술할 수 없다. 그런 경우에는 방사선 치료가 흔히 사용된다.

퇴행성 질환. 이 집단에 속한 질환들은 중추신경계에 있는 뉴런들이 퇴행하는 것이 특징이다(Allen, Sprenkel, Heyman, Schramke, & Heffron, 1997). 흔한 **퇴행성 질환**으로는 헌팅톤병, 파킨슨병, 알츠하이머병과 기타 치매가 있다. 알츠하이머병이 가장 흔한 퇴행성 질환이고(전형적인 발병연령은 65세 이상), 그 다음은 파킨슨병이며(발병연령은 50~60세), 마지막은 헌팅톤병(발병연령은 30~50세) 이다. 이 세 가지 모두가 운동 영역의 증상들과 함께 점진적으로 대뇌 퇴행을 나타낸다. 이런 범주에 속한 환자들은 결국은 운동, 말, 언어, 기억 및 판단장애를 포함하는 많은 행동 영역에서의 심각한 장애를 나타낸다. 점점 더, 신경심리학자들은 알츠하이머질환 같은 질병을 조기에 발견하여 치료의 효과를 극대화하려는 노력을 하고 있다(Bondi, Jak, Delano-Wood, Jacobson, Delis, & Salmon, 2008).

영양 결핍. 영양실조는 결국에는 신경학적이고 심리적인 장애들을 일으킨다. 코르사코프 정신병(오랫동안 알코올 중독상태에 있는 사람들에게 흔한 병으로 잘 먹지 않는 식습관 때문에 발생한 영양문제에서 비롯됨), 펠라그라(나이아신과 비타민 B_3결핍)와 각기병(티아민/비타민 B_1결핍)이 여기에 속한다.

독성장애. 다양한 금속, 독소, 가스, 심지어 식물들도 피부를 통해서 흡수될 수 있다. 일부 경우에서는 두뇌 손상을 일으키는 독성 효과를 낳는다. 이런 장애들과 연합되어 나타나는 매우 흔한 증상은 **섬망**(의식의 혼란)이다.

만성 알코올 남용. 알코올에 장기적으로 노출되면 흔히 알코올에 대한 내성과 의존이 생긴다. 내성과 의존은 신경전달물질의 민감도 변화와 두뇌조직의 수축과 같은 신경학적 상관물을 낳는다.

뇌의 여러 영역이 만성적인 알코올 노출로 인한 손상에 특히 취약하다(U.S. Department of Health and Human Services, 2000). 우리는 가장 일관적인 몇 가지 발견들만 여기에서 강조하겠다. 변연계는 기억 형성, 정서적 조절 및 감각 통합과 연합되어 있는 뇌 내부 구조들의 네트워크이다. 알코올 중독자들에 대한 연구는 그들이 이 영역의 기능에 결함이 있음을 지적하여 왔다. 간뇌는 유두체와 시상하부를 포함하고 있는 뇌의 중심부 가까이에 있는 영역이다. 연구들은 만성적으로 알코올에 노출되면 이 영역이 수축되거나 손상됨을 시사하였고 알코올 중독자들의 기억결함은 이런 발견들과 일치한다. 몇몇 연구들은 알코올 중독자의 대뇌피질이 위축되어 있음을 시사하는 결과들을 보고하였다. 끝으로, 운동조정을 담당하는 소뇌의 손상 또한 잘 알려져 있다. 추락사고나 교통사고의 경력은 알코올 남용과 의존에서 비롯된 신경학적 손상을 시사할 수 있다. 그림

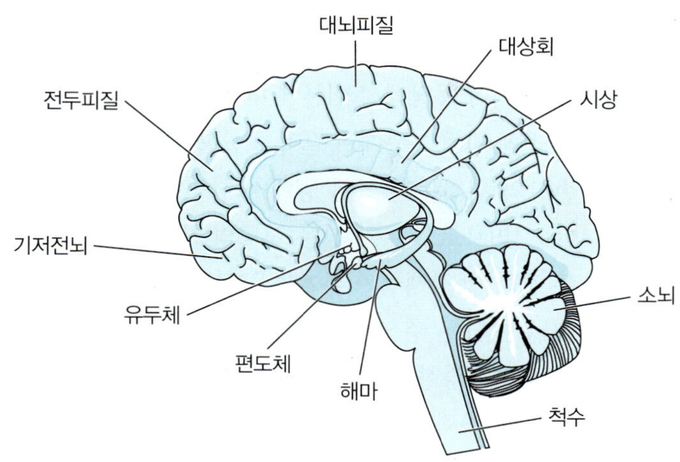

그림 19-2 ■ 만성 알코올 남용에 의해서 영향 받는 두뇌 구조들
출처: Courtesy of the U.S. Department of Health and Human Services. *The Ninth Special Report to the U.S. Congress on Alcohol and Health*, 1997, p.150.

19-2는 뇌에 미치는 알코올의 효과에 관한 연구에서 밝혀진 관련 두뇌 영역들을 그림으로 보여 준다.

신경학적 손상의 결과와 증상

두뇌 손상이나 외상은 다양한 인지적 – 행동적 증상들을 초래할 수 있다. 진단을 하는 사람들에게는 불행하게도 이 증상들이 또한 전통적인 정신장애 시에도 발생 가능하다. 신경학적 장애에 대한 반응으로 환자들이 심리적이고 정서적인 증상을 나타 낼 수도 있다. 예를 들어, 신경학적 장애를 지닌 어떤 사람은 그로 인해서 일상적인 과제를 다룰 수 없어서 우울해질 수 있으며, 이런 상황은 변별 진단과정을 쉽사리 불분명하게 만들 수 있다. 진단의 어려움은 제쳐두고, 신경학적 손상과 연합되어 흔히 나타나는 몇 가지 증상들을 아래에 기술하였다. 그러나 이 각각의 증상들은 모든 장애에서 발생할 수 있고, 같은 장애를 지닌 환자들이라도 이런 증상들에 있어서 상당한 차이를 나타낼 수 있다.

1. **손상된 지남력**: 예를 들면, 그 사람이 누구인지, 오늘이 무슨 요일인지 말하지 못하고 자신의 주변에 관하여 알지 못한다.
2. **손상된 기억력**: 환자는 사건들, 특히 최근 사건들을 잊고 때때로 잊어버린 부분을 메우기 위해서 이야기를 만들어 내며, 새로운 정보를 학습하고 유지하는 능력이 손상된다.
3. **손상된 지적 기능**: 이해, 말하기, 계산 및 일반적인 지식이 손상된다(예: 간단한 단어를 정의할 수 없고, 미국 대통령 이름을 말하지 못하며, 숫자 더하기를 못한다).
4. **손상된 판단력**: 결정을 하지 못한다(예: 점심식사로 무엇을 먹을지 언제 자러 갈지 결정하지 못한다).
5. **얕고 불안정한**(변화가 심한) **정서**: 사소한 자극에도 너무 쉽게 웃거나 울며, 대부분의 경우 부적절하다. 예를 들면 기뻐하다가 눈물을 흘리고 다시 화를 내는 등 정서가 매우 빠르게 변화한다.
6. **정서적 · 정신적 회복능력의 상실**: 정상적인 환경에서는 비교적 잘 기능할 수 있으나 스트레스(예: 피로, 정신적 요구, 정서적 흥분)가 있으면 판단, 정서적 반응 및 비슷한 문제들에서 퇴행을 보인다.
7. **전두엽 증후군**: 수술, 종양, 또는 손상에 의해서 전두엽 조직이 파괴되면 DSM-IV 1축에 속하는 성격특징들이 나타난다. 전형적인 증상들은 충동 통

제의 장애, 사회적 판단능력과 계획능력의 장애, 행동 결과에 대한 관심의 부족, 무감동과 무관심, 의심과 격렬한 떼쓰기(temper tantrum)이다.

글상자 19-1은 그런 손상 이후 발생할 수 있는 성격변화를 기술하고 있다.

뇌-행동 관계

특정한 평가 기법을 기술하기 전에 우리는 뇌-행동 관계를 바라보는 몇 가지 기본적인 방법을 간단히 개관하고자 한다.

우리는 19세기 후반에 기능의 국재화가 가장 널리 받아들여졌던 접근이었음을 살펴보았다. 뇌의 특정한 영역이 특정한 행동을 통제한다는 생각은 아직도 신경심리학자들 사이에서 통하는 중요한 원리 중 하나이다. 이 원리는 두뇌 손상 평가에 있어 주된 관심이 뇌의 어디가 손상되었는가에 있다는 것을 의미한다. 손상 영역의 크기에 따라 손상 정도가 달라진다(Golden, 1984). 실제로 뇌종양은 종양 자체로부터 멀리 떨어진 영역들을 손상시키는 두개(頭蓋) 내 압력을 증가시킬 수 있다. 그러나 근본적인 생각은 뇌의 다른 지역에 있는 같은 크기의 병변은 다른 행동 결함을 생성할 것이라는 것이다(Krech, 1962).

그러나 등잠재성 이론에 따르면, 뇌의 모든 영역은 전체 지적 기능에 똑같이 공헌한다(Krech, 1962). 손상의 위치는 손상된 양에 비하면 이차적인 것이다. 그러므로 모든 손상은 정도의 차이 이외에는 모두 같다. 등잠재성 이론가들은 모든 형태의 뇌 손상에 수반되는 추상적이고 상징적인 능력의 결함을 강조하는 경향이 있는데 이런 능력의 결함은 문제해결 시 경직되고 구체적인 태도를 지니게 한다(K. Goldstein & Scheerer, 1941참조). 그런 견해들은 모든 두뇌 손상에 공통적으로 발생하는 기초적인 결함을 확인하는 검사를 개발하도록 이끌었다. 그러나 불행히도 그런 검사들은 임상적으로 유용하지 않았다(Golden, 1981).

많은 연구자들은 국재화나 등잠재성 어느 하나도 전적으로 인정할 수 없었다. 그래서 Hughlings Jackson에 의해서 제기된(Luria, 1973) 대안들이 우세하게 되었다. Jackson에 따르면, 매우 기초적인 기술들은 국재화될 수 있지만, 관찰되는 행동은 수많은 기초적인 기술들의 복합적인 집합체이고 따라서 통합된 전체로서의 뇌가 관여한다. 이런 뇌의 기능적 모델은 국재화와 등잠재성이론 모두를 포함한다.

글상자 19-1 두뇌 손상 이후의 성격변화: 단일 사례

한 젊은 베트남 참전 용사는 지뢰폭발로 뇌의 오른쪽 전두엽을 잃었다. 그의 어머니와 아내는 그가 입대하기 전에는 매우 명랑하고 양심적이고 부지런한 제재소 노동자였다고 기술했다. 전쟁에서 집으로 돌아왔을 때, 그 사람의 모든 언어기능과 대부분의 사고기능은 완전해 보였다. 그는 불안감이 전혀 없었고 걱정이 하나도 없었다. 그는 점차 매우 느긋해졌고 제멋대로였으며 무엇을 하고자 하는 욕구와 타인들에 대한 민감성이 부족했다. 그의 아내는 아기가 열이 있거나 집세가 만기가 되었을 때 남편과 의논할 수 없었다. 그녀는 혼자서 모든 재정적인 일들을 처리하고, 가정과 집의 모든 책임을 수행하였으며 모든 것을 계획해야 했을 뿐만 아니라 남편이 시간에 맞추어 일하러 가는지를 확인하고 그가 금요일 밤에 집에 도착하기 전에 술을 마셔 급여를 없애지 않는지 살펴야 했다. 지난 수년 동안 이 무심한 남편이 주는 부담을 아내가 얼마나 오래 견딜 수 있을지 아슬아슬했다. 결국 그의 아내는 그가 모든 일을 그만두고 상당한 액수의 보상금을 탕진하자 결국 그를 떠났다.

출처: *Neuropsychological Assessment*, 3rd edition, by Muriel Deutsch Lezak, p.42.

더 나아가 Luria(1973)에 따르면, 매우 복잡한 행동들은 단순한 영역을 넘어서 뇌의 복잡한 기능 체계와 연관된다. 예를 들어서, 추상화하는 우리의 능력은 복합적인 지적 기술이며, 그것은 뇌의 많은 체계와 관련되어 있다.

뇌 손상은 시지각, 청지각, 근육운동지각, 수의적인 운동조정과 기능, 기억, 언어, 개념적 행동, 주의, 정서적 작용 등의 영역에 큰 영향을 줄 수 있다. 흔히 임상가들은 지적 퇴행 여부를 결정해달라는 요청을 받는다. 이 작업은 과거 수준과의 암묵적 또는 명시적 비교를 포함하므로 현재 기능의 평가 이상이 요구된다. 일반적으로 말해서 지적인 퇴행은 크게 두 가지 유형으로 나눌 수 있다—(a) 심리적 요인들(정신병, 동기부족, 정서적 문제, 보험회사를 속이려는 희망 등)에 의한 쇠퇴, (b) 뇌 손상으로 인한 쇠퇴. 물론 손상이나 병이 발병하기 전에 환자가 수행한 일련의 검사 자료를 임상가가 이용할 수 있다면 평가는 훨씬 쉬워질 것이다. 그런 병전 자료는 현재의 수행을 비교할 수 있는 기저선을 제공한다. 불행히도 임상심리학자들은 진단을 필요로 하는 환자들에 대하여 그런 자료들을 거의 가지고 있지 않다. 그들은 교육과 직업 및 기타 변수들에 대한 사례 정보를 가지고 환자의 과거 기능 수준을 추론해야 한다. 여러 해 동안 임상가들은 타당도에 대한 경험적 증거 없이 오히려 직관적인 방식으로 병전 기능의 지표들을 사용하여 왔다. 그러나 이 모든 방법들은 틀릴 수 있다.

신경심리학적 평가 방법

평가는 이미 논의된 것뿐 아니라 또 다른 많은 쟁점들을 포함하는 복잡한 일이다. 몇 가지 중요 쟁점들을 고려해 보자(Golden et al., 1992).

주요 접근방법

신경심리학적 평가를 위해서 의뢰된 모든 환자들에게 표준검사나 표준 검사 배터리가 실시되어야만 하는가? 혹은 임상적 판단, 의뢰 내용, 임상가의 특별한 기술과 경향에 기초하여 검사(들)가 선택되어야만 하는가? 첫 번째 접근방법은 **표준 배터리 접근방법** 또는 **고정 배터리 접근방법**이라 불린다. 이것은 모든 기본적인 신경심리학적 능력에 대해서 환자를 평가하는 방법으로 시간이 지나면서 모든 환자들에 대한 표준 데이터베이스를 축적할 수 있고, 중요한 점수 패턴을 확인할 수 있다는 이점을 지닌다. 주된 단점은 검사에 소요되는 시간이 길고 비용이 많이 들며, 환자가 피로할 가능성이 많고 융통성이 부족(평가가 각각의 환자들에게 맞추어지지 않는다는 점에서)하다는 것이다.

두 번째 접근방법은 **융통적인 접근방법** 또는 **가설-검증 접근방법**이라 불린다. 여기에서 각 평가는 개별 환자에게 맞추어지며 신경심리학자들은 각 사례에 따라 자신의 가설을 기준으로 검사를 선택한다. 어떤 경우에는 부가적인 가설이 검증될 수 있도록 검사 실시방법을 바꾸어 시행할 수도 있다. 어떤 사람들은 개별화된 접근은 임상가가 지닌 최고의 임상적 판단을 이용하는 효과적인 접근이라고 주장하나, 다른 사람들은 만일 임상가가 검사를 잘못 선택하면 잘못된 평가를 낳는다고 주장한다. 개별화된 접근으로는 특정 종류의 환자에 대한 특정 검사 자료를 체계적으로 수집할 수 없다. 물론 일부 임상가들은 하나 혹은 그 이상의 표준선별도구를 사용하고 나서 초기 선별검사의 결과에 따라서 다른 특정 검사들을 진행하는 방법으로 이 두 전략을 결합하여 사용하기도 한다.

신경심리학적 검사 결과의 해석

Zillmer와 동료(2008)들은 신경심리학자들이 검사

자료를 해석하는 다양한 방법들을 기술하였다. 첫째, 환자의 수행수준을 규준 자료의 맥락에서 해석하는 것이다. 예를 들면, 환자의 점수가 적절한 규준집단의 평균점수보다 유의하게 낮은가? 둘째, 한 환자가 수행한 2개의 검사 점수들 간의 **차이점수**를 계산하는 방법이다. 몇 점 이상의 점수 차이는 장애를 시사한다. 셋째, 두뇌 손상의 **병리적** 징후(예: 그림의 왼쪽 반을 그리지 못하는 것)를 지적하고 해석하는 것이다. 넷째, 점수들의 **패턴 분석**을 실시한다. 검사점수들의 어떤 패턴은 특정한 신경학적 손상이나 장애와 신뢰할 수 있게 연합된다. 마지막으로, 검사 점수에 차별적으로 가중치를 주는 통계적 공식들이 진단을 결정하기 위해서 사용될 수 있다.

검사자료를 해석하는 네 가지 다른 접근방법의 진단적 타당도에 대한 최근 검사에서 Ivnik 등(2000)은 절대점수/병리적 징후, 차이점수, 점수 패턴/프로파일 변이(variability) 접근들을 비교하였다. 흥미롭게도 연구자들은 절대점수 접근방법이 (노인들의 인지장애를 예측하는 데) 진단정확성이 가장 좋다는 것을 발견하였다. 이것은 차이점수나 점수패턴과 같은 더 복잡한 척도 대신 측정치들에 대한 절단점수가 사용될 수 있음을 시사한다.

해석에 관한 마지막 중요 쟁점은 환자들의 반응을 질적으로 평가하는 것이 바람직한가에 관해서이다. 신경심리학자들은 질적인 검사에 의존해야 할까 또는 결과를 점수로 바꾸는 양적인 방법에 의존해야 할까? 환자가 반응하는 방식이 중요한 자료인가 아니면 반응에 대한 채점이 중요한가? 많은 신경심리학자들은 아마도 서로 상충적이지 않은 이 두 가지 방법을 결합하여 사용할 것이다. 어떤 환자가 토막짜기 과제에서 적절히 토막을 구성하지 못하여 0점을 받았는지, 화가 나서 검사자의 테이블 바깥으로 토막을 떨어뜨려서 0점을 받았는지 아는 게 최종 진단에 중요하다. 두 경우 모두 얻은 점수(0점) 같지만 환자 반응의 질과 특성을 고려하고 분석하면 사례를 개념화하는 데 도움이 된다.

신경진단적 절차

독자들은 이미 의학 영역엔 다양한 신경진단절차가 있다는 것을 알게 되었을 것이다. 그 절차들은 신경과 의사에 의해서 수행되는 전통적인 신경학적 검사, 척수천자, x-ray, 뇌파검사, 컴퓨터단층촬영(CAT scan), 양전자방출촬영(PET scan), 최근 기법인 핵자기공명영상(NMR또는 MRI)기법 등이 그것들이다. 이 절차들은 손상과 질환의 존재를 알아내는 정말로 가치 있는 수단이다. 그러나 이 모든 절차가 장애를 진단하는 데 똑같이 잘 작용하는 것은 아니다. 이 기법들은 가끔 실제로 두뇌 손상이 없는데도 비정상이라는 결론을 내리기도 한다. 척수천자는 고통스럽고 때로는 해로울 수도 있다. 우리 모두는 너무 많은 x-ray를 쬐는 것에 대한 위험을 알고 있다.

아직도 신경과 의사는 진단 시 두뇌 손상의 증거를 직접적으로 찾는 것이다. 위에서 기술된 표준 신경진단절차 외에도 뇌의 작용에 대하여 더 잘 알 수 있게 하는 여러 다른 영상방법들이 있다(Bigler, Porter, & Lowry, 1997). 단일광자방출컴퓨터촬영(SPECT) 영상은 대뇌혈류흐름에 기초하여 뇌가 어떻게 작동하는지 '그림'을 제공한다. 또 다른 예로서 기능적 MR영상(fMRI)은 뇌에서의 혈류흐름변화를 평가한다. 이 두 가지 대안적인 새로운 신경진단절차는 뇌의 다른 영역들이 어떻게 일을 하고 있는지에 대한 정보를 제공하므로 임상신경심리학에게 유용하게 이용될 것으로 추측된다.

많은 신경진단적 절차들은 꽤 비싸고 일부는 침습적이다. 그러므로 더 비싼 신경진단적인 검사가 필요한지 여부를 알려줄 수 있는 신경심리학적 검사를 선별검사로서 사용하는 것이 도움이 될 것이다. 다음으로 우리는 신경심리학적 평가도구와 배터리들을 살펴보겠다.

인지기능의 검사 영역

광범위한 인지기능과 행동기능을 평가하기 위한 검사들이 많이 있다. 여기에서 우리는 신경심리학자들에 의해서 평가되는 기능 영역들 중 단지 일부만 논의하겠다. 더욱이 공간이 제한되어 있으므로 우리는 소수의 검사들만을 예로 들 것이다.

지적 기능. 지적 기능 수준을 평가하기 위해서 여러 해 동안 많은 기법들이 사용되어 왔다. 지적인 능력 수준을 평가하기 위해서 많은 신경심리학자들은 WAIS-IV(제8장 참조)와 WAIS-R-NI (Kaplan. Fine, Morris, & Delis, 1991)라고 불리는 WAIS-R을 변형시킨 검사의 소검사들을 사용한다. 변형된 내용은 예를 들면, 실시방법을 변화시키고(예: 지속적으로 오답을 하여도 환자로 하여금 반응을 계속하게 하는 것) 부가적인 소검사 문항들을 첨가한 것이다. 이런 변형을 통해서 WAIS-NI가 환자의 인지적 책략에 관해 더 많은 정보를 제공한다고 본다(R. M. Anderson, 1994).

WAIS-IV 전체를 실시하는 것이 불가능한 상황에서는 개별 소검사들이 사용될 수 있다. 가장 흔하게는 기본지식문제, 이해문제 및 어휘문제 소검사가 사용된다. 이런 소검사들은 두뇌 외상이나 손상에 가장 영향을 덜 받는다고 인정되고 있으며, 따라서 병전지능의 추정치를 제공할 수 있다. 현재 기능과 비교되는 기저선을 제공하는 손상 이전의 검사자료가 없기 때문에 이 점은 매우 중요하다.

추상적인 추론. 임상가들은 정신분열병으로 진단받은 환자나 인지적 손상이 추측되는 환자가 추상적이거나 개념적으로 사고하는 데 어려움이 있음을 관찰하였다. 그런 환자들은 매우 구체적인 방식으로 과제에 접근하는 것 같다. 추상적 추론능력을 평가하기 위해서 흔히 사용되는 검사들은 WAIS-IV의 공통성문제 소검사(제8장 참조)와 위스콘신 카드 분류검사(Wisconcin Card Sorting Test: WCST)이다(Heaton, 1981). 공통성문제 소검사는 환자에게 두 대상이 어떻게 같은지를 기술하도록 요구한다. WCST는 각 카드에 인쇄된 개체의 모양과 그 모양의 색깔 및 숫자가 서로 다른 카드들로 구성된다(그림 19-3참조). 환자는 검사자의 피드백('맞았습니다.' 또는 '틀렸습니다.')으로부터 추론된(deduced) 어떤

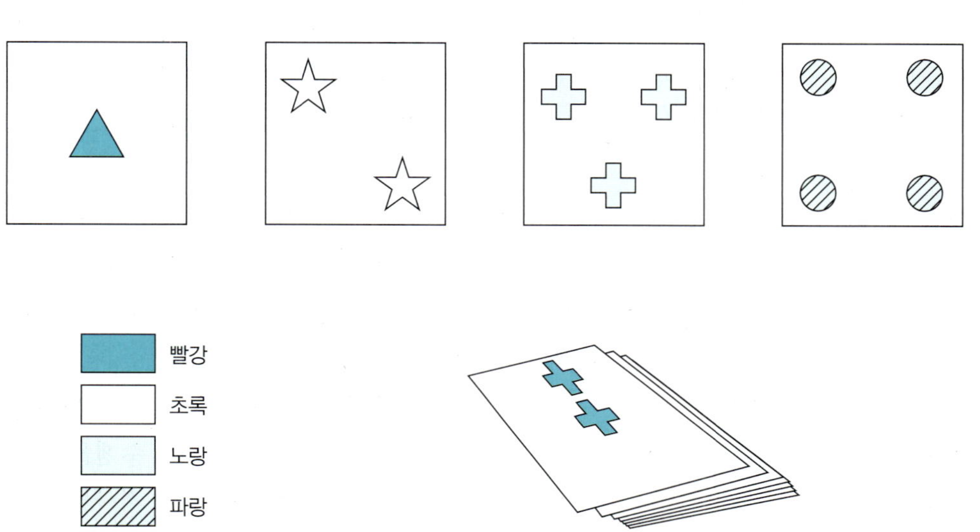

그림 19-3 ■ 위스콘신 카드 분류검사

출처: *Neuropsychological Assessment*, 3rd edition, by Muriel Deutsch Lezak, p.621. Copyright © 1995 by Oxford University Press, Inc.

원칙(같은 색깔, 같은 모양, 같은 숫자)에 따라서 적절한 자극 카드 밑에 각 카드를 놓으라는 지시를 받는다. 검사하는 동안 여러 지점에서 검사자는 원칙을 바꾸는데 이 원칙은 다음 카드를 정확하게 분류했는지에 대한 검사자의 피드백으로부터만 추론될 수 있다.

기억력. 두뇌 손상에는 흔히 기억력 상실이 특징적으로 나타난다. 기억력 손상을 검사하기 위해서 Wechsler(1945)는 Wechsler Memory Scale (WMS)을 개발하였다. WMS-IV (Wechsler, 1997b)는 WMS의 가장 최신판이다. 임상가들이 종종 지적능력과 기억력을 동시에 평가하므로, WMS-IV는 WAIS-IV (Wechsler, 1997a)와 함께 표준화되어 개발되었다. WMS-IV는 일곱 가지의 하위검사들로 이루어져있고, 다섯 가지 하위점수들(Index scores)을 산출한다: 청각기억, 시각기억, 시각적 작업기억, 즉시기억, 지연기억.

4개의 보조적인 청각 처리 합산 점수 또한 계산된다. 이 점수들은 자극이 청각적으로 제시되었을 때의 기억과정을 평가하기 위해서 사용된다. 한 소검사의 점수와 한 척도 점수에 근거하여 해석할 수도 있지만 척도 점수들 간의 차이의 패턴 또한 정보를 제공한다. 예를 들어, 과거에 학습한 자료의 파지에 문제가 있다면 즉각 점수 대 지연척도 점수가 상대적으로 높게 나타날 것이다(Psycho-logical Corporation, 1997). 기억력과 지능검사점수를 통합하여 해석하는 예로 작업기억과 즉각기억 척도점수는 상대적으로 낮고 지능점수는 상대적으로 높은 점수 패턴이 나타날 경우를 들 수 있다. 이 패턴은 주의집중능력의 저하가 새로운 과제의 자극을 학습하는 초기능력에 영향을 미치고 있음을 시사한다(Psychological Corporation, 1997).

아래에 기술된 다른 두 가지 검사도 기억 상실을 평가한다. 이 검사들을 수행하기 위해서는 회상능력뿐만 아니라 공간지각과 지각-운동 조정능력도 필요로 한다. Benton Visual Retention Test (Benton, 1963)는 기본적으로 도형에 대한 기억검사이다. 10장의 카드가 각각 10초간 제시된다. 한 카드가 10초간 제시된 후 치워지면 환자는 기억해서 그 도형을 그려야 한다. 이 절차는 몇 가지로 변형될 수 있으며 각 절차에 따른 채점 지침과 규준 자료가 있다(예: Benton, 1974).

Rey-Osterrieth Complex Figure Test(Lezak, 1995)는 시공간 기억을 평가하기 위해서 많은 신경심리학자들이 사용하고 있다. 환자들은 우선 복잡한 자극 도형을 보면서 베껴 그리고, 자극 그림이 치워진 후 즉각적으로 그 도형을 외워서 그리며, 정해진 시간이 흐른 후에 다시 기억하여 그 도형을 그린다. 그러므로 이 검사는 그림이 처음에 어떻게 처리되었는지(즉각 모사)를 평가할 수 있고, 다른 회상조건들, 즉 즉각회상과 지연회상 조건에서의 수행을 비교할 수 있다(Kramer & Delis, 1997). 더 나아가 그림을 더 큰 윤곽(예: 큰 삼각형)과 내부의 작은 세부(예: 점, 작은 도형)로 구분할 수 있으므로 우반구 손상과 좌반구 손상이 변별될 수 있다(Lezak, 1995). 여러 가지 다른 채점 체계들이 있으며, 넓은 범위의 연령에 대한 규준 자료도 구비되어 있다(Kramer & Delis, 1997). 그림 19-4에 Rey-Osterrieth Complex Figure가 제시되어 있다.

시각적-지각적 처리. 시각적-공간적 능력은 지도를 읽거나 일렬주차를 하고 베이스 바깥에서 야구공을 던질 때 등 다양한 활동을 위해 필요하다 (Caplan & Romans, 1997). 시공간적 기술을 평가하기 위해서 신경심리학자들은 RCFT와 함께 토막짜기 소검사와 같은 WAIS-IV 소검사들의 수행을 검사한다. 전문적으로 이 기술을 평가하는 검사들도 있는데, Judgment of Line Orientation Test (Benton, Hamsher, Varney, & Spreen, 1983)가 그 한 예이다.

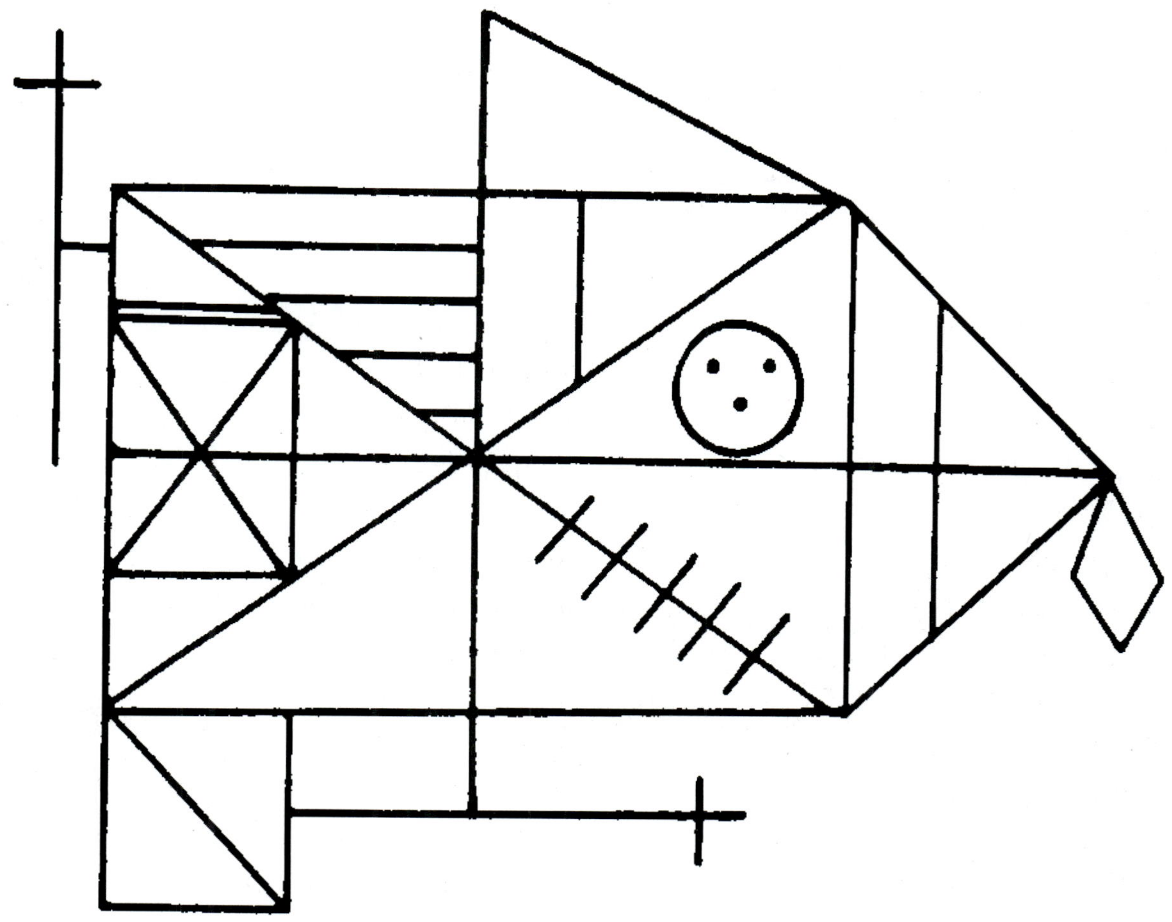

그림 19-4 ■ Rey-Osterrieth 복합 도형
출처: *Neuropsychological Assessment*, 3rd edition, by Muriel Deutsch Lezak, p.570. Copyright © 1995 by Oxford University Press, Inc.

이 검사는 자극카드에 있는 2개의 선과 대응이 되는 선들을 반응카드에서 지적하도록 피검자에게 요구한다. 그림 19-5가 이 검사 항목의 예들을 보여준다.

언어기능. 다양한 두뇌 손상이나 외상이 언어의 생성이나 이해에 영향을 미칠 수 있다. 환자들에게 단어나 귀절 및 문장을 따라 말하라고 하는 검사로 발음장애와 착어(paraphasia: 단어 치환)를 평가할 수 있다. 이름대기검사들은 아노미아(anomia; 이름을 대는데 어려움이 있는 장애)를 진단하는 데 도움을 줄 수 있다. 언어이해력은 Luria-Nebraska 검사의 수용언어척도(Receptive Speech Scale)를 사용하여 평가할 수 있다. 이 소검사에서 환자들은 검사자가 지시하는 신체부분이나 물건을 가리키거나 또는 간단한 명령에 반응해야 한다. 언어적 지시에 반응하도록 요구한다. 언어장애를 종합적으로 평가하는 말-언어병리학자들은 훌륭한 직업을 행하고 있다. 신경심리학자는 선별검사에서 언어 생성이나 이해의 장애가 의심되면 이 전문가들에게 환자를 의뢰하기도 한다.

검사 배터리

현재 흔히 사용되는 두 가지 신경심리학적 검사 배터리(Halstead-Reitan과 Luria-Nebraska)를 검토해보자.

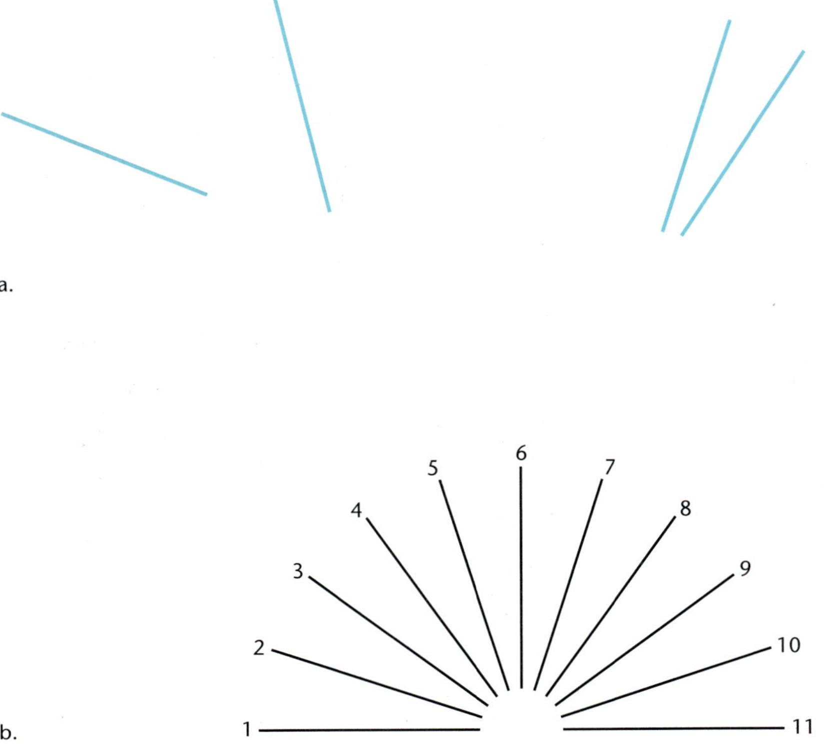

그림 19-5 ■ Judgment of Line Orientation Test문항의 예

출처: *Neuropsychological Assessment*, 3rd edition, by Muriel Deutsch Lezak, p.400. Copyright © 1995 by Oxford University Press, Inc.

Halstead-Reitan 배터리. 뇌 기능장애를 평가하는 단일 검사들은 그 범위가 너무 제한되어 있어서 결정적인 정보를 제공할 수 없다는 비난에 대한 대안으로 *Halstead-Reitan Neuropsychological* 배터리가 개발되었다(Halstead, 1947; Reitan & Davison, 1974). 이 검사 배터리는 현재 가장 널리 사용되고 있다. 이 배터리는 일반적으로 사용될 때 다음과 같은 여러 소검사들로 구성된다—Category Test, Seashore Rhythm Test, Finger Oscillation Test, Speech-Sounds Perception Test, Trail-Making Test, Strength of Grip Test, Sensory-Perceptual Examina-tion, Finger Localization Test, Fingertip Number Writing Perception Test, Tactile Form Recognition Test, Apahsia Screening Test. 보조검사로서 MMPI-2와 WAIS-IV가 함께 사용될 수도 있다. 이 척도는 15세 이상에게 사용되며, 9~14세 아동과 5~8세 아동에 각각 사용될 수 있는 아동용 검사들이 따로 있다. Reitan과 Wolfson(1993)은 이 배터리의 자세한 내용을 기술하였다.

Halstead-Reitan 배터리는 가능한 병소 위치와 그 병소가 점진적으로 진행된 것인지 갑자기 발병한 것인지에 관한 정보를 제공해준다. 이 검사는 또한 치료자가 주목해야 하는 특정한 심리적 결함에 대한 정보도 준다. 배터리를 실시하는 데 6시간 이상이 걸릴 수 있으므로 대부분의 진료소에서는 임상가가 긴 검사시간에 얽매이지 않고 그 대신 복잡한 해석에 더 집중할 수 있도록 하기 위해서 임상가 대신 검사를 실시하는 훈련된 검사자(technicians)를 고용한다.

Halstead-Reitan의 타당도와 신뢰도가 다양한 연령층을 대상으로 한 연구를 통해 확립되었다(G.

글상자 19-2 Halstead-Reitan과 기타 정보에 입각한 간단한 신경심리학적 보고서

이름: Y 씨
생년월일: 1926년 8월 29일
직업: 은퇴한 미국 공군(USAF) 조종사
교육: 18년(석사학위)

의뢰 정보

Y씨는 미국 공군에서 은퇴한 57세의 백인 남자이다. 지난 수년 동안 그는 자신의 지각능력, 기계를 다루는 능력, 반응시간, 운전능력, 읽기와 필기체로 글씨를 쓰는 능력이 저하되었음을 느꼈다. 그는 이 증상들이 특히 지난 2~3년 동안 더욱 두드러지게 나타났다고 보고하였다. 박사는 기질적인 장애의 존재 여부와 그 정도를 평가하기 위해서 신경심리학적 평가를 요청하였다.

요약과 권고

1. 신경심리평가 결과, 심한 구성능력장애와 비언어적 이고 시공간적인 능력을 요구하는 모든 과제(시각적 정보에 대한 기억을 포함)에서의 문제 등 여러 가지 기능 영역의 심각한 장애가 드러났다. 결함이 있는 기능영역들은 두뇌의 우측 두정-후두 영역에 병리적 과정이 있음을 지적한다. 이 영역에 주요한 구조적 손상이 있을 가능성이 철저히 조사되어야 한다.
2. Y씨의 언어능력과 언어적 기억력은 유지되고 있으며 전반적으로 우수한 수준이다.
3. 성격평가에서는 Y씨가 걱정과 반추를 동반한 중등도의 우울로 고통받고 있음이 드러났다. 이 우울은 갑자기 생긴 정서적 반응이라기보다는 오래 지속되어 온 것 같다.
4. 환자의 신경심리학적 결함이 우울의 결과라고 생각할 수는 없다.
5. 검사 결과에 비추어 볼 때, 직장과 가정에서의 환자의 능력을 환자 및 그의 아내와 함께 꼼꼼하게 살펴보아야만 한다.
6. 이상의 정보가 잘 처리된 후, 지지적인 심리치료가 도움이 될 것이다.
7. 현재 상태에서 신경학적 검사를 다시 받을 것을 전한다.

출처: "Overview of the Halstead-Reitan Battery," by O. A. Parsons, pp. 179-180. In T. Incagndi, G. Goldstein, and C. J. Golden (Eds.), *Clinical Application of Neuropsy-chological Test Batteries*.

Goldstein, 1997). 이 검사배터리의 주된 약점은 길이가 길고 실시하기가 용이하지 않으며 기억력과 같은 일부 기능들을 측정하지 않는다는 것이다(G. Goldstein, 1997). Halstead-Reitan검사와 다른 검사들을 이용한 짧은 사례 보고서가 글상자 19-2에 제시되어 있다.

Luria-Nebraska 배터리. Halstead-Reitan검사 이외에 269개 과제로 11개 소검사(운동기능, 리듬기능, 촉각기능, 시각기능, 언어 수용, 언어 표현, 쓰기 기능, 읽기 기술, 산수 기술, 기억 및 지적 처리)를 만든 *Luria-Nebraska* 배터리가 있다. 많은 연구들이 배터리의 신뢰도와 진단적 타당도를 지지하였다(예: Golden, Hammeke, & Purisch, 1978; Golden, Purisch, & Hammeke, 1985). Luria-Nebraska검사는 Halstead-Reitan방법으로 얻어진 결과와 상당히 일치하는 결과를 보여 준다(G. Goldstein & Shelly, 1984; Kane, Parsons, Goldstein, & Moses, 1987; Sears, Hirt, & Hall, 1984). 아동용은 WISC-R만큼이나 정신과적 사례와 신경과적 사례를 변별하여(Carr, Sweet, & Rossini, 1986), 아동의 주의력 결핍장애를 신뢰할 수 있게 진단할 수 있었다(Lahey, Hynd, Stone, Piacentini, & Frick, 1989).

Luria-Nebraska검사의 주된 이점은 Halstead-

Reitan 배터리를 마치는 데 6시간이 걸리는 것에 비교하여 Luria-Nebraska검사는 2.5시간밖에 걸리지 않는다는 것이다. 그러나 일부 임상신경심리학자들은 Luria-Nebraska검사가 표준화와 이론적 해석에 문제가 있다고 생각한다(G. Goldstein, 1997). 특히 많은 신뢰도와 타당도 연구들이 적은 수의 환자들을 대상으로 수행되었고, 일부 비평가들은 Luria-Nebraska검사가 A. R. Luria의 이론과 방법을 신경심리학적 평가도구로 적절히 변형시키지 못하였다고 느낀다.

신경심리검사 수행에 영향을 미치는 변인들

많은 환자 변인들이 신경심리학검사 점수에 영향을 미칠 수 있다(Anderson, 1994; Golden et al., 1992). 검사점수는 환자의 생물학적 성(性), 나이, 그리고 교육수준에 따라서 다르므로 적절한 규준이 해석에 사용되어야 한다. 또한 검사점수는 손잡이, 병전(뇌외상이나 손상이 있기 전) 능력, 신경학적 조건의 만성도 및 (신경학적이지 않은) 다른 신체적 조건들[예: 말초적인 팔의 마비가 Halstead-Reitan 배터리의 악력검사(Strength of Grip Test) 수행에 영향을 미칠 수 있다]에 의해서 영향을 받을 것이다. 마지막으로 동기 변인들(각성, 협력 수준)도 또한 점수에 영향을 미칠 것이다. 예를 들어, 진정 효과가 있는 약을 복용하고 있는 환자는 아마도 최적 수준으로 수행할 수 없을 것이다.

또 다른 동기 변인은 **사병**(꾀병: *malingering*)이다. 매우 눈치 빠른 임상가들도 심리검사 중 속이거나 사병을 하는 것을 탐지해 내기가 어렵다. 신경심리평가 시에 사병이 얼마나 자주 발생하는가에 대해서는 논쟁이 있다. 특히 다양한 종류의 법정 소송에서 임상가가 전문가 증인으로 서야 하는 일이 증가하고 있는 것을 감안하면, 사병이 발생할 수 있다는 것을 인식하고 그것을 탐지해 내는 임상가의 능력을 증진시키는 것, 두 가지 모두 중요하다(제20장 참조). 객관적인 사병 척도를 개발하고 사용하는 것(Reitan & Wolfson, 1996)에서부터 검사점수를 평가하는 전략을 사용하는 것(R. Rogers, Harrell, & Liff, 1993)에 이르기까지 신경심리검사 상에서 사병을 탐지하기 위한 여러 가지 접근방법이 제안되었다. 예를 들어 Rogers 등(1993)은 매우 쉬운 검사 항목을 실패하거나 어려운 검사 문항과 쉬운 검사 문항에 대한 차별적인 수행이 없는 것, 그리고 선다형 검사 항목에서 우연 수준 이하의 수행을 나타낼 때는 사병을 의심해야 한다고 제안하였다.

개입과 재활

신경학적 장애의 쟁점들은 다음과 같은 두 가지 중요한 질문으로 요약될 수 있다. 첫째, 퇴행과 장애의 특성은 무엇인가? 예를 들어, 그것은 지각적 상실인가 인지적 상실인가? 둘째, 환자의 행동과 연결된 두뇌 손상이 있는가? 더욱 구체적으로는, 그 손상이 영구적인가 또는 급성기 이후에 회복을 기대할 수 있는가? 일반적으로 국소적인 손상은 환자의 행동에 더 특정적이고 제한된 효과를 미치는 반면 확산된 손상은 광범위한 효과를 일으킨다. 자문을 의뢰하는 곳에서는 자주 그 손상이 진행성인지(확산적인 두뇌 손상의 경우나 병으로 인한 손상의 경우에서처럼) 또는 비진행성인지(뇌졸중이나 뇌 외상의 경우에 흔히 그렇다)를 알고 싶어 한다. 임상신경심리학자들이 제공하는 대답은 다양한 환자들을 위해서 고안된 재활 프로그램의 종류에 영향을 미친다.

재활은 신경심리학자들의 주요 기능 중 하나가 되고 있다(Golden et al., 1992). 신경심리학자는 두뇌 기능장애나 손상의 결과로 인지적, 행동적 장애를 보이는 환자들에 대한 인지적 치료와 행동적 치료를 조정하는 역할을 한다. 우선, 환자의 강점과 결함에 대한 철저한 평가를 한다. 평가는 신경심리검사뿐만 아니라 간호사, 의사, 물리치료사 등 스태프

■ 대학원생의 관점 **Andrew Wegrzyn B.A.**

Andrew Wegrzyn은 2007년에 Champaign-Urbana에 있는 일리노이 대학에서 B.A.를 획득하고 Ed Diener 교수와 함께 만족의 본질과 한계효용 체감에 관한 연구 논문을 완성하였다. 더 최근에는, Washington University School of Medicine에서 신경학과의 연구 코디네이터로 일했다. Andrew는 2010년 가을에 미주리 대학의 임상신경심리 연구실에 합류하게 되었다. 그의 대학원 연구는 기능적 그리고 구조적 이미징(functional and structural imaging)뿐만 아니라 행동 기법을 통한 자폐증의 신경발달 그리고 신경해부학 연구에 초점이 맞춰져 있다.

Andrew는 대학원 경험에 관한 그의 생각을 말해 주었다.

임상심리대학원이 당신에게 어땠나요?

대학원은 지금까지 저의 연구 기술을 다듬고, 관련 분야에 기여하고, 심리학자로서 저의 미래 역할을 알아차리는 기회가 되었습니다. 저에게 대학원의 주요의미는 (연구) 분야와 제가 궁극적으로 어느 곳에 맞는지 탐색하는 기회입니다.

대학원에서 가장 예상하지 못했던 것들은 무엇인가요?

저는 성공적인 대학원 생활을 위해 요구되는 시간의 양을 적절히 예상하거나 계획했던 것 같지 않습니다. 저는 여러 사람들에게서(대학원에서의) 시간 소요는 대략 주당 55~60시간이 될 거라고 들었습니다. 하지만, 저는(실제 대학원에서 사용하는) 시간은 주당 70~75시간에 가깝다는 것을 알았습니다. 지도교수마다 수업과 연구실에서의 시간과 관련하여 각각 다른 정책과 전략을 가지고 있습니다. 하지만, 성공하기 위해서는, 특히 연구에서 성공하기 위해서는, 필요로 하는 시간 투자가 상당합니다.

대학원이 당신을 바꾸었나요? 만약 그렇다면, 어떻게 바꾸었나요?

네, 대학원은 제 인생에서 무엇을 하길 원하는지 저에게 훨씬 더 분명한 시각을 갖게 하였습니다. 학부생일 때, 임상심리학자로서의 삶이 어떠할지 보는 다양한 방법이 있습니다 : 인턴쉽, 직접 전문가를 옆에서 지켜보기(shadowing a professional), 교수님과 대화하기, 등이 있지요. 하지만, 대학원에 오기 전까지 배울 수 없는 것들도 있습니다. 개인적으로, 대학원은 제가 더 규율에 순응하게 만들었을 뿐만 아니라 제 시간을 더욱 효율적이고 사려 깊게 사용하도록 도와주었습니다.

당신의 전문적 혹은 연구 관심사는 당신이 대학원을 출발했을 때에 비해 같은가요, 다른가요?

본질적으로, 저의 연구 관심사는 (이전과) 같습니다. 하지만, 대학원에 들어오기를 희망하는 사람들과 대학원을 막 시작하는 사람들은 그들의 연구 관심사가 현실적인 조건 내에서 변화한다는 것을 깨닫는 것이 중요합니다. 대학원에서 당신의 실제 연구는 아마도, 여러 가지 요인에 영향을 받을 것입니다: 연구비를 받을 수 있는 연구와 그렇지 않은 연구, 지도 교수의 관심사, 논문을 출판할 필요성, 당신이 가진 시간, 그리고 정말로 무엇이 가능한지의 범위에 따라서요. 저의 관심사는 자폐증을 가진 사람들을 대상으로 한 뇌영상 영역입니다. 그리고, 지금까지 저는 이러한 분야의 연구에 참여할 수 있을 정도로 운이 좋았지만, 많은 부분은 제 주변의 여러 요소들에 적응해야 했었습니다.

대학원에 있으면서 신경심리학과 신경과학 분야에서 당신이 한 일들에 대해 말해주세요.

지금까지, 저는 외상성 뇌손상(TBI) 환자들과의 이미징 프로젝트와 MRI 작업을 했습니다. 여기서 어떤 뇌영역이 영성(spirituality)과 이타주의에 영향을 미치는지 알아내려고 하였지요. 저 자신의 연구는 자폐증과 운동장애, 특히 운동 학습과 결함을 다룹니다. 우리는 뇌에서 운동 회로를 연구하고, 자폐증을 가진 사람들이 신경학적 장애를 가진 사람들과 어떻게 다른지 알기 위해, 행동적 운동 데이터와 DTI (Diffusion Tensor Imaging)를 연결지을 수 있기를 희망하고 있습니다.

돌아보면, 어떤 활동 혹은 경험들이 당신의 대학원 프로그램을 준비하는 데에 가장 중요했나요?

연구 경험이 정말 중요합니다. 저는 학부생 때 세 명의 교수님과 일했습니다; 그 중 한 명인 Ed Diener 박사와는 3년 반을 일했지요. 졸업 후에, St. Louis의 Washington University School of Medicine—흥미로운 연구를 위한 훌륭한 곳입니다—에서 연구 조교로 일 년 동안 일했습니다. 심리학에서 대학원 지원과정은 점점 더 경쟁적이게 되고 있습니다. 지도 교수들은 연구의 실제에 숙달된 지원자들을 찾고 있습니다. 하지만, 다른 비학문적인 경험 또한 매우 가치 있겠지요. 저는 졸업 후 아팔란치아 산에서 1년 동안 자원 봉사를 했고 양조장에서도 일한 경험이 있습니다. 어떤 지도 교수들은 다른 교수들에 비해 비연구 활동에 더 많은 가치를 두지만, 완전히 한 면에만 치우치지 않는 것이 좋습니다.

임상심리학대학원을 헤쳐 나가려 노력하는 사람들을 위해 더 해줄 말이 있나요?

장기적인 목표와 관련해서는, 당신의 훈련이 어떻게 당신이 원하는 커리어를 준비시키는지에 초점을 맞추길 바랍니다. 단기적으로는, 시간을 효율적으로 사용하길 바랍니다(예를 들어, 페이스북을 끊는 것을 생각해보세요...). 상당히 정기적으로 미래를 내다보는 것이 중요하지만, 매일 매일의 면에서는, 현재에 초점을 맞추도록 노력하세요. 여러 가지 방식으로 대학원은 마라톤과 같습니다. 방금 시작점을 출발한 시점에서, 26마일 떨어진 곳을 바라보면 당신은 분명히 압도되고 대학원이 천재들만 감당할 수 있는, 해낼 수 없는 과제처럼 보이게 됩니다. 하지만, 앞으로 한 발 한 발 최선을 다하여 내딛는 데 집중을 한다면, 어떤 방식으로든 당신은, 매일의 과제들과 함께, 기술과 자신감을 기르게 될 것입니다.

들의 관찰도 포함한다. 그러고 나서 그 결과를 바탕으로 스태프의 시간과 감독이 최소로 필요하다는 의미에서 효율적이면서도 환자에게 최대로 유익할 재활 프로그램을 개발한다(Golden et al., 1992).

Golden 등(1992)에 의해서 지적되었듯이, 재활은 자발적인 기능 회복을 통해서도 일어날 수 있다. 그러나 신경심리학자와 재활팀은 환자가 발달적으로 더 오래되고 아직 온전한 기능 체계를 이용해 '재학습'을 하게 하거나, 새로운 기능 체계를 발달시키거나 또는 최상의 삶의 질을 보증할 수 있도록 환경 변화를 통해 재활을 꾀한다. 이 마지막 경우는 인지적이거나 행동적인 장애의 수준을 유의미하게 감소시킬 수 있는 대안적이거나 새로운 기능체계의 발달이 불가능하다고 판단될 경우에 택할 수 있는 방법이다.

대안적이거나 새로운 기능체계를 발달시키는 경우에 재활 과제들은 환자의 결함을 '치료'하기 위해서 만들어진다. Golden등(1992, pp.214-215)은 이런 종류의 재활 과제를 만드는 데 있어서의 일반적 지침을 제공하였다.

1. 과제는 재형성이 필요한 손상된 기술을 반드시 포함해야 한다. 과제수행에 필요한 다른 모든 기

술은 그 피험자가 거의 또는 전혀 문제가 없는 영역의 기술이어야 한다.

2. 치료자는 과제의 난이도를 그 환자에게 쉬운 수준부터 정상적인 수행을 나타내는 수준까지 변화시킬 수 있어야 한다.
3. 과제는 호전 정도가 객관적으로 평가될 수 있도록 수량화될 수 있어야 한다.
4. 과제는 환자에게 즉각적인 피드백을 제공해야 한다.
5. 환자가 범한 실수의 숫자가 통제되어야 한다.

Golden 등(1992)은 다양한 인지적 – 행동적 결함에 대한 재활 프로그램의 예를 제시하였다. 예를 들면, 언어적 기억장애는 처음에는 환자들에게 간단한 기억 문제(한 단위의 정보만이 포함된)를 실시하고 그 후에 좀 더 복잡한 과제(6~7단위 정보의 기억을 요구하는 문제)를 실시하여 치료될 수 있다. 과제의 복잡성은 예를 들면 연관되지 않은 단어를 사용하거나 자극단어에 대한 노출시간을 감소시킴으로써 더 변화시킬 수 있다.

더 최근에, Wilson(2008)은 재활 프로그램들이 성공을 위해 몇 가지 요소들을 통합해야만 한다고 주장했다. 첫째, 재활 초기 및 재활 진행 중에, 환자들의 목표를 지속적으로 평가해야만 한다. 둘째, 뇌손상과 관련된 인지, 정서 및 신체적 결함들의 관계를 탐색해야 하고, 재활을 위해 모든 요소들을 전체적으로 통합해야만 한다. 마지막으로, 재활심리학자들은 가상현실, 컴퓨터, 스마트 폰과 같은 최신 기술을 통합하여, 평가와 치료에 활용하여야 한다.

결론짓는 말

훈련

의심할 바 없이 임상심리학의 한 특수 분야로서 신경심리학은 역동적이고 흥미로운 분야이다. 그러나 그와 동시에 이 영역의 여러 절차들은 상당히 정교하여 전문교육이 필요하다.

일부 임상심리학자들은 신경심리학적 평가수행을 어려워하여 할 수도 없다. 따라서 이들은 평가에 대한 훈련과 뇌 – 행동관계에 대한 지식은 제한되어 있다. Lezak(2004)이 지적하였듯이 신경심리학적 평가의 성공여부는 검사자가 정상적인 뇌 – 행동 관계와 두뇌 기능장애의 심리적 효과를 얼마나 잘 이해하고 있는가에 달려 있다. 그러므로 전문가가 필요하다. Reitan과 Davison(1974)은 오래전에 새로운 영역인 임상신경심리학을 발달시킬 필요성에 대하여 말한 바 있다. 현재 임상신경심리학은 미국심리학회와 캐나다심리학회에 의해서 공식적으로 인정받은 전문 분야이다.

1997년 9월 *Houston*회의에 미래의 임상신경심리학자들의 훈련에 관여할 지도자들이 모여서 신경심리학자들의 대학원(박사과정) 인턴십과 박사 후 과정 훈련에 대한 지침을 결정하였다. 간단히 말하면, 이 지침은 임상신경심리학 전문 훈련과정이 있는 대학원 프로그램에서 박사학위(Ph.D.)를 받을 것을 요한다. Houston회의는 (a) 일반 심리학의 핵심과목(통계학, 학습, 사회심리학, 생리심리학, 발달심리학, 심리학사), (b) 일반적인 임상심리학의 핵심과목(정신병리, 심리측정, 평가, 개입, 윤리), (c) 신경과학과 인간/동물 신경심리학 기초(기능적 신경해부학, 신경진단기법, 신경화학, 행동의 신경심리학), (d) 특정적인 임상신경심리학 훈련(신경심리학적 연구설계, 전문화된 신경심리평가 기법, 전문화된 신경심리 개입 기법)을 기본 지식으로 요구하였다. 더 나아가, 회의에서는 평가, 치료와 개입, 자문, 연구 그리고 강의와 수퍼비전에 관한 기술이 습득되어야 한다고 추천하였다. 이런 영역들에 관한 지식과 기술은 수업, 수퍼비전을 받은 임상경험, 인턴십 경험 및 요구되는 2년 동안의 레지던트 과정/박사 후 훈련에 의해서 습득될 수 있다. 임상신경심리학 영역에서 이런 엄격한 훈련 경험을 마친 사람들은 신경심리학적 평가, 치료 및 자문에 있어 고도의 기술을 지니게 되고, 미국전문심리학위원회(American Board of Professional Psychology)에 의해서 주어지는 임상신경심리학 영역의 전문 자격증 시험에 응시할 자격을 갖추게 된다.

미래

신경심리학은 점점 더 정교한 개별검사와 검사 배터리가 발달될 필요가 있다. 계획을 세우고 치료와 재활에 대한 준비를 강화하는 등 뇌 기능장애 환자를 위해서 더 좋은 평가도구와 절차들을 갖게 되는 것은 매우 바람직한 일이다. 평가는 분명히 사람에게 라벨을 붙이는 것 이상을 의미한다. 즉 그것은 환자가 미래에 잘 적응할 수 있도록 임상가들이 도와줄 수 있다는 것을 의미한다(Johnstone & Frank, 1995). 특히 신경심리학 영역은 두뇌 손상으로부터의 회복을 예측하고 촉진시키는 것에 더 많은 관심을 가져야 한다. 다행스럽게도 이런 일이 현재 일어나기 시작했다. 재활을 촉진하는 훈련절차, 회복 정도와 속도를 예측하는 검사들, 그리고 악화되는 손상과정에 대한 일반적 정보가 환자와 그 가족에게 희망과 구조(structure)를 제공할 수 있다. 나쁜 소식이라 하여도 민감하게 그리고 건설적으로 전해진다면 적응을 촉진시킬 수 있다.

Johnstone과 Frank(1995)는 신경심리학의 초점

글상자 19-3 신경심리학 분야의 현재 추세들

- 스포츠와 연관된 뇌진탕: 신경심리학자들은 뇌진탕을 입은 운동선수들의 평가에 점차 더 관여하고 있다. 신경심리학자들은 고등학교 선수부터 직업적인 선수들에 이르기까지 모든 수준에서 이런 종류의 평가에 관여한다. 주된 역할은 뇌진탕을 진단하고 시합에 안전하게 돌아갈 준비가 되었는지에 관한 결정을 하는 것이다(Podell, DeFina, Barrett, McCullen, & Goldberg, 2003)
- 법정 신경심리학: 신경심리학의 이 전문 분야는 최근에 가장 많이 성장하였다. 법조계는 점점 더 많은 신경심리학자들이 인지장애에 관하여 증언하는 전문가 증인으로서 도움을 주기를 희망하고 있다. 자동차사고로 인한 외상성 두뇌 손상에 관한 민사소송이 그 흔한 예이다. 심경심리학자들은 흔히 소송당사자가 경한 수준의 외상성 두뇌 손상으로 인해서 인지적 장애를 지니고 있는지의 여부를 평가하도록 요청받는다. 또한 꾀병(사병)의 여부도 평가되어야만 한다(Podell et al., 2003).
- 기능적 신경영상: 기능적 신경영상(예: fMRI와 SPECT)은 이 분야에 혁명을 일으켰는데 이로 인해 신경심리학자들이 뇌－행동 관계에 관한 가설을 직접적으로 검증할 수 있게 되었다. 학습된 가장 중요한 교훈들 중 하나는 아무리 간단한 행동과 인지도 한 '신경망'에 속한 두뇌의 많은 영역들을 포함한다는 것이다. 이런 발견은 두뇌의 특정한 영역이 특정 기능에 홀로 책임이 있다는 전통적인 개념과는 대조가 된다.
- 가상현실기법(Virtual Reality Technology: VRT): 신경심리학자들은 현실과 비슷하고 평가자가 자극제시를 통제할 수 있으며 객관적인 수행 측정치를 얻을 수 있는 VRT를 적용하기 시작했다. 전통적인 신경심리학적 측정치들은 평가에 사용된 행동 과제와 '실제 생활'에서의 수행 간의 관계가 확립되지 않았다는 이유로 비난받을 수 있다. VRT로 실제 생활 장면이 유사하게 만들어질 수 있고, 그 상황에서 보인 환자의 행동적, 인지적 수행은 실제 세계(실험실 밖의)로 훨씬 더 일반화될 수 있다. VRT적용 예로는 '가상 교실'과 상호작용을 하는 동안 ADHD아동의 주의력결핍을 평가하는 것과 외상성 두뇌 손상환자의 운전기술을 검사하는 것 등이 있다(Schultheis & Rizzo, 2002).

이 재활로 옮겨지는 데 일조하였다. 재활서비스의 필요성이 최근에 증가하고 있지만 비교적 소수의 신경심리학자만이 재활 분야에 대한 훈련을 받았다. 더욱이 전통적인 신경심리학적 검사들은 일반적으로 재활전문가들에게 임상적으로 유용한 정보를 주지 못하고(또는 채택되어) 있다. 예를 들어, Johnstone과 Frank는 많은 중요 인지능력들(예: 주의, 집행기능, 기억력)이 잘못 이해되고 잘못 측정되었다고 주장한다. 그들의 견해로는 신경심리학 검사 결과들은 실제 세상에서의 기능과(경험적 연구를 통해서) 명백하게 연결되어야 할 필요가 있다. 그렇게 된다면 재활치료에서 신경심리학 검사를 통해 나타난 결함이나 장애를 다룰 수 있게 되고 그 결과 일상생활에 긍정적인 성과가 나타날 것이다. 이런 제안은 신경심리학 영역에서의 연구, 훈련 및 임상적 적용에 영향을 미칠 것이다.

건강관리가 제공되고 변제되는 방식의 변화가 신경심리학 영역에 큰 영향을 가져올 것이다. K. M. Adams(1996)는 관리의료가 현재와 미래의 신경심리학자들에게 미칠 영향을 정리하였다. 첫째, 뇌-행동 쟁점이 대두될 때 신경심리학적 평가가 기본으로 실시되지 않을 것이고 쉽게 변제되지 않을 것이다. 오히려 신경심리학적 평가는 관리의료 회사들에 의해서 사치스러운 것으로 간주되어 절대적으로 필요할 때에만 실시될 것이다. Adams는 또한 신경심리학자들의 직업 시장이 위축될 것이고 신경심리학자들은 자신들이 왜 필요한 사람인가를 증명해야 할 것이다. 만일 이것이 사실이라면 이런 위축은 지난 10년간 신경심리학이 누리던 풍요와 극한 대조를 이룰 것이다. 끝으로 Adams는 신경심리학자가 무엇을 하는가, 어떻게 도움을 줄 수 있는가, 신경심리학자가 시행하는 검사와 재활 절차가 어떻게 비용 효율적인가에 관해서 보험회사, 의사 및 병원 관리자들을 교육시킬 필요를 언급하였다. 이러한 이유로, 시간이 갈수록 신경심리검사 배터리(예: Halstead Reitan)를 사용하는 신경심리학자들이 점차 줄고, 대신 더 효율적이고, 특정적이며 유연한 접근을 통해 적절한 검사들을 선택하여 사용한다(Boarke, 2008). 마지막으로, 신경심리학자들은 점차 법적 신경심리학(예: 범죄자들의 뇌 손상여부 평가), 스포츠 신경심리학(예: 스포츠 관련 뇌진탕의 영향 평가), 군사 신경심리학(예: 외상적 뇌 손상) 영역에 전문화되어 가고 있다(Zillmer et al., 2010). 이러한 경향성은 신경심리학자들로부터의 서비스가 미래에 더 많이 요구됨을 반영한다.

요약

신경심리학 영역은 지난 수십년 동안 대단한 성장을 보여왔다. 신경심리학은 두뇌 기능과 행동 간의 관계를 연구한다. 신경심리학자는 신경과 의사나 다른 의사들과 함께 기능을 평가하고 예후와 경과에 대한 예측을 하고, 개입과 재활을 위한 계획을 세우는 자문을 하도록 요청받는다. 뇌기능 모델은 기능의 국재화에서 등잠재성으로, 종국에는 기능적 모델로 진화하여 왔다. 기능적 모델은 뇌의 다른 영역들이 행동을 생산하기 위해서 서로 상호작용하고, 그 행동은 두뇌 영역들로 구성된 여러 다른 기능 체계들의 한 결과라는 입장을 지닌다.

우리는 뇌의 주요 구조와 두뇌 손상의 선행사건과 원인들 및 신경학적 손상의 다양한 결과들을 간단히 개관하였다. 신경심리학적 평가는 다양한 두뇌 기능에 민감한 비침습적이고 표준화된 검사 방법들을 사용한다. 임상적인 특징과 관계없이 모든 환자들에게 표준세트 검사를 실시하는 표준(또는 고정) 배터리 접근과 환자에 따라 선정된 검사들만을 실시하는 융통적인(또는 가설-검증) 접근방법 사이에는 결정적인 차이가 있다. 신경심리학자들의 목표가 되는 주요 기능 영역들은 지적 기능, 추상적 추론능력, 기억력, 시각적-지각적 처리 및 언어기능이다. 신경진단적 검사들도 문제를 진단하기 위해서 사용될 수 있다. 임상신경심리학적 평가는 개별 환자에게 맞는 개입이나 재활 계획을 형성하고 시행하기 위해서 사용될 수 있다. 재활 프로그램은 환자에게는 최대로 이익을 가져오고 스태프의 시간이나 감독의 측면에서는 효율적이어야 한다.

임상신경심리학은 복잡하고 포함되는 절차가 정교화되어 있으므로 전문적 훈련이 필요하다. 대부분의 대학원 프로그램은 충분한 시간, 수업 및 실습 경험을 뇌-행동관계의 연구에 투자할 수 없다. 그러므로 임상신경심리학자의 훈련에 대한 한 통합된 모델이 채택되었고 이 모델은 박사 이전 경험, 인턴십 및 박사 후 경험을 모두 포함한다. 더욱 정교하고 경제적인 평가와 재활 기법에 대한 요구 및 관리의료로 야기된 직업시장의 긴축과 같은 많은 도전들이 이 영역 앞에 놓여 있다.

주요 용어

기능의 국재화 뇌의 어떤 부분이 특정한 행동이나 기능에 책임이 있다는 생각을 말한다.

기능적 모델 기능의 국재화 이론과 등잠재성 이론을 통합한 이론이다. 이 이론은 어떤 행동이라도 모두 여러 뇌 체계의 상호작용에 기인하며, 행동 결함의 특성은 어떤 기능 체계가 영향을 받았는가와 그 기능 체계 내에서 손상된 위치가 어디인지 결정된다고 주장한다.

과정/유연성 접근 혹은 가설 검증적 접근. 이 접근에서, 신경심리학자는 각 사례에 대한 가설에 기반하여 검사들을 선택하여 실시한다. 하나 혹은 그 이상의 검사들을 조합해가며 실시하기도 한다.

대뇌출혈 혈관이 파열되어 혈액이 뇌조직으로 흘러들어가 그 조직을 상하게 하거나 파괴한 상태이다. 출혈의 증상은 출혈의 위치와 심각도에 의해 결정된다.

두정엽 촉각과 근육운동감각의 지각과 이해, 공간지각 및 언어이해-처리와 관련된 피질 부분이다.

등잠재성 대뇌피질이 하나의 전체로서 기능하고 뇌의 모든 영역이 전반적인 지적 기능에 똑같이 공헌한다는 개념이다. 이 관점에 따르면, 피질의 한 영역이 손상되었을 때 그 영역의 기능은 피질의 다른 영역이 맡을 수 있다.

섬망 흔히 독소에 노출되어 유발되는 의식의 장애이다.

소뇌 운동조정과 근긴장도, 자세 및 균형통제와 관련된 구조이다.

신경심리학 두뇌 기능과 행동 간의 관계를 연구하는 학문이다. 신경심리학자는 뇌의 기능과 직접적으로 연관된 행동을 연구하고 평가하며 치료한다.

신경심리학적 평가 뇌-행동 관계의 정확하고 민감한 척도로 인정되고 비침습적이며 표준화된 검사의 수행에 기초한 두뇌 기능의 평가이다.

신경진단적 절차 두뇌 손상 여부와 위치를 탐지하는 절차(예: 척수천자, CAT scan, fMRI)이다. 이 절차들은 비용, 민감도, 침습정도 및 환자에게 가해지는 위험에 있어 서로 다르다.

실어증 언어능력의 장애를 말한다.

실인증 감각적 지각의 장애이다.

실행증 어떤 수의적인 움직임을 수행하는 능력의 장애를 말한다.

열상 잘리거나 찢어지거나 파열된 것을 말한다. 뇌조직의 파열은 탄환이나 다른 물체에 의해서 두개골이 깨어졌을 때 발생할 수 있다.

우반구 신체의 왼쪽을 통제하는 뇌의 반구이다. 대부분의 사람들에 있어 시각적-공간적 기술, 방향의 지각, 창조성 및 음악적 활동에 관여한다.

융통적 접근 또는 가설-검증적 접근 이런 접근에서 신경심리학자는 그 사례에 대한 자신의 가설에 입각해서 각 환자에게 실시될 검사를 선정하고 하나 이상의 검사들을 바꾸어 실시할 수도 있다.

재활 뇌기능장애나 손상에 의한 인지적, 행동적 장애를 지닌 환자에 대한 신경심리학적 맥락에서의 치료이다. 재활은 환자가 기술을 '재학습'하도록 돕고(또는 돕거나) 장애를 가장 잘 보상하도록 환자의 환경을 변화시키는 것을 포함한다. 재활 계획/조정이 신경심리학자들의 주된 기능 중 하나이다.

전두엽 인간의 뇌에서 가장 최근에 발달된 부분이다. 전두엽은 목표지향적인 행동을 형성하고, 계획하고, 수행하는 것, 행동을 감찰하고 통제하는 것, 그리고 정서를 조절하는 것과 같은 집행기능과 관련된다.

종양 뇌의 안쪽이나 바깥쪽에서 자라거나 신체의 다른 영역에서 뇌로 퍼져 비정상적으로 성장한 조직이다. 증상은 초기에는 보통 불분명하지만 종양이 자라면서 주변 뇌조직에 압력을 가하게 됨에 따라 증상이 더욱 눈에 띄게 된다.

좌반구 신체의 오른쪽을 통제하는 뇌의 반구이다. 대부분의 사람들에 있어 언어기능, 논리적 추론 및 세부 분석에 관여한다.

좌상 뇌에서 좌상은 뇌가 정상적인 위치에서 움직여져서 두개골에 부딪쳐 밀쳐질 때 생긴다. 뇌좌상은 심각한 상태를 일으킬 수 있고 섬망이나 혼수상태를 일으킬 수도 있다.

진탕 뇌 기능의 순간적인 장애를 가져오기에 충분한 뇌의 진동이다. 한 번의 진탕은 보통 영구적인 장애를 일으키지 않으나 반복되면 그렇게 될 수 있다.

질병특유의 특정 질환이나 조건을 나타내는 것을 말한다. 신경심리검사자료를 해석하는 한 방법은 질병특유의 징후에 관해서 주목하고 추론을 도출하는 것이다.

차이점수 신경심리학적 검사자료를 해석하는 한 방법으로 2개의 다른 검사에 대한 점수 차이에 주목한다. 어떤 수준 이상의 차이점수는 장애를 시사한다.

측두엽 언어적 표현, 수용 및 분석을 중재하고 음조, 소리, 리듬 및 비언어적인 의미의 처리에 관여한다.

퇴행성 질환 알츠하이머병, 파킨슨병, 헌팅톤병과 같이 중추신경계에 있는 신경원의 변성으로 인한 장애이다. 점진적인 대뇌의 퇴행과 여러 행동 및 기능의 장애가 특징이다.

패턴분석 검사 점수들의 기본 패턴을 검토하고 그 패턴이 특정한 신경학적 손상이나 장애와 신뢰할 수 있게 연합되는 패턴과 일치하는지를 보는 신경심리검사의 한 해석방법이다.

폐색 덩어리(clots)에 의해서 혈관이 막힌 것이다. 뇌의 특정 영역에 공급하는 혈관이 막히게 되면 '뇌졸중'을 일으킨다.

표준배터리 또는 고정배터리 접근 이 접근에서는 의뢰된 모든 환자들에게 동일한 세트의 신경심리검사를 실시한다.

후두엽 시각적 처리와 시각적으로 중재되는 기억력의 일부 측면에 관여하는 피질의 부분이다.

Halstead-Reitan 배터리 가장 널리 사용되는 신경심리검사 배터리이다. 여러 측정치들로 구성되어 있으며 특정한 결함에 관한 자료, 병소가 있음직한 위치, 그리고 그 병소가 점진적으로 발생하였는가 갑작스럽게 발생하였는가에 대한 자료를 제공하기 위해서 사용된다. 이 배터리는 신뢰도와 타당도가 입증되었으나 중요한 단점은 실시에 시간이 많이 걸린다는 점이다.

Houston Conference 1997년 9월에 열린 임상신경 심리학 훈련에 대한 회의이다. 이 회의의 결과로 신경심리학자들의 대학원과정 훈련, 박사 전 인턴십 및 박사 후 훈련에 대한 지침이 제공되었다.

Luria-Nebraska 배터리 11개 소검사로 능력을 평 가하는 신경심리검사 배터리이다. 연구들이 이 배터리의 신뢰도와 진단적 타당도를 지지하였고, Halstead-Reitan검사보다 실시하는 데 시간이 짧게 걸린다.

Chapter 20

법정심리학

Forensic Psychology

핵심질문

1. 법정심리학의 발달에 영향을 미친 역사적 사건들은 무엇인가?
2. 법정심리학자들의 주된 역할은 무엇인가?
3. 정신이상의 세 가지 주요 법적 기준들 간의 유사점들과 차이점들은 무엇인가?
4. 임상심리학자가 자녀 양육권 결정에 어떤 역할을 할 수 있는가?
5. 법정심리학자가 배심원 선정, 증인을 준비시키는 것, 목격자를 교차 심문할 변호사를 돕는 것과 같은 과정에 어떻게 기여할 수 있는가?

개요

임상심리학자들은 인간행동의 '전문가들'로 간주되므로, 그들 중 몇 사람이 판사, 변호사, 그리고 경찰관들과 민사, 형사 또는 행정적인 정의와 관련된 쟁점에 직면하거나 그 쟁점들을 다루어야 하는 사람들(즉 피해자와 범죄자)을 대하는 데 있어 심리학적 지식을 전문적으로 적용하기 시작하였다는 것은 놀랄 만한 일이 아니다. 현재 **법정심리학**이라 불리는 임상심리학의 이 영역은 1970년대에 눈에 보이는 뚜렷한 성장을 하였고 성장을 계속하고 있다(Melton, Huss, & Tomkins, 1999). 법정심리학은 임상심리학의 중요한 한 하위 전문 분야로서 자리를 구축하였다–대학원 수련 프로그램, 전문 조직과 위원회, APA 분과(41분과: The American Psychology-Law Society), 학술지와 교재들. 이 분야는 뚜렷하게 다학제간적인 성격을 지니며, 법과 심리학의 두 영역을 모두 아우른다. 그러나 법정심리학 영역의 성공과 인기는 가혹한 비난도 불러일으켰다(Hagen, 1997; Huber, 1993; Wrightsman, 2001).

표 20-1 법정심리학자들의 증언과 의견의 영역

정신병원 입원관련 아동 보호 문제들
다른 사람의 과실로 인해 입은 심리적 손상
비자발적 감금으로부터의 해방
무능력으로 인해 후견인이 필요한지 결정
위험 예측
교육에서 정신장애를 가진 사람의 권리
법정에 설 능력
범죄의 책임(정신이상 항변)
장애에 대한 사회 보장 요구 결정
고용인의 보상 요구
목격자 증언의 정확성에 영향을 미치는 조건들
배심원들의 행동에 영향을 미칠 관련 요인들에 대해 변호사에게 조언
알려진 주장이 잘못 유도된 것일 수 있는 범위
매맞는 여성 증후군
강간 외상 증후군
목격자의 범인 식별의 정확성
성희롱
경찰심리학
배심원 선택
범죄자 치료 프로그램
범죄자 프로파일링

조망과 역사

법정심리학이 무엇인지 정의하고 그 역사를 간단히 살펴본 후 몇 가지 전문적인 문제들을 기술하는 것으로 법정심리학에 대한 기술을 시작하고자 한다.

정의

법정심리학은 법과 법률과 관련된 쟁점들에 심리학적 전문성을 활용하는 학문이다(ABFP, 2006). 얼마나 널리 적용되고 있는가는 그 예들을 나열한 표 20-1에 제시되어 있다. 법정심리학에서는 다양한 현장과 성인과 아동을 포함한 다양한 내담자들이 포함될 수 있다. 회사, 정부기관, 대학, 병원과 진료소 및 교정시설 등을 포함하는 모든 기관들이 의뢰인 또는 증언의 대상이 될 수 있다.

역사

1908년 Hugo von Munsterberg는 증인석에서(On the Witness Stand)(글상자 20-1 참조)라는 책을 출간했다. 이런 기념비적인 사건에도 불구하고 심리학은 대법원이 브라운 대 교육위원회 흑인 차별 대우 폐지 사건[1]에서 사회과학에 주목한 해인 1954년까지는 법에 대해서 직접적인 영향을 거의 미치지 못했다. 그 후 1962년에 미국 컬럼비아 특별구 항소법원에서 Bazelon 판사는 다수를 위해서 판결문을 쓰면서 적절한 자격을 갖춘 심리학자들이 정신장애에 대한 전문가로서 법정에서 증언할 수 있음을 처음으로 주장하였다(*Jenkins* 대 미합중국 사건, 1962).

1) 역자 주: 인종을 이유로 백인과 분리돼 교육받은 흑인 어린이들이 "공동체 내 지위에 대해 열등감을 가질 수 있으며, 이는 흑인 어린이들의 마음과 정신에 영향을 미칠 수 있다."는 연구 결과를 인용한 사건

글상자 20-1 재판받는 Munsterberg

Munsterberg(1908)는 교사, 예술가, 사업가, 의사, 목사, 정치가, 군인 그 누구도 심리학자들이 도움을 줄 수 있다는 생각에 대해 변호사만큼 저항하지는 않을 것이라고 불평하였다. 그는 변호사, 판사 그리고 배심원들조차도 그들이 올바르게 기능하는 데 필요한 전부가 상식뿐이라고 생각하는 것 같다고 비난하였다.

노스웨스턴대학교의 저명한 법학교수인 John Wigmore 교수(1909)는 Munsterberg의 주장을 최고의 교만이라고 간주하였다. 그에 대한 반응으로 Wigmore 교수는 많은 변호사들의 감정을 반영하여 영리하지만 신랄한 패러디를 썼다. 그는 Munsterberg가 심리학자들이 제공해야만 하는 것을 과장하고, 심리학자들 내에 존재하는 많은 의견 차이를 무시하였으며, 실험실 결과와 법률적인 요구의 현실 간의 차이를 이해하지 못한 것에 대하여 Munsterberg를 고소한 가상적인 명예훼손소송을 기술하였다.

이 소송은 '분트 시'의 '말 뿐인 구'에서 제기되었다. Munsterberg의 변호사들의 이름은 '김연구, 이심리 및 박실험'이었다. '현명한 판사'가 Munsterberg와 "법률가들이 완고하다"는 그의 주장에 대한 고소소송을 심리하였다.

물론 소송은 Munsterberg에게 불리하게 진행되었다. 단지 짧은 몇 분 동안 속삭이듯 협의한 후에 배심원들은 평결에 합의하였고, 원고승소 판결을 내렸다. Munsterberg에게는 손해배상금으로 1달러의 벌금이 부과되었다. 대체로, Wigmore의 공격은 매우 영리하고 치명적이어서 심리학자들이 전문가 증인으로 적절한지 다시 고려되는 데 그 후 25년이 걸렸다. 그러나 Wigmore는 30년 후 그가 죽기 직전에 자신의 비판을 완화시켰다. 그는 심리학자들 스스로가 건실하고, 정확하며, 실용적이라고 동의한 방법들을 법원이 사용할 준비가 되어 있어야 한다고 주장하였다. 물론 현재 Wigmore의 마음의 변화는 일상적인 법정 절차에 반영되어 있다. 그러나 Munsterberg가 원래의 주장을 조금만 더 자제했었더라면 Munsterberg-Wigmore 일화는 발생하지 않았을 것이다.

정신과 의사들은 오랫동안 전문가 증인으로서의 특권을 누려왔으나 결국 법정심리학이 이 시기에 등장하였다. 오늘날 심리학자들은 형사, 민사, 가족 및 행정법의 모든 영역에서 전문가로서 증언하고 있다. 또한 그들은 법률 체계(법조계)를 통해서 회사와 개인들에게 자문을 제공한다.

물론 앞에서 언급한 Munsternberg에서 Bazelon으로 이어지는 법정심리학사의 간략한 개관에는 많은 세부사항이나 논쟁점들이 생략되어 있다. 심지어 Munsternberg 이전에 William Stern은 1901년에 오늘날의 증인 증언에 관한 초기 연구에 해당하는 회상의 '정확성'에 관해 연구하고 있다고 보고했다. Freud조차 1906년 오스트리아의 판사들을 대상으로 한 강연에서 심리학이 법에 실제적으로 적용될 수 있다고 주장했다. 그리고 이후에 John Watson 역시 법과 심리학이 공통의 관심사를 가지고 있다고 주장했다.

독자들이 법정심리학이 전문적인 입지를 확고하게 굳혀가고 있다고 생각하지 않도록 하기위해, 모든 사람들이 심리학이 법 체계에 제공할 많은 것을 갖고 있다고 생각하지는 않는다는 것을 상기하는 것이 중요할 것 같다. Munsterberg조차도 비판을 피할 수 없었다. 그는 자신의 주장을 뒷받침할 만한 충분한 경험적 자료를 갖기 전에 심리학의 역할을 증진시키고자 했기 때문에 많은 이들이 그의 저서에서 손을 뗐다. 1931년 연설에서 Lewis Terman은 "Munsterberg의 실수는 단지 근래의 연구들에 근거했을 뿐인 심리학 기여의 중요성을 지나치게 과장한 것이다. 그는 과학적 발전의 중요성과 비교하면서 법적 전문성에 대한 심리학의 궁극적인 중요성이 아무리 강조해도 지나치지 않음을 계속해서 주장했다." 글상자 20-1은 법조계의 구성원들이

Munsterberg의 이론을 얼마나 거슬리게 생각할 수 있었는지를 보여 준다. 1950년대에 들어와 판사인 Bazelon의 판결이 채택되기 전까지 판사들은 가능한 법정에서 심리학자들을 인정하지 않았다.

심리학과 법 간의 대치상태에 대해 Loh(1984)는 심리학자들이 법 체계에 기여하기를 원하나 검사들은 이를 전혀 인정하지 않는 기간으로 설명했다. 1930년대에 심리학은 일차적으로 법적 원칙과 결정에 대해 비판하는 데 적용되었다. 1950년대에 심리학은 주로 전문가 증인의 역할을, 1970년대와 1980년대에는 배심원들의 행동과 관련된 문제에 관해 자문을 해 주는 역할을 했다(Loh, 1984).

이제 도입부분에서 언급했듯이, 법정심리학은 심리학 연구의 전문 분야가 되었으며, 학제 간 수련 프로그램이 흔해졌고, 수많은 전문 서적이 출판되었다. 법정심리학에 관한 학술지로는 「*Law and Human Behavior*」, 「*Criminal Justice Journal*」, 「*Law and Psychology Review*」, 「*Criminal Justice and Behavior*」, 「*Behavioral Science and the Law*」, 「*American Journal of Forensic Psychology*」, 「*Psychology*」, 「*Public Policy, and Law*」 등이 있다.

전문적 쟁점

여러 해 동안 많은 이들은 법정심리학이 다른 전문 분야에 종사하고 있는 동료들의 시각에서 봤을 때 인식이나 지위가 낮다고 염려해 왔다(예: Kurke, 1980). 대중들로 하여금 자격이 있는 전문가를 식별할 수 있게 하고, 수련을 활성화시키기 위한 1978년 미국법정심리학위원회(American Board of Forensic Psychology)의 설립은 이러한 염려들과 일부 관련이 있다. 그럼에도 불구하고 면허증이나 자격증 같은 전문성에 관한 문제는 오랫동안 법정심리학자들의 중요한 이슈였다.

수련. 법정심리학의 훈련은 주로 박사과정 혹은 박사 후 과정에서 이루어진다. DeMatteo와 동료들(2009)은 임상심리학대학원 학생들 중 법정심리학에 관심이 있는 학생들은 임상심리학 전공지식, 연구방법론 및 통계, 법률지식, 통합적 법-심리학 분야에 전문성을 갖을 수 있는 훈련을 받도록 조언한다. 점차적으로 학과에서 법정과정을 개설하고 있다. 미국심리학회 41분과(미국심리-법학회)의 웹사이트는 법과 심리에 중점을 둔 9개의 비임상 프로그램뿐만 아니라 16개의 임상심리학 박사학위 프로그램이 있음을 보여 준다. 현재 6개인 훈련프로그램이 Ph.D.(철학박사)와 J.D.(법학박사)를 연계해서 수여한다. 게다가 법정심리학에 초점을 둔 여러 석사 프로그램과 박사학위 이후의 수련 기회 역시 이용 가능하다. 매년 프로그램의 수와 종류는 점차 증가하고 있다. 이 장 끝부분에 제시된 20-2의 웹사이트는 수련 기회에 대한 가장 최신의 정보를 제공해 준다.

윤리와 기준. 이전 장들에서 다루어진 모든 윤리적 원칙과 기준들은 법정심리학 영역에서 역시 적용된다. 그에 덧붙여서 법정과학자들은 미국법정과학회의 기준을 따르도록 권고한다(Blau, 1998). 이 규준은 (a) 전문가 자격을 명시하는 데 있어서의 완벽성과 정확성, (b) 보고서와 증언에 있어서의 기법적이고 과학적인 정확성과 진실성, (c) 공명정대함이다. 향후 방편으로써 APA의 41분과(미국심리-법학회)는 법정심리학의 실제에 적용하기 위해 APA의 심리학자 윤리규정을 정교화한 **법정심리학자를 위한 전문적 지침**을 개발했다(웹사이트 20-4 참조). 본 장 후반부에서 논하겠지만, 적대적인 법 체계에서 법정심리학자들에 의해 제기된 윤리적 문제들은 만만치 않을 수 있다(Wrightsman et al., 1998). 마지막으로 Blau(1998)는 심리학자들의 전문가 증인 활동을 위한 여러 명시적 지침을 제안했다. 이것들은 일의 특성, 자격, 예절, 수임료문제에 대한 것들이다. Blau의 수임료에 관한 기준은 표 20-2에 제시되어 있다.

표 20-2 전문가 증인의 수임료에 관한 기준

1. 심리학자들은 절대 사건 결과에 따른(수반하는) 수임료를 받지 않아야 한다.
2. 수임료 체계와 배상의 세부사항은 첫 번째 자문이 이루어지는 동안 일을 맡긴 변호사와 심리학자 간에 정해져 있어야 한다.
3. 모든 미결제된 수임료는 심리학자가 증언하기 전에 지불되어야 한다.
4. 수임료에 관한 오해나 의견의 불일치는 사건이 진행되기 전에 해결되어야 한다.
5. 전문가 증인으로 정기적으로 증언하는 심리학자는 전문가로서 활동하는 시간의 일정 부분은 공익을 위해(pro bono publico)* 사용해야 한다.

* pro bono publico: 사회적 이유에서나 비용을 감당할 여유가 없는 사람들을 대표하기 위해 보상 없이 진행되는 사건
출처: Blau(1998), p.402.

윤리와 기준에 관한 이슈들은 많은 역할 갈등, 편견, 왜곡, 주관성을 고려해야 하는 모든 전문 분야에서 매우 중요하다. 법정심리학은 그 같은 영역 중 하나일 뿐이다.

법정심리학자들의 주요한 활동

법정심리학의 성장은 심리학자들이 많은 다른 영역으로 뻗어나가게 했다. 우리는 그 같은 역할 중에서 법정심리학자의 전문가 증인으로서의 역할을 필두로 8가지 역할을 살펴보고자 한다.

전문가 증인

다음 시나리오를 살펴보자.

> 페리스 씨는 Diego Pan 사(社)의 직원으로, 1999년 4월 28일 자신의 책상에서 일을 하고 있었다. 그녀의 상사인 스미스 씨는 그녀의 책상 옆에 멈춰섰다. 그는 이전에도 그녀의 면전에서 더러운 농담을 하고, 그녀의 신체적 매력에 대해 언급했으며, 데이트를 요청한 적이 있었다. 그러나 이날 그는 그녀가 회사에 계속 남아 있고, 승진하고 싶다면, 자신과 성관계를 가지는 것에 동의하는 것이 좋을 것이라는 점을 분명히 했으며, 드러내 놓고 이를 제안했다. 그녀는 이를 거부했고, 2주 후 그녀는 해고당했다. 그리고 그녀는 그를 성희롱으로 고발했으며, 정서적 고통에 대한 손해배상을 청구했다. 임상심리학자인 밀러 박사는 페리스 씨의 변호사에게 고용되었다. 그는 페리스 씨와 그녀의 여러 동료들과 긴 시간 동안 면담을 했다. 그는 또한 여러 검사를 시행했다. 4월 28일 직장 동료인 라이트 씨는 페리스와 스미스의 대화를 우연히 듣게 되었고 또한 이전에 성희롱으로 의심되는 장면을 목격한 적도 있다고 말했다.

재판 동안 라이트 씨는 자신이 목격한 것과 관련된 사실을 증언하는 증인 역할을 했다. 밀러 박사는 자신이 받은 수련과 경험의 범위 내에서 정신적 피해에 대한 자신의 견해와 추론에 대해 증언했다. 이것은 증인과 **전문가 증인**의 기본적인 차이를 잘 보여준다. 전자는 목격한 사건만을 증언한다. 후자는 견해와 추론을 제시할 수 있다. 이는 단지 결론을 기술하는 것 이상이다. 전문가 증인은 판사가 증거를 이해하고 평가하거나 사건과 관련된 사실을 결정하도록 도울 수 있어야 한다(Gutheil, 1998).

자격. 전문가 증인은 과학, 직업, 수련 혹은 경험에 있어서의 독특성으로 인해 평범한 배심원들이 알 수 있을 것 같지 않은 정보를 제공해 줄 수 있는 사람이라면 누구나 될 수 있다(Blau, 1998; Wrightsman et al., 1998). 처음에 법정에서는 전문가 증인

■ 인물소개 **Lawrence S. Wrightsman, Jr., Ph.D.**

Lawrence Wrightsman 박사는 법정심리학을 전공한 캔자스대학교의 사회심리학 교수이다. 그는 40권 책의 저자 혹은 공동저자이며, 70개가 넘는 논문과 책의 일부를 저술하였다. Wrightsman 박사는 손꼽히는 법정심리학 교재를 집필하는 데 더해서, 재판의 의사결정, 판사와 배심원 평결의 비교, 그리고 자백에 대한 경찰의 심문과 배심원의 반응에 초점을 맞춘 연구 프로그램을 활발하게 진행하고 있다. Wrightsman 박사는 미국심리-법학회(미국심리학회, 41분과)에서 수여하는 1998년도 Distinguished Career Award를 포함한 많은 상패와 명예상을 받았다.

Wrightsman 박사는 그의 배경과 법정심리학 현장에 대한 평가와 관련한 우리의 몇 가지 질문에 대답을 제공해 주었다.

법정심리학 현장에 관심을 가지게 되신 계기가 무엇이었습니까?

나는 사회심리학자로서 교육을 받고 있었고, 1970년대 중반쯤 '심리학과 법'의 주제에 대한 연구를 시작하였다(당시의 몇몇 사회심리학자들처럼). 나는 항상 두 가지의 진실이 열심히 그리고 보통 진지하게 그려지지만, 그 중 하나만이 진실인 법정과 배심재판에 호기심을 가지고 있었다.

1980년대 초부터 현재까지 나는 심리학과 법, 배심원 행동, 재판의 의사 결정, 그리고 이와 비슷한 주제들에 관련한 과목들을 가르쳤다. 10년 전쯤에 나는 '법정심리학자'가 되고 싶어 하는 학부생들이 점점 내 연구실에 많이 찾아오는 것을 알아차렸다. '법정심리학자'라는 단어는 이제야 대중적 의식의 표면에 나타나기 시작하였고, 주로 영화 〈양들의 침묵〉의 결과였다. 갑자기 젊은 사람들이 영화에서의 조디 포스터처럼 범죄심리분석가가 되고 싶어진 것이다.

그래서 나는 '법정심리학'이 무엇인지 조사하기 시작했다. 나는 주제에 관련한 대학원 수준의 강의를 하기 시작하였다(개설될 때마다 40~50명의 학생들이 수강하였다). '법정심리학'이라는 단어는 모호하고 논쟁의 여지를 남기는 단어이다. 나는 이를 어떤 심리학적 개념이나 발견을 법 체계에 적용하는 것으로 생각하기를 좋아하는데, 다른 사람들은 이것을 임상-실무자 활동으로 제한하기를 원하였다. 나는 최근에 법정심리학 교재를 하나 완성했는데, 이는 그런 종류의 책으로는 가장 최초의 책 중 하나다(Wadsworth, 2001). 그래서 나는 비록 내가 임상심리학자가 아니며, 따라서 ABPP(미국전문심리학위원회)나 비슷한 동료의 위치에는 적합하지 않지만 나를 '법정심리학자'라고 생각한다.

법정심리학자로서 개입하고 있는 활동들을 알려 주세요.

가르치는 것에 부가적으로, 나는 때때로 법정 자문에 관여한다. 예를 들면, 나는 형사 피고인이 공판 전의 평판이 그곳에서 자신을 공정한 재판을 받지 못하게 할 것이라고 주장할 때 재판지 변경 조사를 수행한다. 나는 또한 특히 목격자 확인의 정확성이나 자백의 타당도에 대한 전문가 증인으로도 활동한다.(비록 증언의 기초는 임상심리학이 아닌 실험심리학에서 나오지만 이러한 주제들은 내가 '법정심리학'을 반영한다고 믿는 것들이다.)

전문적이거나 흥미가 있는 특정한 영역에는 어떤 것들이 있습니까?

언급했듯이, 법정에 대한 심리학의 적용에 대한 어떤

주제에도 흥미가 있다. 최근 나는 미국심리학회가 대법원에 제출한 많은 법정자문 의견서를 분석했다.

앞으로 법정심리학의 경향은 어떨 것으로 보십니까? 현재는 존재하는 프로그램보다 학생들로부터의 수요가 더 많다. 법정심리학으로 명백히 이름 붙여진 프로그램을 제공하는 학교는 10군데가 되지 않고, 그 중 몇몇은 APA에 의해 인정받기에는 너무 역사가 짧다. 한 자치적 전문학교가 그러한 프로그램을 제공하고 있고, 나는 다른 학교들도 따라갈 것으로 예측한다.

이 문제는 법정심리학이 임상, 학교, 상담심리학이 그랬듯이 APA로부터 전문가 자격을 받도록 해야 하는지의 문제로 남는다. 그리고 만약에 그렇다면, 이는 임상-실무자에 기초해야 하는지, 혹은 전문가 증인이나 조사 상담가로 활동하는 실험심리학자들에게도 자리가 있는지? 현장에서는 지금 이러한 문제에 대해 분투하고 있다.

이 전문가라고 주장할 수 있는지에 관해 결정할 것이다. 종종 의사, 심리학자, 정신과 의사와 같은 경우, 자격증이 유능성에 대한 근거가 된다. 하지만 상대편 변호사가 전문가 증인의 전문성에 이의를 제기할 경우 자격에 관한 그 이상의 근거가 제시되어야 할 것이다. 결국 결정을 하는 것은 판사에게 달려 있다(Blau, 1998). 일반적으로, 임상심리학의 기본은 다음의 전문성을 포함한다: (a) 교육, 공식적인 훈련, 지속적인 학습, (b) 관련경험(직위를 가지고 일한 경험), (c) 연구 및 출판, (d) 과학적 원리에 대한 지식과 적용, (e) 특별 검사들과 평가도구들의 사용. 채택되는 증거는 사법관할구역에 따라 다르다. 마지막으로, 많은 재판관들이 전문가의 증언을 받아들이는 기준으로 다음을 선택하고 있다(Faust et al., 2010).

- 적절성: 증언이 사례에서 중요한 쟁점을 증명하거나 반증하는 것을 도움.
- 신뢰성: 증언은 반드시 신뢰할 수 있어야 하며 타당해야 함.
- 유용성: 증언이 판사가 증거를 이해하는 데 도움이 되어야 하고 사실에 기반하여 쟁점에 대해 판단하는 데 도움이 되어야 함.
- 적용성(*fit*): 증언이 반드시 각 사례에 적용되어야 하며, 판사가 판단하는 것을 도와야 함.

전문가 증언에 관한 주제. 우리는 이미 표 20-1에서 전문가 증언에 적합한 주제의 범위가 얼마나 광범위한지 보았다. 이 목록은 완벽한 것은 아니며, 전문가의 심리학적 견해가 요구되는 다른 영역들이 존재한다(Wrightsman et al., 1998). 그러나 전문가들에게 배심원의 법적 특권인 의견진술은 허락되지 않는다. 예를 들어, 전문가들은 피고의 심리상태와 행동과 인지에 미칠 수 있는 영향에 관한 의견을 제시할 수는 있지만, 증거에 대한 연방규정 704에서는 전문가가 피고인이 정상인지 정신이상인지를 결론내릴 수는 없다. 따라서 전문가 증인은 '결정적인 의견'을 제공할 수는 없다.

증언. 주제에 상관없이 법정에서 증언을 하는 것은 전문가 증인에게 비참한 경험이 될 수 있다. 양쪽 변호인에 의해 양쪽에서 잡아당겨지는 전문가에게 불안과 자기 회의는 흔한 일이다. 신경심리학자들에게 있어 진단내리기 쉬운 사례가 드문 것과 마찬가지로 법정에서의 행동 전문가 역시 단순한 문제에 관해 증언하는 경우가 드물다. 기사, 선정주의, 적대적인 법적 절차는 전문가 증인을 쉽지 않게 만드는 것들이다.

증언 시 중요한 것은 공판 전의 준비이다. 이는 사건에 따라 때로는 여러 시간 동안의 공부와 면접, 검사, 회의를 필요로 한다. 전문가는 판사에 의해서나 피고나 원고의 변호사단에 의해 증언을 요청받는다.

반대심문. 반대심문이 어떤 것인지 보여 주는 다음의 두 가지 좋은 예를 보자(Schwitzgebel & Schwitzgebel, 1980, p.243).

> "선생님, 안녕하세요. 살인혐의로 고소된 피고(혹은 '당신의 동료 심리학자')를 대신해 여기에 오셨지요. 오늘 기분은 어떠세요?"

> "선생님은 진찰에 대해 돈을 받았습니까? [예] 얼마 입니까? [1시간에 200달러입니다] 총 몇 시간을 보냈습니까? [20시간입니다] 그럼 4,000달러가 맞습니까, 선생님? [예] 그리고 당신의 의견은 저 환자가 1975년 1월 26일의 밤에 정신장애를 가지고 있었다는 말씀이시죠? [예] 여기까지입니다, 선생님."

심리학자들이 전문가 증인으로 증언할 때 물어볼 수 있는 똑같이 도발적인 질문들은 다음과 같은 것을 포함한다.

> "당신 실험의 대부분을 쥐로 한다는 것이 사실입니까?"

> "당신은 진짜 의사가 아니지요, 맞습니까?"

> "지금 여기서 무슨 일이 일어나고 있는지 말하실 수 없을 겁니다, 그렇죠?" (반대쪽 변호사가 자신의 머리를 가리킨다.)

여러 저자들(예: Blau, 1998; Brodsky, 1991; Schwitzgebel & Schwitzgebel, 1980)이 법원에서 전문가 증인이 어떻게 행동해야 하며, 심지어 적절한 복장은 어때야 하는지에 관해 많은 힌트를 제공한다. Schwitzgebel과 Schwitzgebel(1980)은 그들의 반대심문에 대처하는 추천전략들을 다음과 같이 요약하고 있다.

- 준비되어 있어라.
- 정직하라.
- 약함을 인정하라.
- 개인적으로 의미 있는 용어로 말하라.
- 질문의 표현을 주의 깊게 들어라.
- 생각할 시간을 충분히 가져라.

형사사건

여러 세대에 걸쳐서 사회는 범죄를 저질렀으나 그 당시에 정신장애가 있었기 때문에 개인적으로 책임이 있는지 논쟁의 여지가 있는 사람들을 어떻게 다루는 것이 가장 좋은지에 대한 의문과 싸워 왔다. 또한 피고인이 실제로 재판과정을 이해할 능력이 있어서 스스로를 방어하는 데 협조할 수 있는지를 결정하기는 어렵다.

정신이상 항변. 만약 피고인이 범죄가 일어났을 것으로 추정되는 시점에서 정신적으로 정상이었던 것으로 판단된다면, 재판결과는 구속, 벌금, 혹은 보호관찰이 될 것이다. 그렇지만 그 개인이 범죄를 저질렀을 때 정신이상이었다고 판결되었고, 만약 유죄가 선고되었다면, 그는 책임이 있는 것으로 여겨지지 않으며 처벌보다는 치료를 받게 할 것이다. 그렇지만, 일반적인 생각에도 불구하고 **정신이상항변**은 좀처럼 성공하지 못한다(Wrightsman et al., 1998). 피고인은 보통 책임이 있는 것으로 가정된다. 그래서 정신이상 항변은 피고인에게 그에 대해 증명할 책임을 안겨 준다. 대부분의 주와 컬럼비아 지구에서는 **입증 책임**이 피고 측에 있다. 피고인은 자신이 범죄를 저지를 때 정신이상이 있었음을 증명해야만 한다(Ogloff, 1991). 정신이상이 의학, 정신의학, 혹은 심리학 단어가 아닌 법적 용어라는 점을 주목해야 한다. 법 체계는 사람들이 미리 계획하고 합리적인 선택을 한다고 가정한다. 따라서 비합리적으로 행동하는 것은 정신이상의 증거이다. 대부분의 심리학자들은 모든 정상 행동이 합리적으로 선택되지는 않는다는 데 동의할 것이다. 과학에 대한 결정론적인 시각은 이러한 단순한 개념에 문제를 일으킨다.

그러면 피고가 정신이상이었다는 것을 어떻게 결정하는가? 비록 기준은 주 별로 다르지만 세 가지 기준이 널리 사용되고 있다. 가장 오래된 기준은 1843년 영국에서 공표된 **M'Naghten 원칙**이다. 이 원칙에 따르면 정신이상 변론을 위해서는 '마음의 질병으로 인한 결함으로 자신이 하고 있는 행동의 성질과 행위의 질적 측면을 몰랐거나 알고 있더라도 자신의 행동이 나쁜지를 모르는 상태에서 불법적 행동을 했다는 것을 입증해야 한다.'

두 번째 기준은 **Durham 기준**(*Durham v. United State, 1954*)이다. 이 기준은 미국 상소법원 판사인 David Brazelton이 M'Naghten 원칙이 시대에 뒤떨어지고 개정이 필요하다고 생각해서 만든 기준이다. Durham 기준은 "불법 행위가 정신질환이나 정신적 결함의 산물이라면 피고는 법적인 책임이 없다."고 제시하고 있다. 그렇지만 많은 판사들과 변호사들은 이 새로운 기준에 불만을 표현했는데, 그 이유는 그들이 보기에 정신건강전문가들의 전문가적 증언이 이런 방향으로 지나치게 치우쳐있기 때문이다(Constanzo, 2004).

세 번째 기준은 행동의 범법성을 인정하거나 법을 따를 실제적 능력이 부족할 정도의 정신질환이나 결함으로 인한 범죄 행동의 경우 피고에겐 책임이 없다는 것이다. 이 기준은 미국법률가협회의 ALI 기준으로 불린다. **ALI 기준**은 정신질환으로 자신이 무엇을 하는지 이해하는 실제적 능력이 결여 되어 있거나(인지적 결함) 자신의 행동을 통제할 능력이 없기 때문일 경우(의지 결함), 법적인 책임을 면제해준다는 점에서 가장 관대하고 폭넓은 것으로 본다(Ogloff, 1991).

유명한 Hinckley 사건(레이건 대통령 암살기도 사건)은 미국 사법부에 변화를 가져왔다. **정신이상에 의한 무죄 평결**은 많은 사람을 분노케 했고, 그 악영향은 정신이상에 대한 법적 기준을 다시 한 번 변화시켰다. 그 첫 번째 영향은 의지요인보다는 인지요인이 주가 되는 M'Naghten 원칙으로 돌아가는 것을 고무시켰다. 그 두 번째 영향은 정신이상 탄원으로 무죄 판결을 받은 사람을 자동적으로 무기 감금하는 것이 합헌이라는 대법원의 판결이다(Simon & Aaronson, 1988). 셋째, '정신이상이지만 유죄' 평결이 연방 정부뿐 아니라 몇 개 주의 변호 법률에 소개되었다. 마지막으로 많은 주에서 검찰 측에서 피고의 정상을 입증하기보다는 피고측이 정신이상을 입증하도록 하기 시작했다(Ogloff, 1991). 현재 많은 주에서 배심원에게 유죄, 무죄, 정신이상에 의한 무죄에 더해 **정신이상이지만 유죄**(*guilty but mentally ill*: GBMI) 평결을 허용하고 있다(Constanzo, 2004). GBMI 평결하에서 유죄평결을 받은 사람은 치료를 위해 정신과 시설로 보내진다. 최종적으로 정상상태로 판정되면 남은 형기를 채우기 위해 교도소로 보낸다.

법적 정신이상 평가를 수행하기 위해 심리학자는 그 사람이 정신장애나 결함을 가지고 있는지, 그리고 범행 당시의 정신 상태는 어땠는지 제출해야 한다. 그 과정에서 심리학자는 피고의 개인사, 가족, 지적 상태, 신경심리적 요인, 법정에 설 능력, 읽기 기술, 성격, 왜곡이나 꾀병 측정치 등 많은 요인들을 평가하게 된다(Blau, 1998).

법정에 설 능력. 이것은 범행 당시가 아닌 재판 당시 피고의 정신 상태와 관련된 쟁점이다. 피고는 범행 당시에는 정신이상이었지만 후에 재판 받을 능력은 있을 수 있다. 그 반대도 가능하다. 사실 **법정**

인물소개 **David DeMatteo, J.D., Ph.D.**

DeMatteo 박사는 Drexel University 심리학과의 조교수이며, 법–심리학과의 J.D./Ph.D. 프로그램의 공동–감독자(co-director)이다. 그는 Drexel University의 Earle Mack 법학대학의 교수직도 겸임하고 있다. DeMatteo 박사의 주요 연구관심 분야는 약물정책, 범죄자들에 대한 개입, 정신병질에 있으며, 다양한 주정부 및 연방정부에서 연구비를 받아 연구를 수행하고 있다. DeMatteo 박사는 70편 이상의 논문, 북챕터들을 출간하였고, 3권책을 공동집필했으며, 100편이 넘는 학술대회 논문을 발표하였다. 두 개의 저널에서 편집자로 활동중이며, Law and Human Behavior의 부편집장이다. DeMatteo 박사는 미국심리학회의 법정이슈 위원회의 위원장이며, 미국심리학회 분과 41(American Psychology-Law Society)의 대표이다.

DeMatteo 박사에게 그의 배경과 법정심리학에 대한 몇 가지 질문을 했다.

무슨 계기로 임상심리학에 관심을 갖게 되었나요?

학부생 때, 어떻게 사회과학 연구와 심리학적 지식 및 경험이 법적과정에 영향을 미칠 수 있을까에 관심을 갖기 시작했어요. 이러한 관심은 사실 저의 오랜 관심이었던, 어떻게 정신질환과 범죄가 관련이 있을까? 어떻게 정신건강전문가들이 범죄행동의 원인 및 관련된 부분들을 해결하는 데 도움이 될 수 있을까? 등의 관심에 기인한 것이었어요. 제 관심이 이 두 분야에 정확히 균등하게 걸쳐있었기 때문에, 법 혹은 심리학 둘 중 하나를 선택하는 것이 제게는 너무 어려운 일이었어요. 운이 좋게도, 미국에서 3개밖에 없는 J.D./Ph.D. 연합 프로그램 중 하나를 발견하게 되었어요. 이 프로그램에서는 7년 정도의 기간동안 법학박사과정과 임상심리학 박사과정을 마칠 수 있도록 설계되었습니다. 저의 주요한 전문 분야는 심리학에 있었지만, 법학대학원에도 다니고 싶어, 변호사들이 지닌 분석능력과 작문능력을 키울 수 있었어요. 이에 더해, 저의 연구 및 임상적 관심은 명확히 법정 분야에 있었어요. 법학학위가 법정 연구 및 실제에 반드시 필요한 것은 아니었지만, 법학 훈련이 제 기술을 강화시켜주고, 법률전문가들에게 제 능력의 신뢰성을 높여주며, 궁긍적으로는 제 전문성의 활용가능성(marketability)을 늘려줄 것으로 믿었죠.

법정심리학자로서 어떤 활동을 하나요?

주요 대학의 교수로서, 강의, 연구, 집필 및 서비스 활동으로 바쁜 일정을 소화하고 있어요. 학부, 심리학과 석사학위 대학원 학생들, 임상심리 박사과정 학생들, JD/PhD 학생들, 법대 학생들을 대상으로 다양한 강의를 합니다. 제 학부강의는 주로 약물남용에 대한 것이고, 대학원에서는 고급 통계학, 정신약물학을 포함한 과목들을 강의합니다. 또한 법대 학생들과 J.D./Ph.D. 학생들에게는 정신건강법을 강의합니다. 주정부와 연방정부에서 지원받아 다양한 연구 프로젝트를 수행하고 있고, 학교 내부에서 행정업무 및 위원회(석사/박사 학위논문 위원회, 학과 위원회, J.D./Ph.D. 프로그램 공동–책임자 등)에 소속되어 서비스를 제공하며, 법정심리학 분야에서도 일(예, 편집 위원, 미국심리학회 41번째 분과 집행위원, 법정 이슈에 대한 미국심리학회 위원장)을 합니다.

임상업무로는 주정부 및 연방정부 법무분과에 위탁된 청소년들과 성인들의 정신건강에 관련된 법정 평가를 실시합니다. 이 평가에는 다양한 법률적 문제가 포함되는데, 범죄당시 정신건강 상태, 법정에 설 수 있는 정도의 능력이 있는지, 미란다 원칙(Miranda rights)을 포기할 능력이 있는지, 폭력의 위험성, 청소년 법정에 설지 성인 법정에 설지 등을 다룹니다. 법정에서 의뢰를 받거나, 변호사가 의뢰를 하면, 이러한 평가를 실시하고, 결과에 대해 보고서를 쓰거나 법에서 서서 증언합니다. 때로 변호사들이 의뢰를 하는 경우, 법정 보고서를 리뷰해주거나, 다른 법정 정신건강전문가의 증언에 대한 반대심문을 준비하도록 돕기도 합니다.

특정 전문 분야나 관심 분야는 무엇인가요?

저의 연구관심은 크게는 법–심리학의 영역에 있고, 정책에 영향을 미칠 수 있는 연구를 수행해서, 법 집행의 질을 향상시키고 싶어요. 구체적으로 제 연구관심 분야는 다음과 같아요: (1) 약물 정책(즉, 약물과 관련된 범죄자들에게 제공할 법적 기반을 가진 치료를 개발하고 그 효과를 평가하는 것; (2) 범죄자들을 위한 정신건강 관련치료; (3) 정신병질(즉, 어떻게 정신병질에 대한 근거가 법정 평가와 법률과정에 사용될 것인지, 아직 연구되지 않은 집단의 정신병질을 연구하고, 정신병질과 치료 결과 간의 관계를 검증하는 것)에 대한 연구. 이러한 연구관심을 통해 다양한 현장과 집단에 속한 사람들(예, 마약 관련 범죄자, 정신장애를 지닌 사람들)과 일할 수 있어요. 제 연구의 중요한 주제는 연구를 통해 정책과 법률수행에 영향을 미칠 수 있도록 하는 것이고, 이를 위해서 제 연구 결과를 다양한 청중들에게 다양한 방식(예, 집필, 프리젠테이션, 워크숍, 위원회에서 발표하는 등)으로 전달하는 것입니다.

법정심리학의 미래는 어떠할 것으로 생각하나요?

임상적인 측면에서, 적절한 법정심리학 평가를 개발하는 것이 필요합니다. 예를 들면, 정신건강전문가들이 해야 하는 일이지만, 고충을 겪고 있는 일이 범죄자 혹은 정신질환이 있는 사람들이 미래에 폭력적인 일에 연루될 것인가를 예측하는 것인데, 이를 위해서는 새로운 위험성 평가(risk assessment)를 개발하는 것이 필요하고, 이를 이용해 위험성(폭력)을 예측하는 우리의 능력을 향상 시켜줄 것으로 생각합니다. 현재 개념적으로 견고하고 경험적으로도 타당한 검사들이 개발되었고 이를 사용하여 법정심리학이 많은 활동을 하고 있다는 데 이견이 없습니다. 앞으로 이러한 검사들을 개발한다면 다양한 법정정신건강 평가를 하는 데 많은 도움이 될 것입니다.

연구적인 측면에서, 법정이 더 정확한 판단을 할 수 있도록 도울 수 있는 핵심 이슈들을 지속적으로 연구해야합니다. 예를 들면, 목격자 증언, 배심원 의사결정, 거짓 증언의 신뢰도에 대한 연구를 통해, 법적 의사결정이 과학적 기반을 지닐 수 있도록 도울 수 있습니다. 특정 분야에서 연구자들이 법정을 교육하는 것도 법률과정에 영향을 미치는 확실한 방법입니다. 앞으로 변호사들과 법정이 법정심리학자들의 전문성을 더욱 더 요구하고 의존할 것으로 기대합니다.

에 설 능력에 관한 쟁점이 정신이상 변론보다 더 자주 제기되었다. Dusky v. United State 판례(1960)에서 내린 법정에 설 능력에 대한 미국대법원 정의는 "적당한 정도의 합리적인 이해에 바탕을 두고 자신의 변호사에게 자문을 구할 충분한 능력이 있는지, 그리고 자신에 대해 진행되는 사항에 대한 합리적이면서도 사실적인 이해 능력이 있는지"였다. 그러므로 정신이상 평가와 반대로 법정에 설 능력의 평가는 현재의 정신 상태에 초점을 둔다.

법정에 설 능력이 있는지 답할 땐 세 가지 기본 쟁점이 우선 고려된다(Maloney, 1985). (a) 혐의를 인정할 수 있는가, 그리고 범행 당시의 자신의 행동에 대해 사실에 입각해 진술할 수 있는가? (b) 변호사와 적절히 협력할 수 있는가? (c) 법정에서의 절차에 대해 올바르게 인식할 수 있는가? 대부분의 경우, 앞 문단에 언급된 평가요인들이 여기서도 적용된다.

민사사건

많은 민사적 쟁점은 법정심리학자의 관심을 끄는데, 상표권 소송에서 집단 소송에 이르기까지 광범위하다. 임상심리학자에게 특히 중요한 두 영역은 (a) 정신장애 시설에의 입원과 퇴원, (b) 자녀양육권 논쟁이다. 민사 분야 활동의 예로 이 두 영역에 초점을 두겠다.

정신장애 시설에의 입원. 시나리오를 그려보자. 그리 오래지 않은 과거에 남루한 30대 후반의 남자가 레스토랑에 들어와 손님들이 계산원에게 계산하러 갈 때면 그들에게 다가가 장광설을 늘어놓았다. 조리가 없었지만 외설적이고 신이 자신의 말에 대해 벌을 준다는 것과 관련된 내용임을 알 수 있었다. 매니저가 나타나 문까지 데리고 갈 때까지 약 5분 정도 계속했다. 그는 손님들에게 계속 말을 걸어 자신의 얘기를 듣도록 했다. 매니저는 결국 경찰을 불렀다. 간단한 심문 후에 그들은 그를 순찰차에 태우고 지역 정신과병원 응급실에 맡겼다.

이 시나리오와 이와 관련된 시나리오들은 전 미국에 걸쳐 수천 번, 매일매일 반복되었다. 검사 후에 (때로는 형식적인 검사 후에) 그들은 주법에 따라 몇 시간 혹은 며칠씩 강제수용되었을 것이다. 하지만 일부 주에서는 응급 구금조차 사법적 동의를 얻어야 한다.

개인의 의지에 반하는 입원을 강제 입원이라고 한다. Szasz(1970)와 같은 학자들은 강제 입원이 위험할 수 있으며, 정신과 의사 등이 사회적 명령에 따르지 않을 사람들에 대한 통제를 유지하기 위해 반복적으로 행사하는 오용된 권력이라고 강하게 주장했다. 강제 입원의 허용 기간은 관할 법원에 따라 하루에서 3주까지 다양하다. 그 이후에는 구금을 계속해야 할지 결정하기 위해서는 청문회를 열어야 한다.

자발적 입원의 경우, 개인은 입원에 동의하며 언제든 퇴원할 수 있다. 일부 병원에서는 환자에게 자신의 퇴원이 “의학적 충고에 반한다”는 서류에 서명하게 한다. 다른 곳에서는 이런 환자에게 퇴원 의사를 며칠 전 미리 표명하도록 요구한다. 이러한 절차는 만약 환자가 자신이나 타인에게 위험하다고 판단되거나 분별력을 상실할 만큼 장해가 심할 때 병원이 입원 절차를 주도할 수 있게 한다. ‘자발적’ 입원도 보기보다는 자발적이 아니라는 사실을 언급해야 한다. 대개는 친지, 친구, 경찰, 법원, 또 는 정신건강 전문가의 강한 압력이 있기 마련이다.

누군가를 입원시키기 위한 법정에서는 그 사람이 법에서 정한 기준에 부합하는지와 치료를 통해 도움을 받을 수 있는지 결정하기 위한 청문회가 열려야만 한다. 여기서 말하는 기준이란 (a) 자신이나 타인에게 위험한지, (b) 자기관리나 입원에 대한 책임 있는 결정을 내릴 수 없을 만큼 장해가 심하거나 무능력한지, (c) 병원에서의 치료나 관리가 필요한지이다. 부가적 기준으로 입원 이외의 덜 구속적인 대안이 가용한지를 고려한다. 하지만 무엇보다도 정신적 질병이 있다고 결정되어야만 한다.

누구든지 자신이 보기에 입원이 필요한 사람이라고 믿으면 법원에 그 사람에 대한 심의를 청원할 수 있다. 주로 가족이나 친구, 때로는 경찰이나 복지기관 등이 청원자로 활동한다. 법원이 동의하면 명령이 발효되고 전문적인 조사를 받아야 한다. 이 조사는 다른 사람의 보고만으로는 안 되며, 반드시 전문가의 개인적 관찰에 근거해야 한다. 보고되는 일반적 측면은 외모, 사고의 명료성, 망상이나 환각 유무, 문제에 대해 얼마나 잘 이해하고 있는지, 약물이나 알코올 사용, 고용 상태, 지능, 정신 및 법적 문제 이력, 가족요인 등이다(Schwitzgebel & Schwitzgebel, 1980).

가정문제. 현재 많은 가정문제는 법원의 개입을 필요로 한다. 자녀 양육, 부모 적합도, 방문권, 아동학대, 청소년 비행, 입양 등은 이러한 쟁점 중 일부이다. 그 한 예로, 아동 양육권과 관련된 쟁점을 다루도록 하겠다.

최근 이혼이 급증했기 때문에 아동 양육권과 관련된 문제도 확산되었다. 부부역할이나 규범이 변한 것도 문제를 복잡하게 만들었다. 아버지의 자녀보육 책임이 증가하고 어머니가 직업을 갖는 것도 일반적이다. 이러한 문제와 다른 요인들이 양육문제를 전보다 복잡하게 만들었다.

오늘날 '아동 이익의 최우선' 선언은 양육권 논쟁에 우선한다. 이 선언에 포함된 기준을 보다 정확히 하기 위해 1970년에 발효된 Michigan 아동 양육권 법령은 법원이 양육권 결정을 내리는 데 참고하는 다음 요인들을 확립했다.

1. 부모 각자와 아동 간의 사랑, 애정, 그리고 다른 정서적 연결
2. 아동에게 사랑, 애정, 지도, 지속적 교육을 제공하고, 아동의 종교나 신조를 보장하면서 키울 수 있는 능력이나 소질
3. 아동에게 다른 의료 관리나 다른 물질적 욕구 대신에 주법에 따라 인정되거나 허용된 음식, 의복, 의료관리 또는 치료적 관리를 제공할 능력과 소질
4. 아동이 안정되고 만족스러운 환경에서 살아온 시간과 그것을 지속하는 것의 바람직성
5. 기존 혹은 제안된 양육 가정의 가족 단위로서의 영속성
6. 부모의 도덕적 적합도
7. 아동의 가정, 학교, 지역사회 기록
8. 부모의 정신적, 신체적 건강
9. 아동이 자신의 선호를 표현할 수 있는 충분한 나이라고 법원이 판단할 때, 아동의 선호
10. 기타 아동 양육권 논쟁에 적합하다고 법원이 고려하는 요인들

비록 150년 전에는 이혼한 부부의 자녀는 자동으로 아버지에게 맡겼고, 50년 전에는 거의 항상 어머니에게 맡겼지만, 이러한 반사적인 결정은 오늘날에는 더 이상 계속되지 않는다. 현재의 규준은 아동이 양부모와 연대를 유지해야만 한다는 신념에 따른 공동양육권이다. 사실 많은 이혼은 비공식적인 공동양육권으로 결말이 나고 있으며, 법원의 강제적 규제는 일어나지 않는다. 법원이 공동양육권 명령을 하는 경우, 이혼하는 부부간에 뭔가 논쟁이 일어났음을 의미한다. 최종분석 결과, 공동양육권이 실제로 작용하는 경우는 부부가 자신들의 원한과 분노를 접고 자녀의 최선의 이익을 위해 민감하고 조화롭게 행동할 때이다.

하지만 공동양육권이 자녀의 최선의 이익이 아닐 수도 있다. 구체적으로, 공동양육권은 부모가 정서적으로 격렬한 갈등관계에 있을 때는 좋은 선택이 아니다(Wrightsman et al., 1998). 이 경우 한 부모에게는 법적 양육권이, 다른 부모에게는 방문권이 부여된다(Wrightsman et al., 1998).

자녀 양육권 평가 시 심리학자들은 부모와 아동, 때로는 다른 친지 간의 과거, 현재, 미래관계 체계가 핵심 요소라는 것을 명심해야 한다. 양육권 평가는 세 가지 주요 쟁점들이 드러나도록 다양한 정보원을 고려해야만 한다(American Psychological Association, 1994)–(a) 아동의 발달적 및 심리적 욕구, (b) 각 부모의 강점과 약점, (c) 가족 구성원들이 서로 상호작용하는 방식.

궁극적 목표는 아동에게 최선의 이익이 되는 상황을 확인하는 것이다. 이전에 확립된 양육권이나 방문권을 변화시키는 것 같은 특별한 쟁점도 동일한 우선 원칙을 따른다.

환자들의 권리

정신과 입원 환자의 권리에 대한 사법적 검토가 증가하고 있다. 1970년대 초 이후로 법원은 강제 입원

된 환자가 실제적인 '치료'나 최소한의 호전을 가져올 수 있는 개별화된 치료를 받을 헌법적 권리를 가진다고 보고 있다(Schwitzgebel & Schwitzgebel, 1980). 자발적 입원 환자의 경우 원할 때 퇴원할 수 있기 때문에 법원은 그들의 권리에 대해서는 관심을 덜 가져왔다.

부가적 권리와 기준은 물리적 환경(휴게실, 세면장, 식당 등), 개인 의복, 개인별 활동(운동, 정기 외출, 사교 활동 등)을 포함한다. 추가적으로 강제 노동은 금지되며 자발적으로 노동을 할 경우 임금이 지급되어야 한다. 비록 많은 주에서 환자의 통신과 방문 권리를 인정하고 있지만, 기관 직원이 방문 통제에 관한 폭넓은 재량을 가지고 있다(변호사, 의사, 성직자 제외). 법령들은 존엄과 사생활 보호에 대한 환자의 권리를 일반적으로 옹호하고 있다. 그렇지만 실제로는 이 권리들이 확대 해석과 재량의 대상이 되는 경향이 있다. 앞서 살펴본 대로 사실상은 법령과 법원의 명령이 따로, 그리고 그 실제 이행이 따로 이루어지고 있다.

논란이 되고 있는 복잡한 쟁점 중 하나는 치료나 투약을 거부할 권리이다(Wrightsman et al., 1998). 이 경우 사전 동의가 문제가 된다. 모든 강제 입원 환자가 다 정신적으로 무능한 것은 아니며, 그들의 운명을 결정할 권리를 가지고 있다. 하지만 능력이 없는 환자는 어떠한가? 능력이 있는 환자들의 권리를 보호하면서 무능력한 환자들이 치료를 통해 이득을 볼 수 있도록 보장하는 방법은 무엇인가? 이것은 정말 복잡한 문제이며, 글상자 20-2에서 볼 수 있다.

위험성 예측

제3장에서 보았던 것처럼, 캘리포니아 법원은 *Tarasoff* 사건과 관련해 환자의 폭력 행동의 잠재적 피해자를 보호할 책임이 치료자에게 있다고 결정하였다. 이것을 넘어서서 많은 사람들은 법적 또는 도덕적 책무로 우리 모두는 위험하다고 간주되는 사람으로부터 다른 사람을 보호할 의무를 가지고 있다는 데 동의한다. 하지만 심리학자나 다른 사람들이 위험한 행동을 어떻게 정확히 예측할 수 있는가? 정신장애 진단을 받은 사람들에게 폭력 이력이 더 많기는 하지만(특히 약물사용장애), 정신질환을 가진 사람의 90%는 폭력이력이 없다(Monahan, 1992). 위험한 사람으로부터 진정으로 보호받기 위해서는 폭력 행동을 실제로 한 적이 없는 사람까지 다수를 잡을 수 있는 아주 커다란 그물을 사용해 고기를 잡아야 하는 것이 현실이다(Ogloff, 1998).

폭력적 행동은 과도하게 예측되었다. 예측된 사람 중 상당 비율이 폭력 행동을 하지 않았다(Monahan, 1981). 하지만 많은 사람들은 사회를 보호하기 위해 많은 사람을 희생시키려 한다. 사람들은 위험이 존재하지 않는데도 위험을 지각하는 많은 이유가 있다(Monahan, 1976). 다른 것과 마찬가지로, 정신질환 환자가 석방된 후 살인을 하거나 아동을 성적으로 학대하거나 다른 행동을 하는 것을 보여주는 텔레비전 프로그램이나 뉴스가 석방 결정에 참여한 정신과 의사나 심리학자의 능력이나 상식을 일반인이 의심하게 만들 수 있다. 이 모든 것들이 위험성 예측을 매우 어렵게 만든다. 우리 모두가 위험한 행동을 할 잠재성을 가지고 있다는 것이 사실일지라도 건전한 상태에서는 이전에 위험한 행동을 했다는 증거가 없는 한 그 행동을 정확히 예측하는 능력은 극도로 제한될 수밖에 없다.

이런 예측이 어렵긴 하지만, 이런 목적의 심리평가는 범죄재판 시스템으로부터 임상가에게 요청되는 평가 중 가장 큰 단일 범주를 구성한다(Blau, 1998). 평가는 성폭력, 아동 학대, 직장 폭력의 예측에서부터 자살이나 타살 행동 예측까지 걸쳐 있다. 이러한 평가는 보석 없이 수감하는 것, 입원한 피고의 노동석방 허가, 폭력범에게 주는 형벌 선택 등 여러 가지 결정에 사용된다. Greene과 Heilbrun(2011)이 언급한 대로 연구 결과에 따르면 폭

글상자 20-2 법적 논쟁: 강제 투약

15년 전 쯤 Perry v. Louisiana(1990) 판례는 사형수의 사형 집행에서 정신적 능력을 갖게 하기 위해 주 공무원이 항정신성 약물을 강제 투약하는 것과 관련된 쟁점을 제기했다. 그러나 죽음은 아직 실제적인 문제가 아니다!

수감자가 자신의 의지에 반해 향정신성 약물을 복용하는 것을 누가 결정해야 하는가? 이 질문은 미국 대법원에서 제기되었다. 대법원은 Washington v. Harper 판례(1990)에서 투약을 하지 않으면 안전에 문제가 있다는 전문가들의 합의가 있지 않는 한 정신질환 수감자에게 동의 없이 투약할 수 없다고 판결했다. 그렇지만 보다 최근에 대법원은 재판에 설 능력을 확보하기 위한 시도로 강제 투약하는 것은 가능하다고 판결했다(Sell v. United States).

치과 의사인 셀은 여러 차례의 정신병 증상발현을 포함해 오랜 기간 정신질환을 앓았다. 1997년 5월 그는 보험사기 혐의로 고발되었다. 그 당시 그는 '현재 문제가 없는' 것으로 간주되었다. 하지만 연방 판사는 그가 미래에 정신병 증상을 가질 것으로 언급했다. 그는 보석으로 석방되었다. 1998년 초 그는 증인을 협박한 혐의를 받았고, 보석 취소 청문회가 열렸다. 청문회에서 그의 행동은 비합리적이고, 기괴하며, 신체적으로 위협적이었다. 더구나 정신과 의사는 그가 정신병적이 며, 그의 상태가 더 나빠졌다고 보고했다. 그의 보석은 취소되었다. 1998년에 셀은 자신을 체포한 FBI 요원을 살해하려 하였고 자신의 사기 재판에서 증언하려 한 동료를 살해하려 시도한 혐의를 받았다. 1999년 초 그는 판사에게 자신이 재판에 설 능력을 재고해 달라고 요청했다. 연방 교도소에서 정신의학적 평가를 받은 것에 기초해 치안판사는 그가 재판에 설 능력이 없음을 발견했다. 의료인들은 셀이 항정신병제를 복용할 필요가 있다고 권고했지만, 그는 거부했다. 의료인들은 그의 의지에 반해 그에게 투약할 수 있도록 허용해 달라고 했다.

Sell v. United State 판결에서 제기된 주요 쟁점은 강제투약이 셀의 헌법적 권리를 침해하느냐 하는 것이었다. 미국 대법원은 셀이 재판에 설 능력을 회복할 수 있도록 그에게 강제 투약하는 것이 가능하다는 법원의 판결을 지지했다. 이에 더해, 이 쟁점과 관련해 미래의 결정 기준을 다음과 같이 설정했다.

1. 이러한 사례의 경우, 정부의 권익은 투약 없이 지내려는 개인의 권익보다 중대하다.
2. 이 권익을 충족시키는 다른 덜 침해적인 방법이 없어야 한다.
3. 투약은 의학적으로 적절해야 한다(예: 피고의 능력을 제공하고, 위험보다 이득이 커야 하며, 피고에게 최선의 의학적 이득이 되어야 한다).

력 행동에 대한 다음 유형의 예측이 가장 정확할 가능성이 높다.

1. 가까운 미래의 행동에 대한 예측
2. 임상가가 이미 개인사 자료를 확보한 것과 동일한 상황에 대한 예측
3. 개인의 폭력 행동 이력에 대한 임상가의 지식에 근거한 예측
4. 폭력 행동 기저율이 상대적으로 높은 집단에 소속된 개인에 대한 예측 마지막으로 제11장에서 논의된 임상적 예측 대 통계적 예측에 대한 논쟁이 위험성 예측에 대한 쟁점에도 적용됨을 언급할 가치가 있다. Quinsey, Harris, Rice와 Cormier(1999)는 위험성에 대한 임상적 예측(예: 임상적 인상에 기초한 예측)은 자료 통계적 방법으로 대체되어야 한다고 강하게 주장했다. 하지만 Litwack(2001)은 위험성 예측에서 자료 통계적 예측이 임상적 예측보다 월등하다는 경험적 증거가 충분치 않다고 반박했다. 더구나 위험성 예측은 심리학자들이 수행한 다른 예측 과제와는 완전히 달라 자료 통계적 예측이 이점이 없다고 제안했다.

이것은 위험성에 대한 자료 통계적 예측을 향상

시키려는 연구가 쓸모없거나 중단되어야 함을 말하는 것이 아니다. 그보다는 인간의 가치는 물론 공공정책에 미치는 중대한 함의 때문에 법정심리학의 폭넓은 영역에 대한 보다 많은 연구가 필요하다는 것이다. 최근의 일부 노력들은 고무적이다(예: Steadman et al., 1998; Constanzo, 2004).

심리치료

수감자의 경우, 심리치료와 재활에 대한 법적인 권리는 아직 잘 정리되지 않았다(Schwitzgebel & Schwitzgebel, 1980). 수감자들은 의학치료에 대한 권리가 있고, 청소년 수감자의 경우 일반적으로 심리치료와 의학치료 모두를 받을 권리가 있다. 성인 수감자에 대해서 심리치료가 인정된다. 대부분은 정신적으로 극심한 문제가 있는 경우로 일부의 전문가는 수감자가 치료 권리를 갖는 것을 꺼리는데, 그 이유는 때때로 치료나 행동 수정의 이름하에 벌이나 권리 박탈상태가 발생하기 때문이다.

사람들은 치료를 거부할 권리가 있다. 이 경우, 주 정부는 수감자의 거부를 무시할 강력한 근거를 제공하여야 한다. 인권 침해 가능성과 애매 모호성 때문에 대다수의 구치소는 수감자의 권리를 보호하고자 위원회를 구성한다. 이 위원회는 일반적으로 수감소와 관련되지 않은 사람들로 구성된다.

그러나 좀 더 넓은 법적인 치료 함의가 있다. 범죄 사건의 경우, 치료는 무능력한 사람을 역량이 있는 상태로 복구시켜 놓는 것이나 혹은 수감을 직면한 이들에게 감정적인 지지를 제공하는 데 초점을 둔다. 범법자의 경우 성격문제, 성행동, 공격성에 더 주력한다. 때때로 치료는 수감자가 수감되어 있을 동안에 행해지지만, 가석방이나 보호 관찰하에 있는 자를 대상으로 외래에서 다루기도 한다. 적용되는 치료의 형태는 통찰 중심적 접근에서 지지적 방법, 행동 기술, 바이오피드백, 인지치료에 이르기까지 개인 혹은 집단의 형태로 제공된다. 법률임상가의 가장 중요한 문제 중 하나는 나중에 법정에서 증언을 해야 할지 모른다는 것이다. 법정이 원하는 것, 내담자의 변호사가 요구하는 것, 내담자를 위해 가장 좋은 것, 그리고 임상가가 가장 바람직하다고 여기는 것 사이에 갈등을 초래해 문제를 일으킬 수 있다. 아동 양육권의 경우, 부모와 아동 간의 치료문제와 갈등은 특히 더 어렵고 힘들 수 있다. 때로 이런 문제는 전문가가 딜레마에 빠지게 한다. 예를 들어, 아동을 최대로 돕기 위해 부모에게 치료를 권하는데, 부모는 이를 거절할 수 있다.

자문

법심리학자의 또 다른 활동은 자문이다. 물론 이미 언급된 많은 활동이 자문과 관련된다. 이 섹션에서는 여러 형태의 자문에 대해 살펴볼 것이다.

배심원 선정. 자문 심리학자는 변호사와 함께 배심원 선정과정에 관여할 수 있다(Constanzo, 2004; Wrightsman, 2001). 예비 심문 절차(*voir dire*)라고 불리는 법률 용어는 배심원을 정하는 재판의 일부를 지칭한다. 이 단계에서 변호사는 잠정적인 배심원들이 가진 편견을 알아낼 기회, 전단적 배심 기피(peremptory challenges: 법정에서 원고나 피고 쪽에서 한쪽으로 편견이 있다고 여겨지는 배심원을 탈락시킬 일련의 기회들)를 위한 정보 수집, 배심원을 알아가고 어느 편인지에 대한 정보 수집, 그리고 배심원을 설득시켜 변호사의 변론에 수용적이게끔 하는 기회를 가진다. 이 모든 것들은 변호사가 사례를 잘 알게 만들어 준다. 자문심리학자는 변호사를 여러 방면으로 도와 배심원 선발과 탈락을 보다 더 잘하게 돕는다. 표 20-3은 배심원 자문에 대한 목적과 기술을 요약한 것이다.

모의 배심원. 또 다른 자문은 모의 배심원을 이용하는 것이다. 여기서 배심원 자문가는 실제 배심원과 비슷한 사람들(예: 배심원과 비슷한 성향을 가진 사람들)을 고용하여 실제 법정에서 하는 것처럼 증언에 대한 반응을 관찰한다. 이렇게 하면, 자문가와 변호사는 실제 배심원의 반응과 효과를 예측할 수 있고 좀 더 정보가 있는 법정 전략을 준비할 수 있다.

여론 설문. 여론 설문은 여러 해 동안 여러 가지 방식으로 실시되었다. 예를 들어, 변호사가 특정 회사 이름이나 상징에 대한 대중 인식도를 조사하기 위해 심리자문가를 고용한다. 설문은 이런 방법 중 하나이다. 또한 여론은 재판이 열리는 지역의 대표 주민에게 그 사례에 대한 의견과 변호사의 재판 전략을 묻기 위해 사용되기도 한다. 어떤 의미에서 이 설문은 변호사가 주요 재판 문제에 대해 평가하고 주어진 증거에 대한 전략을 연마하는 데 쓰인다. 또한 재판 관할 구역 변경이 필요한지를 결정하는 데 사용되기도 한다. 재판, 특히 피고에 대한 지역 주민의 태도는 재판 장소를 변경하거나 배심원 선정과 관련해 법정을 설득하는 데 도움이 될 수 있다(Nietzel & Dillehay, 1986).

증인 준비시키기. 자문가가 재판과 관련된 진술을 변경하도록 증인을 만나 작업하는 것은 비윤리적이다. 비록 선을 긋기는 힘들지만, **증인 준비시키기**는 증인들이 법정에서 사실을 변화시키지 않고 더 잘 증언하도록 돕는 것이다. 이건 매우 예민한 문제이

표 20-3 배심원 자문의 목적과 기술

자문 단계	목적	기술
1단계: 예비심문절차	사례에 대해 알기	변호사와 계획 미팅 갖기
	변호사에게 자문가가 할 수 있는 일 알리기	방송 매체 고찰, 내담자 면접, 법정과정 관찰
	도구 개발하기	필요하면 배심원 문제지, 설문지 개발, 모의 재판 준비, 주 정보자와 면접
	배심원 선발에 관한 초기 이론 확립	위자료 분석, 변호사의 사건 요약에 포함될 배심원 선정에 대한 이론 제안
2단계: 예비심문절차 증진시키기	배심원 오류를 밝히고 편견을 알아낼 기회를 높이는 방향으로 예비심문절차를 구조화	재판 관할 구역 변경, 개별적 대 비공개 대 변호사에 의한 예비심문절차, 고정된 또는 유동적 체계, 복잡한 문제에 대한 선서진술서 혹은 전문가 증언 제공
	변호사의 예비심문절차에 대해 변호사 교육	예비심문절차의 주제 준비, 면접방법관련 기술 향상
3단계: 배심원 탈락	배심원 선정에 대한 재판 전 자료 종합	배심원 후보자들의 재판 관찰을 통해 최후 이론 확립
	내담자와 사건 요약에 유리한 배심원 선정을 위한 평가체제개발	배심원 경험, 지능, 감성, 사회적 영향에 이로운 배심원 선정

출처: *Psychological Consultation in the Courtroom*, by M. T. Nietzel and R. C. Dillehay, p.24. Copyright © 1986 by Pergamon Press. Reprinted by permission.

므로 일부 자문가는 형사 사건의 증인과는 작업하지 않고 단지 민사 사건의 증인과만 일한다. Nietzel과 Dillehay(1986)은 증인 준비시키기의 여러 측면(예: 진술하는 방법, 연관된 증인의 감정, 법정에서 증인이 되는 경험에 대한 준비, 반대 심문, 외모, 상대 변호사가 증인의 신뢰성에 대해 의문을 던지는 것 등)에 대해 살펴보았다. 그러나 증인이 될 수 있는 사람들에게 적절한 도움을 주는 것과 그들이 증언을 바꾸는 것 사이에는 구분이 어려운 애매한 부분이 상당히 많다.

배심원 설득하기. 마지막으로 자문가는 법정 체계가 허락하는 한도 내에서 사례와 증거를 증인에게 제시하는 방법에 대해 변호사를 도울 수 있다. 자문가는 특정 증거나 증거 제시 방식, 특히 초기 혹은 최종 변론에 대해 배심원들이 반응하는 방식에 대한 예측을 통해 변호사를 보조할 수 있다. 효과를 위해선 배심원의 믿음, 감정, 행동이 목표가 될 수 있다. 자문가는 변호사가 사례를 가장 효과적으로 보여 주는 방법을 찾도록 도와준다.

연구와 법정심리학

실제적으로 심리학의 모든 연구가 법률적 문제와 연관된다. 예를 들어, 정신분열증의 유전적 요소에 대한 연구는 정신적 역량에 대한 심리 공판에 상당히 중요할 수 있다. 편견의 본질이나 설득 과정의 기본 요소는 사회심리학자만큼이나 변호사에게 중요하다. 소비자 연구는 제조물 책임에 관련된 소송에 직접적으로 적용된다. 그리고 최근에 귀인과 대인관계에 대한 연구는 수색과 압수에 대한 법에 적용되어 왔다(Kagehiro, 1990). 그러나 몇 가지 연구 영역은 법정심리학과 특히 동일시되어 왔는데, 여기선 두 가지 예를 들겠다.

목격자 증언. 목격자가 죄를 지은 사람을 지적하는 것보다 더 치명적인 것은 없다. 목격자의 증언은 몇 년 동안 수많은 개개인의 유죄판결에 중대한 요소였다(Cutler & Penrod, 1995). 그러나 때론 그 증언이 죄지은 사람뿐 아니라 죄없는 사람을 유죄 판결하는 데 이용되어 왔다(Wells & Olson, 2003). 간단하게 말해서 그 이유는 목격자 증언이 때론 신뢰할 수 없고 부정확하기 때문이다. 1979년에 델라웨어의 윌밍턴에서 발생한 사건은 이를 잘 말해 준다. 한 시민이 경찰에게 신부의 얼굴이 경찰이 돌린 강도의 얼굴 그림과 아주 비슷하다고 말했기 때문에 가톨릭 신부가 재판을 받게 되었다. 이어서 7명의 목격자가 그 신부를 강도라고 지적하였다.

그 재판은 다른 남자가 범죄에 대해 자백을 했고 따라서 중단되었다. 그렇다면 이 목격자들에겐 무슨 일이 일어났던 걸까? 알고 보니, 목격자들에게 용의자의 사진을 보여 주기 전에, 경찰은 강도가 신부일지 모른다고 슬며시 얘기했던 것이다. 그리고 신부의 사진이 오직 유일하게 로만칼러(역주: 가톨릭 성직복의 목 뒤에서 고정하는 가늘고 빳빳한 흰 깃)를 입은 사진이었다.

지난 몇 해 동안, Loftus와 동료들은 목격자의 기억이 뒤따르는 정보에 의해 쉽게 왜곡될 수 있다는 일련의 실험을 실행하였다. 예를 들어, Loftus, Miller와 Burns(1978)은 참가자에게 자동차 사고가 난 몇 장의 칼라 사진을 보여 주었다. 피험자의 반은 멈춤 표지가 있는 사진을 보았고, 나머지 반은 양보 표지가 있는 사진을 보았다. 그 후에 피험자는 그 사진들에 관한 질문에 답하였다. 결정적인 질문은 피험자가 특정 표지(멈춤 혹은 양보)를 보았는지에 관한 것이었다. 반 수의 피험자에게는 물어보는 표지가 사진에서 봤던 것이었고, 나머지 반의 피험자에겐 보지 못했던 표지였다. 얼마 시간이 흐른 뒤, 피험자에게 15개의 사진을 보여 주고 이전에 봤던 사진을 고르라고 하였다. 재미있게도 질문이 이전에 봤던 사진 속의 표지와 일치한 피험자의 75%가 맞는 사진을 고른 반면, 불일치 집단은 겨우 41%만이 맞는 사진을 골랐다.

사람들은 때로 자신의 기대에 맞추어 추론한다. 또한 Loftus(1979)가 지적했듯이, 사건이나 범죄에 대한 목격자는 재판 전에 질문을 받는다. 이 과정에서 목격자의 회상을 변경시킬 말이 오고 가게 된다. 특정 사례에서 진정한 재판에 오류를 일으킬 상황을 규명하는 것이 법심리학자의 역할이다.

우리는 사건의 목격자 간에 증언이 서로 일치하지 않는 것을 경험하였다. 자기가 목격한 사람의 키, 체중, 머리 색, 옷, 심지어 인종에 대한 기술이 서로 다르다. Buckhout(1975)는 TV 프로그램의 일부로 이런 경향성을 극적으로 보여 주었다. 시청자들은 약 12초 동안 무대에서 소매치기가 벌어지는 상황을 보았다. 뒤이어 시청자들은 경찰이 6명의 남자를 줄 세우는 것을 보았고, 경찰은 이 중 가해자가 있을지도 모른다고 말했다. 시청자는 전화를 걸어 자신의 결정을 말할 수 있었다. 2,000명이 넘는 응답자 중에, 1,800명이 정확하지 않은 결정을 내렸다! 물론 이 결과가 모든 목격자가 정확하지 않다는 것을 말하지는 않는다. 그러나 이 결과는 결정을 의심 없이 받아들이는 것에 대해 주의해야함을 시사한다. 적어도 우리의 법적 체계는 용의자를 추려내는 절차를 향상시켜야 한다(Loftus, 1983; Wells, 1995). 지각, 스트레스 정도, 정보 용량, 감식 절차, 심지어 무의식적 통합 과정의 요소들에 대한 후속 연구가 필요하다(Horowitz & Willging, 1984). 또한 개인적 편견이나 고정 관념, 또한 과거 경험이나 조건화도 중요한 요소이다(Buckhout, 1980). 잘못된 목격자 감식에 대한 대책으로 미국법심리학회(미국심리학회 41분과)는 이 영역에 대한 과학적 증거를 고찰하고 권장사항을 만들기 위해 부속 위원회를 형성하였다(Wells et al, 1998). 이 장의 끝에 있는 웹사이트 20-5에는 이 부속위원회의 보고서에 대한 주소를 제공해 준다. 간단하게 부속위원회는 다음을 권장한다.

- 각 사건의 용의자 목록을 만들거나 용의자의 사진을 담당하는 사람은 용의자의 신분에 대해 알면 안 된다.
- 목격자에게 다음을 알린다. 사건의 용의자가 목록이나 사진에 있을 수도 있고 없을 수도 있으며, 용의자 목록을 만들거나 사진을 담당한 사람은 용의자가 누군지 모른다.
- 용의자 선상에 있거나 사진이 보이는 경우, 용의자는 외모나 의상 면에서 다른 사람과 두드러지게 달라서는 안 된다.
- 감별하는 데 있어서 목격자의 확신도가 감별 당시와 후속적인 조사 전에 평가되어야 한다.

이런 방식은 목격자 감별의 실수를 줄일 수 있을 것이다(Wells et al., 1998).

배심원 행동. 어떻게 배심원이 사고를 하며 어떻게 결론에 도달하는지를 이해하면 할수록 배심원 제도는 더 나아질 것이다. 많은 연구들이 어떻게 배심원이 증거에서 의미를 찾으며, 어떻게 정보를 처리하고, 어떻게 법정 명령에 따르는지, 특정 논쟁에 어떻게 반응하는지를 살펴보았다(Kassin & Wrightsman, 1988; Wrightsman et al., 1998). 몇 가지 예를 살펴보자.

배심원은 때로 판사의 명령에 혼돈스러워한다. Severance와 Loftus(1982)는 배심원에게 주는 명령의 형태를 바꿔 보았다. 명령은 수동태보다는 능동태를 사용하였고, 지시를 짧고 간결하게 만들었다. 또한 합리적 의혹과 같은 추상 개념을 보다 자세하게 설명하였다. 이 결과 배심원들은 다른 사건보다 훨씬 정확하게 법을 적용하였다.

판사의 명령이 내려지는 순서와 같은 간단한 조건도 배심원에게 영향을 준다. 예컨대, Kassin과 Wrightsman(1979)는 동영상 재판을 본 모의 배심원을 연구하였다. 배심원들에게 증거에 필요한 것

■ 대학원생의 관점 **Lizzy Foster B.A.**

Lizzy Foster는 Drexel 대학의 임상심리학 박사학위 프로그램에서 법정심리학을 전공으로 하는 4학년 학생이다. Lizzy는 Tufts University의 심리학과에서 B.A.를 받았다. 대학 졸업 후 그리고 대학원을 시작하기 전, 그녀는 연구 프로젝트에서 일하며 2년을 보냈다: 첫째, Brown University Medical School에서 위험 아동의 스트레스 반응성을 조사하는 연구, 둘째, 허혈성 뇌졸중의 의학적 치료를 평가하는 UCLA에서의 연구. Drexel에서 시작한 후, 그녀는 교정 시설과 불안장애 외래환자 클리닉을 포함하여 다양한 임상장면에서 심리학적 서비스를 제공하였다. 그녀는 또한 법정 평가를 실시하는 데 경험이 있었다. 그녀의 현재 법정 평가, 범죄 사법 시스템 내의 교정 인사(correctional personnel)들의 경험, 그리고 성격특성에 대한 증거(character evidence)가 어떻게 사법 의사 결정에 영향을 미치는 지에 대해 관심이 있다.

우리는 Lizzy에게 대학원에 대한 그녀의 생각을 나눠주기를 요청하였다.

임상심리대학원이 당신에게 어땠나요?

저는 대학원을 시작하기 전에 임상심리대학원 프로그램이 100% 임상 실습에다 100% 연구라고 들었어요. 3년이 지난 지금 저는 이 말에 동의합니다. 대학원은 경험들의 혼합물이었습니다: 저는 수업을 가르쳤고, 논문을 쓰는 것을 도왔고, 수백 시간의 임상 실습을 하였고, 다른 이의 연구 프로젝트를 도왔고, 저 자신의 연구 프로젝트를 작업하는 등의 일을 하였습니다. 끊임없이 배움의 기회가 있었고 저는 그 경험들을 사랑했습니다.

대학원에서 가장 예상하지 못했던 것들은 무엇인가요?

먼저, 대학원이 얼마나 많은 일을 하게 될지 예상 못했습니다. 학부 때에는, 교과과정 외의 활동과 수업으로 가득 차 있었고, 그 결과로 저는 매우 바빴습니다. 저는 대학원 또한 비슷하리라 기대했어요. 일이 많을 것을 예상했으나, 학부 때와 비슷한 방식으로 관리할 수 있을 것이라 생각했지요. 하지만 제가 틀렸어요. 주중에 저는 내담자를 만나러 수업에서 미팅들로 달려 나갑니다. 주말에는, 일을 하기 위해 커피점에(지금 제가 있는 곳!) 있는 저를 언제나 발견할 수 있을 거에요. 저는 여전히 학부 때처럼 바쁘지만, 지금의 경우에는 많은 과외 활동이 없이 바쁩니다.

둘째, 저는 많이 알지 못하는 학생으로 비쳐질 것이라 예상했지만, 제 경험은 완전히 달랐습니다. 저의 지도 교수님은 저를 주니어급의 동료로 대했습니다. 비록 그러한 것이 저에게 압박과 책임감으로 다가왔지만, 그것은 저의 자신감을 세워주었습니다. 또한 그것은 놀라운 기회들로 다가왔습니다. 저는 저의 지도교수와(논문을) 출판했고, 법정 평가를 같이 하였으며, 그에게 온 논문원고들을 리뷰했고 연구 프로젝트와 논문에 관한 저의 의견을 제공하였습니다.

대학원이 당신을 바꾸었나요? 만약 그렇다면, 어떻게 바꾸었나요?

대학원이 저를 변화시켰다는 데에는 의문의 여지가 없어요. 저는 대학원을 시작했을 때보다 훨씬 더 독립적입니다. 이것은 저의 전공인 법정 분야와 관련해서 특히 그러합니다. 교정 혹은 법정 분야 사람들과 작업할 때는, 소심해질 수가 없습니다. 비록 대학원 오기 전에도 법정 및 교정시설 사람들과 작업을 하였지만, 한 번도 교정 시설 내에 있어본 적은 없었어요. 이것은 가파른 학습 곡선이었지만 저는 그 장면에서 어떻게 자신감을 갖출 수 있는지 배웠고 필요할 때 저 자신을 어떻게 주장할 수 있는지 배웠습니다.

당신의 전문적 혹은 연구 관심사는 당신이 대학원을 출발했을 때에 비해 같은가요, 다른가요?

저는 제가 법정심리학에 집중하고 싶다는 것은 알았지만 그 분야에서 내가 무엇을 구체적으로 하려고 하는지 모르는 채로 대학원에 들어왔습니다. 제 연구 관심사는 그 이후로 좀 더 확고해졌습니다. 저는 법정 심리학 내의 다른 많은 분야들이 매력적이라는 것을 발견했지만, 현실적으로는 한 번에 몇 개만 연구할 수 있다는 것을 깨달았어요. 제 지도교수님의 연구와 제가 들은 수업들(법정 심리학과 같은) 덕분에, 저는 저 자신만의 연구 관심사를 찾았고 그 영역을 공부하고 연구하기 시작했습니다.

돌아보면, 어떤 활동 혹은 경험들이 당신의 대학원 프로그램에서 가장 중요했나요?

유능한 법정임상심리학자가 되기 위한 가장 첫 번째 단계는 유능한 임상가가 되는 것입니다. 저는 법정심리학자가 되는 기초로 임상 기술을 발달시키려 노력했어요. 제가 스스로 내담자를 보거나 법정 평가를 돕기 이전에, 저는 기초 임상 기술을 연습하는 수업을 들었고, 심리치료 이론과 다른 임상적 지향(예, 인지행동치료)을 공부하였고, 그리고 다른 치료자와 함께 앉았습니다. 저는 천천히 배우고 당장 뛰어들지 않는 것이 임상 작업을 이해하고 유능한 법정임상가가 되는 데 핵심이라고 봅니다.

임상심리학대학원을 헤쳐 나가려 노력하는 사람들을 위해 더 해줄 말이 있나요?

먼저, 건강한 일-삶 균형이 저에게 있어서 지속해 나가는데 가장 중요한 것이었습니다. 저는 하루를 마치고, 언제나 할 수 있는 것보다 더 많은 양의 일이 있는 것을 발견했지만 제 삶을 위해 시간을 내는 것이 제 행복에 필수적이라고 느꼈습니다. 비록 제가 하는 일을 좋아하긴 하지만, 저는 친구와 가족을 또한 사랑하였고, 그들을 위해 시간을 내는 것이 대학원 시간 동안 저의 우선순위였어요.

둘째, 저의 동료들이 저의 가장 좋은 친구가 되었습니다. 우리는 서로를 학문적으로 돕는 동시에 학교 안팎에서 지지 체계가 되는 협력적인 환경을 만들었어요. 당신이 동료들 가운에 친구를 만들 수 있다면, 대학원 경험이 훨씬 더 건강하고 재미있을 것입니다.

마지막으로, 저는 당신의 지도교수가 대학원 경험을 만드는 것을 돕거나 혹은 깨트릴 수 없다는 것을 알게 되었어요. 저는 운이 좋게도 지도 교수님과 비슷한 스타일을 가지고 있었습니다. 그는 대학원을 관리 가능하게 만들려고 노력했고, 제가 할 수 있는 것과 안 하기로 하는 것을 선택할 수 있게 하였습니다. 비록 모두가 다른 스타일을 가지고 있지만, 대학원을 시작하기 전에 자신의 스타일과 당신의 잠재적인 지도교수의 스타일을 평가하도록 하세요.

들에 대해서 증거가 제시된 후가 아니라 전에 말해주었을 경우 명백한 효과를 보았다. 증거에 필요한 정보를 교육받았던 배심원들은 그렇지 않았던 배심원들보다 무죄 가정(presumed innocence) 원리에 입각하여 결정하였다.

배심원 결정에 오류를 일으키는 여러 조건이 있다. 예컨대, 어떤 사람은 동일 범죄에 여러 번 기소 당할 수 있다. 이 경우 때로 한 사건에 묶이는 경우도 있지만 때론 피고가 각 사례에 따로따로 기소할 수 있다. Greene과 Loftus(1981)은 기소가 한 사건으로 묶이는 경우 따로 기소되는 경우보다 배심원들이 보다 강력한 판결을 내릴 수 있음을 발견하였다.

배심원 행동에 대한 많은 연구는 모의 상황에서 행해진 것이다. 즉, 실제 상황에서 실제 배심원은 연구되지 않았다. 그 대신 참가자는 연구 목적을 위해 배심원과 같은 상황에 놓이게 된다. 예비심문절차를 겪게 되는 모의 배심원들은 실제 배심원보다 편견이 훨씬 더 적다는 것이 밝혀졌다(Padawer-Singer & Barton, 1975). 또한 같은 연구에서 모의 배심원은 재판 전 제공된 공공 정보에 따라 사건을 다르게 이해한다는 것을 보여 주었다. 비슷하게 Garcia와 Griffitt(1978)은 호감가는 증인의 증언이 그렇지 않은 증인보다 모의 배심원에게 더 큰 영향을 주는 것을 발견하였다. 물론 모의 배심원 연구는 이 결과를 실제 재판과 실제 배심원에게 얼마나 일반화할 수 있는지의 문제를 고려해야 한다(Kassin & Wrightsman, 1988). 그러나 모의 연구는 연구자가 상황과 변인에 대해 더 많이 통제할 수 있게 해 주는 융통성을 제공한다.

요약

법정심리학은 심리학적 방법, 이론, 개념을 법률 체계에 적용하는 것과 관련 있다. 비록 Hugo와 Munsterberg의 1908년 책에서 심리학은 법률 체계에 기여할 것이 많다고 주장하였으나, 1950년까지 실제적인 영향은 미흡했었다. 오늘날 법정심리학의 영향과 인기는 명백한데, 많은 학술지와 책, 그리고 특수 훈련 프로그램들이 이를 말해 준다. 그러나 법정심리학자는 비판의 대상이 되는 것도 사실이다.

이 장에선 법정심리학자의 8가지 활동에 대해서 다루었다. 법정심리학자들은 전문가 증인, 혹은 형사, 민사 사건에서 자문가로 활동한다. 법정심리학자는 또한 입원환자의 법적 권리를 대변하거나 환자가 자신과 타인에 위험할 것인지 아닌지를 평가하고 예측하는 일을 한다. 범정심리학자는 배심원 선발과 증인 준비과정에 자문가 역할을 한다. 마지막으로 법정심리학자는 목격자 증언과 배심원 행동 등 주요 문제에 대한 연구를 수행하기도 한다.

주요 용어

공동양육 양쪽 부모가 이혼에 따른 아동의 양육권을 함께 갖는 것을 말한다. 많은 공동양육 상황의 경우는 주로 부모에 의해 결정된다. 공식적인 재판 명령은 한쪽이 결정에 만족스럽지 못한 경우에만 내려진다.

모의 배심원 실제 배심원과 비슷한 사람들을 고용하여 실제 재판에서 하는 것처럼 하여 증언에 대한 반응을 관찰하는 것으로 이 모의 배심원의 반응은 실제 배심원의 반응을 예측하는 데 이용되고 재판 전략을 변경하는 기초 자료로 쓴다.

목격자 증언 사건(예: 범죄 혹은 사고)의 일부 혹은 전부를 목격자에 의해 증언하는 것은 때론 부정확, 불신, 혹은 후속 정보에 의해 왜곡될 수 있다. 법정심리학자의 한 가지 역할은 증언에서 발생 가능한 왜곡 상황을 규명하도록 돕는 것이다.

배심원 선정 검사와 변호사가 사건을 위한 배심원을 선정하는 과정으로 법정심리학자는 변호사가 배심원 선정을 하는 데 자문(예: 배심원 선정에 관한 이론을 세우거나 변호사의 예비심문절차 기술을 향상시키는 것)을 한다.

법정심리학 심리학적 개념과 방법을 법률 체계 안에서 발생한 문제를 해결하고 적용시키는 데 초점을 맞춘 심리학 하위 전문 영역이다. 법정심리학자들은 아동 양육, 배심원 선정, 위험 예측 등의 문제에 전문성을 제공하도록 호출된다.

법정에 설 능력 재판 당시 피고의 정신 상태를 말한다. 능력을 증명하기 위해서 피고는 기소된 내용을 이해하고, 기소된 때 자신의 행동에 대해 보고할 수 있어야 하며, 재판과정에 대한 기본적인 이해와 변호사와 함께 일할 능력이 있어야 한다.

비자발적 입원 개인의 의지에 반해서 행해진 입원을 말한다.

예비 심문 절차 배심원을 구성하고 선정하는 재판의 일부를 의뢰하는 법정팀을 말한다.

입증 책임 법정에서 주장의 진실을 확립해야 할 의무를 말한다. 정신이상탄원(insanity plea)의 경우, 일반적으로 피고에게 입증 책임이 있다.

자발적 입원 개인이 정신과 병원에 입원을 동의하고 언제나 떠날 수 있도록 허락된 상황을 말한다.

전단적 배심 기피 예비 심문 절차 동안 한쪽에 치우친 배심원을 가려내기 위해 각각 원고와 피고 편에 허락된 일련의 신청들을 모아놓은 것이다.

전문가 증인 법정의 이해를 돕고, 증거를 평가하며, 의견과 추론을 내놓을 수 있다고 하여 호출된 전문 영역, 훈련, 경험이 있는 사람을 지칭한다.

정신이상 탄원 범죄를 저질렀다고 기소된 사람이 자신이 기소된 범죄 당시에 제정신이 아니었거나 이성적이지 않았다고 주장하는 것으로 만일 이 탄원이 받아들여지면, 그 사람은 자신의 행동에 대한 책임이 없는 것으로 간주되어 벌보다는 치료를 받게 된다.

증인 준비 증인들이 증언을 할 때 사실을 변화시키지 않고 효과적으로 할 수 있도록 돕는 것으로 법심리학자들은 증인 준비과정의 여러 분야(예: 법정에서 증인이 되는 경험을 준비시키기, 차림새에 대한 권유사항 제공, 사실을 전달하는 방법 알려 주기 등)에 대해 자문을 줄 수 있다.

ALI 기준 피고인의 정신이상을 결정하는 가장 허용적인 기준이다. 이 기준은 피고인의 범법적인 행위가 정신질환에 의한 것임으로 책임이 없다는 것, 혹은 피고인이 행위를 범법이라 할 만큼의 실제 능력(인지능력)이 없거나, 법을 지킬 능력이 없음(판단력 장애)을 말한다.

M'Naghten 법칙 피고의 정신이상을 결정하는 가장 오래된 기준으로 이 기준으로는 피고가 범법적인 행위 시 자신의 정신 상태가 자신이 한 것이 무엇인지 모르거나 그 행동이 틀렸다는 것을 이해하지 못하는 마음의 병 상태에 있었다는 것을 증명해야 한다.

찾아보기

ㄱ

ㅂ

ㅇ

ㅈ

ㅊ

ㅍ

ㅎ

기타

인명